NTA UGC NET

कम्प्यूटर विज्ञान (पेपर I और II)

नवीनतम संस्करण
अभ्यास किट

10 टेस्ट्स
10 मॉक टेस्ट्स

वास्तविक परीक्षा प्रारूप पर आधारित टेस्ट

✓ पूर्णतः संशोधित और अद्यतन

✓ सभी बहुविकल्पीय प्रश्नो का विस्तृत विश्लेषण

शीर्षक	: **NTA UGC NET कम्प्यूटर विज्ञान (पेपर I और II)**
लेखक का नाम	: **Mr. Rohit Manglik**
प्रकाशक	: **EduGorilla Community Pvt. Ltd.**
प्रकाशक का पता	: 12/651 प्रथम तल, अरविन्दो पार्क के सामने, निकट जामा मस्जिद, इंदिरा नगर लखनऊ, उत्तर प्रदेश, 226016, भारत।

कॉपीराइट EduGorilla

अस्वीकरण EduGorilla

रोहित मांगलिक
सीईओ, **EduGorilla**

प्रिय छात्रों,

एक बहुत ही प्रचलित कहावत है कि "सफलता उन्हीं को मिलती है जो उसके लिए कड़ी मेहनत करते हैं।" लेकिन मैंने लोगों को उनकी परीक्षाओं के लिए दिन-रात एक करके मेहनत करते हुए देखा है, पर फिर भी वे सफल नहीं हो पाते। तो वहीं दूसरी ओर, कुछ लोग बस आधी मेहनत करके परीक्षा में सफलता प्राप्त करते हैं। तो, क्या वे किस्मत वाले हैं? नहीं मेरा मानना है, कि ऐसा इसलिए है क्योंकि वे सिर्फ कड़ी नहीं बल्कि कुशल तरीके से अपनी तैयारी करते हैं। इसी तरह आपको भी अपनी परीक्षाओं की तैयारी के लिए अपनी योजना बनानी चाहिए, ताकि आपकी भी सफलता की संभावना बढ़ सके। तो तैयार हो जाइये **EduGorilla** के साथ अपनी परीक्षा में चयन होने की संभावना को 16 गुना बढ़ाने के लिए।

EduGorilla आपको न केवल कड़ी मेहनत करने में मदद करता है, बल्कि एक स्मार्ट और योजनाबद्ध तरीके से तैयारी करने में भी सहायता प्रदान करता है। **EduGorilla** की तैयारी पैकेज के साथ आप अपने परीक्षा में चयन होने के रास्ते को सहज और मनोरंजक बना सकते हैं। अपनी तैयारी के लिए सही रास्ता खोजना मुश्किल हो सकता है, यदि आप ये नहीं जानते कि आपको किस दिशा में जाना है। चिंता न करें हम आपके साथ खड़े हैं! **EduGorilla** आपकी सफलता में आपका मार्गदर्शक बनेगा। हमारे तैयारी पैकेज के साथ आप रणनीतिक रूप से तैयारी कर, अपनी परीक्षा में सिर्फ एक ही प्रयास में सफल हो सकते हैं।

EduGorilla के तैयारी पैकेज में शामिल हैं-

- टेस्ट सीरीज़
- किताबें

हमारे तैयारी पैकेज को सभी तरह के नये बदलवों, विशेषज्ञों की राय एवं छात्रों के प्रतिक्रिया के अनुसार तैयार किया गया है। जो आपको परीक्षा के प्रत्येक चरण की चयन प्रक्रिया को पार करने के योग्य बनाता है।

हमारी किताबें शिक्षकों और विशेषज्ञों द्वारा आपकी परीक्षा के लिए तैयार की गई हैं, 150+ वर्षों के अनुभव के साथ; ताकि आपको आसान, कुशल और प्रभावी शिक्षण प्रदान किया जा सके। हमारी स्मार्ट किताबें न सिर्फ आपको प्रश्नों के उत्तर देने की समझ देती हैं, अपितु आपके अभ्यास के लिए समान रूप के प्रश्न भी प्रदान करती हैं।

EduGorilla की सक्षम टेस्ट सीरीज आपको वास्तविक अनुभव और आत्मविश्वास प्रदान करती हैं, जिसके माध्यम से आप केवल एक प्रयास में अपनी ऑफलाइन अथवा ऑनलाइन परीक्षा पास कर सकते हैं। वर्तमान में हम 83,000+ मॉक टेस्ट्स और 1,440+ प्रतियोगी एवं शैक्षणिक परीक्षाओं की तैयारी कराते हैं।

अर्थात, **EduGorilla** आपकी तैयारी में आपकी सहायता करने का कोई भी मौका नहीं छोड़ता है और परीक्षा के सभी चरणों को कवर करता है, ताकि परीक्षा की तैयारी के लिए आपको कहीं और भटकना ना पड़े।

हम आपको डिफेन्स, बैंकिंग, टीचिंग और अन्य राष्ट्रीय एवं राज्य स्तरीय परीक्षाओं के लिए सम्पूर्ण तैयारी पैकेज प्रदान करते हैं। अतः इससे कोई फर्क नहीं पड़ता कि आप किस परीक्षा के लिए तैयारी कर रहे हैं, क्योंकि आप सफलता हासिल करेंगे।

आपको परीक्षा की शुभकामनाएं!

रोहित मांगलिक,
संस्थापक और मुख्य कार्यकारी अधिकारी, **EduGorilla**

विषय-सूची

Paper - I

Q.1 निम्नांकित में से ज्ञान सम्बन्धी योग्यता का उच्चतम स्तर क्या है?

A. जानना

B. समझना

C. विश्लेषण करना

D. मूल्यांकन करना

Q.2 यदि आपकी कक्षा के अधिकांश छात्र कमजोर हैं तो आपको चाहिए:

A. बुद्धिमान छात्रों की परवाह नहीं है

B. अपनी शिक्षण की गति को तेज रखें ताकि छात्रों की समझ का स्तर बढ़ सके

C. अपने शिक्षण को धीमा रखें

D. उज्ज्वल विद्यार्थियों के लिए कुछ अतिरिक्त मार्गदर्शन के साथ अपने शिक्षण को धीमा रखें

Q.3 निम्नलिखित शिक्षण प्रक्रिया को क्रम में व्यवस्थित करें -

(i) पिछले ज्ञान के साथ वर्तमान ज्ञान से संबंधित है

(ii) मूल्यांकन

(iii) पुनः प्राप्त करना

(iv) उद्देश्यों का निर्माण

(v) सामग्रियों की प्रस्तुति

A. (i), (ii), (iii), (iv)

B. (ii), (i), (iii), (iv), (v)

C. (v), (iv), (iii), (i), (ii)

D. (iv), (i), (v), (ii), (iii)

Q.4 मनोवैज्ञानिक लेव वायगोत्स्की द्वारा सुझाए गए निम्न में से समीपस्थ विकास के क्षेत्र (ZPD) की अवधारणा को दर्शाता है?

A. एक शिक्षार्थी का मस्तिष्क बचपन में तेजी से विकसित होता है।

B. एक शिक्षार्थी प्रभावी ढंग से सीखता है जब वास्तविक जीवन के उदाहरणों के साथ इसकी सहायता की जाती है।

C. एक शिक्षार्थी सहायता और बिना सहायता के क्या कर सकता है।

D. बच्चे के समुचित विकास के लिए दोस्तों की बातचीत बहुत महत्वपूर्ण है।

Q.5 निर्देश: नीचे दो कथन दिए गए हैं - एक को अभिकथन (A) के रूप में और दूसरे को कारण (R) के रूप में चिन्हित किया गया है।

अभिकथन (A): यदि एक शिक्षक एक प्रभावी कक्षा संवादक के रूप में अपनी क्षमताओं में सुधार करना चाहता है, तो उसे पहले छात्रों को समझना चाहिए।

कारण (R): छात्रों को समझने और सुनने के इरादे की क्षमता, असंबद्ध कथन हैं।

उपरोक्त दो कथनों के प्रकाश में, निम्नलिखित में से सही विकल्प चुनिए:

A. (A) और (R) दोनों सत्य हैं और (R), (A) की सही व्याख्या हैं।

B. (A) और (R) दोनों सत्य हैं, लेकिन (R), (A) की सही व्याख्या नहीं हैं।

C. (A) सत्य है, लेकिन (R) असत्य है।

D. (A) असत्य है, लेकिन (R) सत्य है।

Q.6 निम्नलिखित में से कौन अनुसंधान प्रक्रिया शुरू करने में पहला कदम है?

A. समस्या का पता लगाने के लिए सूचना के स्रोत खोजना

B. संबंधित साहित्य का सर्वेक्षण

C. समस्या की पहचान

D. समस्या के समाधान की खोज करना

Q.7 निम्नलिखित में से कौन सा नकारात्मक सहसंबंध का एक उदाहरण है:

A. जनसंख्या में वृद्धि से खाद्यान्न की कमी होगी

B. खराब बुद्धिमत्ता का मतलब है स्कूल में खराब उपलब्धि

C. भारत में भ्रष्टाचार का बढ़ना

D. खराब काम करने की स्थिति का उत्पादन का प्रतिधारण

Q.8 निम्नलिखित में से किस आधार पर जीन प्याजे ने मानव विकास का संज्ञानात्मक सिद्धांत दिया?

A. मौलिक अनुसन्धान

B. प्रायोगिक अनुसन्धान

C. क्रियात्मक अनुसन्धान

D. मूल्यांकन अनुसन्धान

Q.9 गुणात्मक अनुसंधान प्रकार में, निम्नलिखित में से किस विशेषता को महत्वपूर्ण माना जा सकता है?

A. मानकीकृत अनुसंधान उपकरणों के साथ डेटा संग्रह।

B. संभावना नमूना तकनीकों के साथ नमूना डिजाइन।

C. नीचे-ऊपर अनुभवजन्य सबूत के साथ डेटा संग्रह।

D. शीर्ष-डाउन व्यवस्थित सबूत के साथ डेटा एकत्र करने के लिए।

Ques (10-14):निर्देश: निम्नलिखित गद्यांश को ध्यानपूर्वक पढ़िए और प्रश्न का उत्तर दीजिए।

कथावाचन हमारे जीन में नहीं है। यह विकासमूलक इतिहास भी नहीं है। यह वो तत्व है जो हमें मानव बनाता है।

मानव कथावाचन के माध्यम से प्रगति करता है। किसी विशेष घटना का परिणाम कथा के कई विविध रूपों में आता है, जिसके बारे में लोग कहते हैं। कभी-कभी उन कहानियों में भारी अंतर होता है। किस कहानी का वाचन हो रहा है और उसे दोहराया जा रहा है तथा किस कथा को छोड़ दिया गया और भुला दिया जाता है जिससे बहुधा यह निर्धारित होता है कि हमने कैसे प्रगति की। हमारा इतिहास, ज्ञान और समझ – ये सभी कुछ कहानियों के संग्रह हैं जो जीवित रहते हैं। इसमें वे कहानियाँ भी शामिल हैं जो हम भविष्य के बारे में एक-दुसरे को कहते हैं। और भविष्य कैसा होगा यह आंशिक अथवा संभवतः व्यापक रूप से उन कहानियों के चयन पर निर्भर करता है जिन पर हमारा सामूहिक रूप से विश्वास होता है।

कुछ कहानियाँ तो डर और चिंता फैलाने के लिए गढ़ी जाती हैं। ऐसा इसलिए कि कुछ कथा वाचक ऐसा महसूस करते हैं की कुछ तनाव पैदा करने की जरूरत है। कुछ डरावनी कहानियाँ होती हैं, जिसमे टोटमी चेतावनी जैसे होती हैं: "अभी कुछ नहीं किये तो हम सबका सर्वनाश जो जायेगा। " इसके बाद कुछ एसी कहानियाँ होती हैं जो इस बात की ओर संकेत करती हैं कि सब कुछ अच्छा होगा यदि हम सब कुछ विशेष रूप से चंद सक्षम वयकों के भरोसे छोड़ देंगे। इस समय यह प्रवत्ति उन लोगों द्वारा आगे बढाई जा रही है जो अपने आपको "विवेक आशावादी" कहते हैं। वे यह दावा करने हैं कि प्रतिस्पर्धा करना, सफल होना और दूसरों की कीमत पर लाभ लेना ही मानव स्वभाव है। हालाँकि वेवेक आशावादी यह अनुभव नहीं करते कि भद्र सामाजिक ताने-बने के माध्यम से मानवता ने समय के साथ कैसे प्रगति की है और कैसे समायोजित करता है। कथा-वचन के इस फ्लू पर "व्याहारिक सम्भाव्यों" द्वारा विचार किया जाता है, जो उन लोगों के मध्य का मार्ग अपनाते हैं जो यह कहते है कि सब ठीक-ठाक है, खुश रहो और सुखद भविष्य के लिए अपने व्यवहार में व्यक्तिवादी बनो और वे लोग जो निराशावाद और भय का दमन थामते हैं, वे यह मानते हैं कि हम सबका सर्वनाश हो जाएगा।

Q.10 हमारा ज्ञान निम्न में से किसका समूह है?

A. वे सभी कहानियाँ जिन्हें हमने अपने जीवन काल में सुना है

B. कुछ एसी कहानियाँ जिन्हें हम याद करते हैं

C. कुछ कहानियाँ जो जीवित रहती हैं

D. कुछ महत्त्वपूर्ण कहानियाँ

Q.11 कथावाचन निम्न में से क्या है?

A. एक कला

B. एक विज्ञान

C. हमारा जीन

D. एक तत्व जो हमें मानव बनाता है

Q.12 कहानियों के आधार पर हमारा भविष्य कैसा होगा?

A. हम सामूहिक रूप से विश्वास का चयन करते हैं।

B. जो बार-बार कही जाती हैं।

C. भय और तनाव फैलाने के लिए विरूपित की जाती हैं।

D. भविष्य बताने के लिए विरूपित की जाती हैं।

Q.13 वेवेकी आशावादी:

1. अवसरों की टाक में रहते हैं।
2. संवेदनशील और प्रसन्न रहते हैं।
3. स्वार्थी होते हैं।

नीचे दिए कूटों से सही उत्तर दीजिए:

A. 1, 2 और 3

B. केवल 1

C. केवल 1 और 2

D. केवल 2 और 3

Q.14 मानव कम स्वार्थी होते हैं जब:

A. वे बड़े समूह में कार्य करते हैं।

B. वे डरावनी कहानियाँ सुनते हैं।

C. वे आनंददायी कहानियाँ सुनते हैं।

D. वे अकेले कार्य करते हैं।

Q.15 निम्नलिखित में से किससे सम्प्रेषण की प्रभावशीलता का पता लगाया जा सकता हैं?

1. अभुव्रत्ति सर्वेक्षण
2. कार्य निष्पादन रिकॉर्ड
3. विद्यार्थियों की उपस्थिति
4. सम्प्रेषण माध्यम का चयन

नीचे दिए कूटों से सही उत्तर दीजिए:

A. 1, 2, 3 और 4

B. 1, 2 और 3

C. 2, 3और 4

D. 1, 2 और 4

Q.16 निम्नलिखित में से कौन-सी एक शिक्षण पद्धति नहीं है?

A. अभिव्यक्ति　**B.** चर्चा　**C.** शिक्षण　**D.** उपदेश

Q.17 निर्देश: दिए गए विकल्पों मे से सही विकल्प चुनिए जो श्रृंखला को पूरा करेगा।

2, 4, 6, 10, 16, 26, 42, ?

A. 62　**B.** 68　**C.** 78　**D.** 72

Q.18 मुंबई के लिए दो ट्रेनें सुबह 6 और 6.45 पर दिल्ली से निकलती हैं और क्रमशः 100 किमी प्रति घंटे और 136 किमी प्रति घंटे की गति से यात्रा करती हैं। दिल्ली से कितने किलोमीटर की दूरी पर दोनों ट्रेनें एक साथ चलेंगी:

A. 262.4 किमी

B. 260 किमी

C. 283.29 किमी

D. 275 किमी

Q.19 50 संख्याओं का औसत 38 है। यदि संख्या 45 और 55 को छोड़ दिया जाता है, तो शेष संख्याओं का औसत है -

A. 36.5　**B.** 37　**C.** 37.5　**D.** 37.52

Q.20 अनुसंधान का सर्वश्रेष्ठ अर्थ है:

A. ज्ञान के सृजन और अनुप्रयोग के लिए 'वैज्ञानिक पद्धति' को अपनाना

B. समस्याओं के समाधान के लिए आलोचनात्मक और रचनात्मक सोच को अपनाना

C. देखे गए डेटा के आधार पर सामान्यीकरण पर पहुंचना

D. जीवन के सार्वभौमिक सत्य की खोज करें

Q.21 तार्किक तर्क की संरचना निम्न पर आधारित है:

A. औपचारिक वैधता

B. भौतिक सत्य

C. भाषिक अभिव्यक्ति

D. उदाहरणों की योग्यता

Q.22 निम्नलिखित में से किस एक विद्यालय ने ज्ञान के वैध स्रोत के रूप में अनुमान (अनुमिति) को स्वीकार नहीं किया है?

A. अद्वैत वेदांत

B. विशिष्टाद्वैत

C. चार्वाक

D. संख्या

Ques (23-27):निर्देश: नीचे दिए गए सारणीबद्ध आंकड़ों पर आधारित प्रश्न का उत्तर दें:

एक कम्पनी में 20 कर्मचारी हैं। उनकी उम्र (वर्षों में) और वेतन (प्रति माह हजार रूपये में) नीचे दिया गया है।

क्रमांक	आयु (एक वर्ष में)	वेतन (प्रति माह हजार रुपये)	क्रमांक	आयु (एक वर्ष में)	वेतन (प्रति माह हजार रुपये)
1.	44	35	11.	33	30
2.	32	20	12.	31	35
3.	54	45	13.	30	35
4.	42	35	14.	37	40
5.	31	20	15.	44	45
6.	53	60	16.	36	35
7.	42	50	17.	34	35
8.	51	55	18.	49	50
9.	34	25	19.	43	45
10.	41	30	20.	45	50

Q.23 प्रत्येक कर्मचारी की उम्र के आंकड़े को 5 वर्ष के अंतराल के वर्ग में वर्गीकृत करें। किस 5 वर्ष के वर्ग अंतराल में अधिकतम औसत वेतन प्रदर्शित है?

A. 35 – 40 वर्ष

B. 40 – 45 वर्ष

C. 45 – 50 वर्ष

D. 50 – 55 वर्ष

Q.24 30 – 35 वर्षों के वर्ग अंतराल में आवृत्ति (%) क्या हैं?

A. 20%　**B.** 25%　**C.** 30%　**D.** 35%

Q.25 कर्मचारियों की औसत उम्र क्या है?

A. 40.3 वर्ष　**B.** 38.6 वर्ष　**C.** 47.2 वर्ष　**D.** 45.3 वर्ष

Q.26 कर्मचारियों का कितना भाग (%) प्रति माह ≥ 40000 वेतन प्राप्त कर रहा है?

A. 45%　**B.** 50%　**C.** 35%　**D.** 32%

Q.27 40 – 50 वर्षों के आयु समूह में औसत वेतन (प्रति माह हजार रूपये में) कितना है?

A. 35　**B.** 42.5　**C.** 40.5　**D.** 36.5

Q.28 वर्चुअल मेमोरी है:

A. एक बहुत बड़ी मुख्य मेमोरी।

B. एक बहुत बड़ी सेकेंडरी मेमोरी।

C. अत्यंत बड़ी मुख्य मेमोरी का एक भ्रम।

D. सुपर कंप्यूटरों में प्रयुक्त एक प्रकार की मेमोरी।

Q.29 नेटवर्क की भौतिक या तार्किक व्यवस्था _________ है।

A. टोपोलॉजी   **B.** मार्ग   **C.** नेटवर्किंग   **D.** नियंत्रण

Q.30 किस नेटवर्क टोपोलॉजी को एक केंद्रीय नियंत्रक या हब की आवश्यकता होती है?

A. स्टार   **B.** मेष   **C.** रिंग   **D.** बस

Q.31 निम्नलिखित सूची में से सबसे तेज़ प्रकार की मेमोरी है:

A. सेमीकंडक्टर मेमोरी   **B.** डिस्क
C. बबल मेमोरी   **D.** इनमे से कोई नहीं

Q.32 बातचीत (चैटिंग) के लिए कौन-सा इंस्टेंट मैसेंजर प्रयुक्त होता है?

A. ऑल्टाविस्टा   **B.** एमएससी
C. माइक्रोसॉफ्ट ऑफिस   **D.** गूगल टॉक

Q.33 वैश्विक कार्बन डाइऑक्साइड उत्सर्जन में उनके योगदान के घटते क्रम में देशों के सही क्रम को पहचानें:

A. अमरीका (यूएसए)

B. चीन

C रूस

D. इंडिया

E. जापान

नीचे दिए गए विकल्प में से सही उत्तर चुनें:

A. A, B, D, C, E   **B.** B, A, D, C, E
C. B, A, D, E, C   **D.** A, B, D, E, C

Q.34 महात्मा गांधी अंतरराष्ट्रीय हिंदी विश्वविद्यालय का हेडक्वार्टर निम्नलिखित में स्थित है-

A. वर्धा   **B.** सेवाग्राम
C. नई दिल्ली   **D.** अहमदाबाद

Q.35 बेसिक शिक्षा या नई तालीम का दूसरा नाम है:

A. नई शिक्षा नीति   **B.** अनिवार्य शिक्षा
C. वर्धा शिक्षा योजना   **D.** सर्व शिक्षा अभियान

Q.36 दूरस्थ शिक्षा के वृद्धि और विकास के लिए तकनीकी शिक्षा के लिए 26 जनवरी 2003 को इग्नू द्वारा उपग्रह चैनल की शुरूआत है:

A. राजऋषि चैनल   **B.** एकलव्य चैनल
C. ज्ञानदर्शन चैनल   **D.** इनमें से कोई नहीं

Q.37 भारत सरकार MHRD द्वारा शिक्षा के क्षेत्र में निम्नलिखित में से कौन सा संस्थान स्थापित किया गया है?

A. मायथिक सोसाइटी, बैंगलोर
B. राष्ट्रीय बाल भवन, नई दिल्ली
C. इंडिया इंटरनेशनल सेंटर, नई दिल्ली
D. भारतीय विश्व परिषद, नई दिल्ली

Q.38 भारत में स्थापित प्रथम मुक्त विश्वविद्यालय है:

A. यशवंतराव चव्हाण महाराष्ट्र मुक्त विश्वविद्यालय, नासिक
B. नालंदा मुक्त विश्वविद्यालय, पटना
C. भीम राव अम्बेडकर मुक्त विश्वविद्यालय, हैदराबाद
D. तमिलनाडु ओपन यूनिवर्सिटी, चेन्नई

Q.39 कक्षा में गैर-मौखिक व्यवहार के आंतरिक संकेत निदान में मदद करते हैं:

A. अंतर-व्यक्तिगत गतिशीलता
B. स्थानिक भविष्यवाणी
C. जन विश्वास
D. छात्र आंदोलन

Q.40 निम्नलिखित में से कौन सा अधिनियम नागरिकों को पर्यावरणीय मानदंडों के उल्लंघन के मामले दर्ज करने का अधिकार देता है?

A. पर्यावरण (संरक्षण) अधिनियम
B. वायु प्रदूषण अधिनियम
C. जल प्रदूषण अधिनियम
D. वन अधिनियम

Q.41 निर्देश: निम्नलिखित प्रश्न में, अभिकथन (A) और कारण (R) दिए गए है। दोनों कथनों को ध्यानपूर्वक पढ़िए और निम्नलिखित में से सही विकल्प का चयन कीजिए:

अभिकथन (A): एक उच्च प्रचालन अनुपात अनुकूल स्थिति का संकेत करता है।

कारण (R): उच्च प्रचालन अनुपात गैर-प्रचालनिक व्यय को पूरा करने के लिए अधिक मार्जिन प्रदान करता है।

A. (A) और (R) दोनों सही हैं और (R), (A) की सही व्याख्या है।
B. (A) और (R) दोनों सही हैं किंतु (R), (A) की सही व्याख्या नहीं है।
C. (A) और (R) दोनों गलत है।
D. (R) सही है किंतु (A) गलत है।

Q.42 निर्देश: निम्न प्रश्न में एक कथन और उसके बाद I. और II से अंकित दो अनुमान दिए गये हैं। आपको दिए गये कथन को सत्य मानना है, भले ही वे ज्ञात तथ्यों से अलग प्रतीत होते हों। सभी अनुमानों को पढ़िए और फिर निर्णय कीजिए कि दिया गया कौन-सा अनुमान ज्ञात तथ्यों को नजरंदाज करने पर कथनों का तार्किक रूप से अनुसरण करता है?

कथन: यह वास्तव में सबसे बड़े लोकतांत्रिक देश के लिए इतने लंबे समय तक विकासशील देशों के टैग को बनाए रखना मज़ाक है।

अनुमान:

I. भारत को अभी एक विकसित राष्ट्र बनना है।

II. जब तक हम अपनी धारणा को नहीं बदलेंगे, भारत विकसित नहीं हो सकता।

A. केवल अनुमान I. अनुसरण करता है।
B. केवल अनुमान II. अनुसरण करता है।
C. I. और II. दोनों अनुसरण करते हैं।
D. या तो I. या II. अनुसरण करता है।

Q.43 निर्देश: उस विकल्प का चयन कीजिए जो तीसरी संख्या से उसी तरह से संबंधित है जिस तरह दूसरी संख्या पहली संख्या से संबंधित है।

8 : 514 :: 11 : ?

A. 1333   **B.** 123   **C.** 113   **D.** 1331

Q.44 जब किसी अनुमान के मध्य पद का किसी अन्य मजबूत प्रत्यक्ष द्वारा विरोधाभास किया जाता है, तो इसे क्या कहा जाता है?

A. विरुधा   **B.** सत्प्रतिपक्ष   **C.** बधिता   **D.** असिद्ध

Q.45 निर्देश: नीचे दो कथन दिए गए हैं - एक को अभिकथन (A) के रूप में और दूसरे को कारण (R) के रूप में चिन्हित किया गया है।

अभिकथन (A): जनसंपर्क माध्यम समाज में हिंसा की संस्कृति को बढ़ावा देता है।

कारण (R): क्योंकि हिंसा बाजार में बिकती है क्योंकि लोग स्वयं चरित्र में हिंसक होते हैं।

A. दोनों (A) और (R) सही हैं और (R), (A) की सही स्पष्टीकरण है।
B. दोनों (A) और (R) सही हैं, लेकिन (R), (A) का सही स्पष्टीकरण नहीं है।
C. (A) सही है, लेकिन (R) गलत है।
D. दोनों (A) और (R) गलत हैं।

Q.46 संचार के संबंध में निम्नलिखित में से कौन सा सत्य है?
यह एक _________ है।

(A) निस्पंदन प्रक्रिया

(B) बाधा रहित प्रक्रिया

(C) आजीवन प्रक्रिया

(D) सार्वभौमिक प्रक्रिया

(E) सामूहिक प्रक्रिया

नीचे दिए गए विकल्पों में से सही उत्तर का चयन कीजिए:

A. केवल (A), (B), (C)
B. केवल (B), (C), (D)
C. केवल (C), (D), (E)
D. केवल (D), (E), (A)

Q.47 जलवायु परिवर्तन से क्या तात्पर्य हैं-

i. मिट्टी की नमी

ii. जंगल की आग

iii. जैव विविधता

iv. भूमिगत-जल

कूट के अनुसार सही संयोजन की पहचान कीजिये:

A. i और iii
B. i, ii, और iii
C. i, iii, और iv
D. i, ii, iii, और iv

Q.48 निर्देश: नीचे दो कथन दिए गए हैं - एक को अभिकथन (A) के रूप में और दूसरे को कारण (R) के रूप में चिन्हित किया गया है।

अभिकथन (A): पूरे विश्व में, पिछले कई दशकों के दौरान पर्यावरण निम्नीकृत हुआ है।

कारण (R): विश्व की जनसंख्या में अधिक वृद्धि हुई है।

A. दोनों (A) और (R) सही हैं और (R), (A) की सही व्याख्या है।
B. दोनों (A) और (R) सही हैं, लेकिन (R), (A) की सही व्याख्या नहीं है।
C. (A) सही है, लेकिन (R) गलत है।
D. (A) सही है लेकिन (R) गलत है।

Q.49 आंखों की जलन के लिए जिम्मेदार प्रकाश रासायनिक धुंध के घटक हैं-

A. SO_2 और O_3
B. SO_2 और NO_2
C. HCHO और PAN
D. SO_2 और SPM

Q.50 श्रृंखला में से लुप्त संख्या (?) ज्ञात कीजिए:

3, 12, 39, 120, ?

A. 296 **B.** 275 **C.** 263 **D.** 363

Paper - II

Q.51 A, B के महत्तम समापवर्तक फैक्टर को परिभाषित करें?

A. यह A और B दोनों से विभाज्य सबसे छोटा पूर्णांक है।
B. यह A और B दोनों का सबसे बड़ा पूर्णांक भाजक है।
C. यह संख्या A और B का योग है।
D. उल्लेख में से कोई नहीं

Q.52 दो संख्या 1, b (पूर्णांक) का म.स.प. _______ है।

A. b + 2 **B.** 1
C. b **D.** उल्लेख में से कोई नहीं

Q.53 यदि "53 मॉड्यूलो 21" का गुणन प्रतिलोम मौजूद है, तो निम्न में से कौन सा सत्य है?

A. GCD(53,21) = 1 **B.** GCD(53,21) = 29
C. GCD(53,21) = 53 **D.** GCD(53,21) = 12

Q.54 एक गुणक मोनोइड _______ के साथ घातांक की संपत्ति को परिभाषित करता है।

A. पूर्णांक घातांक
B. भिन्नात्मक घातांक
C. परिमेय घातांक
D. ऋणात्मक पूर्णांक घातांक

Q.55 अनुक्रम 1×2, 3×22, 5×23, 7×24, 9×25 .... हो तो यह क्रम है।

A. एक अंकगणितीय अनुक्रम
B. एक ज्यामितीय प्रगति
C. अंकगणित-ज्यामितीय प्रगति
D. उल्लेख में से कोई नहीं

Q.56 अनुकूलन विधियों में पहला दृष्टिकोण क्या है?

A. थ्योरी ऑफ़ बेन्डिंग **B.** थ्योरी ऑफ़ लेआउट
C. थ्योरी ऑफ़ एलॉन्गेशन **D.** थ्योरी ऑफ़ स्ट्रेस

Q.57 किस अवधि के दौरान समकालिक रूप से फेलियर एप्रोच अपनाया गया था?

A. 1940 से 1950 **B.** 1930 से 1940
C. 1920 से 1930 **D.** 1910 से 1920

Q.58 स्ट्रक्चरल ऑप्टिमाइजेशन का तीसरा मेजर अप्रोच किस कांसेप्ट पर आधारित है?

A. डिजाइन का मानदंड **B.** इष्टतमता का मानदंड
C. बनावट का मानदंड **D.** अवधि का मानदंड

Q.59 स्ट्रक्चरल ऑप्टिमाइजेशन प्रॉब्लम को आम तौर पर _______ के रूप में एक्सप्रेस किया जाता है।

A. मैक्सिमाइज Z = F(x) **B.** मिनिमाइज Z = F (x)
C. Z = F(x) **D.** Z = F(t)

Q.60 डेवलपमेंट का फोर्थ मेजर एरिया कौन सा है?

A. मैथमेटिकल प्रोग्रामिंग **B.** कंप्यूटर
C. प्लानिंग **D.** मशीन डिजाइन

Q.61 आमतौर पर डेटा को स्टोर करने के लिए _____ फॉर्मेट का उपयोग किया जाता है।

A. बीसीडी **B.** डेसीमल
C. हेक्साडेसिमल **D.** ऑक्टल

Q.62 आरटीएन का मतलब _______ है।

A. रजिस्टर ट्रांसफर नोटेशन
B. रजिस्टर ट्रांसमिशन नोटेशन
C. रेगुलर ट्रांसमिशन नोटेशन
D. रेगुलर ट्रांसफर नोटेशन

Q.63 इंस्ट्रक्शन, Add Loc, R1, RTN में _______ है।

A. AddSet CC Loc+R1
B. R1=Loc+R1
C. RTN में लिखना संभव नहीं
D. R1<-[Loc]+[R1]

Q.64 क्या आप इंस्ट्रक्शन Add का उपयोग करके ALN में एक साथ तीन ऑपरेंड पर एक एडीसन परफॉर्म कर सकते हैं?

A. हां
B. Add का उपयोग करना संभव नहीं है, हमें AddSet CC का उपयोग करना होगा
C. अनुमति नहीं
D. उल्लेख में से कोई नहीं

Q.65 एकल बस संरचना का उपयोग करने का मुख्य गुण _______ है।

A. फास्ट डेटा ट्रांसफर

B. कॉस्ट इफेक्टिव कनेक्टिविटी और गति

C. कॉस्ट इफेक्टिव कनेक्टिविटी और पेरीफेरल डिवाइस को अटैच करने में आसानी

D. उल्लेख में से कोई नहीं

Q.66 _________ का उपयोग विभिन्न डिवाइस की डेटा ट्रांसफर स्पीड में अंतर को दूर करने के लिए किया जाता है।

A. स्पीड एन्हान्सिंग सर्किटरी

B. ब्रिज सर्किट्स

C. मल्टीपल बसेस

D. बफर रजिस्टर्स

Q.67 प्रोसेसर बस की कनेक्टिविटी बढ़ाने के लिए हम _________ का उपयोग करते हैं।

A. पीसीआई बस   **B.** एससीएसआई बस

C. कंट्रोलर   **D.** मल्टीपल बस

Q.68 इंस्ट्रक्शन, Add #45, R1 _________ करता है।

A. R1 के एड्रेस में 45 का वैल्यू जोड़ता है और उस एड्रेस में 45 स्टोर करता है।

B. R1 के वैल्यू में 45 एड करता है और इसे R1 में स्टोर करता है।

C. मेमोरी लोकेशन 45 फंड है और उस कंटेंट को R1 में जोड़ता है।

D. उल्लेख में से कोई नहीं

Q.69 जीरो-एड्रेस इंस्ट्रक्शन मेथड के केस में ऑपरेंड को _________ में स्टोर किया जाता है।

A. रजिस्टर   **B.** एक्युमुलेटर्स

C. पुश डाउन स्टैक   **D.** कैश

Q.70 Add #45, जब यह इंस्ट्रक्शन एक्सीक्यूट किया जाता है तो निम्नलिखित _________ होता है।

A. प्रोसेसर एक त्रुटि रेज करता है और एक और ऑपरेंड के लिए अनुरोध करता है।

B. मेमोरी लोकेशन 45 में संग्रहीत मान को पुनः प्राप्त किया जाता है और एक और ऑपरेंड का अनुरोध किया जाता है।

C. वैल्यू 45 स्टैक पर वैल्यू में एड हो जाता है और स्टैक पर पुश कर दिया जाता है।

D. उल्लेख में से कोई नहीं

Q.71 किसी ऑब्जेक्ट को किसी फंक्शन में कितने तरीकों से पास किया जा सकता है?

A. 1   **B.** 2   **C.** 3   **D.** 4

Q.72 HTML DOM में एट्रिब्यूट प्रॉपर्टी से बचने का क्या कारण है?

A. फाउंड अननेसेसरी

B. ऐट्रिब्यूट्स में ऐट्रिब्यूट्स नहीं होती हैं

C. ऐट्रिब्यूट्स में ऐट्रिब्यूट्स होते हैं

D. कन्सिडरेड इर्रेलेवेंट

Q.73 कौन सी लैंग्वेज बाइनरी कोडेड इंस्ट्रक्शंस से बनी है?

A. मशीन   **B.** C   **C.** बेसिक   **D.** हाई लेवल

Q.74 ट्रांसलेटर जो असेंबली लैंग्वेज के कोड को मशीनी लैंग्वेज में बदलने के लिए प्रयोग किया जाता है, उसे कहा जाता है:

A. असेंबलर   **B.** अटेम्बर   **C.** कम्पाइलर   **D.** डीबगर

Q.75 एक स्ट्रेट लाइन के लिए कार्टेशियन स्लोप -इंटरसेप्ट एक्वेशन है:

A. $y = m.x + b$ **B.** $y = b.x + m$

C. $y = x.x + m$ **D.** $y = b + m.m$

Q.76 स्लोप मैग्नीट्यूड वाली लाइन के लिए |m|<1, ?x _________ हो सकता है।

A. एक सेट रिलेटेड वर्टिकल डिफ्लेक्शन

B. एक स्माल हॉरिजॉन्टल डिफ्लेक्शन वोल्टेज के समानुपाती सेट

C. (A) और (B) दोनों

D. इनमे से कोई नहीं

Q.77 कलर ऑप्शन को न्यूमेरिकल रूप से निम्नलिखित वैल्यू के साथ कोडित किया जाता है:

A. 0 से लेकर पॉजिटिव इन्टिजर तक

B. 0 से 1 तक

C. 0 से -0 तक

D. इनमे से कोई भी नहीं

Q.78 कलर रैस्टर सिस्टम में उपलब्ध कलर चॉइस की संख्या इस पर डिपेंड करती है:

A. फ्रेम बफर में कलर

B. फ्रेम बफर में प्रति पिक्सेल प्रदान की गई स्टोरेज की मात्रा

C. आरजीबी कलर

D. (A) और (B) दोनों नहीं

Q.79 वह फंक्शन जो एक सिंगल एट्रिब्यूट को संदर्भित करता है जो निर्दिष्ट करता है कि उस एट्रिब्यूट सेटिंग के साथ एक प्रिमिटिव को कैसे डिस्प्ले किया जाना है, उसे कहा जाता है:

A. इंडिविजुअल एट्रिब्यूट   **B.** अनबंडल्ड एट्रिब्यूट

C. बंडल्ड एट्रिब्यूट   **D.** (A) और (B) दोनों

Q.80 जैसे-जैसे कंपनियां हडूप के साथ प्रयोगात्मक चरण से आगे बढ़ती हैं, कई एडिशनल कैपेबिलिटीज की आवश्यकता का उल्लेख देते हैं, जिसमें _________ भी शामिल है।

A. इम्प्रोवेड डेटा स्टोरेज और इन्फॉर्मेशन रिट्रीवल

B. डेटा इंटीग्रेशन के लिए इम्प्रोवेड एक्सट्रेक्ट, ट्रांसफॉर्म और लोड फीचर्स

C. इम्प्रोवेड डेटा वेयरहाउसिंग फंक्शनैलिटी

D. इम्प्रोवेड सिक्योरिटी, वर्कलोड मैनेजमेंट और SQL सपोर्ट

Q.81 हडूप पर आधारित _________ के साथ फेसबुक बिग डेटा से टैकल करता है।

A. 'प्रोजेक्ट प्रिज्म'   **B.** 'प्रिज्म'

C. 'प्रोजेक्ट बिग'   **D.** 'प्रोजेक्ट डाटा'

Q.82 निम्नलिखित में से डीबीएमएस की पहचान कीजिये?

A. पीएल-एसक्यूएल   **B.** एमएस–पॉवरपॉइंट

C. एमएस–एक्सेस   **D.** एमएस–एक्सेल

Q.83 एमएस ऑफिस 2007 का कौन सा पैकेज आरडीबीएमएस को मैनेज करता है?

A. एक्सेल   **B.** एक्सेस   **C.** गूव   **D.** वननोट

Q.84 निम्नलिखित में से डीबीएमएस का उपयोग कौन नहीं करता हैं?

A. अल्टीमेट यूजर   **B.** एडमिनिस्ट्रेटर

C. डेटाबेस डिज़ाइनर   **D.** हार्डवेयर सपोर्ट टीम

Q.85 DBMS और RDBMS के बीच का अंतर यह है कि:

A. DBMS में हेरफेर किया जा सकता है लेकिन RDBMS में हेरफेर नहीं किया जा सकता है।

B. DBMS एक वाणिज्यिक प्रकार का डेटाबेस है जो RDBMS इंजीनियरों का डेटा है।

C. DBMS विभिन्न फाइलों को एक दूसरे के साथ नहीं जोड़ सकता है जबकि एक RDBMS कर सकता है।

D. (A) और (B) दोनों

Q.86 DBMS में, एक डिफाइंड फील्ड में _________ हो सकती है।

A. एक निश्चित लंबाई

B. एक असीमित लंबाई

C. डेटा प्रकार द्वारा परिभाषित एक निश्चित लंबाई

D. प्रोग्रामर द्वारा परिभाषित असीमित लंबाई

Q.87 निम्नलिखित में से कौन सा RDBMS है?

A. जावा बीन्स   **B.** फॉक्स प्रो

C. ओरेकल   **D.** डीबेस IV

Q.88 सही कथन का पता लगाएं।

A. डॉक्यूमेंट में कई अलग-अलग की-वैल्यू पेयर्स, या की-ऐरे पेयर्स, या यहां तक कि नेस्टेड डॉक्यूमेंट भी हो सकते हैं।

B. MongoDB के पास विभिन्न प्रकार की पॉपुलर प्रोग्रामिंग लैंग्वेज और डेवलपमेंट एनवायरनमेंट के लिए ऑफिसियल ड्राइवर हैं।

C. रिलेशनल डेटाबेस की कम्पेयर्ड में, NoSQL डेटाबेस अधिक स्केलेबल होते हैं और बेहतर प्रदर्शन प्रदान करते हैं।

D. उपर्युक्त सभी

Q.89 निम्नलिखित में से कौन एक NoSQL डेटाबेस का प्रकार है?

A. SQL   **B.** डॉक्यूमेंट डेटाबेस

C. JSON   **D.** उल्लिखित सभी

Q.90 पेरीफेरल डिवाइस के लिए एक डिस्क (या इंटरमीडिएट स्टोर) में डेटा स्थानांतरित करने की प्रक्रिया ताकि इसे अधिक सुविधाजनक समय पर या अधिकतम मात्रा में स्थानांतरित किया जा सके:

A. मल्टीप्रोग्रामिंग   **B.** स्पूलिंग

C. कैशिंग   **D.** वर्चुअल प्रोग्रामिंग

Q.91 ब्लॉक कैश या बफर कैश का उपयोग किया जाता है:

A. डिस्क प्रदर्शन में सुधार करने के लिए

B. इंटरप्ट को हैंडल के लिए

C. मेन मेमोरी की क्षमता बढ़ाने के लिए

D. ऊपर के सभी

Q.92 टाइम क्वांटम में किस एल्गोरिथम को परिभाषित किया गया है?

A. शॉर्टेस्ट जॉब शेड्यूलिंग एल्गोरिथम

B. राउंड रॉबिन शेड्यूलिंग एल्गोरिथम

C. प्रायोरिटी शेड्यूलिंग एल्गोरिथम

D. मल्टीलेवल क्यू शेड्यूलिंग एल्गोरिथम

Q.93 निम्नलिखित में से कौन सा कीबोर्ड शॉर्टकट एमएस वर्ड में एक खुली फाइल को सेव करने के लिए CTRL + S के बराबर है?

A. Shift + F5   **B.** Ctrl + F5

C. Shift + F12   **D.** Ctrl + F12

Q.94 निम्नलिखित में से कौन प्रोसेस के लिए क्यू से संबंधित नहीं है?

A. जॉब क्यू   **B.** पीसीबी क्यू

C. डिवाइस क्यू   **D.** रेडी क्यू

Q.95 आईबीएम ने डिस्क ऑपरेटिंग सिस्टम डॉस वर्जन 1.0 का पहला वर्जन कब जारी किया?

A. 1981   **B.** 1982   **C.** 1983   **D.** 1984

Q.96 एक प्रोग्राम जो प्रत्येक निर्देश को मेमोनिक रूप में पढ़ता है और उसे मशीन-लैंग्वेज के समकक्ष में ट्रांसलेट करता है उसे _________ के रूप में जाना जाता है।

A. मशीन लैंग्वेज   **B.** असेम्बलर

C. इंटरप्रेटर   **D.** सी प्रोग्राम

Q.97 एनालिसिस जो किसी स्टेटमेंट की ग्रामेटिकल स्ट्रक्चर ज्ञात होने के बाद उसका अर्थ निर्धारित करता है, जो कहलाता है:

A. सिमेंटिक एनालिसिस   **B.** सिंटेक्स एनालिसिस

C. रेगुलर एनालिसिस   **D.** जनरल एनालिसिस

Q.98 प्रोग्राम के पहले शब्द के लिए लोड एड्रेस को कहा जाता है:

A. लिंकर एड्रेस ओरिजिन   **B.** लोड एड्रेस ओरिजिन

C. फेज लाइब्रेरी   **D.** एब्सल्यूट लाइब्रेरी

Q.99 सिम्बॉलिक नेम्स को इसके साथ जोड़ा जा सकता है:

A. इंफॉर्मेशन   **B.** डेटा या इंस्ट्रक्शन

C. ऑपरेंड   **D.** नेमोनिक ऑपरेशन

Q.100 स्पाइरल मॉडल की मेजर ड्रॉबैक क्या है?

A. रिस्क एनालिसिस की हायर अमाउंट

B. स्मॉलर प्रोजेक्ट के लिए अच्छा वर्क नहीं करता

C. एडिशनल फंक्शनैलिटीज को बाद में जोड़ा जाता है

D. स्ट्रांग अप्रूवल और डॉक्यूमेंटेशन कंट्रोल

Q.101 कौन से दो मॉडल साइकिल की शुरुआत में रिक्वायरमेंट्स को डिफाइन करने की अनुमति नहीं देते हैं?

A. वॉटरफॉल और आरएडी

B. प्रोटोटाइपिंग और स्पाइरल

C. प्रोटोटाइपिंग और आरएडी

D. वॉटरफॉल और स्पाइरल

Q.102 यदि डेवलपमेंट टीम के पास सिमिलर प्रोजेक्ट पर कम अनुभव है, तो निम्न में से कौन सा लाइफ साइकिल मॉडल चुना जा सकता है?

A. स्पाइरल

B. वॉटरफॉल

C. आरएडी

D. इटरेटिव एनहांसमेंट मॉडल

Q.103 यदि आप एक सॉफ्टवेयर कंपनी के प्रमुख डेवलपर थे और आपको बिना किसी कॉस्ट कंस्ट्रेंट के एक स्टीपलटेड टाइम फ्रेम के भीतर एक प्रोजेक्ट/प्रोडक्ट जमा करने के लिए कहा जाता है, तो आप किस मॉडल का चयन करेंगे?

A. वॉटरफॉल   **B.** स्पाइरल   **C.** आरएडी   **D.** इंक्रीमेंटल

Q.104 यदि यूजर की पार्टिसिपेशन इंक्लूड नहीं है, तो निम्नलिखित में से कौन से दो मॉडल डिजायर रिजल्ट नहीं दे पाएंगे?

A. वॉटरफॉल और स्पाइरल

B. आरएडी और स्पाइरल

C. आरएडी और वॉटरफॉल

D. आरएडी और प्रोटोटाइपिंग

Q.105 आरएडी का क्या अर्थ है?

A. रैपिड एप्लीकेशन डॉक्यूमेंट

B. रैपिड एप्लीकेशन डेवलपमेंट

C. रिलेटिव एप्लीकेशन डेवलपमेंट

D. (A) और (B) दोनों

Q.106 आएडी मॉडल का मेजर ड्रॉबैक है-

A. इसके लिए हाइली स्किल्ड डेवलपर्स/डिजाइनरों की आवश्यकता होती है।

B. इसके लिए कस्टमर की फीडबैक की आवश्यकता होती है।

C. यह कम्पोनेंट रीयूजबिलिटी को बढ़ाता है।

D. (A) और (B) दोनों

Q.107 बीपीआर का मतलब _________ है।

A. बिजनेस प्रोसेस री-इंजीनियरिंग

B. बिजनेस प्रोडक्ट री-इंजीनियरिंग

C. बिजनेस प्रोडक्ट रिक्वायरमेंट्स

D. बिजनेस पर्पस रिक्वायरमेंट्स

Q.108 सिस्टम डेवलपमेंट लाइफ साइकल (एसडीएलसी) में पहला स्टेप________ है।

A. एनालिसिस

B. डिज़ाइन

C. प्रॉब्लम/अपॉर्चुनिटी आइडेंटिफिकेशन

D. डेवलपमेंट और डॉक्यूमेंटेशन

Q.109 निम्नलिखित में से कौन सा एक रिक्वायरमेंट इंजीनियरिंग का स्टेप नहीं है?

A. एलिसिटेशन

B. डिजाइन

C. एनालिसिस

D. डॉक्यूमेंटेशन

Q.110 किसी ऐरे का पहला एलिमेंट इंडेक्स ____ में स्टोर किया जाता है।

A. 0   **B.** 1   **C.** n   **D.** n-1

Q.111 मर्ज सॉर्ट की कॉम्प्लेक्सिटी क्या है?

A. O(n2 log n)

B. O(n log n)

C. O(n2)

D. O(n)

Q.112 मिनिमम टाइम कॉम्प्लेक्सिटी के साथ रैंडम लिंक्ड लिस्ट को सॉर्ट करने के लिए निम्न में से किस सॉर्टिंग एल्गोरिथ्म का उपयोग किया जा सकता है?

A. इंसर्शन सॉर्ट

B. क्विक सॉर्ट

C. हीप सॉर्ट

D. मर्ज सॉर्ट

Q.113 किसी भी DAG की टोपोलॉजिकल सॉर्टिंग ________ समय में की जा सकती है।

A. क्यूबिक

B. क्वाड्रैटिक

C. लीनियर

D. लॉगरिथ्मिक

Q.114 डायनेमिक ऐरे के एन्ड में इन्सर्ट करने की टाइम कम्प्लेक्सिटी क्या है?

A. O(1)

B. O(n)

C. O(logn)

D. या तो O(1) या तो O(n)

Q.115 निम्नलिखित में से कौन सा कम्प्रेशन सॉर्ट इन-प्लेस सॉर्ट हैं?

A. बकेट सॉर्ट

B. इंसर्शन सॉर्ट

C. सिलेक्शन सॉर्ट

D. दोनों (B) और (C)

Q.116 एक मैक्सिमम हीप को ________ में एक मिनिमम हीप में परिवर्तित किया जा सकता है।

A. एक्सपोनेंशियल टाइम

B. क्वाड्रटिक टाइम

C. लीनियर टाइम

D. लोगरिथ्मिक टाइम

Q.117 डायनैमिकल रूप से अलोकेटेड ट्री को हटाने के लिए, सबसे उपयुक्त ट्रैवर्सल तकनीक ________ है।

A. प्री-आर्डर

B. पोस्ट-आर्डर

C. इन-आर्डर

D. लेवल-आर्डर

Q.118 निम्नलिखित में से कौन 'n' एलिमेंट वाली सॉर्टेड लिस्ट के लिए सही है?

A. एक सॉर्टेड ऐरे में इंसर्शन में कांस्टेंट टाइम लगता है।

B. एक सॉर्टेड लीनियर लिंक्ड लिस्ट में इंसर्शन में कांस्टेंट टाइम लगता है।

C. एक सॉर्टेड ऐरे में एक 'की' की सर्चिंग O(log n) टाइम में की जा

सकती है।

D. एक सॉर्टेड लीनियर लिंक्ड लिस्ट में एक 'की' की सर्चिंग O(log n) टाइम में की जा सकती है।

Q.119 निम्नलिखित लिंक्ड लिस्ट पर विचार करें। निम्नलिखित में से कौन सा कोड लिस्ट के अंत में q द्वारा प्वाइंटेड नोड को सम्मिलित करेगा?

A. for (p=list; p!=NULL; p=p→next); p=q;

B. for (p=list; p!=NULL; p=p→next); p→next=q;

C. for (p=list; p→next !=NULL; p=p→next); p=q;

D. for (p=list; p→next !=NULL; p=p→next); p→next=q;

Q.120 दिए गए ट्रांसिशन्स के अनुसार, निम्नलिखित में से कौन से दिए गए NFA के लिए q1 के एप्सिलॉन क्लोजर हैं?

Δ (q1, ε) = {q2, q3, q4}Δ (q4, 1) = q1

Δ (q1, ε) = q1

A. q4

B. q2

C. q1

D. q1, q2, q3, q4

Q.121 निर्देश: कथनों को ध्यानपूर्वक पढ़िए और सही विकल्प का चयन कीजिए।

कथन 1: ε- ट्रांजिशन को हिडन नॉन डेटर्मिनिस्म कहा जा सकता है।

कथन 2: δ (q, ε) = p का अर्थ है q से यह रीड हेड में बदलाव के साथ p पर जा सकता है।

A. कथन 1 और 2 दोनों सही हैं।

B. कथन 1 और 2 दोनों गलत हैं।

C. कथन 1 सही है जबकि कथन 2 गलत है।

D. कथन 1 गलत है जबकि कथन 2 सही है।

Q.122 111 या 101 से शुरू होने वाले आठ-बिट स्ट्रिंग्स की संख्या ____ है।

A. 64

B. 128

C. 256

D. इनमें से कोई नहीं

Q.123 निम्नलिखित में से कौन इनपुट वर्णमाला से संबंधित नहीं है यदि किसी भी भाषा के लिए S={a, b}*?

A. a

B. b

C. e

D. उल्लेख में से कोई नहीं

Q.124 दी गई भाषा के अनुसार हमें कितने अंतिम स्टेट की आवश्यकता है? लैंग्वेज एल: {an| n सम या 3 से विभाज्य है।}

A. 1   **B.** 2   **C.** 3   **D.** 4

Q.125 कौन सी घटना होती है जब बाईं ओर के नॉन-टर्मिनल को दाईं ओर के पहले प्रतीक के रूप में दोहराया जाता है?

A. लेफ्ट-मोस्ट डेविएशन

B. लेफ्ट रिकर्शन

C. लेफ्ट फैक्टरिंग

D. लेफ्ट पर्शिंग

Q.126 कौन सा कंप्यूटर प्रोग्राम हाई लेवल लैंग्वेज को एक्सेप्ट करता है और इसे असेंबली लैंग्वेज में कन्वर्ट करता है?

A. इंटरप्रेटर   **B.** लिंकर   **C.** असेम्बलर   **D.** कम्पाइलर

Q.127 डीएफए का पूर्ण रूप है:

A. डिटरमिनिस्टिक फाइनाइट सेट ऑटोमेटा

B. डिटरमिनिस्टिक फाइनाइट ऑटोमेटा

C. डायनेमिक फाइनाइट ऑटोमेटा

D. डायनेमिक फाइनाइट सेट ऑटोमेटा

Q.128 निम्न में से कौन सी फाइल असेंबलर का आउटपुट है?

A. प्रोग्राम फाइल

B. ऑब्जेक्ट फाइल

C. डेटा फाइल

D. टास्क फाइल

Q.129 कम्पाइलर में टोकन में कैरेक्टर्स के ग्रुपिंग के लिए किस टूल का उपयोग किया जाता है?

A. पार्सर
B. कोड ऑप्टिमाइजर
C. कोड जनरेटर
D. स्कैनर

Q.130 सीरियल कम्युनिकेशन लिंक लेयर पर डेटा भेजने के लिए आवश्यक न्यूनतम वायर की संख्या क्या है?

A. 1
B. 2
C. 3
D. 4

Q.131 सीरियल कम्युनिकेशन लिंक पर डेटा भेजने के लिए किस डेटा कम्युनिकेशन मेथड का उपयोग किया जाता है?

A. सिंप्लेक्स
B. हाफ डुप्लेक्स
C. फुल डुप्लेक्स
D. ये सभी

Q.132 निम्नलिखित में से कौन सा कथन गलत है?

A. ऑनलाइन एक्टिविटीज में टेलीप्रोसेसिंग कॉम्बिंग टेलीकम्युनिकेशन और डीपी तकनीक।
B. मल्टीप्लेक्सर्स को कई I/O डिवाइस से डेटा स्वीकार करने और एक कम्युनिकेशन लाइन पर डेटा की एक यूनिफाइड स्ट्रीम ट्रांसमिट करने के लिए डिज़ाइन किया गया है।
C. हाफ-डुप्लेक्स लाइन एक कम्युनिकेशन लाइन है जिसमें डेटा दो दिशाओं में घूम सकता है, लेकिन एक ही समय में नहीं।
D. टेलीकॉम ऑपरेशन्स के लिए बैच प्रोसेसिंग पसंदीदा प्रोसेसिंग मोड है।

Q.133 टाइम शेयरिंग सिस्टम के भीतर डेटा का इंटरैक्टिव ट्रांसमिशन _______ के लिए सबसे उपयुक्त हो सकता है।

A. सिंप्लेक्स लाइन
B. हाफ डुप्लेक्स लाइन्स
C. फुल डुप्लेक्स लाइन्स
D. बी-फ्लेक्स लाइन

Q.134 टेलीप्रिंटर क्या है?

A. इनपुट के लिए नहीं रिमोट लोकेशन पर, प्रिंटिंग के लिए उपयोग किया जाता है।
B. हाई स्पीड ऑपरेशन और विभिन्न फॉर्मेटिंग कंट्रोल्स दोनों की पेशकश करें।
C. आउटपुट के लिए प्रिंटर और इनपुट के लिए कीबोर्ड रखें।
D. टेलेटाइप के समान हैं।

Q.135 निम्नलिखित में से कौन-सा शब्द नेटवर्कों का केवल एक कनेक्शन है, जिन्हें एक साथ जोड़ा जा सकता है?

A. इंटरनेट
B. वर्चुअल प्राइवेट नेटवर्क
C. इंट्रानेट
D. एक्सट्रानेट

Q.136 एक कंप्यूटर, एक्सेस की स्वीकृति देने से पहले एक मैच के लिए यूज़र नेम और पासवर्ड के _______ की जांच करता है।

A. वेबसाइट
B. नेटवर्क
C. बैकअप फाइल
D. डाटाबेस

Q.137 _______ टोपोलॉजी में नेटवर्क घटक एक ही केबल से जुड़े होते हैं।

A. स्टार
B. रिंग
C. बस
D. मैश

Q.138 बैकअप क्या है?

A. आपके नेटवर्क में और अधिक अवयवों को जोड़ना
B. डाटा को मूल स्थान से एक दूसरे स्थान पर कॉपी करके इसे सुरक्षित करना
C. नए डाटा में से पुराने डाटा को फ़िल्टर करना
D. ऊपर के सभी

Q.139 WPA2 _______ में सुरक्षा के लिए प्रयोग किया जाता है।

A. इंटरनेट
B. ब्लूटूथ
C. वाई-फाई
D. (A) और (B) दोनों

Q.140 LISP में फ़ंक्शन, उस सूची को रिटर्न करता है जिसके रिजल्ट से पहले एलिमेंट को हटा दिया जाता है (रेस्ट f लिस्ट) _______ है।

A. कार
B. लास्ट
C. कोन्स
D. सीडीआर

Q.141 निम्नलिखित में से किसमें आर्टिफिशियल इंटेलिजेंस प्रोग्रामिंग के आउटपुट सेगमेंट शामिल हैं?

A. प्रिंटेड लैंग्वेज और सिंथेसाइज्ड लैंग्वेज
B. मैनीपुलेशन फिजिकल ऑब्जेक्ट
C. लोकोमोशन
D. उल्लिखित सभी

Q.142 LISP किसके द्वारा बनाया गया था?

A. जॉन मैकार्थी
B. मार्विन मिन्स्की
C. एलन ट्यूरिंग
D. एलन नेवेल और हर्बर्ट साइमन

Q.143 मानव द्वारा उपयोग की जाने वाली कम्युनिकेशन की प्राइमरी इंटरैक्टिव मेथड क्या है?

A. रीडिंग
B. राइटिंग
C. स्पीकिंग
D. उपर्युक्त सभी

Q.144 एलेमेंटरी लिंगुइस्टिक यूनिट जो शब्दों से छोटी होती हैं?

A. एलोफोन्स
B. फोनेमेस
C. सिलेबल्स
D. उल्लिखित सभी

Q.145 एलआईएसपी में एटम जो "true" का प्रतीक _______ है।

A. t
B. ml
C. y
D. time

Q.146 मशीन लर्निंग क्या है?

A. कंप्यूटर प्रोग्राम के उपयोग के माध्यम से नॉलेज का ऑटोनोमस एक्सीशन
B. मैनुअल प्रोग्राम के उपयोग के माध्यम से नॉलेज का ऑटोनोमस एक्सीशन
C. कंप्यूटर प्रोग्राम के उपयोग के माध्यम से नॉलेज का सेलेक्टिव एक्सीशन
D. मैनुअल प्रोग्राम के उपयोग के माध्यम से नॉलेज का सेलेक्टिव एक्सीशन

Q.147 लर्नर सिस्टम के परफॉरमेंस को प्रभावित करने वाले फैक्टर में से कौन शामिल नहीं है?

A. रिप्रजेंटेशन स्कीम का इस्तेमाल
B. ट्रेनिंग सिनेरियो
C. फीडबैक टाइप
D. गुड डेटा स्ट्रक्चर्स

Q.148 आर्टिफिशियल इंटेलिजेंस क्या है?

A. अपनी माइंड को कंप्यूटर में डालना
B. अपनी माइंड से प्रोग्रामिंग
C. मशीन को इंटेलीजेंट बनाना
D. एक गेम खेलना

Q.149 एआई के लिए आमतौर पर इस्तेमाल की जाने वाली प्रोग्रामिंग लैंग्वेज कौन सी नहीं है?

A. प्रोलॉग
B. जावा
C. एलआईएसपी
D. पर्ल

Q.150 सेमाफोर अर्थात संज्ञापित्र पर अनुमेय दो परमाणु संचालन _______ और _______ हैं।

A. wait, stop
B. wait, hold
C. hold, signal
D. wait, signal

// स्मार्ट उत्तर पुस्तिका //

सही उत्तर उन छात्रों का प्रतिशत जिन्होंने प्रश्नों का सही उत्तर दिया था। **छोड़ दिया** उन छात्रों का प्रतिशत जिन्होंने प्रश्नों को छोड़ दिया था।

प्रश्न संख्या	उत्तर	सही उत्तर / छोड़ दिया	प्रश्न संख्या	उत्तर	सही उत्तर / छोड़ दिया	प्रश्न संख्या	उत्तर	सही उत्तर / छोड़ दिया	प्रश्न संख्या	उत्तर	सही उत्तर / छोड़ दिया	प्रश्न संख्या	उत्तर	सही उत्तर / छोड़ दिया	प्रश्न संख्या	उत्तर	सही उत्तर / छोड़ दिया
1	D	24.17 % / 24.3 %	22	C	21.65 % / 35.19 %	43	A	21.51 % / 50.07 %	64	C	11.69 % / 37.85 %	85	C	27.09 % / 32.14 %	106	D	30.28 % / 36.39 %
2	D	45.02 % / 33.6 %	23	D	15.14 % / 28.55 %	44	C	11.69 % / 51.13 %	65	C	35.99 % / 34.66 %	86	C	42.63 % / 35.86 %	107	A	17.8 % / 36.78 %
3	D	34.13 % / 31.21 %	24	D	19.12 % / 28.29 %	45	C	7.84 % / 54.44 %	66	D	22.05 % / 34.13 %	87	C	45.95 % / 37.58 %	108	C	35.99 % / 34.4 %
4	C	12.75 % / 35.46 %	25	A	29.75 % / 26.56 %	46	C	19.65 % / 50.47 %	67	A	17.0 % / 36.92 %	88	D	32.8 % / 37.45 %	109	B	12.75 % / 35.32 %
5	C	19.65 % / 24.84 %	26	A	29.35 % / 25.1 %	47	B	11.42 % / 54.05 %	68	B	22.58 % / 37.98 %	89	B	14.61 % / 39.31 %	110	A	45.15 % / 36.12 %
6	C	39.97 % / 32.54 %	27	B	37.05 % / 29.62 %	48	B	21.51 % / 51.8 %	69	C	16.2 % / 26.3 %	90	B	27.89 % / 37.45 %	111	B	40.5 % / 37.45 %
7	A	22.31 % / 29.08 %	28	C	37.98 % / 32.27 %	49	C	9.43 % / 54.05 %	70	B	21.65 % / 33.2 %	91	D	38.11 % / 28.96 %	112	D	10.62 % / 34.0 %
8	A	11.16 % / 32.0 %	29	A	45.42 % / 31.87 %	50	D	25.1 % / 52.46 %	71	C	16.07 % / 32.4 %	92	B	39.04 % / 38.25 %	113	C	22.97 % / 36.26 %
9	C	19.12 % / 30.81 %	30	A	41.04 % / 32.93 %	51	B	36.65 % / 29.62 %	72	B	22.18 % / 37.71 %	93	C	23.24 % / 35.46 %	114	D	12.88 % / 38.65 %
10	C	27.76 % / 34.66 %	31	A	31.47 % / 31.48 %	52	B	23.9 % / 37.45 %	73	A	50.2 % / 29.48 %	94	B	25.37 % / 36.65 %	115	D	38.78 % / 37.32 %
11	D	35.46 % / 34.93 %	32	D	52.99 % / 29.88 %	53	A	22.31 % / 35.72 %	74	A	37.18 % / 37.19 %	95	A	17.93 % / 31.07 %	116	C	17.93 % / 37.32 %
12	A	33.33 % / 35.06 %	33	B	25.1 % / 33.6 %	54	A	11.29 % / 39.44 %	75	A	38.65 % / 35.32 %	96	B	27.49 % / 37.45 %	117	B	17.4 % / 37.45 %
13	A	18.86 % / 35.19 %	34	A	15.01 % / 34.53 %	55	C	25.23 % / 32.94 %	76	B	15.14 % / 38.38 %	97	A	27.89 % / 38.11 %	118	C	23.64 % / 36.39 %
14	A	26.83 % / 34.13 %	35	C	17.4 % / 34.79 %	56	B	23.64 % / 36.65 %	77	A	28.82 % / 31.07 %	98	B	30.68 % / 37.05 %	119	D	14.34 % / 38.91 %
15	B	15.14 % / 29.35 %	36	B	21.38 % / 33.47 %	57	A	16.87 % / 33.33 %	78	B	16.73 % / 38.52 %	99	B	16.07 % / 37.45 %	120	D	26.69 % / 27.89 %
16	D	54.18 % / 25.24 %	37	B	28.29 % / 26.03 %	58	B	28.15 % / 36.92 %	79	D	21.51 % / 33.6 %	100	B	25.37 % / 34.13 %	121	C	18.33 % / 33.99 %
17	B	49.27 % / 29.61 %	38	C	22.44 % / 34.66 %	59	B	24.44 % / 36.65 %	80	D	15.67 % / 37.05 %	101	B	20.85 % / 32.93 %	122	A	17.8 % / 40.5 %
18	C	23.37 % / 32.27 %	39	A	15.54 % / 52.72 %	60	A	15.8 % / 37.19 %	81	A	18.06 % / 35.06 %	102	A	10.36 % / 35.59 %	123	C	31.47 % / 37.99 %
19	C	31.08 % / 34.26 %	40	A	34.13 % / 54.71 %	61	A	42.1 % / 35.06 %	82	C	16.2 % / 35.46 %	103	C	22.44 % / 37.19 %	124	B	20.32 % / 35.59 %
20	A	26.16 % / 30.02 %	41	C	8.23 % / 54.85 %	62	A	21.12 % / 36.91 %	83	B	37.85 % / 33.2 %	104	D	24.17 % / 33.07 %	125	B	25.23 % / 35.46 %
21	A	22.84 % / 32.54 %	42	A	14.61 % / 50.06 %	63	D	14.48 % / 29.21 %	84	D	34.93 % / 37.71 %	105	B	43.16 % / 38.38 %	126	D	18.99 % / 39.44 %

प्रश्न संख्या	उत्तर	सही उत्तर / छोड़ दिया	प्रश्न संख्या	उत्तर	सही उत्तर / छोड़ दिया	प्रश्न संख्या	उत्तर	सही उत्तर / छोड़ दिया	प्रश्न संख्या	उत्तर	सही उत्तर / छोड़ दिया	प्रश्न संख्या	उत्तर	सही उत्तर / छोड़ दिया	प्रश्न संख्या	उत्तर	सही उत्तर / छोड़ दिया
127	B	40.24 % 38.11 %	131	C	9.16 % 37.98 %	135	A	29.22 % 38.24 %	139	C	27.49 % 38.38 %	143	C	22.58 % 38.77 %	147	D	14.08 % 38.64 %
128	B	39.71 % 31.21 %	132	D	14.48 % 37.31 %	136	D	39.18 % 37.98 %	140	D	13.94 % 37.72 %	144	D	26.96 % 35.99 %	148	C	44.62 % 32.67 %
129	D	9.83 % 37.18 %	133	B	15.8 % 37.85 %	137	C	37.98 % 39.31 %	141	D	36.65 % 36.13 %	145	A	26.29 % 37.19 %	149	D	14.21 % 35.59 %
130	B	23.9 % 30.02 %	134	C	13.15 % 39.57 %	138	B	39.04 % 35.73 %	142	A	23.9 % 31.35 %	146	A	25.76 % 38.25 %	150	D	22.84 % 53.52 %

//संकेत और समाधान//

1. मूल्यांकन किसी दिए गए उद्देश्य के लिए सामग्री के मूल्य का न्याय करने की क्षमता से संबंधित है। निर्णय विशिष्ट मानदंडों के आधार पर होते हैं जो आंतरिक मानदंड (संगठन) या बाहरी मानदंड (उद्देश्य के लिए प्रासंगिकता) हो सकते हैं। संज्ञानात्मक क्षमता व्यक्ति की विभिन्न मानसिक गतिविधियों को करने की क्षमता है जो ज्यादातर सीखने और समस्या को सुलझाने के साथ जुड़ी हुई है। तो, मूल्यांकन संज्ञानात्मक क्षमता का उच्चतम स्तर है।

अत: विकल्प (D) सही है।

2. यदि आपकी कक्षा के अधिकांश छात्र कमजोर हैं, तो शिक्षक को आपके शिक्षण को धीमी गति के विद्यार्थियों के लिए कुछ अतिरिक्त मार्गदर्शन के साथ धीमा रखना चाहिए:

- हर छात्र मनोवैज्ञानिक पहलुओं जैसे बुद्धि, व्यक्तित्व आदि पर दूसरों से अलग होता है।
- हर बच्चे की सीखने की गति अलग होती है और सभी बच्चों के लिए एक ही तरीका लागू नहीं हो सकता है।
- उज्ज्वल लोगों के लिए अतिरिक्त मार्गदर्शन उन्हें बोर नहीं होने देगा और उन्हें ज्ञान के निर्माण में व्यस्त रखेगा

अतः विकल्प (D) सही है।

3. शिक्षण प्रक्रिया क्रम में-

(iv) उद्देश्यों का निर्माण

(i) पिछले ज्ञान के साथ वर्तमान ज्ञान से संबंधित है

(v) सामग्रियों की प्रस्तुति

(ii) मूल्यांकन

(iii) पुनः प्राप्त करना

अत: विकल्प (D) सही है।

4. समीपस्थ विकास का क्षेत्र (कभी-कभी संक्षिप्त रूप से ZPD), यह अंतर है कि एक शिक्षार्थी बिना मदद के क्या कर सकता है और वह मदद से क्या कर सकता है। यह सोवियत मनोवैज्ञानिक और सामाजिक रचनाकार लेव वायगोत्स्की (1896 - 1934) द्वारा विकसित एक अवधारणा है। व्यगोत्स्की ने ZPD को व्यक्तिगत समस्या समाधान द्वारा निर्धारित वास्तविक विकास स्तर और वयस्क ज्ञान के तहत समस्या-समाधान के माध्यम से निर्धारित संभावित विकास के स्तर या अधिक जानकार साथियों के साथ सहयोग के रूप में भी वर्णित किया।

अत: विकल्प (C) सही है।

5. इसमें अभिकथन सही है लेकिन कारण गलत है। प्रभावी शिक्षण के लिए, एक शिक्षक को शिक्षण मॉडल का अच्छा ज्ञान होना चाहिए और छात्रों और विषय की आवश्यकताओं को ध्यान में रखते हुए उपयुक्त मॉडल का चयन करना चाहिए। ये मॉडल रुचि, रचनात्मकता, प्रेरणा और नवाचारों को बढ़ाने में मदद करते हैं। विभिन्न प्रकार के मॉडल हैं:

- सामाजिक संपर्क मॉडल
- व्यवहार परिवर्तन मॉडल
- व्यक्तिगत आधार मॉडल
- सूचना प्रसंस्करण मॉडल

अतः विकल्प (C) सही है।

6. अनुसंधान एक जांच है जिसमें ज्ञान, संस्कृति और समाज के भंडार को बढ़ाने के लिए व्यवस्थित और तार्किक आधार पर किए गए रचनात्मक कार्य शामिल हैं। यह परिकल्पना के सत्यापन, डेटा विश्लेषण, व्याख्या और सिद्धांतों के निर्माण से संबंधित है और ज्ञान (अनुसंधान) के इस स्टॉक का उपयोग करके नए अनुप्रयोगों को तैयार किया जा रहा है। शोध प्रक्रिया शुरू करने में पहला कदम समस्या की पहचान है।

अत: विकल्प (C) सही है।

7. जब जनसंख्या बढ़ रही है और खाद्यान्न घट रहा है तो सहसंबंध नकारात्मक होगा, शून्य सहसंबंध का मतलब है कि चर एक दूसरे से स्वतंत्र हैं और सकारात्मक सहसंबंधों में, दोनों चर में एक सीधा संबंध देखा जाता है।

अत: विकल्प (A) सही है।

8. जीन प्याजे का संज्ञानात्मक विकास का सिद्धांत मानव बुद्धि की प्रकृति और विकास के बारे में एक व्यापक सिद्धांत है। प्याजे सिद्धांत चार चरणों पर आधारित है, अर्थात् सेंसरिमोटर चरण, पूर्व-संचालन चरण, ठोस परिचालन चरण और औपचारिक परिचालन चरण।

मौलिक अनुसंधान का उद्देश्य प्राकृतिक घटनाओं की बेहतर समझ के लिए वैज्ञानिक सिद्धांतों में सुधार करना है। प्याजे का विचार उनके मौलिक शोध पर आधारित है।

अत: विकल्प (A) सही है।

9. गुणात्मक अनुसंधान में नीचे-ऊपर अनुभवजन्य साक्ष्य के साथ डेटा संग्रह की कई विधियाँ हैं, जिनमें अवलोकन, पाठ्य या दृश्य विश्लेषण (जैसे किताब या वीडियो से) और साक्षात्कार (व्यक्तिगत या समूह) शामिल हैं। हालांकि, सबसे आम तरीकों का इस्तेमाल किया जाता है, खासकर स्वास्थ्य सेवा अनुसंधान में, साक्षात्कार और फोकस समूह होते हैं।

अत: विकल्प (C) सही है।

10. हमारा ज्ञान कुछ कहानियों का संग्रह है जो जीवित रहते हैं।

(दूसरी पंक्ति में संदर्भ पंक्ति: हमारा इतिहास, ज्ञान और समझ सभी कुछ कहानियों के संग्रह हैं जो जीवित हैं)।

अत: विकल्प (C) सही है।

11. अनुच्छेद की पहली पंक्ति से, यह स्पष्ट है कि स्टोरी टेलिंग हमारे जीन में नहीं है। न ही यह एक विकासवादी इतिहास है। यह हमें मानव बनाता है का सार है।

(संदर्भ पंक्ति: कथावाचन हमारे जीन में नहीं है। न तो यह एक विकासवादी इतिहास है। यह वही है जो मुझे मानव बनाता है।)

अत: विकल्प (D) सही है।

12. भविष्य आंशिक रूप से, संभवतः काफी हद तक निर्भर करेगा, जिन कहानियों पर हम सामूहिक रूप से विश्वास करना चुनते हैं।

(दूसरी पंक्ति में संदर्भ पंक्ति: इसमें वे कहानियाँ शामिल हैं जो हम एक-दूसरे को भविष्य के बारे में बताते हैं। और भविष्य कैसे बदल जाएगा, यह आंशिक रूप से, संभवतः बड़े पैमाने पर निर्भर करता है, जिन कहानियों पर हम सामूहिक रूप से विश्वास करना चुनते हैं)।

अत: विकल्प (A) सही है।

13. तर्कसंगत आशावादी यह दावा करने के लिए जाता है कि प्रतिस्पर्धा करना और सफल होना और दूसरों की कीमत पर लाभ प्राप्त करना भी मानव स्वभाव है, स्पष्ट रूप से यह विचार दें कि वे समझदार, हंसमुख हैं और स्वार्थी हैं और अवसरों की तलाश करते हैं।

(संदर्भ पंक्ति: वर्तमान में, इस प्रवृत्ति का नेतृत्व उन लोगों द्वारा किया जा रहा है, जो खुद को "तर्कसंगत आशावादी" कहते हैं। वे दावा करते हैं कि प्रतिस्पर्धा करना और सफल होना और दूसरों की कीमत पर लाभ उठाना भी मानव स्वभाव है। तर्कसंगत आशावादी हालांकि यह एहसास नहीं है कि मानवता ने सामाजिक नेटवर्क के माध्यम से ओवरटाइम कैसे आगे बढ़ाया है और कम स्वार्थ में बड़े समूह कैसे काम करते हैं और इस प्रक्रिया में अमीर और गरीब, उच्च और निम्न समान हैं)।

अत: विकल्प (A) सही है।

14. तीसरे अनुच्छेद में, यह दिया गया है कि कम स्वार्थ में बड़े समूह कैसे काम करते हैं।

(संदर्भ पंक्ति: तर्कसंगत आशावादी, हालांकि यह महसूस नहीं करते कि मानवता ने सामाजिक नेटवर्क के माध्यम से ओवरटाइम कैसे आगे बढ़ाया है और कैसे बड़े समूह कम स्वार्थ में काम करते हैं और इस प्रक्रिया में अमीर और गरीब, उच्च और निम्न एक जैसे होते हैं)।

अत: विकल्प (A) सही है।

15. संचार भावनाओं, विचारों, ज्ञान और सूचना का आदान-प्रदान है, या तो बोल, लेखन, संकेत या व्यवहार के द्वारा और संगठन की सफलता के लिए, प्रभावी संचार सभी स्तरों पर एक आवश्यक घटक है। इस प्रभावी संचार को अभुव्रत्ति सर्वेक्षण, प्रदर्शन रिकॉर्ड्स और छात्र की उपस्थिति के माध्यम से पता लगाया जा सकता है।

अत: विकल्प (B) सही है।

16. उपदेश- यह एक प्रत्यक्ष शिक्षण विधि नहीं है। प्रवचन एक भाषण या किसी विशेष, आमतौर पर गंभीर, विषय के बारे में लिखने का एक टुकड़ा है।

अभिव्यक्ति- शिक्षण पद्धति जो प्रदर्शित करती है और बताती है कि कुछ कैसे किया जाता है।

चर्चा- चर्चा में दोतरफा संवाद होता है। कक्षा की स्थिति में, एक प्रशिक्षक और प्रशिक्षु सभी चर्चा में भाग लेते हैं।

शिक्षण- शिक्षा का एक तरीका जिसमें एक प्रशिक्षक सीधे एक व्यक्तिगत छात्र के साथ काम करता है।

अत: विकल्प (D) सही है।

17. दिया है: 2, 4, 6, 10, 16, 26, 42, ?

तर्क है:

2 + 4 = 6

4 + 6 = 10

6 + 10 = 16

10 + 16 = 26

16 + 26 = 42

26 + 42 = 68

अत: विकल्प (B) सही है।

18. दिया है, दो ट्रेनों के बीच प्रस्थान के समय में अंतर $= 45$ मिनट $= \frac{45}{60}$ घंटा $= \frac{3}{4}$ घंटा।

मान लीजिए, दिल्ली से दूरी x किमी है जहां दोनों ट्रेनें एक साथ होंगी।

136 किमी प्रति घंटे की गति के साथ x किमी की दूरी तय करने में लगने वाला समय t घंटे और गति के साथ x किमी की दूरी तय करने में लगने वाला समय 100 किमी प्रति घंटे (जैसे ट्रेन 45 लेती है मिनट अधिक)

$$t + \frac{3}{4} = \frac{4t+3}{4} \text{ घंटे}$$

सूत्र का उपयोग करके,

दूरी $=$ गति $\times$ समय

अभी, $100 \times \frac{4t+3}{4} = 136t$

$\Rightarrow 25(4t + 3) = 136t$

$\Rightarrow 100t + 75 = 136t$

$\Rightarrow 36t = 75$

$\Rightarrow t = \frac{75}{36} = 2.083$ घंटे

फिर, दूरी $\times$ किमी $= 136 \times 2.083 = 283.288$ लगभग 283.29 किमी।

तो, वे दो ट्रेनें दिल्ली से 283.29 किमी पर एक साथ हैं।

अत: विकल्प (C) सही है।

19. दिया है, 50 संख्याओं का औसत $= 38$

तब, 50 संख्याओं का योग $= 38 \times 50 = 1900$

यदि दो संख्याएं 45 और 55 को छोड़ दिया जाय

तो, बाकी बचे 48 संख्याओं का योग $= 1900 - (45 + 55)$

$= 1800$

$\therefore$ आवश्यक औसत $= \left(\frac{1800}{48}\right)$

$= 37.5$

अत: विकल्प (C) सही है।

20. अनुसंधान का सर्वश्रेष्ठ अर्थ ज्ञान के निर्माण और अनुप्रयोग के लिए 'वैज्ञानिक पद्धति' को अपनाना है।

- अनुसंधान वैज्ञानिक पद्धति का उपयोग कर सकते हैं, लेकिन ऐसा करने की आवश्यकता नहीं है। अनुसंधान वैज्ञानिक जांच की एक कला है। इसे नए ज्ञान प्राप्त करने के लिए एक व्यवस्थित प्रयास के रूप में माना जाता है।

- शोध का शब्दकोष है, "विशेष रूप से ज्ञान की किसी भी शाखा में नए तथ्यों की खोज के माध्यम से एक सावधानीपूर्वक जांच या पूछताछ"।

- शोध की परिभाषा में परिभाषित करने और समस्याओं को फिर से परिभाषित करना, परिकल्पना या सुझाए गए समाधान तैयार करना शामिल है; दत्त एकत्र करना, व्यवस्थित करना और मूल्यांकन करना; कटौती करना और निष्कर्ष तक पहुंचना; और अंत में, यह निर्धारित करने के लिए सावधानीपूर्वक परीक्षण करना कि क्या वे तैयार करने वाली परिकल्पना के अनुरूप हैं।

अत: विकल्प (A) सही है।

21. एक तर्क को औपचारिक रूप से वैध करार दिया जाता है यदि इसमें संरचनात्मक आत्म-संगति होती है, अर्थात जब परिसर के बीच संचालन सभी सही होते हैं, तो व्युत्पन्न निष्कर्ष हमेशा सही होता है। तीसरे उदाहरण में, प्रारंभिक परिसर तार्किक रूप से निष्कर्ष में परिणाम नहीं कर सकता है और इसलिए इसे अमान्य तर्क के रूप में वर्गीकृत किया गया है।

अत: विकल्प (A) सही है।

22. चार्वाक दृष्टि ने सभी अलौकिक दावों, सभी धार्मिक प्राधिकरणों और धर्मग्रंथों, सत्य की स्थापना में साक्ष्य, गवाही और किसी भी धार्मिक अनुष्ठान या परंपरा को खारिज कर दिया।

दर्शन के आवश्यक सिद्धांत थे:

- प्रत्यक्ष धारणा किसी भी सत्य को स्थापित करने और स्वीकार करने का एकमात्र साधन है।
- इंद्रियों द्वारा जो जाना और समझा नहीं जा सकता, वह मौजूद नहीं है।
- जो सभी मौजूद हैं वे वायु, पृथ्वी, अग्नि और जल के अवलोकनीय तत्व हैं।
- जीवन में परम अच्छाई खुशी है; एकमात्र बुराई दर्द है।
- सुख प्राप्त करना और दर्द से बचना ही मानव अस्तित्व का एकमात्र उद्देश्य है।
- धर्म एक मजबूत और चतुर आविष्कार है जो कमजोरों का शिकार करता है।

अतः विकल्प (C) सही है।

23. $35 - 40$ वर्षों में:

औसत वेतन $= \frac{(40+35)}{2} = 37500$ प्रति माह

$40 - 45$ वर्षों में:

औसत वेतन $= \frac{35+35+50+30+45+45}{6}$

$= \frac{240}{6} = 40000$ प्रति माह

$40 - 45$ वर्षों में:

औसत वेतन $= \frac{50+50}{2}$

$= \frac{100}{2} = 50000$ प्रति माह

$50 - 55$ वर्षों में:

औसत वेतन $= \frac{45+60+55}{2} = 53300$ प्रति माह

इसलिए, $50 - 55$ वर्ग के अंतराल में लोगों का अधिकतम औसत वेतन है।

अतः विकल्प (D) सही है।

24. बस उन लोगों की संख्या गिनें जिनकी उम्र $30 - 35$ वर्ष के बीच है।

आवृत्ति $(\%) = \frac{7}{20} \times 100 = 35\%$

अतः विकल्प (D) सही है।

25.
औसत
$$= \frac{44+32+54+42+31+53+42+51+34+41+33+31+30+37+44+36+34+49+43+45}{20}$$

$= \frac{806}{20} = 40.3$

अतः विकल्प (A) सही है।

26. ≥ 40000 प्रति माह वेतन पाने वाले कर्मचारियों का $\%$:

(≥ 40000) पाने वाले कर्मचारियों का $(\%) = \frac{9}{20} \times 100 = 45\%$

अतः विकल्प (A) सही है।

27. औसत वेतन $= \frac{35+35+50+30+45+45+50+50}{8} = \frac{340}{8}$

$= 42500$ प्रति माह

अतः विकल्प (B) सही है।

28. कंप्यूटिंग में, वर्चुअल मेमोरी (वर्चुअल मेमोरी भी) एक मेमोरी मैनेजमेंट तकनीक है जो "स्टोरेज संसाधनों का एक आदर्शीकृत अमूर्तता प्रदान करती है जो वास्तव में किसी दिए गए मशीन पर उपलब्ध होती है" जो "बहुत बड़ी (मुख्य) मेमोरी के उपयोगकर्ताओं के लिए भ्रम पैदा करती है"।

अतः विकल्प (C) सही है।

29. नेटवर्क में टोपोलॉजी भौतिक या तार्किक व्यवस्था है जिसमें नेटवर्क में प्रत्येक नोड जुड़ा हुआ है। नेटवर्किंग में बस, ट्री, रिंग, स्टार, मेश और हाइब्रिड टोपोलॉजी जैसी कई टोपोलॉजी हैं। कोई विशेष सर्वश्रेष्ठ टोपोलॉजी नहीं है और नेटवर्क के प्रकार के आधार पर एक उपयुक्त टोपोलॉजी को चुना जा सकता है।

अतः विकल्प (A) सही है।

30. स्टार टोपोलॉजी में, कोई भी कंप्यूटर दूसरे कंप्यूटर से सीधे जुड़ा नहीं होता है, लेकिन सभी कंप्यूटर एक केंद्रीय हब से जुड़े होते हैं। स्रोत कंप्यूटर से भेजा गया प्रत्येक संदेश हब और हब के माध्यम से जाता है, फिर संदेश केवल इच्छित गंतव्य कंप्यूटर पर अग्रेषित करता है।

अतः सही विकल्प (A) है।

31. सेमीकंडक्टर मेमोरी सबसे तेज़ प्रकार की मेमोरी है, जो कि एक डिजिटल इलेक्ट्रॉनिक डेटा स्टोरेज डिवाइस है, जिसे अक्सर कंप्यूटर मेमोरी के रूप में उपयोग किया जाता है, जो एक एकीकृत सर्किट (आईसी) पर अर्धचालक इलेक्ट्रॉनिक उपकरणों के साथ लागू किया जाता है।

अतः विकल्प (A) सही है।

32. गूगल टॉक एक त्वरित संदेश सेवा प्रदान करता है जिसमें पाठ और ध्वनि संचार दोनों शामिल हैं। त्वरित संदेश सेवा को लोकप्रिय रूप से "गूगल टॉक", "गूगल चैट" या "गूगल मैसेज" के रूप में जाना जाता है।

अतः विकल्प (D) सही है।

33. विश्व ग्रीन हाउस गैस उत्सर्जन डेटा के अनुसार, वैश्विक कार्बन डाइऑक्साइड उत्सर्जन में उनके योगदान के घटते क्रम में देशों का सही क्रम चीन, अमेरिका, भारत, रूस, जापान है।

देश	CO_2 उत्सर्जन (अरब मीट्रिक टन)	ग्लोबल अंश
चीन	9.43	27.8%
अमेरीका	5.15	15.2%
भारत	2.48	7.3%
रूस	1.55	4.6%
जापान	1.15	3.4%

अतः विकल्प (B) सही है।

34. महात्मा गांधी अंतरराष्ट्रीय हिंदी विश्वविद्यालय, वर्धा, महाराष्ट्र, भारत में स्थित एक केंद्रीय विश्वविद्यालय है। विश्वविद्यालय संसद के एक अधिनियम के माध्यम से शुरू हुआ, जिसे 8 जनवरी 1997 को राष्ट्रपति की सहमति प्राप्त हुई। अधिनियम का उद्देश्य शिक्षण और अनुसंधान के माध्यम से, हिंदी भाषा और साहित्य के प्रचार और विकास के लिए एक शिक्षण विश्वविद्यालय की स्थापना और समावेश करना था, एक प्रमुख अंतरराष्ट्रीय भाषा के रूप में अधिक कार्यात्मक दक्षता और मान्यता प्राप्त करने के लिए हिंदी को सक्षम करने की दृष्टि से।

अतः विकल्प (A) सही है।

35. वर्धा शिक्षा योजना बेसिक शिक्षा या नई तालीम का दूसरा नाम है। शिक्षा की वर्धा योजना, जिसे 'बेसिक शिक्षा' के रूप में जाना जाता है, भारत में

प्रारंभिक शिक्षा के क्षेत्र में एक अद्वितीय स्थान रखती है। यह योजना हमारे राष्ट्र के पिता महात्मा गांधी द्वारा ब्रिटिश भारत में शिक्षा की एक स्वदेशी योजना विकसित करने का पहला प्रयास था।

अत: विकल्प (C) सही है।

36. एकलव्य प्रौद्योगिकी चैनल आईआईटी और इग्नू के बीच एक संयुक्त उपक्रम है। 26 जनवरी, 2003 को प्रो मुरली मनोहर जोशी, माननीय मंत्री, मानव संसाधन विकास, विज्ञान एवं प्रौद्योगिकी और महासागर विकास द्वारा इसका उद्घाटन किया गया था।

अत: विकल्प (B) सही है।

37. राष्ट्रीय बाल भवन (NBB) एक स्वायत्त संस्थान है, जो मानव संसाधन विकास मंत्रालय, भारत सरकार द्वारा संचालित और वित्त पोषित है जिसका मुख्यालय नई दिल्ली में है। इसकी स्थापना 1956 में प्रधानमंत्री, जवाहरलाल नेहरू ने की थी।

अत: विकल्प (B) सही है।

38. भारत में स्थापित पहला ओपन यूनिवर्सिटी 1982 में भीम राव अम्बेडकर ओपन यूनिवर्सिटी, हैदराबाद था, उसके बाद 1985 में भारत की संसद द्वारा राष्ट्रीय स्तर पर इंदिरा गांधी राष्ट्रीय ओपन यूनिवर्सिटी की स्थापना की गई।

अत: विकल्प (C) सही है।

39. कक्षा में गैर-मौखिक व्यवहार के आंतरिक संकेत अंतर-व्यक्तिगत गतिशीलता का निदान करने में मदद करते हैं।

"गैर-मौखिक व्यवहार" में वे सभी अर्थपूर्ण पहलू शामिल हैं जिनमें कोई शाब्दिक सामग्री,शब्द,या बोली जाने वाली और/या लिखित भाषा नहीं है। इसमें दृश्य और श्रवण पहलू शामिल हैं - चेहरे के भाव, हावभाव, शरीर की भाषा, मुद्राएं, आंदोलन, आवाज और मुखर सुराग (मौखिक सामग्री के बिना), पोशाक, शारीरिक उपस्थिति, और पारस्परिक बातचीत में व्यवहार के प्रतिमान (जैसे, व्यक्तिगत स्थान, स्पर्श, आदि) और स्थापना और पर्यावरण की विशेषताएं।

अत: विकल्प (A) सही है।

40. पर्यावरण (संरक्षण) अधिनियम नागरिकों को पर्यावरण मानदंडों के उल्लंघन के खिलाफ मामले दर्ज करने का अधिकार देता है।

पर्यावरण संरक्षण अधिनियम, 1986 (EPA):

- पर्यावरण संरक्षण अधिनियम, 1986 भारत की संसद का एक अधिनियम है।

- भोपाल गैस त्रासदी या भोपाल आपदा के मद्देनजर, भारत सरकार ने संविधान के अनुच्छेद 253 के अंतर्गत 1986 का पर्यावरण संरक्षण अधिनियम बनाया।

- यह मार्च 1986 में पारित किया गया, और 19 नवंबर 1986 को लागू हुआ।

- इसमें 26 अनुभाग और 4 अध्याय हैं।

- अधिनियम का उद्देश्य मानव पर्यावरण पर संयुक्त राष्ट्र सम्मेलन के निर्णयों को लागू करना है।

- ये मानव पर्यावरण के संरक्षण और सुधार और मानव के लिए खतरों की रोकथाम, अन्य जीवित प्राणियों, पौधों और संपत्ति से संबंधित हैं।

- अधिनियम एक "छाता" कानून है जिसे पिछले कानूनों, जैसे जल अधिनियम और वायु अधिनियम के तहत स्थापित विभिन्न केंद्रीय और राज्य प्राधिकरणों की गतिविधियों के केंद्र सरकार के समन्वय के लिए एक रूपरेखा प्रदान करने के लिए तैयार किया गया है।

अत: विकल्प (A) सही है।

41. परिचालन अनुपात = परिचालन व्यय/शुद्ध बिक्री

अपनी शुद्ध बिक्री के संबंध में खर्च के प्रबंधन में कंपनी प्रबंधन कितना कुशल है?

ऑपरेटिंग अनुपात का उपयोग प्रबंधन की परिचालन दक्षता को मापने के लिए किया जाता है। यह दिखाता है कि बिक्री के आंकड़े में लागत घटक सामान्य सीमा के भीतर है या नहीं। कम परिचालन अनुपात का अर्थ है एक उच्च शुद्ध लाभ अनुपात (यानी, अधिक परिचालन लाभ) इसलिए उच्च परिचालन अनुपात कभी भी अनुकूल स्थिति का संकेत नहीं देता है। इसलिए, कम परिचालन अनुपात गैर-परिचालन खर्चों को पूरा करने के लिए एक उच्च मार्जिन छोड़ देता है। इस प्रकार, दोनों (A) और (R) गलत हैं।

अत: विकल्प (C) सही है।

42. कथन बताता है कि दुनिया में सबसे बड़ा लोकतंत्र होने के बावजूद, भारत को अभी भी एक विकासशील देश के रूप में वर्गीकृत किया गया है।

कथन से, यह माना जा सकता है कि भारत प्रगतिशील है और अभी तक एक विकसित राष्ट्र नहीं बन पाया है। इसलिए, अनुमान I अनुसरण करता है।

लेकिन चूंकि कथन विकास के मापदंडों और विकास का आकलन करने के मानदंडों पर चर्चा नहीं करता। हम यह नहीं अनुमान लगा सकते हैं कि धारणा में बदलाव से भारत को विकसित होने में मदद मिलेगी। इसलिए, अनुमान II अनुसरण नहीं करता है।

अत: विकल्प (A) सही है।

43. दिया है:

8 : 514 : : 11 : ?

यहाँ अनुसरण किया गया पैटर्न है,

8, 514 से इस प्रकार संबंधित है:

$8^3 + 2 = 512 + 2$

$= 514$

इसी तरह,

$11^3 + 2 = 1331 + 2$

$= 1333$

$\Rightarrow 8 : 514 : : 11 : 1333$

अत: विकल्प (A) सही हैं।

44. जब किसी अनुमान के मध्य पद का किसी अन्य मजबूत प्रत्यक्ष द्वारा विरोधाभास किया जाता है, तो इसे बधिता कहा जाता है।

बधिता:

- बधिता हेतु या गैर-अनुमानित रूप से विरोधाभास मध्य।

- एक अनुमान के मध्य पद को जानने के कुछ अन्य 'मजबूत' विचारधाराओं, जैसे प्रत्यक्ष, प्रमाण, आदि से विरोधाभास हो सकता है।

- यह प्रमुख पद को सिद्ध नहीं कर सकता है जो वैध ज्ञान के एक अन्य मजबूत स्रोत द्वारा अस्वीकृत है। उदाहरण 'आग ठंडी है क्योंकि यह एक पदार्थ है'।

- यहां मध्य पद 'पदार्थ' का विरोधाभास हो जाता है क्योंकि इसका प्रमुख शब्द 'शीतलता' प्रत्यक्ष रूप से प्रत्यक्ष के विपरीत होता है।

- यह पांच प्रकार के दोषपूर्ण हेतु हैं जिन्हें भारतीय तर्क में मान्यता प्राप्त है।

- यद्यपि, कुछ अन्य युक्तिदोष भी हैं जिनमें गलत साद्दश्यता के युक्तिदोष, गलत समानता के युक्तिदोष, आदि शामिल हैं।

अत: विकल्प (C) सही है।

45. जनसंपर्क माध्यम: का अर्थ है वह प्रौद्योगिकी जिसका उद्देश्य जन दर्शकों तक पहुंचना है। यह आम जनता के विशाल बहुमत तक पहुंचने के लिए प्रयोग किया जाने वाला संचार का प्राथमिक साधन है। इस के लिए सबसे उभयनिष्ठ प्लेटफॉर्म समाचार पत्र, पत्रिकाएं, रेडियो, टेलीविजन और इंटरनेट हैं।

वे लोगों को सूचित करते हैं, शिक्षित करते हैं और उनका मनोरंजन करते हैं। वे लोगों को विश्व को देखने के तरीके को भी प्रभावित करते हैं और उनके विचारों में परिवर्तन करते हैं। जनमानस को संगठित करने में यह बहुत महत्वपूर्ण भूमिका निभाता है।

यह संचार है - चाहे लिखा हो, प्रसारित हो या बोला गया हो - जो बड़े दर्शकों तक पहुंचता है। यह आधुनिक संस्कृति में एक महत्वपूर्ण शक्ति है, विशेष रूप से अमेरिका में। समाजशास्त्री इसे एक मध्यस्थ संस्कृति के रूप में संदर्भित करते हैं जहां यह संस्कृति को दर्शाता है और बनाता है। और चूंकि यह नकारात्मक और सकारात्मक और नकारात्मक प्रभाव दोनों को प्रभावित करता है:

व्यापक शोध साक्ष्य इंगित करते हैं कि मीडिया हिंसा आक्रामक व्यवहार, हिंसा के प्रति असंवेदनशीलता, बुरे सपने और नुकसान होने के डर में योगदान कर सकती है।

शोध से यह भी पता चलता है कि काल्पनिक टेलीविजन और फिल्म हिंसा दोनों में अल्पकालिक और युवा दर्शकों में आक्रामकता और हिंसा में दीर्घकालिक वृद्धि में योगदान करते हैं। टेलीविजन समाचार हिंसा भी, मुख्यतः नकल आत्महत्याओं और आक्रामकता के कार्य के रूप में हिंसा को बढ़ाने में योगदान करती है।

इसलिए प्रश्न में यह अभिकथन सही है कि जन सम्पर्क समाज में हिंसा की संस्कृति को बढ़ावा देता है। लेकिन इसका कारण गलत है क्योंकि हिंसा बाजार में नहीं बिकती है और सभी लोग, सामान्य तौर पर, चरित्र में हिंसक होते हैं। इसलिए, उत्तर यह हो जाता है कि अभिकथन सही है और इसका कारण बिल्कुल गलत है।

अतः विकल्प (C) सही है।

46. "संचार एक व्यक्ति से दूसरे व्यक्ति को जानकारी का हस्तांतरण है, चाहे वह विश्वास को ग्रहण करता हो या नहीं। लेकिन हस्तांतरित जानकारी को प्राप्तकर्ता को समझना होगा" - जीजी ब्राउन

संचार उपयुक्त मीडिया के माध्यम से विचारों, सूचनाओं, संकेतों, या संदेशों का देना, प्राप्त करना या आदान-प्रदान करना करना है, यह व्यक्तियों या समूहों को राजी करने, जानकारी प्राप्त करने, जानकारी देने या भावनाओं को व्यक्त करने में सक्षम बनाता है।

(C) संचार एक आजीवन प्रक्रिया है:

- संचार एक आजीवन सीखने की प्रक्रिया है जो जन्म के समय शुरू होती है। हम कई अलग-अलग तरीकों से संवाद करते हैं जैसे सुनना, बोलना, इशारे करना, पढ़ना और लिखना। संचार क्षमता बच्चों को सीखने, सामाजिक रिश्ते बनाने, भावनाओं को व्यक्त करने और रोजमर्रा की गतिविधियों में भाग लेने में मदद करती है।

- एक बच्चा जन्म के पहले से ही, संचार करता है। एक बच्चे की लात मारना, लुढ़कना, हिचकी आना - ये सभी हरकतें माँ को कुछ न कुछ बताती हैं।

- जैसे ही वे पैदा होते हैं, बच्चे रोने से या शारीरिक रूप से किसी ऐसी चीज से दूर हो जाते हैं जो उन्हें पसंद नहीं है।

- संचार एक ऐसे व्यक्ति की बहुत महत्वपूर्ण सामाजिक आवश्यकता है जो उसके द्वारा तब तक पोषित किया जाता है जब तक वह रहता है।

(D) संचार एक सार्वभौमिक प्रक्रिया है:

- संचार एक मौलिक, सार्वभौमिक प्रक्रिया है जो प्रेषकों और संदेश के प्राप्तकर्ता को अंतरिक्ष और समय के माध्यम से जोड़ने का कार्य करती है।

- कुछ ऐसा है जो विश्व में सभी से संबंधित है या किसी विशेष समूह या समाज में हर किसी से संबंधित है।

- पृथ्वी पर सभी प्राणी, कीड़े से मनुष्यों तक, उनके बेहतर अस्तित्व के लिए एक दूसरे के साथ संवाद कर रहे हैं।

(E) संचार एक सामूहिक प्रक्रिया है:

- संचार अनिवार्य रूप से विचारों का सहयोग है।

- यह एक कारक द्वारा परिभाषित नहीं है, बल्कि, यह कई कारकों का एक समूह है।

- "संचार शब्दों, अक्षरों या संदेशों द्वारा संभोग है" - फ्रेड जी. मेयर.

- क्लाउड शैनन के अनुसार, संचार 'एक मन को प्रभावित करने वाला अन्य' है। इस प्रकार, यह एक सहयोगी और सामूहिक प्रक्रिया है।

अतः विकल्प (C) सही है।

47. जलवायु परिवर्तन के अंतर्गत मानव द्वारा उत्सर्जित ग्रीनहाउस गैसों के द्वारा ग्लोबल वार्मिंग और मौसम के स्वरूप में बड़े पैमाने पर हुए उतार चड़ाव शामिल हैं। वैश्विक जलवायु परिवर्तन का पर्यावरण पर पहले से ही प्रभाव पड़ा है। ग्लेशियर पिघल रहे हैं, जिसके कारण नदियाँ और झीले हद से ज्यादा भर जा रही हैं, पौधे और पशुओं की सीमा स्थानांतरित हो गयी हैं और पेड़ से फल फूल जल्दी गिर रहे हैं। वैज्ञानिकों ने अतीत में जिन प्रभावों की भविष्यवाणी की थी, वे अब वैश्विक जलवायु परिवर्तन के रूप में अर्थात समुद्री बर्फ में होने वाली कमी, समुद्र-तल में होने वाली वृद्धि, और लंबे समय तक चलने वाली तीव्र उष्मीय लहरें उत्पन्न होगी।

जलवायु परिवर्तन ने निश्चित रूप से निम्नलिखित को प्रभावित किया है:

- मिट्टी की नमी: सीमित मृदा संसाधनों से बढ़ती जनसंख्या के लिए खाद्य पदार्थों और फाइबर की वैश्विक मांगों को पूरा करने के लिए आधुनिक मानव समाज के लिए पहले से कहीं अधिक महत्वपूर्ण लगता है। जलवायु परिवर्तन का फसलों, मिट्टी, पशुधन और कीटों पर प्रत्यक्ष और अप्रत्यक्ष प्रभाव के माध्यम से कृषि पर महत्वपूर्ण प्रभाव पड़ने का अनुमान है। जलवायु में धीमे परिवर्तन विभिन्न मृदा प्रक्रियाओं को प्रभावित करने के साथ साथ, विशेष रूप से मृदा उर्वरता से संबंधित होते हैं। मिट्टी पर जलवायु परिवर्तन के प्रभाव मुख्य रूप से मिट्टी की नमी की स्थिति में परिवर्तन और जलवायु परिवर्तन के परिणामस्वरूप मिट्टी के तापमान और CO_2 के स्तर में वृद्धि के माध्यम से होने का अनुमान है।

- वैश्विक जलवायु परिवर्तन का मृदा प्रक्रियाओं पर परिवर्तनशील प्रभाव पड़ने का अनुमान है और मिट्टी की उर्वरता और उत्पादकता को बहाल करने के लिए महत्वपूर्ण गुण होते हैं।

- जंगल की आग भयंकर रूप से बढ़ रही है, क्योंकि ग्लोबल वार्मिंग लंबे समय से चली आ रही है, भयानक सूखा और असहनीय मौसमी घटनाओं के लिए अग्रणी है। इन जंगलों की आग से वायुमंडल में फैलने वाले धुएं और कार्बन से वायुमंडल गर्म और तापमान में वृद्धि का कारण बनते हैं।

- जलवायु परिवर्तन और जैव विविधता के बीच संबंध लंबे समय से स्थापित है। एक मानवीय दृष्टिकोण से, बढ़ती हुई जैव विविधता जलवायु परिवर्तन और तेजी से जैव विविधता, हानि मानव सुरक्षा को जोखिम में डालती है। (उदाहरण के लिए खाद्य श्रृंखला में एक बड़ा परिवर्तन जिस पर हम निर्भर करते हैं, जैसे जल के स्रोत बदल सकते हैं, कम या लुप्त हो सकते हैं, दवाएं और अन्य संसाधन जिन पर हम आश्रित हैं जैसे वनस्पति और) जिन्हें हम वनस्पतियों और जीवों से प्राप्त करते हैं वे भी कम या लुप्त हो सकते हैं, आदि)।

जलवायु परिवर्तन और भूजल:

- जलवायु परिवर्तन और भूमिगत जल के बीच कोई सीधा संबंध नहीं है।

- जब वैश्विक तापन के कारण वातावरण का तापमान बढ़ रहा है तो यह भूमिगत जल को प्रभावित नहीं करता है।

- बहुत से लोग सोचते हैं कि वैश्विक तापन बढ़ने से भूमिगत जल वाष्पित हो जाएगा, यह संभव नहीं है।

- भूमिगत जल जमीन के नीचे है, इसका वायुमंडल से कोई सीधा संपर्क नहीं है इसलिए तापमान में वृद्धि से इसका वाष्पीकरण नहीं होगा।

- लेकिन ऊपर बताए अनुसार मिट्टी की नमी प्रभावित होगी।

- मिट्टी की नमी और भूमिगत जल दो अलग-अलग चीजों को संदर्भित करते हैं।

- भूमिगत जल पर जलवायु परिवर्तन का कोई प्रत्यक्ष प्रभाव नहीं है।

अतः विकल्प (B) सही है।

48. पर्यावरणीय क्षरण:

- पर्यावरणीय क्षरण, वायु, जल और मिट्टी जैसे; पारिस्थितिक तंत्र का विनाश; प्राकृतवास का विनाश; वन्यजीवों की विलुप्ति; और प्रदूषण संसाधनों की कमी के माध्यम से पर्यावरण का क्षय है।

- पर्यावरणीय क्षरण का प्राथमिक कारण मानवीय अशांति है।

- पर्यावरणीय परिवर्तन शहरीकरण, जनसंख्या और आर्थिक विकास, ऊर्जा की खपत में वृद्धि और कृषि गहनता जैसे कारकों पर आधारित है। क्षरण का मनुष्यों, पौधों, जानवरों और सूक्ष्म जीवों पर प्रतिकूल प्रभाव पड़ता है।

- विश्व की जनसंख्या, जो अब कुछ हद तक तीन अरब व्यक्तियों से अधिक है, प्रति वर्ष लगभग दो प्रतिशत बढ़ती है, या मनुष्य के इतिहास में किसी भी अन्य अवधि की तुलना में तेजी से बढ़ती है।

यह अभिकथन सही है कि विश्व में, पिछले कई दशकों के दौरान पर्यावरण की क्षति हुई है।

यह भी सही है कि विश्व की जनसंख्या में काफी वृद्धि हुई है।

दोनों कथन सही हैं, लेकिन चूंकि कारण काफ़ी हद तक संबंधित नहीं है इसलिए उत्तर विकल्प (B) बन जाता है जो दोनों (A) और (R) सही हैं, लेकिन (R), (A) की सही व्याख्या नहीं है।

अतः विकल्प (B) सही है।

49. प्राकृतिक धुंध वास्तव में कोयले की बड़ी मात्रा में जलने और वायुमंडलीय धुएं और सल्फर डाइऑक्साइड के साथ मिश्रण का परिणाम है।

धुंध = धुआँ + कोहरा

प्रकाश रासायनिक धुंध:

- प्रकाश रासायनिक धुंध एक प्रकार की धुंध होती है जो तब उत्पादित होती है जब सूरज से पराबैंगनी प्रकाश वातावरण में नाइट्रोजन ऑक्साइड के साथ प्रतिक्रिया करता है।

- यह एक भूरे रंग की धुंध के रूप में दिखाई देती है, और सुबह और दोपहर के दौरान खासकर घनी आबादी वाले, गर्म शहरों में, सबसे प्रमुख है।

- इसमें सबसे बड़ा योगदानकर्ता ऑटोमोबाइल है, जबकि कोयले से चलने वाले बिजली संयंत्र और कुछ अन्य बिजली संयंत्र भी इसके उत्पादन को सुविधाजनक बनाने के लिए आवश्यक प्रदूषकों का उत्पादन करते हैं।

- नाइट्रिक ऑक्साइड (NO) और नाइट्रोजन डाइऑक्साइड (NO_2) जीवाश्म ईंधन के दहन से उत्सर्जित होते हैं, साथ ही ज्वालामुखी और जंगल की आग जैसी चीजों से स्वाभाविक रूप से उत्सर्जित होते हैं।

- जब पराबैंगनी विकिरण के संपर्क में आता है, तो NO_2 हाइड्रोकार्बन के साथ प्रतिक्रियाओं की एक जटिल श्रृंखला के माध्यम से जाता है, जो प्रकाश रासायनिक धुंध के घटकों - ओजोन, नाइट्रिक एसिड, एल्डीहाइड्स, पेरोक्सीसाइल नाइट्रेट (PAN) और अन्य माध्यमिक प्रदूषकों के मिश्रण का उत्पादन करने के लिए होता है।

- प्रकाश रासायनिक धुंध के कई प्रतिकूल प्रभाव हैं। हाइड्रोकार्बन के साथ संयुक्त होने पर, इसके भीतर मौजूद रसायन अणुओं का निर्माण करते हैं जो आंखों में जलन पैदा करते हैं।

HCHO- फॉर्मलडिहाइड या मेथनॉल एक रंगहीन, ज्वलनशील गैस है जिसका रासायनिक सूत्र HCHO है। इसे एल्डिहाइड के रूप में वर्गीकृत किया गया है और यह फॉर्मेल समूह का एक हिस्सा है।

PAN -पेरोक्सीसाइल नाइट्रेट, या PAN एक ऑक्सीडेंट है जो ओजोन से अधिक स्थिर है।

अतः विकल्प (C) सही है।

50. दिया है:

3, 12, 39, 120, ?

गणना:

$3 \times 3 + 3 = 12$

$12 \times 3 + 3 = 39$

$39 \times 3 + 3 = 120$

$120 \times 3 + 3 = 363$

∴ लुप्त संख्या 363 है।

अतः विकल्प (D) सही है।

51. A, B का एक महत्तम समापवर्तक परिभाषित किया गया है क्योंकि यह A और B दोनों का सबसे बड़ा पूर्णांक भाजक है। दो संख्या A और B का महत्तम समापवर्तक किसके द्वारा दिया जाता है:

(महत्तम समापवर्तक (A, B)) = AB/लघुतम समापवर्तक(A, B)

दो संख्याओं का म.स.प. दी गई संख्याओं के सभी समापवर्तक में सबसे बड़ी संख्या है। उदाहरण के लिए, 12 और 36 का म.स.प. 12 है क्योंकि 12, 12 और 36 का महत्तम समापवर्तक है।

अतः विकल्प (B) सही है।

52. चूँकि 1 और b (पूर्णांक) दोनों का सबसे बड़ा पूर्णांक भाजक है। संख्या का म.स.प. या तो सबसे छोटी संख्या के बराबर है या सभी में सबसे छोटा है।

इसका अर्थ है कि किन्हीं दो संख्याओं का केवल एक महत्तम समापवर्तक होगा और वह महत्तम समापवर्तक की परिभाषा के अनुसार 1 होगा। इसलिए, किन्हीं दो अलग-अलग संख्याओं का सबसे अधिक महत्तम समापवर्तक 1 होगा। इसका अर्थ है कि दी गई दो संख्याओं 1 और b का म.स.प. 1 है।

अतः विकल्प (B) सही है।

53. विस्तारित यूलर के जीसीडी एल्गोरिथम द्वारा "a मॉड्युलो m" के गुणक व्युत्क्रम का पता लगाया जा सकता है, और इस पद्धति की समय जटिलता O(logm) है। हम जानते हैं कि "x मॉड्युलो n" का गुणन प्रतिलोम मौजूद है यदि और केवल यदि x और n अपेक्षाकृत अभाज्य हैं (अर्थात, यदि gcd(a, m) = 1)। तो, इस मामले में GCD(53,21) = 1.

अतः विकल्प (A) सही है।

54. पूर्णांक घातांक के साथ घातांक किसी भी गुणक मोनोइड में कहा जाता है। घातांक को आगमनात्मक रूप से वर्णित किया गया है 1) h0 = 1 सभी h ∈ S, hn+1 = hn h और गैर-ऋणात्मक पूर्णांक n के लिए, यदि n एक ऋणात्मक

पूर्णांक है तो hn केवल तभी परिभाषित होता है जब h का S में व्युत्क्रम होता है। मोनोइड परिभाषित करते हैं समूहों और वलयों (गुणा के तहत) सहित कई संरचनाएं।

अत: विकल्प (A) सही है।

55. मान लीजिए अनुक्रम 1×2, 3×22, 5×23, 7×24, 9×25 .... तो यह क्रम अंकगणित-ज्यामितीय प्रगति है। यदि a1, a2 .... AP में हैं और b1, b2.......... GP में हैं तो a1b1, a2b2, ... AGP में हैं।

एक अंकगणित-ज्यामितीय प्रगति एक अंकगणितीय प्रगति के संबंधित पदों के साथ एक ज्यामितीय प्रगति के शब्द-दर-अवधि गुणन का परिणाम है। इस अनंत अनुक्रम के योग को अंकगणित-ज्यामितीय श्रृंखला के रूप में जाना जाता है, और इसका सबसे बुनियादी रूप है गेब्रियल की सीढ़ी कहा जाता है।

$$\sum_{k=1}^{\infty} k\, r^k = \frac{r}{(1-r)^2}, \text{ के लिए } 0 < r < 1$$

अतः विकल्प (C) सही है।

56. अनुकूलन विधियों में पहला दृष्टिकोण लेआउट का सिद्धांत है जिसमें एक अक्षीय संरचनात्मक सदस्यों को 1854 में मैक्सवेल द्वारा स्थापित प्रमेयों के आधार पर निर्दिष्ट भार और सामग्री के लिए न्यूनतम मात्रा संरचना प्राप्त करने के लिए व्यवस्थित किया जाता है और बाद में मिशेल, कॉक्स और हेम्प द्वारा विकसित और उपयोग किया जाता है।

अतः विकल्प (B) सही है।

57. 1940 से 1950 की अवधि के दौरान, फेलियर एप्रोच का एक साथ तरीका अपनाया गया था जिसमें पूर्ण संरचना का प्रत्येक घटक अपनी स्ट्रेंथ की लिमिट पर होता है क्योंकि पूर्ण संरचना कोलैप्स की लिमिट स्टेट तक पहुंच जाती है और फंक्शन मिनिमाइजेशन के क्लासिकल आइडियाज पर आधारित होती है, प्रैक्टिकल डिजाइन के लिए लिमिटेड ऐप्लिकेबिलिटी वाले सिंपल स्ट्रक्चरल फॉर्म्स को सॉल्व करने के लिए इस एप्रोच का यूज किया गया था।

अतः विकल्प (A) सही है।

58. स्ट्रक्चरल ऑप्टिमाइजेशन का तीसरा मेजर अप्रोच प्रेगर और टेलर द्वारा विकसित कांसेप्ट पर आधारित है और यह अप्रोच स्ट्रक्चरल मैकेनिक्स के एक्सट्रीम प्रिंसिपल्स से प्राप्त हुआ है और फिनिट एलिमेंट तकनीकों के आगमन के बाद, व्यावहारिक उपयोगिता को प्रदर्शित करने के लिए बड़े पैमाने पर कंप्यूटर प्रोग्राम विकसित किए गए हैं। मिनिमम वेट स्ट्रक्चर के डिजाइन के लिए ऑप्टिमिलिटी क्रिटेरियन अप्रोच है।

अत: विकल्प (B) सही है।

59. स्ट्रक्चरल ऑप्टिमाइजेशन प्रॉब्लम आम तौर पर गणितीय रूप में एक्सप्रेस की जाती है, जिसमें डिजाइन वेरिएबल, ऑब्जेक्टिव फंक्शन और कॉन्सट्रेंट शामिल होती हैं, तदनुसार प्रॉब्लम को इस प्रकार एक्सप्रेस किया जाता है:

मिनिमाइज Z = F(x), सब्जेक्ट टू Gj(x) <0, j = 1,2....m.

जहाँ x डिज़ाइन वेरिएबल है, जो n डाइमेंशन्स के कॉलम वेक्टर द्वारा रिप्रेजेंट किया गया है और x द्वारा रिप्रेजेंट किया गया प्रत्येक डिजाइन, डिजाइन वेरिएबल द्वारा परिभाषित हाइपर-स्पेस में एक बिंदु, F(x) = ऑब्जेक्टिव या मेरिट फंक्शन, Gj(x) = कॉन्सट्रेंट, m = कॉन्सट्रेंट्स की संख्या।'

अत: विकल्प (B) सही है।

60. डेवलपमेंट का फोर्थ मेजर एरिया मैथमेटिकल प्रोग्रामिंग फॉर्मूलेशन है, जिसे पहले लिवस्ले और पियर्सन द्वारा स्ट्रक्चरल ऑप्टिमाइजेशन प्रोब्लम्स पर अप्लाई किया गया था, मैथमेटिकल प्रोग्रामिंग प्रोसीजर का उपयोग करके एक्सेलेंट स्ट्रक्चरल ऑप्टिमाइजेशन का एक एक्सेलेंट सर्वेक्षण शिमट रिपोर्ट द्वारा किया गया है और मार्सेल और वेंक्या द्वारा रिपोर्ट किया गया ट्वेंटी फाइव बार ट्रांसमिशन टावर इस मेथड के यूजर्स का एक्सेलेंट एक्साम्पल है।

अत: विकल्प (A) सही है।

61. बीसीडी फॉर्मेट आमतौर पर डेटा स्टोर करने के लिए उपयोग किया जाता है। आमतौर पर कंप्यूटर द्वारा उपयोग किए जाने वाले डेटा को उपयोग में आसानी के लिए एक पर्टिकुलर फॉर्मेट में स्टोर और प्रदर्शित किया जाना चाहिए। मेमोरी में डेटा को शून्य और एक के रूप में स्टोर किया जाता है। आमतौर पर बाइनरी या मशीन कोड या बिट के रूप में जाना जाता है। जैसे: 01000001 ए है, 01000010 बी है और 01000011 सी आदि है।

अत: विकल्प (A) सही है।

62. आरटीएन का मतलब रजिस्टर ट्रांसफर नोटेशन है। यह रजिस्टर नोटेशन की मदद से असेंबली लैंग्वेज कोड लिखने का तरीका है। रजिस्टर ट्रांसफर नोटेशन (या आरटीएन) एक डिजिटल सिंक्रोनस सर्किट के बिहेवियर को निर्दिष्ट करने का एक तरीका है। हाई लेवल आरटीएन का एक उदाहरण वेरिलॉग है, और लो लेवल का उदाहरण रजिस्टर ट्रांसफर लैंग्वेज है।

आरटीएन को एब्स्ट्रैक्ट या कॉन्क्रीट के रूप में लिखा जा सकता है। एब्स्ट्रैक्ट आरटीएन एक जेनेरिक नोटेशन है जिसमें कोई स्पेसिफिक मशीन इम्प्लीमेंटेशन डिटेल्स नहीं होता है। इसके विपरीत, कॉन्क्रीट आरटीएन एक नोटेशन है जो उस स्पेसिफिक मशीन इम्प्लीमेंट करता है जिसके लिए इसे डिजाइन किया गया है।

अत: विकल्प (A) सही है।

63. इंस्ट्रक्शन, Add Loc, R1, RTN में R1 < -[Loc]+[R1] है।

जिन पॉसिबल लोकेशंस पर इनफार्मेशन का ट्रांसफर होता है, वे हैं: मेमोरी-लोकेशन, प्रोसेसर रजिस्टर और I/O डिवाइस में रजिस्टर।

Add एक इंस्ट्रक्शन है जिसका उपयोग "जोड़ने" के लिए किया जाता है।

कुछ इंस्ट्रक्शन में, यह ऑपरेंड सोर्स और डेस्टिनेशन ऑपरेंड दोनों के रूप में कार्य करता है।

R1 -> यह एक प्रोसेसर रजिस्टर है।

Loc -> मेमोरी लोकेशन

Add Loc, R1

यहां मेमोरी लोकेशन Loc की कंटेंट को रजिस्टर R1 के साथ एड किया जाता है और रिजल्ट को रजिस्टर R1 में स्टोर किया जाता है।

इसे R1 <- [Loc] + [R1] के रूप में लिखा जा सकता है।

उदाहरण के लिए: मान लें कि-

Loc=3, R1=5

Add Loc, R1

R1=Loc+R1

⇒ R1=3+5

⇒ R1=8

रेजल्टिंग वैल्यू 8 को रजिस्टर R1 में स्टोर किया जाता है।

अत: विकल्प (D) सही है।

64. आप एक साथ तीन ऑपरेंड पर एडीसन परफॉर्म नहीं कर सकते क्योंकि तीसरा ऑपरेंड वह है जहां रिजल्ट स्टोर किया जाता है। RTN में पहला ऑपरेंड डेस्टिनेशन है और दूसरा ऑपरेंड सोर्स है।

अत: विकल्प (C) सही है।

65. सिंगल बस स्ट्रक्चर का उपयोग करने का मुख्य गुण कॉस्ट इफेक्टिव कनेक्टिविटी और पेरीफेरल डिवाइस को जोड़ने में आसानी है।

सिंगल बस स्ट्रक्चर का उपयोग करके हम आवश्यक हार्डवेयर (वायर) की मात्रा को कम कर सकते हैं और इस तरह कॉस्ट को कम कर सकते हैं।

अत: विकल्प (C) सही है।

66. विभिन्न डिवाइस की डेटा ट्रांसफर गति में अंतर को दूर करने के लिए बफर रजिस्टर्स का उपयोग किया जाता है।

बफर रजिस्टर का उपयोग करके, प्रोसेसर डेटा को I/O डिवाइस को प्रोसेसर की गति से भेजता है और डेटा बफर में स्टोर हो जाता है। उसके बाद, डेटा डिवाइस की गति से डिवाइस को या बफर से डिवाइस में भेजा जाता है।

अत: विकल्प (D) सही है।

67. पीसीआई बस का उपयोग प्रोसेसर बस के एक्सटेंशन के रूप में किया जाता है और इससे कनेक्टेड डिवाइस प्रोसेसर से ही कनेक्ट होते हैं। पीसीआई बस का उपयोग मूल रूप से मेमोरी डिवाइस से कनेक्ट करने के लिए किया जाता है। पीसीआई बस का उपयोग अन्य पेरीफेरल डिवाइस को जोड़ने के लिए किया जाता है जिन्हें प्रोसेसर के साथ सीधे कनेक्शन की आवश्यकता होती है।

अत: विकल्प (A) सही है।

68. इंस्ट्रक्शन, Add #45, R1, R1 के वैल्यू में 45 जोड़ता है और इसे R1 में स्टोर करता है। इंस्ट्रक्शन इमीडियेट एड्रेसिंग मोड का उपयोग करता है, इसलिए वैल्यू 45 ऐड किये गए स्थान पर स्टोर किया जाता है।

इमीडियेट एड्रेसिंग मोड में, ऑपरेंड इंस्ट्रक्शन का एक पार्ट है। कोई एड्रेस फ़ील्ड नहीं है क्योंकि ऑपरेंड इंस्ट्रक्शन का एक पार्ट है। इसे मेमोरी के लिए एक रिफरेन्स की आवश्यकता होती है। इसे मेमोरी के किसी रिफरेन्स की आवश्यकता नहीं होती है।

अत: विकल्प (B) सही है।

69. जीरो-एड्रेस इंस्ट्रक्शन मेथड के केस में ऑपरेंड को पुश डाउन स्टैक में स्टोर किया जाता है। इस केस में, ऑपरेंड को ALU पर इम्प्लीसिटली से लोड किया जाता है।

जीरो-एड्रेस इंस्ट्रक्शन मशीन इंस्ट्रक्शन का एक फॉर्मेट है। इसमें एक ऑपकोड है और कोई एड्रेस फ़ील्ड नहीं है।

उदाहरण:

X = (A + B) × (C + D)

समाधान:

LOAD A   AC <- M[A]

PUSH A   TOS <- A

PUSH B   TOS <- B

ADD   TOS <- (A + B)

PUSH C   TOS <- C

PUSH D   TOS <- D

ADD   TOS <- (C + D)

MUL   TOS <- (C + D) x (A + B)

POP X   M[X] <- TOS

अत: विकल्प (C) सही है।

70. जब Add #45, इंस्ट्रक्शन एक्सीक्यूट किया जाता है, तब मेमोरी लोकेशन 45 में स्टोर वैल्यू को रिट्रीव किया जाता है और एक और ऑपरेंड का रिक्वेस्ट किया जाता है।

इमीडियेट एड्रेसिंग मोड (सिंबल #): इस मोड में, डेटा इंस्ट्रक्शन के एड्रेस फील्ड में मौजूद होता है। एक एड्रेस इंस्ट्रक्शन फॉर्मेट की तरह बनाया गया है।

इमीडियेट मोड में रेंज यह है कि कांस्टेंट की सीमा एड्रेस फील्ड के साइज से रेस्ट्रिक्टेड होता है।

अत: विकल्प (B) सही है।

71. ऑब्जेक्ट को तीन तरीकों से पास किया जा सकता है।

1.   पास बाय वैल्यू
2.   पास बाय रिफरेन्स
3.   पास बाय एड्रेस

पास बाय वैल्यू का मतलब है कि आप एक्चुअल पैरामीटर के वैल्यू की मेमोरी में एक कॉपी बना रहे हैं, जो एक्चुअल पैरामीटर की कंटेंट की एक कॉपी है।

कॉलिंग फ़ंक्शन में एक आर्ग्युमेंट के रिफरेन्स में कॉल किए गए फ़ंक्शन के संबंधित फॉर्मल पैरामीटर को पास करें। कॉल किया गया फ़ंक्शन पास किए गए रिफरेन्स का उपयोग करके आर्ग्युमेंट के वैल्यू को संशोधित कर सकता है।

यदि आप किसी फ़ंक्शन के फॉर्मल पैरामीटर को पॉइंटर टाइप के रूप में डिक्लेअर करते हैं, तो आप उस पैरामीटर को उसके एड्रेस से पास कर रहे हैं। पॉइंटर की कॉपी बनाई गई है, लेकिन वह डेटा नहीं है जिसे वह पॉइंट करता है। इसलिए, पास बाय एड्रेस हमें किसी फ़ंक्शन के ओरिजिनल आर्ग्युमेंट को बदलने की अनुमति देने का एक और तरीका प्रदान करता है।

अत: विकल्प (C) सही है।

72. जब कोई वेब पेज लोड होता है तो ब्राउज़र पेज का एक डॉक्यूमेंट ऑब्जेक्ट मॉडल बनाता है। HTML DOM में एट्रिब्यूट्स प्रॉपर्टी से बचने का कारण यह है कि एट्रिब्यूट्स में एट्रिब्यूट्स नहीं होते हैं।

HTML DOM, HTML के लिए एक स्टैंडर्ड ऑब्जेक्ट मॉडल और प्रोग्रामिंग इंटरफ़ेस है। जो इसे परिभाषित करता है:

- ऑब्जेक्ट के रूप में HTML एलिमेंट
- सभी HTML एलिमेंट के प्रॉपर्टीज
- सभी HTML एलिमेंट तक पहुँचने के तरीके
- सभी HTML एलिमेंट के लिए ईवेंट

अतः विकल्प (B) सही है।

73. किसी विशेष कंप्यूटर के हार्डवेयर में निर्मित और सीधे कंप्यूटर द्वारा उपयोग किए जाने वाले बाइनरी कोडेड इंस्ट्रक्शंस से बनी लैंग्वेज मशीनी लैंग्वेज है। मशीन लैंग्वेज, या मशीन कोड, एक लो-लेवल लैंग्वेज है जिसमें बाइनरी डिजिट (एक और शून्य) होते हैं। कंप्यूटर पर कोड चलाने से पहले हाई-लेवल लैंग्वेज, जैसे कि स्विफ्ट और C++ को मशीनी लैंग्वेज में कम्पाइल्ड किया जाना चाहिए।

अत: विकल्प (A) सही है।

74. ट्रांसलेटर जो असेंबली लैंग्वेज के कोड को मशीनी लैंग्वेज में बदलने के लिए प्रयोग किया जाता है उसे असेंबलर कहा जाता है।

एक असेंबलर एक सॉफ्टवेयर है जो एक असेंबली लैंग्वेज कोड को मशीन कोड में परिवर्तित करता है। यह बेसिक कंप्यूटर कमांड लेता है और उन्हें बाइनरी कोड में परिवर्तित करता है जिसका उपयोग कंप्यूटर का प्रोसेसर अपने बेसिक कार्यों को करने के लिए कर सकता है। ये इंस्ट्रक्शन असेंबलर लैंग्वेज या असेंबली लैंग्वेज हैं।

अत: विकल्प (A) सही है।

75. y = mx + b एक स्ट्रेट लाइन का स्लोप-इंटरसेप्ट रूप है। समीकरण y = mx + b में एक स्ट्रेट लाइन के लिए, m को लाइन का स्लोप कहा जाता है और b एक लाइन का y-इंटरसेप्ट होता है। y = mx + b, जहां

y लाइन कितनी ऊपर या नीचे है,

x लाइन कितनी दूर है,

b y का मान है जब x = 0 और

m लाइन कितनी स्टीप है।

यह m = (y निर्देशांक में अंतर)/ (x निर्देशांक में अंतर) द्वारा निर्धारित किया जाता है। ध्यान दें कि y निर्देशांक में अंतर को वृद्धि या गिरावट के रूप में दर्शाया गया है और x निर्देशांक में अंतर को रन के रूप में दर्शाया गया है।

अत: विकल्प (A) सही है।

76. ?x एक स्माल हॉरिजॉन्टल डिफ्लेक्शन वोल्टेज के समानुपाती सेट हो सकता है, यदि स्लोप मैग्नीट्यूड |m|<1 हो। ? केवल यदि स्लोप मैग्नीट्यूड काफी स्माल है, तो x एक स्माल हॉरिजॉन्टल डिफ्लेक्शन वोल्टेज |m|<1 के बराबर एक रेंज हो सकती है। डीडीए पिक्सेल पोज़िशन्स की कैलकुलेशन के लिए एक फास्टर मेथड है।

अत: विकल्प (B) सही है।

77. कलर ऑप्शन में 0 से लेकर किसी भी पॉजिटिव नंबर तक कोई भी वैल्यू हो सकती है। किसी पर्टिक्युलर सिस्टम की कैपेबिलिटीज और डिजाइन ऑब्जेक्टिव के आधार पर, यूजर को डिफरेंट कलर ऑप्शन उपलब्ध कराए जा सकते हैं। जनरल-पर्पस वाले रैस्टर-स्कैन सिस्टम, उदाहरण के लिए, आमतौर पर कलर की एक विस्तृत श्रृंखला प्रदान करते हैं, जबकि रैंडम-स्कैन मॉनिटर आमतौर पर केवल कुछ कलर ऑप्शन प्रदान करते हैं, यदि कोई कलर ऑप्शन को न्यूमेरिकल रूप से 0 से लेकर पॉजिटिव इन्टिजर तक के वैल्यूज के साथ कोडित किया जाता है।

अत: विकल्प (A) सही है।

78. एक कलर रैस्टर सिस्टम में उपलब्ध कलर चॉइस की नंबर फ्रेम बफर में प्रति पिक्सेल प्रदान की गई स्टोरेज की मात्रा पर डिपेंड करती है। साथ ही कलर जानकारी को फ्रेम बफर में दो तरह से स्टोर किया जा सकता है, हम कलर कोड को सीधे फ्रेम बफर में स्टोर कर सकते हैं, या हम कलर कोड को एक अलग टेबल में रख सकते हैं और इस टेबल में एक इंडेक्स के रूप में पिक्सेल वैल्यूज का उपयोग कर सकते हैं। डायरेक्ट स्टोरेज स्कीम के साथ, जब भी किसी विशेष कलर कोड को किसी एप्लिकेशन प्रोग्राम में स्पेसिफाइड किया जाता है, तो संबंधित बाइनरी वैल्यू को उस कलर में प्रदर्शित होने वाले आउटपुट प्राइमेटिव में प्रत्येक कॉम्पोनेन्ट पिक्सेल के लिए फ्रेम बफर में रखा जाता है।

अत: विकल्प (B) सही है।

79. वह फ़ंक्शन जो सिंगल एट्रिब्यूट को संदर्भित करता है जो निर्दिष्ट करता है कि उस एट्रिब्यूट सेट के साथ एक प्रिमिटिव को कैसे प्रदर्शित किया जाना है, इंडिविजुअल एट्रिब्यूट और अनबंडल्ड एट्रिब्यूट कहलाती है। इंडिविजुअल एट्रिब्यूट को अनबंडल्ड एट्रिब्यूट के रूप में भी जाना जाता है। बंडल्ड एट्रिब्यूट, एट्रिब्यूट वैल्यू का एक ग्रुप को निर्दिष्ट करती है। और इन वैल्यू को वर्कस्टेशन टेबल में बंडल किया जा सकता है।

अत: विकल्प (D) सही है।

80. जैसे-जैसे कंपनियां हडूप के साथ प्रयोगात्मक चरण से आगे बढ़ती हैं, कई एडिशनल कैपेबिलिटीज की आवश्यकता का उल्लेख देते हैं, जिसमें इम्प्रोवेड सिक्योरिटी, वर्कलोड मैनेजमेंट और SQL सपोर्ट शामिल हैं। हडूप में सिक्योरिटी जोड़ना चुनौतीपूर्ण है क्योंकि सभी इंटरैक्शन क्लासिक क्लाइंट-सर्वर पैटर्न का पालन नहीं करते हैं।

अत: विकल्प (D) सही है।

81. हडूप पर आधारित 'प्रोजेक्ट प्रिज्म' के साथ फेसबुक बिग डेटा से टैकल करता है। प्रिज्म ऑटोमेटिकली रूप से कंप्यूटिंग सुविधाओं के विशाल नेटवर्क में जहां कहीं भी डेटा की आवश्यकता होती है, उसकी प्रतिलिपि बनाता है और स्थानांतरित करता है।

फेसबुक के परिसर में एक गहन बिग डेटा-थीम वाली बातचीत में, कंपनी ने अपनी लेटेस्ट इंफ्रास्ट्रक्चर प्रोजेक्ट का खुलासा किया। कोडनेम प्रिज्म, इस प्रोजेक्ट का लक्ष्य सबसे बड़ी समस्याओं में से एक को हल करना है जिसे

फेसबुक ने अपने विशिष्ट रूप से बड़े पैमाने पर ऑपरेशन का सामना किया है: सर्वर क्लस्टर कैसे बनाएं जो ज्योग्राफिकल रूप से वितरित होने पर भी सिंगल यूनिट के रूप में काम कर सकें।

अत: विकल्प (A) सही है।

82. एमएस-एक्सेस एक जनरल-पर्पस डेटाबेस मैनेजमेंट सिस्टम है जो डेटाबेस की डेफिनेशन, क्रिएशन, क्वेरी, अपडेट और एडमिनिस्ट्रेशन की अनुमति देने के लिए डिजाइन किया गया एक सॉफ्टवेयर सिस्टम है। प्रसिद्ध डीबीएमएस में मायएसक्यूएल, माइक्रोसॉफ्ट एसक्यूएल सर्वर, ओरेकल, एसएपी आदि शामिल हैं।

अत: विकल्प (C) सही है।

83. माइक्रोसॉफ्ट एक्सेस माइक्रोसॉफ्ट ऑफिस पैकेज से एक डेटाबेस मैनेजमेंट सिस्टम (आरडीबीएमएस) है जो एक ग्राफिकल यूजर इंटरफेस और सॉफ्टवेयर-डेवलपमेंट टूल्स के साथ रिलेशनल माइक्रोसॉफ्ट जेट डाटाबेस इंजन को जोड़ती है।

अत: विकल्प (B) सही है।

84. हार्डवेयर सपोर्ट टीम केवल उस हार्डवेयर को बनाए रखती है जिसमें डीबीएमएस कार्य करता है। बाकी सभी अर्थात, अल्टीमेट यूजर, ऐडमिनिस्ट्रेटर और डेटाबेस डिज़ाइनर डीबीएमएस का उपयोग करते हैं।

- अल्टीमेट यूजर वे यूजर होते हैं जो कभी-कभी डेटाबेस का यूस/एक्सेस करते हैं लेकिन हर बार जब वे डेटाबेस तक पहुंचते हैं तो उन्हें नई जानकारी की आवश्यकता होती है उदाहरण के लिए एक मिडिल या हायर-लेवल मैनेजर है।

- एक डेटाबेस एडमिनिस्ट्रेटर (डीबीए) एक पर्सन/टीम है जो स्कीमा को परिभाषित करता है और डेटाबेस के 3 लेवल्स को भी कंट्रोल करता है।

- डेटाबेस डिज़ाइनर वे यूजर होते हैं जो डेटाबेस के स्ट्रक्चर को डिज़ाइन करते हैं जिसमें टेबल, इंडेक्स, व्यूज, कंस्ट्रेंट्स, ट्रिगर, स्टोर प्रोसीजर शामिल होता हैं।

अत: विकल्प (D) सही है।

85. DBMS और RDBMS के बीच का अंतर यह है कि DBMS विभिन्न फाइलों को एक दूसरे के साथ नहीं जोड़ सकता है जबकि एक RDBMS कर सकता है।

RDBMS में एक "की" होती है जो RDBMS के भीतर कई डेटाबेस फ़ाइलों के लिए सामान्य होती है। इस "कॉमन की" की सहायता से, RDBMS प्रोग्राम कुछ ही समय में एक फ़ाइल से दूसरी फ़ाइल में जा सकता है और इस प्रकार आसानी से डेटा एकत्र कर सकता है। यह सुविधा DBMS में उपलब्ध नहीं है।

डेटाबेस मैनेजमेंट सिस्टम (DBMS) एक सॉफ्टवेयर है जिसका उपयोग डेटाबेस को परिभाषित करने, बनाने और बनाए रखने के लिए किया जाता है और डेटा को कंट्रोल्ड एक्सेस प्रोवाइड करता है।

रिलेशनल डेटाबेस मैनेजमेंट सिस्टम (RDBMS) DBMS का एक एडवांस वर्जन है।

अत: विकल्प (C) सही है।

86. DBMS में, एक डिफाइंड फील्ड में डेटा टाइप द्वारा परिभाषित एक निश्चित लंबाई हो सकती है। डेटाबेस सिस्टम में, एक फ़ील्ड में एक निश्चित या परिवर्तनशील लंबाई हो सकती है। निश्चित लंबाई का अर्थ है एक निर्धारित लंबाई जो कभी बदलती नहीं है। एक अनिश्चित-लंबाई फ़ील्ड वह है जिसकी लंबाई प्रत्येक रिकॉर्ड में भिन्न हो सकती है, यह इस बात पर निर्भर करता है कि फ़ील्ड में कौन सा डेटा संग्रहीत है।

अत: विकल्प (C) सही है।

87. RDBMS में ओरेकल डेटाबेस , MySQL, माइक्रोसॉफ्ट SQL सर्वर और IBM DB2 शामिल हैं। इनमें से कुछ प्रोग्राम नॉन-रिलेशनल डेटाबेस का

सपोर्ट करते हैं, लेकिन वे मुख्य रूप से रिलेशनल डेटाबेस मैनेजमेंट के लिए उपयोग किए जाते हैं।

अत: विकल्प (C) सही है।

88. MongoDB एक ओपन-सोर्स NoSQL डेटाबेस मैनेजमेंट प्रोग्राम है। NoSQL का उपयोग ट्रेडशनल रिलेशनल डेटाबेस के विकल्प के रूप में किया जाता है। डिस्ट्रिब्यूटेड डेटा के बड़े सेट के साथ काम करने के लिए NoSQL डेटाबेस काफी उपयोगी हैं। MongoDB एक टूल है जो डाक्यूमेंट-ओरिएंटेड जानकारी का मैनेज कर सकता है, जानकारी स्टोर या रेट्रीव कर सकता है।

जब रिलेशनल डेटाबेस की कम्पेयर्ड में, NoSQL डेटाबेस अधिक स्केलेबल होते हैं और बेहतर प्रदर्शन प्रदान करते हैं, और उनका डेटा मॉडल कई इश्यू को संबोधित करता है, जिन्हें संबोधित करने के लिए रिलेशनल मॉडल नहीं बनाया गया है: तेजी से बदलते स्ट्रक्चर, सेमी-स्ट्रक्चर और अनस्ट्रक्चर डेटा की लार्ज वॉल्यूम है।

अन्य प्रोग्रामिंग लैंग्वेज और फ्रेमवर्क्स के लिए बड़ी संख्या में अनऑफिसियल या कम्म्युनिटी सपोर्टेड ड्राइवर भी हैं। डॉक्यूमेंट में कई अलग-अलग की-वैल्यू पेयर्स, या की-ऐरे पेयर्स, या यहां तक कि नेस्टेड डॉक्यूमेंट भी हो सकते हैं।

अत: विकल्प (D) सही है।

89. एक डाक्यूमेंट-ओरिएंटेड डेटाबेस एक विशेष की-वैल्यू स्टोर है, जो स्वयं एक अन्य NoSQL डेटाबेस कैटगरी है। डाक्यूमेंट डेटाबेस प्रत्येक की को कॉम्प्लेक्स डेटा स्ट्रक्चर के साथ जोड़ते हैं जिसे डाक्यूमेंट के रूप में जाना जाता है। यहाँ चार मुख्य प्रकार के NoSQL डेटाबेस हैं:

- डाक्यूमेंट डेटाबेस
- की-वैल्यू स्टोर
- कॉलम-ओरिएंटेड डेटाबेस
- ग्राफ डेटाबेस

अत: विकल्प (B) सही है।

90. एक पेरिफेरल डिवाइस के लिए एक डिस्क (या इंटरमीडिएट स्टोर) में डेटा स्थानांतरित करने की प्रक्रिया ताकि इसे अधिक सुविधाजनक समय पर या अधिकतम मात्रा में स्थानांतरित किया जा सके, इसे 'स्पूलिंग' के रूप में जाना जाता है। स्पूलिंग विभिन्न डिवाइस के बीच डेटा की प्रतिलिपि बनाने के उद्देश्य से मल्टी-प्रोग्रामिंग का एक विशेष रूप है कंटेम्परेरी सिस्टम्स में, यह आमतौर पर कंप्यूटर एप्लिकेशन के बीच मेडियेटिंग के लिए उपयोग किया जाता है।

अत: विकल्प (B) सही है।

91. मेन मेमोरी को स्पीड देने के लिए, मेन मेमोरी की क्षमता बढ़ाने के लिए, इंटरप्ट को रोकने के लिए, डिस्क परफॉर्मेंस में सुधार के लिए ब्लॉक कैश या बफर कैश का उपयोग किया जाता है।

एक्सेसिंग (रियल) मेमोरी की तुलना में डिस्क रीडिंग बहुत स्लो है। इसके अलावा, रेलेटिवेली शार्ट टाइम के दौरान डिस्क के एक ही पार्ट को कई बार रीड करना आम बात है। इसे डिस्क बफरिंग कहा जाता है, और इस उद्देश्य के लिए उपयोग की जाने वाली मेमोरी को बफर कैश कहा जाता है।

बफर कैश वह जगह है जहां SQL ऑपरेशन्स करने के लिए डेटा ब्लॉक की कॉपी बनाई जाती है। बफर कैश शेयर्ड मेमोरी स्ट्रक्चर है और इसे सभी सर्वर प्रोसेसेज द्वारा कंकरेंटली रूप से एक्सेस किया जाता है।

अत: विकल्प (D) सही है।

92. टाइम क्वांटम को राउंड रॉबिन शेड्यूलिंग एल्गोरिथम में परिभाषित किया गया है।

- प्री-एम्प्टिव मल्टीटास्किंग सिस्टम में किसी प्रोसेस को रन करने के लिए टाइम की पीरियड को आम तौर पर टाइम स्लाइस या क्वांटम कहा जाता है।

- प्रत्येक प्रोसेस को एक साइक्लिक वे में एक फिक्सड टाइम (टाइम क्वांटम/टाइम स्लाइस) दिया जाता है। यह विशेष रूप से टाइम-शेयरिंग सिस्टम के लिए डिज़ाइन किया गया है। वह रेडी क्यू को एक सर्कुलर क्यू के रूप में माना जाता है।

- सीपीयू शेड्यूलर रेडी क्यू के चारों ओर घूमता है, सीपीयू को प्रत्येक प्रोसेस में 1-टाइम क्वांटम तक के टाइम इंटरवल के लिए एलोकेटिंग करता है।

- यदि राउंड रॉबिन शेड्यूलिंग के लिए टाइम क्वांटम वैरी लार्ज है, तो यह एफसीएफएस शेड्यूलिंग के समान बेहवस करता है।

अत: विकल्प (B) सही है।

93. एमएस वर्ड में खुली फाइल को सेव करने के लिए Shift + F12 कीबोर्ड शॉर्टकट CTRL + S के बराबर है।

एमएस वर्ड के फ़ाइल एक्सटेंशन स्वरूपों को या तो .doc या .docx द्वारा दर्शाया जाता है।

अत: विकल्प (C) सही है।

94. पीसीबी क्यू प्रोसेस के लिए क्यू से संबंधित नहीं है। पीसीबी एक प्रोसेस कंट्रोल ब्लॉक है, जिसमें प्रोसेसिंग से संबंधित इनफार्मेशन होती है। प्रत्येक प्रोसेस को पीसीबी द्वारा दर्शाया जाता है।

एक प्रोसेस कंट्रोल ब्लॉक (पीसीबी) एक डेटा स्ट्रक्चर है जिसका उपयोग कंप्यूटर ऑपरेटिंग सिस्टम द्वारा एक प्रोसेस के बारे में सभी इनफार्मेशन को स्टोर करने के लिए किया जाता है। इसे एक प्रोसेस डिस्क्रिप्टर के रूप में भी जाना जाता है।

अत: विकल्प (B) सही है।

95. एमएस-डॉस 1.0 (पहला वर्जन) अगस्त 1981 में जारी किया गया। जब बाइट ने आगामी पर्सनल कंप्यूटर की अफवाहों पर चर्चा की थी, जिसमें "एक सीपी/एम-जैसे डॉस को, बस, 'आईबीएम पर्सनल कंप्यूटर डॉस' कहा जाएगा।" 86-डॉस को आईबीएम पीसी के साथ अगस्त 1981 में रिलीज करने के लिए आईबीएम पीसी डॉस 1.0 को रीब्रांड किया गया था।

अत: विकल्प (A) सही है।

96. एक प्रोग्राम जो प्रत्येक इंस्ट्रक्शन को मेमोनिक रूप में पढ़ता है और इसे मशीन-लैंग्वेज के समकक्ष में ट्रांसलेट करता है, असेंबलर के रूप में जाना जाता है। असेंबलर प्रत्येक लो-लेवल मशीन इंस्ट्रक्शन या ऑपकोड का रिप्रेजेंट करने के लिए एक निमोनिक का उपयोग करता है, जो आमतौर पर प्रत्येक आर्किटेक्चरल रजिस्टर, फ्लैग आदि होते हैं।

अत: विकल्प (B) सही है।

97. एनालिसिस जो किसी स्टेटमेंट की ग्रामेटिकल स्ट्रक्चर ज्ञात होने के बाद उसका अर्थ निर्धारित करता है, सिमेंटिक एनालिसिस कहलाता है। सिमेंटिक एनालिसिस यह सुनिश्चित करने का कार्य है कि किसी प्रोग्राम की डिक्लेरेशन और स्टेटमेंट सिमेंटिक रूप से सही हैं अर्थात उनका अर्थ क्लेअर और कंसिस्टेंट है। इस तरह से कंट्रोल स्ट्रक्चर और डेटा टाइप का उपयोग किया जाना चाहिए।

अत: विकल्प (A) सही है।

98. प्रोग्राम के पहले शब्द के लिए लोड एड्रेस को लोड एड्रेस ओरिजिन कहा जाता है। लोड ओरिजिन-एक्सेक्यूशन के लिए प्रोग्राम लोड करते समय लोडर द्वारा स्पेसिफ़िएड ओरिजिन का एड्रेस लोड टाइम (या लोड) एड्रेस-लोडर द्वारा सौंपा गया एड्रेस है।

अत: विकल्प (B) सही है।

99. डेटा को फॉर्मलाइज्ड रूप से फैक्ट की कांसेप्ट या इंस्ट्रक्शन के रिप्रजेंटेशन के रूप में परिभाषित किया जा सकता है जो मानव या इलेक्ट्रॉनिक मशीनों द्वारा कम्युनिकेशन, इंटरप्रिटेशन या पोसेसिंग के लिए उपयुक्त होना चाहिए।

डेटा के अल्फाबेट्स (A-Z, a-z), डिजिट (0-9) या स्पेशल करैक्टर (+,-
,/,*,<,>,=, आदि) जैसे करैक्टर की सहायता से दर्शाया जाता है।

इंफोर्मेशन आर्गनाइज्ड या क्लासिफाइड डेटा है, जिसमें रिसीवर के लिए कुछ
सार्थक वैल्यू होते हैं। इंफोर्मेशन प्रोसेस्ड डेटा है जिस पर डिसीजन और एक्शन
आधारित होते हैं।

अत: विकल्प (B) सही है।

100. एक स्पाइरल मॉडल एक इंक्रीमेंटल एप्रोच है, जो वाटरफॉल मॉडल और
प्रोटोटाइप मॉडल के कॉम्बिनेशन के रूप में बनता है। स्पाइरल मॉडल की
मेजर ड्रॉबैक इस प्रकार हैं:

- एक्सपेंसिव

- स्मॉलर प्रोजेक्ट के लिए अच्छा वर्क नहीं करता

- रिस्क एनालिसिस के लिए हाइली स्किल्ड एक्सपर्ट की आवश्यकता
  होती है।

अत: विकल्प (B) सही है।

101. प्रोटोटाइपिंग मॉडल एक रिक्वायरमेंट्स एनालिसिस फेस के साथ शुरू
होता है जिसमें फास्ट, क्यूएफडी, ब्रेनस्टॉर्मिंग जैसी तकनीकें शामिल हैं।
स्पाइरल मॉडल के केस में पहले स्टेप में कस्टमर कम्युनिकेशन से संबंधित
गतिविधियां शामिल हैं जैसे ऑब्जेक्टिव का निर्धारण करना।

अत: विकल्प (B) सही है।

102. रिस्क असेसमेंट/एनालिसिस का यूज करना कई एप्लीकेशन के लिए
आवश्यकता से अधिक फ्लेक्सिबिलिटी प्रदान करता है जो कम अनुभवी
डेवलपर्स के मानदंडों पर फिट बैठता है। स्पाइरल मॉडल सबसे महत्वपूर्ण
सॉफ्टवेयर डेवलपमेंट लाइफ साइकिल मॉडल में से एक है जो रिस्क मैनेजमेंट
के लिए सहायता प्रदान करता है। अपने डायग्रामैटिक रिप्रजेंटेशन में, यह कई
लूप के साथ एक स्पाइरल जैसा दिखता है।

अत: विकल्प (A) सही है।

103. आरएडी मॉडल सस्ते प्रोडक्ट/सॉफ्टवेयर/प्रोजेक्ट को डेवलप करने के
लिए अनुपयुक्त है क्योंकि मॉडलिंग की कॉस्ट, हाइली स्किल्ड
डेवलपर्स/डिजाइनरों को काम पर रखना और ऑटोमेटेड कोड जनरेशन बहुत
अधिक है। लेकिन यहां कॉस्ट कोई इश्यू नहीं है, इसलिए कोई भी इस मॉडल
का चयन कर सकता है क्योंकि यह डेवलप के टाइम को कम करता है।

अत: विकल्प (C) सही है।

104. यूजर की एक्टिव पार्टिसिपेशन आरएडी मॉडल के सभी चार फेज में
शामिल है और प्रोटोटाइप मॉडल के केस में हमें हर बार एक नया प्रोटोटाइप
बिल्ड या डिजाइन होने पर यूजर की प्रजेंस/पार्टिसिपेशन की आवश्यकता होती
है। आरएडी मॉडल रैपिड एप्लीकेशन डेवलपमेंट को संदर्भित करता है और
यह इंक्रीमेंटल मॉडल का टाइप है। कॉम्पोनेन्ट या फंक्शन को पैरेलल में
डेवलप किया जाता है और यह छोटी प्रोजेक्ट के साथ-साथ मीडियम प्रोजेक्ट
को भी संभाल सकता है। इस मॉडल में किसी भी फेज में कोई भी बदलाव
किया जा सकता है। कम संख्या में लोगों के कारण इसकी हाई प्रोडक्टिविटी
है। प्रोटोटाइप मॉडल एक सॉफ्टवेयर डेवलप लाइफ साइकिल मॉडल है
जिसका उपयोग तब किया जाता है जब कस्टमर को पूरी तरह से पता नहीं
होता है कि अंतिम प्रोडक्ट कैसा होना चाहिए और इसकी आवश्यकताएं क्या
हैं।

अत: विकल्प (D) सही है।

105. आरएडी का अर्थ है रैपिड एप्लिकेशन डेवलपमेंट जिसे एक एजाइल
डेवलपमेंट मेथड के रूप में वर्गीकृत किया गया है, जो एक क्विक टर्नअराउंड
और हाई-एन्ड आउटकम को पूरा करने के लिए है। आरएडी मॉडल बिना (या
कम) स्पेसिफिक प्लानिंग के प्रोटोटाइपिंग और इटरेटिव मॉडल पर आधारित
है। सामान्य तौर पर सॉफ्टवेयर डेवलपमेंट के लिए आरएडी एप्रोच का अर्थ है
प्लानिंग टास्क पर कम जोर देना और डेवलपमेंट पर अधिक जोर देना और
एक प्रोटोटाइप के साथ आना।

अतः विकल्प (B) सही है।

106. आएडी मॉडल का मेजर ड्रॉबैक है-

- इसे अत्यधिक स्किल्ड डेवलपर्स की आवश्यकता है।

- इसे प्रोडक्ट के पूरे लाइफ साइकिल में यूजर की फीडबैक की
  आवश्यकता होती है।

- अन्य मॉडलों की तुलना में इसे मैनेज करना अधिक काम्प्लेक्स है।

- रैपिड एप्लिकेशन डेवलपमेंट का उपयोग करके केवल वे सिस्टम
  डेवलप किए जा सकते हैं जिन्हें मॉड्यूलर किया जा सकता है।

- यह बड़ी टीमों के साथ काम नहीं कर सकता।

अतः विकल्प (D) सही है।

107. बीपीआर का मतलब बिजनेस प्रोसेस री-इंजीनियरिंग है। बिजनेस प्रोसेस
री-इंजीनियरिंग क्वालिटी, आउटपुट, कॉस्ट, सर्विस और स्पीड जैसे क्रिटिकल
आस्पेक्ट में ड्रामेटिक इम्प्रूवमेंट प्राप्त करने के लिए बिजनेस प्रोसेस का
रेडिकल रिडिजाइन है। बिजनेस प्रोसेस रीइंजीनियरिंग (बीपीआर) का उद्देश्य
इंटरप्राइज कॉस्ट को कम करना और रेडंडेंसीज को बहुत बड़े स्केल पर
प्रोसेस करना है।

अतः विकल्प (A) सही है।

108. सिस्टम डेवलपमेंट लाइफ साइकिल (एसडीएलसी) में पहला स्टेप
प्रॉब्लम/अपॉर्चुनिटी आइडेंटिफिकेशन है। प्रॉब्लम की आइडेंटिफिकेशन की
प्रोसेस में क्लियर, स्ट्रेटफॉरवर्ड प्रॉब्लम स्टेटमेंट का डेवलपमेंट शामिल है जिन्हें
डायरेक्ट स्पेसिफिक टार्गेट्स और ऑब्जेक्टिव्स से लिंक किया जा सकता है।

अतः विकल्प (C) सही है।

109. डिजाइन रिक्वायरमेंट इंजीनियरिंग का एक स्टेप नहीं है, डिजाइन अपने
आप में सॉफ्टवेयर इंजीनियरिंग का एक अलग स्टेप है। रिक्वायरमेंट एलीटेशन,
रिक्वायरमेंट एनालिसिस, रिक्वायरमेंट डॉक्यूमेंटेशन और रिक्वायरमेंट रिव्यू
रिक्वायरमेंट इंजीनियरिंग के फोर कुर्सियल प्रोसेस स्टेप हैं।

अतः विकल्प (B) सही है।

110. एक ऐरे एक ही प्रकार (समान प्रकार) के डेटा आइटम का एक
कलेक्शन है जो कंटीगस मेमोरी लोकेशन में स्टोर है।

किसी ऐरे का पहला एलिमेंट इंडेक्स 0 में स्टोर किया जाता है।

1 से शुरू होने के विपरीत, ऐरे को 0 से शुरू करके इंडेक्स किया जाता है।

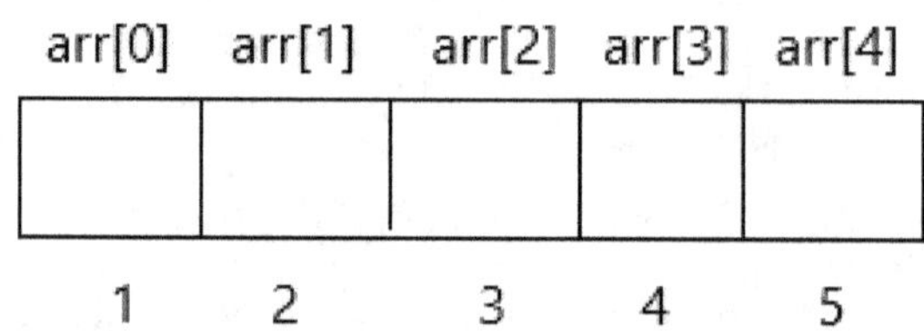

अतः विकल्प (A) सही है।

111. मर्ज सॉर्ट:

मर्ज सॉर्ट डिवाइड और कॉन्कर के एप्रोच पर आधारित है।

मर्ज सॉर्ट के लिए रेकरेंस रिलेशन होगा:

$$T(n) = 2T\left(\frac{n}{2}\right) + \Theta(n)$$

मास्टर थ्योरम का उपयोग करने पर,

$$T(n) = n \times \log_2 n$$

इसलिए, मर्ज सॉर्ट की टाइम कॉम्प्लेक्सिटी O(nlogn) है।

अतः विकल्प (B) सही है।

112. लिंक्ड लिस्ट्स के लिए मर्ज सॉर्ट और इंसर्शन सॉर्ट दोनों का उपयोग किया जा सकता है। किसी लिंक्ड लिस्ट का स्लो रैंडम-एक्सेस परफॉरमेंस अन्य एल्गोरिथ्म (जैसे क्विकसॉर्ट) का खराब प्रदर्शन करता है, और अन्य (जैसे हीपसॉर्ट) पूरी तरह से असंभव है। चूंकि मर्ज सॉर्ट की सबसे वर्स्ट केस टाइम कम्प्लेक्सिटी O(nLogn) है और इंसर्शन सॉर्ट की O(n2) है, इसलिए मर्ज सॉर्ट को प्राथमिकता दी जाती है।

अतः विकल्प (D) सही है।

113. किसी भी DAG की टोपोलॉजिकल सॉर्टिंग लीनियर समय में की जा सकती है। डायरेक्टेड एसाइक्लिक ग्राफ़ (DAG) के लिए टोपोलॉजिकल सॉर्टिंग, वर्टिस का एक लीनियर क्रम है, जैसे कि प्रत्येक निर्देशित एजेज U V के लिए, वर्टेक्स U क्रम में V से पहले आता है। यदि ग्राफ़ DAG नहीं है तो ग्राफ़ के लिए टोपोलॉजिकल सॉर्टिंग संभव नहीं है। टोपोलॉजिकल सॉर्टिंग O (V+ E) में की जा सकती है, यहां V और E क्रमशः वर्टिस्सेस की संख्या और एजेज की संख्या का प्रतिनिधित्व करते हैं।

अतः विकल्प (C) सही है।

114. डायनेमिक ऐरे में कॉम्प्लेक्सिटी इस पर निर्भर करता है कि ऐरे पूर्ण है या नहीं। यदि आप किसी ऐसे ऐरे में इन्सर्ट करने का प्रयास करते हैं जो पूर्ण नहीं है तो एलिमेंट को अंत में स्टोर किया जाता है, इसमें O(1) टाइम लगता है। यदि आप किसी ऐसे ऐरे में इन्सर्ट करने का प्रयास करते हैं जो पहले भरा हुआ है, तो आपको करेंट ऐरे के आकार के दोगुने आकार के साथ एक ऐरे एलोकेट करनी होगी और फिर उसमें सभी एलिमेंट की कॉपी बनाना होगा और अंत में नया एलिमेंट इन्सर्ट करना होगा, इसमें O(n) समय लगता है।

अतः विकल्प (D) सही है।

115. इन-प्लेस सॉर्ट वह है जो अतिरिक्त स्थान की आवश्यकता के बिना इनपुट को सॉर्ट करता है।

एक सॉर्ट एल्गोरिथम जिसमें सॉर्ट किए गए आइटम मूल के समान स्टोर पर कब्जा करते हैं। एक सॉर्टिंग एल्गोरिथ्म जो मूल इनपुट के अलावा अतिरिक्त स्थान की एक छोटी स्थिर मात्रा का उपयोग करता है, आमतौर पर इनपुट स्थान को ओवरराइट करता है, को इन-प्लेस सॉर्टिंग के रूप में संदर्भित किया जाता है।

- **इंसर्शन सॉर्ट** आमतौर पर इन-प्लेस किया जाता है, इसके पीछे सॉर्ट की गई सूची को बढ़ाते हुए ऐरे को इनर्टिंग करके, प्रत्येक ऐरे-पोजीशन पर, यह सॉर्ट लिस्ट में सबसे बड़े मान के विरुद्ध वहां वैल्यू की जांच करता है (जो कि पिछली ऐरे -पोजीशन की जांच में इसके आगे होता है)।

- **सिलेक्शन सॉर्ट** एल्गोरिथम अनसोल्ड सब-लिस्ट में सबसे छोटा (या सबसे बड़ा, सॉर्टिंग ऑर्डर के आधार पर) एलिमेंट खोजता है, इसे सबसे लेफ्टमोस्ट अनसोल्ड एलिमेंट के साथ एक्सचेंज करता है (इसे सॉर्टेड ऑर्डर में रखता है), और सब-लिस्ट बाउंड्रीज़ को एक एलिमेंट में ले जाता है। बिना किसी अतिरिक्त स्थान के सही।

अतः विकल्प (D) सही है।

116. किसी भी ऐरे पर एक मिनिमम हीप बनाने में लीनियर टाइम लगेगा। इसलिए, मैक्सिमम हीप ऐरे को मिनिमम हीप में बदलने में उतना ही समय लगेगा।

मिन हीप एक स्पेशल बाइनरी ट्री है जहाँ पैरेंट नोड में स्टोर वैल्यू बच्चों से कम या बराबर होता है और अधिकतम हीप एक ऐसा ट्री होता है जहाँ पैरेंट, चिल्ड्रेन से बड़ा या उसके बराबर होता है।

अतः विकल्प (C) सही है।

117. डायनैमिकल रूप से अलोकेटेड ट्री को हटाने के लिए, सबसे उपयुक्त ट्रैवर्सल तकनीक पोस्ट-ऑर्डर है। डायनैमिकल रूप से अलोकेटेड ट्री को

हटाने के लिए, हम पहले चाइल्ड को हटा सकते हैं और फिर पैरेंट को हटा सकते हैं।

हम पोस्ट-ऑर्डर ट्रैवर्सल का उपयोग करके ट्री को ट्रैवर्स करेंगे क्योंकि रूट नोड को हटाने से पहले हमें सभी चाइल्ड नोड्स को हटाना होगा। यदि हम पहले रूट नोड को हटाते हैं तो हम एक अलग डेटा स्टोर बनाए बिना रूट के चाइल्ड नोड्स को पार नहीं कर सकते।

अतः विकल्प (B) सही है।

118. एक सॉर्टेड ऐरे में एक 'की' की सर्चिंग O(log n) टाइम में की जा सकती है। एक सॉर्टेड ऐरे में, बाइनरी सर्च का उपयोग करके सर्च ऑपरेशन किया जा सकता है। सर्च ऑपरेशन की टाइम कम्प्लेक्सिटी O(log n) [बाइनरी सर्च का उपयोग करना]। जहाँ n एलिमेंट की संख्या है।

अतः विकल्प (C) सही है।

119. कोड का भाग निम्नलिखित लिंक्ड लिस्ट में लिस्ट के अंत में q द्वारा प्वाइंटेड नोड सम्मिलित करेगा:

```
for (p=list; p→next !=NULL; p=p→next); p→next=q;
```

एक लिंक्ड लिस्ट डेटा एलिमेंट का एक लीनियर कलेक्शन है जिसका क्रम मेमोरी में उनके फिजिकल लोकेशन द्वारा नहीं दिया जाता है। इसके बजाय, प्रत्येक एलिमेंट आगे की ओर इशारा करता है। यह एक डेटा स्ट्रक्चर है जिसमें नोड्स का कलेक्शन होता है जो एक साथ सीक्वेंस का रिप्रेजेंट करते हैं।

अतः विकल्प (D) सही है।

120. दिए गए ट्रांजिशन्स के अनुसार, q1, q2, q3, q4 दिए गए NFA के लिए q1 के एप्सिलॉन क्लोजर हैं। स्टेट का वह समूह जो ε-ट्रांसिशन्स का उपयोग करके q तक पहुँचा जा सकता है, स्टेट q पर ε-क्लोजर कहलाता है। एप्सिलॉन का मतलब है कि प्रेजेंट स्टेट बिना किसी इनपुट के दूसरे स्टेट में जा सकता है। यह तभी हो सकता है जब प्रेजेंट स्टेट का किसी अन्य स्टेट में एप्सिलॉन ट्रांसिशन्स हो। एप्सिलॉन क्लोजर उन सभी स्टेट को ढूंढ रहा है जहां एक या अधिक एप्सिलॉन ट्रांजिशन पर प्रेजेंट स्टेट से पहुंचा जा सकता है।

अतः विकल्प (D) सही है।

121. ε के साथ ट्रांजिशन एक बदलाव की ओर जाता है लेकिन रीड हेड में कोई बदलाव नहीं होता है। इसके अलावा मेथड को एक हिडेन नॉन-डेटर्मिनिस्म को इंट्रोड्यूस करना कहा जा सकता है। इसलिए, कथन 1 सही है जबकि कथन 2 गलत है।

अतः विकल्प (C) सही है।

122. 111 से शुरू होने वाले 8-बिट स्ट्रिंग्स की संख्या 32 है। पहले 3 बिट्स तय हैं और शेष 5 बिट्स 0 या 1 हो सकते हैं। तो कुल संयोजन 25 = 32 हैं। 101 से शुरू होने वाले स्ट्रिंग्स के साथ भी ऐसा ही है। तो स्ट्रिंग्स की कुल संख्या 32+32=64 है।

अतः विकल्प (A) सही है।

123. ऑटोमेटन को एप्सिलॉन का उपयोग करके इनपुट प्रतीक को पढ़े बिना अपनी स्थिति बदलने की अनुमति दी जा सकती है लेकिन इसका मतलब यह नहीं है कि एप्सिलॉन एक इनपुट प्रतीक बन गया है। इसके विपरीत, यह माना जाता है कि प्रतीक एप्सिलॉन किसी वर्णमाला से संबंधित नहीं है।

अतः विकल्प (C) सही है।

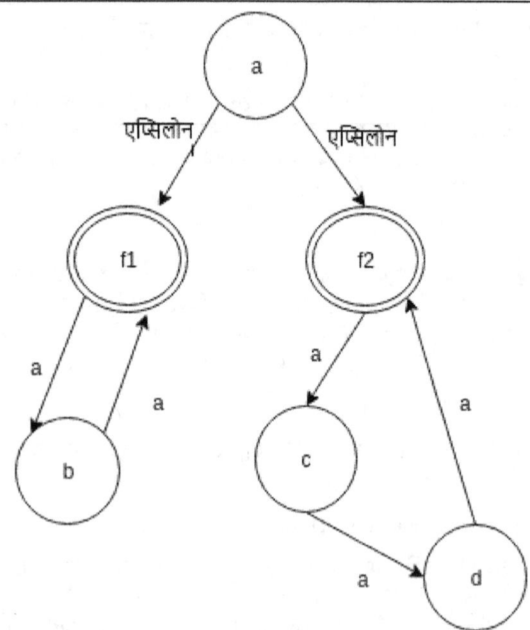

124.

अत: विकल्प (B) सही है।

125. ग्रामर का एक प्रोडक्शन लेफ्ट रिकर्सन कहा जाता है, यदि इसके आरएचएस का सबसे लेफ्ट मोस्ट वेरिएबल इसके एलएचएस के वेरिएबल के समान होता है। लेफ्ट रिकर्सन वाले प्रोडक्शन वाले ग्रामर को लेफ्ट रिकर्सिव ग्रामर कहा जाता है। टॉप डाउन पार्सर्स के लिए लेफ्ट रिकर्सन को एक समस्याग्रस्त स्थिति माना जाता है।

अत: विकल्प (B) सही है।

126. एक कंपाइलर एक ट्रांसलेटर है जो एक एक्जीक्यूटेबल प्रोग्राम बनाने के लिए हाई-लेवल लैंग्वेज को लो-लेवल लैंग्वेज (जैसे असेंबली भाषा, ऑब्जेक्ट कोड, या मशीन कोड) में कन्वर्ट करता है।

- कंपाइलर का मुख्य उद्देश्य प्रोग्राम के अर्थ को बदले बिना एक लैंग्वेज में लिखे गए कोड को बदलना है।
- जब आप किसी प्रोग्राम को एक्ज़िक्यूट करते हैं जो हाई-लेवल लैंग्वेज (एचएलएल) प्रोग्रामिंग लैंग्वेज में लिखा जाता है तो यह दो भागों में एक्ज़िक्यूट होता है।
- पहले भाग में, सोर्स प्रोग्राम को ऑब्जेक्ट प्रोग्राम (लो-लेवल लैंग्वेज) में कम्पाइल और ट्रांसलेट किया जाता है।
- दूसरे भाग में, ऑब्जेक्ट प्रोग्राम को असेंबलर के माध्यम से तरगेट प्रोग्राम में ट्रांसलेट किया जाता है।

अत: विकल्प (D) सही है।

127. डीएफए का पूर्ण रूप डिटरमिनिस्टिक फाइनाइट ऑटोमेटा है।

- डिटरमिनिस्टिक कम्प्यूटेशन की यूनीकनेस को संदर्भित करता है। यदि मशीन एक समय में एक इनपुट स्ट्रिंग एक प्रतीक पढ़ता है, तो उस फाइनाइट ऑटोमेटा को डिटरमिनिस्टिक फाइनाइट ऑटोमेटा कहा जाता है।
- डीएफए में, वर्तमान स्टेट से अगले स्टेट तक स्पेसिफिक इनपुट के लिए केवल एक ही पाथ है।
- डीएफए जीरो मूव को एक्सेप्ट नहीं करता है, अर्थात, डीएफए बिना किसी इनपुट कैरेक्टर के स्टेट नहीं बदल सकता है।
- डीएफए में कई फाइनल स्टेट हो सकती हैं। इसका उपयोग कंपाइलर में लेक्सिकल एनालिसिस में किया जाता है।

अतः विकल्प (B) सही है।

128. ऑब्जेक्ट फाइल एक कंप्यूटर फाइल होती है जिसमें ऑब्जेक्ट कोड होता है, जो कि एक असेंबलर या कंपाइलर का मशीन कोड आउटपुट होता है। ऑब्जेक्ट कोड आमतौर पर स्थानांतरित करने योग्य होता है, और आमतौर पर डायरेक्टली एक्सेक्यूटेबल नहीं होता है। ऑब्जेक्ट फाइल के लिए डिफ्रेंट फॉर्मेट हैं, और एक ही मशीन कोड को डिफ्रेंट ऑब्जेक्ट फाइल फॉर्मेट में पैक किया जा सकता है। ऑब्जेक्ट फाइल शेयर्ड लाइब्रेरी की तरह भी काम कर सकती है।

अतः विकल्प (B) सही है।

129. स्कैनर एक सबरूटीन है जिसे अक्सर एक कंपाइलर जैसे एप्लिकेशन प्रोग्राम द्वारा कॉल किया जाता है। स्कैनर का प्राइमरी फंशन इनपुट स्ट्रीम से कैरेक्टर्स को टोकन नामक रेकग्राइजेबल यूनिट में संयोजित करना है। इस तरह के स्कैनर को डिजाइन करने के लिए इस पेपर में एक मेथड प्रजेंट की गई है, जिसे करेंट लिटरेचर में अक्सर एक लेक्सिकल एनालाइजर के रूप में भी जाना जाता है।

अतः विकल्प (D) सही है।

130. सीरियल कम्युनिकेशन लिंक पर डेटा भेजने के लिए आवश्यक वायर की न्यूनतम संख्या 2 है। सीरियल कम्युनिकेशन एक कम्युनिकेशन चैनल या कंप्यूटर बस पर क्रमिक रूप से एक बार में डेटा भेजने की प्रक्रिया है। यह पैरलल कम्युनिकेशन के विपरीत है जहां कई पैरलल चैनलों के साथ एक लिंक पर कई बिट्स को समग्र रूप से भेजा जाता है। सीरियल कम्युनिकेशन का उपयोग सभी लंबी दूरी के कम्युनिकेशन और अधिकांश कंप्यूटर नेटवर्क के लिए किया जाता है, जहां केबल और सिंक्रनाइज़ेशन कठिनाइयों की लागत पैरलल कम्युनिकेशन को इम्प्रैक्टिकल बनाती है।

अतः विकल्प (B) सही है।

131. एक सीरियल कम्युनिकेशन लिंक पर डेटा भेजने के लिए डेटा कम्युनिकेशन मेथड का उपयोग किया जाता है एक फुल डुप्लेक्स है। फुल-डुप्लेक्स सीरियल कम्युनिकेशन आउटगोइंग और इनकमिंग दोनों संदेशों को एक ही समय में भेजने और प्राप्त करने की अनुमति देता है। ऐसे डिवाइस के उदाहरण जहां फुल डुप्लेक्स सीरियल कम्युनिकेशन उपयोग हो सकता है, उनमें X Bee रेडियो, अन्य माइक्रोकंट्रोलर और यहां तक कि सिंपल IDE टर्मिनल शामिल हैं।

अत: विकल्प (C) सही है।

132. टेलीकॉम ऑपरेशन्स के लिए बैच प्रोसेसिंग पसंदीदा प्रोसेसिंग मोड है। यह कथन गलत है क्योंकि बैच प्रोसेसिंग में ये कठिनाइयाँ हैं: प्रोग्राम को डीबग करना मुश्किल है, एक जॉब एक इनफिनिट लूप में प्रवेश कर सकती है और सुरक्षा योजना की कमी के कारण एक बैच की जॉब पेंडिंग जॉब्स को प्रभावित कर सकती है।

अत: विकल्प (D) सही है।

133. टाइम-शेयरिंग सिस्टम के भीतर डेटा का इंटरैक्टिव ट्रांसमिशन हाफ-डुप्लेक्स लाइनों के लिए सबसे उपयुक्त हो सकता है। हाफ-डुप्लेक्स मोड के साथ, प्रत्येक ट्रांसमिटेड कैरेक्टर तुरंत मॉनिटर पर प्रदर्शित होता है। फुल-डुप्लेक्स ईथरनेट हाफ-डुप्लेक्स की तुलना में समय बचाता है क्योंकि यह कलिसिएंस और फ्रेम रिट्रांसमिशन को कम करता है। भेजना और प्राप्त करना अलग-अलग कार्य हैं, एक ऐसी सिस्टम बनाना जहां प्रत्येक दिशा में फुल डेटा कैपेसिटी हो। इसके विपरीत, हाफ-डुप्लेक्स का उपयोग बैंडविड्थ के संरक्षण के लिए किया जा सकता है।

अत: विकल्प (B) सही है।

134. टेलीप्रिंटर्स में आउटपुट के लिए एक प्रिंटर और इनपुट के लिए एक कीबोर्ड होता है। एक टेलीप्रिंटर (टेलीटाइपराइटर, टेलेटाइप या टीटीई) एक इलेक्ट्रोमैकेनिकल डिवाइस है जिसका उपयोग पॉइंट-टू-पॉइंट और पॉइंट-टू-मल्टीपॉइंट कॉन्फिगरेशन दोनों में विभिन्न कम्युनिकेशन चैनलों के माध्यम से टाइप किए गए संदेशों को भेजने और प्राप्त करने के लिए किया जा सकता है।

प्रारंभ में, उनका उपयोग टेलीग्राफी में किया गया था, जो 1830 और 1840 के दशक के अंत में इलेक्ट्रिकल इंजिनियरिंग के पहले उपयोग के रूप में विकसित हुआ था, हालांकि टेलीप्रिंटर का उपयोग 1887 तक टेलीग्राफी के लिए जल्द से जल्द नहीं किया गया था।

अत: विकल्प (C) सही है।

135. इंटरनेट एक विश्व स्तर पर जुड़ा नेटवर्क सिस्टम है जो विभिन्न प्रकार के मीडिया के माध्यम से डेटा संचारित करने के लिए टीसीपी/आईपी का उपयोग करता है। इंटरनेट वैश्विक एक्सचेंजों का एक नेटवर्क है। जिसमें निजी, सार्वजनिक, व्यावसायिक, शैक्षणिक और सरकारी नेटवर्क शामिल हैं। जो कि निर्देशित, वायरलेस और फाइबर-ऑप्टिक प्रौद्योगिकियों द्वारा जुड़ा हुआ है।

अत: विकल्प (A) सही है।

136. एक डेटाबेस, डेटा का एक संगठित संग्रह है, जिसे आमतौर पर कंप्यूटर सिस्टम से इलेक्ट्रॉनिक रूप से संग्रहीत और एक्सेस किया जाता है। जहां डेटाबेस अधिक जटिल होते हैं, वहां अक्सर उन्हें औपचारिक डिजाइन और मॉडलिंग तकनीकों का उपयोग करके विकसित किया जाता है।

अत: विकल्प (D) सही है।

137. बस टोपोलॉजी एक लोकल एरिया नेटवर्क (LAN) के लिए एक टोपोलॉजी है जिसमें सभी नोड्स एक ही केबल से जुड़े होते हैं। जिस केबल से नोड्स जुड़े होते हैं, उसे "बैकबोन" कहा जाता है। यदि बैकबोन टूट जाए, तो पूरा भाग विफल हो जाता है।

अत: विकल्प (C) सही है।

138. सूचना प्रौद्योगिकी में, एक बैकअप या डेटा बैकअप या बैक अप की प्रक्रिया कंप्यूटर डेटा की एक संग्रह फ़ाइल में प्रतिलिपि बनाने को संदर्भित करती है ताकि डेटा हानि घटना के बाद मूल को पुनर्स्थापित करने के लिए इसका उपयोग किया जा सके।

अत: विकल्प (B) सही है।

139. WPA2 एक प्रकार का एन्क्रिप्शन है जिसका उपयोग अधिकांश वाई-फाई नेटवर्क को सुरक्षित करने के लिए किया जाता है। WPA2 नेटवर्क प्रत्येक वायरलेस क्लाइंट के लिए अद्वितीय एन्क्रिप्शन कुंजी प्रदान करता है जो इसे जोड़ता है।

अत: विकल्प (C) सही है।

140. LISP में, फ़ंक्शन उस लिस्ट को रिटर्न करता है जिसके रिजल्ट से पहले एलिमेंट को हटा दिया जाता है (रेस्ट f लिस्ट), cdr। लिस्प (हिस्टॉरिकल एलआईएसपी) प्रोग्रामिंग लैंग्वेज का एक लॉन्ग हिस्ट्री और एक डिस्टिंक्टिव, फुल पैरेंथेसिज़ेड प्रेफिक्स नोटेशन। एक फ़ंक्शन कॉल या सिंटैक्टिक फॉर्म पहले फ़ंक्शन या ऑपरेटर के नाम के साथ एक लिस्ट के रूप में लिखा जाता है, और आर्गुमेंट निम्नलिखित हैं; उदाहरण के लिए, एक फ़ंक्शन f जो थ्री आर्गुमेंट लेता है, उसे (f arg1 arg2 arg3) कहा जाएगा।

अत: विकल्प (D) सही है।

141. आर्टिफिशियल इंटेलिजेंस प्रोग्रामिंग के आउटपुट सेगमेंट में प्रिंटेड लैंग्वेज और सिंथेसाइज्ड स्पीच, फिजिकल ऑब्जेक्ट में मैनीपुलेशन और मूवमेंट शामिल हैं। फिजिकल ऑब्जेक्ट की मूवमेंट और मैनीपुलेशन एक दूसरे से संबंधित हैं। दोनों एक एनवायरनमेंट के साथ फिजिकल इंटरेक्शन को कंट्रोलिंग करने पर काफी हद तक आधारित हैं; दोनों मोशन और कांटैक्ट के समान कानूनों द्वारा शासित हैं, और दोनों उन कानूनों के हमारे मॉडल द्वारा लगाए गए समान कंस्ट्रेंट्स और लिमिटेशन के अधीन हैं। स्पीच सिंथेसिस ह्यूमन स्पीच का आर्टिफिसियल प्रोडक्शन है। टेक्स्ट-टू-स्पीच (TTS) सिस्टम नॉर्मल लैंग्वेज के टेक्स्ट को स्पीच में बदल देता है; अन्य सिस्टम रेंडर सिंबॉलिक लिंगविस्टिक जैसे फोनेटिक ट्रांस्क्रिप्शन्स को स्पीच में प्रस्तुत करती हैं।

अत: विकल्प (D) सही है।

142. लिस्ट प्रोसेसिंग के लिए एक संक्षिप्त शब्द LISP, एक प्रोग्रामिंग लैंग्वेज है जिसे डेटा स्ट्रिंग्स के आसान मैनिपुलेशन के लिए डिज़ाइन किया गया था। 1959 में जॉन मैकार्थी द्वारा विकसित यह आर्टिफीसियल इंटेलिजेन्स (एआई) प्रोग्रामिंग के लिए आमतौर पर इस्तेमाल की जाने वाली लैंग्वेज है। यह रेलटीवेली वाइड उपयोग में अभी भी सबसे ओल्डेस्ट प्रोग्रामिंग लैंग्वेज में से एक है।

अत: विकल्प (A) सही है।

143. मनुष्यों द्वारा उपयोग की जाने वाली कम्युनिकेशन की प्राइमरी इंटरैक्टिव मेथड स्पीकिंग है। सिद्धांत में, एक बेहतर इंटेलिजेंस हमारे साथ प्रभावी ढंग से कम्युनिकेट करने के तरीके के रूप में काम कर सकती है जैसे मनुष्य जानवरों के साथ कम्यूनिकेट करने के लिए सरल शब्दों और इशारों का उपयोग करते हैं। इस मामले में मशीन के साथ सार्थक बातचीत करना संभव है।

अत: विकल्प (C) सही है।

144. एलेमेंटरी लिंगुइस्टिक यूनिट जो शब्दों से छोटी होती हैं, वे एलोफोन्स, फोनेम्स, सिलेबल्स हैं। एलोफोन्स प्रत्येक फोनेम्स के लिंगुइस्टिकली वैरिएंट से नॉन-सिग्नीफिकेंट रूप में। दूसरे शब्दों में, एक फोनेम्स को एक से अधिक स्पीच साउंड द्वारा महसूस किया जा सकता है और प्रत्येक वैरिएंट का चयन आमतौर पर फोनेम के फोनेटिक एनवायरनमेंट द्वारा कंडिशन्ड होता है। एक फोनेम एलोफोन्स या इंडिविजुअल नॉन-कंट्राडिक्शनल स्पीच क्लॉसेस का एक सेट है। एलोफोन साउंड हैं, जबकि फ़ोनेम ऐसे साउंड का एक ग्रुप है। सभी क्लियर सिलेबल्स इनिशियल्स शब्दों की शुरुआत में पाए जाते हैं और हमेशा सीवी होते हैं। सभी क्लियर सिलेबल्स फाइनल्स शब्दों के अंत में पाए जाते हैं और या तो VC या V होते हैं।

अत: विकल्प (D) सही है।

145. एलआईएसपी में जो एटम जो "true" का प्रतीक है वह t है। यदि ऑब्जेक्ट एक एटम शून्य है तो यह फ़ंक्शन t होता है। कोन्स सेल्स को छोड़कर सभी ऑब्जेक्ट एटम है। प्रतीक शून्य एक एटम है और एक सूची भी है यह एकमात्र लिस्प ऑब्जेक्ट है जो दोनों है।

Function: atom object

(atom object) = (not (consp object))

अत: विकल्प (A) सही है।

146. मशीन लर्निंग कंप्यूटर प्रोग्राम के उपयोग के माध्यम से नॉलेज का ऑटोनोमस एक्सीशन है। मशीन लर्निंग डेटा एनालिसिस का एक मेथड है जो एनालिटिकल मॉडल बिल्डिंग को ऑटोमेट करता है। यह इस विचार पर आधारित आर्टिफिशियल इंटेलिजेंस की एक ब्रांच है कि सिस्टम डेटा की पहचान पैटर्न से सीख सकते हैं, और मिनिमल ह्यूमन इंटरवेंशन के साथ निर्णय ले सकते हैं।

अत: विकल्प (A) सही है।

147. लर्नर सिस्टम के परफॉर्मेंस को प्रभावित करने वाले फैक्टर में एक गुड डेटा स्ट्रक्चर्स का न होना शामिल है। लर्निंग सिस्टम एक ऐसा सिस्टम है जो लर्नर के लिए रिसोर्सेज के बारे में डेटा का एक स्टोर प्रदान करती है, डेटा को कम्पाइल करती है, लर्नर के रिसोर्सेज को बनाने और स्टोर करने का एक साधन और लर्नर के रिसोर्सेज तक एक्सेस का एक साधन प्रदान करती है।

अत: विकल्प (D) सही है।

148. आर्टिफिशियल इंटेलिजेंस (AI) कंप्यूटर साइंस की वह शाखा है जो इंसानों की तरह सोचने और काम करने वाली इंटेलिजेंस मशीनों के विकास पर जोर देती है। क्योंकि एआई मानव प्रयास का उपयोग किए बिना मशीनों के माध्यम से चीजों को स्वचालित रूप से काम करने के लिए है।

अत: विकल्प (C) सही है।

149. पर्ल एआई के लिए आमतौर पर इस्तेमाल की जाने वाली प्रोग्रामिंग लैंग्वेज नहीं है। क्योंकि पर्ल का उपयोग स्क्रिप्टिंग लैंग्वेज के रूप में किया जाता है, और एआई अभ्यास के लिए उपयोग नहीं किया जाता है।

प्रोलॉग एक डेक्लेरेटिव लैंग्वेज है जहां प्रोग्राम को रिलेशन के संदर्भ में व्यक्त किया जाता है, और इन संबंधों पर क्वेरीज को चलाकर एक्सेक्यूशन होता है। प्रोलॉग सिंबॉलिक रीजनिंग, डेटाबेस और लैंग्वेज पार्सिंग एप्लीकेशन के लिए पर्टिक्यूलरी यूजफुल है। आज एआई में प्रोलॉग का व्यापक रूप से उपयोग किया जाता है।

जावा (प्रोग्रामिंग लैंग्वेज) का उपयोग ज्यादातर मशीन लर्निंग सॉल्यूशंस, जेनेटिक प्रोग्रामिंग, सर्च एल्गोरिदम, न्यूरल नेटवर्क और मल्टी-रोबोट सिस्टम बनाने के लिए किया जाता है।

एलआईएसपी (LISP) आर्टिफीसियल इंटेलिजेंस के लिए डेवलप्ड फर्स्ट लैंग्वेज थी। इसमें उन प्रोग्राम का सपोर्ट करने के लिए डिज़ाइन की गई फीचर्स शामिल हैं जो जनरल प्रॉब्लम सॉल्विंग कर सकती हैं, जैसे सूचियां, एसोसिएशन स्कीमा (फ्रेम), डायनामिक मेमोरी, एलोकेशन डेटा, टाइप रिकर्सन, एसोसिएट रिट्रीवल फ़ंक्शन, आर्गुमेंट जनरेटर (स्ट्रीम) और कोआपरेटिव मल्टीटास्किंग के रूप में।

अतः विकल्प (D) सही है।

150. सेमाफोर अर्थात संज्ञापित्र पर अनुमेय दो परमाणु संचालन wait और signal हैं।

सेमाफोर अर्थात संज्ञापित्र पूर्णांक चर होते हैं जो दो परमाणु परिचालनों, wait और signal का उपयोग करके महत्वपूर्ण खंड समस्या को हल करने के लिए उपयोग किए जाते हैं जो प्रक्रिया समकालीनता के लिए उपयोग किए जाते हैं।

Wait:

यदि यह सकारात्मक है तो wait परिचालन अपने तर्क S का मान घटाता है। यदि S नकारात्मक या शून्य है, तो किसी भी परिचालन को निष्पादित नहीं किया जाता है।

```
wait(S)
{
   while (S<=0)
    S--;
}
```

Signal:

signal परिचालन अपने तर्क S के मान में वृद्धि करता है।

```
signal(S)
{
   S++;
}
```

अतः विकल्प (D) सही है।

Paper - I

Q.1 एक कक्षा में स्थानिक ऑडियो उत्सर्जन छात्रों को कम कर सकता है:

A. समझने में संज्ञानात्मक भार

B. शिक्षक का सम्मान

C. उत्कृष्टता के लिए प्रेरणा

D. प्रौद्योगिकी - अभिविन्यास में रुचि

Q.2 निम्नलिखित में से कौन प्रभावी शिक्षण में एक महत्वपूर्ण व्यवहार है?

[UGC NET Sociology, 2017]

A. छात्रों के विचारों और योगदान का उपयोग करना

B. संरचना

C. अनुदेशात्मक विविधता

D. पूछताछ

Q.3 स्कूलों में पर्यावरण शिक्षा को पढ़ाया जाना चाहिए क्योंकि -

A. यह पर्यावरण प्रदूषण को प्रभावित करेगा

B. यह जीवन का महत्वपूर्ण हिस्सा है

C. यह शिक्षकों को नौकरी प्रदान करेगा

D. हम पर्यावरण से बच नहीं सकते

Q.4 शिक्षण की पद्धतियों के किस समान्वय से अधिगम के इष्टतम होने की संभावना है?

A. व्याख्यान, परिचर्चा और संगोष्ठी प्रद्धति

B. अन्तःक्रियात्मक परिचर्चा, नियोजित व्याख्यान और पावर पॉइंट आधारित प्रस्तुतीकरण

C. अन्तःक्रियात्मक व्याख्यान सत्र जिसमें युग्मीय चर्चा आधारित सत्र विचारपेश प्रक्रिया और परियोजनाएँ अनुपर्ती रूप में हो

D. व्याख्यान, प्रदर्शन और पावर पॉइंट आधारित प्रस्तुतीकरण

Q.5 निर्देश: प्रश्न में दो कथन हैं, एक कथन और एक कारण। दोनों कथनों को ध्यानपूर्वक पढ़कर उपयुक्त विकल्प का चयन कीजिए।

अभिकथन (A): शिक्षक सामग्रियों को अनुदेशन के प्रभावी परिपूरकों के रूप में मानना चाहिए।

तर्क (R): वे छात्रों की रसमयता बनाए रखते हैं।

A. (A) और (R) दोनों सही हैं और (R), (A) की सही व्याख्या है।

B. (A) और (R) दोनों सही है, किंतु (R), (A) की सही व्याख्या नहीं है।

C. (A) सही है, किन्तु (R) गलत है।

D. (A) गलत है, किन्तु (R) सही है।

Q.6 एक विद्यालय के प्राचार्य विद्यालय के कार्यक्रमों में उनकी बढ़ी हुई प्रत्याशा की संभावना का पता लगाने के लिए शिक्षकों और छात्रों का एक साक्षात्कार सत्र आयोजित करते हैं। यह प्रयास किस प्रकार के शोध से संबंधित हो सकता है?

A. मूल्यांकन अनुसंधान

B. मौलिक अनुसंधान

C. क्रियात्मक अनुसंधान

D. प्रायोगिक अनुसंधान

Q.7 स्थिति को रचनात्मक रूप से देखने और आकार देने की क्षमता अनुसंधान के किस चरण में सबसे अधिक प्रासंगिक है?

A. एक शोध समस्या की पहचान करने और परिभाषित करने के स्तर पर।

B. अनुसंधान डिजाइन और इसके निष्पादन का निर्धारण करने में।

C. शोध परिकल्पना तैयार करने और उनके परीक्षण के लिए प्रक्रियाओं में।

D. अपने प्रतिनिधि चरित्र को सुनिश्चित करने के लिए नमूना लेने की प्रक्रियाओं को तय करने और पहचानने में।

Q.8 शोधकर्ता के अध्ययन की सटीकता को बढ़ाने के लिए -

A. उसके नमूने का आकार बढ़ाना चाहिए

B. ईमानदार और निष्पक्ष होना चाहिए

C. विचरण को उच्च रखना चाहिए

D. ये सभी

Q.9 शोध की समष्टि को प्रकृति विजातीय होने की दशा में निम्नलिखित में से कौन सी प्रतिचयन विधि प्रतिदर्श इकाइयों का सर्वोत्तम प्रतिनिधित्व सुनिश्चित करेगी?

A. सरल यादृच्छिक प्रतिचयन

B. स्तरित यादृच्छिक प्रतिचयन

C. गुच्छ प्रतिचयन

D. व्यवस्थित प्रतिचयन

Q.10 निम्न में से कौन सी सर्वेक्षण की एक विधि नहीं है?

A. व्यक्तिगत साक्षात्कार

B. अभिलेख

C. मेलिंग प्रश्नावली

D. अनुसूची

Ques (11-15):निर्देश: गद्यांश को पढ़ें और नीचे दिए गए प्रश्न के उत्तर दें।

एक अभ्यारण्य को एक ऐसी जगह के रूप में परिभाषित किया जा सकता है जहाँ मनुष्य निष्क्रिय है और शेष प्रकृति सक्रिय है। अभी हाल तक, मैं आपको बता दूँ, प्रकृति के अपने अभ्यारण्य थे, जहाँ आदमी या तो बिल्कुल नहीं जाता था या केवल तुलनात्मक रूप से छोटी संख्या में एक उपकरण का उपयोग करने वाले जानवर के रूप में था। लेकिन अब, इस मशीनरी युग में, ऐसी कोई जगह नहीं बची है जहां कोई व्यक्ति अपने आदेश पर भारी ताकतों के साथ नहीं जा सकता है। वह आज दुनिया के सभी रईस वन्यजीवों की हत्या कर सकता है! जब तक वह इस बीच दूरदर्शिता और आत्म-नियंत्रण के कारण अभ्यास नहीं करता, तब तक उसने निश्चित रूप से ऐसा किया होगा।

इसमें कोई संदेह नहीं है कि पक्षियों और स्तनधारियों को अब बहुत तेजी से मारा जा सकता है, क्योंकि वे प्रजनन कर सकते हैं। और यह हमेशा जीवन का सबसे बड़ा और कुलीन रूप होता है जो सबसे अधिक पीड़ित होता है। व्हेल और हाथी, शेर और चील, जाते हैं। चूहों और मक्खियों, और सभी परजीवी मतलब है। यह कुछ मामलों में अपरिहार्य है। लेकिन यह हत्या है कि मैं आज रात की बात कर रहा हूँ! सभ्य मनुष्य वन्यजीवों के बहुत से रूपों को नष्ट करने से शुरू होता है, वह सबसे अधिक सराहना करना सीखता है जब वह अभी भी अधिक सभ्य हो जाता है। स्पष्ट उपाय पहले चरण में संरक्षण शुरू करना है, जब यह हर तरह से आसान और बेहतर है, करीबी मौसमों के लिए कानूनों को लागू करके, खेल को बरकरार रखता है, कुछ प्रजातियों के चयनात्मक संरक्षण और अभ्यारण्यों को। मैंने सिर्फ एक अभ्यारण्य को एक ऐसी जगह के रूप में परिभाषित किया है जहाँ आदमी निष्क्रिय है और बाकी प्रकृति सक्रिय है। लेकिन यह सामान्य परिभाषा किसी विशेष मामले के लिए बहुत निरपेक्ष है। मात्र एक अभ्यारण्य की रक्षा के लिए मनुष्य को अपने विशुद्ध निष्क्रिय रवैये से दूर रहना पड़ता है। फिर, वह कीटों और परजीवियों को नष्ट करके, बॉट-मक्खियों या मच्छरों की तरह, और महामारी जैसी बीमारियों के लिए एंटीडोट्स को नष्ट करके लाभदायक रूप से सक्रिय हो सकता है जो समय-समय पर खरगोशों को मारता है और इस तरह कई मांसाहारी को मौत के घाट उतार देता है।

लेकिन, ऐसे मामलों को छोड़कर जहां प्रयोग ने उनके हस्तक्षेप को फायदेमंद साबित किया है, कम ही वह प्रकृति के संतुलन को बेहतर बनाता है, भले ही वह सांसारिक प्रोविडेंस होने की कोशिश करता हो।

Q.11 गद्यांश में, यह लेखक द्वारा निहित है कि उसकी एक 'अभयारण्य' की पहली परिभाषा है:

A. कुछ हद तक आदर्शवादी

B. काफी गलत

C. पूरी तरह से अस्वीकार्य

D. बचाव करना मुश्किल

Q.12 लेखक जानवरों की सुरक्षा में मनुष्य की सक्रिय भूमिका के बारे में बहुत चिंतित है क्योंकि:

A. वह इस तथ्य से डरता है कि यह पारिस्थितिक तंत्र के असंतुलन को जन्म देगा

B. उसे यकीन है कि यह मानव जाति के लिए फायदेमंद है

C. वह सोचता है कि मनुष्य की निष्क्रियता उसके जीवित होने का संकेत नहीं है

D. वह अधिक आदर्शवादी है

Q.13 उपरोक्त गद्यांश हो सकता हैं:

A. एक वैज्ञानिक पत्रिका में एक लेख का एक हिस्सा

B. कानून की अदालत के सामने एक तर्क

C. भाषण का एक हिस्सा एक शिक्षित दर्शकों को दिया जाता है

D. वैज्ञानिक रिपोर्ट का एक उद्धरण

Q.14 लेखक इस संदेश को व्यक्त करना चाहता है कि:

A. आदमी काफी चालाक जानवर है।

B. यदि एक आदमी पारिस्थितिक संतुलन को बनाए रखने में विफल रहा, तो यह लंबे समय में हानिकारक होगा।

C. मनुष्य वन्य जीवन को नष्ट करना चाहता है क्योंकि यह उसके अस्तित्व के लिए हानिकारक है।

D. संतुलित पारिस्थितिकी तंत्र ब्रह्मांड के समग्र मामलों में मनुष्य के महत्व को कम करेगा।

Q.15 लेखक के स्वर को सबसे अच्छे रूप में वर्णित किया जा सकता है:

A. वर्णनात्मक

B. रस लेनेवाला

C. कथा

D. कटु

Q.16 प्रभावी संचार पूर्व-कल्पना ______ को कम करता है।

A. गैर सरंक्षण

B. प्रभुत्व

C. सहनशीलता

D. समझ

Q.17 शिक्षक-छात्र सम्प्रेषण प्रायः होता है:

A. अप्रमाणिक

B. विवेचनात्मक

C. उपयोगितावादी

D. प्रतिरोधात्मक

Q.18 प्रभावी संचार के लिए क्या बाधाएं हैं?

A. नैतिककरण, सांप्रदायिक होना और सांत्वना की टिप्पणियाँ

B. संवाद, सारांश और आत्म-समीक्षा

C. सरल शब्दों का प्रयोग, शांत प्रतिक्रिया और रक्षात्मक रवैया

D. व्यक्तिगत कथन, नेत्र संपर्क और सरल कथन

Q.19 कक्षा संवाद का माध्यम है:

A. सामाजिक पहचान

B. बाह्य निर्मलता

C. पक्षपाती निष्क्रियता

D. समूह आक्रामकता

Q.20 अशाब्दिक संचार के संबंध में निम्नलिखित में से कौन सा सही है/हैं?

I. यह अनपढ़ लोगों को दूसरों के साथ आसानी से संवाद करने में मदद करता है।

II. इस संचार में लोग अपनी आवश्यकता के अनुसार मौखिक संदेशों को दोहरा सकते हैं।

III. इस संचार में सूचना के विरूपण की काफी संभावना है।

कोड:

A. I केवल

B. I और II

C. II और III

D. ये सभी

Q.21 दो संख्याओं का अनुपात 2: 5 है। यदि दोनों संख्याओं में 16 जोड़ा जाये तो उनका अनुपात 1: 2 हो जाता है। ये संख्याएं है:

[UGC NET Sociology, 2018], [UGC NET Home Science, 2018]

A. 16,40

B. 20,50

C. 28,70

D. 32,80

Q.22 अगर STREAMERS का कूट UVTGALDQR है, तो KNOWLEDGE का कूट होगा:

A. MQPYLCDFD

B. MPQYLDCFD

C. PMYQLDFCD

D. YMQPLDDFC

Q.23 12 संख्याओं का औसत 15 है और पहले दो का औसत 14 है। बाकी का औसत क्या है?

A. $15\frac{1}{5}$

B. 14

C. $11\frac{1}{5}$

D. 15

Q.24 निम्नलिखित में से तार्किक तर्क में वैधता को संदर्भित करता है:

(a) कोई भी सरल एकल प्रस्ताव

(b) परिसर और निष्कर्ष के बीच संबंध

(c) अकेले निष्कर्ष

(d) परिसर का सत्य

नीचे दिए गए विकल्प में से सही विकल्प का चयन करें:

A. (a) और (b)

B. (b) और (c)

C. केवल (b)

D. केवल (d)

Q.25 निम्नलिखित तर्क में विचार की पहचान करें:

"एक लक्ष्य के बिना एक व्यक्ति एक प्रोग्राम के बिना एक कंप्यूटर की तरह है"।

A. काल्पनिक

B. वियोजक

C. निगमन

D. अलंकारिक

Q.26 निर्देश: नीचे दिए गए प्रश्न में कथन I और II के दो निष्कर्ष दिए गए हैं। आपको कथन के सत्य होने के लिए सब कुछ मान लेना है, फिर दो निष्कर्षों पर एक साथ विचार करें और निर्णय लें कि उनमें से कौन सा तार्किक रूप से कथन में दी गई जानकारी से उचित संदेह से परे है।

कथन: एक दिन के क्रिकेट मैच में, एक टीम द्वारा बनाए गए कुल रन 200 थे। इनमें से 160 रन स्पिनरों द्वारा बनाए गए थे।

निष्कर्ष:

I. टीम के 80% स्पिनरों में शामिल हैं।

II. ओपनिंग बल्लेबाज स्पिनर थे।

A. केवल निष्कर्ष I अनुसरण करता है

B. केवल निष्कर्ष II अनुसरण करता है

C. या तो I या II अनुसरण करता है

D. न तो I और न ही II अनुसरण करता है

Q.27 निर्देश: निम्नलिखित प्रश्न में एक कथन और उसके बाद दो निष्कर्ष दिए गए हैं। सही विकल्प चुनें।

कथन: आज कई हज़ार मिलियन की आबादी वाले विश्व में, अधिकांश पुरुषों को ऐसी सरकारों के अधीन रहना पड़ता है जो उन्हें व्यक्तिगत स्वतंत्रता और असंतोष के अधिकार से मना करती हैं।

निष्कर्ष:

I. लोग व्यक्तिगत स्वतंत्रता और असंतोष के अधिकार के प्रति उदासीन हैं।

II. लोग व्यक्तिगत स्वतंत्रता और असंतोष के अधिकार की इच्छा रखते हैं।

A. केवल निष्कर्ष I अनुसरण करता है।

B. केवल निष्कर्ष II अनुसरण करता है।

C. या तो I या II अनुसरण करता है।

D. I और II दोनों अनुसरण करते हैं।

Ques (28-32):निर्देश: इन प्रश्नों का उत्तर देने के लिए निम्न तालिका का अध्ययन करें।

एक वर्ष में विभिन्न दुकानों में बिकने वाली विभिन्न कंपनियों की घड़ियों की संख्या।

दुकान का नाम	बेची गई घड़ियों की संख्या		
	टाइटन	सोनाटा	फास्ट्रैक
A	750	850	680
B	920	670	960
C	1050	470	850
D	710	780	820

Q.28 दुकान A द्वारा बेची गई कुल घड़ियों का कितने प्रतिशत टाइटन का था?

A. 29.10   **B.** 32.89   **C.** 38.15   **D.** 28.67

Q.29 दुकान D द्वारा बेची गई घड़ियों की संख्या, दुकान B द्वारा बेची गई घड़ियों की संख्या के कितने प्रतिशत है?

A. 78.91   **B.** 81.67   **C.** 90.59   **D.** 93.48

Q.30 दुकान C द्वारा बेची गई फास्ट्रैक घड़ियों की संख्या, दुकान A द्वारा बेची गई फास्ट्रैक घड़ियों की संख्या से कितने प्रतिशत अधिक है?

A. 15   **B.** 35   **C.** 25   **D.** 20

Q.31 किस दुकान में बेची गई घड़ियों की औसत संख्या सबसे अधिक है?

A. A **B.** B **C.** C **D.** D

Q.32 दुकान B द्वारा बेची गई सोनाटा घड़ियों की कुल संख्या, सभी दुकानों द्वारा बेची गई सोनाटा घड़ियों की कुल संख्या के कितने प्रतिशत है?

A. 28.32   **B.** 22.69   **C.** 27.52   **D.** 24.19

Q.33 निम्नलिखित में से कौन एक निर्देशात्मक सामग्री नहीं है?

A. प्रिंटेड स्टडी गाइड   **B.** ओवरहेड प्रोजेक्टर
C. ऑडियो पोडकास्ट   **D.** यूट्यूब वीडियो

Q.34 निम्नलिखित में से कौन सा शब्द डिजाइन के लिए डिजिटल शिक्षण के वातावरण से संबंधित है?

A. ई-विद्वान   **B.** ई-आचार्य   **C.** ई-कल्प   **D.** ई-यंत्र

Q.35 निम्नलिखित में से कौनसी आउटपुट डिवाइस नहीं है?

A. प्रिंटर   **B.** स्पीकर   **C.** मॉनिटर   **D.** की-बोर्ड

Q.36 निम्नलिखित में से कौन इंटरनेट हार्डवेयर की आवश्यकताओं को दर्शाता है?

a) हब
b) ब्रिज
c) राउटर
d) गेटवे
e) मॉडम

A. केवल (e)
B. (a), (b) और (e)
C. (a), (b) और (e)
D. (a), (b), (c) और (e)

Q.37 (-23)10 का बाइनरी समतुल्य क्या है ?

A. 111010010   **B.** 111010001
C. 111010111   **D.** 111110001

Q.38 चार प्रकार के कारक - स्थलाकृतिक, जलवायु, मृदा संबंधी और जैविक; पर्यावरण को प्रभावित करते हैं। इनमें से किसे, प्राकृतिक भूगोल-संबंधी कारक के रूप में भी जाना जाता है?

A. स्थलाकृतिक   **B.** जलवायु
C. मृदा संबंधी   **D.** जैविक

Q.39 सतत विकास लक्ष्य (Sustainable Development Goal - SDG) इंडिया सूचकांक 2018 के अनुसार, निम्न में से किस राज्य का SDG सूचकांक स्कोर सर्वाधिक है?

A. हिमाचल प्रदेश   **B.** गोवा
C. आंध्र प्रदेश   **D.** तमिलनाडु

Q.40 नवीकरणीय शक्ति का एक स्रोत जो न्यूनतम लागत के साथ विकास हो सकता है:

A. बायोमास शक्ति   **B.** ज्वार शक्ति
C. पवन चक्कियाँ   **D.** भूतापीय ऊर्जा

Q.41 निम्नलिखित में से किसे राष्ट्रीय संस्थागत रैंकिंग फ्रेमवर्क (NIRF) के अनुसार देश में सर्वश्रेष्ठ कॉलेज (2017) का स्थान दिया गया है?

[UGC NET Sociology, 2017]

A. मिरांडा हाउस, दिल्ली
B. सेंट स्टीफन कॉलेज, दिल्ली
C. फर्ग्यूसन कॉलेज, पुणे
D. महाराजा कॉलेज, मैसूर

Q.42 संपूर्ण काल का सामूहिक मनोविज्ञान एक सिद्धांत है जो -

A. ऐतिहासिक विकास के सभी चरणों की व्याख्या कर सकते हैं
B. मतलब पूरे समाज का मनोविज्ञान
C. संग्रह के मनोवैज्ञानिक दृष्टिकोण का मतलब है
D. ऊपर के सभी

Q.43 शोध करते समय संबंधित अध्ययन की समीक्षा महत्वपूर्ण है क्योंकि-

A. यह पुनरावृत्ति या प्रतिलिपिकरण से बचा जाता है
B. यह अंतराल को समझने में मदद करता है
C. यह शोधकर्ता को अतार्किक निष्कर्ष निकालने में मदद नहीं करता है
D. ऊपर के सभी

Q.44 निम्नलिखित में से कौन सा नवाचार, ओजोन-क्षय के लिए जिम्मेदार पदार्थों को चरणबद्ध करके ओजोन परत की रक्षा के लिए बनाया गया है?

A. नागोया प्रोटोकॉल   **B.** ब्रेटन वुड्स सम्मेलन
C. क्योटो प्रोटोकोल   **D.** मॉन्ट्रियल प्रोटोकॉल

Q.45 निम्नलिखित में से कौन-सा संधारणीय विकास लक्ष्यों के संबंध में प्राथमिकता क्षेत्र हैं?

(a) गरीबी से मुक्ति
(b) क्षुधा शून्यता
(c) शहरीकरण में कमी करना
(d) शांति, न्याय और सुदृढ़ संस्थाएं

नीचे दिए गए विकल्पों से सही उत्तर चुनिए:

A. (a), (b), (c)   **B.** (a), (c), (d)
C. (b), (c), (d)   **D.** (a), (b), (d)

Q.46 निम्नलिखित में से क्या आजीविका संवर्धन के लिए कौशल अधिग्रहण और ज्ञान जागरूकता (SANKALP) परियोजना के प्रमुख परिणाम क्षेत्रों में से एक नहीं है?

A. हस्तशिल्प और कालीन क्षेत्र के कौशल को बढ़ावा देना
B. सार्वजनिक-निजी भागीदारी (पीपीपी) के माध्यम से कौशल का विस्तार
C. केंद्रीय, राज्य, और जिला स्तर पर संस्थागत सुदृढ़ीकरण
D. कौशल विकास कार्यक्रमों में सीमांत की आबादी को शामिल करना

Q.47 विश्वविद्यालयों के बीच सहयोग और समन्वय को बढ़ावा देने के लिए पहले से स्थापित अंतर-विश्वविद्यालय बोर्ड का वर्तमान स्वरुप क्या है?

A. यू.जी.सी.
B. ए.आई.यू
C. एन.यू.ए.पी.ए.
D. आई.सी.एस.एस.आर.

Q.48 निर्देश: उस विकल्प का चयन कीजिए जो तीसरे पद से उसी प्रकार संबंधित है जिस प्रकार दूसरा पद पहले पद से संबंधित है।

सिंगापुर : SIMBEX :: फ्रांस : ?

A. VARUNA
B. INDRA
C. KONKAN
D. SLINEX

Q.49 दी गई संख्या 7834329513 में, हम पहले और दूसरे अंक को बदलते हैं, तीसरे और चौथे अंक को बदलते और इसी प्रकार। फिर कौन सा अंक दाएँ छठा होगा?

A. 3
B. 2
C. 9
D. 4

Q.50 निर्देश: एक श्रृंखला लुप्त पद के साथ दी गई है। दिए गए विकल्पों में से सही विकल्प का चयन कीजिये जो श्रृंखला को पूरा करेगा।

2, 3, 4, 6, ?, 12, 16, 24, 32

A. 7
B. 8
C. 11
D. 10

Paper - II

Q.51 यदि a, b ऐसे पूर्णांक हैं कि a > b तो म.स.प. (a, b) _______ में स्थित है।

A. a > म.स.प. (a, b) > b
B. a > b > = म.स.प. (a, b)
C. म.स.प. (a, b) > = a > b
D. इनमें से कोई नहीं

Q.52 कौन सा विकल्प बिट्स "1001011" का निगेशन है?

A. 11011011
B. 10110100
C. 0110100
D. 1100100

Q.53 निम्नलिखित में से किस मैट्रिक्स में केवल एक पंक्ति और एकाधिक कॉलम हैं?

A. विकर्ण मैट्रिक्स
B. पंक्ति मैट्रिक्स
C. कॉलम मैट्रिक्स
D. इनमे से कोई भी नहीं

Q.54 निम्नलिखित में से कौन सी विधि इस अवधारणा का उपयोग करती है कि परिमित क्षेत्र में घातांक कम्प्यूटेशनल रूप से सस्ता है?

A. डिफी-हेलमैन की एक्सचेंज
B. आरएसए की एक्सचेंज
C. अर्थमेटिक की एक्सचेंज
D. एफएसएम मेथड

Q.55 मान लीजिए अनुक्रम $1×2, 3×2^2, 5×2^3, 7×2^4, 9×2^5$ है तो इस AGP का अगला पद _______ द्वारा दिया जाता है।

A. $10×2^6$
B. $10×2^7$
C. $11×2^6$
D. उल्लिखित में से कोई नहीं

Q.56 एक कन्सट्रैन्ट क्या है?

A. रिस्पांस
B. पैरामीटर
C. लिमिटेशन
D. प्रिंसिपल

Q.57 बिहेवियर कंस्ट्रेंट्स वे हैं जो _______ पर इम्पोज़ की जाती हैं।

A. क्रॉस-सेक्शनल रिस्पांस
B. स्ट्रक्चरल रिस्पांस
C. सीकेंसीअल रिस्पांस
D. ड्यूरेबिलिटी रिस्पांस

Q.58 स्ट्रक्चरल डिजाइनों में, बिहेवियरल कंस्ट्रेंट्स को _______ पर लगाया जाता है।

A. स्ट्रेस
B. स्ट्रेन
C. रिएक्शन
D. बेंडिंग

Q.59 निम्नलिखित में से कौन-सा एक कंपाइलर द्वारा पुन: क्रमित के साथ एक आउट-ऑफ-ऑर्डर निष्पादन का एक प्रकार है?

A. लूप अनरोलिंग
B. निष्क्रिय कूट उन्मूलन
C. मजबूती में कमी
D. सॉफ्टवेयर पाइपलाइनिंग

Q.60 लीनियर प्रोग्रामिंग प्रॉब्लम के संबंध में निम्नलिखित कथनों पर ध्यान दें:

S_1: डुअल लीनियर प्रोग्रामिंग प्रॉब्लम की डुअल फिर से प्राइमल प्रॉब्लम है।

S_2: यदि या तो प्राइमल या डुअल प्रॉब्लम का एक असीमित ऑब्जेक्टिव फंक्शन मान है, तो दूसरी प्रॉब्लम का कोई फिजिबल सोलुशन नहीं है।

S_3: यदि या तो प्राइमल या डुअल प्रॉब्लम का एक फाइनाइट ऑप्टीमल सोलुशन है, तो दूसरे के पास भी वही है, और दो प्रॉब्लम्स के ऑब्जेक्टिव फंक्शन का ऑप्टीमल वैल्यू बराबर है।

निम्न में से कौन सा सत्य है?

A. S_1 और S_2
B. S_1 और S_3
C. S_2 और S_3
D. S_1, S_2 और S_3

Q.61 कंप्यूटर में डेटा स्टोर करने के लिए इस्तेमाल किया जाने वाला 8-बिट एन्कोडिंग फॉर्मेट _______ है।

A. एएससीआईआई
B. इबीसीडीआईसी
C. एएनसीआई
D. यूएससीआईआई

Q.62 ALU मध्यवर्ती परिणामों को संग्रहीत करने के लिए _______ का उपयोग करता है।

A. एक्युमुलेटरों
B. रजिस्टर
C. हीप
D. स्टैक

Q.63 इंस्ट्रक्शन फेच फेज _______ के साथ समाप्त होता है।

A. एमएआर में अड्रेस से डेटा को एमडीआर में रखना
B. डेटा का अड्रेस एमएआर में रखना
C. डेटा के एक्सेक्यूशन को कम्पलीट करना और उसके स्टोरेज अड्रेस को एमएआर में रखना
D. डेटा को एमडीआर में डिकोड करना और आईआर में रखना

Q.64 एग्जीक्यूशन में इटरेटिव कंस्ट्रक्ट (ब्रांचिंग) का उपयोग करते समय _______ इंस्ट्रक्शन का उपयोग स्थिति की जांच के लिए किया जाता है।

A. टेस्ट-एंड-सेट
B. ब्रांच
C. टेस्टकंडन
D. उल्लिखित में से कोई नहीं

Q.65 मॉनिटर को सीपीयू से जोड़ने के लिए उपयोग की जाने वाली बस _______ है।

A. पीसीआई बस
B. एससीएसआई बस
C. मेमोरी बस
D. रैम बस

Q.66 _____ रजिस्टर प्रोसेसर बस से जुड़ा एक सिंगल-वे ट्रांसफर सक्षम है।

A. पीसी
B. आईआर
C. टेम्प
D. Z

Q.67 एड्रेसिंग मोड जो इन-डायरेक्शन पॉइंटर्स का उपयोग करता है, _____ है।

A. इनडायरेक्ट एड्रेसिंग मोड

B. इंडेक्स एड्रेसिंग मोड

C. रिलेटिव एड्रेसिंग मोड

D. ऑफसेट एड्रेसिंग मोड

Q.68 जब हम ऑटो इंक्रीमेंट या ऑटो डिक्रीमेंट का उपयोग करते हैं, तो निम्नलिखित में से कौन सा/से सत्य है/हैं?

1) दोनों में, ऑपरेंड को पुनः प्राप्त करने के लिए अड्रेस का उपयोग किया जाता है और फिर अड्रेस बदल जाता है

2) ऑटो इंक्रीमेंट में, ऑपरेंड को पहले रिकवर किया जाता है और फिर एड्रेस को बदल दिया जाता है

3) इन दोनों का उपयोग जनरल पर्पस रजिस्टरों के साथ-साथ मेमोरी लोकेशंस पर भी किया जा सकता है

A. 1, 2, 3 **B.** 2 **C.** 1, 3 **D.** 2, 3

Q.69 इंस्ट्रक्शंस के एक्सेक्यूशन के सामान्य अनुक्रम को बदलने के लिए _____ एड्रेसिंग मोड सबसे उपयुक्त है।

A. रिलेटिव **B.** इनडाइरेक्ट

C. इंडेक्स विथ ओफ्सेट **D.** इमीडियेट

Q.70 यदि एक ऑब्जेक्ट वैल्यू द्वारा पास किया जाता है, तो _________।

A. ऑब्जेक्ट की एक नई कॉपी इम्प्लीसिट रूप से बनाई गई है।

B. ऑब्जेक्ट का ही उपयोग किया जाता है।

C. ऑब्जेक्ट का एड्रेस पास किया गया है।

D. नई रैंडम वैल्यू के साथ एक नई ऑब्जेक्ट बनाई जाती है।

Q.71 एचटीएमएल में, _____ एट्रिब्यूट का उपयोग दो या अधिक एडजसेन्ट कॉलम के मर्ज के लिए किया जाता है।

A. CELLPADDING **B.** CELLSPACING

C. ROWSPAN **D.** COLSPAN

Q.72 _________ MS .Net प्लेटफॉर्म द्वारा सपोर्टेड एक लैंग्वेज है।

A. C **B.** C++ **C.** Java **D.** C#

Q.73 निम्न में से कौन हाई-लेवल लैंग्वेज की विशेषता नहीं है?

A. मशीन कोड **B.** प्लेटफार्म इंडिपेंडेंट

C. इंटरैक्टिव एक्सेक्यूशन **D.** यूजर फ्रेंडली

Q.74 डायग्राम जो क्लास के बीच संबंध दर्शाता है, कहलाता है:

A. क्लास डायग्राम **B.** सेकेंटिअल डायग्राम

C. यूज़ केस का उपयोग **D.** कम्युनिकेशन डायग्राम

Q.75 प्रोसेसर के बीच प्रोसेसिंग लोड को संतुलित करने के लिए सबसे अच्छा लाइन एल्गोरिथम कौन सा है?

A. पैरलर लाइन एल्गोरिथम

B. डीडीए लाइन एल्गोरिथम

C. ब्रेसेनहैम की लाइन एल्गोरिथम

D. पोजीशन ब्रेसेनहैम की लाइन एल्गोरिथम

Q.76 यदि बाउंड्री को एक ही रंग में निर्दिष्ट किया गया है, और यदि एल्गोरिथम पिक्सेल बाई पिक्सेल तक आगे बढ़ता है, जब तक कि बाउंड्री रंग का सामना करना पड़ता है, कहलाता है-

A. स्कैन-लाइन फिल एल्गोरिथम

B. बाउंड्री-फिल एल्गोरिथम

C. फ्लड-फिल एल्गोरिथम

D. पैरलर कर्व एल्गोरिथम

Q.77 जब भी किसी एप्लिकेशन प्रोग्राम में एक विशेष रंग कोड निर्दिष्ट किया जाता है, तो संबंधित बाइनरी मान को कहां रखा जाता है?

A. कलर लुक-अप टेबल **B.** डायरेक्ट फ्रेम बफर में

C. वीडियो लुकअप टेबल **D.** (A) और (B) दोनों

Q.78 यदि 0.33 के निकट कोई इंटेंसिटी इनपुट वैल्यू फ्रेम बफर में बाइनरी वैल्यू 1 के रूप में स्टोर किया जाए, तो यह प्रदर्शित करता है-

A. गहरा हरा रंग **B.** हल्का भूरा रंग

C. गहरा भूरा रंग **D.** काला या सफेद

Q.79 प्रत्येक आउटपुट डिवाइस पर एक प्रिमिटिव के लिए एट्रिब्यूट मानों के एक स्पेसिफ़िंग सेट को एप्रोप्रियेट टेबल इंडेक्स निर्दिष्ट करके चुना जाता है, इसे क्या कहा जाता है?

A. इंडिविजुअल एट्रिब्यूट **B.** अनबंडल्ड एट्रिब्यूट

C. बंडल्ड एट्रिब्यूट **D.** (A) और (B) दोनों

Q.80 निम्नलिखित में से कौन सा कथन सही है?

A. एचबेस एक डिस्ट्रीब्यूटेड कॉलम-ओरिएंटेड डेटाबेस है

B. एचबेस ओपन सोर्स नहीं है

C. एचबेस क्षैतिज रूप से मापनीय है।

D. (A) और (C) दोनों

Q.81 सही कथन ज्ञात कीजिए:

A. डेटा को प्रोसेस करने के लिए हडूप को विशेष हार्डवेयर की आवश्यकता होती है।

B. हडूप 2.0 रीयल-टाइम डेटा की लाइव स्ट्रीम प्रोसेसिंग की अनुमति देता है।

C. हडूप प्रोग्रामिंग फ्रेमवर्क में आउटपुट फाइल्स को लाइन्स या रिकॉर्ड्स में डिवाइड किया जाता है।

D. उल्लेख में से कोई नहीं

Q.82 प्राइमरी 'की' वाली एंटिटीज को क्या कहा जाता है?

A. प्राइमरी एंटिटीज **B.** स्ट्रांग एंटिटीज

C. वीक एंटिटीज **D.** प्राइमरी 'की'

Q.83 एक पारदर्शी (ट्रांसपेरेंट) डीबीएमएस _________ है।

A. उपयोगकर्ताओं से संवेदनशील जानकारी को नहीं छुपा सकता

B. अपने लॉजिकल स्ट्रक्चर को उपयोगकर्ताओं से छुपा कर रखता

C. अपने फिजिकल स्ट्रक्चर को उपयोगकर्ताओं से छुपा कर रखता

D. (A) और (B) दोनों

Q.84 एक डेटाबेस में संग्रहीत डेटा डेटाबेस तक पहुंचने वाले एप्लीकेशन से स्वतंत्र होना चाहिए। इस नियम को _________ कहा जाता है।

A. लॉजिकल डेटा इंडिपेंडेंसी

B. फिजिकल डेटा इंडिपेंडेंसी

C. डेटा इंडिपेंडेंसी

D. इनमें से कोई नहीं

Q.85 डेटाबेस में डेटा का नाम बताएं जो उसके उपयोगकर्ता के दृष्टिकोण से स्वतंत्र होना चाहिए और तार्किक डेटा में कोई भी परिवर्तन इसका उपयोग करने वाले एप्लीकेशन को प्रभावित नहीं करना चाहिए।

A. लॉजिकल डेटा इंडिपेंडेंसी

B. फिजिकल डेटा इंडिपेंडेंसी

C. डेटा रिडंडेंसी

D. डेटा लॉजिक

Q.86 उस सिस्टम का नाम बताएं, जिसमें एंड-यूज़र यह देखने में सक्षम न हो कि डेटा विभिन्न स्थानों पर डिस्ट्रीब्यूट किया गया है।

A. डिस्ट्रीब्यूशन इनडिपेंडेंसी

B. डिस्ट्रीब्यूशन डिपेंडेंसी

C. लॉजिक रिडंडेंसी

D. डिस्ट्रीब्यूशन लॉजिक

Q.87 उस डेटाबेस का नाम बताइए जो उस एप्लिकेशन से इंडिपेंडेंट हो एवं जो इसका उपयोग करता है।

A. इंटीग्रिटी रुल   B. लॉजिकल रुल
C. लॉजिकल रिलेशनशिप   D. इंटीग्रिटी इंडिपेंडेंसी

Q.88 निम्न में से कौन एक NoSQL डेटाबेस नहीं है?
A. SQL सर्वर
B. मोंगोडीबी
C. कैसेंड्रा
D. उल्लिखित में से कोई नहीं

Q.89 निम्नलिखित में से कौन वाइड-कॉलम स्टोर है?
A. कैसेंड्रा   B. रियाकी   C. मोंगोडीबी   D. रेडिस

Q.90 मैक्रो एक्सपैंशन करने वाले अनुवादक को कहा जाता है-
A. मैक्रो प्रोसेसर   B. मैक्रो प्री-प्रोसेसर
C. माइक्रो प्री-प्रोसेसर   D. असेम्बलर

Q.91 शेल किसकी विशिष्ट विशेषता है-
A. यूनिक्स   B. डॉस
C. सिस्टम सॉफ्टवेयर   D. एप्लीकेशन सॉफ्टवेयर

Q.92 एक्सेक्यूशन में एक प्रोग्राम को कहा जाता है-
A. प्रोसेस   B. इंस्ट्रक्शन   C. प्रोसीजर   D. फंक्शन

Q.93 एक्सेक्यूशन(निष्पादन) में प्रोग्राम को आप क्या कहते हैं?
A. कमांड   B. प्रोसेस   C. टास्क   D. इंस्ट्रक्शन

Q.94 अधिकांश माइक्रो कंप्यूटर के ऑपरेटिंग सिस्टम जैसे एप्पल डॉस, एमएस -डॉस और पीसी डॉस, आदि को डिस्क ऑपरेटिंग सिस्टम कहा जाता है क्योंकि:
A. वे मेमोरी रेजिडेंट हैं।
B. वे प्रारंभ में डिस्क पर स्टोर होते हैं।
C. वे मैगनेटिक टेप पर उपलब्ध हैं।
D. वे आंशिक रूप से प्राइमरी मेमोरी में और आंशिक रूप से डिस्क पर होते हैं।

Q.95 एड्रेस बाइंडिंग क्या है?
A. मेमोरी में एक एड्रेस पर जाना।
B. किसी अन्य एड्रेस की सहायता से किसी एड्रेस का पता लगाना।
C. अलग-अलग मेमोरी स्पेस में एक नया एड्रेस बनाने के लिए दो एड्रेस को एक साथ बांधना।
D. एक एड्रेस स्पेस से दूसरे एड्रेस स्पेस में मैपिंग।

Q.96 निम्नलिखित में से कौन सा सिस्टम सॉफ्टवेयर है?
A. ऑपरेटिंग सिस्टम   B. कम्पाइलर
C. यूटिलिटीज   D. ऊपर के सभी

Q.97 उस तकनीक का क्या नाम है जिसमें कंप्यूटर का ऑपरेटिंग सिस्टम एक साथ कई प्रोग्रामों को उनके बीच आगे और पीछे स्विच करके निष्पादित करता है?
A. पार्टिशनिंग   B. मल्टीटास्किंग
C. विंडोइंग   D. पेजिंग

Q.98 निर्देशों और डेटा को मेमोरी एड्रेस पर बाइंडिंग _______ पर किया जा सकता है।
A. कम्पाइल टाइम   B. लोड टाइम
C. एक्जीक्यूशन टाइम   D. ऊपर के सभी

Q.99 लिंकर को सभी बाहरी प्रतीकों और स्थानांतरण संरचना (स्थानांतरण सूची या मानचित्र) का विवरण किसके द्वारा प्रदान किया जाता है?
A. मैक्रो प्रोसेसर   B. ट्रांसलेटर
C. लोडर   D. एडिटर

Q.100 यूजर सिस्टम रिक्वायरमेन्ट्स किस डॉक्युमेंट के पार्ट हैं?
A. एसडीडी   B. एसआरएस
C. डीडीडी   D. एसआरडी

Q.101 सॉफ्टवेयर बग और फेलियर का कारण _______ है।
A. सॉफ्टवेयर डेवलपर्स   B. सॉफ्टवेयर कम्पनीज
C. सॉफ्टवेयर प्लेटफार्म   D. (A) और (B) दोनों

Q.102 निम्नलिखित में से कौन एक फंक्शनल रिक्वायरमेन्ट है?
A. मैन्टेनबिलिटी   B. पोर्टेबिलिटी
C. रॉबस्टनेस   D. इनमे से कोई भी नहीं

Q.103 मॉडल सेलेक्शन _______ पर आधारित है।
A. रिक्वायरमेंट्स
B. डेवलपमेंट टीम और यूजर
C. प्रोजेक्ट टाइप और असोसिएटेड रिस्क
D. ऊपर के सभी

Q.104 यूनिफाइड मॉडलिंग लैंग्वेज (यूएमएल) सॉफ्टवेयर मॉडलिंग के लिए एक इफेक्टिव स्टैंडर्ड बन गया है। इसके कितने अलग-अलग नोटेशन हैं?
A. तीन   B. चार   C. छह   D. नौ

Q.105 सिस्टम मॉडलिंग में कौन सा मॉडल सिस्टम के डायनामिक बिहेवियर को दर्शाता है?
A. कॉन्टेक्स्ट मॉडल   B. बिहेवियर मॉडल
C. डेटा मॉडल   D. ऑब्जेक्ट मॉडल

Q.106 सिस्टम मॉडलिंग में कौन सा मॉडल सिस्टम की स्टैटिक नेचर को दर्शाता है?
A. बिहेवियरल मॉडल   B. कॉन्टेक्स्ट मॉडल
C. डेटा मॉडल   D. स्ट्रक्चरल मॉडल

Q.107 सिस्टम मॉडलिंग में कौन सा पर्सपेक्टिव सिस्टम या डेटा आर्किटेक्चर को दर्शाता है।
A. स्ट्रक्चर पर्सपेक्टिव   B. बिहेवियर पर्सपेक्टिव
C. एक्सटर्नल पर्सपेक्टिव   D. (A) और (B) दोनों

Q.108 यूएमएल _______ डायग्राम्स का उपयोग करके इवेंट-बेस्ड मॉडलिंग का सपोर्ट करता है।
A. डिप्लॉयमेंट   B. कोलैबोरेशन
C. स्टेट चार्ट   D. ऊपर के सभी

Q.109 _______ हमें यह अनुमान लगाने की अनुमति देता है कि क्लासेज के डिफ्रेंट मेंबर्स में कुछ कॉमन करक्टेरिस्टिक्स होती हैं।
A. रियलाइजेशन   B. एग्रीगेशन
C. जनरलाइजेशन   D. डिपेंडेंसी

Q.110 निम्नलिखित में से कौन एक डबल लिंक्ड लिस्ट के बारे में गलत है?
A. हम दोनों दिशाओं में नेविगेट कर सकते हैं।
B. इसके लिए सिंगल लिंक्ड लिस्ट की तुलना में अधिक स्थान की आवश्यकता होती है।
C. एक नोड के इंसर्शन और डिलीशन में थोड़ा अधिक समय लगता है।
D. सिंगल लिंक्ड लिस्ट की तुलना में डबल लिंक्ड लिस्ट को इम्पलीमेंट करना आसान है।

Q.111 मेमोरी में स्पेस एलोकेशन के लिए आटोमेटिक वेरिएबल किस डेटा स्ट्रक्चर का उपयोग करते हैं?
A. स्टैक   B. क्यू
C. प्रायोरिटी क्यू   D. लिस्ट

Q.112 n एलिमेंट के साथ बाइनरी सर्च ट्री पर विचार करें। दिए गए एलिमेंट को खोजने के लिए आवश्यक समय ______ है।

A. θ (log n) **B.** θ (n log n)
C. θ (n²) **D.** θ (n² log n)

Q.113 निम्नलिखित में से कौन सा एप्लिकेशन सर्कुलर लिंक्ड लिस्ट का उपयोग करता है?

A. टेक्स्ट एडिटर में अनडू ऑपरेशन
B. रिकर्सिव फ़ंक्शन कॉल
C. रेसोर्सेस का सीपीयू एलोकेशन
D. हैश टेबल इम्प्लीमेंट

Q.114 हम किसी ऐरे का सर्वोत्तम संभव तरीके से वर्णन कैसे कर सकते हैं?

A. ऐरे एक हयरारिकल स्ट्रक्चर दर्शाता है।
B. ऐरे अपरिवर्तनीय हैं।
C. कंटेनर जो समान प्रकार के एलिमेंट्स को स्टोर करता है।
D. ऐरे एक डेटा स्ट्रक्चर नहीं है।

Q.115 हाइट 5 के AVL ट्री में नोड्स की न्यूनतम संख्या क्या है?

A. 20 **B.** 21 **C.** 63 **D.** 12

Q.116 हाइट 5 के AVL ट्री में न्यूनतम मान ज्ञात करने के लिए न्यूनतम कितने नोड्स की जांच की जानी चाहिए?

A. 20 **B.** 3 **C.** 12 **D.** 5

Q.117 हाइट h के एक पूर्ण बाइनरी ट्री पर विचार करें। निम्नलिखित में से कौन सा विकल्प रूट के दाहिने सब-ट्री में न्यूनतम और अधिकतम संख्या में नोड्स का प्रतिनिधित्व करता है?

A. $2^h, 2^h$ **B.** $2^h - 1, 2^h - 1$
C. $2^{h-1}, 2^{h-1}$ **D.** $2h - 1, 2h - 1$

Q.118 एक ट्री की हाइट उसमें सबसे लंबे रूट-टू-लीफ पाथ की लंबाई है। हाइट 5 के बाइनरी ट्री में नोड्स की अधिकतम और न्यूनतम संख्या है:

A. 63 और 6 **B.** 64 और 5 **C.** 32 और 6 **D.** 31 और 5

Q.119 निम्नलिखित में से कौन डेप्थ-फर्स्ट सर्च का अनुप्रयोग है?

A. केवल टोपोलॉजिकल सॉर्ट
B. केवल दृढ़ता से जुड़े कंपोनेंट्स
C. दोनों टोपोलॉजिकल सॉर्ट और दृढ़ता से जुड़े कंपोनेंट्स
D. न तो टोपोलॉजिकल सॉर्ट न ही दृढ़ता से जुड़े हुए कंपोनेंट्स

Q.120 निम्न में से कौन सा पेज फॉल्ट है?

A. पेज फॉल्ट तब होता है जब कोई प्रोग्राम दूसरे प्रोग्राम के पेज को एक्सेस करता है।
B. पेज फॉल्ट तब होता है जब कोई प्रोग्राम मेन मेमोरी में किसी पेज को एक्सेस करता है।
C. पेज फॉल्ट तब होता है जब किसी खास पेज में एरर होता है।
D. पेज फॉल्ट तब होता है जब कोई प्रोग्राम किसी ऐसे पेज को एक्सेस करता है जो मेन मेमोरी में मौजूद नहीं है।

Q.121 निम्नलिखित में से कौन a के एप्सिलॉन क्लोजर सेट से संबंधित है?

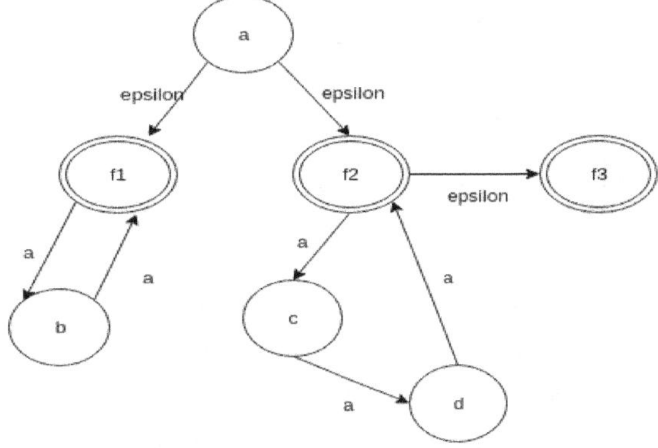

A. {f1, f2, f3}
B. {a, f1, f2, f3}
C. {f1, f2}
D. उल्लिखित में से कोई नहीं

Q.122 नीचे दिए गए व्यंजक को चौगुनी निरूपण में बदलने पर, कितने ऑपरेशन्स की आवश्यकता होगी?

(i*j)+(e+f)*(a*b+c)

A. 5 **B.** 6 **C.** 3 **D.** 7

Q.123 निम्नलिखित में से कौन असत्य है?

Q के उपसमुच्चय S का ε-क्लोजर है:

A. S का प्रत्येक एलिमेंट ∈ Q
B. किसी भी q ∈ ε(S) के लिए, δ (q, ε) का प्रत्येक एलिमेंट ε(S) में है
C. ε(S) में कोई अन्य एलिमेंट नहीं है
D. उपरोक्त में से कोई नहीं

Q.124 ऑटोमेटन जो किसी भी इनपुट सिम्बल्स को नष्ट किए बिना एक नए स्टेट में परिवर्तन की अनुमति देता है:

A. NFA **B.** DFA
C. NFA-I **D.** उल्लिखित सभी

Q.125 ई-एनएफए पहचानने योग्य लैंग्वेज इसके तहत क्लोज नहीं हैं:

A. यूनियन **B.** निगेशन
C. क्लेन क्लोजर **D.** इनमे से कोई भी नहीं

Q.126 लिंकर क्या है?

A. यह हमेशा प्रोग्राम एक्सीक्यूशन से पहले उपयोग किया जाता है।
B. लोड मॉड्यूल बनाने के लिए आवश्यक है।
C. यह लोडर के समान है।
D. (A) और (B) दोनों

Q.127 पार्सिंग को कितने प्रकारों में वर्गीकृत किया जाता है?

A. तीन प्रकार **B.** चार प्रकार **C.** दो प्रकार **D.** पांच प्रकार

Q.128 किस पार्सिंग में, पार्सर स्टार्ट सिंबल से पार्स ट्री का निर्माण करता है और इसे इनपुट सिंबल में बदल देता है?

A. बॉटम-अप पार्सिंग **B.** टॉप-डाउन पार्सिंग
C. ऑपरेटर प्रेसेडेंसी पार्सर **D.** एलआर पार्सर

Q.129 टॉप-डाउन पार्सर द्वारा कौन सी डेरिवेशन जनरेट होती है?

A. राइट-मोस्ट डेरिवेशन रिवर्स में
B. लेफ्ट-मोस्ट डेरिवेशन रिवर्स में
C. राइट-मोस्ट डेरिवेशन
D. लेफ्ट-मोस्ट डेरिवेशन

Q.130 बॉटम-अप पार्सर द्वारा कौन सी डेरिवेशन जनरेट होती है?

A. राइट-मोस्ट डेरिवेशन रिवर्स में
B. लेफ्ट-मोस्ट डेरिवेशन रिवर्स में
C. राइट-मोस्ट डेरिवेशन
D. लेफ्ट-मोस्ट डेरिवेशन

Q.131 निम्नलिखित में से कौन एक बाँडेड मिडीयम का उदाहरण है?
A. कोएक्सिअल केबल
B. वेव गाइड
C. फाइबर ऑप्टिक केबल
D. ये सभी

Q.132 कोएक्सिअल केबल में _________ के साथ कंडक्टर होते हैं।
A. एक कॉमन एक्सिस
B. इकल रेजिस्टेंस
C. एक ही व्यास
D. इनमें से कोई नहीं

Q.133 एक उपग्रह रेडियो बीम के कवरेज के क्षेत्र को इसका _________ कहा जाता है।
A. बीम की चौड़ाई
B. गोलाकार ध्रुवीकरण
C. फुटप्रिंट
D. आइडेंटिटी

Q.134 प्रतीक प्रणाली में अनिश्चितता की मात्रा को _________ कहा जाता है।
A. बैंडविद्थ
B. एन्ट्रापी
C. लॉस
D. क्वांटम

Q.135 बफरिंग क्या है?
A. यह डिवाइस की गति में छोटे बदलाव की अनुमति देने के लिए डेटा को अस्थायी रूप से संग्रहीत करने की एक प्रक्रिया है।
B. यह आपसी बातचीत को कम करने का एक तरीका है।
C. यह संचारण माध्यम के भीतर डेटा का भंडारण है जब तक कि रिसीवर प्राप्त करने के लिए तैयार नहीं होता है।
D. यह रूटिंग ओवरहेड को कम करने की एक विधि है।

Q.136 जटिल नेटवर्क आज सैकड़ों और कभी-कभी हजारों _________ से बने होते हैं।
A. डॉक्यूमेंट
B. कंपोनेंट्स
C. सर्वर
D. एंटिटीज

Q.137 पहला नेटवर्क _________ हैं।
A. CNNET
B. NSFNET
C. ASAPNET
D. ARPANET

Q.138 एक USB संचार उपकरण, जो नोटबुक उपयोगकर्ताओं के लिए सुरक्षित वायरलेस संचार के लिए डेटा एन्क्रिप्शन में सहायता करता है, उसे _____ कहा जाता है।
A. USB वायरलेस नेटवर्क एडाप्टर
B. वायरलेस स्विच
C. वायरलेस हब
D. राउटर

Q.139 निम्नलिखित में से कौन एक कंप्यूटर नेटवर्क में सबसे सामान्य साझा संसाधन है?
A. कीबोर्ड
B. माउस
C. संयुक्त ड्राइव
D. प्रिंटर

Q.140 वेबकास्टिंग क्या है?
A. एक मोबाइल टीवी स्टार को वेब पर एक रोल में कास्ट करना
B. इंटरनेट पर वीडियो और ऑडियो का संचरण
C. इंटरनेट पर संगीत चलाना
D. वेब पर खोजना

Q.141 आटोमेटिक प्रोग्रामिंग के एप्रोच के रूप में किस तकनीक की जांच की जा रही है?
A. जनरेटिव सीएआई
B. उदाहरण के द्वारा स्पेसिफिकेशन
C. नॉन-हायरारिकल प्लानिंग
D. उल्लिखित सभी

Q.142 कौन सी सर्च मेथड कम मेमोरी लेती है?
A. डेप्थ-फर्स्ट सर्च
B. ब्रेड्थ-फर्स्ट सर्च
C. ऑप्टीमल सर्च
D. लीनियर सर्च

Q.143 आप "All dogs have tails" का रिप्रेजेंट कैसे करते हैं?
A. ∀x: dog(x) àhastail (x)
B. ∀x: dog(x) àhastail (y)
C. ∀x: dog(y) àhastail (x)
D. ∀x: dog(x) àhasàtail (x)

Q.144 लोग अपने एनवायरमेंट को समझने के लिए जिस प्राथमिक विधि का उपयोग करते हैं वह _________ है।
A. पढ़ना
B. लिखना
C. बोलना
D. देखना

Q.145 क्रे एक्स-एमपी, आईबीएम 3090 और कनेक्शन मशीन को _________ के रूप में वर्णित किया जा सकता है।
A. SISD
B. SIMD
C. MISD
D. MIMD

Q.146 मानक नियोजन एल्गोरिथ्म पर्यावरण को _____ मानते हैं।
A. दोनों नियतात्मक और पूरी तरह से देखने योग्य
B. न तो नियतात्मक और न ही पूरी तरह से देखने योग्य
C. नियतात्मक लेकिन पूरी तरह से देखने योग्य नहीं
D. नियतात्मक नहीं लेकिन पूरी तरह से देखने योग्य

Q.147 पर्यावरण को समझने और उस पर कार्य करने के लिए किन उपकरणों का उपयोग किया जाता है?
A. सेंसर और एक्चुएटर्स
B. सेंसर
C. परसीवर
D. उल्लिखित में से कोई नहीं

Q.148 एजेंट के गोयल को प्राप्त करने के लिए किन क्रियाओं का उपयोग किया जाता है?
A. सर्च
B. प्लान
C. रिट्रीव
D. (A) और (B) दोनों

Q.149 एक 'एजेंट' क्या है?
A. सेंसर के माध्यम से अपने पर्यावरण को समझता है और एक्ट्यूएटर के माध्यम से उस पर्यावरण पर कार्य करता है।
B. परिवेश से इनपुट लेता है और अपनी बुद्धि का उपयोग करता है और डिजायर्ड ऑपरेशन्स करता है।
C. रोबोट के बाद एक एम्बेडेड प्रोग्राम कंट्रोलिंग लाइन।
D. उल्लिखित सभी

Q.150 एजेंटों के बिहेवियर को _________ द्वारा बेस्ट रूप से वर्णित किया जा सकता है।
A. पर्सेप्शन सीक्वेंस
B. एजेंट फंक्शन
C. सेंसर और एक्चुएटर्स
D. वातावरण जिसमें एजेंट प्रदर्शन कर रहा है

// स्मार्ट उत्तर पुस्तिका //

सही उत्तर — उन छात्रों का प्रतिशत जिन्होंने प्रश्नों का सही उत्तर दिया था।   **छोड़ दिया** — उन छात्रों का प्रतिशत जिन्होंने प्रश्नों को छोड़ दिया था।

प्रश्न संख्या	उत्तर	सही उत्तर / छोड़ दिया	प्रश्न संख्या	उत्तर	सही उत्तर / छोड़ दिया	प्रश्न संख्या	उत्तर	सही उत्तर / छोड़ दिया	प्रश्न संख्या	उत्तर	सही उत्तर / छोड़ दिया	प्रश्न संख्या	उत्तर	सही उत्तर / छोड़ दिया	प्रश्न संख्या	उत्तर	सही उत्तर / छोड़ दिया
1	A	48.57% / 22.86%	22	B	71.43% / 20.0%	43	D	57.14% / 28.57%	64	B	17.14% / 34.29%	85	A	28.57% / 31.43%	106	D	20.0% / 37.14%
2	C	37.14% / 22.86%	23	A	42.86% / 22.85%	44	D	22.86% / 34.28%	65	B	20.0% / 34.29%	86	A	42.86% / 34.28%	107	A	8.57% / 42.86%
3	B	57.14% / 25.72%	24	C	31.43% / 25.71%	45	D	42.86% / 34.28%	66	D	5.71% / 31.43%	87	D	22.86% / 37.14%	108	C	20.0% / 34.29%
4	C	42.86% / 22.85%	25	D	45.71% / 22.86%	46	A	17.14% / 34.29%	67	A	25.71% / 42.86%	88	A	31.43% / 31.43%	109	C	37.14% / 34.29%
5	B	22.86% / 20.0%	26	D	20.0% / 25.71%	47	B	31.43% / 34.28%	68	D	14.29% / 37.14%	89	A	14.29% / 40.0%	110	D	28.57% / 34.29%
6	C	48.57% / 25.72%	27	A	14.29% / 22.85%	48	A	22.86% / 31.43%	69	A	22.86% / 28.57%	90	B	40.0% / 37.14%	111	A	31.43% / 40.0%
7	C	20.0% / 25.71%	28	B	37.14% / 22.86%	49	B	45.71% / 34.29%	70	A	42.86% / 31.43%	91	A	57.14% / 31.43%	112	A	42.86% / 34.28%
8	D	48.57% / 25.72%	29	C	40.0% / 25.71%	50	B	60.0% / 34.29%	71	D	40.0% / 34.29%	92	A	54.29% / 34.28%	113	C	34.29% / 31.42%
9	B	31.43% / 25.71%	30	C	20.0% / 22.86%	51	B	40.0% / 34.29%	72	D	54.29% / 37.14%	93	B	51.43% / 37.14%	114	C	51.43% / 34.28%
10	B	34.29% / 25.71%	31	B	62.86% / 22.85%	52	C	60.0% / 31.43%	73	A	28.57% / 34.29%	94	B	22.86% / 37.14%	115	A	11.43% / 40.0%
11	A	57.14% / 22.86%	32	D	20.0% / 25.71%	53	B	31.43% / 34.28%	74	A	20.0% / 37.14%	95	D	17.14% / 37.15%	116	B	11.43% / 31.43%
12	A	34.29% / 22.85%	33	B	31.43% / 28.57%	54	A	20.0% / 40.0%	75	A	17.14% / 37.15%	96	D	34.29% / 37.14%	117	B	25.71% / 37.15%
13	C	28.57% / 22.86%	34	C	34.29% / 25.71%	55	C	42.86% / 31.43%	76	B	34.29% / 40.0%	97	B	40.0% / 34.29%	118	B	8.57% / 37.14%
14	B	37.14% / 22.86%	35	D	57.14% / 25.72%	56	C	31.43% / 34.28%	77	B	22.86% / 31.43%	98	D	31.43% / 40.0%	119	C	51.43% / 40.0%
15	D	11.43% / 22.86%	36	D	65.71% / 25.72%	57	B	14.29% / 34.28%	78	C	14.29% / 40.0%	99	B	8.57% / 40.0%	120	D	48.57% / 37.14%
16	D	17.14% / 22.86%	37	B	31.43% / 25.71%	58	A	11.43% / 37.14%	79	C	14.29% / 37.14%	100	B	40.0% / 37.14%	121	B	34.29% / 31.42%
17	C	40.0% / 25.71%	38	A	31.43% / 25.71%	59	D	11.43% / 37.14%	80	D	48.57% / 34.29%	101	D	31.43% / 31.43%	122	B	28.57% / 34.29%
18	A	40.0% / 22.86%	39	A	28.57% / 25.72%	60	D	25.71% / 31.43%	81	B	42.86% / 34.28%	102	D	20.0% / 31.43%	123	D	5.71% / 42.86%
19	A	45.71% / 25.72%	40	A	45.71% / 22.86%	61	B	20.0% / 31.43%	82	B	48.57% / 31.43%	103	B	51.43% / 40.0%	124	C	17.14% / 34.29%
20	D	22.86% / 25.71%	41	A	28.57% / 25.72%	62	A	34.29% / 40.0%	83	C	14.29% / 37.14%	104	D	8.57% / 37.14%	125	D	25.71% / 34.29%
21	D	48.57% / 22.86%	42	A	11.43% / 25.71%	63	D	22.86% / 31.43%	84	B	17.14% / 37.15%	105	B	37.14% / 31.43%	126	B	2.86% / 34.28%

प्रश्न संख्या	उत्तर	सही उत्तर / छोड़ दिया	प्रश्न संख्या	उत्तर	सही उत्तर / छोड़ दिया	प्रश्न संख्या	उत्तर	सही उत्तर / छोड़ दिया	प्रश्न संख्या	उत्तर	सही उत्तर / छोड़ दिया	प्रश्न संख्या	उत्तर	सही उत्तर / छोड़ दिया	प्रश्न संख्या	उत्तर	सही उत्तर / छोड़ दिया
127	C	40.0 % / 40.0 %	131	D	48.57 % / 31.43 %	135	A	20.0 % / 40.0 %	139	D	31.43 % / 37.14 %	143	A	22.86 % / 34.28 %	147	A	40.0 % / 42.86 %
128	B	22.86 % / 34.28 %	132	A	34.29 % / 34.28 %	136	B	11.43 % / 37.14 %	140	B	42.86 % / 37.14 %	144	D	42.86 % / 40.0 %	148	D	45.71 % / 40.0 %
129	D	31.43 % / 34.28 %	133	C	20.0 % / 34.29 %	137	D	51.43 % / 37.14 %	141	B	2.86 % / 37.14 %	145	B	31.43 % / 34.28 %	149	D	40.0 % / 31.43 %
130	A	37.14 % / 37.15 %	134	B	45.71 % / 34.29 %	138	A	37.14 % / 37.15 %	142	A	22.86 % / 34.28 %	146	A	31.43 % / 40.0 %	150	B	11.43 % / 34.28 %

//संकेत और समाधान//

1. एक कक्षा में स्थानिक ऑडियो उत्सर्जन छात्रों को समझने में संज्ञानात्मक को भार कम कर सकता है:

- स्थानिक ऑडियो उत्सर्जन एक वास्तविक या काल्पनिक ध्वनि वातावरण की छाप को फिर से बनाने की प्रक्रिया को संदर्भित करता है।

- यह गतिविधि शिक्षक के लिए सम्मान कम करती है और इसे कम करने के बजाय प्रौद्योगिकी - अभिविन्यास में रुचि रखती है। यह गतिविधि छात्रों के प्रेरणा के स्तर को भी बढ़ाती है।

- यह केवल अवधारणा को समझने में छात्रों के संज्ञानात्मक भार को कम करता है। उन्हें समझने के लिए संज्ञानात्मक रूप से बहुत अधिक प्रयास नहीं करने होंगे।

अतः विकल्प (A) सही है।

2. प्रभावी शिक्षण प्रक्रिया में व्यवहार की कुंजी एक शिक्षक द्वारा किसी विशेष पाठ को पढ़ाने के लिए उसके शिक्षण के दौरान उपयोग किए जाने वाले अनुदेशों की विविधता है। अनुदेशात्मक विविधता की प्रभावशीलता एक शिक्षक द्वारा अपने शिक्षण में उपयोग किए जाने वाले तरीकों की संख्या पर निर्भर करता है। यदि कोई शिक्षक अपने शिक्षण की तुलना में बहुत लंबे समय तक शिक्षण की एक ही विधि का उपयोग करता है, तो यह प्रभावी रूप से नहीं होता है या यह शिक्षक की कम प्रभावशीलता को दर्शाता है। यह किसी विशेष पाठ को पढ़ाने के पाठ्यक्रम के दौरान एक विधि से दूसरे में स्थानांतरित करने के लिए शिक्षक की क्षमता है।

अतः विकल्प (C) सही है।

3. पर्यावरण शिक्षा छात्रों को यह समझने में मदद करती है कि उनके निर्णय और कार्य पर्यावरण को कैसे प्रभावित करते हैं, जटिल पर्यावरणीय मुद्दों के समाधान के लिए आवश्यक ज्ञान और कौशल का निर्माण करते हैं, साथ ही साथ हम भविष्य के लिए अपने पर्यावरण को स्वस्थ और टिकाऊ रखने के लिए कार्य कर सकते हैं, इसलिए यह जीवन के लिए महत्वपूर्ण है।

अतः विकल्प (B) सही है।

4. शिक्षण की पद्धतियों के 'अन्तःक्रियात्मक व्याख्यान सत्र जिसमें युग्मीय चर्चा आधारित सत्र विचारवेश प्रक्रिया और परियोजनाएँ अनुवर्ती रूप में हो' समान्वय से अधिगम के इष्टतम होने की संभावना है।

अन्तःक्रियात्मक व्याख्यान, वह व्याख्यान हैं जहां शिक्षक शिक्षण प्रक्रिया में छात्र को संलग्न करने के लिए कम से कम एक बार व्याख्यान को विराम दे सकता है। अन्तःक्रियात्मक व्याख्यान को दिलचस्प बनाने के लिए एक शिक्षक को व्याख्यान के बीच में चर्चा करने या छात्रों को प्रतिक्रिया देने के लिए चर्चा सत्र को नियोजित करना चाहिए।

अतः विकल्प (C) सही है।

5. विकल्प (B) बिल्कुल सही है क्योंकि अभिकथन (A) के अनुसार शिक्षण सहायक सामग्री को निर्देश के लिए प्रभावी पूरक माना जाता है क्योंकि शिक्षण सहायक की मदद से शिक्षक के शिक्षण कौशल के साथ अधिक प्रयास किए बिना सर्वोत्तम संभव तरीके से शिक्षण प्रदान किया जा सकता है।

कारण (R): हाँ, यह सही है कि शिक्षण छात्रों को अच्छे हास्य में रखता है, जो कि विभिन्न शिक्षण सहायक उपकरण जैसे प्रोजेक्टर, स्लाइड, टेप इत्यादि का अवलोकन करने में लगे हुए छात्र के दिमाग को एक हद तक नियंत्रित करता है। लेकिन तर्क (R) अभिकथन (A) की सही व्याख्या नहीं है क्योंकि दोनों वाक्य अलग-अलग हैं लेकिन विषय समान हैं।

अतः विकल्प (B) सही है।

6. एक विद्यालय के प्राचार्य विद्यालय के कार्यक्रमों में उनकी बढ़ी हुई प्रत्याशा की संभावना का पता लगाने के लिए शिक्षकों और छात्रों का एक साक्षात्कार सत्र आयोजित करते हैं। यह प्रयास क्रियात्मक अनुसंधान से संबंधित है।

क्रियात्मक अनुसंधान एक जांच या शोध है जो गुणवत्ता और किसी विशेष संगठन के प्रदर्शन को बेहतर बनाने या बढ़ाने के लिए केंद्रित प्रयासों से संबंधित है।

अतः विकल्प (C) सही है।

7. अनुसंधान एक जटिल सामाजिक घटना या एक प्रक्रिया को समझने की दिशा में एक व्यवस्थित जांच है। अनुसंधान समस्या के आधार पर, शोधकर्ता द्वारा अनुसंधान विधियों का चयन अलग-अलग हो सकता है। अनुसंधान प्रक्रिया में वैज्ञानिक अनुसंधान के संचालन के लिए आवश्यक क्रियाओं और चरणों की एक श्रृंखला होती है, यदि शोधकर्ता अनुसंधान के संचालन में कुछ चरणों का पालन करता है, तो कार्य को कम से कम कठिनाई के साथ सुचारू रूप से किया जा सकता है। अनुसंधान के चरण इस प्रकार हैं:

1. समस्या की पहचान
2. साहित्य की समीक्षा
3. वैचारिक ढांचे
4. एक परिकल्पना का निरूपण
5. पहचान करना, हेरफेर करना और चर को नियंत्रित करना
6. एक शोध डिजाइन तैयार करना
7. अवलोकन और मापन के लिए उपकरणों का निर्माण
8. नमूना चयन और डेटा संग्रह
9. डेटा विश्लेषण और व्याख्या

अनुसंधान के चरण:

1. अनुसंधान समस्या का निरूपण
2. अनुसंधान डिजाइन तैयार करना
3. डेटा संग्रह साधन (रिसर्च इंस्टूमेंट) का विकास
4. नमूने का चयन करना
5. अनुसंधान प्रस्ताव मुख्य तत्वों को लिखना
6. डेटा एकत्र करना
7. डेटा का प्रसंस्करण और विश्लेषण
8. एक शोध रिपोर्ट लिखना

अतः विकल्प (C) सही है।

8. अध्ययन की सटीकता को बढ़ाने के लिए शोधकर्ता को अपने नमूने का आकार बढ़ाना चाहिए, ईमानदार और निष्पक्ष होना चाहिए और विचरण को ऊंचा रखना चाहिए।

अतः विकल्प (D) सही है।

9. शोध की समष्टि को प्रकृति विजातीय होने की दशा में 'स्तरित यादृच्छिक प्रतिचयन' विधि प्रतिदर्श इकाइयों का सर्वोत्तम प्रतिनिधित्व सुनिश्चित करेगी।

कई अलग-अलग विशेषताएं हैं जो स्तरीकृत नमूने के उपयोग के लिए कह सकते हैं।

- यह एक प्रकार का यादृच्छिक नमूना है जिसमें नमूना प्रक्रिया शुरू होने से पहले जनसंख्या को पहले दो या अधिक स्ट्रैगा या उपसमूहों में विभाजित किया जाता है।

- स्ट्रैटम की नमूना इकाइयाँ एक दूसरे में समान होती हैं और उन विशेषताओं में एक और स्ट्रैटम के सदस्यों से अलग होती हैं जिन्हें हम माप रहे हैं।

अतः विकल्प (B) सही है।

10. 'अभिलेख' सर्वेक्षण की एक विधि नहीं है।

सर्वेक्षण विभिन्न तरीकों से किया जा सकता है। सर्वेक्षण आयोजित करने के कुछ तरीके व्यक्तिगत साक्षात्कार, टेलीफ़ोनिक साक्षात्कार, मेलिंग प्रश्नावली,

अनुसूची के माध्यम से आदि हैं। जबकि संग्रह एक घटना का एक ऐतिहासिक रिकॉर्ड है जिसका उपयोग डेटा संग्रह के लिए किया जा सकता है लेकिन यह सर्वेक्षण के लिए उपयुक्त नहीं है।

अतः विकल्प (B) सही है।

11. लेखक पैराग्राफ में कहता है कि उसकी पिछली परिभाषा "बहुत निरपेक्ष" थी। फिर भी वह स्वीकार करता है कि कम आदमी "प्रकृति के संतुलन को बेहतर" करते हैं। इसलिए उसकी परिभाषा पूरी तरह से सही नहीं है (क्योंकि यह बहुत आदर्शवादी है) लेकिन यह पूरी तरह से गलत भी नहीं है।

उपरोक्त कथनों के अनुसार, दूसरे, तीसरे और चौथे विकल्प को समाप्त करना आसान है क्योंकि वे बहुत नकारात्मक हैं।

इसलिए, सही उत्तर "कुछ हद तक आदर्शवादी" है।

अतः विकल्प (A) सही है।

12. दूसरे पैराग्राफ का अंतिम वाक्य कहता है "फिर, वह कीटों और परजीवियों को नष्ट करके, बॉट-मक्खियों या मच्छरों की तरह, और महामारी जैसी बीमारियों के लिए एंटीडोट्स को खोजकर लाभदायक रूप से सक्रिय हो सकता है, जो समय-समय पर खरगोशों को मारता है और इस तरह कई को भूखा रखता है मांसाहारियों की मृत्यु "और अंतिम पैराग्राफ कहता है" लेकिन, उन मामलों को छोड़कर, जहां प्रयोग ने उनके हस्तक्षेप को फायदेमंद साबित किया है, कम वह प्रकृति के संतुलन को बेहतर बनाता है, भले ही वह सांसारिक होने का प्रयास करता है "।

पारित होने के इन वाक्यों से, हम कह सकते हैं कि लेखक जानवरों की सुरक्षा में मनुष्य की सक्रिय भूमिका के बारे में बहुत चिंतित है क्योंकि वह इस तथ्य से डरता है कि यह पारिस्थितिक तंत्र के असंतुलन को जन्म देगा।

इसलिए, सही उत्तर "वह इस तथ्य से डरता है कि यह पारिस्थितिक तंत्र के असंतुलन को जन्म देगा"।

अतः विकल्प (A) सही है।

13. दूसरे पैराग्राफ के छठे वाक्य में कहा गया है, "लेकिन यह हत्या करना है कि मैं आज रात बोल रहा हूं"।

"मैं आज रात की बात कर रहा हूँ" शब्दों से हम अनुमान लगा सकते हैं कि शब्द मौखिक रूप से दिए गए थे, और दिन के समय नहीं।

इसलिए, एकमात्र संभव जवाब "एक शिक्षित दर्शकों को दिए गए भाषण का एक हिस्सा है"।

अतः विकल्प (C) सही है।

14. गद्यांश के अंतिम पैराग्राफ में कहा गया है, "लेकिन, उन मामलों को छोड़कर, जहां प्रयोग ने उनके हस्तक्षेप को फायदेमंद साबित किया है, कम वह प्रकृति के संतुलन को बेहतर बनाता है, भले ही वह सांसारिक होने का प्रयास करता है"।

गद्यांश के इस वाक्य से, हम कह सकते हैं कि लेखक यह संदेश देना चाहता है कि यदि मनुष्य पारिस्थितिक संतुलन को बनाए रखने में विफल रहा, तो यह लंबे समय में हानिकारक होगा।

इसलिए, सही उत्तर यह है कि "यदि कोई व्यक्ति पारिस्थितिक संतुलन बनाए रखने में विफल रहा, तो यह लंबे समय में हानिकारक होगा"।

अतः विकल्प (B) सही है।

15. मार्ग के पहले पैराग्राफ में स्वर सेट होता है जो प्रकृति के खिलाफ मानवीय गतिविधियों की आलोचना करने के लिए व्यंग्यात्मक रूप से अभी तक दूरदर्शिता और आत्म-नियंत्रण के कारण व्यायाम करने के लिए एक विचारोत्तेजक चेतावनी जारी करता है। पूरा मार्ग इसी स्वर के इर्द-गिर्द घूमता है और पारिस्थितिक संतुलन को बिगाड़ने के सुझाव के साथ समाप्त होता है।

पारित होने के इस वाक्य से, हम कह सकते हैं कि लेखक के स्वर को व्यंग्यात्मक होने के रूप में सबसे अच्छा वर्णित किया जा सकता है।

इसलिए, सही उत्तर "व्यंग्यात्मक" है।

अतः विकल्प (D) सही है।

16. प्रभावी संचार पूर्व-कल्पना समझ को कम करता है।

संगठनात्मक लक्ष्यों की प्राप्ति के लिए प्रभावी संचार एक बुनियादी शर्त है। संचार के बिना कोई संगठन, कोई समूह मौजूद नहीं हो सकता। काम का समन्वय असंभव है और संचार की कमी से संगठन ढह जाएगा।

अतः विकल्प (D) सही है।

17. शिक्षक-छात्र सम्प्रेषण प्राय: उपयोगितावादी होता है। उपयोगितावादी वह तरीका है जो बताती है कि सर्वश्रेष्ठ क्रिया वह है जो उपयोगिता को अधिकतम करती है, जिससे अधिक से अधिक लोगों की भलाई होती है।

अतः विकल्प (C) सही है।

18. 'नैतिकता, सांप्रदायिक होना और सांत्वना की टिप्पणियाँ' प्रभावी संचार के लिए बाधाएं हैं।

प्रभावी संचार के लिए बाधाएं हैं:

कुछ भी जो संचार प्रक्रिया की विफलता के लिए अग्रणी जानकारी को समझने से रोकता है, को अवरोधक कहा जाता है। अच्छा संचार कौशल आपसी सम्मान कौशल है। आप दूसरे व्यक्ति के लिए पूरी तरह से सुनने और यह प्रदर्शित करने के लिए सम्मान दिखाते हैं कि आपको "उस व्यक्ति का मतलब" मिलता है; और आप अपने आप को सम्मान देते हैं जब आप आक्रामकता के बिना अपने वैध स्व-हित का दावा करते हैं या "देते हैं"। संपूर्ण संचार करने के लिए, प्रत्येक व्यक्ति को "प्राप्त करना" और "देना" दोनों चाहिए। जो कुछ भी संचार के अर्थ को अवरुद्ध करता है, वह संचार का एक अवरोध है।

निम्नलिखित संवादात्मक बुरी आदतें हैं जो अक्सर प्रभावी संचार में हस्तक्षेप करती हैं। ये आमतौर पर तीन श्रेणियों में से एक में आते हैं: न्याय करना, समाधान भेजना, या दूसरे व्यक्ति की चिंताओं से बचना। कुछ सामान्य उदाहरण निम्नलिखित हैं:

1. आलोचना/आरोप लगाना "अच्छा, आप अपने आप को उस पर ले आए।"
2. आदेश देना "जाओ, उसे अभी ठीक करो"
3. नीतिसंगत करना "आपको उससे माफी मांगनी चाहिए।"
4. असीमित सलाह "अगर मैं तुम्हारी जगह होता, तो मैं यही करता ..."
5. आश्वस्त: "आपके पास इसे संभालने के लिए उपकरण हैं। आप इसे प्राप्त करेंगे।"
6. परामर्श: "मुझे आपके लिए खेद है"।

अतः विकल्प (A) सही है।

19. कक्षा संवाद सामाजिक पहचान का आधार है।

कक्षा संवाद की प्रकृति और नियोजन और अनुकूल शिक्षा के माहौल को बनाने के लिए अपनाए गए विभिन्न उपाय हैं:

- कक्षा संवाद सामाजिक पहचान का आधार है। शिक्षण एक सामाजिक गतिविधि है जिसमें शिक्षक और शिक्षार्थी दोनों शामिल होते हैं। इसलिए यह महत्वपूर्ण है, कि अधिगम को गति प्रदान करने के लिए उनके बीच दो तरफा संचार मौजूद है।

- इसके अलावा, एक शिक्षक और शिक्षार्थियों के बीच सीधा संवाद शिक्षक को तत्काल प्रतिक्रिया प्राप्त करने की अनुमति देता है जो उसे/उसके शिक्षार्थियों की मदद कर सकता है, जो कि सिखाया गया है। इस तरह की प्रतिक्रिया के आधार पर शिक्षक अपने संचार में सुधार कर सकता है।

- शिक्षक छात्रों के बीच उचित मूल्यों को विकसित करते हैं, ताकि वे आगे आने वाली आर्थिक, सामाजिक और सांस्कृतिक चुनौतियों का

सामना कर सकें, और ये सभी शिक्षक के संचार के कौशल का आह्वान करते हैं।

- इस प्रकार शिक्षाशास्त्र, सामाजिक संपर्क, प्रबंधन और प्रौद्योगिकी में शिक्षक की महत्वपूर्ण गतिविधियां शामिल हैं और इन सभी गतिविधियों में संचार की भूमिका सर्वोपरि है।

अतः विकल्प (A) सही है।

20. संचार एक व्यक्ति से दूसरे व्यक्ति तक जानकारी का हस्तांतरण है, चाहे वह आत्मविश्वास को ग्रहण करे या नहीं। लेकिन हस्तांतरित सूचना प्राप्तकर्ता को समझ में आनी चाहिए - जी.जी. ब्राउन।

अशाब्दिक संचार:

- अशाब्दिक संचार शब्दों के अलावा अन्य सभी तरीकों को संदर्भित करता है, जो संचार में उपयोग किए जाते हैं।

- अधिक विशेष रूप से, यह प्रतीकात्मक संदेशों को समाहित करता है, जो कि सूचना में भिन्नता के माध्यम से व्यक्त किए जाते हैं, मुखर रूप से उत्पादित शोर, शरीर की मुद्रा, हावभाव और चेहरे के भाव। किसी भी समय एक व्यक्ति बोलता है, वह केवल शब्दों के उत्सर्जन तक ही सीमित नहीं है। वास्तव में, वह अशाब्दिक संकेतों की सहायता से भरपूर अर्थ निकालता है।

- अनपढ़ लोगों को महत्वपूर्ण जानकारी प्रसारण करने की सबसे अच्छी तकनीक अशाब्दिक प्रतीकों की मदद से है।

- उदाहरण: बोतलें या डिब्बे जिनमें खोपड़ी या क्रॉसबोन्स की छवियां होती हैं, वे असिंचित व्यक्तियों को संकेत दे सकती हैं कि उत्पादों से नुकसान होने की संभावना है। इसी तरह, कुछ कंपनियां लोगों को जटिल प्रक्रियाओं को समझाने के लिए फिल्मों का उपयोग करती हैं, जो मौखिक संचार में अच्छी तरह से पारंगत नहीं हो सकती हैं।

- संचार करते समय, अशाब्दिक संदेश मौखिक संदेशों के साथ छह तरीकों से अन्तःक्रिया कर सकते हैं: दोहराना, परस्पर विरोधी, पूरक, प्रतिस्थापित, विनियमित, और उच्चारण/मॉडरेट करना।

- चूंकि अशाब्दिक संचार अन्य लोगों के साथ संवाद करने के लिए इशारों, चेहरे के भाव, आंखों के संपर्क, स्पर्श, संकेत, ध्वनि, पक्षाघात, आदि का उपयोग करता है, इसलिए अशाब्दिक संचार में सूचना के विरूपण की काफी संभावना है। उदाहरण: कुछ देशों जैसे तुर्की या अरबी भाषी मध्य पूर्व में, हाथ मिलाना पश्चिम की तरह दृढ़ नहीं हैं। नतीजतन, एक समझ जो बहुत दृढ़ है वह कठोर है।

अतः विकल्प (D) सही है।

21. माना, दोनों संख्याएँ A और B हैं।

दिया है,

$$\frac{A}{B} = \frac{2}{5}$$

$$5A = 2B \ldots\ldots (i)$$

$$\frac{A+16}{B+16} = \frac{1}{2}$$

$$2A + 32 = B + 16 \ldots$$

समीकरण (i) से,

$$A = \frac{2B}{5}$$

अब, A का मान समीकरण (ii) में रखने पर,

$$\frac{4B}{5} + 32 = B + 16 \ldots\ldots (iv)$$

$$2\left(\frac{2B}{5}\right) + 32 = B + 16 \ldots\ldots$$

समीकरण (iv) को हल करने पर, हमें मिला

$$B = 80$$

और, $A = \frac{2B}{5} = 2 \times \frac{80}{5} = 32$

इसलिए, A और B का मान क्रमशः 32 और 80 है।

अतः विकल्प (D) सही है।

22. पहले चार शब्द को वर्णमाला श्रृंखला में 2 जोड़कर कोडित किया गया है, मध्य शब्द समान है, अंतिम चार शब्द को 1 घटाकर कोडित किया गया है।

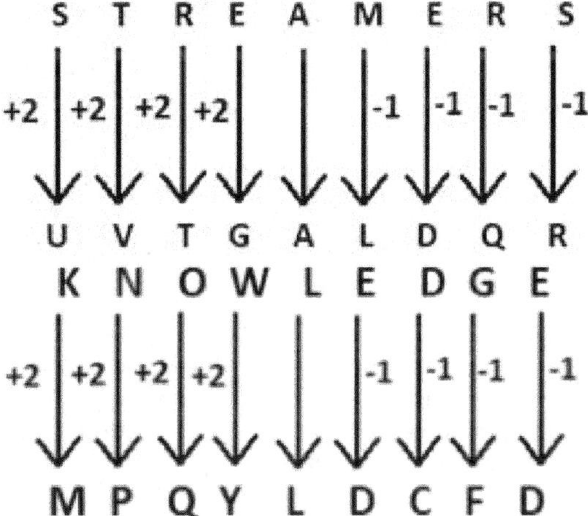

अतः विकल्प (B) राही है।

23. बारह संख्याओं का औसत $= 15$

बारह संख्याओं का योग $= 15 \times 12 = 180$

पहले दो संख्याओं का औसत $= 14$

पहले दो संख्याओं का योग $= 14 \times 2 = 28$

पहले दो संख्याओं का योग $+$ बाकी संख्याओं का योग $= 180$

$28 +$ बाकी संख्याओं का योग $= 180$

बाकी संख्याओं का योग $= 180 - 28 = 152$

बाकी संख्याओं का औसत $= \frac{152}{10} = 15\frac{1}{5}$

अतः विकल्प (A) सही है।

24. वैधता

- वैधता और कुछ नहीं बल्कि एक अच्छा निगमनात्मक प्रपत्र है जो बदले में परिसर और निष्कर्ष के बीच अंतर्संबंध पर निर्भर करता है।

- वैधता (केवल परिभाषित तकनीकी अर्थ में) केवल तर्कों पर लागू होती है, कभी भी व्यक्तिगत दावों के लिए नहीं।

- यह पूरी तरह से एक तर्क की संरचना से निर्धारित होता है, न कि यह सामग्री से।

- यदि कुछ तर्क मान्य है, तो समान संरचना वाला प्रत्येक तर्क भी मान्य है। परिसर का उद्देश्य निष्कर्ष या निष्कर्ष के प्रमाण प्रदान करना है।

एक तर्क मान्य है यदि सभी परिसर सत्य हैं, तो निष्कर्ष सही होना चाहिए। यह इस प्रकार परिसर और निष्कर्ष के बीच एक संबंध है।

अतः विकल्प (C) सही है।

25. एक तर्क कथनों का एक समूह होता है जिसमें एक निष्कर्ष होता है और तर्ककर्ता द्वारा उस निष्कर्ष पर जाने के लिए दिए गए कथन होते हैं। परिसर कथन हैं जो निष्कर्ष तक ले जाते हैं।

विचार के प्रकार	विशेषताएँ	उदाहरण
काल्पनिक	एक काल्पनिक तर्क में एक काल्पनिक आधार होता है (इसे तर्क में एक सशर्त कथन भी कहा जाता है और एक "यदि/तो" साधारण जीवन में कथन होता है), एक अन्य परिसर तथा एक निष्कर्ष होता है।	परिसर 1: यदि रविवार को बारिश होती है, तो संगीत कार्यक्रम रद्द कर दिया जाएगा। परिसर 2: यदि संगीत कार्यक्रम रद्द हो जाता है, तो बैंड फिल्मों में जाएगा। निष्कर्ष: इस प्रकार, यदि रविवार को बारिश होती है, तो बैंड फिल्मों में जाएगा।
वियोजक	वियोजक तर्क हमें यह जानने में मदद करता है कि परिसर में क्या निहित है, अर्थात, परिसर का अर्थ। एक वियोजक तर्क तनातनी होता है। इसका अर्थ है कि यह हमेशा सत्य है एक वियोजक तर्क यह दावा करता है कि इसका निष्कर्ष निर्णायक रूप से इसके परिसर द्वारा समर्थित है। निष्कर्ष आवश्यक रूप से आधार/परिसर से होता है।	परिसर 1: मेरे बुककेस के शीर्ष शेल्फ पर 24 सीडी और निचले शेल्फ पर 14 सीडी हैं। परिसर 2: मेरी किताबों की अलमारी में कोई अन्य सीडी नहीं हैं। निष्कर्ष: इसलिए, मेरी किताबों की अलमारी में 38 सीडी हैं।
निगमन	यह वियोजक के विपरीत होता है। प्रेरक तर्क विशिष्ट टिप्पणियों से व्यापक सामान्यीकरण करता है। निगमन अनुमान में, हम विशिष्ट से सामान्य में जाते हैं। भले ही सभी परिसर एक कथन में सत्य हों, लेकिन निगमन तर्क निष्कर्ष के लिए असत्य होने की अनुमति देता है। एक निगमन तर्क इसके निष्कर्ष की संभावना का दावा करता है।	परिसर 1: श्याम एक दादा है। परिसर 1: श्याम गंजा है। निष्कर्ष: इसलिए, सभी दादाजी गंजे हैं।
अलंकारिक	एक अलंकारिक तर्क वह तर्क होता है जिसमें यह निष्कर्ष निकलता है कि दो वस्तुएं एक निश्चित सम्मान में समान होती हैं क्योंकि वे अन्य मामलों में समान हैं।	एक लक्ष्य के बिना एक व्यक्ति एक प्रोग्राम के बिना कंप्यूटर की तरह होता है।

इसलिए हम यह निष्कर्ष निकाल सकते हैं कि उपरोक्त उदाहरण अलंकारिक तर्क की श्रेणी में आता है।

अतः विकल्प (D) सही है।

26. कथन के अनुसार, कुल रनों का 80% स्पिनरों द्वारा बनाया गया था। इसलिए, निष्कर्ष I. इसका पालन नहीं करता है। ओपनिंग बल्लेबाजों के बारे में कथन में कुछ भी उल्लेख नहीं किया गया है। तो, निष्कर्ष II. भी अनुसरण नहीं करता है।

अतः विकल्प (D) सही है।

27. कथन में उल्लेख किया गया है कि ज्यादातर लोग सरकारों के अधीन रहने के लिए मजबूर हैं जो उन्हें व्यक्तिगत स्वतंत्रता और असंतोष के अधिकार से मना करते हैं। इसका मतलब है कि वे इन अधिकारों के प्रति उदासीन नहीं हैं, लेकिन उनके लिए एक इच्छा है। इसलिए, केवल निष्कर्ष I. अनुसरण करता है।

अतः विकल्प (A) सही है।

28. तालिका से,

दुकान A द्वारा बेची गयी कुल घड़ियाँ $= 750 + 850 + 680 = 2280$

दुकान A द्वारा बेची गई टाइटन की घड़ियों की कुल संख्या $= 750$

अपेक्षित प्रतिशत $= \frac{750}{2280} \times 100 = 32.89\%$

दुकान A द्वारा बेची गई कुल घड़ियों का 32.89 प्रतिशत टाइटन का था।

अतः विकल्प (B) सही है।

29. तालिका से,

बेची गई घड़ियों की संख्या				
दुकान का नाम	टाइटन	सोनाटा	फास्ट्रैक	बेची गई घड़ियों की कुल संख्या
B	920	670	960	$920 + 670 + 960 = 2550$
D	710	780	820	$710 + 780 + 820 = 2310$

अपेक्षित प्रतिशत $= \frac{2310}{2550} \times 100\% = 90.58\% \approx 90.59\%$

$\therefore$ दुकान D द्वारा बेची गई घड़ियों की संख्या, दुकान B द्वारा बेची गई घड़ियों की संख्या के 90.59% है।

अतः विकल्प (C) सही है।

30. तालिका से,

दुकान A द्वारा बेची गई फास्ट्रैक घड़ियों की संख्या $= 680$

दुकान C द्वारा बेची गई फास्ट्रैक घड़ियों की संख्या $= 850$

फास्ट्रैक घड़ियों की बिक्री में वृद्धि $= 850 - 680 = 170$

अपेक्षित प्रतिशत $= \frac{170}{680} \times 100\% = 25\%$

$\therefore$ दुकान C द्वारा बेची गई फास्ट्रैक घड़ियों की संख्या, दुकान A द्वारा बेची गई फास्ट्रैक घड़ियों की संख्या से 25% अधिक है।

अतः विकल्प (C) सही है।

31. तालिका से,

बेची गई घड़ियों की संख्या					
दुकान का नाम	टाइटन	सोनाटा	सोनाटा	बेची गई घड़ियों की कुल संख्या	बेची गई घड़ियों की औसत संख्या
A	750	850	680	$750 + 850 + 680 =$	$\frac{2280}{3} = 760$

				2280	
B	920	670	960	$920 + 670 + 960 = 2550$	$\dfrac{2550}{3} = 850$
C	1050	470	850	$1050 + 470 + 850 = 2370$	$\dfrac{2370}{3} = 790$
D	710	780	820	$710 + 780 + 820 = 2310$	$\dfrac{2310}{3} = 770$

∴ दुकान B में बेची गई घड़ियों की औसत संख्या सबसे अधिक है।

अतः विकल्प (B) सही है।

32. तालिका,

सभी दुकानों द्वारा बेची गई सोनाटा घड़ियों की कुल संख्या

$$= 850 + 670 + 470 + 780 = 2770$$

दुकान B द्वारा बेची गई सोनाटा घड़ियों की कुल संख्या $= 670$

अपेक्षित प्रतिशत $= \dfrac{670}{2770} \times 100\% = 24.187\% \approx 24.19\%$

∴ दुकान B द्वारा बेची गई सोनाटा घड़ियों की कुल संख्या, सभी दुकानों द्वारा बेची गई सोनाटा घड़ियों की कुल संख्या के 24.19% है।

अतः विकल्प (D) सही है।

33. 'ओवरहेड प्रोजेक्टर' निर्देशात्मक सामग्री नहीं है।

मुद्रित अध्ययन गाइड में एक विशेष विषय से नोट्स के रूप में एक निर्देशात्मक सामग्री है। ऑडियो पॉडकास्ट वह सामग्री है जिसमें ऑडियो रूप में उपयोगी जानकारी होती है। यूट्यूब वीडियो वह माध्यम है जिसके माध्यम से ऑडियो के साथ-साथ वीडियो के रूप में निर्देशात्मक सामग्री प्रदान की जाती है। तो, ओवरहेड प्रोजेक्टर एक अनुदेशात्मक सामग्री नहीं है।

अतः विकल्प (B) सही है।

34. ई-कल्प: डिजाइन के लिए डिजिटल शिक्षण का वातावरण बनाना, जिसे ई-कल्प भी कहा जाता है, मानव संसाधन मंत्रालय, भारत सरकार की एक पहल है, जो सूचना और संचार प्रौद्योगिकी के माध्यम से शिक्षा में राष्ट्रीय मिशन (एनएमईआईसीटी) का हिस्सा है।

यह परियोजना तीन पहल प्रस्तुत करती है -

- डिजाइन के लिए डिजिटल ऑनलाइन सामग्री प्रदान करना,
- डिजाइन के लिए एक सामाजिक नेटवर्किंग वातावरण और
- उच्च शिक्षण और डिजाइन पर एक डिजिटल संसाधन डेटाबेस बनाना।

इसलिए, ई-कल्प शब्द डिजाइन के लिए डिजिटल शिक्षण के वातावरण से संबंधित है।

अतः विकल्प (C) सही है।

35. कीबोर्ड एक आउटपुट डिवाइस नहीं है, यह एक इनपुट डिवाइस है। एक आउटपुट डिवाइस कंप्यूटर हार्डवेयर उपकरण का भाग है जो सूचना को मानव पठनीय रूप में परिवर्तित करता है। यह टेक्स्ट, ग्राफिक्स, टैक्टाइल,

ऑडियो और वीडियो हो सकता है। कुछ आउटपुट डिवाइस विजुअल डिस्प्ले यूनिट्स (VDU) यानी एक मॉनिटर, प्रिंटर ग्राफिक आउटपुट डिवाइस, प्लॉटर, स्पीकर आदि हैं।

अतः विकल्प (D) सही है।

36. इंटरनेट राष्ट्रों में फैले कंप्यूटरों का एक नेटवर्क है और जिसे विश्वसनीय दूरसंचार लिंक द्वारा संभव बनाया गया है। आज, इंटरनेट समाज के दिन-प्रतिदिन के मामलों में एक महत्वपूर्ण भूमिका निभाता है। इंटरनेट जनता की संस्कृति और जीवन शैली को प्रभावित करता है। यह स्पष्ट रूप से दिखाया गया है कि संचार नेटवर्क प्रणाली का कोई अन्य साधन इंटरनेट जितना महत्वपूर्ण नहीं है।

कंप्यूटर सिस्टम के सभी इलेक्ट्रॉनिक और मैकेनिकल घटकों को हार्डवेयर के रूप में जाना जाता है। इंटरनेट से जुड़ने के लिए हमें हार्डवेयर की आवश्यकता होती है जैसे- मॉडम, हब, ब्रिज, राउटर और गेटवे।

अतः विकल्प (D) सही है।

37. चरण 1: हम संख्या के धनात्मक निरूपण से शुरू करते हैं:

⇒ |-23| = 23

चरण 2: संख्या को 2 से बार-बार विभाजित करें, प्रत्येक शेष पर नज़र रखते हुए, जब तक कि हम एक भागफल जो शून्य के बराबर न हो:

⇒ भाज्य ÷ भाजक = भागफल + शेष

⇒ 23 ÷ 2 = 11 + 1;

⇒ 11 ÷ 2 = 5 + 1;

⇒ 5 ÷ 2 = 2 + 1;

⇒ 2 ÷ 2 = 1 + 0;

⇒ 1 ÷ 2 = 0 + 1;

अब हमें भागफल 0 मिला।

चरण 3: चरण 2 में नीचे से ऊपर शुरू होने वाले सभी अवशेषों को लेते हुए, धनात्मक संख्या के आधार 2 आधार का निर्माण करें।

⇒ 23(10) = 10111(2)

चरण 4: चिह्नित बाइनरी संख्या की लंबाई निर्धारित करें:

आधार 2 संख्या की वास्तविक लंबाई, बिट्स में: 5।एक चिह्नित बाइनरी बिट की लंबाई 2 के घातांक बराबर होनी चाहिए, जैसे:

21 = 2; 22 = 4; 23 = 8; 24 = 16; 25 = 32; 26 = 64; ...

पहला बिट (सबसे बाईं ओर) संकेत दर्शाता है,

1 = ऋणात्मक , 0 = धनात्मक .

सबसे कम संख्या जो 2 की घातांक है और वास्तविक लंबाई से बड़ी है ताकि पहला बिट (सबसे बाईं ओर) शून्य हो सके: 8।

चरण 5: 8 बिट्स पर धनात्मक बाइनरी कंप्यूटर निरूपण - यदि आवश्यक हो, तो आधार संख्या के सामने (बाईं ओर) में अतिरिक्त 0 आवश्यक लंबाई तक जोड़ें:

⇒ 23(10) = 00010111

चरण 6: 8 बिट्स पर ऋणात्मक पूर्णांक संख्या निरूपण प्राप्त करने के लिए, द्विआधारी के पूरक पर हस्ताक्षर किए, 0 पर सभी बिट्स को 1 से बदलें और सभी बिट्स को 1 के साथ सेट करें (अंकों को उलट कर):

⇒ !(00010111) = 11101000

चरण 7: 8 बिट पर नकारात्मक पूर्णांक संख्या निरूपण प्राप्त करने के लिए, द्विआधारी दो के पूरक , चरण 6 में ऊपर गणना की गई संख्या में 1 जोड़ें:

⇒ 11101000 + 1 = 11101001

इसलिए संख्या -23, एक चिह्नित पूर्णांक, दशमलव प्रणाली (आधार 10) से एक चिह्नित बाइनरी दो के पूरक निरूपण में परिवर्तित होता है -23(10) = 11101001

अतः विकल्प (B) सही है।

38. स्थलाकृतिक कारकों को प्राकृतिक भूगोल-संबंधी कारकों के रूप में भी जाना जा सकता है जिसमें ऊंचाई, पर्वत श्रृंखलाओं की दिशा, पठार, मैदान, झील, नदियाँ, समुद्र तल और घाटियाँ आदि शामिल हैं।

अतः विकल्प (A) सही है।

39. भारत के SDG सूचकांक 2018 के अनुसार, इन राज्यों में सबसे अधिक SDG सूचकांक स्कोर- हिमाचल प्रदेश (69), केरल (69), गोवा (64), आंध्र प्रदेश (64) और तमिलनाडु (62) हैं।

अतः विकल्प (A) सही है।

40. बायोमास शक्ति, नवीकरणीय स्रोत है जो न्यूनतम लागत के साथ बिजली उत्पन्न कर सकता है। बायोमास जानवरों और पौधों का अपशिष्ट उत्पाद है जिसका उपयोग औद्योगिक प्रक्रियाओं में बहुत कम लागत के साथ ऊर्जा उत्पादन के लिए किया जा सकता है।

अतः विकल्प (A) सही है।

41. नेशनल इंस्टीट्यूशनल रैंकिंग फ्रेमवर्क (एनआईआरएफ) रैंकिंग जारी की गई और मिरांडा हाउस, दिल्ली विश्वविद्यालय ने भारत के सभी कॉलेजों में शीर्ष स्थान हासिल किया। शीर्ष दस में छह कॉलेज दिल्ली विश्वविद्यालय के थे।

अतः विकल्प (A) सही है।

42. संपूर्ण काल का सामूहिक मनोविज्ञान एक सिद्धांत है जो ऐतिहासिक विकास के सभी चरणों की व्याख्या कर सकता है। फिशर के अनुसार - "सामाजिक मनोविज्ञान को परिभाषित करते हुए खा जा सकता है कि किस प्रकार से व्यक्ति का व्यवहार सामाजिक वातावरण में उपस्थित दूसरे लोगों के द्वारा प्रभावित होता है, बदले में उस व्यक्ति का व्यवहार भी प्रभावित होता है।"

अतः विकल्प (A) सही है।

43. शोध करते समय संबंधित अध्ययन की समीक्षा महत्वपूर्ण है क्योंकि इससे पुनरावृत्ति या प्रतिलिपिकरण से बचा जाता है, यह अंतराल को समझने में मदद करता है और यह शोधकर्ता को अतार्किक निष्कर्ष निकालने में मदद करता है।

अतः विकल्प (D) सही है।

44. मॉन्ट्रियल प्रोटोकॉल ओजोन रिक्तीकरण के लिए जिम्मेदार पदार्थों को चरणबद्ध करके ओजोन परत की रक्षा के लिए बनाया गया है।

मॉन्ट्रियल प्रोटोकॉल:

- मॉन्ट्रियल प्रोटोकॉल एक अंतर्राष्ट्रीय संधि है जिसे ओज़ोन-परत के क्षरण के लिए जिम्मेदार कई पदार्थों के उत्पादन को चरणबद्ध करके ओज़ोन परत की सुरक्षा के लिए बनाया गया है।

- यह 16 सितंबर 1987 को तय किया गया था और 16 सितंबर 1989 को लागू हुआ।

- प्रोटोकॉल का मुख्य उद्देश्य यौगिकों के उत्पादन और खपत को चरणबद्ध करना है जो कि समताप मंडल में क्लोरोफ्लोरोकार्बन (CFCs), हैलोन, मिथाइल क्लोरोफॉर्म और कार्बन टेट्राक्लोराइड जैसे ओजोन का क्षय करते हैं।

अतः विकल्प (D) सही है।

45. संधारणीय विकास उन विकास को संदर्भित करता है जो भविष्य की पीढ़ियों की जरूरतों को पूरा किए बिना वर्तमान की जरूरतों को पूरा करता है।

संधारणीय विकास लक्ष्य (SDGs):

- सितंबर 2015 में, संयुक्त राष्ट्र की महासभा ने सतत विकास के लिए 2030 कार्यसूची को अपनाया।

- सदस्य राज्यों ने 17 "साहसिक और परिवर्तनकारी" सतत विकास लक्ष्यों (SDG) और "यह सुनिश्चित करने के लिए कि सभी मनुष्य के आत्म-सम्मान और समानता और स्वस्थ वातावरण में अपनी क्षमता को पूरा कर सकते हैं" के लिए नियत 169 लक्ष्यों के लिए अपनी प्रतिबद्धता का वादा किया।

- SDG को सहस्राब्दी विकास लक्ष्य (MDGs) की नींव पर बनाया गया था।

- SDG विकास के सभी चरणों पर सभी देशों के लिए लागू होता है और इसे स्वीकृत करके तैयार किया गया था कि स्वास्थ्य व्यापक सांस्कृतिक, आर्थिक, राजनीतिक और सामाजिक वातावरण से प्रभावित होता है और बदले में सुरक्षा और आर्थिक, राजनीतिक और सामाजिक विकास को प्रभावित करता है।

- SDGs आज की चुनौतियों का समाधान करने और सभी के लिए विकास, सामाजिक विकास और पर्यावरण संरक्षण को बढ़ावा देने के लिए "केवल, अधिकार-आधारित, न्यायसंगत और समावेशी" कार्रवाई के लिए एक एकीकृत दृष्टिकोण का आह्वान करते हैं।

प्राथमिकता क्षेत्र:

1. गरीबी से मुक्ति: पूरे विश्व से गरीबी के सभी रूपों की समाप्ति।

2. क्षुधा शून्यता: खाद्य सुरक्षा और बेहतर पोषण और टिकाऊ कृषि को बढ़ावा।

3. अच्छा स्वास्थ्य और कल्याण: सभी आयु के लोगों में स्वास्थ्य सुरक्षा और स्वस्थ जीवन को बढ़ावा।

4. गुणवत्ता शिक्षा: समावेशी और न्यायसंगत गुणवत्ता युक्त शिक्षा सुनिश्चित करने के साथ ही सभी को सीखने का अवसर देना।

5. लिंग समानता: लैंगिक समानता प्राप्त करने के साथ ही महिलाओं और लड़कियों को सशक्त करना।

6. स्वच्छ जल और स्वच्छता: सभी के लिए स्वच्छता और पानी के सतत प्रबंधन की उपलब्धता सुनिश्चित करना।

7. सस्ती और स्वच्छ ऊर्जा: सस्ती, विश्वसनीय, टिकाऊ और आधुनिक ऊर्जा तक पहुंच सुनिश्चित करना।

8. निर्णय कार्य और आर्थिक विकास: सभी के लिए निरंतर समावेशी और सतत आर्थिक विकास, पूर्ण और उत्पादक रोजगार, और बेहतर कार्य को बढ़ावा देना।

9. उद्योग, नवाचार और आधारिक संरचना: लचीले बुनियादी ढांचे, समावेशी और सतत औद्योगीकरण को बढ़ावा देना और नवाचार को आगे बढ़ाना।

10. निम्न असमानताएं: देशों के बीच और भीतर असमानता को कम करना।

11. स्थायी शहर और समुदाय: सुरक्षित, लचीले और टिकाऊ शहर और मानव बस्तियों का निर्माण।

12. जिम्मेदार खपत और उत्पादन: स्थायी खपत और उत्पादन पैटर्न को सुनिश्चित करना।

13. जलवायु कार्रवाई: जलवायु परिवर्तन और उसके प्रभावों से निपटने के लिए तत्काल कार्रवाई करना।

14. जलस्तर के नीचे जीवन: स्थायी सतत विकास के लिए महासागरों, समुद्र और समुद्री संसाधनों का संरक्षण और उपयोग।

15. भूमि पर जीवन: सतत उपयोग को बढ़ावा देने वाले स्थलीय पारिस्थितिकीय प्रणालियों, सुरक्षित जंगलों, भूमि क्षरण और जैव विविधता के बढ़ते नुकसान को रोकने का प्रयास करना।

16. शांति, न्याय और सुदृढ़ संस्थाएं: सतत विकास के लिए शांतिपूर्ण और समावेशी समितियों को बढ़ावा देने के साथ ही सभी स्तरों पर इन्हें प्रभावी, जवाबदेह बनना ताकि सभी के लिए न्याय सुनिश्चित हो सके।

17. लक्ष्यों के लिए साझेदारी: सतत विकास के लिए वैश्विक भागीदारी को पुनर्जीवित करने के अतिरिक्त कार्यान्वयन के साधनों को मजबूत बनाना।

इसलिए, यह निष्कर्ष निकाला जा सकता है कि गरीबी से मुक्ति, क्षुधा शून्यता और शांति, न्याय और सुदृढ़ संस्थाएं SDG के तीन प्राथमिक क्षेत्र है।

अतः विकल्प (D) सही है।

46. 'हस्तशिल्प और कालीन क्षेत्र के कौशल को बढ़ावा देना' आजीविका संवर्धन के लिए कौशल अधिग्रहण और ज्ञान जागरूकता (SANKALP) परियोजना के प्रमुख परिणाम क्षेत्रों में से एक नहीं है।

आजीविका संवर्धन के लिए कौशल अधिग्रहण और ज्ञान जागरूकता (SANKALP) परियोजना कौशल विकास एवं उद्यमिता मंत्रालय (MSDI) की एक केंद्र प्रायोजित योजना है। यह एक परिणाम-केंद्रित योजना है जो व्यावसायिक शिक्षा और प्रशिक्षण में सरकार की कार्यान्वयन रणनीति में निविष्टि से उत्पाद में बदलाव को चिह्नित करती है।

उद्देश्य:

- परियोजना का उद्देश्य कौशल विकास के लिए संस्थागत तंत्र को बढ़ाना और कार्यबल के लिए गुणवत्ता और बाजार-प्रासंगिक प्रशिक्षण तक पहुंच बढ़ाना है।

- SANKALP का उद्देश्य राष्ट्रीय कौशल विकास मिशन (एनएसडीएम) के जनादेश को लागू करना है, जिसे 15 जुलाई को कौशल विकास एवं उद्यमिता मंत्रालय द्वारा शुरू किया गया था।

यह योजना केवल भारत के लोगों के लिए लागू है, और व्यावसायिक प्रशिक्षण शुरू करने के लिए उम्मीदवार की आयु 18 वर्ष होनी चाहिए।

SANKALP के तहत चार प्रमुख परिणाम क्षेत्रों की पहचान निम्नानुसार की गई है:

SANKALP चार परिणाम क्षेत्र	संस्थागत सुदृढ़ीकरण	गुणवत्ता आश्वासन	सार्वजनिक-निजी भागीदारी (पीपीपी)	समावेश
विशेषताएं	बाजार-प्रासंगिक प्रशिक्षण की योजना, वितरण और निगरानी के मार्गदर्शन के लिए राष्ट्रीय और राज्य स्तर पर संस्थागत तंत्र को मजबूत करना।	गुणवत्ता प्रशिक्षकों के एक समूह के निर्माण के माध्यम से कौशल विकास कार्यक्रमों की गुणवत्ता में सुधार, मॉडल पाठ्यक्रम, सामग्री, मानकीकरण मूल्यांकन और प्रमाणन विकसित करना।	बेहतर परिणामों के लिए अभिनव कौशल विकास परियोजनाओं के संयुक्त वित्त पोषण द्वारा निजी-सार्वजनिक भागीदारी (पीपीपी) के माध्यम से कौशल प्रशिक्षण का विस्तार करना।	वंचित वर्गों को कौशल प्रशिक्षण के अवसर प्रदान करना। उद्योग आधारित और मांग आधारित कौशल प्रशिक्षण क्षमता का सृजन करना।

इसलिए, हम उपरोक्त चर्चा से कह सकते हैं कि कौशल अधिग्रहण और ज्ञान जागरूकता (SANKALP) परियोजना के संस्थागत सुदृढ़ीकरण, गुणवत्ता आश्वासन, समावेश, सार्वजनिक-निजी भागीदारी (पीपीपी) के माध्यम से कौशल का विस्तार करना प्रमुख परिणाम क्षेत्र हैं।

अतः विकल्प (A) सही है।

47. उच्च शिक्षा की स्थिति में, मानकों के रखरखाव और समन्वय की जिम्मेदारी केंद्र सरकार के पास रहती है। उच्च शिक्षा को मजबूत करने और शिक्षण और अनुसंधान के मानकों में सुधार के लिए सरकार द्वारा कई उपाय किए गए हैं।

	विवरण
ए.आई.यू	- अंतर-विश्वविद्यालय बोर्ड (IUB) की स्थापना 1925 में हुई थी और 1973 में इसका नाम बदलकर भारतीय विश्वविद्यालयों का संघ (AIU) कर दिया गया था। - यह भारत में प्रमुख विश्वविद्यालयों का एक संगठन और संघ है। - ए.आई.यू का मुख्य उद्देश्य विश्वविद्यालयों के हितों की रक्षा करना और उन्हें बढ़ावा देना है तथा विशेष रूप से जानकारी साझा करने और संस्कृति, खेल और संबद्ध क्षेत्रों के क्षेत्र में सहयोग बढ़ाने और विश्वविद्यालयों को डिग्री की पारस्परिक मान्यता में सहायता करने के माध्यम से विश्वविद्यालय की गतिविधियों को सुविधाजनक बनाना। - ए.आई.यू सदस्यता कैरियर के दृष्टिकोण से प्रामाणिकता, गुणवत्ता और आजीवन सुरक्षा की पहचान है।
यू.जी.सी.	- विश्वविद्यालय अनुदान आयोग को औपचारिक रूप से नवंबर 1956 में भारत में विश्वविद्यालय शिक्षा के मानकों के समन्वय, निर्धारण और रखरखाव के लिए संसद के एक अधिनियम के माध्यम से भारत सरकार के एक संवैधानिक निकाय के रूप में स्थापित किया गया था। - यू.जी.सी. का मुख्यालय नई दिल्ली में है।
एन.यू.ए.पी.ए.	- एन.यू.ए.पी.ए. की स्थापना (पहले इसे NIEPA के रूप में जाना जाता है - राष्ट्रीय शैक्षिक योजना और प्रशासन संस्थान) शैक्षिक योजनाओं और प्रशासन के लिए यूनेस्को के क्षेत्रीय केंद्र के साथ जुड़ा हुआ है जिसे 1960 - 61 में दक्षिण एशिया की शैक्षिक आवश्यकताओं की देखभाल के लिए शुरू किया गया था। - एन.यू.ए.पी.ए. एक स्वायत्त संगठन है जो अनुसंधान, प्रशिक्षण, परामर्श और प्रसार के माध्यम से शैक्षिक नीति में योजना, प्रबंधन और क्षमता निर्माण पर जोर देता है।
आई.सी.एस.एस.आर.	- भारतीय सामाजिक विज्ञान अनुसंधान परिषद (ICSSR) की स्थापना वर्ष 1969 में भारत सरकार द्वारा देश में सामाजिक विज्ञान में अनुसंधान को बढ़ावा देने के लिए की गई थी। - आई.सी.एस.एस.आर भारत में सामाजिक विज्ञान में अनुसंधान को बढ़ावा देने के लिए परियोजनाओं, सदस्यता, अंतर्राष्ट्रीय

	सहयोग, क्षमता निर्माण, सर्वेक्षण, प्रकाशन आदि के लिए अनुदान प्रदान करता है।

इसलिए, विश्वविद्यालयों के बीच सहयोग और समन्वय को बढ़ावा देने के लिए पहले से स्थापित अंतर-विश्वविद्यालय बोर्ड का वर्तमान स्वरुप ए.आई.यू है।

अतः विकल्प (B) सही है।

48. यहाँ अनुसरण किया गया स्वरूप इस प्रकार है:

सिंगापुर भारत समुद्री सहायक अभ्यास (SIMBEX) भारतीय नौसेना और सिंगापुर नौसेना (RSN) द्वारा संचालित एक वार्षिक सहायक नौसेना अभ्यास है। यह अभ्यास 1994 से प्रतिवर्ष आयोजित किया जाता है।

उसी प्रकार,

वार्षिक रूप से आयोजित VARUNA नौसेना अभ्यास 21वीं सदी में फ्रांस-भारत के रणनीतिक संबंधों का एक अभिन्न अंग है और इसमें फ्रांसीसी नौसेना और भारतीय नौसेना के बीच नौसेना सहयोग अभ्यास शामिल हैं।

संयुक्त सैन्य अभ्यास - नौसेना	
अभ्यास का नाम	भाग लेने वाले राष्ट्र
SIMBEX	भारत और सिंगापुर
VARUNA	भारत और फ्रांस
INDRA	भारत और रूस
KONKAN	भारत और UK
SLINEX	भारत और श्रीलंका

इसलिए, उत्तर 'VARUNA' है।

अतः विकल्प (A) सही है।

49. दी गई संख्या 7834329513 है।

पहले को दूसरे के साथ, तीसरे को चौथे के साथ, पांचवें को छठे के साथ, सातवें को आठवें के साथ और नौवें को दसवें अंक के साथ बदलने पर, प्राप्त संख्या 8743235931 है।

इस प्रकार, दाएँ छठा अंक '2' है।

अतः विकल्प (B) सही है।

50. यहाँ अनुसरित किया गया स्वरूप है:

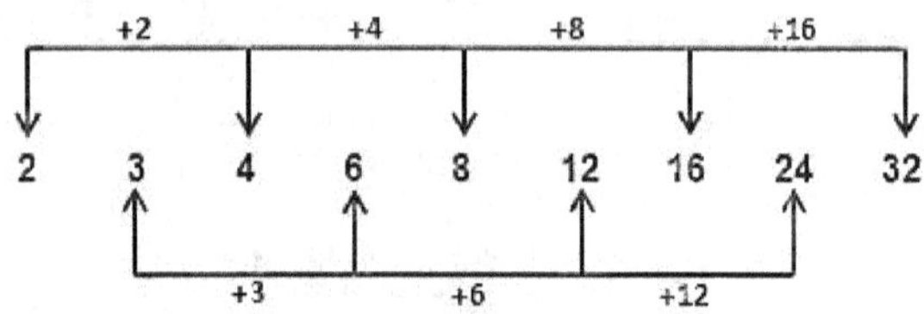

इस प्रकार, "8" लुप्त पद है।

अतः विकल्प (B) सही है।

51. यदि a, b ऐसे पूर्णांक हैं कि a > b तो म.स.प. (a, b), a > b > = म.स.प. (a, b) में स्थित होता है।

किसी 2 संख्या का महत्तम समापवर्तक (म.स.प.) या तो सबसे छोटी संख्या के बराबर होता है या सभी में सबसे छोटा होता है।

उदाहरण:

केस 1: माना दो संख्याएँ a = 40 और b = 15 हैं। तो इन संख्याओं का म.स.प., म.स.प. (a, b) = 5 होगा।

तो, 40 > 15 > 5, यानी a > b > म.स.प. (a, b)

केस 2: माना a = 8 और b = 2, तो a, b का म.स.प., म.स.प. (a, b) = 2 होगा।

इसलिए, 8 > 2 = 2, यानी a > b = म.स.प.(a, b)।

अतः विकल्प (B) सही है।

52. दिए गए बिट्स का निगेशन बिट्स का विपरीत मान है। यदि किसी बिट का मान 1 है तो उसका ऋणात्मक मान 0 है। और, यदि किसी बिट का मान 0 है, तो उसका ऋणात्मक मान 1 है। इसलिए "1001011" का निगेशन "0110100" है।

अतः विकल्प (C) सही है।

53. एक पंक्ति मैट्रिक्स एक मैट्रिक्स है जिसमें एक पंक्ति और कई कॉलम होते हैं। पंक्ति मैट्रिक्स का क्रम $1 \times N$ है, जहाँ N एक पंक्ति मैट्रिक्स के कॉलम की संख्या है।

पंक्ति मैट्रिक्स के विभिन्न उदाहरण निम्नलिखित हैं:

1. [6 5 4]: इस मैट्रिक्स का क्रम 1×3, अर्थात 1 पंक्ति और तीन कॉलम।

2. [0]: इस मैट्रिक्स का क्रम 1×1, अर्थात 1 पंक्ति और 1 स्तंभ।

3. [1 2 0 6 8 9]: इस मैट्रिक्स का क्रम 1×6, अर्थात 1 पंक्ति और 6 कॉलम है।

अतः विकल्प (B) सही है।

54. सार्वजनिक की क्रिप्टोग्राफी प्रणाली में परिमित क्षेत्रों में घातांक के कई अनुप्रयोग हैं। अब, डिफी-हेलमैन की एक्सचेंज में यह अवधारणा हो सकती है कि परिमित क्षेत्रों में घातांक कम्प्यूटेशनल रूप से सस्ती है और असतत लघुगणक जो कि घातांक का व्युक्रम है, कम्प्यूटेशनल रूप से महंगा हो सकता है।

अतः विकल्प (A) सही है।

55. दिए गए अनुक्रम में दो श्रृंखलाएं हैं-

1, 3, 5, 7, 9, ... (1)

और,

$2, 2^2, 2^3, 2^4, 2^5, ...$ (2)

श्रृंखला (1) AP में है

पहला पद = 1, और सार्व अंतर = 2

तो, अगला पद 9 + 2 = 11 है।

अब, श्रृंखला (2) GP में है

पहला पद = 2 और सार्व अनुपात = 2

तो, अगला पद $2^5 \times 2 = 2^6$ है।

इसलिए दिए गए अनुक्रम में अगला पद 11×2^6 है।

अतः विकल्प (C) सही है।

56. एक कन्सट्रैन्ट एक लिमिटेशन या रेस्ट्रिक्शन है जो सीधे एक वेरिएबल या वेरिएबल के ग्रुप पर लगाया जाता है ताकि डिजाइन एक्सेप्टेबल हो और वे समानता या असमानता में व्यक्त हों और दो ग्रुप में विभाजित हों और वे साइड कन्सट्रैन्ट और बिहेवियर कन्सट्रैन्ट हैं।

अतः विकल्प (C) सही है।

57. बिहेवियर कंस्ट्रेंट्स वे हैं जो स्ट्रक्चरल रिस्पॉन्स पर इम्पोज्ड की जाती हैं, टिपिकल एक्स्प्लिसिट बिहेवियर कंस्ट्रेंट्स डिजाइन स्पेसिफिकेशन में प्रेजेंट फार्मूलाइ द्वारा दी जाती हैं, आमतौर पर डिजाइन वेरिएबल के नॉन-लीनियर फंक्शन डिजाइन वेरिएबल से रिलेशन होते हैं।

अत: विकल्प (B) सही है।

58. स्ट्रक्चरल डिजाइनों में, बिहेवियरल कंस्ट्रेंट्स आमतौर पर स्ट्रेस पर लगाई जाती हैं और डिस्प्लेसमेंट कंस्ट्रेंट्स स्ट्रक्चर की ग्लोबल रिजिडीटी को निर्धारित करती हैं साइड कंस्ट्रेंट्स एक डिजाइन वेरिएबल पर लगाए गए निर्दिष्ट सीमाएं (न्यूनतम या अधिकतम) आमतौर पर रूप में स्पष्ट होती हैं।

अत: विकल्प (A) सही है।

59. आउट ऑफ ऑर्डर निष्पादन को गतिमान निष्पादन भी कहा जाता है। निष्पादन के इस तरीके में, प्रोग्राम नियंत्रण प्रवाह के अनुसार निर्देशों को ठीक से निष्पादित नहीं किया जाता है। यह एक ऐसी तकनीक है जिसका उपयोग उस व्यर्थ निष्पादन बैंडविड्थ में से कुछ को वापस पाने के लिए किया जाता है। आउट-ऑफ-ऑर्डर निष्पादन के साथ, प्रोसेसर प्रोग्राम क्रम में प्रत्येक निर्देश जारी करेगा, और फिर "रीड ऑपरेंड" नामक एक नया पाइपलाइन चरण दर्ज करेगा, जिसके दौरान निर्देश जिनके ऑपरेंड उपलब्ध हैं, प्रोग्राम में उनके क्रम की परवाह किए बिना निष्पादन चरण में चले जाएंगे। इस बिंदु पर मुद्दे को फिर से परिभाषित किया जा सकता है जिसका अर्थ "मुद्दा और रीड ऑपरेंड।" है।

सॉफ्टवेयर पाइपलाइनिंग एक ऐसी विधि है जिसका उपयोग लूप को अनुकूलित करने के लिए किया जाता है, जो हार्डवेयर पाइपलाइनिंग के समानांतर होता है। यह क्रम निष्पादन से बाहर है, सिवाय इसके कि पुन: क्रमांकन कम्पाइलर द्वारा किया जाता है।

अतः विकल्प (D) सही है।

60. डुअल लीनियर प्रोग्रामिंग प्रॉब्लम की डुअल फिर से प्राइमल प्रॉब्लम है। **सत्य**

यदि या तो प्राइमल या डुअल प्रॉब्लम का एक असीमित ऑब्जेक्टिव फंक्शन मान है, तो दूसरी प्रॉब्लम का कोई फिजिबल सोलुशन नहीं है। **सत्य**

यदि या तो प्राइमल या डुअल प्रॉब्लम का एक फाइनाइट ऑप्टीमल सोलुशन है, तो दूसरे के पास भी वही है, और दो प्रॉब्लम्स के ऑब्जेक्टिव फंक्शन का ऑप्टीमल वैल्यू बराबर है। **सत्य**

इसलिए, सभी कथन सत्य हैं।

अत: विकल्प (D) सही है।

61. कंप्यूटर में डेटा स्टोर करने के लिए इस्तेमाल किया जाने वाला 8-बिट एन्कोडिंग फॉर्मेट ईबीसीडीआईसी है।

ईबीसीडीआईसी, आईबीएम द्वारा फुल एक्सपैंडेड बाइनरी-कोडेड डेसीमल इंटरचेंज कोड डेटा एन्कोडिंग सिस्टम में और ज्यादातर अपने कंप्यूटरों पर उपयोग किया जाता है जो प्रत्येक नंबर और अल्फाबेटिक कैरेक्टर के साथ-साथ विराम चिह्नों और अक्सेन्टेड अक्षरों और नॉन-अल्फाबेटिक कैरेक्टर्स के लिए एक यूनिक 8-बिट बाइनरी कोड का उपयोग करता है। कंप्यूटर में संग्रहीत किए जाने वाले डेटा को एक विशेष तरीके से एन्कोड किया जाना चाहिए ताकि डेटा का सुरक्षित प्रसंस्करण प्रदान किया जा सके।

अत: विकल्प (B) सही है।

62. ALU मध्यवर्ती परिणामों को संग्रहीत करने के लिए एक्युमुलेटरों का उपयोग करता है। यह प्रोसेसिंग चक्रों के दौरान किसी ऑपरेशन का डेटा या परिणाम रखता है। एक्युमुलेटर किसी भी ALU ऑपरेशन के दौरान दो ऑपरेंड में से एक को होल्ड कर सकता है। ALU CPU का कम्प्यूटेशनल सेंटर है। यह सभी गणितीय और लॉजिकल संचालन करता है। बेहतर प्रदर्शन के लिए, यह तत्काल परिणाम स्टोर करने के लिए कुछ इंटरनल मेमोरी स्पेस का उपयोग करता है।

अत: विकल्प (A) सही है।

63. इंस्ट्रक्शन फेच फेज एमडीआर में डेटा को डीकोड करने और आईआर में रखने के साथ समाप्त होता है। कंट्रोल यूनिट कंट्रोल सिग्नल उत्पन्न करता है जो इंस्ट्रक्शन बाइट को मेमोरी से इंस्ट्रक्शन रजिस्टर, आईआर में कॉपी करता है।

इस इंस्ट्रक्शन का एड्रेस प्रोग्राम काउंटर, पीसी में है। इंस्ट्रक्शन डीकोड होने और आईआर में रखे जाने और पीसी में इन्क्रीमेंट के साथ फेच समाप्त होता है।

अत: विकल्प (D) सही है।

64. एग्जीक्यूशन में इटरेटिव कंस्ट्रक्ट (ब्रांचिंग) का उपयोग करते समय ब्रांच इंस्ट्रक्शन का उपयोग स्थिति की जांच के लिए किया जाता है। एक ब्रांच, कंप्यूटर प्रोग्राम में एक इंस्ट्रक्शन है जो कंप्यूटर द्वारा एग्जीक्यूट होने पर कंप्यूटर के एक अलग इंस्ट्रक्शन सीक्वेंस का एग्जीक्यूशन शुरू करने का कारण बन सकता है। ब्रांच इंस्ट्रक्शन का उपयोग टेस्ट कंडीशन की जांच करने और ऑफसेट की मदद से मेमोरी जंप करने के लिए किया जाता है।

अत: विकल्प (B) सही है।

65. मॉनिटर को सीपीयू से जोड़ने के लिए उपयोग की जाने वाली बस एससीएसआई बस है।

एससीएसआई बस का उपयोग आमतौर पर वीडियो उपकरणों को प्रोसेसर से जोड़ने के लिए किया जाता है। एक स्माल कंप्यूटर सिस्टम्स इंटरफेस (SCSI) परिधीय उपकरणों को एक पीसी से जोड़ने के लिए एक मानक इंटरफेस है। आम तौर पर मानक के आधार पर, यह एक होस्ट एडॉप्टर सहित एक बस का उपयोग करके 16 परिधीय उपकरणों को कनेक्ट कर सकता है। इस नंबर को एससीएसआई आईडी कहा जाता है।

अत: विकल्प (B) सही है।

66. Z रजिस्टर प्रोसेसर बस से जुड़ा एक सिंगल-वे ट्रांसफर सक्षम है।

Z रजिस्टर एक विशेष रजिस्टर है जो केवल प्रोसेसर बस के साथ इंटरैक्ट कर सकता है। Z रजिस्टर 8085 माइक्रोप्रोसेसर का 8-बिट अस्थायी रजिस्टर है, जो उपयोगकर्ता के लिए सुलभ नहीं है। इस रजिस्टर का उपयोग या तो Z रजिस्टरों में 8-बिट जानकारी स्टोर करने के लिए किया जाता है। Z में निचले क्रम के 8-बिट्स के साथ Z रजिस्टर जोड़े।

अत: विकल्प (D) सही है।

67. इनडायरेक्ट एड्रेसिंग मोड में, रजिस्टर का मान एक अन्य मेमोरी लोकेशन के रूप में कार्य करता है और इसलिए हम डेटा प्राप्त करने के लिए पॉइंटर्स का उपयोग करते हैं। इनडायरेक्ट एड्रेसिंग एक ऐसी स्कीम है जिसमें एड्रेस स्पेसिफाइड करता है कि कौन से मेमोरी वर्ड या रजिस्टर में ऑपरेंड नहीं बल्कि ऑपरेंड का एड्रेस है। उदाहरण के लिए, LOAD R1, @100 मेमोरी एड्रेस 100 पर स्टोर मेमोरी एड्रेस की कंटेंट्स को रजिस्टर R1 में लोड करें।

अत: विकल्प (A) सही है।

68. ऑटो-इन्क्रीमेंट के मामले में इंक्रीमेंट बाद में किया जाता है और ऑटो डिक्रीमेंट में, डिक्रीमेंट पहले किया जाता है।

ऑटो इंडेक्सड (इंक्रीमेंट मोड): ऑपरेंड का प्रभावी एड्रेस निर्देश में निर्दिष्ट रजिस्टर की कंटेंट्स। ऑपरेंड तक पहुँचने के बाद, इस रजिस्टर की सामग्री स्वचालित रूप से अगली लगातार मेमोरी लोकेशन (R1)+ की ओर इंगित करने के लिए बढ़ जाती है।

ऑटो अनुक्रमित (डिक्रीमेंट मोड): ऑपरेंड का प्रभावी एड्रेस निर्देश में निर्दिष्ट रजिस्टर की कंटेंट्स। ऑपरेंड तक पहुँचने से पहले, इस रजिस्टर की कंटेंट्स स्वचालित रूप से पिछले लगातार मेमोरी लोकेशन - (R1) को इंगित करने के लिए घट जाती है।

अत: विकल्प (D) सही है।

69. इंस्ट्रक्शन के एक्सेक्यूशन के सामान्य अनुक्रम को बदलने के लिए रिलेटिव एड्रेसिंग मोड सबसे उपयुक्त है। इसके लिए रिलेटिव एड्रेसिंग मोड का उपयोग किया जाता है क्योंकि यह सीधे पीसी को अपडेट करता है। इस मोड में, ऑपरेंड के प्रभावी एड्रेस (ईए) की गणना सीपीयू रजिस्टर की सामग्री और इंस्ट्रक्शन वर्ड के एड्रेस भाग को जोड़कर की जाती है। प्रभावी एड्रेस की गणना विस्थापन (निर्देश में दिए गए तत्काल मूल्य) और रजिस्टर वैल्यू को जोड़कर की जाती है। इंस्ट्रक्शन का एड्रेस भाग आमतौर पर एक साइंड संख्या

होती है, या तो सकारात्मक या नकारात्मक। इस प्रकार परिकलित प्रभावी पता अगले इंस्ट्रक्शन के एड्रेस के सापेक्ष होता है।

अत: विकल्प (A) सही है।

70. यदि एक ऑब्जेक्ट वैल्यू द्वारा पास किया जाता है, तो ऑब्जेक्ट की एक नई कॉपी इम्प्लीसिट रूप से बनाई जाती है। यह नई ऑब्जेक्ट इम्प्लीसिट वैल्यू के असाइनमेंट का उपयोग करती है, जो कि पास की जा रही ऑब्जेक्ट के समान है। वैल्यू द्वारा पास करने का मतलब है कि आप एक्चुअल पैरामीटर के वैल्यू की मेमोरी में एक कॉपी बना रहे हैं जो कंटेंट की एक कॉपी है एक्चुअल पैरामीटर पास बाइ वैल्यू का उपयोग तब करें जब आप केवल कुछ कैलकुलेशन के लिए पैरामीटर का उपयोग कर रहे हों, इसे क्लाइंट प्रोग्राम के लिए नहीं बदल रहे हैं।

अत: विकल्प (A) सही है।

71. एचटीएमएल में, COLSPAN एट्रिब्यूट का उपयोग दो या अधिक एडजसेन्ट कॉलम के मर्ज के लिए किया जाता है।

COLSPAN एचटीएमएल लैंग्वेज का एट्रिब्यूट है जो यह परिभाषित करता है कि टेबल सेल कितने कॉलमों का होगा। इसे <td> और <th> पर लागू किया जा सकता है। एचटीएमएल एक ऐसी लैंग्वेज है जिसका उपयोग वेब पेज और वेब एप्लीकेशन बनाने के लिए किया जाता है। एचटीएमएल लैंग्वेज में कई एट्रिब्यूट्स होते हैं और COLSPAN उनमें से एक है।

सिंटेक्स:

```
<td colspan = "value">table content...</td>
```

अत: विकल्प (D) सही है।

72. C# MS .Net प्लेटफॉर्म द्वारा सपोर्टेड एक लैंग्वेज है। C# एक जनरल पर्पज, मल्टी-पैराडिज्म प्रोग्रामिंग लैंग्वेज है जिसमें स्थैतिक टाइपिंग, स्ट्रांग टाइपिंग, लैक्सिकली स्कोप, इम्परेटिव, डेक्लेरेटिव, फंक्शनल, जेनेरिक, ऑब्जेक्ट ओरिएंटेड (क्लास-बेस्ड), और कॉम्पोनेन्ट-ओरिएंटेड प्रोग्रामिंग विषय शामिल हैं।

प्रोग्रामिंग लैंग्वेज जो Microsoft द्वारा डिज़ाइन और विकसित की गई हैं:

- C#.NET
- VB.NET
- C++.NET
- J#.NET
- F#.NET
- JSCRIPT.NET
- WINDOWS POWERSHELL
- IRON RUBY
- IRON PYTHON
- C OMEGA
- ASML (एब्स्ट्रैक्ट स्टेट मशीन लैंग्वेज)

अत: विकल्प (D) सही है।

73. मशीन कोड हाई-लेवल लैंग्वेज की विशेषता नहीं है।

एक हाई-लेवल लैंग्वेज (एचएलएल) प्रोग्रामिंग भाषा है जैसे C, FORTRAN, या Pascal जो एक प्रोग्रामर को ऐसे प्रोग्राम लिखने में सक्षम बनाती है जो किसी विशेष प्रकार के कंप्यूटर से कम या ज्यादा इंडिपेंडेंट होते हैं। ऐसी लैंग्वेज को हाई-लेवल माना जाता है क्योंकि वे ह्यूमन लैंग्वेज के सामान और मशीनी लैंग्वेज से अलग होते हैं।

अत: विकल्प (A) सही है।

74. वह डायग्राम जो क्लास के बीच संबंध दर्शाता है, क्लास डायग्राम कहलाता है। ऑब्जेक्ट-ओरिएंटेड मॉडलिंग में क्लास डायग्राम मेन बिल्डिंग ब्लॉक हैं। उनका उपयोग एक प्रणाली में विभिन्न वस्तुओं, उनकी विशेषताओं, उनके संचालन और उनके बीच संबंधों को दिखाने के लिए किया जाता है।

अत: विकल्प (A) सही है।

75. प्रोसेसर के पैरलर लाइन एल्गोरिथ्म के बीच प्रोसेसिंग लोड को संतुलित करने के लिए सबसे अच्छी लाइन एल्गोरिथ्म। यदि n प्रोसेस हैं तो यह एल्गोरिथ्म इसे कई भागों में विभाजित करता है और लाइन सेगमेंट उत्पन्न करता है। रास्टर डिस्प्ले पर लाइन्स खींचने के लिए एक पैरलर एल्गोरिथ्म प्रस्तुत किया गया है। एल्गोरिथ्म ब्रेसेनहैम के अनुक्रमिक रास्टर डिस्प्ले लाइन एल्गोरिथ्म का समानांतरकरण है। सेट-अप कॉस्ट सेकेंसिअल एल्गोरिथ्म के समान है और शेष कार्य प्रोसेसर के बीच समान रूप से डिस्ट्रीब्यूट किया जाता है।

अत: विकल्प (A) सही है।

76. बाउंड्री-फिल एल्गोरिथ्म पिक्सेल द्वारा बाहरी पिक्सेल को तब तक आगे बढ़ाता है जब तक कि बाउंड्री कलर एंकाउंटर्ड नहीं हो जाता। बाउंड्री फिल एल्गोरिथ्म भरने के लिए पोलीगोन के अंदर एक पिक्सेल से शुरू होता है और इनसाइड आगे की ओर एरिया की ओर पेंट करता है। यह एल्गोरिथ्म तभी काम करता है जब जिस रंग से एरिया भरना हो और उस फील्ड की एरिया का रंग अलग हो। यदि एरिया एक ही रंग की है, तो यह दृष्टिकोण पिक्सेल द्वारा पिक्सेल की ओर तब तक आगे बढ़ता है जब तक कि यह फील्ड की एरिया तक नहीं पहुंच जाता।

अत: विकल्प (B) सही है।

77. जब भी किसी एप्लिकेशन प्रोग्राम में एक विशेष रंग कोड निर्दिष्ट किया जाता है, तो डायरेक्ट फ्रेम बफर में संबंधित बाइनरी मान रखा जाता है। एक फ्रेम बफर (फ्रेमबफर, या कभी-कभी फ्रेम स्टोर) रैंडम-एक्सेस मेमोरी (रैम) का एक हिस्सा होता है जिसमें बिटमैप होता है जो वीडियो डिस्प्ले को चलाता है। यह एक मेमोरी बफर है जिसमें एक संपूर्ण वीडियो फ्रेम में सभी पिक्सेल का प्रतिनिधित्व करने वाला डेटा होता है। आधुनिक वीडियो कार्ड में उनके कोर में फ्रेमबफर सर्किटरी होती है। फ्रेम बफर की प्राथमिक भूमिकाएँ वीडियो सिग्नल का भंडारण, कंडीशनिंग और आउटपुट हैं जो डिस्प्ले डिवाइस को चलाते हैं। रंग अनुप्रयोगों के लिए उद्योग मानक प्रत्येक प्रदर्शन प्राथमिक या लगभग 16.8 मिलियन विवेकपूर्ण रूप से संबोधित रंगों के लिए तीव्रता नियंत्रण के 8 बिट आवंटित करता है।

अत: विकल्प (B) सही है।

78. काले सफेद के लिए इंटेंसिटी वैल्यू क्रमशः 0.0 और 1 है, और यह गहरे भूरे रंग के लिए 0.33 और हल्के भूरे रंग के लिए 0.67 है।

- बाइनरी इमेज ऐसी इमेज हैं जिनके पिक्सेल में केवल दो संभावित इंटेंसिटी वैल्यू होते हैं। वे आम तौर पर काले और सफेद के रूप में प्रदर्शित होते हैं। संख्यात्मक रूप से, दो वैल्यू अक्सर काले रंग के लिए 0 होते हैं, और सफेद के लिए या तो 1 या 255 होते हैं।
- बैकग्राउंड से इमेज में किसी ऑब्जेक्ट को अलग करने के लिए, बाइनरी इमेज को अक्सर ग्रेस्केल या रंगीन इमेज को थ्रेसहोल्ड करके उत्पादित किया जाता है।
- वस्तु के रंग (आमतौर पर सफेद) को फोरग्राउंड रंग कहा जाता है। बाकी (आमतौर पर काला) को बैकग्राउंड कलर कहा जाता है।
- हालाँकि, उस इमेज के आधार पर जिसे थ्रेशोल्ड किया जाना है, यह ध्रुवता उलटी हो सकती है, जिस स्थिति में वस्तु 0 के साथ प्रदर्शित होती है और बैकग्राउंड नॉन-जीरो वैल्यू के साथ होती है।

अत: विकल्प (C) सही है।

79. प्रत्येक आउटपुट डिवाइस पर एक प्रिमिटिव के लिए एट्रिब्यूट मानों का एक स्पेसिफाइंग सेट एक एप्रोप्रिएट टेबल इंडेक्स निर्दिष्ट करके चुना जाता है जिसे बंडल एट्रिब्यूट के रूप में जाना जाता है। बंडल एट्रिब्यूट मानों का एक

समूह निर्दिष्ट करती हैं। और इन मानों को वर्कस्टेशन टेबल में बंडल किया जा सकता है। बंडल की गई एट्रिब्यूट एक ग्राफिकल आउटपुट प्रिमिटिव की एट्रिब्यूट जो कि डिवाइस-डिपेंड टेबल में परिभाषित की जाती हैं, जो कि प्रिमिटिव से जुड़े एक इंडेक्स द्वारा इंगित की जाती हैं।

अत: विकल्प (C) सही है।

80. एचबेस एक डेटा मॉडल है जो गूगल की बड़ी टेबल के समान है जिसे स्ट्रक्चर्ड डेटा की भारी मात्रा में त्वरित रैंडम पहुँच प्रदान करने के लिए डिजाइन किया गया है। एचबेस एक डिस्ट्रीब्यूटेड कॉलम-ओरिएंटेड डेटाबेस है जो हडूप फाइल सिस्टम के शीर्ष पर बनाया गया है। यह एक ओपन-सोर्स प्रोजेक्ट है और क्षैतिज रूप से स्केलेबल है।

अत: विकल्प (D) सही है।

81. हडूप बैच 100 और 1000 के रूप में कई कंप्यूटरों पर डिस्ट्रीब्यूटर डेटा को प्रोसेस करता है। हडूप 2.0 रीयल-टाइम डेटा की लाइव स्ट्रीम प्रोसेसिंग की अनुमति देता है। अपाचे हडूप 2 (हडूप 2.0) डिस्ट्रीब्यूट डेटा प्रोसेसिंग के लिए हडूप फ्रेमवर्क का सेकंड इटरेटर है। एक और रिसोर्स नेविगेटर के लिए शार्ट, वाईएआरएन रिसोर्स मनेजमेंट और टास्क शेड्यूलिंग कार्यों को डेटा प्रोसेसिंग एक के नीचे एक सेपरेट लेयर में रखता है, जिससे हडूप 2 विभिन्न प्रकार के एप्लीकेशन को चलाने में सक्षम होता है।

अत: विकल्प (B) सही है।

82. स्ट्रांग एंटिटीज 'की' प्राइमरी 'की' होती है। वीक एंटिटीज स्ट्रांग एंटिटीज पर निर्भर हैं। इसका एक्सिस्टेंस किसी अन्य एंटिटी पर निर्भर नहीं है। एक एंटिटी सेट जिसमें प्राइमरी 'की' बनाने के लिए पर्याप्त गुण नहीं होते हैं उसे वीक एंटिटी सेट कहा जाता है। जिसकी प्राइमरी 'की' होती है उसे एक स्ट्रांग एंटिटी सेट कहा जाता है। एक स्ट्रांग एंटिटी को एक आयत द्वारा दर्शाया जाता है।

अत: विकल्प (B) सही है।

83. एक डीबीएमएस जो अपनी फिजिकल स्ट्रक्चर को उपयोगकर्ता से छिपा कर रखता है, एक पारदर्शी (ट्रांसपेरेंट) डीबीएमएस के रूप में जाना जाता है। एक डीबीएमएस ट्रांसपेरेंसी के विभिन्न स्तर प्रदान कर सकता है। हालांकि, वे सभी एक ही समग्र उद्देश्य में भाग लेते हैं: वितरित डेटाबेस का उपयोग, एक केंद्रीकृत डेटाबेस के बराबर करने के लिए करते हैं।

हम डीबीएमएस में चार मुख्य प्रकार की पारदर्शिता की पहचान कर सकते हैं:

- वितरण पारदर्शिता
- लेन-देन पारदर्शिता
- प्रदर्शन पारदर्शिता
- डीबीएमएस पारदर्शिता

अत: विकल्प (C) सही है।

84. एक डेटाबेस में संग्रहीत डेटा डेटाबेस तक पहुंचने वाले एप्लीकेशन से स्वतंत्र होना चाहिए। डेटाबेस की फिजिकल संरचना में किसी भी परिवर्तन का बाहरी एप्लीकेशन द्वारा डेटा तक पहुंचने के तरीके पर कोई प्रभाव नहीं होना चाहिए। इस नियम को फिजिकल डेटा इंडिपेंडेंसी कहा जाता है। यह डीबीएमएस का पहला बड़ा नियम है।

अतः विकल्प (B) सही है।

85. किसी डेटाबेस में लॉजिकल डेटा उसके उपयोगकर्ता के दृष्टिकोण (एप्लीकेशन) से स्वतंत्र होना चाहिए। लॉजिकल डेटा में किसी भी परिवर्तन का प्रभाव उसको उपयोग करने वाले एप्लीकेशन पर नहीं होना चाहिए। इस नियम को लॉजिकल डेटा इंडिपेंडेंसी कहा जाता है। उदाहरण के लिए, यदि दो टेबल्स को मिला दिया जाता है या एक को दो अलग-अलग टेबल्स में विभाजित किया जाता है, तो उपयोगकर्ता एप्लीकेशन पर कोई प्रभाव या परिवर्तन नहीं होना चाहिए। यह लागू करने के लिए सबसे कठिन नियमों में से एक है। यह डीबीएमएस का दूसरा प्रमुख नियम है।

अत: विकल्प (A) सही है।

86. डिस्ट्रीब्यूशन इनडिपेंडेंसी में, एंड-यूजर यह देखने में सक्षम नहीं होता कि डेटा विभिन्न स्थानों पर डिस्ट्रीब्यूट किया गया है। उपयोगकर्ताओं को हमेशा यह ज्ञात होना चाहिए कि डेटा केवल एक साइट पर स्थित है। इस नियम को वितरित डेटाबेस सिस्टम का आधार रूप में माना गया है। यह डीबीएमएस का तीसरा प्रमुख नियम है।

अत: विकल्प (A) सही है।

87. एक डेटाबेस उस एप्लिकेशन से इंडिपेंडेंट होना चाहिए जो इसका उपयोग करता है। एप्लीकेशन में किसी भी बदलाव किये बिना इसकी सभी प्रामाणिकता बाधाओं को स्वतंत्र रूप से संशोधित किया जा सकता है। यह नियम एक डेटाबेस को फ्रंट-एंड एप्लिकेशन और उसके इंटरफेस से स्वतंत्र बनाता है।

अत: विकल्प (D) सही है।

88. SQL सर्वर एक NoSQL डेटाबेस नहीं है। माइक्रोसॉफ्ट SQL सर्वर माइक्रोसॉफ्ट द्वारा विकसित एक रिलेशनल डेटाबेस मैनेजमेंट सिस्टम है। Microsoft SQL सर्वर डेटाबेस टेक्नोलॉजी मार्केट लीडर्स में से एक है। यह एक रिलेशनल डेटाबेस मैनेजमेंट सिस्टम है जो बिजनेस इंटेलिजेंस, ट्रांजैक्शन प्रोसेसिंग और एनालिटिक्स सहित कई एप्लिकेशन को सपोर्ट करता है।

अत: विकल्प (A) सही है।

89. कैसेंड्रा एक खुला (Open) सोत गैर-संबंधपरक, या नोएसक्यूएल, डेटाबेस है जो कई डेटा सेंटर और क्लाउड उपलब्धता क्षेत्रों में निरंतर उपलब्धता, पैमाने और डेटा वितरण को सक्षम बनाता है। सीधे शब्दों में कहें, कैसेंड्रा अत्यधिक पैमाने की आवश्यकता वाले ऍप्लिकेशन्स के लिए अत्यधिक विश्वसनीय डेटा स्टोरेज इंजन प्रदान करता है। कैसेंड्रा और HBase जैसे वाइड-कॉलम स्टोर बड़े डेटासेट पर प्रश्नों के लिए अनुकूलित होते हैं, और पंक्तियों (Rows) के बजाय डेटा के कॉलम को एक साथ स्टोर करते हैं।

अतः विकल्प (A) सही है।

90. मैक्रो एक्सपैंशन करने वाले अनुवादक को मैक्रो प्री-प्रोसेसर कहा जाता है। मैक्रो प्री-प्रोसेसर एक असेंबली प्रोग्राम को स्वीकार करता है जिसमें परिभाषाएं और कॉल होते हैं और इसे एक असेंबली प्रोग्राम में अनुवादित किया जाता है जो गिनती नहीं करता है। एक सामान्य-उद्देश्य मैक्रो प्रोसेसर या सामान्य-प्रयोजन प्री-प्रोसेसर एक मैक्रो प्रोसेसर है जो किसी विशेष भाषा या सॉफ्टवेयर के टुकड़े से बंधा या एकीकृत नहीं होता है। मैक्रो प्रोसेसर एक ऐसा प्रोग्राम है जो टेक्स्ट की एक स्ट्रीम को एक स्थान से दूसरे स्थान पर कॉपी करता है, जिससे प्रतिस्थापन का एक व्यवस्थित सेट बनता है।

अत: विकल्प (B) सही है।

91. शेल यूनिक्स की विशिष्ट विशेषता है। मूल यूनिक्स शेल 1970 के दशक के मध्य में स्टीफन आर बॉर्न द्वारा लिखा गया था, जब वह न्यू जर्सी में एटी एंड टी बेल लैब्स में थे। बॉर्न शेल यूनिक्स सिस्टम पर प्रदर्शित होने वाला पहला शेल था, इस प्रकार इसे "शेल" कहा जाता है। बॉर्न शेल आमतौर पर यूनिक्स के अधिकांश संस्करणों पर /bin/sh के रूप में स्थापित होता है। इस कारण से, यह स्क्रिप्ट लिखने के लिए पसंद का खोल है जिसका उपयोग यूनिक्स के विभिन्न संस्करणों पर किया जा सकता है। यूनिक्स में, दो प्रमुख प्रकार के गोले हैं -

- बॉर्न शेल - यदि आप बॉर्न-टाइप शेल का उपयोग कर रहे हैं, तो $ कैरेक्टर डिफॉल्ट प्रॉम्प्ट है।
- सी शेल - यदि आप सी-टाइप शेल का उपयोग कर रहे हैं, तो % कैरेक्टर डिफॉल्ट प्रॉम्प्ट है।

अत: विकल्प (A) सही है।

92. एक्सेक्यूशन में एक प्रोग्राम को प्रक्रिया कहा जाता है। प्रक्रियाएं सिस्टम के अंदर सभी संबंधित गतिविधियां (भाग) हैं जो इसे कार्य करने के लिए मिलकर काम करती हैं। यह महत्वपूर्ण है कि प्रोसेस जो करती हैं उस पर प्रभावी हों

ताकि सिस्टम कुशलता से चल सके। प्रोसेस एक विशेष परिणाम उत्पन्न करने के उद्देश्य से गतिविधियों का अनुक्रम हैं।

अतः विकल्प (A) सही है।

93. एक्सेक्यूशन में एक प्रोग्राम को एक प्रोसेस कहा जाता है। सिस्टम सॉफ्टवेयर में, प्रोसेस एक कंप्यूटर प्रोग्राम का उदाहरण है जिसे एक या कई थ्रेड्स द्वारा एक्सीक्यूट किया जाता है। इसमें प्रोग्राम कोड और इसकी गतिविधि शामिल है। ऑपरेटिंग सिस्टम (OS) के आधार पर, एक प्रोसेस एक्सीक्यूशन के कई थ्रेड्स से बनी हो सकती है जो निर्देशों को समवर्ती रूप से एक्सीक्यूट करते हैं।

अतः विकल्प (B) सही है।

94. एक डिस्क ऑपरेटिंग सिस्टम (डॉस) एक कंप्यूटर ऑपरेटिंग सिस्टम है जो डिस्क स्टोरेज डिवाइस पर रहता है और इसका उपयोग कर सकता है, जैसे फ्लॉपी डिस्क, हार्ड डिस्क ड्राइव या ऑप्टिकल डिस्क। एक डिस्क ऑपरेटिंग सिस्टम को स्टोरेज डिस्क पर फाइलों को व्यवस्थित करने, पढ़ने और लिखने के लिए एक फाइल सिस्टम प्रदान करना चाहिए।

अतः विकल्प (B) सही है।

95. एड्रेस बाइंडिंग प्रोग्राम के लॉजिकल या वर्चुअल एड्रेस को संबंधित फिजिकल या मेन मेमोरी एड्रेस पर मैप करने की प्रक्रिया है। दूसरे शब्दों में, किसी दिए गए लॉजिकल एड्रेस को एमएमयू (मेमोरी मैनेजमेंट यूनिट) द्वारा फिजिकल एड्रेस पर मैप किया जाता है।

अतः विकल्प (D) सही है।

96. सिस्टम सॉफ़्टवेयर एक प्रकार का कंप्यूटर प्रोग्राम है जिसे कंप्यूटर पर हार्डवेयर और सॉफ़्टवेयर प्रोग्राम चलाने के लिए डिज़ाइन किया गया है। कुछ परिभाषाओं के अनुसार, सिस्टम सॉफ़्टवेयर में सिस्टम यूटिलिटीज, सिस्टम रिस्टोर, डेवलपमेंट टूल्स, कंपाइलर, ऑपरेटिंग सिस्टम और डिबगर्स भी शामिल हैं।

अतः विकल्प (D) सही है।

97. एक मल्टीटास्किंग सिस्टम में, एक कंप्यूटर यूजर इंटरएक्टिविटी बढ़ाने के लिए उन्हें आगे और पीछे स्विच करके एक साथ कई प्रोग्राम निष्पादित करता है। यह उपयोगकर्ता को एक समय में एक से अधिक प्रोग्राम चलाने की अनुमति देता है।

अतः विकल्प (B) सही है।

98. मेमोरी एड्रेस के लिए निर्देशों और डेटा का एड्रेस बाइंडिंग तीन चरणों में हो सकता है:

- कम्पाइल टाइम: यदि मेमोरी लोकेशन को एक प्रायोरिटी एड्रेस होती है, तो एब्सोल्यूट कोड जेनरेट किया जा सकता है; यदि स्थान परिवर्तन प्रारंभ हो रहा है तो कोड को पुन: संकलित करना होगा।

- लोड टाइम: यदि कम्पाइल टाइम पर मेमोरी लोकेशन ज्ञात नहीं है, तो स्थानांतरित करने योग्य कोड उत्पन्न करना चाहिए।

- एक्जीक्यूशन टाइम: किसी दिए गए टास्क के एक्जीक्युशन टाइम या सीपीयू टाइम को उस टास्क को एक्जीक्यूट करने वाले सिस्टम द्वारा लिए गए टाइम के रूप में डिफाइन किया जाता है, जिसमें रन-टाइम या सिस्टम सर्विस को एक्जीक्यूट करने में लगने वाला टाइम शामिल है।

अतः विकल्प (D) सही है।

99. लिंकर को सभी बाहरी प्रतीकों और स्थानांतरण संरचना (स्थानांतरण सूची या मानचित्र) का विवरण ट्रांसलेटर के द्वारा प्रदान किया जाता है। हाई-लेवल लैंग्वेज में लिखे गए किसी भी प्रोग्राम को सोर्स कोड के रूप में जाना जाता है। हालाँकि, कंप्यूटर सोर्स कोड को नहीं समझ सकते हैं। इसे चलाने से पहले, सोर्स कोड को पहले उस रूप में ट्रांसलेटर किया जाना चाहिए जिसे कंप्यूटर समझता है - इस फॉर्म को ऑब्जेक्ट कोड कहा जाता है।

अतः विकल्प (B) सही है।

100. सॉफ्टवेयर रिक्वायरमेन्ट्स स्पेसिफिकेशन (एसआरएस) डॉक्यूमेंट के पार्ट हैं। सॉफ्टवेयर रिक्वायरमेन्ट स्पेसिफिकेशन (एसआरएस), विकसित किए जाने वाले सिस्टम के व्यवहार का कम्पलीट विवरण है, और इसमें उपयोग के केस का एक सेट शामिल हो सकता है जो यूजर के सॉफ्टवेयर के साथ होने वाले इंटरैक्शन का वर्णन करता है।

अतः विकल्प (B) सही है।

101. सॉफ्टवेयर बग और फेलियर का कारण सॉफ्टवेयर डेवलपर्स और सॉफ्टवेयर कम्पनीज हैं।

सॉफ्टवेयर कंपनियां नीतियां बनाने और सॉफ्टवेयर डेवलपमेन्ट के लिए काम करने का एनवायरमेन्ट प्रोवाइड करने के लिए जिम्मेदार होती हैं, इसलिए ये कंपनियां सॉफ्टवेयर डेवलपमेन्ट प्रोसेस का हिस्सा बन जाती हैं। डेवलपर्स की ओर से बग कोई नई बात नहीं है, प्रोग्राम में थोड़ी सी भी गलती होने पर बग उत्पन्न हो जाता है।

अतः विकल्प (D) सही है।

102. सभी नॉन -फंक्शनल रिक्वायरमेन्ट हैं जो सिस्टम की क्वालिटी, सिक्योरिटी, रेलिएबिलिटी, परफॉरमेंस, मैनटैंबिलिटी, स्कालिबिलिटी और यूज़िबिलिटी को रिप्रेजेंट करती हैं। फंक्शनल रिक्वायरमेन्ट बताती हैं कि सॉफ्टवेयर को क्या करना है। यहां मोस्ट कॉमन फंक्शनल रिक्वायरमेन्ट इस प्रकार हैं:

- ट्रांसक्शन हैंडलिंग
- बिज़नेस रूल्स
- सर्टिफिकेशन रिक्वायरमेन्ट
- रिपोर्टिंग रिक्वायरमेन्ट
- एडमिनिस्ट्रेटिव फंक्शन
- ऑथोराइज़ेशन लेवल्स
- ऑडिट ट्रैकिंग
- एक्सटर्नल इंटरफेस
- हिस्टोरिकल डाटा मैनेजमेंट
- लीगल एंड रेगुलेटरी रिक्वायरमेन्ट

अतः विकल्प (D) सही है।

103. मॉडल सेलेक्शन रिक्वायरमेंट्स, डेवलपर्स की एक टीम, यूजर के साथ-साथ एक प्रोजेक्ट को डेवलप करने में असोसिएटेड रिस्क पर बेस्ड है। मॉडल सेलेक्शन डेटा दिए गए कैंडिडेट मॉडल के एक सेट से एक स्टैटिकल मॉडल सिलेक्शन का कार्य है। सिम्प्लेस्ट केस में, डेटा के ऑलरेडी एक्सिस्टिंग सेट पर कंसीडर किया जाता है।

अतः विकल्प (D) सही है।

104. यूएमएल के डिफ्रेंट नोटेशन में नौ यूएमएल डायग्राम इंक्लूड होते हैं, जो क्लास, ऑब्जेक्ट, सीक्वेंस, कोलैबोरेशन, एक्टिविटी, स्टेट-चार्ट, कॉम्पोनेन्ट, डिप्लॉयमेंट और यूज़ केस डायग्राम हैं।

1. **क्लास डायग्राम** में क्लास, इंटरफेस, एसोसिएशन और कोलैबोरेशन शामिल हैं। क्लास डायग्राम मूल रूप से एक सिस्टम के ऑब्जेक्ट-ओरिएंटेड व्यू को रिप्रेजेंट करते हैं, जो नेचर में स्टैटिक है।

2. **ऑब्जेक्ट डायग्राम** को क्लास डायग्राम के उदाहरण के रूप में डिस्क्राइब किया जा सकता है। इस प्रकार, ये डायग्राम रियल लाइफ सिनारियस के अधिक करीब हैं जहां हम एक सिस्टम इम्प्लीमेंट करते हैं।

3. **एक सीक्वेंस डायग्राम** एक इंटरेक्शन डायग्राम है। नाम से यह क्लियर है कि डायग्राम कुछ सीक्वेंस से संबंधित है जो एक ऑब्जेट से दूसरी ऑब्जेट में आने वाले मैसेज का सीक्वेंस है।

4. **कोलैबोरेशन डायग्राम**, इंटरेक्शन डायग्राम का दूसरा रूप है। यह एक सिस्टम के स्ट्रक्चरल आर्गेनाइजेशन और सेंड/रिसीवड किए गए मैसेज को रिप्रेजेंट करता है। स्ट्रक्चरल आर्गेनाइजेशन में ऑब्जेक्ट और लिंक्स होते हैं।

5. **एक्टिविटी डायग्राम** एक सिस्टम में कंट्रोल के फ्लो को डिस्क्राइब करता है। इसमें एक्टिविटीज और लिंक्स शामिल। फ्लो सेक्वेंशियल, कंकर्रेंट या ब्रांचेड हो सकता है।

6. **स्टेट-चार्ट डायग्राम** का उपयोग किसी सिस्टम के इवेंट ड्रिवेन स्टेट चेंज को रिप्रेजेंट करने के लिए किया जाता है। यह मूल रूप से एक क्लास, इंटरफेस आदि के स्टेट को डिस्क्राइब करता है।

7. **कॉम्पोनेन्ट डायग्राम** कंपोनेंट्स और उनके रिलेशनशिप्स के एक सेट को रिप्रेजेंट करते हैं। इन कंपोनेंट्स में क्लासेज, इंटरफेस या एसोसिएशन शामिल हैं। कॉम्पोनेन्ट डायग्राम एक सिस्टम के इम्प्लीमेंटेशन व्यू को रिप्रेजेंट करते हैं।

8. **डिप्लॉयमेंट डायग्राम** नोड्स और उनके रिलेशनशिप्स का एक सेट है। ये नोड फिजिकल बॉडीज हैं जहां कंपोनेंट्स को डेप्लॉय किया जाता है।

9. **यूज केस डायग्राम** केस एक्टर्स और उनके रिलेशनशिप्स का एक सेट है। वे एक सिस्टम के उपयोग में केस व्यू को रिप्रेजेंट करते हैं।

अतः विकल्प (D) सही है।

105. एक एक्सक्यूशन सिस्टम के डायनामिक बिहेवियर का वर्णन करने के लिए बिहेवियर मॉडल का उपयोग किया जाता है। इसे सिस्टम द्वारा प्रोसेस्ड किए गए डेटा के पर्सपेक्टिव से या सिस्टम से प्रोसेस्ड को स्टिमुलेट करने वाली इवेंट से बनाया जा सकता है। बिहेवियर मॉडल स्पेशली रूप से हमें बिहेवियर और एक सिस्टम के बिहेवियर को प्रभावित करने वाले फैक्टर्स को समझने के लिए डिज़ाइन किया गया है।

अतः विकल्प (B) सही है।

106. स्ट्रक्चरल मॉडल एक सिस्टम के आर्गेनाइजेशन और आर्किटेक्चर को दर्शाते हैं। इनका उपयोग एक सिस्टम और उनके एसोसिएशन में क्लासेज की स्टैटिक स्ट्रक्चर को डिफाइन करने के लिए किया जाता है। एक स्ट्रक्चरल मॉडल एक बड़े सॉफ्टवेयर सिस्टम या सिस्टम के फैमिली के लिए एक आर्किटेक्चरल मैप है। एक डोमेन में प्रयुक्त स्ट्रक्चरल मॉडल मैन्टैनबिलिटी और परफॉरमेंस, क्वालिटी और एफिशिएंसी के बीच ट्रेड-ऑफ के लिए कन्वर्जेन्स के प्वाइंट का रिप्रेजेंट करता है।

अतः विकल्प (D) सही है।

107. एक सिस्टम और उनके एसोसिएशन में क्लासेज की स्टैटिक स्ट्रक्चर को डिफाइन करने के लिए स्ट्रक्चरल पर्सपेक्टिव का उपयोग किया जाता है। सॉफ्टवेयर का एक स्ट्रक्चरल पर्सपेक्टिव उस सिस्टम और उनके रिलेशनशिप्स को बनाने वाले कंपोनेंट्स के टर्म्स में एक सिस्टम के आर्गेनाइजेशन को प्रदर्शित करता है।

अतः विकल्प (A) सही है।

108. यूएमएल स्टेट चार्ट डायग्राम्स का उपयोग करके इवेंट-बेस्ड मॉडलिंग का सपोर्ट करता है। स्टेट चार्ट डायग्राम्स का उपयोग उसके लाइफ साइकिल में वेरियस ऑब्जेक्ट की स्टेट्स का वर्णन करने के लिए किया जाता है। कुछ इंटरनल या एक्सटर्नल इवेंट के स्टेट चेंज पर जोर दिया जाता है। ऑब्जेक्ट का ये स्टेट्स उनका एक्यूरेट एनालिसिस और इम्प्लीमेंट करने के लिए महत्वपूर्ण हैं।

अतः विकल्प (C) सही है।

109. जनरलाइजेशन हमें यह अनुमान लगाने की अनुमति देता है कि क्लासेज के डिफ्रेंट मेंबर्स में कुछ कॉमन करक्टेरिस्टिक्स होती हैं। जनरलाइजेशन एक

एवरीडे की तकनीक है जिसका उपयोग हम कम्प्लेक्सिटी को मैनेज करने के लिए करते हैं। इसका मतलब है कि कॉमन इंफॉर्मेशन एक ही स्थान पर रखी जाएगी। जनरलाइजेशन दो या दो से अधिक सबक्लासेस से एसेंशियल करक्टेरिस्टिक्स (इनमें ऐट्रिब्यूट्स, प्रॉपर्टीज और मेथड्स शामिल हैं) निकालने की तकनीक के रूप में डिफाइन करता है और फिर उन्हें एक जनरलाइजेशन बेस क्लास (जिसे सुपरक्लास भी कहा जाता है) के इनसाइड कंबाइंड करता है।

अतः विकल्प (C) सही है।

110. एक डबल लिंक्ड लिस्ट में दो पॉइंटर्स 'लेफ्ट' और 'राइट' होते हैं जो इसे किसी भी दिशा में ट्रैवर्स करने में सक्षम बनाते हैं। सिंगल लिंक्ड लिस्ट की तुलना में जिसमें केवल 'नेक्स्ट' पॉइंटर होता है, डबल लिंक्ड लिस्ट को इस अतिरिक्त पॉइंटर को स्टोर करने के लिए अतिरिक्त स्थान की आवश्यकता होती है। प्रत्येक इंसर्शन और डिलीशन के लिए दो बिंदुओं में मैनिपुलेशन की आवश्यकता होती है, इसलिए इसमें थोड़ा अधिक समय लगता है। डबल लिंक्ड लिस्ट को इम्प्लीमेंट करने में नोड्स को सही करने के लिए लेफ्ट और राइट दोनों पॉइंटर्स सेट करना शामिल है और सिंगल लिंक्ड लिस्ट की तुलना में अधिक समय लगता है।

अतः विकल्प (D) सही है।

111. मेमोरी में स्पेस एलोकेशन के लिए आटोमेटिक वेरिएबल 'स्टैक' डेटा स्ट्रक्चर का उपयोग करते हैं।

कंप्यूटर की मेमोरी के प्रोग्राम को थ्री सेगमेंट में चलाने के लिए व्यवस्थित किया जाता है: टेक्स्ट सेगमेंट, स्टैक सेगमेंट, हीप सेगमेंट।

स्टैक और हीप वह जगह है जहाँ डेटा स्टोरेज के लिए स्टोरेज अलोकेट किया जाता है। स्टैक वह जगह है जहां फंक्शन्स के भीतर आटोमेटिक वेरिएबल के लिए मेमोरी अलोकेट की जाती है।

अतः विकल्प (A) सही है।

112. बाइनरी सर्च ट्री में दिए गए n एलिमेंट्स को सर्च करने के लिए आवश्यक समय θ(log n) है।

कांसेप्ट:

बाइनरी सर्च ट्री में, किसी दिए गए एलिमेंट की खोज बीएसटी की ऊंचाई पर निर्भर करती है।

स्पष्टीकरण:

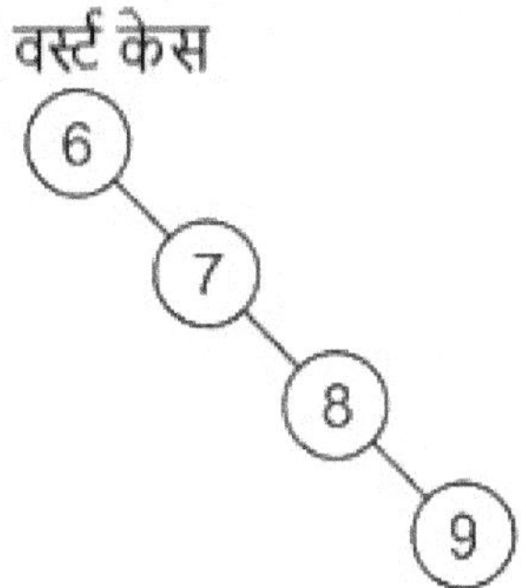

वर्स्ट केस में बीएसटी की ऊंचाई: O (n)

बेस्ट केस

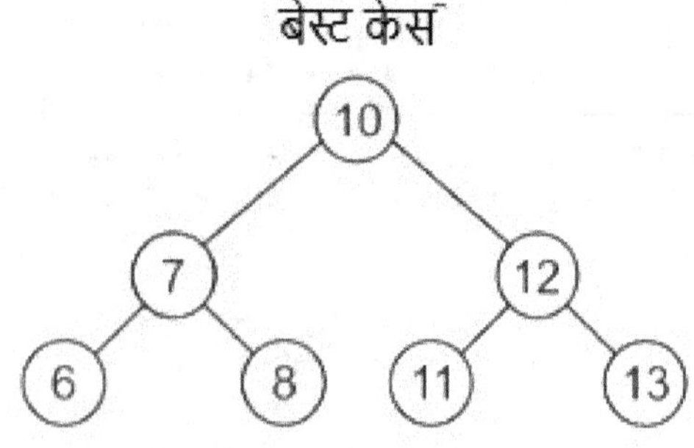

बेस्ट केस में बीएसटी की ऊंचाई: Ω (log n)

एवरेज केस में बीएसटी की ऊंचाई: Θ (log n)

अतः विकल्प (A) सही है।

113. आम तौर पर, राउंड रॉबिन फैशन को रिसोर्सेस को सीपीयू टाइम एलोकेट करने के लिए नियोजित किया जाता है जो सर्कुलर लिंक्ड लिस्ट डेटा स्ट्रक्चर का उपयोग करता है। रिकर्सिव फ़ंक्शन कॉल्स स्टैक डेटा स्ट्रक्चर का उपयोग करते हैं। टेक्स्ट एडिटर में अनडू ऑपरेशन डबल लिंक्ड लिस्ट का उपयोग करता है। हैश टेबल सिंगल लिंक्ड लिस्ट का उपयोग करता है।

अतः विकल्प (C) सही है।

114. एक ऐरे एलिमेंट्स को समान प्रकार की मेमोरी के कांटिगस ब्लॉक में स्टोर करता है। इसलिए, हम कह सकते हैं कि ऐरे एक कंटेनर है जो समान प्रकार के एलिमेंट्स को स्टोर करता है। ऐरे सिम्प्लेस्ट डेटा स्ट्रक्चर है जहां प्रत्येक डेटा एलिमेंट को उसके इंडेक्स नंबर का उपयोग करके रैंडम तरीके से एक्सेस किया जा सकता है। C प्रोग्रामिंग लैंग्वेज में ऐरे डिराइव्ड डेटा टाइप हैं जो प्रिमिटिव टाइप के डेटा जैसे इंट, कैर, डबल, फ्लोट इत्यादि को स्टोर कर सकते हैं।

अतः विकल्प (C) सही है।

115. AVL ट्री में नोड्स की न्यूनतम संख्या की गणना निम्नानुसार की जा सकती है:

हाइट h के नोड्स की न्यूनतम संख्या, N(h) = N(h-1) + N(h-2) + 1

यहां, रूट नोड को शामिल करने के लिए 1 जोड़ा गया है।

N(0) = 1,

N(1) = 2,

N(2) = N(1) + N(0) + 1 = 2 + 1 + 1 = 4,

N(3) = N(2) + N(1) + 1 = 4 + 2 + 1 = 7,

N(4) = N(3) + N(2) + 1 = 7 + 4 + 1 = 12,

N(5) = N(4) + N(3) + 1 = 12 + 7 + 1 = 20.

अतः विकल्प (A) सही है।

116. AVL ट्री में नोड्स की न्यूनतम संख्या की गणना निम्नानुसार की जा सकती है:

हाइट h के नोड्स की न्यूनतम संख्या, N(h) = N(h-1) + N(h-2) + 1

जहां, N(0) = 1 और N(1) = 2

तो,

N(2) = N(1) + N(0) + 1 = 2 + 1 + 1 = 4,

N(3) = N(2) + N(1) + 1 = 4 + 2 + 1 = 7,

N(4) = N(3) + N(2) + 1 = 7 + 4 + 1 = 12,

N(5) = N(4) + N(3) + 1 = 12 + 7 + 1 = 20.

इसलिए, हाइट 5 वाले AVL ट्री के न्यूनतम नोड्स की संख्या ज्ञात करने के लिए N(2), N(3) और N(4) का मान ज्ञात करना होगा। तो, 3 नोड्स के मान ज्ञात करने होंगे।

अतः विकल्प (B) सही है।

117. एक पूर्ण बाइनरी ट्री एक ऐसा ट्री है जिसमें सभी आंतरिक नोड्स में दो लीफ्स होते हैं और सभी लीफ्स की डेप्थ या लेवल समान होता है। इस ट्री में प्रत्येक लेवल में अधिकतम संख्या में नोड्स होते हैं, अर्थात प्रत्येक लेवल पूरी तरह से नोड्स से भरा होता है।

एक पूर्ण बाइनरी ट्री में नोड्स की संख्या $= 2^{h+1} - 1$

प्रश्न के अनुसार, हमें अकेले दायां सब-ट्री में नोड्स की संख्या ज्ञात करने की आवश्यकता है। साथ ही, दायां सब-ट्री मूल ट्री से कम ऊंचाई पर है। तो, नोड्स की संख्या $= 2^h - 1$.

एक पूर्ण बाइनरी ट्री के लिए, नोड्स की न्यूनतम और अधिकतम संख्या $2^{h+1} - 1$ होगी। इसलिए, केवल दायां सब-ट्री के लिए, वे $2^h - 1$ हैं।

अतः विकल्प (B) सही है।

118. एक ट्री की हाइट उसमें सबसे लंबे रूट-टू-लीफ पाथ की लंबाई है। हाइट 5 के बाइनरी ट्री में नोड्स की अधिकतम और न्यूनतम संख्या क्रमशः 63 और 6 हैं।

हाइट से नोड्स की न्यूनतम और अधिकतम संख्या की गणना करना:

यदि बाइनरी सर्च ट्री की हाइट h है, तो नोड्स की न्यूनतम संख्या h+1 है।

यदि बाइनरी सर्च ट्री की हाइट h है, तो नोड्स की अधिकतम संख्या तब होगी जब सभी लेवल्स पूरी तरह से भरे हुए हों। नोड्स की कुल संख्या = 2^(h+1) - 1 होगी।

अब,

नोड्स की अधिकतम संख्या = 2^(h+1) -1 = 26-1 = 63

नोड्स की न्यूनतम संख्या = h+1 = 5+1 = 6

इसलिए, हाइट 5 के बाइनरी ट्री में नोड्स की अधिकतम और न्यूनतम संख्या क्रमशः 63 और 6 है।

अतः विकल्प (A) सही है।

119. डेप्थ फर्स्ट सर्च:

डेप्थ फर्स्ट सर्च एल्गोरिथम का उपयोग ग्राफ के शीर्षों को पार करने के लिए किया जाता है। यह बैक ट्रैकिंग की अवधारणा का उपयोग करता है। डेप्थ फर्स्ट सर्च के कार्यान्वयन के लिए डेटा स्ट्रक्टर का उपयोग करती है जिसे स्टैक के रूप में जाना जाता है।

डेप्थ फर्स्ट सर्च का अनुप्रयोग:

1) इसका उपयोग दृढ़ता से जुड़े कंपोनेंट्स को सर्च के लिए किया जाता है।

2) यह टोपोलॉजिकल सॉर्टिंग में मदद करता है।

3) एक ग्राफ की बाइपर्टिटनेस की जाँच करने के लिए।

4) यह एक ग्राफ में साइकल्स का पता लगाने में मदद करता है।

5) एक ग्राफ में आर्टिकुलेशन पॉइंट सर्च के लिए।

उदाहरण:

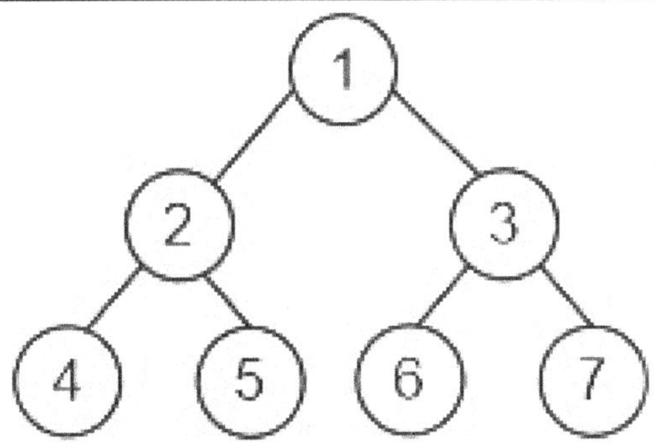

इसके लिए डीएफएस ट्रैवर्सल: 1 2 4 5 3 6 7

अतः विकल्प (C) सही है।

120. पेज फॉल्ट तब होता है जब कोई प्रोग्राम किसी ऐसे पेज को एक्सेस करता है जो मेन मेमोरी में मौजूद नहीं है।

यदि संदर्भित पृष्ठ मुख्य मेमोरी में मौजूद नहीं है, तो एक चूक होगी, और अवधारणा को पेज मिस या पेज फॉल्ट कहा जाता है। सीपीयू को सेकेंडरी मेमोरी से छूटे हुए पेज को एक्सेस करना होता है। यदि पेज फॉल्ट की संख्या बहुत अधिक है, तो सिस्टम का प्रभावी एक्सेस टाइम बहुत अधिक हो जाएगा।

अतः विकल्प (D) सही है।

121. समुच्चय a का एप्सिलॉन क्लोजर वह समुच्चय है जिसमें a शामिल है, सभी स्टेट के साथ जो केवल एप्सिलॉन ट्रांसिशन्स का पालन करके a से शुरू होकर पहुंचा जा सकता है। इसलिए, समुच्चय a का एप्सिलॉन क्लोजर {a, f1, f2, f3} होगा।

अतः विकल्प (B) सही है।

122. चौगुना निरूपण थ्री-एड्रेस कोड प्रतिनिधित्व है। इसमें प्रत्येक निर्देश को चार क्षेत्रों में बाँट दिया जाता है जो ऑपरेटर, आर्गुमेंट 1, आर्गुमेंट 2 और रिजल्ट हैं।

अब,

व्यंजक: (i*j)+(e+f)*(a*b+c)

T1 = (i * j)

T2 = (e + f)

T3 = (a * b)

T4 = T3 + c

T5 = T2 * T4

T6 = T1 + T5

टेबल फॉर्म:

	ऑपरेटर	आर्गुमेंट 1	आर्गुमेंट 2	रिजल्ट
1	*	i	j	T1
2	+	e	f	T2
3	*	a	b	T3
4	+	T3	c	T4
5	+	T1	T2	T5
6	*	T5	T4	T6

तो, कुल 6 ऑपरेशन की आवश्यकता है।

अतः विकल्प (B) सही है।

123. उल्लिखित सभी के क्लोजर प्रॉपर्टीज हैं और यदि यह निम्नलिखित विकल्पों को पूरा करता है तो सभी एलिमेंट्स इसके अंदर आएंगे:

(A) S का प्रत्येक एलिमेंट ϵ Q

(B) किसी भी q ϵ ε(S) के लिए, δ (q, ε) का प्रत्येक एलिमेंट ε(S) में है

(C) ε(S) में कोई अन्य एलिमेंट नहीं है।

अतः विकल्प (D) सही है।

124. ऑटोमेटन जो किसी भी इनपुट सिम्बल्स का उपभोग किए बिना एक नए स्टेट में परिवर्तन की अनुमति देता है वह NFA-I है। NFA-I या e-NFA नॉन-डेटर्मीनिस्टिक्सफाइनाइट ऑटोमेटा का एक विस्तार है जिसे आमतौर पर एप्सिलॉन मूव्स या लैम्ब्डा ट्रांजीशन के साथ NFA कहा जाता है।

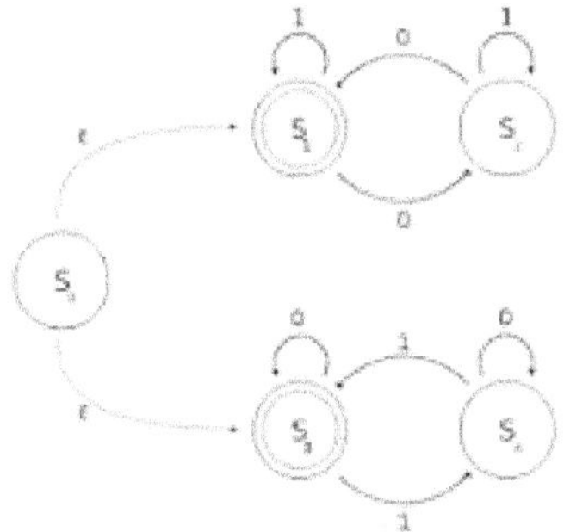

ε-मूव्स (NFA-ε) के साथ नॉन-डेटर्मीनिस्टिक फाइनाइट ऑटोमेटन NFA के लिए एक और जनरलाइजेशन है। यह ऑटोमेटन ट्रांजिशन फ़ंक्शन को एक से बदल देता है जो खाली स्ट्रिंग को संभावित इनपुट के रूप में अनुमति देता है। बिना इनपुट सिंबल का उपयोग किए हुए ट्रांजिशन को ε-ट्रांज़िशन कहा जाता है।

अतः विकल्प (C) सही है।

125. एप्सिलॉन नॉन डेटर्मिनिस्टिक्स ऑटोमेटा द्वारा मान्यता प्राप्त लैंग्वेज निम्नलिखित ऑपरेटर के तहत क्लोज हैं:

a) यूनियन

b) इंटरसेक्शन

c) कॉन्कटेनेशन

d) नेगशन

e) स्टार

f) क्लेन क्लोजर

अतः विकल्प (B) सही है।

126. लिंकर कंपाइलर में एक प्रोग्राम है जो लोड मॉड्यूल बनाने के लिए आवश्यक है। लिंकर्स को ट्रांज़िशन या डिस्कोर्स मार्कर भी कहा जाता है। वे हमारे थॉट को स्पष्ट रूप से स्थापित करने में हमारी सहायता करते हैं। लिंकर्स हमारे लिए कंट्रास्ट की तुलना करना आसान बनाते हैं, हमारे थॉट को परिभाषित और समराइज़ करते हैं, और कोहेरेंट पैराग्राफ विकसित करते हैं।

अतः विकल्प (B) सही है।

127. पार्सर को मुख्य रूप से दो प्रकारों में वर्गीकृत किया जाता है: टॉप-डाउन पार्सर और बॉटम-अप पार्सर।

टॉप-डाउन पार्सिंग: इसमें टॉप-डाउन एक्सपेंशन का उपयोग करके एक इनपुट स्ट्रीम के सबसे लेफ्ट-मोस्ट डेरिवेशन को खोजने के लिए एक पार्स ट्री की खोजता है। पार्सिंग स्टार्टिंग सिंबल से शुरू होता है जो तब तक इनपुट सिंबल में बदल जाता है जब तक कि सभी सिम्बल्स का ट्रांसलेट नहीं किया जाता है और इनपुट स्ट्रिंग के लिए एक पार्स ट्री का निर्माण नहीं किया जाता है। उदाहरण में एलएल पार्सर्स और रिकर्सिव-डिसेंट पार्सर्स शामिल हैं। टॉप-डाउन पार्सिंग को प्रेडिक्टिव पार्सिंग या रिकर्सिव पार्सिंग भी कहा जाता है।

बॉटम-अप पार्सिंग: इसमें इनपुट को वापस स्टार्ट सिंबल पर रिराइट किया जाता है। यह एक स्ट्रिंग के राइट-मोस्ट डेरिवेशन को ट्रेस करके रिवर्स में कार्य करता है जब तक कि पार्स ट्री का निर्माण स्टार्ट सिंबल तक नहीं किया जाता है। इस प्रकार के पार्सिंग को शिफ्ट-रिड्यूस पार्सिंग के रूप में भी जाना जाता है। इसका उदाहरण एलआर पार्सर है।

अतः विकल्प (C) सही है।

128. टॉप-डाउन पार्सिंग एक ऐसी तकनीक है जो पार्स ट्री को स्टार्ट सिंबल से बनाती है और इसे इनपुट सिंबल में बदल देती है। यह टॉप-डाउन एक्सपेंशन का उपयोग करके एक इनपुट स्ट्रीम के सबसे लेफ्ट-मोस्ट डेरिवेशन को खोजने के लिए एक पार्स ट्री की खोजता है। टॉप-डाउन पार्सिंग को प्रेडिक्टिव या रिकर्सिव पार्सिंग भी कहा जाता है।

अतः विकल्प (B) सही है।

129. टॉप-डाउन पार्सिंग को दिए गए फॉर्मेट ग्रामर रूल्स के टॉप-डाउन विस्तार का उपयोग करके पार्स-ट्री की सर्चिंग करके इनपुट-स्ट्रीम के लेफ्ट-मोस्ट डेरिवेशन सर्च के प्रयास के रूप में देखा जा सकता है। इंक्लूसिव ऑप्शन का उपयोग ग्रामर रूल्स के सभी रूल्स राइट हैंड साइड का विस्तार करके एम्बिग्यूटी को समायोजित करने के लिए किया जाता है।

अतः विकल्प (D) सही है।

130. बॉटम-अप पार्सर राइट-मोस्ट डेरिवेशन रिवर्स में जनरेट करता है। बॉटम-अप पार्सिंग में, पार्सिंग इनपुट सिंबल से शुरू होती है और स्ट्रिंग के राइट-मोस्ट डेरिवेशन को रिवर्स में ट्रेस करके स्टार्ट सिंबल तक पार्स ट्री का निर्माण करती है। बॉटम-अप पार्सिंग को शिफ्ट-रिड्यूस पार्सिंग के रूप में भी जाना जाता है।

अतः विकल्प (A) सही है।

131. एक ट्रांसमिशन मीडियम जो एक कंडक्टर या अन्य वेव गाइड के भीतर सिग्नल को बांधता है (यानी, सिग्नल को भीतर रहने के लिए विवश करता है)। बाँडेड मीडियम के उदाहरण कोएक्सिअल केबल, वेव गाइड और फाइबर ऑप्टिक केबल हैं।

एक मीडियम का एक उदाहरण समाचार पत्रों, टेलीविजन, पत्रिकाओं, रेडियो और इंटरनेट के संयुक्त मीडिया रूप से एक समाचार पत्र है।

अतः विकल्प (D) सही है।

132. कोएक्सिअल केबल में एक कॉमन एक्सिस के साथ कंडक्टर होते हैं। कोएक्सिअल केबल एक प्रकार की केबल होती है जिसमें एक आंतरिक कंडक्टर होता है जो एक इन्सुलेट परत से घिरा होता है, जो एक कंडक्टिव शील्ड से घिरा होता है। एक कोएक्सिअल केबल में दो कंडक्टर होते हैं जो एक ढांकता हुआ सामग्री से अलग होते हैं। सेंटर कंडक्टर और आउटर कंडक्टर, या शील्ड, इस तरह से कॉन्फ़िगर किए गए हैं कि वे एक सामान्य एक्सिस(इसलिए को-एक्सियल) के साथ संकेंद्रित सिलेंडर बनाते हैं।

अतः विकल्प (A) सही है।

133. एक उपग्रह रेडियो बीम के कवरेज के क्षेत्र को उसके फुटप्रिंट कहा जाता है। एक संचार उपग्रह का फुटप्रिंट वह भू-क्षेत्र होता है जो उसके ट्रांसपोंडर कवरेज प्रदान करता है, और प्रत्येक ट्रांसपोंडर के सिग्नल को प्राप्त करने के लिए आवश्यक उपग्रह डिश व्यास को निर्धारित करता है। प्रत्येक ट्रांसपोंडर (या ट्रांसपोंडर के समूह) के लिए आमतौर पर एक अलग नक्शा होता है, क्योंकि प्रत्येक का उद्देश्य विभिन्न क्षेत्रों को कवर करना हो सकता है।

अतः विकल्प (C) सही है।

134. प्रतीक प्रणाली में अनिश्चितता की मात्रा को एन्ट्रापी कहा जाता है। एक रैंडम वेरिएबल की एन्ट्रापी वेरिएबल के संभावित परिणामों में निहित "सूचना", "आश्चर्य", या "अनिश्चितता" का औसत स्तर है। क्लाउड शैनन ने अपने 1948 के पेपर "ए मैथमैटिकल थ्योरी ऑफ कम्युनिकेशन" में सूचना एन्ट्रापी की अवधारणा पेश की थी, और कभी-कभी उनके सम्मान में शैनन एन्ट्रापी कहा जाता है।

अतः विकल्प (B) सही है।

135. बफरिंग डिवाइस की गति में छोटे बदलावों की अनुमति देने के लिए डेटा को अस्थायी रूप से संग्रहीत करने की प्रक्रिया। बफरिंग में, चाहे संचार प्रत्यक्ष हो या अप्रत्यक्ष, संचार प्रक्रियाओं द्वारा आदान-प्रदान किए गए संदेश एक अस्थायी कतार में रहते हैं।

बफरिंग के प्रकार:

- **शून्य क्षमता** - यह कतार किसी भी संदेश को प्रतीक्षा में नहीं रख सकती है। इस प्रकार इसकी अधिकतम लंबाई 0 है। इसके लिए, एक भेजने की प्रक्रिया को तब तक अवरुद्ध किया जाना चाहिए जब तक कि प्राप्त करने की प्रक्रिया संदेश प्राप्त न कर ले। इसे नो बफरिंग के रूप में भी जाना जाता है।

- **सीमित क्षमता** - इस कतार की परिमित लंबाई n है। इस प्रकार इसमें n संदेश प्रतीक्षा कर सकते हैं। यदि कतार पूर्ण नहीं है, तो एक नया संदेश कतार में रखा जा सकता है, और भेजने की प्रक्रिया अवरुद्ध नहीं है। इसे स्वचालित बफरिंग के रूप में भी जाना जाता है।

- **असीमित क्षमता** - इस कतार की लंबाई अनंत है। इस प्रकार इसमें कितने भी संदेश प्रतीक्षा कर सकते हैं। ऐसे सिस्टम में भेजने की प्रक्रिया कभी भी ब्लॉक नहीं होती है।

अतः विकल्प (A) सही है।

136. जटिल नेटवर्क आज सैकड़ों और कभी-कभी हजारों घटकों से बने होते हैं। इन हजारों घटकों के प्रभावी कामकाज के लिए अच्छा नेटवर्क प्रबंधन आवश्यक है। कंप्यूटर नेटवर्क घटक प्रमुख भाग हैं जिनकी आवश्यकता सॉफ़्टवेयर को स्थापित करने के लिए होती है। कुछ महत्वपूर्ण नेटवर्क घटक एनआईसी, स्विच, केबल, हब, राउटर और मॉडेम हैं।

अतः विकल्प (B) सही है।

137. एडवांस्ड रिसर्च प्रोजेक्ट्स एजेंसी नेटवर्क (ARPANET) एक प्रारंभिक पैकेट-स्विचिंग नेटवर्क और प्रोटोकॉल सूट TCP/IP को लागू करने वाला पहला नेटवर्क था। दोनों प्रौद्योगिकियां इंटरनेट की तकनीकी आधार बन गईं। एडवांस्ड रिसर्च प्रोजेक्ट्स एजेंसी नेटवर्क (ARPANET) वितरित नियंत्रण वाला पहला वाइड-एरिया पैकेट-स्विच्ड नेटवर्क था और TCP/IP प्रोटोकॉल सूट को लागू करने वाले पहले नेटवर्क में से एक था। ARPANET की स्थापना संयुक्त राज्य अमेरिका के रक्षा विभाग की उन्नत अनुसंधान परियोजना एजेंसी (ARPA) द्वारा की गई थी।

अतः विकल्प (D) सही है।

138. USB वायरलेस नेटवर्क एडाप्टर एक संचार उपकरण है जो USB पोर्ट में प्लग करता है और आसान कॉन्फ़िगरेशन के लिए एक सहज ज्ञान युक्त ग्राफिकल यूजर इंटरफेस (GUI) प्रदान करता है। यह सुरक्षित वायरलेस संचार के लिए डेटा एन्क्रिप्शन में सहायता करता है और यात्री और नोटबुक उपयोगकर्ता के लिए यह एकदम उपयुक्त है।

अतः विकल्प (A) सही है।

139. कंप्यूटर नेटवर्क में प्रिंटर सबसे सामान्य साझा संसाधन है। कॉम्बो ड्राइव एक प्रकार की ऑप्टिकल ड्राइव है जो CD-R/CD-RW रिकॉर्डिंग क्षमता को डीवीडी मीडिया की पढ़ने की क्षमता (परंतु लिखने की नहीं) से जोड़ती है, कुछ निर्माता इसे CD-RW/DVD-ROM ड्राइव के रूप में संदर्भित करते हैं।

अतः विकल्प (D) सही है।

140. वेबकास्टिंग इंटरनेट पर वीडियो और ऑडियो का संचरण है। वेबकास्टिंग इंटरनेट पर लाइव वीडियो प्रसारण की प्रक्रिया है। यह तकनीक वास्तविक समय में काम करती है और वेबकास्टर और उनके दर्शकों के बीच सक्रिय वार्तालाप की अनुमति देती है।

अतः विकल्प (B) सही है।

141. तकनीक जिसकी जांच आटोमेटिक प्रोग्रामिंग के एप्रोच के रूप में की जा रही है, उदाहरण के लिए स्पेसिफिकेशन है। उदाहरण द्वारा स्पेसिफिकेशन (एसबीई) अब्स्ट्रैक्ट स्टेटमेंट के बजाय यथार्थवादी उदाहरणों का उपयोग करके आवश्यकताओं को कैप्चर करने और चित्रण आवश्यकताओं के आधार पर सॉफ़्टवेयर उत्पादों के लिए आवश्यकताओं और बिज़नेस-ओरिएंटेड फंक्शनल टेस्ट को परिभाषित करने के लिए एक सहयोगी एप्रोच है। डिटेल्ड स्पेसिफिकेशन कॉन्ट्रैक्ट डॉक्यूमेंट का एक पार्ट है।

अतः विकल्प (B) सही है।

142. डेप्थ-फर्स्ट सर्च कम मेमोरी लेती है क्योंकि करंट पाथ पर केवल नोड्स स्टोर होते हैं, लेकिन ब्रेड्थ-फर्स्ट सर्च में, उत्पन्न होने वाले सभी ट्री को स्टोर किया जाना चाहिए। डेप्थ-फर्स्ट सर्च (डीएफएस) ट्री या ग्राफ डेटा स्ट्रक्चर को ट्रेस करने या सर्च के लिए एक एल्गोरिथम है। एल्गोरिथम रूट नोड से शुरू होता है (ग्राफ के केस में रूट नोड के रूप में कुछ रूट नोड का चयन करना) और बैकट्रैकिंग से पहले प्रत्येक ब्रांच के साथ जितना पॉसिबल हो उतना एक्सप्लोरेस करता है।

अतः विकल्प (A) सही है।

143. हम गणितीय तर्क में 'x' को dogs के रूप में लेते हुए और जिसकी tail है, कथन को रिप्रेजेंट करते हैं। हम एक ही ऑब्जेक्ट dogs के लिए दो चर x, y को रिप्रेजेंट नहीं कर सकते हैं जिसकी tail है। प्रतीक "∀" सभी को रिप्रेजेंट करता है।

तो, हम ∀x: dog(x) àhasàtail (x) के रूप में "All dogs have tails" को रिप्रेजेंट करते हैं।

अत: विकल्प (A) सही है।

144. लोग अपने एनवायरमेंट को समझने के लिए जिस प्राथमिक विधि का उपयोग करते हैं, वह है देखना। एआई को देखकर एक उत्पाद चैनल होता है जिसका उपयोग बार कोड पढ़ने के लिए किया जाता है। फ़ोन के कैमरे को इस प्रकार रखें कि वह उत्पाद की ओर हो और फ़ोन या वस्तु को धीरे-धीरे गतिमान करे। जैसे ही आप बार कोड के करीब पहुंचेंगे, ऐप तेजी से बीप बजाएगा। एक बार बार कोड की पहचान हो जाने के बाद, एआई देखकर आइटम का नाम बोलेगा।

अतः विकल्प (D) सही है।

145. क्रे एक्स-एमपी, आईबीएम 3090 और कनेक्शन मशीन को SIMD के रूप में वर्णित किया जा सकता है। आज, अधिकांश कमोडिटी प्रोसेसर हार्डवेयर आर्किटेक्चर पर आधारित होते हैं जिनमें SIMD वेक्टर निर्देश होते हैं। Intel MMX/SSE/VX/AVX-512, IBM Power AltiVec और Cell SPU, और ARM NEON, लूप वेक्टराइजेशन को सक्षम करने वाले इंस्ट्रक्शन सेट के उदाहरण हैं। SIMD का अर्थ "सिंगल इंस्ट्रक्शन मल्टीपल डेटा" है, और आधुनिक उच्च-प्रदर्शन कंप्यूटिंग में पाए जाने वाले समानांतरवाद के कई तरीकों में से एक है।

अतः विकल्प (B) सही है।

146. नियोजन कार्यों के एक क्रम के साथ आने का कार्य है जो एक लक्ष्य को प्राप्त करने में मदद करेगा।

नियोजन एजेंटों के उदाहरण खोज-आधारित समस्या-समाधान एजेंट और तार्किक नियोजन एजेंट हैं।

एक शास्त्रीय नियोजन वातावरण में, केवल उन वातावरणों पर विचार किया जाता है जो पूरी तरह से देखने योग्य, नियतात्मक, स्थिर और असतत हैं।

गैर-शास्त्रीय योजना आंशिक रूप से देखने योग्य और स्टोकेस्टिक वातावरण के लिए है।

इसलिए, मानक नियोजन एल्गोरिदम पर्यावरण को नियतात्मक और पूरी तरह से देखने योग्य दोनों मानते हैं।

अतः विकल्प (A) सही है।

147. एक एजेंट कुछ भी है जिसे सेंसर और एक्ट्यूएटर के माध्यम से पर्यावरण पर विचार करने और कार्य करने के रूप में देखा जा सकता है।

- **सेंसर:** सेंसर एक ऐसा उपकरण है जो पर्यावरण में बदलाव का पता लगाता है और अन्य इलेक्ट्रॉनिक उपकरणों को सूचना भेजता है। एक एजेंट सेंसर के माध्यम से अपने पर्यावरण का निरीक्षण करता है।

- **एक्चुएटर्स:** एक्चुएटर्स मशीनों के घटक हैं जो ऊर्जा को गति में परिवर्तित करते हैं। एक्चुएटर्स केवल एक सिस्टम को हिलाने और नियंत्रित करने के लिए जिम्मेदार होते हैं। एक एक्चुएटर एक इलेक्ट्रिक मोटर, गियर, रेल आदि हो सकता है।

अतः विकल्प (A) सही है।

148. एजेंट के गोयल को प्राप्त करने के लिए एक्शन सीक्वेंस का उपयोग किया जाता है जो सर्च और प्लान है। जब वातावरण अधिक कठिन हो जाता है, तो गोयल को प्राप्त करने के लिए एजेंट को प्लान बनाने और कार्रवाई सीक्वेंस की खोज करने की आवश्यकता होती है। सर्च इंटरमीडिएट स्टेट के माध्यम से संक्रमण द्वारा एक प्रारंभिक अवस्था से एक गोयल स्टेट में नेविगेट करने का प्रोसेस है। लगभग किसी भी AI समस्या को इन शब्दों में परिभाषित किया जा सकता है। प्लान आर्टिफिशियल इंटेलिजेंस (एआई) का एक पुराना सब-एरिया है। नियोजन समग्र प्रदर्शन उपायों को अनुकूलित करते हुए अपने गोयल तक पहुंचने के लिए एक डेक्लेरेटिवली रूप से डिस्क्राइब सिस्टम के लिए कार्रवाई का एक प्रोसीज़रल कोर्स सर्च का कार्य है।

अतः विकल्प (D) सही है।

149. एक एजेंट कुछ भी है जिसे सेंसर और एक्ट्यूएटर के माध्यम से पर्यावरण पर विचार करने और कार्य करने के रूप में देखा जा सकता है। यानी यह सेंसर के माध्यम से अपने पर्यावरण से इनपुट लेता है, ऑपरेशन करता है और एक्चुएटर्स के माध्यम से आउटपुट देता है।

एआई सहायक, जैसे एलेक्सा और सिरी, बुद्धिमान एजेंटों के उदाहरण हैं क्योंकि वे उपयोगकर्ता द्वारा किए गए अनुरोध को समझने के लिए सेंसर का उपयोग करते हैं और उपयोगकर्ता की सहायता के बिना स्वचालित रूप से इंटरनेट से डेटा एकत्र करते हैं। उनका उपयोग इसके कथित पर्यावरण जैसे मौसम और समय के बारे में जानकारी इकट्ठा करने के लिए किया जा सकता है।

अतः विकल्प (D) सही है।

150. एक एजेंट के बिहेवियर को एजेंट फंक्शन द्वारा वर्णित किया जाता है जो किसी दिए गए पर्सेप्ट सीक्वेंस को एक क्रिया के लिए मैप करता है, जिसे एजेंट प्रोग्राम द्वारा इम्प्लीमेंटेड किया जा सकता है। एजेंट फंक्शन एक अब्स्ट्रक्ट मैथमेटिकल डिस्क्रिप्शन है; एजेंट प्रोग्राम एक कंक्रीट इम्प्लीमेंटेशन है, जो एजेंट आर्किटेक्चर पर चल रहा है।

अतः विकल्प (B) सही है।

Paper - I

Q.1 मान लीजिए आप एक शिक्षक के रूप में अपने छात्रों को भाषण और वाद-विवाद के माध्यम से प्रशिक्षण दे रहे हैं। निम्नलिखित में से छात्रों के मध्य किस चीज का विकास करना सबसे कठिन है?

A. उचित भाषा का चयन/प्रयोग करना

B. भावनाओं पर नियंत्रण करना

C. आवाज का उतार-चढ़ाव

D. अवधारणा निर्माण

Q.2 अध्ययन में लगाया गया समय परीक्षण अंक में परिवर्तन का कारण बनता है। 'परीक्षण अंक' किस प्रकार का चर है?

A. परतंत्र   **B.** स्वतंत्र

C. (A) और (B) दोनों   **D.** इनमें से कोई नहीं

Q.3 निम्न में से कौन सी विशेषताएं एक प्रभावी शिक्षक/शिक्षण से संबंधित नहीं हैं। सही विकल्प की पहचान करें।

A. एक शिक्षक प्रभावी होता है यदि उसे विषय पर पूरा विश्वास है।

B. शिक्षण औपचारिक तरीके के साथ-साथ अनौपचारिक तरीके से भी है

C. शिक्षण एक निरंतर प्रक्रिया है।

D. शिक्षण शिक्षक और छात्रों के बीच एक बातचीत है।

Q.4 निम्नांकित में से किस शिक्षण विधि में शिक्षार्थी की भागीदारी को इष्टतम तथा पहलकारी बनाया जाता है?

A. परिचर्चाओं की विधि में

B. युग्मित वार्ता सत्र की विधि में

C. बुद्धिशीलता सत्र विधि में

D. परियोजना विधि में

Q.5 निम्नलिखित में से कक्षा में शिक्षण की गुणवत्ता को सर्वोत्तम दर्शाता है?

A. कक्षा में कई शिक्षण सहायता प्रयोग के माध्यम से

B. कक्षा में पूर्ण अनुपस्थिति के माध्यम से

C. कक्षा में छात्रों द्वारा पूछे गए सवालों की गुणवत्ता के माध्यम से

D. कक्षा में छात्रों द्वारा शांतिपूर्वक निरीक्षण से

Q.6 निम्नलिखित में से कौन अनुसंधान नैतिकता के मुद्दे के लिए अतिसंवेदनशील है?

[UGC NET Sociology, 2017]

A. सांख्यिकीय तकनीकों का गलत अनुप्रयोग

B. दोषपूर्ण अनुसंधान योजना

C. नमूनाकरण तकनीक का विकल्प

D. शोध के निष्कर्षों की प्रेषण

Q.7 थीसिस लिखने का प्रारूप वही होता है जो निम्नलिखित में होता है:

A. शोध-पत्र/लेख तैयार करना

B. संगोष्ठी प्रस्तुतीकरण का लेखन

C. एक शोध निबंध

D. कार्यशाला/सम्मेलन में लेख प्रस्तुत करना

Q.8 लेख लेखन के प्रयोग के अनुसार सूची को सही क्रम में व्यवस्थित कीजिए।

A. सार, विषय, चर्चा, विधि, सन्दर्भ सूची

B. विषय, चर्चा, विधि, सार, सन्दर्भ सूची

C. विषय, सार, विधि, चर्चा, सन्दर्भ सूची

D. विषय, सार, चर्चा, विधि, सन्दर्भ सूची

Q.9 निम्नलिखित में से किस क्रियाकलाप में रचनात्मक और समीक्षात्मक चिंतन के संपोषण की अधिक क्षमता है?

[UGC NET Sociology, 2018]

A. शोध सारांश को तैयार करना

B. संगोष्ठी में शोध लेख को प्रस्तुत करना

C. शोध सम्मेलन में भागीदारी

D. कार्यशाला में भागीदारी

Q.10 काल्पनिक-निगमनात्मक अनुसंधान प्रतिमान का उपयोग करने में निम्नलिखित में से कौन सा क्रम उपयुक्त माना जाता है?

A. परिकल्पना बनाना, परिकल्पना परीक्षण, सामान्यीकरण और निष्कर्ष पर पहुंचना

B. एक अनुसंधान समस्या की स्थापना, परिकल्पना बनाना, परिकल्पना परीक्षण, सामान्यीकरण और निष्कर्ष पर पहुंचना

C. परिकल्पना बनाना, एक अनुसंधान समस्या की स्थापना करना परिकल्पना परीक्षण, सामान्यीकरण और निष्कर्ष पर पहुंचना

D. परिकल्पना परीक्षण, परिकल्पना बनाना, समस्या को अंतिम रूप देना, सामान्यीकरण और निष्कर्ष पर पहुंचना

Ques (11-15):निर्देश: दिए गए गद्यांश को ध्यान से पढ़ें और दिए गए विकल्पों में से प्रत्येक प्रश्न के सर्वश्रेष्ठ उत्तर का चयन करें।

कुछ लोग डाक टिकट इकट्ठा करते हैं। कुछ लोग बेसबॉल कार्ड जमा करते हैं। कुछ लोग गुड़िया इकट्ठा करते हैं। और कुछ लोग बर्फ के टुकड़े इकट्ठा करते हैं।

आपने पहले कभी बर्फ के टुकड़े इकट्ठा करने वालों के बारे में नहीं सुना होगा, लेकिन वे वास्तव में ये इतना विचित्र नहीं हैं जितना सुनने मे लगता है। यदि आप सर्दियों में अटलांटा, जॉर्जिया की यात्रा करते हैं, तो आप कुछ बर्फ के टुकड़े इकट्ठा करने वालों में भी दौड़ सकते हैं।

अटलांटा, जॉर्जिया का एक दक्षिणी शहर है। और दक्षिणी शहरों में बहुत अधिक बर्फ नहीं मिलती है। जब यह बर्फ गिरता है, तो जमीन से टकराने के कुछ घंटों बाद अक्सर बर्फ पिघल जाती है।

इसलिए अटलांटा में बच्चों को अक्सर स्लेजिंग करने के लिए नहीं मिलता है जो एक वास्तविक शर्म की बात है। हर कोई स्लेजिंग का हकदार है। मौसम के जाने तक स्लेजिंग बहुत महत्वपूर्ण है।

एक या दो साल पहले अटलांटा में माता-पिता के एक समूह ने बर्फ की समस्या के बारे में कुछ करने का फैसला किया। माता-पिता अपने घरों में से एक पर इकट्ठे हो गए, कुछ गर्म चॉकलेट को गर्म किया, और देर रात में बात की कि वे अपने बच्चों को अधिक स्लेजिंग करने में कैसे मदद कर सकते हैं।

पहला सुझाव जो बनाया गया था, वह बर्फ के टुकड़े इकट्ठा करना शुरू करना था। यदि दस या बीस परिवारों ने दो या तीन सप्ताह के लिए बर्फ के टुकड़े एकत्र किए, तो वे बर्फ के टुकड़ों के साथ एक छोटी पहाड़ी को कवर कर सकते हैं।

पूरा विचार सिर्फ बर्फ के टुकड़ों के साथ एक स्लेजिंग पहाड़ी बनाने के लिए नहीं था। बल्कि, यह विचार था कि एक ऐसी पहाड़ी का निर्माण किया जाए, जो इतनी ठंडी हो कि अगर वह हिमपात हो, तो गर्म जमीन पर गिरने के बाद बर्फ पिघलेगी नहीं।

अब, बर्फ के टुकड़े स्लेजिंग करने के लिए आरामदायक नहीं हैं, इसलिए आपको पहाड़ी पर बर्फ निकालने से पहले बर्फ को कुचलने की आवश्यकता है। यदि आप सिर्फ ठंडे सोडा के लिए पर्याप्त बर्फ कुचल रहे हैं तो बर्फ को

"

कुचलना इतना मुश्किल नहीं है। लेकिन अगर आप एक पहाड़ी पर फैलने के लिए बीस या तीस बाल्टी बर्फ को कुचल रहे हैं, तो यहाँ काफी अधिक प्रयास करना पड़ता है।

Q.11 अटलांटा के लोगों ने बर्फ के टुकड़े क्यों एकत्र किए?
A. ताकि वे बाद में स्लेजिंग के लिए इसका इस्तेमाल कर सकें
B. क्योंकि लोग बर्फ के टुकड़े इकट्ठा करना पसंद करते हैं और यह एक शौक है
C. बर्फ के टुकड़े इकट्ठा करने से आपको अधिक पैसा मिलता है
D. इनमे से कोई भी नहीं

Q.12 'स्लेजिंग' शब्द का अर्थ क्या है?
A. एक स्लेज पर बर्फ पर डाउनहिल की यात्रा या फिसलने की गतिविधि
B. बर्फ की पहाड़ी से फिसलकर गिरना
C. एक स्की पर पहाड़ी के नीचे फिसलने
D. इनमे से कोई भी नहीं

Q.13 स्लेजिंग के लिए एक उपयुक्त स्थान बनाने के कार्य को पूरा करने में क्या बाधा है?
A. बर्फबारी नियमित नहीं है
B. बर्फ के टुकड़ों को इतनी बड़ी मात्रा में प्रशीतित नहीं किया जा सकता है
C. बर्फ के टुकड़ों को कुचलना
D. इनमे से कोई भी नहीं

Q.14 दिए गए शब्द का विलोम क्या है?
विचित्र
A. पारंपरिक
B. घिसे-पिटे
C. अजीब
D. इनमे से कोई भी नहीं

Q.15 बर्फ के टुकड़े के संग्रह के पीछे क्या विचार था?
A. स्लेजिंग करना
B. एक पहाड़ी पर एकत्रित बर्फ के क्यूब्स को रखने के लिए ताकि अगली बार जब बर्फ हो जाए
C. बर्फ पर बर्फ के टुकड़े रखने और स्लेजिंग करने के लिए
D. इनमे से कोई भी नहीं

Q.16 संचारी क्षमता में निम्न में से कौन सा कौशल शामिल होता है?
A. भाषाई कौशल
B. शब्दार्थ कौशल
C. सांस्कृतिक कौशल
D. दोनों (A) और (B)

Q.17 अशाब्दिक संप्रेषण माना जाता है:
A. अनौपचारिक
B. सटीक
C. संस्कृति मुक्त
D. औपचारिक

Q.18 कक्षा संचार में बयानबाजी दृष्टिकोण शिक्षकों को छात्रों के _____ प्रतिनिधि के रूप में माना जाता है।
A. गैर-अधिकारिक
B. अधिकारिक
C. प्रभावकारी
D. शैक्षणिक

Q.19 कक्षा संवाद अनिवार्य रूप से होना चाहिए:
[UGC NET Sociology, 2017]
A. काल्पनिक
B. सहानुभूति
C. अमूर्त
D. गैर-विवरणात्मक

Q.20 निम्नलिखित संचार माध्यमों को उनके आविष्कार के कालानुक्रमिक क्रम में व्यवस्थित कीजिए।
(i) टेलीविजन
(ii) टेलीग्राफ
(iii) रेडियो
(iv) प्रिंटिंग प्रेस
A. (iv), (ii), (i), (iii)
B. (iv), (ii), (iii), (i)
C. (ii), (iv), (i), (iii)
D. (ii), (iii), (iv), (i)

Q.21 निर्देश: दी गई श्रृंखला में प्रश्नवाचक चिन्ह (?) के स्थान पर लुप्त संख्या ज्ञात कीजिए।
1, 6, 15, 28, 45, ?
A. 66
B. 76
C. 56
D. 84

Q.22 जॉन ने 60 किमी प्रति घंटे की गति से एक घंटे 20 मिनट तक ट्रेन से, फिर 50 किमी प्रति घंटे की गति से 54 मिनट तक बस से और फिर 15 किमी प्रति घंटे की गति से 1 घंटे 36 मिनट तक नाव से दूरी तय की। उसके द्वारा तय की गई कुल दूरी कितनी थी।
A. 149 किमी
B. 154 किमी
C. 104 किमी
D. 125 किमी

Q.23 राजधानी ट्रेन से 5 घंटे कम समय में शताब्दी ट्रेन द्वारा 150 किलोमीटर की दूरी तय किया जाता है। यदि राजधानी ट्रेन, शताब्दी ट्रेन से 5 किमी/घंटा धीमी है, तो पूरी यात्रा को तय करने में राजधानी ट्रेन द्वारा लिया गया समय ज्ञात कीजिए।
A. 10 घंटे
B. 15 घंटे
C. 20 घंटे
D. 25 घंटे

Q.24 एक श्रृंखला दी गई है, जिसमें एक पद लुप्त है। दिए गये विकल्पों में से उस सही विकल्प का चयन कीजिये, जो श्रृंखला को पूरा करेगा।
XWV, TSR, PON, LKJ,?
A. IJK
B. DEF
C. HGF
D. LMO

Q.25 एक निश्चित कूट में, 'SURE' को '63' तथा 'GONE' को '41' के रूप में कूटबद्ध किया जाता है, तो उसी कूट भाषा में 'WIND' को किस प्रकार लिखा जायेगा?
A. 70
B. 62
C. 49
D. 50

Q.26 एक तस्वीर की ओर इशारा करते हुए एक आदमी ने कहा, "मेरा कोई भाई या बहन नहीं है लेकिन उस आदमी का पिता मेरे पिता का बेटा है।" यह किसकी तस्वीर थी?
[HSSC Canal Patwari, 2021]
A. उसका अपना
B. उसके बेटे का
C. उसके पिता का
D. उसके भतीजे का

Q.27 निर्देश: निम्नलिखित प्रत्येक प्रश्न में एक कथन दिया गया है, उसके बाद दो निष्कर्ष दिए गए हैं। उत्तर दें:
कथन: भारत की अर्थव्यवस्था मुख्य रूप से वनों पर निर्भर है।
निष्कर्ष:
I. पेड़ को भारतीय अर्थव्यवस्था में सुधार के लिए संरक्षित किया जाना चाहिए।
II. भारत चाहता है कि आर्थिक स्थितियों में सुधार के लिए केवल वनों का रखरखाव हो।
A. केवल निष्कर्ष I अनुसरण करता है।
B. केवल निष्कर्ष II अनुसरण करता है।
C. या तो I या II अनुसरण करता है।
D. न तो I या II अनुसरण करता है।

Q.28 अजय, राकेश का दोस्त है। एक बुजुर्ग आदमी की ओर इशारा करते हुए अजय ने राकेश से पूछा कि वह कौन है? राकेश ने कहा "उसका बेटा, मेरे बेटे का चाचा है।" बुजुर्ग व्यक्ति और राकेश के बीच निम्नलिखित रिश्ता है:
[UGC NET Sociology, 2017]
A. दादा
B. ससुर
C. पिता
D. चाचा

Q.29 एक डाकिया अपने कार्यालय से सीचे 20 मीटर चला, अपनी दाहिनी ओर मुड़कर 10 मीटर चला। बांयी ओर मुड़ने के बाद वह 10 मीटर चला

और दाहिनी ओर मुड़ने के बाद 20 मीटर चला। वह फिर से दाहिनी ओर मुदा और 70 मीटर चला। वह अपने कार्यालय से कितनी दूरी पर है?

[UGC NET Sociology, 2017]

A. 50 मीटर **B.** 40 मीटर **C.** 60 मीटर **D.** 20 मीटर

Q.30 "एक व्यक्ति को एक महिला की तुलना में समझदार होने के लिए स्वयं को महत्व नहीं देना चाहिए, यदि वह एक बेहतर शिक्षा के लिए अपने लाभ का भुगतान करता है, तो उसके हाथ बंधे होने पर एक व्यक्ति को पीटने के लिए उसके साहस का दावा करना चाहिए।"

उपरोक्त गद्यांश किसका एक उदाहरण है?

A. वियोजक तर्क
B. काल्पनिक तर्क
C. अलंकारिक तर्क
D. तथ्यात्मक तर्क

Ques (31-35):निर्देश: निम्नलिखित डेटा एक शहर में 7 विभिन्न प्रकार के संगीत को पसंद करने वाले विभिन्न आयु वर्ग के लोगों की संख्या (हजारों में) को दर्शाता है।

आयु वर्ग→ संगीत ↓	15-20	21-30	>30
क्लॉसिकल	6	4	17
पॉप	7	5	5
रॉक	6	12	14
जाज	1	4	11
ब्लूस	2	3	15
हिप-हॉप	9	3	4
आंबियेंट	2	2	2
	33	33	68

Q.31 लोगों को किस प्रकार का संगीत अधिक पसंद है?

A. क्लॉसिकल **B.** पॉप **C.** रॉक **D.** ब्लूस

Q.32 किस आयु वर्ग के लोगों को हिप-हॉप सर्वाधिक पसंद है?

A. 15 – 20 **B.** 21 – 30
C. > 30 **D.** इनमें से कोई नहीं

Q.33 रॉक पसंद करने वाले लोगों की संख्या और जाज पसंद करने वाले लोगों की संख्या के बीच अनुपात ज्ञात करें?

A. 4:3 **B.** 3:1 **C.** 5:3 **D.** 2:1

Q.34 क्लासिकल पसंद करने वाले आयु वर्ग के लोगों की औसत संख्या ज्ञात करें?

A. 9000 **B.** 7500 **C.** 12000 **D.** 14500

Q.35 21 – 30 आयु वर्ग के कितने प्रतिशत लोग पॉप या हिप-हॉप या ब्लूज पसंद करते हैं?

A. 33% **B.** $33\frac{1}{3}$% **C.** 13% **D.** 25%

Q.36 निम्न में से कौन सी कंप्यूटर मेमोरी प्रकार को उच्चतम से निम्नतम गति तक सूचीबद्ध करता है?

A. सेकेंडरी स्टोरेज ; मुख्य मेमोरी (RAM); कैश मेमोरी; सीपीयू रजिस्टर
B. सीपीयू रजिस्टर; कैश मेमोरी; सेकेंडरी स्टोरेज; मुख्य मेमोरी (RAM)
C. सीपीयू रजिस्टर; कैश मेमोरी; मुख्य मेमोरी (RAM); सेकेंडरी स्टोरेज
D. कैश मेमोरी; सीपीयू रजिस्टर; मुख्य मेमोरी (RAM); सेकेंडरी स्टोरेज

Q.37 निम्न सूची विभिन्न प्रकार के कंप्यूटर नेटवर्क को इंगित करती है। उन्हें भौगोलिक स्थिति के आधार पर आरोही क्रम में व्यवस्थित करें।

A. LAN < WAN < MAN
B. WAN < LAN > MAN
C. MAN > LAN < WAN
D. LAN < MAN < WAN

Q.38 DVD तकनीक डिजिटल डेटा को संग्रह करने के लिए एक ऑप्टिकल मीडिया का उपयोग करती है। DVD किसका लघु रूप है?

A. डिजिटल वेक्टर डिस्क
B. डिजिटल वॉल्यूम डिस्क
C. डिजिटल वर्सेटाइल डिस्क
D. डिजिटल विजुअलाइज़ेशन डिस्क

Q.39 _____ कंप्यूटर प्रोग्राम में त्रुटि को दर्शाता है:

A. बिट **B.** बग **C.** स्पैम **D.** वायरस

Q.40 प्रिंटर की आउटपुट गुणवत्ता मापी जाती है:

A. डिजिट्स प्रति इंच **B.** डॉट्स प्रति मिमी
C. डॉट्स प्रति इंच **D.** डॉट्स प्रति सेमी

Q.41 यह पारिस्थितिकी तंत्र स्थलीय और समुद्री पारिस्थितिक तंत्र के बीच एक व्यवस्थित संबद्ध का गठन करता है:

A. आम के जंगल **B.** मैंग्रोव वन
C. सदाबहार वन **D.** बारिश के जंगल

Q.42 ग्रामीण घरों में, नाइट्रोजन ऑक्साइड प्रदूषण का/ के स्रोत हो सकता है/सकते हैं:

1) धूम्र निकास की सुविधारहित गैस चूल्हा
2) लकड़ी चूल्हा
3) मिट्टी तेल वाले हीटर

सही कूट का चयन कीजिए:

A. केवल 1 और 2 **B.** केवल 2 और 3
C. केवल 2 **D.** 1, 2 और 3

Q.43 भारत में 'लोकतांत्रिक विकेंद्रीकरण' के विचार को लोकप्रिय बनाया गया था:

A. ए.डी गोरवाला समिति, 1951
B. पॉल एच. एपलेबी समिति, 1953
C. बी.आर. मेहता समिति, 1957
D. अशोक मेहता समिति, 1978

Q.44 निम्नलिखित में से किस परत में ओजोन स्वाभाविक रूप से बनता है?

A. ट्रोपोस्फीयर **B.** स्ट्रैटोस्फीयर
C. मेसोस्फीयर **D.** आयनोस्फीयर

Q.45 सूची-I को सूची-II से सुमेलित कीजिए और सूचियों के नीचे दिए गए कूट का प्रयोग कर सही उत्तर चुनिए:

सूची–I	सूची– II
(i) ओजोन छिद्र	(a) सुनामी
(ii) ग्रीनहाउस प्रभाव	(b) यूवी विकिरण
(iii)प्राकृतिक खतरे	(c) मीथेन
(iv) सतत विकास	(d) ईकोसेंट्रिज्म

A. (i) - (b), (ii) - (c), (iii) - (a), (iv) - (d)
B. (i) - (c), (ii) - (b), (iii) - (a), (iv) - (d)
C. (i) - (d), (ii) - (c), (iii) - (a), (iv) - (b)
D. (i) - (d), (ii) - (b), (iii) - (c), (iv) - (a)

Q.46 डॉ डीएस कोठारी की अध्यक्षता में शैक्षिक आयोग का गठन किस वर्ष हुआ था?

A. 1960 **B.** 1955 **C.** 1952 **D.** 1964

Q.47 यूजीसी द्वारा जारी किए गए नवीनतम डेटा के आधार पर भारत में कितने राज्य विश्वविद्यालय हैं?

A. 789 **B.** 123 **C.** 418 **D.** 260

Q.48 विश्वविद्यालय शिक्षा आयोग का गठन कब किया गया था?
A. 4 नवंबर, 1947 **B.** 4 नवंबर, 1948
C. 4 नवंबर, 1949 **D.** 4 नवंबर, 1950

Q.49 विश्वविद्यालय अनुदान आयोग (UGC) के बारे में निम्नलिखित में से कौन सा कथन सही नहीं है?
A. इसकी स्थापना 1956 में संसद के एक अधिनियम द्वारा की गई थी।
B. इसे उच्च शिक्षा को बढ़ावा देने और समन्वय करने का कार्य सौंपा गया है।
C. यह केंद्र सरकार से योजना और गैर-योजना निधि प्राप्त करता है।
D. यह राज्य विश्वविद्यालयों के संबंध में राज्य सरकारों से धन प्राप्त करता है।

Q.50 निम्नलिखित में से कौन प्राचीन भारत के दौरान शिक्षा का मुख्य उद्देश्य रहा है?
A. मुक्ति या आजादी
B. सामग्री का विकास
C. व्यावसायिक आवश्यकताओं की पूर्ति
D. सामाजिक मूल्यों का ह्रास

Paper - II

Q.51 सेट {1, 2, 8, 9, 10, 5} और {1, 2, 6, 10, 12, 15} का इंटरसेक्शन सेट _______ है।
A. {1, 2, 10} **B.** {5, 6, 12, 15}
C. {2, 5, 10, 9} **D.** {1, 6, 12, 9, 8}

Q.52 निम्नलिखित में से कौन सा प्रस्ताव टॉटोलॉजी है?
A. (pvq)→q **B.** pv (q → p)
C. pv (p → q) **D.** दोनों (B) और (C)

Q.53 सेट {1, 5, 6} के पावर सेट की कार्डिनैलिटी _______ है।
A. 5 **B.** 6 **C.** 8 **D.** 10

Q.54 अगर $A_i = \{-i, \ldots -2, -1, 0, 1, 2, \ldots i\}$
तब $\bigcup\limits_{i=1}^{\infty} A_i$ है
A. Z **B.** Q **C.** R **D.** C

Q.55 RSA एन्क्रिप्शन सिस्टम में किसी दिए गए उपयोगकर्ता की सार्वजनिक "की" e=57 और n=3901 है। उपयोगकर्ता की प्राइवेट "की" की गणना के लिए यूलर के टॉयंट फ़ंक्शन (n) का मान क्या है?
A. 4369 **B.** 3772 **C.** 871 **D.** 7892

Q.56 स्ट्रक्चरल ऑप्टिमाइज़ेशन का प्राथमिक उद्देश्य _______ निर्धारित करना है।
A. डिजाइन वेरिएबल **B.** डिजाइन पैरामीटर्स
C. डिजाइन कांस्टेंट **D.** डिजाइन लिमिट्स

Q.57 निम्नलिखित कथनों पर विचार करें:
S1: ∀x P(x) ∨ ∀xQ(x) और ∀x(P(x) ∨ Q(x)) तार्किक रूप से समकक्ष नहीं हैं।
S2: ∃x P(x) ∧ ∃x Q(x) और ∃x (P(x) ∧ Q(x)) तार्किक रूप से समकक्ष नहीं हैं।
निम्नलिखित में से कौन सा/से कथन सही है/हैं?
A. केवल S1 **B.** केवल S2
C. S1 और S2 दोनों **D.** न तो S1 और न ही S2

Q.58 एलपी समस्या का गणितीय मॉडल महत्वपूर्ण है क्योंकि:
A. यह मौखिक विवरण और संख्यात्मक डेटा को गणितीय अभिव्यक्ति में बदलने में मदद करता है।
B. निर्णय लेने वाले औपचारिक मॉडल के साथ काम करना पसंद करते हैं।
C. यह निर्णय कारकों के बीच प्रासंगिक संबंध को पकड़ता है।
D. यह अलजेब्रिक तकनीक के उपयोग को सक्षम बनाता है।

Q.59 एक मल्टी-यूज़र ऑपरेटिंग सिस्टम में, औसतन प्रति घंटे एक विशेष रिसोर्स का उपयोग करने के लिए 30 अनुरोध किए जाते हैं। आगमन पैटर्न पॉइज़न वितरण होने पर 40 मिनट में कोई अनुरोध नहीं किए जाने की प्रायिकता है:
A. e^{-15} **B.** $1 - e^{-15}$ **C.** $1 - e^{-20}$ **D.** e^{-20}

Q.60 लंबाई दस के कितने बिट स्ट्रिंग्स या तो 1 बिट से शुरू होते हैं या दो बिट 00 के साथ समाप्त होते हैं?
A. 320 **B.** 480 **C.** 640 **D.** 768

Q.61 इनपुट डिवाइस प्रोसेसर को सूचना कब भेज सकते हैं?
A. जब SIN स्टेटस फ्लैग सेट किया जाता है
B. जब डेटा SIN फ्लैग की रिगार्डलेस किए बिना आता है
C. जब डेटा बाहरी SIN फ्लैग पर हो।
D. इनमें से कोई नहीं

Q.62 _______ बस स्ट्रक्चर का उपयोग आमतौर पर I/O डिवाइस को जोड़ने के लिए किया जाता है।
A. सिंगल बस **B.** मल्टीपल बस
C. स्टार बस **D.** रैम बस

Q.63 I/O डिवाइस को बस से जोड़ने के लिए आवश्यक I/O इंटरफ़ेस में _______ होते हैं।
A. एड्रेस डिकोडर और रजिस्टर
B. कंट्रोल सर्किट
C. एड्रेस डिकोडर, रजिस्टर और कंट्रोल सर्किट
D. केवल कंट्रोल सर्किट

Q.64 कोड के ब्लॉक के लिए आवश्यक मेमोरी को स्पेसिफाई और असाइन करने के लिए _______ इंस्ट्रक्शन का उपयोग किया जाता है।
A. अलोकेट **B.** असाइन **C.** सेट **D.** रिज़र्व

Q.65 ब्रांचिंग कोड के साथ काम करते समय असेंबलर _______।
A. टारगेट को उसके एड्रेस से बदल देता है।
B. टेस्ट की सेटिस्फाइड कंडीशन होने तक प्रतिस्थापित नहीं करता है।
C. ब्रांच ऑफसेट ढूँढता है और इसके साथ ब्रांच टारगेट को बदल देता है।
D. टारगेट को DATAWORD डायरेक्टर द्वारा स्पेसिफ़िएड वैल्यू से बदल देता है।

Q.66 असेंबलर सभी नामों और उनके करेस्पोंडिंग वैल्यूज को _______ में संग्रहीत करता है।
A. स्पेशल पर्पस रजिस्टर **B.** सिंबल टेबल
C. वैल्यू मैप सेट **D.** उल्लेख में से कोई नहीं

Q.67 संख्याओं पर अंकगणितीय संचालन करने के लिए कौन सा प्रतिनिधित्व सबसे कुशल है?
A. साइन-परिमाण **B.** 1 का पूरक
C. 2 का पूरक **D.** उल्लेख में से कोई नहीं

Q.68 इंस्ट्रक्शन के एक्सेक्युशन के समय को कम करने के उद्देश्य से कंप्यूटर आर्किटेक्चर _______ है।
A. CISC **B.** RISC **C.** ISA **D.** ANNA

Q.69 CISC आर्किटेक्चर में अधिकांश कॉम्प्लेक्स इंस्ट्रक्शंस ____ में स्टोर होते हैं।

A. रजिस्टर
B. डायोड
C. सीएमओएस
D. ट्रांजिस्टर

Q.70 फ्लैग को स्टोर करने के लिए इस्तेमाल किए जाने वाले रजिस्टर को ______ कहा जाता है।

A. फ्लैग रजिस्टर
B. स्टेटस रजिस्टर
C. टेस्ट रजिस्टर
D. लॉग रजिस्टर

Q.71 पास बाइ एड्रेस ऑब्जेक्ट का एड्रेस ______ पास करता है और पास बाइ रेफरेंस ऑब्जेक्ट का एड्रेस ______ पास करता है।

A. एक्सप्लीसिटली, एक्सप्लीसिटली
B. इम्प्लीसिटली, इम्प्लीसिटली
C. एक्सप्लीसिटली, इम्प्लीसिटली
D. इम्प्लीसिटली, एक्सप्लीसिटली

Q.72 निम्नलिखित में से कौन सी बैक-एंड लैंग्वेज है?

A. HTML
B. CSS
C. JavaScript
D. Python

Q.73 निम्न में से इंटरप्रेटेड लैंग्वेज कौन सी है?

A. C++
B. C
C. MATLAB
D. FORTRAN

Q.74 कौन सी पहली व्यापक रूप से उपयोग की जाने वाली हाई-लेवल लैंग्वेज 1957 में विकसित हुई?

A. C
B. जावा
C. फोर्ट्रान
D. कोबोल

Q.75 हायर-ऑर्डर के फंक्शन को इसमें नहीं बनाया गया है:

A. स्ट्रक्चर लैंग्वेज
B. ऑब्जेक्ट ओरिएंटेड प्रोग्रामिंग
C. जावा
D. C++

Q.76 ______ उत्पन्न करके एक डैड्ड लाइन प्रदर्शित की जा सकती है।

A. इंटर डैश स्पेसिंग
B. वैरी शार्ट डैश
C. (A) और (B) दोनों
D. इनमें से कोई नहीं

Q.77 एक डॉटेड लाइन उत्पन्न करके प्रदर्शित की जा सकती है:

A. डैश आकार के बराबर और उससे अधिक रिक्ति वाले बहुत छोटे डैश।
B. डैश आकार के बराबर या उससे अधिक रिक्ति वाले बहुत लंबे डैश।
C. डैश आकार के बराबर और उससे अधिक रिक्ति वाले बहुत छोटे डैश।
D. डॉट्स

Q.78 पिक्सेल मास्क का अर्थ है:

A. एक स्ट्रिंग जिसमें केवल 1's है
B. एक स्ट्रिंग जिसमें केवल 0's होता है
C. 1 और 0 कोन्टाइनिंग एक स्ट्रिंग
D. 0 और 0 कोन्टाइनिंग एक स्ट्रिंग

Q.79 वीडियो मॉनीटर पर एक हैवी लाइन इस प्रकार प्रदर्शित की जा सकती है:

A. एडजसेंट परपेंडिकुलर लाइन्स
B. एडजसेंट पैरेलल लाइन्स
C. (A) और (B) दोनों
D. इनमें से कोई नहीं

Q.80 एक डिफाइंड फील्ड को भरने के विकल्पों में ______ के बीच एक विकल्प शामिल है।

A. सॉलिड कलर या एक पैटर्न फिल
B. पर्टिकुलर कलर और पैटर्न के लिए विकल्प
C. (A) और (B) दोनों
D. इनमें से कोई नहीं

Q.81 निम्नलिखित सभी हड्डूप का एक्यूरेटली डिस्क्राइब करते हैं, एक्सेप्ट ______ के।

A. ओपन-सोर्स
B. रियल-टाइम
C. जावा-बेस्ड
D. डिस्ट्रिब्यूटेड कंप्यूटिंग एप्रोच

Q.82 ______ को एक प्रोग्रामिंग मॉडल के रूप में वर्णित किया जा सकता है जिसका उपयोग हड्डूप-आधारित अनुप्रयोगों को विकसित करने के लिए किया जाता है जो भारी मात्रा में डेटा को संसाधित कर सकते हैं।

A. मैपरेड्यूज
B. महौट
C. ऊझी
D. उल्लिखित सभी

Q.83 डेटाबेस में रिलेटेड फील्ड को ______ बनाने के लिए समूहीकृत किया जाता है।

A. डेटा फ़ाइल
B. डेटा रिकॉर्ड
C. मेन्यू
D. बैंक

Q.84 एक्सप्रेशन बिल्डर एक एक्सेस टूल है जो एक्सप्रेशन ऐड करने के लिए एक्सप्रेशन ______ को कंट्रोल करता है।

A. टेबल
B. बॉक्स
C. सेल
D. पैलेट

Q.85 एट्रिब्यूट ID, CITY और NAME पर विचार करें। इनमें से किसे एक सुपर को (सुपर की) के रूप में माना जा सकता है?

A. NAME
B. ID
C. CITY
D. CITY, ID

Q.86 एक डेटाबेस में प्राथमिक कुंजी का उद्देश्य ______ है।

A. डेटाबेस को अनलॉक करना
B. डेटा का नक्शा प्रदान करें
C. एक रिकॉर्ड की विशिष्ट पहचान करें
D. डेटाबेस संचालन पर अवरोध स्थापित करना

Q.87 एमएस एक्सेस में एक डेटाबेस ऑब्जेक्ट, जो डेटाबेस में डाटा के बारे में एक प्रश्न को स्टोर करता है?

A. टेबल
B. फॉर्म
C. क्वेरी
D. रिपोर्ट

Q.88 जिसमे सभी डीटेरमिनेंट कैंडीडेट 'की' हो, नॉर्मलाईजेशन के बाद उस टेबल का नॉर्मल फॉर्म क्या होगा?

A. BCNF
B. 2NF
C. 5NF
D. 4NF

Q.89 गलत कथन का पता लगाएं:

A. नॉन-रिलेशनल डेटाबेस के लिए आवश्यक है कि डेटा जोड़ने से पहले स्कीमा को परिभाषित किया जाए।
B. NoSQL डेटाबेस को पूर्वनिर्धारित स्कीमा के बिना डेटा सम्मिलित करने की अनुमति देने के लिए बनाया गया है।
C. NewSQL डेटाबेस को पूर्वनिर्धारित स्कीमा के बिना डेटा सम्मिलित करने की अनुमति देने के लिए बनाया गया है।
D. उल्लिखित सभी

Q.90 कई सर्वर इंस्टेंस में एक डेटाबेस को "शार्डिंग" ______ के साथ प्राप्त किया जा सकता है।

A. LAN
B. SAN
C. MAN
D. उल्लिखित सभी

Q.91 कौन सा मॉड्यूल शॉर्ट-टर्म शेड्यूलर द्वारा चुनी गई प्रक्रिया को सीपीयू का नियंत्रण देता है?

A. डिस्पैचर
B. इंटरप्ट
C. शेड्यूलर
D. इनमे से कोई भी नहीं

Q.92 डिज्कास्ट्रा के बैंकर एल्गोरिथ्म द्वारा किस समस्या का समाधान किया जाता है?

A. म्यूच्यूअल एक्सक्लूशन
B. डेडलॉक रिकवरी
C. डेडलॉक अवॉयडेंस
D. कैश कोहेरेन्स

Q.93 डिस्पैचर के बारे में निम्नलिखित में से कौन सा सही है?

A. वास्तव में प्रोसेसर में कार्यों को शेड्यूल करता है।
B. कार्यों को I/O प्रतीक्षा में रखता है।
C. हमेशा छोटा और सरल होता है।
D. कार्य प्राथमिकताओं को कभी नहीं बदलता है।

Q.94 जब प्रोसेस I/O रिक्वेस्ट इशू करती है तो _________।

A. इसे I/O क्यू में रखा जाता है
B. इसे वेटिंग क्यू में रखा जाता है
C. इसे रेडी क्यू में रखा जाता है
D. इसे जॉब क्यू में रखा जाता है

Q.95 मुख्य मेमोरी में रहने वाली और रेडी और निष्पादित होने की प्रतीक्षा में प्रक्रियाओं को _______ नामक सूची में रखा जाता है।

A. जॉब क्यू
B. रेडी क्यू
C. एक्सीक्यूशन क्यू
D. प्रोसेस क्यू

Q.96 यदि किसी प्रोग्राम के वर्चुअल एड्रेस में बिट्स की संख्या 16 है और पेज साइज 0.5 KB है, तो वर्चुअल एड्रेस स्पेस में पेजों की संख्या है?

A. 16   **B.** 32   **C.** 64   **D.** 128

Q.97 एक शेड्यूलर जो सेकेंडरी स्टोरेज डिवाइस से प्रोसेस का चयन करता है, कहलाता है:

A. शॉर्ट टर्म शेड्यूलर
B. लॉन्ग टर्म शेड्यूलर
C. मीडियम टर्म शेड्यूलर
D. प्रोसेस शेड्यूलर

Q.98 शेड्यूलिंग जिसमें सीपीयू को कम से कम सीपीयू-ब्रस्ट के टाइम के साथ प्रोसेस को आवंटित किया जाता है, उसे कहा जाता है:

A. प्रायोरिटी शेड्यूलिंग
B. शॉर्टेस्ट जॉब फर्स्ट शेड्यूलिंग
C. राउंड रॉबिन शेड्यूलिंग
D. मल्टीलेवल क्यू शेड्यूलिंग

Q.99 'पेज ट्रैफिक' शब्द का वर्णन है:

A. किसी दिए गए इंस्टेंट में मेमोरी में पेज की संख्या
B. किसी दिए गए पेज रिक्वेस्ट पर लाने के लिए आवश्यक पेपर की संख्या
C. मेमोरी के अंदर और बाहर पेज का आवाजाही
D. मेमोरी में लोड किए गए प्रोग्राम एक्सेक्यूटिंग करने के पेज की संख्या

Q.100 यूजर कार्य का "टर्न-अराउंड" टाइम है:

A. जमा करने के टाइम से लेकर उसके रिजल्ट उपलब्ध होने तक का टाइम
B. टाइम ड्यूरेशन जिसके लिए सीपीयू के कार्य के लिए अल्लोटेड किया जाता है
C. कार्य निष्पादित करने में लिया गया कुल टाइम
D. कार्य को असेंबली फेज से कम्पलेशन फेज तक ले जाने में लगने वाला टाइम

Q.101 संरचित डिजाइनिंग के लिए किस उपकरण का उपयोग किया जाता है?

A. प्रोग्राम फ्लोचार्ट
B. संरचना चार्ट
C. डेटा-फ्लो डायग्राम
D. मॉड्यूल

Q.102 एक सॉफ्टवेयर प्रोडक्ट के एफिशिएंसी में _______ शामिल नहीं है।

A. लाइसेंसिंग
B. प्रोसेस टाइम
C. रेस्पॉन्सिवनेस
D. मेमोरी यूटिलाइजेशन

Q.103 सॉफ्टवेयर कोड की एक्चुअल प्रोग्रामिंग एसडीएलसी में _______ स्टेप के दौरान की जाती है।

A. मेंटेनेंस और इवैल्यूएशन
B. डिज़ाइन
C. एनालिसिस
D. डेवलपमेंट और डॉक्यूमेंटेशन

Q.104 निम्नलिखित में से कौन सा मॉडल लाइफ-साइकिल में अर्लीएस्ट डिफाइन रिक्वायरमेंट्स के लिए नेसेसरी नहीं है?

A. आरएडी और वॉटरफॉल
B. प्रोटोटाइप और वॉटरफॉल
C. स्पाइरल और प्रोटोटाइप
D. स्पाइरल और आरएडी

Q.105 गुड सॉफ्टवेयर के एट्रीब्यूट्स क्या हैं?

A. सॉफ्टवेयर मेन्टेनबिलिटी
B. सॉफ्टवेयर फंक्शनलिटी
C. सॉफ्टवेयर डेवलपमेंट
D. सॉफ्टवेयर मेन्टेनबिलिटीऔर फंक्शनलिटी

Q.106 डिजाइन फेज में, कंसर्न का प्राइमरी एरिया कौन सा है?

A. आर्किटेक्चर
B. डिटेल्ड
C. इंटरफेस
D. ऊपर के सभी

Q.107 सॉफ्टवेयर डिजाइन के महत्व को एक शब्द में संक्षिपित किया जा सकता है जो है:

A. क्षमता   **B.** परिशुद्धता   **C.** गुणवत्ता   **D.** जटिलता

Q.108 सॉफ्टवेयर इंजीनियरिंग की आवश्यकता कहाँ है?

A. लार्ज सॉफ्टवेयर के लिए
B. कॉस्ट रिड्यूस करने के लिए
C. सॉफ्टवेयर क्वालिटी मैनेजमेंट
D. ऊपर के सभी

Q.109 कपलिंग एक मॉड्यूल की डिग्री का क्वालिटेटिव इंडिकेशन है जिस तक एक मॉड्यूल _______ है।

A. अधिक कम्पैटली रूप से लिखा जा सकता है।
B. सिर्फ एक चीज पर फोकस करता है।
C. अपने कार्यों को समय पर पूरा करने में सक्षम है।
D. अन्य मॉड्यूल और आउटसाइड वर्ल्ड से कनेक्टेड है।

Q.110 निम्न में से कौन सॉफ्टवेयर इंजीनियरिंग की मूलभूत धारणाओं का कारण नहीं है?

A. सॉफ्टवेयर प्रोसेस
B. सॉफ्टवेयर सिक्योरिटी
C. सॉफ्टवेयर रीयूज़
D. सॉफ्टवेयर वेलिडेशन

Q.111 निम्नलिखित में से कौन एक ऐरे कांसेप्ट का अत्यधिक उपयोग करता है?

A. बाइनरी सर्च ट्री
B. कैचिंग
C. स्पाटिअल लोकैलिटी
D. प्रोसेस का शेड्यूलिंग

Q.112 यह मानते हुए कि int, 4 बाइट्स का है निम्नलिखित में से कौन सा int arr[9] का साइज है?

A. 9   **B.** 13   **C.** 17   **D.** 36

Q.113 यदि स्टैक का साइज 10 है और हम स्टैक में 11वां एलिमेंट ऐड करने का प्रयास करते हैं तो इस स्थिति को _________ के रूप में जाना जाता है।

A. अंडरफ्लो   **B.** गार्बेज कलेक्शन

C. ओवरफ्लो   **D.** इंसर्शन

Q.114 एक क्यू को इम्प्लीमेंट करने के लिए आवश्यक न्यूनतम स्टैक की संख्या _________ है।

A. 1   **B.** 2   **C.** 3   **D.** 4

Q.115 यदि लिंक्ड लिस्ट का उपयोग करके स्टैक को इम्प्लीमेंट किया जाता है, तो निम्नलिखित में से कौन सा नोड स्टैक के शीर्ष पर माना जाता है?

A. प्रथम नोड   **B.** दूसरा नोड

C. अंतिम नोड   **D.** मध्य नोड

Q.116 विभिन्न एसोसिएशन माइनिंग एल्गोरिदम के कार्यन्वयन के संदर्भ में, सही कथन की पहचान करें:

A. एफपी ग्रोथ मेथड आमतौर पर एप्रीओरी एल्गोरिथम के सर्वोत्तम कार्यान्वयन से बेहतर थी।

B. एप्रीओरी एल्गोरिथम आमतौर पर चार्म से बेहतर होता है।

C. आवश्यक सपोर्ट कम होने पर एप्रीओरी एल्गोरिथम अच्छा है।

D. बहुत कम सपोर्ट पर बार-बार आने वाली आइटम्स की संख्या कम हो जाती है।

Q.117 10 डेप्थ वाले बाइनरी ट्री में नोड्स की अधिकतम संख्या है:

A. 1024   **B.** 1023

C. 1000   **D.** इनमें से कोई भी नहीं

Q.118 मान लीजिए P पहले तत्व को पिवट के रूप में उपयोग करके आरोही क्रम में संख्याओं को क्रमबद्ध करने के लिए एक त्वरित सॉर्ट प्रोग्राम है। मान लीजिए t_1 और t_2 इनपुट के लिए P द्वारा की गई तुलना की संख्या है [12345] और [41532] क्रमशः। निम्नलिखित में से कौन सा धारण करता है?

A. $t_1 = 5$ **B.** $t_1 < t_2$ **C.** $t_1 > t_2$ **D.** $t_1 = t_2$

Q.119 प्री ऑर्डर को इस रूप में भी जाना जाता है:

A. डेप्थ फर्स्ट ऑर्डर   **B.** ब्रेड्थ फर्स्ट ऑर्डर

C. टोपोलॉजिकल ऑर्डर   **D.** लीनियर ऑर्डर

Q.120 डेटा एब्स्ट्रैक्शन का अर्थ है:

A. एक ऑब्जेक्ट की क्लास दूसरे क्लास की ऑब्जेक्ट के गुण प्राप्त करती हैं।

B. प्रोग्राम द्वारा डायरेक्ट एक्सेस से डेटा का इन्सुलेशन

C. एक प्रोसीजर कॉल से जुड़ा कोड रन टाइम तक ज्ञात नहीं है।

D. बैकग्राउंड डिटेल्स शामिल किए बिना आवश्यक सुविधाओं को एक साथ रखना।

Q.121 यूनियन, कॉन्सटेनेशन और क्लीन क्लोजर के तहत रेगुलर सेट बंद हैं।

A. सत्य

B. असत्य

C. रेगुलर सेट पर निर्भर करता है

D. नहीं कह सकता

Q.122 DFA का कॉम्प्लीमेंट निम्न द्वारा प्राप्त किया जा सकता है:

A. स्टार्टिंग स्टेट को फाइनल स्टेट बनाना

B. नो ट्रिवल मेथड

C. फाइनल स्टेट को नॉन-फाइनल और नॉन-फाइनल को फाइनल बनाना

D. स्टार्टिंग स्टेट के रूप में फाइनल बनाएं

Q.123 $(0+1)^*$ का रिवर्स होगा:

A. फ़ाई   **B.** शून्य   **C.** $(0+1)^*$ **D.** $(0+1)$

Q.124 रिकर्सिव लैंग्वेज _________ हैं।

A. सीएफएल का एक प्रॉपर सुपरसेट

B. हमेशा पीडीए द्वारा मान्यता प्राप्त

C. टाइप 0 लैंग्वेज भी कहलाती हैं

D. हमेशा एफएसए द्वारा मान्यता प्राप्त

Q.125 निम्नलिखित में से कौन सी नियमित अभिव्यक्ति पहचान सत्य है?

A. $r(^*) = r^*$ **B.** $(r^* \, s^*)^* = (r+s)^*$

C. $(r+s)^* = r^* + s^*$ **D.** $r^* \, s^* = r^* + s^*$

Q.126 निम्नलिखित पार्सर्स में कौन सा पार्सर सबसे पॉवरफुल है?

A. ऑपरेटर प्रेसेडेंसी   **B.** एसएलआर

C. कैनोनिकल एलआर   **D.** एलएलआर

Q.127 लेक्सिकल एनालाइजर का आउटपुट _____ होता है।

A. स्ट्रिंग कैरेक्टर   **B.** एक सिंटेक्स ट्री

C. आरई का एक सेट   **D.** टोकन का एक सेट

Q.128 निम्नलिखित में से कौन सा ग्रामर लॉजिकल सिंटेक्स रचना का वर्णन करता है?

A. लेक्सिकल ग्रामर   **B.** कॉन्टेक्स्ट-फ्री ग्रामर

C. सिंटैक्टिक ग्रामर   **D.** रेगुलर ग्रामर

Q.129 कौन सा ग्रामर एक ही स्ट्रिंग के लिए कई पार्स ट्री देता है?

A. अनैम्बिग्युअस   **B.** रेगुलर

C. ऐम्बिग्युअस   **D.** इनमें से कोई भी नहीं

Q.130 कंपाइलर में लेक्सिकल एनालाइजर का प्रयोग किसके लिए किया जाता है?

A. कमेंट हटाना

B. वाइटस्पेस हटाना

C. टोकन के सेट में सिंटेक्स को ब्रेक करना

D. ऊपर के सभी

Q.131 सिंक्रोनस और एसिंक्रोनस ट्रांसमिशन के बीच मुख्य अंतर क्या है?

A. आवश्यक बैंड विड्थ अलग है।

B. क्लॉकिंग सिंक्रोनस ट्रांसमिशन में डेटा से ली गई है।

C. एसिंक्रोनस ट्रांसमिशन में क्लॉकिंग को डेटा के साथ मिलाया जाता है।

D. (A) और (B) दोनों

Q.132 T1 के लिए ट्रांसमिशन सिग्नल कोडिंग विधि को कैरियर कहा जाता है:

A. एनआरजेड   **B.** बाइपोलर

C. मैनचेस्टर   **D.** बाइनरी

Q.133 एक सिंक्रोनस मॉडेम में, डिजिटल-से-एनालॉग कनवर्टर _____ को एक संकेत भेजता है।

A. ट्रांसमिशन लाइन   **B.** मॉड्युलेटर

C. टर्मिनल   **D.** इक्लाइज़र

Q.134 सिंक्रोनस मॉडेम के किस सेक्शन में स्क्रैम्बलर होता है?

A. टर्मिनल सेक्शन   **B.** रिसीवर सेक्शन

C. कंट्रोल सेक्शन   **D.** ट्रांसमिशन सेक्शन

Q.135 सिंक्रोनस मोडेम एसिंक्रोनस मोडेम की तुलना में अधिक महंगे होते हैं क्योंकि _____।

A. उनमें क्लॉक रिकवरी सर्किट होना चाहिए

B. उत्पादन मात्रा अधिक है
C. उन्हें बड़े बैंडविड्थ पर काम करना चाहिए
D. वे बड़े हैं

Q.136 OSI मॉडल के लेयर 3 नेटवर्क लेयर पर कौन सा नेटवेयर प्रोटोकॉल काम करता है?

A. IPX
B. NCP
C. SPX
D. NetBIOS

Q.137 ISP का अर्थ है-

A. इंटरफेस सेग्रीगेशन प्रिंसिपल
B. इंटरनेट सेग्रीगेशन प्रिंसिपल
C. इनफॉर्मल सेग्रीगेशन प्रिंसिपल
D. ऊपर के सभी

Q.138 निम्न में से किस विधि द्वारा हम इंटरनेट से जुड़ सकते हैं?

A. डायल-अप
B. SLIP
C. PPP
D. उपरोक्त सभी

Q.139 तीन प्रकार के आईपी एड्रेस हैं:

A. नेटवर्क एड्रेस, होस्ट एड्रेस, लोकल एड्रेस
B. नेटवर्क एड्रेस, होस्ट एड्रेस, ब्रॉड कास्ट एड्रेस
C. नेटवर्क एड्रेस, होस्ट एड्रेस, पैकेट एड्रेस
D. नेटवर्क एड्रेस, होस्ट एड्रेस, फ्रेम एड्रेस

Q.140 एक नेटवर्क जिसको मैन्युअल रूप से रूट सिग्नल भेजने के लिए मनुष्य की जरूरत होती है, उसे ______ कहा जाता है।

A. फाइबर ऑप्टिक नेटवर्क
B. बस नेटवर्क
C. टी-स्विचड नेटवर्क
D. रिंग नेटवर्क

Q.141 किसी पर्टिकुलर डोमेन में नॉलेज के रीप्रेजेंटेशन के लिए एक गुड सिस्टम पर विचार करें। उसकी क्या प्रॉपर्टी होनी चाहिए?

A. रीप्रेजेंटेशनल एडक्यूसी
B. इनफेरेंसिअल एडक्यूसी
C. इनफेरेंसिअल एफिशिएंसी
D. उल्लिखित सभी

Q.142 निम्नलिखित में से कौन सा सांख्यिकीय तर्क में सत्य है?

A. प्रत्येक कथन के साथ निश्चितता के किसी प्रकार के संख्यात्मक माप की अनुमति देने के लिए प्रतिनिधित्व बढ़ाया जाता है।
B. प्रत्येक कथन के साथ 'सत्य या असत्य' को जोड़ने की अनुमति देने के लिए प्रतिनिधित्व बढ़ाया जाता है।
C. निश्चितता के किसी प्रकार के संख्यात्मक माप को सभी कथनों के लिए सामान्य रूप से संबद्ध करने की अनुमति देने के लिए प्रतिनिधित्व बढ़ाया जाता है।
D. प्रतिनिधित्व को 'सत्य या असत्य' को सभी कथनों के साथ सामान्य रूप से संबद्ध करने की अनुमति देने के लिए बढ़ाया गया है।

Q.143 सामान्यता ______ का माप है।

A. आसानी से आवेदन के विभिन्न डोमेन के लिए विधि को अनुकूलित किया जा सकता है।
B. कुछ स्पेसिफ़िएड इनिशियल स्ट्क्चर से टारगेट नॉलेज स्ट्क्चर के निर्माण के लिए आवश्यक औसत समय है।
C. अविश्वसनीय प्रतिक्रिया और विभिन्न प्रशिक्षण उदाहरणों के साथ कार्य करने के लिए एक लर्निंग सिस्टम है।
D. सिस्टम की ओवरआल पावर

Q.144 ग्रीडी बेस्ट-फर्स्ट सर्च का हेयरिस्टिक फंक्शन क्या है?

A. $f(n) != h(n)$
B. $f(n) < h(n)$
C. $f(n) = h(n)$
D. $f(n) > h(n)$

Q.145 जब h(n) कंसिस्टेंट हो तो कौन सी सर्च कम्पलीट और ऑप्टीमल होती है?

A. बेस्ट -फर्स्ट सर्च
B. डेप्थ फर्स्ट सर्च
C. A* सर्च
D. (A) और (B) दोनों

Q.146 किसी भी समय तर्कसंगत क्या है पर निर्भर करता है?

A. प्रदर्शन माप जो सफलता की कसौटी को परिभाषित करता है।
B. पर्यावरण के बारे में एजेंट का पूर्व ज्ञान।
C. वह कार्य जो एजेंट कर सकता है।
D. उल्लिखित सभी

Q.147 एक्सप्लोरेशन प्रॉब्लम किसे कहते हैं?

A. एजेंट के लिए स्टेट और एक्शन्स अज्ञात हैं।
B. एजेंट को स्टेट और एक्शन्स के बारे में पता होता है।
C. एजेंट को केवल एक्शन्स के बारे में पता होता है |
D. उल्लेख में से कोई नहीं

Q.148 जेनेटिक एल्गोरिथम में नए स्टेट कैसे उत्पन्न होते हैं?

A. कम्पोजीशन
B. म्युटेशन
C. क्रॉस-ओवर
D. म्युटेशनऔर क्रॉस-ओवर दोनों

Q.149 आर्टिफिशियल इंटेलिजेंस में टास्क एनवायरमेंट की क्रिया क्या है?

A. प्रॉब्लम
B. सोल्युशन
C. एजेंट
D. ऑब्ज़र्वेशन

Q.150 लर्निंग एलिमेंट को फीडबैक प्रदान करने के लिए किसका उपयोग किया जाता है?

A. क्रिटिक
B. एक्टुएटर्स
C. सेंसर
D. उल्लेख में से कोई नहीं

// स्मार्ट उत्तर पुस्तिका //

सही उत्तर उन छात्रों का प्रतिशत जिन्होंने प्रश्नों का सही उत्तर दिया था।   **छोड़ दिया** उन छात्रों का प्रतिशत जिन्होंने प्रश्नों को छोड़ दिया था।

प्रश्न संख्या	उत्तर	सही उत्तर	छोड़ दिया	प्रश्न संख्या	उत्तर	सही उत्तर	छोड़ दिया	प्रश्न संख्या	उत्तर	सही उत्तर	छोड़ दिया	प्रश्न संख्या	उत्तर	सही उत्तर	छोड़ दिया	प्रश्न संख्या	उत्तर	सही उत्तर	छोड़ दिया	प्रश्न संख्या	उत्तर	सही उत्तर	छोड़ दिया
1	B	17.39 %	21.74 %	22	A	21.74 %	69.56 %	43	C	10.87 %	67.39 %	64	D	8.7 %	56.52 %	85	B	26.09 %	56.52 %	106	D	30.43 %	56.53 %
2	A	23.91 %	69.57 %	23	B	17.39 %	56.52 %	44	B	19.57 %	69.56 %	65	C	32.61 %	58.69 %	86	C	43.48 %	56.52 %	107	C	19.57 %	56.52 %
3	B	19.57 %	69.56 %	24	C	28.26 %	67.39 %	45	A	17.39 %	71.74 %	66	B	34.78 %	56.52 %	87	C	15.22 %	56.52 %	108	D	34.78 %	56.52 %
4	D	4.35 %	71.74 %	25	D	26.09 %	67.39 %	46	D	19.57 %	71.73 %	67	C	30.43 %	56.53 %	88	A	30.43 %	56.53 %	109	D	28.26 %	56.52 %
5	C	19.57 %	60.86 %	26	B	10.87 %	71.74 %	47	C	17.39 %	71.74 %	68	B	26.09 %	56.52 %	89	A	4.35 %	56.52 %	110	D	13.04 %	56.53 %
6	D	15.22 %	67.39 %	27	A	17.39 %	65.22 %	48	B	17.39 %	71.74 %	69	D	6.52 %	52.18 %	90	B	6.52 %	56.52 %	111	C	19.57 %	56.52 %
7	C	23.91 %	67.39 %	28	C	19.57 %	69.56 %	49	D	19.57 %	67.39 %	70	B	8.7 %	56.52 %	91	A	36.96 %	56.52 %	112	D	32.61 %	56.52 %
8	C	23.91 %	71.74 %	29	A	17.39 %	71.74 %	50	A	10.87 %	67.39 %	71	C	21.74 %	56.52 %	92	C	34.78 %	56.52 %	113	C	41.3 %	56.53 %
9	C	6.52 %	71.74 %	30	C	19.57 %	69.56 %	51	A	41.3 %	56.53 %	72	D	28.26 %	56.52 %	93	A	30.43 %	56.53 %	114	B	34.78 %	56.52 %
10	B	17.39 %	69.57 %	31	C	28.26 %	67.39 %	52	C	13.04 %	56.53 %	73	C	8.7 %	56.52 %	94	A	21.74 %	56.52 %	115	A	19.57 %	56.52 %
11	A	23.91 %	69.57 %	32	A	30.43 %	67.4 %	53	C	32.61 %	56.52 %	74	C	21.74 %	56.52 %	95	B	39.13 %	56.52 %	116	A	15.22 %	56.52 %
12	A	19.57 %	69.56 %	33	D	30.43 %	65.22 %	54	A	23.91 %	56.52 %	75	A	21.74 %	56.52 %	96	D	10.87 %	56.52 %	117	B	23.91 %	56.52 %
13	C	19.57 %	69.56 %	34	A	23.91 %	65.22 %	55	B	15.22 %	56.52 %	76	A	6.52 %	56.52 %	97	C	8.7 %	56.52 %	118	C	19.57 %	56.52 %
14	A	10.87 %	69.56 %	35	B	23.91 %	65.22 %	56	A	4.35 %	56.52 %	77	C	13.04 %	56.53 %	98	B	32.61 %	56.53 %	119	A	19.57 %	56.52 %
15	B	19.57 %	69.56 %	36	C	19.57 %	69.56 %	57	C	28.26 %	56.52 %	78	C	30.43 %	56.53 %	99	C	15.22 %	56.52 %	120	D	26.09 %	56.52 %
16	A	0 %	100 %	37	D	23.91 %	71.74 %	58	A	15.22 %	56.52 %	79	B	15.22 %	56.52 %	100	C	15.22 %	56.52 %	121	A	41.3 %	56.53 %
17	A	13.04 %	67.39 %	38	C	21.74 %	69.56 %	59	D	13.04 %	56.53 %	80	C	23.91 %	56.52 %	101	B	17.39 %	56.52 %	122	C	28.26 %	56.52 %
18	C	15.22 %	69.56 %	39	B	26.09 %	67.39 %	60	C	32.61 %	56.52 %	81	B	13.04 %	56.53 %	102	A	36.96 %	56.52 %	123	C	19.57 %	56.52 %
19	B	17.39 %	67.39 %	40	C	15.22 %	67.39 %	61	A	26.09 %	56.52 %	82	A	23.91 %	56.52 %	103	D	34.78 %	56.52 %	124	A	6.52 %	54.35 %
20	B	15.22 %	67.39 %	41	B	19.57 %	69.56 %	62	A	17.39 %	56.52 %	83	B	39.13 %	56.52 %	104	C	26.09 %	56.52 %	125	B	26.09 %	56.52 %
21	A	21.74 %	71.74 %	42	D	17.39 %	71.74 %	63	C	30.43 %	56.53 %	84	B	4.35 %	56.52 %	105	D	41.3 %	56.53 %	126	C	34.78 %	56.52 %

प्रश्न संख्या	उत्तर	सही उत्तर / छोड़ दिया	प्रश्न संख्या	उत्तर	सही उत्तर / छोड़ दिया	प्रश्न संख्या	उत्तर	सही उत्तर / छोड़ दिया	प्रश्न संख्या	उत्तर	सही उत्तर / छोड़ दिया	प्रश्न संख्या	उत्तर	सही उत्तर / छोड़ दिया	प्रश्न संख्या	उत्तर	सही उत्तर / छोड़ दिया	प्रश्न संख्या	उत्तर	सही उत्तर / छोड़ दिया
127	D	32.61 % / 56.52 %	131	B	13.04 % / 56.53 %	135	A	32.61 % / 56.52 %	139	B	23.91 % / 56.52 %	143	A	8.7 % / 56.52 %	147	A	21.74 % / 56.52 %
128	A	10.87 % / 56.52 %	132	B	6.52 % / 56.52 %	136	A	15.22 % / 56.52 %	140	C	23.91 % / 56.52 %	144	C	19.57 % / 56.52 %	148	D	43.48 % / 56.52 %
129	C	32.61 % / 56.52 %	133	D	2.17 % / 56.53 %	137	A	15.22 % / 56.52 %	141	D	30.43 % / 56.53 %	145	C	15.22 % / 56.52 %	149	A	8.7 % / 56.52 %
130	D	34.78 % / 56.52 %	134	D	13.04 % / 56.53 %	138	D	23.91 % / 56.52 %	142	A	19.57 % / 56.52 %	146	D	15.22 % / 56.52 %	150	A	17.39 % / 56.52 %

//संकेत और समाधान//

1. एक शिक्षक के रूप में, उन्हें वाद-विवाद के लिए तैयार करते समय छात्रों में यह विकसित करना बहुत कठिन होता है कि वाद-विवाद के दौरान भावनाओं पर कैसे नियंत्रण किया जाए क्योंकि वाद-विवाद गतिविधि के दौरान छात्रों को विपरीत दृष्टिकोणों पर बहस करनी पड़ती है और इस स्थिति में छात्रों को अपने लिए सही साबित करने के लिए गहराई तक जाना पड़ता है। विषय और कभी-कभी विषय से विचलित हो जाते हैं जिससे विषय पर बहस होती है, इसलिए यह बहस का सबसे बड़ा दोष है कि छात्र ने अपनी भावनाओं पर नियंत्रण खो दिया है।

अतः विकल्प (B) सही है।

2. समय व्यतीत करना (यदि चर A के रूप में माना जाता है) स्वतंत्र चर है। परीक्षा अंक (यदि चर B के रूप में माना जाता है) आश्रित चर है क्योंकि चर A के मूल्य में कोई भी परिवर्तन चर B के मूल्य में परिवर्तन का कारण बनता है।

अतः विकल्प (A) सही है।

3. शिक्षण एक औपचारिक के साथ-साथ अनौपचारिक तरीके से भी किया जा सकता है। औपचारिक शिक्षा स्कूलों और प्रशिक्षण संस्थानों के साथ जुड़ी हुई है। एक शिक्षक हमेशा एक औपचारिक तरीके से सिखाता है।

अतः विकल्प (B) सही है।

4. परियोजना विधि एक शिक्षण पद्धति है जहां शिक्षक की तुलना में छात्र की भागीदारी अधिकतम होती है और यहां के छात्र एक सक्रिय शिक्षार्थी होते हैं। यहां छात्र खुद को सौंपी गई परियोजनाओं द्वारा समाधान पाता है। छात्र एक-दूसरे के सहयोग से वास्तविक जीवन की समस्याओं को हल करना सीखते हैं।

अतः विकल्प (D) सही है।

5. छात्र द्वारा पूछे गए प्रश्नों की गुणवत्ता के माध्यम से शिक्षण की गुणवत्ता को सबसे अच्छे तरीके से परिलक्षित किया जा सकता है। छात्र के प्रश्नों की गुणवत्ता शिक्षण सीखने की प्रक्रिया के दौरान एक छात्र के हित स्तर और जिज्ञासा स्तर को दर्शाती है।

छात्रों के प्रश्न शिक्षक को इस बारे में एक विचार देते हैं कि उनका छात्र शिक्षक द्वारा सिखाई गई सामग्री को कितना समझ रहा है जो शिक्षक को और अधिक प्रभावी बनाने के लिए शिक्षक को अपने शिक्षण कौशल में सुधार करने की अनुमति देता है। छात्रों द्वारा पूछे गए गुणात्मक प्रश्न प्रभावी शिक्षण अधिगम प्रक्रिया को सुनिश्चित करते हैं।

अतः विकल्प (C) सही है।

6. अनुसंधान निष्कर्षों की रिपोर्टिंग अनुसंधान नैतिकता के मुद्दे के लिए अतिसंवेदनशील है, क्योंकि निष्कर्षों के साथ कोई विकृति नहीं हो सकती है।

अनुसंधान नैतिकता विशेष रूप से नैतिक मुद्दों के विश्लेषण से संबंधित है जो तब उठाए जाते हैं जब लोग अनुसंधान में प्रतिभागियों के रूप में शामिल होते हैं।

जबकि अन्य तीन विकल्प अनुसंधान नैतिकता के मुद्दे के लिए अतिसंवेदनशील नहीं हैं क्योंकि ये अनुसंधान नैतिकता से प्रभावित नहीं हैं।

अतः विकल्प (D) सही है।

7. थीसिस लेखन का प्रारूप एक शोध निबंध में समान है। शोध निबंध या थीसिस का उद्देश्य स्पष्ट रूप से परिभाषित विषय पर मूल कृति का निर्माण करना है।

एक शोध प्रबंध या थीसिस मूल शोध पर आधारित अकादमिक लेखन का एक लंबा टुकड़ा है। यह आमतौर पर पीएचडी या मास्टर के हिस्से के रूप में और कभी-कभी स्नातक की डिग्री के हिस्से के रूप में जमा किया जाता है। आपका निबंध शायद अब तक का सबसे लंबा लेखन है, और यह जानना डराने वाला हो सकता है कि कहां से शुरू करें।

अतः विकल्प (C) सही है।

8. लेख में आम तौर पर एक क्रम होगा: विषय (कागज का नाम), सार (अध्ययन का संक्षिप्त नाम), विधि (प्रयुक्त उपकरण), चर्चा (शोध निष्कर्ष और अन्य संबंधित अनुसंधान) और सन्दर्भ सूची।

अतः विकल्प (C) सही है।

9. शोध सम्मेलन अपने रचनात्मक विचारों को प्रस्तुत करने और चर्चा करने और बड़े स्तर पर काम करने के लिए शोधकर्ताओं के लिए एक बैठक है। सम्मेलन सेमिनार, कार्यशाला, अनुसंधान सारांश से अधिक प्रतिभागियों के बीच रचनात्मकता और समीक्षात्मक चिंतन को विकसित करता है।

अतः विकल्प (C) सही है।

10. एक अनुसंधान समस्या की स्थापना, परिकल्पना बनाना, परिकल्पना परीक्षण, सामान्यीकरण और निष्कर्ष पर पहुंचने के लिए काल्पनिक-निगमनात्मक अनुसंधान प्रतिमान का उपयोग करना।

हाइपोथेटिको-डिडक्टिव विधि डच भौतिक विज्ञानी क्रिश्चियन ह्यूजेंस द्वारा प्रस्तावित की गई थी। कार्ल पॉपर ने 1934 में एक वैज्ञानिक प्रक्रिया के रूप में हाइपोथेटिको-डिडक्टिव मॉडल तैयार किया।

अतः विकल्प (B) सही है।

11. गद्यांश में उल्लेख किया गया है कि दक्षिणी अटलांटा जैसी जगहों पर ज्यादा बर्फबारी नहीं होती है और स्लेजिंग के लिए बर्फ की जरूरत होती है। जैसे, लोगों ने बर्फ के टुकड़े इकट्ठा करने के विचार के साथ बाद में स्लेजिंग के लिए उनका उपयोग किया।

अतः विकल्प (A) सही है।

12. 'स्लेजिंग' शब्द का अर्थ एक स्लेज पर बर्फ पर डाउनहिल की यात्रा या फिसलने की गतिविधि। स्लेज एक वाहन है जो सामान या पैसेंजर को बर्फ पर एक जगह से दूसरे जगह ले जाता है। स्लेज को जानवरों द्वारा खींचा जाता है।

अतः विकल्प (A) सही है।

13. गद्य में यह स्पष्ट रूप से कहा गया है कि "बर्फ को कुचलना इतना मुश्किल नहीं है यदि आप ठंडे सोडा के लिए पर्याप्त कुचल बर्फ बना रहे हैं। लेकिन अगर आप एक पहाड़ी पर फैलने के लिए बीस या तीस बाल्टी बर्फ को कुचल रहे हैं, तो यहाँ काफी अधिक प्रयास करना पड़ता है।"

अतः विकल्प (C) सही है।

14. विचित्र का अर्थ है असामान्य या आश्चर्यजनक, अपरंपरागत तरीके से किया गया कुछ।

परम्परागत - जो आमतौर पर किया या माना जाता है, उसके अनुसार या उसके आधार पर।

दूसरे शब्दों का अर्थ:

घिसे-पिटे - मौलिकता या ताजगी की कमी

अजीब - विचित्र

अतः विकल्प (A) सही है।

15. गद्यांश में दिया गया है कि "माता-पिता एकत्रित बर्फ के टुकड़ों को एक पहाड़ी पर रखना चाहते थे ताकि अगली बार जब बर्फ गिरे तो बच्चे उस पर स्लेजिंग कर सकें।"

अतः विकल्प (B) सही है।

16. संचारी क्षमताओं में वे कौशल शामिल होते हैं जिन्हें उस तरीके और तरीके के संदर्भ में परिभाषित किया जाता है जिसमें प्रणाली को उपयोग में लाया जाता है। संचारी क्षमताए भाषाई कौशलों को शामिल करती हैं लेकिन इसके विपरीत

नहीं। अनिवार्य रूप से वे अलग-अलग विधाओं में प्रवचन को बनाने या फिर से बनाने के तरीके हैं।

अतः विकल्प (A) सही है।

17. अशाब्दिक संप्रेषण को अनौपचारिक संचार माना जाता है। अशाब्दिक संप्रेषण में चेहरे के भाव, हावभाव, स्वर और आवाज की पिच के माध्यम से संचार किया जाता है।

अतः विकल्प (A) सही है।

18. कक्षा संचार में बयानबाजी का दृष्टिकोण शिक्षकों को छात्रों के प्रभावकारी प्रतिनिधि के रूप में प्रभावित करता है। यह शिक्षक है जो अपने ज्ञान के आधार पर अपनी कक्षा को नियंत्रित करता है और यह ज्ञान केवल शिक्षक और छात्रों के बीच बातचीत के माध्यम से दिया जा सकता है।

अतः विकल्प (C) सही है।

19. कक्षा का संचार सहानुभूतिपूर्ण होना चाहिए, क्योंकि इसका अर्थ है दूसरे की भावनाओं को समझने और साझा करने की क्षमता दिखाना। अन्य विकल्प इस प्रकार गलत हैं:

- काल्पनिक का मतलब कृत्रिम या अवास्तविक लगता है कि एक तरह से बनाया या व्यवस्थित किया गया है।

- अमूर्त का अर्थ विचार में या विचार के रूप में विद्यमान है लेकिन भौतिक या ठोस अस्तित्व नहीं है।

- गैर-विवरणात्मक का मतलब विवरण की कमी है।

अतः विकल्प (B) सही है।

20. सही क्रम है- (iv), (ii), (iii), (i)

प्रिंटिंग प्रेस: 1430 के अंत में प्रथम प्रिंटिंग प्रेस की स्थापना का श्रेय जोहान गुटेनबर्ग को दिया जाता है।

टेलीग्राफ: यह एक संचार उपकरण था जिसने 1830 और 1840 के दशक के दौरान सूचना के लंबी दूरी के संचरण में क्रांति ला दी।

रेडियो: गुग्लिल्मो मार्कोनी एक इतालवी आविष्कारक को रेडियो संचार की व्यवहार्यता प्रदर्शित करने का श्रेय दिया जाता है। उन्होंने 1895 में इटली में अपना पहला रेडियो सिग्नल भेजा और पुनः प्राप्त किया। उन्होंने 1899 में अंग्रेजी चैनल में पहला वायरलेस सिग्नल फ्लैश किया। 1902 में उनके तत्वावधान में पहला सफल ट्रान्साटलांटिक रेडियोटेलीग्राफ संदेश प्रसारण आयोजित किया गया था।

टेलीविजन: दुनिया के पहला इलेक्ट्रॉनिक टेलीविजन का 1927 में आविष्कार किया गया था। पहले इलेक्ट्रॉनिक टेलीविजन का आविष्कार करने का श्रेय फिलो टेलर फार्न्सवर्थ को जाता है।

अतः विकल्प (B) सही है।

21. पैटर्न है-

$$1 \qquad 6 \qquad 15 \qquad 28 \qquad 45 \qquad ?$$
$$+5 \quad +9 \quad +13 \quad +17 \quad +21$$
$$+4 \quad +4 \quad +4 \quad +4$$

इसलिए, अगली संख्या होगी-

$$45 + 21 = 66$$

अतः विकल्प (A) सही है।

22. दिया है:

ट्रेन की गति = 60 किमी/घंटा

ट्रेन में तय की गई दूरी में लिया गया समय = 1 घंटा 20 मिनट

बस की गति = 50 किमी प्रति घंटा

बस में तय की गई दूरी में लिया गया समय = 54 मिनट

नाव की गति = 15 किमी/घंटा

नाव में तय की गई दूरी में लिया गया समय = 1 घंटा 36 मिनट

गणना:

जॉन के द्वारा ट्रेन में तय की गई दूरी = 1 घंटा 20 मिनट × 60 किमी/घंटा

$$\Rightarrow \left(\frac{80}{60}\right) \times 60 = 80 \text{ किमी}$$

जॉन के द्वारा बस में तय की गई दूरी = 54 मिनट × 50 किमी/घंटा

$$\Rightarrow \left(\frac{54}{60}\right) \times 50 = 45 \text{ किमी}$$

जॉन के द्वारा नाव में तय की गई दूरी = 1 घंटा 36 मिनट × 15 किमी

$$\Rightarrow \left(\frac{96}{60}\right) \times 15 = 24 \text{ किमी}$$

जॉन के द्वारा तय की गई कुल दूरी = ट्रेन से तय की गई दूरी + बस से तय की गई दूरी + नाव से तय की गई दूरी

$$\Rightarrow 80 + 45 + 24 = 149 \text{ किमी}$$

∴ जॉन के द्वारा तय की गई कुल दूरी = 149 किमी

अतः विकल्प (A) सही है।

23. दिया है,

राजधानी ट्रेन से 5 घंटे कम समय में शताब्दी ट्रेन द्वारा 150 किलोमीटर की दूरी तय किया जाता है।

राजधानी ट्रेन, शताब्दी ट्रेन से 5 किमी/घंटा धीमी है।

हम जानते है कि,

समय = दूरी/गति

अब,

माना राजधानी ट्रेन की गति 'S' किमी/घंटा है और राजधानी ट्रेन द्वारा लिया गया समय 't' घंटे है

माना कि शताब्दी ट्रेन की गति 'S + 5' किमी/घंटा है

माना कि शताब्दी ट्रेन द्वारा लिया गया समय 't - 5' घंटे है

राजधानी ट्रेन द्वारा लिया गया समय $= \dfrac{150}{S}$

तो, $\dfrac{150}{S} = t$ ......(i)

अब,

शताब्दी ट्रेन द्वारा लिया गया समय $= \dfrac{150}{S+5}$

तो, $\dfrac{150}{S+5} = t - 5$ ......(ii)

समीकरण (ii) को (i) से घटाने पर,

$$\frac{150}{S} - \frac{150}{(S+5)} = 5$$

$$\Rightarrow \frac{150(S+5-S)}{S(S+5)} = 5$$

$$\Rightarrow \frac{30 \times 5}{S^2 + 5S} = 1$$

इसे आगे हल करने पर, हमें एक द्विघात समीकरण प्राप्त होता है,

$S^2 + 5s = 150$

$\Rightarrow S^2 + 5S - 150 = 0$

$\Rightarrow S^2 + 15S - 10S - 150 = 0$

$\Rightarrow S \times (S + 15) - 10 \times (S + 15) = 0$

$\Rightarrow S = 10$ और $- 15$

इसलिए,

$S = 10$ किमी/घंटा

दूरी तय करने के लिए राजधानी ट्रेन द्वारा लिया गया समय $= \dfrac{150}{10}$

= 15 घंटे

∴ यात्रा पूरी करने में राजधानी ट्रेन द्वारा लिया गया समय 15 घंटे है।

अतः विकल्प (B) सही है।

24. यहाँ तर्क इस प्रकार है:

अक्षर	A	B	C	D	E	F	G	H	I J		K	L	M
स्थितिगत मूल्य	1	2	3	4	5	6	7	8	9 10		11	12	13
अक्षर	N	O	P	Q	R	S	T	U	V	W	X	Y	Z
स्थितिगत मूल्य	14	15	16	17	18	19	20	21	22	23	24	25	26

$$X \xrightarrow{-4} T \xrightarrow{-4} P \xrightarrow{-4} L \xrightarrow{-4} H$$
$$W \xrightarrow{-4} S \xrightarrow{-4} O \xrightarrow{-4} K \xrightarrow{-4} G$$
$$V \xrightarrow{-4} R \xrightarrow{-4} N \xrightarrow{-4} J \xrightarrow{-4} F$$

इसलिए, 'HGF' सही उत्तर है।
अतः विकल्प (C) सही है।

25.

अक्षर	A	B	C	D	E	F	G	H	I J		K	L	M
स्थितिगत मूल्य	1	2	3	4	5	6	7	8	9 10		11	12	13
अक्षर	N	O	P	Q	R	S	T	U	V	W	X	Y	Z
स्थितिगत मूल्य	14	15	16	17	18	19	20	21	22	23	24	25	26

यहाँ अनुसरण किया गया पैटर्न है:

अक्षर	S	U	R	E
स्थितिगत मूल्य	19	21	18	5

कोड	19 + 21 + 18 + 5 = 63

तथा,

अक्षर	G	O	N	E
स्थितिगत मूल्य	7	15	14	5
कोड	7 + 15 + 14 + 5 = 41			

इसी प्रकार,

अक्षर	W	I	N	D
स्थितिगत मूल्य	23	9	14	4
कोड	23 + 9 + 14 + 4 = 50			

इसलिए, 50 सही उत्तर है।
अतः विकल्प (D) सही है।

26. चूंकि कथावाचक का कोई भाई नहीं है, इसलिए उसके पिता का पुत्र वह स्वयं है। तो, जो आदमी बात कर रहा है वह तस्वीर में उस आदमी का पिता है। इस प्रकार, तस्वीर में आदमी उसका बेटा है।

अतः विकल्प (B) सही है।

27. कथन में उल्लेख किया गया है कि भारत की अर्थव्यवस्था मुख्य रूप से वनों पर निर्भर करती है। इसका मतलब है कि वनों को संरक्षित किया जाना चाहिए। तो, I अनुसरण करता है। लेकिन, केवल जंगलों के संरक्षण से अर्थव्यवस्था में सुधार हो सकता है, कहा नहीं जा सकता है। तो, II अनुसरण नहीं करता है।

अतः विकल्प (A) सही है।

28.

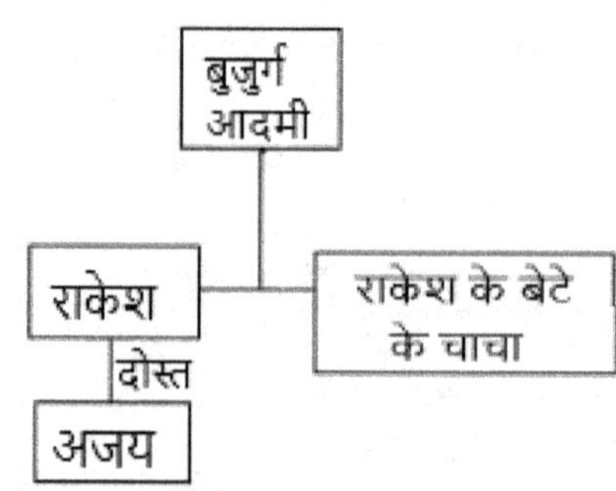

उपरोक्त तस्वीर के अनुसार, यह स्पष्ट है कि बुजुर्ग आदमी राकेश का पिता है।

अतः विकल्प (C) सही है।

29.

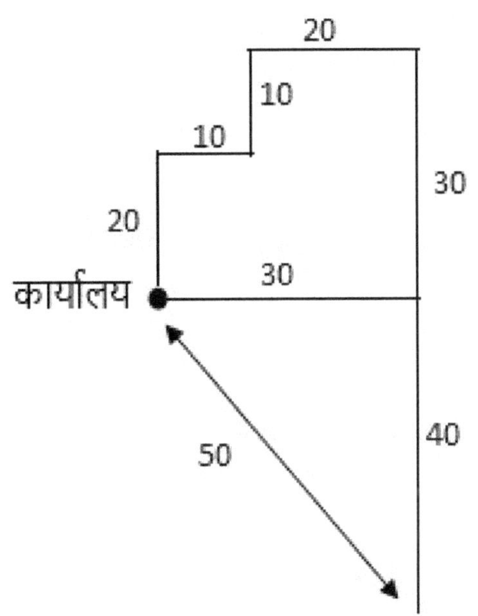

पाइथागोरस प्रमेय से यह स्पष्ट है कि डाकिया अपने कार्यालय से 50 मीटर दूर है।

अतः विकल्प (A) सही है।

30. एक तर्क कथनों का एक समूह होता है जिसमें एक निष्कर्ष होता है और तर्ककर्ता द्वारा उस निष्कर्ष पर जाने के लिए दिए गए कथन होते हैं।

वियोजक	वियोजक तर्क हमें यह जानने में मदद करता है कि परिसर में क्या निहित है, अर्थात, परिसर का अर्थ। एक वियोजक तर्क तनातनी होता है। इसका अर्थ है कि यह हमेशा सत्य है। एक वियोजक तर्क यह दावा करता है कि इसका निष्कर्ष निर्णायक रूप से इसके परिसर द्वारा समर्थित है। निष्कर्ष आवश्यक रूप से आधार/परिसर से होता है।	परिसर 1: मेरे बुककेस के शीर्ष शेल्फ पर 24 सीडी और निचले शेल्फ पर 14 सीडी हैं। परिसर 2: मेरी किताबों की अलमारी में कोई अन्य सीडी नहीं हैं। निष्कर्ष: इसलिए, मेरी किताबों की अलमारी में 38 सीडी हैं।
काल्पनिक	एक काल्पनिक तर्क में एक काल्पनिक आधार होता है (इसे तर्क में एक सशर्त कथन भी कहा जाता है और एक "यदि/तो" साधारण जीवन में कथन होता है), एक अन्य परिसर तथा एक निष्कर्ष होता है।	परिसर 1: यदि रविवार को बारिश होती है, तो संगीत कार्यक्रम रद्द कर दिया जाएगा। परिसर 2: यदि संगीत कार्यक्रम रद्द हो जाता है, तो बैंड फिल्मों में जाएगा। निष्कर्ष: इस प्रकार, यदि रविवार को बारिश होती है, तो बैंड फिल्मों में जाएगा।
अलंकारिक	एक अलंकारिक तर्क वह तर्क होता है जिसमें यह निष्कर्ष निकलता है कि दो वस्तुएं एक निश्चित सम्मान में समान होती हैं क्योंकि वे अन्य मामलों में समान हैं। वे निगमन का एक रूप हैं जहां एक निष्कर्ष दो या	"एक व्यक्ति को एक महिला की तुलना में समझदार होने के लिए स्वयं को महत्व नहीं देना चाहिए, यदि वह एक बेहतर शिक्षा के लिए अपने लाभ का भुगतान करता है, तो उसके हाथ बंधे होने पर एक व्यक्ति को पीटने के लिए उसके साहस
	अधिक मामलों के बीच समानता की तुलना से लिया गया है। अतः हम यह निष्कर्ष निकाल सकते हैं कि उपरोक्त उदाहरण अलंकारिक तर्क की श्रेणी में आता है।	का दावा करना चाहिए।"
तथ्यात्मक	तथ्यात्मक तर्क यह स्थापित करने का प्रयास करते हैं कि कुछ ऐसा है या नहीं। जब वे स्वयं में विवादास्पद होते हैं या जब वे व्यक्तियों के विश्वासों को चुनौती देने या बदलने के लिए उपयोग किए जाते हैं तो तथ्यात्मक तर्क बन जाते हैं।	क्या वैज्ञानिक के दावे सही हैं? क्या एक ऐतिहासिक किंवदंती असली है? क्या कोई अपराध हुआ है?

अतः विकल्प (C) सही है।

31. रॉक $= 6 + 12 + 14 = 32$ (अधिकतम)

क्लासिक $= 6 + 4 + 17 = 27$

पॉप $= 7 + 5 + 5 = 17$

ब्लूज़ $= 2 + 3 + 15 = 20$

हिप-हॉप $= 9 + 3 + 4 = 16$

आंबियेंट $= 2 + 2 + 2 = 6$

अतः विकल्प (C) सही है।

32. आयु वर्ग $15 - 20 \to 9$ हज़ार

आयु वर्ग $21 - 30 \to 3$ हज़ार

आयु वर्ग $> 30 \to 4$ हज़ार

तो, आयु वर्ग $15 - 20$ के लोगों को हिप-हॉप सर्वाधिक पसंद है।

अतः विकल्प (A) सही है।

33. जो लोग रॉक को पसंद करते हैं $= 6 + 12 + 14 = 32$

जो लोग जाज को पसंद करते हैं $= 1 + 4 + 11 = 16$

तो, आवश्यक अनुपात कि कौन रॉक पसंद करता है और कौन जैज़ पसंद करता है $= \dfrac{32}{16} = \dfrac{2}{1}$

इसलिए, अनुपात है $2 : 1$.

अतः विकल्प (D) सही है।

34. जो लोग क्लासिकल पसंद करते हैं $= 6, 4, 17$

आवश्यक औसत $= \dfrac{6+4+17}{3}$

$= \dfrac{27}{3} = 9000$

अतः विकल्प (A) सही है।

35. $21 - 30$ आयु वर्ग के लोगों की कुल संख्या 33 हज़ार है।

और, आयु समूह को पसंद करने वालों की संख्या $5 + 3 + 3 = 11$ हज़ार है।

आवश्यक प्रतिशत $\frac{11}{33} \times 100$

$= 33\frac{1}{3}\%$

अतः विकल्प (B) सही है।

36. कंप्यूटर मेमोरी प्रकारों की सूचियाँ उच्चतम से निम्नतम गति तक हैं-

सीपीयू रजिस्टर> कैश मेमोरी> मेन मेमोरी (रैम)> सेकेंडरी स्टोरेज

निम्नलिखित कंप्यूटर मेमोरी प्रकारों को उच्चतम से निम्नतम गति तक सूचीबद्ध करता है-

सीपीयू रजिस्टर- वे मेमोरी के बजाय कंट्रोल यूनिट और ALU का हिस्सा हैं। इसलिए उनकी सामग्री को मेमोरी की किसी भी सामग्री की तुलना में बहुत तेजी से नियंत्रित किया जा सकता है।

कैश मेमोरी- यह प्रोग्राम इंस्ट्रक्शन और डेटा को स्टोर करता है जिसे कंप्यूटर अधिक बार उपयोग करता है। प्रोसेसर कंप्यूटर की मुख्य मेमोरी से प्राप्त करने के बजाय इस जानकारी को कैश से एक्सेस कर सकता है। इसलिए, यह रैम से तेज है।

प्राथमिक या मुख्य मेमोरी मुख्य रूप से प्राथमिक भंडारण के लिए उपयोग की जाती है। यह प्रोग्राम और डेटा संग्रहीत करता है जो वर्तमान में सीपीयू द्वारा आवश्यक हैं। प्राथमिक मेमोरी एक स्थिर डिवाइस है। इसमें कोई घूमने वाला हिस्सा नहीं है। उदाहरणों में RAM, ROM आदि शामिल हैं।

सेकेंडरी स्टोरेज: यह गैर-वाष्पशील, दीर्घकालिक भंडारण है। सेकेंडरी स्टोरेज के बिना कंप्यूटर के बंद होते ही सभी प्रोग्राम और डेटा नष्ट हो जाएगा। कंप्यूटर सिस्टम में तीन मुख्य प्रकार के सेकेंडरी स्टोरेज होते हैं: सॉलिड स्टेट स्टोरेज डिवाइस, जैसे USB मेमोरी स्टिक।

अतः विकल्प (C) सही है।

37. भौगोलिक स्थिति के आधार पर सही क्रम है-

LAN < MAN < WAN

स्थानीय क्षेत्र नेटवर्क (LAN):

- एक स्थानीय क्षेत्र नेटवर्क उन कंप्यूटरों को जोड़ता है जो एक ही इमारत में हैं।
- कुछ किलोमीटर में फैला एक नेटवर्क भी LAN के अंतर्गत आता है।
- LAN आमतौर पर ईथरनेट तकनीक या टोकन रिंग प्रौद्योगिकी का उपयोग करके महसूस किया जाता है। फाइबर डिस्ट्रिब्यूटेड डेटा इंटरफेस (FDDI) भी लोकप्रिय हो रहा है। संचरण दर 10 मिलियन बिट प्रति सेकंड से 1-गीगाबिट प्रति सेकंड (10Mbps-1Gbps) तक भिन्न होती है।

मेट्रोपॉलिटन एरिया नेटवर्क (MAN):

- एक मेट्रोपॉलिटन एरिया नेटवर्क (MAN) मूल रूप से LAN का एक बड़ा संस्करण है और आमतौर पर इसी तरह की तकनीक का उपयोग करता है।
- यह पास के कॉर्पोरेट कार्यालयों के एक समूह को कवर कर सकता है या यह एक शहर में हो सकता है।
- यह एक निजी या सार्वजनिक नेटवर्क हो सकता है।

वाइड एरिया नेटवर्क (WAN):

- एक विस्तृत क्षेत्र नेटवर्क विभिन्न शहरों या देशों में कंप्यूटर को जोड़ता है।

- उन कंप्यूटरों को जोड़ने का नेटवर्क जो हजारों मील अलग हैं, एक संगठन द्वारा नहीं बनाया गया है। इसके बजाय, संगठन पट्टे पर दी गई टेलीफोन लाइनों का उपयोग करता है।
- यह कई सहकारी संगठनों के स्वामित्व और सामूहिक रूप से प्रबंधित है।

अतः विकल्प (D) सही है।

38. एक DVD (का मतलब डिजिटल वर्सेटाइल डिस्क) एक प्रकार का ऑप्टिकल मीडिया है जिसका उपयोग डिजिटल डेटा को संग्रहीत करने के लिए किया जाता है। यह CD के समान आकार का है लेकिन इसकी संचयन क्षमता अधिक है।

- मूल "DVD-वीडियो" प्रारूप को 1995 में सोनी, पैनासोनिक, तोशिबा और फिलिप्स सहित इलेक्ट्रॉनिक्स कंपनियों के एक संघ द्वारा मानकीकृत किया गया था।
- इसने उच्च गुणवत्ता वाले वीडियो, वाइडस्क्रीन पहलू अनुपात, कस्टम मेनू और अध्याय मार्कर सहित एनालॉग VHS टेप पर कई सुधार प्रदान किए, जो आपको एक वीडियो के भीतर अलग-अलग वर्गों में जाने की अनुमति देते हैं।
- वीडियो की गुणवत्ता को कम किए बिना को बार-बार देखा जा सकता है और सॉफ्टवेयर प्रोग्राम वितरित करने के लिए भी उपयोग किया जाता है।

अतः विकल्प (C) सही है।

39. बग कंप्यूटर विज्ञान में एक विशेष प्रोग्राम में त्रुटि को निरूपित करने के लिए प्रयोग किया जाने वाला एक शब्द है जिसका उपयोग सॉफ्टवेयर चलाने के लिए किया जाता है।

कंप्यूटर डेटा में त्रुटि को बग कहा जाता है। एक सॉफ्टवेयर बग एक कंप्यूटर प्रोग्राम या सिस्टम में एक त्रुटि, दोष, विफलता या गलती है जिसके कारण यह गलत या अप्रत्याशित परिणाम उत्पन्न करता है, या अनपेक्षित तरीके से व्यवहार करता है। बग त्रुटियों को ट्रिगर कर सकते हैं जिनका तरंग प्रभाव हो सकता है।

अतः विकल्प (B) सही है।

40. प्रिंटर की आउटपुट गुणवत्ता डीपीआई द्वारा मापी जाती है। डीपीआई का मतलब है, डॉट्स प्रति इंच जिसमें प्रिंटर की गुणवत्ता मापी जाती है। डीपीआई प्रिंटर रिज़ॉल्यूशन की आउटपुट गुणवत्ता का माप है। यह उन स्याही बिंदुओं की संख्या का प्रतिनिधित्व करता है जो प्रिंटर एक वर्ग इंच के क्षेत्र में रख सकता है।

अतः विकल्प (C) सही है।

41. एक पारिस्थितिकी तंत्र एक भौगोलिक क्षेत्र है जहां पौधे, जानवर, और अन्य जीव, साथ ही मौसम और परिदृश्य, जीवन के बुलबुले बनाने के लिए एक साथ काम करते हैं। पारिस्थितिक तंत्र में जैविक या सजीव भाग होते हैं, साथ ही साथ अजैविक कारक, या निर्जीव भाग होते हैं। जैविक कारकों में पौधे, जानवर और अन्य जीव शामिल हैं। अजैविक कारकों में चट्टानें, तापमान और आर्द्रता शामिल हैं।

मैंग्रोव पेड़ों और झाड़ियों का एक समूह है, जो (उप) कटिबंधों में, भूमि और समुद्र के बीच, तटीय अंतर्विभागीय क्षेत्र में रहते हैं।

- ये सभी पेड़ कम ऑक्सीजन वाली मिट्टी वाले क्षेत्रों में उगते हैं, जहां धीमी गति से चलने वाले पानी ठीक तलछट को जमा करने की अनुमति देते हैं।
- मैंग्रोव वन केवल भूमध्य रेखा के पास उष्णकटिबंधीय और उपोष्णकटिबंधीय अक्षांशों पर बढ़ते हैं क्योंकि वे ठंड तापमान का सामना नहीं कर सकते हैं।
- वे तटीय सुरक्षा, कार्बन पृथक्करण और जैव विविधता के अवसरों सहित पारिस्थितिकी तंत्र सेवाओं की एक विस्तृत श्रृंखला प्रदान करते हैं।

- आमतौर पाए जाने वाले जानवर पर उष्णकटिबंधीय स्थलीय जंगलों और समुद्री पारिस्थितिक तंत्रों जैसे विशाल कनखजूरा, सतपद जीव, शिकारी मकड़ियों (लाइकोसाइड) और ऑक्टोपस के समान होते हैं।

इसलिए, यह स्पष्ट है कि मैंग्रोव वन भूमि (स्थलीय) और समुद्र (समुद्री) के बीच अंतरफलक होते हैं, और इसके परिणामस्वरूप, ये वन जलीय और स्थलीय दोनों स्थानों पर फैले हुए हैं।

अतः विकल्प (B) सही है।

42. ग्रामीण घरों में, नाइट्रोजन ऑक्साइड प्रदूषण के मुख्य स्रोत गैस स्टोव, लकड़ी के स्टोव या मिट्टी के तेल के हीटर हैं। ये बहुत सारे नाइट्रस ऑक्साइड को जलाते हैं और छोड़ते हैं जो नाइट्रोजन ऑक्साइड प्रदूषण का कारण है।

अतः विकल्प (D) सही है।

43. बलवंत राय मेहता समिति भारत सरकार द्वारा जनवरी 1957 में सामुदायिक विकास कार्यक्रम (1952) और राष्ट्रीय विस्तार सेवा (1953) के कामकाज की जाँच करने और उनके बेहतर काम करने के उपायों का सुझाव देने के लिए नियुक्त एक समिति थी। इस समिति के अध्यक्ष बलवंतराय जी मेहता थे। समिति ने नवंबर 1957 में अपनी रिपोर्ट प्रस्तुत की और 'लोकतांत्रिक विकेंद्रीकरण' की योजना की स्थापना की सिफारिश की, जिसे अंततः पंचायती राज के रूप में जाना जाने लगा। पंचायत राज व्यवस्था का मुख्य उद्देश्य स्थानीय समस्याओं को स्थानीय स्तर पर सुलझाना और लोगों को राजनीतिक रूप से जागरूक करना है।

अतः विकल्प (C) सही है।

44. ओजोन स्वाभाविक रूप से स्ट्रैटोस्फियर में पाया जाता है जहां यह हानिकारक यूवी विकिरण से पृथ्वी की रक्षा करता है। ट्रोपोस्फीयर में ओजोन मानव निर्मित कारकों द्वारा निर्मित होता है।

अतः विकल्प (B) सही है।

45.

सूची–I	List – II
(I) ओजोन छिद्र	**यूवी विकिरण** • ओजोन छिद्र तकनीकी रूप से एक "छिद्र" नहीं है जहां कोई ओजोन मौजूद नहीं है, लेकिन वास्तव में अंटार्कटिक के ऊपर समताप मंडल में असाधारण रूप से समाप्त ओजोन का एक रीजन है जो दक्षिणी गोलार्ध वसंत (अगस्त-अक्टूबर) की शुरुआत में होता है। • ओजोन परत की कमी से यूवी विकिरणों की पैठ बढ़ जाती है। जैसे-जैसे अधिक से अधिक ओजोन परत समाप्त होती जा रही है, जमीनी स्तर पर पराबैंगनी विकिरणों में वृद्धि हो रही है।
(ii) ग्रीनहाउस प्रभाव	**मीथेन** • मीथेन ग्रीनहाउस प्रभाव के योगदानकर्ताओं में से एक है। • यदि मीथेन को हवा में छोड़ा जाता है, तो यह वातावरण में गर्मी को अवशोषित करने की प्रक्रिया को बढ़ाता है।
(iii) प्राकृतिक खतरे	**सुनामी** • सुनामी एक प्राकृतिक खतरा है, जो उस स्थान पर गंभीर विनाश का कारण बनता है जहां यह होता है। • यह एक लंबी समुद्री लहर है जो भूकंप के बाद के प्रभाव के कारण होती है। • सुनामी के परिणामस्वरूप बड़ी मात्रा में विनाश होता है।
(iv) सतत विकास	ईकोसेंट्रिज्म

- इको-सेंट्रिज्म एक ऐसा दर्शन है जो मानवीय मूल्यों के बजाय पर्यावरणीय मूल्यों के अध्ययन पर जोर देता है।
- ये ऐसे सिद्धांत हैं जिन्हें इस सोच के साथ विकसित किया गया है कि आने वाली पीढ़ियों के लिए उपयोग के लिए उपलब्ध होने के लिए पर्यावरण को संरक्षित करने की आवश्यकता है।यह सिद्धांत सतत विकास के साथ अपने संबंधों को स्पष्ट रूप से इंगित करता है।

अतः विकल्प (A) सही है।

46. 1964 में डॉ डीएस कोठारी (डॉ दौलत सिंह कोठारी) की अध्यक्षता में एक शैक्षिक आयोग की स्थापना की गई थी। इस आयोग ने प्राथमिक से उच्च स्तर तक शिक्षा के विकास के लिए सिद्धांतों और दिशानिर्देशों को निर्धारित किया।

अतः विकल्प (D) सही है।

47. यूजीसी द्वारा जारी किए गए नवीनतम आंकड़ों के अनुसार, कुल 967 विश्वविद्यालय हैं, जिनमें से 418 राज्य विश्वविद्यालय हैं।

विश्वविद्यालय	कुल संख्या
राज्य विश्वविद्यालय	418
विश्वविद्यालय माने जाने वाले	125
केंद्रीय विश्वविद्यालय	54
निजी विश्वविद्यालय	370
कुल	**967**

अतः विकल्प (C) सही है।

48. डॉ सर्वपाली राधाकृष्णन की अध्यक्षता में 4 नवंबर, 1948 को विश्वविद्यालय शिक्षा आयोग का गठन किया गया था। आयोग का उद्घाटन 6 दिसंबर, 1948 को मौलाना अबुल कलाम आज़ाद ने किया था।

अतः विकल्प (B) सही है।

49. कथन 1: इसकी स्थापना 1956 में संसद के एक अधिनियम द्वारा की गई थी।

- यूजीसी को औपचारिक रूप से केवल नवंबर 1956 में भारत में विश्वविद्यालय शिक्षा के मानकों के समन्वय, निर्धारण और रखरखाव के लिए संसद के एक अधिनियम के माध्यम से भारत सरकार के एक सांविधिक निकाय के रूप में स्थापित किया गया था।
- यह भारत में विश्वविद्यालयों को मान्यता प्रदान करता है और ऐसे मान्यता प्राप्त विश्वविद्यालयों और कॉलेज को धन वितरित करता है

कथन 2: इसे उच्च शिक्षा को बढ़ावा देने और समन्वय करने का कार्य सौंपा गया है।

- उच्च शिक्षा के मानकों के समन्वय, निर्धारण और रखरखाव के लिए यूजीसी जिम्मेदार है।
- यूजीसी ने छात्रों, शिक्षकों और संस्थानों की चिंताओं / शिकायतों की निगरानी करने और उनके अनुसार उनका निवारण 'करने के लिए एक टास्क फोर्स का भी गठन किया है।

कथन 3: यह केंद्र सरकार से योजना और गैर-योजना निधि प्राप्त करता है।

- भारतीय विश्वविद्यालय अनुदान आयोग (यूजीसी इंडिया) शिक्षा मंत्रालय के तहत यूजीसी अधिनियम 1956 के अनुसार भारत सरकार द्वारा स्थापित एक वैधानिक निकाय है और इस पर उच्च शिक्षा के मानकों के समन्वय, निर्धारण और रखरखाव का आरोप है।

कथन 4: यह राज्य विश्वविद्यालयों के संबंध में राज्य सरकारों से धन प्राप्त करता है।

- कथन 4 गलत कथन है क्योंकि यूजीसी को राज्य विश्वविद्यालयों के संबंध में राज्य सरकारों से कोई धन प्राप्त नहीं होता है।

अतः विकल्प (D) सही है।

50. प्राचीन भारत में शिक्षा:

प्राचीन भारत में शिक्षा का उद्देश्य ज्ञान के भारतीय सिद्धांत और जीवन और मूल्यों की संगत योजना का अंतिम परिणाम था।

यह योजना इस तथ्य का पूरा ध्यान रखती है कि जीवन में मृत्यु भी शामिल है और दोनों पूर्ण सत्य हैं क्योंकि यह एक संपूर्ण चक्र है और एक संपूर्ण सत्य सर्वोच्च के साथ अंतिम विलय की ओर ले जाता है।

इसलिए शिक्षा का मुख्य उद्देश्य जीवन के मूलभूत सत्यों का बोध, परिवर्तन, क्षय और विघटन से बचने के लिए स्वयं को सार्वभौम में विलय करके मृत्यु की समस्याओं को हल करना था।

अविभाज्य का अर्थ मृत्यु निरपेक्षता से एक चूक और सार्वभौमिक का जीवन के साथ विलय था।

अविभाज्य बंधन है। यह दृष्टि और ज्ञान को सीमित करता है। संपूर्ण के परिप्रेक्ष्य में जीवन की धारणा मुक्ति, आजादी है।

व्यक्ति को अपनी मुक्ति, अपने बंधन (संसार), बीमारी, पतन और मृत्यु से बचना चाहिए।

इसलिए, आंतरिक मस्तिष्क को प्रशिक्षित करने और शिक्षित करने के लिए शिक्षा का मुख्य व्यवसाय था, न कि केवल मस्तिष्क या बाहरी शारीरिक इंद्रियों को।

इसलिए, प्राचीन भारत के दौरान मुक्ति या आजादी शिक्षा का मुख्य उद्देश्य रहा है।

अतः विकल्प (A) सही है।

51. दो सेट का इंटरसेक्शन वह सेट है जिसमें दिए गए दोनों सेटों के कॉमन एलिमेंट्स होते हैं।

माना, A={1, 2, 8, 9, 10, 5} और B={1, 2, 6, 10, 12, 15}

तब, A ∩ B={1, 2, 10}

अतः विकल्प (A) सही है।

52. एक टॉटोलॉजी एक स्टेटमेंट है जो हमेशा सत्य होता है।

q	p	q→p	p→q	pv (p → q)	pv (q → p)
T	T	T	T	T	T
T	F	F	T	T	F
F	T	T	F	T	T
F	F	T	T	T	T

केवल pv (p → q) सत्य है।
अतः विकल्प (C) सही है।

53. एक सेट की कार्डिनैलिटी एक सेट के आकार का एक माप है, जिसका अर्थ है। सेट में एलिमेंट की संख्या किसी भी सेट का पावर सेट उसके सभी सबसेट का सेट है।

तो, P({1, 5, 6}) = {null, {1}, {5}, {6}, {1, 5}, {1,6}, {5, 6}, {1 , 5 , 6}}. दिए गए सेट के पावर सेट में 8 एलिमेंट होते हैं। इसलिए, 8 दिए गए सेट की कार्डिनैलिटी है।

अतः विकल्प (C) सही है।

54. इस प्रश्न में, हमें यह परिभाषित करना है कि सेट $A_i = \{-i, \ldots \ldots -2, -1, 0, 1, 2, \ldots \ldots i\}$ में किस प्रकार की नंबर दिए गये हैं।

विभिन्न प्रकार की नंबर उनके रिप्रेजेंटेशन सिंबल के साथ हैं:

रेशनल नंबर:

एक रेशनल नंबर कोई भी रियल नंबर है जिसे भिन्न के रूप में या p/q रूप में लिखा जा सकता है जहाँ p और q इन्टिजर हैं। रेशनल नंबर को Q द्वारा निरूपित किया जाता है।

कॉम्प्लेक्स नंबर:

कॉम्प्लेक्स नंबर को a + bi के रूप में दर्शाया जाता है जहाँ a और b रियल नंबर हैं और i का अर्थ iota है जिसमें केवल दो वैल्यू-1 या 1 हैं। कॉम्प्लेक्स नंबर को C द्वारा निरूपित किया जाता है।

रियल नंबर:

रियल नंबर में रेशनल और इर्रेशनल दोनों नंबर शामिल होती हैं। इन्हें R से निरूपित किया जाता है।

इन्टिजर:

इन्टिजर होल नंबर की तरह होते हैं, लेकिन उनमें नेगेटिव नंबर भी शामिल होती हैं। रेंज इन्फिनिटी से इन्फिनिटी तक है। उन्हें Z से निरूपित किया जाता है।

तो, सेट $A_i = \{-i, \ldots -2, -1, 0, 1, 2, \ldots \ldots i\}$

सभी इन्टिजर का सेट है जो Z द्वारा निरूपित किया जाता है।

अतः विकल्प (A) सही है।

55. दिया है,

n=3901 और e=31

हम जानते हैं कि,

n = p × q जहाँ, p और q अभाज्य संख्याएँ हैं, जो 3901 = 47 × 83 देता है।

अब,

φ(n) यूलर का योगफल फलन है, अर्थत्,

φ(n) = (p−1) × (q−1)

φ(n) = (47−1) × (83−1)

(n) = 46 × 82

(n) = 3772

अतः विकल्प (B) सही है।

56. स्ट्रक्चरल ऑप्टिमाज़ेशन का प्राथमिक उद्देश्य डिजाइन वेरिएबल के सबसे सूटेबल कॉम्बिनेशन को निर्धारित करना है, ताकि बिहेवियरल और जियोमेट्रिक कंस्ट्रेंट्स के अधीन स्ट्रक्चरल के सटिस्फैक्टरी परफॉर्मेंस को प्राप्त किया जा सके, जो कि कंडीशन और तीन बेसिक फीचर्स द्वारा परिभाषित ऑप्टिमालिटी के गोल के साथ लगाए गए हैं। स्ट्रक्चरल ऑप्टिमाज़ेशन प्रॉब्लम हैं:

- डिजाइन वेरिएबल
- ऑब्जेक्टिव फंक्शन
- कंस्ट्रेंट्स

अतः विकल्प (A) सही है।

57. S1: ∀x P(x) ∨ ∀xQ(x) और ∀x(P(x) ∨ Q(x)) तार्किक रूप से समकक्ष नहीं हैं।

यह कथन सही है।

उदाहरण: x - एक संख्या है। P(x) का अर्थ है x सम है और Q(x) का अर्थ है x विषम है।

∀x P(x) ∨ ∀xQ(x)- इसका अर्थ है कि सभी संख्याओं के लिए x सम है या सभी संख्याओं के लिए x विषम है।

∀x(P(x) ∨ Q(x))- इसका मतलब है कि सभी x के लिए, x या तो विषम या सम है।

इससे यह स्पष्ट होता है कि ये दोनों तार्किक रूप से समान नहीं हैं।

S2: ∃x P(x) ∧ ∃x Q(x) और ∃x (P(x) ∧ Q(x)) तार्किक रूप से समकक्ष नहीं हैं।

यह कथन सही है।

उपर्युक्त उदाहरण से:

∃x P(x) ∧ ∃x Q(x)- इसका अर्थ है कि एक संख्या मौजूद है जो विषम है और एक संख्या मौजूद है जो सम भी है जो सत्य है।

∃x (P(x) ∧ Q(x))- इसका अर्थ है कि ऐसी संख्या मौजूद है जो सम और विषम दोनों है जो संभव नहीं है। यह गलत है।

तो, ये तार्किक रूप से समकक्ष नहीं हैं।

अतः विकल्प (C) सही है।

58. एलपी समस्या का गणितीय मॉडल महत्वपूर्ण है क्योंकि यह मौखिक विवरण और संख्यात्मक डेटा को गणितीय अभिव्यक्ति में बदलने में मदद करता है। रैखिक प्रोग्रामिंग (एलपी, जिसे रैखिक अनुकूलन भी कहा जाता है) एक गणितीय मॉडल में सर्वोत्तम परिणाम (जैसे अधिकतम लाभ या न्यूनतम लागत) प्राप्त करने की एक विधि है जिसकी आवश्यकताओं को रैखिक संबंधों द्वारा दर्शाया जाता है।

अतः विकल्प (A) सही है।

59. पॉइसन प्रक्रिया एक स्टोकेस्टिक प्रक्रिया है जो एक निश्चित समय अंतराल में होने वाली घटनाओं और समय बिंदुओं की संख्या की गणना करती है। पॉइसन डिस्ट्रीब्यूशन का सूत्र:

$$P(x, \lambda) = \frac{e^{-\lambda}\lambda^x}{x!} \text{ for } x = 0, 1, 2, \ldots$$

अब,

1 घंटे में 30 अनुरोध भेजे जाते हैं।

यानी 60 मिनट में, 30 अनुरोध भेजे जाते हैं

40 मिनट में, भेजे गए अनुरोधों की संख्या 20 है।

$\lambda = 20$

$x = 0$

$$P(0,20) = \frac{e^{-20}20^0}{0!}$$

∵ $0! = 1$

$$P(0,20) = e^{-20}$$

40 मिनट में कोई अनुरोध नहीं किए जाने की प्रायिकता $= e^{-20}$

अतः विकल्प (D) सही है।

60. लंबाई 10 की स्ट्रिंग्स 1 के रूप में शुरुआती बिट के साथ:

जैसा कि, 1 बिट तय है, हमने 9 पोजीशन रह जाती है, बिट का उपयोग 2 (0 और 1) है। तो, इसके साथ कुल संभावित स्ट्रिंग्स 2^9 हैं।

लंबाई 10 के स्ट्रिंग्स जो 00 के साथ समाप्त होते हैं:

इसमें 2 पोजीशन फिक्स होती है, हमारे पास सिर्फ 8 पोजीशन रह जाती है। इसके साथ कुल संभावित स्ट्रिंग्स 2^8 हैं।

लंबाई 10 के स्ट्रिंग्स जो 1 से शुरू होते हैं और 00 पर समाप्त होते हैं:

इसमें 3 पोजिशन पहले से फिक्स हैं और हमारे पास सिर्फ 7 पोजिशन हैं। कुल संभावित स्ट्रिंग्स 2^7 हैं।

अब स्ट्रिंग संभव है जो 1 से शुरू होती है या 00 से समाप्त होती है:

$A \cup B = A + B - A \cap B$

$A \cup B = 2^9 + 2^8 - 2^7 = 512 + 256 - 128 = 640$

अतः विकल्प (C) सही है।

61. SIN स्टेटस फ्लैग सेट होने पर इनपुट डिवाइस प्रोसेसर को सूचना भेज सकते हैं। इनपुट डिवाइस प्राप्त डेटा को स्टोर करने के लिए बफर का उपयोग करते हैं और जब बफर के पास कुछ डेटा होता है तो वह इसे प्रोसेसर को भेजता है। फ्लैग रजिस्टर एक विशेष प्रयोजन रजिस्टर है।

अतः विकल्प (A) सही है।

62. सिंगल बस स्ट्रक्चर का उपयोग आमतौर पर I/O डिवाइसेस को जोड़ने के लिए किया जाता है। बस तारों का एक गुच्छा है जो एड्रेस, कंट्रोल सिग्नल और डेटा को कैरी करता है। इसका उपयोग कंप्यूटर के विभिन्न घटकों को जोड़ने के लिए किया जाता है। सिंगल बस स्ट्रक्चर में, बाह्य उपकरणों और माइक्रोप्रोसेसरों के बीच संचार के लिए एक सामान्य बस का उपयोग किया जाता है।

अतः विकल्प (A) सही है।

63. I/O डिवाइस को बस से जोड़ने के लिए आवश्यक I/O इंटरफ़ेस में एड्रेस डिकोडर, रजिस्टर और कंट्रोल सर्किट होते हैं। I/O डिवाइस बस के माध्यम से CPU से जुड़े होते हैं और बस के साथ कनेक्टेड करने के लिए उनके पास एक इंटरफेस होता है। I/O इंटरफेस का मेन पर्पस डेटा संचारित करना और प्राप्त करना। I/O इंटरफ़ेस आंतरिक संग्रहण और बाहरी I/O डिवाइस के बीच जानकारी स्थानांतरित करने के लिए एक विधि प्रदान करता है। कंप्यूटर से जुड़े पेरिफेरल्स को सेंट्रल प्रोसेसिंग यूनिट के साथ इंटरफेस करने के लिए स्पेशल कम्युनिकेशन लिंक की आवश्यकता होती है।

अतः विकल्प (C) सही है।

64. कोड के ब्लॉक के लिए आवश्यक मेमोरी को स्पेसिफाई और असाइन करने के लिए रिज़र्व इंस्ट्रक्शन का उपयोग किया जाता है। इस इंस्ट्रक्शन का उपयोग मेमोरी के एक ब्लॉक को अलोकेट करने और प्रोग्राम के ऑब्जेक्ट कोड को वहां स्टोर करने के लिए किया जाता है। रिज़र्व डायरेक्टिव का उपयोग अनइनिस्यलाइज्ड डेटा के लिए रेसर्विंग स्पेस करने के लिए किया जाता है। रिज़र्व डायरेक्टिव एक सिंगल ऑपरेंड लेते हैं जो रिज़र्व किये जाने वाले स्पेस की यूनिट्स की नंबर स्पेसिफी करता है। प्रत्येक परिभाषित डायरेक्टिव में एक संबंधित रिज़र्व डायरेक्टिव होता है।

अतः विकल्प (D) सही है।

65. ब्रांचिंग कोड के साथ काम करते समय असेंबलर ब्राँच ऑफ़सेट ढूंढता है और इसके साथ ब्रांच टारगेट को बदल देता है। वह टेबल जहां असेंबलर वेरिएबल नेम्स को उनके करेस्पोंडिंग मेमोरी लोकेशन और वैल्यू के साथ संग्रहीत करता है। इन इंस्ट्रक्शन को असेंबली प्रोग्रामिंग के माध्यम से एक्सेस किया जाता है और इन्हें "जंप" इंस्ट्रक्शन भी कहा जाता है।

अतः विकल्प (C) सही है।

66. वह टेबल जहां असेंबलर वेरिएबल नेम्स को उनके करेस्पोंडिंग मेमोरी लोकेशन और वैल्यू के साथ संग्रहीत करता है, सिंबल टेबल है। सिंबल टेबल में सिंबॉलिक रिलोकेट और लोकेट का पता लगाने और उन्हें स्थानांतरित करने के लिए जानकारी है। असेंबलर ऑब्जेक्ट फ़ाइल के लिए सिंबल टेबल सेक्शन बनाता है। यह प्रत्येक सिंबल के लिए सिंबल टेबल में एक प्रविष्टि बनाता है जिसे

इनपुट फ़ाइल में परिभाषित या संदर्भित किया जाता है और लिंकिंग के दौरान इसकी आवश्यकता होती है।

अतः विकल्प (B) सही है।

67. अंकगणितीय संक्रियाओं को करने के लिए 2 का पूरक रूप अधिक उपयुक्त है क्योंकि संख्या के चिन्ह को ध्यान में रखने की कोई आवश्यकता नहीं है। 2 के पूरक का उपयोग हस्ताक्षरित संख्याओं का प्रतिनिधित्व करने और अंकगणितीय संचालन जैसे घटाव, जोड़, आदि करने के लिए किया जाता है। सकारात्मक संख्या को केवल परिमाण रूप के रूप में दर्शाया जाता है। तो सकारात्मक संख्याओं का प्रतिनिधित्व करने के लिए कुछ भी नहीं करना है। लेकिन अगर हम ऋणात्मक संख्या का प्रतिनिधित्व करते हैं, तो हमें या तो 1 की पूरक या 2 की पूरक तकनीक चुननी होगी। 1 का पूरक एक अस्पष्ट तकनीक है, और 2 का पूरक एक स्पष्ट तकनीक है।

अतः विकल्प (C) सही है।

68. इंस्ट्रक्शन के एक्सेक्युशन के समय को कम करने के उद्देश्य से कंप्यूटर आर्किटेक्चर RISC है। RISC, रिड्यूस्ड इंस्ट्रक्शन सेट कंप्यूटर के लिए होता है। एक कम किया गया इंस्ट्रक्शन सेट कंप्यूटर एक प्रकार का माइक्रोप्रोसेसर आर्किटेक्चर है जो आमतौर पर अन्य आर्किटेक्चर में पाए जाने वाले इंस्ट्रक्शन के हाइली-स्पेशलिज्ड सेट के बजाय इंस्ट्रक्शन के एक छोटे, अत्यधिक अनुकूलित सेट का उपयोग करता है। RISC प्रोसेसर को इसकी सिंपल आर्किटेक्चर के कारण CISC प्रोसेसर की तुलना में अधिक तेज़ी से डिज़ाइन किया जा सकता है।

अतः विकल्प (B) सही है।

69. CISC आर्किटेक्चर में अधिकांश कॉम्प्लेक्स इंस्ट्रक्शंस ट्रांजिस्टर में स्टोर होते हैं।CISCआर्किटेक्चर में इंस्ट्रक्शन सेट पर अधिक जोर दिया जाता है और इंस्ट्रक्शन पूरा करने के लिए एक साइकिल लेता है। CISC बड़े होते हैं क्योंकि उन्हें अधिक ट्रांजिस्टर की आवश्यकता होती है। CISC को कम्पाइलर डेवलपमेंट को आसान और सरल बनाने के लिए डेवलप किया गया था। CISC का पूर्ण रूप कॉम्प्लेक्स इंस्ट्रक्शन सेट कंप्यूटर है। वे चिप्स हैं जो प्रोग्राम करने में आसान हैं जो मेमोरी का कुशल उपयोग करते हैं।

अतः विकल्प (D) सही है।

70. फ्लैग को स्टोर करने के लिए इस्तेमाल किए जाने वाले रजिस्टर को स्टेटस रजिस्टर कहा जाता है। स्टेटस रजिस्टर सिस्टम के कंडीशन कोड को स्टोर करता है। स्टेटस रजिस्टर एक हार्डवेयर रजिस्टर है जिसमें प्रोसेसर की स्टेटस के बारे में जानकारी होती है। अलग-अलग बिट्स परोक्ष रूप से या स्पष्ट रूप से पढ़े जाते हैं और/या प्रोसेसर पर निष्पादित मशीन कोड निर्देशों द्वारा लिखे जाते हैं। कुछ CPU आर्किटेक्चर, जैसे MIPS और Alpha, एक समर्पित फ्लैग रजिस्टर का उपयोग नहीं करते हैं।

अतः विकल्प (B) सही है।

71. पास बाइ एड्रेस ऑब्जेक्ट का एड्रेस एक्सप्लीसिटली पास करता है और पास बाइ रेफरेंस ऑब्जेक्ट का एड्रेस इम्प्लीसिटली पास करता है। जब कोई ऑब्जेक्ट रेफरेंस द्वारा पास की जाती है, तो उसका एड्रेस इंप्लीसिटली रूप से पास किया जाता है। जब भी कोई संशोधन किया जाता है तो यह मेन फंक्शन में परिवर्तन करेगा। प्रोग्रामर द्वारा एक्सप्लिसिट मीन्स किए गए थे। इम्प्लीसिट मीन्स JVM या टूल द्वारा किए गए थे, प्रोग्रामर नहीं। उदाहरण के लिए, जावा हमें, डिफ़ॉल्ट कंस्ट्रक्टर, इम्प्लीसिटली से प्रदान करेगा। भले ही प्रोग्रामर ने कंस्ट्रक्टर के लिए कोड नहीं लिखा हो, वह डिफ़ॉल्ट कंस्ट्रक्टर को कॉल कर सकता है।

अतः विकल्प (C) सही है।

72. Python बैक-एंड लैंग्वेज है।

- Python एक इंटरप्रेटेड, हाई-लेवल, जनरल-पर्पस वाली प्रोग्रामिंग भाषा है।

- सर्वर पर Python का उपयोग वेब एप्लिकेशन बनाने के लिए किया जा सकता है।

- Python यूजर को तेजी से काम करने देता है और सिस्टम को अधिक कुशलता से इंटेग्रेट करता है।

इसलिए, Python को बैक-एंड लैंग्वेज के रूप में माना जाता है।

अतः विकल्प (D) सही है।

73. MATLAB एक इंटरप्रेटेड लैंग्वेज है। अन्य सभी लैंग्वेज कम्पलेड लैंग्वेज हैं। इंटरप्रेटेड लैंग्वेज के केस में, मशीन-लैंग्वेज में ट्रांसलेशन रन-टाइम पर क्रमिक रूप से किया जाता है। MATLAB मैथवर्क्स द्वारा विकसित एक मल्टी-पैराडिज्म प्रोग्रामिंग लैंग्वेज और न्यूमेरिक कंप्यूटिंग परिवेश है। MATLAB मैट्रिक्स मैनिपुलेशन, फंक्शन और डेटा का आलेखन, एल्गोरिथम के कार्यान्वयन, उपयोगकर्ता इंटरफेस के निर्माण और अन्य लैंग्वेज में लिखे गए प्रोग्राम्स के साथ इंटरफेसिंग की अनुमति देता है।

अतः विकल्प (C) सही है।

74. फोरट्रान 1957 में विकसित पहली व्यापक रूप से इस्तेमाल की जाने वाली उच्च-स्तरीय भाषा थी। फोरट्रान जिसका मतलब फॉर्मूला ट्रांसलेशन है, पहली व्यापक रूप से इस्तेमाल की जाने वाली हाई -लेवल लैंग्वेज थी, जिसे 1957 में विकसित किया गया था। इसे आईबीएम द्वारा वैज्ञानिक अनुप्रयोगों के लिए विकसित किया गया था। प्रोग्राम को पंच कार्ड के रूप में रिकॉर्ड किया गया था।

अतः विकल्प (C) सही है।

75. हायर-ऑर्डर के कार्यों को स्ट्रक्चर लैंग्वेज में नहीं बनाया गया है। एक हायर-ऑर्डर फंक्शन एक ऐसा फंक्शन है जो या तो फंक्शन को आर्गुमेंट के रूप में लेता है या फंक्शन देता है। इस प्रकार के फंक्शन में गो, जावास्क्रिप्ट, पायथन, आदि सहित कई प्रोग्रामिंग लैंग्वेज में इम्प्लीमेंटेशन्स है।

अतः विकल्प (A) सही है।

76. इंटर डैश स्पेसिंग उत्पन्न करके एक डैश्ड लाइन प्रदर्शित की जा सकती है। इंटर डैश स्पेसिंग जो सॉलिड स्क्वायर की लेंथ के बराबर होती है, एक डैश्ड लाइन प्रदर्शित करती है। डैश्ड लाइन सेक्शन की दूरी है। वर्ड में डिफॉल्ट स्पेसिंग 1.08 लाइन्स है, जो सिंगल-स्पेस से थोड़ी बड़ी है।

अतः विकल्प (A) सही है।

77. डैश आकार के बराबर या उससे अधिक रिक्ति के साथ बहुत लंबे डैश उत्पन्न करके एक डॉटेड लाइन प्रदर्शित की जा सकती है। डीडीए एक लाइन ड्राइंग एल्गोरिथम है जिसका उपयोग स्लोप के वैल्यू के आधार पर लाइने खींचने के लिए किया जाता है जो कि dy/dx के बराबर होता है। हम डीडीए एल्गोरिदम की वेरिएशन में प्रेपरिंग कर रहे हैं जहां हम सीखेंगे कि डीडीए का उपयोग करके डॉटेड लाइन कैसे ड्रा करते है। डॉटेड लाइन ड्राइंग के लिए एल्गोरिदम:

स्टेप 1:- सबसे पहले लाइन के दो सिरों वाले बिंदु (x1,y1) और (x2,y2) को पढ़ें।

स्टेप 2:- निम्नलिखित फॉर्मूला का उसे करके dy और dx का वैल्यू ज्ञात कीजिए:

dy = y2-y1

dx = x2-x1

स्टेप 3:- अब हम dx और dy के मान की तुलना करने जा रहे हैं ताकि यह पता लगाया जा सके कि m (स्लोप) <=1 या m (स्लोप)>1 है।

अगर (dx > dy)

स्टेप = dx

अन्यथा

स्टेप = dy

स्टेप 4:- अब हमें तय करना है कि हमें x-दिशा में या y-दिशा में कितना बढ़ाना है।

incx = dx/स्टेप

InkY = dy/स्टेप

स्टेप 5:- अब हम लाइन का पहला पिक्सेल प्लॉट करने जा रहे हैं।

x = x1

y = y1

अब हम पिक्सेल को (x, y) पर रखते हैं

i = 1 बनाओ;

m = 0 बनाओ;

स्टेप 6:- जबकि i स्टेप के बराबर से कम है।

स्टेप 7: - स्टॉप

अतः विकल्प (C) सही है।

78. पिक्सेल मास्क का अर्थ है 1 और 0 वाली एक स्ट्रिंग इंटर स्पैन स्पेसिंग को पिक्सेल मास्क में निर्दिष्ट किया जा सकता है जिसमें अंक 1 और 0 होते हैं।

एक पिक्सेल एक डिजिटल छवि या ग्राफिक की सबसे छोटी इकाई है जिसे डिजिटल डिस्प्ले डिवाइस पर प्रदर्शित और प्रदर्शित किया जा सकता है। डिजिटल ग्राफिक्स में एक पिक्सेल बुनियादी तार्किक इकाई है। कंप्यूटर डिस्प्ले पर एक पूर्ण इमेज, वीडियो, टेक्स्ट या कोई भी दृश्यमान चीज बनाने के लिए पिक्सेल को संयोजित किया जाता है। पिक्सेल मास्क एक स्ट्रिंग है जिसमें लाइन पथ के साथ प्लॉट करने के लिए स्थिति का प्रतिनिधित्व करने के लिए अंक 1 और 0 होते हैं।

अतः विकल्प (C) सही है।

79. वीडियो मॉनीटर पर एक हैवी लाइन को एडजसेंट पैरेलल लाइन्स के रूप में प्रदर्शित किया जा सकता है, जबकि एक पेन प्लॉटर को थिकर लाइन्स खींचने के लिए पेन प्लॉटर की आवश्यकता हो सकती है। लाइन-चौड़ाई विकल्पों का इम्प्लीमेंटेशन आउटपुट डिवाइस की कैपेबिलिटीज पर निर्भर करता है। एडजसेंट पैरेलल लाइन्स पथों के साथ अतिरिक्त पिक्सेल प्लॉटिंग करके थिकर लाइन्स स्टैंडर्ड लाइन के पॉजिटिव इन्टिजर मल्टीपल्स के रूप में प्रदर्शित होती हैं।

अतः विकल्प (B) सही है।

80. एक डिफाइंड फील्ड को भरने के विकल्पों में सॉलिड कलर या एक पैटर्न फिल और विशेष कलर और पैटर्न के बीच एक विकल्प शामिल है। फिल के विकल्प पोलीगोन रीजन पर लागू किए जा सकते हैं और एरिया को विभिन्न ब्रश स्टाइल, कलर्स और ट्रांसपेरेंसी पैरामीटर्स का उपयोग करके पेंटेड किया जा सकता है। रीजन फिलिंग किसी इमेज या रीजन को फिलिंग की प्रोसेस है। फिलिंग बाउंड्री या इंटीरियर रीजन की हो सकती है। बाउंड्री फिल एल्गोरिदम का उपयोग बाउंड्री को फिलिंग करने के लिए किया जाता है और फ्लड-फिल एल्गोरिदम का उपयोग इंटीरियर को फिल करने के लिए किया जाता है।

अतः विकल्प (C) सही है।

81. उपरोक्त सभी रियल टाइम को छोड़कर का एक्यूरेटली एक्सेप्ट करते हैं। हडूप को शुरुआत में बैच प्रोसेसिंग के लिए डिज़ाइन किया गया था। इसका मतलब है कि इनपुट में एक बड़ा डेटासेट एक बार में प्रोसेस करें और एक बड़ा आउटपुट लिखें। मैपरेड्यूज की अवधारणा रियल टाइम के बजाय बैच के लिए तैयार की गई है। अपाचे हडूप कमोडिटी हार्डवेयर के समूहों पर बड़े डेटा के डिस्ट्रिब्यूटेड स्टोरेज और डिस्ट्रिब्यूटेड प्रोसेसिंग के लिए एक ओपन सोर्स सॉफ्टवेयर फ्रेमवर्क है।

अतः विकल्प (B) सही है।

82. मैपरेड्यूज को सबसे अच्छा एक प्रोग्रामिंग मॉडल के रूप में वर्णित किया जा सकता है जिसका उपयोग हडूप- आधारित अनुप्रयोगों को विकसित करने के लिए किया जाता है जो भारी मात्रा में डेटा को संसाधित कर सकते हैं। यह एक प्रोग्रामिंग मॉडल है और समानांतर, वितरित एल्गोरिदम के साथ बड़े डेटा सेट को संसाधित करने और उत्पन्न करने के लिए एक संबद्ध कार्यान्वयन है। मैपरेड्यूज डेटा के पेटाबाइट्स को छोटे टुकड़ों में विभाजित करके, और उन्हें हडूप कमोडिटी सर्वर पर समानांतर में संसाधित करके समवर्ती प्रसंस्करण की सुविधा प्रदान करता है। अंत में, यह एक समेकित आउटपुट को वापस एप्लिकेशन में वापस करने के लिए एकाधिक सर्वरों से सभी डेटा एकत्र करता है।

अतः विकल्प (A) सही है।

83. एक डेटाबेस में रिलेटेड फ़ील्ड को डेटा रिकॉर्ड बनाने के लिए समूहीकृत किया जाता है। एक रिकॉर्ड आमतौर पर निश्चित संख्या और अनुक्रम में विभिन्न डेटा टाइप्स के फ़ील्ड्स का एक संग्रह है। एक डेटाबेस की संरचना में, कई विशिष्ट नाम वाले घटकों से युक्त भाग को डेटा फ़ील्ड कहा जाता है। कई डेटा रिकॉर्ड एक डेटा फ़ाइल बनाते हैं, और कई डेटा फ़ाइल मिलकर एक डेटाबेस बनाते हैं।

अतः विकल्प (B) सही है।

84. एक्सप्रेशन बिल्डर एक एक्सेस टूल है जो एक्सप्रेशन ऐड करने के लिए एक्सप्रेशन बॉक्स को कंट्रोल करता है। एक्सप्रेशन सिंबल का एक लीगल कॉम्बिनेशन है जिसके रिजल्ट की वैल्यू होती है। एक एक्सप्रेशन बिल्डर एक एक्सेस टूल है जो एक एक्सप्रेशन को प्रवेश करने के लिए एक्सप्रेशन बॉक्स को कंट्रोल करता है।

एक्सप्रेशन बिल्डर एक जनरल-पर्पस वाला टूल है जो फंक्शन और WEAP ब्रांचेज को एडिटिंग बॉक्स में खींचकर और छोड़ कर WEAP के एक्सप्रेशन बनाने में आपकी मदद करता है।

अतः विकल्प (B) सही है।

85. यहाँ ID एकमात्र ऐसा एट्रिब्यूट है, जिसे सुपर की (सुपर की) के रूप में लिया जा राकता है। "सुपर की" उन कीज का सेट है जिनके द्वारा हग किसी रो या फिर टपल को युनिकली प्राप्त कर सकते हैं। सुपर की एक 'की' की श्रेष्ठता को दर्शाता है। इस प्रकार, एक "सुपर की", कीज का सुपरसेट है जिसे कैंडीडेट की के रूप में भी जाना जाता है अन्य एट्रिब्यूट विशिष्ट नहीं है।

अतः विकल्प (B) सही है।

86. एक डेटाबेस में प्राथमिक कुंजी का उद्देश्य एक रिकॉर्ड की विशिष्ट पहचान करे है। प्राथमिक कुंजी एक विशेष रिलेशनल डेटाबेस तालिका स्तंभ (या स्तंभों का संयोजन) है जो सभी तालिका रिकॉर्ड को विशिष्ट रूप से पहचानने के लिए निर्दिष्ट है। एक प्राथमिक कुंजी की मुख्य विशेषता यह है कि इसमें प्रत्येक डेटा के लिए एक अद्वितीय मान होना चाहिए और इसमें कभी भी शून्य मान नहीं हो सकता है।

अतः विकल्प (C) सही है।

87. MS एक्सेस में डेटाबेस ऑब्जेक्ट में क्वेरी डेटाबेस में डेटा के बारे में एक प्रश्न संग्रहीत करता है। एमएस एक्सेस में डेटाबेस निम्नानलिखित चार ऑब्जेक्ट्स से बना होता है - टेबल, क्वेरी, फॉर्म और रिपोर्ट। साथ में, ये ऑब्जेक्ट आपको अपने डेटा को दर्ज करने, स्टोर करने, विश्लेषण और संकलन करने की अनुमति देते हैं जैसे आप चाहते हैं।

अतः विकल्प (C) सही है।

88. जिसमें सभी डीटेरमिनेंट कैंडीडेट 'की' हो, नॉर्मलाइजेशन के बाद उस टेबल का नॉर्मल फॉर्म BCNF होगा। BCNF में एक संबंध है यदि, और केवल यदि, प्रत्येक डिटर्मिनेंट कैंडीडेट 'की' है। बॉयस-कोडड सामान्य रूप 3NF का एक विशेष स्थिति है।

अतः विकल्प (A) सही है।

89. एक रिलेशनल डेटाबेस का उपयोग करने का कोई तरीका नहीं है, जो पहले से पूरी तरह से असंरचित या अज्ञात डेटा को प्रभावी ढंग से संबोधित कर सकता है। नॉन-रिलेशनल डेटाबेस (जिन्हें अक्सर NoSQL डेटाबेस कहा जाता है) ट्रेडिशनल रिलेशनल डेटाबेस से भिन्न होते हैं, जिसमें वे अपने डेटा को नॉन-टेबुलर रूप में स्टोर करते हैं। इसके बजाय, नॉन-रिलेशनल डेटाबेस डाक्यूमेंट जैसे डेटा स्ट्रक्चर पर आधारित हो सकते हैं। विभिन्न फॉर्मेट में विभिन्न प्रकार की सूचनाओं की एक श्रृंखला को समाहित करते हुए एक डाक्यूमेंट को अत्यधिक विस्तृत किया जा सकता है। विभिन्न प्रकार की सूचनाओं को साथ-साथ डाइजेस्ट और ऑर्गेनाइज़ करने की यह क्षमता नॉन-रिलेशनल डेटाबेस को रिलेशनल डेटाबेस की तुलना में अधिक फ्लेक्सिबल बनाती है।

अतः विकल्प (A) सही है।

90. कई सर्वर इंस्टेंस में एक डेटाबेस को "शार्डिंग" SQL डेटाबेस के साथ प्राप्त किया जा सकता है, लेकिन आमतौर पर SAN और अन्य जटिल व्यवस्थाओं के माध्यम से हार्डवेयर को एक सर्वर के रूप में कार्य करने के लिए पूरा किया जाता है। शेयरिंग एक सिंगल डेटासेट को कई डेटाबेस में वितरित करने की एक विधि है, जिसे बाद में कई मशीनों पर संग्रहीत किया जा सकता है। यह बड़े डेटासेट को छोटे टुकड़ों में विभाजित करने और कई डेटा नोड्स में संग्रहीत करने की अनुमति देता है, जिससे सिस्टम की कुल स्टोरेज क्षमता बढ़ जाती है।

अतः विकल्प (B) सही है।

91. डिस्पैचर वह मॉड्यूल है जो शॉर्ट टर्म शेड्यूलर द्वारा चुनी गई प्रक्रिया को सीपीयू का नियंत्रण देता है। यह एक इंटरप्ट या सिस्टम कॉल के परिणामस्वरूप कर्नेल मोड में नियंत्रण प्राप्त करता है। डिस्पैचर के कार्य निम्नलिखित हैं:

- कॉन्टेक्स्ट स्विच, जिसमें डिस्पैचर उस प्रक्रिया या थ्रेड की स्टेट (कॉन्टेक्स्ट के रूप में भी जाना जाता है) को सहेजता है जो पहले चल रही थी; डिस्पैचर तब नई प्रक्रिया की प्रारंभिक या पहले से सहेजी गई स्टेट को लोड करता है।

- यूजर मोड पर स्विच करना।

- यूजर प्रोग्राम में उचित स्थान पर जंप कराता है जो उस प्रोग्राम को फिर से शुरू करने के लिए जो उसके नए स्टेट द्वारा इंगित किया गया है।

अतः विकल्प (A) सही है।

92. डेडलॉक अवॉयडेंस की समस्या को डिज्कास्ट्रा के बैंकर एल्गोरिथ्म द्वारा हल किया जाता है। बैंकर का एल्गोरिथ्म प्रक्रियाओं के लिए आवश्यक संसाधनों को आवंटित करने का दिखावा करता है, और यदि सिस्टम डेडलॉक का कारण नहीं बनता है, तो यह वास्तव में रिसोर्सेज का आवंटन करता है। बैंकर का एल्गोरिथ्म एक संसाधन आवंटन और गतिरोध से बचाव एल्गोरिथ्म है जिसे एडसगर डिजस्ट्रा द्वारा विकसित किया गया है।

अतः विकल्प (C) सही है।

93. डिस्पैचर वास्तव में प्रोसेसर में कार्यों को शेड्यूल करता है डिस्पैचर वह मॉड्यूल है जो शॉर्ट-टर्म शेड्यूलर द्वारा चुने जाने के बाद सीपीयू पर प्रोसेस कण्ट्रोल देता है। इस फ़ंक्शन में निम्नलिखित शामिल हैं: स्विचिंग कॉन्टेक्स्ट, उपयोगकर्ता मोड पर स्विच करना। एक डिस्पैचर एक स्पेशल प्रोग्राम है जो शेड्यूलर के बाद चलन में आता है।

अतः विकल्प (A) सही है।

94. जब प्रोसेस I/O रिक्वेस्ट इश्यू करती है तो इसे I/O क्यू में रखा जाता है। I/O एक रिसोर्स है और इसका प्रभावी ढंग से उपयोग किया जाना चाहिए और हर प्रोसेस को इसका उपयोग करना चाहिए। I/O के लिए कई प्रोसेस का रिक्वेस्ट किया जा सकता है। शेड्यूलिंग एल्गोरिथ्म के आधार पर I/O को किसी विशेष रिक्वेस्ट के लिए एलोकेट किया जाता है और I/O ऑपरेशन पूरा करने के बाद, I/O एक्सेस ओएस को वापस कर दिया जाता है।

अतः विकल्प (A) सही है।

95. मुख्य मेमोरी में रहने वाली और रेडी और निष्पादित होने की प्रतीक्षा में प्रक्रियाओं को रेडी क्यू नामक सूची में रखा जाता है। रेडी क्यू एक कर्नेल डेटा संरचना का एक सरलीकृत संस्करण है जिसमें प्रति प्राथमिकता एक प्रविष्टि के साथ एक क्यू होती है। बदले में प्रत्येक प्रविष्टि में थ्रेड्स की एक और क्यू होती है जो प्राथमिकता पर रेडी होती है। कोई भी थ्रेड जो रेडी नहीं हैं वे किसी भी क्यू में नहीं हैं, लेकिन वे तब होंगे जब वे रेडी हो जाएंगे।

अतः विकल्प (B) सही है।

96. यदि किसी प्रोग्राम के वर्चुअल एड्रेस में बिट्स की संख्या 16 है और पेज साइज 0.5 KB है।

एक $16 -$ बिट $2^{16} = 65536$ स्थानों (बाइट्स) तक का पता लगा सकता है।

दिया गया पेज आकार 0.5 KB $= 512$ बाइट्स (संदर्भ: 1 KB $= 1024$ बाइट्स) है।

इसलिए, कुल पेज $= \dfrac{65536}{512} = 128$ पेजेज

तो, वर्चुअल एड्रेस स्पेस में पेजों की संख्या 128 है।

अतः विकल्प (D) सही है।

97. एक शेड्यूलर जो सेकेंडरी स्टोरेज डिवाइस से प्रोसेस का चयन करता है, मीडियम टर्म शेड्यूलर कहलाता है। मीडियम टर्म का शेड्यूलिंग स्वैपिंग का एक पार्ट है। यह मेमोरी से प्रोसेस को हटा देता है। यह मल्टीप्रोग्रामिंग की डिग्री को कम करता है। मीडियम टर्म के शेड्यूलर स्वैप किए गए आउट-प्रोसेस को संभालने का चार्ज है। इस शेड्यूलर के माध्यम से, मेमोरी से प्रोसेस को हटा दिया जाता है। प्रोसेस-टर्म शेड्यूलर मल्टी-प्रोग्रामिंग की डिग्री की डिग्री में कटौती करता है।

अतः विकल्प (C) सही है।

98. शेड्यूलिंग जिसमें सीपीयू को कम से कम सीपीयू-ब्रस्ट टाइम के साथ प्रोसेस को अल्लोकेटेड किया जाता है, उसे शॉर्टेस्ट जॉब फर्स्ट शेड्यूलिंग कहा जाता है। शॉर्टेस्ट जॉब फर्स्ट (एसजेएफ) एक एल्गोरिथम है जिसमें सबसे कम एक्सेक्यूशन टाइम वाले प्रोसेस को अगले अल्लोकेटेड के लिए चुना जाता है। यह शेड्यूलिंग मेथड प्रीमेटिव या नॉन-प्रीमेटिव हो सकती है। यह निष्पादन की वेटिंग में अन्य प्रोसेस के लिए एवरेज वेटिंग टाइम को काफी कम कर देता है।

अतः विकल्प (B) सही है।

99. मेमोरी के अंदर और बाहर पेजों की आवाजाही पेज ट्रैफिक का वर्णन करती है। किसी वेबसाइट, या किसी वेबसाइट के पर्टिकुलर पेज पर जाने वाले लोगों की नंबर पेज ट्रैफिक है। पेज ट्रैफिक यह सुनिश्चित करने के लिए नैतिक और अनुकूलित रणनीतियों को लागू करने के लिए जाना जाता है कि प्रत्येक ग्राहक सबसे अधिक प्रतिस्पर्धी खोजशब्दों के लिए पाया जाता है और सबसे योग्य ट्रैफ़िक प्राप्त करता है।

अतः विकल्प (C) सही है।

100. यूजर कार्य का "टर्न-अराउंड" टाइम कार्य को निष्पादित करने में लगने वाला कुल टाइम है। कंप्यूटिंग टर्नअराउंड टाइम निष्पादन के लिए एक प्रोग्राम/प्रोसेस/थ्रेड/टास्क (लिनक्स) को जमा करने और कस्टमर/यूजर को पूरा आउटपुट वापस करने के बीच लिया गया कुल टाइम है। यह सॉफ्टवेयर या प्रोग्राम के डेवलपर के आधार पर विभिन्न प्रोग्रामिंग लैंग्वेज के लिए भिन्न हो सकता है। टर्नअराउंड टाइम प्रोग्राम शुरू होने के बाद यूजर को आवश्यक आउटपुट प्रदान करने के लिए प्रोग्राम के लिए लगने वाले कुल टाइम से डील कर सकता है।

अतः विकल्प (C) सही है।

101. संरचित डिजाइनिंग के लिए एक संरचना चार्ट (एससी) का उपयोग किया जाता है। संरचना चार्ट मॉड्यूल की श्रेणीबद्ध संरचना का प्रतिनिधित्व करता है।

यह पूरे सिस्टम को निम्नतम कार्यात्मक मॉड्यूल में तोड़ देता है, सिस्टम के प्रत्येक मॉड्यूल के कार्यों और उप-कार्यों का अधिक विस्तार से वर्णन करता है। संरचना चार्ट सिस्टम को ब्लैक बॉक्स में विभाजित करता है।

अतः विकल्प (B) सही है।

102. सॉफ्टवेयर प्रोडक्ट के एफिशिएंसी में लाइसेंसिंग शामिल नहीं है। एक सॉफ्टवेयर प्रोडक्ट का लाइसेंस सॉफ्टवेयर कंपनी के कॉर्पोरेट पार्ट के अंतर्गत आता है। एफिशिएंसी, सॉफ्टवेयर डेवलपमेंट में, डेवलप्ड सॉफ्टवेयर की अमाउंट या रेकिरेमेंट का मतलब यूज किए गए रिसोर्सेज की अमाउंट में विभाजित जैसे प्रोसेस टाइम, रेस्पॉन्सिवनेस और मेमोरी यूटिलाइजेशन है।

अतः विकल्प (A) सही है।

103. सॉफ्टवेयर कोड की एक्चुअल प्रोग्रामिंग एसडीएलसी में डेवलपमेंट और डॉक्यूमेंटेशन स्टेप के दौरान की जाती है। डॉक्यूमेंटेशन की उपस्थिति किसी एप्लिकेशन के सभी पहलुओं पर नजर रखने में मदद करती है और यह सॉफ्टवेयर प्रोडक्ट की कालिटी इम्प्रूव करती है। डेवलपमेंट डॉक्यूमेंटेशन में सॉफ्टवेयर इंजीनियरिंग प्रोसेस के दौरान बनाए गए डॉक्यूमेंट इन्क्लूड हैं।

अतः विकल्प (D) सही है।

104. स्पाइरल और प्रोटोटाइप मॉडल को लाइफ-साइकिल में अर्लीएस्ट डिफाइन रिकायरमेंट्स के लिए नेसेसरी नहीं होती है। प्रोटोटाइप मॉडल में फर्स्ट फेज नीड एनालिसिस फेज है जिसमें ब्रेनस्टॉर्मिंग क्यूएफडी और एफएएसटी शामिल है जबकि स्पाइरल मॉडल में कस्टमर कम्युनिकेशन एक्टिविटीस जैसे डिफाइंड ओब्जेक्टिव्स को शामिल किया गया है।

अतः विकल्प (C) सही है।

105. गुड सॉफ्टवेयर के एट्रीब्यूट्स सॉफ्टवेयर मेन्टेनबिलिटी और फंक्शनलिटी हैं। गुड सॉफ्टवेयर को यूजर को आवश्यक फंक्शनलिटी और परफॉर्मेंस प्रदान करना चाहिए और मेन्टेनबल, डिपेंडेबल और यूजेबल होना चाहिए। सॉफ्टवेयर को इस तरह से बनाना चाहिए ताकि यह यूजर्स की बदलती जरूरतों को पूरा करने के लिए डेवलप हो सके। मेन्टेनबिलिटी एक क्रिटिकल एट्रीब्यूट है क्योंकि सॉफ्टवेयर चेंज बदलते कारोबारी माहौल की एक अनिवार्य आवश्यकता है। सॉफ्टवेयर को सिस्टम रिसोर्सेज जैसे मेमोरी और प्रोसेसर साइकल्स का फालतू उपयोग नहीं करना चाहिए। इसलिए एफिशिएंसी में रेस्पॉन्सिवनेस, प्रोसेसिंग टाइम, मेमोरी यूटिलाइजेशन आदि शामिल हैं।

अतः विकल्प (D) सही है।

106. सॉफ्टवेयर डिजाइन प्रोसेस को डिजाइन के फेसेस को निम्नलिखित तीन लेवल्स में डिवाइडेड किया जा सकता है जो कंसर्न का प्राइमरी एरिया है- इंटरफेस डिजाइन, आर्किटेक्चरल डिजाइन, डिटेल्ड डिजाइन।

- इंटरफेस डिजाइन एक सिस्टम और उसके एनवायरनमेंट के बीच इंटरेक्शन का स्पेसिफिकेशन है। यह फेज सिस्टम के इनर वर्किंग के संबंध में हाई लेवल के अब्स्ट्रक्शन पर प्रोसीड्स होता है यानी इंटरफेस डिजाइन के दौरान, सिस्टम के आंतरिक हिस्से को पूरी तरह से अनदेखा कर दिया जाता है और सिस्टम को ब्लैक बॉक्स के रूप में माना जाता है।

- आर्किटेक्चरल डिजाइन एक सिस्टम के मेजर कंपोनेंट्स की स्पेसिफिकेशन है, उनकी रेस्पॉन्सिबिलिटी, प्रॉपर्टीज, इंटरफेस और उनके बीच रेलशनशिप्स और इन्ट्रक्शन्स।

- डिजाइन सभी मेजर सिस्टम कंपोनेंट्स, उनके प्रॉपर्टीज, रेलशनशिप्स, प्रोसेसिंग, और अक्सर उनके एलगोरिदम और डेटा स्ट्रक्चर के इंटरनल एलिमेंट का स्पेसिफिकेशन है।

अतः विकल्प (D) सही है।

107. सॉफ्टवेयर डिजाइन के महत्व को एक शब्द में संक्षेपित किया जा सकता है जो गुणत्ता है। कार्यात्मक सॉफ्टवेयर की गुणत्ता, कार्यात्मक दर्शाती है कि यह कार्यात्मक आवश्यकताओं या विनिर्देशों के आधार पर किसी दिए गए डिज़ाइन के अनुरूप या अनुकूल हो सकता है।

अतः विकल्प (C) सही है।

108. सॉफ्टवेयर इंजीनियरिंग की आवश्यकता यूजर की आवश्यकताओं में प्रोग्रेस की हायर रेट और उस एनवायरमेंट के कारण प्रकट होती है जिस पर प्रोग्राम ऑपरेट कर रहा है।

- **लार्ज सॉफ्टवेयर के लिए:** एक घर या इमारत की तुलना में दीवार बनाना आसान है, वैसे ही, जैसे सॉफ्टवेयर का आकार लार्ज हो जाता है, इंजीनियरिंग को इसे साइंटिफिक प्रोसेस देने के लिए स्टेप्स लेना पड़ता है।

- **कॉस्ट रिड्यूस करने के लिए:** जैसा कि हार्डवेयर इंडस्ट्री ने अपना स्किल दिखाया है और ह्यूज मैन्युफैक्चरिंग ने कंप्यूटर और इलेक्ट्रॉनिक हार्डवेयर की कॉस्ट रिड्यूस कर दी है। लेकिन अगर प्रॉपर प्रोसेस को अडाप्ट नहीं किया जाता है तो सॉफ्टवेयर की कॉस्ट अधिक रहती है।

- **सॉफ्टवेयर कालिटी मैनेजमेंट:** सॉफ्टवेयर डेवलपमेंट की बेटर प्रोसेस एक बेटर और कालिटी सॉफ्टवेयर प्रोडक्ट प्रोवाइड करती है।

अतः विकल्प (D) सही है।

109. कपलिंग एक मॉड्यूल की डिग्री का कालिटेटिव इंडिकेशन है जिस तक एक मॉड्यूल अन्य मॉड्यूल और आउटसाइड वर्ल्ड से कनेक्टेड है। यह सॉफ्टवेयर मॉड्यूल के बीच अन्योन्याश्रयता की डिग्री है, जो इस बात का माप है कि दो रूटीन या मॉड्यूल कितनी बारीकी से जुड़े हुए हैं, मॉड्यूल के बीच संबंधों की ताकत। कपलिंग आमतौर पर सामंजस्य के विपरीत होता है। कम कपलिंग अक्सर उच्च सामंजस्य और इसके विपरीत के साथ संबंध रखता है।

अतः विकल्प (D) सही है।

110. सॉफ्टवेयर वेलिडेशन सॉफ्टवेयर प्रक्रियाओं के लिए एक गतिविधि है न कि सॉफ्टवेयर इंजीनियरिंग की मौलिक धारणाओं के लिए। सॉफ्टवेयर वेलिडेशन दस्तावेज साक्ष्य स्थापित करने की प्रक्रिया है जो पुष्टि करता है कि एक कंप्यूटर सिस्टम सही ढंग से स्थापित किया गया है, उपयोगकर्ता की जरूरतों और कार्यों को उसके इच्छित उपयोग के अनुसार पूरा करेगा।

अतः विकल्प (D) सही है।

111. स्पाटिअल लोकैलिटी एक ऐरे कांसेप्ट का अत्यधिक उपयोग करता है। स्पाटिअल लोकैलिटी का मतलब है कि हाल ही में एक्सेस किया गया निर्देश, फिर पास के मेमोरी लोकेशन को अगले इटरेशन में एक्सेस किया जाना। जैसा कि हम जानते हैं कि एक ऐरे में, सभी एलिमेंट को मेमोरी के एक कांटिगस ब्लॉक में स्टोर किया जाता है, इसलिए स्पाटिअल लोकैलिटी को तेजी से एक्सेस किया जा सकता है।

अतः विकल्प (C) सही है।

112. int टाइप डेटा का साइज 4 बाइट्स है।

ऐरे 9 एलिमेंट को स्टोर करती है।

तो, ऐरे का साइज 9 $\times$ 4=36 बाइट्स होगा।

अतः विकल्प (D) सही है।

113. यदि स्टैक का साइज 10 है और हम स्टैक में 11वां एलिमेंट ऐड करने का प्रयास करते हैं तो स्थिति को ओवरफ्लो के रूप में जाना जाता है। स्टैक ओवरफ्लो तब होता है जब कॉल स्टैक पॉइंटर स्टैक बाउंड से अधिक हो जाता है। कॉल स्टैक में लिमिटेड मात्रा में एड्रेस स्पेस हो सकता है, जिसे अक्सर प्रोग्राम की शुरुआत में निर्धारित किया जाता है। कॉल स्टैक का साइज प्रोग्रामिंग लैंग्वेज, मशीन आर्किटेक्चर, मल्टी-थ्रेडिंग और अवेलेबल मेमोरी की अमाउंट सहित कई कारकों पर निर्भर करता है।

अतः विकल्प (C) सही है।

114. एक क्यू को इम्प्लीमेंट करने के लिए आवश्यक स्टैक की न्यूनतम संख्या 2 है। क्यू में, एक स्टैक को एनक्यू ऑपरेशन के लिए आवश्यक है, और दूसरे

स्टैक का उपयोग डीक्यू ऑपरेशन के लिए किया जाएगा। पहले स्टैक को इनपुट स्टैक माना जाता है जबकि दूसरे स्टैक को आउटपुट स्टैक माना जाता है।

अतः विकल्प (B) सही है।

115. हम कह सकते हैं कि लिंक्ड लिस्ट में प्रथम नोड स्टैक के शीर्ष के रूप में माना जाता है। जैसा कि हम जानते हैं, स्टैक में अंतिम इन्सर्टेड एलिमेंट को स्टैक के शीर्ष के रूप में माना जाता है। जब भी लिंक्ड लिस्ट में एलिमेंट ऐड किया जाता है, तो इसे हमेशा लिस्ट की शुरुआत में ऐड किया जाता है।

अतः विकल्प (A) सही है।

116. एफपी ग्रोथ मेथड आमतौर पर एप्रीओरी एल्गोरिथम के सर्वोत्तम कार्यान्वयन से बेहतर थी। एप्रीओरी रिलेशनल डेटाबेस पर लगातार आइटम सेट माइनिंग और एसोसिएशन रूल लर्निंग के लिए एक एल्गोरिथम है। यह डेटाबेस में लगातार अलग-अलग आइटमों की पहचान करके और उन्हें बड़े और बड़े आइटम सेट तक विस्तारित करके आगे बढ़ता है, जब तक कि वे आइटम सेट डेटाबेस में पर्याप्त रूप से अक्सर दिखाई देते हैं।

अतः विकल्प (A) सही है।

117. डेप्थ K के बाइनरी ट्री में नोड्स की अधिकतम संख्या $2^K - 1$ है।

जहाँ K बाइनरी ट्री की डेप्थ है, K>1

दिया गया है, K = 10

तो, नोड्स की अधिकतम संख्या $= 2^{10} - 1$

= 1023

अतः विकल्प (B) सही है।

118. यदि सरणी सॉर्टिंग बढ़ रही है या गैर-बढ़ती क्रम है, तो त्वरित सॉर्ट में सबसे खराब स्थिति समय जटिलता को देखते हुए पहले या अंतिम तत्व को चुनना।

त्वरित क्रम के प्रत्येक चरण में, संख्याओं को निम्नलिखित पुनरावृत्ति के अनुसार विभाजित किया जाता है।

t(n) = t(n -1) + O(n)

औसत केस समय जटिलता $(t2) = O(logn)$

सबसे खराब स्थिति समय जटिलता $(t1) = O(n^2)$

चूँकि t1 की स्थिति सबसे खराब है $\therefore t1 > t2$

अतः विकल्प (C) सही है।

119. प्री ऑर्डर को डेप्थ फर्स्ट ऑर्डर के नाम से भी जाना जाता है। प्रीऑर्डर ट्रैवर्सल डीएफएस का एक अन्य प्रकार है। जहां एक रिकर्सिव फंक्शन में एटॉमिक ऑपरेशन्स इनऑर्डर ट्रैवर्सल के समान होते हैं लेकिन एक अलग क्रम के साथ।

हम पहले करेंट नोड पर जाते हैं और फिर लेफ्ट उप-ट्री पर जाते हैं। लेफ्ट उप-ट्री के प्रत्येक नोड को कवर करने के बाद हम राइट सब-ट्री और रिकर्सिव फंक्शन की ओर बढ़ेंगे।

स्टेप का क्रम इस प्रकार होगा:

- नोड पर जाएँ
- लेफ्ट-सबट्री पर जाएं
- राइट-सबट्री पर जाएं

अतः विकल्प (A) सही है।

120. डेटा एब्स्ट्रैक्शन का अर्थ है बैकग्राउंड डिटेल्स को शामिल किए बिना आवश्यक सुविधाओं को एक साथ रखना। डेटा एब्स्ट्रैक्शन C++ में ऑब्जेक्ट-ओरिएंटेड प्रोग्रामिंग की सबसे आवश्यक और महत्वपूर्ण विशेषताओं में से एक है। डेटा एब्स्ट्रैक्शन का अर्थ है केवल आवश्यक जानकारी प्रदर्शित करना और विवरण छिपाना। डेटा एब्स्ट्रैक्शन का तात्पर्य बाहरी दुनिया को डेटा के बारे में केवल आवश्यक जानकारी प्रदान करना, बैकग्राउंड डिटेल्स या कार्यान्वयन को छिपाना है।

अतः विकल्प (D) सही है।

121. यूनियन, कॉन्सटेनेशन और क्लेन क्लोजर के तहत रेगुलर सेट बंद हैं। यह कथन सत्य है।

यूनियन, कॉन्सटेनेशन और क्लेन क्लोजर के तहत नियमित सेट बंद हो जाते हैं। पिछले DFA में स्वीकृत स्ट्रिंग को स्वीकार नहीं किया जाएगा और गैर-स्वीकार्य स्ट्रिंग को स्वीकार किया जाएगा। पॉजिटिव क्लोजर या क्लेन क्लोजर को परिमित-लंबाई वाले स्ट्रिंग्स के सेट के रूप में वर्णित किया जा सकता है जो एक ही तत्व के कई बार उपयोग की अनुमति देने वाले स्ट्रिंग्स के सेट के मनमानी तत्वों को जोड़कर उत्पन्न किया जा सकता है।

अतः विकल्प (A) सही है।

122. फाइनल स्टेट को नॉन-फाइनल और नॉन-फाइनल से फाइनल बनाकर एक डीएफए का कॉम्प्लीमेंट प्राप्त किया जा सकता है। पिछले डीएफए में एक्सेप्टेड स्ट्रिंग को स्वीकार नहीं किया जाएगा और नॉन-अक्सेप्टिंग स्ट्रिंग को स्वीकार किया जाएगा। कॉम्प्लीमेंट डीएफए L2 द्वारा एक्सेप्टेड लैंग्वेज L1 लैंग्वेज की कॉम्प्लीमेंट है।

उदाहरण- 1:

L1: इवेन लेंथ के {a, b} से अधिक के सभी स्ट्रिंग्स का सेट

L1 = {एप्सिलॉन, ab, aa, abaa, aaba, ...}

L2: ओड लेंथ के {a, b} से अधिक के सभी स्ट्रिंग्स का सेट

L2 = {a, b, aab, aaa, bba, bbb, ...}

अतः, हम देख सकते हैं कि L2 = $\overline{L1}$

अतः विकल्प (C) सही है।

123. (0+1)* का रिवर्स (0+1)* होगा। केवल एक ही स्टेट है जो डीएफए की शुरुआत और फाइनल स्टेट है, इसलिए इंटरचेंजिंग स्टार्टिंग स्टार्ट और फाइनल स्टेट डीएफए नहीं बदलता है। किसी लैंग्वेज को रिवर्सिंग का अर्थ है लैंग्वेज के प्रत्येक स्ट्रिंग को रिवर्सिंग करना रिवर्सल का प्रोसेस इस प्रकार है:

रिवर्सल के लिए स्टेप्स:

- जैसा है वैसा ही स्टेट्स को ड्रा करें।
- फाइनल स्टेट को इनिशियल स्टेट और इनिशियल स्टेट को फाइनल स्टेट के रूप में बनाएँ।
- एज को रिवर्स दें।
- लूप वही रहेगा।
- इनप्रोप्रिएट ट्रेनसिशन स्टेट निकालें।

अतः विकल्प (C) सही है।

124. रिकर्सिव लैंग्वेज सीएफएल का एक प्रॉपर सुपरसेट हैं। जब हम रिकर्सिव लैंग्वेज की बात करते हैं तो यह हमेशा रुक जाती है कि यह मशीन द्वारा एक्सेप्ट की जाती है या नहीं। यदि इसे एक्सेप्ट कर लिया जाता है तो यह (q एक्सेप्ट) पर पहुँच जाता है और रुक जाता है। और अगर मशीन द्वारा एक्सेप्ट नहीं किया जाता है तो यह सीधे पहुंच जाता है (q हाल्ट)। हम जानते हैं कि सीएफएल रिकर्सिव लैंग्वेज का एक प्रॉपर सबसेट है, इसका मतलब है कि रिकर्सिव लैंग्वेज सीएफएल के लिए एक प्रॉपर सुपरसेट है।

अतः सही विकल्प (A) है।

125. निम्नलिखित नियमित अभिव्यक्ति पहचान सत्य है:

(r* s*)* = (r+s)*

r और s नियमित अभिव्यक्ति हैं, जो नियमित सेट का प्रतिनिधित्व करते हैं। यदि r और s नियमित अभिव्यक्ति हैं जो समुच्चय R और S को निरूपित करते हैं, तो नियमित अभिव्यक्ति r+s समुच्चय RUS को दर्शाता है। हाँ, 01 (0+1)* द्वारा उत्पन्न किया जा सकता है; 0∈R और 1∈S, इसलिए 01∈(RUS)*। और हाँ, यह 0*+1* द्वारा उत्पन्न नहीं होता, लेकिन इसलिए नहीं कि 0* और 1* खाली स्ट्रिंग उत्पन्न करते हैं: खाली स्ट्रिंग (0+1)* द्वारा उत्पन्न होती है। 01∉R*US* क्योंकि R* में केवल 0 (खाली स्ट्रिंग सहित) के स्ट्रिंग होते हैं, और S* में केवल 1 (खाली स्ट्रिंग सहित) के स्ट्रिंग होते हैं, और 01 न तो है।

अतः विकल्प (B) सही है।

126. सीएलआर पार्सर का पूरा नाम कैनोनिकल एलआर पार्सर है। यह एक सबसे शक्तिशाली एलआर पार्सर है। यह लुकहेड प्रतीकों का उपयोग करता है। यह विधि एलआर (1) आइटम नामक ऑब्जेक्ट के एक बड़े सेट का उपयोग करती है। एलआर (0) और एलआर (1) ऑब्जेक्ट के बीच मुख्य अंतर यह है कि, एलआर (1) ऑब्जेक्ट में, स्टेट में अधिक जानकारी ले जाना संभव है, जो डेड रिलीफ स्टेट से इंकार करता है। यह एडिशनल इनफॉर्मेशन स्टेट में लुकहेड सिंबल द्वारा शामिल की गई है। सामान्य सिंटैक्स [A->∝.B, a] बन जाता है।

जहां A->∝.B आउटपुट है और a एक टर्मिनल या राइट एन्ड मार्कर है।

एलआर(1)आइटम्स = एलआर(0)आइटम्स + लुक अहेड

अतः विकल्प (C) सही है।

127. लेक्सिकल एनालाइजर का आउटपुट टोकन का एक सेट होता है। लेक्सिकल एनालिसिस कंपाइलर का पहला फेज है जिसे स्कैनर के रूप में भी जाना जाता है। यह हाई लेवल इनपुट प्रोग्राम को टोकन के सीक्वेंस में कन्वर्ट करता है। लेक्सिकल एनालिसिस को डेटेर्मिनिस्टिक फाइनाइट ऑटोमेटा के साथ इम्प्लीमेंटेड किया जा सकता है। आउटपुट टोकन का एक सीक्वेंस है जो सिंटैक्स एनालिसिस के लिए पार्सर को भेजा जाता है।

अतः विकल्प (D) सही है।

128. एक प्रोग्रामिंग लैंग्वेज के स्पेसिफिकेशन में अक्सर नियमों का एक सेट शामिल होता है, जो कि लेक्सिकल ग्रामर है जो लेक्सिकल सिंटैक्स को परिभाषित करता है। लेक्सिकल ग्रामर एक फॉर्मल ग्रामर है जो टोकन के सिंटैक्स को परिभाषित करता है। प्रोग्राम उन करैक्टर का उपयोग करके लिखा गया है जो उपयोग की जाने वाली लैंग्वेज की लेक्सिकल स्ट्रक्चर द्वारा परिभाषित किए गए हैं। करैक्टर सेट किसी भी रिटेन लैंग्वेज द्वारा प्रयुक्त करैक्टर के बराबर है। लेक्सिकल ग्रामर नियमों को निर्धारित करता है कि कैसे एक करैक्टर सीक्वेंस को करैक्टर के बाद में विभाजित किया जाता है, जिनमें से प्रत्येक भाग एक इंडिविजुअल टोकन का रेप्रेसेंट्स करता है। इसे अक्सर रेगुलर एक्सप्रेशन के संदर्भ में परिभाषित किया जाता है।

अतः विकल्प (A) सही है।

129. ऐम्बिग्यूअस ग्रामर कॉन्टेक्स्ट -फ्री ग्रामर है जो एक ही निर्दिष्ट सेंटेंस के लिए एक से अधिक लेफ्टमोस्ट या राइटमोस्ट डेरिवेशन देता है। एक ऐम्बिग्यूअस ग्रामर वह है जिसके लिए सिंगल सेंटेंस के लिए एक से अधिक पार्स ट्री हैं। चूंकि प्रत्येक पार्स ट्री बिल्कुल एक लेफ्टमोस्ट (या राइटमोस्ट) डेरिवेशन से मेल खाता है, एक ऐम्बिग्यूअस ग्रामर वह है जिसके लिए किसी दिए गए सेंटेंस के एक से अधिक लेफ्टमोस्ट (या राइटमोस्ट) डेरिवेशन होते हैं।

अतः विकल्प (C) सही है।

130. कंपाइलर में लेक्सिकल एनालाइजर का उपयोग टिप्पणियों को हटाने, व्हाट्सएप को हटाने, टोकन के सेट में सिंटैक्स को तोड़ने के लिए किया जाता है। लेक्सिकल एनालिसिस एक कंपाइलर का पहला फेज है। यह लैंग्वेज प्रीप्रोसेसरों से संशोधित सोर्स कोड लेता है जो सेंटेंस के रूप में लिखे जाते हैं।

लेक्सिकल एनालाइजर सोर्स कोड में किसी भी व्हाइटस्पेस या कमेंट्स को हटाकर, इन सिंटैक्स को टोकन की एक सीरीज में ब्रेक करता है।

अतः विकल्प (D) सही है।

131. सिंक्रोनस और एसिंक्रोनस ट्रांसमिशन के बीच मुख्य अंतर क्लॉकिंग है जो सिंक्रोनस ट्रांसमिशन में डेटा से प्राप्त होता है जबकि क्लॉकिंग को एसिंक्रोनस ट्रांसमिशन में डेटा के साथ मिलाया जाता है। सिंक्रोनस एक डेटा ट्रांसफर मेथड है जिसमें डेटा सिग्नल की एक कंटिन्यूस स्ट्रीम टाइमिंग सिग्नल के साथ होती है जबकि एसिंक्रोनस डेटा ट्रांसमिशन एक डेटा ट्रांसफर मेथड है जिसमें सेंडर और रिसीवर कंट्रोल मेथड का उपयोग करते हैं।

अतः सही विकल्प (B) है।

132. T1 कैरियर की ट्रांसमिशन सिग्नल कोडिंग विधि को बाइपोलर कहा जाता है। बाइपोलर एन्कोडिंग एक प्रकार का रिटर्न-टू-जीरो लाइन कोड है, जहां दो नॉनजीरो वैल्यू का उपयोग किया जाता है, ताकि तीन वैल्यू +, - और जीरो हों। बाइपोलर सिग्नलिंग, जिसे बाइपोलर ट्रांसमिशन भी कहा जाता है, वायर या केबल पर बाइनरी डेटा भेजने का एक बेसबैंड तरीका है। दो तर्क अवस्थाएँ हैं, लो और हाई, जो क्रमशः 0 और 1 अंकों द्वारा दर्शायी जाती हैं। सिग्नल की बैंडविड्थ प्रत्येक डेटा बिट की अवधि के व्युक्रमानुपाती होती है।

अत: सही विकल्प (B) है।

133. एक सिंक्रोनस मॉडेम में, डिजिटल-से-एनालॉग कनवर्टर इक्लाइज़र को एक संकेत भेजता है। इक्लाइज़र का उपयोग फ्रीक्वेंसी रेस्पॉन्स को प्रस्तुत करने के लिए किया जाता है- उदाहरण के लिए एक टेलीफोन लाइन-एंड-टू-एंड इक्लाइज़र का उपयोग फीडबैक को कंट्रोल करने के साथ-साथ साउंड रेफोर्सेंमेंट सिस्टम की फ्रीक्वेंसी रेस्पॉन्स को भी कंट्रोल करने के लिए किया जाता है।

अत: सही विकल्प (D) है।

134. सिंक्रोनस मॉडेम के ट्रांसमिशन सेक्शन में स्क्रैम्बलर होता है। एक स्क्रैम्बलर एक ऐसा डिवाइस है जो सिग्नल को ट्रांसपोज़ या इनवर्ट करता है या अन्यथा प्रेषक के पक्ष में एक मैसेज को एक रिसीवर पर अस्पष्ट रूप से समझने योग्य बनाने के लिए एन्कोड करता है जो उचित रूप से सेट डिस्क्रैम्बलिंग डिटाइस से सुसज्जित नहीं है।

अत: सही विकल्प (D) है।

135. सिंक्रोनस मोडेम एसिंक्रोनस मोडेम की तुलना में अधिक महंगे होते हैं क्योंकि उनमें क्लॉक रिकवरी सर्किट होना चाहिए। सिंक्रोनस मोडेम डेटा के साथ क्लॉक सिग्नल भेजते हैं। डेटा से क्लॉक को रिकवर करने के लिए आवश्यक एडिशनल सर्किटरी के कारण महंगे होते हैं।

अतः विकल्प (A) सही है।

136. IPX (इंटरनेटवर्क पैकेट एक्सचेंज) नेटवेयर नेटवर्क लेयर 3 प्रोटोकॉल है जो नोवेल नेटवेयर का उपयोग करने वाले लैन पर सूचना स्थानांतरित करने के लिए उपयोग किया जाता है।

IPX नेटवर्क लेयर है और SPX, IPX/SPX नेटवर्क प्रोटोकॉल की ट्रांसपोर्ट लेयर है। IPX और IP प्रोटोकॉल के समान कार्य हैं और यह परिभाषित करता है कि डिवाइस के बीच डेटा कैसे भेजा और प्राप्त किया जाता है। ट्रांसपोर्ट लेयर प्रोटोकॉल या SPX प्रोटोकॉल का उपयोग डिवाइस के बीच संबंध स्थापित करने और बनाए रखने के लिए किया जाता है।

अत: विकल्प (A) सही है।

137. ISP का अर्थ इंटरफेस सेग्रीगेशन प्रिंसिपल है। इंटरफ़ेस सेग्रीगेशन प्रिंसिपल कहता है कि किसी भी क्लाइंट को उन तरीकों पर निर्भर रहने के लिए मजबूर नहीं किया जाना चाहिए जिनका वह उपयोग नहीं करता है। ISP उन इंटरफेस को विभाजित करता है जो बहुत बड़े होते हैं और छोटे और अधिक विशिष्ट होते हैं ताकि क्लाइंट्स को केवल उन तरीकों के बारे में जानना पड़े जो उनके लिए इंटरेस्ट हैं।

अत: विकल्प (A) सही है।

138. डायल-अप इंटरनेट, इंटरनेट एक्सेस का एक रूप है जो पारंपरिक टेलीफोन लाइन पर एक टेलीफोन नंबर डायल करके इंटरनेट सेवा प्रदाता से कनेक्शन स्थापित करने के लिए सार्वजनिक स्विच्ड टेलीफोन नेटवर्क की सुविधाओं का उपयोग करता है। SLIP (सीरियल लाइन इंटरनेट प्रोटोकॉल) TCP/IP प्रोटोकॉल सूट से पहले मॉडेम प्रोटोकॉल के एकीकरण का परिणाम है। पॉइंट-टू-पॉइंट प्रोटोकॉल (PPP) एक डेटा लिंक लेयर कम्युनिकेशन प्रोटोकॉल है जिसका उपयोग दो नोड्स के बीच सीधा संबंध स्थापित करने के लिए किया जाता है।

अत: विकल्प (D) सही है।

139. तीन प्रकार के आईपी एड्रेस नेटवर्क एड्रेस, होस्ट एड्रेस, ब्रॉड कास्ट एड्रेस हैं।

होस्ट एड्रेस, होस्ट और नेटवर्क एड्रेस की पहचान करने के लिए उपयोग किए जाने वाले एड्रेस का एक हिस्सा है, टेलीकम्युनिकेशन नेटवर्क के नोड या नेटवर्क इंटरफ़ेस के लिए एक पहचानकर्ता है। ब्रॉडकास्ट एड्रेस नेटवर्क के सभी डिवाइस का रिप्रेजेंट करता है। यदि एक IP पैकेट एक ब्रॉडकास्ट एड्रेस पर भेजा जाता है, तो यह उस नेटवर्क के सभी डिवाइस के लिए है।

अत: विकल्प (B) सही है।

140. एक नेटवर्क जिसको मैन्युअल रूप से रूट सिग्नल भेजने के लिए मनुष्य की जरूरत होती है, उसे टी-स्विचड नेटवर्क कहा जाता है। एक नेटवर्क स्विच (जिसे स्विचिंग हब, ब्रिजिंग हब या मैक ब्रिज भी कहा जाता है) एक कंप्यूटर नेटवर्किंग डिवाइस है।

स्विच किसी भी नेटवर्क के लिए की बिल्डिंग ब्लॉक हैं। वे कई डिवाइस कनेक्ट करते हैं, जैसे कंप्यूटर, वायरलेस एक्सेस पॉइंट, प्रिंटर्स और सर्वर्स; किसी भवन या परिसर के भीतर एक ही नेटवर्क पर। एक स्विच कनेक्टेड डिवाइस को जानकारी साझा करने और एक दूसरे से बात करने में सक्षम बनाता है।

अत: विकल्प (C) सही है।

141. किसी पर्टिकुलर डोमेन में नॉलेज के रीप्रेजेंटेशन के लिए एक गुड सिस्टम पर विचार करने पर रेप्रेसेंटेशनल एडक्यूसी, इनफेरेंसिअल एडक्यूसी, इनफेरेंसिअल एफिशिएंसी और इक्विसिशनल एफिशिएंसी होनी चाहिए।

अत: सही विकल्प (D) है।

142. सांख्यिकीय तर्क यह है कि प्रत्येक कथन के साथ निश्चितता के किसी प्रकार के संख्यात्मक माप को जोड़ने की अनुमति देने के लिए प्रतिनिधित्व बढ़ाया जाता है। अधिकांश सांख्यिकीय तर्क डेटा और अवसर के बारे में विचारों को जोड़ते हैं, जिससे अनुमान लगाया जाता है और सांख्यिकीय परिणामों की व्याख्या की जाती है। इस तर्क का आधार वितरण, केंद्र, प्रसार, संघ, अनिश्चितता, यादृच्छिकता और नमूनाकरण जैसे महत्वपूर्ण विचारों की एक वैचारिक समझ है।

अत: सही विकल्प (A) है।

143. सामान्यता आसानी से आवेदन के विभिन्न डोमेन के लिए विधि को अनुकूलित का माप है। एआई में एक प्रकार की व्यापकता में ऐसे समाधान खोजने के तरीके शामिल हैं जो समस्या क्षेत्र से स्वतंत्र हैं। एलन नेवेल, हर्बर्ट साइमन, और उनके सहयोगियों और छात्रों ने इस दृष्टिकोण का बीड़ा उठाया और इसे आगे बढ़ाना जारी रखा।

अत: सही विकल्प (A) है।

144. ग्रीडी बेस्ट-फर्स्ट सर्च का हेयुरिस्टिक फंक्शन $f(n) = h(n)$ है। ग्रीडी बेस्ट-फर्स्ट सर्च उस नोड का विस्तार करने की कोशिश करता है जो गोयल के सबसे करीब है, इस आधार पर कि इससे जल्द से जल्द समाधान निकलने की संभावना है। इस प्रकार, यह केवल हेयुरिस्टिक फंक्शन का उपयोग करके नोड्स का मूल्यांकन करता है; वह है, $f(n) = h(n)$ हम स्टेट लाइन डिस्टेंस हेयुरिस्टिक का उपयोग करते हैं, जिसे हम hSLD कहेंगे।

ग्रीडी हेयुरिस्टिक का एक उदाहरण है (बेस्ट लोकल विकल्प बनाएं और ऑप्टीमल ग्लोबल रिजल्ट की आशा करें), लेकिन इसका मतलब यह नहीं है कि हेयुरिस्टिक ग्रीडी हैं। ग्रीडी से पूरी तरह से असंबंधित कई हेयुरिस्टिक हैं।

अत: सही विकल्प (C) है।

145. A* सर्च सबसे लोवेस्ट-कॉस्ट-फर्स्ट और बेस्ट-फर्स्ट सर्च का एक कंसीडर्स है जो पथ की कॉस्ट और हेयुरिस्टिक इनफार्मेशन दोनों पर विचार करता है, कि किस पथ का विस्तार करना। यह कॉस्ट (p), पथ की कॉस्ट, साथ ही हेयुरिस्टिक फंक्शन h(p), p के अंत से गोयल तक एस्टिमेटेड पथ कॉस्ट का उपयोग करता है।

अत: सही विकल्प (C) है।

146. किसी भी समय पर तर्कसंगतता निर्भर करती है:

- प्रदर्शन माप जो सफलता की कसौटी को परिभाषित करता है।
- पर्यावरण के बारे में एजेंट का पूर्व ज्ञान।
- वह कार्य जो एजेंट कर सकता है।
- एजेंट का अब तक का बोध क्रम।

अत: सही विकल्प (D) है।

147. ऑनलाइन सर्च एक एक्सप्लोरेशन प्रॉब्लम के लिए एक आवश्यक विचार है जहां एजेंट के लिए स्टेट्स और एक्शन्स अज्ञात हैं। एक्सप्लोरेशन प्रॉब्लम स्टेट-स्पेस और अज्ञात एक्शन्स के प्रभाव कठिन है। यदि पर्यावरण पूरी तरह से सुलभ है, तो वैक्यूम क्लीनर हमेशा जानता है कि वह कहाँ है और गंदगी कहाँ है। समाधान तब एंटीएल स्टेट से गोयल स्टेट तक के पथ की सर्चिंग में कम हो जाती है।

अत: सही विकल्प (A) है।

148. नए स्टेट म्यूटेशन और क्रॉसओवर द्वारा उत्पन्न होते हैं, जो जनसंख्या से स्टेट्स की एक जोड़ी को जोड़ती है। क्रॉसओवर और म्यूटेशन दो अलग-अलग भूमिकाएँ निभाते हैं। क्रॉसओवर (जैसे सिलेक्शन) एक कन्वर्जेन्स ऑपरेशन है जिसका उद्देश्य जनसंख्या को स्थानीय न्यूनतम/अधिकतम की ओर खींचना है। एक इंटरसेटिंग असाइड में, क्रॉसओवर मूल जेनेटिक ऑपरेटरों में से एक नहीं है; हॉलैंड की ओरिजिनल थीसिस में केवल सिलेक्शन और प्रॉबबिलिस्टिक म्यूटेशन का उपयोग किया गया था।

म्यूटेशन एक डिवेर्जेंस ऑपरेशन है। इसका उद्देश्य आबादी के एक या अधिक सदस्यों को स्थानीय न्यूनतम/अधिकतम स्थान से कभी-कभी तोड़ना और संभावित रूप से बेहतर न्यूनतम/अधिकतम स्थान की खोज करना है।

चूंकि अंतिम लक्ष्य जनसंख्या को कन्वर्जेन्स में लाना है, सिलेक्शन/क्रॉसओवर अधिक बार होता है (आमतौर पर हर जनरेशन)। म्यूटेशन, एक डिवेर्जेंस ऑपरेशन होने के कारण कम बार होना चाहिए, और आम तौर पर किसी भी जनरेशन में आबादी के कुछ सदस्यों (यदि कोई हो) को प्रभावित करता है।

अत: विकल्प (D) सही है।

149. टास्क एनवायरमेंट एक प्रॉब्लम रेज करेगा और रेशनल एजेंट उत्पन्न प्रॉब्लम का सॉल्यूशन ढूंढेगा। चीजों को आसान बनाने के लिए हम कभी-कभी टास्क और/या एनवायरमेंट में मैनिपुलेट कर सकते हैं। उदाहरण के लिए, रोबोट के कैमरों के लिए चीजों को आसान बनाने के लिए ऑब्जेक्ट्स के कंट्रास्ट को बढ़ाना। हालांकि टास्क एनवायरमेंट आमतौर पर दिया जाता है।

एक टास्क एनवायरमेंट एक थ्योरेटिकल कंस्ट्रक्ट है जो टास्क को करने में स्वीकार्य चाल के गोयल रिलेवेंट कॉसिक्योंसेस की आपूर्ति करने वाला है।

अत: विकल्प (A) सही है।

150. लर्निंग एलिमेंट को क्रिटिक से फीडबैक मिलता है जो कि एनवायरमेंट में प्रस्तुत किया जाता है कि एजेंट कैसे कर रहा है।

लर्निंग एलिमेंट: यह एनवायरमेंट से लर्निंग इम्प्रोवेमेन्ट्स करने के लिए जिम्मेदार है।

क्रिटिक: लर्निंग एलिमेंट क्रिटिक से फीडबैक लेता है जो बताता है कि एक निश्चित प्रदर्शन मानक के संबंध में एजेंट कितना अच्छा कर रहा है।

अतः विकल्प (A) सही है।

Paper - I

Q.1 शिक्षक का वह दृष्टिकोण जो शिक्षण को प्रभावित करता है:

A. भावात्मक क्षेत्र से

B. ज्ञानात्मक क्षेत्र से

C. सहजातात्मक क्षेत्र से

D. मनश्चालक क्षेत्र से

Q.2 शिक्षण के दौरान विद्यार्थियों की अधिकतम सहभागिता किसके द्वारा संभव है?

A. व्याख्यान पद्धति

B. प्रदर्शन पद्धति

C. आगमनात्मक पद्धति

D. पाठ्यपुस्तक पद्धति

Q.3 निर्देश: प्रश्न में दो कथन हैं, एक अभिकथन और एक कारण। दोनों कथनों को ध्यानपूर्वक पढ़कर उपयुक्त विकल्प का चयन कीजिए।

अभिकथन (A): सभी प्रकार के शिक्षण का उद्देश्य "सिखाना" होना चाहिए।

कारण (R): सभी प्रकार के सीखने की प्रक्रिया शिक्षण का परिणाम होती है।

A. (A) एवं (R) दोनों सत्य है, और (R), (A) की सही व्याख्या है।

B. (A) एवं (R) दोनों सत्य है, लेकिन (R), (A) की सही व्याख्या नहीं है।

C. (A) सत्य है, लेकिन (R) असत्य है।

D. (A) असत्य है, लेकिन (R) सत्य है।

Q.4 प्रभावी शिक्षण का क्या अर्थ है?

A. छात्रों को दिया गया प्यार, सहयोग, सहानुभूति, स्नेह और प्रोत्साहन

B. नैतिक अपराधों के समय छात्रों को दी गई शारीरिक दंड

C. व्यक्तिगत निर्देश और खुली कक्षा चर्चा

D. दोनों (A) और (C)

Q.5 एक अच्छा शिक्षक वह है, जो:

A. उपयोगी जानकारी देता है।

B. संकल्पनाओं और सिद्धांतों को स्पष्ट करता है।

C. विद्यार्थियों को मुद्रित नोट्स देता है।

D. छात्रों को सीखने के लिए प्रेरित करता है।

Q.6 जब सामाजिक अनुसंधान के रूप में योजना बनाई जाए तो बेहतर होगा कि:

A. खुले दिमाग से विषय के बारे में सोचा जाये।

B. उसमें पूरी तरह डूबने से पहले मार्गदर्शी अध्ययन करा जाये।

C. विषय से जुड़े साहित्य से परिचित किया जाये।

D. सैद्धांतिकता को भूलना चाहिये क्योंकि यह एक व्यावहारिक व्याख्या है।

Q.7 शिक्षा के व्यवसायीकरण का उद्देश्य है:

A. उदार शिक्षा को रोजगारोन्मुखी बनाना

B. उदार शिक्षा को व्यावसायिक शिक्षा में परिवर्तित करना

C. छात्रों को ज्ञान के साथ एक व्यवसाय के लिए तैयार करना

D. सामान्य शिक्षा की तुलना में व्यावसायिक को अधिक महत्व देना

Q.8 एक शोधकर्ता आबादी को पीजी, स्नातक और 10 + 2 छात्रों में विभाजित करता है और यादृच्छिक अंक तालिका का उपयोग करके वह उनमें से प्रत्येक से कुछ का चयन करता है। इसे तकनीकी रूप से कहा जाता है:

A. स्तरीकृत नमूनाकरण

B. स्तरीकृत यादृच्छिक नमूनाकरण

C. प्रतिनिधि नमूनाकरण

D. इनमें से कोई नहीं

Q.9 तत्काल अनुप्रयोग का अनुसंधान प्रवाह है:

A. वैचारिक अनुसंधान

B. क्रियात्मक अनुसंधान

C. मूलभूत अनुसंधान

D. अनुभवजन्य अनुसंधान

Q.10 एक शोधकर्ता समय की अवधि में लोगों के वजन पर नींद की अवधि के प्रभाव का अध्ययन करना चाहता है।

यह किस तरह का शोध है?

A. प्रतिनिघ्यात्मक शोध

B. अधोमुखी शोध

C. प्रयोगात्मक शोध

D. वर्णनात्मक शोध

Ques (11-15):निर्देश: गद्यांश को पढ़ें और नीचे दिए गए प्रश्न का उत्तर दें:

विकास वंचितों कीक्षमताओं का विस्तार करने के बारे में है, जिससे उनके जीवन की समग्र गुणवत्ता में सुधार होता है। इस समझ के आधार पर, भारत के सबसे अमीर राज्यों में से एक, महाराष्ट्र, विकास की कमी का एक उत्कृष्ट मामला है, जो आदिवासी क्षेत्रों में बच्चों के बीच अस्वीकार्य रूप से उच्च स्तर के कुपोषण में देखा जाता है। 2004 के बाद से राज्य की प्रति व्यक्ति आय दोगुनी हो गई है, लेकिन इसकी पोषण स्थिति में कोई प्रगति नहीं हुई है।

गरीबपोषण सुरक्षा जनसंख्या के सबसे गरीब वर्ग को असमान रूप से प्रभावित करती है। एनएफएचएस 2015-16 के अनुसार, हर दूसरा आदिवासी बच्चा लगातार भूख के कारण कुपोषण को रोकने वाले विकास से पीड़ित है। 2005 में, बाल कुपोषण ने अकेले महाराष्ट्र के पालघर जिले में 718 लोगों की जान ले ली। एक दशक के दोहरे अंकों की आर्थिक वृद्धि (2004-05 से 2014-15) के बाद भी, पालघर की कुपोषण की स्थिति में मुश्किल से सुधार हुआ है।

सितंबर 2016 में,राष्ट्रीय मानवाधिकार आयोग ने पालघर में कुपोषण के कारण 600 बच्चों की मौत की रिपोर्ट पर महाराष्ट्र सरकार को नोटिस जारी किया। सरकार ने, कुपोषण की जांच के लिए जच्चा-बच्चा और एकीकृत बाल विकास सेवाओं जैसी योजनाओं को ठीक से लागू करने का वादा किया। पिछले साल जिले के विक्रमगढ़ ब्लॉक में किए गए हमारे स्वतंत्र सर्वेक्षण में पाया गया कि इस ब्लॉक के 57%, 21% और 53% बच्चे क्रमशः बौने, कमजोर और कम वजन के थे; 27% गंभीर रूप से अविकसित थे। हमारा डेटा चुनौती देता है कि महाराष्ट्र की महिला और बाल विकास मंत्री ने मार्च में विधान परिषद में क्या कहा - कि "पालघर में पिछले कुछ महीनों में सरकार द्वारा किए गए विभिन्न हस्तक्षेपों के कारण कुपोषण में कमी आई है।"

स्टंटिंग स्थूल और सूक्ष्म पोषकतत्वों के अपर्याप्त सेवन के कारण होता है। आमतौर पर यह स्वीकार किया जाता है कि दो साल के बाद विकास मंदता से उबरना तभी संभव है जब प्रभावित बच्चे को पोषक तत्वों की पर्याप्त मात्रा में आहार दिया जाए। पोषक तत्वों की पर्याप्तता का एक महत्वपूर्ण पहलू आहार विविधता है, जिसकी गणना एक से 15 दिनों की संदर्भ अवधि के साथ उपभोग किए गए खाद्य पदार्थों के विभिन्न समूहों द्वारा की जाती है। हमने पिछले 24 घंटों में बच्चे को प्राप्त खाद्य समूहों की संख्या की गणना करके 24 घंटे के आहार विविधता स्कोर की गणना की। आठ खाद्य समूहों मेंअनाज, जड़ें और कंद, फलियां और नट्स, डेयरी उत्पाद, मांस खाद्य पदार्थ, अंडे, मछली,गहरे हरे पत्तेदार सब्जियां और अन्य फल और सब्जियां शामिल हैं।

अधिकांश घरोंमें, यह चावल और दाल थी जिसे सबसे अधिक बार पकाया जाता था और दिन में तीन बार खाया जाता था। यहां तक किबच्चों को भूख लगने पर उन्हें चाय के समय भी परोसा जाता था। उनके दैनिक आहार में कोई दूध, दूध उत्पाद या फल नहीं था। यहां तक किवयस्क भी काली चाय पीते थे क्योंकि दूध सस्ता नहीं था। केवल 17% बच्चों ने आहार विविधता का न्यूनतम स्तर हासिल किया - उन्हें आठ खाद्य समूहों में से चार या अधिक

प्राप्त हुए। यह कम आहार विविधता घर की खाद्य सुरक्षा के लिए भी एक प्रॉक्सी संकेतक है क्योंकि बच्चे वयस्क सदस्यों के लिए पकाए गए भोजन को ही खाते हैं।

Q.11 निम्नलिखित में से कौन सा गद्यांश के अनुसार सही है/हैं?

I. भारत की स्थिति दुनिया के कुछ सबसे गरीब देशों - बांग्लादेश, अफगानिस्तान, या मोजाम्बिक से भी बदतर है।

II. विकास सिर्फ आर्थिक विकास से अधिक है।

III. औसतन, बजट के प्रतिशत के रूप में पोषण व्यय 2012-13 में 1.68% से घटकर 2018-19 में 0.94% हो गया है।

A. केवल II **B.** केवल I और II

C. केवल II और III **D.** केवल I और III

Q.12 गद्यांश के अनुसार, पर्याप्त भोजन के लिए निम्नलिखित में से कौन सा / से आवश्यक है?

I. स्थूल और सूक्ष्म पोषक तत्वों

II. एकाधिक भोजन समूह

III. आंतरायिक उपवास का उच्च स्तर

A. केवल II **B.** केवल I और III

C. केवल I और II **D.** केवल II और III

Q.13 आदिवासी परिवारों में इस तरह के चरम खाद्य असुरक्षा के लिए संभवतः एक / कुछ संभावित कारण हो सकता है जैसा कि गद्यांश में दिखाया गया है?

I. वन आजीविका पर उनकी पारंपरिक निर्भरता का नुकसान।

II. सार्वजनिक पोषण योजनाओं का कमजोर कार्यान्वयन।

III. बिगड़ती कृषि स्थिति।

A. केवल II **B.** केवल I और II

C. केवल II और III **D.** ऊपर के सभी

Q.14 निम्नलिखित में से कौन इस दावे को मजबूत करता है कि भारत में पोषण संकेतक खराब प्रदर्शन करते हैं?

I. 2005 में स्टंटिंग 46.3% से घटकर 2016 में 34.4% हो गई।

II. एनएचएफएस सर्वेक्षण के अनुसार, 10 वर्षों की अवधि में बर्बाद होने की दर 16.5% से बढ़कर 25.6% हो गई है।

III. पिछले 10 वर्षों में कम वजन 36% स्थिर रहा है।

A. केवल I **B.** केवल III

C. केवल I और II **D.** केवल II और III

Q.15 पैराग्राफ 1 में वर्णित स्थिति के बारे में व्यंग्यात्मक क्या है?

A. केंद्र के पास पर्याप्त संसाधन होने पर भी राज्यों के पास गरीबों को खिलाने के लिए पर्याप्त संसाधन नहीं हैं।

B. भले ही राज्यों को उच्च प्रति व्यक्ति आय के साथ समृद्ध के रूप में वर्गीकृत किया जा सकता है, लेकिन वे वास्तव में विकसित नहीं हो सकते हैं।

C. राज्यों का विकास निरंतर आर्थिक विकास पर निर्भर करता है जो बदले में प्रति व्यक्ति आय को उच्च बनाता है।

D. कुपोषण का स्तर उन राज्यों में असामान्य रूप से अधिक है, जिनका विकास स्तर उच्च है और औसत प्रति व्यक्ति आय से बेहतर है।

Q.16 प्रत्येक संचारक को अनुभव करना होगा:

A. छेड़छाड़ की भावनाएं **B.** प्रत्याशित उत्साह

C. समलैंगिकता का मुद्दा **D.** स्थिति अव्यवस्था

Q.17 कक्षा सम्प्रेषण के संदर्भ में मनोवृत्तियों, कार्यों एवं प्रकटन को किस रूप में समझा जाता है?

A. शाब्दिक **B.** अशाब्दिक **C.** अवैयक्तिक **D.** असंगत

Q.18 सकारात्मक कक्षा संचार _________ की ओर ले जाता है।

A. दबाव **B.** समर्पण **C.** टकराव **D.** अनुनय

Q.19 स्वयं के साथ संचार के रूप में जाना जाता है:

A. संगठनात्मक संचार **B.** ग्रेपाइन संचार

C. अंत: वैयक्तिक संचार **D.** अंतर-व्यक्तिगत संचार

Q.20 कक्षा संचार को सामान्यतः माना जाता है:

A. प्रभावी **B.** भावात्मक

C. संज्ञानात्मक **D.** अवरणात्मक

Q.21 एक विशेष कूट में HOSPITALS का कूट HSOLSAPTI है, BIOLOGICALS का कूट होगा-

[UGC NET Sociology, 2016]

A. BLICOALIOSG **B.** BOLGICAILOS

C. SBLAOILOBCG **D.** BSILOALCOIG

Q.22 निर्देश: दी गई श्रृंखला में प्रश्नवाचक चिन्ह (?) के स्थान पर लुप्त संख्या ज्ञात कीजिए।

1, 5, 13, 25, 41, ?

A. 59 **B.** 63 **C.** 61 **D.** 68

Q.23 निर्देश: निम्नलिखित प्रश्न में, दी गई प्रतिक्रियाओं से लुप्त संख्या का चयन करें।

42	34	27
26	52	63
10	11	?

A. 12 **B.** 22 **C.** 16 **D.** 18

Q.24 एक श्रृंखला दी गई है, जिसमें एक पद लुप्त है। दिए गये विकल्पों में से उस सही विकल्प का चयन कीजिये, जो श्रृंखला को पूरा करेगा।

AYD, BVF, DRH, GMJ, ?

A. GLK **B.** HLM **C.** LHM **D.** KGL

Q.25 अगर 74 $ 12 @ 21 = 65, 47 $ 23 @ 13 = 57 तो, इसका मान होगा:

48 $ 13 @ 28

A. 32 **B.** 34 **C.** 23 **D.** 33

Q.26 यदि A@B का अर्थ है कि A, B की पुत्री है, A#B का अर्थ है कि A, B की बहन है और यदि A*B का अर्थ है कि A, B का पिता है, तो W@X*Y#Z का क्या अर्थ है यदि W के एक भाई और एक बहन है?

A. Z, X का पोता है। **B.** Z, X का पोता है।

C. Z, X का पोता है। **D.** Z, X का पुत्र है।

Q.27 एक विशिष्ट कूट में, "LIFE" को "3965" लिखा जाता है, तब "FUN" को किस प्रकार लिखा जाना चाहिए?

A. 635 **B.** 634 **C.** 633 **D.** 629

Q.28 एक तस्वीर की ओर इशारा करते हुए, X ने कहा, "वह मेरी बहन की बेटी का इकलौता बेटा है"। तस्वीर में व्यक्ति का X से क्या सम्बन्ध है?

A. भतीजा

B. पोता

C. पोती

D. निर्धारित नहीं किया जा सकता

Q.29 नीचे दो कथन (a) और (b) दिए गए हैं। उनमें से चार निष्कर्ष निकाले गए हैं। उस कूट का चयन कीजिए जो निकाले गए निष्कर्ष को मान्य बताता है। [कथनों को अलग-अलग या एक साथ लेने पर]

कथन:

(a) सभी हीरे कीमती पत्थर हैं।

(b) कुछ कार्बन यौगिक हीरे हैं।

निष्कर्ष:

(i) सभी कीमती पत्थर हीरे हैं।

(ii) कुछ गैर-कार्बन यौगिक कीमती पत्थर हैं।

(iii) सभी कीमती पत्थर पत्थरों के यौगिक हैं।

(iv) कुछ कार्बन यौगिक कीमती पत्थर हैं।

A. (i) और (iv)
B. (ii) और (iv)
C. केवल (iii)
D. केवल (iv)

Q.30 निर्देश: निम्नलिखित दिया गया समीकरण गलत है। समीकरण को सही करने के लिए किन दो संकेतों का परस्पर संबंध होना चाहिए?

$18 \div 2 \times 4 + 10 - 2 = 25$

A. ÷ और -
B. + और ÷
C. - और +
D. × और -

Ques (31-35):निर्देश: दिए गए बार ग्राफ का ध्यानपूर्वक अध्ययन कीजिए और नीचे दिए गए प्रश्नों के उत्तर दीजिए।

बार ग्राफ यह दर्शाता है कि चार अलग-अलग वस्तुओं पर 2 क्रमिक छूट की अनुमति है।

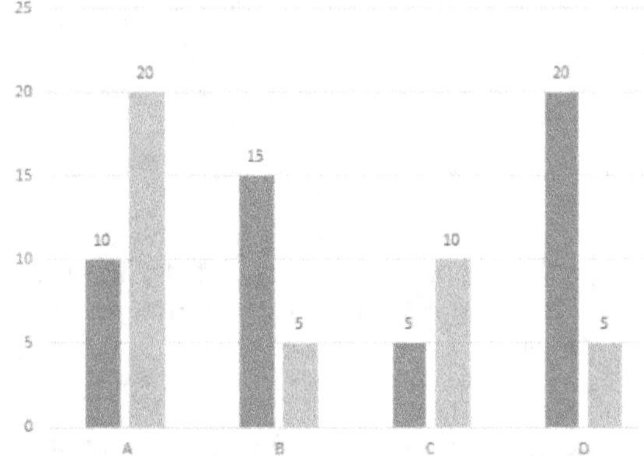

Q.31 यदि A और B के अंकित मूल्य का अनुपात 2 : 3 है और दोनों वस्तुओं के बीच विक्रय मूल्य का अंतर 1198.65 है, तो वस्तु A और B के अंकित मूल्य के बीच अंतर ज्ञात कीजिए।

A. 820 रु.
B. 1220 रु.
C. 1020 रु.
D. 1100 रु.

Q.32 D का अंकित मूल्य A की तुलना में 20% कम है और दोनों वस्तुओं के विक्रय मूल्य का योग 3984 है और D पर हानि 20% है और A पर लाभ 20% है। D से A की क्रय मूल्य का अनुपात ज्ञात कीजिए।

[IDBI Bank Assistant Manager, 2021]

A. 15 : 17
B. 17 : 10
C. 10 : 17
D. 19 : 15

Q.33 यदि B और D के विक्रय मूल्य का अनुपात 5 : 8 है, तो B से D के अंकित मूल्य का अनुपात ज्ञात कीजिए।

[IDBI Bank Assistant Manager, 2021]

A. 52.5
B. 56.5
C. 47.5
D. 50.5

Q.34 यदि A पर दूसरी छूट 20% बढ़ जाती है, तब वस्तुओं के विक्रय मूल्य में 108 की कमी हो जाती हैं और C का विक्रय मूल्य A की तुलना में रु 120 कम है। C का अंकित मूल्य ज्ञात कीजिए।

[IDBI Bank Assistant Manager, 2021]

A. 2578 रु.
B. 2456 रु.
C. 2386 रु.
D. 1988 रु.

Q.35 A से B की विक्रय मूल्य का अनुपात 5 : 2 है और दोनों वस्तुओं के अंकित मूल्य का योग 61000 रु. है। दोनों वस्तुओं के विक्रय मूल्य के बीच का अंतर ज्ञात कीजिए।

A. 15500 रु.
B. 19480 रु.
C. 45700 रु.
D. 22600 रु.

Q.36 सीडी - रोम में फ़ाइलों को कॉपी करने की प्रक्रिया को जाना जाता है:

A. बर्निंग
B. ज़िप्पिंग
C. डिजिटाइजिंग
D. रिपिंग

Q.37 A-F तक के प्रतीकों को निम्नलिखित में से किसमें प्रयोग किया गया है?

A. बाइनरी अंक प्रणाली
B. डेसिमल अंक प्रणाली
C. हेक्साडेसिमल अंक प्रणाली
D. ऑक्टल अंक प्रणाली

Q.38 एक नए लैपटॉप का निर्माण किया गया है, जिसका भार कम है और अधिक लघु है तथा अपने पूर्ववर्ती मॉडल्स की तुलना में कम बिजली का उपयोग होता है।

इसे बनाने में निम्लिखित में से किस प्रौद्योगिकी का उपयोग किया गया है?

[UGC NET Sociology, 2018]

A. यूनिवर्सल सीरियल बस माउस
B. फास्टर रैंडम एक्सेस
C. ब्ल्यू रे ड्राइव
D. सॉलिड स्टेट हार्ड ड्राइव

Q.39 IP एड्रेस परिवर्तित हो जाते हैं:

A. डोमेन नामों का एक पदानुक्रम में
B. अल्फा न्यूमेरिक स्ट्रिंग में
C. एक बाइनरी स्ट्रिंग में
D. एक हेक्साडेसिमल स्ट्रिंग में

Q.40 निम्नलिखित में से कौन सा कथन सही है/ हैं?

(a) सॉफ्टवेयर को रैम से माध्यमिक भंडारण में लोड किया जाता है और फिर सीपीयू द्वारा निष्पादित किया जाता है।

(b) एक खोज इंजन एक सॉफ्टवेयर सिस्टम है जिसे www पर जानकारी खोजने के लिए डिज़ाइन किया गया है

सही विकल्प चुनें :

A. केवल (a)
B. केवल (b)
C. (a) और (b) दोनों
D. न तो (a) न तो (b)

Q.41 भारत में वायु गुणवत्ता सूचकांक के तहत, निम्नलिखित में से कौन सा प्रदूषक शामिल नहीं है?

A. कार्बन मोनोऑक्साइड
B. सूक्ष्म पर्टिकुलेट मैटर
C. ओजोन
D. क्लोरोफ्लोरोकार्बन

Q.42 निम्नलिखित में से किसे भारत की नदियों में प्रदूषण का प्रमुख स्रोत माना जाता है?

[UGC NET Sociology, 2018], [UGC NET Home Science, 2018]

A. छोटे पैमाने के उद्योग को अनियमित किया
B. अनुपचारित सीवेज
C. कृषि भागदौड़
D. थर्मल पावर प्लांट

Q.43 निर्देश: सूची-I और सूची- II का मिलान करें और नीचे दिए गए कोड से सही उत्तर चुनें:

	सूची-I		सूची - II
(a)	बाढ़	1.	पर्याप्त अवधि के लिए वर्षा की कमी
(b)	सूखा	2.	पृथ्वी की चट्टानों के माध्यम से थरथाने वाली तरंगों के पारित होने से उत्पन्न होने वाले कंपन
(c)	भूकंप	3.	एक वेंट जिसके माध्यम से पिघले हुए पदार्थ

			निकलते हैं
(d)	ज्वालामुखी	4.	अत्यधिक वर्षा और पानी का असमान वितरण

- **A.** (a) - 4, (b) - 1, (c) - 2, (d) - 3
- **B.** (a) -2, (b) - 3 (c)-4, (d) - 1
- **C.** (a) - 3, (b) - 4, (c) - 2, (d) - 1
- **D.** (a) - 4, (b) - 3, (c) - 1, (d) - 2

Q.44 निम्नलिखित में से कौन सा एक वैश्विक समझौता है, जो जैविक विविधता पर कन्वेंशन के उपयोग और लाभ-साझाकरण दायित्वों को लागू करता है?

- **A.** नागोया प्रोटोकॉल
- **B.** क्योटो प्रोटोकोल
- **C.** मॉन्ट्रियल प्रोटोकॉल
- **D.** कार्टाजिना प्रोटोकॉल

Q.45 भारत की बड़ी-बड़ी नदियों में जल प्रदूषण का निम्नलिखित में से सबसे बड़ा स्रोत क्या है?

- **A.** अनुपचारित सीवेज
- **B.** कृषि संबंधी जल-प्रवाह
- **C.** अविनियमित लघु उद्योग
- **D.** धार्मिक रीति-रिवाज

Q.46 कार्यात्मक नेतृत्व सिद्धांत किसके साथ जुड़ा हुआ है?

- **A.** हैकमैन और वाल्टन और मैकग्राथ
- **B.** बर्नार्ड और ऑर्डवे टेड
- **C.** कोंट्ज़ और ओ'डोनेल
- **D.** अल्फोर्ड और बीट्टी

Q.47 शैक्षणिक संस्थानों में आने वाले छात्रों को जितनी बाधाएं आएँगी, उतनी अधिक अपेक्षाएं:

- **A.** परिवार
- **B.** समाज
- **C.** शिक्षक
- **D.** राज्य

Q.48 पूर्व-स्नातक पाठ्यक्रमों के लिए ई-सामग्री निर्माण मानव संसाधन विकास मंत्रालय द्वारा किसे निर्दिष्ट किया गया है:

- **A.** इनफ्लिबनेट
- **B.** शैक्षिक संचार संकाय
- **C.** राष्ट्रीय ज्ञान आयोग
- **D.** इंदिरा गांधी राष्ट्रीय मुक्त विश्वविद्यालय

Q.49 निम्न में से कौन से केंद्रीय विश्वविद्यालय हैं?

1) पुदुच्चेरी विश्वविद्यालय
2) विश्व भारती
3) HNB गढ़वाल विश्वविद्यालय
4) कुरुक्षेत्र विश्वविद्यालय

नीचे दिए गए कोड की सहायता से सही उत्तर का चयन करें-

- **A.** 1, 2 और 3
- **B.** 1, 3 और 4
- **C.** 2, 3 और 4
- **D.** 1, 2 और 4

Q.50 विधि निर्माण विषय के रूप में शिक्षा किस सूची में शामिल है?

- **A.** संघ सूची
- **B.** राज्य सूची
- **C.** समवर्ती सूची
- **D.** अवशिष्ट शक्तियां

Paper - II

Q.51 सिक्योर हैश एल्गोरिथम कितने बिट्स का मैसेज देता है?

- **A.** 160 बिट्स
- **B.** 1035 बिट्स
- **C.** 621 बिट्स
- **D.** 3761 बिट्स

Q.52 एक सॉफ्टवेयर कंपनी में एक प्रोजेक्ट के लिए कुशल श्रमिकों को काम पर रखा गया है। 75 उम्मीदवारों में से 48 सॉफ्टवेयर इंजीनियर थे; उनमें से 35 हार्डवेयर इंजीनियर थे; उनमें से 42 नेटवर्क इंजीनियर थे; उनमें से 18 के पास तीनों नौकरियों में कौशल था और उन सभी के पास इनमें से कम से कम एक नौकरी में कौशल था। कितने उम्मीदवारों को काम पर रखा गया था जो ठीक 2 नौकरियों में कुशल थे?

- **A.** 69
- **B.** 14
- **C.** 32
- **D.** 8

Q.53 फलन का परिसर $f(x)=x-[x]$ जहां $[x]$ x से कम या उसके बराबर सबसे बड़ा पूर्णांक दर्शाता है:

- **A.** {0}
- **B.** [0, 1]
- **C.** (0, 1)
- **D.** [0, 1)

Q.54 सर्वांगसमता संबंध के अनुसार, 56 mod 24 का शेषफल ज्ञात कीजिए।

- **A.** 10
- **B.** 12
- **C.** 6
- **D.** 4

Q.55 x का मान निर्धारित करें, जहां $y = 7$, $e = 12$ और $n = 566$ मॉड्यूलर घातांक विधि ($x \equiv ye \pmod n$) का उपयोग करके।

- **A.** 735
- **B.** 321
- **C.** 872
- **D.** 487

Q.56 सीक्वेंशल लीनियर प्रोग्रामिंग में, नॉन-लीनियर ऑब्जेक्ट फंक्शन्स और कंस्ट्रेंस _______ हैं।

- **A.** लीनियराइज़्ड
- **B.** पैरललाइज़्ड
- **C.** स्ट्रैटेण्ड
- **D.** डिवाइडेड

Q.57 सीक्वेंशल लीनियर प्रोग्रामिंग की आगे की इम्प्रूवमेंट मेथड है?

- **A.** बीम लिमिट मेथड
- **B.** राइज लिमिट मेथड
- **C.** मूव लिमिट मेथड
- **D.** फॉल लिमिट मेथड

Q.58 अनुकूलन तकनीकों में विकसित गतिशील प्रोग्रामिंग _______ में व्यापक रूप से लागू होते हैं।

- **A.** अनुसंधान
- **B.** संरचनाओं
- **C.** मनोरंजन
- **D.** गणित

Q.59 गतिशील प्रोग्रामिंग की सीमा यह है कि यह _______ के लिए खुद को अनुमति नहीं देता है।

- **A.** निर्माण सामान्य प्रयोजन कंप्यूटर प्रोग्राम
- **B.** मशीन डिजाइन
- **C.** ग्राफ़िक डिजाइन
- **D.** आर्किटेक्चरल डिजाइन

Q.60 जियोमेट्रिक प्रोग्रामिंग में, _______ पर जोर दिया जाता है।

- **A.** ऑप्टीमल डिस्ट्रीब्यूशन
- **B.** सिंगल डिस्ट्रीब्यूशन
- **C.** वेरिएबल डिस्ट्रीब्यूशन
- **D.** लीनियर डिस्ट्रीब्यूशन

Q.61 _______ का प्रयोग आमतौर पर फिजिकल मेमोरी के स्पष्ट आकार को बढ़ाने के लिए किया जाता है।

- **A.** सेकेंडरी मेमोरी
- **B.** वर्चुअल मेमोरी
- **C.** हार्ड-डिस्क
- **D.** डिस्क्स

Q.62 एमएफसी का मतलब _______ है।

- **A.** मेमोरी फॉर्मेट कैश
- **B.** मेमोरी फंक्शन कम्पलीट
- **C.** मेमोरी फाइंड कमांड
- **D.** मास फॉर्मेट कमांड

Q.63 मेमोरी ऑपरेशन के दो क्रमिक दीक्षाओं के बीच का टाइम _______।

- **A.** मेमोरी एक्सेस टाइम
- **B.** मेमोरी सर्च टाइम
- **C.** मेमोरी साइकिल टाइम
- **D.** निर्देश में देरी

Q.64 असेंबलर ऑब्जेक्ट कोड को _______ में स्टोर करता है।

- **A.** मेन मेमोरी
- **B.** कैश
- **C.** रैम
- **D.** मैग्नेटिक डिस्क

Q.65 एक्सेक्यूशन के लिए ऑब्जेक्ट कोड को मेमोरी में लाने के लिए उपयोग किया जाने वाला यूटिलिटी प्रोग्राम _______ है।

- **A.** लोडर
- **B.** फ़ेचर

C. एक्सट्रैक्टर   D. लिंकर

Q.66 ब्रांचिंग कोड से वितरण में असेंबलर की समस्याओं को दूर करने के लिए हम ________ का उपयोग करते हैं।

A. इंटरप्रेटर   B. डीबगर
C. ऑप-असेंबलर   D. टू-पास असेंबलर

Q.67 इंटेल प्रोसेसर्स में प्रयुक्त मेमोरी असाइनमेंट का प्रकार ________ है।

A. लिटिल एंडियन   B. बिग एंडियन
C. मीडियम एंडियन   D. उल्लेख में से कोई नहीं

Q.68 सीपीयू द्वारा उत्पन्न लॉजिकल एड्रेस से फिजिकल एड्रेस प्राप्त करने के लिए हम ________ का उपयोग करते हैं।

A. एमएआर   B. एमएमयू   C. ओवरले   D. टीएलबी

Q.69 फिजिकल मेमोरी पर वेरिएबल लेंथ के लॉजिकल एड्रेस को मैप करने के लिए ________ विधि का उपयोग किया जाता है।

A. पेजिंग
B. ओवरले
C. सेगमेंटेशन
D. सेगमेंटेशन के साथ पेजिंग

Q.70 फिजिकल मेमोरी को परिमित आकार के सेटों में विभाजित किया जाता है जिसे ________ कहा जाता है।

A. फ्रेम्स   B. पेजेस   C. ब्लॉक्स   D. वेक्टर्स

Q.71 यदि कोई ऑब्जेक्ट रिफरेंस द्वारा पास किया जाता है, तो फंक्शन में किए गए परिवर्तन ________।

A. कॉलर फंक्शन की मेन ऑब्जेक्ट में भी दिखाई देते हैं।
B. केवल कॉल्ड फंक्शन के लोकल स्कोप में भी दिखाई देते हैं।
C. पास के दौरान बनी ऑब्जेक्ट की कॉपी में भी दिखाई देते हैं।
D. कॉलर फंक्शन ऑब्जेक्ट में भी दिखाई देते हैं और कॉल्ड फंक्शन ऑब्जेक्ट में भी दिखाई देते हैं।

Q.72 निम्नलिखित में से कौनसी एक वैज्ञानिक कंप्यूटर भाषा है?

A. बेसिक   B. कोबोल   C. फोरट्रान   D. पास्कल

Q.73 एक टेक्स्ट फाइल जिसमें हमारा प्रोग्राम होता है, ________ कहलाती है।

A. Exe फाइल   B. Doc फाइल
C. Obj फाइल   D. सोर्स फाइल

Q.74 फोरट्रेन कोड में पहला स्टेटमेंट ________ होता है।

A. इंक्लूड स्टेटमेंट   B. इम्पोर्ट स्टेटमेंट
C. प्रोग्राम स्टेटमेंट   D. डेटा स्टेटमेंट

Q.75 वेब पेजों पर उपयोगकर्ता के साथ एनिमेशन और इंटरैक्टिविटी निम्न द्वारा की जा सकती है:

A. पीएचपी   B. जावा स्क्रिप्ट
C. विजुअल बेसिक   D. विजुअल सी#

Q.76 लाइन-चौड़ाई विशेषता सेट करने के लिए निम्न कमांड का उपयोग किया जाता है।

A. SETLINEWIDTHSCALEFACTOR (lw)
B. Setlinewidth()
C. Setlinewidthscalefactor (lw)
D. setLineWidthScaleFactor (lw)

Q.77 "setLineWidthScaleFactor (lw)" फ़ंक्शन का पैरामीटर निर्दिष्ट करता है?

A. मानक चौड़ाई   B. लाइन की सापेक्ष चौड़ाई
C. लाइन की मोटाई   D. उल्लिखित सभी

Q.78 यदि 2 कनेक्टेड लाइन सेग्मेंट्स के बीच का कोण बहुत छोटा है तो ________ एक लंबी स्पाइक उत्पन्न कर सकता है जो पॉलीलाइन की उपस्थिति को विकृत करता है।

A. मिटर जॉइन   B. राउंड जॉइन
C. बेवल जॉइन   D. उल्लेख में से कोई नहीं

Q.79 बैकग्राउंड के रंग में खींची गई एक रेखा है:

A. विज़िबल   B. इनविज़िबल
C. (A) और (B) दोनों   D. इनमे से कोई भी नहीं

Q.80 कौन सा ट्रांसफॉर्मेशन किसी ऑब्जेक्ट के आकार को इस तरह डिस्टॉर्ट्स करता है कि ट्रांसफॉर्म्ड आकार ऐसा प्रतीत होता है मानो ऑब्जेक्ट इंटरनल लेयर से बनी हो जो एक दूसरे के ऊपर स्लाइड के कारण बनी हो?

A. रोटेशन   B. स्कैलिंग अप
C. स्कैलिंग डाउन   D. शियरिंग

Q.81 ________ बड़े डेटासेट के एक्सट्रेक्ट, ट्रांसफॉर्म और लोड (ETL) प्रोसेसिंग और एनालिसिस के लिए डेटा फ्लो के निर्माण के लिए एक प्लेटफॉर्म है।

A. पिग लैटिन   B. ऊज़ी   C. पिग   D. हाइव

Q.82 निम्नलिखित में से सही कथन को चुनिए।

A. हाइव एक रिलेशनल डेटाबेस नहीं है, बल्कि एक क्वेरी इंजन है जो क्वेरी डेटा के लिए विशिष्ट SQL के भागों का सपोर्ट करता है।
B. हाइव SQL सपोर्ट वाला एक रिलेशनल डेटाबेस है।
C. पिग SQL सपोर्ट वाला एक रिलेशनल डेटाबेस है।
D. उल्लिखित सभी

Q.83 ________ कैस्केडिंग के लिए एक शक्तिशाली और संक्षिप्त क्लोजर एपीआई के पीछे जावा की सीमाओं को छुपाता है।

A. स्कल्डिंग   B. एचकैटलॉग
C. कैस्केलॉग   D. उल्लिखित सभी

Q.84 हाइव ________ में लिखे गए कस्टम एक्सटेंशन का भी सपोर्ट करता है।

A. C#   B. JAVA   C. C   D. C++

Q.85 निम्नलिखित में से गलत कथन को चुनिए।

A. इलास्टिक मैपरिड्यूज (ईएमआर) फेसबुक की पैकेज्ड हड्प पेशकश है।
B. अमेज़ॉन वेब सर्विस इलास्टिक मैपरिड्यूज (ईएमआर) अमेज़ॉन की पैकेज्ड हड्प पेशकश है।
C. स्कैल्डिंग कैस्केडिंग के शीर्ष पर एक स्कैला एपीआई है जो अधिकांश जावा बॉयलरप्लेट को हटा देती है।
D. उल्लिखित सभी

Q.86 DML भाषा ____ करने के लिए इस्तेमाल होती है।

A. स्कीमा को डिफाइन
B. इंटरनल लेवल को डिफाइन
C. डेटा एक्सेस
D. इनमें से कोई नहीं

Q.87 ________ संपूर्ण डाटाबेस कंटेंट का व्यू है।

A. कांसेप्चुअल व्यू   B. इंटरनल व्यू
C. एक्सटर्नल व्यू   D. फिजिकल व्यू

Q.88 निम्नलिखित में से कौन एक रिलेशन में टपल्स (tuples) का संदर्भ है?

A. इंडेक्स
B. रिफरेन्स
C. अशर्सन
D. टाइमस्टैम्प

Q.89 एक टीचर टेबल और एक क्लास टेबल के बीच में किस प्रकार का रिलेशनशिप उपस्थित होता है?
A. वन टू मैनी
B. मैनी टू मैनी
C. वन टू वन
D. टू से टू

Q.90 सभी रिकॉर्ड प्रबंधन प्रणाली के लिए प्राथमिक ऑपरेशनों में __________ शामिल है:
A. प्रिंट
B. सॉर्ट
C. लुक अप
D. एनटिटी

Q.91 निम्नलिखित में से किसका उपयोग लैंग्वेज प्रोसेसिंग में प्रयुक्त डेटा स्ट्रक्चर के वर्गीकरण के लिए एक क्राइटेरियन के रूप में किया जा सकता है।
A. डेटा स्ट्रक्चर का नेचर
B. डेटा स्ट्रक्चर का पर्पस
C. डेटा स्ट्रक्चर का लाइफटाइम
D. उपर्युक्त सभी

Q.92 मेमोरी यूटिलाइजेशन फैक्टर की गणना निम्नानुसार की जाएगी:
A. उपयोग में मेमोरी/एललोकेट मेमोरी
B. उपयोग में मेमोरी/कुल मेमोरी कनेक्टेड
C. मेमोरी एललोकेटिड/फ्री एक्जिस्टिंग मेमोरी
D. मेमोरी कमिटेड/कुल मेमोरी उपलब्ध है

Q.93 प्रोग्राम 'प्रीएम्पशन' है:
A. एक प्रोग्राम से सीपीयू का फोर्स्ड डी एलोकेशन सीपीयू पर निष्पादित हो रहा है।
B. अपने कार्य को पूरा करने के बाद प्रोग्राम द्वारा सीपीयू का विमोचन।
C. एक प्रोग्राम द्वारा स्वयं को सीपीयू का फोर्स्ड एलॉटमेंट।
D. एक त्रुटि का पता लगाने के कारण खुद को समाप्त करने वाला प्रोग्राम।

Q.94 असेंबलर क्या है?
A. प्रोग्रामिंग लैंग्वेज डिपेंडेंट
B. सिंटेक्स डिपेंडेंट
C. मशीन डिपेंडेंट
D. डेटा - डिपेंडेंट

Q.95 एक प्रक्रिया समाप्त होने पर क्या होगा?
A. इसे सभी क्यू से हटा दिया जाता है।
B. इसे जॉब क्यू के अलावा सभी हटा दिया जाता है।
C. इसका प्रोसेस कंट्रोल ब्लॉक से डी-एलोकेट किया जाता है।
D. इसका प्रोसेस कंट्रोल ब्लॉक कभी डी-एलोकेट नहीं किया जाता है।

Q.96 निम्न में से कौन एक ऑपरेटिंग सिस्टम नहीं है?
[Chhattisgarh Patwari, 2019]
A. विंडोज
B. लिनक्स
C. ओरेकल
D. डॉस

Q.97 कौन सा प्रोग्राम कंप्यूटर को बूट करने और GUI लोड करने के बाद सबसे पहले चलता है?
A. डेस्कटॉप मैनेजर
B. फ़ाइल मैनेजर
C. विंडोज़ एक्सप्लोरर
D. ऑथेंटिकेशन

Q.98 किसी प्रोसेस को सबमिट करने के टाइम से लेकर उसके पूरा होने तक के अंतराल को __________ कहा जाता है।
A. वेटिंग टाइम
B. टर्नअराउंड टाइम
C. रेस्पॉन्स टाइम
D. थ्रूपुट

Q.99 कौन सा शेड्यूलिंग एल्गोरिथम पहले सीपीयू को उस प्रोसेस में एलोकेट करता है जो पहले सीपीयू से रिक्वेस्ट करता है?
A. फर्स्ट- कम फर्स्ट-सर्वड शेड्यूलिंग

B. शार्टेस्ट जॉब शेड्यूलिंग
C. प्रायोरिटी शेड्यूलिंग
D. शॉर्टेस्ट-जॉब-फर्स्ट (SJF) शेड्यूलिंग

Q.100 डायनेमिक लोडिंग क्या है?
A. कई रूटीन को डायनेमिकली लोड करना।
B. एक रूटीन लोड करना जब इसे कहा जाता है।
C. कई रूटीन को रैंडम्ली ढंग से लोड करना।
D. इनमे से कोई भी नहीं

Q.101 __________ को किसी अन्य मैन्युफैक्चरर या डेवलपर के प्रोडक्ट के दोहराव के रूप में डिफाइन किया जा सकता है, जिसके प्रोडक्शन या डेवलपमेंट की पूरी तरह से जांच की जाती है।
A. रिवर्स हैकिंग
B. क्रैकिंग
C. सोशल इंजीनियरिंग
D. रिवर्स इंजीनियरिंग

Q.102 निम्न में से कौन सा मॉड्यूल कपलिंग का सबसे अच्छा प्रकार है?
A. कंट्रोल कपलिंग
B. स्टैम्प कपलिंग
C. डेटा कपलिंग
D. कंटेंट कपलिंग

Q.103 रिवर्स इंजीनियरिंग का मूल एक एक्टिविटी है जिसे कहा जाता है:
A. रीस्ट्रक्चर कोड
B. डायरेक्शनलिटी
C. एक्सट्रेक्ट अब्स्ट्रैक्शन
D. इंट्रैक्टिविटी

Q.104 ओपन सोर्स मूवमेंट का मतलब है कि __________ पर एक ह्यूज रियूजेबल कोड बेस उपलब्ध है।
A. बिना किसी कॉस्ट के
B. लो कॉस्ट
C. हाई कॉस्ट
D. शार्ट पीरियड टाइम मे

Q.105 फॉरवर्ड इंजीनियरिंग के रूप में भी जाना जाता है-
A. एक्सट्रैक्ट अब्स्ट्रैक्शन
B. रेनोवेशन
C. रिक्लेमेशन
D. रेनोवेशन और रिक्लेमेशन दोनों

Q.106 सोर्स कोड ट्रांसलेशन किस री-इंजीनियरिंग टेक्निक का पार्ट है?
A. डाटा री-इंजीनियरिंग
B. रीफैक्टरिंग
C. रीस्ट्रक्चरिंग
D. इनमें से कोई नहीं

Q.107 निम्नलिखित में से किस मॉडल में कोडिंग फेज के टर्म में एक सॉफ्टवेयर डेवलपमेंट लाइफ-साइकिल में मेजर डाउनफॉल हुआ है?
A. (4GT) मॉडल
B. वाटरफॉल मॉडल
C. आरएडी मॉडल
D. स्पाइरल मॉडल

Q.108 इनमें से कौन सा सॉफ्टवेयर इंजीनियरिंग कोड ऑफ ऐथिक्स एंड प्रोफेशनल प्रैक्टिस के आठ प्रिंसिपल में से नहीं है?
A. पब्लिक
B. प्रोफेशन
C. प्रोडक्ट
D. एनवायरमेंट

Q.109 केस (सीएएसइ) का मतलब __________ है।
A. कॉस्ट एडेड सॉफ्टवेयर इंजीनियरिंग
B. कंप्यूटर एडेड सॉफ्टवेयर इंजीनियरिंग
C. कंट्रोल एडेड सॉफ्टवेयर इंजीनियरिंग
D. इनमे से कोई भी नहीं

Q.110 कोड जनरेशन केस टूल द्वारा किस प्रकार की सपोर्ट प्रोवाइड की जाती है?
A. क्रॉस रेफरेंसिंग क्वेरीज और रिकायरमेंट ट्रेसिंग
B. एप्लिकेशन सॉफ्टवेयर में डिजाइन रिकॉर्ड का ट्रांसफॉर्मेशन
C. इंटरैक्टिव डिबगिंग कोड को कम्पाइलिंग, इंटरप्रेटिंग या अप्लाई करना

D. एप्लिकेशन सॉफ़्टवेयर में डिज़ाइन रिकॉर्ड का ट्रांसफॉर्मेशन और इंटरैक्टिव डिबगिंग कोड को कम्पाइलिंग करना, इंटरप्रेटिंग करना या अप्लाई करना

Q.111 निम्नलिखित विकल्पों में से सर्कुलर क्यू का दूसरा नाम क्या है?

A. स्क्वायर बफर
B. रेक्टेंगल बफर
C. रिंग बफर
D. राउंड बफर

Q.112 उन एलिमेंट की एक लिस्ट जिसमें एक छोर से एनक्यू ऑपरेशन होता है, और एक छोर से डीक्यू ऑपरेशन होता है, वह ________ है।

A. बाइनरी ट्री
B. स्टैक
C. क्यू
D. लिंक्ड लिस्ट

Q.113 बैकट्रैकिंग बाउंडिंग फंक्शन्स ______, ______ नोड जनरेशन का उपयोग करता है।

A. के साथ, ब्रेड्थ फर्स्ट
B. के बिना, ब्रेड्थ फर्स्ट
C. के साथ, डेप्थ-फर्स्ट
D. के बिना, डेप्थ-फर्स्ट

Q.114 ________ सॉर्टिंग एल्गोरिथ्म में सबसे कम वर्स्ट केस कम्प्लेक्सिटी होती है।

A. सिलेक्शन सॉर्ट
B. बबल सॉर्ट
C. मर्ज सॉर्ट
D. क्विक सॉर्ट

Q.115 डिज्कस्ट्रा का एल्गोरिथ्म ________ पर आधारित है।

A. ग्रीडी एप्रोच
B. डायनामिक प्रोग्रामिंग
C. बैकट्रैकिंग पैराडिग्म
D. डिवाइड और कॉन्कर पैराडिग्म

Q.116 निर्देश:- सिंगल डिजिट ऑपरेंड के साथ निम्नलिखित पोस्टफिक्स एक्सप्रेशन पर विचार करें:

623∗/42∗+68∗−

दूसरे के मूल्यांकन के बाद स्टैक के शीर्ष दो एलिमेंट हैं:

A. 8, 2
B. 8, 1
C. 6, 2
D. 6, 3

Q.117 निर्देश:- निम्नलिखित संख्याओं को क्रम में डालकर एक बाइनरी सर्च ट्री का निर्माण किया जाता है:

60, 25, 72, 15, 30, 68, 101, 13, 18, 47, 70, 34

बाएं सबट्री में नोड्स की संख्या है:

A. 5
B. 6
C. 7
D. 3

Q.118 परिमाणीकरण के तीन पहलू प्रोग्रामर आमतौर पर संबंधित हैं:

A. कोडिंग एरर, सैंपलिंग रेट और एम्प्लीफिकेशन
B. सैंपलिंग रेट, कोडिंग एरर और कंडीशनिंग
C. सैंपलिंग रेट, एपर्चर टाइम और कोडिंग एरर
D. एपर्चर टाइम, कोडिंग एरर और स्टोबिंग

Q.119 उन भाषाओं के लिए हीप एलोकेशन आवश्यक है जो:

A. डायनामिक स्कोप नियमों का उपयोग करें
B. डायनामिक डेटा स्ट्रक्चर का सपोर्ट करें
C. सपोर्ट रिकर्सन
D. रिकर्सन और डायनामिक डेटा स्ट्रक्चर का सपोर्ट करें

Q.120 एक नेटवर्किंग कंपनी नेटवर्क पर ट्रांसमिटिंग करने से पहले संदेश को एन्कोड करने के लिए एक कम्प्रेशन तकनीक का उपयोग करती है। मान लीजिए कि संदेश में उनकी फ्रीकेंसी के साथ निम्नलिखित करैक्टर हैं:

करैक्टर	फ्रीकेंसी
a	5
b	9
c	12
d	13
e	16
f	45

ध्यान दें कि इनपुट संदेश में प्रत्येक करैक्टर 1 बाइट लेता है।

यदि उपयोग की जाने वाली कम्प्रेशन तकनीक हफ़मैन कोडिंग है, तो संदेश में कितने बिट सहेजे जाएंगे?

A. 224
B. 800
C. 576
D. 324

Q.121 मान लें कि R_1 और R_2 नियमित रूप से वर्णमाला पर परिभाषित हैं, तो:

A. $R_1 \cap R_2$ नियमित नहीं है
B. $R_1 \cup R_2$ नियमित नहीं है
C. $\Sigma * - R_1$ नियमित है
D. $R_1 *$ नियमित नहीं है

Q.122 निम्नलिखित व्याकरण द्वारा उत्पादित भाषा की पहचान कीजिए, जहाँ S प्रारंभिक चर है।

$S \rightarrow XY$

$X \rightarrow aX \mid a$

$Y \rightarrow aYb \mid \epsilon$

A. $\{a^m b^n \mid m \geq n, n > 0\}$
B. $\{a^m b^n \mid m \geq n, n \geq 0\}$
C. $\{a^m b^n \mid m > n, n \geq 0\}$
D. $\{a^m b^n \mid m > n, n > 0\}$

Q.123 ________ एक ऐसा प्रतिस्थापन है कि h(a) में प्रत्येक a के लिए एक स्ट्रिंग है।

A. क्लोजर
B. इंटरचेंज
C. समरूपता
D. उलटा समरूपता

Q.124 एक रेगुलर सेट का होमोमोरफिस ________ है।

A. यूनिवर्सल सेट
B. नल सेट
C. रेगुलर सेट
D. नॉन रेगुलर सेट

Q.125 निम्न में से कौन सी टाइप 3 लैंग्वेज है?

A. 0 के स्ट्रिंग्स जिनकी लंबाई पूर्ण वर्ग है
B. पैलिंड्रोम स्ट्रिंग
C. 0 की लंबाई वाली अभाज्य संख्या वाली स्ट्रिंग्स
D. 0 की विषम संख्या की स्ट्रिंग

Q.126 टोकन में करैक्टर का सीकेंस किसे माना जाता है?

A. मैक्सीम
B. लेक्सीम
C. टैक्सीम
D. पैटर्न

Q.127 कम्पाइलर के किस भाग ने ग्रामर कांसेप्ट का अत्यधिक प्रयोग किया?

A. कोड ऑप्टिमाइजेशन
B. कोड जनरेशन
C. पार्सर
D. लेक्सिकल एनालिसिस

Q.128 कंपाइलर का कौन सा फेज प्रोग्रामिंग के ग्रामर की जाँच करता है?

A. कोड ऑप्टिमाइजेशन
B. सिमेंटिक एनालिसिस
C. कोड जनरेशन
D. सिंटैक्स एनालिसिस

Q.129 निम्नलिखित में से कौन सा कॉम्पोनेन्ट सिमेंटिक एनालिसिस के लिए महत्वपूर्ण है?

A. वाईएसीसी
B. एलईएक्स
C. सिंबल टेबल
D. टाइप चेकिंग

Q.130 कंपाइलर के किस फेज को स्कैनर के रूप में भी जाना जाता है?

A. सिंटैक्स एनालिसिस
B. लेक्सिकल एनालिसिस

C. सिमेंटिक एनालिसिस   **D.** कोड जनरेशन

Q.131 रिसीव इक्लाइज़र ________ का उपयोग करके डिले डिस्टॉर्सन को कम करता है।

A. डिफरेंस इंजन   **B.** टैपेप्ड डिले लाइनें

C. डिस्क्रेम्ब्लेर   **D.** गियर शिफ़्ट

Q.132 कम गति वाले मॉडेम में प्रयुक्त मॉडुलन तकनीक ________ है।

A. FSK   **B.** DPSK   **C.** PWM   **D.** PCM

Q.133 संचार उपग्रहों में एकाधिक पुनरावर्तक कहलाते हैं:

A. डिटेक्टर   **B.** मॉड्यूलेटर   **C.** ट्रांसपोंडर   **D.** स्टेशन

Q.134 बैंक का एटीएम की एटीएम सुविधा ________ का एक उदाहरण है।

A. लैन   **B.** वैन

C. मिक्स्ड नेटवर्किंग   **D.** मल्टीपर्पज़

Q.135 निम्नलिखित में से कौन एक ही समूह का नहीं है?

A. इंटरनेट   **B.** एप्पल टॉक

C. बस   **D.** रिंग

Q.136 डीएनएस होस्ट का ________ प्राप्त कर सकता है यदि इसका डोमेन नाम ज्ञात हो, और यही इसके विपरीत भी मान्य है।

A. स्टेशन एड्रेस   **B.** आईपी एड्रेस

C. पोर्ट एड्रेस   **D.** चेकसम

Q.137 एक नेटवर्क, जिसे डेटा, सॉफ़्टवेयर और हार्डवेयर साझा करने के लिए माइक्रो कंप्यूटर के कई उपयोगकर्ताओं के बीच उपयोग किया जाता है, इसे कहा जाता है-

A. वाइड एरिया नेटवर्क

B. मेट्रोपॉलिटन एरिया नेटवर्क

C. लोकल एरिया नेटवर्क

D. वैल्यू एडेड नेटवर्क

Q.138 एक वीलैन ________ के बराबर है।

A. राउटर   **B.** सबनेट

C. फ़्रायरवॉल   **D.** होस्ट/क्लाइंट आईडी

Q.139 मध्यम गति, स्विच्ड संचार सेवा का एक उदाहरण है:

A. सीरीज 1000   **B.** डाटा फ़ोन 50

C. डीडीडी   **D.** इनमें से कोई नहीं

Q.140 वाइड एरिया नेटवर्क (WANs) को हमेशा किस की आवश्यकता होती है?

A. उच्च बैंडविड्थ संचार स्रोत लिंक

B. हाई स्पीड प्रोसेसर

C. (A) और (B) दोनों

D. उपरोक्त में से कोई भी नहीं

Q.141 स्टेट स्पेस क्या है?

A. पूरी समस्या

B. एक समस्या के लिए आपकी परिभाषा

C. आपके द्वारा डिज़ाइन की गई समस्या

D. वेरिएबल और पैरामीटर के साथ अपनी समस्या का प्रतिनिधित्व

Q.142 स्टेट स्पेस में किसी समस्या के लिए क्रियाओं का समूह ________ द्वारा तैयार किया जाता है।

A. मध्यवर्ती स्टेट

B. प्रारम्भिक स्टेट

C. सक्सेसर फंक्शन, जो वर्तमान कार्रवाई करता है और अगली इमीडियेट स्टेट लौटाता है

D. उल्लेख में से कोई नहीं

Q.143 वेब क्रॉलर एक/एक ________ है।

A. बुद्धिमान लक्ष्य-आधारित एजेंट

B. समस्या-समाधान एजेंट

C. सरल प्रतिवर्त एजेंट

D. मॉडल आधारित एजेंट

Q.144 एक उत्पादन नियम में ________ होते हैं।

A. नियम का एक सेट

B. स्टेप का एक क्रम

C. नियम का सेट और स्टेप का क्रम

D. समस्या का मनमाना प्रतिनिधित्व

Q.145 1985 में, प्रसिद्ध शतरंज खिलाड़ी डेविड लेवी ने रूढ़िवादी चालों का उपयोग करके एक विश्व चैंपियन शतरंज कार्यक्रम को चार सीधे गेमों में हरा दिया जिससे कार्यक्रम भ्रमित हो गया। शतरंज कार्यक्रम का नाम क्या था?

A. कायसा   **B.** क्रे ब्लिट्ज   **C.** गोल्फ़   **D.** डिग डग

Q.146 गेम खेलने की समस्या को हल करने का सबसे अच्छा तरीका कौन सा है?

A. लीनियर एप्रोच

B. हेयरिस्टिक एप्रोच (कुछ नॉलेज स्टोर है)

C. रैंडम एप्रोच

D. एक ऑप्टीमल एप्रोच

Q.147 किस सर्च स्ट्रेटेजी को ब्लाइंड सर्च भी कहा जाता है?

A. अनइंफोर्मेड सर्च   **B.** इंफोर्मेड सर्च

C. सिंपल रिफ्लेक्स सर्च   **D.** उल्लिखित सभी

Q.148 अनइंफोर्मेड सर्च मेथड कितने प्रकार की होती है?

A. 3   **B.** 4   **C.** 5   **D.** 6

Q.149 बैकट्रैकिंग सर्च में कितने सक्सेसर्स उत्पन्न होते हैं?

A. 1   **B.** 2   **C.** 3   **D.** 4

Q.150 किसी समस्या के कितने भाग होते हैं?

A. 1   **B.** 2   **C.** 3   **D.** 4

// स्मार्ट उत्तर पुस्तिका //

सही उत्तर — उन छात्रों का प्रतिशत जिन्होंने प्रश्नों का सही उत्तर दिया था।   **छोड़ दिया** — उन छात्रों का प्रतिशत जिन्होंने प्रश्नों को छोड़ दिया था।

प्रश्न संख्या	उत्तर	सही उत्तर / छोड़ दिया	प्रश्न संख्या	उत्तर	सही उत्तर / छोड़ दिया	प्रश्न संख्या	उत्तर	सही उत्तर / छोड़ दिया	प्रश्न संख्या	उत्तर	सही उत्तर / छोड़ दिया	प्रश्न संख्या	उत्तर	सही उत्तर / छोड़ दिया	प्रश्न संख्या	उत्तर	सही उत्तर / छोड़ दिया
1	A	45.51 % / 1.06 %	22	C	76.09 % / 0.0 %	43	A	42.49 % / 1.37 %	64	D	87.97 % / 0.0 %	85	A	21.13 % / 4.61 %	106	C	61.53 % / 1.27 %
2	B	83.47 % / 0.0 %	23	C	58.69 % / 1.04 %	44	A	67.15 % / 1.44 %	65	A	56.91 % / 1.65 %	86	C	40.98 % / 1.99 %	107	A	46.67 % / 1.37 %
3	C	51.3 % / 1.66 %	24	D	76.8 % / 0.0 %	45	A	46.25 % / 1.1 %	66	D	44.38 % / 1.14 %	87	A	59.84 % / 1.98 %	108	D	56.84 % / 1.92 %
4	D	87.73 % / 0.0 %	25	D	89.43 % / 0.0 %	46	A	51.72 % / 1.41 %	67	A	11.42 % / 3.67 %	88	A	68.69 % / 1.75 %	109	B	84.06 % / 0.0 %
5	D	68.16 % / 1.9 %	26	C	56.57 % / 1.57 %	47	C	59.17 % / 1.73 %	68	B	51.58 % / 1.25 %	89	B	67.98 % / 1.22 %	110	B	69.97 % / 1.77 %
6	C	43.32 % / 1.41 %	27	A	88.14 % / 0.0 %	48	B	22.66 % / 4.85 %	69	C	80.1 % / 0.0 %	90	C	58.38 % / 1.6 %	111	C	60.29 % / 1.43 %
7	A	51.08 % / 1.27 %	28	B	43.07 % / 1.99 %	49	A	42.75 % / 1.32 %	70	A	78.43 % / 0.0 %	91	D	60.5 % / 1.42 %	112	C	40.94 % / 1.53 %
8	B	41.68 % / 1.27 %	29	D	44.04 % / 1.59 %	50	C	67.69 % / 1.79 %	71	A	83.38 % / 0.0 %	92	B	27.16 % / 4.23 %	113	C	48.32 % / 1.62 %
9	B	82.96 % / 0.0 %	30	D	48.07 % / 1.1 %	51	A	40.34 % / 1.01 %	72	C	77.03 % / 0.0 %	93	A	48.9 % / 1.89 %	114	C	87.53 % / 0.0 %
10	B	44.44 % / 1.48 %	31	B	59.74 % / 1.6 %	52	B	19.78 % / 3.83 %	73	D	62.38 % / 1.25 %	94	C	63.65 % / 1.71 %	115	A	80.56 % / 0.0 %
11	A	53.67 % / 1.77 %	32	D	66.91 % / 1.98 %	53	D	50.33 % / 1.99 %	74	C	44.67 % / 1.67 %	95	A	43.17 % / 1.37 %	116	B	15.02 % / 4.45 %
12	C	45.84 % / 1.3 %	33	D	52.51 % / 1.24 %	54	C	76.34 % / 0.0 %	75	B	41.8 % / 1.2 %	96	C	42.98 % / 1.77 %	117	C	25.12 % / 3.93 %
13	D	44.62 % / 1.82 %	34	C	65.66 % / 1.09 %	55	D	62.39 % / 1.91 %	76	D	83.94 % / 0.0 %	97	D	52.2 % / 1.48 %	118	C	88.2 % / 0.0 %
14	D	88.89 % / 0.0 %	35	B	67.07 % / 1.37 %	56	A	60.61 % / 1.06 %	77	B	10.8 % / 4.84 %	98	B	48.27 % / 1.98 %	119	B	43.34 % / 1.2 %
15	B	56.77 % / 1.75 %	36	A	49.17 % / 1.6 %	57	C	52.15 % / 1.49 %	78	A	42.92 % / 1.01 %	99	A	58.64 % / 1.84 %	120	C	25.88 % / 3.18 %
16	B	59.44 % / 1.55 %	37	C	47.62 % / 1.33 %	58	A	77.74 % / 0.0 %	79	B	65.53 % / 1.02 %	100	B	62.32 % / 1.37 %	121	C	46.93 % / 1.07 %
17	B	49.35 % / 1.93 %	38	D	60.82 % / 1.04 %	59	B	46.71 % / 1.53 %	80	D	41.27 % / 1.64 %	101	D	62.33 % / 1.3 %	122	C	26.71 % / 4.21 %
18	D	66.68 % / 1.93 %	39	A	46.35 % / 1.83 %	60	C	48.41 % / 1.2 %	81	C	51.44 % / 1.42 %	102	C	49.75 % / 1.79 %	123	C	89.47 % / 0.0 %
19	D	83.08 % / 0.0 %	40	B	62.77 % / 1.21 %	61	B	80.18 % / 0.0 %	82	A	19.79 % / 4.59 %	103	C	61.97 % / 1.73 %	124	C	79.9 % / 0.0 %
20	C	64.76 % / 1.39 %	41	D	58.12 % / 1.45 %	62	B	45.91 % / 1.86 %	83	C	87.66 % / 0.0 %	104	B	56.69 % / 1.43 %	125	D	56.57 % / 1.91 %
21	D	78.54 % / 0.0 %	42	B	61.04 % / 1.99 %	63	C	57.59 % / 1.98 %	84	B	43.23 % / 1.67 %	105	D	57.09 % / 1.12 %	126	B	63.05 % / 1.08 %

प्रश्न संख्या	उत्तर	सही उत्तर / छोड़ दिया	प्रश्न संख्या	उत्तर	सही उत्तर / छोड़ दिया	प्रश्न संख्या	उत्तर	सही उत्तर / छोड़ दिया	प्रश्न संख्या	उत्तर	सही उत्तर / छोड़ दिया	प्रश्न संख्या	उत्तर	सही उत्तर / छोड़ दिया	प्रश्न संख्या	उत्तर	सही उत्तर / छोड़ दिया
127	C	51.67 % / 1.47 %	131	B	58.99 % / 1.89 %	135	B	22.07 % / 3.98 %	139	C	51.63 % / 1.9 %	143	A	40.14 % / 1.32 %	147	A	65.36 % / 1.88 %
128	D	56.87 % / 1.37 %	132	A	42.22 % / 1.64 %	136	B	40.8 % / 1.04 %	140	D	64.68 % / 1.75 %	144	C	56.64 % / 1.38 %	148	C	25.55 % / 4.1 %
129	D	26.02 % / 4.17 %	133	C	52.85 % / 1.28 %	137	C	49.25 % / 1.11 %	141	D	42.95 % / 1.25 %	145	B	17.5 % / 3.73 %	149	A	57.58 % / 1.82 %
130	B	44.87 % / 1.58 %	134	B	76.02 % / 0.0 %	138	B	48.04 % / 1.54 %	142	C	23.47 % / 4.78 %	146	B	77.61 % / 0.0 %	150	D	59.66 % / 1.9 %

//संकेत और समाधान//

1. शिक्षण की प्रक्रिया में भावात्मक दृष्टिकोण बहुत ही महत्वपूर्ण होता है जो शिक्षण प्रक्रिया को प्रभावित करता है। भावात्मक दृष्टिकोण में भावनाएं, मूल्य, प्रशंसा, उत्साह, प्रेरणा और दृष्टिकोण जैसी भावना मनुष्य को किस प्रकार प्रभावित करती है यह समझना आवश्यक होता है।

अतः सही विकल्प (A) है।

2. प्रदर्शन विधि के माध्यम से शिक्षण के दौरान छात्रों की अधिकतम भागीदारी निदर्शन पद्धति के द्वारा संभव है। एक प्रदर्शन किसी को पढ़ाने की एक प्रक्रिया है कि कैसे एक कदम-दर-चरण प्रक्रिया में कुछ बनाना या करना। प्रदर्शन अक्सर तब होता है जब छात्रों को सिद्धांतों को वास्तविक अभ्यास से जोड़ने में कठिन समय होता है या जब छात्र सिद्धांतों के अनुप्रयोगों को समझने में असमर्थ होते हैं।

अतः सही विकल्प (B) है।

3. सभी प्रकार के शिक्षण का उद्देश्य "सिखाना" होना चाहिए। यह एक सही कथन है। शिक्षण एक ऐसी गतिविधि है जिसका उद्देश्य नैतिक और शैक्षणिक रूप से एक विधि से "सिखाना" होना चाहिए।

सभी प्रकार के सीखने की प्रक्रिया शिक्षण का परिणाम होती है। एक सही कथन नहीं है। व्यक्ति के सीखने की प्रक्रिया सिर्फ शिक्षण से नहीं होती है। व्यक्ति अपने आसपास की प्रक्रियाओं तथा सामाजिक परिवेश से भी सीख सकता है। इसलिए अभिकथन (A) सत्य है और कारण (R) सत्य कथन नहीं है।

अतः सही विकल्प (C) है।

4. प्रभावी शिक्षण का अर्थ है:

- छात्रों को दिया गया प्यार, सहयोग, सहानुभूति, स्नेह और प्रोत्साहन
- व्यक्तिगत निर्देश और खुली कक्षा चर्चा।

प्रभावी शिक्षण के लिए आवश्यक कौशल में अकादमिक क्षेत्र में विशेषज्ञता से कहीं अधिक शामिल है। वे तैयार होते हैं, स्पष्ट और निष्पक्ष अपेक्षाएँ रखते हैं, सकारात्मक दृष्टिकोण रखते हैं, छात्रों के साथ धैर्य रखते हैं, और नियमित रूप से उनके शिक्षण का आकलन करते हैं।

इसलिए, सही विकल्प (D) है।

5. एक अच्छा शिक्षक वह है, जो छात्रों को सीखने के लिए अभिप्रेरित करता है। जो छात्र प्रेरित नहीं हैं वे प्रभावी रूप से नहीं सीखेंगे और बदले में, वे जानकारी को बनाए नहीं रखेंगे या भाग नहीं लेंगे और यहां तक कि विघटनकारी भी हो सकते हैं।

अतः सही विकल्प (D) है।

6. जब सामाजिक अनुसंधान के रूप में योजनाएं बनाई जाए तो बेहतर होगा कि विषय से जुड़े साहित्य से परिचित किया जाये। सामाजिक अनुसंधान सामाजिक वैज्ञानिकों और शोधकर्ताओं द्वारा लोगों और समाजों के बारे में जानने के लिए उपयोग की जाने वाली एक विधि है ताकि वे ऐसे उत्पादों/सेवाओं की रचना कर सकें जो लोगों की विभिन्न आवश्यकताओं को पूरा करती हो।

अत: विकल्प (C) सही है।

7. शिक्षा के व्यवसायीकरण का उद्देश्य उदार शिक्षा को रोजगारोन्मुखी बनाना है। व्यावसायिक शिक्षा व्यक्तियों को नौकरियों के लिए तैयार करती है। इसमें रोजगार की पर्याप्त संभावनाएं हैं। यह ज्ञान की सीमा के विस्तार में मदद करता है। माध्यमिक शिक्षा आयोग (1952-53) की सिफारिश के अनुसार शिक्षा के व्यवसायीकरण का उद्देश्य छात्रों की व्यावसायिक दक्षता में सुधार करना है।

अत: विकल्प (A) सही है।

8. वर्ग, आय, शिक्षा स्तर आदि के आधार पर जनसंख्या के विभाजन को स्तरीकरण कहा जाता है और प्रत्येक स्तर के प्रत्येक सदस्य को शोधकर्ता द्वारा चुने जाने की समान संभावना होती है। इस प्रकार विभिन्न स्तरों की विशेषताओं की पहचान की जाती है और उनका अध्ययन किया जाता है। यदि एक शोधकर्ता द्वारा यादृच्छिक अंक तालिका का उपयोग करके वह उनमें से प्रत्येक से कुछ का चयन करता है तो, इसे तकनीकी रूप से स्तरीकृत यादृच्छिक नमूनाकरण कहा जाता है।

स्तरीकृत यादृच्छिक नमूनाकरण को आनुपातिक यादृच्छिक नमूनाकरण या कोटा यादृच्छिक नमूनाकरण भी कहा जाता है।

अत: विकल्प (B) सही है।

9. क्रियात्मक अनुसंधान आम तौर पर सामाजिक विज्ञानों में लागू अनुसंधान का एक दर्शन और कार्यप्रणाली है। यह कार्रवाई करने और अनुसंधान करने की एक साथ प्रक्रिया के माध्यम से परिवर्तनकारी परिवर्तन की तलाश करता है, जो महत्वपूर्ण प्रतिबिंब द्वारा एक साथ जुड़ा हुआ है।

क्रियात्मक अनुसंधान या तो तत्काल समस्या को हल करने के लिए शुरू किया गया शोध है या प्रगतिशील समस्या को सुलझाने की एक चिंतनशील प्रक्रिया है जो अनुसंधान, कार्रवाई और विश्लेषण को एकीकृत करती है। अनुसंधान में विचार किया जा रहा है कि कार्रवाई या योजना की प्रभावशीलता को समझने के लिए एक ज्ञान आधार का निर्माण करना शामिल है।

क्रियात्मक अनुसंधान विशिष्ट और अक्सर व्यावहारिक संदर्भों के भीतर आयोजित पूछताछ के आधार पर ज्ञान बनाता है। जैसा कि पहले व्यक्त किया गया था, कार्रवाई अनुसंधान का उद्देश्य कार्रवाई के माध्यम से सीखना है जो तब व्यक्तिगत या व्यावसायिक विकास की ओर जाता है।

अत: विकल्प (B) सही है।

10. एक अधोमुखी शोध में, शोधकर्ता बार-बार एक ही व्यक्ति की जांच करते हैं ताकि किसी भी समय के दौरान होने वाले किसी भी बदलाव का पता लगाया जा सके। अधोमुखी शोध (या अनुदैर्ध्य सर्वेक्षण, या पैनल अध्ययन) एक शोध डिजाइन है जिसमें कम या लंबी अवधि (यानी, अनुदैर्ध्य आंकड़े का उपयोग करता है) में एक ही चर (जैसे, लोग) के बार-बार अवलोकन शामिल होते हैं। अनुदैर्ध्य अध्ययन एक प्रकार का सहसंबद्ध अनुसंधान है जिसमें शोधकर्ता उन चरों को प्रभावित करने की कोशिश किए बिना कई चरों पर आंकड़े का निरीक्षण और संग्रह करते हैं।

एक शोधकर्ता समय की अवधि में लोगों के वजन पर नींद की अवधि के प्रभाव का अध्ययन करना चाहता है।

यह अधोमुखी शोध का प्रकार है।

अत: विकल्प (B) सही है।

11. कथन || सही है जैसा कि गद्यांश के पहले पैराग्राफ से देखा जा सकता है।

कथन । और ||| के पारित होने का उल्लेख नहीं किया गया है और यह गलत है।

अत: विकल्प (A) सही है।

12. स्टंटिंग स्थूल और सूक्ष्म पोषक तत्वों के अपर्याप्त सेवन के कारण होता है। आमतौर पर यह स्वीकार किया जाता है कि दो साल के बाद विकास मंदता से उबरना तभी संभव है जब प्रभावित बच्चे को पोषक तत्वों की पर्याप्त मात्रा में आहार दिया जाए। पोषक तत्वों की पर्याप्तता का एक महत्वपूर्ण पहलू आहार विविधता है, जिसकी गणना एक से 15 दिनों की संदर्भ अवधि के साथ उपभोग किए गए खाद्य पदार्थों के विभिन्न समूहों द्वारा की जाती है।

हाइलाइट किए गए बिंदुओं के अनुसार, । और || सही हैं, जबकि ||| के पारित होने का उल्लेख नहीं किया गया है।

अत: विकल्प (C) सही है।

13. दिए गए सभी कथन हैं:

।. वन आजीविका पर उनकी पारंपरिक निर्भरता का नुकसान।

||. सार्वजनिक पोषण योजनाओं का कमजोर कार्यान्वयन।

|||. बिगड़ती कृषि स्थिति।

सभी कथन सही हैं क्योंकि सभी खाद्य असुरक्षा की मौजूदा स्थिति के संभावित कारण बताते हैं।

अतः विकल्प (D) सही है।

14. कथन || और ||| नकारात्मक हैं और भारत में पोषण की खराब स्थिति को दर्शाते हैं।

कथन । सकारात्मक है और कथन को कमजोर करता है।

अतः विकल्प (D) सही है।

15. मार्ग महाराष्ट्र का उदाहरण देता है और कहता है कि भले ही इसकी वृद्धि अधिक है और इसकी प्रति व्यक्ति आय अधिक है, फिर भी कुपोषण की व्यापकता के कारण इसका विकास कम है।

केवल विकल्प (B) समझ में आता है। ऊपर निर्दिष्ट व्यंग्यात्मक को यहाँ अच्छी तरह से चित्रित किया गया है।

विकल्प (A) गलत है क्योंकि यह स्पष्ट रूप से असत्य है।

विकल्प (C) गलत है क्योंकि यह तथ्यात्मक रूप से सही हो सकता है लेकिन व्यंग्यात्मक का प्रतिनिधित्व नहीं करता है।

विकल्प (D) गलत है क्योंकि गद्यांश में दी गई जानकारी से यह निष्कर्ष नहीं निकाला जा सकता है।

अतः विकल्प (B) सही है।

16. प्रत्येक संचारक को प्रत्याशित उत्साह का अनुभव करना होता है। प्रत्याशित उत्साह उस भावना का वर्णन करती है जब कुछ आ रहा होता है जो किसी को लगता है कि हो सकता है। प्रत्याशित संचार में, रुचि के कुछ क्षेत्रों की पहचान करने के लिए प्रक्रिया निर्धारित की जाती है, एक व्यक्ति / समूह सामान्य अपेक्षित हितों के आधार पर चर्चा करने में रुचि रखेगा।

इसलिए, प्रत्येक संचारक को प्रत्याशित उत्साह का अनुभव करना पड़ता है।

अतः विकल्प (B) सही है।

17. कक्षा संचार के संदर्भ में दृष्टिकोण, कार्य और दिखावे को अशाब्दिक संचार माना जाता है। अशाब्दिक संचार हमारे चेहरे के भाव, हावभाव, आंखों के संपर्क, आसन और आवाज के स्वर को दर्शाता है। यह वह प्रक्रिया है जिसमें संदेशों को बिना बोले या लिखे शब्दों का उपयोग किए बिना भेजा और प्राप्त किया जाता है।

अतः विकल्प (B) सही है।

18. सकारात्मक कक्षा संचार अनुनय की ओर ले जाता है।

अनुनय किसी को कुछ करने या अपना मन बदलने के लिए प्रभावित करने का कार्य है।

जबरन किसी को बल या धमकियों का उपयोग करके किसी को कुछ करने के लिए राजी करने की क्रिया या अभ्यास को संदर्भित करता है।

समर्पण एक मन की स्थिति है जिसमें लोग अब वे नहीं कर सकते जो वे करना चाहते हैं क्योंकि वे किसी और से प्रभावित हुए हैं।

टकराव एक ऐसी स्थिति है जिसमें विरोधी विचारों या विचारों वाले लोग या समूह गुस्से में असहमत होते हैं।

अतः विकल्प (D) सही है।

19. स्वयं के साथ संचार को इंट्रापर्सनल कम्युनिकेशन के रूप में जाना जाता है। संचार केवल एक स्थान, व्यक्ति या समूह से दूसरे में जानकारी स्थानांतरित करने का कार्य है।

1. **अंतर-व्यक्तिगत संचार** को किसी के स्वयं के साथ संचार के रूप में परिभाषित किया जा सकता है, और इसमें स्व-वार्तालाप, कल्पना और टश्य के कार्य और यहां तक कि याद और स्मृति शामिल हो सकते हैं।

2. **संगठनात्मक संचार:** यह एक संगठन के सदस्यों के बीच संचार के रूपों और प्रणाली को संदर्भित करता है। यह औपचारिक या अनोपचारिक हो सकता है और ओद्योगिक परिसर के भीतर विभिन्न पदानुक्रम संरचनाओं में हो सकता है।

3. **ग्रेपाइन संचार** अपने शुद्धतम रूप में अनौपचारिक कार्यस्थल संवाद है: यह कर्मचारियों और वरिष्ठों के बीच बातचीत की विशेषता है जो किसी भी निर्धारित संरचना या नियम-आधारित प्रणाली का पालन नहीं करते हैं। अंगूरलता संचार तेजी से फैलता है और संभवतः संगठन में प्रत्येक व्यक्ति को छूता है।

4. **अंत: वैयक्तिक संचार** शाब्दिक या अशाब्दिक तरीकों के माध्यम से दो या अधिक लोगों के बीच सूचना, विचारों और भावनाओं के आदान-प्रदान की प्रक्रिया है। इसमें अक्सर सूचनाओं का आमनेसामने आदान-प्रदान, आवाज, चेहरे के भाव, हाव-भाव और मुद्रा के रूप में शामिल होते हैं।

अतः विकल्प (D) सही है।

20. कक्षा संचार को आमतौर पर संज्ञानात्मक माना जाता है।

कक्षा संचार- छात्रों को प्रभावी ढंग से सीखने के लिए कक्षा के भीतर संचार महत्वपूर्ण है और इसे सीखने के प्रारंभिक चरण से ही स्थापित किया जाना चाहिए। गैर-मौखिक संचार का अर्थ शरीर की भाषा, हावभाव, चेहरे के भाव, आवाज के स्वर और पिच और मुद्रा के माध्यम से शब्दों के बिना संचार करना है।

अतः विकल्प (C) सही है।

21. इस तर्क में, क्रम ऐसा है जैसे पहला अक्षर पहले आता है, फिर अंतिम अक्षर, फिर दूसरा अक्षर सामने से और दूसरा अंतिम अक्षर, और इसी तरह।

जैसे: H पहले आता है, फिर S (अंतिम अक्षर), फिर O (दूसरा अक्षर), फिर L (दूसरा अंतिम अक्षर), और इसी तरह।

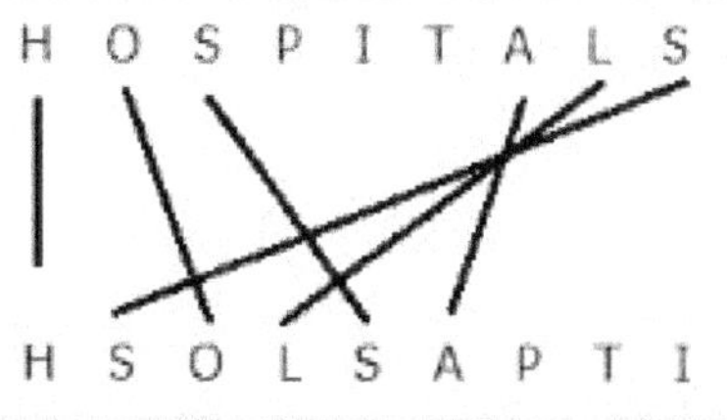

आवश्यक पैटर्न में, B पहले आता है, फिर S (अंतिम वर्णमाला), फिर । (दूसरा वर्णमाला), फिर L (दूसरा अंतिम वर्णमाला), और इसी तरह।

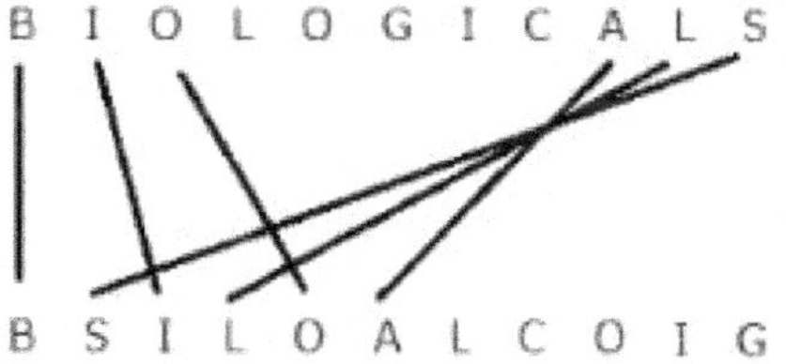

अतः विकल्प (D) सही है।

22. पैटर्न +4, +8, +12, +16, ... है

अर्थात $1 + 4 = 5$

$5 + 8 = 13$

$13 + 12 = 25$

$25 + 16 = 41$

$41 + 20 = 61$

इसलिए लुप्त संख्या 61 है।

अतः सही विकल्प (C) है।

23. कॉलम I:

$42 \to 4 \times 2 = 8$

$26 \to 2 \times 6 = 12$

$8 + 12 = 20$

$202 = 10$

कॉलम II:

$34 \to 3 \times 4 = 12$

$52 \to 5 \times 2 = 10$

$12 + 10 = 22$

$222 = 11$

इसी तरह कॉलम III में:

$27 \to 2 \times 7 = 14$

$63 \to 6 \times 3 = 18$

$14 + 18 = 32$

$322 = 16$

इस प्रकार लुप्त संख्या 16 है।

अतः विकल्प (C) सही है।

24. हर शब्द की पहली वर्णमाला लेते हुए,

A +1, B + 2, D + 3, G + 4, K

हर शब्द की दूसरी वर्णमाला लेते हुए,

Y – 3, V – 4, R – 5, M – 6, G

हर शब्द की तीसरी वर्णमाला लेते हुए,

D + 2, F + 2, H + 2, J + 2, L

तो, AYD, BVF, DRH, GMJ, KGL

अतः विकल्प (D) सही है।

25. प्रश्न में दिए गए समीकरणों में प्रतीकों के स्थानों में अलग-अलग चिन्ह रखने के बाद, हम प्राप्त करते हैं,

74 \$ 12 @ 21 = 65 ⇒ 74 + 12 - 21 = 65

47 \$ 23 @ 13 = 57 ⇒ 47 + 23 - 13 = 57

इसका अर्थ है '\$' का अर्थ '+' और '@' का अर्थ '-' है। दिया गया समीकरण होगा:

48 \$ 13 @ 28 ⇒ 48 + 13 - 28 = 33

अतः विकल्प (D) सही है।

26. आइए पहले दिए गए प्रतीकों को डिकोड करें और फिर एक वंश वृक्ष बनाएं।

A है			
प्रतीक	@	#	*
अर्थ	बेटी	बहन	पिता
B का			

प्रतीक तालिका इस प्रकार है:

आरेख में प्रतीक	अर्थ
◯	महिला
▢	पुरुष
=	शादीशुदा जोड़ा
—	भाई-बहन
│	एक पीढ़ी का अंतर

W@X*Y#Z → W, X की पुत्री है, X, Y का पिता है, Y, Z की बहन है।

यदि W का एक भाई और एक बहन है। इसलिए Z अवश्य ही W का भाई होगा।

उपरोक्त प्रतीक तालिका का उपयोग करते हुए परिवार वृक्ष आरेख इस प्रकार है:

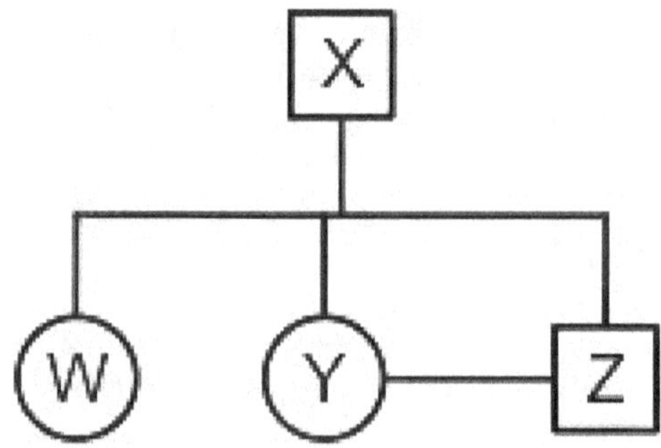

इसलिए, Z, X का पुत्र है।

अतः विकल्प (C) सही है।

27. दी गयी कूट भाषा के अनुसार:

वर्ण माला	A	B	C	D	E	F	G	H	I	J	K	L	M
स्थानीय मान	1	2	3	4	5	6	7	8	9	10	11	12	13
स्थानीय मान	26	25	24	23	22	21	20	19	18	17	16	15	14
वर्ण माला	Z	Y	X	W	V	U	T	S	R	Q	P	O	N

L = 12 (1 + 2) = 3

I = 9

F = 6

E = 5

इसी प्रकार,

F = 6

U = 21 (2 + 1) = 3

N = 14 (1 + 4) = 5

इसलिए, FUN, 635 से संबंधित है।

अत: विकल्प (A) सही है।

28. प्रश्नानुसार आरेख,

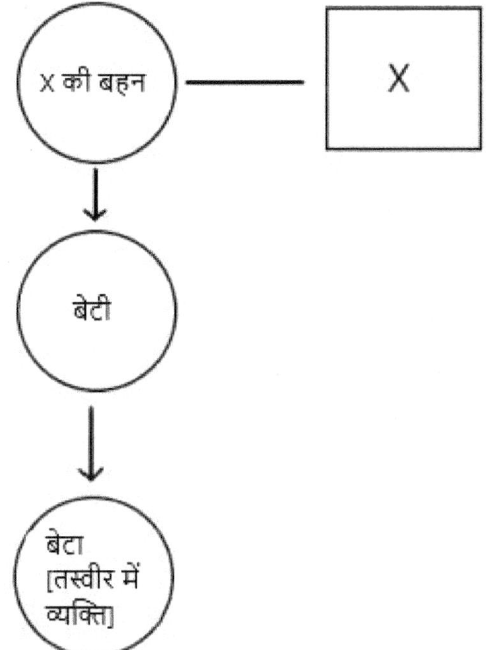

इसलिए, उपरोक्त वंश-वृक्ष से, तस्वीर में दिख रहा व्यक्ति X का पोता है।

अतः विकल्प (B) सही है।

29. न्यूनतम संभावित वेन आरेख:

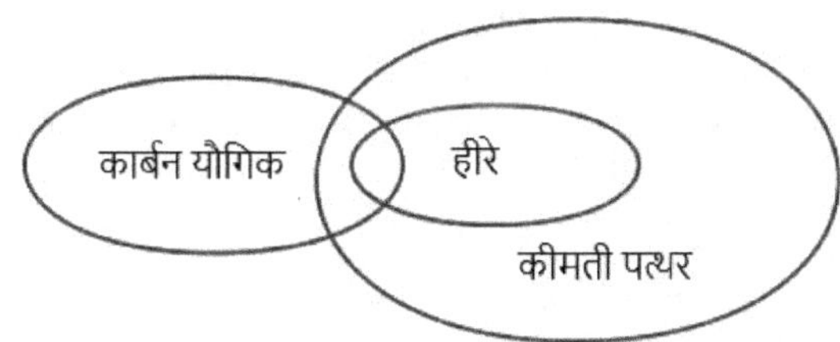

निष्कर्ष:

(i) सभी कीमती पत्थर हीरे हैं। → असत्य (यह संभव है लेकिन निश्चित नहीं)

(ii) कुछ गैर-कार्बन यौगिक कीमती पत्थर हैं। → असत्य (जैसा कि गैर कार्बन यौगिक के बारे में कुछ भी नहीं दिया गया है)

(iii) सभी कीमती पत्थर पत्यरों के योगिक हैं। → असत्य (जैसा कि पत्थरों के यौगिक के बारे में कुछ भी नहीं दिया गया है)

(iv) कुछ कार्बन यौगिक कीमती पत्थर हैं। → सत्य

अतः विकल्प (D) सही है।

30. दिया गया समीकरण है: $18 \div 2 \times 4 + 10 - 2 = 25$

प्रत्येक विकल्प की जाँच करें,

(A) ÷ और - → $18 - 2 \times 4 + 10 \div 2 = 15 \neq 25$

(B) + और ÷ → $18 + 2 \times 4 \div 10 - 2 = 16.8 \neq 25$

(C) - और + → $18 \div 2 \times 4 - 10 + 2 = 28 \neq 25$

(D) × और - → $18 \div 2 - 4 + 10 \times 2 = 25 = 25$

इसलिए, × और - को इंटरचेंज करने से समीकरण सही होगा।

अतः विकल्प (D) सही है।

31. दिया है,

A और B के अंकित मूल्य का अनुपात $= 2 : 3$

माना वस्तुओं A और B का अंकित मूल्य क्रमशः $200x$ और $300x$ है।

वस्तु A का विक्रय मूल्य $= 200x \times \dfrac{90}{100} \times \dfrac{80}{100} = 144x$

वस्तु B का विक्रय मूल्य $= 300x \times \dfrac{85}{100} \times \dfrac{95}{100} = 242.25x$

दोनों वस्तुओं के विक्रय मूल्य के बीच का अंतर $= 1198.65$ रु.

$\therefore 242.25x - 144x = 1198.65$ रु.

$\Rightarrow 98.25x = 1198.65$ रु.

$\Rightarrow x = 12.2$ रु.

वस्तु A का अंकित मूल्य $= 200x = 200 \times 12.2 = 2440$ रु.

वस्तु B का अंकित मूल्य $= 300x = 300 \times 12.2 = 3660$ रु.

$\therefore$ वस्तु A और B के अंकित मूल्य के बीच अंतर $= 3660 - 2440 = 1220$ रु.

अत: विकल्प (B) सही है।

32. माना वस्तु A का अंकित मूल्य $500x$ है।

D का अंकित मूल्य $= 500x \times \dfrac{80}{100} = 400x$

A का विक्रय मूल्य $= 500x \times \dfrac{90}{100} \times \dfrac{80}{100} = 360x$

D का विक्रय मूल्य $D = 400x \times \dfrac{80}{100} \times \dfrac{95}{100} = 304x$

दोनों वस्तुओं के विक्रय मूल्य का योग $= 3984$ रु.

$\therefore 360x + 304x = 3984$ रु.

$\Rightarrow 664x = 3984$ रु.

$\Rightarrow x = \dfrac{3984}{664}$

$\Rightarrow x = 6$

A का क्रय मूल्य $= 360 \times 6 \times \frac{5}{6} = 1800$ रु.

D का क्रय मूल्य $= 304 \times 6 \times \frac{100}{80} = 2280$ रु.

अभीष्ट अनुपात $= \frac{2280}{1800} = \frac{19}{15} = 19:15$

अतः विकल्प (D) सही है।

33. दिया है, B से D के विक्रय मूल्य का अनुपात $= 5:8$

माना B और D का अंकित मूल्य क्रमशः x और y है।

B का विक्रय मूल्य $= x \times \frac{85}{100} \times \frac{95}{100} = \frac{8075x}{10000}$

D का विक्रय मूल्य $= y \times \frac{80}{100} \times \frac{95}{100} = \frac{7600y}{10000}$

अब, प्रश्न के अनुसार

$\therefore \dfrac{\frac{8075x}{10000}}{\frac{7600y}{10000}} = \dfrac{5}{8}$

$\Rightarrow \dfrac{8075x}{7600y} = \dfrac{5}{8}$

$\Rightarrow \dfrac{x}{y} = \dfrac{5 \times 7600}{8 \times 8075}$

$\Rightarrow \dfrac{x}{y} = \dfrac{190}{323}$

$\Rightarrow x:y = 190:323$

$\therefore$ B से D के अंकित मूल्य का अनुपात $190:323$ है।

अतः विकल्प (D) सही है।

34. माना A का अंकित मूल्य $500x$ है।

A का विक्रय मूल्य $= 500x \times \frac{90}{100} \times \frac{80}{100} = 360x$

जब दूसरी छूट 20% बढ़ जाती है, तो

दूसरी छूट $\% = 20 \times \frac{120}{100} = 24\%$

अब, A का विक्रय मूल्य $= 500x \times \frac{90}{100} \times \frac{76}{100} = 342x$

$\therefore$ A का विक्रय मूल्य $= 360x - 342x = 18x$

प्रश्न के अनुसार,

$18x = 108$

$\Rightarrow x = 6$

C का विक्रय मूल्य $= 360 \times 6 - 120 = 2040$ रु.

C का अंकित मूल्य $= 2040 \times \frac{100}{95} \times \frac{100}{90}$

$= \frac{16000}{57}$

$= \frac{136000}{57}$

$= 2386$ रु. (लगभग)

अतः विकल्प (C) सही है।

35. माना A और B का अंकित मूल्य a रु. और b रु. है।

A का विक्रय मूल्य $= a \times \frac{90}{100} \times \frac{80}{100} = 0.72a$ रु.

B का विक्रय मूल्य $= b \times \frac{85}{100} \times \frac{95}{100} = 0.8075b$ रु.

प्रश्न के अनुसार,

$\dfrac{0.72a}{0.8075b} = \dfrac{5}{2}$

$\Rightarrow \dfrac{a}{b} = \dfrac{5 \times 0.8075}{2 \times 0.72}$

$\Rightarrow \dfrac{a}{b} = \dfrac{45}{16}$

माना a, $45x$ और b, $16x$ है।

जैसे, दोनों वस्तुओं के अंकित मूल्य का योग $= 61000$ रु.

$\therefore 45x + 16x = 61000$

$\Rightarrow 61x = 61000$

$\Rightarrow x = 1000$ रु.

इसलिए, A का अंकित मूल्य $A = 45x = 45 \times 1000 = 45000$ रु. और

B का अंकित मूल्य $= 16x = 16 \times 1000 = 16000$ रु.

A का विक्रय मूल्य $= 45000 \times 0.72 = $ रु 32400 रु.

B का विक्रय मूल्य $= 16000 \times 0.8075 = $ रु 12920 रु.

$\therefore$ दोनों वस्तुओं के विक्रय मूल्य के बीच का अंतर $=$
$32400 - 12920 = 19480$ रु.

अतः विकल्प (B) सही है।

36. बर्न शब्द सीडी या अन्य रिकॉर्ड करने योग्य डिस्क बनाने की कार्रवाई का वर्णन करता है। बर्निंग सीडी-रोम में फाइलों को कॉपी करने की प्रक्रिया को संदर्भित करता है। आप डिस्क के नीचे देखकर बर्न्ट या रिकॉर्ड करने योग्य डिस्क की पहचान कर सकते हैं। किसी भी खाली डिस्क या रिकॉर्ड करने योग्य डिस्क का उपयोग बर्नर में एक नई डिस्क बनाने या मौजूदा डिस्क को कॉपी करने के लिए किया जा सकता है।

अतः विकल्प (A) सही है।

37. प्रतीक A-F को हेक्साडेसिमल संख्या प्रणाली में उपयोग किया जाता है। इसके 16 अंक हैं- 0 से 9 और A = 10, B = 11, C = 12, D = 13, E = 14, F = 15

अतः विकल्प (C) सही है।

38. एक नए लैपटॉप का उत्पादन किया गया है जो वजन में कम है, छोटा है और पिछले लैपटॉप मॉडल की तुलना में कम बिजली का उपयोग करता है जो सॉलिड स्टेट हार्ड ड्राइव का उपयोग कर सकता है। यह डिवाइस फ्लैश मेमोरी पर डेटा स्टोर करता है। सॉलिड-स्टेट ड्राइव (SSD) एक सॉलिड-स्टेट स्टोरेज डिवाइस है जो डेटा को लगातार स्टोर करने के लिए इंटीग्रेटेड सर्किट

असेंबलियों का उपयोग करता है, आमतौर पर फ्लैश मेमोरी का उपयोग करता है, और कंप्यूटर स्टोरेज के हायरार्की में सेकेंडरी स्टोरेज के रूप में कार्य करता है।

अतः विकल्प (D) सही है।

39. इंटरनेट प्रोटोकॉल(IP)

- यह प्रत्येक एकल कंप्यूटर या किसी भी उपकरण को प्रेषित एक अनूठा तार्किक पता है जो ट्रांसमिशन कंट्रोल प्रोटोकॉल (TCP)/ IP आधारित नेटवर्क का हिस्सा है।

- IP एड्रेस वह कोर यूनिट है जिस पर पूरी नेटवर्किंग आर्किटेक्चर एक पदानुक्रमित संरचना या अनुक्रम वार चरणों में बनाया गया है।

- IP एड्रेस नेटवर्क नोड को एड्रेस पर प्रदान करता है जैसे कि यह अन्य नोड्स/ नेटवर्क के साथ संपर्क कर सकता है।

IP एड्रेस को संख्यात्मक रूप से 2 भागों में विभाजित किया गया है: -

- नेटवर्क पार्ट उल्लेख करता है कि यह पता किस नेटवर्क का है।
- होस्ट भाग आगे सटीक स्थान का स्रोत है।

इसलिए, IP एड्रेस डोमेन नाम के पदानुक्रम में परिवर्तित हो जाते हैं।

अतः विकल्प (A) सही है।

40. निर्देश और डेटा के भंडारण और पुनर्प्राप्ति के लिए एक कंप्यूटर सिस्टम में मेमोरी आवश्यक है। एक सिस्टम इन निर्देशों और डेटा को संग्रहीत करने के लिए विभिन्न उपकरणों का उपयोग करता है जो इसके संचालन के लिए आवश्यक हैं।

कथन (A):

- जब किसी कंप्यूटर को बूट किया जाता है, तो कंप्यूटर की मुख्य (प्राथमिक) मेमोरी या रैम खाली होती है।

- रैम उन डेटा को संग्रहीत करता है जिन्हें कंप्यूटर को अस्थायी रूप से उपयोग करने की आवश्यकता होती है। तो यह माध्यमिक भंडारण उपकरणों की तुलना में तेज है। यह एक वाष्पशील मेमोरी है यानी बिजली बंद होने पर इससे डेटा गायब हो जाता है।

- कंप्यूटर आवश्यकता पड़ने पर मुख्य मेमोरी (RAM) में सेकेंडरी स्टोरेज (हार्ड डिस्क) से एप्लिकेशन या निर्देशों को लोड करता है।

- कार्यक्रम निर्देशों को तब सीपीयू द्वारा निष्पादित किया जाता है।

इसलिए, कथन (A) गलत है।

- इंटरनेट ने सूचना प्रौद्योगिकी के इस युग में क्रांतिकारी परिवर्तन किए हैं। विशिष्ट जानकारी की खोज करना इंटरनेट का उपयोग करने का मुख्य उद्देश्य है और खोज इंजन एक ऐसा उपकरण है।

कथन (B):

- वर्ल्ड वाइड वेब पर सूचना डेटाबेस में घातीय वृद्धि ने एक विशेष जानकारी का पता लगाना मुश्किल बना दिया है।

- वर्ल्ड वाइड वेब (www) पर पुनर्प्राप्ति या सूचना के स्थान के लिए खोज इंजन स्वचालित सॉफ्टवेयर प्रणाली है।

- यह विभिन्न खोज विधियों का उपयोग करके किसी विशेष विषय पर प्रासंगिकता की जानकारी का पता लगाने में मदद कर सकता है।

- गूगल , बिंग और याहू! सबसे लोकप्रिय खोज इंजन हैं।

अतः विकल्प (B) सही है।

41. वायु गुणवत्ता सूचकांक (AQI) को छह श्रेणियों में वर्गीकृत किया गया है, अर्थात्: अच्छा, संतोषजनक, मध्यम प्रदूषित, खराब, बहुत खराब और गंभीर।

AQI आठ प्रदूषकों (पार्टिकुलेट मैटर) PM10, (पार्टिकुलेट मैटर) PM2.5, (नाइट्रोजन डाइऑक्साइड) NO_2, (सल्फर डाइऑक्साइड) SO_2, (कार्बन मोनोऑक्साइड) CO (ओजोन) O_3, (अमोनिया) NH_3, के लिए प्रस्तावित है और इसमें क्लोरोफ्लोरोकार्बन (CFC) शामिल नहीं है।

अतः सही विकल्प (D) है।

42. भारत की नदियों के प्रदूषण का मुख्य स्रोत अनुपचारित सीवेज का पानी होता है। भारत के शहरों के गंदे सीवेज तथा कारखानों के पानी को बिना किसी प्रक्रिया के सीधे नदियों में प्रवाहित कर दिया जाता है। जिसके कारण नदियों का मीठा पानी प्रदूषित होता है। औद्योगिक विकास, शहरीकरण और सिंथेटिक कार्बनिक पदार्थों के बढ़ते उपयोग से ताजे पानी का शरीर पर गंभीर और प्रतिकूल प्रभाव पड़ता है।

अत: विकल्प (B) सही है।

43. बाढ़: यह भूमि पर पानी का एक अतिप्रवाह होता है जो आमतौर पर पानी का असमान वितरण होता है।

सूखा: यह एक लंबी अवधि के लिए असामान्य रूप से कम वर्षा की अवधि है।

भूकंप: पृथ्वी की चट्टानों के माध्यम से थरथाने वाली तरंगों के पारित होने से उत्पन्न होने वाले कंपन को भूकंप कहते है।

ज्वालामुखी: एक वेंट जिसके माध्यम से पिघले हुए पदार्थ निकलते हैं।

अतः सही विकल्प (A) है।

44. नागोया प्रोटोकॉल:

आनुवांशिक संसाधनों तक पहुँच पर नागोया प्रोटोकॉल और उनके उपयोग से उत्पन्न होने वाले लाभों का उचित और न्यायसंगत साझाकरण (प्रोटोकॉल) एक वैश्विक समझौता है जो जैविक विविधता पर सम्मेलन के उपयोग और लाभ-साझाकरण दायित्वों (सीबीडी) को लागू करता है।

पौधों, जानवरों और सूक्ष्मजीवों से आनुवंशिक संसाधन विशेष रूप से एंजाइम, उन्नत जीन या छोटे अणुओं के विकास में मूल्यवान हैं। फसल सुरक्षा, औषधि विकास, विशेष रसायनों के उत्पादन या औद्योगिक प्रसंस्करण सहित कई क्षेत्रों में इनका उपयोग किया जा सकता है।

इन लाभों का उचित और न्यायसंगत बंटवारा जैव विविधता संपन्न देशों और अंतर्राष्ट्रीय समुदाय के लिए प्राथमिकता है। नागोया प्रोटोकॉल को नागोया, जापान में CBD द्वारा अक्टूबर 2010 में अपनाया गया था।

अतः विकल्प (A) सही है।

45. अनुपचारित सीवेज भारत की प्रमुख नदियों में जल प्रदूषण का सबसे बड़ा स्रोत है। अनुपचारित सीवेज भी कई बीमारियों का कारण बनता है।

अनुपचारित सीवेज भारत की प्रमुख नदियों में जल प्रदूषण का सबसे बड़ा स्रोत है। अनुपचारित सीवेज भी कई बीमारियों का कारण बनता है। यह मानव स्वास्थ्य के लिए एक बड़ा खतरा है क्योंकि इसमें जलजनित रोगजनक होते हैं जो गंभीर मानव बीमारी का कारण बन सकते हैं।

अतः विकल्प (A) सही है।

46. कार्यात्मक नेतृत्व सिद्धांत हैकमैन, वाल्टन और मैकग्राथ के साथ जुड़ा हुआ है। यह विशिष्ट नेता के व्यवहार को संबोधित करने के लिए एक विशेष रूप से उपयोगी सिद्धांत है, जो संगठनात्मक या इकाई प्रभावशीलता में योगदान करने की उम्मीद करता है। इस सिद्धांत का तर्क है कि नेता का मुख्य काम यह देखना है कि समूह की जरूरतों के लिए जो कुछ भी आवश्यक हो उसका ध्यान रखा जाए।

अत: विकल्प (A) सही है।

47. शैक्षणिक संस्थानों में आने वाले छात्रों को जितनी बाधाएं आएँगी, उतनी अधिक अपेक्षाएं शिक्षक से होंगी। एक शिक्षक वह है जो छात्रों की समस्याओं को समझेगा और जैसे-जैसे शिक्षण संस्थान में छात्रों की संख्या बढ़ती है, शिक्षक की मांग भी बढ़ती है।

अतः सही विकल्प (C) है।

48. पूर्व-स्नातक पाठ्यक्रमों के लिए ई-सामग्री निर्माण मानव संसाधन विकास मंत्रालय द्वारा शैक्षिक संचार संकाय को निर्दिष्ट किया गया है। ई-कंटेंट सात विषयों मानव विज्ञान, अंग्रेजी, हिंदी, गणित, फोटोग्राफी, पर्यावरण अध्ययन और इतिहास पर लॉन्च किया गया है।

अतः विकल्प (B) सही है।

49. पुदुच्चेरी विश्वविद्यालय, विश्व भारती और HNB गढ़वाल विश्वविद्यालय सभी केंद्रीय विश्वविद्यालयों के अंतर्गत आते हैं। भारत में केंद्रीय विश्वविद्यालय संसद के अधिनियम द्वारा स्थापित किया गया है और केंद्रीय मानव संसाधन विकास मंत्रालय में उच्च शिक्षा विभाग के दायरे में आता है। भारत में विश्वविद्यालयों को विश्वविद्यालय अनुदान आयोग (UGC) द्वारा मान्यता प्राप्त है। यूजीसी द्वारा प्रकाशित केंद्रीय विश्वविद्यालयों की संख्या 31 मार्च 2021 के अनुसार 54 केंद्रीय विश्वविद्यालय शामिल हैं। कुरुक्षेत्र विश्वविद्यालय एक राज्य विश्वविद्यालय है।

अतः विकल्प (A) सही है।

50. विधि निर्माण विषय के रूप में शिक्षा समवर्ती सूची में शामिल है। समवर्ती सूची भारत के संविधान की सातवीं अनुसूची में दी गई 52 वस्तुओं की सूची है। इसमें केंद्र और राज्य सरकार दोनों द्वारा विचार की जाने वाली शक्ति शामिल है।

अतः विकल्प (C) सही है।

51. सिक्योर हैश एल्गोरिथम या SHA MD4 एन्क्रिप्शन सिस्टम पर आधारित है। यह एल्गोरिथम लॉन्ग 160-बिट्स मैसेज का आउटपुट देता है, इसलिए एक और संदेश बनाना कठिन होता है जो समान परिणामी मैसेज देता है।

सिक्योर हैश एल्गोरिथम (SHA-1) एक आर्बिटरी लेंथ वाली स्ट्रिंग से 160-बिट्स हैश मान उत्पन्न करता है। MD5 की तरह, इसका उपयोग SSH, SSL, S-MIME (सिक्योर/बहुउद्देशीय इंटरनेट मेल एक्सटेंशन), और IPSec जैसे अनुप्रयोगों में भी व्यापक रूप से किया जाता है।

अतः सही विकल्प (A) है।

52. चूंकि 18 सभी 3 में कुशल हैं। डुप्लीकेट सहित एकल कुशल और दोहरे कुशल श्रमिकों के साथ कुल प्राप्त करने के लिए तीनों में से 18 घटाएं।

सॉफ्टवेयर इंजीनियर = 48 - 18 = 30

हार्डवेयर इंजीनियर = 35 - 18 = 17

नेटवर्क इंजीनियर = 42 - 18 = 24

कुल 71 बनाना और यह डुप्लीकेट सहित एकल और दोहरे कुशल श्रमिकों का कुल सेट है। 75 उम्मीदवारों में से 18 तीन क्षेत्रों में कुशल थे।

तो, 75 - 18 = 57 (एकल और दोहरे कौशल वाले कुशल श्रमिकों की वास्तविक संख्या)। अब बिना डुप्लीकेट (57) और डुप्लीकेट (71) वाली संख्या के बीच का अंतर = 71 - 57 = 14.

तो, ठीक 14 दो नौकरियों में कुशल हैं।

अतः सही विकल्प (B) है।

53. दिया है, f(x)=x−[x]

f(x)=x−[x]={x}⇒ एक पूर्णांक का भिन्नात्मक भाग

यह सर्वविदित है कि भिन्नात्मक भाग का फलन हमेशा 0 और 1 के बीच होता है और {x} भी शून्य हो सकता है।

⇒ 0≤{x}<1

∴ f(x) का परिसर [0,1) है

अतः सही विकल्प (D) है।

54. सर्वांगसमता संबंध के अनुसार, 56 ≡ 6 (मॉड 24)

तो, 56 - 32 = 24

जो 24 का गुणज है।

अतः शेषफल 6 है।

अतः सही विकल्प (C) है।

55. दिया गया है: y = 7, e = 12, और n = 566

तो, x ≡ 512 (मॉड 566)

अब 512, 244140625 पर आता है और इस मान मॉड्यूलो 566 को लेते हुए, x 487 निर्धारित किया जाता है।

अतः सही विकल्प (D) है।

56. सीकेंसीअल लीनियर प्रोग्रामिंग में, नॉन-लीनियर ऑब्जेक्ट फ़ंक्शन और कंस्ट्रेंट्स को प्रारंभिक बिंदु के आसपास लीनियराइज़्ड किया जाता है और लीनियर प्रोग्रामिंग समस्या को हल करके एक नया डिज़ाइन पॉइंट प्राप्त किया जाता है और पड़ोस में उत्पन्न होने वाली लाइन्स का सीकेंस और लीनियर प्रोग्रामिंग द्वारा हल किया जाता है। नए पॉइन्ट से ऑप्टिमम पहुंचने तक जारी है।

अतः विकल्प (A) सही है।

57. सीकेंसीअल लीनियर प्रोग्रामिंग की आगे की इम्प्रूवमेंट मेथड मूव लिमिट विधि है। इन मेथड में और इम्प्रूवमेंट पोप के कारण, जिन्होंने चाल सीमा मेथड का सुझाव दिया और हाल ही में रामकृष्ण और भाविकति ने इम्प्रूवमेंट किया है और तनाव के तहत मैकेनिकल कम्पोनेन्ट्स के ऑप्टिमम डिजाइन के लिए इस मेथड का उपयोग किया है।

अतः विकल्प (C) सही है।

58. 1950 के दशक की शुरुआत में बेलमैन द्वारा विकसित गतिशील प्रोग्रामिंग और व्यापक रूप से संचालन अनुसंधान और अर्थशास्त्र में लागू किया गया मूल रूप से बहु-स्तरीय निर्णय समस्याओं के लिए एक गणितीय दृष्टिकोण है और यह दृष्टिकोण कुछ प्रकार की संरचना के इष्टतम डिजाइन के लिए अच्छी तरह से अनुकूल है, सामान्य तौर पर जिसमें बातचीत होती है विभिन्न भागों के बीच किन्तु सरल।

अतः विकल्प (A) सही है।

59. गतिशील प्रोग्रामिंग की सीमा यह है कि यह स्वयं को मशीन डिजाइन के लिए अनुमति नहीं देता है। गतिशील प्रोग्रामिंग की सीमा यह है कि यह स्वयं को विभिन्न समस्याओं की एक विस्तृत श्रृंखला के लिए उपयुक्त सामान्य-उद्देश्य वाले कंप्यूटर प्रोग्राम के निर्माण की अनुमति नहीं देता है और गतिशील प्रोग्रामिंग का उपयोग पिन-संयुक्त संरचनाओं के आकार को अनुकूलित करने और इष्टतम डिजाइन के लिए किया गया है। पामर और शेपर्ड द्वारा ट्रांसमिशन टावर।

अतः विकल्प (B) सही है।

60. जियोमेट्रिक प्रोग्रामिंग में, वेरिएबल डिस्ट्रीब्यूशन पर जोर दिया जाता है। एक जियोमेट्रिक प्रोग्राम (जीपी) एक प्रकार की गणितीय अनुकूलन समस्या है जो एक विशेष रूप वाले उद्देश्य और कंस्ट्रेंट्स फंक्शन्स की विशेषता है। संरचनाओं के अनुकूलन समस्याओं के लिए जियोमेट्रिक प्रोग्रामिंग के अनुप्रयोग का प्रयास मंदिर के आदमी द्वारा किया गया है और चर के मूल्यों के बजाय उद्देश्य समारोह में विभिन्न शर्तों के बीच कुल लागत का प्रयास किया गया है।

अतः विकल्प (C) सही है।

61. वर्चुअल मेमोरी मौजूदा मेमोरी के विस्तार की तरह है। वर्चुअल मेमोरी का उपयोग आमतौर पर फिजिकल मेमोरी के स्पष्ट आकार को बढ़ाने के लिए किया जाता है। वर्चुअल मेमोरी एक ऑपरेटिंग सिस्टम की एक विशेषता है जो कंप्यूटर को डेटा के पृष्ठों को रैंडम एक्सेस मेमोरी से डिस्क स्टोरेज में स्थानांतरित करके फिजिकल मेमोरी की कमी की भरपाई करने में सक्षम बनाता है। यह प्रक्रिया अस्थायी रूप से की जाती है और इसे हार्ड डिस्क पर

रैम और स्थान के संयोजन के रूप में काम करने के लिए डिज़ाइन किया गया है।

अतः विकल्प (B) सही है।

62. एमएफसी का मतलब मेमोरी फंक्शन कम्प्लीट होता है। मेमोरी फंक्शन कम्प्लीट या एमएफसी सिर्फ एक सिग्नल है जो सीपीयू को बताता है कि मेमोरी को शामिल करने वाला करेंट ऑपरेशन पूरा हो गया है और उस परिभाषा के अनुसार, यह स्पष्ट है कि एमएफसी सिग्नल राइट ऑपरेशन के केस में भी उत्पन्न होगा जैसा कि रीड ऑपरेशन के केस में भी होता है। यह एक सिस्टम कमांड इनेबल है जब एक मेमोरी फ़ंक्शन किसी प्रोसेस द्वारा पूरा किया जाता है।

अतः विकल्प (B) सही है।

63. मेमोरी ऑपरेशन के दो क्रमिक दीक्षाओं के बीच का टाइम मेमोरी साइकिल टाइम होता है। एक काम को पूरा करने और दूसरे को शुरू करने में टाइम लगता है। यह वह टाइम है जो नैनोसेकंड में मापा जाता है| और एक रैम के टाइम के बीच का टाइम जब अगली रैंडम एक्सेस मेमोरी (रैम) एक्सेस शुरू होता है यह वह टाइम है। वह साइकिल टाइम उस इनफॉर्मेशन/प्रोसेस के मेमोरी और ट्रांसफर टाइम में मेमोरी के लिए सही जगह ढूंढता है। इसलिए, क्लॉक साइकिल या क्लॉक स्पीड के बारे में सोचने भ्रमित नहीं होना चाहिए, जिसका संबंध कई साइकिल/सेकंड से है, जिससे एक प्रोसेसर गति करता है।

अतः विकल्प (C) सही है।

64. असेंबलर ऑब्जेक्ट कोड को मैग्नेटिक डिस्क में स्टोर करता है। ऑब्जेक्ट कोड को संकलित करने के बाद, असेंबलर इसे मैग्नेटिक डिस्क में स्टोर करता है और आगे के निष्पादन की प्रतीक्षा करता है। मैग्नेटिक डिस्क एक स्टोरेज डिवाइस है जो डेटा को लिखने, फिर से लिखने और एक्सेस करने के लिए मैग्नेटाइजेशन प्रोसेस का इस्तेमाल करती है। यह एक मैग्नेटिक कोटिंग के साथ कवर किया गया है और डेटा को ट्रैक, स्पॉट और सेक्टर के रूप में स्टोर करता है। हार्ड डिस्क, ज़िप डिस्क और फ्लॉपी डिस्क मैग्नेटिक डिस्क के सामान्य उदाहरण हैं।

अतः विकल्प (D) सही है।

65. ऑब्जेक्ट कोड को एक्सेक्यूशन के लिए मेमोरी में लाने के लिए उपयोग किया जाने वाला यूटिलिटी प्रोग्राम लोडर। प्रोग्राम का उपयोग प्रोग्राम को मेमोरी में लोड करने के लिए किया जाता है। कंप्यूटर सिस्टम में, एक लोडर एक ऑपरेटिंग सिस्टम का भाग होता है जो प्रोग्राम और लाइब्रेरी को लोड करने के लिए जिम्मेदार होता है। यह प्रोग्राम शुरू करने की प्रोसेस में आवश्यक स्टेज में से एक है, क्योंकि यह प्रोग्राम को मेमोरी में रखता है और उन्हें एक्सेक्यूशन के लिए तैयार करता है। विभिन्न प्रकार के लोडर एब्सल्यूट लोडर, बूटस्ट्रैप लोडर, रिलोकेटिंग लोडर (रिलेटिव लोडर), डायरेक्ट लिंकिंग लोडर हैं।

अतः विकल्प (A) सही है।

66. ब्रांचिंग कोड से वितरण में असेंबलर की समस्याओं को दूर करने के लिए हम टू-पास असेंबलर का उपयोग करते हैं। यह पहले प्रतीक तालिका में प्रविष्टियाँ बनाता है और फिर ऑब्जेक्ट कोड बनाता है। मूल रूप से, असेंबलर एक समय में प्रोग्राम की एक पंक्ति से गुजरता है और उस निर्देश के लिए मशीन कोड उत्पन्न करता है। फिर असेंबलर अगले निर्देश के लिए आगे बढ़ता है। इस तरह, संपूर्ण मशीन कोड का प्रोग्राम बनाया जाता है।

अतः विकल्प (D) सही है।

67. इंटेल प्रोसेसर्स में प्रयुक्त मेमोरी असाइनमेंट का प्रकार लिटिल एंडियन है। डेटा को स्टोर करने के लिए एड्रेस एलोकेशन की विधि को मेमोरी असाइनमेंट कहा जाता है। विशेष रूप से, लिटिल -एंडियन तब होता है जब कम से कम महत्वपूर्ण बाइट्स को अधिक महत्वपूर्ण बाइट्स से पहले स्टोर किया जाता है, और बिग-एंडियन तब होता है जब सबसे महत्वपूर्ण बाइट्स कम महत्वपूर्ण बाइट्स से पहले स्टोर होते हैं। जब हम एक संख्या (हेक्स में) यानि 0x12345678 में लिखते हैं, तो हम इसे सबसे महत्वपूर्ण बाइट पहले (12 भाग) के साथ लिखते हैं।

अतः विकल्प (A) सही है।

68. सीपीयू द्वारा उत्पन्न लॉजिकल एड्रेस से फिजिकल एड्रेस प्राप्त करने के लिए हम एमएमयू का उपयोग करते हैं। मेमोरी मैनेजमेंट यूनिट का उपयोग फिजिकल एड्रेस प्राप्त करने के लिए सीपीयू द्वारा उत्पन्न लॉजिकल एड्रेस में ऑफसेट जोड़ने के लिए किया जाता है। एक मेमोरी मैनेजमेंट यूनिट (एमएमयू), जिसे कभी-कभी पेज्ड मेमोरी मैनेजमेंट यूनिट (पीएमएमयू) कहा जाता है, एक कंप्यूटर हार्डवेयर यूनिट है जिसमें सभी मेमोरी रिफरेंस स्वयं से गुजरते हैं, मुख्य रूप से वर्चुअल मेमोरी एड्रेस का फिजिकल एड्रेस में अनुवाद करते हैं।

अतः विकल्प (B) सही है।

69. फिजिकल मेमोरी पर वेरिएबल लेंथ के लॉजिकल एड्रेस को मैप करने के लिए सेगमेंटेशन विधि का उपयोग किया जाता है। सेगमेंटेशन एक ऐसी प्रक्रिया है जिसमें मेमोरी को वेरिएबल लेंथ के समूहों में विभाजित किया जाता है जिन्हें सेगमेंट कहा जाता है। एक प्रक्रिया को सेग्मेंट्स में विभाजित किया गया है। एक प्रोग्राम को जिन हिस्सों में विभाजित किया जाता है, जो जरूरी नहीं कि सभी एक ही आकार के हों, उन्हें सेगमेंट कहा जाता है। सेगमेंटेशन उस प्रक्रिया के बारे में उपयोगकर्ता का दृष्टिकोण देता है जो पेजिंग नहीं देता है। यहां उपयोगकर्ता के दृश्य को फिजिकल मेमोरी में मैप किया जाता है। विभाजन में लॉजिकल एड्रेस और फिजिकल एड्रेस के बीच कोई सरल संबंध नहीं है।

अतः विकल्प (C) सही है।

70. फिजिकल मेमोरी को परिमित आकार के सेटों में विभाजित किया जाता है जिन्हें फ्रेम्स कहा जाता है। एक फ्रेम एक स्टोरेज फ्रेम या सेंट्रल स्टोरेज फ्रेम को संदर्भित करता है। फिजिकल मेमोरी के संदर्भ में, यह फिजिकल मेमोरी स्थान में एक निश्चित आकार का ब्लॉक या सेंट्रल स्टोरेज का एक ब्लॉक है। कंप्यूटर आर्किटेक्चर में, फ्रेम्स लॉजिकल एड्रेस स्थान पेजेस के अनुरूप होते हैं।

अतः विकल्प (A) सही है।

71. यदि कोई ऑब्जेक्ट रिफरेन्स द्वारा पास किया जाता है, तो फंक्शन में किए गए परिवर्तन कॉलर फंक्शन के मेन ऑब्जेक्ट में भी दिखाई देते हैं। जब कोई ऑब्जेक्ट रिफरेन्स द्वारा पास किया जाता है, तो उसका एड्रेस इंप्लीसिटली रूप से पास किया जाता है। जब भी कोई संशोधन किया जाता है तो यह मेन फंक्शन में परिवर्तन करेगा। ऑब्जेक्ट को एक ही ऑब्जेक्ट का उपयोग करने के लिए आवश्यक होने पर रिफरेन्स द्वारा पास किया जा सकता है। वैल्यू को पास किया जा सकता है ताकि मेन ऑब्जेक्टिव वही बना रहे|

अतः विकल्प (A) सही है।

72. फोरट्रान एक वैज्ञानिक कंप्यूटर भाषा है।

यह मूल रूप से वैज्ञानिक गणना के लिए 1957 में IBM की एक टीम द्वारा विकसित किया गया था। यह संकलक को कुशल बाइनरी कोड उत्पन्न करने की भी अनुमति देता है। यह एक वैज्ञानिक कंप्यूटिंग भाषा है। इसका उपयोग मौसम पूर्वानुमान, वित्तीय व्यापार और इंजीनियरिंग सिमुलेशन जैसे संगठनों में भी किया जाता है।

अतः विकल्प (C) सही है।

73. एक टेक्स्ट फाइल जिसमें हमारा प्रोग्राम होता है, सोर्स फाइल कहलाती है। एक सोर्स फाइल एक विशिष्ट प्रोग्रामिंग लैंग्वेज जैसे C या जावा या पायथन में लिखे गए प्रोग्राम निर्देशों के साथ एक ग्लोरिफाइड टेक्स्ट फ़ाइल है। आप प्रोग्राम को चलाने के लिए इस फ़ाइल को कम्पाइल या इन्टरप्रेट कर सकते हैं। जब सोर्स फाइल कम्पाइल की जाती है तो यह मूल रूप से असेंबली जैसी लोअर लेवल की लैंग्वेज में रूपांतरित/अनुवादित होती है।

अतः विकल्प (D) सही है।

74. फोरट्रेन कोड में पहला स्टेटमेंट प्रोग्राम स्टेटमेंट होता है। इस प्रोग्राम का पहला स्टेटमेंट प्रोग्राम शब्द से शुरू होता है। यह एक नॉन -एक्सेक्यूटेबल स्टेटमेंट है जो फोरट्रेन कंपाइलर को प्रोग्राम का नाम निर्दिष्ट

करता है। इसका नाम 31 करैक्टर तक लंबा हो सकता है और अल्फाबेटिक करैक्टर, डिजिट और अंडरस्कोर का कोई भी संयोजन हो सकता है।

अत: विकल्प (C) सही है।

75. वेब पेजों पर उपयोगकर्ता के साथ एनिमेशन और इंटरेक्टिविटी जावा स्क्रिप्ट द्वारा की जा सकती है। जावा स्क्रिप्ट एक स्क्रिप्टिंग लैंग्वेज है जो आपको गतिशील रूप से अपडेटिंग कंटेंट बनाने, मल्टीमीडिया को कण्ट्रोल करने, इमेज को एनिमेट करने और अन्य सभी चीजों को कण्ट्रोल करने में सक्षम बनाती है। जावा स्क्रिप्ट एक टेक्स्ट-आधारित प्रोग्रामिंग लैंग्वेज है जिसका उपयोग क्लाइंट-साइड और सर्वर-साइड दोनों पर किया जाता है जो आपको वेब पेजों को इंटरैक्टिव बनाने की अनुमति देता है। जहां एचटीएमएल और सीएसएस ऐसी लैंग्वेज हैं जो वेब पेजों को स्ट्रक्चर और स्टाइल प्रदान करती हैं, जावा स्क्रिप्ट वेब पेजों को इंटरैक्टिव एलिमेंट प्रदान करता है जो एक उपयोगकर्ता को संलग्न करता है।

अतः विकल्प (B) सही है।

76. setLineWidthScaleFactor (lw) फ़ंक्शन का उपयोग लाइन-चौड़ाई विशेषता सेट करने के लिए किया जा सकता है। लाइन-चौड़ाई पैरामीटर (lw) को प्रदर्शित होने वाली लाइन की सापेक्ष चौड़ाई को इंगित करने के लिए एक सकारात्मक संख्या असाइन की जाती है। 1 का मान एक मानक-चौड़ाई रेखा निर्दिष्ट करता है। उदाहरण के लिए, n पेन प्लॉटर पर, एक उपयोगकर्ता एक लाइन को प्लॉट करने के लिए lw को 0.5 के मान पर सेट कर सकता है, जिसकी चौड़ाई मानक लाइन से आधी है। 1 से अधिक के मान मानक से अधिक मोटी रेखाएँ उत्पन्न करते हैं।

अतः विकल्प (D) सही है।

77. "setLineWidthScaleFactor (lw)" फ़ंक्शन का पैरामीटर सकारात्मक मान निर्दिष्ट करता है (lw) जो लाइन की सापेक्ष चौड़ाई को इंगित करता है।

मानक चौड़ाई, यदि मान = 1

मोटाई, यदि मान> 1

लाइन कैप्स लाइन के एंडपॉइंट्स को एडजस्ट करके प्राप्त किए जाते हैं।

अतः विकल्प (B) सही है।

78. यदि 2 कनेक्टेड लाइन सेग्मेंट्स के बीच का कोण बहुत छोटा है, तो मिटर जॉइन एक लंबी स्पाइक उत्पन्न कर सकता है जो पॉलीलाइन की उपस्थिति को विकृत कर देता है। इससे स्ट्रोक का बाहरी कोना नुकीले बिंदु पर आ जाता है। कंप्यूटर ग्राफिक्स में, दो स्ट्रोक के बीच इंटरसेक्शन का एक बिंदु जिसमें जुड़ना एक बिंदु पर आता है, लेकिन एक कोण सीमित होता है, जैसा कि कुछ टाइपफेस के शीर्ष पर होता है, जैसे कि पैलेटिनो में कैपिटल लेटर "ए": ए

अतः विकल्प (A) सही है।

79. बैकग्रॉउंड के रंग में खींची गई रेखा हमेशा इनविजिबल रहती है क्योंकि दोनों एक ही रंग के होते हैं। क्योंकि हल्के पीले रंग की बैकग्रॉउंड के खिलाफ सफेद रेखाएं लगभग इनविजिबल हैं। बैकग्रॉउंड किसी भी रंग की हो सकती है, लेकिन आमतौर पर सफेद या काली होती है। यदि आप बैकग्रॉउंड का रंग बदलना चाहते हैं, तो विकल्प, डिस्प्ले, कलर मेनू अनुक्रम तक पहुँचने के लिए डायलॉग बॉक्स का उपयोग करें।

अतः विकल्प (B) सही है।

80. शियरिंग ट्रांसफॉर्मेशन किसी ऑब्जेक्ट के आकार को डिस्टॉर्ट्स कर देता है जैसे कि ट्रांसफॉर्मड आकार ऐसा प्रतीत होता है जैसे ऑब्जेक्ट इंटरनल लेयर से बना था जो एक दूसरे पर स्लाइड करने के कारण हुआ था। दो सामान्य शियरिंग ट्रांसफॉर्मेशन, ट्रांसफॉर्मेशन के प्रकार हैं जो कोऑर्डिनेट x वैल्यू को y वैल्यू को समन्वयित करते हैं। शियर ट्रांसफॉर्मेशन में, ट्रांसफॉर्मड आकार ऐसा प्रतीत होता है जैसे वैल्यू ऑब्जेक्ट इंटरनल लेयर से बनी हो जो एक दूसरे के ऊपर स्लाइड करने के कारण बनी हो।

अतः विकल्प (D) सही है।

81. पिग बड़े डेटासेट के एक्सट्रेक्ट, ट्रांसफॉर्म और लोड (ETL) प्रोसेसिंग और एनालिसिस के लिए डेटा फ्लो के निर्माण के लिए एक प्लेटफॉर्म है। अपाचे पिग बड़े डेटा सेट का एनालिसिस करने के लिए एक प्लेटफॉर्म है जिसमें डेटा एनालिसिस प्रोग्राम को व्यक्त करने के लिए एक हाई-लेवल-लैंग्वेज शामिल है।

अपाचे पिग मैपरेड्यूज पर एक अब्स्ट्रक्शन है। यह एक टूल/प्लेटफॉर्म है जिसका उपयोग डेटा फ्लो के रूप में उनका प्रतिनिधित्व करने वाले डेटा के बड़े सेट का एनालिसिस करने के लिए किया जाता है। पिग आमतौर पर हड्डूप के साथ प्रयोग किया जाता है; हम पिग का उपयोग करके हड्डूप में सभी डेटा मैनीपुलेशन ऑपरेशन कर सकते हैं।

अतः विकल्प (C) सही है।

82. हाइव हड्डूप के लिए एक SQL-आधारित डेटा वेयरहाउस सिस्टम है जो डेटा सम्मेराइज़ेशन, एड हॉक केरीज़ और हड्डूप-कम्पेटिबल फ़ाइल सिस्टम में स्टोर बड़े डेटासेट के एनालिसिस की सुविधा प्रदान करता है।

हाइव हड्डूप इकोसिस्टम के शीर्ष पर एक ETL और डेटा वेयरहाउस टूल है और स्ट्रक्चर और सेमि-स्ट्रक्चर डेटा को संसाधित करने के लिए उपयोग किया जाता है। हाइव हड्डूप इकोसिस्टम में मौजूद एक डेटाबेस है जो DDL और DML संचालन करता है, और यह डेटा की बेहतर केरी और प्रोसैसिंग के लिए HQL जैसी फ्लेक्सिबल केरी लैंग्वेज प्रदान करता है।

अतः विकल्प (A) सही है।

83. कैस्केलॉग कैस्केडिंग के लिए एक शक्तिशाली और संक्षिप्त क्लोजर एपीआई के पीछे जावा की सीमाओं को छुपाता है। "कैस्केलॉग" भी डेटालॉग से प्रेरित लॉजिक प्रोग्रामिंग अवधारणाओं को जोड़ता है। इसलिए कैस्केलॉग नाम कैस्केडिंग और डेटालॉग का संकुचन है। कैस्केलॉग, डेटालॉग से प्रेरित हड्डूप के लिए क्लोजर-आधारित केरी लैंग्वेज है।

अतः विकल्प (C) सही है।

84. हाइव JAVA में लिखे गए कस्टम एक्सटेंशन का भी सपोर्ट करता है, जिसमें कस्टम प्रारूपों को पढ़ने और वैकल्पिक रूप से लिखने के लिए यूजर-डिफ़ाइंड फ़ंक्शंस (यूडीएफ) और सीरिएलाइज़र-डिसीरिएलाइज़र शामिल हैं। हाइव उपयोगकर्ताओं को SQL का उपयोग करके डेटा के पेटाबाइट्स को पढ़ने, लिखने और प्रबंधित करने की अनुमति देता है। हाइव को अपाचे हड्डूप के शीर्ष पर बनाया गया है, जो एक ओपन-सोर्स फ्रेमवर्क है जिसका उपयोग बड़े डेटासेट को कुशलतापूर्वक स्टोर और प्रोसेस करने के लिए किया जाता है। रिजल्ट, हाइव को हड्डूप के साथ निकटता से एकीकृत किया गया है और डेटा के पेटाबाइट्स पर जल्दी से काम करने के लिए डिज़ाइन किया गया है।

अतः विकल्प (B) सही है।

85. EC2 (इलास्टिक कंप्यूट क्लाउड) क्लस्टर पर मैन्युअल रूप से हड्डूप डिप्लॉयमेंट बनाने के बजाय, यूजर एडब्ल्यूएस वेब कंसोल या कमांड-लाइन टूल के माध्यम से, सिंपल इनवोकेशन कमांड का उपयोग करके पूरी तरह से कॉन्फ़िगर किए गए हड्डूप इंस्टॉलेशन को स्पिन कर सकते हैं। इलास्टिक मैपरिड्यूज (ईएमआर) एक वेब सर्विस है जो बड़ी मात्रा में डेटा को त्वरित और लागत प्रभावी ढंग से संसाधित करना आसान बनाती है। सर्विस आपके डेटा और प्रोसेसिंग को अमेज़ॉन EC2 इंस्टेंस के आकार बदलने योग्य क्लस्टर में वितरित करने के लिए एक ओपन-सोर्स फ्रेमवर्क, हड्डूप का उपयोग करता है।

अतः विकल्प (A) सही है।

86. DML एक डेटाबेस के अंदर डेटा को जोड़ने, अपडेट और एक्सेस करने के लिए उपयोग किए जाने वाले डेटा को संदर्भित करता है, उदहारणस्वरुप संगीत का डेटाबेस जिसमें कलाकार, एल्बम जैसी चीजें शामिल होती हैं। DML वर्तमान SQL कमांड का एक वर्गीकरण है। DML कमांड में SELECT, INSERT, UPDATE और DELETE शामिल हैं।

अत: विकल्प (C) सही है।

87. कांसेप्चुअल व्यू वह है जहाँ यह वर्णन करता है कि वास्तव में डेटाबेस में कौन से डेटा संग्रहीत हैं। इसमें छोटे और सरल संरचनाओं के संदर्भ में पूरे डेटाबेस के बारे में भी जानकारी होती है। कंसेप्चुअल दृष्टिकोण भौतिक स्तर की तुलना में उच्च स्तर पर। इसे तार्किक स्तर के रूप में भी जाना जाता है। यह वर्णन करता है कि डेटाबेस उपयोगकर्ताओं को कांसेप्चुअली कैसे दिखाई देता है और विभिन्न डेटा तालिकाओं के बीच संबंध। कांसेप्चुअल व्यू इस बात की परवाह नहीं करता है कि डेटाबेस में डेटा वास्तव में कैसे संग्रहीत किया जाता है।

अत: विकल्प (A) सही है।

88. एक रिलेशन की विशेषता पर एक इंडेक्स एक डेटा संरचना है जो डेटाबेस प्रणाली को उस विशेषता के संरिलेशन में उन टपल्स को खोजने की अनुमति देता है जिनके रिलेशन के सभी टपल्स के माध्यम से स्कैन किए बिना कुशलता से उस विशेषता के लिए एक निर्दिष्ट मान है।

अत: विकल्प (A) सही है।

89. मैनी-टू-मैनी रिलेशनशिप तब होते हैं जब एक टेबल में कई रिकॉर्ड किसी अन्य टेबल में कई रिकार्ड्स से जुड़े होते हैं। उदाहरण के लिए, एक रिलेशनशिप एक टीचर टेबल और क्लास टेबल के बीच उपस्थित है।

अत: विकल्प (B) सही है।

90. सभी रिकॉर्ड प्रबंधन प्रणालियों के लिए सामान्य प्राथमिक ऑपरेशन में लुक अप शामिल है। डेटाबेस लुकअप आपको डेटाबेस तालिका में मान देखने की अनुमति देता है। लुकअप मानों को स्ट्रीम में नए फ़ील्ड के रूप में जोड़ा जाता है।

अत: विकल्प (C) सही है।

91. एक डेटा स्ट्रक्चर डेटा का एक संग्रह है, जिसे व्यवस्थित किया जाता है ताकि वस्तुओं को कुछ निश्चित तकनीकों द्वारा स्टोर और पुनर्प्राप्त किया जा सके। डेटा स्ट्रक्चर का नेचर, डेटा स्ट्रक्चर का पर्पस, डेटा स्ट्रक्चर का लाइफटाइम लैंग्वेज प्रोसेसिंग में प्रयुक्त डेटा स्ट्रक्चर के वर्गीकरण के लिए एक क्राइटीरियन के रूप में उपयोग किया जा सकता है।

अत: विकल्प (D) सही है।

92. मेमोरी यूटिलाइजेशन फैक्टर की गणना उपयोग में आई मेमोरी/कुल मेमोरी कनेक्टेड के रूप में की जाएगी। मेमोरी को एक कॉम्पोनेंट के रूप में प्रबंधित नहीं किया जाता है, जैसे कि सीपीयू या डिस्क, लेकिन छोटे कॉम्पोनेन्ट के संग्रह के रूप में जिन्हें पेज कहा जाता है। मेमोरी में एक विशिष्ट पेज का आकार आपके ऑपरेटिंग सिस्टम के आधार पर 1 से 8 किलोबाइट तक हो सकता है। 64 मेगाबाइट मेमोरी और 2 किलोबाइट के पेज आकार वाले कंप्यूटर में लगभग 32,000 पेज होते हैं। ये फैक्टर मेमोरी उपयोग को दर्शाते हैं। जैसा कि हम मेमोरी यूटिलाइजेशन फैक्टर की गणना के बारे में बात करते हैं तो यह इस प्रकार है:

कुल स्थापित मेमोरी से उपयोग में आने वाली मेमोरी की कुल मात्रा घटाएं। यह आपको बताता है कि आपके पास कितनी मेमोरी फ्री है। यदि आपके पास कोई मेमोरी फ्री नहीं है, तो आपके कंप्यूटर का प्रदर्शन प्रभावित हो सकता है।

अत: विकल्प (B) सही है।

93. कंप्यूटिंग में, प्रीएम्पशन एक निष्पादन कार्य को अस्थायी रूप से बाधित करने का कार्य है, इसे बाद में फिर से शुरू करने के इरादे से। यह व्यवधान बाहरी अनुसूचक द्वारा कार्य से बिना किसी सहायता या सहयोग के किया जाता है। यह प्रीएम्प्टिव शेड्यूलर आमतौर पर सबसे विशेषाधिकार प्राप्त सुरक्षा रिंग में चलता है, जिसका अर्थ है कि रुकावट और फिर से शुरू करना अत्यधिक सुरक्षित कार्य माना जाता है। यह निर्दिष्ट करता है कि प्रोग्राम 'प्रीएम्पशन' सीपीयू पर एक प्रोग्राम से सीपीयू का फोर्स्ड डीएलोकेशन है जो सीपीयू पर निष्पादित हो रहा है।

अत: विकल्प (A) सही है।

94. असेंबली लैंग्वेज मशीन पर डिपेंडेंट है, फिर भी इसमें निर्देशों का प्रतिनिधित्व करने के लिए इस्तेमाल किए जाने वाले निमोनिक्स मशीनों द्वारा सीधे समझ में नहीं आते हैं। असेंबलर का प्रयोग असेम्बली लैंग्वेज में लिखे गए प्रोग्राम को मशीन कोड में अनुवाद करने के लिए किया जाता है। सोर्स प्रोग्राम एक असेंबलर का एक इनपुट है जिसमें असेंबली लैंग्वेज निर्देश होती हैं। असेंबलर मूल रूप से पहला इंटरफ़ेस है जो मशीन के साथ मनुष्यों को संवाद करने में सक्षम है। असेंबली लैंग्वेज में लिखा गया कोड कुछ प्रकार के निमोनिक्स (निर्देश) हैं जैसे ADD, MUL, MUX, SUB, DIV, MOV इत्यादि। और असेंबलर मूल रूप से इन निमोनिक्स को बाइनरी कोड में बदलने में सक्षम है। यहाँ, ये निमोनिक्स मशीन की आर्किटेक्चर पर भी डिपेंडेंट करते हैं।

अतः विकल्प (C) सही है।

95. जब कोई प्रक्रिया समाप्त हो जाती है, तो यह सभी क्यू से हटा दी जाती है। उस विशेष प्रक्रिया के लिए सभी एलोकेटेड रिसोर्सेज को हटा दिया जाता है और उन सभी रिसोर्सेज को OS पर वापस कर दिया जाता है।

अतः विकल्प (A) सही है।

96. ओरेकल एक RDBMS (रिलेशनल डेटाबेस मैनेजमेंट सिस्टम) है। इसे ओरेकल डेटाबेस, ओरेकल डीबी, या ओरेकल केवल के रूप में जाना जाता है। एंटरप्राइज़ ग्रिड कंप्यूटिंग के लिए पहला डेटाबेस, ओरेकल डेटाबेस है। इसलिए ओरेकल एक ऑपरेटिंग सिस्टम नहीं है।

अतः विकल्प (C) सही है।

97. ऑथेंटिकेशन प्रोग्राम कंप्यूटर को बूट करने और GUI लोड करने के बाद सबसे पहले चलाया जाता है। ऑथेंटिकेशन व्यक्ति या उपकरण को सत्यापित करने की एक प्रक्रिया है। उदाहरण के लिए, जब आप फेसबुक में लॉग इन करते हैं, तो आप एक उपयोगकर्ता नाम और पासवर्ड दर्ज करते हैं।

अतः विकल्प (D) सही है।

98. किसी प्रोसेस को सबमिट करने के टाइम से लेकर उसके पूरा होने तक के अंतराल को टर्नअराउंड टाइम कहा जाता है। इसे सीपीयू पर मेमोरी या रेडी क्यू निष्पादन और इनपुट-आउटपुट निष्पादित करने के लिए प्रतीक्षा करने में व्यतीत टाइम अंतराल के योग के रूप में भी माना जा सकता है। एक ऑपरेटिंग सिस्टम के शेड्यूलिंग एल्गोरिथम के मूल्यांकन में टर्नअराउंड टाइम एक महत्वपूर्ण मेट्रिक है।

अतः विकल्प (B) सही है।

99. फर्स्ट-कम फर्स्ट-सर्वड शेड्यूलिंग एल्गोरिथम पहले सीपीयू को उस प्रोसेसस में एलोकेट करता है जो पहले सीपीयू से रिकेस्ट करता है। एफसीएफएस पॉलिसी के कार्यान्वयन को एफआईएफओ (फिफो) क्यू के साथ आसानी से इम्प्लिमेंट किया जाता है जैसे कि कस्टमर्स बैंक या डाकघर के लाइन में प्रतीक्षा कर रहे हैं।

अतः विकल्प (A) सही है।

100. एक रूटीन को तभी लोड करना जब उसे डायनेमिक लोडिंग कहा जाता है। डायनेमिक लोडिंग एक ऐसा मैकेनिज्म है जिसके द्वारा एक कंप्यूटर प्रोग्राम रन टाइम पर, एक लाइब्रेरी (या अन्य बाइनरी) को मेमोरी में लोड कर सकता है, लाइब्रेरी में निहित फ़ंक्शंस और वेरिएबल्स के एड्रेस को पुनः प्राप्त कर सकता है, या उन वेरिएबल्स को एक्सेस कर सकता है, और मेमोरी से लाइब्रेरी अनलोड कर सकते हैं।

अतः विकल्प (B) सही है।

101. रिवर्स इंजीनियरिंग को सॉफ्टवेयर डेवलपमेंट और हार्डवेयर इम्प्रूमेंट एक्टिविटीज के डाइवर्स एस्पेक्ट्स के लिए फंक्शनल बनाया जा सकता है। यह प्रैक्टिस अब्ज़ार्व करता है कि सिस्टम या एप्लिकेशन कैसे काम करता है और इसे क्रैक या डुप्लिकेट करने के लिए किस कांसेप्ट को इम्प्लीमेंट करना है।

अतः विकल्प (D) सही है।

102. डेटा कपलिंग मॉड्यूल कपलिंग का सबसे अच्छा प्रकार है क्योंकि इस प्रकार के कपलिंग में कम कपलिंग होती है। यदि मॉड्यूल के बीच डिपेंडेंसी इस फैक्ट पर आधारित है कि वे केवल डेटा पास करके कम्यूनिकेट करते हैं, तो मॉड्यूल को डेटा कपल्ड कहा जाता है। डेटा कपलिंग में, कंपोनेंट्स एक दूसरे से इंडिपेंडेंट होते हैं और डेटा के माध्यम से कम्युनिकेटिंग करते हैं। मॉड्यूल कम्युनिकेशन्स में ट्रैम्प डेटा नहीं होता है।

अतः विकल्प (C) सही है।

103. इंजीनियरिंग रिवर्स की एक ऐसी मूल एक्टिविटी है जिसे एक्सट्रैक्ट अब्स्ट्रैक्शन कहा जाता है। अब्स्ट्रैक्शन एक्टिविटी में, इंजीनियर को ओल्डर प्रोग्राम्स का मूल्यांकन करना चाहिए और प्रोसीजर, इंटरफ़ेस, डेटा स्ट्रक्चर या उपयोग किए गए डेटाबेस के बारे में इंफॉर्मेशन निकालना चाहिए। इंजीनियर को ओल्डर प्रोग्राम्स का मूल्यांकन करना चाहिए और सोर्स कोड से उस प्रोसेसिंग के एक मीनिंगफुल स्पेसिफिकेशन को निकालना चाहिए जो कि यूज़र इंटरफेस के लिए लागू किया जाता है और प्रोग्राम डेटा स्ट्रक्चर या डेटाबेस का उपयोग किया जाता है।

अतः विकल्प (C) सही है।

104. ओपन सोर्स मूवमेंट का मतलब है कि लो कॉस्ट पर एक ह्यूज रियूज़ेबल कोड बेस उपलब्ध है। यह प्रोग्राम लाइब्रेरी या संपूर्ण एप्लिकेशन के रूप में हो सकता है। ओपन सोर्स मूवमेंट ने दुनिया भर के लोगों के लिए ग्लोबल इकोनॉमी में भाग लेने के लिए समान ऑपॉर्चुनिटी उत्पन्न की है।

अतः विकल्प (B) सही है।

105. फॉरवर्ड इंजीनियरिंग, जिसे रेनोवेशन या रिक्लेमेशन के रूप में भी जाना जाता है, न केवल मौजूदा सॉफ्टवेयर से डिज़ाइन इनफार्मेशन पुनर्प्राप्त करता है, बल्कि इस इनफार्मेशन का उपयोग मौजूदा सिस्टम को बदलने या उसकी ओवरआल क्वालिटी में इम्प्रूव के एफर्ट में रीकॉस्टीट्यूट करने के लिए करता है।

अतः विकल्प (D) सही है।

106. रीस्ट्रक्चरिंग में अनस्ट्रक्चर्ड से स्ट्रक्चर्ड कोड में आटोमेटिक कन्वर्जन इन्वॉल्व होता है। सॉफ्टवेयर रीस्ट्रक्चरिंग एक परफेक्टिव मेंटेनेंस का एक फॉर्म है जो प्रोग्राम के सोर्स कोड के स्ट्रक्चर को मॉडिफाई करता है। इसका गोल अन्य मेंटेनेंस एक्टिविटीज को बेहतर फैसिलिएट बनाने के लिए मेंटेनेंस में इंक्रीज करना है, जैसे कि किसी सॉफ्टवेयर सिस्टम में नई फंक्शनलिटी जोड़ना या पहले से अन्डेटेक्टेड एरर को ठीक करना।

अतः विकल्प (C) सही है।

107. डिजाइनिंग और टेस्टिंग एक्टिविटीज का एनेलाइज करने के लिए (4GT) मॉडल में बहुत अधिक एक्सपर्ट्स की आवश्यकता है क्योंकि यह कोडिंग फेज को एलिमिनेट करता है। चौथी जनरेशन की टेक्निक (4GT) के टर्म में सॉफ्टवेयर टूल्स की एक वाइड रेंज टर्म शामिल है जिसमें एक चीज कॉमन है। प्रत्येक सॉफ्टवेयर इंजीनियर को हाई लेवल पर सॉफ्टवेयर की कुछ फीचर को इनेबल करने में सक्षम बनाता है। टूल्स तब खुद ब खुद से डेवलपर के स्पेसिफिकेशन के बेस पर सोर्स कोड जनरेट करता है। इसलिये, इस मॉडल में कोडिंग फेज के टर्म में एक सॉफ्टवेयर डेब्लपमेंट लाइफ-साइकिल में मेजर डाउनफॉल हुआ है

अतः विकल्प (A) सही है।

108. एनवायरमेंट सॉफ्टवेयर इंजीनियरिंग कोड ऑफ ऐथिक्स एंड प्रोफेशनल प्रैक्टिस द्वारा फॉलो किए जाने वाले आठ प्रिंसिपल में से नहीं है। बाकी सभी सॉफ्टवेयर एथिक्स के लिए सेक्शन हैं, एनवायरमेंट स्पेसिफिक सेक्शंस पर फोकस नहीं करता है और न ही यह प्रश्न से संबंधित इम्पोर्टेंस का है।

अतः विकल्प (D) सही है।

109. केस (सीएएसइ) का मतलब कंप्यूटर एडेड सॉफ्टवेयर इंजीनियरिंग है। केस सॉफ्टवेयर टूल का डोमेन है जिसका उपयोग एप्लीकेशन को डिज़ाइन और इम्प्लीमेंट करने के लिए किया जाता है। केस (सीएएसइ) सॉफ्टवेयर अक्सर ऑटोमेटेड टूल्स के साथ इनफार्मेशन सिस्टम के डेवलपिंग के तरीकों से जुड़ा होता है जिनका उपयोग सॉफ्टवेयर डेवलपिंग प्रोसेस में किया जा सकता है।

अतः विकल्प (B) सही है।

110. कोड जनरेशन टूल डिज़ाइन रिकॉर्ड को प्रोटोटाइप या एप्लिकेशन सॉफ्टवेयर में कन्वर्ट करने में सहायता करता है जो किसी दिए गए सॉफ्टवेयर डेवलपमेंट लैंग्वेज के साथ कम्पेटिबल है। यह डिज़ाइनों, डॉक्यूमेंट्स और डायग्राम्स की सहायता से डेफिनेशन्स इंक्लूड कोड के ऑटो-जनरेशन में सपोर्ट करता है।

अतः विकल्प (B) सही है।

111. सर्कुलर क्यू को रिंग बफर के रूप में भी जाना जाता है। एक सर्कुलर क्यू एक लीनियर कतार के समान होती है क्योंकि यह भी FIFO (फर्स्ट इन फर्स्ट आउट) सिद्धांत पर आधारित होती है, सिवाय इसके कि अंतिम स्थिति एक सर्कुलर क्यू में पहली स्थिति से जुड़ी होती है जो एक सर्कल बनाती है। इसलिए, एक सर्कुलर क्यू की संरचना को रिंग संरचना के रूप में भी जाना जाता है।

अतः विकल्प (C) सही है।

112. उन एलिमेंट की लिस्ट जिसमें एक छोर से एनक्यू ऑपरेशन होता है, और एक छोर से डीक्यू ऑपरेशन होता है, वह क्यू है। क्यू एक अब्स्ट्रैक्ट डेटा स्ट्रक्चर है, जो कुछ हद तक स्टैक के समान है। स्टैक के विपरीत, इसके दोनों सिरों पर एक क्यू खुली होती है। एक छोर का उपयोग हमेशा डेटा (एनक्यू) इन्सर्ट करने के लिए किया जाता है और दूसरे का उपयोग डेटा (डीक्यू) को डिलीट करने के लिए किया जाता है। क्यू फर्स्ट-इन-फर्स्ट-आउट पद्धति का अनुसरण करती है, अर्थात, पहले स्टोर्ड डेटा आइटम को पहले एक्सेस किया जाएगा।

अतः विकल्प (C) सही है।

113. बैकट्रैकिंग बाउंडिंग फंक्शन्स के साथ, डेप्थ-फर्स्ट नोड जनरेशन का उपयोग करता है। यह रूट नोड से शुरू करके सभी नोड्स को ट्रैवर्स करता है और बैकट्रैकिंग से पहले संभव नोड्स को कवर करता है। बैकट्रैक का मतलब है कि जब आप आगे बढ़ रहे हैं और उस पाथ में कोई और नोड न हो तो शेष नोड्स को ट्रैवर्स करने के लिए बैकवर्ड डायरेक्शन में आगे बढ़ना शुरू करें।

डेप्थ फर्स्ट सर्च इस प्रक्रिया को इम्प्लीमेंट करने के लिए स्टैक का उपयोग करती है।

एल्गोरिथम:

1. रूट नोड पिक करें
2. सभी ऐडजसेन्ट नोड्स को स्टैक पर पुश करें
3. अगले नोड का चयन करने के लिए स्टैक से नोड को पॉप करें
4. स्टेप 2 पर जाएं
5. टर्मिनेट कर दें जब सभी नोड्स का जांच हो गया हो।

अतः विकल्प (C) सही है।

114. मर्ज सॉर्ट सॉर्टिंग एल्गोरिथम में सबसे कम वर्स्ट केस कम्प्लेक्सिटी होती है। यह डिवाइड और कॉन्कर एप्रोच पर आधारित है। यह फुल ऐरे को स्मॉलर सब ऐरे में डिवाइड करता है जब तक कि प्रत्येक सब ऐरे में एक एलिमेंट न हो जाये और फिर उन्हें सॉर्ट करता है और मर्ज करता है। इस केस में टाइम कम्प्लेक्सिटी $O(nlogn)$ होती है।

अतः विकल्प (C) सही है।

115. डिज्कस्ट्रा का एल्गोरिथम ग्रीडी एप्रोच पर आधारित है। यह सिंगल सोर्स शॉर्टेस्ट पाथ प्रॉब्लम है। यह ग्राफ में नोड्स के बीच शॉर्टेस्ट पाथ खोजने में मदद करता है। डिज्कस्ट्रा का एल्गोरिथम में कुछ रेस्ट्रिक्शन्स यह है कि सभी किनारों में नॉन-नेगेटिव वेट होना चाहिए और ग्राफ जुड़ा होना चाहिए। इसकी टाइम कम्प्लेक्सिटी $O((E + V)log V)$ है, जहां V वर्टिसेस हैं और E एजेज हैं।

अतः विकल्प (A) सही है।

116. स्टैक में 6 पुश करें, स्टैक में 2 पुश करें, स्टैक में 3 पुश करें।

अब हम एक ऑपरेटर से मिलते हैं। तो, शीर्ष 2 एलिमेंट को पॉप करें और उनके बीच ऑपरेटर को लागू करें, यह इस तरह होना चाहिए:

(सेकंड_पॉप ऑपरेटर फर्स्ट_पॉप) ==> 2 * 3 लेकिन 3 * 2 नहीं

रिजल्ट 6 ==> स्टैक में पुश करें।

अब हम एक ऑपरेटर से मिलते हैं। तो, शीर्ष 2 एलिमेंट को पॉप करें और उनके बीच ऑपरेटर को लागू करें, यह इस तरह होना चाहिए:

(सेकंड_पॉप ऑपरेटर फर्स्ट_पॉप) ==> 6/6

रिजल्ट 1 ==> स्टैक में पुश करें।

स्टैक में 4 पुश करें, स्टैक में 2 पुश करें।

अब हम एक ऑपरेटर से मिलते हैं। तो, शीर्ष 2 एलिमेंट को पॉप करें और उनके बीच ऑपरेटर को लागू करें, यह इस तरह होना चाहिए:

(सेकंड_पॉप ऑपरेटर फर्स्ट_पॉप) ==> 4 * 2

रिजल्ट 8 ==> स्टैक में पुश करें।

प्रश्न पूछ रहा है जब तक मूल्यांकन 2 तक * मूल्यांकन नहीं किया जाता है, ==> हमारा कार्य पूरा हो गया है।

हमारे ऊपर के दो एलिमेंट का शीर्ष ऊपर से नीचे के क्रम में 8,1 है।

अतः विकल्प (B) सही है।

117. दिया:

यह बाइनरी सर्च ट्री है लेकिन ध्यान दें कि यह संतुलित नहीं है।

तो, पहला सम्मिलन तत्व ROOT है, ROOT के बाएँ उप-वृक्ष में, हमारे पास वे सभी तत्व हैं जो ROOT से कम हैं।

सम्मिलन का अनुक्रम दिया गया है

$$60, 25, 72, 15, 30, 68, 101, 13, 18, 47, 70, 34,$$

∴ डालने वाले तत्वों में $25, 15, 30, 13, 18, 47, 34$ 60 से कम हैं और $72, 68, 101, 70$ 60 से ग्रेटर हैं।

ROOT के बाएँ सबट्री में नोड्स की संख्या = ROOT से कम नोड्स की संख्या = 7

दी गई संख्याओं और एल्गोरिथम के अनुसार, हम एक बाइनरी ट्री का निर्माण करते हैं, अर्थात।

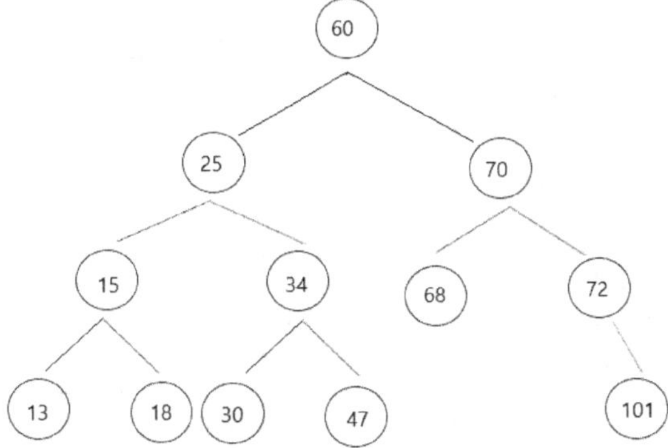

तो, बाएं सबट्री में नोड्स की संख्या 7 (13,15,18,25,30,34,47) है।

अतः विकल्प (C) सही है।

118. परिमाणीकरण के तीन पहलू प्रोग्रामर आमतौर पर सैंपलिंग रेट, एपर्चर टाइम और कोडिंग एरर से संबंधित होते हैं। ये हैं:

- सैंपलिंग फ्रीकेंसी या सैंपलिंग रेट, एफएस, एक सेकंड (प्रति सेकंड सैंपल) में प्राप्त सैंपल्स की औसत संख्या है, इस प्रकार एफएस = 1/T

- एपर्चर टाइम: एपर्चर टाइम सैंपलिंग रेट है, जिसे प्रति सैंपल एक सेकंड की संख्या के रूप में परिभाषित किया गया है।

- कोडिंग एरर (एम्प्लीट्यूड सर्टेंटी): कंडीशनल संकेत और रिजल्ट संकेत के बीच का अंतर।

अतः विकल्प (C) सही है।

119. उन भाषाओं के लिए हीप एलोकेशन आवश्यक है जो डायनामिक डेटा स्ट्रक्चर का सपोर्ट करता है।

कई स्थितियों में, स्टैक के साथ LIFO फैशन में डेटा अल्लोकेट करना संभव नहीं है। इस केस में, डेटा को डायनामिक रूप से मेमोरी के एक पूल से अल्लोकेट किया जाता है जिसे आमतौर पर हीप कहा जाता है। हीप एलोकेशन स्टैक एलोकेशन की तुलना में काफी धीमा और अधिक कॉम्प्लेक्स है और इसके परिणामस्वरूप पूरे मेमोरी में बिखरे हुए अल्लोकेट भी हो सकते हैं। इस तरह के बिखरे हुए अल्लोकेट से कोहेरेन्स का नुकसान हो सकता है और मेमोरी एक्सेस एफिशिएंसी में कमी आ सकती है। डायनामिक डेटा स्ट्रक्चर का उपयोग करने वाले पैरेलल प्रोग्राम लिखते समय एक पैरेलल हीप अल्लोकेट का उपयोग किया जाना चाहिए।

अतः विकल्प (B) सही है।

120. हफ़मैन का उपयोग किए बिना बिट्स की संख्या ढूँढना,

करैक्टर की कुल संख्या = आवृत्तियों का योग = 100

1 करैक्टर का आकार = 1 बाइट = 8 बिट्स

बिट्स की कुल संख्या = 8*100 = 800

हफ़मैन एन्कोडिंग का उपयोग करके, आवश्यक बिट्स की कुल संख्या की गणना इस प्रकार की जा सकती है:

5*4 + 9*4 + 12*3 + 13*3 + 16*3 + 45* 1 = 224

सहेजे गए बिट्स = 800-224 = 576.

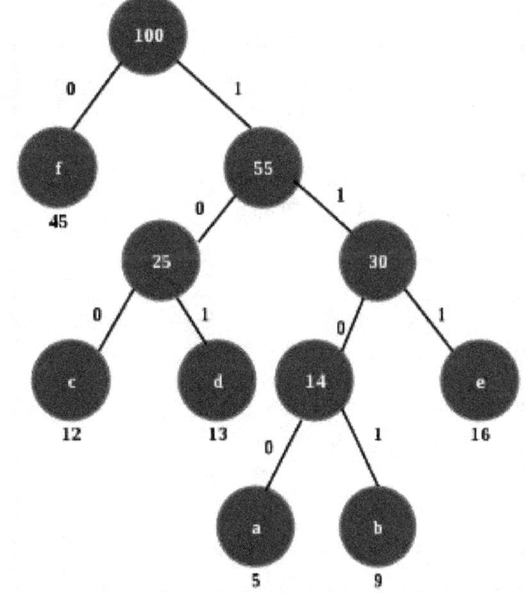

अतः विकल्प (C) सही है।

121. यूनियन (∪), इंटरसेक्शन (∩) और क्लेन क्लोजर (*) के तहत नियमित भाषाएं बंद हैं, जो विकल्प (A), (B) और (D) को गलत बनाती हैं।

विकल्प (C): $\Sigma^* - R_1 = \Sigma^* \cap R_1'$ = नियमित भाषाएं पूरक संचालन के तहत बंद हैं, यह नियमित है।

अतः विकल्प (C) सही है।

122. व्याकरण:

$S \rightarrow XY$

$X \rightarrow aX \mid a$

$Y \rightarrow aYb \mid \epsilon$

X कम से कम एक a उत्पादित करता है। प्रकार {a, aa, aaa, aaaa......} का एक श्रृंखला उत्पादित करता है।

$a^m b^n$, यदि n = 0 और m = 0 है, ∴ श्रृंखला = ϵ जिसे दिए गए व्याकरण से उत्पादित नहीं किया जा सकता है और इसलिए विकल्प (B) गलत है।

Y, b से पहले आने वाले a के साथ a और b {ϵ, ab, aabb, ...} की बराबर संख्या उत्पादित करता है।

चूँकि कम से कम एक a, X द्वारा उत्पादित होता है तथा a और b की बराबर संख्या Y द्वारा उत्पादित होती है ∴ m> n और इसलिए विकल्प (A) गलत है।

Y द्वारा उत्पादित सबसे छोटी लम्बाई वाली श्रृंखला ϵ है। $a^m b^n$ में, n ≥ 0 है और इसलिए विकल्प (D) गलत है।

{ a, aab, aaabb,............} जो निम्न के समकक्ष है:

$L = \{a^m b^n \mid m > n, n \geq 0\}$

अतः विकल्प (C) सही है।

123. एक समरूपता एक प्रतिस्थापन है जैसे कि h(a) में प्रत्येक a के लिए एक स्ट्रिंग होती है। एक समरूपता कुछ वर्णमाला Σ के लिए डोमेन Σ^* के साथ एक मानचित्रण h है जो संयोजन को संरक्षित करता है: h(v · w) = h(v) · h(w)। केवल समरूपता में बोलते हुए हम किसी भाषा के प्रत्येक अक्षर को किसी अन्य भाषा के दूसरे अक्षर से बदल देते हैं। यह ऑपरेशन एक फ़ंक्शन का उपयोग करके प्रतिस्थापित करता है।

अतः विकल्प (C) सही है।

124. एक रेगुलर सेट का होमोमोरफिस्म रेगुलर सेट है। होमोमोरफिस्म के तहत रेगुलर सेट बंद हैं। यदि L एक रेगुलर भाषा है, और h इसकी वर्णमाला पर एक होमोमोरफिस्म है, तो h(L) = {h(w) | w L में है} भी एक रेगुलर भाषा है।

प्रमाण: मान लें कि E, L के लिए एक रेगुलर एक्सप्रेशन है। E में प्रत्येक सिंबल पर h लागू करें। परिणामी R, E की भाषा h(L) है।

अतः विकल्प (C) सही है।

125. 0 की विषम संख्या वाली स्ट्रिंग टाइप 3 लैंग्वेज है। टाइप 3 व्याकरण को नियमित व्याकरण के रूप में जाना जाता है। नियमित भाषाएँ वे भाषाएँ हैं जिन्हें नियमित अभिव्यक्तियों का उपयोग करके वर्णित किया जा सकता है। इन भाषाओं को NFA या DFA द्वारा प्रतिरूपित किया जा सकता है। टाइप-3 व्याकरण में बाईं ओर एक एकल गैर-टर्मिनल होना चाहिए और एक सिंगल टर्मिनल या एकल टर्मिनल के बाद एक सिंगल नॉन-टर्मिनल से मिलकर दाहिने हाथ की ओर होना चाहिए।

अतः विकल्प (D) सही है।

126. एक लेक्सीम एक टोकन में अल्फान्यूमेरिक करैक्टर का एक सीक्वेंस है। टर्म का प्रयोग लैंग्वेज के स्टडी और कंप्यूटर प्रोग्राम कंपाइलेशन के टेक्स्टुअल एनालिसिस दोनों में किया जाता है। कंप्यूटर प्रोग्रामिंग के संदर्भ में लेक्सीम इनपुट स्ट्रीम का पार्ट हैं जिससे टोकन की पहचान की जाती है।

अतः विकल्प (B) सही है।

127. कम्पाइलर के पार्सर फेज में ग्रामर की कांसेप्ट का अत्यधिक उपयोग किया जाता है। पार्सर फेज कम्पाइलर में लेक्सिकल एनालिसिस फेज के बगल में है। पार्सर प्रिडिफाइंड ग्रामर का उपयोग करके पार्स ट्री जनरेट करता है। एक अलग पार्स ट्री बनाने के लिए पार्सर की दो अलग-अलग तकनीकें होती हैं।

अतः विकल्प (C) सही है।

128. सिंटैक्स एनालिसिस कंपाइलर डिजाइन प्रोसेस का दूसरा फेज है जिसमें फॉर्मल ग्रामर के रूल्स और स्ट्रक्चर की कम्फर्मेशन के लिए दिए गए इनपुट स्ट्रिंग की जाँच की जाती है। यह सिंटैटिकल स्ट्रक्चर का एनालिसिस करता है और जांचता है कि दिया गया इनपुट प्रोग्रामिंग लैंग्वेज के सही सिंटैक्स में है या नहीं।

अतः विकल्प (D) सही है।

129. सिमेंटिक एनालिसिस में, टाइप चेकिंग एक महत्वपूर्ण कॉम्पोनेन्ट है क्योंकि यह सिमेंटिक कन्वेंशंस से प्रोग्राम के ऑपरेशन की पुष्टि करता है। टाइप चेकिंग यह वेरिफाई करने की प्रक्रिया है कि प्रोग्राम में एग्जीक्यूट प्रत्येक ऑपरेशन लैंग्वेज के प्रकार सिस्टम के संबंध में हैं। इसका आम तौर पर मतलब है कि किसी भी एक्सप्रेशन में सभी ऑपरेंड उपयुक्त प्रकार और संख्या के होते हैं। सिमेंटिक एनालिसिस फेज में हम जो कुछ भी करते हैं वह टाइप चेकिंग है।

अतः विकल्प (D) सही है।

130. कंपाइलर के पहले भाग (लेक्सिकल एनालिसिस) को स्कैनर के रूप में भी जाना जाता है। लेक्सिकल एनालिसिस थ्री-पार्ट प्रोसेस का पहला फेज है जिसका उपयोग कंपाइलर इनपुट प्रोग्राम को समझने के लिए करता है। लेक्सिकल एनालिसिस की भूमिका प्रोग्राम सोर्स कोड को टोकन नामक सबस्ट्रिंग में विभाजित करना और प्रत्येक टोकन को उसकी भूमिका (टोकन क्लास) में क्लासीफाई करना है। एनालिसिस करने वाले प्रोग्राम को स्कैनर या लेक्सिकल एनालाइज़र कहा जाता है। यह करैक्टर की एक स्ट्रीम को पढ़ता है और उन्हें लेक्सिकल ग्रामर द्वारा परिभाषित रूल्स का उपयोग करके टोकन में जोड़ता है, जिसे लेक्सिकल स्पेसिफिकेशन भी कहा जाता है।

अतः विकल्प (B) सही है।

131. रिसीव इक्लाइज़र एक टैप की गई डिले लाइन का उपयोग करके डिले डिस्टॉर्सन को कम करता है। टैप की गई डिले लाइन (TDL) कम से कम एक "टैप" वाली डिले लाइन होती है। एक डिले-लाइन टैप डिले लाइन के भीतर कहीं से सिग्नल आउटपुट निकालता है, वैकल्पिक रूप से इसे स्केल करता है, और आम तौर पर टीडीएल आउटपुट सिग्नल बनाने के लिए अन्य टैपों के साथ योग करता है। एक इन्टरपोलेटिंग या नॉन-इन्टरपोलेटिंग हो सकता है।

अतः विकल्प (B) सही है।

132. कम गति वाले मॉडम में प्रयुक्त मॉडुलन तकनीक FSK है।

मॉडम, मॉड्यूलेटर/डिमोडुलेटर का संक्षिप्त रूप है। मॉडम एक हार्डवेयर घटक/उपकरण है जो कंप्यूटर और राउटर जैसे अन्य उपकरणों को कनेक्ट कर सकता है और इंटरनेट पर स्विच कर सकता है। मोडेम टेलीफोन के तार से आने वाले एनालॉग संकेतों को डिजिटल रूप में यानि 0 s और 1 s के रूप में परिवर्तित या संशोधित करता है।

अतः विकल्प (A) सही है।

133. संचार उपग्रहों में एकाधिक पुनरावर्तकों को ट्रांसपोंडर कहा जाता है। एक रेडियो या रडार सेट जो एक निर्दिष्ट सिग्नल प्राप्त करने पर स्वयं का एक रेडियो सिग्नल उत्सर्जित करता है और जिसका उपयोग विशेष रूप से वस्तुओं का पता लगाने, पहचान करने और स्थान के लिए और संचार संकेतों को रिले करने के लिए उपग्रहों में किया जाता है। एक संचार उपग्रह के चैनलों को ट्रांसपोंडर कहा जाता है क्योंकि प्रत्येक एक अलग ट्रांसीवर या पुनरावर्तक होता है।

अतः विकल्प (C) सही है।

134. बैंक का एटीएम सुविधा वैन का एक उदाहरण है। एसिंक्रोनस ट्रांसफर मोड (एटीएम) एक वैन टेक्नोलॉजी है जो फिक्स्ड-लेंथ वाली सेल्स का उपयोग करती है। 5-बाइट हेडर और 48-बाइट डेटा पोरशन के साथ एटीएम सेल 53 बाइट हेडर होते हैं। एटीएम ईथरनेट की तुलना में रिलाएबल नेटवर्क थ्रूपुट की अनुमति देता है।

कम्युनिटी बैंक और क्रेडिट यूनियन अपने वैन का उपयोग अपनी शाखाओं से डेटा संचारित करने और स्थान की परवाह किए बिना दैनिक कार्यों को करने के लिए करते हैं। वैन में अक्सर सार्वजनिक नेटवर्क शामिल होते हैं, जैसे कि टेलीफोन सिस्टम, लीज्ड लाइन या सैटेलाइट्स।

अतः विकल्प (B) सही है।

135. एप्पल टॉक समान समूह का नहीं है। एप्पल टॉक अपने मैकिन्टोश कंप्यूटर के लिए एप्पल इंक द्वारा विकसित नेटवर्किंग प्रोटोकॉल का एक बंद प्रोप्राइटरी सूट है। एप्पल एल्क में कई विशेषताएं शामिल हैं जो स्थानीय क्षेत्र नेटवर्क को बिना किसी पूर्व सेटअप या किसी केंद्रीकृत राउटर या किसी भी प्रकार के सर्वर की आवश्यकता के साथ जोड़ने की अनुमति देती हैं।

बस टोपोलॉजी एक मुख्य केबल का उपयोग करती है जिससे सभी नोड सीधे जुड़े होते हैं। मेन केबल नेटवर्क के लिए बैकबोन का काम करती है।

रिंग टोपोलॉजी, नेटवर्क में कंप्यूटर एक गोलाकार तरीके से जुड़े होते हैं, और डेटा ट्रेवल्स एक डायरेक्शन में होता है।

इंटरनेट एक विशाल नेटवर्क है जो दुनिया भर के कंप्यूटरों को जोड़ता है।

अतः विकल्प (B) सही है।

136. डीएनएस होस्ट का आईपी एड्रेस प्राप्त कर सकता है यदि उसका डोमेन नाम ज्ञात हो और यही इसके विपरीत भी मान्य है। डीएनएस स्वचालित रूप से उन नामों को परिवर्तित करता है जो हम अपने वेब ब्राउज़र एड्रेस बार में वेब सर्वर होस्टिंग के आईपी एड्रेस पर टाइप करते हैं।

अतः विकल्प (B) सही है।

137. लोकल एरिया नेटवर्क, कंप्यूटर और संबद्ध उपकरणों का एक समूह है जो एक सर्वर से एक आम संचार लाइन या वायरलेस लिंक साझा करता है। एक लोकल एरिया नेटवर्क एक कंप्यूटर नेटवर्क है जो एक सीमित क्षेत्र जैसे निवास, स्कूल, प्रयोगशाला, विश्वविद्यालय परिसर या कार्यालय भवन के भीतर कंप्यूटरों को आपस में जोड़ता है।

अतः विकल्प (C) सही है।

138. वीलैन और सबनेट दोनों को नेटवर्क के एक हिस्से के सेग्मेंटिंग या पार्टिशनिंग को सही करने के लिए विकसित किया गया है। और ये प्रसारण डोमेन को प्रतिबंधित करने या विभिन्न उप-नेटवर्क के अलगाव के माध्यम से सुरक्षा सुनिश्चित करने जैसी समानताएं भी साझा करते हैं।

अतः विकल्प (B) सही है।

139. डोमेन-संचालित डिज़ाइन (डीडीडी) दृष्टिकोण सॉफ़्टवेयर के विकास को सक्षम बनाता है जो उन लोगों की जटिल आवश्यकताओं पर केंद्रित होता है जिन्हें इसकी आवश्यकता होती है और अनावश्यक किसी भी चीज़ पर प्रयास बर्बाद नहीं होता है। डोमेन-संचालित डिज़ाइन के ग्राहक अक्सर उद्यम-स्तर के व्यवसाय होते हैं।

अतः विकल्प (C) सही है।

140. उपयोगकर्ताओं को एक वीपीएन के माध्यम से एक WAN से कनेक्ट करने की आवश्यकता होनी चाहिए, जिसमें नेटवर्क डिवाइस शामिल हैं जो एक दूरस्थ साइट से WAN से जुड़े हैं। इसके अतिरिक्त, SD-WAN में एक की-एक्सचेंज फ्रंक्शन होता है जिसका उपयोग विभिन्न समापन बिंदुओं पर उपकरणों को प्रमाणित करने के लिए किया जाता है। वे व्यवसाय के कुछ हिस्सों को जोड़ने के लिए निजी हो सकते हैं या छोटे नेटवर्क को एक साथ जोड़ने के लिए वे अधिक सार्वजनिक हो सकते हैं।

अतः विकल्प (D) सही है।

141. स्टेट स्पेस ज्यादातर समस्या से संबंधित है, जब आप किसी समस्या को हल करने का प्रयास करते हैं, तो आपको समस्या के लिए गणितीय संरचना तैयार करनी होती है, जो केवल वेरिएबल और पैरामीटर के माध्यम से हो सकती है। उदाहरण के लिए, आपने एक 4-गैलन जग और दूसरा 3-गैलन जग दिया है। न तो उस पर मार्कर को मापना है। आपको घड़ों में पानी भरना है। आप 2 गैलन पानी को 4 गैलन में कैसे प्राप्त कर सकते हैं? यहां, स्टेट स्पेस को ऑर्डर किए गए जोड़े पूर्णांक (x, y) के एक सेट के रूप में परिभाषित किया जा सकता है, जैसे कि x= 0,1,2,3 या 4 और y= 0,1,2 या 3; X 4-गैलन जग में गैलन की संख्या का प्रतिनिधित्व करता है और y 3-गैलन जग में पानी की मात्रा का प्रतिनिधित्व करता है।

अतः विकल्प (D) सही है।

142. स्टेट स्पेस में किसी समस्या के लिए क्रियाओं का समूह सक्सेसर फंक्शन, जो वर्तमान कार्रवाई करता है और अगली इमीडियेट स्टेट द्वारा तैयार किया जाता है। क्रियाओं के लिए सबसे आम सूत्रीकरण एक सक्सेसर फंक्शन का उपयोग करता है। दिया गया है, एक विशेष स्टेट x सक्सेसर-एफएन (एक्स) (कार्रवाई सक्सेसर) आदेशित जोड़े का एक सेट देता है, जहां प्रत्येक क्रिया स्टेट एक्स में कानूनी क्रियाओं में से एक है और प्रत्येक सक्सेसर एक स्टेट है जिसे लागू करके एक्स कार्य से पहुंचा जा सकता है।

अतः विकल्प (C) सही है।

143. वेब क्रॉलर एक बुद्धिमान लक्ष्य-आधारित एजेंट है। वेब क्रॉलिंग दिए गए बीज दस्तावेज़ों से प्रासंगिक दस्तावेज़ की सर्च का प्रकार है। केंद्रित क्रॉलर मौजूद हैं, जो सर्च एफिशिएंसी में सुधार करने में मदद करते हैं।

एक वेब क्रॉलर (जिसे वेब स्पाइडर या वेब रोबोट के रूप में भी जाना जाता है) एक प्रोग्राम या स्वचालित स्क्रिप्ट है जो वर्ल्ड वाइड वेब को व्यवस्थित, स्वचालित तरीके से ब्राउज़ करता है। इस प्रक्रिया को वेब क्रॉलिंग या स्पाइडरिंग कहा जाता है। कई वैध साइटें, विशेष रूप से सर्च इंजन में, अप-टू-डेट डेटा प्रदान करने के साधन के रूप में स्पाइडरिंग का उपयोग करती हैं।

अतः विकल्प (A) सही है।

144. नियमों का एक सेट जो ग्लोबल डेटाबेस पर संचालित होता है। प्रत्येक नियम में एक पूर्व शर्त और बाद की शर्त होती है जो ग्लोबल डेटाबेस या तो मिलती है या नहीं। उदाहरण के लिए, यदि ग्लोबल डेटाबेस द्वारा कोई शर्त पूरी की जाती है, तो उत्पादन नियम सफलतापूर्वक लागू किया जाता है। एक उत्पादन नियम में नियमों का सेट और स्टेप का क्रम होता है। जब आप किसी समस्या को हल करने का प्रयास कर रहे हों, तो आपको अपनी समस्या के लिए बाधाओं की स्टेप जैसे शतरंज की समस्या के साथ स्टेप-बाय-स्टेप समाधान प्राप्त करने का तरीका तैयार करना चाहिए।

अतः विकल्प (C) सही है।

145. क्रे ब्लिट्ज एक कंप्यूटर शतरंज प्रोग्राम था जिसे रॉबर्ट हयात, हैरी एल नेल्सन और अल्बर्ट गॉवर ने क्रे सुपरकंप्यूटर पर चलाने के लिए लिखा था। यह "ब्लिट्ज" कार्यक्रम से लिया गया था, जिस पर हयात ने स्नातक के रूप में काम करना शुरू किया था। "ब्लिट्ज" ने 1968 के पतन में अपना पहला कदम रखा और उस समय से लगभग 1980 तक लगातार विकसित किया गया जब क्रे रिसर्च ने कार्यक्रम को प्रायोजित करने के लिए चुना। क्रे ब्लिट्ज ने 1980 से 1994 तक कंप्यूटर शतरंज स्पर्धाओं में भाग लिया जब केप मे, न्यू जर्सी में अंतिम उत्तर अमेरिकी कंप्यूटर शतरंज चैम्पियनशिप आयोजित की गई थी। क्रे ब्लिट्ज ने कई एसीएम कंप्यूटर शतरंज स्पर्धाएं जीतीं, और लगातार दो विश्व कंप्यूटर शतरंज चैंपियनशिप जीतीं, पहली बार 1983 में न्यूयॉर्क शहर में, और दूसरी 1986 में कोलोन, जर्मनी में।

अतः विकल्प (B) सही है।

146. गेम खेलने की समस्या को हल करने का सबसे अच्छा तरीका हेयरिस्टिक एप्रोच है। आप एक हेयरिस्टिक एप्रोच का उपयोग करते हैं, क्योंकि यह सैकड़ों हजारों पदों को देखते हुए क्रूर बल गणना का पता लगाएगा। उदाहरण के लिए मानव और एआई-आधारित कंप्यूटरों के बीच शतरंज प्रतियोगिता। एक हेयरिस्टिक, या एक हेयरिस्टिक तकनीक, समस्या-समाधान के लिए एक

एप्रोचहै जो समाधान उत्पन्न करने के लिए एक व्यावहारिक विधि या विभिन्न शॉर्टकट का उपयोग करता है जो इष्टतम नहीं हो सकता है लेकिन सीमित समय सीमा या समय सीमा को देखते हुए पर्याप्त है।

अतः विकल्प (B) सही है।

147. अनइंफोर्मेड सर्च स्ट्रेटेजी को ब्लाइंड सर्च भी कहा जाता है। ब्लाइंड सर्च में आप बिना किसी अतिरिक्त जानकारी के राज्यों को खोज सकते हैं। तो, अनइंफोर्मेड सर्च विधि ब्लाइंड सर्च है।

आर्टिफिशियल इंटेलिजेंस में, बिना सूचना के सर्च एक प्रकार का सर्च एल्गोरिथम है जो एक क्रूर बल तरीके से संचालित होता है। बिना सूचना के सर्च एल्गोरिदम को ब्लाइंड सर्च एल्गोरिदम भी कहा जाता है क्योंकि उनके पास एक ट्री को पार करने के अलावा कोई डोमेन-विशिष्ट ज्ञान नहीं होता है।

अतः विकल्प (A) सही है।

148. पाँच प्रकार के अनइंफोर्मेड सर्च मेथड हैं:

- ब्रेड्थ-फर्स्ट सर्च: ब्रेड्थ-फर्स्ट सर्च किसी ट्री या ग्राफ़ को ट्रेस करने के लिए सबसे कॉमन सर्च स्ट्रेटेजी है। यह एल्गोरिथम एक ट्री या ग्राफ में ब्रेड्थ में सर्च करता है, इसलिए इसे ब्रेड्थ-फर्स्ट सर्च कहा जाता है।

- यूनिफ़ॉर्म-कॉस्ट सर्च: यूनिफ़ॉर्म-कॉस्ट सर्च एक सर्चिंग एल्गोरिथम है जिसका इस्तेमाल वेटेड ट्री या ग्राफ़ को ट्रेस करने के लिए किया जाता है। यह एल्गोरिथम तब चलन में आता है जब प्रत्येक किनारे के लिए एक अलग लागत उपलब्ध होती है। एक समान-लागत सर्चएल्गोरिथम प्राथमिकता कतार द्वारा कार्यान्वित किया जाता है।

- डेप्थ-फर्स्ट सर्च: डेप्थ-फर्स्ट सर्च एक ट्री या ग्राफ डेटा स्ट्रक्चर को पार करने के लिए एक पुनरावर्ती एल्गोरिदम है। इसे डेप्थ-फर्स्ट सर्च कहा जाता है क्योंकि यह रूट नोड से शुरू होती है और अगले पथ पर जाने से पहले प्रत्येक पथ का अनुसरण अपनी सबसे बड़ी डेप्थ नोड तक करती है।

- डेप्थ-लिमिट सर्च: एक डेप्थ-लिमिट सर्च एल्गोरिथम एक पूर्व निर्धारित सीमा के साथ डेप्थ-लिमिट सर्च के समान है। डेप्थ-लिमिट सर्च में अनंत पथ की कमी को हल कर सकती है। इस एल्गोरिथम में, डेप्थ लिमिट पर नोड को माना जाएगा क्योंकि इसके आगे कोई सक्सेसर नोड नहीं है।

- बेडिरेक्शनल सर्च: बेडिरेक्शनल सर्च एल्गोरिथम दो एक साथ सर्च चलाता है, एक प्रारंभिक अवस्था से जिसे आगे की सर्च कहा जाता है और दूसरा गोयल नोड से जिसे पीछे की सर्च कहा जाता है, गोयल नोड को सर्च के लिए। बेडिरेक्शनल सर्च BFS, DFS, DLS, आदि जैसी सर्च तकनीकों का उपयोग कर सकती है।

अतः विकल्प (C) सही है।

149. प्रत्येक आंशिक रूप से एक्सपैंडेड नोड याद रखता है कि इन स्थितियों के कारण अगला कौन सा सक्सेसर उत्पन्न करना है, यह कम मेमोरी का उपयोग करता है।

बैकट्रैकिंग सर्च: एक डेप्थ-फर्स्ट सर्च जो एक समय में एक वेरिएबल के लिए मान चुनती है और जब एक वेरिएबल के पास असाइन करने के लिए कोई कानूनी मान नहीं बचा होता है। बैकट्रैकिंग एल्गोरिथम बार-बार एक असाइन नहीं किए गए वैरिएबल को चुनता है, और फिर उस वैरिएबल के डोमेन में सभी मानों को एक समाधान खोजने की कोशिश करता है।

अतः विकल्प (A) सही है।

150. समस्या के चार भाग हैं:

- प्रारंभिक अवस्था: एक विशिष्ट नियोजन समस्या में, जहाँ दुनिया पूरी तरह से देखने योग्य और नियतात्मक है, प्रारंभिक अवस्था को प्रारंभिक समय के लिए प्रत्येक विशेषता के लिए मान निर्दिष्ट करके परिभाषित किया जाता है।

- कार्रवाइयों का सेट: एजेंट के लिए उपलब्ध संभावित कार्रवाइयों का विवरण। सबसे आम सूत्रीकरण एक उत्तराधिकारी फ़ंक्शन का उपयोग करता है।

- गोयल टेस्ट: गोयल टेस्ट, जो यह निर्धारित करता है कि दिया गयी अवस्था एक गोयल अवस्था है या नहीं।

- पथ लागत: एक पथ लागत फ़ंक्शन जो प्रत्येक पथ के लिए एक संख्यात्मक लागत निर्दिष्ट करता है। समस्या-समाधान एजेंट एक लागत फ़ंक्शन चुनता है जो अपने स्वयं के प्रदर्शन माप को दर्शाता है।

अतः विकल्प (D) सही है।

Paper - I

Q.1 सीखने का सबसे उपयुक्त उद्देश्य है:

A. व्यक्तिगत समायोजन

B. व्यवहार परिवर्तन

C. सामाजिक और राजनीतिक जागरूकता

D. रोजगार के लिए खुद को तैयार करना

Q.2 शिक्षण के दौरान जब एक शिक्षक प्रक्रिया प्रश्न का उपयोग करता है तो निम्न में से किस प्रकार का प्रभुत्व होगा?

A. प्रत्यक्ष प्रश्न

B. उच्च-क्रम के प्रश्न

C. अभिसरण प्रश्न

D. अप्रत्यक्ष प्रश्न

E. सम्प्रत्यय आधारित प्रश्न

नीचे दिए गए विकल्प में से सही उत्तर चुनिए:

A. केवल A, B और C   **B.** केवल B, C और D

C. केवल C, D और E   **D.** केवल B, D और E

Q.3 मूल्यांकन दृष्टिकोण के निम्नलिखित संयोजन का उनके सही अर्थ से मिलान करें।

सूची - I	सूची - II
(i) रचनात्मक मूल्यांकन	(a) पाठ्यक्रम के अंत में किया गया मूल्यांकन
(ii) मानदंड-संदर्भित मूल्यांकन	(b) दूसरों की तुलना में व्यक्तिगत प्रदर्शन का मूल्यांकन
(iii) योगात्मक मूल्यांकन	(c) विशिष्ट मानकों के प्रतिकूल मूल्यांकन
(iv) प्रतिमान - संदर्भित मूल्यांकन	(d) पूरे पाठ्यक्रम में किया गया मूल्यांकन

A. (i)-a, (ii)-c, (iii)-d, (iv)-b

B. (i)-d, (ii)-c, (iii)-a, (iv)-b

C. (i)-a, (ii)-b, (iii)-d, (iv)-c

D. (i)-d, (ii)-b, (iii)-a, (iv)-c

Q.4 निम्नलिखित में से कौन से कारक शिक्षण की प्रक्रिया को प्रभावित करते हैं?

(i) एक शिक्षक का अनुभव

(ii) शिक्षण की विषय-वस्तु

(iii) कक्षा का माहौल

(iv) मानव संबंध कौशल

A. केवल (i), (ii) और (iii)

B. केवल (ii) और (iv)

C. केवल (i), (iii) और (iv)

D. उपरोक्त सभी

Q.5 निम्न में से कौन सा कथन शिक्षण के संदर्भ में सत्य नहीं है?

A. कक्षा शिक्षण, शिक्षण की सबसे प्रभावी विधि है।

B. शिक्षण एक व्यापक प्रक्रिया है।

C. शिक्षण को शिक्षण सामग्रियों का उपयोग करके प्रभावी बनाया जा सकता है।

D. शिक्षण को विशेषज्ञता एवं अनुभव की आवश्यकता होती है।

Q.6 अनुसंधान के संबंध में, निम्नलिखित चर में से कौन सा सही है?

A. मध्यवर्ती चर: अन्य चर का कारण माना जाता है।

B. स्वतंत्र चर: ये हस्तक्षेपी और आश्रित चर के मध्य कड़ी स्थापित करते हैं।

C. आश्रित चर: ये एक या अधिक स्वतंत्र चरों द्वारा प्रभावित होते हैं।

D. असंगत चर: इन चरों से प्रयोग के परिणामों को प्रभावित नहीं कर सकते हैं।

Q.7 सेट-I और सेट-II का सही मिलान करें।

सेट-I	सेट-II
(a) आईबिड	(i) यह एक फुटनोट अथवा समाप्ति टिप्पणी है, जिसका प्रयोग एक दिए गए कार्य हेतु शीर्षक अथवा पृष्ठ संख्या को दोहराने हेतु करते हैं।
(b) ओपी.सिट	(ii) यह त्वरित प्रक्रिया के सन्दर्भ में समान लेखक और स्रोत को संदर्भित करता है।
(c) एलओसी. सिट.	(iii) यह समान लेखक द्वारा पहले सूचीबद्ध किये गए सन्दर्भों को संदर्भित करता है।
(d) एटऑल.	(iv) इसका प्रयोग व्यक्तियों की संख्या के सन्दर्भ में करते है।

A. a-i, b-ii, c-iii, d-iv   **B.** a-iii, b-ii, c-i, d-iv

C. a-ii, b-i, c-iii, d-iv   **D.** a-ii, b-iii, c-i, d-iv

Q.8 निम्न में से किस कथन के लिए अक्सर एक प्रयोगात्मक शोध का उपयोग किया जाता है?

a) जहां दो या उससे अधिक चर शामिल होते हैं

b) जहां एक चर को बदलने से परिणाम बदल जाता है

c) जहां सह-संबंध के परिमाण से अच्छा परिणाम प्राप्त होता है

d) जहां परिणामों की संभावना कहीं हद तक पता होती है।

A. a, b, c, d   **B.** a, b, c   **C.** a, b, d   **D.** b, c, d

Q.9 निम्न में से कौन सा नृवंश (एथनोग्राफी) के संदर्भ में सत्य है?

a) नृवंश (एथनोग्राफी) किसी समूह अथवा किसी समूह की संस्कृति का अध्ययन है।

b) नृवंश (एथनोग्राफी) करते समय प्रतिभागी अवलोकन शामिल किया जा सकता है।

c) एक विधि के रूप में एथनोग्राफी गुणात्मक शोध के साथ ही मात्रात्मक शोध के लिए भी उपयुक्त है।

d) यह एक समग्र अध्ययन नहीं हैं।

e) यह मानवविज्ञान (एंथ्रोपोलॉजी) में 'अन्य' समूहों की संस्कृति के अध्ययन के लिए एक महत्वपूर्ण विधि के रूप में उभरी थी।

A. a, b, c और e   **B.** b, c, d और e

C. a, b, d   **D.** a, b, e

Ques (10-14):निर्देश: निम्नलिखित अपठित गद्यांश को ध्यानपूर्वक पढ़िए और दिए गए चार विकल्पों में से प्रत्येक प्रश्न का सर्वश्रेष्ठ उत्तर चुनिए।

किसी व्यक्ति को सड़क पर अथवा किसी दुकान में या कोई कार्य करने के दौरान रोकना तथा सिर्फ समय बिताने के लिए उसके साथ दस, पन्द्रह या बीस मिनट बात करना एक अच्छा शिष्टाचार नहीं है। हम बता सकते हैं की वह व्यक्ति किसी जगह जल्दी पहुंचना चाह रहा हो, या फिर वह किसी कार्य में व्यस्त हो, और हमें यह पता है कि उसे थोड़ी भी देर परेशान नहीं करना चाहिए। फिर भी हम में से कुछ लोग टेलीफोन पर लोगों को फोन करने, उनकी व्यस्तता के बारे में बिना विचार किए उनके कार्य में व्यवधान डालने के बारे में नहीं सोचते हैं और समय के प्रति लापरवाह होकर बातें

करते रहते हैं। शायद हम अपनी टेलीफोन वार्तालाप को एक व्यवधान के रूप में नहीं देखते हैं क्योंकि हमें यह नहीं दिखता है कि हमनें किस चीज में व्यवधान डाला है। स्वाभाविक रूप से, हमें टेलीफोन पर आम शिष्टाचार का पालन करना चाहिए। लेकिन हमें टेलीफोन करने पर कुछ निभाए जाने वाले शिष्टाचारों के बारे में अवश्य पता होना चाहिए।

कभी भी टेलीफोन पर सामने वाले व्यक्ति से खुद को पहचानने के लिए ना कहें। आप जिस व्यक्ति को फोन कर रहे हैं शायद वह उस मनस्थिति में नहीं हो। यदि आप उसे जानते हैं, तो आप अपनी बात उसके और उसके परिवार के कुशल-मंगल समाचार लेने के बाद शुरू कर सकते हैं, लेकिन जितनी जल्दी हो अपने मुख्य मुद्दे पर आएं। वह अवश्य रूप से जानना चाहता है कि आपने उसे क्यों फोन किया है। अपनी जरूरी बातें पूरी होने के बाद, आप वार्तालाप शिष्टाचार व्यक्त करने के लिए कुछ पल ले सकते हैं, अपनी कॉल खत्म होने से पहले अपना आभार व्यक्त करें।

आपके घर में जिस प्रकार से टेलीफोन का प्रयोग होता है, उससे आप शायद ही अनुमान लगाएंगे कि यह एक उपकरण है जिस पर बहुत महत्वपूर्ण व्यापारिक लेन-देन किए जाते हैं। कई बार ऐसा भी होता है जब आपको टेलीफोन पर व्यापार की तरह, संक्षिप्त और प्रभावी होने का आह्वान किया जाता है।

Q.10 हम टेलीफोन का सर्वश्रेष्ठ उपयोग कैसे कर सकते हैं?

A. व्याख्या करके

B. संक्षिप्त, प्रभावी और पेशेवर व्यापारी बनकर

C. शिष्टाचारों का अवलोकन करके

D. व्यवसायिक रूप से पेशेवर नहीं बनकर

Q.11 हम टेलीफोन पर लोगों पर व्यवधान डालते हैं क्योंकि:

A. हम विचारहीन होते हैं

B. हमें इसे करने में मजा आता है

C. हम समय के बारे में भूल जाते हैं

D. हम अपनी टेलोफोन कॉल को व्यवधान नहीं मानते हैं

Q.12 टेलीफोन करने पर, हमें अवश्य:

A. काम की बात करनी चाहिए

B. लोगों से आपको पहचानने के लिए कहना चाहिए

C. बकबक करनी चाहिए

D. खर्च होने वाले समय पर ध्यान नहीं देना चाहिए

Q.13 निम्न में से कौन सा/से कथन सत्य है/हैं?

(i) हम किसी को परेशान करने के बारे में पर्याप्त जानते हैं।

(ii) हम किसी को परेशान करने के बारे में पर्याप्त नहीं जानते हैं।

(iii) हम टेलीफोन पर किसी को भी परेशान कर सकते हैं।

(iv) हम किसी भी समय किसी को भी परेशान कर सकते हैं।

A. केवल (i)

B. केवल (ii)

C. (iii) और (iv)

D. केवल (iv)

Q.14 यह अच्छा शिष्टाचार नहीं है कि:

A. किसी व्यक्ति को सड़क पर रोका जाए समय गुजारने के लिए

B. किसी व्यक्ति को दुकान पर रोका जाए समय गुजारने के लिए

C. समय गुजारने के लिए किसी व्यक्ति को काम के समय रोका जाए

D. सभी विकल्प सही है

Q.15 संचार का कौन सा मॉडल एकल प्रकार की प्रक्रिया है जहां केवल एक प्रेषक है जो संदेश भेजता है और प्राप्तकर्ता, फीडबैक या प्रतिक्रिया नहीं देता है?

A. क्षैतिज मॉडल

B. हस्तांतरण मॉडल

C. रैखिक मॉडल

D. संवादात्मक मॉडल

Q.16 सभी सुनने के घटक है सिवाय:

A. सुनवाई

B. उपस्थित होना

C. उत्तर देना

D. समझना और याद रखना

Q.17 सूची 1 और सूची 2 का सही से मिलान करें।

सूची 1	सूची 2
a.इंट्रापर्सनल संचार	(i) यह एक संचार है जहां दो या दो से अधिक व्यक्ति विचारों,कौशलों और रुचियों के विनिमय में शामिल होते हैं।
b. सामूहिक संचार	(ii) यह दो व्यक्तियों के मध्य आमने - सामने की बातचीत है।
c.इन्टरपर्सल संचार	iii) यह मैकेनिकल डिवाइस का प्रयोग करता है जो संदेशो का गुणन करता है और बड़ी संख्या में कई लोगों को एक - साथ भेज देता है।
d. समूह संचार	(iv) यह एक व्यक्ति के भीतर होने वाला संचार है, जिसमें स्वयं से बात करना भी शामिल है।

A. a-iv, b-iii, c-ii, d- i

B. a-iii, b-ii, c-i, d-iv

C. a-iv, b-iii, c-i, d-ii

D. a-iv, b-i, c-ii, d-iii

Q.18 'सूचना अधिभार' को संवाद के _________ अवरोधक के रूप में वर्गीकृत किया जा सकता है।

A. मनोवैज्ञानिक

B. शारीरिक क्रिया विज्ञान

C. सामाजिक

D. सांस्कृतिक

Q.19 बस में एक साथी यात्री की ओर दिखाते हुए, सुश्री केपनेर ने कहा कि "वह मेरे मामा की माँ के पति का भाई है"। तो यात्री सुश्री केपनेर की माँ से कैसे संबंधित है?

A. चाची

B. पिता

C. चाचा

D. बहन

Q.20 यदि काले को सफेद कहा जाता है, तो सफेद को पीला, पीला को लाल, लाल को नीला, नीला को नारंगी, नारंगी को हरा कहा जाता है। आकाश का रंग क्या कहलाता है?

A. सफेद

B. लाल

C. नारंगी

D. काला

Q.21 राम और श्याम उत्तर दिशा की ओर चलना शुरू करते हैं और दोनों 20 मीटर की दूरी तय करते हैं। राम अपने बांई ओर मुड़ जाता है, और श्याम अपने दायीं ओर। कुछ समय बाद राम जिस दिशा में घूमा था उसमें 10 मीटर चलता है। दूसरी ओर श्याम जिस दिशा में घूमा था उसमें केवल 7 मीटर चलता है। बाद में, राम अपने बांई ओर मुड़ जाता है और श्याम दांई ओर। दोनों 25 मीटर आगे बढ़ते हैं। राम, श्याम से कितना दूर होगा?

A. 17 मीटर

B. 5 मीटर

C. 10 मीटर

D. 20 मीटर

Q.22 एक अनुक्रम दिया गया है, जिसमें से एक पद लुप्त है। दिए गए विकल्पों में से वह सही विकल्प चुनिए, जो अनुक्रम को पूरा करे।

5, 11, 24, 51, 106, ?

A. 122

B. 217

C. 221

D. 115

Q.23 यदि एक कोड में 'BUDDHISM' को 'DWFFJKUO' लिखा जाता है, तो उस कोड में 'CHRISTIAN' को क्या लिखा जाएगा?

A. EITJUVKBP

B. EJTKUVJCO

C. EJTKVUJCP

D. EJTKUVKCP

Q.24 निर्देश: निम्नलिखित कथनों को ध्यानपूर्वक पढ़िए और प्रश्न का उत्तर दीजिए।

कथन I: स्मॉग में धुआं और कोहरा होता है और कालिख में मिट्टी, धूल और धुआं होता है।

कथन II: धुंध कणिका तत्व है जबकि कालिख आधार स्तर की ओजोन है।

A. दोनों कथन I और II सत्य हैं।

B. केवल कथन I सत्य है।

C. केवल कथन II सत्य है।
D. दोनों कथन I और II असत्य हैं।

Q.25 निर्देश: स्पष्ट कीजिये कि प्रश्न में दिया गया कथन निष्कर्ष, अनुमान, पूर्वकथन अथवा इनमें से कोई नहीं है?

कथन: एक टीम ने 1200 लोगों के एक सीमित समूह में सामान्य ब्रेन ट्यूमर से पीड़ित 450 लोग और गंभीर ब्रेन ट्यूमर से पीड़ित 70 लोगों की जीवनशैली की तुलना की।

A. निष्कर्ष
B. अनुमान
C. पूर्वकथन
D. इनमें से कोई नही

Q.26 निर्देश: नीचे तीन कथन a, b और c दिए गए हैं। दिए गए कथनों से चार निष्कर्ष: i, ii, iii और iv निकाले गए हैं। सही विकल्प का चयन करें, जो दर्शाता है कि निष्कर्ष दिए गए कथनों का तार्किक रूप से अनुसरण करते हैं।

कथन:
a) कुछ कुर्सी, मेज हैं।
b) कुछ मेज, सोफा हैं।
c) सभी सोफा, बिस्तर है।

निष्कर्ष:
(i) कुछ बिस्तर, कुर्सी हैं।
(ii) कुछ मेज, बिस्तर हैं।
(iii) कुछ सोफा, कुर्सी हैं।
(iv) सभी बिस्तर, सोफा हैं।

कोड:
A. केवल (iv) अनुसरण करता है।
B. केवल (ii) अनुसरण करता है।
C. केवल (i) और (ii) अनुसरण करते हैं।
D. केवल (i) और (iv) अनुसरण करते हैं।

Q.27 निर्देश: एक निगमनात्मक तर्क यदि कुछ शर्तों को पूरा करता है तो यह सार्थक है। इन शर्तों को दर्शाने वाले उस विकल्प का चयन करें।
(i) यदि तर्क वैध है।
(ii) इसके सभी पूर्व पक्ष सत्य हैं।
(iii) तर्क वैध या अवैध हो सकता है।

A. केवल (i) और (ii)
B. केवल (iii)
C. केवल (ii) और (iii)
D. केवल (ii)

Q.28 "अगर बारिश हुई तो वह जन्मदिन की पार्टी में शामिल नहीं होंगे।" यह अवयव-घटित वाक्य का एक उदाहरण है।

A. वियोगी
B. संबंधपरक
C. श्रेणीगत
D. काल्पनिक

Ques (29-33):निर्देश: निम्नलिखित तालिका का ध्यानपूर्वक अध्ययन कीजिए और इस पर आधारित प्रश्नों के उत्तर दीजिए।

वर्ष	उत्तीर्ण विद्यार्थियों का प्रतिशत (%)					सफल विद्यार्थियों की कुल संख्या
	विज्ञान (%)	कला (%)	वाणिज्य (%)	अभियांत्रिकी (%)	प्रबंधन (%)	
2013	40	24	19	8	9	780
	42	15	18	12		
2014	45	20	20	7	13	650
	45	15	16	10	8	
2015	35	19	15	12		500
	42	18	14	14	14	
2016					19	620
2017					12	900
2018						850

Q.29 वर्ष 2013 से 2015 तक प्रतिवर्ष विज्ञान में सफल होने वाले विद्यार्थियों की औसत संख्या कितनी है?

A. 260
B. 270
C. 280
D. 275

Q.30 यदि वर्ष 2015 में, कला के 160 विद्यार्थियों ने परीक्षा में भाग लिया, तो वर्ष 2015 में कला विषय में असफल होने वाले विद्यार्थियों का प्रतिशत कितना है?

A. 36.5%
B. 38.5%
C. 37.5%
D. 35%

Q.31 वर्ष 2018 में प्रति विषय सफल होने वाले विद्यार्थियों की औसत संख्या कितनी है?

A. 170
B. 200
C. 180
D. 195

Q.32 यदि वर्ष 2016 में अभियांत्रिकी विषय की परीक्षा देने वाले कुल विद्यार्थियों में से केवल 40% विद्यार्थी ही सफल हुए हों तो उस वर्ष अभियांत्रिकी विषय में भाग लेने वाले विद्यार्थियों की संख्या कितनी है?

A. 133
B. 144
C. 155
D. 167

Q.33 वर्ष 2013 से 2018 तक सफल होने वाले विद्यार्थियों की संख्या में कितने प्रतिशत वृद्धि हुई है?

A. $9\frac{37}{39}\%$
B. $8\frac{38}{39}\%$
C. $8\frac{1}{37}\%$
D. $9\frac{1}{9}\%$

Q.34 इंटरनेट और इंट्रानेट के संदर्भ में निम्न में से कौन सा/से कथन सत्य है/हैं?
I. इंट्रानेट में प्रयोगकर्ताओं की संख्या सीमित होती है।
II. इंटरनेट कंप्यूटरों का एक विस्तारित नेटवर्क है और सभी के लिए खुला है।
III. इंट्रानेट टीसीपी/आईपी और एफटीपी जैसे इंटरनेट प्रोटोकॉल का प्रयोग करता है।
IV. इंटरनेट इंट्रानेट की तुलना में अधिक सुरक्षित है।

A. केवल (i), (ii) और(iii)
B. केवल (ii), (iii) और(iv)
C. केवल (i) और (iv)
D. उपरोक्त सभी

Q.35 ______ हाथ से लिखे, मुद्रित अथवा छपे हुए टेक्स्ट की छवियों का मशीन इनकोडेड टेक्स्ट में यांत्रिक/वैद्युत रूपांतरण है।
A. डिजिटाइज़र
B. ऑप्टिकल मार्क रीडर
C. ऑप्टिकल करैक्टर रिकॉग्निशन
D. बार कोड रीडर

Q.36 एचटीटीपी का पूर्ण रूप क्या है?
A. हाइपर टेक्स्ट ट्रांसफर प्रोटोकॉल
B. हाइपर टेक्स्ट ट्रांजिशन प्रोटोकॉल
C. हाइपर टेक्स्ट ट्रांसफर प्रोग्राम
D. हाइपर टेक्स्ट ट्रांजिशन प्रोग्राम

Q.37 थर्ड जनरेशन कंप्यूटर ______ के साथ बनाया गया था।
A. निर्वात नली
B. असतत घटक
C. आईसी
D. बायो चिप्स

Q.38 निम्नलिखित में से किसका उपयोग केवल सीरियल एक्सेस स्टोरेज के लिए किया जाता है?

A. रैम
B. मैग्नेटिक डिस्क
C. कोर मेमोरी
D. मैग्नेटिक टेप

Q.39 निम्नलिखित में से कौन सा युग्म सही सुमेलित नहीं है?

A. हिमस्खलन - भूवैज्ञानिक खतरा
B. वनों की कटाई - पर्यावरण के लिए खतरा
C. ज्वालामुखी विस्फोट - रासायनिक खतरा
D. बादल फटना - जलवायु खतरा

Q.40 रियो डी जनेरियो में 1992 का पृथ्वी शिखर सम्मेलन जैव विविधता पर एक सम्मेलन के परिणामस्वरूप हुआ, जो लागू हुआ:

A. 5 जून, 1992 को
B. 19 दिसंबर, 1993 को
C. 29 दिसंबर, 1993 को
D. 1 अप्रैल, 2000 को

Q.41 शिक्षा का पंच कोष सिद्धांत विस्तृत किया था:

A. स्वामी विवेकानंद
B. पतंजलि
C. महात्मा गांधी
D. अरबिंदो

Q.42 एमएचआरडी निम्न में से किस विभाग के माध्यम से कार्य करता है?

(a) स्कूल शिक्षा और साक्षरता विभाग
(b) शारीरिक और मानसिक स्वास्थ्य विभाग
(c) उच्च शिक्षा विभाग

A. (a) और (b)
B. (a) और (c)
C. (a), (b), (c)
D. (b) और (c)

Q.43 निम्नलिखित तालिका में, सेट-I में भारत में एक उच्च स्तर की संस्था का उल्लेख किया गया है जबकि सेट-II में उनका स्थापना वर्ष दिया गया है। दोनों सेटों का मिलान करें और अपना उत्तर दें।

सेट-I	सेट-II
(a) विश्वविद्यालय अनुदान आयोग (यूजीसी)	(i) 1995
(b) अखिल भारतीय तकनीकी शिक्षा परिषद (एआईसीटीई)	(ii) 1956
(c) राष्ट्रीय अध्यापक शिक्षा परिषद (एनसीटीई)	(iii) 1994
(d) राष्ट्रीय मूल्यांकन और प्रत्यायन परिषद (एनएएसी)	(iv) 1945

A. a-i, b-iv, c-iii, d-ii
B. a-ii, b-iv, c-i, d-iii
C. a-ii, b-i, c-iii, d-iv
D. a-ii, b-i, c-iii, d-iv

Q.44 उच्च शिक्षा किस सरकार की जिम्मेदारी है?

A. केवल राज्य
B. केवल केंद्र
C. (A) और (B) दोनों
D. उपरोक्त में से कोई नहीं

Q.45 भारत में 2020 तक मानित विश्वविद्यालयों की कुल संख्या थी:

A. 125
B. 99
C. 69
D. 97

Q.46 'क्योटो प्रोटोकॉल' __________ से संबंधित है।

A. ओज़ोन क्षरण
B. खतरनाक अपशिष्ट
C. जलवायु परिवर्तन
D. परमाणु ऊर्जा

Q.47 मॉन्ट्रियल प्रोटोकॉल पर निम्नलिखित पर्यावरणीय मुद्दों में से किस पर ध्यान देने के लिए हस्ताक्षर किए गए थे?

A. क्षोभमण्डलीय ओजोन प्रदूषण
B. समतापमण्डल में ओजोन का अवक्षय
C. ग्लोबल वार्मिंग
D. अम्ल वर्षा

Q.48 प्रभावी संचार के लिए एक सहायक की आवश्यकता होती है

A. आर्थिक वातावरण
B. राजनीतिक वातावरण
C. सामाजिक वातावरण
D. बहु-सांस्कृतिक वातावरण

Q.49 पर्यावरणीय प्रभाव आकलन (EIA) का उद्देश्य मदद करना है:

A. समाज की भावी आवश्यकताओं का अनुमान
B. किसी परियोजना का सुचारू क्रियान्वयन
C. जनसंख्या में तेज़ी से वृद्धि
D. संसाधन संरक्षण

Q.50 न्यूटन ने गति के तीन मूल नियम दिए। इस शोध को इस प्रकार वर्गीकृत किया गया है:

A. वर्णनात्मक अनुसंधान
B. नमूना सर्वेक्षण
C. मौलिक अनुसंधान
D. प्रायोगिक खोज

Paper - II

Q.51 एक नया बिंदु चुनने की तकनीक __________ पर निर्भर करती है।

A. समस्या की व्यापकता
B. समस्या की प्रकृति
C. समस्या की सीमा
D. समस्या का विश्लेषण

Q.52 श्री -डायमेंशनल स्पेस में एक लीनियर फंक्शन एक __________ है।

A. मीडपॉइन्ट
B. प्लेन
C. लामिनार
D. जीरो

Q.53 लीनियर प्रोग्रामिंग समस्याओं को __________ द्वारा हल किया जा सकता है।

A. रिवाइज्ड सिंप्लेक्स मेथड
B. टर्मेड मेथड
C. मोमेंट डेरिवेशन मेथड
D. होलो मेथड

Q.54 नॉन लीनियर प्रोग्रामिंग को हल करने के लिए सबसे शक्तिशाली तकनीकों में से एक __________ को बदलना है।

A. डेटा
B. प्रॉब्लम्स
C. मैटेरियल्स
D. लेबर

Q.55 हैस डायग्राम सबसे पहले __________ द्वारा बनाए गए हैं।

A. ए.आर. हैस
B. हेल्मुट हैस
C. डेनिस हैस
D. टी.पी. हैस

Q.56 यदि किसी सेट के आंशिक क्रम में अधिकतम एक मिनिमल एलिमेंट है, तो यह जांचने के लिए कि क्या इसमें एक नॉन-क्रॉसिंग हैस डायग्राम है, इसकी टाइम कॉम्प्लेक्सिटी __________ है।

A. एन पी-कम्पलीट
B. $O(n^2)$
C. $O(n+2)$
D. $O(n^3)$

Q.57 बाइनरी ट्री का एक महत्वपूर्ण अनुप्रयोग __________ है।

A. हफमैन कोडिंग
B. स्टैक इम्प्लिमेंटेशन
C. क्यू इम्प्लिमेंटेशन
D. एक साइक्लिक ग्राफ को पार करें

Q.58 60 नोड्स वाले बाइनरी सर्च ट्री के लिए न्यूनतम ऊंचाई क्या है?

A. 1
B. 3
C. 4
D. 2

Q.59 x के लिए हल करें: $\log_2(x^2-3x)=\log_2(5x-15)$

A. 2, 5
B. 7
C. 23
D. 3, 5

Q.60 परफॉर्मेंस में सुधार के लिए वीएलआईडब्ल्यू और अन्य एप्रोचिस के बीच मुख्य अंतर __________ है।

A. लागत प्रभावशीलता
B. परफॉर्मेंस में वृद्धि
C. कॉम्प्लेक्स हार्डवेयर डिजाइन का अभाव

D. उल्लेख में से कोई नहीं

Q.61 प्रोसेसर _______ नामक फ्लैग का उपयोग करके अपने ऑपरेशन के परिणामों पर नज़र रखता है।

A. सशर्त कोड फ्लैग   **B.** परीक्षण आउटपुट फ्लैग

C. फ्लैग टाइप करें   **D.** उल्लेख में से कोई नहीं

Q.62 फ्लैग "V" को 1 पर सेट किया गया है, यह इंडीकेट करता है कि _______।

A. ऑपरेशन मान्य है

B. ऑपरेशन अमान्य है

C. ऑपरेशन के परिणामस्वरूप ओवरफ्लो हो गया है

D. उल्लेख में से कोई नहीं

Q.63 एक सामान्य एन-बिट योजक में, यह पता लगाने के लिए कि क्या कोई ओवरफ्लो हुआ है, हम _______ का उपयोग करते हैं।

A. एंड गेट   **B.** नैन्ड गेट

C. नॉर गेट   **D.** एक्सओआर गेट

Q.64 सिस्टम में मल्टीप्लायर सर्किट के इम्प्लिमेंटेशन में हम _______ का उपयोग करते हैं।

A. काउंटर   **B.** फ्लिप फ्लॉप

C. शिफ्ट रजिस्टर   **D.** स्टैक डाउन पुश करें

Q.65 क्या लोड इंस्ट्रक्शन निम्नलिखित ऑपरेशन करता है?

A. डिस्क की कंटेंट को मेमोरी लोकेशन पर लोड करता है

B. किसी लोकेशन की कंटेंट को रजिस्टर पर लोड करता है

C. पीसीबी की कंटेंट को रजिस्टर पर लोड करें

D. उल्लेख में से कोई नहीं

Q.66 एक RAM चिप की क्षमता 8 बिट्स (1K × 8) के 1024 शब्दों की होती है। 1K × 8 RAM से 16K × 16 RAM बनाने के लिए आवश्यक सक्षम लाइन वाले 2 × 4 डिकोडर की संख्या है:

A. 4   **B.** 5   **C.** 6   **D.** 7

Q.67 प्रोसेसर और मेमोरी के बीच डेटा के ट्रांसफर के दौरान हम _______ का उपयोग करते हैं।

A. कैश   **B.** टीएलबी   **C.** बफ़र   **D.** रजिस्टर

Q.68 वीएलआईडब्ल्यू में संचालन का समानांतर निष्पादन _______ द्वारा निर्धारित शेड्यूल के अनुसार किया जाता है।

A. टास्क शेड्यूलर   **B.** इंटरप्रेटर

C. कंपाइलर   **D.** एनकोडर

Q.69 मेमोरी से बड़े प्रोग्राम को स्टोर करने की तकनीक _______ है।

A. ओवरले   **B.** एक्सटेंशन रजिस्टर

C. बफ़र   **D.** इनमें से कोई नहीं

Q.70 निम्नलिखित में से कौन सी विशेषता को रन-टाइम बाइंडिंग या लेट बाइंडिंग के रूप में भी जाना जाता है?

A. डायनामिक टाइपिंग   **B.** डायनामिक लोडिंग

C. डायनामिक बाइंडिंग   **D.** डेटा हिडिंग

Q.71 एमवीसी आर्किटेक्चर का कौन सा कम्पोनेंट डेटाबेस से संबंधित है?

A. व्यू   **B.** मॉडल   **C.** कंट्रोलर   **D.** स्टोरेज

Q.72 एक फोरट्रान _______ लैंग्वेज नहीं है।

A. सिस्टम सपोर्टेड   **B.** सोर्स सपोर्टेड

C. केस सेंसिटिव   **D.** प्रोग्रामर सपोर्टेड

Q.73 फोरट्रान कोड में _______ डेलीमीटर होता है।

A. सेमीकोलन   **B.** ब्लैंक स्पेस

C. कॉलन   **D.** कॉमा

Q.74 जावास्क्रिप्ट पहली बार जारी किया गया था:

A. 1975   **B.** 1980   **C.** 1987   **D.** 1996

Q.75 लाइन ऐट्रिब्यूट्स के लिए बंडल टेबल में प्रविष्टियाँ फ़ंक्शन का उपयोग करके सेट की जाती हैं:

A. Setlineattributes ()

B. setPolylineRepresentation (ws, li, lt, lc)

C. setPolylineRepresentation()

D. इनमें से कोई नहीं

Q.76 बंडल किए गए एरिया फील एट्रिब्यूट के लिए टेबल प्रविष्टियाँ फ़ंक्शन का उपयोग करके सेट की जाती हैं:

A. setInteriorRepresentation (ws, fi, fs, pi, fc)

B. SetInteriorRepresentation ()

C. (A) और (B) दोनों

D. इनमें से कोई नहीं

Q.77 बंडल एट्रिब्यूट या अनबंडल एट्रिब्यूट के बीच चुनाव स्विच द्वारा किया जाता है जिसे कहा जाता है?

A. एस्पेक्ट फ्लैग   **B.** एस्पेक्ट रेश्यो

C. एस्पेक्ट सोर्स फ्लैग   **D.** एस्पेक्ट डेस्टिनेशन फ्लैग

Q.78 हम एट्रिब्यूट वैल्यू की जांच कर सकते हैं:

A. इन्कायरी फंक्शन में एट्रिब्यूट का नाम बताते हुए

B. एट्रिब्यूट वैल्यू सेट करना

C. (A) और (B) दोनों

D. (A) और (B) दोनों नहीं

Q.79 फ़ंक्शन के साथ एक विशेष टेक्स्ट इंडेक्स मान चुना जाता है:

A. setTextIndex()   **B.** settextindex(ti)

C. SetTextIndex(ti)   **D.** setTextIndex(ti)

Q.80 निम्नलिखित में से गलत कथन को चुनिए।

A. हडूप प्रोसेसिंग क्षमताएं बहुत बड़ी हैं और इसका वास्तविक लाभ टेराबाइट्स और पेटाबाइट्स डेटा को प्रोसेस करने की क्षमता में निहित है।

B. हडूप एक प्रोग्रामिंग मॉडल का उपयोग करता है जिसे "मैपरेड्यूस" कहा जाता है, हडूप प्लेटफॉर्म पर काम करने के लिए सभी प्रोग्राम इस मॉडल के अनुरूप होने चाहिए।

C. हडूप द्वारा उपयोग किए जाने वाले प्रोग्रामिंग मॉडल मैपरेड्यूस को लिखना और परीक्षण करना मुश्किल है।

D. उल्लिखित सभी

Q.81 हडूप का नाम किसके नाम पर रखा गया था?

A. निर्माता डौग कटिंग का पसंदीदा सर्कस एक्ट

B. कटिंग्स हाई स्कूल रॉक बैंड

C. कटिंग के बेटे का खिलौना हाथी

D. हडूप डेवलपमेंट के दौरान बनाया गया साउंड कटिंग का लैपटॉप

Q.82 जूकीपर _______ कार्यभार में विशेष रूप से तेज़ है।

A. राइट   **B.** रीड-डोमिनेंट

C. रीड-राइट   **D.** इनमे से कोई नहीं

Q.83 DBMS से डाटा का अनुरोध करने के लिए एप्लीकेशन प्रोग्राम्स में प्रयोग की जाने वाली लैंग्वेज को किस नाम से जाना जाता है?

A. DML   **B.** DDL   **C.** VDL   **D.** SDL

Q.84 निम्नलिखित को आरोही क्रम में साइज के अनुसार व्यवस्थित करें:

A. रिकॉर्ड, फील्ड, बाइट, बिट
B. बिट, फील्ड, बाइट, रिकॉर्ड
C. फील्ड, बाइट, रिकॉर्ड, बिट
D. बिट, बाइट, फील्ड, रिकॉर्ड

Q.85 एग्रीगेट फंक्शन वे फंक्शन होते हैं, जो इनपुट के रूप में _____ को लेते हैं और केवल एक वैल्यू रिटर्न करते हैं|

A. वैल्यूज का संग्रह
B. सिंगल वैल्यू
C. एग्रीगेट वैल्यू
D. इनमें से कोई नहीं

Q.86 क्रम संख्या को स्टोर करने के लिए सबसे अच्छा फील्ड प्रकार कौनसा है?

A. नंबर
B. ऑटोनंबर
C. टेक्स्ट
D. मेमो

Q.87 डेटाबेस का वह हिस्सा क्या है जिसमें केवल एक प्रकार की जानकारी होती है?

A. रिपोर्ट
B. फ़ील्ड
C. रिकॉर्ड
D. फ़ाइल

Q.88 डीबीएमएस में, सभी डेटा को _________ में संग्रहीत किया जाता है।

A. सेंट्रल
B. मल्टीप्ल
C. आरडीबीएमएस
D. इनमें से कोई नहीं

Q.89 निम्नलिखित में से कौन रिलेशनल डेटाबेस के एक कॉम्पोनेन्ट नहीं है?

A. इकाई (Entity)
B. ऐट्रिब्यूट
C. टेबल
D. हायरार्की

Q.90 निम्नलिखित में से कौन सिस्टम सॉफ्टवेयर का उदाहरण नहीं है?

A. वर्ड प्रोसेसर
B. लैंग्वेज ट्रांसलेटर
C. यूटिलिटी सॉफ्टवेयर
D. कम्युनिकेशन सॉफ्टवेयर

Q.91 'LRU' पेज रिप्लेसमेंट पॉलिसी है:

A. लास्ट रिप्लेस्ड यूनिट
B. लास्ट रेस्टोर्ड यूनिट
C. लीस्ट रिसेंटली यूज्ड
D. लीस्ट रिकायर्ड यूनिट

Q.92 प्रोग्राम जनरेशन गतिविधि का उद्देश्य है:

A. प्रोग्राम की आटोमेटिक जनरेशन
B. पीएल में लिखे गए प्रोग्राम के निष्पादन को व्यवस्थित करें
C. प्रोग्राम की जनरेशन को छोड़ देता है
D. प्रोग्राम की जनरेशन को गति देता है

Q.93 "एक्सटर्नल" फ्रेगमेंटेशन के अधीन मेमोरी एलोकेशन योजना है:

A. सेगमेंटेशन
B. स्वैपिंग
C. प्योर डिमांड पेजिंग
D. एकाधिक निश्चित सन्निहित विभाजन

Q.94 एक मल्टीप्रोग्रामिंग क्या है?

A. मेमोरी आवंटन की एक विधि है जिसके द्वारा कार्यक्रम को समान भागों में विभाजित किया जाता है, या पृष्ठों और कोर को समान भागों या ब्लॉकों में विभाजित किया जाता है।
B. उन एड्रेस से मिलकर बनता है जो एक संगणना के निष्पादन के दौरान एक प्रोसेसर द्वारा उत्पन्न किए जा सकते हैं।
C. प्रोसेसर समय आवंटित करने की एक विधि है।
D. कई प्रोग्रामों के कोर के अंदर अलग अलग क्षेत्रों में उस टाइम पर रन करने की अनुमति देता है।

Q.95 डायनेमिक लोडिंग का क्या लाभ है?

A. एक प्रयुक्त रूटीन कई बार प्रयोग की जाती है।
B. एक अनयूज्ड रूटीन कभी लोड नहीं होती है।

C. सीपीयू उपयोगिता बढ़ जाती है।
D. इनमे से कोई भी नहीं

Q.96 एसजेएफ एल्गोरिथम पहले कार्य को निष्पादित करता है:

A. क्यू में अंतिम प्रवेश करने वाला
B. क्यू में पहले प्रवेश करने वाला
C. क्यू में सबसे लंबे समय तक प्रवेश करने वाला
D. कम से कम प्रोसेसर की जरूरत के साथ

Q.97 ऑपरेटिंग सिस्टम के साथ चलने वाली प्रक्रियाओं के प्रोग्रामिंग व्यवहार के वर्किंग सेट सिद्धांत में शामिल हैं:

A. उन पृष्ठों का संग्रह जिन तक एक प्रक्रिया पहुँचती है।
B. डिस्क शेड्यूलिंग मैकेनिज्म।
C. मेमोरी में कॉलेक्ट्यिंग होल।
D. प्रक्रियाओं के लिए सीपीयू असाइन करना।

Q.98 स्पीड डिफरेंशियल को समायोजित करने के लिए उपयोग किए जाने वाले मेमोरी बफर का नाम क्या है?

A. कैश
B. स्टैक पॉइंटर
C. एकुमुलेटर
D. डिस्क

Q.99 यदि सभी प्रक्रियाएं I/O बाध्य हैं, तो रेडी क्यू लगभग हमेशा _____ होगी और शॉर्ट टर्म शेड्यूलर के पास करने के लिए _______ होगा।

A. पूर्ण, छोटा
B. पूर्ण, बहुत
C. खाली, थोड़ा
D. खाली, बहुत

Q.100 आम तौर पर एक संगठन को नियंत्रित करने वाली सभी प्रक्रियाओं और विनियमों को सूचीबद्ध करने वाला दस्तावेज़ है:

A. प्रक्रिया लॉग
B. संगठन मैनुअल
C. व्यक्तिगत नीति पुस्तक
D. प्रशासनिक नीति मैनुअल

Q.101 हिस्टोरिकल कॉस्ट फंक्शन का उपयोग करके क्या डेवलप किया जाता है?

A. पार्किंसन का नियम
B. विशेषज्ञ निर्णय
C. एल्गोरिथम कॉस्ट मॉडलिंग
D. एनालॉजी द्वारा एस्टिमेशन

Q.102 निम्नलिखित में से किसका प्रयोग एलओसी या एफपी के फंक्शन के रूप में एफर्ट की प्रेडिक्ट करने के लिए किया जाता है?

A. कोकोमो
B. एफपी-आधारित अनुमान
C. प्रोसेस आधारित अनुमान
D. (A) और (B) दोनों

Q.103 कौन सा सॉफ्टवेयर कॉन्फ़िगरेशन प्रबंधन अवधारणा है जो हमें न्यायोचित परिवर्तन को गंभीरता से बाधित किए बिना परिवर्तन को नियंत्रित करने में मदद करती है?

A. बेसलाइन
B. सोर्स कोड
C. डेटा मॉडल
D. उल्लेख में से कोई नहीं

Q.104 सॉफ्टवेयर सिस्टम के कॉन्फ़िगरेशन प्रबंधन के लिए निम्नलिखित में से कौन सी गलत गतिविधि है?

A. परिवर्तन प्रबंधन
B. सिस्टम प्रबंधन
C. इंटर्नशिप प्रबंधन
D. संस्करण प्रबंधन

Q.105 निम्नलिखित में से कौन सा इंटरफ़ेस डिज़ाइन सिद्धांत उपयोगकर्ता के मेमोरी लोड को कम करता है?

A. इन्टुइटीव शॉर्टकट परिभाषित करना
B. प्रगतिशील तरीके से जानकारी का खुलासा करना
C. मीनिंगफुल डिफॉल्ट्स स्थापित करना
D. उपरोक्त सभी

Q.106 सत्यापन में एक ______ गतिविधियाँ होती हैं।
A. गतिशील **B.** व्यक्तिपरक **C.** स्थिर **D.** उद्देश्य

Q.107 निम्नलिखित में से कौन सा सबसे अब्सट्रैक्ट डेवलपमेंट आर्टिफैक्ट है जिसका पुन: उपयोग किया जा सकता है?
A. आवश्यकता विनिर्देश **B.** डिजाइन
C. कोड **D.** नॉलेज

Q.108 प्रोजेक्ट मेट्रिक्स का मुख्य उद्देश्य क्या है?
A. सामरिक उद्देश्यों के लिए
B. विकास अनुसूची को कम करने के लिए
C. दैनिक आधार पर चल रही प्रोजेक्ट की गुणवत्ता का मूल्यांकन करने के लिए
D. (B) और (C) दोनों

Q.109 निम्नलिखित में से कौन सी परीक्षण तकनीक एक विशिष्ट मॉड्यूल के परीक्षण पर गहराई से जोर देती है?
A. इंटर-सिस्टम परीक्षण **B.** गोरिल्ला परीक्षण
C. चौड़ाई परीक्षण **D.** फज परीक्षण

Q.110 बाइनरी ट्री का पोस्ट-ऑर्डर ट्रैवर्सल OPQRST है। तब संभव प्री-ऑर्डर ट्रैवर्सल ______ होगा।
A. TQRSOP **B.** TOQRPS
C. TQOPSR **D.** TQOSPR

Q.111 ______ का उपयोग करके एक पूर्ण बाइनरी ट्री जनरेट किया जा सकता है।
A. पोस्ट-ऑर्डर और प्री-ऑर्डर ट्रैवर्सल
B. प्री-ऑर्डर ट्रैवर्सल
C. पोस्ट-ऑर्डर ट्रैवर्सल
D. इन-ऑर्डर ट्रैवर्सल

Q.112 निम्नलिखित में से कौन-सा एक क्यू का प्रकार नहीं है?
A. लीनियर क्यू **B.** सर्कुलर क्यू
C. डबल एंडेड क्यू **D.** सिंगल एंडेड क्यू

Q.113 निम्नलिखित में से कौन सर्कुलर क्यू की आवश्यकता को निर्धारित करता है?
A. मेमोरी की वेस्टेज से बचाव
B. प्रायोरिटी का उपयोग करके क्यू तक पहुँचना
C. फीफो सिद्धांत का पालन करना
D. इनमे से कोई नहीं

Q.114 बाइनरी सर्च ट्री में, निम्नलिखित में से कौन सा ट्रैवर्सल आरोही क्रम में संख्याओं को प्रिंट करेगा?
A. लेवल-ऑर्डर ट्रैवर्सल **B.** प्री-ऑर्डर ट्रैवर्सल
C. पोस्ट-ऑर्डर ट्रैवर्सल **D.** इन -ऑर्डर ट्रैवर्सल

Q.115 n एलिमेंट्स ऐरे के लिए क्विकसॉर्ट में, यदि पार्टिशन एल्गोरिथम हमेशा 10 वां सबसे छोटा तत्व देता है? उस केस में क्विकसॉर्ट के लिए टाइम कॉप्लेक्सिटी क्या है?
A. $O(n^3)$ **B.** $O(\log n)$ **C.** $O(n^2)$ **D.** $O(n)$

Q.116 मान लीजिए कि हमारे पास एक $O(n)$ टाइम एल्गोरिथम है जो एक अनसोर्टेड ऐरे के मध्य को ढूंढता है। अब एक क्विकसॉर्ट कार्यान्वयन पर विचार करें जहां हम पहले उपरोक्त एल्गोरिथम का उपयोग करके मध्य

प्राप्त करते हैं, फिर मध्य को पाइवोट के रूप में उपयोग करते हैं। इस संशोधित क्विकसार्ट की सबसे वर्स्ट केस टाइम कम्प्लेक्सिटी क्या होगी।
A. $O(n^2 \log n)$ **B.** $O(n^2)$
C. $O(n \log n \log n)$ **D.** $O(n \log n)$

Q.117 एक अनसोर्टेड ऐरे को देखते हुए। ऐरे में यह गुण होता है कि ऐरे में प्रत्येक तत्व अनसोर्टेड ऐरे में अपनी स्थिति से अधिकतम k दूरी पर होता है जहां k ऐरे के आकार से छोटा धनात्मक पूर्णांक होता है। इस ऐरे को सॉर्ट करने के लिए कौन सा सॉर्टिंग एल्गोरिथम आसानी से संशोधित किया जा सकता है और प्राप्य टाइम कम्प्लेक्सिटी क्या है?
A. इंसर्शन टाइम कम्प्लेक्सिटी $O(kn)$ के साथ क्रमबद्ध करना
B. टाइम कम्प्लेक्सिटी $O(n \log k)$ के साथ हीप क्रमबद्ध करना
C. टाइम कम्प्लेक्सिटी $O(k \log k)$ के साथ त्वरित क्रमबद्ध करना
D. टाइम कम्प्लेक्सिटी $O(k \log k)$ के साथ सॉर्ट करें मर्ज करना

Q.118 fun( ) की टाइम कॉम्पेक्सिटी क्या है?

```
int fun(int n)
{
int count = 0;
for (int i = n; i >0; i /= 2)
for (int j = 0; j< i; j++)
count += 1;
return count;
}
```

A. $O(n^2)$ **B.** $O(n \log n)$
C. $O(n)$ **D.** $O(n \log n \log n)$

Q.119 fun() की टाइम कॉम्पलेक्सिटी क्या है?

```
int fun(int n)
{
int count = 0;
for (int i = 0; i< n; i++)
for (int j = i; j >0; j--)
count − count ၊ 1;
return count;
}
```

A. Theta (n) **B.** Theta (n^2)
C. Theta (n*Logn) **D.** Theta (nLognLogn)

Q.120 सिंपल प्रिमिटिव लैंग्वेज से एक लैंग्वेज को सिंपल तरीके से उत्पन्न किया जा सकता है यदि और केवल यदि:
A. यह इनफाइनाइट स्टेट के एक डिवाइस द्वारा पहचाना जाता है
B. यह कोई सहायक मेमोरी नहीं लेता है
C. (A) और (B) दोनों
D. उल्लेख में से कोई नहीं

Q.121 निम्नलिखित में से कौन दी गई लैंग्वेज का प्रतिनिधित्व नहीं करता है?
लैंग्वेज : {0,01}
A. 0+01 **B.** {0} U {01}
C. {0} U {0}{1} **D.** {0} ^ {01}

Q.122 दी गई लैंग्वेज के अनुसार, यह निम्नलिखित में से किस भाव से मेल खाती है?
लैंग्वेज L={x∈{0,1}|x की लंबाई 4 या उससे कम है}
A. $(0+1+0+1+0+1+0+1)^4$

B. $(0+1)^4$

C. $(01)^4$

D. $(0+1+\varepsilon)^4$

Q.123 दिया गया NFA निम्नलिखित में से किस रेगुलर एक्सप्रेशन से मेल खाता है?

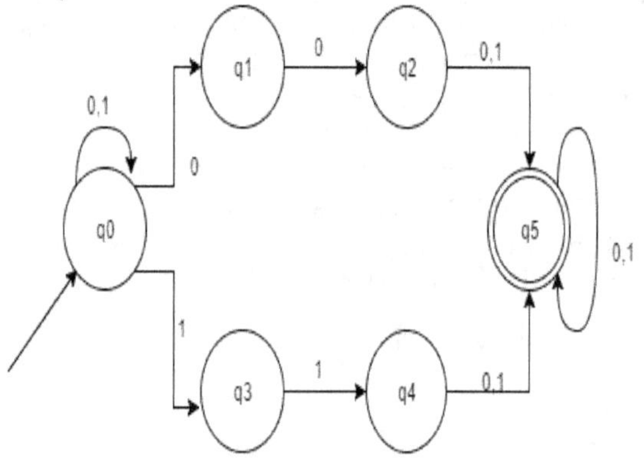

A. $(0+1)*(00+11)(0+1)*$

B. $(0+1)*(00+11)*(0+1)*$

C. $(0+1)*(00+11)(0+1)$

D. $(0+1)(00+11)(0+1)*$

Q.124 एनएफए का फुल फॉर्म ________ है।

A. नॉन डेटर्मीनिस्टिक फाइनाइट सेट ऑटोमेटा

B. नॉन फाइनाइट सेट ऑटोमेटा

C. नॉन डेटर्मीनिस्टिक फाइनाइट ऑटोमेटा

D. नॉन फाइनाइट ऑटोमेटा

Q.125 निम्नलिखित में से कौन सा पार्सर टॉप-डाउन पार्सर है?

A. एलएलआर पार्सर   **B.** एलआर पार्सर

C. ऑपरेटर प्रेसिडेंट पार्सर   **D.** रिकर्सिव डिसेंट पार्सर

Q.126 ________ के दौरान एक कंपाइलर में कीवर्ड्स की पहचान की जाती है।

A. कोड जनरेशन

B. डेटा फ्लो एनालिसिस

C. प्रोग्राम का लेक्सिकल एनालिसिस

D. प्रोग्राम पार्सिंग

Q.127 डेटा को कैसे संसाधित किया जाना है, यह समझाने वाले बयानों की एक श्रृंखला को ________ कहा जाता है।

A. असेंबली   **B.** मशीन   **C.** कोबोल   **D.** प्रोग्राम

Q.128 कौन सा ग्राफ बेसिक ब्लॉक और सक्सेसर रिलेशनशिप का वर्णन करता है?

A. कंट्रोल ग्राफ   **B.** डीएजी

C. फ्लो ग्राफ   **D.** हैमिल्टन ग्राफ

Q.129 बॉडोट कोड में प्रति चिन्ह कितने बिट का उपयोग किया जाता है?

A. 5   **B.** 7   **C.** 8   **D.** 9

Q.130 ओड-पैरिटी कोडेड सिंबल को प्रेषित करते समय, प्रत्येक सिंबल में शून्य की संख्या होती है।

A. ओड   **B.** ईवन

C. अज्ञात   **D.** इनमें से कोई नहीं

Q.131 निम्नलिखित में से कौन सा ट्रांसमिशन सिस्टम एक पर्सनल डिवाइस को हाईएस्ट डेटा रेट प्रदान करता है?

A. डिजिटल पीबीएक्स   **B.** कंप्यूटर बस

C. लैन   **D.** वॉयसबैंड मॉडेम

Q.132 LAN की एक महत्वपूर्ण विशेषता ________ है।

A. पैरेलल ट्रांसमिशन

B. लो बैंडविड्थ चैनल के लिए लो कास्ट एक्सेस

C. अनलिमिटेड एक्सपेंशन

D. एप्लीकेशन इंडिपेंडेंट इंटरफेस

Q.133 टोकन पासिंग बस नेटवर्क में निम्नलिखित में से क्या संभव है?

A. स्टेशनों की असीमित संख्या

B. असीमित दूरी

C. इन-सर्विस एक्सपेंशन

D. मल्टीपल टाइम-डिवीज़न चैनल

Q.134 एक मीडियम और उसके पाथ को दो या दो से अधिक उपकरणों के माध्यम से साझा करना कहलाता है:

A. मॉड्युलेशन   **B.** एन्कोडिंग

C. मल्टीप्लेक्सिंग   **D.** लाइन डिसिप्लिन

Q.135 निम्नलिखित में से सही कथन को चुनिए-

A. टीसीपी/आईपी मॉडल ओएसआई मॉडल से पहले विकसित हुआ।

B. टीसीपी/आईपी मॉडल ओएसआई मॉडल के बाद विकसित हुआ।

C. टीसीपी/आईपी मॉडल ओएसआई मॉडल के साथ में विकसित हुआ।

D. टीसीपी/आईपी मॉडल ओएसआई मॉडल की कमियों को दूर करने के लिए विकसित हुआ।

Q.136 एफटीपी का उपयोग क्या हैं?

A. किसी रिमोट कम्प्यूटर पर फाईल देखने के लिए

B. डोमेन का नाम पहचानने के लिए

C. हॉस्ट का नाम पहचानने के लिए

D. फाइल को नेटवर्क पर भेजने के लिए

Q.137 निम्नलिखित में से कौन सा वायर-नेटवर्क एक ऑफिस के अन्दर ही रहता है-

A. लैन   **B.** वैन

C. सेलल्यूलर नेटवर्क   **D.** मैन

Q.138 एफटीपी, कितने टीसीपी कनेक्शन का उपयोग करता है?

A. एक   **B.** दो   **C.** तीन   **D.** चार

Q.139 डेप्थ-फर्स्ट-सर्च की स्पेस कम्प्लेक्सिटी क्या है?

A. O(b)   **B.** O(bl)   **C.** O(m)   **D.** O(bm)

Q.140 किसी भी प्रकार की समस्या को हल करने के लिए किस एल्गोरिथम का उपयोग किया जाता है?

A. ब्रेड्थ-फर्स्ट एल्गोरिदम

B. ट्री एल्गोरिथम

C. बिडिरेक्शनल सर्च एल्गोरिथ्म

D. उल्लेख में से कोई नहीं

Q.141 स्टेट सर्च के लिए कौन सी सर्च स्टैक ऑपरेशन को लागू करती है?

A. डेप्थ-लिमिटेड सर्च   **B.** डेप्थ-फर्स्ट सर्च

C. ब्रेड्थ-फर्स्ट सर्च   **D.** उल्लेख में से कोई नहीं

Q.142 स्ट्रेटेजीज जो यह जानती हैं कि क्या एक नॉन-गोयल स्टेट दूसरे की तुलना में "अधिक आशाजनक" है, ________ कहलाती है।

A. इन्फार्म्ड और अन्फॉर्म्ड सर्च

B. अन्फॉर्म्ड सर्च

C. हेयुरिस्टिक और अन्फॉर्म्ड सर्च

D. इन्फार्म्ड और हेयरिस्टिक सर्च

Q.143 बीएफएस का टाइम और स्पेस कम्प्लेक्सिटी जटिलता है (टाइम और स्पेस कम्प्लेक्सिटी समस्याओं के लिए बी को ब्रांचिंग फैक्टर और डी को सर्च ट्री की डेप्थ के रूप में मानते हैं।)

A. O(bd+1) and O(bd+1)

B. O(b2) and O(d2)

C. O(d2) and O(b2)

D. O(d2) and O(d2)

Q.144 यूनिफ़ॉर्म-कॉस्ट सर्च _______ के साथ नोड n का विस्तार करती है।

A. लोवेस्ट पाथ कॉस्ट   B. हेयरिस्टिक कॉस्ट

C. हाईएस्ट पाथ कॉस्ट   D. एवरेज पाथ कॉस्ट

Q.145 डेप्थ-फर्स्ट सर्च हमेशा सर्च ट्री के करैंट फ्रिंज में _____ नोड का विस्तार करती है।

A. शैलोवेस्ट   B. चाइल्ड नोड

C. डीपेस्ट   D. मिनिमम कॉस्ट

Q.146 ब्रेड्थ-फर्स्ट सर्च हमेशा सर्च ट्री के करैंट फ्रिंज में _____ नोड का विस्तार करती है।

A. शैलोवेस्ट   B. चाइल्ड नोड

C. डीपेस्ट   D. मिनिमम कॉस्ट

Q.147 DFS _____ एफ्फिसिएंट है और BFS _______ एफ्फिसिएंट है।

A. स्पेस, टाइम   B. टाइम, स्पेस

C. टाइम, टाइम   D. स्पेस, स्पेस

Q.148 आर्टिफिशियल इंटेलिजेंस में कितने प्रकार की इन्फोर्म्ड सर्च मेथड है?

A. 1   B. 2   C. 3   D. 4

Q.149 क्रिटिकल सेक्शन की समस्या का समाधान _______ है।

A. म्यूच्यूअल एक्सक्लूशन   B. प्रोग्रेस

C. बॉण्डेड वेटिंग   D. उपर्युक्त सभी

Q.150 यदि L(G) को पुशडाउन ऑटोमेटन द्वारा स्वीकार किया जाता है और x L(G) में लंबाई 21 की एक स्ट्रिंग है, तो G में x का व्युत्पन्न कब तक है, यदि G, चॉम्स्की सामान्य रूप है?

A. 40   B. 41   C. 42   D. 39

// स्मार्ट उत्तर पुस्तिका //

सही उत्तर — उन छात्रों का प्रतिशत जिन्होंने प्रश्नों का सही उत्तर दिया था। **छोड़ दिया** — उन छात्रों का प्रतिशत जिन्होंने प्रश्नों को छोड़ दिया था।

प्रश्न संख्या	उत्तर	सही उत्तर / छोड़ दिया	प्रश्न संख्या	उत्तर	सही उत्तर / छोड़ दिया	प्रश्न संख्या	उत्तर	सही उत्तर / छोड़ दिया	प्रश्न संख्या	उत्तर	सही उत्तर / छोड़ दिया	प्रश्न संख्या	उत्तर	सही उत्तर / छोड़ दिया	प्रश्न संख्या	उत्तर	सही उत्तर / छोड़ दिया
1	B	62.74% / 1.28%	22	B	65.05% / 1.69%	43	B	24.75% / 4.9%	64	C	87.41% / 0.0%	85	A	42.76% / 1.95%	106	C	89.53% / 0.0%
2	D	85.53% / 0.0%	23	D	68.04% / 1.95%	44	C	49.22% / 1.99%	65	B	40.47% / 1.68%	86	B	44.14% / 1.68%	107	D	66.12% / 1.44%
3	B	28.35% / 4.59%	24	B	67.92% / 1.58%	45	A	56.25% / 1.56%	66	B	18.47% / 4.08%	87	B	81.01% / 0.0%	108	D	62.5% / 1.22%
4	D	60.88% / 1.22%	25	C	49.35% / 1.58%	46	C	40.84% / 1.84%	67	D	53.83% / 1.04%	88	A	68.63% / 1.01%	109	B	67.01% / 1.29%
5	A	85.92% / 0.0%	26	B	44.08% / 1.27%	47	B	56.52% / 1.47%	68	C	78.02% / 0.0%	89	D	29.44% / 4.39%	110	C	82.98% / 0.0%
6	C	48.99% / 1.34%	27	A	18.93% / 4.33%	48	C	68.43% / 1.38%	69	A	61.34% / 1.67%	90	A	19.72% / 4.07%	111	A	89.53% / 0.0%
7	D	29.76% / 3.17%	28	D	47.9% / 1.83%	49	D	19.92% / 4.92%	70	C	41.16% / 1.29%	91	C	69.5% / 1.73%	112	D	69.31% / 1.58%
8	B	60.26% / 1.56%	29	B	58.72% / 1.59%	50	C	64.48% / 1.12%	71	B	54.26% / 1.97%	92	A	66.78% / 1.59%	113	A	87.72% / 0.0%
9	D	57.06% / 1.64%	30	C	51.83% / 1.6%	51	B	41.6% / 1.9%	72	C	85.96% / 0.0%	93	A	78.15% / 0.0%	114	D	44.39% / 1.34%
10	B	47.03% / 1.24%	31	A	41.0% / 1.99%	52	B	42.58% / 1.58%	73	B	77.25% / 0.0%	94	D	68.61% / 1.7%	115	C	23.54% / 3.94%
11	D	41.47% / 1.92%	32	C	47.94% / 1.45%	53	A	44.1% / 1.63%	74	D	46.23% / 1.99%	95	B	67.69% / 1.15%	116	D	23.72% / 4.24%
12	A	41.4% / 1.19%	33	B	40.35% / 1.39%	54	B	89.27% / 0.0%	75	B	11.83% / 4.88%	96	D	64.16% / 1.05%	117	B	67.68% / 1.16%
13	B	43.79% / 1.1%	34	A	13.28% / 3.39%	55	B	84.04% / 0.0%	76	A	19.16% / 3.47%	97	A	57.73% / 1.26%	118	C	30.34% / 4.67%
14	D	50.65% / 1.78%	35	C	50.33% / 2.0%	56	A	31.24% / 3.92%	77	C	69.55% / 1.72%	98	A	79.06% / 0.0%	119	B	42.23% / 1.58%
15	C	52.72% / 1.42%	36	A	88.27% / 0.0%	57	A	44.85% / 1.02%	78	C	53.18% / 1.22%	99	C	26.03% / 4.16%	120	B	84.59% / 0.0%
16	C	79.92% / 0.0%	37	C	77.43% / 0.0%	58	D	11.16% / 3.57%	79	D	69.16% / 1.6%	100	B	43.46% / 1.46%	121	D	53.69% / 1.11%
17	A	59.12% / 1.28%	38	D	61.33% / 1.06%	59	D	11.42% / 3.89%	80	C	21.67% / 4.71%	101	C	11.16% / 3.09%	122	D	61.29% / 1.75%
18	B	44.18% / 1.4%	39	C	58.91% / 1.43%	60	C	49.84% / 1.66%	81	C	52.73% / 1.6%	102	D	58.91% / 1.71%	123	A	20.15% / 4.75%
19	C	86.57% / 0.0%	40	A	50.55% / 1.41%	61	A	66.04% / 1.61%	82	B	84.21% / 0.0%	103	A	50.96% / 1.47%	124	C	78.17% / 0.0%
20	C	89.98% / 0.0%	41	A	28.7% / 4.71%	62	C	21.77% / 4.65%	83	A	68.19% / 1.51%	104	C	43.17% / 1.28%	125	D	41.12% / 1.55%
21	A	81.12% / 0.0%	42	B	65.13% / 1.14%	63	D	79.53% / 0.0%	84	D	89.07% / 0.0%	105	D	13.89% / 3.27%	126	C	57.13% / 1.47%

प्रश्न संख्या	उत्तर	सही उत्तर / छोड़ दिया	प्रश्न संख्या	उत्तर	सही उत्तर / छोड़ दिया	प्रश्न संख्या	उत्तर	सही उत्तर / छोड़ दिया	प्रश्न संख्या	उत्तर	सही उत्तर / छोड़ दिया	प्रश्न संख्या	उत्तर	सही उत्तर / छोड़ दिया	प्रश्न संख्या	उत्तर	सही उत्तर / छोड़ दिया
127	D	58.14 % / 1.52 %	131	B	84.22 % / 0.0 %	135	A	58.98 % / 1.27 %	139	D	78.48 % / 0.0 %	143	A	23.35 % / 4.81 %	147	A	86.79 % / 0.0 %
128	C	80.29 % / 0.0 %	132	D	89.48 % / 0.0 %	136	D	87.37 % / 0.0 %	140	B	45.04 % / 1.12 %	144	A	59.53 % / 1.64 %	148	D	41.31 % / 1.1 %
129	A	53.06 % / 1.8 %	133	C	67.24 % / 1.47 %	137	A	47.42 % / 1.93 %	141	B	66.37 % / 1.15 %	145	C	53.58 % / 1.7 %	149	D	31.55 % / 3.89 %
130	C	65.28 % / 1.39 %	134	C	77.45 % / 0.0 %	138	B	65.83 % / 1.74 %	142	D	11.88 % / 4.27 %	146	A	40.01 % / 1.25 %	150	B	50.87 % / 1.94 %

//संकेत और समाधान//

1. सीखने का सबसे उपयुक्त उद्देश्य व्यवहार परिवर्तन है।

व्यवहार परिवर्तन अधिगम का उपयुक्त उद्देश्य होता है क्योंकि अधिगम एक व्यक्ति के व्यवहार और व्यक्तित्व को संशोधित करता है। यह एक व्यक्ति के पूरे जीवनकाल के अनुभवों को शामिल करता है।

अतः विकल्प (B) सही है।

2. प्रश्न, अधिगम की प्रक्रिया में सहायता करते हैं और इसलिए कौशल पर प्रश्न करना एक महत्वपूर्ण शिक्षण कौशल है जिसे शिक्षक द्वारा एक सफल कक्षा सत्र आयोजित करने के लिए विकसित किया जाना आवश्यक है। प्रश्नों का उपयोग छात्रों को कुछ तथ्यों को याद करने, उनकी तर्क क्षमता का उपयोग करने और अपनी शिक्षा को बढ़ाने में मान्यता और भेदभाव की शक्ति का उपयोग करने के लिए किया जाता है। प्रभावी पूछताछ उन्हें चीजों और विचारों का चिंतन करने के लिए प्रोत्साहित करती है और उन्हें चर्चा में भाग लेने के लिए प्रेरित करती है। प्रभावी शिक्षक छात्रों को उनकी सोच में आगे बढ़ने और अपनी समझ बनाने में मदद करने के लिए उत्पादक प्रश्नों का उपयोग करते हैं।

कई शोधकर्ताओं ने शैलियों और प्रश्नों के प्रकारों पर काम किया है। मोटे तौर पर, चार प्रकार के प्रश्न होते हैं।

उच्च-क्रम के प्रश्न:

- इस स्तर के प्रश्न बच्चों को सोचने के लिए, अर्जित ज्ञान से परे, उनके तत्वों में समस्याग्रस्त स्थितियों का विश्लेषण करने और उन तत्वों के बीच पारस्परिक संबंध की खोज करने के लिए प्रोत्साहित करते हैं।

- ये प्रश्न छात्रों को नए विचारों का उत्पादन करने और रचनात्मक और तर्क क्षमता विकसित करने में सक्षम बनाते हैं।

- उच्च-क्रम के प्रश्नों द्वारा प्रचारित कौशल को तीन स्तरों विश्लेषण, संश्लेषण और मूल्यांकन में विभाजित किया जा सकता है।

अप्रत्यक्ष प्रश्न:

- इस प्रकार के प्रश्न औपचारिक प्रश्न होते हैं जिनका उपयोग अज्ञात व्यक्ति के बारे में जानकारी एकत्र करने के लिए किया जाता है।

सम्प्रत्यय आधारित प्रश्न:

- ये प्रश्न विशिष्ट विषयों पर आधारित होते हैं, जो छात्रों के अधिगम के आंकड़ों को खोजने में सहायक होते हैं। ये बहुविकल्पीय प्रकार के प्रश्नों में होते हैं। वे पूर्व ज्ञान से दृढ़ता से संबंधित होते हैं।

इस प्रकार उपर्युक्त बिंदुओं से, यह स्पष्ट है कि B, D और E सत्य हैं।

अतः विकल्प (D) सही है।

3. सही संयोजन है - (i)-d, (ii)-c, (iii)-a, (iv)-b

फॉर्मेटिव इवैल्युएशन: साप्ताहिक असाइनमेंट, चर्चा आदि के रूप में मूल्यांकन पूरे पाठ्यक्रम में किया जाता है।

योगात्मक मूल्यांकन: फॉर्म परीक्षाओं में पाठ्यक्रम के अंत में मूल्यांकन किया जाता है।

मानदंड-संदर्भित मूल्यांकन: मूल्यांकन विशिष्ट मानकों या मानदंडों के खिलाफ किया जाता है।

सामान्य-संदर्भित मूल्यांकन: दूसरों की तुलना में व्यक्तिगत प्रदर्शन का मूल्यांकन। यह आकलन करना है कि एक छात्र दूसरे साथियों के संबंध में कैसा प्रदर्शन करता है।

अतः विकल्प (B) सही है।

4. उपरोक्त सभी कारक हैं जो शिक्षण की प्रक्रिया को प्रभावित करते हैं।

विभिन्न कारक हैं जो शिक्षण को प्रभावित करते हैं। ये एक शिक्षक का अनुभव, एक शिक्षक की शैक्षिक योग्यता, शिक्षण का विषय, कक्षा का वातावरण, मानव संबंध कौशल, संचार कौशल, शिक्षण की विधि और तकनीक, शिक्षण सहायक सामग्री का उपयोग हैं।

अतः विकल्प (D) सही है।

5. कक्षा शिक्षण सबसे प्रभावी तरीका है शिक्षण सही नहीं है।

कक्षा के बाहर भी प्रभावी शिक्षण हो सकता है। यह महत्वपूर्ण नहीं है कि सीखना और सिखाना कक्षाओं में ही हो सकता है।

सही कथन:

1. शिक्षण एक व्यापक प्रक्रिया है।

2. शिक्षण सहायक सामग्री का उपयोग करके शिक्षण को प्रभावी बनाया जा सकता है।

3. शिक्षण में विशेषज्ञता और अनुभव की आवश्यकता होती है।

अतः विकल्प (A) सही है।

6. आश्रित चर: ये एक या अधिक स्वतंत्र चर से प्रभावित होते हैं।

मध्यवर्ती चर: ये वे चर हैं जिनके माध्यम से एक चर दूसरे चर को प्रभावित करता है।

स्वतंत्र चर: दूसरे चर का कारण माना जाता है।

असंगत चर: ऐसे कई कारक या चर हो सकते हैं जो परिणाम को प्रभावित कर सकते हैं। वे वास्तव में परिणाम की व्याख्या करने में स्वतंत्र चर के साथ प्रतिस्पर्धा करते हैं। इसलिए, वे प्रयोग के परिणाम को प्रभावित कर सकते हैं।

अतः विकल्प (C) सही है।

7. सही संयोजन है - a-ii, b-iii, c-i, d-iv

फुटनोट्स और संदर्भ लेखन के संदर्भ में ये मुख्य शब्द हैं।

आईबिड तुरंत पूर्ववर्ती संदर्भ में समान लेखक और स्रोत को परिष्कृत करता है।ओपी.सिट एक ही लेखक द्वारा पहले संदर्भ संदर्भ को संशोधित करता है।

एलओसी. सिट एक फुटनोट्स या एंड्नोट शब्द का उपयोग जिसका उपयोग किसी दिए गए काम के लिए शीर्षक और पृष्ठ संख्या को खोजने के लिए जाता है।

एटऑल. कई लोगों का उल्लेख करते समय उपयोग किया जाता है।

अतः विकल्प (D) सही है।

8. a, b, c सही है।

विभिन्न घटना के कारण और प्रभाव संबंध का अध्ययन करने के लिए प्रायोगिक अनुसंधान किया जाता है।

इसमें प्रभाव में परिवर्तन का निरीक्षण करने के लिए एक या अधिक चर का हेरफेर शामिल है। परस्पर संबंध चर का परस्पर संबंध है।

प्रायोगिक अनुसंधान में, सहसंबंध का परिमाण अच्छे परिणाम देता है।

अतः विकल्प (B) सही है।

9. a, b, और e नृवंशविज्ञान के बारे में सच हैं।

नृवंशविज्ञान लोगों और संस्कृति का एक व्यवस्थित अध्ययन है।

इसके लिए शोधकर्ता को अध्ययन किए जा रहे व्यक्तियों के जीवन में डूबने की आवश्यकता होती है, जिसे प्रतिभागी अवलोकन कहा जाता है।

सांस्कृतिक घटना के विस्तृत अध्ययन के लिए गुणात्मक शोधकर्ता के लिए नृवंशविज्ञान अध्ययन अत्यंत महत्वपूर्ण है।

इस पद्धति को पहले नृविज्ञान के अनुशासन में पेश किया गया था, लेकिन बाद में सामाजिक विज्ञान में भी लोकप्रिय हो गया।

नृवंशविज्ञान एक समग्र अध्ययन है।

अतः विकल्प (D) सही है।

10. गद्यांश की पंक्ति के अनुसार, "कई बार ऐसा भी होता है जब आपको टेलीफोन पर व्यापार की तरह, संक्षिप्त और प्रभावी होने का आह्वान किया जाता है"।

अतः विकल्प (B) सही है।

11. उत्तर गद्यांश की निम्नलिखित पंक्तियों में निहित है, "शायद हम अपनी टेलीफोन वार्तालाप को एक व्यवधान के रूप में नहीं देखते हैं क्योंकि हमें यह नहीं दिखता है कि हमनें किस चीज में व्यवधान डाला है"।

अतः विकल्प (D) सही है।

12. जैसा कि मार्ग की अंतिम पंक्ति में दिया गया है, "कई बार ऐसा भी होता है जब आपको टेलीफोन पर व्यापार की तरह, संक्षिप्त और प्रभावी होने का आह्वान किया जाता है।"

अतः विकल्प (A) सही है।

13. विकल्प (A) गलत है जैसा कि गद्यांश की निम्नलिखित पंक्ति में दिया गया है, "हम बता सकते हैं की वह व्यक्ति किसी जगह जल्दी पहुंचना चाह रहा हो, या फिर वह किसी कार्य में व्यस्त हो, और हमें यह पता है कि उसे थोड़ी भी देर परेशान नहीं करना चाहिए।"

विकल्प (B) सही है जैसा कि उपर्युक्त पंक्तियों में दिया गया है।

विकल्प (C) गलत है जैसा कि निम्नलिखित पंक्तियों में दिया गया है, "फिर भी हम में से कुछ लोग टेलीफोन पर लोगों को फोन करने, उनकी व्यस्तता के बारे में बिना विचार किए उनके कार्य में व्यवधान डालने के बारे में नहीं सोचते हैं और समय के प्रति लापरवाह होकर बातें करते रहते हैं।"

विकल्प (D) गलत है क्योंकि यह सुझाव दिया गया है कि हम किसी को भी इस तरह से बाधित ना करें।

अतः विकल्प (B) सही है।

14. इसका उत्तर मार्ग की निम्न पंक्ति में है, "किसी व्यक्ति को सड़क पर अथवा किसी दुकान में या कोई कार्य करने के दौरान रोकना तथा सिर्फ समय बिताने के लिए उसके साथ दस, पन्द्रह या बीस मिनट बात करना एक अच्छा शिष्टाचार नहीं है।"

अतः विकल्प (D) सही है।

15. संचार के रैखिक मॉडल को एक-तरफ़ा प्रक्रिया के रूप में माना जाता है जिसमें प्रेषक रिसीवर को एक संदेश भेजता है लेकिन उस समय रिसीवर प्रतिक्रिया या किसी भी प्रकार की प्रतिक्रिया देने के लिए मौजूद नहीं होता है।

संचार का क्षैतिज मॉडल वह संचार है जिसमें सूचना को संगठनात्मक पदानुक्रम के समान स्तर पर काम करने वाले लोगों तक पहुंचाया जाता है।

हस्तांतरण मॉडल वह संचार है जिसमें प्रेषक और रिसीवर के बीच सूचना का आदान-प्रदान किया जाता है जहां प्रत्येक प्रेषक/रिसीवर संदेश भेजने प्राप्त करने के लिए बारी लेता है।

संवादात्मक मॉडल वह संचार है जहां सूचना को प्रेषक और रिसीवर दोनों के बीच आदान-प्रदान किया जाता है।

अतः विकल्प (C) सही है।

16. जवाब देने के अलावा सभी सुनने के घटक हैं।

सुनने की प्रक्रिया में चार चरण होते हैं: सुनना, उपस्थित होना-चौकस होना, समझना और याद रखना और जवाब देना।

अतः विकल्प (C) सही है।

17. सही सयोंजन है - a-iv, b-iii, c-ii, d- i

इंट्रापर्सनल संचार एक व्यक्ति के भीतर होने वाला संचार है, जिसमें स्वयं से बात करना भी शामिल है।

सामूहिक संचार मैकेनिकल डिवाइस का प्रयोग करता है जो संदेशो का गुणन करता है और बड़ी संख्या में कई लोगों को एक-साथ भेज देता है।

इन्टरपर्सल संचार यह दो व्यक्तियों के मध्य आमने -सामने की बातचीत है।

समूह संचार एक संचार है जहां दो या दो से अधिक व्यक्ति विचारों, कौशलों और रुचियों के विनिमय में शामिल होते हैं।

अतः विकल्प (A) सही है।

18. 'सूचना अधिभार' को संवाद के शारीरिक क्रिया विज्ञान अवरोधक के रूप में वर्गीकृत किया जा सकता है।

संचार के लिए शारीरिक बाधाएं मानव शरीर और मानव मन की सीमाओं से संबंधित हैं। इन बाधाओं में खराब सुनने का कौशल, सूचना अधिभार, आनाकानी, भावनाएं, खराब अवधारण आदि शामिल हैं।

अतः विकल्प (B) सही है।

19.

आरेख में प्रतीक	अर्थ
◯	महिला
☐	पुरुष
═	शादीशुदा जोड़ा
─	भाई-बहन
│	एक पीढ़ी का अंतर

प्रश्नानुसार,

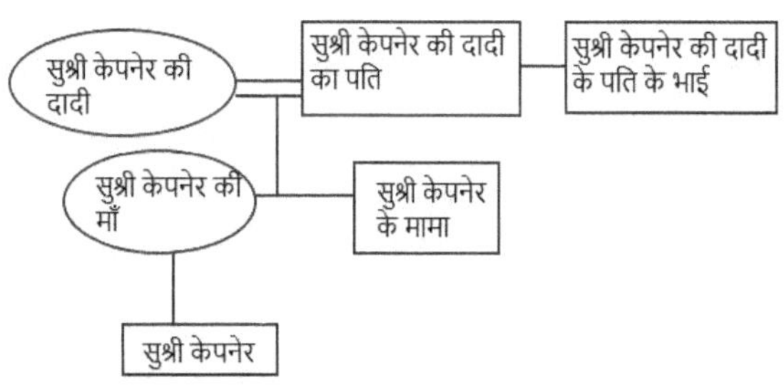

यात्री सुश्री केपनेर की माँ का चाचा है।

अतः विकल्प (C) सही है।

20. दिया है, नीला को नारंगी कहा जाता है

और,

आसमान का रंग नीला होता है,

इसलिए, 'नारंगी' आकाश का रंग है।

अतः विकल्प (C) सही है।

21.

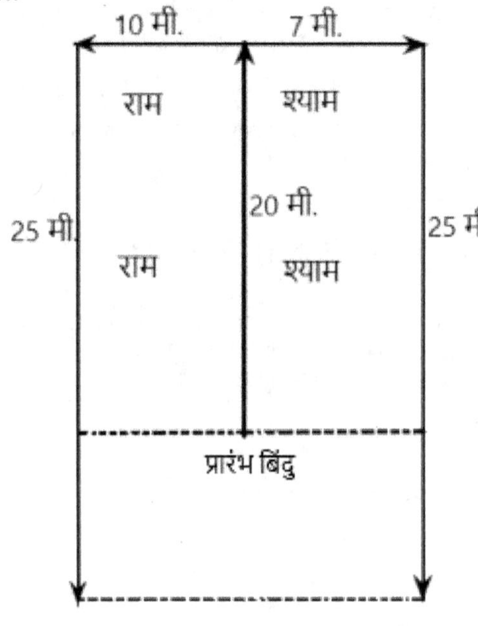

आवश्यक दूरी = (10 + 7) = 17 मीटर

अतः विकल्प (A) सही है।

22. पैटर्न है-

5 ×2 + 1 = 11

11 ×2 + 2 = 24

24 ×2 + 3 = 51

51 ×2 + 4 = 106

106 ×2 + 5 = 217

इसलिए, अगला पद 217 है।

अतः विकल्प (B) सही है।

23. पैटर्न है-

$B \xrightarrow{+2} D$

$U \xrightarrow{+2} W$

$D \xrightarrow{+2} F$

$D \xrightarrow{+2} F$

$H \xrightarrow{+2} J$

$I \xrightarrow{+2} K$

$S \xrightarrow{+2} U$

$M \xrightarrow{+2} O$

इसी प्रकार,

$C \xrightarrow{+2} E$

$H \xrightarrow{+2} J$

$R \xrightarrow{+2} T$

$I \xrightarrow{+2} K$

$S \xrightarrow{+2} U$

$T \xrightarrow{+2} V$

$I \xrightarrow{+2} K$

$A \xrightarrow{+2} C$

$N \xrightarrow{+2} P$

इसलिए, CHRISTIAN को EJTKUVKCP के रूप में कोडित किया जाएगा।

अतः विकल्प (D) सही है।

24. केवल कथन I सत्य है।

धुंध और कालिख वायु प्रदूषण के दो प्रकार हैं।

धुंध या आधार स्तर की ओजोन तब होता है जब जीवाश्म ईंधन सूर्य के प्रकाश के साथ प्रतिक्रिया करते हैं।

कालिख या कणिका तत्व गैस या ठोस के रूप में रसायनों, मिट्टी, धूल या एलर्जी पैदा करने वाला तत्वों से बना होता है।

अतः विकल्प (B) सही है।

25. दिया गया कथन एक पूर्वकथन है। पूर्वकथन तथ्य का एक कथन है जो किसी दावे पर विश्वास करने के कारणों को निर्धारित करता है।

अनुमान ऐसी चीज़ को संदर्भित करता है जिसे बिना प्रश्न या प्रमाण के सत्य के रूप में स्वीकार किया जाता है।

निष्कर्ष एक निर्णय या परिणाम को संदर्भित करता है जिसके अंत में तर्क द्वारा पहुंचा जाता है।

अतः विकल्प (C) सही है।

26. केवल निष्कर्ष (ii) अनुसरण करता है।

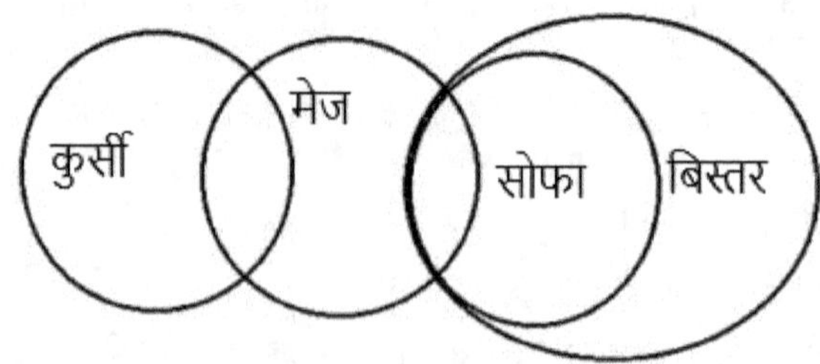

(i) कुछ बिस्तर कुर्सी हैं, जिनका पालन नहीं किया जाता है क्योंकि बिस्तर और कुर्सी के बीच कोई सीधा संबंध नहीं है।

(ii) कुछ मेज बिस्तर होते हैं जो आरेख से मिलते हैं। मेज में कुछ भाग बिस्तर में होता है।

(iii) कुछ सोफा कुर्सी हैं जिनका अनुसरण नहीं किया जाता है क्योंकि सोफा और कुर्सी के बीच कोई सीधा संबंध नहीं है।

(iv) सभी बिस्तर सोफा है का अनुसरण नहीं करता है क्योंकि कुछ बिस्तर मेज भी है।

अतः विकल्प (B) सही है।

27. (i) और (ii) सही है।

निगमनात्मक तर्क: एक तर्क है जिसमें यह माना जाता है कि परिसर निष्कर्ष की सच्चाई की गारंटी प्रदान करता है।

एक निगमनात्मक तर्क को सही कहा जाता है अगर और केवल अगर तर्क दोनों वैध है और सभी पूर्व पक्ष सत्य हैं।

अतः विकल्प (A) सही है।

28. दिया गया वाक्य 'काल्पनिक अवयव-घटित वाक्य' का एक उदाहरण है क्योंकि यह एक प्रकार का अवयव-घटित वाक्य है जो:

- एक प्रतिरूप है जिसमें दो परिसर होते हैं, जिनमें से दोनों सशर्त हैं।
- एक आगमनात्मक तर्क को संदर्भित करता है जिसमें परिसर और निष्कर्ष दोनों काल्पनिक प्रस्ताव हैं।
- उदा: यदि आज बारिश होती है, तो पिकनिक रद्द हो जाती है। यदि पिकनिक रद्द हो जाती है, तो मैं दुखी हो जाऊंगा। इसलिए, अगर आज बारिश होती है, तो मुझे दुःख होगा।

इसलिए, यह निष्कर्ष निकाला जा सकता है कि "अगर बारिश होती है तो वह जन्मदिन की पार्टी में शामिल नहीं होंगे," 'काल्पनिक अवयव-घटित वाक्य का एक उदाहरण है।

अतः विकल्प (D) सही है।

29. 2013 में छात्रों की कुल संख्या $= 780$

2013 में विज्ञान के छात्रों का $\% = 40\%$

2014 में छात्रों की कुल संख्या $= 650$

2014 में विज्ञान के छात्रों का $\% = 42\%$

2015 में छात्रों की कुल संख्या $= 500$

2015 में विज्ञान के छात्रों का $\% = 45\%$

आवश्यक औसत

$$= \frac{1}{3}\left(780 \times \frac{40}{100} + 650 \times \frac{42}{100} + 500 \times \frac{45}{100}\right)$$

$$= \frac{1}{3}(312 + 273 + 225)$$

$$= \frac{810}{3} = 270$$

अतः विकल्प (B) सही है।

30. 2015 में कुल छात्रों की संख्या $= 500$

कला के सफल छात्रों का $\% = 20\%$,

2015 में कला के सफल छात्रों की संख्या

$$= 500 \times \frac{20}{100} = 100$$

कला के कुल छात्रों की संख्या $= 160$

सफल छात्र $= 160 - 100 = 60$

असफल छात्रों का प्रतिशत

$$= \frac{160-100}{160} \times 100$$

$$= 37.5\%$$

अतः विकल्प (C) सही है।

31. 2018 में कुल छात्रों की संख्या $= 850$

2018 में विज्ञान में सफल छात्रों का $\% = 42\%$

2018 में कला में सफल छात्रों का $\% = 18\%$

2018 में वाणिज्य में सफल छात्रों का $\% = 14\%$

2018 में अभियांत्रिकी में सफल छात्रों का $\% = 14\%$

2018 में प्रबंधन में सफल छात्रों का $\% = 12\%$

औसत,

$$= \frac{1}{5} \times \frac{850}{100}(42 + 18 + 14 + 14 + 12)$$

$$= \frac{17}{10} \times 100 = 170$$

अतः विकल्प (A) सही है।

32. 2016 में कुल छात्रों की संख्या $= 620$

योग्य छात्रों की संख्या

$$= 620 \times \frac{10}{100} = 62$$

$$40\% \equiv 62$$

$$100\% \equiv 62 \times \frac{100}{40} = 155$$

अतः विकल्प (C) सही है।

33. 2013 में कुल छात्रों की संख्या $= 780$

2018 में कुल छात्रों की संख्या $= 850$

प्रतिशत वृद्धि

$$= \frac{850-780}{780} \times 100$$

$$= \frac{70}{780} \times 100$$

$$= \frac{700}{78} = \frac{350}{39}$$

$$= 8\frac{38}{39}\%$$

अतः विकल्प (B) सही है।

34. (i), (ii) और (iii) सत्य हैं।

इंट्रानेट में उपयोगकर्ताओं की संख्या सीमित है। इंट्रानेट इंटरनेट की तुलना में अधिक सुरक्षित है। इंट्रानेट टीसीपी/आईपी और एफ़टीपी जैसे इंटरनेट प्रोटोकॉल का उपयोग करता है।

इंटरनेट कंप्यूटर का एक विस्तृत नेटवर्क है और सभी के लिए खुला है।

अतः विकल्प (A) सही है।

35. ऑप्टिकल करैक्टर रिकॉग्रीशन हाथ से लिखे, मुद्रित अथवा छपे हुए टेक्स्ट की छवियों का मशीन इनकोडेड टेक्स्ट में यांत्रिक/वैद्युत रूपांतरण है।

डिजिटाइज़र- यह एनालॉग डेटा को डिजिटल रूप में परिवर्तित करता है।

ऑप्टिकल मार्क रीडर- यह डिवाइस कागज के रूपों पर बने चिह्नों को प्रश्नों के जवाब के रूप में पढ़ता है या एक पेंसिल / पेन द्वारा टिक सूची का संकेत देता है।

ऑप्टिकल कैरेक्टर रिकग्रिशन- यह मशीन-एन्कोडेड टेक्स्ट में हस्तलिखित, टाइप, या मुद्रित टेक्स्ट की छवियों का यांत्रिक / वैद्युत रूपांतरण है।

बार कोड रीडर- यह कंप्यूटर पर मुद्रित बारकोड को पढ़ और आउटपुट कर सकता है।

अतः विकल्प (C) सही है।

36. हाइपर टेक्स्ट ट्रांसफर प्रोटोकॉल (एचटीटीपी) विवरण, सहयोगी, हाइपर कंडीशनिंग सूचना प्रणाली के लिए एक ऐपलिकेशन प्रोटोकॉल है।

नोट:- एचटीटीपी वर्ल्ड वाइड वेब के लिए डेटा संचार का आधार है। हाइपरटेक्स्ट प्रारूपित टेक्स्ट जो टेक्स्ट युक्त नोड्स के बीच तार्किक कड़ी (हाइपरलिंक्स) का उपयोग करता है।

अतः विकल्प (A) सही है।

37. थर्ड जनरेशन कंप्यूटर को आईसी के साथ बनाया गया था।

एक एकीकृत सर्किट (आईसी के रूप में भी संदर्भित) सेमीकंडक्टर सामग्री के एक छोटे से समतल टुकड़े (या "चिप") पर इलेक्ट्रॉनिक सर्किट का एक सेट है जो सामान्य रूप से सिलिकॉन से बना होता है।

अतः विकल्प (C) सही है।

38. मैग्नेटिक टेप का उपयोग केवल सीरियल एक्सेस स्टोरेज के लिए किया जाता है।

इसका मतलब यह है कि डेटा के एक विशिष्ट टुकड़े को खोजने के लिए, टेप रीडर को टेप की शुरुआत में शुरू करना होगा और जब तक यह आवश्यक डेटा के टुकड़े तक नहीं पहुंच जाता है तब तक तेजी से अग्रेषण जारी रखता है।

सीरियल एक्सेस डेटा को खोजने और पुनः प्राप्त करने के लिए काफी धीमा बनाता है इसलिए डेटा को स्टोर करने के लिए इसका अधिक उपयोग नहीं होगा जिसे आपको जल्दी से पकड़ना आवश्यक है। हालांकि, डेटा को संग्रहीत करने के लिए मैग्नेटिक टेप उत्कृष्ट है यानी डेटा की तुरंत आवश्यकता नहीं है। इसका उपयोग केवल सीरियल एक्सेस स्टोरेज के लिए किया जाता है।

अतः विकल्प (D) सही है।

39. खतरे विभिन्न प्रकार के हो सकते हैं जैसे- भूवैज्ञानिक, जलवायु, पर्यावरण, जैविक और औद्योगिक/रासायनिक इत्यादि। दिए गए विकल्पों में से ज्वालामुखी विस्फोट का सही मिलान नहीं हुआ है। ज्वालामुखी विस्फोट एक प्रकार का भूवैज्ञानिक खतरा है, रासायनिक खतरा नहीं। रासायनिक खतरों में तेल रिसाव, औद्योगिक आपदा आदि होते है।

अतः विकल्प (C) सही है।

40. रियो डी जनेरियो में 1992 का पृथ्वी शिखर सम्मेलन जैव विविधता पर एक सम्मेलन के रूप में हुआ, जो 5 जून, 1992 को लागू हुआ।

पर्यावरण और विकास पर संयुक्त राष्ट्र सम्मेलन (यूएनसीईडी), जिसे रियो डी जनेरियो अर्थ समिट, रियो शिखर सम्मेलन, रियो सम्मेलन और पृथ्वी शिखर

सम्मेलन के रूप में भी जाना जाता है, 3 से 14 जून, 1992 तक रियो डी जनेरियो में आयोजित एक प्रमुख संयुक्त राष्ट्र सम्मेलन था।

अतः विकल्प (A) सही है।

41. शिक्षा का पंच कोष सिद्धांत स्वामी विवेकानंद द्वारा विस्तृत किया गया था।

पंचकोश को आमतौर पर शरीर में ऊर्जा के पाँच पदानुक्रमित स्तरों के रूप में जाना जाता है। यह एक निश्चित अनुशासन है जो भारतीय दर्शन के प्राचीन ग्रंथों पर आधारित है। 'पंच' का अर्थ है पाँच और शब्द 'कोश' का अर्थ है म्यान या खोल। इसलिए, पंचकोश का अर्थ है पाँच म्यान जो मानव शरीर में निवास करते हैं। वो हैं :

अन्नामय कोष या भोजन म्यान

प्राणमय कोष या ऊर्जा म्यान

मनोमनी कोश या मानसिक म्यान

विज्ञानमय कोश या बौद्धिक म्यान

आनंदमय कोश या परमानंद म्यान

अतः विकल्प (A) सही है।

42. (a) और (c) सच हैं।

एमएचआरडी दो विभागों के माध्यम से काम करता है:

स्कूल शिक्षा और साक्षरता विभाग और उच्च शिक्षा विभाग।

जहां स्कूली शिक्षा और साक्षरता विभाग राष्ट्र में स्कूल प्रशिक्षण और प्रवीणता में सुधार के प्रभारी हैं।

संयुक्त राज्य अमेरिका और चीन के बाद उच्च शिक्षा विभाग दुनिया के सबसे बड़े उच्चतर शिक्षा ढांचे में से एक है।

अतः विकल्प (B) सही है।

43. सही संयोजन है - a-ii, b-iv, c-i, d-iii

यूजीसी (विश्वविद्यालय अनुदान आयोग) की स्थापना 1956 में भारत में उच्च शिक्षा मानकों के समन्वय और रखरखाव के लिए संसद अधिनियम के माध्यम से एक वैधानिक निकाय के रूप में की गई थी।

एआईसीटीई (अखिल भारतीय तकनीकी शिक्षा परिषद) की स्थापना वर्ष 1945 में भारत में तकनीकी शिक्षा की योजना और विकास के लिए संसद अधिनियम के माध्यम से एक सलाहकार निकाय के रूप में और एक सांविधिक निकाय के रूप में की गई थी।

एनसीटीई (राष्ट्रीय अध्यापक शिक्षा परिषद) की स्थापना वर्ष 1995 में भारतीय शिक्षा प्रणाली में प्रक्रियाओं और प्रक्रियाओं को शुरू करने और बनाए रखने के लिए की गई थी।

एनएएसी (राष्ट्रीय मूल्यांकन और प्रत्यायन परिषद) की स्थापना वर्ष 1994 में भारत में विश्वविद्यालयों और कॉलेजों के प्रदर्शन के मूल्यांकन के उद्देश्य से की गई थी।

अतः विकल्प (B) सही है।

44. उच्च शिक्षा केंद्र और राज्य सरकार दोनों की जिम्मेदारी है। विश्वविद्यालय अनुदान आयोग की सिफारिशों पर एक शैक्षणिक संस्थान को "डीम्ड-टू-बी विश्वविद्यालय" के रूप में मानने के लिए केंद्र सरकार भी जिम्मेदार है।

अतः विकल्प (C) सही है।

45. भारत में 2020 तक मानित विश्वविद्यालयों की कुल संख्या 125 थी।

मानित विश्वविद्यालय, एक मान्यता है जो भारत में उच्च शिक्षा संस्थानों को दी जाती है, जो विश्वविद्यालय की स्थिति को दर्शाती है। यह उच्च शिक्षा विभाग द्वारा प्रदान किया जाता है।

अतः विकल्प (A) सही है।

46. 'क्योटो प्रोटोकॉल' जलवायु परिवर्तन से संबंधित है। यह 11 दिसंबर 1997 को अपनाया गया था। एक जटिल अनुसमर्थन प्रक्रिया के कारण, यह 16 फरवरी 2005 को लागू हुआ। वर्तमान में, क्योटो प्रोटोकॉल में 192 पार्टियां हैं।

अतः विकल्प (C) सही है।

47. मॉन्ट्रियल प्रोटोकॉल पर समतापमण्डल में ओजोन के क्षय को रोकने के लिए हस्ताक्षर किए गए थे।

मॉन्ट्रियल प्रोटोकॉल, ओज़ोन परत (द मॉन्ट्रियल प्रोटोकॉल) को क्षीण करने वाले पदार्थों के लिए 1987 में बनाई गयी एक अंतर्राष्ट्रीय संधि है। यह ओज़ोन परत संरक्षण के लिए पारित वियना सम्मेलन के तहत आता है।

अतः विकल्प (B) सही है।

48. प्रभावी संचार के लिए एक सहायक सामाजिक वातावरण की आवश्यकता होती है।

संचार से तात्पर्य विचारों, ज्ञान और सूचनाओं के आदान-प्रदान की प्रक्रिया से है, जिसका उद्देश्य सर्वोत्तम ज्ञात संभव तरीके से पूरा होता है।

अतः विकल्प (C) सही है।

49. पर्यावरण प्रभाव आकलन (EIA) का उद्देश्य संसाधन संरक्षण में मदद करना है।

EIA का उद्देश्य डिजाइन परियोजनाओं की मदद करना है जो विकास परियोजनाओं की योजना और डिजाइन के पूरे पाठ्यक्रम में वैकल्पिक और उपचारात्मक उपायों की जांच करके पर्यावरण की गुणवत्ता को बढ़ाते हैं।

अतः विकल्प (D) सही है।

50. न्यूटन ने गति के तीन मूलभूत नियम दिए। इस शोध को मौलिक अनुसंधान के रूप में वर्गीकृत किया गया है।

आमतौर पर, इस प्रकार का शोध बौद्धिक क्षमता के बहुत उच्च क्रम की मांग करता है; अंतर्ज्ञान इस प्रकार के अनुसंधान में भी महत्वपूर्ण भूमिका निभाता है। जो लोग बुनियादी अनुसंधान में शामिल हैं, वे सिद्धांतों के निर्माण या सुधार के लिए अपने प्रयासों को समर्पित करते हैं और उनके व्यावहारिक अनुप्रयोग के साथ बिल्कुल भी चिंतित नहीं हो सकते हैं।

अतः विकल्प (C) सही है।

51. गणितीय प्रोग्रामिंग विधियों का उपयोग करने में ऑप्टिमाइजेशन की प्रक्रिया एक स्वीकार्य डिजाइन बिंदु से शुरू होती है और नए बिंदु की उपयुक्तता का चयन किया जाता है ताकि ऑब्जेक्टिव फंक्शन को कम किया जा सके और एक और नए बिंदु की खोज पिछले बिंदु से जारी रहती है जब तक कि इष्टतम बिंदु तक नहीं पहुंच जाता है। और समस्या की प्रकृति के आधार पर एक नया बिंदु चुनने और इष्टतम बिंदु की ओर बढ़ने के लिए कई अच्छी तरह से स्थापित तकनीकें हैं, जैसे लीनियर और नॉन-लीनियर प्रोग्रामिंग।

अतः विकल्प (B) सही है।

52. थ्री -डायमेंशनल स्पेस में एक लीनियर फंक्शन एक प्लेन है जो एन-डायमेंशनल स्पेस में सभी डिज़ाइन पॉइंट के स्थान का प्रतिनिधित्व करता है, इस प्रकार परिभाषित सतह एक हाइपर प्लेन है और इन मामलों में, इंटरसेक्शन्स का समाधान देते हैं जो एक साथ समाधान होते हैं उस पॉइंट पर मिलने वाले कॉन्स्टैंट एक्शन है।

अतः विकल्प (B) सही है।

53. लीनियर प्रोग्रामिंग समस्याओं को रिवाइज्ड सिंप्लेक्स मेथड द्वारा आसानी से हल किया जा सकता है और सामान्य लीनियर प्रोग्रामिंग समस्या को हल करने के लिए सिम्प्लेक्स एल्गोरिथम एक पुनरावृत्त प्रक्रिया है जो सीमित चरणों में सटीक ऑप्टिमा समाधान प्रदान करता है।

अतः विकल्प (A) सही है।

54. नॉन लीनियर प्रोग्रामिंग को हल करने के लिए सबसे शक्तिशाली तकनीकों में से एक प्रॉब्लम्स को किसी ऐसे रूप में बदलना है जो सिम्प्लेक्स एल्गोरिथम के अनुप्रयोग की अनुमति देता है और इस प्रकार, सरल मेथड लीनियर हल करने के लिए सबसे शक्तिशाली कम्प्यूटेशनल उपकरणों में से एक बन जाती है। साथ ही नॉन लीनियर प्रोग्रामिंग प्रॉब्लम्स है।

अतः विकल्प (B) सही है।

55. हैस डायग्राम को एक अब्स्ट्रक्ट डिरेक्टेड एसैक्लिक ग्राफ के रूप में ट्रान्सिटीव रिडक्शन के रूप में वर्णित किया जा सकता है। इस ग्राफ ड्राइंग तकनीक का निर्माण हेल्मुट हैस (1948) द्वारा किया गया है। डायग्राम का नाम हेल्मुट हैस (1898–1979) के नाम पर रखा गया है; गैरेट बिरखॉफ (1948) के अनुसार, उन्हें हैस के प्रभावी उपयोग के कारण तथाकथित कहा जाता है।

अतः विकल्प (B) सही है।

56. यदि आंशिक क्रम में अधिकतम एक मिनिमल एलिमेंट है, या इसमें अधिकतम एक मैक्सिमल एलिमेंट है, तो यह परीक्षण करने के लिए कि क्या कई सोर्स और सिंक के साथ आंशिक क्रम को क्रॉसिंग-फ्री हैस डायग्राम के रूप में खींचा जा सकता है या नहीं इसकी टाइम कॉम्प्लेक्सिटी एन पी-कम्पलीट है।

अतः विकल्प (A) सही है।

57. एलिमेंट की सूची को सॉर्ट करने के लिए एक बाइनरी टी का उपयोग किया जाता है; इनऑर्डर ट्रैवर्सल स्वचालित रूप से ऐसा करेगा। बेहतर ट्री सॉर्टिंग एल्गोरिथम में ट्री को संतुलित करना शामिल होगा। बाइनरी कोडिंग, विशेष रूप से हफ़मैन कोडिंग के लिए, बाइनरी ट्री का तत्काल अनुप्रयोग है।

अतः विकल्प (A) सही है।

58. यदि बाइनरी ट्री में k नोड हैं, तो उस ट्री की अधिकतम ऊंचाई k-1 होनी चाहिए, और न्यूनतम ऊंचाई फ्लोर (log₂k) होनी चाहिए। जब एक टी में 60 नोड हों तो फॉर्मूला का उपयोग करके न्यूनतम ऊंचाई 2 होनी चाहिए।

अतः विकल्प (D) सही है।

59. प्रॉपर्टी का उपयोग करके यदि $\log_a x = \log_a y$

तो x=y, $x^2-3x=5x-15$ देता है।

अब, समीकरण को हल करने के लिए $x^2-3x-5x+15=0$

$\Rightarrow$ x(x-3)-5(x-3)=0

$\Rightarrow$ (x-3)(x-5)=0

$\Rightarrow$ x=3, x=5

x=3 के लिए: $\log_2(3^2-3 \times 3) = \log_2(5 \times 3-15) \Rightarrow$ सत्य

x=5 के लिए: $\log_2(5^2 3 \times 5) = \log_2(5 \times 5-15) \Rightarrow$ सत्य

समीकरण के हल हैं: x=3 और x=5

अतः विकल्प (D) सही है।

60. पाइप-लाइनिंग और सुपर-स्केलर आर्किटेक्चर में इम्प्लिमेंटेशन के लिए कॉम्प्लेक्स हार्डवेयर सर्किट का उपयोग शामिल था। वीएलआईडब्ल्यू में निर्देशों के निष्पादन के आदेश का निर्णय कार्यक्रम पर ही निर्भर करता है। वीएलआईडब्ल्यू का उपयोग स्टैटिक शेड्यूलिंग के लिए किया जाता है। सुपरस्केलर का उपयोग डायनेमिक शेड्यूलिंग के लिए किया जाता है।

अतः विकल्प (C) सही है।

61. प्रोसेसर कंडीशनल कोड फ्लैग्स नामक फ्लैग का उपयोग करके अपने ऑपरेशन के परिणामों पर नज़र रखता है। इन फ्लैग का उपयोग यह इंडीकेट करने के लिए किया जाता है कि क्या कोई ओवरफ्लो या कैरी या शून्य परिणाम घटना। कंडीशन कोड एक प्रोसेसर द्वारा रखे गए अतिरिक्त बिट्स

होते हैं जो एक ऑपरेशन के परिणामों को सारांशित करते हैं और जो बाद के निर्देशों के निष्पादन को प्रभावित करते हैं। इन बिट्स को अक्सर एक ही कंडीशन या इंडिकेटर रजिस्टर (सीआर/आईआर) में एक साथ इकट्ठा किया जाता है या अन्य स्टेस बिट्स के साथ एक स्टेस रजिस्टर (पीएसडब्ल्यू/पीएसआर) में समूहीकृत किया जाता है।

अतः विकल्प (A) सही है।

62. फ्लैग "V" का उपयोग ऑपरेशन में होने वाले ओवरफ्लो की जांच के लिए किया जाता है। कंप्यूटर प्रोसेसर में, ओवरफ्लो फ्लैग (कभी-कभी वी फ्लैग कहा जाता है) आमतौर पर सिस्टम स्टेटस रजिस्टर में एक बिट होता है जो इंडिकेट करता है कि एक ऑपरेशन में अंकगणित ओवरफ्लो कब हुआ है, यह दर्शाता है कि साइंड टू कॉम्प्लीमेंट परिणाम में फिट नहीं होगा परिणाम के लिए उपयोग किए जाने वाले बिट्स की संख्या। कुछ आर्किटेक्चर को एक ऑपरेशन पर स्वचालित रूप से अपवाद उत्पन्न करने के लिए कॉन्फ़िगर किया जा सकता है जिसके परिणामस्वरूप ओवरफ्लो होता है।

अतः विकल्प (C) सही है।

63. तो, दो ऑपरेंड और उत्तर के सबसे महत्वपूर्ण बिट (MSB) की जांच करके ओवरफ्लो का पता लगाया जा सकता है। लेकिन 3-बिट कम्परेटर का उपयोग करने के बजाय 2 बिट कम्परेटर का उपयोग करके भी MSB से कैरी-इन (C-in) और कैरी-आउट (C-out) की जांच करके पता लगाया जा सकता है। 2 के कॉम्प्लीमेंट नंबर के एन-बिट जोड़ पर विचार करें।

MSB

$$
\begin{array}{cccccccc}
\text{C-in} & & & & & & & \\
A_{n-1} & A_{n-2} & A_{n-3} & A_{n-4} & A_{n-5} & A & \ldots & A_0 \\
& B_{n-1} & B_{n-2} & B_{n-3} & B_{n-4} & B_{n-5} & B & \ldots \\
\ldots B_0 & & & & & & & \\
\hline
S_{n-1} & S_{n-2} & S_{n-3} & S_{n-4} & S_{n-5} & S & \ldots & S_0 \\
\end{array}
$$

C-out

ओवरफ्लो तब होता है जब C-in, C-out के बराबर नहीं होता है। ओवरफ्लो के लिए उपरोक्त अभिव्यक्ति को नीचे दिए गए विश्लेषण से समझाया जा सकता है।

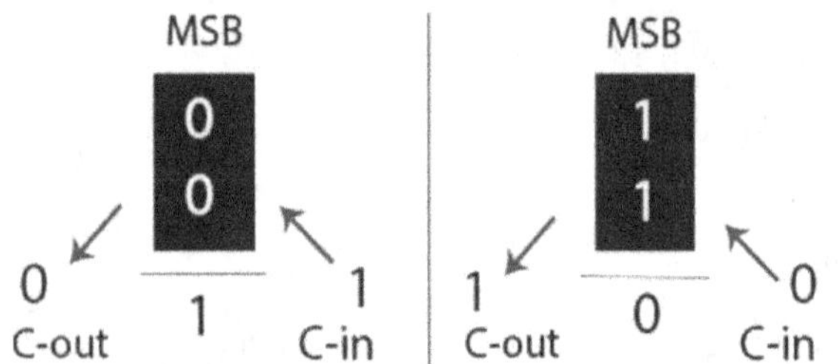

पहले चित्र में, दो संख्याओं का MSB 0 है जिसका अर्थ है कि वे धनात्मक हैं। यहां यदि C-in 1 है तो हमें उत्तर का MSB 1 के रूप में मिलता है जिसका अर्थ है कि उत्तर नकारात्मक (ओवरफ्लो) है और C-out 0 के रूप में है। C-in, C-out के बराबर नहीं है इसलिए ओवरफ्लो होता है।

दूसरे चित्र में, दो संख्याओं का MSB 1 है जिसका अर्थ है कि वे ऋणात्मक हैं। यहां यदि C-in 0 है तो हमें उत्तर MSB मिलता है क्योंकि 0 का अर्थ है उत्तर सकारात्मक (ओवरफ्लो) है और C-out 1 के रूप में है। C-in, C-out के बराबर नहीं है इसलिए ओवरफ्लो होता है।

अतिप्रवाह की जांच के लिए पाठक C-in, C-out और MSB के अन्य संयोजनों को भी आजमा सकते हैं।

इसलिए एमएसबी में कैरी-इन और कैरी-आउट ओवरफ्लो का पता लगाने के लिए पर्याप्त हैं।

ओवरफ्लो का पता लगाने के लिए एक्सओआर गेट के ऊपर का उपयोग किया जा सकता है।

अतः विकल्प (D) सही है।

64. शिफ्ट रजिस्टर का उपयोग मल्टीप्लाईड आंसर को संग्रहीत करने के लिए किया जाता है। शिफ्ट रजिस्टर फ्लिप फ्लॉप का एक समूह है जिसका उपयोग डेटा के कई बिट्स को स्टोर करने के लिए किया जाता है। ऐसे रजिस्टरों में संग्रहीत बिट्स को क्लॉक पल्स को लगाकर रजिस्टरों के भीतर और रजिस्टरों के अंदर/बाहर ले जाने के लिए बनाया जा सकता है। n फ्लिप फ्लॉप को जोड़कर एक एन-बिट शिफ्ट रजिस्टर बनाया जा सकता है, जहां प्रत्येक फ्लिप फ्लॉप डेटा का एक बिट संग्रहीत करता है।

अतः विकल्प (C) सही है।

65. लोड इंस्ट्रक्शन मूल रूप से एक मेमोरी स्थान की कंटेंट को एक रजिस्टर पर लोड करने के लिए उपयोग किया जाता है। लोड इंस्ट्रक्शंस मेमोरी से डेटा को एक रजिस्टर में ले जाते हैं। लोड के लिए पता इंस्ट्रक्शन में निर्दिष्ट एक रजिस्टर का योग है और एक स्थिर मूल्य है जिसे इंस्ट्रक्शन में कोड किया गया है। लोड का उपयोग मेमोरी से संचायक में डेटा लोड करने के लिए किया जाता है। मेमोरी में संचयक परिणाम को स्टोर करने के लिए स्टोर का उपयोग किया जाता है।

अतः विकल्प (B) सही है।

66. RAM चिप का साइज = 1k ×8 [प्रत्येक 8 बिट के 1024 शब्द]

निर्माण के लिए RAM =16k ×16

आवश्यक चिप्स की संख्या = (16k x 16)/ (1k x 8) = (16 x 2)

[16 चिप्स लंबवत रूप से प्रत्येक में 2 चिप्स क्षैतिज रूप से होते हैं]

तो, 16 लंबवत चिप्स में से एक चिप का चयन करने के लिए, हमें 4 x 16 डिकोडर की आवश्यकता होती है।

उपलब्ध डिकोडर 2 x 4 डिकोडर है।

4 x 16 डिकोडर का निर्माण किया जाना है।

तो, 4 + 1 = 5 डिकोडर की आवश्यकता है।

अतः विकल्प (B) सही है।

67. प्रोसेसर और मेमोरी के बीच डेटा ट्रांसफर के दौरान हम रजिस्टरों का उपयोग करते हैं। रजिस्टर एक प्रकार की कंप्यूटर मेमोरी है जिसका उपयोग सीपीयू द्वारा तुरंत उपयोग किए जा रहे डेटा और निर्देशों को जल्दी से स्वीकार करने, संग्रहीत करने और स्थानांतरित करने के लिए किया जाता है। सीपीयू द्वारा उपयोग किए जाने वाले रजिस्टरों को अक्सर प्रोसेसर रजिस्टर कहा जाता है। एक प्रोसेसर रजिस्टर में एक निर्देश, एक स्टोरेज एड्रेस, या कोई डेटा (जैसे बिट अनुक्रम या व्यक्तिगत वर्ण) हो सकता है।

अतः विकल्प (D) सही है।

68. वीएलआईडब्ल्यू में संचालन का समानांतर निष्पादन कंपाइलर द्वारा निर्धारित शेड्यूल के अनुसार किया जाता है। कंपाइलर पहले अन्योन्याश्रितताओं के लिए कोड की जांच करता है और फिर इसके निष्पादन के लिए शेड्यूल निर्धारित करता है। वीएलआईडब्ल्यू आर्किटेक्चर कंपाइलर के आधार पर इससे डील करता है। इंस्ट्रक्शन के समानांतर निष्पादन को शेड्यूल करने से पहले कंपाइलर निर्भरता की जांच करता है।

अतः विकल्प (C) सही है।

69. एक सामान्य कंप्यूटिंग अर्थ में, ओवरलेइंग का अर्थ है "प्रोग्राम कोड या अन्य डेटा के एक ब्लॉक को मुख्य मेमोरी में स्थानांतरित करने की प्रक्रिया, जो पहले से संग्रहीत है" को बदल देती है। ओवरलेइंग एक प्रोग्रामिंग पद्धति है जो प्रोग्राम को कंप्यूटर की मुख्य मेमोरी से बड़ा होने की अनुमति देती है। इसमें निष्पादित होने वाले प्रोग्राम का केवल एक हिस्सा मेमोरी में स्टोर होता है और बाद में दूसरे भाग के लिए स्वैप किया जाता है।

अतः विकल्प (A) सही है।

70. डायनेमिक बाइंडिंग या रन-टाइम बाइंडिंग या लेट बाइंडिंग उस प्रकार की बाइंडिंग है जो प्रोग्राम या कोड और एक्सक्यूशन के टाइम पर होती है। फंक्शन या मेथड ओवरराइडिंग इस प्रकार के बाइंडिंग का परफेक्ट उदाहरण है। फंक्शन ओवरराइडिंग के कांसेप्ट को प्राप्त करने के लिए वर्चुअल फंक्शन का उपयोग किया जाता है।

अतः विकल्प (C) सही है।

71. मॉडल-व्यू-कंट्रोलर (एमवीसी) एक सॉफ्टवेयर डिजाइन पैटर्न है जो आमतौर पर यूजर इंटरफेस डेवलप करने के लिए उपयोग किया जाता है जो संबंधित प्रोग्राम लॉजिक को तीन इंटरकनेक्टेड एलिमेंट में विभाजित करता है। लेकिन मॉडल कम्पोनेंट डेटाबेस से संबंधित है। मॉडल आर्किटेक्चर का सेंट्रल कम्पोनेंट है। यह एप्लिकेशन की डायनामिक डेटा स्ट्रक्चर है, जो यूजर इंटरफेस से इंडिपेंडेंट है। यह सीधे एप्लिकेशन के डेटा, लॉजिक और रूल्स का प्रबंधन करता है।

अतः विकल्प (B) सही है।

72. फोरट्रान केस-सेंसिटिव लैंग्वेज नहीं है। उदाहरण के लिए प्रोग्राम XYZ भी काम करता है। इसके अलावा कई लगातार रिक्त स्थान को नजर अंदाज कर दिया जाता है। फोरट्रान एक जनरल-पर्पज, कम्पाइल इम्परेटिव प्रोग्रामिंग लैंग्वेज है जो विशेष रूप से न्यूमेरिकल कम्प्यूटेशन और वैज्ञानिक कंप्यूटिंग के अनुकूल है। यह हाई-परफॉर्मेंस कंप्यूटिंग के लिए एक लोकप्रिय लैंग्वेज है और इसका उपयोग उन प्रोग्राम्स के लिए किया जाता है जो दुनिया के सबसे तेज़ सुपर कंप्यूटरों को बेंचमार्क और रैंक करते हैं।

अतः विकल्प (C) सही है।

73. फोरट्रान कोड में ब्लैंक स्पेस एक डेलीमीटर है। डेलीमीटर हमारे कोड में उपयोग किए जाने वाले टोकन को अलग करता है। फोरट्रान कोड में, एक ब्लैंक स्पेस एक डेलीमीटर के रूप में कार्य करता है। और जब, कई ब्लैंक स्पेस होता है तो फोरट्रान उसे नजरअंदाज कर देता है। कंप्यूटर प्रोग्रामिंग में, एक डेलीमीटर एक करैक्टर है जो एक करैक्टर स्ट्रिंग (करैक्टर का एक सन्निहित अनुक्रम) की शुरुआत या अंत की पहचान करता है। डेटाबेस को किसी अन्य एप्लिकेशन में ले जाते समय डेटाबेस में डेटा आइटम (डेटाबेस टेबल में कॉलम) को अलग करने के लिए डेलीमीटर का भी उपयोग किया जा सकता है।

अतः विकल्प (B) सही है।

74. लैंग्वेज के इतिहास के अवलोकन के साथ शुरू करना उपयोगी है। जावास्क्रिप्ट को 1995 में ब्रेंडन ईच द्वारा बनाया गया था, जब वह नेटस्केप में एक इंजीनियर थे और तब से इसे ईसीएमए -262 संस्करण 5 और बाद के संस्करणों के अनुरूप अपडेट किया गया है। यह इंजन, कोड-नाम स्पाइडर मंकी, C/C++ में लागू किया गया है। जावास्क्रिप्ट को पहली बार 1996 की शुरुआत में नेटस्केप 2 के साथ जारी किया गया था।

अतः विकल्प (D) सही है।

75. लाइन ऐट्रिब्यूट्स के लिए बंडल टेबल में प्रविष्टियाँ फंक्शन setPolylineRepresentation (ws, li, lt, lc) का उपयोग करके सेट की जाती हैं। पैरामीटर ws वर्कस्टेशन आइडेंटिफायर है, और लाइन इंडेक्स पैरामीटर ली बंडल टेबल स्थिति को परिभाषित करता है। पैरामीटर्स इट, एलडब्ल्यू और एलसी को तब बंडल किया जाता है और निर्दिष्ट टेबल इंडेक्स के लिए क्रमशः

लाइन प्रकार, लाइन चौड़ाई, और लाइन रंग विनिर्देशों को सेट करने के लिए हस्ताक्षरित मानों के रूप में किया जाता है।

अतः विकल्प (B) सही है।

76. फंक्शन setInteriorRepresentation (ws, fi, fs, pi, fc) का उपयोग बंडल किए गए एरिया-फील एट्रिब्यूट को सेट करने के लिए किया जा सकता है। इसके बाद परिभाषित फील एरिया को फिर प्रत्येक सक्रिय वर्कस्टेशन पर फील इंडेक्स पैरामीटर फाई द्वारा निर्दिष्ट टेबल प्रविष्टि के अनुसार प्रदर्शित किया जाता है। अन्य फील-एरिया एट्रिब्यूट, जैसे पैटर्न संदर्भ बिंदु और पैटर्न आकार, वर्कस्टेशन पदनाम से स्वतंत्र हैं और फंक्शन्स के साथ सेट हैं।

अतः विकल्प (A) सही है।

77. एस्पेक्ट सोर्स फ्लैग फंक्शन सभी बंडल लाइन एट्रिब्यूट के लिए एस्पेक्ट सोर्स फ्लैग निर्दिष्ट करता है। बंडल लाइन एट्रिब्यूट लाइन प्रकार, लाइन चौड़ाई और लाइन रंग हैं। बंडल लाइन एट्रिब्यूट में से प्रत्येक के लिए, एस्पेक्ट सोर्स फ्लैग फंक्शन द्वारा परिभाषित मान व्यक्तिगत या बंडल किया जा सकता है। सभी लाइन एस्पेक्ट सोर्स फ्लैग के लिए डिफ़ॉल्ट व्यक्तिगत है। एस्पेक्ट सोर्स फ्लैग फंक्शन, जनरल एट्रिब्यूट्स और आउटपुट कंट्रोल स्टेट लिस्ट में एस्पेक्ट सोर्स फ्लैग एंट्रीज को सेट करता है। हम प्रत्येक एट्रिब्यूट के लिए स्विच सेट करके उपरोक्त एट्रिब्यूट में से किसी एक को चुन सकते हैं।

अतः विकल्प (C) सही है।

78. हम इन्कायरी फंक्शन में एट्रिब्यूट का नाम बताकर एट्रिब्यूट वैल्यू की जांच कर सकते हैं। उदाहरण के लिए, फंक्शन:

- इन्कायरी पॉलीलाइन इंडेक्स (लास्ट ली)
- इन्कायरी इंटीरियर कलर इंडेक्स (लास्ट एफसी)

वर्तमान वैल्यू लाइन इंडेक्स की प्रतिलिपि बनाएँ और लास्ट ली और लास्ट एफसी के पैरामीटर में कलर भरें।

अतः विकल्प (C) सही है।

79. फंक्शन setTextIndex(ti) का उपयोग विशेष टेक्स्ट इंडेक्स मान को चुनने के लिए किया जाता है। वर्कस्टेशन के लिए टेबल स्थिति में टेक्स्ट फ़ॉन्ट, प्रिसिशन, एक्सपेंशन फैक्टर, साइज और रंग के लिए मानों को बंडल करता है जो टेक्स्ट इंडेक्स पैरामीटर ti को निर्दिष्ट मान द्वारा निर्दिष्ट किया जाता है। प्रत्येक पाठ फंक्शन जिसे तब बुलाया जाता है, इस टेबल स्थिति द्वारा संदर्भित विशेषताओं के सेट के साथ प्रत्येक वर्कस्टेशन पर प्रदर्शित होता है।

अतः विकल्प (D) सही है।

80. हडूप द्वारा उपयोग किया जाने वाला प्रोग्रामिंग मॉडल, मैपरेड्यूस लिखना और परीक्षण करना आसान है। मैपरेड्यूस एक प्रोग्रामिंग मॉडल है और क्लस्टर पर समानांतर, वितरित एल्गोरिथम के साथ बड़े डेटा सेट को संसाधित करने और उत्पन्न करने के लिए एक संबद्ध इम्प्लिमेंटेशन है। मॉडल डेटा विश्लेषण के लिए विभाजित-लागू-गठबंधन रणनीति का एक विशेषज्ञता है।

अतः विकल्प (C) सही है।

81. हडूप के निर्माता डौग कटिंग ने अपने बच्चे के भरवां खिलौना हाथी के नाम पर फ्रेमवर्क का नाम रखा। अपाचे हडूप कमोडिटी हार्डवेयर के समूहों पर बड़े डेटा के वितरित भंडारण और वितरित प्रसंस्करण के लिए एक ओपन सोर्स स्रोत सॉफ्टवेयर फ्रेमवर्क है।

जेफरी डीन, संजय घेमावत (2004) मैपरिड्यूस: बड़े समूहों पर सरलीकृत डेटा प्रोसेसिंग, गूगल। इस पेपर ने डौग कटिंग को मैप-रिड्यूस फ्रेमवर्क के ओपन-सोर्स इम्प्लिमेंटेशन को डेवलप करने के लिए प्रेरित किया। उन्होंने अपने बेटे के खिलौना हाथी के नाम पर इसका नाम हडूप रखा है।

अतः विकल्प (C) सही है।

82. जूकीपर एप्लिकेशन हजारों मशीनों पर चलते हैं, और यह सबसे अच्छा प्रदर्शन करता है जहां लगभग 10: 1 के अनुपात में रीड करने की तुलना में अधिक सामान्य होते हैं। जूकीपर को होस्ट के एक समूह (एक एन्सेम्बल कहा

जाता है) पर दोहराया जाता है और सर्वर एक दूसरे के बारे में जानते हैं। हड़ूप में ज़ूकीपर को एक केंद्रीकृत भंडार के रूप में देखा जा सकता है जहाँ वितरित अनुप्रयोग डेटा डाल सकते हैं और इससे डेटा प्राप्त कर सकते हैं। इसका उपयोग अपने सिंक्रनाइज़ेशन, क्रमांकन और समन्वय लक्ष्यों का उपयोग करके वितरित सिस्टम को एक इकाई के रूप में एक साथ कार्य करने के लिए किया जाता है।

अतः विकल्प (B) सही है।

83. डेटा मैनीपुलेशन लैंग्वेज (DML) एक कंप्यूटर प्रोग्रामिंग लैंग्वेज है जो एक डेटाबेस में डेटा जोड़ने (डालने), हटाने और संशोधित करने (अपडेट करने) के लिए उपयोग की जाती है। और यह DBMS से डेटा का अनुरोध करने के लिए एप्लिकेशन प्रोग्राम में उपयोग की जाने वाली लैंग्वेज है। DML प्रायः SQL जैसी व्यापक डेटाबेस लैंग्वेज की एक सब -लैंग्वेज होती है, जिसमें DML लैंग्वेज में कुछ ऑपरेटर शामिल होते हैं।

अतः विकल्प (A) सही है।

84. निम्नलिखित में से आरोही क्रम या सही क्रम है:

बिट (कैरेक्टर) - बिट डेटा प्रतिनिधित्व की सबसे छोटी इकाई है (बिट का मान 0 या 1 हो सकता है)। आठ बिट्स एक **बाइट** बनाते हैं जो एक कैरेक्टर कोड में एक कैरेक्टर या एक विशेष सिंबल का प्रतिनिधित्व कर सकता है।

फील्ड - एक फील्ड में कैरेक्टर्स का समूह होता है। एक डेटा फ़ील्ड किसी इकाई (वस्तु, व्यक्ति, स्थान या घटना) की एक विशेषता (एक विशेषता या गुणवत्ता) का प्रतिनिधित्व करता है।

रिकॉर्ड - एक रिकॉर्ड उन ऐट्रिब्यूट्स के संग्रह का प्रतिनिधित्व करता है जो रियल-वर्ल्ड एंटिटी का वर्णन करते हैं। एक रिकॉर्ड में फ़ील्ड होते हैं, जिसमें प्रत्येक फ़ील्ड एंटिटी की एट्रिब्यूट का वर्णन करता है।

अतः विकल्प (D) सही है।

85. एक एग्रीगेट फ़ंक्शन प्रत्येक तर्क के लिए वैल्यूज़ का एक सेट या संग्रह प्राप्त करता है (जैसे कॉलम के वैल्यू) और इनपुट वैल्यूज़ के सेट के लिए सिंगल-वैल्यू परिणाम देता है। डेटाबेस प्रबंधन में, एक समग्र फ़ंक्शन एक ऐसा फ़ंक्शन होता है जहाँ कई पंक्तियों के वैल्यूज़ को एक साथ समूहीकृत किया जाता है ताकि कुछ मानदंडों पर इनपुट के रूप में अधिक महत्वपूर्ण अर्थ का सिंगल वैल्यू बनाया जा सके। Count(): Count(*): Returns total number of records.

अतः विकल्प (A) सही है।

86. सीरियल नंबर स्टोर करने के लिए ऑटोनंबर फ़ील्ड प्रकार सबसे अच्छा है। ऑटोनंबर एक प्रकार का डेटा है जिसका उपयोग माइक्रोसॉफ्ट एक्सेस टेबल्स में स्वचालित रूप से बढ़े हुए न्यूमेरिक काउंटर को उत्पन्न करने के लिए किया जाता है। सीरियल डेटा प्रकार int डेटा प्रकार का एक अनुक्रमिक पूर्णांक स्टोर करता है, जो एक नई पंक्ति डालने पर डेटाबेस सर्वर द्वारा स्वचालित रूप से असाइन किया जाता है। डिफ़ॉल्ट सीरियल स्टार्टिंग नंबर 1 है, लेकिन जब आप टेबल बनाते या बदलते हैं तो आप प्रारंभिक वैल्यू निर्दिष्ट कर सकते हैं।

अतः विकल्प (B) सही है।

87. फ़ील्ड एक डेटाबेस का हिस्सा है जिसमें केवल एक ही प्रकार की जानकारी होती है। फ़ील्ड (जिसे डेटा मेंबर या मेंबर वेरिएबल भी कहा जाता है) किसी वर्ग या ऑब्जेक्ट के अंदर एनकैप्सुलेटेड डेटा है।

अतः विकल्प (B) सही है।

88. डीबीएमएस में, सभी डेटा को सेंट्रल में संग्रहीत किया जाता है।

एक सेंट्रल डेटाबेस एक ऐसा डेटाबेस होता है जो एक ही स्थान पर स्थित, संग्रहीत और अनुरक्षित होता है। यह स्थान अक्सर एक केंद्रीय कंप्यूटर या डेटाबेस सिस्टम होता है, उदाहरण के लिए, एक डेस्कटॉप या सर्वर सीपीयू या एक मेनफ्रेम कंप्यूटर।

89. हायरार्की के सिवाय अन्य सभी, रिलेशनल डेटाबेस के कॉम्पोनेन्ट हैं। डेटा का ट्रेडिशनल स्टोरेज जो कस्टमर द्वारा आयोजित किया जाता है, फाइलिंग कैबिनेट में अलग-अलग फ़ोल्डरों में संग्रहीत किया जाता है, जो 'डेटाबेस' सिस्टम के हायरार्की प्रकार का एक उदाहरण है।

अतः विकल्प (D) सही है।

90. वर्ड प्रोसेसर सिस्टम सॉफ्टवेयर का उदाहरण नहीं है। एक वर्ड प्रोसेसर (WP) एक उपकरण या कंप्यूटर प्रोग्राम है जो अक्सर कुछ अतिरिक्त सुविधाओं के साथ इनपुट, संपादन, स्वरूपण और टेक्स्ट के आउटपुट प्रदान करता है। वर्ड प्रोसेसर प्रोग्राम के कार्य एक साधारण टेक्स्ट एडिटर और पूरी तरह से काम करने वाले डेस्कटॉप पब्लिशिंग प्रोग्राम के बीच में आते हैं।

अतः विकल्प (A) सही है।

91. लीस्ट रिसेंटली यूज्ड (एलआरयू) पेज रिप्लेसमेंट पॉलिसी में, लीस्ट रिसेंटली यूज्ड किए गए पेज को रिप्लेस्ड किया जाएगा। प्रत्येक पेज फ्रेम में एक रजिस्टर जोड़ें- उस फ्रेम में पेज को लास्ट टाइम एक्सेस किया गया था। एक "लॉजिकल क्लॉक" का उपयोग करें जो हर बार एक मेमोरी रिफरेन्स किए जाने पर 1 टिक से आगे बढ़ती है। मुख्य मेमोरी में लॉन्गेस्ट टाइम से उपयोग नहीं किया गया पेज रिप्लेसमेंट के लिए चुना जाएगा।

अतः विकल्प (C) सही है।

92. प्रोग्राम जेनरेटर एक सॉफ्टवेयर सिस्टम है जो उत्पन्न होने वाले प्रोग्राम के विनिर्देश को स्वीकार करता है और टारगेट पीएल में एक प्रोग्राम उत्पन्न करता है। एक प्रोग्राम जेनरेटर गतिविधि का उद्देश्य एक प्रोग्राम की आटोमेटिक जनरेशन है। सोर्स लैंग्वेज एक अनुप्रयोग डोमेन की एक विशिष्ट लैंग्वेज है और टारगेट लैंग्वेज आमतौर पर एक प्रोसीजर-ओरिएंटेड पीएल है। एक प्रोग्राम निष्पादन गतिविधि एक कंप्यूटर सिस्टम पर पीएल में लिखे गए प्रोग्राम के इस निष्पादन को व्यवस्थित करती है।

अतः विकल्प (A) सही है।

93. सेगमेंटेशन एक मेमोरी प्रबंधन तकनीक है जिसमें मेमोरी को वैरिएबल साइज के भागों में विभाजित किया जाता है। प्रत्येक भाग को एक सेगमेंट के रूप में जाना जाता है जिसे एक प्रक्रिया के लिए एलोकेट किया जा सकता है। प्रत्येक सेगमेंट के बारे में विवरण एक सेगमेंट टेबल नामक टेबल में संग्रहीत किया जाता है।

अतः विकल्प (A) सही है।

94. मल्टीप्रोग्रामिंग कई प्रोग्रामों के कोर के अंदर अलग अलग क्षेत्रों में उस समय पर रन करने की अनुमति देता है। मल्टीप्रोग्रामिंग समानांतर प्रसंस्करण का एक प्राथमिक रूप है जिसमें एक ही समय में कई प्रोग्राम एक यूनिप्रोसेसर पर चलाए जाते हैं, ऑपरेटिंग सिस्टम एक प्रोग्राम के हिस्से को निष्पादित करता है फिर दूसरे का हिस्सा और इसी तरह उपयोगकर्ता को ऐसा प्रतीत होता है कि सभी प्रोग्राम एक ही समय में निष्पादित हो रहे हैं।

अतः विकल्प (D) सही है।

95. डायनेमिक लोडिंग का लाभ यह है कि अनयूज्ड रूटीन कभी लोड नहीं होता है। डायनेमिक लोडिंग को ओएस से विशेष समर्थन की आवश्यकता नहीं होती है। हालाँकि, ऑपरेटिंग सिस्टम गतिशील लोडिंग को लागू करने के लिए लाइब्रेरी रूटीन प्रदान करके प्रोग्रामर की मदद कर सकता है।

अतः विकल्प (B) सही है।

96. सबसे छोटा जॉब पहले (एसजेएफ) या छोटे जॉब वाली प्रोसेस का चयन होता है, वह प्रक्रिया जो किसी विशेष कार्य के लिए सक्रिय है। एसजेएफ एल्गोरिथम पहले कम से कम प्रोसेसर की जरूरत के साथ कार्य को निष्पादित करता है।

अतः विकल्प (D) सही है।

97. ऑपरेटिंग सिस्टम के साथ चलने वाली प्रक्रियाओं के प्रोग्रामिंग व्यवहार के वर्किंग सेट सिद्धांत में उन पृष्ठों का संग्रह शामिल होता है जो एक प्रक्रिया तक पहुंचती है लिनक्स ऑपरेटिंग सिस्टम में प्रक्रिया नियंत्रण ब्लॉक सी संरचना कार्य संरचना द्वारा दर्शाया जाता है।

अतः विकल्प (A) सही है।

98. स्पीड डिफरेंशियल को समायोजित करने के लिए उपयोग किए जाने वाले मेमोरी बफर को कैश कहा जाता है। यह एक हार्डवेयर या सॉफ्टवेयर कॉम्पोनेन्ट है जो डेटा संग्रहीत करता है ताकि उस डेटा के लिए भविष्य के अनुरोधों को तेज़ी से सर्व किया जा सके। कैश, सीपीयू और मुख्य मेमोरी के बीच फास्ट मेमोरी जोड़ने का काम करता है।

अतः विकल्प (A) सही है।

99. यदि सभी प्रक्रियाएं I/O बाध्य हैं, तो रेडी क्यू लगभग खाली हो जाएगी और अल्पकालिक अनुसूचक को कुछ करना होगा। I/O बाध्य प्रक्रियाएं गणना की तुलना में I/O करने में अधिक समय व्यतीत करती हैं। जब कोई प्रक्रिया इनपुट/आउटपुट अनुरोध जारी करती है तो यह रनिंग स्टेट से ब्लॉक्ड स्टेट में चली जाती है। जब कोई प्रक्रिया स्वयं समाप्त हो जाती है तो यह स्टेट को समाप्त करने के लिए रनिंग स्टेट से जाती है।

अतः विकल्प (C) सही है।

100. सभी प्रक्रियाओं और विनियमों को सूचीबद्ध करने वाला दस्तावेज़ जो आम तौर पर किसी संगठन को नियंत्रित करता है वह संगठन मैनुअल है। यह मैनुअल संगठन का विस्तृत विवरण देता है। प्रत्येक व्यक्ति के अधिकार और उत्तरदायित्व के बारे में विस्तार से बताया गया है। यह विभिन्न व्यक्तियों के बीच भ्रम और संघर्ष से बचा जाता है। इस मैनुअल में अधिकार की सीमा और अधिकारियों के संबंधों की व्याख्या की गई है। प्रबंधन की अवधि और अधिकार के प्रत्यायोजन की सीमा को एक उचित रूप से तैयार मैनुअल द्वारा सुगम बनाया गया है।

अतः विकल्प (B) सही है।

101. एल्गोरिथम कॉस्ट मॉडलिंग ऐसे पैरामीटर के साथ मूल प्रतिगमन फार्मूला का उपयोग करता है जो एक हिस्टोरिकल प्रोजेक्ट के डेटा और वर्तमान के साथ-साथ भविष्य के प्रोजेक्ट की विशेषताओं से प्राप्त किए गए हैं। एल्गोरिथम कॉस्ट मॉडलिंग प्रोजेक्ट के आकार, सॉफ्टवेयर इंजीनियरों की संख्या और अन्य प्रोसेस और प्रोडक्ट फैक्टर के अनुमानों के आधार पर प्रोजेक्ट कॉस्ट की पूर्व सूचित करने के लिए एक मैथमेटिकल फार्मूला का उपयोग करता है।

अतः विकल्प (C) सही है।

102. कोकोमो और एफपी-आधारित अनुमान दोनों का उपयोग अनुभवजन्य रूप से ड्राइव्ड फार्मूला का उपयोग करके एफर्ट की गणना करने के लिए किया जाता है। कोकोमो दुनिया में सबसे अधिक इस्तेमाल किए जाने वाले सॉफ्टवेयर अनुमान मॉडल में से एक है। कोकोमो सॉफ्टवेयर के आकार के आधार पर एक सॉफ्टवेयर उत्पाद के एफर्ट और अनुसूची की प्रेडिक्ट करता है। एक फंक्शन प्वाइंट (एफपी) व्यावसायिक कार्यक्षमता की मात्रा को व्यक्त करने के लिए माप की एक इकाई है, एक सूचना प्रणाली (एक उत्पाद के रूप में) एक उपयोगकर्ता को प्रदान करता है। एफपी सॉफ्टवेयर के आकार को मापते हैं। कार्यात्मक आकार के लिए उन्हें उद्योग मानक के रूप में व्यापक रूप से स्वीकार किया जाता है।

अतः विकल्प (D) सही है।

103. बेसलाइन एक सॉफ्टवेयर कॉन्फ़िगरेशन प्रबंधन अवधारणा है जो हमें उचित परिवर्तन को गंभीरता से बाधित किए बिना परिवर्तन को नियंत्रित करने में मदद करती है। एक बेसलाइन सॉफ्टवेयर डेवलपमेंट में माइलस्टोन और संदर्भ बिंदु है जिसे एक या एक से अधिक सॉफ्टवेयर कॉन्फ़िगरेशन आइटम के पूरा होने या वितरण द्वारा चिह्नित किया जाता है और औपचारिक तकनीकी समीक्षा के माध्यम से पूर्वनिर्धारित उत्पादों के एक सेट की औपचारिक स्वीकृति प्राप्त की जाती है। बेसलाइन एक साझा परियोजना डेटाबेस है।

अतः विकल्प (A) सही है।

104. कॉन्फ़िगरेशन प्रबंधन नीतियां और प्रक्रियाएं परिभाषित करती हैं कि कैसे रिकॉर्ड किया जाए, और प्रस्तावित सिस्टम परिवर्तनों को कैसे संसाधित किया जाए, कैसे तय किया जाए कि कौन से सिस्टम घटकों को बदलना है, सिस्टम के विभिन्न संस्करणों और इसके घटकों को कैसे प्रबंधित करना है, और ग्राहकों को परिवर्तन कैसे वितरित करना है।

अतः विकल्प (C) सही है।

105. मेमोरी लोड को कम करने का मतलब है कि उपयोगकर्ताओं को कार्यों को पूरा करने के लिए बहुत सारी जानकारी को मैमोराइज (या रिकॉल आउट ऑफ देयर हेड्स) की आवश्यकता नहीं होनी चाहिए। मेमोरी लोड मुख्य कार्य को करने के लिए उपयोगकर्ताओं की क्षमता को कम करता है। ऐसे कई उदाहरण हैं जहां उपयोगकर्ता के मेमोरी लोड को कम किया जा सकता है, जैसे:

- प्रगतिशील तरीके से जानकारी का खुलासा करना
- इन्टुइटीव शॉर्टकट परिभाषित करना
- याद करने के बजाय पहचान
- विजुअलाइज़ेशन के माध्यम से जानकारी को बाहरी बनाना
- वर्गीकृत संरचना
- डिफॉल्ट मान
- ठोस उदाहरण
- सामान्य नियम और कार्य
- एस्टेब्लिश मीनिंग स्थापित करना

अतः विकल्प (D) सही है।

106. सत्यापन में एक स्थिर गतिविधियाँ होती हैं। स्टेटिक सत्यापन यह जांचने की प्रक्रिया है कि सॉफ़्टवेयर चलने से पहले कोड का निरीक्षण करके आवश्यकताओं को पूरा करता है। उदाहरण के लिए:

- कोड कन्वेंशंस सत्यापन
- बैड प्रैक्टिसेज (विरोधी पैटर्न) का पता लगाना
- सॉफ्टवेयर मेट्रिक्स गणना
- औपचारिक सत्यापन

अतः विकल्प (C) सही है।

107. नॉलेज सबसे अब्स्ट्रैक्ट डेवलपमेंट आर्टिफैक्ट है जिसका पुन: उपयोग किया जा सकता है। सभी पुन: उपयोग आर्टिफैक्ट्स में से, इस दिशा में किसी भी सचेत प्रयास के बिना नॉलेज का पुन: उपयोग स्वचालित रूप से होता है। नॉलेज के अनियोजित पुन: उपयोग के साथ दो प्रमुख कठिनाइयां यह है कि एक प्रकार के उत्पाद में अनुभवी डेवलपर को एक अलग प्रकार के सॉफ्टवेयर विकसित करने वाली टीम में शामिल किया जा सकता है। साथ ही, संभावित पुन: प्रयोज्य विकास नॉलेज के विवरण को याद रखना मुश्किल है। नॉलेज का नियोजित पुन: उपयोग, पुन: उपयोग की प्रभावशीलता को बढ़ा सकता है। इसके लिए पुन: प्रयोज्य नॉलेज को व्यवस्थित रूप से निकाला और प्रलेखित किया जाना चाहिए।

अतः विकल्प (D) सही है।

108. प्रोजेक्ट मेट्रिक्स का मुख्य उद्देश्य विकास कार्यक्रम को कम करना और दैनिक आधार पर चल रही प्रोजेक्ट की गुणवत्ता का मूल्यांकन करना है। एक प्रोजेक्ट मेट्रिक उस डिग्री के मात्रात्मक माप को संदर्भित करता है जिसमें एक सिस्टम घटक या प्रक्रिया एक निश्चित विशेषता होती है। एक मेट्रिक बस किसी चीज़ का माप है। किसी प्रोजेक्ट का प्रबंधन करते समय आप प्रोग्रेस को ट्रैक करने के लिए प्रोजेक्ट मेट्रिक्स का उपयोग कर सकते हैं। मेट्रिक्स का चयन प्रोजेक्ट के लक्ष्यों और सफलता के महत्वपूर्ण कारकों के आधार पर किया जाता है।

अतः विकल्प (D) सही है।

109. सॉफ्टवेयर परीक्षण में, एक समय में किसी विशेष मॉड्यूल की कार्यक्षमता की जांच करने के लिए गोरिल्ला परीक्षण की आवश्यकता होती है। दूसरे शब्दों में, हम कह सकते हैं कि गोरिल्ला परीक्षण महत्वपूर्ण है जहां सिस्टम के एक मॉड्यूल का अक्सर परीक्षण किया जाता है ताकि यह सुनिश्चित हो सके कि यह ठीक से काम कर रहा है।

अतः विकल्प (B) सही है।

110. दिया है, बाइनरी ट्री का पोस्ट ऑर्डर ट्रैवर्सल OPQRST। पोस्ट ऑर्डर ट्रैविंग में बाएं, दाएं, रूट विधि का उपयोग किया जाता है।

तो, संभावित बाइनरी ट्री है-

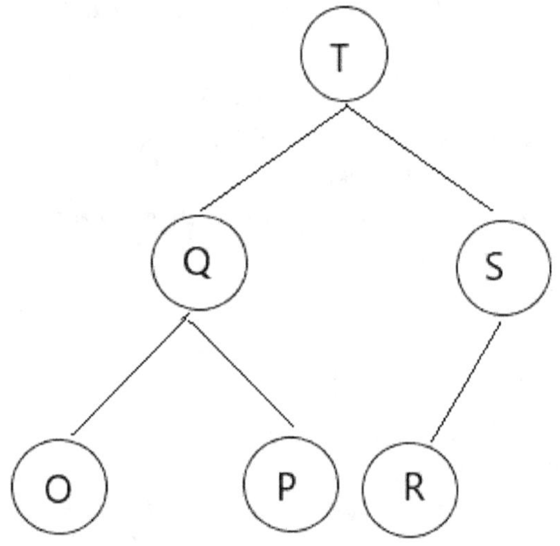

अब, प्री ऑर्डर ट्रैवर्सल

प्रयुक्त विधि- रूट, लेफ्ट, राइट

तो, ट्रैवर्सल TQOPSR होगा।

अतः विकल्प (C) सही है।

111. पूर्ण बाइनरी ट्री में प्रत्येक नोड में 0 या 2 चिल्ड्रेन होते हैं। एक बाइनरी ट्री दो ट्रैवर्सल द्वारा जनरेट किया जा सकता है यदि उनमें से एक इन-ऑर्डर है। लेकिन, हम पोस्ट-ऑर्डर और प्री-ऑर्डर ट्रैवर्सल का उपयोग करके एक पूर्ण बाइनरी ट्री जनरेट कर सकते हैं।

अतः विकल्प (A) सही है।

112. सिंगल एंडेड क्यू एक प्रकार की क्यू नहीं है। क्यू के दो सिरे होते हैं जिसमें एक एंड का उपयोग इंसर्शन के लिए और दूसरे एंड को डिलीशन के लिए किया जाता है। इसलिए, क्यू के लिए सिंगल एंडेड क्यू होना संभव नहीं है।

क्यू के प्रकार:

- लीनियर क्यू
- इनपुट रेस्ट्रिक्टेड क्यू
- डबल एंडेड क्यू
- सर्कुलर क्यू
- आउटपुट रेस्ट्रिक्टेड क्यू
- प्रायोरिटी क्यू

अतः विकल्प (D) सही है।

113. एक लीनियर क्यू में, मेमोरी के वेस्टेज की संभावना होती है क्योंकि यदि रियर अंतिम एलिमेंट की ओर पॉइंट कर रहा है जबकि सामने वाला फर्स्ट एलिमेंट के अलावा अन्य एलिमेंट की ओर पॉइंट कर रहा है, तो इसका मतलब

है कि सामने से फर्स्ट एलोकेटेड स्पेस खाली हैं, लेकिन यह नहीं हो सकता रियर के रूप में रियूज को बढ़ाया नहीं जा सकता है। इसके विपरीत, लास्ट एलिमेंट एक सर्कुलर क्यू में फर्स्ट एलिमेंट से जुड़ा होता है; यदि इनिशियल स्पेस खाली हैं, तो स्टेटमेंट (रियर+1) मॉड मैक्स का उपयोग करके रियर को बढ़ाया जा सकता है जहां अधिकतम ऐरे का साइज है। इसलिए, हम यह निष्कर्ष निकालते हैं कि सर्कुलर क्यू मेमोरी के वेस्टेज से बचाती है।

अतः विकल्प (A) सही है।

114. बाइनरी सर्च ट्री में, इन-ऑर्डर ट्रैवर्सल संख्याओं को आरोही क्रम में प्रिंट करता है। इस ट्रैवर्सल विधि में, पहले लेफ्ट सबट्री, फिर रूट और बाद में राइट सब-ट्री का जाँच किया जाता है। हमें हमेशा याद रखना चाहिए कि प्रत्येक नोड एक सबट्री का प्रतिनिधित्व कर सकता है। यदि एक बाइनरी ट्री को क्रम में ट्रैवर्स किया जाता है, तो आउटपुट आरोही क्रम में सॉर्ट की वैल्यू जनरेट करेगा।

अतः विकल्प (D) सही है।

115. चूंकि पार्टीशन एल्गोरिथम हमेशा 10वां सबसे छोटा तत्व देता है, इसलिए संबंधित रेकर्रेंस रिलेशन है

रेकर्रेंस रिलेशन

$$T(n) = T(n-10) + T(10) + n$$

$$= n \times \frac{n}{10}$$

$$T(n) = O(n^2)$$

अतः विकल्प (C) सही है।

116. यदि हम मध्य को एक पाइवोट एलिमेंट के रूप में उपयोग करते हैं, तो प्रत्येक रेकर्रेंस के लिए दिए गए फंक्शन से मध्य खोजने में O(n) समय लगता है और हर बार 2 सब पार्ट में ऐरे पार्टीशन।

तो रेकर्रेंस एकेशन बन जाता है।

$$T(n) = 2T(n/2) + O(n)$$

उपरोक्त रेकर्रेंस को मास्टर विधि का उपयोग करके हल किया जा सकता है। यह मास्टर विधि के केस 2 में आता है

जिसके परिणामस्वरूप कॉम्प्लेक्सिटी O(nlogn) होती है।

अतः विकल्प (D) सही है।

117. ऐरे को सॉर्ट करने के लिए पहले k+1 तत्वों के साथ एक न्यूनतम-हीप बनाएं और परिणामी ऐरे के रूप में एक अलग ऐरे बनाएं। 2) क्योंकि तत्व मूल स्थिति से अधिकतम k दूरी पर हैं, इसलिए यह गारंटी है कि सबसे छोटा तत्व इस K+1 तत्वों में होगा। 3) न्यूनतम-हीप (निकालें मिनट) से सबसे छोटे तत्व को हटा दें और इसे रिजल्ट ऐरे में डाल दें। 4) अब, अनसोल्ड ऐरे से मीन-हीप में एक और एलिमेंट डालें, अब, दूसरा सबसे छोटा एलिमेंट इसमें होगा, एक्स्ट्रेक्ट मिन निष्पादित करें और इस प्रक्रिया को तब तक जारी रखें जब तक कि अनसॉर्टेड ऐरे में कोई और एलिमेंट न हो। अंत में, सिंपल हीप का उपयोग करें शेष तत्वों के लिए अनसोल्ड करें टाइम कम्प्लेक्सिटी --------------------- 1) O(k) प्रारंभिक न्यूनतम-हीप बनाने के लिए 2) O((nk))logk) शेष तत्वों के लिए 3) 0(1) मिनट निकालने के लिए तो कुल मिलाकर O(k) + O((nk)logk) + 0(1) = O(nlogk)।

अतः विकल्प (B) सही है।

118. एक इनपुट पूर्णांक n के लिए, fun() का अंतरतम विवरण निम्नलिखित बार निष्पादित किया जाता है। n + n/2 + n/4 + ... 1 इसलिए, समय जटिलता $T(n)$ को $T(n) = O(n + n/2 + n/4 + ... 1) = O(n)$ के रूप में लिखा जा सकता है। काउंट का मान भी n + n/2 + n/4 + .. + 1 है।

अतः विकल्प (C) सही है।

119. टाइम कॉम्प्लेक्सिटी की गणना "count= count+ 1" अभिव्यक्ति की संख्या की गणना करके की जा सकती है। निष्पादित किया जाता है। व्यंजक 0 + 1 + 2 + 3 + 4 + ... + (n-1) बार निष्पादित किया जाता है। टाइम कॉम्प्लेक्सिटी = Theta(0 + 1 + 2 + 3 + .. + n-1) = Theta (n*(n-1)/2) = Theta (n^2)।

अतः विकल्प (B) सही है।

120. एक लैंग्वेज नियमित होती है यदि और केवल अगर इसे एक सीमित ऑटोमेटन द्वारा स्वीकार किया जा सकता है। दूसरे, यह सहायक मेमोरी की कोई अवधारणा का समर्थन नहीं करता है क्योंकि यह डिवाइस के बंद होते ही डेटा खो देता है।

अतः विकल्प (B) सही है।

121. दिया गया विकल्प सेट संचालन और रेगुलर एक्सप्रेशन का उपयोग करके विभिन्न रूपों में {0, 01} का प्रतिनिधित्व करता है। ऑपरेटर जैसे ^, v, आदि लॉजिकल ऑपरेशन हैं और उपयोग किए जाने पर वे अमान्य रेगुलर एक्सप्रेशन बनाते हैं।

अतः विकल्प (D) सही है।

122. विस्तारित अंकन $(0+1)^4$ होगा लेकिन हालांकि, हम कुछ या सभी कारकों को होने की अनुमति दे सकते हैं। इस प्रकार ε को दिए गए रेगुलर एक्सप्रेशन में शामिल करने की आवश्यकता है।

एक्सप्रेशन (E)= लंबाई 4 या उससे कम का अर्थ है, लंबाई 0 या लंबाई (1) या लंबाई (2) या लंबाई (3) या लंबाई 4।

$$E = \varepsilon + (0 + 1)^1 + (0 + 1)^2 + (0 + 1)^3 + (0 + 1)^4 \\ = (\varepsilon + 0 + 1)^4$$

अतः विकल्प (D) सही है।

123. दिखाए गए संक्रमण स्टेट दिए गए नियमित अभिव्यक्ति को टुकड़ों में तोड़ने का परिणाम हैं। डॉट ऑपरेशन के लिए, हम एक स्टेट बदलते हैं, यूनियन (प्लस) ऑपरेशन के लिए, हम दो ट्रांज़िशन में डाइवर्ज करते हैं और क्लेन ऑपरेशन के लिए, हम एक लूप लागू करते हैं।

अतः q0 का वैल्यू = $(0 + 1)*$

q1, q2, q3, q4 = (00+11)

और, q5 = $(0+1)*$

इसलिए, अंतिम परिणाम = $(0+1)*(00+11)(0+1)*$ है।

अतः विकल्प (A) सही है।

124. एनएफए का फुल फॉर्म नॉन डेटर्मीनिस्टिक फाइनाइट ऑटोमेटा है। इसे नॉन डेटर्मीनिस्टिक फाइनाइट स्टेट-मशीन के रूप में भी जाना जाता है। एनएफए में, एक विशेष इनपुट सिंबल के लिए मशीन, मशीन में स्टेट के किसी भी कॉम्बिनेशन में जा सकती है। दूसरे शब्दों में, मशीन के चलने की सही स्थिति का निर्धारण नहीं किया जा सकता है।

अतः विकल्प (C) सही है।

125. रिकर्सिव डिसेंट पार्सर पारस्परिक रूप से रिकर्सिव प्रोसीजर (या एक नॉन-रिकर्सिव एक्विवलेंट) के एक सेट से निर्मित एक प्रकार का टॉप-डाउन पार्सर है जहां ऐसी प्रत्येक प्रोसीजर ग्रामर के नॉन -टर्मिनल में से एक को लागू करती है। इस प्रकार रिजल्टिंग प्रोग्राम की स्ट्रक्चर उस ग्रामर को बारीकी से दर्शाती है जिसे वह पहचानता है।

अतः विकल्प (D) सही है।

126. कंपाइलर का लेक्सिकल एनालिसिस स्टेप इनपुट टेक्स्ट को लेक्सीम के सीक्वेंस में ब्रेक कर देता है जो प्रत्येक किसी विशेष टोकन टाइप से संबंधित होता है जो बाद के एनालिसिस में उपयोगी होता है। रिजल्ट, पार्सिंग को आसान बनाने के लिए आमतौर पर कीवर्ड्स को पहले लेक्सिकल एनालिसिस के दौरान पहचाना जाता है।

अतः विकल्प (C) सही है।

127. डेटा को कैसे संसाधित किया जाना है, यह समझाने वाले बयानों की एक श्रृंखला को प्रोग्राम कहा जाता है। प्रोग्राम इंस्ट्रक्शंस का एक क्रम है, जो कंप्यूटर द्वारा किसी कार्य को करने के लिए लिखा जाता है। इसे प्रोग्राम करने के लिए फंक्शन्स की आवश्यकता होती है, आमतौर पर केंद्रीय प्रोसेसर में प्रोग्राम के इंस्ट्रक्शंस को निष्पादित करना। एक प्रोग्राम आमतौर पर एक कंप्यूटर प्रोग्रामर द्वारा प्रोग्रामिंग लैंग्वेज में लिखा जाता है। सोत कोड के मानव-पठनीय रूप में प्रोग्राम से, एक कंपाइलर या असेंबलर मशीन कोड को एक ऐसे फॉर्म से प्राप्त कर सकता है जिसमें इंस्ट्रक्शन होते हैं जिसे कंप्यूटर सीधे निष्पादित कर सकता है।

अतः विकल्प (D) सही है।

128. वह ग्राफ जो बेसिक ब्लॉक और उनके सक्सेसर रिलेशनशिप को दर्शाता है, फ्लो ग्राफ कहलाता है। एक फ्लो ग्राफ कम्पाइलर का एक ग्राफ है जो बेसिक ब्लॉकों का वर्णन करता है और ब्लॉक के बीच प्रोग्राम कंट्रोल कैसे पारित किया जाता है। बेसिक ब्लॉक स्टेटमेंट्स का एक सेट है जो हमेशा एक के बाद एक क्रम में निष्पादित होता है। एक फ्लो ग्राफ एक डायरेक्टेड ग्राफ है जिसमें बुनियादी ब्लॉकों में फ्लो कंट्रोल इनफार्मेशन जोड़ी जाती है।

अतः विकल्प (C) सही है।

129. बॉडोट कोड [बो' डो] टेलीग्राफी के लिए एक प्रारंभिक वर्ण एन्कोडिंग है जिसका आविष्कार एमिल बॉडोट ने 1870 के दशक में किया था। यह अंतर्राष्ट्रीय टेलीग्राफ वर्णमाला संख्या 2 (ITA2) का पूर्ववर्ती था, जो ASCII के आगमन तक उपयोग में आने वाला सबसे सामान्य टेलीप्रिंटर कोड था। वर्णमाला में प्रत्येक वर्ण को 5 बिट्स की एक श्रृंखला द्वारा दर्शाया जाता है, जो संचार चैनल जैसे टेलीग्राफ वायर या रेडियो सिग्नल पर भेजा जाता है।

अतः विकल्प (A) सही है।

130. पैरिटी बिट सुनिश्चित करता है कि स्ट्रिंग में 1-बिट्स की कुल नंबर ईवन या ऑड है। तदनुसार, पैरिटी बिट के दो प्रकार हैं: ईवन पैरिटी बिट और ऑड पैरिटी बिट। यदि वह नंबर ऑड है, तो पैरिटी बिट वैल्यू 1 पर सेट हे, जिससे पूरे सेट में 1 की घटनाओं की कुल नंबर (पैरिटी बिट सहित) एक ईवन नंबर बन जाती है। ऑड पैरिटी के केस में, कोडिंग उलट जाती है। बिट्स के दिए गए सेट के लिए, यदि 1 वैल्यू वाले बिट्स की नंबर ईवन है, तो रिबिट वैल्यू 1 पर सेट किया जाता है, जिससे पूरे सेट में 1 की कुल नंबर (पैरिटी बिट सहित) एक ऑड नंबर बन जाती है। यदि 1 के वैल्यू वाले बिट्स की नंबर ऑड है, तो गिनती पहले से ही ऑड है, इसलिए पैरिटी बिट की वैल्यू 0 है।

अतः विकल्प (C) सही है।

131. कंप्यूटर बस एक इंडिविजुअल डिवाइस को उच्चतम डेटा रेट प्रदान करती है। कंप्यूटर बस एक संचार लिंक है जिसका उपयोग कंप्यूटर सिस्टम में डेटा, एड्रेस, कण्ट्रोल सिग्नल और बिजली को कंप्यूटर सिस्टम में विभिन्न कॉम्पोनेन्ट को भेजने के लिए किया जाता है। कंप्यूटर बसों का उपयोग विभिन्न हार्डवेयर कॉम्पोनेन्ट को जोड़ने के लिए किया जाता है जो कंप्यूटर सिस्टम का पार्ट हैं।

अतः विकल्प (B) सही है।

132. एक एप्लिकेशन इंडिपेंडेंट इंटरफ़ेस LAN की मुख्य विशेषताओं में से एक है। GUI एक अनुप्रयोग इंडिपेंडेंट इंटरफ़ेस का एक उदाहरण है। यह आंतरिक सॉफ्टवेयर फंक्शन और बाहरी लोगों के बीच एक मध्यस्थ के रूप में कार्य करता है, जिससे सूचनाओं का आदान-प्रदान होता है, ताकि यह निर्बाध रूप से अंतिम उपयोगकर्ता द्वारा ध्यान न दिया जा सके। LAN का उपयोग स्कूल के वातावरण, कार्यालयों, अस्पतालों आदि के लिए किया जाता है क्योंकि यह डेटा, स्कैनर, प्रिंटिंग और इंटरनेट साझा करने जैसे संसाधनों को साझा करने की अनुमति देता है। LAN उपयोगकर्ताओं को इंटरनेट एक्सेस करने के लिए घर पर ही सेवा प्रदान करता है।

अतः विकल्प (D) सही है।

133. लोकल एरिया नेटवर्क पर, टोकन पासिंग एक चैनल एक्सेस मेथड है जहां एक टोकन नामक पैकेट को नोड्स के बीच पारित किया जाता है ताकि उस नोड को संचार करने के लिए अधिकृत किया जा सके। पोलिंग एक्सेस विधियों के विपरीत, कोई पूर्व-परिभाषित "मास्टर" नोड नहीं है। इसलिए, टोकन पासिंग बस नेटवर्क में इन-सर्विस एक्सपेंशन संभव है।

अतः विकल्प (C) सही है।

134. मल्टीप्लेक्सिंग एक ऐसी विधि है जिसके द्वारा कई एनालॉग या डिजिटल सिग्नल को एक साझा माध्यम पर एक सिग्नल में जोड़ा जाता है। मल्टीप्लेक्स सिग्नल को एक संचार चैनल पर केबल के रूप में प्रेषित किया जाता है। मल्टीप्लेक्सिंग संचार चैनल की क्षमता को कई लॉजिकल चेंजिस में विभाजित करता है।

अतः विकल्प (C) सही है।

135. टीसीपी/आईपी मॉडल, जो वास्तविक रूप से इंटरनेट मॉडल है, ओएसआई मॉडल से लगभग 10 साल पहले अस्तित्व में आया था। चार-परत इंटरनेट मॉडल, इंटरनेट प्रोटोकॉल सूट को परिभाषित करता है, जिसे टीसीपी/आईपी सूट के रूप में जाना जाता है।

अतः विकल्प (A) सही है।

136. एफटीपी का उपयोग कंप्यूटर के बीच फ़ाइलों को नेटवर्क पर भेजने के लिए किया जाता है। आप कंप्यूटर अकाउंट के बीच फ़ाइलों का आदान-प्रदान करने, किसी अकाउंट और डेस्कटॉप कंप्यूटर के बीच फ़ाइलों को भेजने या ऑनलाइन सॉफ़्टवेयर आरचिव तक पहुंचने के लिए एफटीपी का उपयोग कर सकते हैं।

अतः विकल्प (D) सही है।

137. लोकल एरिया नेटवर्क (लैन) दस मीटर की दूरी तक, एक साथ उपकरणों को जोड़ सकता है। ऑफिस या स्कूल में, लैन सैकड़ों मीटर से अधिक डिवाइस कनेक्ट कर सकता है। एक वाइड एरिया नेटवर्क (वैन) एक बहुत बड़े क्षेत्र में कार्य करता है, क्योंकि ये लैन को डेटा को एक्सचेंज करने लिए आपस में जोड़ता है।

अतः विकल्प (A) सही है।

138. संचार के लिए एफटीपी दो टीसीपी कनेक्शन का उपयोग करता है। एक टीसीपी का उपयोग कंट्रोल इनफार्मेशन भेजने के लिए किया जाता है, और पोर्ट 21 पर फाइलें भेजने के लिए इसका उपयोग नहीं किया जाता। और दूसरे टीसीपी का उपयोग पोर्ट 20 पर एक डेटा कनेक्शन क्लाइंट और सर्वर के बीच डेटा फ़ाइलों को भेजने के लिए किया जाता है।

अतः विकल्प (B) सही है।

139. O(bm) डेप्थ-फर्स्ट-सर्च की स्पेस कम्प्लेक्सिटी है। जहां b ब्रांचिंग फैक्टर है और m सर्च ट्री की अधिकतम डेप्थ है। DFS के लिए, जो एक ही 'ब्रांच' के साथ नीचे तक जाता है और स्टैक इम्प्लिमेंटेशन का उपयोग करता है, ट्री की हाइट मायने रखती है। DFS एल्गोरिथम को रूट नोड से केवल एक पथ को स्टोर करने की आवश्यकता होती है, इसलिए, DFS की स्पेस कम्प्लेक्सिटी फ्रिंज सेट के आकार के बराबर है, जो O(bm) है।

अतः विकल्प (D) सही है।

140. ट्री एल्गोरिथम का उपयोग किसी भी प्रकार की समस्या को हल करने के लिए किया जाता है क्योंकि एल्गोरिथम के विशिष्ट वेरिएंट विभिन्न स्ट्रैटेजी को एम्बेड करते हैं। आर्टिफीसियल इन्टेलीजेन्स में सर्च पर अधिकांश कार्य ट्री से संबंधित हैं। इन्हें आमतौर पर एक तथाकथित समस्या प्रतिनिधित्व द्वारा परोक्ष रूप से परिभाषित किया जाता है, और दी गई समस्या के समाधान की सर्च की प्रोसेस को एक सर्च ट्री द्वारा दर्शाया जा सकता है (आमतौर पर एक एसाइक्लिक ग्राफ, ट्रांसपोज़िशन के कारण)।

अतः विकल्प (B) सही है।

141. डेप्थ-फर्स्ट सर्च स्टैक ऑपरेशन को लागू करता है क्योंकि यह हमेशा करेंट ट्री में सबसे डीपेस्ट नोड का विस्तार करता है। डेप्थ-फर्स्ट सर्च (डीएफएस) ट्री या ग्राफ डेटा स्ट्रक्चर को ट्रेस करने या सर्च करने के लिए एक एल्गोरिथम है। एल्गोरिथम रूट नोड से शुरू होता है (ग्राफ के केस में रूट नोड के रूप में कुछ अर्बिट्री नोड का चयन करना) और बैकट्रैकिंग से पहले प्रत्येक ब्रांच के साथ जितना संभव हो उतना अन्वेषण करता है।

अतः विकल्प (B) सही है।

142. ऐसी स्ट्रेटेजी जो यह जानती हैं कि क्या एक नॉन-गोयल स्टेट दूसरे की तुलना में "मोर प्रोमोसिंग" है, इन्फार्मड सर्च और हेयरिस्टिक सर्च स्ट्रेटेजी कहलाती हैं। स्ट्रेटेजी का यह ज्ञान एजेंटों को सर्च स्थान में कम सर्च करने और गोल नोड को अधिक कुशलता से खोजने में मदद करता है। इन्फार्मड सर्च एल्गोरिथम बड़े सर्च स्थानों के लिए अधिक उपयोगी है। एक इन्फार्मड सर्च एल्गोरिथम हेयरिस्टिक के विचार का उपयोग करता है, इसलिए इसे हेयरिस्टिक सर्च भी कहा जाता है।

अतः विकल्प (D) सही है।

143. हम एक हाइपोथेटिकल स्टेट स्पेस पर विचार करते हैं जहां प्रत्येक स्टेट में बी सक्सेसर होते हैं। सर्च ट्री की जड़ पहले स्तर पर बी नोड्स उत्पन्न करती है, जिनमें से प्रत्येक दूसरे स्तर पर कुल बी 2 के लिए बी अधिक नोड्स उत्पन्न करती है। इनमें से प्रत्येक b अधिक नोड उत्पन्न करता है, तीसरे स्तर पर b3 नोड उत्पन्न करता है, और इसी तरह। अब मान लीजिए कि विलयन की डेप्थ d है। सबसे खराब स्थिति में, हम स्तर d पर अंतिम नोड को छोड़कर सभी का विस्तार करेंगे (चूंकि गोयल स्वयं विस्तारित नहीं है), लेवल d+1 पर bd+1-b नोड्स उत्पन्न करते हैं।

अतः विकल्प (A) सही है।

144. यूनिफ़ॉर्म-कॉस्ट सर्च लोवेस्ट पाथ कॉस्ट के साथ नोड n का विस्तार करती है। ध्यान दें कि यदि सभी स्टेप कॉस्ट समान हैं, तो यह ब्रेद्थ-फर्स्ट सर्च के समान है। यूनिफ़ॉर्म-कॉस्ट सर्च एक बिना सूचना वाला सर्च एल्गोरिथम है जो सोर्स से डेस्टिनेशन तक का पाथ सर्च के लिए लोवेस्ट क्युमुलेटिव कॉस्ट का उपयोग करता है। मिनिमम क्युमुलेटिव कॉस्ट के अनुसार, रूट से शुरू होकर, नोड्स का विस्तार किया जाता है। फिर प्रायोरिटी क्यू का उपयोग करके यूनिफ़ॉर्म-कॉस्ट सर्च को लागू किया जाता है।

अतः विकल्प (A) सही है।

145. डेप्थ-फर्स्ट सर्च हमेशा सर्च ट्री के करेंट फ्रिंज में सबसे डीपेस्ट लीफ नोड का विस्तार करता है। डी एफएस ट्री को "डीपेस्ट नोड फर्स्ट" को पार करता है, यह हमेशा डीपर ब्रांच को तब तक उठाएगा जब तक कि यह समाधान तक नहीं पहुंच जाता (या यह नोड्स से बाहर हो जाता है, और अगली ब्रांच में चला जाता है)।

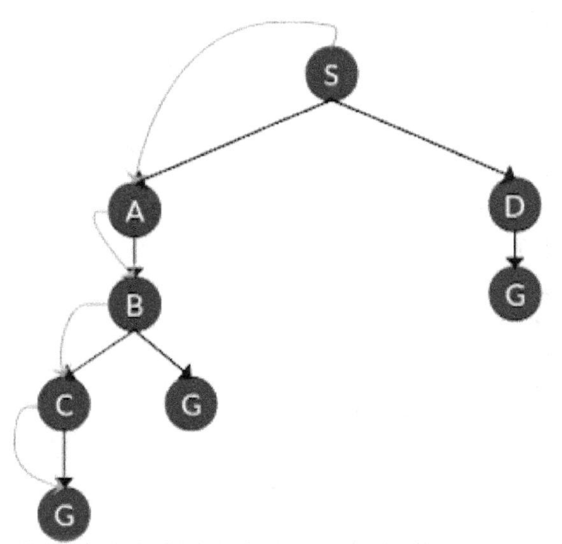

पाथ: S -> A -> B -> C -> G

अतः विकल्प (C) सही है।

146. ब्रेड्थ-फर्स्ट सर्च हमेशा सर्च ट्री के कर्रेंट फ्रिंज में सबसे शैलोवेस्ट नोड का विस्तार करती है। ट्रैवर्सल लेवल-वाइज किया जाता है। बीएफएस ट्री "शैलोवेस्ट नोड फर्स्ट" को पार करता है, यह हमेशा समाधान तक पहुंचने तक शैलोवेर ब्राँच को चुनता है (या यह नोड्स से बाहर हो जाता है, और अगली ब्राँच में जाता है)

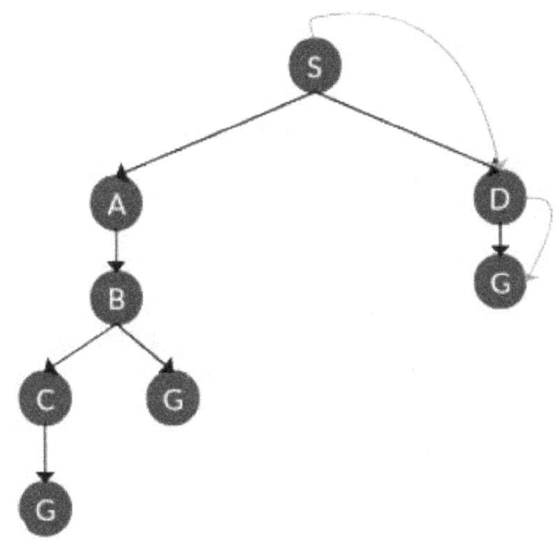

पाथ: S -> D -> G

अतः विकल्प (A) सही है।

147. DFS तब बेहतर होता है जब टारगेट सोर्स के करीब हो।

DFS की टाइम कम्प्लेक्सिटी = O(V+E) जहां V वर्टिकेस है और E एज है।

DFS की टाइम कम्प्लेक्सिटी भी O(V+E) है जहां V वर्टिकेस है और E एज है।

दोनों एल्गोरिदम की टाइम कम्प्लेक्सिटी समान है। लेकिन स्पेस कम्प्लेक्सिटी के केस में, यदि अधिकतम हाइट सिंगल लेवल में नोड्स की अधिकतम नंबर से कम है, तो DFS, BFS या इसके विपरीत से अधिक स्पेस ऑप्टीमाइज़्ड होगा।

अतः विकल्प (A) सही है।

148. चार प्रकार की इन्फोर्मेड सर्च मेथड हैं बेस्ट-फर्स्ट सर्च, ग्रीडी बेस्ट-फर्स्ट सर्च, A* सर्च और मेमोरी बाँडेड हेयरिस्टिक सर्च।

ग्रीडी बीएफएस और A* बेस्ट फर्स्ट सर्च हैं लेकिन ग्रीडी BFS न तो पूर्ण है, न ही इष्टतम है जबकि A* पूर्ण और इष्टतम दोनों है। हालाँकि, A* ग्रीडी BFS की तुलना में अधिक मेमोरी का उपयोग करता है, लेकिन यह गारंटी देता है कि पाया गया पथ इष्टतम है। बेस्ट फर्स्ट सर्च प्रायोरिटी क्यू और हेयरिस्टिक सर्च की अवधारणा का उपयोग करती है। यह एक सर्च एल्गोरिथम है जो एक स्पेसिफिक रूल पर काम करता है। इसका उद्देश्य छोटे से छोटे रास्ते से इनिशियल स्टेट से गोयल तक पहुंचना है। मेमोरी बाँडेड हेयरिस्टिक सर्च:

मेमोरी को कम करने के लिए- हेयरिस्टिक सर्च के लिए डीपेनिंग इटरेटिव।

* दो मेमोरी बाउंडेड एल्गोरिदम:
1. RBFS (रिकर्सिव बेस्ट-फर्स्ट सर्च)
2. MA* (मेमोरी-बाउंडेड A*) और SMA*(सिम्प्लिफिएड मेमोरी MA*)

अतः विकल्प (D) सही है।

149. उपरोक्त सभी क्रिटिकल सेक्शन प्रॉब्लम का समाधान हैं।

क्रिटिकल सेक्शन प्रॉब्लम को विभिन्न प्रक्रियाओं को सिंक्रनाइज़ करने के लिए एक समाधान की आवश्यकता है। क्रिटिकल सेक्शन की समस्या का समाधान निम्नलिखित शर्तों को पूरा करना चाहिए -

म्यूच्यूअल एक्सक्लूशन का तात्पर्य है कि किसी भी समय केवल एक प्रक्रिया महत्वपूर्ण खंड के अंदर हो सकती है। यदि किसी अन्य प्रक्रिया के लिए महत्वपूर्ण खंड की आवश्यकता होती है, तो उन्हें इसके मुफ्त होने तक प्रतीक्षा करनी चाहिए।

प्रोग्रेस का अर्थ है कि यदि कोई प्रक्रिया क्रिटिकल सेक्शन का उपयोग नहीं कर रही है, तो उसे किसी अन्य प्रक्रिया को एक्सेस करने से नहीं रोकना चाहिए। दूसरे शब्दों में, कोई भी प्रक्रिया एक महत्वपूर्ण खंड में प्रवेश कर सकती है यदि यह मुफ्त है।

बाउंडेड वेटिंग का मतलब है कि प्रत्येक प्रक्रिया में सीमित प्रतीक्षा समय होना चाहिए। इसे क्रिटिकल सेक्शन तक पहुंचने के लिए अंतहीन इंतजार नहीं करना चाहिए।

अतः विकल्प (D) सही है।

150. चॉम्स्की सामान्य रूप

S → AB

A → a

B → b

स्ट्रिंग की लंबाई

संदर्भ मुक्त व्याकरण में स्ट्रिंग x के व्युत्पन्न की लंबाई:

$2|x| - 1 = 2 \times 21 - 1 = 41$

अतः विकल्प (B) सही है।

Paper - I

Q.1 सूचना-समृद्ध कक्षा व्याख्यान की विशेषता है:

A. गतिहीन   **B.** कंपित   **C.** वास्तविक   **D.** सेक्टोरल

Q.2 एक शिक्षक को उन विधियों का प्रयोग करना चाहिए जो शिक्षार्थियों के लिए उपयुक्त हों। वह क्षेत्र जो इस उद्देश्य को पूरा करता है उसे कहते हैं:

A. शैक्षणिक समाजशास्त्र   **B.** सामाजिक मनोविज्ञान

C. शैक्षणिक मनोविज्ञान   **D.** घटनाविज्ञान

Q.3 नीचे दिए गए अध्ययन के परिणामों की सूची में से, उनकी पहचान करें जिन्हें उच्च स्तरीय परिणाम कहा जाता है:

(a) तथ्यों और नियमों का अध्ययन

(b) विश्लेषण और समन्वय करने की क्षमता दिखाना

(c) जागरूकता, प्रतिक्रिया और मूल्य निर्धारण

(d) नकल, हेरफेर और सटीकता

(e) अभिव्यक्ति और स्वाभाविकता

(f) संगठन और विशेषीकरण

नीचे दिए गए विकल्पों में से सही उत्तर का चयन करें:

A. (b), (e) और (f)   **B.** (a), (b) और (c)

C. (b), (c) और (d)   **D.** (a), (c) और (f)

Q.4 कौन सी शिक्षण सामग्री पढ़ने, सुनने और उच्चारण करने जैसे कौशल को बढ़ाती है?

A. ऑडियो-भाषिक शिक्षण सहायक सामग्री

B. वैज्ञानिक शिक्षण सहायक सामग्री

C. सामान्य ज्ञान शिक्षण सहायक सामग्री

D. सिद्धांत आधारित शिक्षण सहायक सामग्री

Q.5 निम्नलिखित में से कौन सी अच्छे शिक्षक की विशेषता नहीं है?

A. कक्षा में सत्तावादी

B. न्याय में विश्वास

C. सकारात्मक दृष्टिकोण

D. आजीवन शिक्षार्थी और स्वयं को अद्यतित रखना

Q.6 नीचे दिए गए दो सेटों में, सेट I शिक्षण के स्तर को बताता है जबकि सेट II उनकी संबंध पर ध्यान देता है:

सेट I (शिक्षण के स्तर)	सेट II (चिंता का केंद्र)
(a) स्वायत्त विकास स्तर	(i) समस्याएँ उठाना और समस्या हल करना
(b) मेमोरी स्तर	(ii) व्यवहार और भावनाएँ
(c) अंडरस्टैंडिंग लेवल	(iii) तथ्यों और सूचनाओं का स्मरण
(d) चिंतनशील स्तर	(iv) तथ्यों और उनके उदाहरणों के बीच संबंध देखना
	(v) साथ साथ सीखना

नीचे दिए गए विकल्पों में से सही उत्तर का चयन करें:

A. (a)-(i), (b)-(ii), (c)-(iv), (d)-(v)

B. (a)-(i), (b)-(iv), (c)-(iii), (d)-(ii)

C. (a)-(ii), (b)-(iii), (c)-(iv), (d)-(i)

D. (a)-(v), (b)-(iv), (c)-(iii), (d)-(ii)

Q.7 एक स्कूल के प्रिंसिपल स्कूल के प्रोग्रामर में उनकी बढ़ी हुई भागीदारी की संभावना का पता लगाने के लिए शिक्षकों और छात्रों का साक्षात्कार सत्र आयोजित करते हैं। यह प्रयास किस प्रकार के अनुसंधान से संबंधित हो सकता है?

A. मूल्यांकन अनुसंधान   **B.** मौलिक अनुसंधान

C. क्रिया-शोध   **D.** प्रायोगिक खोज

Q.8 अनुसंधान नैतिकता के मुद्दे को अनुसंधान के किस स्तर में प्रासंगिक माना जा सकता है?

A. समस्या निर्माण और इसकी परिभाषा के स्तर पर

B. अनुसंधान की आबादी को परिभाषित करने के स्तर पर

C. डेटा संग्रह और व्याख्या के स्तर पर

D. निष्कर्षों की रिपोर्टिंग के स्तर पर

Q.9 सतत और व्यापक मूल्यांकन की विशेषताएं क्या हैं?

(a) यह कई परीक्षाएँ लेकर छात्रों पर काम का बोझ बढ़ाता है।

(b) यह अंकों को ग्रेड से बदलता है।

(c) यह छात्र के हर पहलू का मूल्यांकन करता है।

(d) यह परीक्षा भय को कम करने में मदद करता है।

नीचे दिए गए कोड में से सही उत्तर का चयन करें:

A. (a), (b) और (d)   **B.** (b), (c) और (d)

C. (a), (c) और (d)   **D.** (b), (c) और (a)

Q.10 कक्षा में शिक्षक की आवाज का स्तर इस प्रकार वर्णित है:

A. भाषाई   **B.** पराभाषिक

C. गैर-भाषाई   **D.** दीर्घ-भाषाई

Q.11 जब मौखिक और गैर-मौखिक संदेश विरोधाभासी होते हैं, तो ज्यादातर लोग इस पर विश्वास करते हैं:

A. अनिश्चित संदेश   **B.** मौखिक संदेश

C. गैर-मौखिक संदेश   **D.** आक्रामक संदेश

Q.12 'ग्रेपवाइन' शब्द को इस रूप में भी जाना जाता है:

A. डाउनवर्ड संचार   **B.** अनौपचारिक संचार

C. अपवर्ड संचार   **D.** क्षैतिज संचार

Q.13 एक अच्छा संचारक अपनी प्रस्तुति शुरू करता है:

[UGC NET Sociology, 2017]

A. जटिल प्रश्न के साथ

B. गैर-सेविटुर के साथ

C. दोहराव वाक्यांश के साथ

D. आइस ब्रेकर के साथ

Q.14 अभिव्यंजक संचार किसके द्वारा संचालित है?

A. निष्क्रिय आक्रामकता

B. कूटलेखक के व्यक्तित्व विशेषताओं

C. बाहरी सुराग

D. कूटलेखक-विकोडक अनुबंध

Q.15 श्रृंखला-1, 5, 15, 29, ?, की अगली संख्या है:

A. 36   **B.** 47   **C.** 59   **D.** 63

Q.16 एक विशिष्ट कोड में "BORROW" को "769965" लिखा जाता है, और "BOMB" को "7647" लिखा जाता है। इस कोड भाषा में "WOMB" को किस प्रकार लिखा जायेगा?

A. 5647   **B.** 5467   **C.** 5677   **D.** 5776

Q.17 यदि किसी वर्ष में 26 अगस्त का दिन गुरुवार है, तो उस महीने में रविवारों की संख्या कितनी होगी?

A. 3   **B.** 5   **C.** 4   **D.** 6

Q.18 निर्देश: दी गई श्रृंखला में प्रश्नवाचक चिन्ह (?) के स्थान पर लुप्त पद ज्ञात कीजिए।

B2E, D5H, F12K, H27N, ?

A. J561   **B.** I62Q   **C.** Q62J   **D.** J58Q

Q.19 निर्देश: दी गई श्रृंखला में प्रश्नवाचक चिन्ह (?) के स्थान पर लुप्त पद ज्ञात कीजिए।

ABD, DGK, HMS, MTB, ?

A. NSA   **B.** SBL   **C.** PSK   **D.** RUH

Q.20 यह कहना सत्य है कि कोई भी ऐसा नहीं था जब जीवन पहली बार पृथ्वी पर दिखाई दिया हो तब पृथ्वी पर कोई नहीं था। इस प्रकार, जीवन की उत्पत्ति के बारे में किसी भी दावे को एक सिद्धांत के रूप में माना जाना चाहिए। उपर्युक्त दो कथन:

[UGC NET Sociology, 2017]

A. एक ऐतिहासिक व्याख्या है
B. एक कथा है
C. एक तर्क है
D. एक अनुमान है

Q.21 अभिकथन (A) और कारण (R) के निम्नलिखित कथनों में से सही कोड को इंगित करें:

अभिकथन(A): पर्यावरण संरक्षण एक अंतर्राष्ट्रीय एजेंडा का हिस्सा होना चाहिए।

तर्क (R): आधुनिक तकनीक के साथ तेजी से जनसंख्या वृद्धि ने एक गंभीर पर्यावरणीय संकट पैदा कर दिया है।

निम्नलिखित में से सही उत्तर का चयन करें:

A. (A) और (R) दोनों सही हैं और(R),(A) का सही स्पष्टीकरण है।
B. (A) और (R) दोनों सही है, लेकिन (R), (A) का सही स्पष्टीकरण है।
C. (A) सही है, लेकिन (R) गलत है।
D. (A) गलत है, लेकिन (R) सही है।

Q.22 पुरुष और महिला की अलग-अलग प्रजनन रणनीतियाँ हो सकती हैं, लेकिन न तो उन्हें हीन या दूसरे से श्रेष्ठ माना जा सकता है, न ही किसी पक्षी के पंखों को मछली के पंख से बेहतर या हीन माना जा सकता है। यह किस प्रकार का तर्क है?

A. जैविक   **B.** शारीरिक
C. अलंकारिक   **D.** काल्पनिक

Q.23 जब प्रस्तावों के समूह से एक प्रस्ताव दूसरे प्रस्तावों से व्युत्पादित कहा जाए, तो प्रस्तावों का यह समूह कहलाएगा:

A. एक तर्क   **B.** एक वैध तर्क
C. एक स्पष्टीकरण   **D.** एक अवैध तर्क

Q.24 निर्देश: अभिकथन (A) और कारण (R) के निम्नलिखित कथनों में से सही कोड को इंगित करें:

अभिकथन (A): औद्योगिक उदारीकरण भारतीय उद्योगों में उच्च दक्षता और उत्पादकता के लिए प्रतिस्पर्धा की शक्तियों के विकास के लिए एक अनिवार्य शर्त बन गया।

कारण (R): औद्योगिक विकास और गरीबी पर अंकुश केवल सरकारी हस्तक्षेप से संभव है।

A. (A) सही है लेकिन (R), (A) का सही स्पष्टीकरण नहीं है।
B. (A) सही हैं और (R), (A) की सही व्याख्या है।
C. (A) सही है लेकिन (R) सही नहीं है।
D. (A) सही है लेकिन (R) सही नहीं है।

Ques (25-29):निर्देश: तालिका में नीचे दिए गए किसी देश की जनसंख्या और विद्युत उत्पादन का निर्णायक डेटा है।

वर्ष	जनसंख्या (मिलियन)	विद्युतउत्पादन (गीगा वॉट)*
1951	20	10
1961	21	20
1971	24	25
1981	27	40
1991	30	50
2001	32	80
2011	35	100
		* 1 गीगा वॉट =1000 मिलियन वॉट

Q.25 किस दशक में जनसंख्या की अधिकतम वृद्धि दर (%) दर्ज की गई?

A. 1961 – 1971   **B.** 1971 – 1981
C. 1991 – 2001   **D.** 2001 – 2011

Q.26 जनसंख्या की औसत दशक वृद्धि दर (%) (लगभग) है:

A. 12.21%   **B.** 9.82%   **C.** 6.73%   **D.** 5%

Q.27 औसत दशक वृद्धि दर के आधार पर, वर्ष 2021 में जनसंख्या क्या होगी?

A. 40.34 मिलियन   **B.** 38.44 मिलियन
C. 37.28 मिलियन   **D.** 36.62 मिलियन

Q.28 वर्ष 1951, में, प्रति व्यक्ति बिजली की उपलब्धता क्या थी?

A. 100 वॉट   **B.** 200 वॉट   **C.** 400 वॉट   **D.** 500 वॉट

Q.29 किस दशक में, प्रति व्यक्ति औसत बिजली की उपलब्धता अधिकतम थी?

A. 1991   **B.** 2001   **C.** 2011   **D.** 1981

Q.30 एक अवांछित ई-मेल संदेश क्या है जो एक बार में कई प्राप्तकर्ताओं को भेजा जाता है?

A. वॉर्म   **B.** वायरस   **C.** थ्रेट   **D.** स्पैम

Q.31 एक ASCII एक वर्ण-एन्कोडिंग योजना है जो कि व्यक्तिगत कंप्यूटर द्वारा नियोजित की जाती है ताकि विभिन्न उपयोगकर्ता, संख्या और नियंत्रण कुंजी का प्रतिनिधित्व कर सकें जो कंप्यूटर उपयोगकर्ता कीबोर्ड पर चुनता है। ASCII इसके लिए एक संक्षिप्त नाम है:

A. आदान प्रदान सूचना के लिए अमेरिकन मानक कोड
B. बुद्धिमान सूचना के लिए अमेरिकी मानक कोड
C. सूचना की अखंडता के लिए अमेरिकी मानक कोड
D. पृथक सूचना के लिए अमेरिकी मानक कोड

Q.32 सरकारी संवाद में ई-गवर्नैंस G2C क्या दर्शाता है:

A. सरकार से केंद्र   **B.** सरकार से कंपनी
C. सरकार से नागरिक   **D.** सरकार से वाणिज्य

Q.33 एक कंप्यूटर में, यदि 8 बिट का प्रयोग मेमोरी में एड्रेस बताने के लिए होता है, एड्रेस की कुल संख्या क्या होगी?

A. 256   **B.** 8   **C.** 216   **D.** 512

Q.34 निम्नलिखित में ऑडियो फाइल फॉर्मेट क्या है?

(a) .wav

(b) .aac

(c) .wmv

(d) .flv

A. (a) और (d)
B. (b) और (c)
C. (a) और (b)
D. (c) और (d)

C. 2, 3 और 4
D. 1, 2 और 4

Q.35 सूची I (सूचकांक/ डेटाबेस) और सूची II (जारीकर्ता एजेंसी) का मिलान करें:

सूची I	सूची II
(सूचकांक / डेटाबेस)	(जारीकर्ता एजेंसी)
1) पर्यावरण प्रदर्शन सूचकांक	a) विश्व आर्थिक मंच
2) जलवायु परिवर्तन प्रदर्शन सूचकांक	b) जर्मन वॉच
3) ग्लोबल अर्बन एयर पॉल्यूशन डेटाबेस	c) विश्व स्वास्थ्य संगठन
4) ग्लोबल लिवेबिलिटी इंडेक्स	d) आर्थिक खुफिया इकाई

नीचे दिए गए विकल्पों में से सही विकल्प चुनें:

A. 1-a, 2-b, 3-c, 4-d
B. 1-b, 2-d, 3-a, 4-c
C. 1-a, 2-b, 3-d, 4-c
D. 1-d, 2-a, 3-c, 4-b

Q.36 वर्ष 2015 में यूनेस्को द्वारा की गई इंचियोन घोषणा का मुख्य एजेंडा क्या था?

A. आजीवन शिक्षा
B. समावेशी शिक्षा
C. समान गुणवत्तापूर्ण शिक्षा
D. ऊपर के सभी

Q.37 निम्नलिखित में से कौन से घर के अंदर लगाए जाने वाले पौधे, घर की अंदर की हवा की गुणवत्ता को सुधारते हैं?

A. अरेका पाम
B. लेडी पाम
C. ड्रैगन ट्री
D. उपर्युक्त सभी

Q.38 स्वच्छ जल निकायों में कार्बनिक प्रदूषण का प्राथमिक स्रोत है:

A. शहरी क्षेत्रों का अपवाह
B. कृषि फार्म का अपवाह
C. मल अपशिष्ट
D. औद्योगिक अपशिष्ट

Q.39 इनमें से किस कारण की वजह से, 1991 में भारत में "संरचनात्मक समायोजन कार्यक्रम" शुरू किया गया था?

A. निजी क्षेत्र के बीच प्रतिस्पर्धा पर अंकुश
B. सार्वजनिक क्षेत्र की प्रमुख भूमिका की स्थापना
C. एक मुक्त बाजार अर्थव्यवस्था की स्थापना
D. योजना और लाइसेंस के माध्यम से क्षेत्रीय संतुलन

Q.40 दक्षिण एशियाई विश्वविद्यालय निम्नांकित में से किस शहर में अवस्थित है?

A. कोलम्बो **B.** ढाका **C.** नई दिल्ली **D.** काठमांडू

Q.41 राष्ट्रीय न्यायिक नियुक्ति आयोग (NJAC) किसके द्वारा असंवैधानिक घोषित किया गया है?

A. भारत का सर्वोच्च न्यायालय
B. उच्च न्यायालय
C. भारत के राष्ट्रपति
D. (A) और (B) दोनों

Q.42 विश्वविद्यालय अनुदान आयोग की स्थापना निम्नलिखित में से किस उद्देश्य से की गई थी?

1. उच्च शिक्षा में अनुसंधान और विकास को बढ़ावा देना
2. संभावित शिक्षण संस्थानों की पहचान करना और उन्हें बनाए रखना
3. शिक्षकों की क्षमता निर्माण
4. भारत में प्रत्येक उच्च शिक्षण संस्थान को स्वायत्तता प्रदान करना

नीचे दिए गए कोड से सही उत्तर चुनें:

A. 1, 2, 3 और 4
B. 1, 2 और 3

Q.43 राष्ट्रीय संस्थागत रैंकिंग फ्रेमवर्क (एनआईआरएफ) के अनुसार, देश में (2017) सर्वश्रेष्ठ कॉलेज का स्थान कौन सा था?

A. मिरांडा हाउस, दिल्ली
B. सेंट स्टीफन कॉलेज, दिल्ली
C. फर्ग्यूसन कॉलेज, पुणे
D. महाराजा कॉलेज, मैसूर

Q.44 फॉर्मेटिव मूल्यांकन का मुख्य उद्देश्य क्या है?

A. छात्रों को अगली कक्षा में पदोन्नत करने के लिए
B. छात्रों की सीखने की क्षमता बढ़ाने के लिए
C. कक्षा में सहयोग बढ़ाने के लिए
D. सीखने की कठिनाइयों को समझने के लिए

Q.45 निम्नलिखित में से किसने प्रतिमान की अवधारणा प्रतिपादित की?

A. पीटर हैगेट
B. वॉन थुनेन
C. थॉमस कुह्न
D. जॉन के. राइट

Ques (46-50):निर्देश: दिए गए गद्यांश को ध्यान से पढ़िए और नीचे दिए गए प्रश्न का उत्तर दीजिए।

अभी भी मानव व्यवहार के बारे में अज्ञात है। अनुत्तरित प्रश्न बने हुए हैं और आगे शोध आवश्यक है। प्रेरणा, लीडर व्यवहार और परिवर्तन के बारे में ज्ञान कई कारणों से प्रबंधन के चिकित्सकों के लिए बड़ी चिंता का विषय बना रहेगा: यह मानव संसाधनों के प्रभावी नेतृत्व को बेहतर बनाने में मदद कर सकता है; यह प्रतिरोध को बदलने, उत्पादन पर प्रतिबंध और कर्मियों के विवाद को रोकने में मदद कर सकता है; और अक्सर यह एक अधिक उत्पादक संगठन को जन्म दे सकता है। हमारा उद्देश्य वैचारिक ढांचे को प्रदान करना है जो व्यवहार विज्ञान के निष्कर्षों को लागू करने में आपके लिए उपयोगी हो सकता है। इस प्रकार का एक मूल्य जो किसी के ज्ञान को बदलने में नहीं है, बल्कि लोगों के साथ काम करने में किसी के व्यवहार को बदलने में है।

हमने प्रभावित करने में तीन बुनियादी दक्षताओं पर चर्चा की है: निदान - जिस स्थिति को आप प्रभावित करने की कोशिश कर रहे हैं उसे समझना और उसकी व्याख्या करना; आदत डालना - अपने व्यवहार और परिस्थितियों के अनुकूल होने के लिए आपके द्वारा नियंत्रित संसाधनों को अनुकूलित करने में सक्षम होना; और संचार करना - संदेश को इस तरह से सक्षम करना कि लोग आसानी से इसे समझ सकें और स्वीकार कर सकें। इन दक्षताओं में से प्रत्येक अलग है और एक अलग विकासात्मक दृष्टिकोण की आवश्यकता है। उदाहरण के लिए, निदान संज्ञानात्मक या प्रकृति में मन है और सोच कौशल की आवश्यकता है; आदत व्यवहार में व्यवहार है और इसके लिए व्यवहार अभ्यास की आवश्यकता होती है; और संचार प्रक्रिया-उन्मुख है और इस प्रक्रिया में महत्वपूर्ण चरणों को सीखने और परस्पर संबंध बनाने की आवश्यकता है। क्योंकि इन तीन दक्षताओं के लिए अलग-अलग ज्ञान और कौशल की आवश्यकता होती है, हम उस प्रक्रिया को कैसे जारी रखते हैं जिसे हमने शुरू किया था?

बदलते व्यवहार की प्रक्रिया शुरू करने की कुंजी वह है जो आपने अपने संगठन के अन्य लोगों के साथ सीखा है। दो चीजें तब होती हैं जब सभी एक साथ काम करने वाले लोगों की एक आम भाषा होती है। सबसे पहले, वे एक दूसरे को प्रतिक्रिया देने में सक्षम होते हैं और बहुत ही तर्कसंगत, अलोकप्रिय तरीके से मदद करते हैं जो व्यवहार को प्रभावित करता है। दूसरा, जब अनुयायियों को यह महसूस होना शुरू हो जाता है कि यदि उनका प्रबंधक स्थितिजन्य नेतृत्व का उपयोग कर रहा है, तो यह प्रबंधक नहीं है, बल्कि उनका व्यवहार है, जो उनके साथ प्रयोग की जाने वाली नेतृत्व शैली को निर्धारित करता है।

Q.46 निम्नलिखित में से कौन सा परिवर्तन के लिए प्रतिरोध को रोकता है?

A. लीडर के व्यवहार का ज्ञान
B. आउटपुट पर प्रतिबंध हटा रहा है

C. कार्मिक विवाद
D. गैर-उत्पादक संगठन

Q.47 व्यवहार विज्ञान के सैद्धांतिक ढांचे को लागू करने का मूल्य परिणाम क्या है?
A. स्वयं के ज्ञान में परिवर्तन
B. दूसरों के साथ काम करते हुए अपने व्यवहार में बदलाव करें
C. मानव व्यवहार समझ में नहीं आता
D. मूल्य-भारित ढांचे का उद्भव

Q.48 बुनियादी दक्षताओं में से प्रत्येक को ______ की जरूरत है।
A. विशिष्टता
B. परिस्थितिजन्य आकस्मिकता
C. अन्य चरणों के साथ अंतर-संबंध
D. इसे प्राप्त करने में एक अलग दृष्टिकोण

Q.49 किसी व्यक्ति के व्यवहार में क्या परिवर्तन होता है?
A. नेतृत्व शैली
B. प्रबंधकों को परिस्थितिजन्य समर्थन
C. संगठन में दूसरों के साथ सीखने के परिणामों को साझा करना
D. दक्षताओं का पृथक्करण

Q.50 उपर्युक्त अनुच्छेद से कौन से अनुमान लगाए जा सकते हैं
a. किसी संगठन में लोगों के बीच सामान्य भाषा निष्पक्ष प्रतिक्रिया सुनिश्चित करेगी
b. लोग उतार-चढ़ाव भरे व्यवहार के लिए जाने जाते हैं
c. लोगों का व्यवहार लीडर को प्रभावित करता है
d. भावनाएं और मानव व्यवहार अलग और आसानी से खोजे जाने योग्य हैं
नीचे दिए गए विकल्पों में से सही उत्तर चुनें:
A. केवल a और b
B. केवल b और c
C. केवल c और d
D. केवल a और c

Paper - II

Q.51 यदि प्रति प्लेन टेक्स्ट में 2^{56} सिफर टेक्स्ट हैं और लंबाई 18 के कुल 2^{18} प्लेन टेक्स्ट मौजूद हैं। फिर अलग-अलग सिफर टेक्स्ट की संख्या निर्धारित करें?
A. 761
B. 2^{74}
C. 186
D. 2^{89}

Q.52 टीईए सिफर निम्नलिखित में से किस स्ट्रक्चर का उपयोग करता है?
A. स्टैंडर्ड सिफर स्ट्रक्चर
B. सूडो रैंडम स्ट्रक्चर
C. फिस्टेल स्ट्रक्चर
D. ब्लॉक स्ट्रक्चर

Q.53 निम्नलिखित में से किस A.P क्रम में सामान्य अंतर 3 होगा, जहां n एक पूर्णांक है?
A. $a_n = 2n^2 + 3n$
B. $a_n = 2n^2 + 3$
C. $a_n = 3n^2 + 3n$
D. $a_n = 5 + 3n$

Q.54 यदि a, b, c, AP में हैं तो a, b, c के बीच संबंध ______ हो सकता है।
A. 2b = 2a + 3c
B. 2a = b + c
C. 2b = a + c
D. 2c = a + c

Q.55 यदि वह एक वर्ग की 4 भुजाओं को रंगों से रंगना है। 50 रंगों के साथ कितने अलग-अलग रंग हैं यदि दो व्यवस्थाएं जो एक दूसरे से रोटेशन द्वारा प्राप्त की जा सकती हैं, समान हैं?
A. 773762
B. 363563
C. 4536822
D. 1563150

Q.56 नॉन लीनियर प्रोग्रामिंग में फंक्शन के कंट्रोवर्सी की सीमाएं ______ होती हैं।

A. पैरेलल लाइन्स
B. ज़िग ज़ैग लाइन्स
C. स्ट्रैट लाइन्स
D. ट्रेपीज़ॉयडल लाइन्स

Q.57 नॉन लीनियर प्रोग्रामिंग के समाधान के लिए विकसित तकनीकों में से एक है?
A. सिंगल प्रोग्रामिंग
B. मल्टीलीनियर प्रोग्रामिंग
C. रिवर्स प्रोग्रामिंग
D. डायनामिक प्रोग्रामिंग

Q.58 फैसिबल डायरेक्शन की मेथड को ______ के अंतर्गत वर्गीकृत किया जा सकता है।
A. एप्रोच के डायरेक्ट मेथड
B. एप्रोच के सिक्वेंशियल मेथड
C. एप्रोच के टर्मिनेट मेथड
D. एप्रोच के लामिनार मेथड

Q.59 पहली नॉन-लीनियर प्रोग्रामिंग प्रोसीजर का उपयोग किस वर्ष किया गया?
A. 1950
B. 1940
C. 1960
D. 1970

Q.60 प्रेस्ट्रेस्ड कंक्रीट स्ट्रक्चरल सिस्टम की अर्थव्यवस्था में माने जाने वाले एलिमेंट में से एक है?
A. स्ट्रक्चर ऑप्टिमाइजेशन
B. बीम ऑप्टिमाइजेशन
C. स्लैब ऑप्टिमाइजेशन
D. ट्रांसवर्स ऑप्टिमाइजेशन

Q.61 सबरूटीन नेस्टिंग क्या है?
A. एक प्रोग्राम में कई सबरूटीन होना।
B. एक ही नाम के तहत कई सबरूटीन डालने के लिए एक लिंकिंग नेस्ट स्टेटमेंट का उपयोग करना।
C. एक रूटीन होने पर दूसरे को कॉल करें।
D. उल्लेख में से कोई नहीं

Q.62 नेस्टेड सबरूटीन्स के केस में रिटर्न एड्रेस को ______ में स्टोर किया जाता है।
A. सिस्टम हीप
B. स्पेशल मेमोरी बफ़र्स
C. प्रोसेसर स्टैक
D. रजिस्टर

Q.63 कुंजी दबाए जाने पर ______ सर्किट ASCII कोड उत्पन्न करने में सक्षम बनाता है।
A. जनरेटर
B. डेबाउंसिंग
C. एन्कोडर
D. लॉगर

Q.64 बटन के एक प्रेस पर उत्पन्न होने वाले कई संकेतों को दूर करने के लिए, हम ______ का उपयोग करते हैं।
A. जेनरेटर सर्किट
B. डिबगिंग सर्किट
C. मल्टीप्लेक्सर
D. एक्सओआर सर्किट

Q.65 कम दूरी पर बड़ी मात्रा में डेटा भेजने या प्राप्त करने की आवश्यकता वाले उपकरणों के बीच कनेक्शन का सबसे अच्छा तरीका ______ है।
A. बस
B. सीरियल पोर्ट
C. पैरेलल पोर्ट
D. इसोक्रोनोस पोर्ट

Q.66 ______ डिवाइस और बसों के बीच एक मध्यस्थ के रूप में कार्य करता है।
A. इंटरफ़ेस सर्किट
B. डिवाइस ड्राइवर
C. बफ़र
D. उल्लेख में से कोई नहीं

Q.67 इंटरफ़ेस सर्किट का वह भाग, जिसमें डेटा पथ होता है और इंटरफ़ेस और डिवाइस के बीच डेटा ट्रांसफर करने के लिए कंट्रोल सिग्नल ______ होते हैं।
A. बस साइड
B. पोर्ट साइड

C. हार्डवेल साइड

D. सॉफ्टवेयर साइड

Q.68 हार्डवेयर डिवाइस के उपयोग के कंटेन्शन को _____ कहा जाता है।

A. स्ट्क्चर हैजर्ड

B. स्टाल्क

C. डेडलॉक

D. उल्लेख में से कोई नहीं

Q.69 _____ मेथड का उपयोग सेंट्लाइज्ड सिस्टम में आउट ऑफ ऑर्डर एक्सेक्यूशन करने के लिए किया जाता है।

A. स्कोरकार्ड

B. स्कोर बोर्डिंग

C. ऑप्टिमाइजिंग

D. रिडंडेंसी

Q.70 आउट ऑफ ऑर्डर एक्सेक्युशन करने के लिए अधिकांश सिस्टम में अनुसरण किया जाने वाला एल्गोरिथम _____ है।

A. टॉमसुलो एल्गोरिथम

B. स्कोर कार्डिंग

C. रीडर-राइटर एल्गोरिथ्म

D. उल्लेख में से कोई नहीं

Q.71 जब कोई ऑब्जेक्ट किसी फंक्शन द्वारा रिटर्न किया जाता है, तो रिटर्न वैल्यू रखने के लिए ऑटोमैटिकल रूप से एक _____ बनाता है।

A. टेम्पररी ऑब्जेक्ट

B. वर्चुअल ऑब्जेक्ट

C. न्यू ऑब्जेक्ट

D. डेटा मेंबर

Q.72 <a> और </a> टैग का प्रयोग किसके लिए किया जाता है?

A. इमेज जोड़ने के लिये

B. टेक्स्ट एलिगनिंग के लिये

C. ऑडियो-वॉयस टेक्स्ट के लिये

D. अपने पेज पर लिंक जोड़ने के लिये

Q.73 एक प्रोग्राम जो सोर्स कोड को पढ़ता है और उसे कंप्यूटर द्वारा प्रयोग करने योग्य रूप में परिवर्तित करता है, _____ के रूप में जाना जाता है।

A. इंटरप्रेटर

B. कंपाइलर

C. लिंकर

D. असेंबलर

Q.74 प्रोलॉग _____ के अंतर्गत आता है।

A. लॉजिक प्रोग्रामिंग

B. प्रोसीजरल प्रोग्रामिंग

C. ओओपी

D. फंक्शनल

Q.75 जिस मेथड का उपयोग नई प्रॉपर्टीज को बनाने और मौजूदा प्रॉपर्टीज की एट्रिब्यूट को संशोधित करने के लिए किया जा सकता है, वह _____ है।

A. Object.defineProperty()

B. Object.defineProperties()

C. दोनों Object.defineProperty() और Object.defineProperties()

D. Object.inherit()

Q.76 ऑब्जेक्ट स्पेस या स्पेस जिसमें एप्लिकेशन मॉडल को परिभाषित किया गया है, _____ कहलाता है।

A. वर्ल्ड को-ऑर्डिनेट सिस्टम

B. स्क्रीन को-ऑर्डिनेट सिस्टम

C. वर्ल्ड विंडो

D. इंटरफेस विंडो

Q.77 उस स्थान का नाम क्या है जिसमें छवि प्रदर्शित होती है?

A. वर्ल्ड को-ऑर्डिनेट सिस्टम

B. स्क्रीन को-ऑर्डिनेट सिस्टम

C. वर्ल्ड विंडो

D. इंटरफेस विंडो

Q.78 वर्ल्ड में प्रदर्शित होने वाले क्षेत्र को परिभाषित करने वाला समकोण क्या है?

A. वर्ल्ड को-ऑर्डिनेट सिस्टम

B. स्क्रीन को-ऑर्डिनेट सिस्टम

C. वर्ल्ड विंडो

D. इंटरफेस विंडो

Q.79 कंप्यूटर ग्राफिक्स में क्लिपिंग का प्राथमिक उपयोग क्या है?

A. ग्राफिक्स को जोड़ना

B. ऑब्जेक्ट्स और लाइन्स को हटाना

C. जूमिंग

D. कॉपी करना

Q.80 बहुभुज की क्लिपिंग में बहुभुज के किस शीर्ष को सबसे पहले क्लिप किया जाता है?

A. टॉप राइट

B. बॉटम राइट

C. बॉटम लेफ्ट

D. टॉप लेफ्ट

Q.81 इंडिविजुअल रिकॉर्ड के डिस्क स्टोरेज एड्रेस की गणना करने के लिए उपयोग की जाने वाली कम्प्यूटेशनल तकनीक कहलाती है:

A. बबल मेमोरी

B. 'की' फील्डिंग

C. डायनेमिक रीअलोकेशन

D. हैशिंग

Q.82 डेटाबेस मैनेजमेंट केरी लैंग्वेज आम तौर पर _____ के लिए डिज़ाइन की गई है।

A. अंग्रेजी जैसे कमांड का उपयोग करने वाले इंड यूजर को सपोर्ट करें

B. डेटाबेस की स्ट्क्चर को स्पेसिफाइंग करना

C. कॉम्प्लेक्सएप्लिकेशन सॉफ्टवेयर के डेवलपमेंट में सपोर्ट करना

D. उपर्युक्त सभी

Q.83 निम्नलिखित में से गलत कथन का चयन कीजिए।

A. वितरित एप्लिकेशन महत्वपूर्ण कॉन्फ़िगरेशन जानकारी संग्रहीत करने के लिए SQL का उपयोग करते हैं।

B. सेवा सभी लेन-देन का रिकॉर्ड रखती है, जिसका उपयोग उच्च-स्तरीय एब्स्ट्रैक्शन के लिए किया जा सकता है, जैसे कि सिंक्रोनाइज़ेशन प्रिमिटिव।

C. जूकीपर फाइलों और निर्देशिकाओं के समान एक मानक श्रेणीबद्ध नाम स्थान रखता है।

D. जूकीपर अनावश्यक सेवाओं के माध्यम से बेहतर विश्वसनीयता प्रदान करता है।

Q.84 निम्नलिखित में से सही कथन को चुनिए।

A. अंबारी हड्प क्लस्टर के स्वास्थ्य और स्थिति की निगरानी के लिए एक डैशबोर्ड प्रदान करता है।

B. अंबारी किसी भी होस्ट की संख्या में हड्प सेवाओं को स्थापित करने के लिए चरण-दर-चरण विज़ार्ड प्रदान करता है।

C. अंबारी क्लस्टर के लिए हड्प सेवाओं के कॉन्फ़िगरेशन को संभालता है।

D. उल्लिखित सभी

Q.85 निम्नलिखित में से कौन सी 'की' सामान्यतः टेबल्स के बीच रिलेशनशिप्स को रिप्रेजेंट करने के लिए प्रयोग की जाती है?

A. प्राइमरी 'की'

B. फॉरेन 'की'

C. सेकंडरी 'की'

D. सुपर 'की'

Q.86 निम्न में से किस लेवल को इंड यूजर के लिए क्लोज लेवल माना जाता है?

A. इंटरनल लेवल

B. एक्सटर्नल लेवल

C. कॉन्सेप्चुअल लेवल

D. फिजिकल लेवल

Q.87 अपाचे स्ट्रॉर्म ने _____ डेटा प्लेटफॉर्म पर ओपन सोर्स, स्ट्रीम डेटा प्रोसेसिंग को जोड़ा।

A. क्लाउडेरा

B. हॉर्टनवर्क्स

C. लोकल क्लाउडेरा

D. मैपआर

Q.88 निम्नलिखित में से कौन सहयोगी डेटा विश्लेषण और विजुअलाइज़ेशन टूल हैं?

A. एसीई   B. अब्देरा   C. जेपलिन   D. एक्यूमूलो

Q.89 कॉलम में वैल्यू की संख्या ज्ञात करने के लिए निम्नलिखित में से किस कीवर्ड का उपयोग किया जाता है?

A. TOTAL   B. COUNT   C. SUM   D. ADD

Q.90 _________ सॉफ्टवेयर परियोजनाओं के विकास के लिए फोर्ज सॉफ्टवेयर है।

A. ऊजी   B. अलूरा
C. अम्बारी   D. उल्लिखित सभी

Q.91 निम्नलिखित में से कौन सा फोर्क एंड जॉइन प्रिमिटिव का वैध सिंटैक्स है?

A. Fork <label> Join <var>   B. Fork <label> Join <label>
C. For <var> Join <var>   D. Fork <var> Join <var>

Q.92 नेस्टेड मैक्रो कॉल का विस्तार निम्न का उपयोग करके किया जाता है:

A. फीफो नियम (फर्स्ट इन फर्स्ट आउट)

B. लीफो (लास्ट इन फर्स्ट आउट)

C. फीलो नियम (फर्स्ट इन लास्ट आउट)

D. इनमे से कोई भी नहीं

Q.93 एक पार्सर जो बिना बैकट्रैकिंग के टॉप-डाउन पार्सिंग का एक प्रकार है:

A. रिकर्सिव डिसेंट   B. ऑपरेटर प्रिसिडेंस
C. एलएल(1) पर्सर   D. एलएएलआर पर्सर

Q.94 निम्नलिखित में से कौन सा सॉफ्टवेयर प्रोसेस मॉडल नहीं है?

A. प्रोटोटाइपिंग   B. इटरेटिव
C. टाइमबॉक्सिंग   D. ग्लासबॉक्सिंग

Q.95 सेगमेंटेशन प्रोग्राम का एड्रेस संग्रहीत करने का सही तरीका क्या है?

A. नेम, ऑफसेट   B. स्टार्ट, स्टॉप
C. एक्सेस, राइट्स   D. ऑफसेट, राइट्स

Q.96 लिंकर प्रोग्राम क्या करता है?

A. निष्पादन के उद्देश्य से प्रोग्राम को मेमोरी में रखता है।

B. इसे आवंटित विशिष्ट मेमोरी क्षेत्र से निष्पादित करने के लिए प्रोग्राम को स्थानांतरित करता है।

C. कार्यक्रम को इसके निष्पादन के लिए आवश्यक अन्य कार्यक्रमों के साथ जोड़ता है।

D. अपने इनपुट डेटा को उत्पन्न करने वाली संस्थाओं के साथ प्रोग्राम को इंटरफेस करता है।

Q.97 टाइम-शेयर्ड ऑपरेटिंग सिस्टम के लिए कौन सी शेड्यूलिंग नीति सबसे उपयुक्त है?

A. शॉर्टेस्ट-जॉब फर्स्ट   B. एलेवेटर
C. राउंड-रॉबिन   D. फर्स्ट-कम-फर्स्ट-सर्व

Q.98 एक क्रिटिकल सेक्शन एक प्रोग्राम सेगमेंट है:

A. जो एक निश्चित निर्दिष्ट समय में चलना चाहिए।

B. जो डेडलॉक से बचाती है।

C. जहां शेयर्ड रिसोर्सेस का उपयोग किया जाता है।

D. जिसे सेमाफोर ऑपरेशंस, पी और वी की एक जोड़ी द्वारा संलग्न किया जाना चाहिए।

Q.99 एक ऑपरेटिंग सिस्टम में 3 उपयोगकर्ता प्रक्रियाएं होती हैं जिनमें से प्रत्येक को संसाधन R की 2 इकाइयों की आवश्यकता होती है। R की इकाइयों की न्यूनतम संख्या जैसे कि कोई गतिरोध उत्पन्न नहीं होगा:

A. 4   B. 3   C. 5   D. 6

Q.100 रेफरेंस के लोकैलिटी का तात्पर्य है कि पेज रेफरेंस एक प्रक्रिया द्वारा किया जा रहा है:

A. हमेशा पिछले पेज रेफरेंस में उपयोग किए गए पेज पर रहेगा।

B. पिछले कुछ पेज रेफरेंस में उपयोग किए गए पृष्ठों में से एक होने की संभावना है।

C. मेमोरी में मौजूद पेज में से एक के लिए हमेशा रहेगा।

D. हमेशा एक पेज फॉल्ट की ओर ले जाएगा।

Q.101 निम्नलिखित में से कौन सा टूल प्रोसेस डिस्क्रिप्शन के लिए उपयोग नहीं किया जाता है?

A. स्ट्रक्वर्ड   B. स्यूडोकोड
C. डिसीजन टेबल   D. डेटा डिक्शनरी

Q.102 निम्नलिखित में से कौन सिस्टम डेवलपमेंट प्रोजेक्ट की विफलता का फैक्टर नहीं है?

A. कंपनी का आकार

B. अपर्याप्त यूजर इन्वॉल्वमेंट

C. सिस्टम इंटीग्रेशन की विफलता

D. एक प्रोजेक्ट की निरंतरता जिसे रद्द कर दिया जाना चाहिए था

Q.103 सॉफ्टवेयर कॉन्फ़िगरेशन मैनेजमेंट को कई तरीकों से प्रशासित किया जा सकता है। इसमें शामिल है:

A. पूरे संगठन के लिए एक सिंगल सॉफ्टवेयर कॉन्फ़िगरेशन मैनेजमेंट टीम।

B. प्रत्येक प्रोजेक्ट के लिए एक अलग कॉन्फ़िगरेशन मैनेजमेंट टीम।

C. सॉफ्टवेयर कॉन्फ़िगरेशन मैनेजमेंट प्रोजेक्ट के मेंबर के बीच डिस्ट्रीब्यूट किया गया।

D. उल्लिखित सभी

Q.104 सॉफ्टवेयर प्रोसेस के दौरान बनाए गए कॉन्फ़िगरेशन ऑब्जेक्ट्स के विभिन्न वर्जन को प्रबंधित करने के लिए प्रोसीजर और टूल को क्या जोड़ता है?

A. चेंज कंट्रोल

B. वर्जन कंट्रोल

C. एससीआई

D. उल्लिखित में से कोई नहीं

Q.105 इंटरफेस कंसिस्टेंसी का तात्पर्य है कि:

A. प्रत्येक एप्लिकेशन का अपना डिस्टिंक्टिव लुक और अनुभव होना चाहिए।

B. पूरे आवेदन में इनपुट मैकेनिज्म समान रहता है।

C. विसुअल इनफार्मेशन एक डिज़ाइन मानक के अनुसार व्यवस्थित की जाती है।

D. (A) और (B) दोनों

Q.106 कौन सा मॉडल एक सिस्टम की इमेज को दर्शाता है जो एक अंतिम यूजर अपने हेड में बनाता है?

A. डिजाइन मॉडल   B. यूजर मॉडल
C. सिस्टम मॉडल   D. सिस्टम पर्सेप्शन मॉडल

Q.107 किस टेस्टिंग में किसी सॉफ्टवेयर का मैन्युअल रूप से टेस्टिंग करना शामिल है, अर्थात बिना किसी ऑटोमेटेड टूल या किसी स्क्रिप्ट का उपयोग किए?

A. ऑटोमेशन टेस्टिंग   B. क्लाइंट टेस्टिंग
C. मैनुअल टेस्टिंग   D. उपर्युक्त सभी

Q.108 कौन सा टेस्टिंग मैन्युअल टेस्टिंग के अंतर्गत आता है?

A. यूनिट टेस्टिंग
B. इंटीग्रेशन टेस्टिंग
C. सिस्टम टेस्टिंग
D. उपरोक्त सभी

Q.109 मॉडल जो डिजाइन क्लासेज को सॉफ्टवेयर कॉम्पोनेन्ट में ट्रांसलेट करता है वह है:

A. एनालिसिस मॉडल
B. इम्प्लीमेंटेशन मॉडल
C. डिजाइन मॉडल
D. केस मॉडल का प्रयोग करें

Q.110 फिजिकल कंप्यूटिंग एनवायरमेंट में कम्पोनेंट को मैप करने वाले डायग्राम हैं:

A. एनालिसिस डायग्राम
B. डिप्लॉयमेंट डायग्राम
C. डिजाइन डायग्राम
D. उल्लेख में से कोई नहीं

Q.111 प्रायोरिटी क्यू को इम्प्लीमेंट करने के लिए कौन सी डेटा स्ट्रक्चर सबसे अच्छी है?

A. स्टैक
B. लिंक्ड लिस्ट
C. ऐरे
D. हीप

Q.112 एक लीनियर डेटा स्ट्रक्चर जिसमें दोनों एंड से इंसर्शन और डिलीशन ऑपरेशन किया जा सकता है, वह _______ है।

A. क्यू
B. डीक्यू
C. प्रायोरिटी क्यू
D. सर्कुलर क्यू

Q.113 पूर्ण बाइनरी ट्री क्या है?

A. प्रत्येक नोड में शून्य या दो चिल्ड्न होते हैं।
B. प्रत्येक नोड में ठीक दो चिल्ड्न होते हैं।
C. सभी लीव्स एक ही लेवल के होते है।
D. प्रत्येक नोड में ठीक एक या दो चिल्ड्न होते हैं।

Q.114 साइज 5 की ऐरे का उपयोग करके एक सर्कुलर क्यू इम्प्लीमेंटेशन में, ऐरे इंडेक्स 0 से शुरू होती है जहां फ्रंट और रियर वैल्यू क्रमशः 3 और 4 हैं। ऐरे इंडेक्स निर्धारित करें जिस पर अगले एलिमेंट का इंसर्शन होगा?

A. 5
B. 0
C. 1
D. 2

Q.115 बाइनरी ट्री की ऊंचाई ज्ञात करने के लिए औसत केस टाइम कम्प्लेक्सिटी क्या है?

A. h = O(loglogn)
B. h = O(nlogn)
C. h = O(n)
D. h = O(log n)

Q.116 n डिस्क के साथ हनोई प्रॉब्लम के टॉवर के ऑप्टीमल टाइम को कैप्चर करने वाला रेकरेंस रिलेशन है:

A. T(n) = 2T(n − 2) + 2
B. T(n) = 2T(n − 1) + n
C. T(n) = 2T(n/2) + 1
D. T(n) = 2T(n − 1) + 1

Q.117 मान लें कि W(n) और A(n) क्रमशः वर्स्ट केस और आकार n के इनपुट पर निष्पादित एल्गोरिथम का एवरेज केस रनिंग टाइम दर्शाति हैं। निम्नलिखित में से कौन सा हमेशा सत्य है?

1. $A(n) = \Omega(W(n))$
2. $A(n) = \Theta(W(n))$
3. $A(n) = O(W(n))$
4. $A(n) = o(W(n))$

A. 1
B. 2
C. 3
D. 4

Q.118 निम्नलिखित में से कौन सा नहीं है $O(n^2)$?

A. $(15^{10}) \times n + 12099$
B. $n^{1.98}$
C. $\dfrac{n^3}{\sqrt{(n)}}$
D. $(2^{20}) \times n$

Q.119 दिए गए विकल्पों में से कौन सा फ़ंक्शन f_1, f_2, f_3 और f_4 की असिम्प्टोटिक कॉम्प्लेक्सिटी का बढ़ता क्रम प्रदान करता है?

- $f_1(n) = 2^n$
- $f_2(n) = n^{\left(\frac{3}{2}\right)}$
- $f_3(n) = n\log n$
- $f_4(n) = n^{(\log n)}$

A. f_3, f_2, f_4, f_1
B. f_3, f_2, f_1, f_4
C. f_2, f_3, f_1, f_4
D. f_2, f_3, f_4, f_1

Q.120 एक नया पूर्णांक प्राप्त करने के लिए दिए गए पूर्णांक में अंकों को उलटने के लिए निम्नलिखित प्रोग्राम खंड पर विचार करें। मान लीजिए n = D1D2... Dm:

```
int n, rev;
rev = 0;
while (n >0)
{
rev = rev*10 + n%10;
n = n/10;
}
```

Ith इन्टेरशन के अंत में लूप इंवेरिएंट कंडीशन है:

A. n = D1D2....DmDm-i and rev = DmDm-1...Dm-i+1
B. n = Dm-i+1...Dm-1Dm and rev = Dm-1....D2D1
C. n != rev
D. n = D1D2....Dm and rev = DmDm-1...D2D1

Q.121 कॉन्सटेनेशन ऑपरेशन निम्नलिखित में से किस सेट ऑपरेशन को संदर्भित करता है?

A. यूनियन
B. डॉट
C. क्लीन
D. दो विकल्प सही हैं

Q.122 निम्नलिखित में से किसका उपयोग यह साबित करने के लिए किया जा सकता है कि कोई लैंग्वेज कॉन्टेक्स्ट फ्री नहीं है?

A. आर्डेंस थ्योरम
B. पावर कंस्ट्रक्शन मेथड
C. रेगुलर क्लोजर
D. इनमें से कोई नहीं

Q.123 निम्नलिखित में से कौन एक उदाहरण बाउंड इंफॉर्मेशन नहीं है?

A. फैन स्विच आउटपुट {ऑन, ऑफ़}
B. इलेक्ट्रिसिटी मीटर रीडिंग
C. इस समय ट्रैफिक लाइट का कलर
D. उल्लेख में से कोई नहीं

Q.124 एक लैंग्वेज जिसके लिए कोई DFA मौजूद नहीं है, एक _______ है।

A. रेगुलर लैंग्वेज
B. नॉन-रेगुलर लैंग्वेज
C. रेगुलर हो सकता है
D. नहीं कहा जा सकता

Q.125 एक DFA को निम्नलिखित प्रारूप में प्रदर्शित नहीं किया जा सकता है:

A. ट्रांजीशन ग्राफ
B. ट्रांजीशन टेबल
C. C कोड
D. उल्लेख में से कोई नहीं

Q.126 पुश-डाउन ऑटोमेटा द्वारा कौन सी लैंग्वेज स्वीकार की जाती है?

A. 0 टाइप लैंग्वेज
B. 1 टाइप लैंग्वेज
C. 2 टाइप लैंग्वेज
D. 3 टाइप लैंग्वेज

Q.127 स्ट्रक्चर ग्रामर का सबसे कॉमन स्टेप ___________ है।

A. कॉन्टेक्स्ट सेंसिटिव ग्रामर

B. कॉन्टेक्स्ट फ्री ग्रामर

C. रेगुलर ग्रामर

D. इनमें से कोई नहीं

Q.128 कंपाइलर में, इंटरमीडिएट कोड का उपयोग करने का कार्य है:

A. रजिस्टर एलोकेशन में सुधार करने के लिए।

B. एरर रिपोर्टिंग और रिकवरी को बढ़ाने के लिए।

C. सिमेंटिक एनालिसिस को आसान बनाने के लिए।

D. अन्य कंपाइलरों में मशीन-इंडिपेंडेंट कोड ऑप्टिमिज़ेर का पुन: उपयोग करने की संभावना बढ़ाने के लिए।

Q.129 कोड ऑप्टिमाइजेशन को कितने प्रकार में विभाजित किया जा सकता है?

A. दो प्रकार   B. तीन प्रकार   C. चार प्रकार   D. पांच प्रकार

Q.130 कौन सा कंपाइलर एक मशीन पर चलता है और कई मशीनों के लिए कोड बनाता है?

A. मल्टी-पास कंपाइलर

B. क्रॉस कंपाइलर

C. ऑप्टिमाइज़िंग कंपाइलर

D. वन-पास कंपाइलर

Q.131 निम्नलिखित में से कौन आर्क नेट के हब आर्किटेक्चर की विशेषता नहीं है?

A. डारेक्शनलाइज्ड ट्रांसमिशन

B. अल्टरनेटिव रूटिंग

C. जीरो इंसर्शन लॉस एम्पलीफायर

D. आरआईएम पोर्ट आइसोलेशन

Q.132 एक सोर्स से X.25 पैकेट सिस्टम के माध्यम से सिंक के लिए पैकेट का एक ग्रुप है:

A. वीसी के लिए भेजे गए उसी क्रम में पहुंचें लेकिन, पीवीसी के लिए नहीं

B. पीवीसी के लिए भेजे गए उसी क्रम में पहुंचें, लेकिन वीसी के लिए नहीं

C. वीसी और पीवीसी दोनों के लिए भेजे गए एक ही क्रम में पहुंचें

D. इनमें से कोई नहीं

Q.133 X.25 मानक में कितनी OSI लेयर शामिल हैं?

A. 3   B. 4   C. 2   D. 7

Q.134 एक प्रोटोकॉल एक नियम है जो इवेंट्स के समय अनुक्रम को नियंत्रित करता है जो कि होना चाहिए।

A. बिटवीन पीअर्स   B. एक्रॉस एन इंटरफ़ेस

C. बिटवीन नॉन-पियर्स   D. इनमें से कोई नहीं

Q.135 X.25 मानक द्वारा स्पेसिफ़िएड सीरियल इंटरफ़ेस गेटवे पर अलग-अलग प्रोटोकॉल लेयर की संख्या कितनी है?

A. 2   B. 3   C. 4   D. 7

Q.136 उस नेटवर्क को हम क्या कहते हैं, जिसके अवयवों को कुछ दूरी से अलग किया जा सकता है, इसमें आम तौर पर दो या दो से अधिक छोटे नेटवर्क और उच्च गति टेलीफोन लाइन शामिल होती हैं?

A. यूआरएल   B. लैन

C. वैन   D. डब्लूडब्लूडब्लू

Q.137 ऑप्टिकल फाइबर केबल की अधिकतम डेटा क्षमता कितनी है?

A. 10 मेगाबिट्स प्रति सेकेंड

B. 100 मेगाबिट्स प्रति सेकेंड

C. 1000 मेगाबिट्स प्रति सेकेंड

D. 10000 मेगाबिट्स प्रति सेकेंड

Q.138 यदि नेटवर्क पर एक कंप्यूटर दूसरे के उपयोग के लिए संसाधनों को साझा करता है, तो इसे _______कहा जाता है।

A. सर्वर   B. क्लाइंट

C. मेनफ्रेम   D. उपर्युक्त सभी

Q.139 टीडीएम का काम क्या है?

A. कई सिग्नलों को एक बार में एक चैनल पर स्लॉट मोड में भेजा जाता है

B. कई सिग्नलों को एक समय में अलग-अलग चैनलों पर भेजा जाता है

C. एक सिग्नल कई उपयोगकर्ताओं को भेजा जाता है

D. ऊपर के सभी

Q.140 मॉडेम शब्द बना है:

A. मॉड्युलेशन, डीमोडुलेशन

B. मॉड्युलेशन, रफ मॉड्युलेशन

C. मॉड्युलेशन, डेफिनेशन

D. ऊपर के सभी

Q.141 एक खेल को फॉर्मली रूप से निम्नलिखित कॉम्पोनेन्ट के साथ एक प्रकार की सर्च प्रॉब्लम के रूप में परिभाषित किया जा सकता है।

A. इनिशियल स्टेट   B. सक्सेसर फंक्शन

C. टर्मिनल टेस्ट   D. उल्लिखित सभी

Q.142 जीत/हार का निर्णय लेने के लिए गेम ट्री पर लागू जनरल एल्गोरिथम _________ है।

A. डीएफएस/बीएफएस सर्च एल्गोरिदम

B. हेयरिस्टिक सर्च एल्गोरिदम

C. ग्रीडी सर्च एल्गोरिदम

D. मिनि/मैक्स एल्गोरिदम

Q.143 कई समस्याओं में लक्ष्य का मार्ग अप्रासंगिक होता है, इस वर्ग की समस्याओं को _________ का उपयोग करके हल किया जा सकता है।

A. इन्फोर्मेड सर्च तकनीक

B. अनइन्फोर्मेड सर्च तकनीक

C. लोकल सर्च तकनीक

D. इनमें से कोई नहीं

Q.144 हालांकि लोकल सर्च एल्गोरिदम सिस्टेमेटिक नहीं हैं, मुख्य लाभों में _________ शामिल होंगे।

A. कम मेमोरी

B. अधिक समय

C. बड़े अनंत स्थान में समाधान ढूंढता है

D. (A) और (C) दोनों

Q.145 निम्नलिखित में से किस कारण से हिल-क्लाइम्बिंग एप्रोच रुकता है?

A. लोकल मैक्सिमा   B. रिजेस

C. प्लेट्यूक्स   D. उल्लिखित सभी

Q.146 ___________ एल्गोरिथम एक एल्गोरिथम है जो एक अंतिम समाधान प्राप्त करने तक वैल्यू में लगातार वृद्धि करता है।

A. अप-हिल सर्च   B. हिल-क्लाइम्बिंग

C. हिल-एल्गोरिथम   D. रिवर्स-डाउन-हिल सर्च

Q.147 हिल-क्लाइम्बिंग एल्गोरिथम कब समाप्त होगा?

A. स्टॉपिंग क्राइटेरिया मिलने पर

B. ग्लोबल न्यूनतम/अधिकतम हासिल करने पर

C. आस-पास की वैल्यू ज्यादा न होने पर

D. उपर्युक्त सभी

Q.148 कौन सा एजेंट के लिए उपलब्ध पर्सेप्ट्स और एक्शन पर निर्भर करता है?

A. एजेंट

B. सेंसर

C. डिजाइन प्रॉब्लम

D. इनमे से कोई नहीं

Q.149 कौन से सिस्टम इस तरह से बनाए गए थे कि इंसानों को इनपुट की आपूर्ति करना था और आउटपुट को इन्टरप्रेट करना था?

A. एजेंट

B. एआई सिस्टम

C. सेंसर

D. एक्ट्यूएटर्स

Q.150 जॉइंट स्टेट स्पेस पर कौन सा एल्गोरिथ्म ऑपरेट कर सकता है?

A. डिसिशन-मेकिंग एल्गोरिथ्म

B. लर्निंग एल्गोरिथ्म

C. कॉम्प्लेक्स एल्गोरिथ्म

D. (A) और (B) दोनों

// स्मार्ट उत्तर पुस्तिका //

सही उत्तर — उन छात्रों का प्रतिशत जिन्होंने प्रश्नों का सही उत्तर दिया था।   **छोड़ दिया** — उन छात्रों का प्रतिशत जिन्होंने प्रश्नों को छोड़ दिया था।

प्रश्न संख्या	उत्तर	सही उत्तर / छोड़ दिया	प्रश्न संख्या	उत्तर	सही उत्तर / छोड़ दिया	प्रश्न संख्या	उत्तर	सही उत्तर / छोड़ दिया	प्रश्न संख्या	उत्तर	सही उत्तर / छोड़ दिया	प्रश्न संख्या	उत्तर	सही उत्तर / छोड़ दिया	प्रश्न संख्या	उत्तर	सही उत्तर / छोड़ दिया
1	C	29.2 % / 4.76 %	22	C	79.89 % / 0.0 %	43	A	22.12 % / 3.29 %	64	B	60.7 % / 1.48 %	85	B	61.69 % / 1.06 %	106	D	69.65 % / 1.53 %
2	C	58.41 % / 1.72 %	23	A	77.4 % / 0.0 %	44	B	20.38 % / 4.86 %	65	C	53.37 % / 1.71 %	86	B	88.43 % / 0.0 %	107	C	61.54 % / 1.28 %
3	A	25.29 % / 3.84 %	24	A	67.28 % / 1.34 %	45	C	41.24 % / 1.76 %	66	A	85.44 % / 0.0 %	87	B	25.34 % / 3.64 %	108	D	54.2 % / 1.34 %
4	A	65.51 % / 1.89 %	25	A	48.91 % / 1.32 %	46	A	41.26 % / 1.93 %	67	B	87.04 % / 0.0 %	88	C	52.89 % / 1.62 %	109	B	65.64 % / 1.42 %
5	A	80.3 % / 0.0 %	26	B	40.63 % / 1.42 %	47	B	69.08 % / 1.89 %	68	A	60.64 % / 1.14 %	89	B	77.65 % / 0.0 %	110	B	21.65 % / 4.67 %
6	C	15.22 % / 3.64 %	27	B	78.97 % / 0.0 %	48	D	50.98 % / 1.5 %	69	B	45.0 % / 1.38 %	90	B	86.27 % / 0.0 %	111	D	51.24 % / 1.94 %
7	C	44.94 % / 1.82 %	28	D	66.64 % / 1.86 %	49	C	53.95 % / 1.13 %	70	A	30.35 % / 4.42 %	91	A	55.14 % / 1.71 %	112	B	53.31 % / 1.41 %
8	D	21.57 % / 3.01 %	29	C	55.64 % / 1.9 %	50	D	61.14 % / 1.62 %	71	A	88.67 % / 0.0 %	92	B	66.94 % / 1.9 %	113	A	78.63 % / 0.0 %
9	D	61.26 % / 1.56 %	30	D	77.13 % / 0.0 %	51	B	46.96 % / 1.74 %	72	D	49.54 % / 1.24 %	93	A	51.09 % / 1.51 %	114	B	11.72 % / 3.74 %
10	B	80.11 % / 0.0 %	31	A	68.55 % / 1.34 %	52	C	40.38 % / 1.3 %	73	B	68.94 % / 1.07 %	94	D	65.49 % / 1.01 %	115	D	64.31 % / 1.41 %
11	C	61.34 % / 1.29 %	32	C	29.3 % / 3.9 %	53	D	20.34 % / 3.73 %	74	A	83.43 % / 0.0 %	95	A	65.03 % / 1.95 %	116	D	10.81 % / 4.83 %
12	B	84.9 % / 0.0 %	33	A	55.31 % / 1.95 %	54	C	56.46 % / 1.26 %	75	C	79.31 % / 0.0 %	96	C	56.18 % / 1.28 %	117	C	53.36 % / 1.4 %
13	D	86.98 % / 0.0 %	34	C	76.18 % / 0.0 %	55	D	12.92 % / 3.93 %	76	A	60.87 % / 1.83 %	97	C	42.39 % / 1.57 %	118	C	18.67 % / 4.97 %
14	B	66.77 % / 1.73 %	35	A	27.18 % / 4.97 %	56	C	85.9 % / 0.0 %	77	B	47.23 % / 1.37 %	98	C	59.14 % / 1.67 %	119	A	22.73 % / 3.6 %
15	B	80.64 % / 0.0 %	36	D	19.8 % / 4.27 %	57	D	42.7 % / 1.93 %	78	C	82.42 % / 0.0 %	99	A	21.34 % / 4.34 %	120	A	66.46 % / 1.64 %
16	A	83.38 % / 0.0 %	37	D	84.83 % / 0.0 %	58	A	67.18 % / 1.77 %	79	B	49.84 % / 1.53 %	100	B	24.62 % / 4.61 %	121	B	88.47 % / 0.0 %
17	B	66.29 % / 1.91 %	38	C	76.31 % / 0.0 %	59	C	24.34 % / 4.13 %	80	D	44.28 % / 1.14 %	101	D	61.92 % / 1.98 %	122	C	66.51 % / 1.48 %
18	D	85.87 % / 0.0 %	39	C	22.21 % / 3.7 %	60	A	64.76 % / 1.08 %	81	D	61.07 % / 1.15 %	102	A	46.99 % / 1.97 %	123	B	64.95 % / 1.95 %
19	B	84.9 % / 0.0 %	40	C	15.72 % / 4.9 %	61	C	85.94 % / 0.0 %	82	D	12.4 % / 4.54 %	103	A	26.9 % / 4.94 %	124	B	85.17 % / 0.0 %
20	C	80.78 % / 0.0 %	41	A	14.08 % / 4.37 %	62	C	66.19 % / 1.37 %	83	D	18.79 % / 3.51 %	104	B	56.82 % / 1.28 %	125	D	18.72 % / 4.34 %
21	A	12.94 % / 3.79 %	42	B	48.25 % / 1.94 %	63	C	62.37 % / 1.55 %	84	A	65.75 % / 1.61 %	105	D	76.62 % / 0.0 %	126	C	62.02 % / 1.06 %

प्रश्न संख्या	उत्तर	सही उत्तर / छोड़ दिया	प्रश्न संख्या	उत्तर	सही उत्तर / छोड़ दिया	प्रश्न संख्या	उत्तर	सही उत्तर / छोड़ दिया	प्रश्न संख्या	उत्तर	सही उत्तर / छोड़ दिया	प्रश्न संख्या	उत्तर	सही उत्तर / छोड़ दिया	प्रश्न संख्या	उत्तर	सही उत्तर / छोड़ दिया	प्रश्न संख्या	उत्तर	सही उत्तर / छोड़ दिया
127	A	53.28 % / 1.82 %	131	B	69.64 % / 1.47 %	135	B	45.56 % / 1.65 %	139	A	52.66 % / 1.97 %	143	C	47.46 % / 1.32 %	147	C	54.91 % / 1.26 %
128	D	56.6 % / 1.71 %	132	C	25.0 % / 3.51 %	136	C	46.63 % / 1.66 %	140	A	78.49 % / 0.0 %	144	D	86.02 % / 0.0 %	148	C	67.29 % / 1.78 %
129	A	78.5 % / 0.0 %	133	A	62.14 % / 1.14 %	137	C	65.94 % / 1.82 %	141	D	63.71 % / 1.86 %	145	D	56.97 % / 1.68 %	149	B	66.43 % / 1.3 %
130	B	58.83 % / 1.45 %	134	A	53.61 % / 1.93 %	138	A	83.5 % / 0.0 %	142	D	59.78 % / 1.33 %	146	B	61.9 % / 1.22 %	150	D	62.58 % / 1.22 %

//संकेत और समाधान//

1. सूचना-समृद्ध कक्षा व्याख्यान की विशेषता है वास्तविक होना।

जो वास्तविक है वो असली है। यह वास्तव में आधारित है, जिसका अर्थ यह साबित किया जा सकता है, दोहराया या मनाया जा सकता है। एक कहानी का तथ्यात्मक हिस्सा वह हिस्सा होता है जो वास्तव में हुआ है - हर बार जब कोई इसे बताता है, तो उसे अधिक घेरने और मेकअप करने का मौका मिलता है। साक्ष्य कुछ तथ्यात्मक बनाता है।

अत: विकल्प (C) सही है।

2. सीखने वाले केंद्रित तरीकों को खोजने के लिए, शैक्षणिक मनोवैज्ञानिक तकनीकों का उपयोग किया जा सकता है। शैक्षणिक मनोविज्ञान, मनोविज्ञान की वह शाखा है जो मानव शिक्षा के वैज्ञानिक अध्ययन से संबंधित है।

शैक्षणिक समाजशास्त्र उन सामाजिक कारकों का अध्ययन है, जो सभी शैक्षिक संरचनाओं और प्रक्रियाओं से प्रभावित होते हैं, समाजों के भीतर और उनके बीच भी।

सामाजिक मनोविज्ञान सामाजिक चिंताओं पर केंद्रित है जो व्यक्तिगत कल्याण के साथ-साथ पूरे समाज के स्वास्थ्य पर एक शक्तिशाली प्रभाव डालते हैं।

घटनाविज्ञान चेतना की संरचनाओं का अध्ययन है जैसा कि एक व्यक्ति के दृष्टिकोण से अनुभव किया जाता है।

अत: विकल्प (C) सही है।

3. उच्च स्तरीय अध्ययन के परिणाम हैं:

(b) विश्लेषण और समन्वय करने की क्षमता दिखाना

(e) अभिव्यक्ति और स्वाभाविकता

(f) संगठन और विशेषीकरण

अध्ययन के परिणाम ऐसे कथन हैं जो महत्वपूर्ण और आवश्यक सीखने का वर्णन करते हैं जो शिक्षार्थियों ने हासिल किए हैं, और पाठ्यक्रम या कार्यक्रम के अंत में मज़बूती से प्रदर्शित कर सकते हैं। दूसरे शब्दों में, सीखने के परिणामों से यह पता चलता है कि शिक्षार्थी को क्या पता होगा और पाठ्यक्रम या कार्यक्रम के अंत तक कर पाएंगे।

अत: विकल्प (A) सही है।

4. ऑडियो-भाषिक शिक्षण सहायक सामग्री पढ़ने, सुनने और उच्चारण करने जैसे कौशल को बढ़ाती है।

शिक्षण की इस शैली का उपयोग विदेशी भाषाओं को सिखाने में किया जाता है। व्यवहार संबंधी सिद्धांत का पालन करते हुए ऑडियो-भाषिक शिक्षण सहायता बनाई गई है। यह मानता है कि छात्रों को देशी भाषा का उपयोग किए बिना पढ़ाया जाना चाहिए।

अत: विकल्प (A) सही है।

5. एक अच्छा शिक्षक वह होता है जो कक्षा में सत्तावादी नहीं होता है। उसे विद्यार्थियों को कक्षा की गतिविधियों में भाग लेने के लिए प्रोत्साहित करना चाहिए। एक शिक्षक को आजीवन सीखने वाला होना चाहिए और लगातार खुद को अपडेट करते रहना चाहिए। उसके पास सकारात्मक दृष्टिकोण और हास्य की अच्छी भावना होनी चाहिए।

अत: विकल्प (A) सही है।

6. स्वायत्त विकास स्तर स्वयं के माध्यम से व्यवहार को विनियमित करने की चिंता करता है, यह उसके स्वयं के कार्यों को प्रतिबिंबित करने और मूल्यांकन करने के लिए एक व्यक्ति की क्षमता द्वारा बढ़ाया जाता है।

मेमोरी स्तर पर, शिक्षक शिक्षार्थियों द्वारा तथ्यों और सूचनाओं को याद रखने पर ध्यान केंद्रित करता है, सूचना, प्रक्रियाओं और अवधारणाओं की समझ पर कोई ध्यान नहीं है।

समझ के स्तर में, शिक्षार्थियों को विभिन्न अवधारणाओं और उनके संबंधों के अर्थ को जानने और तथ्यों, अवधारणाओं और सिद्धांतों को लागू करने के लिए तथ्यात्मक जानकारी को समझने की आवश्यकता होती है।

चिंतनशील स्तर में समस्या-केंद्रित दृष्टिकोण का उपयोग शामिल है।

अत: विकल्प (C) सही है।

7. क्रिया-शोध सबसे उपयुक्त है क्योंकि प्रिंसिपल शिक्षकों और छात्रों की भागीदारी को बेहतर बनाना चाहते हैं।

क्रिया-शोध शैक्षिक समस्याओं को हल करने और सुधार करने की एक व्यवस्थित प्रक्रिया है।

अत: विकल्प (C) सही है।

8. समस्या निर्माण और उसकी परिभाषा से अनुसंधान नैतिकता का मुद्दा, अनुसंधान की जनसंख्या को परिभाषित करना और डेटा संग्रह और व्याख्या और निष्कर्षों की रिपोर्ट करना केवल निष्कर्षों की रिपोर्ट करने के चरण में ही प्रासंगिक माना जा सकता है।

अत: विकल्प (D) सही है।

9. सतत और व्यापक मूल्यांकन की विशेषताएं हैं:

- यह कई परीक्षाएँ लेकर छात्रों पर काम का बोझ बढ़ाता है।
- यह अंकों को ग्रेड से बदलता है।
- यह छात्र के हर पहलू का मूल्यांकन करता है।

यद्यपि यह दिखता है कि 'यह छात्रों पर कार्यभार बढ़ाता है और कई परीक्षण करता है' यह वास्तव में निरंतर निगरानी द्वारा उन्हें लाभ पहुंचाता है।

अत: विकल्प (D) सही है।

10. पराभाषिक - भाषण का मुखर लेकिन अशाब्दिक आयाम। इसका मतलब आप क्या कह रहे हैं के बजाये आप कैसे कह रहे हैं से है।
पराभाषिक के प्रकार: -
(1) दर: वह गति जिस पर आप बोलते हैं।
(2) आयतन: मुखर भाषण का जोर या शांतता
(3) पिच: स्थानीय स्वर की उच्चता या नीचता।

अत: विकल्प (B) सही है।

11. जब मौखिक और गैर-मौखिक संदेश विरोधाभासी होते हैं, तो अधिकांश लोग गैर-मौखिक संदेशों में विश्वास करते हैं क्योंकि क्रिया और इशारे शब्दों की तुलना में अधिक जोर से बोलते हैं। लोग आंखों के संपर्क, आवाज की टोन, चेहरे की अभिव्यक्ति आदि पर अधिक ध्यान देते हैं।

अत: विकल्प (C) सही है।

12. ग्रेपवाइन संचार को अनौपचारिक संचार के रूप में भी जाना जाता है क्योंकि संचार संगठन द्वारा निर्धारित औपचारिकताओं/दिशानिर्देशों को बनाए बिना किया जाता है और इसके अलावा, प्रासंगिक जानकारी साझा करने के लिए कोई विशेष मार्ग नहीं है।

अत: विकल्प (B) सही है।

13. एक अच्छा संचारक एक आइस ब्रेकर के साथ अपनी प्रस्तुति शुरू करता है।

एक अच्छा आइस ब्रेकर संचारक को उस अजीबता को भरने में मदद करेगा जो प्रस्तुति शुरू करने से पहले वह महसूस कर सकता है। यह हमेशा श्रोताओं पर एक अनुकूल प्रभाव देगा।

अत: विकल्प (D) सही है।

14. अभिव्यंजक संचार कूटलेखक के व्यक्तित्व विशेषताओं द्वारा संचालित है।

अभिव्यंजक संचार में किसी अन्य व्यक्ति को संदेश भेजना शामिल है। बच्चे और युवा जो बहरे-अंधे हैं, वे कई तरीकों से खुद को व्यक्त करने में सक्षम हैं।

अत: विकल्प (B) सही है।

15. यहाँ अनुसरण किया गया पैटर्न है:

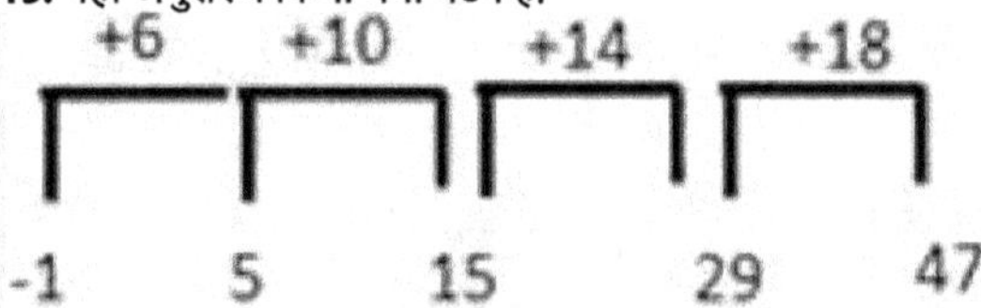

→ -1 + 6 = 5 (हमें '-1' से '5' प्राप्त करने के लिए '6' जोड़ना होगा)

→ 5+ 10 = 15 (6+ 4 = 10) (5 से 15 प्राप्त करने के लिए हमें 10 जोड़ना होगा)

→ 15 + 14 = 29 (10 + 4 = 14) (15 से 29 प्राप्त करने के लिए हमें 14 जोड़ना होगा)

→ 29 + 18 = 47 (14 + 4 = 18)

इसलिए, श्रृंखला में अगला पद 47 है।

अत: विकल्प (B) सही है।

16. 'WOMB' '5647' है।

यहां प्रत्येक अक्षर को एक विशिष्ट संख्या के साथ कोडित किया गया है:

'B' 7 है

'O' 6 है

'R' 9 है

'W' 5 है

'M' 4 है

और,

'B' 7 है

'O' 6 है

'M' 4 है

'B' 7 है

अत: विकल्प (A) सही है।

17. उस महीने में रविवार की संख्या 5 है।

यदि एक वर्ष में 26 अगस्त गुरुवार है।

29 अगस्त को रविवार होगा।

इसलिए, रविवार 29, 22, 15, 8, 1 को है।

रविवारों की कुल संख्या 5 है।

अत: विकल्प (B) सही है।

18. पहली वर्णमाला लेते हुए,

B+2=D, D+2=F, F+2=H, H+2=J

संख्या लेना,

2 ×2+1= 5, 5 ×2+2=12, 12 ×2+3=27, 27 ×2+4=58

अंतिम वर्णमाला लेते हुए,

E+3=H, H+3=K, K+3=N, N+3=Q

इसलिए, अगला पद = J58Q

अत: विकल्प (D) सही है।

19. पहली वर्णमाला लेते हुए,
A+3=D, D+4=H, H+5=M, M+6=S
दूसरी वर्णमाला लेते हुए,
B+5=G, G+6=M, M+7=T, T+8=B
अंतिम वर्णमाला लेते हुए,
D+7=K, K+8=S, S+9=B, B+10=L
तो, अगला शब्द = SBL

अत: विकल्प (B) सही है।

20. उपर्युक्त दो कथन एक तर्क का गठन करते हैं।

एक तर्क एक संरचना के साथ प्रस्ताव का एक समूह है जो कुछ निष्कर्ष निकालता है।

अत: विकल्प (C) सही है।

21. (A) और (R) दोनों सही है, लेकिन (R), (A) का सही स्पष्टीकरण है।

आधुनिक तकनीक के साथ तेजी से जनसंख्या वृद्धि ने एक गंभीर पर्यावरणीय संकट पैदा कर दिया है। इस संकट से निपटने के लिए दुनिया भर के देशों को एक साथ आने की जरूरत है। इसलिए, पर्यावरण संरक्षण अंतरराष्ट्रीय एजेंडे का हिस्सा होना चाहिए।

अत: विकल्प (A) सही है।

22. उपर्युक्त तर्क एक अलंकारिक तर्क है।
अलंकारिक तर्क वह हैं जहां एक निष्कर्ष दो या अधिक मामलों के बीच समानता की तुलना से लिया गया है।

अत: विकल्प (C) सही है।

23. जब प्रस्तावों के समूह से एक प्रस्ताव दूसरे प्रस्तावों से व्युत्पादित कहा जाए, तो प्रस्तावों का यह समूह एक तर्क कहलाएगा। एक तार्किक तर्क यह दावा है कि परिसर का एक सेट निष्कर्ष का समर्थन करता है। दो सामान्य प्रकार के तर्क हैं: आगमनात्मक और निगमनात्मक तर्क।

अत: विकल्प (A) सही है।

24. (A) सही है लेकिन (R) (A) का सही स्पष्टीकरण नहीं है।
नई नीतियों ने उत्पादन क्षमता, आयातित पूंजीगत सामान, मध्यवर्ती आदानों और प्रौद्योगिकी पर कई सरकारी नियंत्रणों को उदार बनाया है। इन सुधारों का मुख्य जोर खुलेपन पर रहा है, यानी निर्यात के लिए उदारीकरण और बाधाओं को दूर करना।

अत: विकल्प (A) सही है।

25. जनसंख्या की अधिकतम वृद्धि दर (%)$1961 - 1971$ में दर्ज की गई थी।

दशक वार वृद्धि दर = (वृद्धि / प्रारंभिक जनसंख्या) × 100

$1951 - 1961$	$\frac{1}{20} \times 100 = 5\%$
$1961 - 1971$	$\frac{3}{21} \times 100 = 14.28\%$
$1971 - 1981$	$\frac{3}{24} \times 100 = 12.5\%$
$1981 - 1991$	$\frac{3}{27} \times 100 = 11.11\%$

$1991 - 2001$	$\frac{2}{30} \times 100 = 6.67\%$
$2001 - 2011$	$\frac{3}{32} \times 100 = 9.37\%$

अतः विकल्प (A) सही है।

26. जनसंख्या की औसत गिरावट दर 9.82% (लगभग) है।

औसत = टिप्पणियों का योग / टिप्पणियों की कुल संख्या

$1951 - 1961$	$\frac{1}{20} \times 100 = 5\%$
$1961 - 1971$	$\frac{3}{21} \times 100 = 14.28\%$
$1971 - 1981$	$\frac{3}{24} \times 100 = 12.5\%$
$1981 - 1991$	$\frac{3}{27} \times 100 = 11.11\%$
$1991 - 2001$	$\frac{2}{30} \times 100 = 6.67\%$
$2001 - 2011$	$\frac{3}{32} \times 100 = 9.37\%$

कुल वृद्धि
$$\% = (5 + 14.28 + 12.50 + 11.11 + 6.67 + 9.37)\%$$
$$= 58.93\%$$

दशकों की कुल संख्या $= 6$

औसत $= \frac{58.93\%}{6} = 9.82\%$

अतः विकल्प (B) सही है।

27. $35 + \frac{35 \times 9.28}{100} = 38.44$ मिलियन

वर्ष 2021 में जनसंख्या 38.44 मिलियन होगी।

अतः विकल्प (B) सही है।

28. वर्ष 1951 में, प्रति व्यक्ति बिजली की उपलब्धता 500 वॉट थी।

1 गीगा वॉट $= 1000$ मिलियन वॉट

10 गीगा वॉट $= 10000$ मिलियन वॉट

प्रति व्यक्ति बिजली की उपलब्धता = विद्युत ऊर्जा उत्पादन/जनसंख्या

$\Rightarrow \frac{10000}{20} = 500$ वॉट

अतः विकल्प (D) सही है।

29. प्रति व्यक्ति बिजली की उपलब्धता = विद्युत ऊर्जा उत्पादन/जनसंख्या

1951	1000020=500 वॉट
1961	2000021=952.38 वॉट
1971	2500024=1041.67 वॉट
1981	4000027=1481.48 वॉट
1991	5000030=1666.67 वॉट
2001	8000032=2500 वॉट
2011	10000035=2857 वॉट

अतः विकल्प (C) सही है।

30. एक अनचाहे ई-मेल संदेश जो कई प्राप्तकर्ताओं को एक ही बार में भेजा गया एक स्पैम होता है।

एक स्टैंडअलोन मैलवेयर कंप्यूटर प्रोग्राम जो अन्य कंप्यूटरों में फैलने के लिए खुद की प्रतिकृति बनाता है, एक वॉर्म होता है।

एक प्रकार का कंप्यूटर प्रोग्राम, जो निष्पादित करते समय, अन्य कंप्यूटर प्रोग्रामों को संशोधित करके और अपने स्वयं के कोड को सम्मिलित करे एक वायरस होता है।

एक संभावित नकारात्मक कार्रवाई या घटना जो एक भेद्यता द्वारा सुगम होती है, जिसके परिणामस्वरूप कंप्यूटर सिस्टम या एप्लिकेशन के अवांछित प्रभाव हो एक थ्रेट होता है।

अत: विकल्प (D) सही है।

31. ASCII आदान प्रदान सूचना के लिए अमेरिकन मानक कोड का एक संक्षिप्त नाम है।
ASCII कोड कंप्यूटर, दूरसंचार उपकरण और अन्य उपकरणों में पाठ का प्रतिनिधित्व करते हैं। अधिकांश आधुनिक चरित्र-एन्कोडिंग योजनाएं ASCII पर आधारित हैं, हालांकि वे कई अतिरिक्त वर्णों का समर्थन करते हैं।

अतः विकल्प (A) सही है।

32. G2C का अर्थ है सरकार से नागरिक है।

ई-गवर्नेंस सरकारों द्वारा नए आईसीटी के उपयोग पर केंद्रित है क्योंकि यह सरकारी कार्यों की पूरी श्रृंखला पर लागू होता है। यह सूचना और संचार प्रौद्योगिकी का अनुप्रयोग है जो सरकारी सेवाओं, संचार, लेनदेन, एकीकरण के लिए विभिन्न स्टैंड अलोन सिस्टम, सूचनाओं के आदान-प्रदान और सरकार और नागरिक, सरकार और व्यवसाय के साथ-साथ बैक-ऑफ़िस प्रक्रिया और सहभागिता के बीच सेवाओं में मदद करता है।

ई-गवर्नेंस में सरकार की बातचीत के प्रकार:

G2G: सरकार से सरकार

G2C: सरकार से नागरिक

G2B: सरकार से व्यापार

G2E: सरकार से कर्मचारी

अतः विकल्प (C) सही है।

33. किसी कंप्यूटर में, यदि 8 बिट्स का उपयोग मेमोरी में एड्रेस को निर्दिष्ट करने के लिए किया जाता है, तो एड्रेस की कुल संख्या $2^{बिट्स} = 2^8 = 256$ एड्रेस होगी।

अतः विकल्प (A) सही है।

34. ऑडियो फ़ाइल प्रारूप हैं: .wav और .aac
(a) .wav - वेवफॉर्म ऑडियो फॉर्मेट
(b) .aac - एडवांस ऑडियो कोडिंग
(c) .wmv - विंडोज मीडिया वीडियो
(d) .flv - फ्लैश लाइव वीडियो

अतः विकल्प (C) सही है।

35. सही मिलान:

सूची I (सूचकांक / डेटाबेस)	सूची II (जारीकर्ता एजेंसी)
1) पर्यावरण प्रदर्शन सूचकांक	a) विश्व आर्थिक मंच
2) जलवायु परिवर्तन प्रदर्शन सूचकांक	b) जर्मन वॉच
3) ग्लोबल अर्बन एयर पॉल्यूशन डेटाबेस	c) विश्व स्वास्थ्य संगठन
4) ग्लोबल लिवेबिलिटी इंडेक्स	d) आर्थिक खुफिया इकाई

पर्यावरण प्रदर्शन सूचकांक, येल और कोलंबिया विश्वविद्यालयों द्वारा डब्ल्यूईएफ के साथ जारी की जाने वाली एक द्विवार्षिक रिपोर्ट है। वर्ष 2019 के सूचकांक में भारत 177वें स्थान पर था और स्विट्जरलैंड सूची में शीर्ष पर था।

जलवायु परिवर्तन प्रदर्शन सूचकांक (सीसीपीआई), जर्मन पर्यावरण एवं विकास संगठन, जर्मन वॉच द्वारा डिज़ाइन किया गया है। सीसीपीआई 2019 में भारत को 9वें स्थान पर और स्वीडन शीर्ष पर रखा गया था।

वैश्विक शहरी वायु प्रदूषण डेटाबेस, वर्ष 2018 में डब्ल्यूएचओ द्वारा जारी किया गया था, जिसमें दिल्ली प्रदूषण मानकों के मामले में 6वें स्थान पर है।

वैश्विक लिवेबिलिटी सूचकांक, आर्थिक खुफिया इकाई (ईआईयू) द्वारा जारी किया जाता है। वर्ष 2019 के जीएलआई सूचकांक में, भारत की राजधानी नई दिल्ली को सबसे निचले 118वें स्थान पर रखा गया था।

अतः विकल्प (A) सही है।

36. उपर्युक्त सभी विकल्प 2015 में यूनेस्को द्वारा आयोजित इंचियोन घोषणा के मुख्य एजेंडा थे।

इंचियोन घोषणा 2015 का एजेंडा अगले पंद्रह वर्षों के लिए शिक्षा के लिए एक नई दृष्टि स्थापित करना। यह नई दृष्टि पूरी तरह से प्रस्तावित एसडीजी 4 "समावेशी और न्यायसंगत गुणवत्ता की शिक्षा सुनिश्चित करें और सभी के लिए आजीवन सीखने के अवसरों को बढ़ावा दें" पर आधारित है।

अत: विकल्प (D) सही है।

37. उपर्युक्त सभी घर के अंदर लगाए जाने वाले पौधे, घर की अंदर की हवा की गुणवत्ता को सुधारते हैं।
नासा का एक अध्ययन इस बात की पुष्टि करता है कि आम हाउसप्लंट प्राकृतिक एयर प्यूरीफायर हैं। इनमें एलो वेरा, अरेका पाम, लेडी पाम, ड्रैगन ट्री, बांस अन्य शामिल हैं।

अत: विकल्प (D) सही है।

38. अनुपचारित कचरे के निर्वहन खासकर मलजल अपशिष्टों को मुख्य रूप से मीठे पानी के प्रदूषण के लिए जिम्मेदार ठहराया जा सकता है।

अत: विकल्प (C) सही है।

39. 1991 में, भारत को भुगतान संकट के एक अभूतपूर्व संतुलन का सामना करना पड़ा। नई आर्थिक नीति का महत्वपूर्ण तत्व यह है कि संरचनात्मक समायोजन सुधार जिसे अंततः मुक्त बाजार अर्थव्यवस्था स्थापित करके भारतीय आर्थिक प्रणाली की प्रकृति को बदलने के लिए लिया गया। इस संरचनात्मक समायोजन कार्यक्रम के तहत, आर्थिक विकास में सार्वजनिक क्षेत्र की भूमिका को कम कर दिया गया था और निजी क्षेत्र में वृद्धि और विस्तार हुआ था।

अत: विकल्प (C) सही है।

40. दक्षिण एशियाई विश्वविद्यालय का वर्तमान परिसर नई दिल्ली के चाणक्यपुरी में अकबर भवन परिसर है।

दक्षिण एशियाई विश्वविद्यालय (SAU) 2010 में दक्षिण एशियाई क्षेत्रीय सहयोग संगठन (SAARC) के आठ सदस्य राज्यों द्वारा स्थापित एक अंतरराष्ट्रीय विश्वविद्यालय है। आठ देश हैं: अफगानिस्तान, बांग्लादेश, भूटान, भारत, मालदीव, नेपाल, पाकिस्तान और श्रीलंका।

अत: विकल्प (C) सही है।

41. भारत के सर्वोच्च न्यायालय द्वारा राष्ट्रीय न्यायिक नियुक्ति आयोग (NJAC) को असंवैधानिक घोषित किया गया है।
राष्ट्रीय न्यायिक नियुक्ति आयोग (NJAC) एक प्रस्तावित निकाय था जो भारत में उच्चतर न्यायपालिका के लिए न्यायाधीशों की नियुक्ति और हस्तांतरण के लिए जिम्मेदार था।

अत: विकल्प (A) सही है।

42. विश्वविद्यालय अनुदान आयोग की स्थापना वर्ष 1956 में हुई थी। यूजीसी एक वैधानिक संगठन है जिसे विश्वविद्यालयों / कॉलेजों में शिक्षण, विभिन्न परीक्षाओं और अनुसंधान के मानकों के निर्धारण और रखरखाव के उद्देश्य से

स्थापित किया गया था। इसका गठन भारत में उच्च शिक्षा को विनियमित और बदलने के लिए किया गया है।

विश्वविद्यालय अनुदान आयोग की स्थापना निम्नलिखित से की गई थी:

1. उच्च शिक्षा में अनुसंधान और विकास को बढ़ावा देना
2. संभावित शिक्षण संस्थानों की पहचान करना और उन्हें बनाए रखना
3. शिक्षकों की क्षमता निर्माण

अतः विकल्प (B) सही है।

43. मिरांडा हाउस, दिल्ली को राष्ट्रीय संस्थागत रैंकिंग फ्रेमवर्क (एनआईआरएफ) के अनुसार देश (2017) में सर्वश्रेष्ठ कॉलेज का दर्जा दिया गया।
मिरांडा हाउस भारत में दिल्ली विश्वविद्यालय में महिलाओं के लिए एक कॉलेज है। 1948 में स्थापित, यह विज्ञान और उदार कला में डिग्री प्रदान करता है।

अत: विकल्प (A) सही है।

44. छात्र के सीखने के स्तर का परीक्षण करने के लिए मुख्य रूप से फॉर्मेटिव मूल्यांकन किया जाता है। फॉर्मेटिव मूल्यांकन, छात्र मूल्यांकन प्राप्त करने के लिए शिक्षण और सीखने की गतिविधियों को संशोधित करने के लिए सीखने की प्रक्रिया के दौरान शिक्षकों द्वारा आयोजित किया जाता है। ये परीक्षा नहीं है बल्कि एक छात्र के सीखने के स्तर के बारे में जानने की प्रक्रिया है।

जबकि, अंतिम मूल्यांकन, यह जानने के लिए किया जाता है कि एक छात्र को कौन सी ग्रेड मिल रही है, जो उसके अंतिम सीखने के परिणामों को जानने के लिए है।

अत: विकल्प (B) सही है।

45. थॉमस कुह्न ने प्रतिमान की अवधारणा को प्रतिपादित किया।

एक प्रतिमान एक मानक, परिप्रेक्ष्य या विचारों का समूह है। एक प्रतिमान किसी चीज को देखने का एक तरीका है।

प्रतिमान की अवधारणा:

- विज्ञान के इतिहासकार थॉमस कुह्न ने इसे इसका समकालीन अर्थ दिया है।

- कुह्न ने "प्रतिमान बदलाव" की अवधारणा को जन्म दिया, परिभाषित किया और लोकप्रिय बनाया।

- अपनी पुस्तक, द स्ट्रक्चर ऑफ साइंटिफिक रेवोल्यूशन (पहली बार 1962 में प्रकाशित) में, कुह्न एक वैज्ञानिक प्रतिमान को परिभाषित करता है: "सार्वभौमिक रूप से मान्यता प्राप्त वैज्ञानिक उपलब्धियां, जो एक समय के लिए, चिकित्सकों के समुदाय के लिए मॉडल समस्याएं और समाधान प्रदान करती हैं"।

- उन्होंने इस शब्द को अवधारणाओं और प्रथाओं के समूह को संदर्भित करने के लिए अपनाया जो किसी विशेष अवधि में वैज्ञानिक अनुशासन को परिभाषित करते हैं।

- उनके अनुसार वैज्ञानिक प्रगति बौद्धिक रूप से हिंसक क्रांतियों द्वारा विरामित शांतिपूर्ण अंतरालों की एक श्रृंखला है।

- इसलिए, यह एक रूप से दूसरे रूप में सोचने के तरीके में बदलाव है।

अत: विकल्प (C) सही है।

46. अनुच्छेद के तीसरे और चौथे वाक्य कहते हैं - "प्रेरणा, लीडर का व्यवहार और परिवर्तन के बारे में ज्ञान कई कारणों से प्रबंधन के चिकित्सकों के लिए बहुत चिंता का विषय बना रहेगा: यह मानव संसाधनों के प्रभावी नेतृत्व को बेहतर बनाने में मदद कर सकता है; यह मदद कर सकता है; परिवर्तन के प्रतिरोध को रोकना, उत्पादन पर प्रतिबंध और कार्मिक विवाद; और अक्सर यह एक अधिक उत्पादक संगठन को जन्म दे सकता है। "

उपरोक्त के अनुसार, हम स्पष्ट रूप से यह बता सकते हैं कि दिए गए विकल्पों में से केवल लीडर के व्यवहार का ज्ञान प्रतिरोध को बदलने के लिए निषिद्ध करता (जैसा कि प्रश्न में पूछा गया है) है।

अतः विकल्प (A) सही है।

47. अनुच्छेद के पहले पैराग्राफ के अंतिम दो वाक्य कहते हैं - "हमारा उद्देश्य वैचारिक ढांचे को प्रदान करना है जो व्यवहार विज्ञान के निष्कर्षों को लागू करने में आपके लिए उपयोगी हो सकता है। इस तरह का एक फ्रेमवर्क का मूल्य उस मूल्य में नहीं है। किसी के ज्ञान को बदलना, लेकिन लोगों के साथ काम करने में किसी के व्यवहार को बदलना। "

अन्य विकल्प:

मानव व्यवहार नहीं समझा जा सकता है: यह वास्तव में पारित होने का मुख्य विषय है क्योंकि यह वाक्य वाक्य के साथ शुरू होता है जो मानव व्यवहार का बहुत कुछ अभी भी ज्ञात नहीं है

मूल्य-भारित ढांचे का उद्भव: मार्ग में ऐसा कोई उल्लेख नहीं है।

अतः विकल्प (B) सही है।

48. दूसरे अनुच्छेद का दूसरा वाक्य कहता है - "इन दक्षताओं में से प्रत्येक अलग है और एक अलग विकासात्मक दृष्टिकोण की आवश्यकता है।"

अन्य विकल्प:

विशिष्टता: कहीं भी विशिष्टता का उल्लेख मार्ग में या तो सीधे या अनुमान के माध्यम से किया जाता है।

परिस्थितिजन्य आकस्मिकता: दूसरे पैराग्राफ के पहले वाक्य में वाक्यांश शामिल है - "आदत डालना - अपने व्यवहार और परिस्थितियों को नियंत्रित करने में सक्षम संसाधनों को अनुकूल बनाने में सक्षम होना" इस प्रकार यह वास्तव में प्रभावित करने वाली तीन बुनियादी दक्षताओं में से एक की परिभाषित करने की विशेषता है, अर्थात् परिभाषित करना लेकिन यह तीन दक्षताओं की आवश्यकता नहीं है।

अन्य चरणों के साथ अंतर-संबंध: दूसरे पैराग्राफ के तीसरे वाक्य में वाक्यांश है - "संचार प्रक्रिया-उन्मुख है, और प्रक्रिया में महत्वपूर्ण चरणों को सीखने और परस्पर संबंध बनाने की आवश्यकता है।" इस प्रकार यह वास्तव में तीन बुनियादी दक्षताओं में से केवल एक की आवश्यकता है, जिसे संचार कहा जाता है, लेकिन सभी तीन दक्षताओं की आवश्यकता नहीं है।

अतः विकल्प (D) सही है।

49. तीसरे अनुच्छेद का पहला वाक्य कहता है - "बदलते व्यवहार की प्रक्रिया शुरू करने की कुंजी वह है जो आपने अपने संगठन के अन्य लोगों के साथ सीखा है।"

अन्य विकल्प:

नेतृत्व शैली: मार्ग का समापन वाक्य कहता है - "दूसरा, जब अनुयायियों को यह महसूस होना शुरू हो जाता है कि यदि उनका प्रबंधक स्थितिजन्य नेतृत्व का उपयोग कर रहा है, तो यह प्रबंधक नहीं है, बल्कि उनका व्यवहार है, जो उनके साथ प्रयोग की जाने वाली नेतृत्व शैली को निर्धारित करता है।" इस प्रकार नेतृत्व शैली स्थिति-आधारित नेतृत्व से उत्पन्न एक परिवर्तन है और ऐसा कुछ नहीं जो व्यवहार में परिवर्तन का संकेत देता है।

प्रबंधकों को परिस्थितिजन्य समर्थन: कहीं भी मार्ग का उल्लेख " संवैधानिक समर्थन " नहीं है। मार्ग का समापन वाक्य कहता है - "दूसरा, जब अनुयायियों को यह महसूस होना शुरू हो जाता है कि यदि उनका प्रबंधक स्थितिजन्य नेतृत्व का उपयोग कर रहा है, तो यह प्रबंधक नहीं है, बल्कि उनका व्यवहार है, जो उनके साथ प्रयोग की जाने वाली नेतृत्व शैली को निर्धारित करता है।" इस प्रकार, स्थितिजन्य नेतृत्व एक प्रकार का नेतृत्व है और ऐसा कुछ नहीं जो व्यवहार में परिवर्तन का संकेत देता है।

दक्षताओं का पृथक्करण: यद्यपि पारित होने के अनुसार, प्रत्येक योग्यता को कौशल और ज्ञान के एक अलग सेट की आवश्यकता होती है, मार्ग में योग्यता के पृथक्करण के बारे में कुछ भी उल्लेख नहीं किया गया है।

अतः विकल्प (C) सही है।

50. उन्होंने कहा कि इस तरह की घटनाओं को रोकने के लिए सरकार ने कई कदम उठाए हैं।

मार्ग के तीसरे पैराग्राफ में कहा गया है - "दो चीजें तब होती हैं जब सभी एक साथ काम करने वाले लोगों की एक समान भाषा होती है। सबसे पहले, वे एक-दूसरे को प्रतिक्रिया देने में सक्षम होते हैं और बहुत ही तर्कसंगत, अलोकतांत्रिक तरीके से मदद करते हैं जो व्यवहार को प्रभावित करता है। दूसरा, अनुयायियों की शुरुआत होती है। यह महसूस करने के लिए कि यदि उनका प्रबंधक स्थितिजन्य नेतृत्व का उपयोग कर रहा है, तो यह प्रबंधक नहीं है, बल्कि उनका व्यवहार, जो उनके साथ प्रयोग की जाने वाली नेतृत्व शैली को निर्धारित करता है। "

ऊपर से, हम तार्किक रूप से निष्कर्ष निकाल सकते हैं कि a और c वैध हैं।

अन्य कथन:

लोगों को उतार-चढ़ाव भरे व्यवहार के लिए जाना जाता है: कहीं भी इस तरह के तथ्य का उल्लेख नहीं किया गया है।

भावनाएँ और मानवीय व्यवहार अलग और आसानी से खोजे जा सकते हैं: मार्ग के दो प्रारंभिक वाक्य कहते हैं - "मानव व्यवहार के बारे में अभी भी बहुत कुछ अज्ञात है। अनुत्तरित प्रश्न बने हुए हैं और आगे अनुसंधान आवश्यक है।" साथ ही, निष्कर्ष पैराग्राफ में कहा गया है कि एक सामान्य भाषा निष्पक्ष और निष्पक्ष प्रतिक्रिया देने में मदद कर सकती है।

ऊपर से, यह स्पष्ट है कि यह एक वैध निष्कर्ष नहीं है।

अतः विकल्प (D) सही है।

51. यदि प्रति प्लेन टेक्स्ट में 2^{56} सिफर टेक्स्ट हैं और लंबाई 18 के कुल 2^{18} प्लेन टेक्स्ट मौजूद हैं जो सभी एक ही प्लेन टेक्स्ट में डिक्रिप्ट होंगे, और यह प्रत्येक प्लेन टेक्स्ट के लिए है। 56 लंबाई के कुल 2^{56} प्लेन टेक्स्ट हैं। अब, 2^{56} होना चाहिए। $2^{18} = 2^{74}$ अलग-अलग सिफर टेक्स्ट जो सभी 56 लंबाई के प्लेन टेक्स्ट को डिक्रिप्ट करते हैं। यदि वे सभी सिफर टेक्स्ट समान लंबाई के हैं, तो उन्हें कम से कम 74 बिट लंबा होना चाहिए।

अतः विकल्प (B) सही है।

52. टीईए सिफर दो 32-बिट अनसिग्रेड इन्टिजर नंबर पर कार्य करता है। यह 128-बिट की का उपयोग करता है जिसका उपयोग सभी प्रमुख तत्वों को मिलाकर एक सिंपल की शेड्यूल बनाने के लिए किया जा सकता है। इसमें एक फिस्टेल स्ट्रक्चर है जिसमें सुझाए गए 64 राउंड आमतौर पर पेअर साइकिल में लागू होते हैं। रिजल्ट, क्रिप्टोग्राफिक हैश फ़ंक्शन के रूप में टीईए विशेष रूप से खराब है।'

अतः विकल्प (C) सही है।

53. $a = 5 + 3n$ एक रैखिक व्यंजक है जिसमें सामान्य अंतर 3 है जो की एक पूर्णांक है। तो, यह उभयनिष्ठ के साथ AP है। मान लीजिए d सामान्य अंतर है और n समांतर श्रेणी के पदों की संख्या है क्योंकि पहला पद a है और दूसरा पद b है।

इसलिए, $d = b - a$

साथ ही, अंतिम पद c है, इसलिए

$c = a + (n - 1)(b - a)$ (चूंकि $d = b - a$)

$$\Rightarrow \quad n - 1 = \frac{c-a}{b-a}$$

$$\Rightarrow \quad n = 1 + \frac{c-a}{b-a} = \frac{b-a+c-a}{b-a} = \frac{b+c-2a}{b-a}$$

अतः विकल्प (D) सही है।

54. पद b, पदों a और c का समांतर माध्य होना चाहिए। जब a, b, c, AP में हों तो a, b, c के बीच संबंध हो सकता है:

पहला पद है $t_1 = a$

दूसरा पद $t_2 = a + d = b$

तीसरा पद है $t_3 = a + 2d = c$

अब $a + c = a + (a + 2d) = 2a + 2d = 2(a + d) = 2b \Rightarrow a + c = 2b$

अतः विकल्प (C) सही है।

55. सभी रोटेशन करने के बाद $m^4 + m^2 + 2m$ एलिमेंट होते हैं। इसे परिवर्तनों की संख्या से विभाजित करने पर 4 अलग-अलग रंगों की वांछित संख्या उत्पन्न करता है $\dfrac{m^4+m^2+2m}{4}$

जहां, $m = 50$

फिर, $\dfrac{50^4 + 50^2 + 2 \times 50}{4}$

$= \dfrac{6250000 + 2500 + 100}{4}$

$= \dfrac{6252600}{4}$

$= 1563150$

तो, 50 रंगों वाले अलग-अलग रंगों की संख्या 1563150 है।

अतः विकल्प (D) सही है।

56. नॉन लिनियर प्रोग्रामिंग समस्याओं में, ऑब्जेक्टिव फ़ंक्शन और या कंस्ट्रेंट्स डिज़ाइन वेरिएबल के नॉन लिनियर फ़ंक्शन हैं और चूंकि फैसिबल रीजन की सीमाएं या मेरिट फ़ंक्शन के समान मानों की कंट्रोवर्सी स्ट्रैट लाइन्स हैं, इसलिए ऑप्टिमम सॉल्यूशन आवश्यक रूप से एक पर कंस्ट्रेंट्स का इंटरसेक्शन नहीं होना चाहिए।

अतः विकल्प (C) सही है।

57. वर्षों से, नॉन लिनियर प्रोग्रामिंग समस्याओं के समाधान के लिए कई तकनीकों का विकास किया गया है और कुछ प्रमुख तकनीकें फैसिबल डायरेक्शन की विधि, सिक्वेंसियल अनकंस्ट्रेंड मिनिमाइजेशन तकनीक, सिक्वेंसियल लिनियर प्रोग्रामिंग और डायनामिक प्रोग्रामिंग हैं।

अतः विकल्प (D) सही है।

58. नॉन लिनियर प्रोग्रामिंग में फैसिबल डायरेक्शन की मेथड को जनरल नॉन लिनियर इनक्वालिटी कन्स्ट्रेंड ऑप्टिमाइजेशन प्रॉब्लम पर एप्रोच के डायरेक्ट मेथड के तहत ग्रुपड किया जा सकता है और दो प्रसिद्ध प्रोसीजर जो फैसिबल डायरेक्शन की मेथड के फिलॉसोफी को मूर्त रूप देती हैं, वे रोसेन्स ग्रेडिएंट प्रोजेक्शन एल्गोरिथम और ज़ौटेन्डिज्क प्रोसीजर हैं।

अतः विकल्प (A) सही है।

59. फैज़िबल डायरेक्शन मेथड 1960 में स्किमिस्ट द्वारा स्ट्रक्चरल ऑप्टिमाइजेशन प्रॉब्लम में उपयोग की जाने वाली पहली नॉन-लीनियर प्रोग्रामिंग प्रोसीजर थी और यह मेथड एक इनिशियल फैसिबल पॉइंट से शुरू होकर, निकटतम सीमा तक पहुँच जाती है और एक नई फैसिबल डायरेक्शन पाई जाती है और नया डिज़ाइन पॉइंट प्राप्त करने के लिए इस फैसिबल डायरेक्शन के साथ एक उपयुक्त कदम उठाया जाता है और ऑप्टिमम डिज़ाइन पॉइंट तक पहुँचने तक प्रोसीजर को दोहराया जाता है।

अतः विकल्प (C) सही है।

60. लेबर मटेरियल के एफिसिएंट मैनजमेंट के साथ स्ट्रक्चर ऑप्टिमाइजेशन और नई कंस्ट्रक्शन तकनीकों के उपयोग के विकास और निर्माण की स्वदेशी और नई मटेरियल के उपयोग के रिजल्ट प्रेस्ट्रेस्ड कंक्रीट संरचनात्मक स्ट्रक्चर सिस्टम की ओवरआल कॉस्ट में काफी कन्सिडरबल होगी।

अतः विकल्प (A) सही है।

61. सबरूटीन नेस्टिंग एक सामान्य प्रोग्रामिंग प्रैक्टिस है जिसमें एक सबरूटीन दूसरे सबरूटीन को कॉल करता है। एक नेस्टेड सबरूटीन एक सबरूटीन है जिसे किसी अन्य सबरूटीन के भीतर से बुलाया जाता है। अब एक नेस्टेड सबरूटीन खुद को कुछ अन्य सबरूटीन को आमंत्रित कर सकता है। ये सबरूटीन हैं जो खुद को अपने कोड के भीतर से कॉल करते हैं। इस तरह के सबरूटीन के साथ, नेस्टिंग बहुत गहराई तक पहुंच सकती है।

अतः विकल्प (C) सही है।

62. नेस्टेड सबरूटीन्स के केस में, प्रोसेसर स्टैक पर स्टोर रिटर्न एड्रेस की संख्या अधिक होगी। सबरूटीन अपना कार्य करता है। कार्य के अंत को अक्सर सबरूटीन के भीतर 'रिटर्न' स्टेटमेंट द्वारा चिह्नित किया जाता है। रिटर्न ऑपरेशन स्टैक से कॉलिंग एड्रेस को पीओपी करेगा और यदि आवश्यक हो तो स्टैक पर रिटर्न वैल्यू को पुश करेगा। कण्ट्रोल अब कॉलिंग एड्रेस के निर्देश पर बैक जम्प करता है।

अतः विकल्प (C) सही है।

63. एक बटन दबाने पर उत्पन्न सिग्नल एन्कोडर सर्किट द्वारा संबंधित ASCII वैल्यू में एन्कोडेड किया जाता है। एक एन्कोडर को एक कॉम्बिनेशनल सर्किट के रूप में भी वर्णित किया जा सकता है जो एक डिकोडर का इनवर्स ऑपरेशन करता है। एक एन्कोडर में अधिकतम 2^n (या उससे कम) इनपुट लाइनें और n आउटपुट लाइनें होती हैं। एक एन्कोडर में, आउटपुट लाइनें इनपुट वैल्यू के अनुरूप बाइनरी कोड उत्पन्न करती हैं।

अतः विकल्प (C) सही है।

64. जब बटन दबाया जाता है, तो कांटेक्ट सरफेस बाउंस होती है और इसलिए, यह कई सिग्नल की जनरेशन को जन्म दे सकती है। इसे दूर करने के लिए, हम डिबगिंग सर्किट का उपयोग करते हैं। मैकेनिकल पुशबटन स्विच में इलेक्ट्रिकल कांटेक्ट अक्सर बटन को पहली बार पुश करने पर कई बार कांटेक्ट बनाते और तोड़ते हैं। एक डिबगिंग सर्किट रिजल्टिंग रिप्पल सिग्नल को हटा देता है और इसके आउटपुट पर एक क्लीन ट्रांजीशन प्रोवाइड कराता है।

अतः विकल्प (B) सही है।

65. कम दूरी पर बड़ी मात्रा में डेटा भेजने या प्राप्त करने की आवश्यकता वाले उपकरणों के बीच कनेक्शन का सबसे अच्छा तरीका पैरेलल पोर्ट है। पैरेलल पोर्ट लाइनों पर एक साथ लगभग 8 से 16 बिट डेटा ट्रांसफर करता है, इसलिए ट्रांसफर रेट्स में वृद्धि होती है। पीसी पर, पैरेलल पोर्ट 25-पिन कनेक्टर (टाइप डीबी -25) का उपयोग करता है और इसका उपयोग प्रिंटर, कंप्यूटर और अन्य उपकरणों को जोड़ने के लिए किया जाता है जिन्हें रिलेटिवली हाई बैंडविड्थ की आवश्यकता होती है। कंप्यूटर और प्रिंटर के बीच पैरेलल कम्युनिकेशन के लिए ओरिजिनल स्टैंडर्ड तैयार करने वाली कंपनी के बाद इसे अक्सर सेंट्रोनिक्स इंटरफेस कहा जाता है।

अतः विकल्प (C) सही है।

66. इंटरफेस सर्किट डिवाइस और सॉफ्टवेयर साइड के बीच एक हार्डवेयर इंटरफेस के रूप में कार्य करता है। एक इनपुट/आउटपुट (I/O) इंटरफेस में I/O डिवाइस को कंप्यूटर बस से जोड़ने के लिए आवश्यक सर्किटरी होती है। इंटरफेस के एक तरफ, हमारे पास एड्रेस, डेटा और कण्ट्रोल के लिए बस सिग्नल हैं।

अतः विकल्प (A) सही है।

67. एक पोर्ट साइड मूल रूप से एक फिजिकल डॉकिंग पॉइंट है जो मूल रूप से एक्सटर्नल डिवाइस को कंप्यूटर से जोड़ने के लिए उपयोग किया जाता है, या

हम कह सकते हैं कि एक पोर्ट कंप्यूटर और एक्सटर्नल डिवाइस के बीच एक इंटरफेस के रूप में कार्य करता है, उदाहरण के लिए, हम हार्ड ड्राइव, प्रिंटर को कनेक्ट कर सकते हैं। पोर्ट की मदद से कंप्यूटर को पोर्ट साइड डिवाइस को मदरबोर्ड से जोड़ता है।

अतः विकल्प (B) सही है।

68. हार्डवेयर डिवाइस के उपयोग के लिए कंटेन्शन को स्ट्रक्चर हैजर्ड कहा जाता है। प्रोसेसर हार्डवेयर के उपयोग के लिए कंटेन्डस है और डेडलॉक स्टेट में प्रवेश कर सकता है। एक स्ट्रक्चर हैजर्ड तब होता है जब दो (या अधिक) निर्देश जो पहले से ही पाइपलाइन में हैं, उन्हें समान रिसोर्स की आवश्यकता होती है। रिजल्ट यह है कि निर्देश को पाइपलाइन के एक हिस्से के पैरेलल के बजाय सीरीज में एक्सीक्यूटेड किया जाना चाहिए। हार्डवेयर निर्देशों के कुछ कॉम्बिनेशन का सपोर्ट नहीं कर सकता (पाइपलाइन में दो इंस्ट्रक्शन के लिए समान रिसोर्स की आवश्यकता होती है)।

अतः विकल्प (A) सही है।

69. आउट ऑफ ऑर्डर एक्सेक्यूशन करने के लिए सेंट्रलाइज्ड सिस्टम में स्कोर बोर्डिंग मेथड का उपयोग किया जाता है। एक स्कोरबोर्ड में, प्रत्येक इंस्ट्रक्शन की डेटा डिपेंडेन्सीज़ लॉग की जाती है। इंस्ट्रक्शन तभी जारी किए जाते हैं जब स्कोरबोर्ड यह निर्धारित करता है कि पहले जारी किए गए और इन्कम्पलीट इंस्ट्रक्शन के साथ कोई कॉन्फ्लिक्ट्स नहीं है।

अतः विकल्प (B) सही है।

70. टॉमसुलो एल्गोरिथम 1967 में आईबीएम के रॉबर्ट टॉमसुलो द्वारा विकसित एक हार्डवेयर एल्गोरिथम है। यह सेक्रेंसीअल इंस्ट्रक्शन की अनुमति देता है जो सामान्य रूप से नॉन-सेक्रेंसीअली रूप से एक्सेक्यूट (आउट-ऑफ-ऑर्डर एक्सेक्यूशन) करने के लिए कुछ डिपेंडेंसी के कारण रुक जाते हैं।

अतः विकल्प (A) सही है।

71. जब कोई ऑब्जेक्ट किसी फंक्शन द्वारा रिटर्न किया जाता है, तो रिटर्न वैल्यू रखने के लिए एक टेम्पररी ऑब्जेक्ट ऑटोमैटिकल रूप से बनाता है। वैल्यू आवश्यकतानुसार असाइन किए जाते हैं, और टेम्पररी ऑब्जेक्ट डिस्ट्रॉय हो जाती है। टेम्पररी ऑब्जेक्ट का उपयोग वैल्यू को किसी अन्य ऑब्जेक्ट में कॉपी करने या किसी तरह से उपयोग करने के लिए किया जाता है। ऑब्जेक्ट, ऑब्जेक्ट के डेटा मेंबर की सभी वैल्यू रखता है।

अतः विकल्प (A) सही है।

72. <a> टैग का प्रयोग वेब पेज से लिंकों को जोड़ने के लिए किया जाता है।

<a> हाइपरलिंक को परिभाषित करता है, जिसका प्रयोग एक पेज को दूसरे पेज से जोड़ने के लिए किया जाता है।

एट्रिब्यूट 'href' लिंक के डेस्टिनेशन को इंगित करती है।

उदाहरण:

एक ईमेल एड्रेस को कैसे लिंक करें:

```
<a href="mailto:someone@example.com">Send email</a>
```

अतः विकल्प (D) सही है।

73. एक प्रोग्राम जो सोर्स कोड को पढ़ता है और उसे कंप्यूटर द्वारा प्रयोग करने योग्य रूप में परिवर्तित करता है, उसे कंपाइलर के रूप में जाना जाता है। कंपाइलर एक कंप्यूटर प्रोग्राम है जो एक प्रोग्रामिंग लैंग्वेज (सोर्स लैंग्वेज) में लिखे गए कंप्यूटर कोड का दूसरी लैंग्वेज (टारगेट लैंग्वेज) में अनुवाद करता है। "कंपाइलर" नाम मुख्य रूप से उन प्रोग्रामों के लिए उपयोग किया जाता है जो एक एक्सीक्यूटेबल प्रोग्राम बनाने के लिए सोर्स कोड को हाई-लेवल प्रोग्रामिंग लैंग्वेज से लो-लेवल लैंग्वेज (जैसे असेंबली लैंग्वेज, ऑब्जेक्ट कोड, या मशीन कोड) में अनुवाद करते हैं।

अतः विकल्प (B) सही है।

74. प्रोलॉग का मतलब प्रोग्रामिंग इन लॉजिक। प्रोलॉग कॉमन प्रोग्रामिंग लैंग्वेज से अलग है क्योंकि यह एक डेक्लेरेटिव लैंग्वेज है। इसका मतलब है कि प्रोग्रामर को विस्तार से निर्दिष्ट करना होगा कि किसी प्रॉब्लम को कैसे हल किया जाए। प्रोलॉग एक प्रकार की लॉजिक प्रोग्रामिंग। उल्लिखित चारों विकल्प प्रोग्रामिंग की चार श्रेणियां हैं।

अतः विकल्प (A) सही है।

75. जिस मेथड का उपयोग नई प्रॉपर्टीज को बनाने और मौजूदा प्रॉपर्टीज की एट्रिब्यूट को संशोधित करने के लिए किया जा सकता है, वह दोनों Object.defineProperty() और Object.defineProperties() है। मेथड Object.defineProperty() किसी ऑब्जेक्ट पर डायरेक्ट एक नई प्रॉपर्टी को परिभाषित करती है, या किसी ऑब्जेक्ट पर मौजूदा प्रॉपर्टी को संशोधित करती है, और ऑब्जेक्ट रिटर्न करती है। Object.defineProperty() और Object.defineProperties() दोनों का उपयोग नए प्रॉपर्टी को परिभाषित करने के लिए किया जा सकता है।

अतः विकल्प (C) सही है।

76. वर्ल्ड को-ऑर्डीनेट सिस्टम जिसे WCS भी कहा जाता है, कोई भी को-ऑर्डीनेट सिस्टम है जो डेटा ऐरे से जुड़े फिजिकल को-ऑर्डीनेट का वर्णन करती है। इसका एक खगोलीय छवि के लिए, या एक स्पेक्ट्रम के लिए तरंग दैर्घ्य पैमाने का निर्धारण करने के लिए भी उपयोग किया जाता है।

अतः विकल्प (A) सही है।

77. उस स्थान का नाम जिसमें छवि प्रदर्शित होती है, स्क्रीन को-ऑर्डीनेट सिस्टम है। स्क्रीन की को-ऑर्डीनेट सिस्टम एक कार्टीशियन को-ऑर्डीनेट सिस्टम है। मूल बिंदु (0,0) स्क्रीन के ऊपर बाईं ओर है। बिंदु (x, y) द्वारा निरूपित किया जाता है, जहाँ x, x निर्देशांक है और y, y निर्देशांक है।

अतः विकल्प (B) सही है।

78. वर्ल्ड विंडो निर्दिष्ट करती है कि विंडो के किस भाग को ड्रा करने की आवश्यकता है। यह यह भी परिभाषित करता है कि विंडो का कौन सा हिस्सा ड्रा किया जाना चाहिए और विंडो के बाहर कौन सा हिस्सा नहीं ड्रा किया जाना चाहिए और इसे काटा जाना चाहिए।

अतः विकल्प (C) सही है।

79. क्लिपिंग एक प्रकार का परिवर्तन है जिसका उपयोग कंप्यूटर ग्राफिक्स में लाइन्स, ऑब्जेक्ट्स और लाइनों के सेगमेंट्स को हटाने के लिए किया जाता है जो कंप्यूटर स्क्रीन या व्यूइंग पेन के बाहर होते हैं। क्लिपिंग इमेज, ऑब्जेक्ट या किसी लाइन सेगमेंट के दृश्य और अदृश्य भाग को स्थिर करने की एक प्रक्रिया है।

अतः विकल्प (B) सही है।

80. बहुभुज क्लिपिंग में, बहुभुज के नए वर्तिक्सेस प्राप्त करने के लिए विंडो बहुभुज के लेफ्ट साइड को पहले क्लिप किया जाता है। तो, यह टॉप लेफ्ट ओर है जिसे पहले काटा जाता है।

बहुभुज क्लिपिंग एक महत्वपूर्ण ऑपरेशन है जिसे कंप्यूटर हर समय निष्पादित करते हैं। एक एल्गोरिथ्म जो बहुभुज को क्लिप करता है वह जटिल है। बहुभुज के प्रत्येक वर्टिक्सेस को क्लिपिंग विंडो के प्रत्येक वर्टिक्सेस पर आमतौर पर एक समकोण के खिलाफ परीक्षण किया जाना चाहिए।

अतः विकल्प (D) सही है।

81. इंडिविजुअल रिकॉर्ड के डिस्क स्टोरेज एड्रेस की गणना करने के लिए उपयोग की जाने वाली कम्प्यूटेशनल तकनीक को हैशिंग कहा जाता है। हैशिंग केवल एक फार्मूला के माध्यम से कुछ डेटा पास करता है जो एक रिजल्ट उत्पन्न करता है, जिसे हैश कहा जाता है। वह हैश आमतौर पर कैरेक्टर्स की एक स्ट्रिंग होती है और फार्मूला द्वारा उत्पन्न हैश हमेशा एक ही लेंथ के होते हैं, भले ही आप इसमें कितना डेटा फीड करें।

अतः विकल्प (D) सही है।

82. डेटाबेस मैनेजमेंट क्वेरी लैंग्वेज को आम तौर पर इस बात को ध्यान में रखकर डिज़ाइन किया गया है कि अंग्रेजी जैसे कमांड का उपयोग करने वाले इंड यूजर को सपोर्ट करें। इसे कॉम्प्लेक्स एप्लिकेशन सॉफ्टवेयर के डेवलपमेंट की प्रक्रिया को भी बढ़ावा देना चाहिए और डेटाबेस की स्ट्रक्चर को स्पेसिफाइ करने में मदद करता है।

अतः विकल्प (D) सही है।

83. वितरित एप्लिकेशन महत्वपूर्ण कॉन्फ़िगरेशन जानकारी के अपडेट को संग्रहीत और मध्यस्थता करने के लिए जूकीपर का उपयोग करते हैं। जूकीपर अनावश्यक सेवाओं के माध्यम से बेहतर विश्वसनीयता प्रदान करता है। एक या कुछ नोड्स डाउन होने पर भी डेटा की उपलब्धता। जूकीपर स्वयं एक वितरित एप्लिकेशन है जो वितरित एप्लिकेशन लिखने के लिए सेवाएं प्रदान करता है।

अतः विकल्प (D) सही है।

84. अंबारी पूरे क्लस्टर में हडूप सेवाओं को शुरू करने और रोकने के लिए केंद्रीय प्रबंधन प्रदान करता है। अंबारी हडूप क्लस्टर के स्वास्थ्य और स्थिति की निगरानी के लिए एक डैशबोर्ड प्रदान करता है। जब आपका ध्यान आवश्यक होगा तो अंबारी ईमेल भेजेगा (उदाहरण के लिए, एक नोड नीचे चला जाता है, शेष डिस्क स्थान कम है, आदि)। यह सरलीकरण एक उपयोग में आसान वेब UI और REST API प्रदान करके किया जाता है।

अतः विकल्प (A) सही है।

85. डेटाबेस में विभिन्न टेबल्स के बीच रिलेशनशिप्स को रिप्रेजेंट करने के लिए, आमतौर पर, फॉरेन 'की' का उपयोग किया जाता है। एक फॉरेन 'की' टेबल्स के बीच रिलेशनशिप को परिभाषित करने में मदद करती है। यह यूनिक 'की' दो या दो से अधिक टेबल्स के बीच रिलेशनल डेटाबेस में एक या अधिक इंटररिलेशनशिप रखता है।

अतः विकल्प (B) सही है।

86. डेटाबेस का एक्सटर्नल लेवल एकमात्र ऐसा लेवल है जिसे इंड यूजर के लिए क्लोज लेवल माना जाता है। यह थ्री लेवल आर्किटेक्चर में उच्चतम लेवल है, और यूजर के सबसे निकटतम है। इसे व्यू लेवल के रूप में भी जाना जाता है। एक्सटर्नल लेवल केवल रिलेवेंट डेटाबेस कंटेंट यूजर को व्यू के रूप में दिखाता है और शेष डेटा को हाईड कर देता है।

अतः विकल्प (B) सही है।

87. स्टॉर्म समुदाय तीन महत्वपूर्ण विषयों से संबंधित क्षमताओं में सुधार करने के लिए काम कर रहा है: व्यापार निरंतरता, संचालन और डेवलपर उत्पादकता। हॉर्टनवर्क्स डेटा प्लेटफॉर्म (HDP) एक सुरक्षा-समृद्ध, उद्यम-रेडी, खुला स्रोत अपाचे हडूप वितरण है जो एक केंद्रीकृत वास्तुकला (यार्न) पर आधारित है। एचडीपी आराम से डेटा की जरूरतों को पूरा करता है, वास्तविक समय के ग्राहक अनुप्रयोगों को शक्ति देता है, और मजबूत विश्लेषण प्रदान करता है जो निर्णय लेने और नवीनीकरण में तेजी लाने में मदद करता है।

अतः विकल्प (B) सही है।

88. जेपलिन का उपयोग अपाचे स्पार्क, अपाचे फ़्लिंक, आदि जैसे सामान्य-उद्देश्य वाले डेटा प्रोसेसिंग सिस्टम के लिए किया जाता है। अपाचे जेपलिन एक नई और आगामी वेब-आधारित नोटबुक है जो स्पार्क में डेटा एक्सप्लोरेशन, विजुअलाइज़ेशन, साझाकरण और सहयोग सुविधाएँ लाती है। यह पायथन का समर्थन करता है, लेकिन स्काला, हाइव, स्पार्केसक्यूएल, शेल और मार्कडाउन जैसी प्रोग्रामिंग भाषाओं की बढ़ती सूची भी है।

अतः विकल्प (C) सही है।

89. "COUNT" कीवर्ड का उपयोग किसी कॉलम के अंदर वैल्यू की कुल संख्या को ज्ञात करने के लिए किया जाता है। इसलिए जब भी कोई यूजर किसी कॉलम में टोटल वैल्यू ज्ञात करना चाहता है, तो वह "COUNT" कीवर्ड का उपयोग कर सकता है।

अतः विकल्प (B) सही है।

90. अपाचे अलूरा किसी भी व्यक्तिगत प्रोजेक्ट के लिए स्रोत कोड रिपॉजिटरी, बग रिपोर्ट, चर्चा, विकी पेज, ब्लॉग और बहुत कुछ के प्रबंधन के लिए एक ओपन-सोर्स फोर्ज सॉफ्टवेयर है। अलूरा ने मार्च 2013 में अपाचे सॉफ्टवेयर फाउंडेशन के साथ इन्क्यूबेशन से मान्यता प्राप्त की। परियोजनाओं में स्रोत नियंत्रण प्रणाली, समस्या ट्रैकिंग, चर्चा, विकी और अन्य सॉफ्टवेयर परियोजना प्रबंधन उपकरण शामिल हैं।

अतः विकल्प (B) सही है।

91. फोर्क: फोर्क निर्देश प्रक्रिया निष्पादन में वह निर्देश है जो एक कार्यक्रम में दो समवर्ती निष्पादन उत्पन्न करता है। समवर्ती निष्पादन में से एक लेबल किए गए कथन पर शुरू होता है और दूसरा निष्पादन फोर्क निर्देश के बाद कथन पर निष्पादन की निरंतरता। फोर्क सिस्टम कॉल असाइनमेंट में एक पैरामीटर यानी लेबल (L) होता है।

जॉइन: जॉइन का निर्देश प्रक्रिया निष्पादन में वह निर्देश है जो दो समवर्ती संगणनाओं को एक एकल में पुनर्सयोजित करने के लिए माध्यम प्रदान करता है। जॉइन इंस्ट्रक्शन में एक पैरामीटर इंटीजर काउंट होता है जो कि जॉइन वाले कम्प्यूटेशंस की संख्या को निर्दिष्ट करता है। यह पूर्णांक को एक से घटाता है। यदि डिक्रीमेंट के बाद पूर्णांक का मान नॉन-जीरो है तो प्रक्रिया समाप्त हो जाती है अन्यथा प्रक्रिया अगले कथन के साथ निष्पादन जारी रखती है।

तो, फोर्क और जॉइन प्रिमिटिव का मान्य सिंटेक्स है:

Fork <label>

Join <var>

अतः विकल्प (A) सही है।

92. नेस्टेड मैक्रो कॉल्स को लीफो (लास्ट इन फर्स्ट आउट) नियम का उपयोग करके विस्तारित किया जाता है। लीफो नियम के संबंध में कुछ अतिरिक्त बिंदु हैं:

- नेस्टेड मैक्रो स्रोत प्रोग्रामिंग भाषा में आमतौर पर उपयोग किए जाने वाले बयानों के समूह का प्रतिनिधित्व करता है।
- लीफो का मतलब "लास्ट इन फर्स्ट आउट" विधि है।
- यह डेटा संरचनाओं को संभालने की एक विधि है जहां पहले तत्व को अंतिम रूप से संसाधित किया जाता है और अंतिम तत्व को पहले संसाधित किया जाता है।
- किसी सरणी या डेटा बफर से डेटा निकालते समय कभी-कभी कंप्यूटर द्वारा लीफो पद्धति का उपयोग किया जाता है।
- जब किसी प्रोग्राम को हाल ही में दर्ज की गई जानकारी तक पहुंचने की आवश्यकता होती है, तो वह लीफो पद्धति का उपयोग करेगा।

अतः विकल्प (B) सही है।

93. रिकर्सिव डिसेंट एक टॉप-डाउन पार्सिंग तकनीक है जो ऊपर से पार्स ट्री का निर्माण करती है और इनपुट को बाएं से दाएं पढ़ता है। यह प्रत्येक टर्मिनल और गैर-टर्मिनल इकाई के लिए प्रक्रियाओं का उपयोग करता है। यह पार्सिंग तकनीक एक पार्स ट्री बनाने के लिए इनपुट को पुनरावर्ती रूप से पार्स करती है, जिसके लिए बैक-ट्रैकिंग की आवश्यकता हो भी सकती है और नहीं भी।

अतः विकल्प (A) सही है।

94. ग्लासबॉक्सिंग एक टेस्टिंग तकनीक है जो प्रोग्राम संरचना की जांच करती है और प्रोग्राम लॉजिक/कोड से टेस्टिंग डेटा प्राप्त करती है। ग्लासबॉक्सिंग के अन्य नाम क्लियर बॉक्स टेस्टिंग, ओपन बॉक्स टेस्टिंग, लॉजिक-ड्रिवेन टेस्टिंग या पथ ड्रिवेन टेस्टिंग या स्ट्रक्चरल टेस्टिंग हैं।

अतः सही विकल्प (D) है।

95. ऑपरेटिंग सिस्टम एक साधारण गणना करके तालिका की तलाश करके रियल एड्रेस प्राप्त कर सकता है: नेम का एड्रेस + ऑफ़सेट। सेगमेंटेशन एक

मेमोरी-मैनेजमेंट योजना है जो प्रोग्रामर की मेमोरी के दृष्टिकोण का समर्थन करती है। एक लॉजिकल एड्रेस स्पेस सेगमेंटेशन का एक संग्रह है। प्रत्येक सेगमेंट का एक नेम और एक लेंथ होती है। इसलिए प्रोग्रामर प्रत्येक एड्रेस को दो मात्राओं द्वारा निर्दिष्ट करता है: एक सेगमेंट नेम और एक ऑफसेट। कार्यान्वयन में आसानी के लिए, सेगमेंट को क्रमांकित किया जाता है और सेगमेंट नेम के बजाय सेगमेंट संख्या द्वारा संदर्भित किया जाता है।

अतः विकल्प (A) सही है।

96. लिंकर प्रोग्राम प्रोग्राम को इसके निष्पादन के लिए आवश्यक अन्य प्रोग्रामों से जोड़ता है। लिंकर एक सिस्टम में एक प्रोग्राम है जो प्रोग्राम के ऑब्जेक्ट मॉड्यूल को एक ऑब्जेक्ट फ़ाइल में लिंक करने में मदद करता है। यह जोड़ने की प्रक्रिया करता है। लिंकर को लिंक एडिटर भी कहा जाता है। लिंकिंग कोड और डेटा के टुकड़ों को एक फ़ाइल में एकत्रित करने और बनाए रखने की प्रक्रिया है।

अतः विकल्प (C) सही है।

97. राउंड-रॉबिन (आरआर) कंप्यूटिंग में प्रक्रिया और नेटवर्क शेड्यूलर द्वारा नियोजित एलोरिथ्म में से एक है। जैसा कि आमतौर पर इस शब्द का उपयोग किया जाता है, टाइम स्लाइस (जिसे टाइम क्वांटा के रूप में भी जाना जाता है) को प्रत्येक प्रक्रिया को समान भागों में और सर्कुलर क्रम में बाटा जाता है, बिना प्राथमिकता के सभी प्रक्रियाओं को संभालना (चक्रीय कार्यकारी के रूप में भी जाना जाता है)। राउंड-रॉबिन शेड्यूलिंग सरल, लागू करने में आसान और नुकसान से मुक्त है। राउंड-रॉबिन शेड्यूलिंग को अन्य शेड्यूलिंग समस्याओं पर लागू किया जा सकता है, जैसे कंप्यूटर नेटवर्क में डेटा पैकेट शेड्यूलिंग। यह एक ऑपरेटिंग सिस्टम अवधारणा है।

अतः विकल्प (C) सही है।

98. एक क्रिटिकल सेक्शन एक प्रोग्राम सेगमेंट है जहां शेयर्ड रिसोर्सेस का उपयोग किया जाता है। एक क्रिटिकल सेक्शन एक प्रक्रिया से संबंधित कोड का एक सेक्शन है। समवर्ती कार्यक्रम जो एक शेयर्ड रिसोर्सेस तक पहुँचता है, उदाहरण के लिए, एक शेयर्ड वेरिएबल, शेयर्ड कम्युनिकेशन चैनल, शेयर्ड फ़ाइल, आदि और कार्यक्रम के सही व्यवहार के लिए, केवल एक प्रक्रिया ही एक्सेस कर सकती है।

अतः विकल्प (C) सही है।

99. वर्स्ट केस में,

प्रत्येक प्रक्रिया में इकाइयों की संख्या = इसकी अधिकतम मांग से एक कम

इसलिए,

प्रक्रिया P1 में संसाधन R की 1 इकाई है

प्रक्रिया P2 में संसाधन R की 1 इकाई है

प्रक्रिया P3 में संसाधन R की 1 इकाई है

इस प्रकार,

गतिरोध सुनिश्चित करने वाले संसाधन R की इकाइयों की अधिकतम संख्या = 1 + 1 + 1 = 3

संसाधन R की इकाइयों की न्यूनतम संख्या जो कोई गतिरोध सुनिश्चित नहीं करती है = 3 + 1 = 4

अतः विकल्प (A) सही है।

100. कंप्यूटर विज्ञान में, रेफरेंस का लोकैलिटी, जिसे लोकैलिटी के सिद्धांत के रूप में भी जाना जाता है, एक प्रोसेसर की प्रवृत्ति है जो मेमोरी लोकेशंस के एक ही सेट को कम समय में बार-बार एक्सेस करता है। रेफरेंस के लोकैलिटी का स्थानिक पहलू बताता है कि निकटवर्ती निर्देश भविष्य में निष्पादित होने की अधिक संभावना है। जब प्रोसेसर को सिग्नल करने के लिए कैश लोकेशन को अपडेट किया जाता है तो इस बिट का उपयोग किया जाता है।

अतः विकल्प (B) सही है।

101. सिस्टम के स्ट्रक्चर्ड एनालिसिस मॉडल में डेटा डिक्शनरी मेजर कॉम्पोनेन्ट। सॉफ्टवेयर इंजीनियरिंग में डेटा डिक्शनरी का अर्थ है एक फ़ाइल या फ़ाइलों का एक सेट जिसमें डेटाबेस का मेटाडेटा (डेटाबेस में अन्य ऑब्जेक्ट्स के बारे में रिकॉर्ड रखना), जैसे डेटा ओनरशिप, डेटा का किसी अन्य ऑब्जेक्ट से रिलेशनशिप और कुछ अन्य डेटा शामिल है। तो, यह एक ऐसा टूल है जिसका यूज प्रोसेस डिस्क्रिप्शन के लिए नहीं किया जाता है।

अतः विकल्प (D) सही है।

102. अधिकांश सिस्टम डेवलपमेंट प्रोजेक्ट विफल हो जाती हैं क्योंकि प्लानिंग और कंट्रोल जैसे बेसिक मैनेजमेंट प्रिंसिपल का उल्लंघन किया जाता है। विफलता के जोखिम को कम करने के लिए प्रोजेक्ट मैनेजर द्वारा किए जा सकने वाले उपाय भी शामिल हैं। एक सफल प्रोजेक्ट वह है जो समय पर और बजट के भीतर यूजर-इफेक्टिव सिस्टम तैयार करती है। इसलिए, कंपनी का आकार सिस्टम डेवलपमेंट प्रोजेक्ट की विफलता का फैक्टर नहीं है।

अतः विकल्प (A) सही है।

103. सॉफ्टवेयर इंजीनियरिंग में, सॉफ्टवेयर कॉन्फ़िगरेशन मैनेजमेंट (SCM) सॉफ्टवेयर डेवलपमेंट लाइफ साइकिल के दौरान डॉक्युमेंट, कोड, और अन्य संस्थाओं में परिवर्तनों को व्यवस्थित और कंट्रोल करने के लिए व्यवस्थित रूप से प्रबंधित करने की एक प्रोसेस है। प्राइमरी गोयल मिनिमल मिस्टेक्स के साथ प्रोडक्टिविटी बढ़ाना है। सॉफ्टवेयर कॉन्फ़िगरेशन मैनेजमेंट पूरे संगठन के लिए सिंगल सॉफ्टवेयर कॉन्फ़िगरेशन मैनेजमेंट टीम द्वारा प्रशासित किया जा सकता है।

अतः विकल्प (A) सही है।

104. वर्जन कंट्रोल वह प्रोसेस है जिसके द्वारा किसी डॉक्युमेंट या रिकॉर्ड के विभिन्न ड्राफ्ट और वर्जन प्रबंधित किए जाते हैं। यह एक टूल है जो ड्राफ्ट डॉक्युमेंट की एक सीरीज को ट्रैक करता है, जो फाइनल वर्जन में परिणत होता है। यह इन फाइनलाइज्ड वर्जन के रिवीजन और अपडेट के लिए एक ऑडिट ट्रेल प्रदान करता है। इस पुस्तक के उदाहरणों के लिए, आप सॉफ्टवेयर सोर्स कोड का उपयोग उन फ़ाइलों के रूप में करेंगे जिन्हें वर्जन कंट्रोल्ड किया जा रहा है, हालाँकि, वास्तव में, आप इसे कंप्यूटर पर लगभग किसी भी प्रकार की फ़ाइल के साथ कर सकते हैं।

अतः विकल्प (B) सही है।

105. इंटरफ़ेस को एक कंसिस्टेंट फैशन में जानकारी प्रेजेंट और एक्वायर करनी चाहिए। इसका अर्थ यह है कि:

(1) सभी विसुअल इनफार्मेशन एक डिज़ाइन मानक के अनुसार व्यवस्थित की जाती है जिसे पूरे स्क्रीन पर प्रदर्शित किया जाता है।

(2) इनपुट मैकेनिज्म एक लिमिटेड सेट के लिए कन्स्ट्रैंड हैं जो पूरे एप्लिकेशन में लगातार उपयोग किए जाते हैं।

(3) टास्क से टास्क पर नेविगेट करने के मैकेनिज्म को लगातार परिभाषित और कार्यान्वित किया जाता है।

अतः विकल्प (D) सही है।

106. सिस्टम पर्सेप्शन मॉडल को मेन्टल मॉडल के रूप में भी जाना जाता है।

मेन्टल मॉडल (सिस्टम पर्सेप्शन): यूजर की मेन्टल इमेज जो इंटरफ़ेस है यूजर का मेन्टल मॉडल आकार देता है कि यूजर इंटरफ़ेस को कैसे मानता है और क्या UI यूजर की जरूरतों को पूरा करता है और एक सिस्टम की इमेज को दर्शाता है जो एक अंतिम यूजर अपने हेड में बनाता है।

अतः विकल्प (D) सही है।

107. मैनुअल टेस्टिंग एक सॉफ्टवेयर टेस्टिंग प्रोसेस है जिसमें टेस्ट केसेस को किसी भी ऑटोमेटेड टूल का उपयोग किए बिना मैन्युअल रूप से निष्पादित किया जाता है। अंतिम यूजर के दृष्टिकोण के अनुसार सभी टेस्ट केसेस को टेस्टर द्वारा मैन्युअल रूप से निष्पादित किया जाता है। मैनुअल टेस्टिंग सबसे

फंडामेंटल टेस्टिंग प्रोसेसेज में से एक है क्योंकि यह सॉफ्टवेयर के विज़िबल और हिडन दोनों डिफेक्ट का पता लगा सकता है।

अतः विकल्प (C) सही है।

108. यूनिट टेस्टिंग: यूनिट टेस्टिंग को एक प्रकार के सॉफ्टवेयर टेस्टिंग के रूप में परिभाषित किया जाता है, जहां सॉफ्टवेयर के अलग-अलग कम्पोनेंट का टेस्टिंग किया जाता है। यूनिट टेस्टिंग आमतौर पर डेवलपर द्वारा किया जाता है।

इंटीग्रेशन टेस्टिंग: तो, आप बिना किसी सॉफ्टवेयर के मैन्युअल रूप से इंटरग्रेसन टेस्टिंग चला सकते हैं। यदि आप इंटरग्रेसन को ऑटोमेटिंग करने पर विचार करते हैं, तो यहां संक्षिप्त अवलोकन के साथपॉपुलर टूल और फ्रेमवर्क की सूची दी गई है।

सिस्टम टेस्टिंग: सिस्टम टेस्टिंगको एक पूर्ण और पूरी तरह से इंटीग्रेटेड सॉफ्टवेयर प्रोडक्ट के टेस्टिंग के रूप में परिभाषित किया गया है। यह टेस्टिंग ब्लैक-बॉक्स टेस्टिंग में आता है जिसमें कोड के इनर डिजाइन का नॉलेज प्री - रिकिसाइट नहीं है और टेस्टिंग टीम द्वारा किया जाता है।

निम्नलिखित टेस्टिंग तकनीकें हैं जो टेस्ट लाइफ साइकिल के दौरान मैन्युअल रूप से की जाती हैं:

- एक्सेप्टेन्स टेस्टिंग
- व्हाइट बॉक्स टेस्टिंग
- ब्लैक बॉक्स टेस्टिंग
- यूनिट टेस्टिंग
- सिस्टम टेस्टिंग
- इंटरग्रेसन टेस्टिंग

अतः विकल्प (D) सही है।

109. इम्प्लीमेंटेशन मॉडल कंपोनेंट्स और इम्प्लीमेंटेशन सबसिस्टम्स का एक कलेक्शन है जिसमें वे शामिल हैं। कंपोनेंट्स में डिलिवरेबल कंपोनेंट्स जैसे एक्जीक्यूटेबल्स और कंपोनेंट्स दोनों शामिल होते हैं, जिनसे डिलिवरेबल्स का प्रड्यूज होता है, जैसे सोर्स कोड फाइल्स है।

अतः विकल्प (B) सही है।

110. एक डिप्लॉयमेंट डायग्राम एक यूएमएल डायग्राम टाइप है जो एक सिस्टम के एक्सेक्यूशन आर्किटेक्चर को दिखाता है, जिसमें हार्डवेयर या सॉफ्टवेयर एक्सेक्यूशन एनवायरमेंट जैसे नोड्स और उन्हें जोड़ने वाले मिडलवेयर शामिल हैं। डिप्लॉयमेंट डायग्राम आमतौर पर किसी सिस्टम के फिजिकल हार्डवेयर और सॉफ्टवेयर को विजुलाइज करने के लिए उपयोग किए जाते हैं।

अतः विकल्प (B) सही है।

111. उपरोक्त विकल्पों में दिए गए सभी डेटा स्ट्रक्चर का उपयोग प्रायोरिटी क्यू को इम्प्लीमेंट करने के लिए किया जा सकता है लेकिन प्रायोरिटी क्यू को इम्प्लीमेंट करने का सबसे एफिसिएंट तरीका हीप डेटा स्ट्रक्चर है। हीप ट्री-आधारित डेटा स्ट्रक्चर हैं जो एक हीप प्रॉपर्टी द्वारा कन्स्ट्रैन हैं। हीप का उपयोग कई प्रसिद्ध एल्गोरिथ्म में किया जाता है जैसे कि शॉर्टेस्ट पाथ खोजने के लिए डिजिस्ट्रा एल्गोरिथ्म, हीप सॉर्ट सॉर्टिंग एल्गोरिथ्म, प्रायोरिटी क्यू को इम्प्लीमेंट करना, और बहुत कुछ।

अतः विकल्प (D) सही है।

112. एक लीनियर डेटा स्ट्रक्चर जिसमें दोनों एंड से इंसर्शन और डिलीशन ऑपरेशन किया जा सकता है, वह डीक्यू है। डीक्यू एक डेटा स्ट्रक्चर है जिसमें इंसर्शन और डिलीशन दोनों एंड से किया जाता है, जबकि क्यू में, एक एंड से इंसर्शन किया जा सकता है और दूसरे एंड से डिलीशन किया जा सकता है।

अतः विकल्प (B) सही है।

113. एक पूर्ण बाइनरी ट्री एक ऐसा ट्री है जिसमें प्रत्येक नोड में शून्य या दो चिल्ड्रन होते हैं। पूर्ण बाइनरी ट्री को स्ट्रिक्ट बाइनरी ट्री के रूप में भी जाना जाता है। पूर्ण बाइनरी ट्री को उस ट्री के रूप में भी परिभाषित किया जा सकता है जिसमें प्रत्येक नोड में लीफ नोड्स को छोड़कर दो चिल्ड्रेन नोड होने चाहिए।

अतः विकल्प (A) सही है।

114. जैसा कि प्रश्न में उल्लेख किया गया है कि ऐरे का साइज 5 है; इसलिए, रेंज 0 से 4 तक होगी। एक सर्कुलर क्यू में, लास्ट एलिमेंट फर्स्ट एलिमेंट से जुड़ा होता है; रियर का वैल्यू 4 है इसलिए जब हम मान बढ़ाते हैं तो यह सरणी के 0 वें स्थान पर पॉइंट करेगा।

अतः विकल्प (B) सही है।

115. नोड्स या तो लेफ्ट सब ट्री या राइट सब ट्री का एक हिस्सा हैं, इसलिए हमें सभी नोड्स को ट्रैवर्स करने की जरूरत नहीं है, इसका मतलब है कि कम्प्लेक्सिटी एवरेज केस में n से कम है, यह मानते हुए कि नोड्स समान रूप से फैले हुए हैं, टाइम कम्प्लेक्सिटी O(logn) बन जाती है।

अतः विकल्प (D) सही है।

116. हनोई के टॉवर प्रॉब्लम को रेकरेंस रूप से हल करने के लिए निम्नलिखित कदम उठाए गए हैं:

मान लीजिए कि तीन पेग्स A, B और C हैं। गोयल n पेग्स को A से C तक ले जाना है।

n डिस्क को पेग्स A से पेग्स C में ले जाने के लिए:

n-1 डिस्क को A से B में ले जाएं। यह डिस्क n को पेग्स पर अकेला छोड़ देता है

A

डिस्क n को A से C तक ले जाएं।

n?1 डिस्क को B से C पर ले जाएं ताकि वे डिस्क n पर बैठ जाएं।

उपरोक्त रिकर्सिव सलूशन की टाइम कम्प्लेक्सिटी के लिए रेकरेंस फंक्शन T(n) को निम्नानुसार लिखा जा सकता है:

T(n) = 2 T(n-1) + 1

अतः विकल्प (D) सही है।

117. वर्स्ट केस टाइम कम्प्लेक्सिटी हमेशा एवरेज केस टाइम कम्प्लेक्सिटी से अधिक या समान होती है। 3 प्रकार की कम्प्लेक्सिटीज़ हैं:

1. वर्स्ट केस: यह किसी भी एल्गोरिथम द्वारा लिया गया अधिकतम रनिंग टाइम है।

2. एवरेज केस: यह किसी भी एल्गोरिथम द्वारा लिया गया एवरेज रनिंग टाइम है।

3. बेस्ट केस: यह किसी भी एल्गोरिथम द्वारा लिया गया मिनिमम रनिंग टाइम है।

इसलिए, $A(n), W(n)$ द्वारा अपर बाउंड केस होगा।

साथ ही, यह एक स्ट्रिक्ट अपर बाउंड नहीं होगी क्योंकि यह मर्ज सॉर्ट जैसे एवरेज केस के समान हो सकता है।

$$A(n) = O(W(n))$$

अतः विकल्प (C) सही है।

118. एक ऊपरी सीमा का अर्थ है कि $f(n) = n$ को $O(n), O(n^2), O(n^3),$ और अन्य के रूप में व्यक्त किया जा सकता है, लेकिन अन्य फंक्शन में नहीं जैसे $O(1), O(logn)$

तो, हम सभी विकल्पों की जांच कर सकते हैं-

विकल्प (C): $\frac{n^3}{\sqrt{n}} = n^{\frac{5}{2}} > n^2$ सभी के लिए $n > 1$ — इसलिए, $\neq O(n^2)$

विकल्प (A): $15^{10} \times n + 12099 < c \times n^2$, कुछ के लिए $n > \sqrt{12100}$ अर्थात $n > 110$. इसलिए, $= O(n^2)$

विकल्प (B): $n^{1.98} < n^2$, सभी के लिए $n > 1$. इसलिए, $= O(n^2)$

विकल्प (D): $2^{20} \times n = 1024 \times 1024 \times n < c \times n^2$ सभी के लिए $n > 1$, जहां $c = 1024 \times 1024$. इसलिए, $= O(n^2)$

अतः विकल्प (C) सही है।

119. $f_1(n) = 2^n$

$f_2(n) = n^{\left(\frac{3}{2}\right)}$

$f_3(n) = n \log n$

$f_4(n) = n^{(\log n)}$

f_3 को छोड़कर, अन्य सभी घातांक हैं। तो f_3 निश्चित रूप से आउटपुट में प्रथम है। शेष में, $n^{\left(\frac{3}{2}\right)}$ अगला है। f_1 और f_4 की तुलना करने का एक तरीका दोनों फंक्शन्स का लॉग लेना है। $\log(f_1(n))$ की वृद्धि का क्रम $\Theta(n)$ है और $\log(f_4(n))$ की वृद्धि का क्रम $(\log n \times \log n)$ है। चूंकि $\Theta(n)$ की वृद्धि $\Theta(\log n \times \log n)$ से अधिक है, $f_1(n)$, $f_4(n)$ की तुलना में तेजी से बढ़ता है। f_1 और f_4 की तुलना करने का एक और तरीका निम्नलिखित है। f_4 और f_1 की तुलना करने पर। तुलना करने के लिए कुछ मान लेने पर:

$n = 32, f_1 = 2^{32}, f_4 = 32^5 = 2^{25}$

$n = 64, f_1 = 2^{64}, f_4 = 64^6 = 2^{36}$

अतः विकल्प (A) सही है।

120. हम इसे n=54321 जैसे उदाहरण लेकर प्राप्त कर सकते हैं। 2 इन्टरेशन के बाद, रेव 12 होगा और n 543 होगा। एक लूप इनवेरिएंट कुछ ऐसा होता है जो लूप की शुरुआत में प्रत्येक इन्टरेशन में होता है (एक इन्टरेशन के अंदर यह कर सकता है परिवर्तन लेकिन इन्टरेशन समाप्त होने से पहले ओरिजिनल कंडीशन सत्य होनी चाहिए) और अंत में भी। इसलिए, हम लूप की शुरुआत के लिए लूप हेडर पर, प्रत्येक इन्टरेशन के लिए और बाहर निकलने पर भी कंडीशन की संतुष्टि की जांच कर सकते हैं। यहां, प्रत्येक इन्टरेशन में, n का सबसे राइटमोस्ट डिजिट रेव के राइट छोर पर जा रहा है। तो, उत्तर है (A)। यानी (A) चॉइस में दी गई 2 शर्तें लूप में प्रवेश पर, प्रत्येक इन्टरेशन के बाद (जरूरी नहीं कि एक इन्टरेशन के दौरान), और लूप के अंत में सही हों।

अतः विकल्प (A) सही है।

121. कॉन्सटेनेशन ऑपरेशन डॉट ऑपरेशंस को संदर्भित करता है।

दो ऑपरेंड कॉन्सटेनेशन ऑपरेशन कहा जाता है कि जब AB = A•B = {xy: x ∈ A & y ∈ B} होता है।

अतः विकल्प (B) सही है।

122. हम रेगुलर क्लोजर के गुणों का उपयोग यह साबित करने के लिए कर सकते हैं कि कोई लैंग्वेज कॉन्टेक्स्ट फ्री लैंग्वेज नहीं है। उदाहरण: कॉन्टेक्स्ट फ्री लैंग्वेज का इंटरसेक्शन और रेगुलर लैंग्वेज एक कॉन्टेक्स्ट फ्री लैंग्वेज है। विरोधाभास द्वारा प्रमाण यहाँ मदद करता है।

अतः विकल्प (C) सही है।

123. बाउंडेड इंफॉर्मेशन उस व्यक्ति को संदर्भित करती है जिसका आउटपुट लिमिटेड है और यह नहीं कहा जा सकता है कि याद किए जाने तक पहले रिकॉर्ड किए गए आउटपुट क्या थे। {1101,101,10101} जैसे स्ट्रिंग्स स्वीकार किए जा रहे हैं जबकि {1001,11001} नहीं हैं। तो, इलेक्ट्रिसिटी मीटर रीडिंग बाउंडेड इंफॉर्मेशन का उदाहरण नहीं है।

अतः विकल्प (B) सही है।

124. जिस लैंग्वेज के लिए डेटर्मीनिस्टिक फिनिट ऑटोमेटा का कोई एसिस्टेंस नहीं है, वह हमेशा नॉन-रेगुलर लैंग्वेज होती है। पिजन होल प्रिंसिपल, जिसे पम्पिंग लेम्मा कहा जाता है, के आधार पर यह पहचानने के लिए एक अच्छी तरह से वेल-एस्टब्लिशड थ्योरम है कि कोई लैंग्वेज रेगुलर है या नहीं। यदि कोई लैंग्वेज पम्पिंग लेम्मा को संतुष्ट नहीं करती है, तो हम निश्चित रूप से कह सकते हैं कि यह रेगुलर नहीं है, लेकिन यदि यह संतुष्ट करती है, तो लैंग्वेज रेगुलर हो भी सकती है और नहीं भी।

अतः विकल्प (B) सही है।

125. एक डीएफए को निम्नलिखित प्रारूपों में दर्शाया जा सकता है:

ट्रांजीशन ग्राफ:

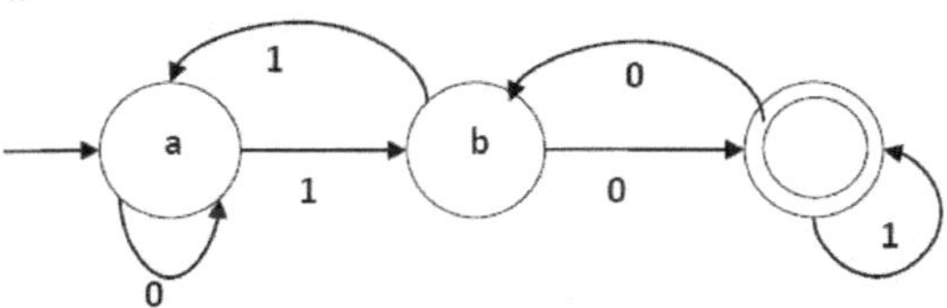

ट्रांजीशन टेबल:

वर्तमान स्थिति	इनपुट के लिए अगली स्थिति 0	इनपुट के लिए अगली स्थिति 1
a	a	b
b	c	a
c	b	c

कोई भी प्रोग्रामिंग लैंग्वेज:

एक डिटरमिनिस्टिक फिनिट ऑटोमेटन होने दें:

- Q = {a, b, c},
- Σ = {0, 1},
- q0 = {a},
- F = {c},

अतः विकल्प (D) सही है।

126. चॉम्स्की पदानुक्रम के अनुसार, पुशडाउन ऑटोमेटा टाइप 2 लैंग्वेज को स्वीकार करता है, जिसका उपयोग कॉन्टेक्स्ट-फ्री लैंग्वेजके लिए किया जाता है। पुशडाउन ऑटोमेटा अतिरिक्त मेमोरी के साथ एक फाइनाइट ऑटोमेटा है जिसे स्टैक कहा जाता है जो पुशडाउन ऑटोमेटा को कॉन्टेक्स्ट फ्री लैंग्वेज को रिकॉग्नाइज करने में मदद करता है।

अतः विकल्प (C) सही है।

127. कॉन्टेक्स्ट सेंसिटिव ग्रामर, स्ट्रक्चर ग्रामर का सबसे कॉमन स्टेप है। एक कॉन्टेक्स्ट सेंसिटिव ग्रामर (सीएसजी) एक फॉर्मल ग्रामर है जिसमें किसी भी प्रोडक्शन रूल के लेफ्ट हैंड और राइट हैंड टर्मिनल और नॉन-टर्मिनल सिंबल के कॉन्टेक्स्ट से घिरे हो सकते हैं। सीएसजी चॉम्स्की हायरार्की में कॉन्टेक्स्ट-फ्री और अनरिस्ट्रिक्टेड ग्रामर के बीच स्थित हैं।

अतः विकल्प (A) सही है।

128. सिमेंटिक एनालिसिस के बाद, कोड को इंटरमीडिएट कोड में बदल दिया जाता है जो प्लेटफॉर्म (OS + हार्डवेयर) से स्वतंत्र होता है, इंटरमीडिएट कोड में बदलने का फायदा कोड जनरेशन के प्रदर्शन में सुधार करना और अन्य कम्पाइलर में मशीन-इंडिपेंडेंट कोड ऑप्टिमाइज़र के पुन: उपयोग की संभावना को बढ़ाना है।

अतः विकल्प (D) सही है।

129. कोड ऑप्टिमाइजेशन तकनीक को दो प्रकार मशीन-डिपेंडेंट और मशीन-इंडिपेंडेंट में विभाजित किया जा सकता है।

मशीन-इंडिपेंडेंट ऑप्टिमाइजेशन: यह कोड ऑप्टिमाइजेशन फेज आउटपुट के रूप में बेहतर टारगेट कोड प्राप्त करने के लिए इंटरमीडिएट कोड को बेहतर बनाने का प्रयास करता है। इंटरमीडिएट कोड का हिस्सा जो यहां रूपांतरित होता है, उसमें कोई सीपीयू रजिस्टर या अब्सोल्युट मेमोरी लोकेशन शामिल नहीं होता है।

मशीन-डिपेंडेंट ऑप्टिमाइजेशन: यह मशीन-डिपेंडेंट ऑप्टिमाइजेशन टारगेट कोड जनरेट होने के बाद किया जाता है और जब टारगेट मशीन आर्किटेक्चर के अनुसार कोड को रूपांतरित किया जाता है। इसमें सीपीयू रजिस्टर शामिल हैं और इसमें रिलेटिव रिफरेन्स के बजाय अब्सोल्युट मेमोरी रिफरेन्स हो सकते हैं। मशीन-डिपेंडेंट ऑप्टिमाइजेशन मेमोरी हायरार्की का अधिकतम लाभ उठाने का प्रयास करते हैं।

अतः विकल्प (A) सही है।

130. क्रॉस कंपाइलर एक कंपाइलर है जो एक मशीन पर चलता है और एक से अधिक मशीन के लिए कोड जेनरेट करता है। एक क्रॉस कंपाइलर एक कंपाइलर है जो एक प्लेटफॉर्म के लिए निष्पादन योग्य कोड बनाने में सक्षम है, जिस पर कंपाइलर चल रहा है। एक क्रॉस कंपाइलर मशीन कोड के क्रॉस-प्लेटफॉर्म सॉफ्टवेयर पीढ़ी के लिए है, जबकि एक सोर्स-टू-सोर्स कंपाइलर टेक्स्ट कोड में एक प्रोग्रामिंग लैंग्वेज से दूसरी प्रोग्रामिंग लैंग्वेज में अनुवाद करता है। दोनों प्रोग्रामिंग टूल हैं।

अतः विकल्प (B) सही है।

131. अल्टरनेटिव रूटिंग आर्क नेट के हब आर्किटेक्चर की विशेषता नहीं है। अल्टरनेटिव रूटिंग आपकी साइट पर लोकल एक्सचेंज से दो अलग-अलग केबल प्रदान करता है, इसलिए आप केबल फेलियर से प्रोटेक्ट कर सकते हैं क्योंकि आपकी सर्विस अल्टरनेटिव रूट पर बनी रहेगी।

अतः विकल्प (B) सही है।

132. X.25 केवल वाइड एरिया नेटवर्क (WAN) संचार के लिए एक अंतर्राष्ट्रीय दूरसंचार संघ दूरसंचार मानकीकरण क्षेत्र (ITU-T) प्रोटोकॉल मानक है जो मूल रूप से बताता है कि उपयोगकर्ता उपकरणों और नेटवर्क उपकरणों के बीच कनेक्शन कैसे स्थापित और बनाए रखा जाता है। यह नीचे दिए गए अनुसार दो प्रकार के वर्चुअल सर्किट का समर्थन करता है:

स्विच्ड वर्चुअल सर्किट (एसवीसी): यह वर्चुअल सर्किट एक कंप्यूटर और नेटवर्क के बीच स्थापित होता है जब कंप्यूटर एक पैकेट या डेटा को उस नेटवर्क में स्थानांतरित करता है जो दूसरे कंप्यूटर पर कॉल करने का अनुरोध कर रहा है। वीसी को केवल एनालॉग टेलीफोन नेटवर्क और एटीएम नेटवर्क जैसे कनेक्शन-ओरिएंटेड सिस्टम में लागू और स्थापित किया जाता है।

परमानेंट वर्चुअल सर्किट (पीवीसी): यह दो डीटीई के बीच एक परमानेंट एसोसिएशन है जो केवल तभी स्थापित होता है जब कोई उपयोगकर्ता किसी सार्वजनिक नेटवर्क की सदस्यता लेता है। पीवीसी एसवीसी की तुलना में अधिक महंगे हैं। यह भी लीज्ड लाइन के समान है जिसका उपयोग सभी डेटा उपकरणों को जोड़ने के लिए किया जाता है।

अतः विकल्प (C) सही है।

133. X.25 प्रोटोकॉल को 3 लेयर्स (या लेवल) में विभाजित किया गया है:

X.25 फिजिकल लेयर: X.25 के लिए उपयोग की जाने वाली फिजिकल लेयर को पीपीपी, सिस्को एचडीएलसी (सीएचडीएलसी) या फ्रेम रिले जैसे कई अन्य प्रोटोकॉल द्वारा भी नियोजित किया जा सकता है।

X.25 डाटा लिंक लेयर: लिंक लेयर का उद्देश्य लिंक के एक छोर और दूसरे के बीच डाटा के आदान-प्रदान के लिए एक रिलाएबल मैकेनिज्म प्रदान करने के लिए आवश्यक है। इसलिए, लिंक-लेयर प्रोटोकॉल त्रुटि का पता लगाने और सुधार के लिए एक प्रोसीजर प्रदान करता है।

X.25 पैकेट लेयर प्रोटोकॉल (पीएलपी): X.25 पैकेट लेयर प्रोटोकॉल X.25 का नेटवर्क लेयर (लेवल 3) है, और मल्टीप्लेक्सिंग कपाबिलिटी प्रदान करते हुए वर्चुअल सर्किट को हैंडल करता है।

अतः विकल्प (A) सही है।

134. एक प्रोटोकॉल एक नियम है जो इवेंट्स के समय अनुक्रम को नियंत्रित करता है जो साथियों के बीच होना चाहिए। पीयर-टू-पीयर (पी2पी) कंप्यूटिंग या नेटवर्किंग एक वितरित एप्लिकेशन आर्किटेक्चर है जो बिटवीन पियर्स टास्क या वर्कलोड को विभाजित करता है। पियर्स एप्लिकेशन में समान रूप से विशेषाधिकार प्राप्त सुसज्जित प्रतिभागी हैं। उन्हें नोड्स का पीयर-टू-पीयर नेटवर्क बनाने के लिए कहा जाता है।

अतः विकल्प (A) सही है।

135. X.25 आम तौर पर एक प्रोटोकॉल है जिसे इंटरनेशनल टेलीकम्यूनिकेशन यूनियन (आईटीयू) द्वारा विकसित किया गया था। यह आमतौर पर विभिन्न लॉजिकल चैनलों को एक ही फिजिकल लाइन का उपयोग करने की अनुमति देता है। यह मूल रूप से आईटीयू द्वारा विशेष रूप से जारी किए गए दस्तावेजों की एक श्रृंखला को परिभाषित करता है। इन दस्तावेजों को X.25 अनुशंसाएँ भी कहा जाता है। X.25 मल्टीप्लेक्सिंग पैकेट और वर्चुअल कम्युनिकेशन चैनलों की मदद से भी विभिन्न कम्युनिकेशन का समर्थन करता है। X.25 मूल रूप से नेटवर्किंग के लिए ओपन सिस्टम इंटरकनेक्शन (OSI) रिफरेन्स मॉडल की लोअर तीन लेयर को समाहित या उपयुक्त बनाता है। ये तीन प्रोटोकॉल लेयर हैं:

- फिजिकल लेयर
- फ्रेम लेयर
- पैकेट लेयर

अतः विकल्प (B) सही है।

136. वैन नेटवर्क को कुछ दूरी से अलग किया जा सकता है, इसमें आमतौर पर दो या दो से अधिक छोटे नेटवर्क और उच्च गति वाली टेलीफोन लाइनें शामिल होती हैं। टीसीपी/आईपी का उपयोग राउटर, स्विच, फायरवॉल और मोडेम जैसे उपकरणों के संयोजन में किया जाता है।

अतः विकल्प (C) सही है।

137. ऑप्टिकल फाइबर केबल की अधिकतम डेटा क्षमता 1000 मेगाबिट्स प्रति सेकेंड है। ऑप्टिकल फाइबर पतले कांच या प्लास्टिक से बना एक तार होता है, जिसके माध्यम से सूचना प्रकाश की गति से प्रवाहित होती है।

अतः विकल्प (C) सही है।

138. सर्वर उस सर्वर से जुड़े क्लाइंट द्वारा उपयोग किए जाने वाले नेटवर्क में कंप्यूटर के संसाधनों को साझा करने की अनुमति देता है। क्लाइंट सर्वर को उसके अनुरोध के अनुसार सेवाओं के लिए अनुरोध देता है, सर्वर प्रतिक्रिया देता है और संसाधनों को साझा करता है और क्लाइंट को नेटवर्क में सेवाएं प्रदान करता है। क्लाइंट कंप्यूटर की तुलना में सर्वर का प्रोसेसर अधिक शक्तिशाली होता है क्योंकि यह बहुत सारे अनुरोधों को संभालता है। यदि सर्वर क्रैश हो जाता है तो कुछ भी नहीं किया जा सकता है।

अतः विकल्प (A) सही है।

139. टाइम-डिवीजन मल्टीप्लेक्सिंग (टीडीएम) ट्रांसमिशन लाइन के प्रत्येक छोर पर सिंक्रनाइज़ किए गए स्विच के माध्यम से एक सामान्य सिग्नल पथ पर

स्वतंत्र सिग्नल प्राप्त करने और भेजने की एक विधि है, ताकि एक प्रत्यावर्ती पैटर्न में समय के केवल एक अंश में ही प्रत्येक सिग्नल दिखाई दें।

अतः विकल्प (A) सही है।

140. मॉडेम, "मॉड्युलेटर/डेमोड्युलेटर" का संक्षिप्त रूप है जो कंप्यूटर या अन्य डिवाइसेस, जैसे राउटर या स्विच, को इंटरनेट से कनेक्ट करता है। यह एक टेलीफोन या केबल तार से एक एनालॉग सिग्नल को एक डिजिटल सिग्नल में परिवर्तित या "मॉड्युलेट" करता है। जिसे कंप्यूटर पहचान सकता है। इसी प्रकार, यह आउटगोइंग डिजिटल डेटा को कंप्यूटर या अन्य डिवाइस से एनालॉग सिग्नल में परिवर्तित करता है।

अतः विकल्प (A) सही है।

141. इनिशियल स्टेट में बोर्ड की पोजीशन शामिल होती है और खिलाड़ी को मूव करने की पहचान होती है। एक सक्सेसर फंक्शन (मूव, स्टेट) पेयर्स की एक लिस्ट देता है, प्रत्येक एक लीगल मूव और रेजल्टिंग स्टेट का संकेत देता है। एक टर्मिनल टेस्ट निर्धारित करता है कि खेल कब समाप्त हो गया है। जिन स्टेट्स में खेल समाप्त हो गया है उन्हें टर्मिनल टेस्ट कहा जाता है। एक यूटिलिटी फंक्शन (जिसे एक ऑब्जेक्ट फंक्शन या पायोफ फ़ंक्शन भी कहा जाता है), जो टर्मिनल स्टेट्स के लिए एक न्यूमेरिक वैल्यू देता है। चेस में, रिजल्ट +1, -1, या 0 वैल्यू के साथ जीत, हार या ड्रा होता है।

अतः विकल्प (D) सही है।

142. गेम ट्री को देखते हुए, प्रत्येक नोड के मिनि/मैक्स वैल्यू की जांच करके ऑप्टिमल स्ट्रेटेजी निर्धारित की जा सकती है, जिसे हम मिनिमैक्स -वैल्यू(n) के रूप में लिखते हैं। नोड का मिनि/मैक्स वैल्यू करेस्पोंडिंग स्टेट में होने की उपयोगिता (मैक्स के लिए) है, यह मानते हुए कि दोनों खिलाड़ी वहां से खेल के अंत तक बेहतर तरीके से खेलते हैं। जाहिर है, टर्मिनल स्टेट का मिनि/मैक्स वैल्यू केवल इसकी उपयोगिता है। इसके अलावा, एक विकल्प दिया गया है, मैक्सिमम वैल्यू की स्टेट में जाना पसंद करेगा, जबकि मिनिमम वैल्यू की स्टेट को प्राथमिकता देता है।

अतः विकल्प (D) सही है।

143. यदि लक्ष्य का मार्ग कोई मायने नहीं रखता है, तो हम एल्गोरिथ के एक अलग वर्ग पर विचार कर सकते हैं, जो पथ के बारे में बिल्कुल भी चिंता नहीं करते हैं। लोकल सर्च एल्गोरिथम एक वर्तमान स्थिति (बजाय एक से अधिक पथ) का उपयोग करके काम करते हैं और आम तौर पर केवल उस स्टेट के पड़ोसियों के पास जाते हैं।

अतः विकल्प (C) सही है।

144. दो फायदे: (1) वे बहुत कम मेमोरी का उपयोग करते हैं-आमतौर पर एक स्थिर राशि; और (2) वे अक्सर बड़े या अनंत (निरंतर) राज्य रिक्त स्थान में उचित समाधान ढूंढ सकते हैं जिसके लिए सिस्टेमेटिक एल्गोरिदम अनसूटेबल हैं।

अतः विकल्प (D) सही है।

145. लोकल मैक्सिमा: एक लोकल मैक्सिमम एक शिखर है जो अपने प्रत्येक आस-पास स्टेट से ज्यादा होता है, लेकिन ग्लोबल मैक्सिमम से कम होता है।

रिजेज: रिजेज परिणाम लोकल मैक्सिमा के अनुक्रम में होता है जो ग्रीडी एल्गोरिथ्म के लिए नेविगेट करने में बहुत मुश्किल होता है।

प्लेट्यूक्स: एक प्लेट्यूक्स स्टेट स्पेस लैंडस्केप का एक क्षेत्र है जहां इवैल्यूएशन फंक्शन फ्लैट होता है।

अतः विकल्प (D) सही है।

146. हिल-क्लाइम्बिंग एल्गोरिथम एक एल्गोरिथम है जो एक अंतिम समाधान प्राप्त करने तक वैल्यू में लगातार वृद्धि करता है। इस एल्गोरिथम का उपयोग गणितीय समस्याओं और मार्केटिंग और जॉब शेड्यूलिंग जैसे अन्य वास्तविक जीवन के एप्लीकेशन में ऑप्टिमाइजेशन के लिए किया जाता है। इस एल्गोरिथम में एक नोड होता है जिसमें दो भाग होते हैं: स्टेट और वैल्यू। यह एक नॉन-

ऑप्टिमल स्थिति (हिल का बेस) से शुरू होता है और एक निश्चित पूर्व शर्त पूरी होने तक इस स्टेट को अपग्रेड करता है।

अतः विकल्प (B) सही है।

147. जब आस-पास की वैल्यू ज्यादा नहीं होती है, तो हिल-क्लाइंबिंग एल्गोरिथम लोकल मैक्सिमम वैल्यू खोजना बंद कर देता है। एक लोकल मैक्सिमम एक स्टेट है जो अपने आस-पास के स्टेट से बेहतर है, हालांकि एक स्टेट मौजूद है जो इससे बेहतर है (ग्लोबल मैक्सिमम)। यह अवस्था बेहतर है क्योंकि यहाँ ऑब्जेक्टिव फंक्शन फलन का मान अपने आस-पास से अधिक है। ऐसा होने पर हिल-क्लाइम्बिंग एल्गोरिथम समाप्त हो जायेगा।

अतः विकल्प (C) सही है।

148. डिजाइन प्रॉब्लम एजेंट के लिए उपलब्ध पर्सेप्ट्स और एक्शन पर निर्भर करती है, लक्ष्य जो एजेंट के व्यवहार को संतुष्ट करना चाहिए। माइक्रोइलेक्ट्रोमैकेनिकल सिस्टम छोटे एक्सेलेरोमीटर और जाइरोस्कोप का उपयोग करता है और इसका उपयोग एक्ट्यूएटर्स के उत्पादन के लिए किया जाता है। बुद्धिमान एजेंटों के दो मुख्य कार्यों में परसेप्शन और एक्शन शामिल हैं। परसेप्शन सेंसर के माध्यम से की जाती है जबकि एक्ट्यूएटर्स के माध्यम से एक्शन की जाती है।

अतः विकल्प (C) सही है।

149. एआई सिस्टम इस तरह से बनाए गए थे कि इंसानों को इनपुट की आपूर्ति करना था और आउटपुट को इन्टरप्रेट करना था। एआई बड़ी मात्रा में डेटा को तेज, पुनरावृत्त प्रसंस्करण और बुद्धिमान एल्गोरिदम के साथ जोड़कर काम करता है, जिससे सॉफ्टवेयर को डेटा में पैटर्न या सुविधाओं से स्वचालित रूप से सीखने की अनुमति मिलती है। कनेक्शन खोजने और अपरिभाषित डेटा से अर्थ प्राप्त करने के लिए प्रक्रिया को डेटा पर कई पास की आवश्यकता होती है।

अतः विकल्प (B) सही है।

150. डिसिजन-मेकिंग और लर्निंग एल्गोरिथ्म जॉइंट स्टेट स्पेस पर ऑपरेट कर सकते हैं और इस तरह कम्प्यूटेशनल गतिविधियों को बेहतर बनाने के लिए लागू करने और उपयोग करने के लिए काम करते हैं। डिसिजन-मेकिंग एल्गोरिथम का उपयोग सार्वजनिक क्षेत्र में भी किया जाता है, जिसमें सरकारी सेवाओं की डिलीवरी और आपराधिक न्याय सजा और प्रोबेशन डिसिजन शामिल हैं। लर्निंग एल्गोरिथम डेटा को "लर्न" और नए इनपुट दिए जाने पर आउटपुट देने के लिए एक साथ इनपुट और आउटपुट दोनों का संयोजन लेता है।

अतः विकल्प (D) सही है।

Paper - I

Q.1 "एक संख्यात्मक अभिक्षमता परीक्षण में पुरुष तथा महिला विद्यार्थी एक समान प्रदर्शन करते हैं।" यह कथन निम्न में से किसको इंगित करता है?

A. अनुसन्धान परिकल्पना
B. शून्य परिकल्पना
C. दिशात्मक परिकल्पना
D. सांख्यिकीय परिकल्पना

Q.2 निर्देश: शिक्षण के निम्नलिखित चरणों को तार्किक क्रम में व्यवस्थित करें।

(i) शिक्षार्थी का मूल्यांकन

(ii) लक्ष्य और विषय-वस्तु को व्यवस्थित करना

(iii) क्रिया और प्रतिक्रिया

(iv) शिक्षण के प्रति प्रतिक्रिया

(v) रणनीति के विषय में निर्णय

(vi) उपयुक्त परीक्षण उपकरण

A. (iii)-(i)-(iv)-(ii)-(v)-(vi)

B. (ii)-(v)-(i)-(iii)-(vi)-(iv)

C. (ii)-(i)-(v)-(vi)-(iv)-(iii)

D. (i)-(v)-(vi)-(ii)-(iii)-(iv)

Q.3 निर्देश: नीचे दिए गए कथनों पर विचार करें:

(i) मॉरिसन शिक्षण के बोध स्तर के प्रस्तावक हैं।

(ii) हर्बर्ट शिक्षण के चिंतन स्तर के प्रस्तावक हैं।

(iii) हंट शिक्षण के स्मृति स्तर के प्रस्तावक हैं।

उपरोक्त कथनों में से कौन सा/से सही है/हैं?

A. केवल (i)
B. केवल (ii) और (iii)
C. केवल (iii)
D. इनमें से कोई नहीं

Q.4 पढ़ाने के लिए शिक्षक द्वारा उपयोग की जाने वाली तकनीकों में शामिल हैं:

1.   व्याख्यान

2.   संवादात्मक व्याख्यान

3.   समूह कार्य

4.   स्वयं अध्ययन

निम्नलिखित कूटों से सही उत्तर का चयन कीजिए:

A. 1, 2 और 3
B. 1, 2, 3 और 4
C. 2, 3 और 4
D. 1, 2 और 4

Q.5 निम्नलिखित में से कौन सा कारक शिक्षण को प्रभावित नहीं करता है?

A. शिक्षक का ज्ञान

B. अध्ययनकक्ष गतिविधियाँ जो सीखने को प्रोत्साहित करती हैं

C. शिक्षकों और छात्रों की सामाजिक-आर्थिक पृष्ठभूमि

D. अनुभव के माध्यम से सीखना

Q.6 निम्नलिखित में से कौन सा अनुसन्धान का एक प्रकार नहीं है?

A. परक
B. व्याख्यात्मक
C. प्रायोगिक
D. परिवर्तनशील

Q.7 निर्देश: 'अनुसन्धान' शब्द का अर्थ के संबध में निम्नलिखित में से कौन-से कथन सत्य हैं?

1.   अनुसन्धान का तात्पर्य किसी समस्या के समाधान का पता लगाने के लिए शुरू की गई व्यवस्थित क्रियाकलाप अथवा क्रियाकलापों की श्रृंखला से है।

2.   यह एक व्यवस्थित, तार्किक और निष्पक्ष प्रक्रिया है जिसमें परिकल्पना का परीक्षण, आंकड़ों का विश्लेषण, सिद्धांतों की व्याख्या और रचना की जा सकती है।

3.   यह सत्य के प्रति बौद्धिक जांच अथवा खोज है।

4.   इससे ज्ञान में वृद्धि होती है।

निम्नलिखित कोड से सही उत्तर का चयन कीजिए:

A. 1, 2 और 3
B. 2, 3 और 4
C. 1, 3 और 4
D. 1, 2, 3 और 4

Q.8 निम्नलिखित में से कौन सा कथन अनुसंधान के मुख्य उद्देश्यों को परिभाषित करता है?

A. अनुसंधान, अत्यधिक केंद्रित और व्यवहार्य होना चाहिए ।

B. अनुसंधान, अवधारणाओं का सटीक उपयोग करता है ।

C. छिपे हुए सत्य का पता लगाने हेतु अनुसंधान किया जाता है ।

D. ये सभी

Q.9 एक-प्रश्नावली तैयार करते समय निम्नलिखित में किन चरणों की आवश्यकता होती है?

1.   अध्ययन के प्राथमिक और द्वितीयक उद्देश्य लेखन

2.   वर्तमान साहित्य की समीक्षा

3.   प्रश्नावली का प्रारूप तैयार करना

4.   प्रारूप का पुनरीक्षण

निम्नलिखित कोड से सही उत्तर का चयन कीजिए:

A. 1, 2 और 3
B. 1, 3 और 4
C. 2, 3 और 4
D. 1, 2, 3 और 4

Q.10 एक निगमनात्मक तर्क अवैध होता है यदि:

A. इसके आधार वाक्य और निष्कर्ष सभी असत्य हैं।

B. इसके आधार वाक्य सत्य परन्तु निष्कर्ष असत्य हैं।

C. इसके आधार वाक्य असत्य परन्तु निष्कर्ष सत्य हैं।

D. इसके आधार वाक्य और निष्कर्ष सभी सत्य हैं।

Ques (11-15):निर्देश: दिए गए गद्यांश को ध्यानपूर्वक पढ़िए और दिए गए चार विकल्पों में से प्रश्न का सर्वोत्तम उत्तर चुनिए।

पैटी एक प्रकार का कबूतर थी जिसमें हमेशा रोमांच और सक्रिय जिज्ञासा की भावना थी। वह वाशिंगटन डीसी में यूनियन स्टेशन के पास एक इमारत के शीर्ष के पास एक ईंट के छेद में रहती थी।

पैटी को ट्रेनों को स्टेशन से अंदर और बाहर जाते देखना बहुत पसंद था। वह ट्रेनों की क्लिक-क्लैक ध्वनि से प्यार करती थी क्योंकि वे ट्रेन ट्रैक से नीचे जा रही गति को पकड़ते थे। और उसे ट्रेन की तेज सीटी बहुत पसंद थी।

ट्रेन की सीटी बजने से ठीक पहले, पैटी अपना सिर पीछे कर लेती और ऐसा दिखावा करती जैसे ट्रेन की तेज सीटी की आवाज सीधे उसकी ही चोंच से आ रही हो। जब उसने ऐसा किया तो उसके दोस्तों ने उसे थोड़ा अजीब देखा, लेकिन उन बेचारे कबूतरों को पता नहीं था कि ट्रेन की सवारी करना कैसा होता है।

पैटी को ट्रेनों के बारे में जानने के लिए लगभग सब कुछ पता था क्योंकि वह एक बार एमट्रैक ट्रेन से बोस्टन तक गयी थी। दरअसल, यह पूरी तरह सच

नहीं है। वह पहले ट्रेन से फिलाडेल्फिया गई, और फिर बोस्टन के लिए दूसरी ट्रेन पकड़ी।

सबसे पहले, ट्रेन की पटरियों पर उतरें और ऐसा दिखावा करें जैसे आप सैंडविच के टुकड़ों के लिए इधर-उधर चोंच मार रहे हैं। ऐसा व्यवहार करें जैसे कि आप केवल एक नियमित कबूतर हैं जो भोजन के अजीब स्क्रैप की तलाश में हैं।

फिर ट्रेन की कारों में से एक के द्वार पर अपना रास्ता बनाओ। हर समय, इस तरह का दिखावा करें जैसे कि ट्रेन में चढ़ना आपके दिमाग में सबसे दूर की बात है।

जब आप ट्रेन के किसी एक दरवाजे के पास पहुँचते हैं, तो यह देखने के लिए जाँच करें कि कहीं कोई कंडक्टर आपके बहुत करीब तो नहीं है। फिर ठीक उसी समय जब कोई ट्रेन में चढ़ रहा हो या उतर रहा हो, ऐसा दिखावा करें जैसे कि आप चौंक गए हों और थोड़ा सा चीखते हुए हवा में उड़ जाएं।

जल्दबाजी करने वाला यात्री आपको एक सेकंड के लिए नोटिस कर सकता है, लेकिन आप यह सुनिश्चित कर सकते हैं कि वे जल्दी से अपने रास्ते पर आ जाएंगे। फिर जब आप ट्रेन की कार के दरवाजे के पास हवा में हों, तो ऐसा दिखावा करें जैसे कि आप गलती से ट्रेन की कार के दरवाजे के शीर्ष चरण पर उतर गए हों।

फिर ऐसा दिखावा करें जैसे कि आपकी जिज्ञासा की भावना इतनी प्रबल है कि आपको ट्रेन की गाड़ी के अंदर झांकने की जरूरत है। पिजन्स एक्टिंग बुक में जिस तरह से वे आपको करने के लिए कहते हैं, उसमें थोड़ा आगे बढ़ें। फिर आप आने वाली पहली सीटों में से एक के नीचे डक कर सकते हैं, अपना सिर अपने पंख के नीचे रख सकते हैं, और तब तक पूरे रास्ते में झपकी लें सकते हैं जब तक कि ट्रेन पूरी तरह से स्टेशन से बाहर न निकल जाए।

यह महत्वपूर्ण है कि जब आप ट्रेन की सीट के नीचे छिपे हों तो आप नियमित रूप से कबूतरों की तरह नहीं कुड़कुड़ाते हैं। यदि आपके ऊपर की सीट का आदमी सबसे उबाऊ तरीके से आगे और आगे बढ़ रहा है तो कल्पना करने के लिए प्रलोभन का विरोध करें। और अगर गलियारे के पार की सीटों में बच्चे हमेशा हर चीज के बारे में बड़ा उपद्रव करते दिखते हैं, तो वे ताली बजाने के प्रलोभन का विरोध करते हैं।

Q.11 पैटी कबूतर अपना सिर पीछे क्यों खिंचती है और ऐसा दिखावा करती है जैसे ट्रेन की तेज सीटी की आवाज सीधे उसकी ही चोंच से आ रही हो?

A. क्योंकि वो पहले ही ट्रेन में सफर कर चुकी थी
B. क्योंकि वह जानती है कि उस आवाज को कैसे बनाया जाता है
C. क्योंकि वह अपने दोस्तों को अपना हुनर दिखाना चाहती है
D. इनमे से कोई नहीं

Q.12 पैटी ने संदिग्ध न दिखने का क्या सुझाव दिया?

A. सीधे ट्रेन में उड़ान
B. ट्रेन में क्लिक
C. सैंडविच के टुकड़ों के लिए इधर-उधर चोंच मारने का नाटक करें
D. इनमे से कोई नहीं

Q.13 दिए गए शब्द का विलोम शब्द क्या है?

ढोंग करना

A. बहाना करना
C. वास्तविक
B. प्रभावित करना
D. इनमे से कोई नहीं

Q.14 गद्यांश के अनुसार 'कुड़कुड़ाना' शब्द का अर्थ क्या है?

A. एक छोटी, धीमी आवाज
C. चीख
B. चोंच का प्रहार
D. इनमें से कोई नहीं

Q.15 कबूतर ने ट्रेन में सफर करते समय ध्यान न देने के लिए क्या सुझाव दिया?

A. उड़ना नहीं चाहिए
B. गिरे हुए सैंडविच क्रम्ब्स के पीछे नहीं जाना चाहिए
C. सामान्य कुड़कुड़ाहट से बचना चाहिए
D. ये सभी

Q.16 निम्नलिखित में से कौन सा समूह चर्चा का लाभ नहीं है?

A. यह एक उत्तेजक सोच प्रक्रिया है, जो महत्वपूर्ण सोच के विकास में मदद करती है।
B. शिक्षण-सीखने की प्रक्रिया के लिए एक टीम भावना का विकास करती है।
C. इसमें अनावश्यक तर्क शामिल होंगे तो चर्चा विषय से भटक सकती है।
D. मौखिक और गैर-मौखिक संचार विकसित करने के लिए अच्छा है।

Q.17 कल्पना कीजिए कि आप एक शैक्षणिक संस्थान में काम कर रहे हैं जहाँ लोग समान स्थिति के हैं। संचार का कौन सा तरीका सबसे उपयुक्त है और आमतौर पर इस तरह के संदर्भ में नियोजित किया जाता है?

A. क्षैतिज संचार
B. कार्यक्षेत्र संचार
C. व्यावसायिक संस्था का संचार तंत्र
D. पार संचार

Q.18 निम्नलिखित में से कौन संचार में अर्थ संबंधी अवरोध का कारण है?

A. शारीरिक हाव-भाव
C. इशारे
B. होमोफोन्स
D. ये सभी

Q.19 जन संचार के सूचना कार्य को इस प्रकार वर्णित किया गया है:

A. प्रसार
B. प्रचार
C. निगरानी
D. परिवर्तन

Q.20 निर्देश: दी गई श्रृंखला में प्रश्नवाचक चिन्ह (?) के स्थान पर लुप्त संख्या ज्ञात कीजिए।

2,7,28,63,126,?

A. 215
B. 245
C. 276
D. 296

Q.21

राम 14 कि.मी दक्षिण में जाता है और दाईं ओर मुड़कर 8 कि.मी चलता है, वहां से वह पुन: बाईं ओर मुड़कर 9 कि.मी की दूरी तय करता है। वह फिर बाईं ओर मुड़ता है और 8 कि.मी चलता है। वह फिर बाईं ओर मुड़ता है और 9 कि.मी चलता है। वह अपनी यात्रा के प्रारंभिक बिंदु से अंतिम बिन्दु तक कितनी दूरी पर और किस दिशा में है?

A. 14 कि.मी, पूर्व
B. 23 कि.मी, उत्तर
C. 14 कि.मी, दक्षिण
D. 23 कि.मी, पश्चिम

Q.22 रीता एक बिन्दु से दक्षिण की ओर 35 कि.मी. चली और फिर बायें घूमी और 30 कि.मी. चली, दोबारा बायें घूमी और 35 कि.मी. चली। शुरुआती बिन्दु से वह अब किस दिशा में खड़ी है?

A. पूर्व
B. पश्चिम
C. उत्तर
D. दक्षिण

Q.23

A, B का भाई है। B,C का भाई है। C,D का पति है। E, A का पिता है। D का E से संबंध क्या होगा?

A. बेटी
B. पुत्रवधू
C. भाभी
D. बहन

Q.24 निर्देश: दी गई श्रृंखला में प्रश्नवाचक चिन्ह (?) के स्थान पर लुप्त पद ज्ञात कीजिए।

ABD, DGK, HMS, MTB, SBL, ?

A. ZKU
B. ZCA
C. ZKW
D. KZU

Q.25

राहुल कहता है, "उस तस्वीर में जो लड़का है वह मेरे दादा के बेटे की बेटी का भाई है।" तस्वीर वाला लड़का राहुल से कैसे संबंधित है?

A. चचेरा भाई **B.** पिता **C.** भांजा **D.** भाई

Q.26 निर्देश: नीचे दो आधार वाक्य दिए गए हैं और उनसे चार निष्कर्ष निकाले गए हैं (अकेले या एक साथ लेकर)। उस कूट का चयन जिए जो निकाले गए निष्कर्ष को वैध बताता है।

आधार वाक्य:

(i) सभी धार्मिक व्यक्ति भावनात्मक हैं।

(ii) राम एक धार्मिक व्यक्ति हैं।

निष्कर्ष:

(a) राम भावनात्मक हैं।

(b) सभी भावनात्मक व्यक्ति धार्मिक हैं।

(c) राम एक गैर-धार्मिक व्यक्ति नहीं हैं।

(d) कुछ धार्मिक व्यक्ति भावनात्मक नहीं होते हैं।

A. (a), (b), (c) और (d) **B.** केवल (a)
C. केवल (a) और (c) **D.** केवल (b) और (c)

Ques (27-30):निर्देश: दिए गये प्रश्नों का उत्तर देने के लिए निम्नलिखित ग्राफ का ध्यानपूर्वक अध्ययन कीजिये।

निम्नलिखित बार ग्राफ 2017 में पांच कंपनियों A, B, C, D, E की आय और खर्च को (करोड़ में) दर्शाते हैं।

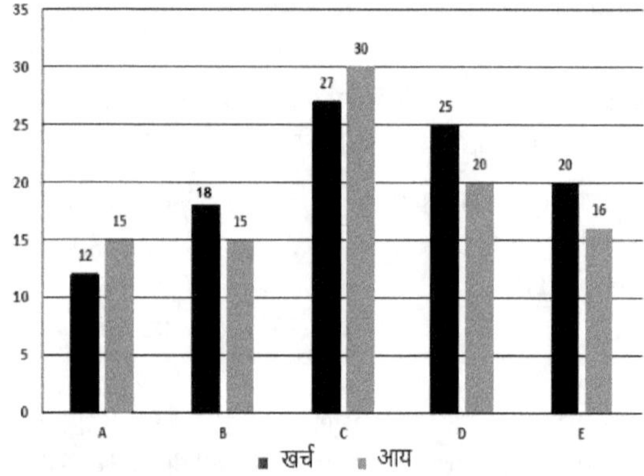

Q.27 कंपनी C का लाभ/हानि प्रतिशत क्या था (यदि इसकी गणना खर्च पर की जाती है)?

A. 10% हानि **B.** 10% लाभ
C. 11.11% हानि **D.** 11.11% लाभ

Q.28 पाँचों कंपनियों का कुल लाभ/हानि का अनुमानित प्रतिशत क्या था? (यदि इसकी गणना खर्च पर की जाती है)

A. 5.9% हानि **B.** 5.9% लाभ
C. 6.3% हानि **D.** 6.3% लाभ

Q.29 किस कंपनी ने अधिकतम लाभ प्रतिशत अर्जित किया?

A. A **B.** B **C.** C **D.** D

Q.30 यदि कंपनी C के लिए खर्च में वर्ष 2016 से वर्ष 2017 तक 20% की वृद्धि हुई और 2016 में कंपनी ने 12% लाभ अर्जित किया था, तो वर्ष 2016 में कंपनी C की आय (करोड़ में) क्या थी?

A. 22 **B.** 25 **C.** 25.2 **D.** 30

Q.31 यदि 2017 में कंपनी A की आय 2016 में उसकी आय से 10% कम थी और 2016 में कंपनी ने 10% लाभ अर्जित किया, तो 2016 में उसका खर्च (करोड़ में) लगभग क्या था?

A. 13 **B.** 15 **C.** 16 **D.** 18

Q.32 निर्देश: निम्नलिखित में से सही उत्तर चुनें:

निम्नलिखित में से कौन-कौन APA (American Psychological Association) शैली के संदर्भ में प्रारूप के मूलभूत नियम है?

(a) छोटी कृतियों जैसे जर्नल आलेख अथवा निबंध, के शीर्षक तिरछा करके लिखें

(b) लेखकों के नाम उल्टा लिखें (अंतिम नाम पहले)

(c) लम्बी कृतियों जैसे पुस्तक एवं जर्नल, के शीर्षक तिरछा करके लिखें

(d) संदर्भ सूची प्रविष्टियों का वर्णानुक्रम में सूचियन करें

नीचे दिए गये कूट से सही उत्तर का चयन कीजिए:

A. (a) और (b) **B.** (b), (c) और (d)
C. (c) और (d) **D.** (a), (b), (c) और (d)

Q.33 'टेबल ऑफ कॉन्टेंट्स' को जोड़ने के लिए माइक्रोसॉफ्ट वर्ड में किस फीचर का उपयोग किया जाता है?

A. इंसर्ट **B.** रिव्यू **C.** व्यू **D.** रेफरेन्सेस

Q.34 प्रिंटर को मुख्य रूप से दो प्रमुख श्रेणियों में वर्गीकृत किया जा सकता है। निम्न में से कौन सी दो प्रमुख श्रेणियां हैं?

A. इंपैक्ट और नॉन-इम्पैक्ट प्रिंटर
B. प्राइमरी और सेकेण्डरी प्रिंटर
C. डायनेमिक और स्टैटिक प्रिंटर
D. डिजिटल और एनालॉग प्रिंटर

Q.35 निम्नलिखित में से कौन एक इंस्टेंट मैसेजिंग एप्लीकेशन है?

1. व्हाट्सऐप
2. गूगल टॉक
3. वाइबर

नीचे दिए गये कोड में से सही उत्तर का चयन कीजिये:

A. केवल 1 और 2 **B.** केवल 2 और 3
C. केवल 1 **D.** 1, 2 और 3

Q.36 क्लाउड कंप्यूटिंग की निम्नलिखित विशिष्ट विशेषताएं हैं:

(a) सेवा इंटरनेट पर होस्ट की जाती है।

(b) यह एक सेवा प्रदाता द्वारा उपलब्ध कराया जाता है।

(c) यह मौसम के खराब होने पर बारिश की गणना और भविष्यवाणी करता है।

(d) सेवा प्रदाता द्वारा पूरी तरह से प्रबंधित किया जाता है

नीचे दिए गए विकल्पों में से सही उत्तर चुनिए:

A. केवल (a), (b) **B.** केवल (a), (b), (c)
C. केवल (a), (d) **D.** केवल (a), (b), (d)

Q.37 'ग्रीड गेम पॉलिटिकल पॉपुलिज़्म' को निम्न में से किस आंदोलन के रूप में जाना जाता है?

A. चिपको आंदोलन **B.** अपिक्को आंदोलन
C. जंगल बचाओ आंदोलन **D.** टिहरी बांध संघर्ष

Q.38 अनुमानित लागतों और मानक लागतों के संबंध में निम्नलिखित में से कौन-सा कथन सत्य है?

A. मानक लागतें वैज्ञानिक विश्लेषण एवं अभियांत्रिकी अध्ययनों पर आधारित होती हैं जबकि अनुमानित लागतें ऐतिहासिक आधार पर आधारित होती हैं।

B. मानक लागत का ज़ोर "कितनी लागत आएगी" पर होता है, जबकि अनुमानित लागत का ज़ोर "कितनी लागत आनी चाहिए" पर होता है।

C. अनुमानित लागतों की तुलना में मानक लागतों को अधिक बार संशोधित किया जाता है।

D. अनुमानित लागतें मानक लागतों की अपेक्षा अधिक स्थिर होती हैं।

Q.39 भारत के अधिकांश बड़े शहरों में वायु प्रदूषण का प्रमुख स्रोत है:

A. वाहनों की आवागमन
B. घर का धुआँ
C. ताप विद्युत संयंत्र
D. उपनगरीय ट्रेनें

Q.40 सतत विकास लक्ष्यों को _________ तक हासिल करने के लिए विशिष्ट लक्ष्य हैं।

A. 2022 **B.** 2030 **C.** 2040 **D.** 2050

Q.41 शिक्षकों द्वारा विद्यार्थियों के मूल्यांकन के मुख्य उद्देश्य हैं:

1. विद्यार्थियों की कमजोरियों के बारे में जानकारी एकत्र करना।
2. शिक्षक को शिक्षण कार्य गंभीरता से लेने का सन्देश देना।
3. शिक्षण की नवीन विधियाँ अपनाने में शिक्षकों की सहायता करना।
4. शिक्षक के गुणों में और अधिक सुधार के क्षेत्रों की पहचान करना।

नीचे दिए गये कूट से सही उत्तर का चयन कीजिये:

A. केवल 1 और 2 **B.** केवल 2, 3 और 4
C. केवल 1, 2 और 3 **D.** केवल 1

Q.42 "शिक्षा मनुष्य में पहले से ही पूर्णता की अभिव्यक्ति है" किस व्यक्तित्व द्वारा कहा गया था?

A. महात्मा गांधी **B.** रविन्द्रनाथ टैगोर
C. स्वामी विवेकानंद **D.** श्री अरबिंदो

Q.43 राष्ट्रीय मूल्यांकन और प्रत्यायन परिषद के बारे में निम्नलिखित में से कौन सा कथन सही है?

1. यह एक स्वायत्त संस्था है।
2. यह उच्च शिक्षा के संस्थानों का आकलन और मान्यता देने की जिम्मेदारी के साथ कार्य करता है।
3. यह दिल्ली में स्थित है।
4. इसके क्षेत्रीय कार्यालय हैं।

नीचे दिए गए कोड से सही उत्तर चुनिए:

A. 1 और 3 **B.** 1 और 2
C. 1, 2 और 4 **D.** 2, 3 और 4

Q.44 मूल्य शिक्षा का उद्देश्य छात्रों में विकसित करना है:

A. नैतिक मूल्य **B.** सामाजिक मूल्य
C. राजनीतिक मूल्य **D.** आर्थिक मूल्य

Q.45 नेटवर्क टोपोलॉजी संचार चैनलों का _______ है।

A. फाइल **B.** सर्वर
C. फोल्डर **D.** स्ट्रक्चर या लेआउट

Q.46 35 यथाप्राप्त समंक का औसत 18 है। उनमें से पहले सत्रह का औसत 14 है और अंतिम सत्रह का औसत 20 है। अठारहवें यथाप्राप्त समंक को ज्ञात कीजिए।

A. 42 **B.** 46 **C.** 52 **D.** 56

Q.47 35 छात्रों की एक कक्षा में, राम नीचे से 7वें स्थान पर है जबकि किशन ऊपर से 9वें स्थान पर है। दिव्या को दोनों के ठीक बीच में रखा गया है। राम और दिव्या के पदों में क्या अंतर है?

A. 9 **B.** 10 **C.** 11 **D.** 13

Q.48 दो संख्या c और d का अनुपात $3:7$ है। प्रत्येक संख्या में 9 जोड़ने के बाद, अनुपात $9:17$ हो जाता है। संख्या c और d हैं:

A. (8,42) **B.** (9,21) **C.** (15,35) **D.** (18,42)

Q.49 टीकेडीएल का फुल फॉर्म है:

A. ट्रेडिशनल नैक डिजिटल लाइब्रेरी
B. ट्रेडिशनल नॉलेज डिजिटल लाइब्रेरी
C. ट्रांसफर नॉलेज डेस्कटॉप लिटरेचर
D. ट्रांसफर नॉलेज डिजिटल लाइब्रेरी

Q.50 निर्देश: दी गई जानकारी पढ़िए और सबसे उपयुक्त विकल्प को चुनकर पूछे गए प्रश्न का उत्तर दीजिए।

200 व्यक्तियों में से 90 लोग चाय पसंद करते हैं जबकि 108 लोग कॉफी पसंद करते हैं और 46 लोग चाय और कॉफी दोनों पसंद करते हैं। कितने व्यक्तियों को न तो चाय पसंद है और न ही कॉफी?

A. 46 **B.** 44 **C.** 62 **D.** 48

Paper - II

Q.51 R एक सेट S पर एक बाइनरी रिलेशन है और R रिफ्लेक्सिव है यदि और केवल यदि _____ है।

A. r(R) = R **B.** s(R) = R **C.** t(R) = R **D.** f(R) = R

Q.52 यदि R_1 और R_2 सेट A से सेट B तक बाइनरी रिलेशन हैं, तो समानता _____ होगी।

A. $(R^C)^c = R^C$
B. $(A \times B)^c = \Phi$
C. $(R_1 \cup R_2)^c = R_1^c \cup R_2^c$
D. $(R_1 \cup R_2)^c = R_1^c \cap R_2^c$

Q.53 कौन सा एल्गोरिथम एक डारेक्टेड एसाइक्लिक ग्राफ में सिंगल सोर्स के सबसे छोटे पथ की एफ्फिसेंटली कैलकुलेट करता है?

A. टोपोलॉजिकल सॉर्ट **B.** हैश टेबल
C. बाइनरी सर्च **D.** रेडिक्स सॉर्ट

Q.54 ग्राफ G के ____ में G के सभी वर्टिसेज और एज हैं।

A. एज ग्राफ **B.** लाइन ग्राफ
C. पथ कॉम्प्लीमेंट ग्राफ **D.** यूलेरियन सर्किट

Q.55 समुच्चय {1, 5, 6} के घात समुच्चय की कार्डिनैलिटी __________ है।

A. 5 **B.** 6 **C.** 8 **D.** 10

Q.56 सेकेंशिअल लीनियर प्रोग्रामिंग में, नॉन-लीनियर ऑब्जेक्टिव फंक्शन और कंस्ट्रेंस को _________ किया जाता है।

A. लिनियराइज्ड **B.** पैरललाइज्ड
C. स्ट्रैटेंड **D.** डिवाइडेड

Q.57 प्रेस्ट्रेस्ड कंक्रीट स्ट्रक्चर के ऑप्टिमम डिजाइन की प्रोसेस को _______ के रूप में देखा जा सकता है।

A. कंप्यूटर प्रोग्रामिंग प्रॉब्लम
B. मैथमेटिकल प्रोग्रामिंग प्रॉब्लम
C. डायग्राम
D. एल्गोरिथ्म

Q.58 ऑप्टिमाइजेशन प्रॉब्लम में _________ शामिल है।

A. शार्ट कम्प्यूटेशन **B.** जीरो कम्प्यूटेशन
C. लांग कम्प्यूटेशन **D.** स्पान कम्प्यूटेशन

Q.59 डिज़ाइन वेरिएबल्स को आम तौर पर किस पैरामीटर के तहत समूहीकृत किया जाता है?

A. डायमेंशनल वेरिएबल्स **B.** स्पान वेरिएबल्स
C. फाउंडेशन वेरिएबल्स **D.** कांस्टेंट वेरिएबल्स

Q.60 सिक्वेंसियल अनकंस्ट्रेनेड मिनीमाइजेसन तकनीकों में, किन समस्याओं को रूपांतरित किया जाता है?

A. अनकंस्ट्रेनेड

B. कंस्ट्रेनेड

C. डिज़ाइंड

D. लिंक्ड

Q.61 _______ (लार्ज मेमोरीज के लिए) के डेवलपमेंट के लिए कम स्पेस कन्सिडरेशन है।

A. SIMM

B. DIMS

C. SRAM

D. (A) और (B) दोनों

Q.62 कंट्रोलर _______ सिग्नल प्राप्त करने के बाद एड्रेस को मल्टीप्लेक्स करता है।

A. आईएनटीआर

B. एसीके

C. रीसेट

D. रिक्वेस्ट

Q.63 8K पंक्ति में ऑर्गनाइज्ड एक मेमोरी पर कंसीडर करें और एक रीड ऑपरेशन को पूरा करने में 4 साइकिल लगते हैं। फिर चिप का रिफ्रेश ओवरहेड _______ होता है।

A. 0.0021   **B.** 0.0038   **C.** 0.0064   **D.** 0.0128

Q.64 निम्नलिखित में से कौन सा 8051 का एड्रेसिंग मोड नहीं है?

A. रजिस्टर इंस्ट्रक्शंस

B. रजिस्टर स्पेसिफाइड इंस्ट्रक्शंस

C. इंडेक्स्ड एड्रेसिंग

D. इनमें से कोई नहीं

Q.65 निम्नलिखित में से RISC मशीन की आइकोनिक फीचर _______ है।

A. एड्रेसिंग मोड की रेड्युसेड नंबर

B. मेमोरी साइज में वृद्धि

C. ब्रांच डिले स्लॉट होना

D. ये सभी

Q.66 प्रतीक, 'addr 16' 16-बिट एड्रेस का प्रतिनिधित्व करता है जिसका उपयोग निर्देशों द्वारा _______ निर्दिष्ट करने के लिए किया जाता है।

A. कॉल का डेस्टिनेशन एड्रेस

B. जम्प का सोर्स एड्रेस

C. कॉल या जम्प का डेस्टिनेशन एड्रेस

D. कॉल या जम्प का सोर्स एड्रेस

Q.67 कौन सी आर्किटेक्चर पावर एफ्फिसिएंट है?

A. CISC   **B.** RISC   **C.** ISA   **D.** IANA

Q.68 डीएमए इंटरप्ट मोड से _______ से भिन्न होता है।

A. ऑपरेशन के लिए प्रोसेसर की इंवॉल्वमेंट

B. I/O डिवाइस तक पहुँचने की विधि

C. पॉसिबल डेटा ट्रांसफर की मात्रा

D. इनमें से कोई नहीं

Q.69 डीएमए कंट्रोलर में _______ रजिस्टर होते हैं।

A. 4   **B.** 2   **C.** 3   **D.** 1

Q.70 जब प्रोसेस डीएमए ट्रांसफर के लिए रिक्वेस्ट करता है?

A. फिर प्रोसेस अस्थायी रूप से निलंबित है

B. प्रोसेस निष्पादन जारी है

C. एक और प्रोसेस निष्पादित हो जाती है

D. दोनों (A) और (C)

Q.71 निम्नलिखित में से कौन क्लास का मेंबर नहीं है?

A. वर्चुअल फंक्शन

B. कॉन्स्ट फंक्शन

C. स्टैटिक फंक्शन

D. फ्रेंड फंक्शन

Q.72 टेम्परेरी ऑब्जेक्ट के डिस्ट्रक्शन के कारण उत्पन्न होने वाली समस्या को कैसे दूर किया जाए?

A. ओवरलोडिंग इंसर्शन ऑपरेटर

B. ओवरराइडिंग फंक्शन का उपयोग किया जा सकता है

C. ओवरलोडिंग पैरेंथेसिस या रिटर्निंग ऑब्जेक्ट

D. असाइनमेंट ऑपरेटर को ओवरलोड करना और कॉपी कंस्ट्रक्टर को परिभाषित करना

Q.73 सेल के इनसाइड कंटेंट को लेफ्ट -अलाइन करने के लिए सही HTML कौन सा है?

A. <tdleft>

B. <td ralign = "left">

C. <td align = "left">

D. <td leftalign>

Q.74 प्रॉक्सी सर्वर के बारे में निम्नलिखित में से कौन सा/से सत्य है/हैं?

I. HTTP प्रॉक्सी, सर्वर पर का सपोर्ट नहीं करता है।

II. प्रॉक्सी सर्वर ओरिजिनल सर्वर पर लोड बढ़ाता है।

A. केवल I

B. केवल II

C. I और II दोनों

D. न तो I और न ही II

Q.75 एक प्रोग्राम जो हाई-लेवल लैंग्वेज प्रोग्राम को निष्पादित कर सकता है, _______ के रूप में जाना जाता है।

A. कम्पाइलर   **B.** इंटरप्रेटर   **C.** सेंसर   **D.** सर्किटरी

Q.76 लिआंग-बार्स्की एल्गोरिथम एक _______ क्लिपिंग एल्गोरिथम है।

A. सर्किल   **B.** टेक्स्ट   **C.** लाइन   **D.** पिक्सेल

Q.77 लिआंग-बार्स्की एल्गोरिथम के विचार किस एल्गोरिथम के साथ समान हैं?

A. साइरस बेक एल्गोरिदम

B. लियाम-चॉम्स्की एल्गोरिथम

C. कोहेन सदरलैंड एल्गोरिथम

D. सबका एक ही है

Q.78 यह एल्गोरिथम एक लाइन के लिए _______ समीकरणों का उपयोग करता है और चार असमानताओं को हल करता है।

A. लीनियर   **B.** क्वाड्रेटिक   **C.** क्यूबिक   **D.** पैरामीट्रिक

Q.79 _______ पिक्चर एरिया के सब-पिक्चर को निर्दिष्ट करके एक व्यू का चयन किया जाता है।

A. हाफ   **B.** टोटल   **C.** फुल   **D.** कार्टर

Q.80 कोई भी कनविनिएंट को-ऑर्डिनेट सिस्टम या कार्टिसिअन को-ऑर्डिनेट जिसका उपयोग पिक्चर को परिभाषित करने के लिए किया जा सकता है, _______ कहलाता है।

A. स्फेरिकल को-ऑर्डिनेट

B. वेक्टर को-ऑर्डिनेट

C. व्यूपोर्ट को-ऑर्डिनेट

D. वर्ल्ड को-ऑर्डिनेट

Q.81 _______ किसी भी संख्या में होस्ट में हडूप की इंस्टॉलेशन की सुविधा प्रदान करता है।

A. एपीआई-ड्रिवेन इंस्टॉलेशन

B. विज़ार्ड ड्रिवेन इंटरफेस

C. एक्सटेंसिबल फ्रेमवर्क

D. ये सभी

Q.82 _______ अपाचे हडूप पर मैपरेड्यूज जॉब की पाइपलाइन लिखने, टेस्टिंग करने और चलाने के लिए एक जावा लाइब्रेरी है।

A. cTAKES

B. CRUNCH

C. CouchDB

D. इनमें से कोई नहीं

Q.83 निम्नलिखित में से किसका उपयोग आमतौर पर संबंधों की संरचना बनाने, संबंध हटाने जैसे कार्यों को करने के लिए किया जाता है?

A. डीएमएल (डेटा मैनीपुलेशन लैंग्वेज)
B. क्वैरी
C. रिलेशन स्कीमा
D. डीडीएल (डेटा डेफिनेशन लैंग्वेज)

Q.84 निम्नलिखित में से कौन डेटाबेस के क्वैरी इनफार्मेशन में टपल्स को सम्मिलित करने, टपल्स को हटाने और डेटाबेस में टपल्स को संशोधित करने की क्षमता प्रदान करता है?

A. डीएमएल (डेटा मैनीपुलेशन लैंग्वेज)
B. डीडीएल (डेटा डिफिनेशन लैंग्वेज)
C. क्वैरी
D. रिलेशनल स्कीमा

Q.85 दी गई क्वैरी को _______ से भी बदला जा सकता है:

SELECT name, course_id
FROM instructor, teaches
WHERE instructor_ID= teaches_ID;

A. Select name,course_id from teaches,instructor where instructor_id=course_id;
B. Select name, course_id from instructor natural join teaches;
C. Select name, course_id from the instructor;
D. Select course_id from instructor join teaches;

Q.86 निम्नलिखित में से किस स्टेटमेंट में पॉसिबल एरर है?

A. Select * from emp where empid = 10003;
B. Select empid from emp where empid = 10006;
C. Select empid from emp;
D. Select empid where empid = 1009 and Lastname = 'GELLER';

Q.87 निम्नलिखित क्वैरी को पूरा करें-

SELECT emp_name
FROM department
WHERE dept_name LIKE ' ____ Computer Science';
ऊपर दी गई क्वैरी में, "dept_name" का चयन करने के लिए क्वैरी के खाली हिस्से में निम्नलिखित में से क्या रखा जा सकता है, जिसमें Computer Science की समाप्ति स्ट्रिंग के रूप में शामिल है?

A. &   B. _   C. %   D. $

Q.88 निम्नलिखित प्रश्न में, वेतन को उच्चतम से न्यूनतम राशि तक प्रदर्शित करने और कर्मचारियों के नाम को वर्णानुक्रम में क्रमबद्ध करने के लिए क्वैरी के खाली हिस्से में निम्नलिखित में से क्या रखा जा सकता है?

SELECT *
FROM instructor
ORDER BY salary ____, name ___;

A. Ascending, Descending
B. Asc, Desc
C. Desc, Asc
D. Descending, Ascending

Q.89 दी गई क्वैरी को _________ से बदला जा सकता है।

SELECT name
FROM instructor1
WHERE salary <= 100000 AND salary >= 90000;

A.
SELECT name
FROM instructor1
WHERE salary BETWEEN 100000 AND 90000
B. SELECT name

FROM instructor|
WHERE salary BETWEEN 90000 AND 100000;

SELECT name
C. FROM instructor1
WHERE salary BETWEEN 90000 AND 100000;

SELECT name
D. FROM instructor!
WHERE salary<= 90000 AND salary>=100000;

Q.90 डेटाबेस मैनेजमेंट सिस्टम एक प्रकार का _______ सॉफ्टवेयर है।

A. सिस्टम सॉफ्टवेयर   B. एप्लीकेशन सॉफ्टवेयर
C. जनरल सॉफ्टवेयर   D. इनमें से कोई नहीं

Q.91 दो-पास असेंबलर में, पास ॥ का कार्य है:

A. सिंबल, निमोनिक ओपकोड और ऑपरेंड फ़ील्ड को अलग करें
B. सिंबल टेबल बनाएं
C. कंस्ट्रक्ट इंटरमीडिएट कोड
D. टारगेट प्रोग्राम को संश्लेषित करें

Q.92 निर्देश- निम्नलिखित कथनों पर विचार करें:
"प्रोडक्ट में एक गुड ह्यूमन इंटरफ़ेस होना चाहिए।"
यहाँ एसआरएस की किस कैरेक्टरिस्टिक का डिपिक्टेड किया जा रहा है?

A. कंसिस्टेंट   B. नॉन-वेरिफिएबल
C. करेक्ट   D. अम्बिगुयस

Q.93 असेंबलर डायरेक्टिव EQU का सिंटैक्स है:

A. EQU <address spaces
B. <symbol>EQU<address spaces
C. < symbol > EQU
D. इनमे से कोई नहीं

Q.94 टॉप-डाउन पार्सिंग को लागू करने के लिए निम्नलिखित फीचर्स की आवश्यकता है:

A. सोर्स स्ट्रिंग मार्कर
B. प्रोडक्शन-मेकिंग मेकैनिज्म
C. मैचिंग और बैकट्रैकिंग मेकैनिज्म
D. ये सभी

Q.95 मैक्रो परिभाषा में निम्न शामिल हैं:

A. एक मैक्रो प्रोटोटाइप स्टेटमेंट
B. एक या अधिक मॉडल स्टेटमेंट
C. मैक्रो प्री-प्रोसेसर स्टेटमेंट
D. ये सभी

Q.96 डॉस में विभिन्न कार्यों को करने के लिए किस प्रकार के कमांड की आवश्यकता होती है?

A. इंटरनल कमांड   B. एक्सटर्नल कमांड
C. वैल्युएबल कमांड   D. प्राइमरी कमांड

Q.97 ब्लॉक कैश या बफर कैश का उपयोग किया जाता है:

A. डिस्क प्रदर्शन में सुधार करने के लिए
B. व्यवधानों को संभालने के लिए
C. मुख्य मेमोरी की क्षमता बढ़ाने के लिए
D. मुख्य मेमोरी रीड ऑपरेशन को तेज करने के लिए

Q.98 निम्नलिखित में से कौन एड्रेस पॉइंटर का उपयोग करके पैरामीटर ब्लॉक का पता लगाता है?

A. ऑपरेटिंग सिस्टम   B. कर्नेल
C. सिस्टम   D. मेमोरी

Q.99 यदि आप एक समय में एक से अधिक प्रोग्राम निष्पादित करना चाहते हैं, तो आप जिस सिस्टम सॉफ़्टवेयर का उपयोग कर रहे हैं वह सक्षम होना चाहिए:

A. वर्ड प्रोसेसिंग   **B.** वर्चुअल मेमोरी
C. कम्पाइलिंग   **D.** मल्टीटास्किंग

Q.100 राउंड-रॉबिन शेड्यूलिंग किस प्रकार का शेड्यूलिंग है?

A. लीनियर डेटा शेड्यूलिंग
B. नॉन-लीनियर डेटा शेड्यूलिंग
C. प्रिएम्प्टीव शेड्यूलिंग
D. नॉन-प्रिएम्प्टीव शेड्यूलिंग

Q.101 _______ डेवलपमेंट फेज में डिबगर्स द्वारा किया जाता है।

A. कोडिंग   **B.** टेस्टिंग
C. डिबगिंग   **D.** इम्प्लीमेंटेशन

Q.102 सॉफ्टवेयर रिक्वायरमेंट स्पेसिफिकेशंस डॉक्यूमेंट (SRS) कौन लिखता है?

A. सिस्टम डेवलपर   **B.** सिस्टम टेस्टर
C. सिस्टम एनालिस्ट   **D.** सिस्टम फ़्लोचार्ट

Q.103 किस टेस्टिंग रणनीति में एप्लीकेशन का समग्र रूप से टेस्ट किया जाता है?

A. रिक्वायरमेंट गैदरिंग   **B.** वेरिफिकेशन टेस्टिंग
C. वेलिडेशन टेस्टिंग   **D.** सिस्टम टेस्टिंग

Q.104 निम्नलिखित में से कौन परीक्षण में एक मिथक है?

A. परीक्षक बग ढूंढ सकता है
B. कोई भी उपयोगकर्ता सॉफ्टवेयर का परीक्षण कर सकता है
C. छूटे हुए दोष परीक्षकों के कारण नहीं हैं
D. पूर्ण परीक्षण संभव नहीं है

Q.105 SRS के बारे में निम्नलिखित में से कौन सा/से कथन सत्य है/हैं?

i. SRS एक कस्टमर द्वारा लिखा जाता है।
ii. SRS एक डेवलपर द्वारा लिखा जाता है।
iii. SRS कस्टमर और डेवलपर के बीच एक कॉन्ट्रैक्ट के रूप में कार्य करता है।

A. केवल i सत्य है   **B.** ii और iii दोनों सत्य हैं
C. सभी सत्य हैं   **D.** इनमें से कोई नहीं

Q.106 सिस्टम स्टडी प्रोजेक्ट के लिए फर्स्ट स्टेप है:

A. स्टडी प्रोजेक्ट के लिए स्टाफ
B. स्टडी प्रोजेक्ट की घोषणा करें
C. इनफार्मेशन की जरूरत का वर्णन करें
D. सिस्टम परफॉर्मेंस क्राइटेरिया परिभाषित करें

Q.107 डॉक्यूमेंटेशन का कौन सा पार्ट सिस्टम का पिक्टोरियल और रिटेन डिस्क्रिप्शन दोनों प्रदान करता है?

A. सिस्टम एब्स्ट्रैक्ट   **B.** सिस्टम नैरेटिव
C. सिस्टम ओवरव्यू   **D.** प्रॉब्लम डेफिनिशन

Q.108 आम तौर पर, किसी आर्गेनाइजेशन के टॉप मैनेजमेंट में अधिक रुचि होती है:

A. टैक्टिकल डिसीजन   **B.** स्ट्रैटेजिक डिसीजन
C. डे-टू-डे ऑपरेशन्स   **D.** ये सभी

Q.109 बैक-अप प्रोसीजर में मदद मिलती है:

A. डिस्क विफलता होने पर ऑपरेशन को पुनर्स्थापित करना।
B. सिस्टम क्रैश होने पर डेटा फ़ाइलों को पुनर्स्थापित करना।
C. डिस्क करप्शन होने पर एप्लिकेशन और सिस्टम सॉफ्टवेयर दोनों को पुनर्स्थापित करना।
D. ये सभी

Q.110 इनफार्मेशन सिस्टम को बदलने के लिए (हैं) कारण क्या हैं?

A. नई टेक्नोलॉजी
B. नई रिक्वायरमेंट्स
C. एक्सिस्टिंग सिस्टम में प्रॉब्लम
D. ये सभी

Q.111 निम्नलिखित फ़ंक्शन रिवर्स () को एक सिंगल लिंक की गई लिस्ट को रिवर्स किया जाता है। फ़ंक्शन के अंत में एक लाइन मिसिंग है।

```
/* Link list node */
struct node
{
int data;
struct node* next;
};
/* head_ref is a double pointer which points to head (or start)
pointer
of linked list */
static void reverse(struct node** head_ref)
{
struct node* prev = NULL;
struct node* current = *head_ref;
struct node* next;
while (current != NULL)
{
next = current->next;
current->next = prev;
prev = current;
current = next;
}
/*ADD A STATEMENT HERE*/
}
```

"/*ADD A STATEMENT HERE*/", के स्थान पर क्या जोड़ा जाना चाहिए, ताकि फ़ंक्शन सही ढंग से लिंक की गई लिस्ट को रिवर्स करता है।

A. *head_ref = prev;   **B.** *head_ref = current;
C. *head_ref = next;   **D.** *head_ref = NULL;

Q.112 निम्नलिखित लिंक की गई लिस्ट के पहले नोड को पॉइंट करने के लिए निम्नलिखित फ़ंक्शन का आउटपुट क्या है?

```
1->2->3->4->5->6
void fun(struct node* start)
{
if(start == NULL)
return;
printf("%d ", start->data);
if(start->next != NULL )
fun(start->next->next);
printf("%d ", start->data);
}
```

A. 1 4 6 6 4 1   **B.** 1 3 5 1 3 5
C. 1 2 3 5   **D.** 1 3 5 5 3 1

Q.113 एक डबल-एंडेड क्यू क्यू के दोनों ओर से आइटम ऐड करना और रिमूव करना जैसे ऑपरेशन का सपोर्ट करती है। वे ऐडफ्रंट (क्यू के टॉप पर आइटम ऐड करना), एडरियर (क्यू के नीचे आइटम ऐड करना), रिमूवफ्रंट (क्यू के टॉप से आइटम रिमूव करना) और रिमूव रीयर (क्यू के नीचे से आइटम को रिमूव करना) जैसे चार कार्यों का सपोर्ट करते हैं।) इस डेटा स्ट्रक्चर को लागू करने के लिए आपको केवल स्टैक दिए गए हैं। आप केवल

पुश और पॉप ऑपरेशन लागू कर सकते हैं। इस ऑपरेशन के लिए आवश्यक स्टैक की कुल संख्या क्या है? (आप स्टैक का पुन: उपयोग कर सकते हैं)।

A. 1   **B.** 2   **C.** 3   **D.** 4

Q.114 आपको स्टैक का उपयोग करके एक क्यू ऑपरेशन करने के लिए कहा जाता है। मान लें कि स्टैक का आकार कुछ मान 'n' है और इस स्टैक में 'm' वेरिएबल्स की संख्या है। डीक्यू ऑपरेशन करने की टाइम कम्प्लेक्सिटी है (केवल पुश और पॉप जैसे स्टैक ऑपरेशंस का उपयोग करना) (टाइटली बाउंड)।

A. $O(m)$
B. $O(n)$
C. $O(m*n)$
D. डेटा अपर्याप्त है

Q.115 पोस्टफिक्स फॉर्म $12 + 3 \times 45 \times -$ के लिए एक्विवलेंट इंफिक्स एक्सप्रेशन और मान _________ होगा।

A. $1 + 2 \times 3 - 4 \times 5$ और -13
B. $(2 + 1) \times (3 - 4) \times 5$ और 13
C. $1 + 2 \times (3 - 4) \times 5$ और -11
D. $(1 + 2) \times 3 - (4 \times 5)$ और -11

Q.116 रॉबिन और कार्प एल्गोरिथ्म क्या है?

A. स्ट्रिंग मैचिंग एल्गोरिथ्म
B. शॉर्टेस्ट पथ एल्गोरिथ्म
C. मिनिमम स्पैनिंग ट्री एल्गोरिथ्म
D. एप्रोक्सीमेशन एल्गोरिथ्म

Q.117 राबिन और कार्प एल्गोरिथ्म का प्री-प्रोसेसिंग टाइम क्या है?

A. θ(m2)
B. θ(m log n)
C. θ(m)
D. O(n)

Q.118 राबिन कार्प एल्गोरिथ्म का वर्स्ट-केस रनिंग टाइम क्या है?

A. θ(n)
B. θ(n-m)
C. θ((n-m+1) m)
D. O(n log m)

Q.119 निम्नलिखित में से कौन-सा स्ट्रिंग मैचिंग फील्ड में फास्टेस्ट एल्गोरिथ्म है?

A. बॉयर-मूर का एल्गोरिथ्म
B. स्ट्रिंग मैचिंग एल्गोरिथ्म
C. क्विक सर्च एल्गोरिथ्म
D. लीनियर सर्च एल्गोरिथ्म

Q.120 निम्नलिखित में से किस एल्गोरिथ्म ने क्विक सर्च एल्गोरिथ्म का आधार बनाया?

A. बॉयर-मूर का एल्गोरिथ्म
B. पैरेलल स्ट्रिंग मैचिंग एल्गोरिथ्म
C. बाइनरी सर्च एल्गोरिथ्म
D. लीनियर सर्च एल्गोरिथ्म

Q.121 दिए गए में से कौन सही हैं?

A. मूर मशीन में 6-टुपल्स हैं
B. मीली मशीन में 6-टुपल्स होते हैं
C. (A) और (B) दोनों
D. उल्लेख में से कोई नहीं

Q.122 सत्य अथवा असत्य की पहचान करें

I. NFA द्वारा स्वीकृत प्रत्येक भाषा L के लिए, एक DFA मौजूद है जो L को भी स्वीकार करता है।

II. प्रत्येक वर्णमाला Σ के लिए, Σ से अधिक की प्रत्येक नियमित भाषा को एक फाइनाइट ऑटोमेटन द्वारा स्वीकार किया जा सकता है।

A. I – सत्य, II - सत्य
B. I – सत्य, II – असत्य
C. I – असत्य, II – सत्य
D. I – असत्य, II – असत्य

Q.123 भाषा के लिए NFA डिज़ाइन करें:

L: {एक| n सम या 3 से विभाज्य है}

इसका अनुकरण करने के लिए निम्नलिखित में से किस विधि का उपयोग किया जा सकता है।

A. e-NFA
B. पावर कंस्ट्रक्शन विधि
C. (A) और (B) दोनों
D. उल्लेख में से कोई नहीं

Q.124 दिए गए डायग्राम में e-क्लोज़र (f2) में प्रेज़ेंट एलिमेंट की संख्या है:

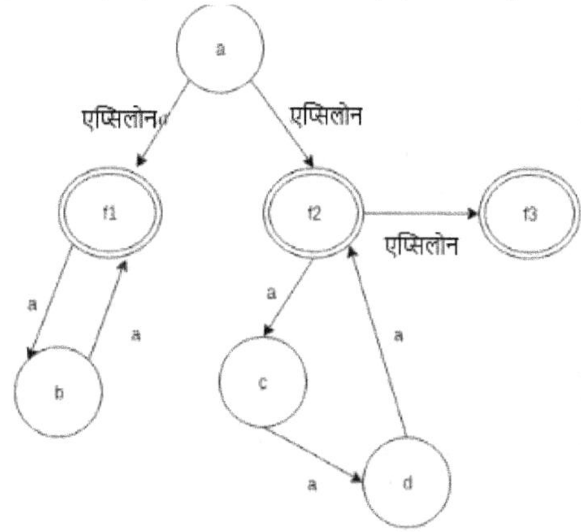

A. 0   **B.** 1   **C.** 2   **D.** 3

Q.125 मान लीजिए L उन सभी बाइनरी स्ट्रिंग्स का समुच्चय है जिनके अंतिम दो चिन्ह समान हैं। मिनिमम स्टेट डेटर्मीनिस्टिक फाइनाइट स्टेट ऑटोमेशन स्वचालन स्वीकार करने वाली भाषा में स्टेट्स की संख्या _____ है।

A. 2   **B.** 5   **C.** 3   **D.** 8

Q.126 दी गई भाषा: {x | यह 3 से विभाज्य है}=

{0, 1} बनने वाली संख्या को पास करने के लिए फाइनल स्टेट की कुल संख्या है:

A. 0   **B.** 1   **C.** 2   **D.** 3

Q.127 एक बाइनरी स्ट्रिंग 4 से विभाज्य है यदि और केवल अगर वह समाप्त होती है:

A. 100   **B.** 1000   **C.** 1100   **D.** 0011

Q.128 यदि $L1$ और $L2$ रेगुलर लैंग्वेज हैं, तो निम्नलिखित में से कौन अपवाद है?

A. $L1 \cup L2$
B. $L1 - L2$
C. $L1 \cap L2$
D. ये सभी

Q.129 यदि L एक भाषा है, तो भाषा के रिवर्सल को इस प्रकार दर्शाया जा सकता है:

A. L′
B. Lᶜ
C. Lʳ
D. इनमें से कोई नहीं

Q.130 यदि L एक रेगुलर लैंग्वेज है, तो _____ भी रेगुलर है।

A. Lʳ   **B.** L′   **C.** L*   **D.** ये सभी

Q.131 डेटा लिंक कंटेन्ट मॉनीटर का मुख्य उद्देश्य क्या है?

A. बिट एरर रेट का मापन।
B. डेटा लिंक में उपयोग किए जाने वाले स्विचिंग के प्रकार का निर्धारण करें।

C. डेटा लिंक में उपयोग किए जाने वाले ट्रांसमिशन के प्रकार का निर्धारण करें।
D. प्रोटोकॉल में प्रॉब्लम्स का पता लगाएं।

Q.132 भू-समकालिक कक्षा में एसडी उपग्रह _________।
A. पृथ्वी पर बिंदुओं के सापेक्ष एक निश्चित स्थिति में रहता है।
B. लगभग 80 को कवर कर सकते हैं।
C. पृथ्वी के घूमने की तुलना में तेजी से चलती है ताकि यह पृथ्वी के एक बड़े हिस्से को कवर कर सके।
D. एक निश्चित स्थिति में रहता है ताकि पृथ्वी घूमने के साथ-साथ पृथ्वी को पूरी तरह से ढक सके।

Q.133 प्रोटोकॉल कन्वर्टर्स _________ हैं।
A. मल्टीप्लेक्सर्स के समान
B. टीडीएम के समान
C. आमतौर पर पेयर में संचालित नहीं होता है
D. आमतौर पर पेयर में संचालित होता है

Q.134 सैटेलाइट ट्रांसपोंडर में _________ होते हैं।
A. एक रिसीवर और ट्रांसमीटर जिसे माइक्रोवेव ट्रांसमिशन को पृथ्वी पर एक बिंदु से दूसरे स्थान पर रिले करने के लिए डिज़ाइन किया गया है।
B. एक डिवाइस जो पृथ्वी पर एक बिंदु से दूसरे बिंदु पर परिवर्तन किए बिना रेडिएशन को प्रतिध्वनित करता है।
C. वे डिवाइस जो पृथ्वी पर एक स्थान से भेजे गए संदेश को दूसरे स्थान पर भेजने के लिए भिन्न कोड में परिवर्तित करते हैं।
D. ये सभी

Q.135 उपग्रह प्रेषानुकरों में आवृत्तियों की क्या भूमिका है?
A. अर्थ स्टेशनों से विकिरण प्राप्त करने के लिए उच्च आवृत्ति और पृथ्वी स्टेशनों पर संचरण के लिए कम आवृत्ति का उपयोग करें।
B. पृथ्वी स्टेशनों से विकिरण की कम आवृत्ति प्राप्त करने और पृथ्वी स्टेशनों को संचरण के लिए उच्च आवृत्ति का प्रयोग करें।
C. पृथ्वी पर एक बिंदु से दूसरे बिंदु तक प्राप्त करने और संचरण के लिए एकल आवृत्ति का उपयोग करें।
D. वे उपकरण हैं जो पृथ्वी पर एक बिंदु से दूसरे बिंदु पर परिवर्तन किए बिना विकिरण को प्रतिध्वनित करते हैं।

Q.136 डीएचसीपी सर्वर को डेटा भेजने के लिए यूडीपी पोर्ट _________ का उपयोग करता है।
A. 66　　B. 67　　C. 68　　D. 69

Q.137 वैन (WAN) का पूर्ण रूप है:
A. वैप एरिया नेटवर्क
B. वाइड एरिया नेटवर्क
C. वाइड ऐरे नेटवर्क
D. वायरलेस एरिया नेटवर्क

Q.138 डीएचसीपी सर्वर आईपी एड्रेस का _____ प्रदान कर सकता है।
A. डायनामिक एलोकेशन
B. आटोमेटिक एलोकेशन
C. स्टैटिक एलोकेशन
D. ये सभी

Q.139 वाई-फाई का पूर्ण रूप है:
A. विनचेस्टर फाइल
B. वायर्ड फिडिलिटी
C. वायर्ड फाइंडर
D. वायरलेस फिडिलिटी

Q.140 एक स्टार नेटवर्क कॉन्फ़िगरेशन में-
A. केन्द्रीय कंप्यूटर, नोड के एक होस्ट से जुड़ा होता है।
B. एक नोड बहुत सारे कंप्यूटर से जुड़ा होता है।
C. इसमें एक मुख्य कंप्यूटर और एक नोड होते हैं।
D. ऊपर के सभी

Q.141 कौन सी सर्च मिनीमैक्स सर्च के बराबर है लेकिन उन शाखाओं को हटा देती है जो अंतिम निर्णय को प्रभावित नहीं कर सकती हैं?
A. डेप्थ-फर्स्ट सर्च
B. ब्रेड्थ फर्स्ट सर्च
C. अल्फा-बीटा प्रूनिंग
D. इनमें से कोई नहीं

Q.142 कौन सी सर्च मिनीमैक्स सर्च के समान है?
A. हिल-क्लाइम्बिंग सर्च
B. डेप्थ-फर्स्ट सर्च
C. ब्रेड्थ-फर्स्ट सर्च
D. ये सभी

Q.143 अल्फा-बीटा प्रूनिंग में अल्फा और बीटा को कौन से मान निर्दिष्ट किए जाते हैं?
A. अल्फा = मैक्स
B. बीटा = मिन
C. बीटा = मैक्स
D. (A) और (B) दोनों

Q.144 किस नॉलेज बेस को फिक्स्ड पॉइंट कहा जाता है?
A. फर्स्ट आर्डर डेफिनिट क्लॉज़ प्रपोजीशनल फॉरवर्ड चेनिंग के समान हैं
B. फर्स्ट आर्डर डेफिनिट क्लॉज़ प्रपोजीशनल फॉरवर्ड चेनिंग के लिए बेमेल हैं
C. (A) और (B) दोनों
D. ये सभी

Q.145 फॉरवर्ड चेनिंग में निरर्थक नियम मिलान प्रयासों को कैसे समाप्त करें?
A. डिक्रीमेंटल फॉरवर्ड चेनिंग
B. इंक्रीमेंटल फॉरवर्ड चेनिंग
C. डेटा कॉम्प्लेक्सिटी
D. इनमें से कोई नहीं

Q.146 फॉरवर्ड चेनिंग में कॉम्प्लेक्सिटी के कितने संभावित स्रोत हैं?
A. 1　　B. 2　　C. 3　　D. 4

Q.147 आर्टिफिशियल इंटेलिजेंस में कितने लॉजिकल कनेक्टिव होते हैं?
A. 2　　B. 3　　C. 4　　D. 5

Q.148 किसी भी वाक्य की सत्यता को कम्प्युट करने के लिए किसका प्रयोग किया जाता है?
A. प्रोपोज़िशनल लॉजिक के सेमैंटिक्स
B. अल्फा-बीटा प्रूनिंग
C. फर्स्ट-आर्डर लॉजिक
D. ये सभी

Q.149 लॉजिकल इन्फेरेंस एल्गोरिथ्म की गणना करने के लिए किनकी आवश्यकता होती है?
A. लॉजिकल इक्वीवैलेंस
B. वैलिडिटी
C. सैटिस्फिएबिलिटी
D. ये सभी

Q.150 किस नियम से मॉडस पोनेंस प्राप्त होती है?
A. इन्फेरेंस नियम
B. मॉड्यूल नियम
C. (A) और (B) दोनों
D. इनमें से कोई नहीं

// स्मार्ट उत्तर पुस्तिका //

सही उत्तर — उन छात्रों का प्रतिशत जिन्होंने प्रश्नों का सही उत्तर दिया था। **छोड़ दिया** — उन छात्रों का प्रतिशत जिन्होंने प्रश्नों को छोड़ दिया था।

प्रश्न संख्या	उत्तर	सही उत्तर / छोड़ दिया	प्रश्न संख्या	उत्तर	सही उत्तर / छोड़ दिया	प्रश्न संख्या	उत्तर	सही उत्तर / छोड़ दिया	प्रश्न संख्या	उत्तर	सही उत्तर / छोड़ दिया	प्रश्न संख्या	उत्तर	सही उत्तर / छोड़ दिया	प्रश्न संख्या	उत्तर	सही उत्तर / छोड़ दिया
1	B	41.39 % / 1.76 %	22	A	58.23 % / 1.58 %	43	B	68.71 % / 1.73 %	64	B	65.78 % / 1.43 %	85	B	23.77 % / 3.94 %	106	B	42.49 % / 1.22 %
2	B	63.95 % / 1.23 %	23	B	76.39 % / 0.0 %	44	A	55.79 % / 1.17 %	65	C	66.38 % / 1.72 %	86	D	52.46 % / 1.18 %	107	C	63.4 % / 1.21 %
3	A	58.65 % / 1.38 %	24	C	82.64 % / 0.0 %	45	D	45.45 % / 1.5 %	66	C	19.08 % / 3.76 %	87	C	69.19 % / 1.67 %	108	B	76.17 % / 0.0 %
4	A	53.66 % / 1.87 %	25	D	60.8 % / 1.77 %	46	C	49.6 % / 1.47 %	67	B	87.34 % / 0.0 %	88	C	45.33 % / 1.12 %	109	D	81.62 % / 0.0 %
5	C	60.48 % / 1.65 %	26	C	29.04 % / 4.75 %	47	B	67.35 % / 1.58 %	68	D	48.23 % / 1.93 %	89	C	12.12 % / 3.84 %	110	D	19.77 % / 3.41 %
6	D	85.9 % / 0.0 %	27	D	47.94 % / 1.64 %	48	D	10.63 % / 3.48 %	69	C	58.11 % / 1.48 %	90	A	88.63 % / 0.0 %	111	A	21.56 % / 3.14 %
7	D	45.71 % / 1.94 %	28	A	56.78 % / 1.19 %	49	B	67.2 % / 1.62 %	70	D	63.36 % / 1.66 %	91	D	59.47 % / 1.5 %	112	D	47.22 % / 1.35 %
8	D	53.93 % / 1.5 %	29	A	58.63 % / 1.48 %	50	D	61.68 % / 1.61 %	71	D	88.53 % / 0.0 %	92	B	46.54 % / 1.58 %	113	B	62.48 % / 1.16 %
9	D	47.31 % / 1.34 %	30	C	17.68 % / 4.97 %	51	A	57.13 % / 1.66 %	72	D	22.73 % / 4.74 %	93	B	88.9 % / 0.0 %	114	A	42.67 % / 1.28 %
10	B	66.43 % / 1.52 %	31	B	21.85 % / 4.72 %	52	C	58.61 % / 1.53 %	73	C	24.94 % / 4.35 %	94	D	61.43 % / 1.46 %	115	D	32.06 % / 4.64 %
11	A	47.16 % / 1.03 %	32	B	48.57 % / 1.48 %	53	A	79.8 % / 0.0 %	74	D	66.51 % / 1.59 %	95	D	43.65 % / 1.13 %	116	A	87.02 % / 0.0 %
12	C	68.62 % / 1.86 %	33	D	76.18 % / 0.0 %	54	D	46.12 % / 1.81 %	75	B	83.98 % / 0.0 %	96	B	86.83 % / 0.0 %	117	C	56.19 % / 1.34 %
13	C	54.19 % / 1.84 %	34	A	85.29 % / 0.0 %	55	C	84.41 % / 0.0 %	76	C	20.85 % / 4.96 %	97	A	44.51 % / 1.37 %	118	C	66.02 % / 1.05 %
14	A	63.46 % / 1.9 %	35	D	28.93 % / 3.74 %	56	A	48.85 % / 1.01 %	77	A	50.61 % / 1.05 %	98	B	80.72 % / 0.0 %	119	C	87.94 % / 0.0 %
15	A	60.29 % / 1.05 %	36	D	49.37 % / 1.36 %	57	B	56.97 % / 1.61 %	78	D	69.13 % / 1.12 %	99	D	67.21 % / 1.99 %	120	A	85.44 % / 0.0 %
16	C	53.69 % / 1.91 %	37	C	49.94 % / 1.21 %	58	C	47.53 % / 1.03 %	79	B	32.42 % / 3.1 %	100	C	55.96 % / 1.26 %	121	C	15.33 % / 3.16 %
17	A	40.17 % / 1.49 %	38	A	67.12 % / 1.45 %	59	A	83.32 % / 0.0 %	80	D	51.28 % / 1.63 %	101	C	77.73 % / 0.0 %	122	A	11.07 % / 4.0 %
18	B	85.4 % / 0.0 %	39	A	53.66 % / 1.44 %	60	B	53.25 % / 1.54 %	81	B	46.5 % / 1.11 %	102	A	65.44 % / 1.83 %	123	C	43.4 % / 1.74 %
19	C	60.0 % / 1.5 %	40	B	64.53 % / 1.73 %	61	D	79.22 % / 0.0 %	82	A	20.09 % / 3.33 %	103	D	14.32 % / 3.66 %	124	C	87.35 % / 0.0 %
20	A	69.12 % / 1.56 %	41	B	45.02 % / 1.68 %	62	D	16.16 % / 4.24 %	83	D	61.72 % / 1.6 %	104	B	58.08 % / 1.32 %	125	B	19.95 % / 3.41 %
21	C	81.94 % / 0.0 %	42	C	53.13 % / 1.11 %	63	B	27.14 % / 3.57 %	84	A	42.38 % / 1.4 %	105	C	23.58 % / 3.15 %	126	C	61.1 % / 1.59 %

प्रश्न संख्या	उत्तर	सही उत्तर / छोड़ दिया	प्रश्न संख्या	उत्तर	सही उत्तर / छोड़ दिया	प्रश्न संख्या	उत्तर	सही उत्तर / छोड़ दिया	प्रश्न संख्या	उत्तर	सही उत्तर / छोड़ दिया	प्रश्न संख्या	उत्तर	सही उत्तर / छोड़ दिया	प्रश्न संख्या	उत्तर	सही उत्तर / छोड़ दिया
127	A	49.96 % / 1.01 %	131	D	56.09 % / 1.83 %	135	A	30.23 % / 3.28 %	139	D	89.68 % / 0.0 %	143	D	62.35 % / 1.75 %	147	D	86.82 % / 0.0 %
128	D	80.13 % / 0.0 %	132	D	28.46 % / 3.13 %	136	B	12.0 % / 4.19 %	140	A	69.04 % / 1.93 %	144	A	85.57 % / 0.0 %	148	A	62.81 % / 1.55 %
129	C	62.14 % / 1.13 %	133	C	59.12 % / 1.49 %	137	B	85.83 % / 0.0 %	141	C	31.57 % / 3.32 %	145	B	11.97 % / 3.76 %	149	D	47.28 % / 1.03 %
130	D	69.4 % / 1.38 %	134	A	54.84 % / 1.55 %	138	D	45.12 % / 1.64 %	142	B	42.58 % / 1.65 %	146	C	67.29 % / 1.43 %	150	A	12.07 % / 3.2 %

//संकेत और समाधान//

1. एक संख्यात्मक अभिक्षमता परीक्षण में पुरुष तथा महिला विद्यार्थी एक समान प्रदर्शन करते हैं यह शून्य परिकल्पना है। यह एक अशक्त परिकल्पना आँकड़ों में प्रयुक्त एक परिकल्पना है जो यह बताती है कि दिए गए अवलोकन या आबादी के एक सेट में कोई सांख्यिकीय मौजूद नहीं है। इसलिए, पुरुष और महिला छात्र एक संख्यात्मक अभिरुचि परीक्षण में समान रूप से अच्छा प्रदर्शन करते हैं।

अतः विकल्प (B) सही है।

2. शिक्षण का सही तार्किक क्रम है:

(ii) लक्ष्य और विषय-वस्तु को व्यवस्थित करना

(v) रणनीति के विषय में निर्णय

(i) शिक्षार्थी का मूल्यांकन

(iii) क्रिया और प्रतिक्रिया

(vi) उपयुक्त परीक्षण उपकरण

(iv) शिक्षण के प्रति प्रतिक्रिया

अतः विकल्प (B) सही है।

3. मॉरिसन शिक्षण के स्तर को समझने का मुख्य प्रस्तावक है। यह 'मेमोरी प्लस अंतर्दृष्टि' है क्योंकि यह सिर्फ तथ्यों को याद रखने से परे है। यह विषय की महारत पर केंद्रित है। यह विद्यार्थियों को सामान्यीकरण, सिद्धांतों और तथ्यों को समझने में मदद करता है।

अतः विकल्प (A) सही है।

4. व्याख्यान, संवादात्मक व्याख्यान, समूह अध्ययन छात्रों द्वारा ज्ञान देने या ज्ञान बढ़ाने के लिए शिक्षक द्वारा उपयोग की जाने वाली तकनीकें हैं। स्व-अध्ययन तकनीक का उपयोग छात्रों द्वारा किया जाता है।

अतः विकल्प (A) सही है।

5. शिक्षकों और छात्रों की सामाजिक-आर्थिक पृष्ठभूमि शिक्षण को प्रभावित नहीं करती है। सामाजिक आर्थिक स्थिति (एसईएस) में न केवल आय, बल्कि शैक्षिक प्राप्ति, वित्तीय सुरक्षा और सामाजिक स्थिति और सामाजिक वर्ग की व्यक्तिपरक धारणा शामिल है।

अतः विकल्प (C) सही है।

6. परिवर्तनीय शोध एक प्रकार का शोध नहीं है।

खोजपूर्ण शोध किसी घटना से परिचित होना या उसमें नई अंतर्दृष्टि प्राप्त करना है। व्याख्यात्मक अनुसंधान वह शोध है जिसका प्राथमिक उद्देश्य यह बताना या विस्तृत करना है कि घटनाएँ कैसे बनती हैं।

अनुप्रयुक्त अनुसंधान एक प्रकार का शोध डिजाइन है जो किसी विशिष्ट समस्या को हल करना चाहता है या किसी व्यक्ति, समूह या समाज को प्रभावित करने वाले मुद्दों के लिए अभिनव समाधान प्रदान करता है।

अतः विकल्प (D) सही है।

7. अनुसंधान एक जांच है जिसमें ज्ञान, संस्कृति और समाज के भंडार को बढ़ाने के लिए व्यवस्थित और तार्किक आधार पर किए गए रचनात्मक कार्य शामिल है। यह परिकल्पना के सत्यापन, डेटा विश्लेषण, व्याख्या और सिद्धांतों के निर्माण से संबंधित है और ज्ञान (अनुसंधान) के इस स्टॉक का उपयोग करके नए अनुप्रयोगों को तैयार किया जा रहा है। अनुसंधान सत्य के प्रति एक बौद्धिक जांच भी है।

अतः विकल्प (D) सही है।

8. अनुसंधान का उद्देश्य अवधारणाओं का सटीक उपयोग करना है। छिपे हुए सच का पता लगाने के लिए भी अनुसंधान किया जा सकता है। अनुसंधान का उद्देश्य अत्यधिक केंद्रित और व्यवहार्य होना चाहिए।

अतः विकल्प (D) सही है।

9. एक-प्रश्नावली तैयार करने के लिए जिन चरणों की आवश्यकता होती है उनमें अध्ययन के उद्देश्य शामिल होते हैं:

1.   अध्ययन के प्राथमिक और द्वितीयक उद्देश्य लेखन

2.   वर्तमान साहित्य की समीक्षा

3.   प्रश्नावली का प्रारूप तैयार करना

4.   प्रारूप का पुनरीक्षण

अतः विकल्प (D) सही है।

10. यदि इसका परिसर सत्य है और इसका निष्कर्ष असत्य है, तो एक निगमनात्मक तर्क अमान्य है। एक आगमनात्मक तर्क एक तर्क है जो तर्ककर्ता द्वारा कटौती योग्य रूप से मान्य होने के लिए दिया जाता है, अर्थात, निष्कर्ष के सत्य की एक निश्चितता प्रदान करने के लिए प्रदान किया जाता है कि तर्क का परिसर भी सत्य है। निष्कर्ष के लिए परिसर को मजबूत समर्थन प्रदान करना चाहिए।

अतः विकल्प (B) सही है।

11. गद्यांश में स्पष्ट रूप से कहा गया है कि,

"पैटी को ट्रेनों के बारे में जानने के लिए लगभग सब कुछ पता था क्योंकि वह एक बार एमट्रैक ट्रेन से बोस्टन तक गयी थी।"

अतः विकल्प (A) सही है।

12. गद्यांश में स्पष्ट रूप से कहा गया है कि,

"सबसे पहले, ट्रेन की पटरियों पर उतरें और ऐसा दिखावा करें जैसे आप सैंडविच के टुकड़ों के लिए इधर-उधर चोंच मार रहे हैं। ऐसा व्यवहार करें जैसे कि आप केवल एक नियमित कबूतर हैं जो भोजन के अजीब स्क्रैप की तलाश में हैं।"

अतः विकल्प (C) सही है।

13. ढोंग करने का अर्थ है 'ऐसा व्यवहार करना जिससे यह प्रतीत हो कि कुछ ऐसा है जबकि वास्तव में ऐसा नहीं है'।

वास्तविक का अर्थ है 'प्रामाणिक'

दूसरे शब्दों का अर्थ:

बहाना करने का अर्थ है 'दावा करना, अक्सर झूठा, कि किसी में कोई गुण या भावना है'।

प्रभावित करने का अर्थ है 'अधिकार में रखना'।

अतः विकल्प (C) सही है।

14. गद्यांश के अनुसार 'कुड़कुड़ाना' शब्द का अर्थ है 'छोटी, धीमी आवाज करना' है।

"यह महत्वपूर्ण है कि जब आप ट्रेन की सीट के नीचे छिपे हों तो आप नियमित रूप से कबूतरों की तरह नहीं कुड़कुड़ाते हैं।"

अतः विकल्प (A) सही है।

15. गद्यांश में स्पष्ट रूप से कहा गया है कि,

"यह महत्वपूर्ण है कि जब आप ट्रेन की सीट के नीचे छिपे हों तो आप नियमित रूप से कबूतरों की तरह नहीं कुड़कुड़ाते हैं। यदि आपके ऊपर की सीट का आदमी सबसे उबाऊ तरीके से आगे और आगे बढ़ रहा है तो कल्पना करने के लिए प्रलोभन का विरोध करें। और अगर गलियारे के पार की सीटों में बच्चे

हमेशा हर चीज के बारे में बड़ा उपद्रव करते दिखते हैं, तो वे ताली बजाने के प्रलोभन का विरोध करते हैं।"

अतः विकल्प (C) सही है।

16. इसमें अनावश्यक तर्क शामिल होंगे तो चर्चा विषय से भटक सकती है। यह समूह चर्चा का लाभ नहीं है, समूह चर्चा को छोटे और साथ ही एक बड़े समूह शिक्षण पद्धति के तहत गिना जा सकता है। शिक्षण की एक चर्चा पद्धति एक लोकतांत्रिक पद्धति है जिसका उपयोग छात्रों में बेहतर समझ विकसित करने के लिए किया जाता है।

समूह चर्चा के लाभ:

1. यह एक उत्तेजक सोच प्रक्रिया है, और यह महत्वपूर्ण सोच के विकास में मदद करता है।
2. शिक्षण-सीखने की प्रक्रिया के लिए एक टीम भावना का विकास करती है।
3. प्रतिभाशाली छात्रों की खोज करना।
4. मौखिक और गैर-मौखिक संचार विकसित करने के लिए अच्छा है।
5. यह कई व्यक्तियों के विश्लेषण, तथ्यों, विचारों और अवधारणाओं के एकीकरण से ज्ञान, विचारों और भावनाओं का एक पूल है।

अतः विकल्प (C) सही है।

17. क्षैतिज संचार का अर्थ है समान स्तर पर लोगों के बीच संचार। यह एक शैक्षिक संस्थान में सबसे उपयुक्त होता है जहां लोग समान स्थिति में हैं। क्षैतिज संचार भी उन प्रबंधकों के बीच संचार होता है जिनके पास समान स्तर की क्षमता होती है, साथ ही कर्मचारियों के बीच जिनका समान स्तर होता है, समान पदों पर होते हैं, और शक्तियों और जिम्मेदारियों का एक समान सेट होता है।

अतः विकल्प (A) सही है।

18. होमोफ़ोन एक ही उच्चारण वाले शब्द हैं लेकिन अलग-अलग अर्थ हैं जिनकी वर्तनी भी भिन्न हो सकती है। उदाहरण के लिए, शब्द खरीदते हैं, बाय और बाय। उनका उच्चारण एक ही है, लेकिन अलग-अलग अर्थ और वर्तनी हैं।

अतः विकल्प (B) सही है।

19. जन संचार के सूचना कार्य को निगरानी के रूप में वर्णित किया गया है।

जन संचार: जन संचार (या संचार) को मौखिक और लिखित मीडिया के माध्यम से बड़े दर्शकों को संदेश बनाने, भेजने, प्राप्त करने और विश्लेषण करने की प्रक्रिया के रूप में परिभाषित किया जा सकता है। यह एक विस्तृत क्षेत्र है जो न केवल इस बात पर विचार करता है कि संदेश कैसे और क्यों बनाया जाता है, बल्कि वह माध्यम जिसके माध्यम से इसे भेजा जाता है। जन संचार में आम संचार चैनलों में टेलीविजन, रेडियो, सोशल मीडिया और प्रिंट मीडिया शामिल हैं। जन संचार के उदाहरणों में वाणिज्यिक विज्ञापन, जनसंपर्क, पत्रकारिता और राजनीतिक अभियान शामिल हैं। जनसंचार विशेष व्यक्तियों, आंदोलनों, संगठनों या उत्पादों की स्थिति और मानदंडों को मान्य करने के लिए कार्य करता है। विशेष लोगों या समूहों का सत्यापन सामाजिक मानदंडों को लागू करने का कार्य करता है, जन संचार के चार कार्य निगरानी, सहसंबंध, सांस्कृतिक प्रसारण और मनोरंजन हैं। कई मायनों में, जनसंचार के चार कार्य अभी भी प्रासंगिक हैं और समकालीन मीडिया के लिए हस्तांतरणीय हैं।

अतः विकल्प (C) सही है।

20. $(1^3 + 1) = 2$

$(2^3 - 1) = 7$

$(3^3 + 1) = 28$

$(4^3 - 1) = 63$

$(5^3 + 1) = 126$

$(6^3 - 1) = 215$

तो, श्रृंखला का अगला पद 215 होगा।

अतः विकल्प (A) सही है।

21. प्रश्न में दी गई जानकारी से,

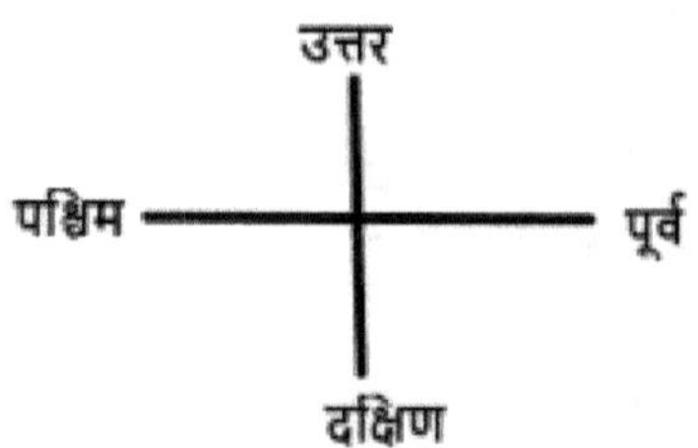

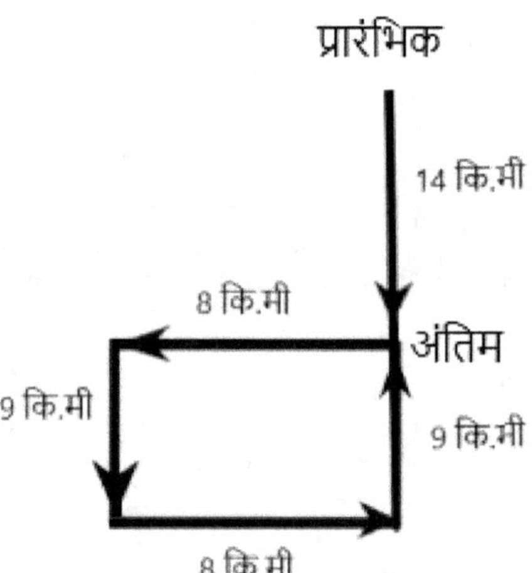

हम पाते हैं कि प्रारंभिक बिंदु से अंतिम बिन्दु के बीच की दूरी 14 किमी है और दिशा दक्षिण है।

अतः विकल्प (C) सही है।

22. रीता की गति को नीचे दिए गए चित्र में दिखाया गया है।

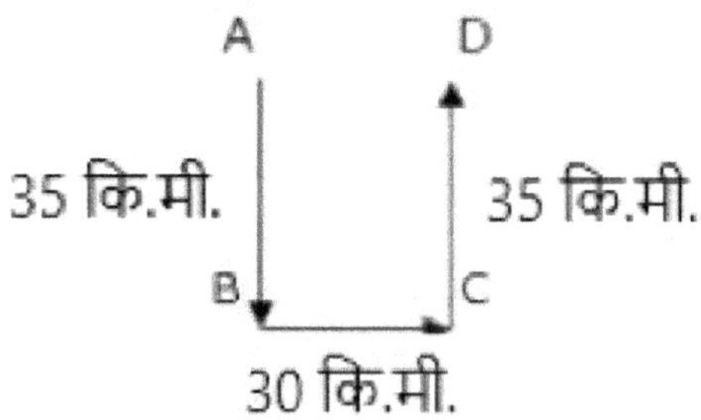

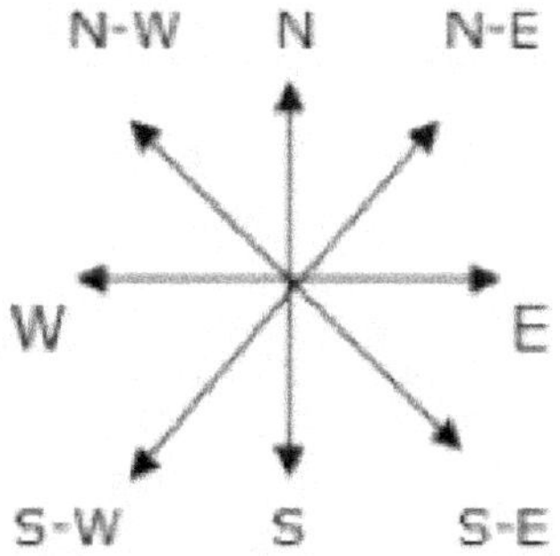

रीता प्रारंभिक बिंदु से पूर्व दिशा है।

अतः विकल्प (A) सही है।

23. A, B, C भाई हैं और उनके पिता E हैं। C का विवाह D से हुआ है, इसलिए D, E की पुत्रवधू है।

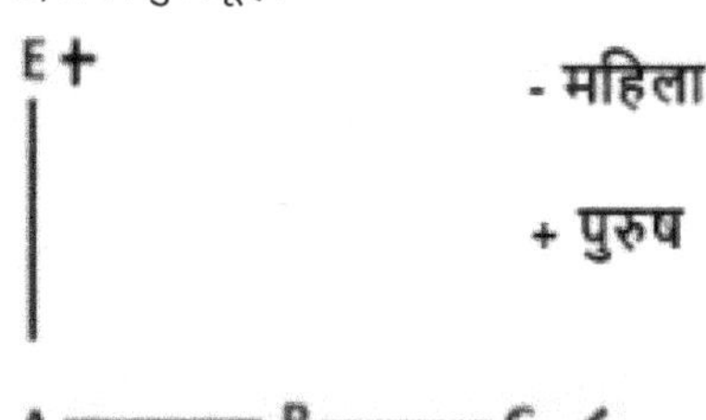

अतः विकल्प (B) सही है।

24. यहाँ पैटर्न है:

⇒ A + 1 = B; B + 2 = D

⇒ D + 3 = G; G + 4 = K

⇒ H + 5 = M; M + 6 = S

⇒ M + 7 = T; T + 8 = B

⇒ S + 9 = B; B + 10 = L

इसी तरह,

⇒ Z + 11 = K; K + 12 = W

इसके बाद, श्रृंखला में अगला पद "ZKW" है।

अतः विकल्प (C) सही है।

25. प्रश्न में दी गई जानकारी से,

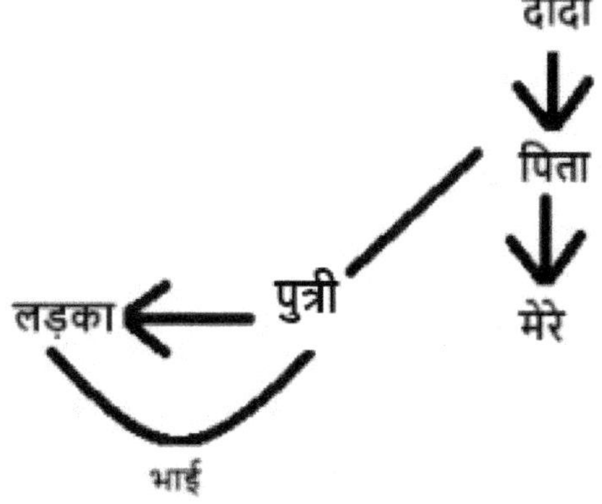

राहुल के दादा के इकलौते बेटे राहुल के पिता हैं।

अब, लड़का राहुल के पिता की बेटी का भाई है, राहुल और लड़का सहोदर हैं।

इस प्रकार, वह लड़का राहुल का भाई है।

अतः विकल्प (D) सही है।

26. यहां कहा गया है कि सभी धार्मिक व्यक्ति भावनात्मक हैं और राम एक धार्मिक व्यक्ति हैं। तो, स्वचलित रूप से राम भी एक भावनात्मक व्यक्ति होगा। इससे यह निष्कर्ष नहीं निकलता है कि सभी भावनात्मक व्यक्ति धार्मिक हैं। राम के धार्मिक व्यक्ति होने का अर्थ है कि वह एक गैर-धार्मिक व्यक्ति नहीं हैं। दिए गए आधार वाक्य से यह निष्कर्ष नहीं निकलता है कि कुछ धार्मिक व्यक्ति भावनात्मक नहीं हैं। इसलिए, केवल (a) और (c) सही निष्कर्ष हैं।

अतः विकल्प (C) सही है।

27. कंपनी C की कुल आय $= 30$ करोड़

कंपनी C का कुल खर्च $= 27$ करोड़

जैसा कि हम जानते हैं,

लाभ $\%$ = (आय - खर्च/खर्च) $\times 100$

$\therefore$ लाभ $\% = \left(\dfrac{30-27}{27}\right) \times 100$

$= \dfrac{100}{9}$

$= 11.11\%$ लाभ

अतः विकल्प (D) सही है।

28. पाँचों कंपनियों का कुल खर्च $= (12 + 18 + 27 + 25 + 20)$ करोड़ $= 102$ करोड़

पाँचों कंपनियों की कुल आय $= (15 + 15 + 30 + 20 + 16)$ करोड़ $= 96$ करोड़

आवश्यक प्रतिशत = आय $-$ व्यय/व्यय $\times 100$

$= \dfrac{96-102}{102} \times 100$

$= -5.88\% \approx 5.9\%$ हानि

अतः विकल्प (A) सही है।

29. लाभ प्रतिशत = (आय - व्यय/व्यय) $\times 100$

A का लाभ प्रतिशत $= \frac{(15-12)}{12} \times 100$

$= 25\%$ लाभ

B का लाभ प्रतिशत $= \frac{(15-18)}{18} \times 100$

$= -16.67\%$ हानि

C का लाभ प्रतिशत $= \frac{(30-27)}{27} \times 100$

$= 11.11\%$ लाभ

D का लाभ प्रतिशत $= \frac{(20-25)}{25} \times 100$

$= -20\%$ हानि

E का लाभ प्रतिशत $= \frac{(16-20)}{20} \times 100$

$= -20\%$ हानि

इसलिए, A का लाभ अधिकतम है।

अतः विकल्प (A) सही है।

30. माना 2016 में कंपनी C का खर्च x करोड़ था।

तो, 2017 में कंपनी C का खर्च $= \left(\frac{120}{100}\right) \times x$ करोड़ वर्ष 2017 में कंपनी C का खर्च $= 27$

$\therefore \frac{120x}{100} = 27$

$\Rightarrow x = \frac{27 \times 100}{120}$

$\Rightarrow x = 22.5$

इसलिए, 2016 में कंपनी C का खर्च $= 22.5$ करोड़ माना 2016 में कंपनी C की आय y करोड़ थी।

2016 में लाभ $= 12\%$

$\therefore \frac{(y - 22.5)}{22.5} \times 100 = 12$

$\Rightarrow y - 22.5 = \frac{12 \times 22.5}{100}$

$\Rightarrow y - 22.5 = 2.7$

$\Rightarrow y = 22.5 + 2.7$

$\Rightarrow y = 25.2$

2016 में कंपनी C की आय

$= 25.2$ करोड़

अतः विकल्प (C) सही है।

31. माना वर्ष 2016 में कंपनी A की आय x करोड़ है।

तो, वर्ष 2016 में कंपनी की आय $= \frac{90x}{100}$

$\Rightarrow \frac{90x}{100} = 15$

$\Rightarrow x = \frac{50}{3}$

वर्ष 2016 में कंपनी A की आय $= \frac{50}{3}$ करोड़

हम जानते है की,

आय = लाभ + खर्च

लाभ $=$ 2016 में आय का 10%

2016 में खर्च, आय का 90% होगा।

खर्च $= \left(\frac{90}{100}\right) \times \left(\frac{50}{3}\right) = 15$ करोड़

$\therefore$ वर्ष 2016 में कंपनी A का खर्च 15 करोड़ है।

अतः विकल्प (B) सही है।

32. संदर्भित फॉर्मेट की APA (American Psychological Association) शैली में इनवर्टिंग लेखकों के नाम (अंतिम नाम पहले) शामिल हैं, जो पुस्तकों और पत्रिकाओं और वर्णानुक्रम में अनुक्रमणिका संदर्भ सूची के रूप में लंबे समय तक काम करने वाले शीर्षक को इटैलिक करता है। संदर्भित प्रारूप की APA (American Psychological Association) शैली में, हम कभी भी निबंध भाग के शीर्षक को इटैलिक नहीं करते हैं।

अतः विकल्प (B) सही है।

33. टेबल ऑफ कॉन्टेंट्स जोड़ने के लिए, टैब रेफरेन्सेस पर क्लिक करें। रेफरेन्सेस टैब भी फुटनोट्स, सिटेसन, और बिबलियोग्राफी को जोड़ने में मदद करता है।

अतः विकल्प (D) सही है।

34. प्रिंटर को मोटे तौर पर दो श्रेणियों-इम्पैक्ट और नॉन-इम्पैक्ट प्रिंटर्स में वर्गीकृत किया जा सकता है।

इम्पैक्ट प्रिंटर: यह एक प्रिंटर होता है जो पेपर को चिह्नित करने के लिए एक स्याही रिबन के खिलाफ एक प्रिंट शीर्ष पर प्रहार करता है। आम उदाहरण - दो-मैट्रिक्स और डेज़ी-व्हील प्रिंटर।

नॉन-इम्पैक्ट प्रिंटर: ये प्रिंटर रिबन का उपयोग किए बिना वर्ण प्रिंट करते हैं। सामान्य उदाहरण- लेजर और इंकजेट प्रिंटर।

अतः विकल्प (A) सही है।

35. व्हाट्सएप, गूगल टॉक और वाइबर सभी त्वरित संदेश अनुप्रयोग हैं। इंस्टेंट मैसेजिंग (आईएम) तकनीक एक प्रकार की ऑनलाइन चैट है जो इंटरनेट पर चैट का वास्तविक समय प्रसारण प्रदान करती है।

अतः विकल्प (D) सही है।

36. क्लाउड कंप्यूटिंग सेवा को इंटरनेट पर होस्ट किया जाता है, एक सेवा प्रदाता द्वारा उपलब्ध कराया जाता है और प्रदाता द्वारा पूरी तरह से प्रबंधित किया जाता है।

क्लाउड कंप्यूटिंग: सूचना प्रौद्योगिकी के क्षेत्र में क्लाउड कंप्यूटिंग एक उभरता हुआ चलन है, जहाँ कंप्यूटर आधारित सेवाओं को इंटरनेट या क्लाउड पर वितरित किया जाता है, और यह किसी भी डिवाइस का उपयोग करके कहीं से भी उपयोगकर्ता के लिए सुलभ है। सेवाओं में सॉफ्टवेयर, हार्डवेयर (सर्वर), डेटाबेस, स्टोरेज आदि शामिल हैं। ये संसाधन क्लाउड सेवा प्रदाताओं नामक कंपनियों द्वारा प्रदान किए जाते हैं और सामन्यतः प्रति उपयोग के आधार पर शुल्क लेते हैं, जैसे हम बिजली के उपयोग के लिए भुगतान करते हैं। क्लाउड कंप्यूटिंग एक अवसंरचना और सॉफ्टवेयर मॉडल है जो स्टोरेज, नेटवर्क, सर्वर और एप्लिकेशन के साझा पूल तक सर्वव्यापी पहुंच को सक्षम

बनाता है। यह डेटा प्रोसेसिंग को निजी स्वामित्व वाले क्लाउड या थर्ड-पार्टी सर्वर पर करने की अनुमति देता है। यह अधिकतम गति और विश्वसनीयता बनाता है। लेकिन सबसे बड़ा लाभ इसकी स्थापना, कम रखरखाव और मापनीयता में आसानी है। इस तरह यह आपकी जरूरतों के साथ बढ़ता है।

हम इंटरनेट पर बैकअप के रूप में अपनी प्रतिलिपियों और फाइलों को संग्रहीत करते समय पहले से ही क्लाउड सेवाओं का उपयोग करते हैं या इंटरनेट पर एक वेबसाइट को होस्ट करते हैं। क्लाउड कंप्यूटिंग के माध्यम से, एक उपयोगकर्ता किसी बड़े एप्लिकेशन को चला सकता है या अपने व्यक्तिगत कंप्यूटर पर आवश्यक संग्रहण या प्रसंस्करण शक्ति के बिना बड़ी मात्रा में डेटा संसाधित कर सकता है, जब तक कि वे इंटरनेट से जुड़े हों। अन्य कई विशेषताओं के अलावा, क्लाउड कंप्यूटिंग लागत प्रभावी, ऑन-डिमांड संसाधन प्रदान करता है। एक उपयोगकर्ता बहुत ही उचित लागत पर क्लाउड से आवश्यकता-आधारित संसाधनों का लाभ उठा सकता है।

क्लाउड स्टोरेज के उदाहरण: ड्रॉपबॉक्स, जीमेल, फेसबुक

मार्केटिंग क्लाउड प्लेटफ़ॉर्म के उदाहरण: मार्केटिंग के लिए मारपोस्ट, हबस्पॉट, एडोब मार्केटिंग क्लाउड

शिक्षा में क्लाउड कम्प्यूटिंग के उदाहरण: स्लाइडराकेट, राटाटाइप, अमेज़न वेब सेवाएं

स्वास्थ्य देखभाल में क्लाउड कम्प्यूटिंग के उदाहरण: क्लियरडाटा, डेल्स सिक्योर हेल्थकेयर क्लाउड, आईबीएम क्लाउड

अतः विकल्प (D) सही है।

37. झारखंड के सिंहभूम जिले के आदिवासियों ने विरोध शुरू कर दिया जब सरकार ने प्राकृतिक नमक के जंगलों को अत्यधिक कीमत वाले टीक से बदलने का फैसला किया। 'ग्रीड गेम पॉलिटिकल पॉपुलिज्म' को जंगल बचाओ आंदोलन के रूप में जाना जाता है।

अतः विकल्प (C) सही है।

38. मानक लागत वह लागत होती है जो किसी विशेष कार्य को मानक संसाधनों के साथ मानक विशेषज्ञता के साथ निष्पादित करने पर होती है। जबकि अनुमानित लागत पिछले अनुभवों के आधार पर किसी कार्य की अनुमानित लागत है। यही कारण है कि मानक लागत से पता चलता है कि लागत क्या होनी चाहिए।

अतः विकल्प (A) सही है।

39. अधिकांश भारतीय बड़े शहरों में, वायु प्रदूषण का प्रमुख स्रोत वाहनों का आवागमन है।

वायु प्रदूषण: वायु प्रदूषण कुछ कणों और गैसों के साथ मिलकर वायु का संशोधन है। जो स्वास्थ्य और धन के लिए हानिकारक हैं जो अवांछनीय है। आजकल प्रौद्योगिकी की प्रगति के साथ वायु प्रदूषण एक आम घटना है। ग्रामीण क्षेत्रों की तुलना में शहरी क्षेत्रों में इसका वर्चस्व है।

वायु प्रदूषण के कारण:

वाहन प्रदूषण: शहर क्षेत्रों में धूल और धुएं के उद्गम के पीछे परिवहन क्षेत्र प्रमुख कारण है।

औद्योगिक उत्सर्जन: राख, धूल, गैसों, धुएं आदि जैसे औद्योगिक प्लास्टर का उत्सर्जन।

थर्मल पावर प्लांट: कोयला जलाने के बाद फ्लाई ऐश और काला धुआं निचले वातावरण में परत बनाने का एक कारण है जो शहरी गर्मी द्वीप या आभासी रेगिस्तान स्थिति का कारण बनता है।

जीवाश्म ईंधन के बर्न: घरेलू प्रयोजनों और पेट्रोल और डीजल के उपयोग के लिए कोयले को जलाने से भी प्रदूषण होता है।

निर्माण धूल: यह एयरोसोल कणों का एक और स्रोत है।

अपशिष्ट जल: अपशिष्ट जल CO_2 की एक बड़ी मात्रा का उत्पादन करता है।

खाना पकाने के लिए लकड़ी और गाय के गोबर जैसे सस्ते और गंदे ईंधन का उपयोग।

अतः विकल्प (A) सही है।

40. सतत विकास लक्ष्यों को वर्ष 2030 तक हासिल करने के लिए विशिष्ट लक्ष्य हैं। सतत विकास लक्ष्यों में गरीबी, स्वास्थ्य, शिक्षा, जल स्वच्छता आदि जैसे कुछ महत्वपूर्ण मुद्दे शामिल हैं।

अतः विकल्प (B) सही है।

41. शिक्षक द्वारा छात्र के मूल्यांकन का मुख्य उद्देश्य शिक्षकों को शिक्षण की नवीन पद्धति को अपनाने में मदद करने के साथ-साथ शिक्षक को उनके सुधार के क्षेत्र की पहचान करने में सहायता करना भी शामिल है। लेकिन छात्र की कमजोरियों के बारे में जानकारी इकट्ठा करना शिक्षक उद्देश्य नहीं हो सकता है। इसलिए, कथन 1 सही नहीं है।

अतः विकल्प (B) सही है।

42. "शिक्षा मनुष्य में पहले से ही पूर्णता की अभिव्यक्ति है" - यह स्वामी विवेकानंद का बहुत प्रसिद्ध उद्धरण है। उनके अनुसार शिक्षा के द्वारा अपने आत्म में विश्वास होता है और आत्मा के विश्वास से छिपे हुए ब्रह्म की जागृति होती है।

अतः विकल्प (C) सही है।

43. भारत में विश्व की सबसे बड़ी और विविध शिक्षा प्रणाली है। निजीकरण, व्यापक विस्तार, स्वायत्तता में वृद्धि और नए और उभरते क्षेत्रों में कार्यक्रमों की शुरूआत ने उच्च शिक्षा तक पहुंच में सुधार किया है।

इसी समय, इसने उच्च शिक्षा की गुणवत्ता और प्रासंगिकता पर व्यापक चिंता भी पैदा की है। इन चिंताओं को दूर करने के लिए, शिक्षा पर राष्ट्रीय नीति

(एनपीई, 1986) और क्रियान्वन कार्यक्रम (पीओए, 1992) ने नीतियों के लिए प्रबंधकीय योजना बनाई ओर एक स्वतंत्र राष्ट्रीय मान्यता एजेंसी की स्थापना की वकालत की।

नतीजतन, राष्ट्रीय मूल्यांकन और प्रत्यायन परिषद (नैक) की स्थापना 1994 में विश्वविद्यालय अनुदान आयोग (यूजीसी) की एक स्वायत्त संस्थान के रूप में बेंगलुरु में इसके मुख्यालय के साथ की गई थी।

अतः विकल्प (B) सही है।

44. मूल्य शिक्षा का उद्देश्य छात्रों में नैतिक मूल्यों को विकसित करना है।

डीवी, 1948 के अनुसार, "मूल्य का अर्थ पुरस्कार देना, सम्मान करना, मूल्यांकन करना, अनुमान लगाना है। यह किसी चीज को पोषित करना, उसे प्रिय रखने का कार्य है, और किसी अन्य चीज के साथ तलना किए गए मल्यों की प्रकृति और मात्रा पर निर्णय पारित करने का कार्य भी है"।

यह एक प्रक्रिया या कार्य है जो एक दूसरे को नैतिक मूल्य देते हैं। मूल्य शिक्षा व्यक्तित्व के विकास में सहायक होती है। व्यवहार, मनोवृत्ति और नैतिक गुणवत्ताका विकास अच्छे नागरिक और अखंडता को बनाता है। मूल्य शिक्षा को अस्पष्ट और स्पष्ट शिक्षा के रूप में वर्णित किया जा सकता है।

अस्पष्ट शिक्षा शिक्षार्थियों और उनके अधिगम के साथ संबंधित होती है। स्पष्ट मूल्य शिक्षा शिक्षण और निर्देश से संबंधित होती है।

अतः विकल्प (A) सही है।

45. नेटवर्क टोपोलॉजी संचार चैनलों की स्ट्रक्चर या लेआउट है।

नेटवर्क टोपोलॉजी एक संचार नेटवर्क के तत्वों (लिंक, नोड्स, आदि) की व्यवस्था है। यह ग्राफ सिद्धांत का एक अनुप्रयोग है जिसमें संचार उपकरणों को नोड्स के रूप में तैयार किया जाता है और उपकरणों के बीच के कनेक्शन को नोड्स के बीच लिंक या लाइनों के रूप में तैयार किया जाता है।

अतः विकल्प (D) सही है।

46. दिया गया है,

35 यथाप्राप्त समंक का औसत 18 है।

35 यथाप्राप्त समंक का योग = $35 \times 18 = 630$ ....(i)

पहले सत्रह यथाप्राप्त समंक का औसत = 14

पहले सत्रह यथाप्राप्त समंक का योग = $17 \times 14 = 238$ .....(ii)

पिछले सत्रह यथाप्राप्त समंक का औसत = 20

पिछले सत्रह यथाप्राप्त समंक का योग = $17 \times 20 = 340$ ....(iii)

(i), (ii) और (iii) से,

अठारहवाँ यथाप्राप्त समंक = [35 यथाप्राप्त समंक का योग - (पहले सत्रह यथाप्राप्त समंक का योग + पिछले सत्रह यथाप्राप्त समंक का योग)]

अठारहवाँ यथाप्राप्त समंक = $[630 - (238 + 340)]$

अठारहवाँ अठारहवाँ यथाप्राप्त समंक = 52

अठारहवाँ अठारहवाँ यथाप्राप्त समंक 52 है।

अतः विकल्प (C) सही है।

47. दिया गया है

कुल छात्र = 35

राम नीचे से 7वां है, किशन ऊपर से 9वां है और दिव्या किशन और राम के ठीक बीच में है।

नीचे से स्थिति $n = ($ कुल $+1 - n)$ ऊपर से स्थिति

राम = 7वें नीचे से = $(35 + 1 - 7)$ ऊपर से = 29 वां ऊपर से

किशन = 9वें ऊपर से

दिव्या राम और किशन के ठीक बीच में है।

किशन और राम के बीच कुल छात्र = $35 - (9 + 7) = 35 - 16 = 19$

इस प्रकार,

किशन से दिव्या की स्थिति = $\frac{19+1}{2} = \frac{20}{2} = 10$

दिव्या की स्थिति ऊपर से = $9 + 10 = 19$

तो,

राम और दिव्या के पदों में अंतर = $29 - 19 = 10$

∴ राम और दिव्या के पदों में अंतर 10 सीटों का है।

अतः विकल्प (B) सही है।

48. दिया गया है,

संख्या c और d का अनुपात = $3:7$ है

माना अनुपात x है

तो, संख्या c और d क्रमशः $3x$ और $7x$ हैं।

प्रश्नानुसार,

$\Rightarrow \frac{(3x+9)}{(7x+9)} = \frac{9}{17}$

$\Rightarrow 17 \times (3x + 9) = 9 \times (7x + 9)$

$\Rightarrow 51x + 153 = 63x + 81$

$\Rightarrow 51x - 63x = 81 - 153$

$\Rightarrow -12x = -72$

$\Rightarrow x = 6$

इसलिए,

$c = 3x = 3 \times 6 = 18$

$d = 7x = 7 \times 6 = 42$

∴ संख्या c और d क्रमशः 18 और 42 हैं।

अतः विकल्प (D) सही है।

49. टीकेडीएल का फुल फॉर्म ट्रेडिशनल नॉलेज डिजिटल लाइब्रेरी है।

टीकेडीएल पहल डिजिटलीकरण के माध्यम से देश के पारंपरिक ज्ञान को संरक्षित करती है और इसका उद्देश्य दुनिया भर में पेटेंट के माध्यम से भारत के पारंपरिक चिकित्सा ज्ञान के दुरुपयोग को रोकना है।

अतः विकल्प (B) सही है।

50. Given,

व्यक्तियों की कुल संख्या = 200

उन व्यक्तियों की संख्या जो कॉफी पसंद करते हैं = 108

उन व्यक्तियों की संख्या जो चाय पसंद करते हैं = 90

उन व्यक्तियों की संख्या जो चाय और कॉफी दोनों पसंद करते हैं = 46

उन व्यक्तियों की संख्या जो केवल चाय पसंद करते हैं = $90 - 46 = 44$

उन व्यक्तियों की संख्या जो केवल कॉफी पसंद करते हैं = $108 - 46 = 62$

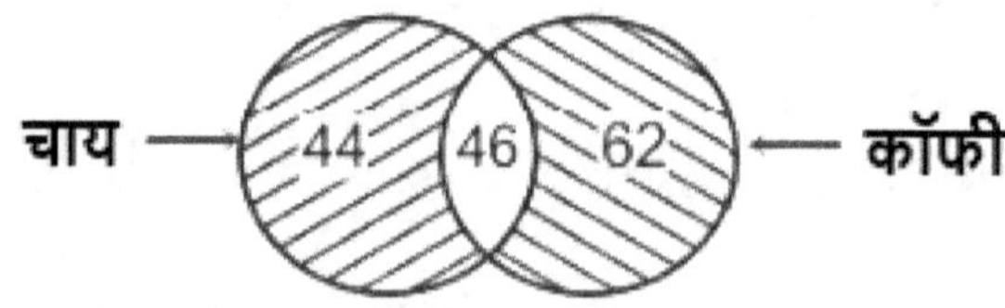

उन व्यक्तियों की संख्या जिन्हें न तो चाय पसंद है और न ही कॉफी = $200 - (44 + 62 + 46) = 48$

अतः विकल्प (D) सही है।

51. माना रिफ्लेक्सिव क्लोजर R है:

r(R) = R

यदि R रिफ्लेक्सिव है, तो यह रिफ्लेक्सिव क्लोजर की डेफिनिशन में सभी शर्तों को पूरा करता है। अतः किसी रिलेशन का रिफ्लेक्सिव क्लोजर R में कन्टैन रिफ्लेक्सिव रिलेशन की सबसे छोटी संख्या है।

तो, R = r(R)

अतः विकल्प (A) सही है।

52. प्रूफ के लिए:

$(R_1 \cup R_2)^c = R_1^c \cup R_2{}^c$, if $< x, y >$ belongs to $(R_1 \cup R_2)^c$

$\Leftrightarrow < y, x > \in (R_1 \cup R_2)$

$\Leftrightarrow < y, x > \in R_1$ or $< y, x > \in R_2$

$\Leftrightarrow < x, y > \in R_1^c$ or $< x, y > \in R_2^c$

$\Leftrightarrow < x, y > \in R_1^c \cup R_2^c$

अतः विकल्प (C) सही है।

53. डायरेक्टेड एसाइक्लिक ग्राफ के लिए, सिंगल सोर्स कम से कम दूरी की कैलकुलेट O(V+E) समय में की जा सकती है। उस पर्पस के लिए टोपोलॉजिकल सॉर्टिंग का उपयोग किया जा सकता है। किसी भी ग्राफ की टोपोलॉजिकल सॉर्टिंग ग्राफ के लीनियर का रिप्रेजेंट करती है।

अतः विकल्प (A) सही है।

54. हम जानते हैं कि ग्राफ G में यूलेरियन सर्किट एक ऐसा सर्किट है जिसमें G के सभी वर्टिसेज और एज शामिल होते हैं। एक ग्राफ जिसमें यूलेरियन सर्किट हो सकता है, में एक यूलेरियन ग्राफ भी हो सकता है। एक यूलर सर्किट एक सर्किट है जो एक ग्राफ के हर एज का ठीक एक बार उपयोग करता है। एक यूलर पथ डिफ्रेंट वर्टिसेज पर प्रारंभ और समाप्त होता है। एक यूलर सर्किट एक ही वर्टेक्स पर शुरू और समाप्त होता है।

अतः विकल्प (D) सही है।

55. किसी भी समुच्चय का घात समुच्चय उसके सभी उपसमुच्चयों का समुच्चय होता है। तो, P({1, 5, 6}) = {null, {1}, {5}, {6}, {1, 5}, {1,6}, {5, 6}, {1, 5 , 6}}. दिए गए समुच्चय के घात समुच्चय में 8 तत्व होते हैं। इसलिए, 8 दिए गए समुच्चय की कार्डिनैलिटी है।

अतः विकल्प (C) सही है।

56. सेकेंशिअल लीनियर प्रोग्रामिंग में, नॉन-लीनियर ऑब्जेक्टिव फंक्शन और कंस्ट्रेंट्स को प्रारंभिक बिंदु के आसपास के क्षेत्र में लिनियराइज्ड किया जाता है और लीनियर प्रोग्रामिंग प्रॉब्लम को सॉल्व करके एक नया डिजाइन बिंदु प्राप्त किया जाता है और आस-पास में उत्पन्न होने वाली लाइन का सीक्वेंस और लीनियर प्रोग्रामिंग द्वारा सॉल्व करना नए बिंदु से ऑप्टिमम तक पहुंचने तक जारी रहता है।

अतः विकल्प (A) सही है।

57. मूल रूप से, प्रेस्ट्रेस्ड कंक्रीट स्ट्रक्चर के ऑप्टिमम डिजाइन के प्रोसेस को एक मैथमेटिकल प्रोग्रामिंग प्रॉब्लम के रूप में देखा जा सकता है जिसमें मटेरियल्स की कुल लागत या खपत को कुछ फंक्शनल कंस्ट्रेंट्स के अधीन कम से कम किया जाता है जैसे कि सर्विसेबिलिटी लिमिट स्टेट्स और लिमिट पर फ्लेक्सुरल और शियर स्ट्रेंथ की आवश्यकताएं है।

अतः विकल्प (B) सही है।

58. आम तौर पर ऑप्टिमाइजेशन प्रॉब्लम में लांग और टेडियस कम्प्यूटेशन शामिल होती हैं और इस तरह की मैनुअल कम्प्यूटेशन कुछ डिजाइन वेरिएबल्स वाली सिंपल प्रॉब्लम तक सीमित होती है और हालांकि उच्च गति वाले इलेक्ट्रॉनिक डिजिटल कंप्यूटर के विकास ने ऑप्टिमाइजेशन प्रॉब्लम में इंटरेस्ट को पुनर्जीवित किया है और इस फील्ड ऑप्टिमाइजेशन प्रॉब्लम में महत्वपूर्ण सिग्निफिकेंट की गई है।

अतः विकल्प (C) सही है।

59. डिज़ाइन वेरिएबल्स को आम तौर पर समूहीकृत किया जाता है जिसके तहत सदस्य आकार द्वारा दर्शाए गए पैरामीटर डायमेंशनल वेरिएबल्स जैसे किसी सदस्य के प्लेट क्रॉस-सेक्शनल क्षेत्र की मोटाई और एक फ्लेक्सुरल सदस्यों के कॉन्फिग्रेशन की इनर्टी का मोमेंट या एलिमेंट जॉइंट के निर्देशांक द्वारा दर्शाए गए ज्यामितीय वेरिएबल्स सामग्री के मैकेनिकल या फिजिकल प्रॉपर्टीज जैसे एलास्टिसिटी के वेरिएबल मॉड्यूलस को शामिल करना।

अतः विकल्प (A) सही है।

60. सिक्वेंसियल अनकंस्ट्रेनेड मिनीमाइजेसन तकनीक में, कन्स्ट्रैनेड मिनीमाइजेसन प्रॉब्लम को एक इंटीरियर या एक्सटेरियर पेनल्टी फंक्शन की शुरुआत करके एक अनकंस्ट्रेनेड में बदल दिया जाता है और कैरोल द्वारा शुरू की गई और फियाको और मैक कॉर्मिक द्वारा प्रवर्धित यह मेथड प्रैक्टिकल स्ट्रक्चरल डिजाइन प्रॉब्लम्स में अत्यधिक लाभप्रद साबित हुई है।

अतः विकल्प (B) सही है।

61. SIMM (सिंगल इनलाइन मेमोरी मॉड्यूल) या DIMM (डुअल इनलाइन मेमोरी मॉड्यूल) अधिक मेमोरी स्पेस प्रदान करते हुए कम स्पेस घेरते हैं। पर्सनल कंप्यूटर के लिए DIMM और SIMM दो प्रमुख प्रकार के रैंडम-एक्सेस मेमोरी मानक हैं। प्रत्येक प्रकार की रैम का नामकरण उस विशिष्ट तरीके को संदर्भित करता है जिसमें मेमोरी को पैक किया जाता है।

अतः विकल्प (D) सही है।

62. कंट्रोलर को डिवाइस से रिक्वेस्ट प्राप्त होता है जिसे मेमोरी पढ़ने या लिखने की आवश्यकता होती है और फिर यह एड्रेस को मल्टीप्लेक्स करता है। कंट्रोलर का कंट्रोलर सिग्नल आरएएस और सीएएस में विभाजित है। रिक्वेस्ट कंट्रोलर ट्रांजैक्शन सर्वर में चल रही एक प्रोसीजर को कॉल करता है, जिसे एसीएमएस प्रोसेस सर्वर कहता है। चूंकि ट्रांजैक्शन सर्वर सिंगल-थ्रेडेड है, इसलिए इसे आमतौर पर सर्वर-क्लास के रूप में तैनात किया जाता है जिसमें मल्टीपल सर्वर प्रोसेसेज होती हैं।

अतः विकल्प (D) सही है।

63. रीफ्रेश ओवरहेड की गणना रीफ्रेशिंग के लिए कुल समय और प्रत्येक रीफ्रेश के अंतराल को ध्यान में रखकर की जाती है।

मान लीजिए कि प्रत्येक पंक्ति तक पहुँचने (पढ़ने) में फोर क्लॉक साइकिल लगते हैं। फिर सभी पंक्तियों को रीफ्रेश करने में $8192 \times 4 = 32768$ साइकिल लगते हैं।

133 मेगाहर्ट्ज की क्लॉक रेट से, सभी पंक्तियों को रीफ्रेश करने के लिए आवश्यक समय $\frac{32768}{(133 \times 10^6)} = 246 \times 10^{-6}$ सेकंड है।

इस प्रकार, रीफ्रेश प्रोसेस प्रत्येक 64 ms समय अंतराल में 0.246 ms लेती है। चिप का रिफ्रेश ओवरहेड $\frac{0.246}{64} = 0.0038$ है।

अतः विकल्प (B) सही है।

64. दिए गए विकल्प (A), (B) और (C) 8051 के एड्रेसिंग मोड के प्रकार हैं।

8051 में छह प्रकार के एड्रेसिंग मोड हैं।

1. डायरेक्ट एड्रेसिंग
2. इनडायरेक्ट एड्रेसिंग
3. रजिस्टर इंस्ट्रक्शंस
4. रजिस्टर स्पेसिफाइड (रजिस्टर इम्प्लीसिट) इंस्ट्रक्शंस
5. इमीडिएट एड्रेसिंग

6. इंडेक्स्ड एड्रेसिंग

अतः विकल्प (B) सही है।

65. एक ब्रांच डिले स्लॉट एक जम्प या ब्रांच के तुरंत बाद एक इंस्ट्रक्शन स्पेस है। जब एक ब्रांच इंस्ट्रक्शन शामिल होता है तो पाइपलाइन में निम्नलिखित डिले स्लॉट इंस्ट्रक्शन के स्थान को ब्रांच डिले स्लॉट कहा जा सकता है। ब्रांच डिले स्लॉट मुख्य रूप से डीएसपी आर्किटेक्चर और पुराने आरआईएससी आर्किटेक्चर में पाए जाते हैं। पाइपलाइन आर्किटेक्चर का लक्ष्य हर क्लॉक साइकिल में एक इंस्ट्रक्शन को पूरा करना है। यह RISC मशीन की आइकोनिक फीचर है।

अतः विकल्प (C) सही है।

66. प्रतीक, 'addr 16' 16-बिट डेस्टिनेशन एड्रेस का प्रतिनिधित्व करता है जिसका उपयोग LCALL या LJMP निर्देश द्वारा 64 Kbytes प्रोग्राम मेमोरी के भीतर कॉल या जंप डेस्टिनेशन एड्रेस को निर्दिष्ट करने के लिए किया जाता है।

अतः विकल्प (C) सही है।

67. मोबाइल डिवाइस के डिजाइन में RISC आर्किटेक्चर का पालन किया जाता है। बहुत छोटे डिवाइस में, RISC अधिक पावर एफ्फिसिएंट है क्योंकि CISC प्रोसेसर में अतिरिक्त निर्देश डिकोड लॉजिक की कॉस्ट होती है। लेकिन यह बहुत कम अंत में ही सच है। यह वह जगह है जहां से ARM का एंटिल डोमिनेंस आया था। लेकिन हाई-परफॉरमेंस सीपीयू में, इंस्ट्रक्शन डिकोड लॉजिक छोटा है।

अतः विकल्प (B) सही है।

68. ऑपरेशन में प्रोसेसर की इंवॉल्वमेंट से डीएमए इंटरप्ट मोड से अलग होता है। I/O डिवाइस तक पहुँचने की विधि। पॉसिबल डेटा ट्रांसफर की मात्रा। डीएमए प्रोसेसर के परफार्मिंग के बिना मेमोरी और एक्सटर्नल डिवाइस के बीच बल्क में डेटा ट्रांसफर करने का एक तरीका है।

अतः विकल्प (D) सही है।

69. कंट्रोलर स्टार्टिंग एड्रेस वर्ड काउंट और ऑपरेशन की स्टेटस को स्टोर करने के लिए रजिस्टरों का उपयोग करता है। डीएमए कंट्रोलर के तीन रजिस्टर इस प्रकार हैं:

- **एड्रेस रजिस्टर-** इसमें मेमोरी में डिजायर्ड लोकेशन स्पेसिफी करने के लिए एड्रेस होता है।
- **वर्ड काउंट रजिस्टर-** इसमें ट्रान्सफर्ड किए जाने वाले वर्ड्स के नंबर होती है।
- **कंट्रोलर रजिस्टर-** यह ट्रांसफर मोड को स्पेसिफिएस करता है।

अतः विकल्प (C) सही है।

70. जब प्रोसेस अस्थायी रूप से निलंबित हो जाती है और दूसरा प्रोसेस निष्पादित हो जाती है तो प्रक्रिया डीएमए ट्रांसफर के लिए रिक्वेस्ट करती है। ट्रांसफर का रिक्वेस्ट करने वाली प्रोसेस को रोक दिया जाता है और ऑपरेशन किया जाता है, इस बीच, प्रोसेसर पर एक और प्रोसेस चलता है।

अतः विकल्प (D) सही है।

71. किसी क्लास के पब्लिक फंक्शन उसी क्लास के प्राइवेट डेटा मेंबर तक आसानी से पहुँच सकते हैं। यह उस "फ्रेंड" द्वारा प्राप्त किया जाता है, जो क्लास के लिए एक नॉन-मेंबर फंक्शन है। इसका प्राइवेट डेटा एक्सेस किया जा सकता है। इसलिए फ्रेंड फंक्शन क्लास का मेंबर नहीं है।

अतः विकल्प (D) सही है।

72. टेम्परेरी ऑब्जेक्ट के डिस्ट्रक्शन के कारण उत्पन्न होने वाली समस्या को असाइनमेंट ऑपरेटर को ओवरलोड उन वैल्यूज को प्राप्त करने के लिए हल किया जा सकता है जो डिस्ट्रक्टर डायनामिक मेमोरी को मुक्त करते समय लौटाए जा सकते हैं। कॉपी कंस्ट्रक्टर को परिभाषित करने से हमें इसे और भी सरल तरीके से करने में मदद मिल सकती है।

अतः विकल्प (D) सही है।

73. अलाइन एट्रिब्यूट सेल में कंटेंट के हॉरिजॉन्टल एलाइनमेंट को निर्दिष्ट करती है।

सिंटेक्स:

`<td align="left ">`

एट्रिब्यूट वैल्यू `<td>` के लिए डिफ़ॉल्ट लेफ्ट है। यह कंटेंट को लेफ्ट-अलाइन करता है।

अतः विकल्प (C) सही है।

74. दोनों कथन असत्य हैं।

- HTTP प्रॉक्सी सर्वर को सपोर्ट करता है।
- एक प्रॉक्सी सर्वर एक कंप्यूटर है जो हाल के रिक्वेस्ट के रिस्पांस की कॉपीज रखता है। HTTP क्लाइंट प्रॉक्सी सर्वर को एक रिक्वेस्ट भेजता है। प्रॉक्सी सर्वर अपने कैश की जांच करता है। यदि रिस्पांस कैश में संग्रहीत नहीं है, तो प्रॉक्सी सर्वर संबंधित सर्वर को रिक्वेस्ट भेजता है। आने वाली रिस्पांस प्रॉक्सी सर्वर को भेजी जाती हैं और अन्य क्लाइंट से भविष्य के रिक्वेस्ट के लिए संग्रहीत की जाती हैं।
- प्रॉक्सी सर्वर मूल सर्वर पर लोड को कम करता है जिससे ट्रैफ़िक कम होता है और विलंबता में सुधार होता है। हालाँकि, प्रॉक्सी सर्वर का उपयोग करने के लिए, क्लाइंट को टारगेट सर्वर के बजाय प्रॉक्सी तक पहुँचने के लिए कॉन्फ़िगर किया जाना चाहिए।

अतः विकल्प (D) सही है।

75. इंटरप्रेटर एक ऐसा प्रोग्राम है जो हाई लेवल लैंग्वेज प्रोग्राम लैंग्वेज को डायरेक्टली मशीनी लैंग्वेज में ट्रांसलेटेड किए बिना निष्पादित कर सकता है। एक इंटरप्रेटर प्रोग्रामिंग या स्क्रिप्टिंग प्रोग्राम में लिखे गए निर्देशों को पहले से किसी ऑब्जेक्ट कोड या मशीन कोड में परिवर्तित किए बिना निष्पादित करता है। व्याख्या की गई प्रोग्राम के उदाहरण पर्ल, पायथन और मैटलैब हैं।

अतः विकल्प (B) सही है।

76. लिआंग-बार्स्की एल्गोरिथम एक लाइन क्लिपिंग एल्गोरिथम है। लिआंग-बार्स्की एल्गोरिथम क्लिपिंग ऑपरेशन के लिए एक लाइन के पैरामीट्रिक एक्शन का उपयोग करता है। कंप्यूटर ग्राफिक्स में, लिआंग-बार्स्की एल्गोरिथम का नाम यू-डोंग लियांग और ब्रायन ए बार्स्की के नाम पर रखा गया है। लिआंग-बार्स्की एल्गोरिथम लाइन और क्लिप विंडो के बीच के इंटरसेक्शन को निर्धारित करने के लिए क्लिपिंग विंडो की रेंज का वर्णन करने वाली इनक्वॉलिटीज़ का उपयोग करता है। इन इंटरसेक्शन के साथ, यह जानता है कि लाइन का कौन सा भाग खींचा जाना चाहिए। यह एल्गोरिथम कोहेन-सदरलैंड की तुलना में काफी अधिक कुशल है।

अतः विकल्प (C) सही है।

77. लिआंग-बार्स्की और साइरस-बेक की क्लिपिंग लाइन के विचार समान हैं। फर्क सिर्फ इतना है कि लिआंग-बार्स्की एल्गोरिथम को एक ईमानदार आयताकार क्लिप विंडो के लिए अनुकूलित किया गया है। इसलिए, हम केवल लियांग-बार्स्की के विचार का अध्ययन करेंगे। लिआंग और बार्स्की ने एक एल्गोरिथम बनाया है जो फ्लोटिंग-पॉइंट अरिथमेटिक का उपयोग करता है, लेकिन अधिकतम फोर कम्प्यूटेशन के साथ उपयुक्त फ्लोटिंग पॉइंट पाता है।

अतः विकल्प (A) सही है।

78. लिआंग-बार्स्की एल्गोरिथम एक लाइन के लिए पैरामीट्रिक समीकरणों का उपयोग करता है और उस पैरामीटर की सीमा को खोजने के लिए चार असमानताओं को हल करता है जिसके लिए लाइन व्यूपोर्ट में है। लिआंग-बार्स्की एल्गोरिथम क्लिपिंग ऑपरेशन के लिए एक लाइन के पैरामीट्रिक समीकरण का उपयोग करता है।

अतः विकल्प (D) सही है।

79. हम व्यू के एक फॉर्मल मेकैनिज्म पर विचार करते हैं, अर्थात पिक्चर के किस भाग को प्रदर्शित करना है। इसलिए हम टोटल पिक्चर एरिया के सब-पिक्चर को स्पेसिफ्इंग करके एक व्यू का चयन करते हैं। एक उपयोगकर्ता प्रदर्शन के लिए एक ही एरिया का चयन कर सकता है, या एक साथ प्रदर्शन के लिए या एक व्यू में एक एनिमेटेड पैनिंग सीक्वेंस के लिए कई एरिया का चयन किया जा सकता है। सेलेक्टेड एरिया के अंदर पिक्चर पार्ट को डिवाइस कोऑर्डिनेट के स्पेसिफ़िएड एरिया पर मैप किया जाता है।

अतः विकल्प (B) सही है।

80. वर्ल्ड को-ऑर्डिनेट सिस्टम्स (WCS) एक प्रकार की को-ऑर्डिनेट सिस्टम हैं जो डेटा एरे से जुड़े फिजिकल को-ऑर्डिनेट का वर्णन करती हैं, जैसे कि स्काई कोऑर्डिनेट। इसका उपयोग स्पेक्ट्रम की वेवलेंथ को दर्शाने और एस्ट्रोनॉमिकल इमेज को खींचने के लिए भी किया जाता है।

अतः विकल्प (D) सही है।

81. एक विज़ार्ड ड्रिवेन इंटरफेस या सेटअप असिस्टेंट एक यूज़र इंटरफेस टाइप है जो यूज़र को डायलॉग बॉक्स के सीक्वेंस के साथ प्रस्तुत करता है जो यूज़र को अच्छी तरह से परिभाषित स्टेप की एक सीरीज के माध्यम से ले जाता है। यह किसी भी संख्या में होस्ट में हडूप की इंस्टॉलेशन की सुविधा प्रदान करता है।

अतः विकल्प (B) सही है।

82. cTAKES अपाचे हडूप पर मैपरेड्यूज़ जॉब की पाइपलाइन लिखने, टेस्टिंग करने और चलाने के लिए एक जावा लाइब्रेरी है। cTAKES (क्लिनिकल टेक्स्ट एनालिसिस एंड नॉलेज एक्सट्रैक्शन सिस्टम) इलेक्ट्रॉनिक मेडिकल रिकॉर्ड्स क्लिनिकल फ्री-टेक्स्ट से इनफार्मेशन एक्ट्र्क्शन के लिए एक नेचुरल लैंग्वेज प्रोसेसिंग टूल है।

अतः विकल्प (A) सही है।

83. डीडीएल डेटा डेफिनिशन लैंग्वेज का संक्षिप्त नाम है, जो डेटाबेस स्कीमा और विवरण से संबंधित है कि डेटा को डेटाबेस में कैसे रहना चाहिए। डेटा डेफिनेशन लैंग्वेज, संरचना संबंध को परिभाषित करने में संबंध और संबंधित स्कीमा को हटाने जैसे अन्य सभी आवश्यक कार्यों को करने के लिए उपयोग की जाती है।

अतः विकल्प (D) सही है।

84. डीएमएल डेटाबेस के क्वेरी इनफार्मेशन में टपल्स को सम्मिलित करने, टपल्स को हटाने और डेटाबेस में टपल्स को संशोधित करने की क्षमता प्रदान करता है। डेटा मैनिपुलेशन लैंग्वेज (डीएमएल) एक कंप्यूटर प्रोग्रामिंग लैंग्वेज है जिसका उपयोग डेटाबेस से डेटा को स्टोर करने, पुनर्प्राप्त करने, संशोधित करने और मिटाने के लिए किया जाता है। डीएमएल का मतलब डेटा मैनिपुलेशन लैंग्वेज है जिसका इस्तेमाल रिलेशन के मूल्यों में आवश्यक बदलाव करने के लिए किया जाता है।

अतः विकल्प (A) सही है।

85. जॉइन क्लॉज कॉमन कॉलम का मिलान करके दो टेबल को जोड़ता है।

इसलिए, हम ज्वाइन के लिए निम्नलिखित कोड का भी उपयोग कर सकते हैं-

Select name, course_id from instructor natural join teaches;

अतः विकल्प (B) सही है।

86. स्टेटमेंट Select empid where empid = 1009 and Lastname = 'GELLER'; इसमें "से" क्लॉज़ शामिल नहीं है, जो उस संबंध को निर्दिष्ट करता है जिससे मूल्यों का चयन या प्राप्त किया जाना है। तो, निम्नलिखित दिए गए स्टेटमेंट में पॉसिबल एरर है।

अतः विकल्प (D) सही है।

87. ऊपर दी गई क्वेरी में, "%" (लाइक) ऑपरेटर का उपयोग किया जाएगा, जो आमतौर पर स्ट्रिंग्स में एक निश्चित पैटर्न की खोज करते समय उपयोग

किया जाता है। इस केस में इसका उपयोग "Where" के साथ "dept_name" का चयन करने के लिए किया जाता है जिसमें Computer Science शामिल है क्योंकि इसकी समाप्ति स्ट्रिंग है। इसे और अधिक स्पष्ट रूप से समझने के लिए निम्नलिखित सिंटैक्स पर विचार करें:

Syntax

SELECT column1, column2, ...

FROM table_name

WHERE columnN LIKE pattern;

अतः विकल्प (C) सही है।

88. वेतन को उच्चतम से न्यूनतम राशि तक क्रमबद्ध करने और कर्मचारी के नाम को वर्णानुक्रम में प्रदर्शित करने के लिए, ऊपर दिए गए प्रश्न में "Desc और Asc" का उपयोग कर सकते हैं।

- रिजल्ट को आरोही क्रम में क्रमबद्ध करने के लिए, ASC कीवर्ड का उपयोग करें। यह डिफ़ॉल्ट है और रिजल्ट को निम्नतम से उच्चतम पर लौटाता है। उदाहरण के लिए, कर्मचारी नाम कॉलम को वर्णानुक्रम में क्रमबद्ध करना (A से Z)।

- रिजल्ट को उच्चतम से निम्नतम तक क्रमबद्ध करने के लिए उदाहरण Z से A या 100 से 1 आदि, ORDER BY के साथ DESC क्लॉज का उपयोग करें।

- आप ORDER BY क्लॉज में एक या अधिक कॉलम निर्दिष्ट कर सकते हैं।

अतः विकल्प (C) सही है।

89. "SQL" में एक तुलना होती है जिसे "BETWEEN" के रूप में जाना जाता है जिसका उपयोग दिए गए प्रश्नों में से एक में भी किया जाता है, जैसा कि आप देख सकते हैं। "BETWEEN" ऑपरेटर का उपयोग आमतौर पर "WHERE" क्लॉज को सरल बनाने के लिए किया जाता है जिसका उपयोग यह निर्दिष्ट करने के लिए किया जाता है कि वैल्यू एक वैल्यू से अधिक या कुछ वैल्यू से एक या अधिक वैल्यू से कम है।

अतः विकल्प (C) सही है।

90. डीबीएमएस (या डेटाबेस मैनेजमेंट सिस्टम) एक प्रकार का सिस्टम सॉफ़्टवेयर है जिसका इस्तेमाल कई ऑपरेशनों के लिए किया जाता है, जैसे डेटा मैनेजिंग डेटाबेस को स्टोर करने वाली टेबल / डेटाबेस बनाना। यह डेटाबेस में स्टोर डेटा को भी संशोधित करने की अनुमति देता है।

अतः विकल्प (A) सही है।

91. एक दो-पास असेंबलर सोर्स फ़ाइल पर दो पास करता है (दूसरा पास पहले पास में जनरेटेड फ़ाइल पर हो सकता है)। पास II का कार्य टारगेट प्रोग्राम का संश्लेषण करना है। अधिकांश असेंबलर दो-पास सिस्टम का उपयोग करने का मुख्य कारण फॉरवर्डिंग रिफरेन्स की समस्या का समाधान करना है।

अतः विकल्प (D) सही है।

92. एक एसआरएस वेरिफिएबल है, यदि और केवल तभी, उसमें बताई गई प्रत्येक आवश्यकता वेरिफिएबल है। कथन का उत्तर केवल सॉफ्टवेयर और कस्टमर इवैल्यूएशन के पूरा होने पर ही दिया जा सकता है लेकिन फिर भी, ह्यूमन इंटरफ़ेस एक पर्सन से दूसरे पर्सन में भिन्न होगा। एसआरएस में प्रत्येक सेंटेंस की एक यूनिक इंटरप्रेटेशन होनी चाहिए।

अतः विकल्प (B) सही है।

93. असेंबली कोड में वह असेंबलर डायरेक्टिव EQU का उपयोग एक नंबर को एक लेबल असाइन करने के लिए किया जाता है जो एक लिट्रल, फ़ाइल रजिस्टर नंबर या एक इंडिविजुअल रजिस्टर बिट हो सकता है। BIN4 में, 'पोर्टा' और 'पोर्टब' में पोर्ट डेटा रजिस्टर (05 और 06) हैं और 'टाइमर' पहला

स्पेयर रजिस्टर (0C) है जिसका उपयोग काउंटर रजिस्टर के रूप में किया जाएगा।

असेंबलर डायरेक्टिव EQU का सिंटैक्स है: <symbol> EQU <address spaces

अतः विकल्प (B) सही है।

94. टॉप-डाउन पार्सिंग को लागू करने के लिए निम्नलिखित फीचर्स की आवश्यकता है:

मैचिंग और बैकट्रैकिंग मेकैनिज्म: टॉप-डाउन पार्सर्स रूट नोड (स्टार्ट सिंबल) से शुरू होते हैं और उन्हें बदलने के लिए प्रोडक्शन रूल्स के खिलाफ इनपुट स्ट्रिंग से मेल खाते हैं (यदि मिलान हो)। तो, टॉप-डाउन पार्सर अगला प्रोडक्शन रूल प्राप्त करने के लिए बैकट्रैक हो जाता है।

प्रेडिक्शन-मेकिंग मैकेनिज्म: प्रेडिक्टिव पार्सर एक रिकर्सिव डिसेंट पार्सर है, जो यह अनुमान लगाने की कैपिबिलिटी रखता है कि इनपुट स्ट्रिंग को बदलने के लिए किस प्रोडक्शन का उपयोग किया जाना। प्रेडिक्टिव पार्सर बैकट्रैकिंग से ग्रस्त नहीं है।

सोर्स स्ट्रिंग मार्कर: किसी भी ग्रामर के लिए पार्सर एक प्रोग्राम है जो इनपुट स्ट्रिंग w के रूप में लेता है (लेक्सिकल एनालाइज़र से स्ट्रिंग्स टोकन का सेट प्राप्त करता है) और आउटपुट के रूप में w के लिए एक पार्स ट्री उत्पन्न करता है, यदि w ग्रामर का एक वैलिड सेंटेंस है या एक एरर है मैसेज यह दर्शाता है कि w दिए गए ग्रामर का वैलिड सेंटेंस नहीं है।

अतः विकल्प (D) सही है।

95. मैक्रो परिभाषा स्टेटमेंट का एक नेम्ड सीक्वेंस है जिसे आप मैक्रो इंस्ट्रक्शन के साथ कॉल कर सकते हैं। जब इसे असेंबलर प्रोसेसेस कहा जाता है और सामान्य रूप से सोर्स मॉड्यूल में परिभाषा से असेंबलर लैंग्वेज के स्टेटमेंट जनरेटेड करता है।

- डायरेक्टली परिभाषा से कॉपी किया गया।
- जनरेशन से पहले वेरिएबल सिंबल में पैरामीटर वैल्यूज और अन्य वैल्यूज द्वारा संशोधित।
- इंटरनल मैक्रो प्रोसेसिंग द्वारा उस सीक्वेंस को बदलने के लिए जिसमें वे जनरेटेड होते हैं।

अतः विकल्प (D) सही है।

96. डॉस में विभिन्न कार्यों को करने के लिए एक्सटर्नल कमांड की आवश्यकता होती है। एक्सटर्नल कमांड शक्तिशाली हैं। वे समस्याओं को ठीक करने, प्रदर्शन में सुधार करने और अन्य कार्यों को करने में भी मदद करते हैं। एक्सटर्नल कमांड में आमतौर पर इंटरनल कमांड की तुलना में अधिक रिसोर्स रिक्वायरमेंट्स होती हैं। उन्हें इंटरनल कमांड से अलग अलग फाइलों में रखने से विंडोज़ पर लोड कम करने में मदद मिलती है। एक्सटर्नल कमांड की फाइल को कंप्यूटर पर कॉपी करके जरूरत पड़ने पर उन्हें विंडोज में भी ऐड किया जा सकता है।

अतः विकल्प (B) सही है।

97. मुख्य मेमोरी को गति देने के लिए, मुख्य मेमोरी की क्षमता बढ़ाने के लिए, इंटरप्ट को रोकने के लिए, डिस्क प्रदर्शन में सुधार के लिए ब्लॉक कैश या बफर कैश का उपयोग किया जाता है।

एक्सेस (वास्तविक) मेमोरी की तुलना में डिस्क रीडिंग बहुत धीमा है। इसके अलावा, अपेक्षाकृत कम समय के दौरान डिस्क के एक ही हिस्से को कई बार रीड करना आम बात है। इसे डिस्क बफरिंग कहा जाता है, और इस उद्देश्य के लिए उपयोग की जाने वाली मेमोरी को बफर कैश कहा जाता है।

बफर कैश वह जगह है जहां SQL संचालन करने के लिए डेटा ब्लॉक की प्रतिलिपि बनाई जाती है। बफर कैश साझा मेमोरी संरचना है और इसे सभी सर्वर प्रक्रियाओं द्वारा समवर्ती रूप से एक्सेस किया जाता है।

अतः विकल्प (A) सही है।

98. कर्नेल ऑपरेटिंग सिस्टम का दिल है जो हार्डवेयर को नियंत्रित कर सकता है और इंटरप्ट, I/O सिस्टम, मेमोरी आदि से निपट सकता है। यह भी पता लगा सकता है एक एड्रेस पॉइंटर का उपयोग करके पैरामीटर ब्लॉक जो पूर्व निर्धारित एड्रेस रजिस्टर में संग्रहीत है।

अतः विकल्प (B) सही है।

99. यदि आप एक समय में एक से अधिक प्रोग्राम निष्पादित करना चाहते हैं, तो आप जिस सिस्टम सॉफ्टवेयर का उपयोग कर रहे हैं वह एक ऑपरेटिंग सिस्टम में मल्टीटास्किंग करने में सक्षम होना चाहिए, जिससे उपयोगकर्ता समय पर कई कंप्यूटर कार्य (जैसे एप्लिकेशन प्रोग्राम का संचालन) कर सके।

अतः विकल्प (D) सही है।

100. राउंड-रॉबिन शेड्यूलिंग एक प्रिएम्प्टीव शेड्यूलिंग एल्गोरिथम है जिसमें प्रत्येक प्रक्रिया को निष्पादित करने के लिए एक विशिष्ट समय प्रदान किया जाता है। इस विशिष्ट समय को टाइम-स्लाइस कहा जाता है। राउंड-रॉबिन कंप्यूटिंग में प्रक्रिया और नेटवर्क शेड्यूलर द्वारा नियोजित एल्गोरिदम में से एक है। जैसा कि आमतौर पर इस शब्द का उपयोग किया जाता है, प्रत्येक प्रक्रिया को समान भागों में और सर्कुलर आर्डर में समय के स्लाइस को प्राथमिकता के बिना सभी प्रक्रियाओं को संभालने के लिए असाइन किया जाता है।

अतः विकल्प (C) सही है।

101. डिबगिंग में, डेवलपर डेवलपमेंट फेज में बग को ठीक करता है। डिबगिंग रणनीति में इंटरैक्टिव डिबगिंग, कण्ट्रोल फ्लो एनालिसिस, यूनिट टेस्टिंग, इंटीग्रेशन टेस्टिंग, लॉग फ़ाइल एनालिसिस, एप्लिकेशन या सिस्टम स्तर पर निगरानी, मेमोरी डंप और प्रोफाइलिंग शामिल हो सकते हैं। कोडिंग डेवलपर्स द्वारा की जाती है। टेस्टिंग टेस्टर्स द्वारा किया जाता है।

अतः विकल्प (C) सही है।

102. सिस्टम डेवलपर ने सॉफ्टवेयर रिक्वायरमेंट स्पेसिफिकेशंस डॉक्यूमेंट (SRS) लिखा। एक सॉफ्टवेयर रिक्वायरमेंट स्पेसिफिकेशंस (SRS) एक डॉक्यूमेंट है जो बताता है कि सॉफ्टवेयर क्या करेगा और यह कैसे प्रदर्शन करने की उम्मीद की जाएगी। यह सभी स्टेकहोल्डर्स (बिज़नेस, यूजर) की जरूरतों को पूरा करने के लिए प्रोडक्ट की फंक्शनलिटी का भी वर्णन करता है।

अतः विकल्प (A) सही है।

103. सिस्टम टेस्टिंग एक प्रकार का सॉफ्टवेयर टेस्टिंग है जो सिस्टम के अनुरूप रिक्वायरमेंट के अनुपालन का मूल्यांकन करने के लिए एक पूर्ण इंटीग्रेटेड सिस्टम पर किया जाता है। सिस्टम टेस्टिंग में, इंटीग्रेशन टेस्टिंग पारित कॉम्पोनेंट को इनपुट के रूप में लिया जाता है।

अतः विकल्प (D) सही है।

104. आईटी उद्योग से बाहर के लोग सोचते हैं और यहां तक कि मानते हैं कि कोई भी उपयोगकर्ता सॉफ्टवेयर का परीक्षण कर सकता है और परीक्षण कोई रचनात्मक कार्य नहीं है। हालांकि परीक्षक अच्छी तरह जानते हैं कि यह एक मिथक है। वैकल्पिक परिदृश्यों के बारे में सोचते हुए, संभावित बग का पता लगाने के इरादे से किसी सॉफ्टवेयर को क्रैश करने का प्रयास करना उस व्यक्ति के लिए संभव नहीं है जिसने इसे विकसित किया है।

अतः विकल्प (B) सही है।

105. SRS कस्टमर, एनालिस्ट, सिस्टम डेवलपर्स, मैनटाइनर्स आदि के बीच कम्युनिकेशन मीडिया के रूप में कार्य करता है। इस प्रकार यह परचेज और सप्लायर के बीच एक कॉन्ट्रैक्ट है। यह अनिवार्य रूप से एक डेवलपर द्वारा कस्टमर की आवश्यकता के आधार पर लिखा जाता है लेकिन कुछ केसेस में, इसे कस्टमर द्वारा भी लिखा जा सकता है।

अतः विकल्प (C) सही है।

106. यह निर्धारित करने के लिए एक डिटेल्ड स्टडी कि क्या आटोमेटिक डेटा-प्रोसेसिंग इक्विपमेंट का उपयोग किस एक्सटेंट तक और कैसे किया जाना

चाहिए, इसमें आमतौर पर एक्सिस्टिंग सिस्टम का एनालिसिस और सिस्टम स्पेसिफिकेशन के डेवलपमेंट सहित नई सिस्टम की डिज़ाइन शामिल होती है, जो इक्विपमेंट के सिलेक्शन के लिए बेसिस प्रदान करता है। एक प्रोजेक्ट टास्क के सीक्वेंस के रूप में परिभाषित किया जाता है जिसे एक सर्टेन आउटकम प्राप्त करने के लिए पूरा किया जाना चाहिए।

अतः विकल्प (B) सही है।

107. सिस्टम ओवरव्यू एक डैशबोर्ड विजेट है जो आंकड़े, ग्राफ और रीसेंट यूजर सहित विभिन्न सिस्टम जानकारी प्रदान करता है। सिस्टम ओवरव्यू स्पष्ट रूप से इलेक्ट्रिकल सिस्टम आर्किटेक्चर, इलेक्ट्रिकल इक्विपमेंट आइटम और आवश्यक सर्किट की पहचान करता है। यह डॉक्यूमेंट सिस्टम के सभी महत्वपूर्ण एलिमेंट की पहचान करता है और उन्हें मैटेरियल्स के बिल के रूप में सूचीबद्ध करता है।

अतः विकल्प (C) सही है।

108. आमतौर पर, किसी आर्गेनाइजेशन का टॉप मैनेजमेंट स्ट्रैटेजिक डिसीजन में अधिक रुचि रखता है। स्ट्रैटेजिक डिसीजन वे डिसीजन होते हैं जिनका प्रभाव वर्षों, दशकों और यहां तक कि प्रोजेक्ट के लाइफटाइम से भी अधिक होता है। एक बार स्ट्रैटेजिक डिसीजन लेने के बाद, शार्ट टर्म में इसे बदलने की बहुत संभावना नहीं होती है।

अतः विकल्प (B) सही है।

109. बैकअप आपके सिस्टम पर डेटा की एक कॉपी बनाने का प्रोसेस है जिसका उपयोग आप रिकवरी के लिए करते हैं यदि आपका ओरिजिनल डेटा खो जाता है या करप्ट हो जाता है। यदि आपने उन्हें अपने सिस्टम से हटा दिया है, तो आप पुरानी फ़ाइलों की कॉपी को रिकवर करने के लिए बैकअप का उपयोग कर सकते हैं।

अतः विकल्प (D) सही है।

110. इनफार्मेशन सिस्टम को बदलने का कारण नई टेक्नोलॉजी, नई रिक्वायरमेंट्स और एक्सिस्टिंग सिस्टम में प्रॉब्लम हैं। एक्सिस्टिंग सिस्टम को कॉम्पोनेंट संशोधित करके और जहां नेसेसरी हो, सिस्टम में नए कॉम्पोनेन्ट को जोड़कर बदले जाते हैं।

अतः विकल्प (D) सही है।

111. *head_ref = prev; लूप के अंत में, पिछला पॉइंटर मूल लिंक की गई लिस्ट के अंतिम नोड की ओर पॉइंट करता है।

हमें *head_ref को बदलने की आवश्यकता है, ताकि हेड पॉइंटर अब अंतिम नोड की ओर पॉइंटिंग करें ।

अतः विकल्प (A) सही है।

112. fun() दी गई लिंक की गई लिस्ट के अल्टरनेट नोड्स को पहले हेड से इंड तक प्रिंट करता है, और फिर इंड से हेड तक प्रिंट करता है।

यदि लिंक्ड लिस्ट में नोड्स की संख्या सम है, तो अंतिम नोड को छोड़ देता है। यह रिकर्सन का केस है। और रिकर्सिव फंक्शन डेटा को स्टैक की तरह फैशन में स्टोर करता है। तो, एक्सेक्यूशन के बाद, यह उन्हें एक स्टैक से पॉपिंग की तरह रिटर्न करता है।

अतः विकल्प (D) सही है।

113. ऐडफ्रंट और रिमूवफ्रंट ऑपरेशन को एक स्टैक का उपयोग करके ही किया जा सकता है क्योंकि पुश और पॉप सपोर्टेड हैं (स्टैक के ऊपर से एलिमेंट ऐड और रिमूव करना) लेकिन ऐडरियर और रिमूव करने के लिए आपको करंट स्टैक से प्रत्येक एलिमेंट को पॉप करना होगा और इसे दूसरे में पुश करना होगा। इस स्टैक से पूछे गए ऑपरेशन के अनुसार एलिमेंट को स्टैक, पुश या पॉप करें और अंत में इस स्टैक से पहले स्टैक में एलिमेंट को पॉप करें।

अतः विकल्प (B) सही है।

114. डीक्यू ऑपरेशन करने के लिए आपको प्रत्येक एलिमेंट को पहले स्टैक से पॉप करना होगा और इसे दूसरे स्टैक में पुश होगा। इस केस में आपको 'm' टाइम्स पॉप करने की जरूरत है और पुश ऑपरेशन भी 'n' टाइम्स करने की जरूरत है। फिर आप इस दूसरे स्टैक (कांस्टेंट टाइम) से पहले एलिमेंट को पॉप करते हैं और सभी एलिमेंट को पहले स्टैक में पास करते हैं (जैसा कि शुरुआत में किया गया था) ('m-1' टाइम्स)। इसलिए, टाइम कम्प्लेक्सिटी O(m) है।

अतः विकल्प (A) सही है।

115. दिया गया पोस्टफिक्स एक्सप्रेशन: $12 + 3 \times 45 \times -$

$$\Rightarrow (1 + 2)3 \times 45 \times -$$

$$\Rightarrow ((1 + 2) \times 3)45 \times -$$

$$\Rightarrow ((1 + 2) \times 3)(4 \times 5) -$$

$$\Rightarrow ((1 + 2) \times 3) - (4 \times 5)$$

तो, एक्विवलेंट इंफिक्स एक्सप्रेशन $(1 + 2) \times 3 - (4 \times 5)$ है और इसका मान -11 है।

अतः विकल्प (D) सही है।

116. अन्य एल्गोरिथ्म और टू-डायमेंशनल पैटर्न मैचिंग प्रॉब्लम के लिए जनरलाइज करता है। रॉबिन और कार्प एल्गोरिथ्म या कार्प और राबिन एल्गोरिथ्म रिचर्ड M कार्प और माइकल O रॉबिन (1987) द्वारा बनाई गई एक स्ट्रिंग-खोज एल्गोरिथ्म है। जो एक टेक्स्ट में एक पैटर्न स्ट्रिंग का एक्सेक्ट मैच खोजने के लिए हैशिंग का उपयोग करता है। एल्गोरिथ्म एक प्रैक्टिकल एप्लीकेशन डिटेक्टिंग प्लेगियरिज्म है।

अतः विकल्प (A) सही है।

117. प्री-प्रोसेसिंग एल्गोरिथ्म में लूप के लिए m (पैटर्न की लंबाई) टाइम्स चलता है। तो, प्री-प्रोसेसिंग टाइम्स θ(m) है। यदि स्ट्रांग शिफ्ट की एक्सपेक्टेड नंबर स्मॉल O(1) है और प्राइग q को काफी बड़ा चुना जाता है, तो राबिन-कार्प एल्गोरिथ्म टाइम O (n+m) और स्पूरियस हिट को प्रोसेस करने के लिए रिक्वायर्ड टाइम में चलने की उम्मीद की जा सकती है। .

अतः विकल्प (C) सही है।

118. राबिन कार्प एल्गोरिथ्म का वर्स्ट-केस रनिंग टाइम θ((n-m+1) m) है। हम θ(n-m) के बजाय θ(n-m+1) लिखते हैं क्योंकि n-m+1 अलग-अलग मान होते हैं जो दिए गए टेक्स्ट पर होते हैं। यह एक एक्सटरीमली टेरिबल हैश फंक्शन के साथ होता है जिसके परिणामस्वरूप प्रत्येक स्टेप में एक फाल्स पॉजिटिव होता है।

अतः विकल्प (C) सही है।

119. क्विक सर्च एल्गोरिथ्म स्ट्रिंग मैचिंग फील्ड में फास्टेस्ट एल्गोरिथ्म है जब कि लीनियर सर्च एल्गोरिथ्म एलिमेंट की एक ऐरे में एक एलिमेंट को सर्च करता है। अपने हाइली ऑप्टीमाइज्ड इनर लूप के कारण क्विक सर्च सबसे फास्टेस्ट सर्च एल्गोरिथ्म है।

अतः विकल्प (C) सही है।

120. क्विक सर्च एल्गोरिथ्म मूल रूप से बॉयर-मूर के एल्गोरिथ्म की कमियों को दूर करने और गति और दक्षता बढ़ाने के लिए बनाया गया था। रॉबर्ट बॉयर और जे स्ट्रॉथर मूर ने इसे 1977 में स्थापित किया था। बी-एम स्ट्रिंग सर्च एल्गोरिथ्म एक विशेष रूप से कुशल एल्गोरिदम है और तब से स्ट्रिंग सर्च एल्गोरिथ्म के लिए मानक बेंचमार्क के रूप में कार्य किया है।

अतः विकल्प (A) सही है।

121. 6 टुप्ल्स हैं (Q, Σ, O, δ, X, Q0)

इसे 6 टुपल (Q, Σ, O, , X, q0) द्वारा वर्णित किया जा सकता है जहां-

- Q राज्यों का एक सीमित सेट है।
- Σ प्रतीकों का एक सीमित सेट है जिसे इनपुट वर्णमाला कहा जाता है।
- O प्रतीकों का एक परिमित सेट है जिसे आउटपुट वर्णमाला कहा जाता है।
- δ इनपुट ट्रांजिशन फंक्शन है।
- X आउटपुट ट्रांजिशन फंक्शन है।
- q0 प्रारंभिक अवस्था है जहाँ से किसी भी इनपुट को संसाधित किया जाता है (q0 Q)।

अतः विकल्प (C) सही है।

122. नॉन-डेटर्मीनिस्टिक फाइनाइट ऑटोमेटा (एनएफए) और डेटर्मीनिस्टिक फाइनाइट ऑटोमेटा (डीएफए) शक्ति में बराबर हैं, जिसका अर्थ है कि प्रत्येक एनएफए को इसके समकक्ष डीएफए में परिवर्तित किया जा सकता है और इसके विपरीत। इसलिए कथन 1 सत्य है।

प्रत्येक अक्षर के लिए Σ,

Σ से अधिक की प्रत्येक नियमित भाषा को एक फाइनाइट ऑटोमेटन द्वारा स्वीकार किया जा सकता है।

इसलिए दोनों कथन सत्य हैं।

अत: विकल्प (A) सही है।

123. e-NFA का उपयोग करके मशीन का अनुकरण करना अधिक सुविधाजनक है अन्यथा डीएफए के यूनियन-क्लोजर से पावर कंस्ट्रक्शन की विधि का उपयोग किया जाता है।

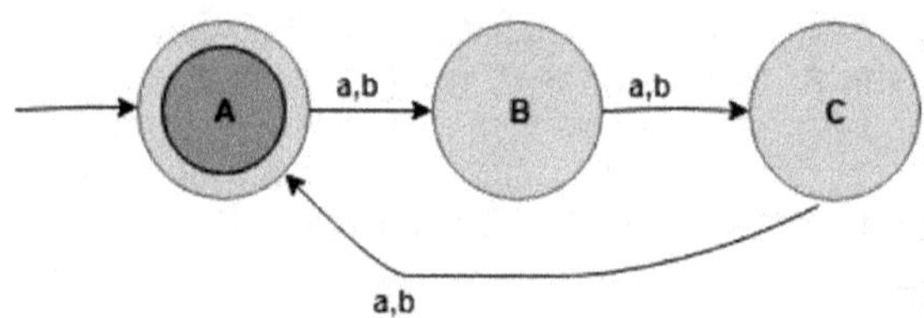

वांछित भाषा इस प्रकार होगी:

L = {?, aaa, aab, aba, abb, aaaaaa, bbbbbb, ...}

यहां, स्टेट A सेट का प्रतिनिधित्व करता है जिसके लिए स्ट्रिंग की लंबाई 3 से विभाजित होती है, शेष शून्य (0) होता है, स्टेट B सेट का प्रतिनिधित्व करता है जिसके लिए स्ट्रिंग की लंबाई 3 से विभाजित होती है, शेष एक (1) होता है, और स्टेट C सेट के लिए सेट का प्रतिनिधित्व करता है किस स्ट्रिंग की लंबाई को 3 से विभाजित करने पर शेषफल दो (2) प्राप्त होता है।

स्टेट की संख्या: N

If |W| mod n = 0

उपरोक्त ऑटोमेटा 3 से विभाज्य स्ट्रिंग की लंबाई वाले सभी स्ट्रिंग्स को स्वीकार करेगा। जब स्ट्रिंग की लंबाई 1 है, तो यह स्टेट A से B तक जाएगी। जब स्ट्रिंग की लंबाई 2 होगी, तो यह जाएगी स्टेट B से C तक और जब स्ट्रिंग की लंबाई 3 है, तो यह स्टेट C से A (अंतिम स्थिति) में जाएगी। स्टेट A अंतिम स्थिति है, यानी यह उन सभी स्ट्रिंग को स्वीकार करता है जिनकी लंबाई 3 से विभाज्य है।

अतः विकल्प (C) सही है।

124. f2 के एप्सिलॉन क्लोजर सेट में एलिमेंट होते हैं: {f2, f3}। इस प्रकार क्लोजर सेट में एलिमेंट की गिनती 2 है। ε-क्लोजर को स्टेट्स के सेट के रूप

में परिभाषित किया जाता है, जो एक स्टार्टिंग स्टेट से ε-ट्रांजिशन के माध्यम से पहुँचा जा रहा है।

अतः विकल्प (C) सही है।

125. सभी बाइनरी स्ट्रिंग्स के सेट के लिए रेगुलर एक्सप्रेशन जिनके अंतिम दो प्रतीक समान होंगे,

(0 + 1)*(00 + 11)

चरण:

- एनएफए का निर्माण करना
- उस एनएफए को समतुल्य न्यूनतम डीएफए में बदलना

उपरोक्त अभिव्यक्ति के लिए एनएफए,

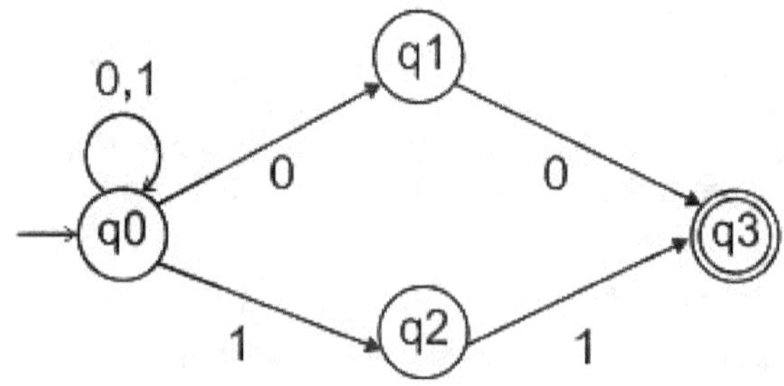

उपरोक्त एनएफए को न्यूनतम डीएफए में परिवर्तित करना। ध्यान दें कि q3 का सुपरसेट होने वाला कोई भी स्टेट हमारी फाइनल स्टेट होगी।

स्टेट	इनपुट – 0	इनपुट – 1
→ q0	{q0, q1} = q01	{q0, q2} = q02
q01	{q0, q1, q3} = q013	q02
q02	q01	{q0, q2, q3} = q023
q013*	q013	q02
q023*	q01	q023

इसलिए, यह स्पष्ट है कि न्यूनतम DFA में 5 स्टेट होंगे जैसा कि दिखाया गया है - q0, q01, q02, q013, q023

इन स्टेट्स का नाम बदला जा सकता है

q0 = q0, q01 = q1, q013 = q2, q02 = q3, q023 = q4। डीएफए की तरह दिखेगा,

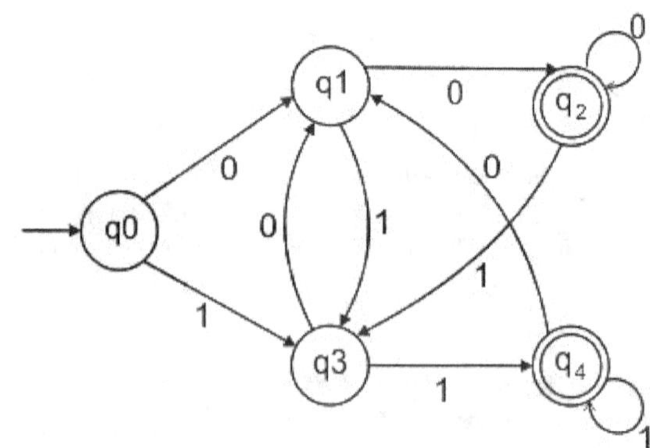

न्यूनतम स्टेट डेटर्मीनिस्टिक फिनिट-स्टेट ऑटोमेशन स्वीकार करने वाली भाषा में स्टेट्स की संख्या 5 है।

अत: विकल्प (B) सही है।

126. दी गई भाषा के लिए DFA का निर्माण निम्नानुसार किया जा सकता है:

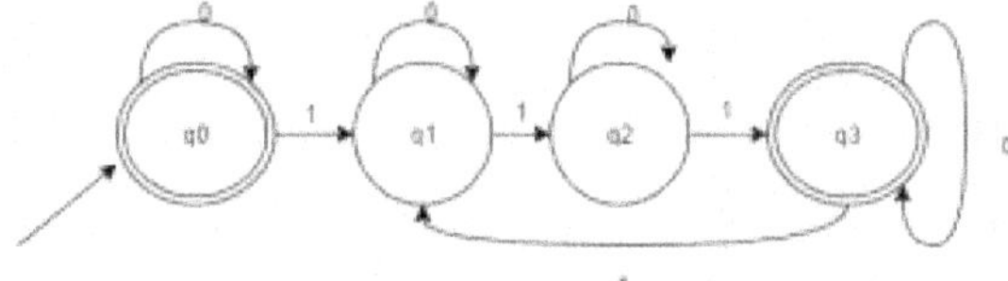

दी गई भाषा के अनुसार, q2 को संतुष्ट करने के लिए फाइनल/एक्सेप्टेंस स्टेट बनना है।

अतः विकल्प (C) सही है।

127. यदि स्ट्रिंग चार से विभाज्य है, तो यह निश्चित रूप से सबस्ट्रिंग '100' के साथ समाप्त होती है जबकि 2 से विभाज्य एक बाइनरी स्ट्रिंग निश्चित रूप से सबस्ट्रिंग '10' के साथ समाप्त होगी। हमें यह पता लगाना है कि दी गई बाइनरी संख्याओं में से कौन सी संख्या '4' से विभाज्य है। इसके लिए हम दी गई प्रत्येक संख्या को 4 से विभाजित करते हैं और वह संख्या जिसका शेषफल शून्य होगा वह संख्या 4 से विभाज्य होगी।

अतः विकल्प (A) सही है।

128. यह रेगुलर लैंग्वेज की क्लोजर प्रॉपर्टी है जो कथन निम्नलिखित है:

यदि $L1, L2$ दो रेगुलर लैंग्वेज हैं, तो $L1 \cup L2, L1 \cap L2, L1C, L1 - L2$ रेगुलर लैंग्वेज हैं।

अतः विकल्प (D) सही है।

129. L^r को एक भाषा के रिवर्सल के रूप में परिभाषित किया गया है। L^r स्ट्रिंग्स का एक सेट है जिसका रिवर्सल L में होता है।

उदाहरण: L= {0, 01, 100}

L^r= {0, 10, 001}

E को L के लिए एक रेगुलर एक्सप्रेशन होने दें। हम दिखाते हैं कि L^R के लिए रेगुलर एक्सप्रेशन E^R प्रदान करने के लिए E को कैसे रिवर्स करना है।

अतः विकल्प (C) सही है।

130. Lr, L', L* यानी रिवर्सल, कम्प्लीमेंटेशन और क्लेन सभी रेगुलर लैंग्वेज के क्लोजर प्रॉपर्टीज हैं। रेगुलर लैंग्वेज पर क्लोजर प्रॉपर्टीज को रेगुलर लैंग्वेज पर कुछ ऑपरेशन के रूप में परिभाषित किया जाता है जो रेगुलर लैंग्वेज के प्रोड्यूज की गारंटी देते हैं। क्लोजर एक लैंग्वेज पर कुछ ऑपरेशन को संदर्भित करता है,जिसके रेजल्टिंग एक नई लैंग्वेज होती है जो उसी प्रकार की होती है जो मूल रूप से रेगुलर पर संचालित होती है।

अतः विकल्प (D) सही है।

131. डेटा लिंक लेयर के मुख्य उद्देश्य में फ्रेमिंग, एरर का पता लगाना, और करैक्शन करना, एकनॉलेज करना, फ्लो कंट्रोल, नेटवर्क लेयर के लिए एक अच्छी तरह से परिभाषित रिलाएबल सर्विस इंटरफ़ेस सुनिश्चित करना, नेटवर्क लेयर से फ्रेम तक पैकेट को इनकैप्सुलेट करना आदि शामिल हैं। एक डेटा लिंक कंटेंट मॉनीटर का मुख्य उद्देश्य प्रोटोकॉल में समस्याओं का पता लगाने के लिए है।

अतः सही विकल्प (D) है।

132. भू-समकालिक कक्षा का एक स्पेशल केस भूस्थिर कक्षा है, जो पृथ्वी के भूमध्यरेखीय तल में एक गोलाकार भू-समकालिक कक्षा है। भूस्थिर कक्षा में एक उपग्रह सतह पर पर्यवेक्षकों के लिए आकाश में उसी स्थिति में रहता है। संचार उपग्रहों को अक्सर भूस्थैतिक या भूस्थिर कक्षाओं के करीब दिया जाता है, ताकि उनके साथ संचार करने वाले उपग्रह एंटेना को हिलना न पड़े, लेकिन आकाश में निश्चित स्थान पर स्थायी रूप से पॉइंट किया जा सकता है जहां उपग्रह दिखाई देता है।

अतः विकल्प (D) सही है।

133. एक प्रोटोकॉल कन्वर्टर एक डिवाइस है जो एक डिवाइस के स्टैंडर्ड या प्रोप्राइटरी प्रोटोकॉल को डिजायर्ड इंटरऑपरेबिलिटी प्राप्त करने के लिए अन्य डिवाइस या टूल्स के लिए उपयुक्त प्रोटोकॉल में कन्वर्ट करने के लिए उपयोग किया जाता है। प्रोटोकॉल कन्वर्टर्स आमतौर पर पेयर में संचालित नहीं होते हैं। एक प्रोटोकॉल कनवर्टर एक्सटर्नल उपकरणों के साथ कम्युनिकेटिंग करने के लिए एक इंटरनल मास्टर प्रोटोकॉल का उपयोग करके काम करता है।

अतः विकल्प (C) सही है।

134. सैटेलाइट ट्रांसपोंडर में एक रिसीवर और ट्रांसमीटर होता है जिसे माइक्रोवेव ट्रांसमिशन को पृथ्वी पर एक बिंदु से दूसरे बिंदु पर रिले करने के लिए डिज़ाइन किया गया है। "सैटेलाइट ट्रांसपोंडर" शब्द सामूहिक रूप से सैटेलाइट पर एक ट्रांसमीटर-रिसीवर सबसिस्टम को संदर्भित करता है जो पृथ्वी पर किसी अन्य स्थान/टर्मिनल/एंटीना के लिए फ्रेंकेंसी की एक श्रृंखला (ट्रांसपोंडर बैंडविड्थ) को प्रोसेसेज, बढ़ाता और पुन: प्रेषित करता है।

अतः विकल्प (A) सही है।

135. सैटेलाइट ट्रांसपोंडर पृथ्वी स्टेशनों से विकिरण प्राप्त करने के लिए उच्च आवृत्ति और पृथ्वी स्टेशनों पर संचरण के लिए कम आवृत्ति का उपयोग करते हैं। शब्द "सैटेलाइट ट्रांसपोंडर" सामूहिक रूप से सैटेलाइट पर एक ट्रांसमीटर-रिसीवर सबसिस्टम को संदर्भित करता है जो पृथ्वी पर किसी अन्य स्थान/टर्मिनल/एंटीना के लिए आवृत्तियों की एक श्रृंखला (ट्रांसपोंडर बैंडविड्थ) को संसाधित, बढ़ाता और पुन: ट्रांसमिट करता है।

अत: सही विकल्प (A) है।

136. डीएचसीपी अपने ट्रांसपोर्ट प्रोटोकॉल के रूप में यूजर डेटाग्राम प्रोटोकॉल (यूडीपी), आरएफसी 768 का उपयोग करता है। डीएचसीपी संदेश जो एक क्लाइंट सर्वर को भेजता है उसे जाने-माने पोर्ट 67 (यूडीपी-बूटस्ट्रैप प्रोटोकॉल और डीएचसीपी) पर भेजा जाता है। डीएचसीपी संदेश जो एक सर्वर क्लाइंट को भेजता है उसे पोर्ट 68 पर भेजा जाता है।

अत: विकल्प (B) सही है।

137. कंप्यूटर नेटवर्क के तीन अलग-अलग वर्ग हैं, लोकल एरिया नेटवर्क, लैन (LAN) जो एक छोटे भौगोलिक क्षेत्र, जैसे- कमरे, भवन या एक परिसर को कवर करता है; मेट्रोपॉलिटन एरिया नेटवर्क, मैन (MAN) जिसका एक शहरव्यापी कवरेज होता है, और वाइड एरिया नेटवर्क, वैन (WAN) जो पूरे विश्व को कवर करता है।

अत: विकल्प (B) सही है।

138. जब कोई होस्ट विभिन्न डीएचसीपी सर्वरों से आईपी एड्रेस के कई प्रस्ताव प्राप्त करता है, तो ब्रॉडकास्ट उस सर्वर की पहचान करने के लिए एक डीएचसीपी रिक्रेस्ट प्रसारित करेगा जिसका प्रस्ताव स्वीकार कर लिया गया है।

आटोमेटिक एलोकेशन: डीएचसीपी सर्वर अपने आईपी पूल से क्लाइंट को एक पर्मिनेंट आईपी एड्रेस प्रदान करता है। फायरवॉल पर, असीमित के रूप में निर्दिष्ट लीज़ का अर्थ है कि एलोकेशन पर्मिनेंट है।

डायनामिक एलोकेशन: डीएचसीपी सर्वर एक क्लाइंट को अधिकतम समय के लिए आईपी पूल के एड्रेस से रीउजेबल आईपी एड्रेस प्रदान करता है, जिसे लीज के रूप में जाना जाता है। एड्रेस एलोकेशन की यह विधि तब उपयोगी होती है जब ग्राहक के पास सीमित संख्या में IP एड्रेस हों; उन्हें उन ग्राहकों को सौंपा जा सकता है जिन्हें नेटवर्क तक केवल टेम्परेरी पहुंच की आवश्यकता होती है।

स्टैटिक एलोकेशन: नेटवर्क व्यवस्थापक क्लाइंट को असाइन करने के लिए आईपी एड्रेस चुनता है और डीएचसीपी सर्वर क्लाइंट को भेजता है। एक स्टैटिक डीएचसीपी एलोकेशन पर्मिनेंट है; यह एक डीएचसीपी सर्वर को कॉन्फिगर करके और क्लाइंट डिवाइस के मैक एड्रेस के अनुरूप एक रिजर्व एड्रेस चुनकर किया जाता है। डीएचसीपी असाइनमेंट यथावत बना रहता है, भले ही क्लाइंट लॉग ऑफ कर दे, रिबूट में पावर आउटेज हो, आदि।

अत: सही विकल्प (D) है।

139. वाई-फाई का फुल फॉर्म वायरलेस फिडेलिटी है। वाई-फाई एक ऐसी तकनीक है, जो नेटवर्क कनेक्टिविटी प्रदान करने के लिए रेडियो तरंगों का उपयोग करती है। एक वायरलेस नेटवर्क के आसपास के क्षेत्र में हॉटस्पॉट क्षेत्र बनाने के लिए एक वायरलेस एडेप्टर का उपयोग करके वाई-फाई कनेक्शन स्थापित किया जाता है जो नेटवर्क से जुड़ा होता है और उपयोगकर्ताओं को इंटरनेट सेवाओं का उपयोग प्रदान करता है।

अत: विकल्प (D) सही है।

140. स्टार टोपोलॉजी या नेटवर्क में एक केंद्रीय कंप्यूटर और छह या सात नोड सीधे जुड़े होते हैं। स्टार नेटवर्क में, प्रत्येक होस्ट एक केंद्रीय हब से जुड़ा होता है। अपने सरलतम रूप में, एएक केंद्रीय हब संदेशों को प्रसारित करने के लिए एक वाहक पाइपलाइन के रूप में कार्य करता है।

अत: विकल्प (A) सही है।

141. अल्फा-बीटा प्रूनिंग मिनिमैक्स के समान ऑप्टीमल चालों की गणना करती है लेकिन उन शाखाओं को समाप्त कर देती है जो अंतिम निर्णय को प्रभावित नहीं कर सकती हैं। यदि हम स्टैंडर्ड मिनिमैक्स एल्गोरिथ्म के लिए अल्फा-बीटा प्रूनिंग लागू करते हैं, तो यह स्टैंडर्ड एल्गोरिथ्म के समान निर्णय देता है, लेकिन यह उन नोड्स को काट देती है जो डिसिशन ट्री में असामान्य होते हैं, जो एल्गोरिथ्म द्वारा किए गए अंतिम निर्णय को प्रभावित नहीं कर रहे हैं।

अत: सही विकल्प (C) है।

142. मिनिमैक्स सर्च एक डेप्थ-फर्स्ट सर्च, डेप्थ-लिमिटेड सर्च प्रक्रिया है, और गेम ट्री की सर्च के लिए प्रचलित कार्यनीति है। मिनिमैक्स एक निश्चित डेप्थ तक सर्च करता है और उस डेप्थ पर नोड्स को ट्रीट करता है जैसे कि वे टर्मिनल नोड्स थे, उनके वैल्यूज को निर्धारित करने के लिए एक अनुमानी फ़ंक्शन (कांस्टेंट इवैल्यूएशन फ़ंक्शन कहा जाता है) को लागू करते हैं। तो, एक समय में हमें ट्री में एक ही पथ के साथ नोड्स पर विचार करना होगा।

अत: सही विकल्प (B) है।

143. अल्फा और बीटा मैक्स और मिन के पथ के साथ किसी भी विकल्प बिंदु पर अब तक मिले सर्वोत्तम विकल्प के मान हैं। स्टैंडर्ड मिनिमैक्स एल्गोरिथ्म के लिए अल्फा-बीटा प्रूनिंग स्टैंडर्ड एल्गोरिथ्म के समान ट्रिक देता है, लेकिन यह उन सभी नोड्स को हटा देता है जो वास्तव में अंतिम निर्णय को प्रभावित नहीं कर रहे हैं लेकिन एल्गोरिथ्म को धीमा कर रहे हैं। इस प्रकार, इन नोड्स को इंटरसेक्ट करके, एल्गोरिथ्म तेज हो जाता है।

अतः सही विकल्प (D) है।

144. फर्स्ट आर्डर के डेफिनिट क्लॉज के साथ फॉरवर्ड चेनिंग द्वारा पहुंचा गया फिक्स्ड पॉइंट प्रपोज़ीशनल फॉरवर्ड चेनिंग के समान है। नॉलेज बेस एक नॉलेज बेस एजेंट का एक केंद्रीय कॉम्पोनेंट है, इसे KB के रूप में भी जाना जाता है। यह वाक्यों का एक संग्रह है (यहाँ 'वाक्य' एक तकनीकी शब्द है और यह अंग्रेजी में एक वाक्य के समान नहीं है)। इन वाक्यों को एक लैंग्वेज में व्यक्त किया जाता है जिसे नॉलेज रेप्रेसेंटेशन लैंग्वेज कहा जाता है। KBA का नॉलेज बेस दुनिया के बारे में तथ्यों को संग्रहीत करता है।

अत: सही विकल्प (A) है।

145. इंक्रीमेंटल फॉरवर्ड चेनिंग का उपयोग करके फॉरवर्ड चेनिंग में निरर्थक नियम मिलान प्रयासों को समाप्त कर सकते हैं। एचटीएन योजना, विशेष रूप से आगे की चेनिंग एचटीएन योजना, एजेंटों और रोबोटिक्स के क्षेत्रों में महत्वपूर्ण होती जा रही है, जिन्हें गतिशील रूप से बदलती दुनिया से डील करना है। इसलिए, "फॉरवर्ड-चेनिंग" एचटीएन योजना में री- प्लानिंग भविष्य के अध्ययन के लिए एक महत्वपूर्ण विषय बन गया है। यह पेपर नए एजेंट एल्गोरिथ्म को प्रस्तुत करता है जो एचटीएन योजना, निष्पादन, ट्रस्ट अपडेट और योजना संशोधनों को फॉरवर्ड करने के लिए इंटीग्रेट करता है। एचटीएन योजना इंक्रीमेंटल फॉरवर्ड प्लैनिंग को संदर्भित करती है।

अत: सही विकल्प (B) है।

146. कॉम्प्लेक्सिटी के 3 संभावित स्रोत एक इनर लूप हैं, एल्गोरिथ्म जो प्रत्येक इटरेशन पर प्रत्येक नियम की पुन: जांच करता है, एक एल्गोरिथ्म जो लक्ष्य के लिए अप्रासंगिक कई तथ्य उत्पन्न कर सकता है। फॉरवर्ड चेनिंग आर्टिफिशियल इंटेलिजेंस में लॉजिक का एक मेथड है जिसमें एक समापन बिंदु (लक्ष्य) प्राप्त होने तक अतिरिक्त डेटा निकालने के लिए मौजूदा डेटा पर इन्फ्रेरेन्स नियम लागू होते हैं। इस प्रकार की श्रृंखला में, नई जानकारी निकालने से पहले मौजूदा तथ्यों, व्युत्पत्तियों और शर्तों का मूल्यांकन करके इन्फ्रेरेन्स इंजन शुरू होता है। नॉलेज बेस में मौजूद नॉलेज के हेरफेर के माध्यम से एक समापन बिंदु (लक्ष्य) प्राप्त किया जाता है।

अत: सही विकल्प (C) है।

147. 5 लॉजिकल कनेक्टिव नेगेसन, कंजक्शन, डिसजंक्शन, इम्प्लीकेशन और बाई-कंडीशनल हैं। ये हैं:

- नेगेसन: ¬P जैसे वाक्य को P का नेगेसन कहा जाता है। एक शाब्दिक या तो सकारात्मक शाब्दिक या नकारात्मक शाब्दिक हो सकता है।

- कंजक्शन: जिस वाक्य में ∧ एक कनेक्टिव होता है जैसे, P ∧ Q, वह कंजक्शन कहलाता है।

उदाहरण: रोहन बुद्धिमान और मेहनती है। इसे इस प्रकार लिखा जा सकता है,

P= रोहन बुद्धिमान है,

Q= रोहन मेहनती है। → P ∧ Q

- डिसजंक्शन: एक वाक्य जिसमें ∨ कनेक्टिव होता है, जैसे कि P ∨ Q को डिसजंक्शन कहा जाता है, जहां P और Q प्रोपोज़ीशन हैं। उदाहरण: "रितिका एक डॉक्टर या इंजीनियर है"। यहाँ P= रितिका डॉक्टर है। Q= रितिका डॉक्टर है, इसलिए हम इसे P ∨ Q के रूप में लिख सकते हैं।

- इम्प्लीकेशन: P → Q जैसे वाक्य को इम्प्लीकेशन कहा जाता है। इम्प्लीकेशन को इफ-देन नियम के रूप में भी जाना जाता है। इसे इस प्रकार दर्शाया जा सकता है:

अगर बारिश हो रही है, तो सड़क गीली है। मान लीजिए P= बारिश हो रही है, और Q= सड़क गीली है, इसलिए इसे P → Q के रूप में दर्शाया गया है।

- बाई-कंडीशनल: एक वाक्य जैसे P⇔ Q एक बाई-कंडीशनल वाक्य है, उदाहरण यदि मैं साँस ले रहा हूँ, तो मैं जीवित हूँ P= मैं साँस ले रहा हूँ, Q= मैं जीवित हूँ, इसे P ⇔ Q के रूप में दर्शाया जा सकता है।

अतः सही विकल्प (D) है।

148. किसी भी वाक्य की सत्यता को कम्प्युट करने के लिए प्रोपोज़ीशनल लॉजिक के सेमैंटिक्स का उपयोग किया जाता है। इसलिए, सत्य को कम्प्युट करने के लिए वाक्यों के अर्थ की वास्तव में आवश्यकता होती है। क्लासिकली, हम प्रोपोज़ीशनल वैरिएबल्स के बारे में सोचते हैं जो कि अधिक कथनों के रूप में होते हैं जो सत्य या गलत हो सकते हैं। सत्य एक सेमैंटिक्स नोशन है, जिसमें यह कुछ फॉर्मूली के लिए एक प्रकार का अर्थ बताता है।

अत: सही विकल्प (A) है।

149. लॉजिकल इन्फ्रेरेन्स एल्गोरिथ्म को लॉजिकल इक्वीवैलेंस, वैलिडिटी और सैटिस्फिएबिलिटी का उपयोग करके सॉल्व किया जा सकता है।

लॉजिकल इक्वीवैलेंस-

- सहज रूप से: दो वाक्य α और β लॉजिकल रूप से एक्विवैलेंट हैं (यानी $\alpha \equiv \beta$) यदि वे मॉडल के एक ही सेट में सत्य हैं

- औपचारिक रूप से: $\alpha \equiv \beta$ अगर और केवल अगर $\alpha \models \beta$ और $\beta \models \alpha$

- इसे ट्रुथ टेबल से सिद्ध कर सकते हैं।

वैलिडिटी-

- एक वाक्य वैलिड है यदि यह सभी मॉडलों में सत्य है।
- उदा. $P \lor \neg P$ वैलिड है
- वैलिड वाक्य = टॉटोलॉजीज
- टॉटोलॉजी रिक्त हैं
- डिडक्शन थ्योरम
- किसी भी वाक्य के लिए α और β, $\alpha \models \beta$ अगर वाक्य $(\alpha \Rightarrow \beta)$ वैलिड है।

सैटिस्फिएबिलिटी-

- एक वाक्य सैटिस्फिएबिल है यदि यह किसी मॉडल में सत्य है।
- एक वाक्य असैटिस्फिएबिल है यदि यह किसी भी मॉडल में सत्य नहीं है।
- प्रोपोज़िशनल लॉजिक में वाक्यों की सैटिस्फिएबिलिटी का निर्धारण पहली समस्या थी जो एनपी-पूर्ण साबित हुई।
- सैटिस्फिएबिलिटी वैलिडिटी से जुड़ी है: α वैलिड है अगर $\neg\alpha$ असैटिस्फिएबिल है।
- सैटिस्फिएबिलिटी का संबंध एंटैलमेन्ट से है: $\alpha \models \beta$ यदि वाक्य $(\alpha \land \neg\beta)$ असैटिस्फिएबिल है (कॉन्ट्रडिक्शन द्वारा प्रमाण)।

अतः सही विकल्प (D) है।

150. इन्फेरेंस नियम में स्टैंडर्ड पैटर्न होता है जो वांछित लक्ष्य की ओर ले जाता है। इन्फेरेंस नियम का सबसे अच्छा रूप है मॉडस पोनेंस। मॉडस पोनेंस नियम इन्फेरेंस के सबसे महत्वपूर्ण नियमों में से एक है, और यह बताता है कि यदि P और P → Q सत्य है, तो हम इन्फेर कर सकते हैं कि Q सत्य होगा।

अतः सही विकल्प (A) है।

Paper - I

Q.1 निम्नलिखित में से कौन सा प्रमुख व्यवहार प्रभावी शिक्षण में योगदान दे रहा है?

A. एक छात्र द्वारा बताई गई बातों को सारांशित करना।

B. छात्रों को उत्तर देने के लिए प्रोत्साहित करना।

C. प्रत्यक्ष और अप्रत्यक्ष प्रश्न का उपयोग करना।

D. चरणबद्ध प्रस्तुति द्वारा अवधारणाओं को एक तार्किक चरण में समझाना।

Q.2 शिक्षण-अधिगम संबंधों के संदर्भ में निम्नांकित कथनों के समुच्चय में से कौन सा स्वीकार्य कथन है? अपना उत्तर दर्शनि के लिए सही कूट का चयन करे।

i. जब छात्र किसी परीक्षा में असफल होते हैं, तो वह शिक्षक है जो असफल होता है।

ii. प्रत्येक शिक्षण का उद्देश्य अधिगम सुनिश्चित करना होता है।

iii. अधिगम के बिना शिक्षण हो सकता है।

iv. शिक्षण के बिना कोई अधिगम नहीं हो सकता है।

v. कोई शिक्षक शिक्षण करता है, किन्तु वह सीखता भी है।

vi. वास्तविक अधिगम का अभिप्राय कंठस्थ किया जाने वाला अधिगम है।

A. ii, iii, iv और v   **B.** i, ii, iii और v

C. iii, iv, v और vi   **D.** i, ii, v और vi

Q.3 मूल्यांकन प्रणाली की दृष्टि से सेट-I के मदों को सेट-II के मदों के साथ सुमेलित कीजिये।

सही कूट का चयन कीजिए:

सेट-I	सेट-II
a. निर्माणात्मक मूल्यांकन	i. संज्ञानात्मक और सह-संज्ञानात्मक पहलुओं और नियमितता का मूल्यांकन।
b. योगात्मक मूल्यांकन	ii. एक समूह और निश्चित यार्डस्टिक के आधार पर परीक्षण और व्याख्याएं।
c. सतत और व्यापक मूल्यांकन	iii. अंतिम सीखने के परिणामों को ग्रेड करना।
d. सामान्य और मानदंड मूल्यांकन	iv. विचार-विमर्श और चर्चा।

A. a-iv b-iii c-i d-ii   **B.** a-i b-ii c-iii d-iv

C. a-iii b-iv c-ii d-i   **D.** a-i b-iii c-iv d-ii

Q.4 उस मूल्यांकन श्रेणी की पहचान करें जो विद्यार्थियों को निर्देश देने के दौरान सतत प्रतिक्रिया प्रदान करने के लिए अधिगम प्रगति का निर्धारण करती है?

A. नियोजन   **B.** निदान

C. औपचारिक   **D.** योगात्मक

Q.5 एक स्मार्ट क्लासरूम शिक्षण का वह स्थल है जिसमें

i. टच पैनल कंट्रोल सिस्टम के साथ स्मार्ट पोर्शन हो।

ii. पीसी/ लैपटॉप कनेक्शन और डीवीडी/ वीसीआर प्लेयर हो।

iii. डॉक्यूमेंट कैमरा और स्पेशलाइज्ड सॉफ्टवेयर हो।

iv. प्रोजेक्टर और स्क्रीन हो।

नीचे दिए गए कोडों से सही उत्तर का चयन कीजिए:

A. i और ii केवल   **B.** ii और iv केवल

C. i, ii और iii केवल   **D.** i, ii, iii और iv

Q.6 वैज्ञानिक शोध में चार प्रमुख कार्य हैं:

(a) सह-विचरण का प्रदर्शन

(b) सहज संबंधों का उन्मूलन

(c) समय-क्रम के संदर्भ में अनुक्रमण

(d) आत्म-शिक्षण

(e) नीजि चयन का संचालन

(f) सिद्धांत

A. (a), (b), (c) और (f)   **B.** (b), (c), (d) और (e)

C. (a), (b), (c) और (d)   **D.** (c), (d), (e) और (f)

Q.7 एक स्कूल के प्रिंसिपल स्कूल के कार्यक्रमों में उनकी बढ़ी हुई भागीदारी की संभावना का पता लगाने के लिए शिक्षकों और छात्रों का साक्षात्कार सत्र आयोजित करते हैं। यह प्रयास किस प्रकार के अनुसंधान से संबंधित हो सकता है?

A. मूल्यांकन अनुसंधान   **B.** मौलिक अनुसंधान

C. क्रिया अनुसंधान   **D.** अनुप्रयुक्त अनुसंधान

Q.8 निर्देश: नीचे दो सेट दिए गए हैं - अनुसंधान के तरीके (सेट- I) और डेटा संग्रह उपकरण (सेट- II)। दो सेटों का मिलान करें और सही कोड का चयन करके अपने उत्तर का संकेत दें:

सेट-I (अनुसंधान के तरीके)	सेट-II (डेटा संग्रह उपकरण)
a. प्रयोगात्मक विधि	i. प्राथमिक और माध्यमिक स्रोतों का उपयोग करना
b. एक्स-पोस्ट-फैक्टो विधि	ii. प्रश्नावली
c. वर्णनात्मक सर्वेक्षण विधि	iii. मान्यताप्राप्त परीक्षा
d. ऐतिहासिक विधि	iv. विशिष्ट लक्षण परीक्षण

A. a-ii b-i c-iii d-iv   **B.** a-iii, b-iv, c-ii, d-i

C. a-ii, b-iii, c-i, d-iv   **D.** a-ii, b-iv, c-iii, d-i

Q.9 एक शोधकर्ता प्रसंग - बच्चों की स्पष्टता पर खिलाने की विधि के प्रभाव का मूल्यांकन करने का प्रयास करता है। इसके लिए अनुसंधान का कौन सा तरीका उचित होगा?

A. केस अध्ययन विधि

B. प्रयोगात्मक विधि

C. एक्स-पोस्ट-फैक्टो विधि

D. सर्वेक्षण विधि

Q.10 'सैम्पलिंग केसेस' का आशय है:

A. सैम्पलिंग में 'सैम्पलिंग ढांचे का प्रयोग

B. शोध के लिए उपयुक्त लोगों की पहचान

C. वस्तुतः शोधकर्ता का ब्रीफकेस

D. लोग, समाचार-पत्र, टेलीविज़न कार्यक्रम इत्यादि की 'सैम्पलिंग

Ques (11-15):निर्देश: निम्नलिखित गद्यांश को ध्यानपूर्वक पढ़िए और प्रश्न का उत्तर दीजिए।

पिछले महायुद्ध, जिसने आधुनिक विश्व की नींव को लगभग हिला कर रख दिया था, का भारतीय साहित्य पर बहुत कम प्रभाव पड़ा, सिवाय इसके कि हिंसा के खिलाफ लोकप्रिय विद्रोह और पश्चिमी दुनिया के 'मानवीय ढोंगों' से बढ़ते मोहभंग को और बढ़ा दिया। टैगोर की बाद की कविताओं और उनके अंतिम वसीयतनामा, क्राइसिस इन सिविलाइजेशन में इसे वाक्पटुता से

आवाज दी गई थी। इसकी मुखर अभिव्यक्ति टैगोर की अंतिम कविताओं एवं उनके अंतिम महाग्रंथ 'क्राईसिस इन सिविलाइज़ेशन' के माध्यम से हुई। इस समय भारत का बुद्धिजीवी वर्ग एक नैतिक अंतर्द्वन्द की दशा से गुजर रहा था। एक ओर जहाँ वह संकट की घड़ी में इंग्लैंड के अदम्य साहस के प्रति सहानुभूति व्यक्त किये बगैर नहीं रह सका, जिसमें रूसी लोग निष्ठुर नाजी सैन्य शक्ति से लोहा ले रहे थे, चीन, जापान की सेनाओं को एड़ी तले रोंदा जा रहा था; दूसरी ओर, उनका अपना देश व्यावहारिक रूप से उनकी ही भूमि के सैन्य कब्जे में था, और सुभाष चंद्र बोस के नेतृत्व में एक भारतीय सेना उनके देश को मुक्त करने के लिए विपरीत शिविर से प्रयास कर रही थी। वफादारी के ऐसे भ्रम से कोई रचनात्मक आवेग उत्पन्न नहीं हो सकता था। कोई कल्पना करेगा कि 1947 में भारतीय स्वतंत्रता की उपलब्धि जो मित्र राष्ट्रों की जीत के बाद आई और उसके बाद दक्षिण-पूर्व एशिया के पड़ोसी देशों में उपनिवेशवाद के पतन के बाद रचनात्मक ऊर्जा का एक उभार हुआ होगा।

इसमें कोई संदेह नहीं है, लेकिन दुर्भाग्य से, यह जल्द ही विभाजन की महान पीड़ा में डूब गया, जिसमें निर्दोषों की अमानवीय हत्या और लाखों लोगों को उनकी मातृभूमि से उखाड़ फेंका गया, जिसके बाद महात्मा गांधी की शहादत हुई। इन त्रासदियों के साथ-साथ कश्मीर पर पाकिस्तान के आक्रमण और बांग्लादेश में उसके बाद के अत्याचारों ने वास्तव में विशेष रूप से सबसे अधिक प्रभावित क्षेत्रों, बंगाली, हिंदी, कश्मीरी, पंजाबी, सिंधी और उर्दू की भाषाओं में मार्मिक लेखन को उकसाया। लेकिन मार्मिक या भावुक लेखन अपने आप में महान साहित्य नहीं बनाता। इन आपदाओं में जो उत्साह और विश्वास बचा था, वह मुख्य रूप से राष्ट्रीय पुनर्निर्माण और आर्थिक विकास के कार्य में समा गया है। महान साहित्य हमेशा आक्षेपों की जंजीरों से निकला है। भारतीय साहित्य आज पहले की तुलना में मात्रा, विस्तार और विविधता में समृद्ध है।

Q.11 पिछले महायुद्ध का भारतीय साहित्य पर क्या प्रभाव पड़ा था?

A. इसका कोई प्रभाव नहीं पड़ा था।

B. इसने हिंसा के विरुद्ध जनाक्रोश बढ़ा दिया था।

C. इसने साहित्य की नींव को हिला दिया था।

D. इसने पश्चिमी दुनिया को प्रबल समर्थन दिया।

Q.12 अपने अंतिम महाग्रंथ में टैगोर ने किसकी अभिव्यक्ति की?

A. सुभाष बोस को समर्थन दिया था।

B. पश्चिमी दुनिया की 'मानवीय- विज्ञप्तियों' की पोल खोली।

C. इंग्लैंड के प्रति अपनी निष्ठां व्यक्त की।

D. देशों की मुक्ति को प्रोत्साहन प्रदान किया।

Q.13 महायुद्ध की अवधि के दौरान भारतीय बुद्धिजीवियों की क्या सोच थी?

A. वे रूसी लोगों के कष्टों के प्रति उदासीन थे।

B. वे जापानी सैन्य शक्तिवाद के पक्ष में थे।

C. उनकी अनिश्चितता निष्ठावानता ने सृजनात्मकता को बढ़ावा दिया।

D. उन्होंने इंग्लैंड के वढ-साहस के प्रति सहानुभूति जताई।

Q.14 भारतीय साहित्य में सृजनात्मक ऊर्जा के डूबने के लिए उत्तरदायी कारकों की पहचान कीजिए:

A. अपनी ही धरती की सैन्य आधिपत्य

B. औपनिवेशिक आधिपत्य का प्रतिरोध

C. विभाजन फलस्वरूप अनुभूत तीव्र यन्त्रणा

D. मित्र राष्ट्रों की विजय

Q.15 कश्मीर तथा बांग्लादेश की त्रासदी से जनित प्रभाव क्या थे?

A. दूसरे देशोंका शंका-भाव

B. प्रतिद्वंदिता की निरंतरता

C. युद्ध का खतरा

D. राष्ट्रीय पुननिर्माण

Q.16 एक कक्षा में छात्रों को संबोधित करते समय एक शिक्षक को उस महत्वपूर्ण तत्व की पहचान करनी होगी, जिसका वह संज्ञान लेता है?

A. निकटता से बचाव

B. ध्वनि मॉडुलन

C. दोहराव विराम

D. निश्चित मुद्रा

Q.17 जब परिभाषा का उद्देश्य उपयोग को स्पष्ट करना या अस्पष्टता अथवा संशय दूर करना होता है तो परिभाषा कहलाती है:

A. अनुबंधात्मक

B. सैधांतिक

C. शाब्दिक

D. प्रत्ययकारी

Q.18 प्रभावी संचार के लिए इनमें से किसे नहीं बचना चाहिए?

A. शोर

B. योजना

C. अर्थपूर्ण समस्याएं

D. गलत धारणाएं

Q.19 एक कक्षा में, एक संचारक का विश्वास स्तर द्वारा निर्धारित किया जाता है:

A. अतिश्योक्ति के प्रयोग से

B. आवाज स्तर के परिवर्तन से

C. अमूर्त अवधारणाओं के प्रयोग से

D. नेत्र संपर्क

Q.20 प्रत्येक प्रकार का सम्प्रेषण प्रभावित होता है:

A. प्रतिग्रह

B. पारेषण

C. गैर-विनियमन

D. संदर्भ

Q.21 अनिल ने 8 क्रिकेट मैच खेले। रनों का मध्यमान (औसत) 80 रन पाया गया। चार और मैच खेलने के बाद कुल रनों का मध्यमान 70 रन पाया गया। अंतिम चार मैचों में कुल रन बने हैं:

A. 400 रन   **B.** 300 रन   **C.** 200 रन   **D.** 100 रन

Q.22 निर्देश: दी गई श्रृंखला में प्रश्नवाचक चिन्ह (?) के स्थान पर लुप्त संख्या ज्ञात कीजिए।

5, 11, 21, 35, 53, ?,

A. 75   **B.** 90   **C.** 115   **D.** 125

Q.23 एक डाकिया अपने कार्यालय से सीधे 20 मीटर चलता है, फिर दायें मुड़ता है और 10 मीटर चलता है। वहाँ से बाएं मुड़ने के बाद वह 10 मीटर चलता है और फिर दायें मुड़ने के बाद 20 मीटर चलता है। वह फिर से दायें मुड़ता है और 70 मीटर चलता है। वह अपने कार्यालय से कितनी दूर है?

A. 10 मीटर   **B.** 13 मीटर   **C.** 50 मीटर   **D.** 17 मीटर

Q.24 गोपाल उत्तर दिशा में 20 मीटर चला। इसके बाद वह दाहिने मुड़कर 30 मीटर चला। उसके बाद वह दाहिने मुड़कर 35 मीटर चला। पुन: वह बाएँ मुड़कर 15 मीटर चला। इसके बाद वह पुन: बाएँ मुड़कर 15 मीटर चला। उसकी आरम्भिक स्थिति और अंतिम स्थिति के बीच न्यूनतम दूरी है:

A. 65 मीटर   **B.** 55 मीटर   **C.** 40 मीटर   **D.** 45 मीटर

Q.25 A और B, 14 मीटर त्रिज्या के एक वृत्ताकार ट्रैक पर दोड़ रहे हैं। A की गति 48 मीटर/सेकंड है और B की गति 40 मीटर/सेकंड है। वे समान बिंदु से शुरू करते हैं। वे फिर से शुरुआती बिंदु पर कब मिलेंगे?

A. 11 सेकंड   **B.** 9 सेकंड   **C.** 12 सेकंड   **D.** 10 सेकंड

Q.26 निर्देश: दी गई श्रृंखला में प्रश्नवाचक चिन्ह (?) के स्थान पर लुप्त पद ज्ञात कीजिए।

BMO, EOQ, HQS, ?

A. KSU   **B.** LMN   **C.** SOV   **D.** SOW

Q.27 यदि ALLAHABAD का कूट DPQGOIKKO है, तो BENGULURU का क्या कूट होगा ?

A. ESBTBDIMF

B. MBDBFEIST

C. EISMBTDBF

D. ESBDFBTMI

Q.28 यदि समान उद्देश तथा विधेय के दो मानक निरपेक्ष तर्क-वाक्य इस प्रकार सम्बंधित हैं कि अगर एक अनिर्धारित रहता है, तो दूसरा भी अनिर्धारित होगा, तो उनका संबंध क्या कहलाता है?

A. असंगत **B.** उपअसंगत

C. विरोधाभासी **D.** अधीन

Q.29 जैसे गिलास में बर्फ के पिघलते गोलों से गिलास का पानी उससे बाहर नहीं आता उसी प्रकार पिघलते हुए समुद्री हिमखंड से समुद्र का आयतन नहीं बढ़ता है।

यह निम्नलिखित में से किस प्रकार का तर्क है?

[UGC NET Sociology, 2017]

A. अनुरूप **B.** परिकल्पनात्मक

C. मनोवैज्ञानिक **D.** सांख्यिकीय

Q.30 निम्नलिखित कथनों में से प्रमाण के प्रकार की पहचान करें।

कथन 1: हम पहाड़ियों से धुंआ निकलना देख रहे हैं।

कथन 2: जहां भी धुंआ होता है, वहां हमेशा आग होती है।

निष्कर्ष: इसलिए, पहाड़ियों में आग है।

A. प्रत्यक्ष **B.** उपमा **C.** अनुमान **D.** अर्थपत्ती

Ques (31-35):निर्देश: निम्नलिखित तालिका चार्ट का ध्यानपूर्वक अध्ययन करें और दिए गए प्रश्नों के उत्तर दें।

निम्न तालिका पाँच विषयों के अधिकतम अंक और पाँच विषयों में पाँच छात्रों द्वारा प्राप्त अंकों का प्रतिनिधित्व करती है।

छात्र	भौतिकी (75 में से)	गणित (100 में से)	रसायन विज्ञान (75 में से)	जीवविज्ञान (75 में से)	अंग्रेजी (120 में से)
रागिनी	56	65	45	38	95
रोहन	60	52	62	55	88
सोहन	50	78	70	58	88
मोहिनी	55	82	65	66	110
मोहन	42	96	64	72	104

Q.31 रसायन विज्ञान और जीव विज्ञान में रागिनी द्वारा प्राप्त अंक एक साथ भौतिकी और गणित में मोहिनी द्वारा प्राप्त अंकों का प्रतिशत है?

A. 66.23% **B.** 60.58% **C.** 58.34% **D.** 54.32%

Q.32 गणित में सभी छात्रों द्वारा प्राप्त अंकों और रसायन विज्ञान में सभी छात्रों द्वारा प्राप्त अंकों के संबंधित अनुपात का पता लगाएं।

A. 293 : 351 **B.** 373 : 306

C. 351 : 293 **D.** 306 : 373

Q.33 सभी विषयों में सोहन का कुल प्रतिशत ज्ञात कीजिए?

A. 62.7% **B.** 58.4% **C.** 77.3% **D.** 79.1%

Q.34 अंग्रेजी में मोहन द्वारा प्राप्त अंकों के प्रतिशत और भौतिकी में रोहन के अंतर के बीच अंतर ज्ञात कीजिए?

A. 6.67% **B.** 4.59% **C.** 5.53% **D.** 3.12%

Q.35 सभी विषयों में रोहन द्वारा प्राप्त अंकों का योग खोजें:

A. 515 **B.** 427 **C.** 611 **D.** 317

Q.36 निम्नलिखित में से कौन सा एक प्रकार का मैलवेयर जानबूझकर सॉफ्टवेयर सिस्टम में डाला गया है जो निर्दिष्ट शर्तों के पूरा होने पर एक दुर्भावनापूर्ण फ़ंक्शन को बंद कर देगा?

A. वॉर्म **B.** ट्रोजन

C. स्पाइवेयर **D.** लॉजिक बम

Q.37 वायरलेस तकनीक के संबंध में निम्नलिखित में से कौन-सा कथन सही है/हैं?

P: ब्लूटूथ एक वायरलेस तकनीक है जिसका उपयोग हेडसेट को मोबाइल फोन से जोड़ने के लिए किया जा सकता है।

Q: ब्लूटूथ एक लंबी दूरी की वायरलेस तकनीक है और डेटा ट्रांसफर का एक कम लागत वाला साधन है।

A. केवल P **B.** केवल Q

C. P और Q दोनों **D.** न तो P और न ही Q

Q.38 निम्नलिखित दोनों कथनों को पढ़ें:

I: सूचना एवं संचार प्रौद्योगिकी (आई.सी.टी.) को सूचना (आई.टी.) का उपसमुच्चय माना जाता है।

II: सॉफ्टवेयर के किसी हिस्से के 'उपयोग-अधिकार' को कॉपी-राइट (सर्वाधिकार सुरक्षित) कहा जाता है।

उपरोक्त कथनों में से कौन कथन सही है/हैं?

A. दोनों I तथा II **B.** न तो I, न ही II

C. केवल II **D.** केवल I

Q.39 एक कम्प्यूटर में एक बाइट में सामान्यत: शामिल होते हैं:

A. 4 बिट्स **B.** 8 बिट्स **C.** 16 बिट्स **D.** 10 बिट्स

Q.40 गुणक सिद्धांत के अनुसार, एक अर्थव्यवस्था हमेशा ______ होती है।

A. पूर्ण उत्पादन **B.** पूर्ण रोजगार

C. अति पूर्ण रोजगार **D.** पूर्ण रोजगार के अंतर्गत

Q.41 मानव उत्पत्ति संबंधी स्रोतों में से कौन सा गैसीय प्रदूषक तत्व क्लोरोफ्लोरो कार्बन्स (CFC) वायु में है?

A. सीमेंट उद्योग **B.** उर्वरक उद्योग

C. फोम उद्योग **D.** कीटनाशी उद्योग

Q.42 अभिकथन (A): अंत वायु प्रदूषण स्वस्थ के लिए एक गंभीर खतरा है।

तर्क (R): अंत: पर्यावरण में वायु प्रदूषकों का विसर्जन अपेक्षाकृत सीमित होता है।

नीचे दिए गए कूट में से सही उत्तर को चुनिए:

A. (A) एवं (R) दोनों सही है, और (R), (A) की सही व्याख्या है।

B. (A) एवं (R) दोनों सही है, लेकिन (R), (A) की सही व्याख्या नहीं है।

C. (A) सही है, लेकिन (R) गलत है।

D. (A) गलत है, लेकिन (R) सही है।

Q.43 निम्नलिखित में से कौन मिट्टी प्रदूषण के स्रोत हैं?

A. ठोस अपशिष्ट

B. कीटनाशक और रासायनिक उर्वरक

C. प्रयास और सीवेज

D. उपर्युक्त सभी

Q.44 ध्वनि प्रदूषण के बारे में निम्नलिखित कथनों पर विचार कीजिये:

(a) शोर का स्तर कम हो जाता है क्योंकि हम शोर के स्रोत से दूर चले जाते हैं

(b) उच्च सतह/द्रव्यमान घनत्व वाले पदार्थ अच्छे शोर बाधाओं के रूप में कार्य करते हैं

(c) 2 Pa का ध्वनि दबाव शून्य डेसिबल के शोर से मेल खाता है

नीचे दिए गए विकल्पों में से सही विकल्प चुनिए:

A. केवल (a) और (b) **B.** केवल (b) और (c)

C. केवल (a) और (c) **D.** (a), (b) और (c)

Q.45 विश्वविद्यालय अनुदान आयोग की "शिक्षा में मानव अधिकार और मूल्य" योजना है। इस योजना के तहत, 'शिक्षा में मानव अधिकार और कर्तव्य' घटक के लिए निम्नलिखित में से कौन सा कथन सत्य नहीं है?

A. विद्यालयों में मूल्य और कल्याण केन्द्र स्थापित करना।

B. शोध गतिविधियों को प्रोत्साहित करना।

C. समाज और शैक्षणिक संस्थानों के बीच मेलजोल विकसित करना।

D. नागरिकों को संवेदन बनाना जिससे मानव अधिकारों के नियमों और मूल्यों को साकार किया जा सके।

Q.46 पात्र राज्य उच्च शिक्षण संस्थानों को रणनीतिक वित्तपोषण प्रदान करने के उद्देश्य से 2013 में निम्नलिखित में से कौन सा लॉन्च किया गया था?

A. राष्ट्रीय माध्यमिक शिक्षा अभियान

B. अखिल भारतीय तकनीकी शिक्षा परिषद

C. सर्व शिक्षा अभियान

D. राष्ट्रीय उच्चतर शिक्षा अभियान

Q.47 हेमवती नंदन बहुगुणा गढ़वाल विश्वविद्यालय कहां स्थित है?

A. जम्मू और कश्मीर   B. हिमाचल प्रदेश

C. उत्तराखंड   D. बिहार

Q.48 उच्च शिक्षा के वैश्वीकरण के निम्नलिखित में से कौन-कौन से अवगुण हैं?

1. विश्व पाठ्यक्रमों के साथ सम्मुखीकरण
2. शिक्षा में अभिजात्य को बढ़ावा
3. शिक्षा का वस्तुकरण
4. शिक्षा में लगत में बढ़ोत्तरी

निम्नलिखित कूटों में से सही उत्तर का चयन करें:

A. 1 और 4   B. 1, 3 और 4

C. 2, 3 और 4   D. 1, 2, 3 और 4

Q.49 शिक्षा का मुख्य लक्ष्य है:

A. छात्रों में समस्या समाधान के कौशल का विकास करना

B. छात्रों को आर्थिक रूप से उपयोगी बनाना

C. अच्छे रिश्ते बनाए रखने की आदत डालना

D. जानकार व्यक्तियों को तैयार करना

Q.50 इंटरनेट प्रोटोकॉल आम तौर पर _______ ओएसआई लेयर के अनुरूप होता है?

A. नेटवर्क लेयर   B. ट्रांसपोर्ट लेयर

C. डाटा लिंक लेयर   D. सेशन लेयर

Paper - II

Q.51 एक बाइनरी रिलेशन के सिमिट्रिक होने की कंडीशन _______ है।

A. s(R) = R   B. R ∪ R = R

C. R = Rc   D. f(R) = R

Q.52 _______ रिलेशन R = {(0,1), (1,1), (1,3), (2,1), (2,2), (3,0)} में रिफ्लेक्सिव क्लोजर की संख्या मौजूद है जहां { 0, 1, 2, 3} ∈ A

A. 2^6 B. 6   C. 8   D. 36

Q.53 ग्राफ G में एक _______ एक सर्किट है जिसमें G का प्रत्येक वर्टेक्स (फर्स्ट/लास्ट वर्टेक्स को छोड़कर) ठीक एक बार होता है।

A. यूलर पथ   B. हैमिल्टनियन पथ

C. प्लानर ग्राफ   D. पथ कॉम्प्लीमेंट ग्राफ

Q.54 वॉक में क्लोज्ड प्रॉपर्टी होती है यदि _______।

A. $v_0 = v_k$ B. $v_0 >= v_k$ C. $v < 0$ D. $v_k > 1$

Q.55 पोस्टफिक्स नोटेशन में एक्सप्रेशन a/b+c*d-e का इवैल्यूएशन है:

A. ab+cd/*-e   B. ab/cd*+e-

C. abc/+d*-e   D. abcd/+*-e

Q.56 _______ एक गणितीय तकनीक है जिसका उपयोग प्रतिस्पर्धी गतिविधियों के बीच सीमित संसाधन आवंटित करने की प्रॉब्लम को हल करने के लिए किया जाता है।

A. लीनियर प्रोग्रामिंग प्रॉब्लम

B. असाइनमेंट प्रॉब्लम

C. रिप्लेसमेंट प्रॉब्लम

D. नॉन-लीनियर प्रोग्रामिंग प्रॉब्लम

Q.57 लीनियर प्रोग्रामिंग की ग्राफिकल विधि तब उपयोगी होती है जब डिसीजन वेरिएबल्स की संख्या _______ होती है।

A. दो   B. तीन   C. चार   D. पांच

Q.58 क्रिटिकल पाथ मेथड निम्नलिखित के लिए अच्छा है:

A. केवल छोटी प्रोजेक्ट

B. केवल बड़ी प्रोजेक्ट

C. छोटे और बड़े दोनों प्रोजेक्ट समान रूप से

D. न छोटे न बड़े प्रोजेक्ट

Q.59 एक PERT नेटवर्क के महत्वपूर्ण पथ पर 9 गतिविधियाँ हैं। क्रिटिकल पाथ पर प्रत्येक गतिविधि का मानक विचलन 3 है। क्रिटिकल पाथ का मानक विचलन है:

A. 3   B. 9   C. 81   D. 27

Q.60 एक प्रोजेक्ट गतिविधि A से शुरू होती है और गतिविधि F के साथ समाप्त होती है। गतिविधियों की प्रीसिडेंस रिलेशन और अवधि निम्न तालिका के अनुसार हैं:

गतिविधि	इमिडिएट प्रेडीसेसर	अवधि (दिन)
A	-	4
B	A	3
C	A	7
D	B	14
E	C	4
F	D, E	9

प्रोजेक्ट पूरा होने का न्यूनतम समय (दिनों में) _______ है।

A. 30   B. 32   C. 24   D. 42

Q.61 रैमबस में प्रयुक्त स्पेशल कम्युनिकेशन _______ हैं।

A. रैमबस चैनल   B. डी-लिंक

C. डायल-अप   D. इनमें से कोई नहीं

Q.62 RAMBUS का ओरिजिनल डिज़ाइन _______ डेटा लाइनों के लिए आवश्यक है।

A. SRAM   B. SDRAM

C. DRAM   D. DDRRAM

Q.63 निम्नलिखित में से किस प्रोसेसर में मेमोरी मैनेजमेंट होता है?

A. 8086   B. 8088   C. 80286   D. 8051

Q.64 वह स्थिति जिसमें ऑपरेंड का डेटा उपलब्ध नहीं होता है, _______ कहलाती है।

A. डेटा हैजर्ड   B. स्टॉल

C. डेडलॉक   D. स्ट्रक्चरल हैजर्ड

Q.65 इंस्ट्रक्शन की अवेलबिलिटी के कारण प्रोसेसर के स्टॉलिंग को _______ कहा जाता है।

A. कंट्रोल हजार्ड   B. स्ट्रक्चरल हजार्ड

C. इनपुट हजार्ड   **D.** इनमें से कोई नहीं

Q.66 ब्रांच इंस्ट्रक्शन के कारण लॉस्ट डिउ टाइम को अक्सर ______ कहा जाता है।
A. लेटेंसी
B. डिले
C. ब्रांच पेनल्टी
D. इनमें से कोई नहीं

Q.67 RAMBUS का ओरिजनल डिज़ाइन ______ डेटा लाइनों के लिए आवश्यक है।
A. 4   **B.** 6   **C.** 8   **D.** 9

Q.68 मान लीजिए $m = (313)_4$ और $n = (322)_4$, $m + n$ का आधार 4 एक्सपेंशन ज्ञात कीजिए।
A. $(635)_4$ **B.** $(32312)_4$ **C.** $(21323)_4$ **D.** $(1301)_4$

Q.69 जिस डिवाइस को किसी भी समय बस में डेटा ट्रांसफर शुरू करने की अनुमति दी जाती है, उसे ______ कहा जाता है।
A. बस मास्टर
B. प्रोसेसर
C. बस आर्बिट्रेटर
D. कंट्रोलर

Q.70 ______ बस आर्बिट्रेशन एप्रोच प्रोसेसर की इन्वॉल्वमेंट का उपयोग करता है।
A. सेंट्रलाइज्ड
B. डिस्ट्रिब्यूटेड
C. रैंडम
D. ये सभी

Q.71 एक बार में कितनी ऑब्जेक्ट रिटर्न की जा सकती हैं?
A. केवल एक   **B.** केवल दो   **C.** केवल तीन   **D.** केवल चार

Q.72 निम्नलिखित में से किस लैंग्वेज को पहली विशुद्ध रूप से ऑब्जेक्ट प्रोग्रामिंग लैंग्वेज के रूप में विकसित किया गया था?
A. स्मालटॉक   **B.** C++   **C.** कोटलिन   **D.** जावा

Q.73 वर्ल्ड वाइड वेब पर यूआरएल (जैसे http://XYZ.com) के माध्यम से जानकारी प्राप्त करने के लिए निम्नलिखित में से किसका उपयोग किया जाता है?
A. वेब सर्वर
B. क्लाइंट
C. वेब ब्राउजर
D. कुकी

Q.74 प्रत्येक C प्रोग्राम में क्या आवश्यक है?
A. प्रोग्राम में कम से कम एक फंक्शन होना चाहिए।
B. प्रोग्राम को किसी फंक्शन की आवश्यकता नहीं है।
C. इनपुट डेटा
D. आउटपुट डेटा

Q.75 जब लाइन बाउंड्रीज के पैरेलल होती है तो p_k का मान क्या होता है?
A. $p_k < 0$ **B.** $p_k > 0$ **C.** $p_k = 0$ **D.** $p_k = 1$

Q.76 लिआंग बार्स्की एल्गोरिथ्म में किस प्रकार के अर्थमेटिक का उपयोग किया जाता है?
A. सिंपल अर्थमेटिक ऑपरेशन
B. फ्लोटिंग-पॉइंट अर्थमेटिक
C. फिक्स्ड पॉइंट अर्थमेटिक
D. लोगरिथमिक ऑपरेशन

Q.77 जब $p_k<0$, तब लाइन ______ होती है।
A. सीमाओं के समानांतर
B. सीमा से अधिक
C. सीमाओं के भीतर बंधा हुआ
D. नहीं कह सकते

Q.78 विंडो या व्यूपोर्ट के बाहर एक स्केन के कुछ पार्ट को हटाने के प्रोसेस को ______ कहा जाता है।

A. कटिंग   **B.** प्लकिंग   **C.** क्लिपिंग   **D.** एडिटिंग

Q.79 एक 2d ट्रांसफॉर्मेशन देखने के लिए कितने तरीकों से एक क्लिपिंग एल्गोरिथ्म लागू किया जा सकता है?
A. तीन   **B.** दो   **C.** एक   **D.** पांच

Q.80 नॉक्स प्रेवलेंट आइडेंटिटी मैनेजमेंट और ______ सिस्टम के साथ इंटेग्रेट्स है।
A. एसएसएल   **B.** एसएसओ   **C.** एसएसएच   **D.** करबरोस

Q.81 एचडीपी क्लस्टर रखने का सबसे आसान तरीका ______ को डाउनलोड करना है।
A. हड्डूप
B. सैंडबॉक्स
C. डैशबोर्ड
D. इनमें से कोई नहीं

Q.82 इंस्ट्रक्टर एंटिटी सेट और सेक्रेटरी एंटिटी सेट के बीच इस अर्थ में समानताएं हैं कि उनके पास कई विशेषताएं हैं जो दो इकाई सेटों में वैचारिक रूप से समान हैं: अर्थात, पहचानकर्ता, नाम और वेतन विशेषताएँ। इस प्रोसेस को कहते हैं-
A. कमोनिलीटी
B. स्पेशलाइजेशन
C. जनरलाइजेशन
D. सिमिलरिटी

Q.83 फंक्शनल डिपेंडेंसी का एक जनरलाइजेशन है-
A. की डिपेंडेंसी
B. रिलेशन डिपेंडेंसी
C. डेटाबेस डिपेंडेंसी
D. एक्सटर्नल डिपेंडेंसी

Q.84 निम्नलिखित में से कौन "डेटा के बारे में डेटा" को संदर्भित करता है?
A. डायरेक्टरी   **B.** उप डेटा   **C.** वेयरहाउस   **D.** मेटा डेटा

Q.85 निम्नलिखित में से कौन डेटा एब्स्ट्रैक्शन के स्तर को संदर्भित करता है जो बताता है कि डेटा वास्तव में कैसे स्टोर किया जाता है?
A. कन्सेप्टुअल लेवल
B. फिजिकल लेवल
C. फाइल लेवल
D. लॉजिकल लेवल

Q.86 निम्नलिखित में से कौन एक ही डेटा (या सूचना) की कॉपी को संदर्भित करता है जो कई स्थानों पर मेमोरी स्पेस पर एक्यूपाइंग कर लेता है।
A. डेटा रिपॉजिटरी
B. डेटा इन्कन्सीस्टेंसी
C. डेटा माइनिंग
D. डेटा रेड्युडेंसी

Q.87 सामान्य तौर पर, एक फाइल मूल रूप से सभी रिलेटेड ______ का एक कलेक्शन है।
A. रो और कॉलम
B. फील्ड
C. डेटाबेस
D. रिकॉर्ड

Q.88 क्या अपाचे स्कूप एक ओपन-सोर्स टूल है?
A. सही
B. गलत
C. सही या गलत हो सकता है
D. नहीं कह सकता

Q.89 स्कूप द्वारा संसाधित डेटा का उपयोग किसके लिए किया जा सकता है?
A. एचबेस
B. एचडीएफएस
C. मैप्रिड्यूज
D. मैहआउट

Q.90 डीटीडी में विकल्पों को ______ सिंबल का उपयोग करके निर्दिष्ट किया जा सकता है।
A. | **B.** OR
C. || **D.** अल्टरनेटिव

Q.91 निम्न में से कौन सा कमांड विंडोज एनटी 4.0 के लिए एक इमरजेंसी रिपेयर डिस्क बनाता है?

A. BAT
B. EXE
C. EXE/S
D. ADD/REMOVE program

Q.92 डेडलॉक के एक्सिस्टेंस के लिए चार आवश्यक शर्तें हैं, म्यूच्यूअल एक्सक्लूशन, नो प्रीएंप्सन, सर्कुलर वेट और:
A. होल्ड एंड वेट
B. डेडलॉक अवॉइडेंस
C. रेस अराउंड कंडीशन
D. बफर ओवरफ्लो

Q.93 यदि आप नहीं जानते कि आप एमएस-डॉस के किस वर्सन के साथ काम कर रहे हैं, तो आप अपने ऑपरेटिंग सिस्टम को बूट करने के बाद किस कमांड का उपयोग करेंगे?
A. फॉर्मेट कमांड
B. डीआईआर कमांड
C. वीआर कमांड
D. डिस्क कमांड

Q.94 एक पार्टिसनड डेटा सेट का उपयोग ________ के लिए सबसे अधिक किया जाता है।
A. एक प्रोग्राम या सोर्स लाइब्रेरी
B. प्रोग्राम डेटा स्टोर करना
C. बैकअप इनफार्मेशन स्टोर करना
D. आईएसएएम फाइलों को स्टोर करना

Q.95 पेज-मैप टेबल क्या है?
A. यह एक डेटा फ़ाइल है।
B. यह एक डायरेक्टरी है।
C. इसका उपयोग एड्रेस ट्रांसलेशन के लिए किया जाता है।
D. इनमे से कोई नहीं

Q.96 डिस्पैचर (प्रोसेस शेड्यूलर का हिस्सा) का मुख्य कार्य _________ है।
A. डिस्क पर एक प्रक्रिया की स्वैपिंग
B. सीपीयू को तैयार प्रक्रिया सौंपना
C. सीपीयू लोड अधिक होने पर कुछ प्रक्रियाओं को सस्पेंड करना
D. डिस्क से प्रक्रियाओं को मुख्य मेमोरी में लाना

Q.97 ________ का अर्थ है मेन मेमोरी, या हार्ड डिस्क क्षमता बढ़ाना, या स्पीकर, या मॉडेम आदि जोड़ना जैसे कॉम्पोनेंट्स को नवीनीकृत करना या बदलना।
A. ग्रेड
B. प्रोसोडी
C. सिंथेसिस
D. अपग्रेड

Q.98 निम्नलिखित में से किसे कंप्यूटर के संचालन को नियंत्रित करने के लिए डिजाइन किया गया है?
A. एप्लिकेशन सॉफ्टवेयर
B. सिस्टम सॉफ्टवेयर
C. यूटिलिटी सॉफ्टवेयर
D. यूजर

Q.99 लैंग्वेज ट्रांसलेटर, यूटिलिटी सॉफ्टवेयर और कम्युनिकेशन सॉफ्टवेयर निम्नलिखित में से किसका उदाहरण है?
A. सिस्टम सॉफ्टवेयर
B. अनुप्रयोग प्रक्रिया सामग्री
C. खुला स्रोत सॉफ्टवेयर
D. इनमें से कोई नहीं

Q.100 सॉफ्टवेयर इंजीनियरिंग में डिजाइन अवधारणाओं के संदर्भ में निम्नलिखित में से कौन सा/से सत्य है/हैं। सॉफ्टवेयर डिजाइन में शामिल हैं,
A. प्रिंसिपल्स का सेट
B. अवधारणाएं और अभ्यास
C. हाई क्वॉलिटी वाली प्रणाली या प्रॉडक्ट का डेवलपमेंट
D. ये सभी

Q.101 डिजाइन एक प्रतिनिधित्व या ________ को डेवलप करता है।
A. मॉडल
B. टैस्टिंग
C. रिक्वायरमेंट्स एनालिसिस
D. इनमें से कोई नहीं

Q.102 आमतौर पर सॉफ्टवेयर डिजाइन ________ द्वारा किया जाता है।
A. सॉफ्टवेयर इंजीनियर
B. मैकेनिकल इंजीनियर
C. आर्किटेक्ट
D. इनमें से कोई नहीं

Q.103 निम्नलिखित में से कौन सा/से सॉफ्टवेयर डिजाइन के 'की' सिग्नीफिकेन्स को दर्शाता है:
A. डिजाइन हमें सिस्टम या प्रॉडक्ट का ब्लू प्रिंट बनाने की अनुमति देता है।
B. मॉडल प्रोपोस्ड सिस्टम की क्लैरिटी देता है और कोड उत्पन्न होने से पहले इसमें सुधार किया जा सकता है।
C. टैस्ट किए जा सकते हैं, और एन्ड यूजर प्रक्रिया के दौरान शामिल होते हैं।
D. ये सभी

Q.104 निम्नलिखित में से कौन सा/से सॉफ्टवेयर डिजाइन के 'की' स्टैप्स हैं?
A. सिस्टम या प्रॉडक्ट के आर्किटेक्चर का प्रतिनिधित्व।
B. सॉफ्टवेयर को एन्ड यूजर से जोड़ने वाले इंटरफेस का प्रतिनिधित्व।
C. सॉफ्टवेयर कॉम्पोनेंट्स का निर्माण और प्रतिनिधित्व।
D. ये सभी

Q.105 सॉफ्टवेयर डिजाइन के दौरान प्रस्तुत प्राथमिक कार्य प्रॉडक्ट है/हैं:
A. आर्किटेक्चरल डिज़ाइन
B. इंटरफेस डिज़ाइन
C. कॉम्पोनेंट्स का क्रिएशन और डेप्लॉयमेंट
D. ये सभी

Q.106 डिजाइन मॉडल को निर्धारित करने और ________ में स्थापित करने के लिए सॉफ्टवेयर टीम द्वारा मूल्यांकन किया जाता है।
A. एरर, इन्कन्सीस्टेंसीस, या ओमिशन्स
B. वैकल्पिक अस्तित्व
C. कॉन्स्ट्रेंट्स, शेड्यूल और कॉस्ट के अंदर मॉडल का इम्प्लीमेंटेशन
D. ये सभी

Q.107 निम्नलिखित में से कौन सा/से इंटरफेस डिजाइन के 'की' एस्पेक्ट्स हैं:
A. सिस्टम और इसका उपयोग करने वाले उपयोगकर्ताओं के बीच सहज संचार
B. इसका तात्पर्य सूचना के प्रवाह से है
C. (A) और (B) दोनों
D. इनमें से कोई नहीं

Q.108 कॉम्पोनेन्ट डिजाइन ________ से प्राप्त जानकारी के साथ तैयार किया जाता है।
A. क्लास-बेस्ड मॉडल
B. बेहवीयरल मॉडल
C. (A) और (B) दोनों
D. इनमें से कोई नहीं

Q.109 डिजाइन सॉफ्टवेयर का प्रतिनिधित्व प्रदान करता है जिसका मूल्यांकन ________ के लिए किया जा सकता है।
A. क्वालिटी
B. टैस्टिंग
C. एनालिसिस
D. ये सभी

Q.110 पोस्टफिक्स एक्सप्रेशन 2 3 + 4 5 6 - - * का मान क्या है:
A. 19
B. 21
C. -4
D. 25

Q.111 पोस्टफिक्स एक्सप्रेशन AB+CD-* का प्रीफिक्स एक्सप्रेशन __________ है।

A. (A+B)*(C-D)
B. +AB*-CD
C. A+*BCD-
D. *+AB-CD

Q.112 विचार करें कि आपके पास कुछ रैंडम साइज की एक ऐरे है। आपको डीक्यू ऑपरेशन करने की आवश्यकता है। आप इसे स्टैक ऑपरेशन (पुश और पॉप) या क्यू ऑपरेशंस का उपयोग करके (एनक्यू और डीक्यू का उपयोग करके) कर सकते हैं। आउटपुट समान होने की गारंटी है। कुछ अंतर खोजें?

A. उनके पास अलग-अलग टाइम कम्प्लेक्सिटी होंगी
B. इस्तेमाल की गई मेमोरी अलग नहीं होगी
C. संभावना है कि आउटपुट अलग हो सकता है
D. नो डिफ्रेंसेस

Q.113 विचार करें कि आपके पास एक स्टैक है जिसके एलिमेंट इस प्रकार हैं।

5 4 3 2 << टॉप

जहां टॉप एलिमेंट 2 है।

आपको निम्नलिखित स्टैक प्राप्त करने की आवश्यकता है

6 5 4 3 2 << टॉप

जिन कार्यों को करने की आवश्यकता है वे हैं (आप केवल पुश और पॉप कर सकते हैं):

A. पुश (पॉप(), पुश(6), पुश(पॉप())
B. पुश(पॉप()), पुश(6)
C. पुश (पॉप(), पुश (पॉप()), पुश(6)
D. पुश(6)

Q.114 निम्नलिखित सी फ़ंक्शन इनपुट आर्गुमेंट के रूप में एक सिंपल-लिंक्ड लिस्ट लेता है। यह लास्ट एलिमेंट की लिस्ट के सामने ले जाकर लिस्ट को संशोधित करता है और संशोधित लिस्ट देता है। कोड का कुछ भाग खाली छोड़ दिया गया है। ब्लैंक लाइन को बदलने के लिए सही विकल्प का चयन करें।

```
typedef struct node
{
int value;
struct node *next;
}Node;
Node *move_to_front(Node *head)
{
Node *p, *q;
if head == NULL: || (head->next == NULL
return head;
q = NULL; p = head;
while (p->next !=NULL)
{
q = p;
p = p->next;
}
___________________
return head;
}
```

A. q = NULL; p->next = head; head = p;
B. q->next = NULL; head = p; p->next = head;
C. head = p; p->next = q; q->next = NULL;
D. q->next = NULL; p->next = head; head = p;

Q.115 रोबिन कार्प एल्गोरिथ्म में मूल सिद्धांत क्या है?

A. हैशिंग
B. सॉर्टिंग

C. ऑग्मेंटिंग
D. डायनामिक प्रोग्रामिंग

Q.116 यदि n टेक्स्ट (T) की लंबाई है और m पैटर्न (P) की लंबाई है, तो सही प्री-प्रोसेसिंग एल्गोरिथ्म की पहचान करें। (जहाँ q कम्प्लेक्सिटी को कम करने के लिए एक सूटेबल मॉड्यूल्स है।)

p=0; t₀=0;

A.
```
for i=1 to n
do t₀=(dt₀ + P[i])mod q
p=(dp+T[i])mod q
```

B.
```
for i=1 to n
do p=(dp + P[i])mod q
t₀=(dt₀+T[i])mod q
```

C.
```
for i=1 to m
do t₀=(dp + P[i])mod q
p=(dt₀+T[i])mod q
```

D.
```
for i=1 to m
do p=(dp + P[i])mod q
t₀=(dt₀+T[i])mod q
```

Q.117 क्या होता है जब मॉड्यूलो वैल्यू (क्यू) को लार्ज किया जाता है?

A. मैचिंग टाइम बढ़ता है
B. स्पूरियस हिट अक्सर होते हैं
C. एक्स्ट्रा चेकिंग की कॉस्ट कम है
D. कॉम्प्लेक्सिटी बढ़ जाती है

Q.118 क्विक सर्च एल्गोरिथ्म की टाइम कम्प्लेक्सिटी क्या है?

A. O(n)
B. O(log n)
C. O(m+n)
D. O(mn)

Q.119 क्विक सर्च एल्गोरिथ्म किस कैरेक्टर शिफ्ट टेबल का उपयोग करता है?

A. गुड-कैरेक्टर शिफ्ट टेबल
B. बैड-कैरेक्टर शिफ्ट टेबल
C. नेक्स्ट-कैरेक्टर शिफ्ट टेबल
D. (A) और (B) दोनों

Q.120 R अल्फाबेट के ऊपर कितनी लैंग्वेज हैं?

A. काउंटेबल इनफिनिटी
B. अनकाउंटेबल इनफिनिटी
C. (A) और (B) दोनों
D. इनमें से कोई नहीं

Q.121 एक एक्सटेंडेड नॉन डिटरमिनिस्टिक फिनिट ऑटोमेटा में टुपल्स की संख्या है:

A. 5
B. 6
C. 7
D. 4

Q.122 निम्नलिखित में से किस ऑपरेशन्स को एनएफए क्लोज्ड नहीं होता है?

A. निगेशन
B. क्लीने
C. कॉन्केटनेशन
D. इनमें से कोई नहीं

Q.123 निम्नलिखित में से किसमें बैकट्रैकिंग की अनुमति है?

A. एनडीएफए
B. डीएफए
C. (A) और (B) दोनों
D. इनमें से कोई नहीं

Q.124 ऑटोमेटन जो किसी भी इनपुट सिंबल का कोन्सुमिंग किए बिना एक नए स्टेट में ट्रांसफॉर्मेशन की अनुमति देता है:

A. एनएफए
B. डीएफए
C. एनएफए-ा
D. ये सभी

Q.125 दी गई भाषा के एनालॉगस ऑपरेशन की प्रेडिक्ट करें:

A: {[p, q] | p ∈ A1, q, A2 से संबंधित नहीं है}

A. A1-A2
B. A2-A1
C. A1.A2
D. A1+A2

Q.126 कथन 1: एनएफए पैरलल पथों के साथ स्ट्रिंग की गणना करता है।

कथन 2: एनएफए में एक इनपुट को एक से अधिक स्थानों पर स्वीकार किया जा सकता है।

निम्नलिखित में से कौन सा विकल्प सबसे उपयुक्त है?

A. कथन 1 सही है जबकि 2 नहीं है।

B. कथन 1 गलत है जबकि 2 नहीं है।

C. कथन 1 और 2, दोनों सही हैं।

D. कथन 1 और 2, दोनों गलत हैं।

Q.127 इनवर्स होमोमोर्फिज्म को प्रोविंग करते समय, निम्नलिखित में से कौन से स्टेप की आवश्यकता होती है?

A. L में DFA, A से प्रारंभ करें

B. h-1(L) के लिए DFA, B का निर्माण करें

C. एंटीएल और फाइनल स्टेट का सेट समान होना चाहिए

D. इनमें से कोई नहीं

Q.128 निम्नलिखित में से कौन रेगुलर लैंग्वेज के क्लोजर प्रॉपर्टीज का पालन करता है?

A. होमोमॉर्फिस्म

B. इनवर्स हिममोरफिस्म

C. रिवर्सल

D. ये सभी

Q.129 माना h(L) को रेगुलर एक्सप्रेशन abe*+e(ab)* की लैंग्वेज है। h(L) को सरल करें:

A. (ab)*+eab*

B. abe*+ea*b*

C. (ab)*

D. इनमें से कोई नहीं

Q.130 OSI नेटवर्क आर्किटेक्चर में, रूटिंग _______ द्वारा की जाती है।

A. डेटा लिंक लेयर

B. नेटवर्क लेयर

C. ट्रांसपोर्ट लेयर

D. सेशन लेयर

Q.131 OSI नेटवर्क आर्किटेक्चर में, डायलॉग कंट्रोल और टोकन मैनेजमेंट _______ की जिम्मेदारियां हैं।

A. डेटा लिंक लेयर

B. नेटवर्क लेयर

C. ट्रांसपोर्ट लेयर

D. सेशन लेयर

Q.132 निम्न में से कौन डेटा कम्युनिकेशन का उदाहरण नहीं है?

A. एक टेलेटाइप प्रिंटिंग न्यूज़ बुलेटिन

B. एक कंप्यूटर दूसरे कंप्यूटर पर फाइल ट्रांसमिटिंग कर रहा है।

C. एक आटोमैटिक टेलर मशीन बैंक के कंप्यूटर के साथ खाते की शेष राशि की जांच करती है।

D. एक विक्रेता कार्यालय को टेलीफोन करने का आर्डर देता है।

Q.133 स्टैंडर्ड ASCII _______।

A. एएससी स्टैंडर्ड का वर्जन II है।

B. इसमें 128 करैक्टर हैं, जिनमें 32 कंट्रोल करैक्टर शामिल हैं।

C. 8-बिट EBCDIC कोड का सबसेट है।

D. केवल संयुक्त राज्य अमेरिका और कनाडा में उपयोग किया जाता है।

Q.134 कंप्यूटर नेटवर्क में डेटा ले जाने के लिए किस प्रकार का ट्रांसमिशन माध्यम सबसे उपयुक्त है जो विद्युत हस्तक्षेप के संपर्क में है?

A. अनशिल्डेड ट्विस्टेड पेअर

B. ऑप्टिकल फ़ाइबर

C. कोएक्सियल केबल

D. माइक्रोवेव

Q.135 इंटरनेट कनेक्शन के लिए कौन सा डिवाइस आवश्यक है?

A. जॉयस्टिक

B. मोडेम

C. सीडी ड्राइव

D. एन.आई.सी कार्ड

Q.136 एक ही सबनेट पर डीएचसीपी क्लाइंट और सर्वर _______ के माध्यम से संचार करते हैं।

A. यूडीपी ब्रॉडकास्ट

B. यूडीपी यूनिकास्ट

C. टीसीपी ब्रॉडकास्ट

D. टीसीपी यूनिकास्ट

Q.137 इंटरनेट पर किसी संसाधन का स्थान किसके द्वारा दिया जाता है?

A. प्रोटोकॉल

B. यूआरएल

C. ईमेल

D. आईसीक्यू

Q.138 कंप्यूटर के रूप में प्रॉक्सी सर्वर का उपयोग किया जाता है?

A. एक्सटर्नल एक्सेस के साथ

B. बैकअप के रूप में कार्य करने के लिए

C. फ़ाइल हैंडलिंग को निष्पादित करने के लिए

D. उपयोगकर्ता अनुमतियों तक पहुंचना

Q.139 अल्फा-बीटा सर्च के वैल्यू कहाँ अपडेट होते हैं?

A. सर्च के पथ पर

B. इनिशियल स्टेट इनसेल्फ़

C. अंत में

D. इनमें से कोई नहीं

Q.140 ट्रांसपोजिशन टेबल किसे कहते हैं?

A. अगली बार देखे गए पदों की हैश टेबल

B. पहले देखे गए पदों की हैश टेबल

C. सर्च में अगली वैल्यू

D. इनमें से कोई नहीं

Q.141 पूरे गेम ट्री की फिजिबिलिटी की गणना के लिए किस फ़ंक्शन का उपयोग किया जाता है?

A. इवैल्यूएशन फ़ंक्शन

B. ट्रांसपोजिशन

C. अल्फा-बीटा प्रूनिंग

D. ये सभी

Q.142 ऑटोमेटेड रीजनिंग के लिए मुख्य रूप से किसका उपयोग किया जाता है?

A. बैकवर्ड चेनिंग

B. फॉरवर्ड चेनिंग

C. लॉजिक प्रोग्रामिंग

D. पैरलल प्रोग्रामिंग

Q.143 बैकवर्ड चेनिंग एल्गोरिथ्म क्या लौटाएगा?

A. एडिशनल स्टेटमेंट

B. केरी से मेल खाने वाले विकल्प

C. लॉजिकल स्टेटमेंट

D. ये सभी

Q.144 बैकवर्ड चेनिंग एल्गोरिथ्म में गोयल के बारे में कैसे सोचा जा सकता है?

A. क्यू

B. लिस्ट

C. वेक्टर

D. स्टैक

Q.145 प्रोपोज़िशनल लॉजिक के लिए एक रेफ़ुटेशन कम्पलीट इनफरेंस प्रोसीजर कौन सी है?

A. क्लॉसेस

B. वेरिएबल्स

C. प्रोपोज़िशनल रिजॉल्यूशन

D. प्रोपोज़िशन

Q.146 कंजक्टिव नॉर्मल फॉर्म में किस तरह के क्लॉज उपलब्ध हैं?

A. लिटरल क्लॉज का डिसजंक्शन

B. वेरिएबल्स क्लॉज का डिसजंक्शन

C. लिटरल क्लॉज का कंजक्शन

D. वेरिएबल्स क्लॉज का कंजक्शन

Q.147 वेरिएबल्स में लिटरल्स की स्थिति क्या है?

A. एक्सिस्टेंटिल्ली क्वांटिफाइड
B. यूनिवर्सली क्वांटिफाइड
C. क्वांटिफाइड
D. इनमें से कोई नहीं

Q.148 आगमनात्मक शिक्षा में शामिल नहीं है:
A. उदाहरण के द्वारा सीखना
B. असंगत परिकल्पना
C. सुसंगत परिकल्पना
D. इनमें से कोई नहीं

Q.149 निम्नलिखित में से कौन-सी एक समिति डेटा संचार मानकों की स्थापना के लिए समर्पित नहीं है?
A. RFC   **B.** ANSI   **C.** EIA   **D.** ITU

Q.150 म्युटेशन बेस्ड टेस्टिंग एक_____ टेस्टिंग है।
A. फॉल्ट बेस्ड टेस्टिंग   **B.** कवरेज बेस्ड टेस्टिंग
C. व्हाइट बॉक्स टेस्टिंग   **D.** जीरो एरर टेस्टिंग

// स्मार्ट उत्तर पुस्तिका //

सही उत्तर	उन छात्रों का प्रतिशत जिन्होंने प्रश्नों का सही उत्तर दिया था।		छोड़ दिया	उन छात्रों का प्रतिशत जिन्होंने प्रश्नों को छोड़ दिया था।

प्रश्न संख्या	उत्तर	सही उत्तर / छोड़ दिया	प्रश्न संख्या	उत्तर	सही उत्तर / छोड़ दिया	प्रश्न संख्या	उत्तर	सही उत्तर / छोड़ दिया	प्रश्न संख्या	उत्तर	सही उत्तर / छोड़ दिया	प्रश्न संख्या	उत्तर	सही उत्तर / छोड़ दिया	प्रश्न संख्या	उत्तर	सही उत्तर / छोड़ दिया
1	D	88.05 % / 0.0 %	22	A	89.04 % / 0.0 %	43	D	64.38 % / 1.11 %	64	A	48.92 % / 1.94 %	85	B	58.62 % / 1.31 %	106	B	14.49 % / 4.89 %
2	B	63.85 % / 1.24 %	23	C	78.27 % / 0.0 %	44	A	23.72 % / 3.52 %	65	A	67.55 % / 1.1 %	86	D	87.1 % / 0.0 %	107	C	17.4 % / 4.42 %
3	A	62.86 % / 1.19 %	24	D	44.6 % / 1.33 %	45	A	61.12 % / 1.66 %	66	C	42.22 % / 1.72 %	87	D	87.89 % / 0.0 %	108	C	57.95 % / 1.24 %
4	C	58.81 % / 1.24 %	25	A	43.09 % / 1.22 %	46	D	40.48 % / 1.53 %	67	D	88.62 % / 0.0 %	88	A	55.71 % / 1.93 %	109	A	66.38 % / 1.71 %
5	D	86.51 % / 0.0 %	26	A	83.77 % / 0.0 %	47	C	28.69 % / 4.91 %	68	D	44.71 % / 1.36 %	89	C	64.75 % / 1.05 %	110	D	66.6 % / 1.01 %
6	A	48.82 % / 1.14 %	27	C	85.95 % / 0.0 %	48	C	42.29 % / 1.98 %	69	A	82.52 % / 0.0 %	90	A	47.44 % / 1.2 %	111	D	55.85 % / 1.49 %
7	C	59.74 % / 1.17 %	28	C	40.29 % / 1.26 %	49	A	61.45 % / 1.76 %	70	A	58.61 % / 1.27 %	91	B	16.55 % / 3.9 %	112	A	17.43 % / 4.99 %
8	B	65.19 % / 1.63 %	29	A	51.58 % / 1.02 %	50	A	76.68 % / 0.0 %	71	A	83.51 % / 0.0 %	92	A	51.83 % / 1.3 %	113	A	15.86 % / 3.79 %
9	C	59.99 % / 1.58 %	30	C	89.2 % / 0.0 %	51	C	68.3 % / 1.19 %	72	A	65.0 % / 1.24 %	93	C	28.32 % / 4.44 %	114	D	21.81 % / 3.58 %
10	D	77.36 % / 0.0 %	31	B	40.17 % / 1.93 %	52	B	52.49 % / 1.61 %	73	C	64.01 % / 1.19 %	94	A	81.74 % / 0.0 %	115	A	41.58 % / 1.37 %
11	B	49.58 % / 1.39 %	32	B	60.09 % / 1.21 %	53	B	79.86 % / 0.0 %	74	A	85.05 % / 0.0 %	95	C	62.45 % / 1.66 %	116	D	27.97 % / 3.83 %
12	B	62.05 % / 1.15 %	33	C	41.71 % / 1.43 %	54	A	78.64 % / 0.0 %	75	C	41.9 % / 1.75 %	96	B	61.96 % / 1.13 %	117	C	69.4 % / 1.97 %
13	D	41.44 % / 1.98 %	34	A	59.14 % / 1.32 %	55	B	40.85 % / 1.3 %	76	B	67.73 % / 1.45 %	97	D	64.41 % / 1.62 %	118	C	89.91 % / 0.0 %
14	C	60.64 % / 1.34 %	35	D	64.88 % / 1.79 %	56	A	40.69 % / 1.52 %	77	B	12.22 % / 3.38 %	98	B	60.12 % / 1.53 %	119	B	60.53 % / 1.46 %
15	D	49.68 % / 1.84 %	36	D	67.04 % / 1.89 %	57	A	51.61 % / 1.34 %	78	C	40.04 % / 1.91 %	99	A	44.92 % / 1.22 %	120	B	57.15 % / 1.34 %
16	B	78.4 % / 0.0 %	37	A	69.72 % / 1.61 %	58	B	88.93 % / 0.0 %	79	B	65.99 % / 1.05 %	100	D	28.33 % / 4.0 %	121	A	86.05 % / 0.0 %
17	C	47.61 % / 1.51 %	38	B	41.32 % / 1.24 %	59	C	12.53 % / 3.88 %	80	B	17.08 % / 3.48 %	101	A	83.73 % / 0.0 %	122	D	56.08 % / 1.11 %
18	B	49.94 % / 1.94 %	39	B	79.6 % / 0.0 %	60	C	50.82 % / 1.29 %	81	B	68.93 % / 1.08 %	102	A	85.05 % / 0.0 %	123	B	45.31 % / 1.31 %
19	D	79.26 % / 0.0 %	40	D	65.93 % / 1.94 %	61	A	68.99 % / 1.85 %	82	C	18.65 % / 4.41 %	103	D	29.47 % / 4.33 %	124	C	43.45 % / 1.74 %
20	D	85.13 % / 0.0 %	41	C	86.54 % / 0.0 %	62	C	43.12 % / 1.11 %	83	A	63.5 % / 1.95 %	104	D	20.14 % / 3.11 %	125	A	21.46 % / 4.65 %
21	C	89.27 % / 0.0 %	42	A	81.44 % / 0.0 %	63	C	68.51 % / 1.4 %	84	D	53.67 % / 1.93 %	105	D	50.19 % / 1.69 %	126	C	47.53 % / 1.57 %

प्रश्न संख्या	उत्तर	सही उत्तर / छोड़ दिया	प्रश्न संख्या	उत्तर	सही उत्तर / छोड़ दिया	प्रश्न संख्या	उत्तर	सही उत्तर / छोड़ दिया	प्रश्न संख्या	उत्तर	सही उत्तर / छोड़ दिया	प्रश्न संख्या	उत्तर	सही उत्तर / छोड़ दिया	प्रश्न संख्या	उत्तर	सही उत्तर / छोड़ दिया
127	D	45.79 % / 1.86 %	131	D	64.64 % / 1.83 %	135	B	77.76 % / 0.0 %	139	A	65.4 % / 1.9 %	143	B	62.32 % / 1.57 %	147	B	69.44 % / 1.56 %
128	D	61.22 % / 1.08 %	132	D	80.76 % / 0.0 %	136	A	20.06 % / 3.23 %	140	B	41.89 % / 1.32 %	144	D	66.55 % / 1.87 %	148	A	68.37 % / 1.4 %
129	C	10.6 % / 4.2 %	133	B	50.45 % / 1.15 %	137	B	81.34 % / 0.0 %	141	A	78.81 % / 0.0 %	145	C	60.59 % / 1.66 %	149	A	42.76 % / 1.46 %
130	B	62.16 % / 1.97 %	134	B	63.04 % / 1.58 %	138	A	54.34 % / 1.89 %	142	C	51.96 % / 1.33 %	146	A	40.84 % / 1.89 %	150	A	65.95 % / 1.96 %

//संकेत और समाधान//

1. शिक्षण एक संक्षिप्त और सटीक तरीके से अवधारणाओं को समझाने के बारे में कला है। शिक्षण छात्रों को अवधारणाओं को समझाने के लिए एक दृष्टिकोण का पालन करने की तार्किक, संरचित और चरण-दर-चरण प्रक्रिया है।

अत: विकल्प (D) सही है।

2. शिक्षण सिद्धांतों और विधियों की एक श्रृंखला है जिसके माध्यम से एक शिक्षक छात्रों के व्यवहार में संशोधन लाने की कोशिश करता है। इस प्रश्न के अनुसार, विभिन्न शिक्षक के प्रयास हैं:

i. जब छात्र किसी परीक्षा में असफल हो जाते हैं तो वह शिक्षक होता है जो असफल होता है इसका मतलब यह है कि यह शिक्षक के प्रयास की विफलता है यदि वह छात्रों के सीखने में सुधार लाने में असमर्थ है।

ii. प्रत्येक शिक्षण को सीखना सुनिश्चित करना चाहिए, शिक्षण का उद्देश्य और उद्देश्य छात्र के व्यवहार को संशोधित करना है और सीखने को सुनिश्चित करता है।

iii. बिना सीखें शिक्षण हो सकता है, जिसमें कहा गया है कि यदि शिक्षक शिक्षण प्रक्रिया में अपना सारा प्रयास लगा देते हैं, यदि कोई छात्र सीखना नहीं चाहता है, तो कोई भी शिक्षण उसे सीखने के लिए नहीं कर सकता है, लेकिन शिक्षण प्रक्रिया में है।

v. शिक्षण और सीखने की प्रक्रिया के दौरान यह वह छात्र नहीं है जो सीख रहा है बल्कि यह शिक्षक भी है जो विभिन्न प्रकार के छात्रों के व्यवहार को संभालने जैसी कई चीजें सीखता है, शिक्षण को और अधिक प्रभावी बनाने के लिए नए तरीके खोजता है आदि।

अत: विकल्प (B) सही है।

3. निर्माणात्मक सीखने की प्रक्रिया के दौरान छात्रों की सहायता करते हैं। इसमें क्विज़, चर्चा आदि शामिल हैं।

योगात्मक मूल्यांकन एक निर्देशात्मक इकाई के अंत में छात्रों के सीखने का मूल्यांकन करता है। इसका उपयोग सीखने के अंतिम परिणामों को ग्रेड देने के लिए किया जाता है।

निरंतर और व्यापक मूल्यांकन नियमितता के साथ संज्ञानात्मक और सह-संज्ञानात्मक पहलुओं का मूल्यांकन करते हैं और कॉलेज / स्कूल में उनकी उपस्थिति के दौरान छात्र के हर पहलू का मूल्यांकन करते हैं।

सामान्य और मानदंड संदर्भित परीक्षण एक समूह और कुछ यार्डस्टिक्स पर आधारित व्याख्याओं का मूल्यांकन करते हैं।

अतः विकल्प (A) सही है।

4. सीखने की प्रक्रिया तक पहुँचने के लिए औपचारिक शिक्षा सर्वोत्तम है। औपचारिक मूल्यांकन आम तौर पर एक पाठ्यक्रम या परियोजना के दौरान किया जाता है। औपचारिक मूल्यांकन को "शिक्षाप्रद मूल्यांकन" कहा जाता है, जिसका उपयोग सीखने में सहायता के लिए किया जाता है। एक शैक्षिक सेटिंग में, प्रारंभिक मूल्यांकन एक शिक्षक (या सहकर्मी) या सीखने वाला हो सकता है, एक छात्र के काम पर प्रतिक्रिया प्रदान कर सकता है और जरूरी नहीं कि इसका उपयोग ग्रेडिंग प्रयोजनों के लिए किया जा सकता है। औपचारिक आकलन नैदानिक, मानकीकृत परीक्षण, क्विज़, मौखिक प्रश्न या मसौदा कार्य का रूप ले सकते हैं। औपचारिक मूल्यांकन निर्देशों के साथ समवर्ती रूप से किए जाते हैं। परिणाम की गिनती हो सकती है। औपचारिक मूल्यांकन का उद्देश्य यह देखना है कि क्या छात्र एक सारांशित मूल्यांकन करने से पहले निर्देश को समझते हैं।

अत: विकल्प (C) सही है।

5. एक स्मार्ट क्लासरूम एक शिक्षण स्थान है जिसमें टच पैनल कंट्रोल लैपटॉप के साथ स्मार्ट पोर्शन हो, इसमें कैमरा और विशेष सॉफ्टवेयर के साथ लैपटॉप कनेक्शन और डीवीडी प्लेयर भी हो। प्रोजेक्टर और स्क्रीन के साथ एक स्मार्ट क्लासरूम भी स्थापित किया गया हो।

अत: विकल्प (D) सही है।

6. वैज्ञानिक अनुसंधान में चार प्रमुख कार्य हैं:

(a) सह-विचरण का प्रदर्शन: सहसंयोजक दूसरे चर में परिवर्तन के साथ एक चर के परिवर्तन का माप है। वैज्ञानिक अनुसंधान सह-विचरण के प्रभाव को प्रदर्शित करता है।

(b) सहज संबंधों का उन्मूलन: यह वैज्ञानिक अनुसंधान में वास्तव में एक महत्वपूर्ण ऑपरेशन है। चर के बीच संबंध वैध और तार्किक होना चाहिए, कुछ भी संदिग्ध नहीं होना चाहिए।

(c) समय-क्रम के संदर्भ में अनुक्रमण: प्रत्येक शोध समय क्रम में होना चाहिए।

(f) सिद्धांत: प्रासंगिक सिद्धांत प्रदान करने के लिए वैज्ञानिक अनुसंधान का अन्य संचालन है।

अत: विकल्प (A) सही है।

7. क्रिया अनुसंधान शैक्षिक समस्याओं को हल करने और सुधार करने की एक व्यवस्थित प्रक्रिया है। इसलिए, क्रिया अनुसंधान सबसे उपयुक्त है क्योंकि प्रिंसिपल शिक्षकों और छात्रों की भागीदारी को बेहतर बनाना चाहते हैं।

अत: विकल्प (C) सही है।

8. सही मिलान:

सेट-I (अनुसंधान के तरीके)	सेट-II (डेटा संग्रह उपकरण)
a. प्रयोगात्मक विधि	iii. मान्यताप्राप्त परीक्षा
b. एक्स-पोस्ट-फैक्टो विधि	iv. विशिष्ट लक्षण परीक्षण
c. वर्णनात्मक सर्वेक्षण विधि	ii. प्रश्नावली
d. ऐतिहासिक विधि	i. प्राथमिक और माध्यमिक स्रोतों का उपयोग करना

किसी भी विषय का ऐतिहासिक दृष्टिकोण पिछले जीवन के कुछ पहलुओं को याद करने के प्रयास को दर्शाता है। यह डेटा एकत्र करने के लिए प्राथमिक और माध्यमिक स्रोतों का उपयोग करता है।

वर्णनात्मक सर्वेक्षण विधि अनुसंधान में, प्रतिभागियों ने साक्षात्कार या प्रश्नावली के माध्यम से प्रशासित प्रश्नों का उत्तर दिया।

एक्स-पोस्ट-फैक्टो रिसर्च रिसर्च डिजाइन की एक श्रेणी है जिसमें शोधकर्ता के हस्तक्षेप के बिना तथ्य सामने आने के बाद जांच शुरू होती है। यह विशिष्ट परीक्षणों से डेटा एकत्र करता है।

प्रायोगिक विधि अनुसंधान के लिए एक व्यवस्थित और वैज्ञानिक दृष्टिकोण है जिसमें शोधकर्ता चर को नियंत्रित और नियंत्रित करता है। यह मानकीकृत परीक्षण के माध्यम से डेटा एकत्र करता है जहां परीक्षण पहले से निर्धारित है।

अत: विकल्प (B) सही है।

9. एक्स-पोस्ट-फैक्टो विधि पद्धति यह जांचती है कि प्रतिभागियों में अध्ययन से पहले मौजूद एक स्वतंत्र चर, एक आश्रित चर को कैसे प्रभावित करता है।

उदाहरण के लिए आश्रित चर बच्चों की चिंता करने की क्षमता है और स्वतंत्र चर खिलाने की विधि है। यह विधि उपयुक्त है। दूसरी ओर, अन्य विधियां इस शोध के लिए उपयुक्त नहीं हैं।

केस अध्ययन विधि में मामले की गहरी और विस्तृत परीक्षा के साथ-साथ इसकी संबंधित स्थितियां भी शामिल हैं।

सर्वेक्षण का उपयोग उत्तरदाताओं के एक प्रासंगिक समूह से डेटा एकत्र करने के लिए किया जाता है।

प्रायोगिक अनुसंधान एक अध्ययन है जो एक वैज्ञानिक अनुसंधान डिजाइन को शामिल करता है।

अत: विकल्प (C) सही है।

10. 'सैम्पलिंग केसेस' का अर्थ है लोगों, अखबारों, टेलीविज़न कार्यक्रमों आदि का नमूना लेना। सैम्पलिंग केसेस एक छोटा समूह है जो पूरी आबादी के लिए सामान्यीकृत है।

अत: विकल्प (D) सही है।

11. पारित होने की पहली कुछ पंक्तियों के अनुसार, "आखिरी महायुद्ध, जिसने लगभग आधुनिक दुनिया की नींव हिला दी थी, भारतीय साहित्य पर हिंसा के खिलाफ लोकप्रिय विद्रोह को बढ़ाने और 'मानवीय ढोंग' के साथ बढ़ते मोहभंग को जोड़ने से परे बहुत कम प्रभाव पड़ा।"

इसका मतलब है कि पिछले महान युद्ध ने हिंसा के खिलाफ घृणा को बढ़ाया।

अत: विकल्प (B) सही है।

12. पिछले महायुद्ध ने "पश्चिमी दुनिया के 'मानवीय- विज्ञप्तियों' के साथ बढ़ते मोहभंग को जोड़ा था।" और यह "टैगोर की बाद की कविताओं और उनके अंतिम वसीयतनामा, क्राइसिस इन सिविलाइज़ेशन" में स्पष्ट रूप से आवाज़ दी गई थी।

इसलिए, टैगोर ने अपने अंतिम वसीयतनामे में स्पष्ट किया कि पश्चिमी दुनिया के 'मानवीय ढोंग' का पर्दाफाश हो गया है।

अत: विकल्प (B) सही है।

13. महायुद्ध की अवधि के दौरान प्रश्न के गद्यांश, मानव बुद्धिजीवी, "संकट की घड़ी में इंग्लैंड के दृढ़ साहस के प्रति सहानुभूति रखने में मदद नहीं कर सका"। इसका मतलब है कि उन्होंने कठिन समय में इंग्लैंड के साहस के प्रति सहानुभूति व्यक्त की।

अत: विकल्प (D) सही है।

14. दिए गए गद्यांश के अनुसार, "इसमें कोई संदेह नहीं है (भारतीय साहित्य में सृजनात्मक ऊर्जा), लेकिन दुर्भाग्य से यह जल्द ही विभाजन की महान पीड़ा में डूबा हुआ था, इसके निर्दोष लोगों के अमानवीय वध के साथ " इस प्रकार, विभाजन की महान पीड़ा जिम्मेदार थी भारतीय साहित्य में सृजनात्मक ऊर्जा के डूबने के लिए।

अत: विकल्प (C) सही है।

15. गद्यांश के उत्तरार्ध के अनुसार, "इन आपदाओं (विभाजन) में जो उत्साह और विश्वास बचा था, वह मुख्य रूप से राष्ट्रीय पुनर्निर्माण और आर्थिक विकास के कार्य में समा गया है।"

अत: विकल्प (D) सही है।

16. दिए गए विकल्पों में से, व्याख्यान देते समय ध्वनि मॉड्युलन एक महत्वपूर्ण भूमिका निभाता है। ध्वनि मॉड्युलन छात्रों को उस विशेष प्रश्न या विषय की गंभीरता को समझने में मदद करता है। तो, ध्वनि मॉड्युलन एक आवश्यक तत्व है जो एक शिक्षक को कक्षा में छात्रों को संबोधित करते समय संज्ञान लेता है।

अत: विकल्प (B) सही है।

17. एक शाब्दिक परिभाषा सामान्य उपयोग में शब्द का अर्थ है या यह केवल उस तरीके की रिपोर्ट करता है जिसमें किसी भाषा समुदाय के भीतर किसी शब्द का उपयोग किया जाता है। शाब्दिक परिभाषा वर्णनात्मक है, जो बोलने वालों द्वारा उपयोग की जाने वाली भाषा के वास्तविक उपयोग की रिपोर्ट करती है और और निर्देशात्मक के बजाय शब्द के उपयोग के साथ बदलती है। जब किसी परिभाषा का उद्देश्य उपयोग की व्याख्या करना या अस्पष्टता को समाप्त करना हो तो परिभाषा को शाब्दिक कहा जाता है।

अत: विकल्प (C) सही है।

18. प्रभाव संचार के लिए योजना के अभाव से बचना चाहिए। ऐसे लोगों के असंख्य उदाहरण हैं जो एक गलत नियोजित, लंबा घुमावदार व्याख्यान देंगे जबकि टेबल या ग्राफ के साथ एक छोटी प्रस्तुति पर्याप्त होगी।

अत: विकल्प (B) सही है।

19. कक्षा में, एक संचारक का विश्वास स्तर नेत्र संपर्क द्वारा निर्धारित किया जाता है। यह व्यक्ति से उसके विचारों को बहुत बेहतर तरीके से पूछने या प्रस्तुत करने का आत्मविश्वास लाता है।

अत: विकल्प (D) सही है।

20. प्रत्येक प्रकार का सम्प्रेषण उसके सन्दर्भ से प्रभावित होता है। संदर्भ समान हो सकते हैं, जो कभी-कभी भ्रमित या अतिव्यापी हो सकते हैं। प्रतिग्रह या परेषण से सम्प्रेषण प्रभावित नहीं होगा।

अत: विकल्प (D) सही है।

21. दिया है,

रन का मध्यमान (औसत) = 80 रन

सभी मैचों के रन का मध्यमान = 70 रन

8 मैचों के बाद रन = 80 × 8 = 640 रन

12 मैचों के बाद रन = 70 × 12 = 840 रन

पिछले चार मैचों में बनाए गए कुल रन = 840 - 640 = 200 रन

अत: विकल्प (C) सही है।

22. आप श्रृंखला में 4 की क्रमिक वृद्धि देख सकते हैं।

5 - 11 = 6

21 - 11 = 10

35 - 21 = 14

53 - 35 = 18

अगला पद होगा = 53 + 18 + 4

= 53 + 22

= 75

अत: विकल्प (A) सही है।

23.

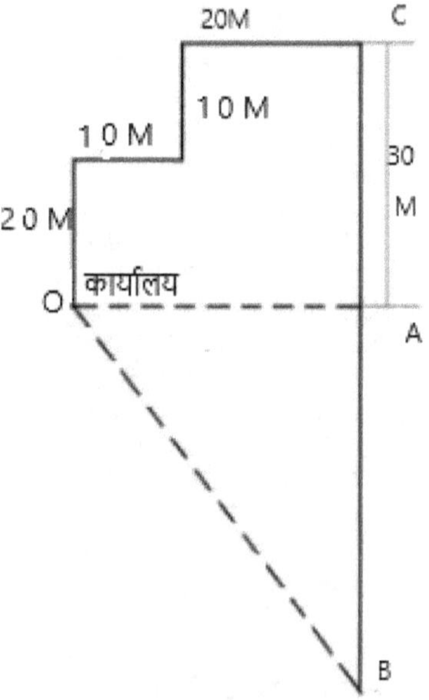

A और B के बीच की दूरी है,

$CB = CA - AB$

$AB = CA - CB$

$AB = 70 - 30 = 40$ मीटर

पाइथागोरस प्रमेय का उपयोग करने पर, हम कार्यालय और डाकिया के बीच की दूरी का पता लगा सकते हैं,

कार्यालय को O मान लेते हैं।

$OB = \sqrt{OA^2 + AB^2}$

$= \sqrt{30^2 + 40^2}$

$= \sqrt{900 + 1600}$

$= \sqrt{2500}$

$OB = 50$ मीटर

अतः विकल्प (C) सही है।

24. गोपाल 20 मीटर उत्तर की ओर चलता है। उसके बाद, वह दाईं ओर मुड़ता है और 30 मीटर चलता है, और फिर वह दाईं ओर मुड़ता है और 35 मीटर चलता है। फिर से वह बाएं मुड़ता है और 15 मीटर चलता है। फिर वह फिर से बाएं मुड़ता है और 15 मीटर चलता है।

उक्त प्रश्न का सचित्र प्रतिनिधित्व नीचे दिया गया है:

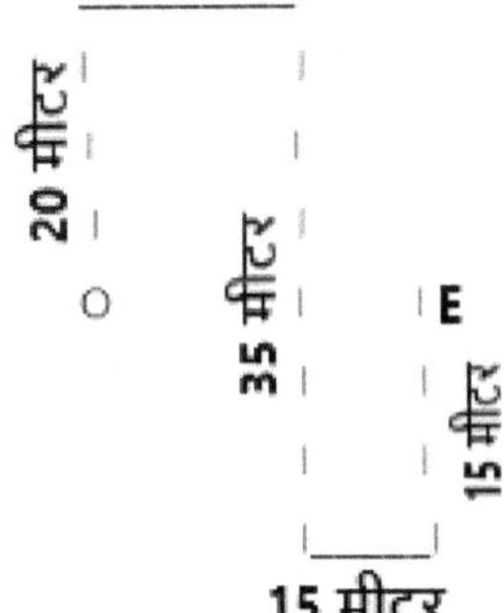

तो, हम शुरुआती बिंदु को O के रूप में मान लेते हैं, और अंत बिंदु को E के रूप में देखते हैं, दी गई तस्वीर से, हम गणना कर सकते हैं, प्रारंभिक और अंतिम बिंदु के बीच की सबसे छोटी दूरी।

इसलिए, सबसे कम दूरी होगी 30 मीटर + 15 मीटर = 45 मीटर

अतः विकल्प (D) सही है।

25. वृत्ताकार ट्रेक का व्यास = 28 मीटर

त्रिज्या $= \dfrac{28}{2} = 14$ मीटर

वृत्ताकार ट्रेक की लंबाई $= 2\pi r = 2 \times \dfrac{22}{7} \times 14 = 88$ मीटर

A और B एक ही बिंदु पर एक ही दिशा में चल रहे हैं।

हम जानते हैं कि जब दो व्यक्ति एक ही दिशा में चल रहे होंगे तो उनकी गति को घटाया जाता है।

समय = दूरी/गति

समय $= \dfrac{88}{48-40}$

वह समय जब वे पहली बार मिलते हैं = 11 सेकंड

इसलिए, वे पहली बार 11 सेकंड में फिर से मिलेंगे।

अतः विकल्प (A) सही है।

26. स्पष्ट रूप से, हम निम्नलिखित पैटर्न का पालन करते हैं।

पहले अक्षर +3 पैटर्न का अनुसरण करते हैं अर्थात,

$$B \xrightarrow{+3} E \xrightarrow{+3} H \xrightarrow{+3} K$$

दूसरे अक्षर +2 पैटर्न का अनुसरण करते हैं अर्थात,

$$M \xrightarrow{+2} O \xrightarrow{+2} Q \xrightarrow{+2} S$$

तीसरा अक्षर +2 पैटर्न का अनुसरण करता है अर्थात,

$$O \xrightarrow{+2} Q \xrightarrow{+2} S \xrightarrow{+2} U$$

इस प्रकार, लुप्त शब्द KSU है।

अतः विकल्प (A) सही है।

27. A + 3 = D

L + 4 = P

L + 5 = Q

A + 6 = G

H + 7 = O

A + 8 = I

B + 9 = K

A + 10 = K

D + 11 = O

तो, BENGULURU का कोड होगा:

B + 3 = E

E + 4 = I

N + 5 = S

G + 6 = M

U + 7 = B

L + 8 = T

U + 9 = D

R + 10 = B

U + 11 = F

तो, BENGULURU का कोड EISMBTDBF होगा।

अतः विकल्प (C) सही है।

28. यदि एक ही विषय और विधेय के साथ दो मानक निरपेक्ष तर्क-वाक्य इस तरह से संबंधित हैं कि यदि कोई अनिर्धारित है तो दूसरे को अनिर्धारित किया जाना चाहिए, तो इस घटना को विरोधाभासी कहा जाता है।

अतः विकल्प (C) सही है।

29. यह तर्क प्रकृति में अनुरूप है। यहाँ की उपमा मेल्टिंग आइस क्यूब्स की तुलना पिघलने वाले समुद्र से की जाती है और पानी की ग्लास की तुलना समुद्र से की जाती है। तो, वस्तुओं के बीच समानता है।

अतः विकल्प (A) सही है।

30. अनुमान एक ऐसी विधि है जिसके द्वारा ज्ञान दूसरे ज्ञान से प्राप्त होता है। हमारे अवधारणात्मक ज्ञान के आधार पर, हम जानते हैं कि जहां कहीं भी धुआं होता है वहां आग होती है (विपरीत सच नहीं हो सकता है)। दोनों के बीच के अविभाज्य संबंध को जानने के बाद जब भी हम धुआं देखते हैं तो हम आग की मौजूदगी को कम कर सकते हैं। यह अनुमान है।

अतः विकल्प (C) सही है।

31. रागिनी द्वारा रसायन विज्ञान और जीव विज्ञान में एक साथ प्राप्त अंक $= 45 + 38 = 83$

भौतिकी और गणित में मोहिनी द्वारा प्राप्त अंक $= 55 + 82 = 137$

अपेक्षित $\% = \frac{83}{137} \times 100 = 60.58\%$

अतः विकल्प (B) सही है।

32. गणित में सभी छात्रों द्वारा प्राप्त अंक $= 65 + 52 + 78 + 82 + 96 = 373$

रसायन विज्ञान में सभी छात्रों द्वारा प्राप्त अंक $= 45 + 62 + 70 + 65 + 64 = 306$

आवश्यक अनुपात $= 373 : 306$

अतः विकल्प (B) सही है।

33. सभी विषयों में कुल अंक $= 75 + 100 + 75 + 75 + 120 = 445$

सभी विषयों में सोहन द्वारा प्राप्त अंक $= 50 + 78 + 70 + 58 + 88 = 344$

अपेक्षित $\% = \frac{344}{445} \times 100 = 77.3\%$

अतः विकल्प (C) सही है।

34. मोहन द्वारा अंग्रेजी में प्राप्त अंकों का प्रतिशत

$= \frac{104}{120} \times 100 = 86.67\%$

भौतिकी में रोहन द्वारा प्राप्त अंकों का प्रतिशत

$= \frac{60}{75} \times 100 = 80\%$

आवश्यक अंतर $= 86.67 - 80 = 6.67\%$

अतः विकल्प (A) सही है।

35. रोहन द्वारा सभी विषयों में प्राप्त अंकों का योग $= 60 + 52 + 62 + 55 + 88 = 317$

अतः विकल्प (D) सही है।

36. लॉजिक बम एक सॉफ्टवेयर सिस्टम में जानबूझकर डाला गया कोड का एक टुकड़ा है जो निर्दिष्ट शर्तों के पूरा होने पर एक दुर्भावनापूर्ण फ़ंक्शन को बंद कर देगा।

उदाहरण के लिए, एक प्रोग्रामर कोड के एक टुकड़े को छिपा सकता है जो फ़ाइलों को हटाना शुरू कर देता है (जैसे कि वेतन डेटाबेस ट्रिगर), क्या उसे कभी कंपनी से समाप्त किया जाना चाहिए।

अतः विकल्प (D) सही है।

37. ब्लूटूथ कम दूरी पर वायरलेस संचार के लिए एक प्रोटोकॉल है। यह केबलों की संख्या को कम करने के लिए 1990 के दशक में विकसित किया गया था। मोबाइल फोन, लैपटॉप, पीसी, प्रिंटर, डिजिटल कैमरा और वीडियो गेम कंसोल जैसे उपकरण एक दूसरे से जुड़ सकते हैं, और सूचनाओं का आदान-प्रदान कर सकते हैं। यह रेडियो तरंगों का उपयोग करके किया जाता है। यह सुरक्षित रूप से किया जा सकता है। ब्लूटूथ का उपयोग केवल कुछ मीटर की तरह अपेक्षाकृत कम दूरी के लिए किया जाता है।

अतः विकल्प (A) सही है।

38. सूचना और संचार प्रौद्योगिकी को सूचना प्रौद्योगिकी का उपसमुच्चय नहीं माना जाता है।

सॉफ्टवेयर के किसी हिस्से के 'उपयोग-अधिकार' को कॉपी-राइट (सर्वाधिकार सुरक्षित) कहा जाता है।

इसलिए, दोनों ही सही कथन नहीं हैं।

अतः विकल्प (B) सही है।

39. बाइट डिजिटल जानकारी की एक इकाई है जिसमें सबसे अधिक आठ बिट्स होते हैं।

1 बाइट = 8 बिट्स

अतः विकल्प (B) सही है।

40. गुणक सिद्धांत के अनुसार, एक अर्थव्यवस्था हमेशा पूर्ण रोजगार के अंतर्गत होती है।

संतुलन पर, मांग का स्तर गुणक सिद्धांत के अनुसार उत्पादन के पूर्ण रोजगार स्तर से कम है। इसका तात्पर्य यह है कि उत्पाद के उत्पादन में, अर्थव्यवस्था में सभी संसाधन पूरी तरह से नियोजित नहीं होते हैं, यानी, कुछ संसाधन बेरोजगार होते हैं।

यह स्थिति कुल आपूर्ति के निम्न स्तर के कारण नहीं है, बल्कि कुल मांग की कमी के कारण है।

अतः विकल्प (D) सही है।

41. 1930 के दशक के बाद से वायु-कंडीशनिंग, प्रशीतन, फोम में एजेंटों को उड़ाने, आदि जैसे वायुमंडल में जारी क्लोरोफ्लोरोकार्बन वायु में गैसीय प्रदूषक क्लोरोफ्लोरोकार्बन (CFCs) के मानवजनित स्रोतों के फोम उद्योग में है।

अतः विकल्प (C) सही है।

42. भीतरी वायु प्रदूषण सांस की समस्याओं और यहां तक कि कैंसर जैसी गंभीर स्वास्थ्य समस्याओं का कारण बनता है। वहां, यह एक गंभीर खतरा है। वायु प्रदूषकों का फैलाव सीमित है क्योंकि इसे इनडोर वातावरण में जगह नहीं मिलती है।

अतः विकल्प (A) सही है।

43. ठोस अपशिष्ट, कीटनाशक और रासायनिक उर्वरक और प्रयास और सीवेज मिट्टी प्रदूषण के स्रोत हैं।

प्रदूषण का तात्पर्य शरीर के संदूषण से है जो पर्यावरण में उजागर होने पर जीवन और/या पारिस्थितिक तंत्र के लिए हानिकारक होता है।

मिट्टी प्रदूषण: मृदा प्रदूषण औद्योगिक गतिविधि (इलेक्ट्रॉनिक अपशिष्ट निपटान), कृषि गतिविधियों (कृषि भूमि पर कीटनाशकों, कीटनाशकों, उर्वरकों आदि का उपयोग), अपशिष्ट निपटान (अपशिष्ट लैंडफिल से रिसाव का रिसाव), आकस्मिक तेल फैल, एसिड वर्षा आदि प्रदूषण के कारण होता है।

अतः विकल्प (D) सही है।

44. शोर का स्तर कम हो जाता है क्योंकि हम शोर के स्रोत से दूर चले जाते हैं और उच्च सतह/द्रव्यमान घनत्व वाले पदार्थ अच्छे शोर बाधाओं के रूप में कार्य करते हैं, ध्वनि प्रदूषण के संबंध में सही कथन हैं।

ध्वनि प्रदूषण: शोर प्रदूषण वह अप्रिय ध्वनि है जो कान में बेचैनी पैदा करती है और गंभीर स्वास्थ्य खतरों का कारण बन सकती है। यह उपनगरीय क्षेत्रों की तुलना में महानगरीय शहरों में अधिक प्रचलित है। शहरी क्षेत्रों में यातायात मुख्य ध्वनि प्रदूषण है।

ध्वनि/शोर की विशेषताएं:

- एक ध्वनि ऊर्जा का एक रूप है जो सुनने की अनुभूति का कारण बनता है। यह संचार का मुख्य तरीका है।

- ध्वनि वायु या किसी अन्य पदार्थ में अनुदैर्ध्य तरंगों के रूप में यात्रा करती है। ये तरंगें ध्वनि पैदा करने वाले स्रोत के कंपन से उत्पन्न होती हैं।

- जैसे ही हम स्रोत के पास जाते हैं, ध्वनि तेज हो जाती है और जैसे ही हम दूर जाते हैं, ध्वनि कोमल हो जाती है।

- दूसरे शब्दों में, शोर का स्तर कम हो जाता है क्योंकि हम शोर के स्रोत से दूर चले जाते हैं।

- उच्च द्रव्यमान वाली अधिक भार वाली संरचनाएँ हल्की संरचनाओं की तुलना में कम ध्वनि ऊर्जा का संचार करती हैं।

- अधिक भार वाली सामग्रियों का उच्च घनत्व सामग्री के अंदर ध्वनि कंपन के आकार को प्रतिबंधित करता है।

- यह उच्च-घनत्व उच्च-द्रव्यमान परत सामग्री के माध्यम से ऊर्जा के संचरण के लिए एक अच्छे शोर अवरोधक के रूप में कार्य करता है।

अतः विकल्प (A) सही है।

45. विश्वविद्यालय अनुदान आयोग के पास "मानव अधिकारों और शिक्षा में मूल्यों" के लिए एक योजना है। इस योजना के तहत, उच्च संस्थानों में अनुसंधान गतिविधियों को प्रोत्साहित करने का प्रावधान है। सूचीबद्ध अन्य दिशा-निर्देश समाज और शैक्षिक संस्थानों के बीच बातचीत को विकसित करने और नागरिकों को संवेदनशील बनाने के लिए हैं ताकि मानवाधिकारों के मानदंडों और मूल्यों का एहसास हो सके। स्कूल में मूल्य और कल्याण केंद्र स्थापित करना और मानवाधिकार और कर्तव्य शिक्षा 'योजना में सूचीबद्ध घटक नहीं है।

अतः विकल्प (A) सही है।

46. राष्ट्रीय उच्चतर शिक्षा अभियान (RUSA) 2013 में योग्य राज्य उच्च शिक्षण संस्थानों को रणनीतिक वित्त पोषण प्रदान करने के उद्देश्य से शुरू किया गया था। राष्ट्रीय उच्चतर शिक्षा अभियान (RUSA) के उद्देश्य हैं:

1. निर्धारित मानदंडों और मानकों के अनुरूप सुनिश्चित करके राज्य संस्थानों की गुणवत्ता में सुधार करना।

2. गुणवत्ता आश्वासन ढांचे के रूप में मान्यता को अपनाना। इसका उद्देश्य सभी उच्च संस्थानों को समान विकास प्रदान करना और उच्च शिक्षा प्रणाली में कमजोरियों या खामियों को दूर करना है।

3. मौजूदा स्वायत्त कॉलेजों को अपग्रेड करके नए संस्थान बनाना।

अतः विकल्प (D) सही है।

47. हेमवती नंदन बहुगुणा गढ़वाल विश्वविद्यालय गढ़वाल (उत्तराखंड) में स्थित है। इससे पहले, यह एक राज्य विश्वविद्यालय था, लेकिन 2009 से एक केंद्रीय विश्वविद्यालय का दर्जा हासिल कर लिया।

अतः विकल्प (C) सही है।

48. उच्च शिक्षा के वैश्वीकरण के लाभ इस प्रकार हैं:

1. उच्च शिक्षा में अभिजात्य वर्ग को बढ़ावा देना।

2. उच्च शिक्षा का वस्तुकरण (यह बिक्री योग्य वस्तु के रूप में बन गया है।

3. शिक्षा की लागत में बढ़ोत्तरी (विदेश में अध्ययन करने के लिए सभी के लिए सस्ती नहीं।

अतः विकल्प (C) सही है।

49. शिक्षा का मुख्य लक्ष्य छात्रों के बीच समस्या-समाधान कौशल विकसित करना है।

समस्या-समाधान, कठिनाइयों पर काबू पाने की एक प्रक्रिया है जो एक लक्ष्य की प्राप्ति में हस्तक्षेप करती है। यह एक मानसिक प्रक्रिया है और बड़ी समस्या प्रक्रिया का हिस्सा है जिसमें समस्या का पता लगाना और समस्या को आकार देना शामिल है। समस्या-समाधान एक उच्च-क्रम की संज्ञानात्मक प्रक्रिया है जिसमें अधिक नियमित या मौलिक कौशल के मॉड्यूलेशन और नियंत्रण की आवश्यकता होती है। समस्या का समाधान ढांचा या पैटर्न है जिसके भीतर रचनात्मक सोच और तर्क होता है। यह आज के शिक्षार्थियों द्वारा आवश्यक एक बुनियादी कौशल है।

समस्या-समाधान में, चिंतनशील विचार के पांच चरण हैं:

1. तर्क या धारणा

2. संभावित समाधान का सुझाव

3. अति सक्रियता

   द्वारा परिकल्पना का परीक्षण

4. समस्याओं के समाधान के लिए बौद्धिकता

5. एक के बाद एक सुझाव को एक प्रमुख विचार या परिकल्पना के रूप में उपयोग करना

अतः विकल्प (A) सही है।

50. इंटरनेट प्रोटोकॉल आम तौर पर ओएसआई लेयर के नेटवर्क लेयर से मेल खाता है।

नेटवर्क लेयर ऑनलाइन संचार का एक हिस्सा है जो विभिन्न उपकरणों या नेटवर्क के बीच डेटा पैकेट के कनेक्शन और हस्तांतरण की अनुमति देता है।

अतः विकल्प (A) सही है।

51. एक रिलेशन ने पेयर्स (a, b) का आर्डर दिया। अब एक सिमिट्रिक रिलेशन के लिए यदि (a, b) R में मौजूद है तो (b, a) R में मौजूद होना चाहिए। मैट्रिक्स फॉर्म में अगर a_{12} रिलेशन में मौजूद है तो a_{12} भी रिलेशन में मौजूद है और जैसा कि हम जानते हैं कि रिफ्लेक्टिव रिलेशन है सिमिट्रिक रिलेशन का पार्ट है। यदि <a,b> ∈R तो <b,a> ∈ R, जहां a और b दो डिफ्रेंट सेट से संबंधित हैं। इसलिए, इसका सिमिट्रिक है।

R^c में <b,a> भी शामिल है।

$R^c = R$

अतः विकल्प (C) सही है।

52. एक सेट A पर एक बाइनरी रिलेशन R का रिफ्लेक्टिव क्लोजर A पर सबसे छोटा रिफ्लेक्टिव रिलेशन है जिसमें R शामिल है। R का रिफ्लेक्टिव क्लोजर रिलेशन है, R ∪ Δ = { (a,b) | (a,b) R (a, a) | a∈A }

दिया गया है,

{0, 1, 2, 3} ∈ A

तो, R ∪ Δ = {(0,1), (1,1), (1,3), (2,1), (2,2), (3,0)} और उत्तर 6 है।

अतः विकल्प (B) सही है।

53. एक ग्राफ में यूलेरियन पथ कहता है, G एक वर्टेक्स से दूसरे वर्टेक्स पर चलना है, जो G के सभी वर्टेक्स से होकर गुजर सकता है और साथ ही G के प्रत्येक किनारे को ठीक एक बार पार कर सकता है। इसलिए, एक ऑयलेरियन

पथ एक सर्किट नहीं हो सकता है। एक हैमिल्टनियन पथ एक चलना है जिसमें ग्राफ के प्रत्येक वर्टेक्स को ठीक एक बार शामिल किया जाता है। इसलिए, हैमिल्टनियन पथ एक सर्किट नहीं है।

अतः विकल्प (B) सही है।

54. एक ग्राफ में वॉक क्लोज्ड कहा जाता है यदि स्टार्टिंग वर्टेक्स अंत के वर्टेक्स के समान है, जो कि $v_0 = v_k$ है, इसे अन्यथा ओपन के रूप में वर्णित किया गया है। वॉक एक ग्राफ के वर्टिसेस और एज का एक क्रम है अर्थात यदि हम एक ग्राफ को पार करते हैं तो हमें एक वॉक मिलता है। सर्किट एक बंद वॉक है जहां वर्टिसेस रिपीट कर सकते हैं, लेकिन एज को नहीं। साइकिल एक क्लोज्ड वॉक है जहाँ न तो वर्टिसेस और न ही एज रिपीट कर सकते हैं।

अतः विकल्प (A) सही है।

55. पोस्टफिक्स नोटेशन- मैथमेटिकल एक्सप्रेशन को बनाने के लिए एक पैरेंथेसिस-फ्री नोटेशन जिसमें प्रत्येक ऑपरेटर अपने ऑपरेंड का अनुसरण करता है। रिवर्स पोलिश नोटेशन, सफ़िक्स नोटेशन।

एक्सप्रेशन =a/b+c*d-e

={(ab/)+(cd*)}-e

={(ab/)(cd*)+}-e

={(ab/)(cd*)+}e-

तो, आउटपुट है: ab/cd*+e-

अतः विकल्प (B) सही है।

56. लीनियर प्रोग्रामिंग प्रॉब्लम एक गणितीय तकनीक है जिसका उपयोग प्रतिस्पर्धी गतिविधियों के बीच सीमित संसाधन आवंटित करने की प्रॉब्लम को हल करने के लिए किया जाता है। गणित में लीनियर प्रोग्रामिंग प्रॉब्लम्स किसी फंक्शन में किसी भी चर का अधिकतम या न्यूनतम मान खोजने की एक प्रणाली प्रक्रिया है, इसे ऑप्टिमाइजेशन प्रॉब्लम के नाम से भी जाना जाता है। एलपीपी गणितीय तकनीकों द्वारा डिसीजन मेकिंग प्रॉब्लम को विकसित करने और हल करने में सहायक है।

अतः विकल्प (A) सही है।

57. एक लीनियर प्रोग्रामिंग प्रॉब्लम को हल करने की ग्राफिकल विधि का उपयोग तब किया जा सकता है जब केवल दो डिसीजन वेरिएबल्स हों। यदि प्रॉब्लम में तीन या अधिक वेरिएबल्स है, तो ग्राफिकल विधि उपयुक्त नहीं होती है।

अतः विकल्प (A) सही है।

58. क्रिटिकल पाथ मेथड केवल लार्ज प्रोजेक्ट के लिए अच्छा है। एक महत्वपूर्ण पाथ अन्योन्याश्रित गतिविधियों या कार्यों का एक क्रम है जिसे प्रोजेक्ट समाप्त होने से पहले समाप्त किया जाना चाहिए। यह प्रोजेक्ट के प्रारंभ से अंत तक का सबसे लंबा पाथ (अर्थात सबसे लंबी अवधि वाला पाथ) है।

अतः विकल्प (B) सही है।

59. दिया है:

$$\sigma_1, \sigma_2, \dots, \sigma_8, \sigma_9 = 3$$

हम जानते हैं कि,

क्रिटिकल पाथ का मानक विचलन:

$$\sigma_{cp} = \sqrt{\text{Sum of variance along critical path}}$$

$$\sigma_{cp} = \sqrt{\sigma_1^2 + \sigma_2^2 + \cdots + \sigma_8^2 + \sigma_9^2}$$

जहां, $\sigma_1, \sigma_2, \dots, \sigma_8, \sigma_9$ क्रिटिकल पाथ पर प्रत्येक गतिविधि के लिए मानक विचलन हैं।

गणना:

अब,

$$\sigma_{cp} = \sqrt{\sigma_1^2 + \sigma_2^2 + \cdots + \sigma_8^2 + \sigma_9^2}$$

$$\sigma_{cp} = \sqrt{3^2 + 3^2 + 3^2 + 3^2 + 3^2 + 3^2 + 3^2 + 3^2 + 3^2}$$

$$\sigma_{cp} = \sqrt{9 \times 9} = 9$$

∴ क्रिटिकल पाथ का मानक विचलन 9 है।

अतः विकल्प (C) सही है।

60.

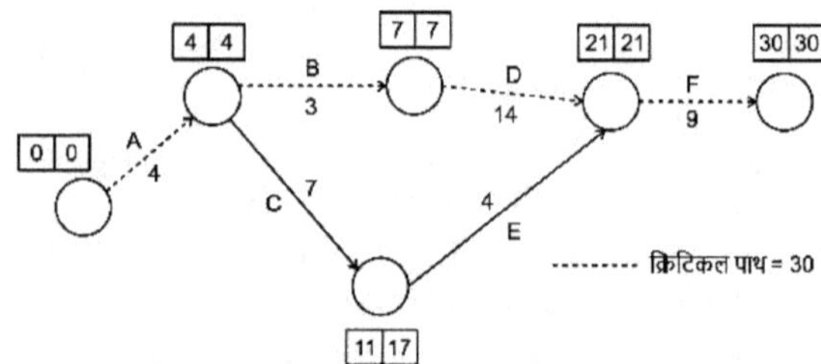

= A – C – E – F

= 4 + 7 + 4 + 9

= 24

प्रोजेक्ट पूरा होने का न्यूनतम समय 24 दिन है।

अतः विकल्प (C) सही है।

61. रैमबस में प्रयुक्त स्पेशल कम्युनिकेशन रैमबस चैनल हैं। ट्रांसमिशन के लिए आवश्यक डिज़ाइन और आवश्यक हार्डवेयर प्रदान करने के लिए स्पेशल कम्युनिकेशन लिंक का उपयोग किया जाता है। रैमबस एक हाई स्पीड-गति इंटरफ़ेस टेक्नोलॉजी डेवलपमेंट और मार्केटिंग कंपनी थी जिसने 600 MHz इंटरफ़ेस टेक्नोलॉजी का आविष्कार किया, जिसने सिस्टम डिजाइनरों द्वारा सामना की जाने वाली मेमोरी बोटलनेक को हल किया।

अतः विकल्प (A) सही है।

62. RAMBUS को DRAM समान स्पेशली रूप से डिज़ाइन किए गए मेमोरी चिप्स की आवश्यकता होती है। स्पेशल मेमोरी चिप दोनों एज पर डेटा ट्रांसमिट करने में सक्षम होनी चाहिए और इसे DRAM कहा जाता है। RAMBUS टेक्नोलॉजी एक बहुत ही हाई स्पीड, चिप-टू-चिप इंटरफ़ेस पर आधारित थी जिसे डायनेमिक रैंडम-एक्सेस-मेमोरी (DRAM) कम्पोनेंट, प्रोसेसर और कंट्रोलर पर शामिल किया गया था, जिसने कन्वेंशनल डीरैम की तुलना में दस गुना अधिक तेजी से प्रदर्शन दर हासिल की है।

अतः विकल्प (C) सही है।

63. एफिसिएंट पेजिंग मैकेनिज्म के कारण, 80286 उन प्रोसेसरों में से एक है जो मेमोरी मैनेजमेंट यूनिट को अनुमति देता है। 8086 और 8088 पेजिंग मैकेनिज्म की अनुमति नहीं देता है। 8051 एक माइक्रोकंट्रोलर है जिसमें इन-बिल्ट मेमोरी होती है और इसमें पेजिंग मैकेनिज्म नहीं होता है।

अतः विकल्प (C) सही है।

64. जिस स्थिति में ऑपरेंड का डेटा उपलब्ध नहीं होता है उसे डेटा हैज़र्ड कहा जाता है। डेटा हैज़र्ड आम तौर पर तब होते हैं जब डेटा डेस्टिनेशन साइड पर तैयार नहीं होता है। डेटा हैज़र्ड तब होते हैं जब डेटा डिपेंडेंस प्रदर्शित करने वाले इंस्ट्रक्शन पाइपलाइन के विभिन्न स्टेज में डेटा को संशोधित करते हैं। पोटेंशियल डेटा हैज़र्ड को अनदेखा करने के रिजल्ट रेस की स्थिति हो सकती है (जिसे रेस हैज़र्ड भी कहा जाता है)।

अतः विकल्प (A) सही है।

65. इंस्ट्रक्शन की अवेलबिलिटी के कारण प्रोसेसर के स्टॉलिंग को कंट्रोल हजार्ड कहा जाता है। कंट्रोल हजार्ड जिसे इंस्ट्रक्शन हजार्ड भी कहा जाता है, आमतौर पर कैश मिस के कारण होता है। कंट्रोल हजार्ड तब होता है जब पाइपलाइन ब्रांच की प्रेडिक्शन पर गलत निर्णय लेती है और इसलिए पाइपलाइन में इंस्ट्रक्शन लाती है जिसे बाद में त्याग दिया जाना चाहिए। ब्रांच हजार्ड शब्द एक कंट्रोल हजार्ड को भी संदर्भित करता है।

अतः विकल्प (A) सही है।

66. ब्रांच इंस्ट्रक्शन के कारण लॉस्ट ड्यू टाइम को अक्सर ब्रांच पेनल्टी के रूप में जाना जाता है। इस बार प्रोसेसर की परफॉर्मेंस स्पीड भी रिटार्ड हो जाती है। ब्रांच पेनल्टी का एनालाइज्ड एक्सीक्यूटेड ब्रांच इंस्ट्रक्शन की रिलेटिव नंबर और एक ब्रांच लेने की प्रोबेबिलिटी के एक फंक्शन के रूप में किया जाता है।

अतः विकल्प (C) सही है।

67. RAMBUS का ओरिजनल डिज़ाइन 9 डेटा लाइनों के लिए आवश्यक है। 9 डेटा लाइनों में से 8 का उपयोग डेटा ट्रांसमिशन के लिए किया गया था और एक का उपयोग पैरिटी चेकिंग के लिए किया गया था। डायरेक्ट RAMBUS का उपयोग एक बार में 2 बाइट्स डेटा ट्रांसमिट करने के लिए किया जाता है। RAMBUS इनलाइन मेमोरी मॉड्यूल (आरआईएमएम) टेक्नोलॉजी, जो पेयर्स में स्थापित है, क्लॉक के सिग्नल के राइजिंग और फॉलिंग एज से डेटा ट्रांसफर करती है और फिजिकल क्लॉक की दर को दोगुना करती है। आरआईएमएम डेटा एक 16-बिट बस पर ट्रेवल करता है जो प्रेषित डेटा ग्रुप के साथ एक पैकेट नेटवर्क के समान होता है।

अतः विकल्प (D) सही है।

68. दिया गया है, m = (313)$_4$ और n = (322)$_4$

m = (313)$_4$ = (3 × 4^2 + 1 × 4 + 3 × 4^0) = 55

n = (322)$_4$ = (3 × 42 + 2 × 4 + 2 × 4^0) = 58

m + n = 55 + 58 = 113

अब 113 को आधार 4 में बदलें = (1301)$_4$

अतः विकल्प (D) सही है।

69. जिस डिवाइस को किसी भी समय बस पर डेटा ट्रांसफर शुरू करने की अनुमति दी जाती है उसे बस मास्टर कहा जाता है। इसका उपयोग वर्तमान में बस तक पहुँचने के लिए किया जाता है। बस आर्बिट्रेशन उस प्रोसेस को संदर्भित करता है जिसके द्वारा वर्तमान बस मास्टर एक्सेस करता है और फिर बस का कंट्रोल छोड़ देता है और इसे दूसरी बस अनुरोध करने वाली प्रोसेसर यूनिट को भेज देता है। कंट्रोलर जिसके पास एक उदाहरण पर बस तक का एक्सेस है, उसे बस मास्टर के रूप में जाना जाता है।

अतः विकल्प (A) सही है।

70. सेंट्रलाइज्ड बस आर्बिट्रेशन एप्रोच प्रोसेसर की इन्वॉल्वमेंट का उपयोग करता है। इस एप्रोच में, प्रोसेसर वेरियस पैरामीटर्स को ध्यान में रखता है और उस डिवाइस को बस असाइन करता है।

सेंट्रलाइज्ड बस आर्बिट्रेशन: एक सिंगल बस ऑर्बिटर आवश्यक आर्बिट्रेशन करता है।

अतः विकल्प (A) सही है।

71. किसी भी अन्य वैल्यू की तरह, केवल एक ऑब्जेक्ट को एक पर रिटर्न किया जा सकता है। एक से अधिक ऑब्जेक्ट को रिटर्न करने का एकमात्र संभावित तरीका किसी ऑब्जेक्ट ऐरे का एड्रेस रिटर्न करना है। लेकिन वह फिर से रिटर्निंग ऑब्जेक्ट पॉइंटर के अंतर्गत आता है।

अतः विकल्प (A) सही है।

72. स्मालटॉक लैंग्वेज को पहली विशुद्ध रूप से ऑब्जेक्ट प्रोग्रामिंग लैंग्वेज के रूप में विकसित किया गया था। इस प्रोग्रामिंग लैंग्वेज का आविष्कार पहली विशुद्ध ओओपीएस (ऑब्जेक्ट-ओरिएंट) लैंग्वेज के रूप में किया गया था। इस लैंग्वेज को 1970 के दशक की शुरुआत में एलन के द्वारा डिजाइन किया गया था। यह लाइव प्रोग्रामिंग और उन्नत डिबगिंग तकनीकों का समर्थन करने के लिए एक उपकरण है जैसे कि ऑन-द-फ्लाई निरीक्षण और निष्पादन के दौरान कोड परिवर्तन बहुत उपयोगकर्ता के अनुकूल प्रारूप में है।

अतः विकल्प (A) सही है।

73. वर्ल्ड वाइड वेब पर यूआरएल (जैसे http://XYZ.com) के माध्यम से जानकारी प्राप्त करने के लिए वेब ब्राउजर का उपयोग किया जाता है। वेब ब्राउजर वर्ल्ड वाइड वेब पर जानकारी तक पहुंचने के लिए एक सॉफ्टवेयर एप्लीकेशन है। यूआरएल यूनिफॉर्म रिसोर्स लोकेटर का एक संक्षिप्त शब्द है, यह इंटरनेट पर रिसोर्स का एक संदर्भ है।

अतः विकल्प (C) सही है।

74. किसी भी C प्रोग्राम में कम से कम एक फंक्शन होता है, और यहां तक कि सबसे छोटे प्रोग्राम भी एडिशनल फंक्शन निर्दिष्ट कर सकते हैं। एक फंक्शन कोड का एक भाग है। दूसरे शब्दों में, यह एक सब-प्रोग्राम की तरह काम करता है। C प्रोग्राम 'फ़ंक्शंस' से स्ट्रक्चर्ड होते हैं। प्रोग्राम का निष्पादन इस फंक्शन से शुरू होता है और प्रोग्राम इसके भीतर समाहित होता है।

अत: विकल्प (A) सही है।

75. जब p_k <0 लाइन स्टार्ट से अधिक होने लगती है जबकि यदि p_k> 0 लाइन बाउंड्री के अंदर घिरी होती है। जब लाइन पैरेलल होती है तो p_k = 0. P_k<0, का अर्थ है कि मिडपॉइंट सर्किल की बाउंड्री के अंदर है, इसलिए सर्किल की बाउंड्री अपर पिक्सेल के क्लोज। डिसिशन पैरामीटर जैसा कि नाम से पता चलता है, एक पैरामीटर है जिसके आधार पर आगे की गणना की जाती है।

अतः विकल्प (C) सही है।

76. लिआंग और बार्स्की ने एक एल्गोरिथ्म बनाया है जो फ्लोटिंग-पॉइंट अर्थमेटिक का उपयोग करता है, लेकिन पैरामीट्रिक एक्शन्स के उपयोग के साथ अधिकतम चार कम्प्यूटेशन के साथ एप्रोप्रियेट एंडपॉइंट होता है। लिआंग-बार्स्की एल्गोरिथ्म एक लाइन क्लिपिंग एल्गोरिथ्म है। यह एल्गोरिथ्म कोहेन-सदरलैंड लाइन क्लिपिंग एल्गोरिथ्म की तुलना में अधिक कुशल है और इसे 3-डायमेंशनल क्लिपिंग तक बढ़ाया जा सकता है। इस एल्गोरिथ्म को फास्टर पैरामीट्रिक लाइन-क्लिपिंग एल्गोरिथ्म माना जाता है।

अतः विकल्प (B) सही है।

77. जब p_k <0 लाइन सीमा से अधिक होने लगती है जबकि यदि p_k> 0 लाइन सीमा के अंदर घिरी होती है। जब लाइन समानांतर होती है तो p_k = 0. जब लाइन व्यू विंडो सीमा के समानांतर होती है तो उस लाइन के लिए p-मान शून्य होता है।

जब p_k <0, जैसे-जैसे t लाइन बढ़ाती है, बाहर से अंदर की ओर जाता है (प्रवेश करता है)।

अतः विकल्प (B) सही है।

78. विंडो या व्यूपोर्ट के बाहर किसी स्केन के कुछ पार्ट को हटाने के प्रोसेस को क्लिपिंग कहा जाता है। क्लिपिंग एक्स्ट्रा मटेरियल को कटिंग प्रोसेस है। कंप्यूटर ग्राफिक्स क्लिपिंग के कॉन्टेस्ट इंटरेस्ट एक डिफाइंड रीजन के अंदर रेंडरिंग ऑपरेशन को सेलेक्टिवेली इनेबल या डिजायबल करने का एक तरीका है। जिस रीजन से किसी ऑब्जेक्ट को क्लिप किया जाना है उसे क्लिप विंडो कहा जाता है।

अतः विकल्प (C) सही है।

79. 2d ट्रांसफॉर्मेशन देखने के लिए क्लिपिंग एल्गोरिथ्म को दो तरीकों से लागू किया जा सकता है दो तरीके जिसमें क्लिपिंग एल्गोरिथ्म लागू किए जा सकते हैं:

1) वर्ल्ड कोऑर्डिनेट क्लिपिंग- नेचुरल वर्ल्ड में ऑब्जेक्ट की पोजीशन को परिभाषित करने के लिए वर्ल्ड कोऑर्डिनेट सिस्टम का उपयोग किया जाता है। यह सिस्टम स्क्रीन कोऑर्डिनेट सिस्टम पर निर्भर नहीं करती है, इसलिए संख्या का इंटरवल कुछ भी (पॉजिटिव, नेगेटिव या डेसीमल) हो सकता है।

2) व्यूपोर्ट क्लिपिंग- एक व्यूपोर्ट स्क्रीन का वह भाग है जहां वर्ल्ड कोऑर्डिनेट सिस्टम पर विंडो द्वारा शामिल इमेज को खींचा जाएगा। व्यूपोर्ट में विंडो से घिरी इमेज को प्रदर्शित करने के लिए एक कोऑर्डिनेट ट्रांसफॉर्मेशन की आवश्यकता होती है। व्यूपोर्ट स्क्रीन कोऑर्डिनेट सिस्टम का उपयोग करता है इसलिए यह ट्रांसफॉर्मेशन वर्ल्ड कोऑर्डिनेट सिस्टम से स्क्रीन कोऑर्डिनेट सिस्टम तक है।

अतः विकल्प (B) सही है।

80. नॉक्स प्रेवलेंट आइडेंटिटी मैनेजमेंट और एसएसओ सिस्टम के साथ इंटीग्रेट्स है। नॉक्स उन एंटरप्राइज़ सिस्टम से आइडेंटिटी की अनुमति देता है जिसका उपयोग हडूप क्लस्टर्स तक सीमलेस सिक्योर एक्सेस के लिए किया जा सकता है। नॉक्स एसएसओ आपके क्लस्टर को वेब यूआई एसएसओ (सिंगल साइन-ऑन) क्षमताएं प्रदान करता है। नॉक्स एसएसओ आपके उपयोगकर्ताओं को एक बार लॉग इन करने और क्लस्टर संसाधनों तक एक्सेस प्राप्त करने में सक्षम बनाता है। नॉक्स एसएसओ सेट करने के लिए, आप एक आइडेंटिटी प्रोवाइडर को कॉन्फ़िगर करेंगे, अंबारी सीएलआई का उपयोग करके एसएसओ को सक्षम करेंगे, और फिर वेरियस कॉम्पोनेन्ट सेटिंग्स को मैन्युअल रूप से कॉन्फ़िगर करेंगे।

अतः विकल्प (B) सही है।

81. एचडीपी क्लस्टर रखने का सबसे आसान तरीका सैंडबॉक्स डाउनलोड करना है। अपाचे नॉक्स गेटवे एक ऐसी सिस्टम है जो अपाचे हडूप सेवाओं के लिए प्रमाणीकरण और एक्सेस का सिंगल पॉइंट प्रदान करती है। हॉर्टनवर्क्स एचडीपी सैंडबॉक्स एक सीधा, प्री-कॉन्फ़िगर, सीखने का माहौल है जिसमें अपाचे हडोप, विशेष रूप से हॉर्टनवर्क्स डेटा प्लेटफॉर्म (एचडीपी) के लेटेस्ट डेवलपमेंट शामिल हैं। यह आपको अपने दम पर एचडीपी सीखने और एक्सप्लोर करने की अनुमति देता है।

अतः विकल्प (B) सही है।

82. एक जनरलाइजेशन एक बॉटम-अप एप्रोच है जिसमें एक हायर-लेवल एंटिटी बनाने के लिए कई लोअर-लेवल इन्टिटीज़ को जोड़ा जाता है। जनरलाइजेशन का उपयोग आमतौर पर एक जनरलाइजेशन एंटिटी बनाने के लिए इन्टिटीज़ के बीच सामान्य विशेषताओं को खोजने के लिए किया जाता है। जैसा कि प्रश्न में परिभाषित किया गया है, इंस्ट्रक्टर एंटिटी सेट और सेक्रेटरी एंटिटी सेट का विशेषताएं है।

अतः विकल्प (C) सही है।

83. फंक्शनल डिपेंडेंसी "की डिपेंडेंसी" का एक जनरलाइजेशन हैं। एक फंक्शनल डिपेंडेंसी एक "की" की नोशन का जनरलाइजेशन है। विशेषताओं के दूसरे सेट के लिए विशिष्ट रूप से मूल्य निर्धारित करने के लिए विशेषताओं के एक निश्चित सेट के लिए मूल्य की आवश्यकता होती है। फंक्शनल डिपेंडेंसी एक रिलेशनशिप है जो दो विशेषताओं के बीच मौजूद है। यह आम तौर पर एक टेबल के अंदर "प्राइमरी की" और "नॉन-की" विशेषता के बीच मौजूद होता है।

अतः विकल्प (A) सही है।

84. मेटा डेटा "डेटा के बारे में डेटा" को संदर्भित करता है। मेटा डेटा डेटा के प्रकार को संदर्भित करता है जो अन्य डेटा या जानकारी का वर्णन करता है। सरल रूप से परिभाषित, मेटाडेटा आपके डेटा का सारांश और विवरण है जिसका उपयोग डेटा को वर्गीकृत करने, व्यवस्थित करने, लेबल करने और समझने के लिए किया जाता है, जिससे डेटा को सॉर्ट करना और खोजना बहुत आसान हो जाता है।

अतः विकल्प (D) सही है।

85. डेटा एब्स्ट्रैक्शन का अर्थ है केवल आवश्यक डेटा को प्रदर्शित करना या साझा करना और अन्य सभी डेटा से छिपाना जब तक कि इसे साझा करना आवश्यक न हो। हालांकि, डेटा एब्स्ट्रैक्शन स्तर जो बताता है कि डेटा वास्तव में उपयोगकर्ता की मशीन (या सिस्टम) में कैसे स्टोर किया गया था, फिजिकल लेवल के रूप में जाना जाता है।

अतः विकल्प (B) सही है।

86. डेटा रेड्युडेन्सी आमतौर पर तब होता है जब एक ही डेटा की एक से अधिक कॉपी कई अलग-अलग स्थानों पर मौजूद होती है। कभी-कभी यह डेटा एक्सिस्ट्स का कारण बन सकता है, जिसके परिणामस्वरूप डेटा या जानकारी का एक अनरिलिएबल सोर्स हो सकता है जो किसी के लिए अच्छा नहीं है।

अतः विकल्प (D) सही है।

87. जब भी हमारे पास कुछ रिलेटेड डेटा, जानकारी या रिकॉर्ड होते हैं, तो हम उन सभी रिलेटेड डेटा (या रिकॉर्ड) को एक साथ रखते हैं, उन्हें एक स्थान पर स्टोर करते हैं, और उस कलेक्शन को एक नाम देते हैं जिसे एक फाइल के रूप में जाना जाता है। आप एक ट्रेडिशनल डेटाबेस को एक इलेक्ट्रॉनिक फाइलिंग सिस्टम के रूप में सोच सकते हैं, जिसे फील्ड, रिकॉर्ड और फाइलों द्वारा व्यवस्थित किया जाता है। एक फ़ील्ड जानकारी का एक टुकड़ा है; एक रिकॉर्ड फ़ील्ड का एक पूरा सेट है; और एक फाइल रिकॉर्ड का कलेक्शन है। उदाहरण के लिए एक टेलीफोन बुक एक फाइल के समान होती है।

अतः विकल्प (D) सही है।

88. अपाचे स्कूप एक ओपन-सोर्स टूल है जिसे अपाचे हडूप और रिलेशनल डेटाबेस जैसे स्ट्रक्चर्ड डेटा स्टोर के बीच बल्क डेटा को एफिसेंटली ट्रांसफरिंग करने के लिए डिज़ाइन किया गया है। माइक्रोसॉफ्ट एसक्यूएल सर्वर डेटाबेस से अपाचे में डेटा ट्रांसफर करने में मदद करने के लिए माइक्रोसॉफ्ट स्कूप-आधारित कनेक्टर का उपयोग करता है। स्कूप एक डिवाइस है जिसे हडूप और रिलेशनल डेटाबेस सर्वर के बीच डेटा ट्रांसफर करने के लिए डिज़ाइन किया गया है।

अतः विकल्प (A) सही है।

89. स्कूप द्वारा संसाधित डेटा का उपयोग मैप्रिड्यूज या हाइव के लिए किया जा सकता है। स्कूप डेटा को आयात और निर्यात करने के लिए मैप्रिड्यूज का उपयोग करता है, जो पैरेलल ऑपरेशन के साथ-साथ फाल्ट टॉलरेंस प्रदान करता है। यह डॉक्यूमेंट बताता है कि डेटाबेस और हडूप के बीच डेटा ट्रांसफर करने के लिए स्कूप का उपयोग कैसे शुरू किया जाए और स्कूप कमांड-लाइन टूल सूट के ऑपरेशन के लिए संदर्भ जानकारी प्रदान करता है।

अतः विकल्प (C) सही है।

90. डीटीडी में विकल्पों को । सिंबल का उपयोग करके निर्दिष्ट किया जा सकता है। डीटीडी का मतलब डॉक्यूमेंट टाइप डेफिनिशन। यह XML दस्तावेज़ की संरचना और विशेषताओं को परिभाषित करता है।

डीटीडी में वेरियस एलिमेंट हैं। कुछ च्वाइस, सीक्वेंस आदि हैं।

- । - च्वाइस ऑपरेटर
- ? - यह ऑप्शन ऑपरेटर (शून्य या एक बार) है।
- * - यह कई ऑपरेटरों के लिए शून्य है।
- , - सीक्वेंस ऑपरेटर

अतः विकल्प (A) सही है।

91. EXE वह कमांड है जो विंडोज एनटी 4.0 के लिए एक आपातकालीन रिपेयर डिस्क बनाता है। विंडोज एनटी 4.0 में डिस्क रिपेयर के लिए निम्नलिखित चरण हैं:

चरण 1: विंडोज़ एनटी 4.0 में सर्च बटन पर जाएं, फिर कमांड प्रॉम्प्ट टाइप करें।

चरण 2: फिर "RDISK.EXE" टाइप करें और एंटर दबाएं।

चरण 3: फिर एक पॉप-अप विंडो खोलें। यह पॉप-अप विंडो इमरजेंसी रिपेयर डिस्क को अपडेट करेगी।

अतः विकल्प (B) सही है।

92. ओएस में डेडलॉक एक ऐसी स्थिति है जहां दो या दो से अधिक प्रक्रियाएं अवरुद्ध हो जाती हैं। डेडलॉक के लिए शर्तें- म्यूच्यूअल एक्सक्लूशन, होल्ड एंड वेट, नो प्रीएंपसन, सर्कुलर वेट इन चार शर्तों को गतिरोध की घटना के लिए एक साथ होना चाहिए। डेडलॉक की स्थिति के लिए ये चार शर्तें एक साथ होनी चाहिए।

म्यूच्यूअल एक्सक्लूशन: कम से कम एक प्रक्रिया को नॉन -शेयरएबल करने योग्य मोड में आयोजित किया जाना चाहिए।

होल्ड एंड वेट: एक प्रक्रिया होनी चाहिए जिसमें एक होल्ड हो और दूसरे का वेट हो।

नो प्रीएंपसन: संसाधनों को प्रीमेट नहीं किया जा सकता है।

सर्कुलर वेट: प्रक्रियाओं का एक सेट मौजूद होना चाहिए।

अतः विकल्प (A) सही है।

93. कंप्यूटिंग में, वीईआर कमांड विभिन्न डॉस, फ्लेक्स ओएस, ओएस/2, और माइक्रोसॉफ्ट विंडोज कमांड-लाइन दुभाषियों जैसे कमांड कॉम सीएमडी एक्सई, और 4 डीओएस/4एनटी में एक कमांड है। यह ऑपरेटिंग सिस्टम या कमांड शेल के नाम और वर्सन को प्रिंट करता है। यह लगभग यूनिक्स कमांड नाम के बराबर है।

अतः विकल्प (C) सही है।

94. एक पार्टिसनड डेटा सेट एक प्रोग्राम या सोर्स लाइब्रेरी के लिए सबसे अधिक उपयोग किया जाता है एक पार्टिसनड डेटा सेट (पीडीएस) एक डेटा सेट होता है जिसमें कई सदस्य होते हैं जिनमें से प्रत्येक में अन्य प्रकार के फाइल सिस्टम में डायरेक्टरी के समान एक अलग सब-डेटा सेट होता है। एक पार्टिसनड डेटा सेट या पीडीएस में एक डायरेक्टरी और मेम्बर्स होते हैं। डायरेक्टरी में प्रत्येक मेम्बर का एड्रेस होता है और इस प्रकार प्रोग्राम या ऑपरेटिंग सिस्टम के लिए प्रत्येक मेम्बर को सीधे एक्सेस करना संभव बनाता है। हालाँकि, प्रत्येक मेम्बर में क्रमिक रूप से संग्रहीत रिकॉर्ड होते हैं।

अतः विकल्प (A) सही है।

95. पेज-मैप टेबल का उपयोग एड्रेस ट्रांसलेशन के लिए किया जाता है। एक पेज टेबल एक कंप्यूटर ऑपरेटिंग सिस्टम में वर्चुअल मेमोरी सिस्टम द्वारा वर्चुअल एड्रेस और फिजिकल एड्रेस के बीच मैपिंग को स्टोर करने के लिए उपयोग की जाने वाली डेटा संरचना है। वर्चुअल एड्रेस का उपयोग एक्सेसिंग प्रक्रिया द्वारा निष्पादित प्रोग्राम द्वारा किया जाता है, जबकि फिजिकल एड्रेस का उपयोग हार्डवेयर द्वारा, या अधिक विशेष रूप से, रैम सबसिस्टम द्वारा किया जाता है। पेज टेबल वर्चुअल एड्रेस ट्रांसलेशन का एक प्रमुख घटक है जो मेमोरी में डेटा एक्सेस करने के लिए आवश्यक है।

अतः विकल्प (C) सही है।

96. डिस्पैचर का मुख्य कार्य सीपीयू को तैयार प्रक्रियाओं को असाइन करना है, सीपीयू शेड्यूलर उन प्रक्रियाओं के बीच एक प्रक्रिया का चयन करता है जो निष्पादित करने के लिए तैयार हैं और उनमें से एक को सीपीयू सौंपता है। शॉर्ट-टर्म शेड्यूलर जिन्हें डिस्पैचर्स के रूप में भी जाना जाता है, यह निर्णय लेते हैं कि आगे किस प्रक्रिया को निष्पादित करना है।

अतः विकल्प (B) सही है।

97. अपग्रेड का मतलब है कि मेन मेमोरी, या हार्ड डिस्क क्षमता बढ़ाना, या स्पीकर, या मॉडेम आदि जोड़ना जैसे कॉम्पोनेंट्स को नवीनीकृत करना या बदलना। अपग्रेड इस जगह उपयोग करने के लिए सही शब्द है। अपग्रेड

किसी नई सुविधा को नवीनीकृत करने या इम्प्लीमेंट करने के लिए स्थापित किए जाते हैं। अपग्रेड को छोड़कर, हार्डवेयर सामान्य रूप से एक बार का खर्च होता है।

अतः विकल्प (D) सही है।

98. सॉफ्टवेयर को मूल रूप से दो में वर्गीकृत किया गया है: सिस्टम और एप्लीकेशन। सिस्टम सॉफ्टवेयर संचालन को नियंत्रित करने और कंप्यूटर सिस्टम की प्रसंस्करण क्षमता का विस्तार करने के लिए डिज़ाइन किया गया है। सिस्टम सॉफ्टवेयर एक ऑपरेटिंग सिस्टम और यूटिलिटी प्रदान करता है जो डेटाबेस प्रोग्राम, स्प्रेडशीट, वेब ब्राउज़र, और अधिक जैसे एप्लीकेशन सॉफ्टवेयर को चलाने में सक्षम बनाता है।

अतः विकल्प (B) सही है।

99. लैंग्वेज ट्रांसलेटर, यूटिलिटी सॉफ्टवेयर और कम्युनिकेशन सॉफ्टवेयर सिस्टम सॉफ्टवेयर के उदाहरण हैं। सिस्टम सॉफ्टवेयर प्रोग्राम का एक सेट है जो कंप्यूटर हार्डवेयर के संचालन को नियंत्रित और प्रबंधित करता है। यह एप्लीकेशन प्रोग्राम को सही ढंग से एग्जिक्यूट करने में भी मदद करता है।

- एक प्रोग्रामिंग लैंग्वेज में डेवलपर्स द्वारा तैयार किए गए निर्देशों को एक ऐसे रूप में रूपांतरित करता है जिसे कंप्यूटर सिस्टम द्वारा इन्टरप्रेट या कम्पाइल और एग्जिक्यूट किया जा सकता है।

- यूटिलिटी प्रोग्राम, प्रोग्राम का एक सेट है जो उपयोगकर्ताओं को सिस्टम रखरखाव कार्यों में और नियमित प्रकृति के कार्यों को करने में मदद करता है।

- कम्युनिकेशन सॉफ्टवेयर हमें डेटा और प्रोग्राम को एक कंप्यूटर सिस्टम से दूसरे कंप्यूटर सिस्टम में स्थानांतरित करने की अनुमति देता है।

अतः विकल्प (A) सही है।

100. सॉफ्टवेयर डिजाइन में शामिल हैं, डिजाइन अवधारणाओं और प्रिंसिपल्स का सेट, हाई क्वॉलिटी वाली प्रणाली या प्रॉडक्ट का डेवलपमेंट शामिल है। डिजाइन प्रिंसिपल्स डिजाइन कार्य स्थापित करते हैं। डिजाइन अभ्यास स्वयं सॉफ्टवेयर के विभिन्न अभ्यावेदन के निर्माण की ओर ले जाते हैं। सॉफ्टवेयर डिजाइन यूजर की आवश्यकताओं को कुछ उपयुक्त रूप में बदलने का एक क्रियाविधि है, जो प्रोग्रामर को सॉफ्टवेयर कोडिंग और इम्प्लिमेंट में मदद करता है।

अतः विकल्प (D) सही है।

101. मॉडलिंग की रिकायरमेंट्स के विपरीत, डिजाइन मॉडलिंग सॉफ्टवेयर का एक प्रतिनिधित्व या मॉडल तैयार करता है। डिजाइन मॉडलिंग में सॉफ्टवेयर आर्किटेक्चर के साथ-साथ डेटा स्ट्रक्चर्स, इंटरफेस और सिस्टम में लागू करने के लिए आवश्यक अन्य कम्पोनेंट्स के बारे में एक विस्तृत विवरण शामिल है।

अतः विकल्प (A) सही है।

102. सॉफ्टवेयर इंजीनियरिंग में सॉफ्टवेयर इंजीनियर सॉफ्टवेयर डिजाइन करते हैं। सॉफ्टवेयर डिजाइन यूजर की रिकायरमेंट्स को कुछ उपयुक्त रूप में बदलने की एक प्रक्रिया है, जो प्रोग्रामर को सॉफ्टवेयर कोडिंग और इम्प्लिमेंट में मदद करता है। सॉफ्टवेयर डिजाइन एसडीएलसी (सॉफ्टवेयर डिजाइन लाइफ साइकिल) में पहला कदम है, जो एकाग्रता को प्रॉब्लम डोमेन से समाधान डोमेन तक ले जाता है।

अतः विकल्प (A) सही है।

103. सॉफ्टवेयर डिजाइन के 'की' सिग्रीफिकेन्स हैं; डिज़ाइन हमें सिस्टम या प्रॉडक्ट का ब्लू प्रिंट बनाने की अनुमति देता है, मॉडल प्रोपोस्ड सिस्टम की क्लैरिटी देता है और कोड उत्पन्न होने से पहले सुधार किया जा सकता है और टेस्ट किए जा सकते हैं, और एन्ड यूजर प्रक्रिया के दौरान शामिल होते हैं। चूंकि सॉफ्टवेयर डिज़ाइन मॉड्यूल बनाकर किया जाता है, इसलिए यह कार्य को बनाए रखना आसान बनाता है। सॉफ्टवेयर डिज़ाइन के कारण सॉफ्टवेयर

एप्लिकेशन में बग ढूंढना, डीबग करना, रीस्ट्रक्चरिंग और विशिष्ट तत्वों की फ़ंक्शनैलिटी को बदलना जैसे कार्य काफी आसान हो जाते हैं।

अतः विकल्प (D) सही है।

104. सिस्टम या प्रॉडक्ट के आर्किटेक्चर का प्रतिनिधित्व किया जाना चाहिए; इंटरफ़ेस जो सॉफ़्टवेयर से एन्ड यूजर से, अन्य सिस्टम से कनेक्ट होते हैं और सिस्टम के निर्माण के लिए उपयोग किए जाने वाले सॉफ़्टवेयर कॉम्पोनेंट्स को डिज़ाइन किया जाता है, सॉफ़्टवेयर डिज़ाइन के 'की' स्टेप्स हैं।

अतः विकल्प (D) सही है।

105. सॉफ़्टवेयर डिज़ाइन के दौरान प्रस्तुत प्राथमिक कार्य प्रॉडक्ट आर्किटेक्चरल डिज़ाइन, इंटरफ़ेस डिज़ाइन और कॉम्पोनेंट्स का क्रिएशन और डेप्लॉयमेंट हैं। एक कार्य प्रॉडक्ट एक सामान्य एब्स्ट्रैक्शन है जो सॉफ्टवेयर डेवलपमेंट प्रक्रिया से प्राप्त कुछ का प्रतिनिधित्व करता है। एक कार्य प्रॉडक्ट में कई कार्य प्रॉडक्ट प्रकार हो सकते हैं।

अतः विकल्प (D) सही है।

106. सॉफ्टवेयर टीम डिजाइन मॉडल का मूल्यांकन यह पहचानने के लिए करती है कि क्या कोई एरर, इन्कन्सीस्टेंसीस, या ओमिशन्स; क्या कोई विकल्प हैं; और क्या मॉडल को इम्प्लीमेंट किए गए रेस्ट्रिक्शन्स, शेड्यूल और कॉस्ट के अंदर लागू किया जा सकता है।

अतः विकल्प (B) सही है।

107. इंटरफ़ेस डिज़ाइन के 'की' एस्पेक्ट्स है सिस्टम और इसका उपयोग करने वाले उपयोगकर्ताओं के बीच सहज संचार बनाए रखना है। एक इंटरफ़ेस डिज़ाइन का तात्पर्य सूचना के प्रवाह से। इंटरफ़ेस एलीमेंट्स में शामिल हैं, लेकिन इन तक सीमित नहीं हैं:

- इनपुट नियंत्रण: बटन, टेक्स्ट फ़ील्ड, चेकबॉक्स, रेडियो बटन, ड्रॉपडाउन सूचियां, सूची बॉक्स, टॉगल, दिनांक फ़ील्ड।
- नेविगेशनल कॉम्पोनेंट्स: ब्रेडक्रंब, स्लाइडर, खोज फ़ील्ड, पेजिनेशन, स्लाइडर, टैग, आइकन।

अतः विकल्प (C) सही है।

108. कॉम्पोनेंट डिज़ाइन बनाने के लिए क्लास-बेस्ड मॉडल और बेहवीयरल मॉडल से एकत्रित जानकारी का उपयोग किया जाता है। डिज़ाइन फेज के दौरान, हम ऐसे निर्णय लेते हैं जिनका सॉफ़्टवेयर क्रिएशन प्रक्रिया की समग्र सफलता पर प्रभाव पड़ेगा। "डिज़ाइन" के लिए योजना के अनुसार क्रिएट करना, फैशन करना, निष्पादित करना या निर्माण करना है। सक्सेस्फुल सिस्टम डिज़ाइन में, तीन मुख्य कॉम्पोनेंट पर विचार किया जाना चाहिए और प्रभावी ढंग से प्रबंधित किया जाना चाहिए। ये क्वालिटी, टाइमलीनेस और कॉस्ट-इफेक्टिवनेस हैं।

अतः विकल्प (C) सही है।

109. डिज़ाइन सॉफ्टवेयर का प्रतिनिधित्व प्रदान करता है जिसे क्वालिटी के लिए मूल्यांकन किया जा सकता है। अनिवार्य रूप से, डिजाइन एक फिनिश्ड सॉफ़्टवेयर प्रॉडक्ट या सिस्टम में स्टेकहोल्डर्स की आवश्यकताओं का सटीक रूप से अनुवाद करने का एक मेथड है।

अतः विकल्प (A) सही है।

110. दिया गया पोस्टफिक्स एक्सप्रेशन: 2 3 + 4 5 6 - - *

इंफिक्स एक्सप्रेशन:

(2 + 3)4 (5 - 6) - *

(2 + 3)*4 - (5 - 6)

तो, मान = (2 + 3) * (4 - (5 - 6))

= 5 *(4 - (-1))

= 5*5

= 25

अतः विकल्प (D) सही है।

111. पोस्टफिक्स से प्रीफिक्स में कनवर्ट करने के लिए, हम पहले इसे इंफिक्स में और फिर प्रीफिक्स में कनवर्ट करते हैं।

दिया गया, पोस्टफिक्स एक्सप्रेशन: AB+CD-*

इंफिक्स एक्सप्रेशन:

⇒ (A+B) * (C-D)

तो, प्रीफिक्स एक्सप्रेशन:

⇒+AB*-CD

⇒ *+AB-CD

इसलिए, सही विकल्प *+AB-CD है।

अतः विकल्प (D) सही है।

112. स्टैक ऑपरेशन का उपयोग करके डीक्यू जैसे ऑपरेशन करने के लिए आपको करंट स्टैक से सभी एलिमेंट को खाली करने और इसे अगले स्टैक में पुश की आवश्यकता होती है, जिसके परिणामस्वरूप O(एलिमेंट की संख्या) कम्प्लेक्सिटी होती है, जबकि डीक्यू ऑपरेशन की टाइम कम्प्लेक्सिटी O(1) होती है।) और एक अतिरिक्त स्टैक की जरूरत है। इसलिए, ज्यादा मेमोरी की आवश्कता होती है।

अतः विकल्प (A) सही है।

113. जिन कार्यों को करने की आवश्यकता है वे हैं:

- वर्तमान स्टैक पर सभी एलिमेंट पर अगले स्टैक पर पुश(पॉप()) करने से आपको 2 3 4 5 << टॉप मिलता है।
- फिर, पुश (6) और पुश(पॉप()) करके आप 6 5 4 3 2 << टॉप पर वापस आ जाएंगे।
- आपने वास्तव में पुश और पॉप का उपयोग करके एनक्यू ऑपरेशन किया है।

तो, सभी ऑपरेशन पुश (पॉप()), पुश(6), पुश (पॉप()) हैं।

अतः विकल्प (A) सही है।

114. जब लूप अपना एक्सेक्यूशन पूरा करता है, नोड 'p' लास्ट नोड को संदर्भित करता है जबकि 'q' नोड लिंक्ड लिस्ट में 'p' से पहले नोड को संदर्भित करता है। q->next=NULL q को लास्ट नोड बनाता है। p->next=head p को फर्स्ट नोड के रूप में रखता है। हेड को 'p' में संशोधित किया जाना चाहिए क्योंकि 'p' लिस्ट का स्टार्टिंग नोड है (head=p)।

इस प्रकार, स्टेप का सीक्वेंस q->next = NULL; p->next = head; head = p;

अतः विकल्प (D) सही है।

115. राबिन कार्प एल्गोरिथ्म में नियोजित मूल सिद्धांत हैशिंग है। दिए गए टेक्स्ट में हर सबस्ट्रिंग को हैश वैल्यू में बदल दिया जाता है और पैटर्न के हैश वैल्यू के साथ तुलना की जाती है।

अतः विकल्प (A) सही है।

116. प्री-प्रोसेसिंग एल्गोरिथ्म m (पैटर्न की लंबाई) बार चलता है। इस एल्गोरिथ्म का उपयोग p को P[1....m] mod q के मान के रूप में और t_0 को T[1....m] mod q के मान के रूप में गणना करने के लिए किया जाता है। प्री-प्रोसेसिंग फेज आम तौर पर एक स्ट्रिंग को दशमलव संख्या में परिवर्तित करता है। राबिन-कार्प-मैचर (T, P, d, q)

1. n ← length [T]
2. m ← length [P]
3. h ← dm-1 mod q
4. p ← 0
5. t_0 ← 0
6. for i ← 1 to m
7. do p ← (dp + P[i]) mod q
8. t_0 ← (dt_0+T [i]) mod q
9. for s ← 0 to n-m
10. do if p = t_s
11. then if P [1.....m] = T [s+1.....s + m]
12. then "Pattern occurs with shift" s
13. If s < n-m
14. then t_{s+1} ← (d (t_s-T [s+1]h)+T [s+m+1]) mod q

एक बार एक मैच मिल जाने के बाद, एक ब्रूट-फ़ोर्स एप्रोच लागू किया जाता है मैचिंग के रिजल्ट को सत्यापित करने के लिए।

अतः विकल्प (D) सही है।

117. यदि मॉड्यूलो वैल्यू (क्यू) काफी लार्ज है तो स्पूरियस हिट इतनी बार होती है कि एक्स्ट्रा चेकिंग की कॉस्ट कम होती है। कंप्यूटिंग में, मॉड्यूलो (कभी-कभी मॉड्यूलस या मॉड कहा जाता है) ऑपरेशन एक नंबर के विभाजन के शेष भाग को दूसरे से ढूंढता है। हालांकि आमतौर पर a और n दोनों के इन्टिजर होने के साथ प्रदर्शन किया जाता है, कई कंप्यूटिंग सिस्टम अन्य प्रकार के संख्यात्मक ऑपरेंड की अनुमति देते हैं। n के एक इन्टिजर मॉड्यूलो के लिए नंबर की रेंज 0 से n-1 है।

अतः विकल्प (C) सही है।

118. क्विक सर्च एल्गोरिथ्म की टाइम कम्प्लेक्सिटी O(m+n) पाई गई और यह बॉयर-मूर के एल्गोरिथ्म से फास्टर साबित हुई। सर्चिंग फेज के दौरान, प्रत्येक प्रयास के दौरान पैटर्न और टेक्स्ट वर्णों के बीच तुलना किसी भी क्रम में की जा सकती है।

अतः विकल्प (C) सही है।

119. क्विक सर्च एल्गोरिथ्म केवल बैड कैरेक्टर शिफ्ट टेबल का उपयोग करता है और यह बॉयर-मूर के एल्गोरिथ्म की तुलना में इसकी बढ़ी हुई गति के कारणों में से एक है। इस पद्धति में, हम एक बैड कैरेक्टर का पता लगाने की कोशिश करेंगे, जिसका अर्थ है मुख्य स्ट्रिंग का एक कैरेक्टर, जो पैटर्न से मेल नहीं खाता है। जब बेमेल हो गया, तो हम पूरे पैटर्न को तब तक शिफ्ट कर देंगे जब तक कि बेमेल मैच न हो जाए, अन्यथा, पैटर्न बैड कैरेक्टर से आगे निकल जाता है।

अतः विकल्प (B) सही है।

120. एक अल्फाबेट R पर एक लैंग्वेज, A के ऊपर स्ट्रिंग्स का एक सेट है जो अनकाउंटेबल और इन्फिनिटी है। ऑटोमेटा थ्योरी में, एक फॉर्मल लैंग्वेज एक फिनिट अल्फाबेट से खींचे गए सिंबल के स्ट्रिंग्स का एक समूह है। एक फॉर्मल लैंग्वेज या तो नियमों के एक सेट (जैसे रेगुलर एक्सप्रेशन या कॉन्टेक्स्ट-फ्री ग्रामर) द्वारा जनरेट की जा सकती है जो लैंग्वेज उत्पन्न करती है या एक फॉर्मल मशीन द्वारा जो लैंग्वेज को स्वीकार (पहचानती है) करती है।

अतः विकल्प (B) सही है।

121. NFA या एक्सटेंडेड ट्रांज़िशन फंक्शन NFA के लिए, एलिमेंट का टुपल्स समान रहता है, अर्थात 5 क्योंकि, DFA और NFA में सभी टुपल्स समान हैं, केवल एक टुपल्स को छोड़कर, जो कि ट्रांज़िशन फंक्शन (δ) है। ये हैं:

- Q: सभी स्टेट का सेट

- Σ: इनपुट सिंबल का सेट (सिंबल कौन सी मशीन इनपुट के रूप में लेती है।)

- q: इनिशियल स्टेट (मशीन की स्टार्टिंग स्टेट)

- F: फाइनल स्टेट का सेट

- δ: ट्रांजिशन फंक्शन Q X (Σ U ε) --> 2 ^ Q

अतः विकल्प (A) सही है।

122. निम्नलिखित ऑपरेशन्स में एनएफए क्लोज़्ड कहा जाता है:

(a) यूनियन

(b) इंटरसेक्शन

(c) कॉन्केटनेशन

(d) क्लीने

(e) निगेशन

अतः विकल्प (D) सही है।

123. बैकट्रैकिंग की अनुमति डीएफए में होती है।

एक स्टेट से ट्रांजिशन प्रत्येक इनपुट सिंबल के लिए सिंगल पर्टिकुलर नेक्स्ट स्टेट में होता है। इसलिए, इसे डेटर्मिनिस्टिक कहा जाता है जो बैकट्रैकिंग की अनुमति देता है। बैकट्रैकिंग एक एल्गोरिथ्म-तकनीक है, जो किसी भी समय समस्या की बाधाओं को पूरा करने में विफल होने वाले समाधानों को हटाकर, एक समय (समय के अनुसार, यहाँ, सर्च ट्री के किसी भी स्तर तक पहुँचने तक बीता हुआ समय कहा जाता है) में एक समाधान को क्रमिक रूप से बनाने की कोशिश करके समस्याओं को हल करने के लिए पुनरावर्ती-तकनीक है।

अतः विकल्प (B) सही है।

124. एनएफए-। या e-एनएफए नॉन -डेटर्मिनिस्टिक फिनिट ऑटोमेटा का एक विस्तार है जिसे आमतौर पर एप्सिलॉन मूव्स या लैम्ब्डा ट्रांजिशन के साथ एनएफए कहा जाता है। ऑटोमेटा थ्योरी में, ε-मूव्स (एनएफए-ε) (जिसे एनएफए-λ के रूप में भी जाना जाता है) के साथ एक नॉन-डेटर्मिनिस्टिक फिनिट ऑटोगेटन एक नॉन-डेटर्मिनिस्टिक फिनिट ऑटोमेटन (एनएफए) का विस्तार है, जो उपभोग किए बिना एक नए स्टेट में इनपुट सिंबल ट्रांसफॉर्मेशन की अनुमति देता है।

अतः विकल्प (C) सही है।

125. जब सेट ऑपरेशन '-' दो सेटों के बीच किया जाता है, तो यह प्रायर सेट के उन वैल्यू को पॉइंट करता है जो इससे संबंधित होते हैं लेकिन बाद वाले सेट को बेसिक सब्ट्रैक्शन ऑपरेशन के एनालॉग्स नहीं होते हैं। एक पॉजिटिव नंबर का सब्ट्रैक्शन वही रिजल्ट देता है जैसे नेगटिव नंबर को समान मैग्निट्यूड में जोड़ने पर एक नेगटिव नंबर को सब्ट्रैक्टिंग पर एक पॉजिटिव नंबर जोड़ने के समान रिजल्ट प्राप्त होता है।

अतः विकल्प (A) सही है।

126. मशीन कुछ इनपुट स्ट्रिंग पर चलती है, अगर उसके पास स्प्लिट करने का विकल्प है, तो यह हर संभव तरीके से चलती है और हर एक मशीन की अलग कॉपी है। मशीन आगे स्प्लिट करने के लिए बाद में विकल्प लेती है जिससे मशीन की अधिक कॉपी उत्पन्न होती हैं और प्रत्येक कॉपी समानांतर चलती है। यदि मशीन की कोई एक कॉपी स्ट्रिंग को स्वीकार करती है, तो एनएफए स्वीकार करता है, अन्यथा वह अस्वीकार कर देता है।

अतः विकल्प (C) सही है।

127. DFA, B का निर्माण करते समय, हमें निम्नलिखित बातों का ध्यान रखना चाहिए:

(a) स्टेट का एक ही सेट

(b) एक ही स्टार्ट स्टेट

(c) वही फाइनल स्टेट

(d) इनपुट अल्फाबेट = वे सिंबल जिन पर होमोमोर्फिज्म h लागू होता है।

अतः विकल्प (D) सही है।

128. एक अल्फाबेट पर होमोमॉर्फिस एक ऐसा फंक्शन है जो उस अल्फाबेट में प्रत्येक सिंबल के लिए एक स्ट्रिंग देता है।

उदाहरण: h(0)=ab, आदि

रेगुलर लैंग्वेज पर क्लोजर प्रॉपर्टीज को रेगुलर लैंग्वेज पर कुछ ऑपरेशन के रूप में परिभाषित किया जाता है, जो रेगुलर लैंग्वेज के उत्पादन की गारंटी होती है। क्लोजर एक लैंग्वेज पर कुछ ऑपरेशन को संदर्भित करता है, जिसके परिणामस्वरूप एक नई लैंग्वेज होती है जो उसी "प्रकार" की होती है जो मूल रूप से रेगुलर ऑपरेटेड होती है।

अतः विकल्प (D) सही है।

129. दिया है,

abe*+e(ab)*

अब, सर्वसमिका e=e* का उपयोग करने पर,

abe+e(ab)

अब, सर्वसमिका Re=eR=R का उपयोग करने पर,

abe*+e(ab)*

$\Rightarrow$ ab सर्वसमिका से (ab)* होगा,

इसलिए, (ab)*

अतः विकल्प (C) सही है।

130. OSI नेटवर्क आर्किटेक्चर में, रूटिंग नेटवर्क लेयर द्वारा की जाती है। लेयर 3, नेटवर्क लेयर, आमतौर पर उस लेयर के रूप में जानी जाती है जहां रूटिंग होती है। राउटर का मुख्य काम पैकेट को एक नेटवर्क से दूसरे नेटवर्क में पहुंचाना होता है। सोर्स से डेस्टिनेशन तक पैकेट को रूट करने के लिए नेटवर्क लेयर जिम्मेदार है।

अतः विकल्प (B) सही है।

131. सेशन लेयर विभिन्न कंप्यूटरों के बीच कन्वर्सेशन को कंट्रोल करती है। सेशन लेयर सर्विसेज में ऑथेंटिकेशन और रेकनेक्शन भी शामिल हैं। सेशन लेयर (लेयर 5) एंड-यूज़र एप्लिकेशन प्रोसेस के बीच सिंक्रोनाइज़िंग और टर्मिनेटिंग सेशन को प्रबंधित करने के लिए जिम्मेदार है। यह एक डायलॉग कंट्रोलर के रूप में काम करता है। यह सिस्टम को कम्युनिकेट के हाफ - डुप्लेक्स या फुल -डुप्लेक्स मोड में कम्युनिकेशन करने की अनुमति देता है।

अतः विकल्प (D) सही है।

132. एक विक्रेता कार्यालय को टेलीफोन करने का आर्डर डेटा कम्युनिकेशन का एक उदाहरण नहीं है। ऐसा इसलिए है क्योंकि डेटा कम्युनिकेशन एक वाई-फाई कनेक्शन के माध्यम से इंटरनेट से जुड़ा एक कंप्यूटर है, जो एक या अधिक रिमोट सर्वर से डेटा भेजने और प्राप्त करने के लिए वायरलेस मीडियम का उपयोग करता है। हाफ-डुप्लेक्स कम्युनिकेशन के साथ, सूचना दोनों तरीकों से जा सकती है, लेकिन एक ही समय में नहीं।

अतः विकल्प (D) सही है।

133. स्टैंडर्ड ASCII में 128 करैक्टर हैं, जिनमें 32 कंट्रोल करैक्टर शामिल हैं। मूल रूप से अंग्रेजी वर्णमाला पर आधारित, ASCII 128 स्पेसिफ़िएड करैक्टर को सात-बिट पूर्णांक में एन्कोड करता है जैसा कि ऊपर ASCII चार्ट द्वारा दिखाया गया है। एन्कोडेड करैक्टर में से पंचानबे प्रिंट करने योग्य हैं: इनमें अंक 0 से 9, लोअरकेस लेटर्स a से z, अपरकेस लेटर्स A से Z और पंक्चुएशन सिंबल शामिल हैं।

अतः विकल्प (B) सही है।

134. ऑप्टिकल फ़ाइबर कांच या प्लास्टिक से बना होता है। इस केबल में डेटा का संचरण विद्युत प्रवाह के बजाय प्रकाश के रूप में होता है, इसलिए यह केबल अन्य केबलों की तुलना में उच्च डेटा स्थानांतरण गति प्रदान करती है। वे व्यापक रूप से वाहनों के आंतरिक और बाहरी दोनों में प्रकाश व्यवस्था में उपयोग किए जाते हैं। अंतरिक्ष को बचाने और बेहतर रोशनी प्रदान करने की इसकी क्षमता के कारण, फ़ाइबर ऑप्टिक्स का उपयोग प्रतिदिन अधिक वाहनों में किया जाता है।

अतः विकल्प (B) सही है।

135. इंटरनेट कनेक्शन के लिए मोडेम आवश्यक है। एक मॉडेम एक हार्डवेयर उपकरण है जो डेटा को परिवर्तित करता है ताकि इसे एक कंप्यूटर से दूसरे कंप्यूटर पर टेलीफोन तारों पर प्रसारित किया जा सके। एक नेटवर्क इंटरफेस कार्ड (एन.आई.सी) एक सर्किट बोर्ड या कार्ड है जिसे कंप्यूटर में स्थापित किया जाता है ताकि इसे एक नेटवर्क से जोड़ा जा सके।

अतः विकल्प (B) सही है।

136. एक ही सबनेट पर डीएचसीपी क्लाइंट और सर्वर यूडीपी ब्रॉडकास्ट के माध्यम से संचार करते हैं। डीएचसीपी वास्तव में एक कनेक्शन रहित सेवा को नियोजित करता है, जो यूडीपी द्वारा प्रदान की जाती है, क्योंकि टीसीपी कनेक्शन ओरिएंटेड है। इसके संचालन के लिए इसे दो यूडीपी पोर्ट नंबर 67 और 68 के साथ लागू किया गया है।

अतः विकल्प (A) सही है।

137. एक यूआरएल (यूनिफ़ॉर्म रिसोर्स लोकेटर) एक डेटाबेस कनेक्शन है जो कंप्यूटर नेटवर्क पर डेटाबेस के स्थान और पुनर्प्राप्ति प्रक्रिया का वर्णन करता है। एक यूआरएल यूआरआई (यूनिफ़ॉर्म रिसोर्स आइडेंटिफायर) का एक अलग रूप है, हालांकि कई लोगों द्वारा दो शब्दों का परस्पर उपयोग किया जाता है।

अतः विकल्प (B) सही है।

138. एक प्रॉक्सी सर्वर एक कंप्यूटर है जो उपयोगकर्ता के कंप्यूटर और इंटरनेट के बीच गेटवे के रूप में कार्य करता है। प्रॉक्सी सर्वर को एप्लिकेशन लेवल गेटवे भी कहा जाता है। इसके द्वारा क्लाइंट कंप्यूटर दूसरे नेटवर्क से अप्रत्यक्ष नेटवर्क कनेक्शन स्थापित कर सकता है। इसका उपयोग एक्सटर्नल एक्सेस वाले कंप्यूटर के रूप में भी किया जाता है।

अतः विकल्प (A) सही है।

139. अल्फा-बीटा सर्च अल्फा और बीटा की वैल्यू को अपडेट करता है क्योंकि यह साथ हो जाता है और शेष शाखाओं को नोड पर प्रून्स करता है। अल्फा का प्रारंभिक वैल्यू -∞ है। मिनिमाइज़र के पथ पर किसी भी पॉइंट पर हमने अब तक बीटा का सबसे अच्छा (लोवेस्ट वैल्यू) विकल्प पाया है। मैक्स प्लेयर केवल अल्फा के वैल्यू को अपडेट करेगा। मिनी प्लेयर केवल बीटा के वैल्यू को अपडेट करेगा।

अतः विकल्प (A) सही है।

140. पहले देखी गई स्थिति की हैश टेबल को ट्रांसपोज़िशन टेबल कहा जाता है। ट्रांसपोज़िशन सर्च में बार-बार होने वाली अवस्थाओं की घटना है। एक ट्रांसपोज़िशन टेबल कंप्यूटर गेम प्लेइंग प्रोग्राम द्वारा उत्पन्न गेम ट्री में पहले देखी गई स्थिति और संबंधित मूल्यांकन का कैश है। यदि कोई स्थिति चालों के एक अलग सीक्वेंस के माध्यम से दोहराई जाती है, तो उस स्थिति के नीचे गेम ट्री को फिर से खोजने से बचने के लिए, स्थिति का वैल्यू टेबल से पुनर्प्राप्ति किया जाता है।

अतः विकल्प (B) सही है।

141. पूरे गेम ट्री की फिजिबिलिटी की गणना के लिए इवैल्यूएशन फंक्शन का उपयोग किया जाता है। क्योंकि हमें किसी पॉइंट पर सर्च को बंद करने और एक इवैल्यूएशन फंक्शन लागू करने की आवश्यकता होती है जो स्टेट की उपयोगिता का अनुमान देता है। एक इवैल्यूएशन फंक्शन, जिसे हेयरिस्टिक इवैल्यूएशन फंक्शन या स्टैटिक इवैल्यूएशन फंक्शन के रूप में भी जाना जाता

है, गेम-प्लेइंग कंप्यूटर प्रोग्राम द्वारा गेम ट्री में किसी स्थिति (आमतौर पर लीफ या टर्मिनल नोड पर) के वैल्यू या गुडनेस का अनुमान लगाने के लिए उपयोग किया जाने वाला फंक्शन है।

अतः विकल्प (A) सही है।

142. लॉजिक प्रोग्रामिंग मुख्य रूप से ऑटोमेटेड रीजनिंग के लिए और सिस्टम की वर्किंग प्रोसेस की जांच करने के लिए उपयोग किया जाता है। लॉजिक प्रोग्रामिंग एक ऐसी विधि है जिसका उपयोग कंप्यूटर वैज्ञानिक मशीनों को लॉजिक करने की अनुमति देने के लिए कर रहे हैं क्योंकि यह नॉलेज के रिप्रजेंटेशन के लिए उपयोगी है। लॉजिक प्रोग्रामिंग में नॉलेज का रिप्रजेंटेशन करने के लिए इस्तेमाल किया जाने वाला लॉजिक एक क्लॉसल फॉर्म है जो फर्स्ट-ऑर्डर प्रेडिकेट लॉजिक का सबसेट है।

अतः विकल्प (C) सही है।

143. एक बैकवर्ड चेनिंग एल्गोरिदम रीजनिंग का एक रूप है, जो गोयल से शुरू होता है और गोयल का सपोर्ट करने वाले ज्ञात फैक्ट को खोजने के लिए नियमों के माध्यम से पीछे की ओर काम करता है। इसमें सिंगल एलिमेंट वाले गोयल्स की सूची होगी और केरी को संतुष्ट करने वाले सभी सबस्टिट्यूशन का सेट लौटाएगा।

अतः विकल्प (B) सही है।

144. गोयल्स को स्टैक के रूप में माना जा सकता है और यदि वे सभी संतुष्ट हैं तो इसका मतलब है कि सबूत की एक वर्तमान शाखा सफल होती है। बैकवर्ड चेनिंग में तथ्यों को सही साबित करने के लिए गोयल को सब-गोयल या सब-गोयल्स में तोड़ा जाता है। इसे गोयल-ड्रिवेन एप्रोच कहा जाता है क्योंकि गोयल्स की एक सूची यह तय करती है कि कौन से नियम चुने गए हैं और उनका उपयोग किया गया है।

अतः विकल्प (D) सही है।

145. प्रपोज़िशनल रिजॉल्यूशन, प्रपोज़िशनल लॉजिक के लिए एक रेफुटेशन कम्पलीट इनफरेंस प्रोसीजर है। प्रपोज़िशनल रिजॉल्यूशन प्रपोज़िशनल लॉजिक के लिए इनफरेंस का एक नियम है। प्रपोज़िशनल रिजॉल्यूशन केवल क्लॉज़ल रूप में एक्सप्रेशन पर काम करता है। एक लिटरल या तो एक एटॉमिक सेंटेंस है या एक एटॉमिक सेंटेंस का निगेशन है। इनफरेंस के इस नियम को प्रपोज़िशनल रिजॉल्यूशन, या रिजॉल्यूशन प्रिंसिपल कहा जाता है।

अतः विकल्प (C) सही है।

146. लिटरल क्लॉज का डिसजंक्शन कंजंक्टिव नॉर्मल फॉर्म में उपलब्ध है। फर्स्ट-आर्डर के रेसोलुशन के लिए आवश्यक है कि क्लॉज कंजंक्टिव नॉर्मल फॉर्म में लिटरल के कंजंक्टिव में हो। एक फार्मूला कंजंक्टिव नॉर्मल फॉर्म (सीएनएफ) या क्लॉसल नॉर्मल फॉर्म में होता है यदि यह एक या अधिक क्लॉज का कंजंक्शन होता है, जहां एक क्लॉज़ लिटरल का एक कंजंक्शन होता है; अन्यथा कहें तो यह प्रोडक्ट या और OR का गुणनफल है।

अतः विकल्प (A) सही है।

147. वेरिएबल वाले लिटरल्स को यूनिवर्सली क्वांटिफाइड माना जाता है। फर्स्ट-आर्डर के लिटरल्स वेरिएबल केवल तभी स्वीकार करेंगे जब वे निवर्सली क्वांटिफाइड हों। यूनिवर्सल क्वांटिफिकेशन एक प्रकार का क्वांटिफायर है, एक लॉजिकल कांस्टेंट जिसकी इंटरप्रेटेड "किसी भी" या "सभी के लिए" दी गई है। यह एक्सप्रेस करता है कि डिस्कोर्स के डोमेन के प्रत्येक मेंबर द्वारा एक प्रेडीकेट को संतुष्ट किया जा सकता है।

अतः विकल्प (B) सही है।

148. आगमनात्मक शिक्षा में असंगत परिकल्पना शामिल नहीं है।

आगमनात्मक अधिगम में उदाहरण के द्वारा सीखना शामिल है - एक सामान्य रूप प्रक्षित उदाहरणों के समूह से प्रेरित होता है। आगमनात्मक शिक्षण में, हमें फंक्शन के डेटा और आउटपुट के रूप में फंक्शन के उदाहरण दिए जाते हैं। यह नया डेटा बनाने के कार्यों को सीखता है। इसे सुसंगत परिकल्पना के रूप में भी जाना जाता है।

आगमनात्मक शिक्षा में प्रयुक्त तीन मुख्य शब्द वर्गीकरण, प्रतिगमन और संभाव्यता अनुमान हैं। आगमनात्मक शिक्षा के दौरान उत्पन्न परिकल्पना को कभी-कभी अवधारणा विवरण कहा जाता है अर्थात एक ऐसा कार्यक्रम जिसका उपयोग बाद के उदाहरणों को वर्गीकृत करने के लिए किया जा सकता है। यदि हमें विशेषताओं के संग्रह द्वारा वर्णित वस्तुओं का एक ब्रह्मांड दिया जाता है, जिनमें से प्रत्येक को असतत संख्या में वर्गों में से एक के साथ लेबल किया जाता है, तो यह एक वर्गीकरण नियम देता है जो किसी भी वस्तु के वर्ग को उसके गुण मानों से निर्धारित कर सकता है।

अतः विकल्प (A) सही है।

149. RFC डेटा संचार मानकों की स्थापना के लिए समर्पित समिति नहीं है।

एक इंटरनेट मानक एक पूरी तरह से परीक्षण किया गया विनिर्देश है जो इंटरनेट के साथ काम करने वालों के लिए उपयोगी और उनका पालन करता है। यह एक औपचारिक विनियमन है जिसका पालन किया जाना चाहिए। एक सख्त प्रक्रिया है जिसके द्वारा एक विनिर्देश इंटरनेट मानक स्थिति प्राप्त करता है। एक विनिर्देश इंटरनेट ड्राफ्ट के रूप में शुरू होता है। एक इंटरनेट-ड्राफ्ट एक कार्यशील दस्तावेज़ (एक कार्य प्रगति पर) है जिसका कोई आधिकारिक दर्जा नहीं है और इसका जीवनकाल 6 महीने है। इंटरनेट अधिकारियों की सिफारिश पर, एक मसौदा टिप्पणी के लिए अनुरोध (RFC) के रूप में प्रकाशित किया जा सकता है। प्रत्येक RFC को संपादित किया जाता है, एक नंबर दिया जाता है, और सभी इच्छुक पार्टियों को उपलब्ध कराया जाता है। RFC परिपक्वता स्तरों से गुजरते हैं और उन्हें उनके आवश्यक स्तर के अनुसार वर्गीकृत किया जाता है।

अतः विकल्प (A) सही है।

150. म्युटेशन बेस्ड टेस्टिंग फॉल्ट बेस्ड टेस्टिंग है।

म्युटेशन टेस्टिंग इस अर्थ में एक फॉल्ट बेस्ड टेस्टिंग तकनीक है कि म्युटेशन टेस्टिंग मामलों को एक कार्यक्रम में विशिष्ट प्रकार के फॉल्ट का पता लगाने में मदद करने के लिए डिज़ाइन किया गया है। इसके विपरीत, व्हाइट बॉक्स टेस्टिंग रणनीतियाँ कवरेज बेस्ड टेस्टिंग तकनीकें हैं।

म्युटेशन टेस्टिंग के पीछे का विचार एक समय में एक कार्यक्रम में कुछ मनमाना परिवर्तन करना है। हर बार जब प्रोग्राम बदला जाता है, तो इसे म्युटेंटिंग प्रोग्राम कहा जाता है और प्रभावित परिवर्तन को म्युटेंट कहा जाता है।

अतः विकल्प (A) सही है।

Paper - I

Q.1 एक अच्छे शिक्षक की सबसे महत्वपूर्ण विशेषता कौन सी है?

A. अच्छा प्रेरक

B. कम विषय ज्ञान वाला

C. सख्त अनुशासक

D. छात्रों को अधिक गृहकार्य देने वाला

Q.2 एक प्रभावी शिक्षक की महत्वपूर्ण विशेषताएँ निम्नलिखित में से कौन सी हैं?

(I) विषय का ज्ञान।

(II) प्रभावी मौखिक संचार कौशल।

(III) प्रभावशाली व्यक्तित्व।

(IV) छात्रों से सम्मान प्राप्त करने की क्षमता।

A. (II) और (III)   **B.** (I) और (II)

C. (III) और (IV)   **D.** (I) और (IV)

Q.3 निम्नलिखित को सुमेलित कीजिए:

सूची–I (परीक्षण)	सूची–II (कौशल)
(a) वाक्य पूर्ण करें	(i) साहचर्य
(b) बहुविध विकल्प	(ii) अभिज्ञान
(c) निम्नलिखित को सुमेलित कीजिए	(iii) बोध
(d) गद्यांश को पढ़ें और प्रश्नों के उत्तर दें	(iv) स्मरण

A. (a) - (iv), (b) - (ii), (c) - (i), (d) - (iii)

B. (a) - (iv), (b) - (iii), (c) - (ii), (c) - (i)

C. (a) - (iv), (b) - (ii), (c) - (iii), (d) - (i)

D. (a) - (iii), (b) - (ii), (c) - (i), (d) - (iv)

Q.4 निम्न को कम कठिन से अधिक कठिन में व्यवस्थित करें:

1. प्रक्रियाओं का शिक्षण

2. मूल्यों का शिक्षण

3. अवधारणाओं का शिक्षण

4. चिंतन कौशल का शिक्षण

A. 1, 3, 4, 2   **B.** 2, 4, 3, 1   **C.** 1, 3, 2, 4   **D.** 1, 2, 3, 4

Q.5 कक्षा में, व्यक्तिगत अधिगम का परिवेश कैसे बनाएं?

I. कार्यपत्र/गतिविधि का संचार करें

II. माता-पिता के काम का परिवीक्षण

III. छात्रों के कार्यपत्रों की जाँच करना

IV. उचित प्रतिक्रिया देना

A. I, II, और III   **B.** I, II और IV

C. II, III, और IV   **D.** I, III और IV

Q.6 मुद्दा 'अनुसंधान नैतिकता' को अनुसंधान के किस चरण में प्रासंगिक माना जा सकता है?

A) समस्या निर्माण और इसकी परिभाषा के स्तर पर

B) अनुसंधान की आबादी को परिभाषित करने के स्तर पर

C) आंकड़ा संग्रह और व्याख्या के चरण में

D) निष्कर्षों की रिपोर्टिंग के स्तर पर

A. केवल A   **B.** केवल D

C. A और D दोनों   **D.** B और D दोनों

Q.7 एक विश्वविद्यालय का शिक्षक ग्रामीण बच्चों के आकांक्षा के स्तर और उपलब्धि के बीच संबंध का अध्ययन करना चाहता है। तो शोध का कौन-सा डिज़ाइन इस संदर्भ में सबसे उपयुक्त होगा?

A. प्रयोगात्मक शोध डिज़ाइन

B. पूर्वव्यापी शोध डिज़ाइन

C. ऐतिहासिक शोध डिज़ाइन

D. सर्वेक्षण शोध डिज़ाइन

Q.8 नीचे दिए गए दो समुच्चयों में समुच्चय – I में शिक्षण विधियाँ इंगित की गई हैं, जबकि समुच्चय – II में सफलता/ प्रभावोत्पादकता की मूल अपेक्षाएं दी गई हैं। इन दोनों समुच्चयों को सुमेलित कीजिए और नीचे दिए गये कूट में से अपने उत्तर को चुनिए।

सेट - I (शोध प्रकार)	सेट - II (विशेषताएँ)
A) मौलिक अनुसंधान	i. हस्तक्षेप के अनुभूत प्रभाव का पता लगाना
B) अनुप्रयुक्त अनुसंधान	ii. सिधांत निर्माण के माध्यम से प्रभावोत्पादक व्याख्या का विकास करना
C) क्रियात्मक अनुसंधान	iii. हस्तक्षेप के उपयोग के माध्यम माध्यम से प्रचलित स्थिति में सुधार लाना
D) मूल्यांकन अनुसंधान	iv. विभिन्न स्थितियों में उपयोग के लिए सिद्धांत की प्रयोज्यता की खोजबीन करना
	v. प्राविधिक संसाधनों को समृद्ध करना

A. A-ii B-iv C-iii D-i   **B.** A-v B-iv C-iii D-ii

C. A-i B-ii C-iii D-iv   **D.** A-ii B-iii C-iv D-v

Q.9 नीचे दो कथन दिए गए हैं: एक को अभिकथन (A) के रूप में और दूसरे को कारण (R) के रूप में अंकित किया गया है:

अभिकथन (A): सिद्धांत और व्यवहार के बीच के अंतर को पाटने के लिए मौलिक और अनुप्रयुक्त अनुसंधान प्रारूपों को बढ़ावा देना होगा।

कारण (R): मौलिक अनुसंधान सिद्धांत बनाने और अनुप्रयुक्त अनुसंधान पर केंद्रित है, जिसका उद्देश्य विभिन्न व्यावहारिक स्थितियों में सिद्धांत की प्रयोज्यता की खोज करना है।

उपरोक्त कथनों के प्रकाश में नीचे दिए गए विकल्पों में से सबसे उपयुक्त उत्तर का चयन कीजिए:

A. (A) और (R) दोनों सही हैं और (R) (A) की सही व्याख्या है।

B. (A) और (R) दोनों सही हैं लेकिन (R) (A) की सही व्याख्या नहीं है।

C. (A) सही है लेकिन (R) सही नहीं है।

D. (A) सही नहीं है लेकिन (R) सही है।

Q.10 निम्नलिखित में से कौन सा शोध प्रारूप परिकल्पना परीक्षण और सामान्यीकरण पर केंद्रित है?

A. प्रयोगात्मक और घटनोत्तर अनुसंधान

B. इंटरवेंशन के आधार पर क्रियात्मक शोध

C. घटनात्मक और कथात्मक शोध

D. केस स्टडी रिसर्च

Ques (11-15):निर्देश: गद्यांश का ध्यानपूर्वक अध्ययन कीजिए और दिए गए चार विकल्पों में से प्रत्येक के प्रश्न में से सर्वश्रेष्ठ उत्तर का चयन कीजिए।

जलवायु परिवर्तन के वैश्विक खतरे से निपटने के दौरान भारत अपनी तीव्र आर्थिक वृद्धि को बनाए रखने की चुनौती का सामना कर रहा है। यह खतरा संचित ग्रीनहाउस गैस उत्सर्जन से उत्पन्न होता है, जो दीर्घकालिक औद्योगिक विकास और उच्च खपत जीवन शैली के माध्यम से उत्पन्न होता है। वर्तमान में, भारत विश्व में ग्रीनहाउस गैसों (जीएचजी) के शीर्ष 10 उत्सर्जकों में शामिल है। हालांकि, यह सुनिश्चित करना भारत के हित में है कि विश्व कम

कार्बन भविष्य की ओर बढ़े। तापमान, वर्षा और आर्द्रता जैसे प्रमुख जलवायु चर में परिवर्तन के साथ, कृषि और ग्रामीण विकास जैसे महत्वपूर्ण क्षेत्रों के प्रमुख रूप से प्रभावित होने की संभावना है। एक विकासशील देश के रूप में, भारत प्राकृतिक संसाधनों और कृषि से निकटता से जुड़ा हुआ है, और जल और वानिकी जलवायु-संवेदनशील हैं।जलवायु परिवर्तन से निपटने के लिए, भारत की जलवायु परिवर्तन के लिए राष्ट्रीय कार्य योजना (एनएपीसीसी) का उद्देश्य राष्ट्रीय विकास उद्देश्यों को प्राप्त करना है, साथ ही पारिस्थितिकीय स्थिरता को बढ़ाने के लिए जो ग्रीनहाउस गैस उत्सर्जन के आगे शमन की ओर जाता है। ग्रीन हाउस गैसों के अनुकूलन और शमन दोनों के लिए और सतत विकास को बढ़ावा देने के लिए एनएपीसीसी उपयुक्त तकनीकों को लागू करने का प्रयास करता है। एनएपीसीसी अनुसंधान, विकास, साझाकरण और अतिरिक्त धन द्वारा सक्षम प्रौद्योगिकियों के हस्तांतरण के लिए अंतर्राष्ट्रीय सहयोग का विस्तार करने की भी योजना बना रहा है। भारत संयुक्त राष्ट्र फ्रेमवर्क कन्वेंशन का सदस्य है और जलवायु परिवर्तन पर उसी के साथ सहयोग करने का इरादा रखता है। संयुक्त राष्ट्र फ्रेमवर्क कन्वेंशन ऑन क्लाइमेट चेंज (यूएनएफसीसीसी) एक अंतर्राष्ट्रीय पर्यावरण संधि है जो संयुक्त राष्ट्र सम्मेलन पर्यावरण और विकास (यूएनसीईडी) में निर्मित है और इसे अनौपचारिक रूप से पृथ्वी शिखर सम्मेलन के रूप में जाना जाता है। संधि का उद्देश्य वातावरण में ग्रीनहाउस गैस सांद्रता को एक स्तर पर स्थिर करना है जो जलवायु प्रणाली के साथ खतरनाक मानवजनित हस्तक्षेप को रोक देगा।

Q.11 गद्यांश के लिए एक उपयुक्त शीर्षक प्रस्तावित कीजिए?

A. भारत और जलवायु परिवर्तन का वैश्विक खतरा

B. जलवायु परिवर्तन के लिए राष्ट्रीय कार्य योजना

C. ग्लोबल वार्मिंग में संयुक्त राष्ट्र की भूमिका

D. पर्यावरण प्रदूषण

Q.12 इस गद्यांश से हम क्या निष्कर्ष निकाल सकते हैं?

A. जलवायु परिवर्तन एक वैश्विक खतरा है और पूरे विश्व को इस मुद्दे से निपटने के लिए मिलकर काम करना चाहिए।

B. विकसित देश अतिरिक्त कार्बन डाइऑक्साइड छोड़ने के लिए सभी दोष विकासशील देशों पर डाल रहे हैं।

C. सतत विकास को बढ़ावा देने के लिए, दुनिया को एक स्वच्छ वातावरण की आवश्यकता है।

D. जलवायु परिवर्तन पर संयुक्त राष्ट्र फ्रेमवर्क कन्वेंशन (यूएनएफसीसीसी) एक अंतरराष्ट्रीय पर्यावरण संधि है लेकिन सदस्य राष्ट्र इस संधि के बारे में गंभीर नहीं हैं।

Q.13 एक विकासशील देश का कौन सा क्षेत्र जलवायु परिवर्तन के कारण सबसे अधिक असुरक्षित है?

A. जलवायु परिवर्तन केवल विकसित देश के लिए खतरनाक है।

B. कृषि और ग्रामीण विकास का क्षेत्र।

C. सतत विकास का क्षेत्र सबसे कमजोर है।

D. औद्योगिक विकास का क्षेत्र।

Q.14 राष्ट्रीय कार्य योजना क्यों आवश्यक थी?

A. ग्रीनहाउस गैस उत्सर्जन को नियंत्रित करने के लिए।

B. भारत के प्राकृतिक संसाधनों को बचाने के लिए।

C. भारत से गरीबी मिटाने के लिए।

D. जलवायु परिवर्तन पर संयुक्त राष्ट्र फ्रेमवर्क कन्वेंशन (यूएनएफसीसीसी) का मुकाबला करने के लिए।

Q.15 लंबे समय में आर्थिक विकास को बनाए रखना भारत के लिए क्यों मुश्किल है?

A. जलवायु परिवर्तन का खतरा भारत की तीव्र आर्थिक प्रगति को रोक रहा है।

B. जलवायु परिवर्तन पर अंतर्राष्ट्रीय संधियाँ भारत को तीव्र आर्थिक प्रगति करने से रोकती हैं।

C. जलवायु परिवर्तन के लिए भारत की राष्ट्रीय कार्य योजना (एनएपीसीसी) का उद्देश्य तेजी से आर्थिक और औद्योगिक विकास

को प्रतिबंधित करना है।

D. भारत एक जलवायु संवेदनशील क्षेत्र में आता है। इसलिए, यह बहुत लंबे समय तक आर्थिक विकास को बनाए नहीं रख सकता है।

Q.16 निम्नलिखित में से कौन संचार का सिमेंटिक बैरियर नहीं है?

A. शब्द का चुनाव   **B.** सांस्कृतिक अंतर

C. खराब अवधारणा   **D.** वर्तनी त्रुटि

Q.17 संचार प्रभावी होगा यदि यह है:

A. धीरे-धीरे और स्पष्ट रूप से दिया गया

B. उपयुक्त मीडिया का उपयोग करके वितरित किया गया

C. प्रेषक द्वारा इच्छित के रूप में प्राप्त किया गया

D. तुरंत प्राप्त किया

Q.18 निम्नलिखित में से कौन प्रभावी संचार में बाधक हैं?

1. शारीरिक शोर
2. सिमेंटिक शोर
3. मनोवैज्ञानिक शोर
4. गैर-अर्थपूर्ण शोर

नीचे दिए गए विकल्पों में से सही उत्तर चुनिए:

A. 1, 2 और 4   **B.** 1, 2 और 3

C. 1, 3 और 4   **D.** केवल 1 और 4

Q.19 निर्देश: नीचे दिए गए कथनों को पढ़ें और सही विकल्प का चयन करें।

कथन I: संचार एक सतत प्रक्रिया है।

कथन II: गैर-मौखिक संचार के बिना मौखिक संचार साथियों के बीच बातचीत के लिए सबसे प्रभावी होता है।

A. कथन I और II दोनों सत्य हैं।

B. केवल कथन I सत्य है।

C. केवल कथन II सत्य है।

D. कथन I और II दोनों असत्य हैं।

Q.20 मानव सम्प्रेषण प्रक्रिया के विवरण की लिए के लिये निम्नलिखित में से कौनसा कथन समुच्चय सही है?

1. अशब्दिक संप्रेषण विचारों को उद्दीप्त कर सकते हैं।
2. सम्प्रेषण एक अर्जित क्षमता है।
3. सम्प्रेषण एक सार्वभौम समाधान नहीं है।
4. सम्प्रेषण खंडित नहीं हो सकता।
5. अधिक सम्प्रेषण का अर्थ छात्रों द्वारा अधिक प्रभावी अधिगम है।
6. कक्षा संप्रेषण के माध्यम से सीखे हुए का मूल्य छात्रों के लिए महत्त्वपूर्ण नहीं है।

A. 1, 3, 5 और 6   **B.** 2, 4, 5 और 6

C. 1, 2, 3 और 4   **D.** 1, 4, 5 और 6

Q.21 पूनम ने रीता (जोकि एक लड़की है) से कहा, "आपकी मां के पति मेरे पिता हैं। पूनम एक महिला है।"

निम्न में से कौन सा कथन असत्य है?

A. रीता पूनम की बहन है।

B. पूनम रीता की मां है।

C. पूनम और रीता भाई बहन हैं।

D. केवल एक विवाहित जोड़ा है।

Q.22 L, K की माँ है और N की बहन है, K, O की बहन है। P, O का पति है और N, M का पति है, तो O, N से किस प्रकार संबंधित है?

A. चचेरा भाई   **B.** भांजी   **C.** बेटी   **D.** पोती

Q.23 अभिषेक, योगिता के पिता हैं। अहाना, वरुण की बहन है। काव्या, योगिता की बहन और अहाना की इकलौती पुत्री है। योगिता, वरुण से कैसे संबंधित है।

A. भांजी

B. भतीजा

C. चाचा

D. निर्धारित नहीं किया जा सकता

Q.24 यदि "LAWYER" को 9 के रूप में कूटबद्ध किया जाता है और "KETTLE" को 9 के रूप में कूटबद्ध किया जाता है, तब "CALIBRI" को किस प्रकार कूटबद्ध किया जाएगा?

A. 10　　　B. 11　　　C. 7　　　D. 8

Q.25 एक कूट भाषा में, यदि '568734' को '20 -10-32-11-12-8' के रूप में कूटित किया जाता है, तो उसी भाषा में '312858' को किस प्रकार कूटित किया जाएगा?

A. 13-5-8-12-20-11　　　B. 15-5-8-12-30-12

C. 12-5-8-12-20-12　　　D. 12-5-9-12-20-12

Q.26 "सभी भारतीय चावल खाते हैं" और "कुछ भारतीय चावल खाते हैं" उदाहरण है।

A. उप-प्रत्यावर्तन　　　B. विपरीत

C. विरोधाभास　　　D. उप-नियम

Q.27 निर्देश: दिए गए चार विकल्पों में से कौन सा एक विकल्प अन्य तीन के वर्ग से संबंधित नहीं है?

स्नायुरोग विशेषज्ञ, हृदयरोग विशेषज्ञ, कीमियागर, स्त्री रोग विशेषज्ञ

A. स्त्री रोग विशेषज्ञ　　　B. हृदयरोग विशेषज्ञ

C. कीमियागर　　　D. स्नायुरोग विशेषज्ञ

Q.28 निर्देश: नीचे दो कथन दिए गए हैं, इन कथनों को ध्यानपूर्वक पढ़िए और उत्तर दीजिए।

कथन I: बौद्ध धर्म उपमान को वैध ज्ञान के एक स्वतंत्र स्रोत के रूप में स्वीकार करता है।

कथन II: उपमान में, किसी वस्तु का ज्ञान धारणा और गवाही से निर्धारित होता है।

A. कथन I और कथन II दोनों सत्य हैं।

B. कथन I और कथन II दोनों असत्य हैं।

C. कथन I सत्य है लेकिन कथन II गलत है।

D. कथन I गलत है लेकिन कथन II सत्य है।

Q.29 दी गई श्रृंखला में X का मान ज्ञात कीजिए।

121, 120, 124, 115, 131, X

A. 122　　　B. 106　　　C. 98　　　D. 108

Q.30 If the term HJLN is converted into ILOR, then by the same principle what could be the correct alternative for the term DFHJ?

A. FHJN　　　B. EHKN　　　C. EGIL　　　D. FHNJ

Ques (31-35):निर्देश: तालिका पांच अलग-अलग राज्यों के चीनी के उत्पादन (हजार में) को दर्शाती है। तालिका का ध्यानपूर्वक अध्ययन कीजिए और निम्नलिखित प्रश्नों के ध्यानपूर्वक उत्तर दीजिए।

राज्य	वर्ष				
	2014	2015	2016	2017	2018
A	74	66	67	73	80
B	58	64	73	74	82
C	43	52	58	67	74
D	35	55	50	65	45
E	50	58	62	71	70

Q.31 2014 में राज्य A और 2017 में राज्य D के चीनी का कुल उत्पादन वर्ष 2015 और 2016 में चीनी के कुल उत्पादन का कितना प्रतिशत है?

A. 20%　　　B. 23%　　　C. 16%　　　D. 25%

Q.32 2014 से 2016 के दौरान राज्य E के चीनी का कुल उत्पादन 2014, 2015, 2017 और 2018 के दौरान राज्य D के चीनी के कुल उत्पादन से कितना प्रतिशत कम है?

A. 15　　　B. 12　　　C. 10　　　D. 18

Q.33 राज्य A के चीनी के उत्पादन से संबंधित आकड़ों को वृत्त आलेख में दर्शाया गया है, तो 2015 और 2018 में चीनी के उत्पादन को दर्शाने वाले क्षेत्र का केंद्रीय कोण क्या होगा?

A. 135°　　　B. 146°　　　C. 150°　　　D. 160°

Q.34 2014 में राज्य B और 2016 में राज्य E के चीनी का कुल उत्पादन और 2018 में राज्य C और 2015 में राज्य A के चीनी के कुल उत्पादन का अनुपात क्या है?

A. 6 : 7　　　B. 5 : 6　　　C. 12 : 13　　　D. 9 : 14

Q.35 उन वर्षों की संख्या क्या है जिसमें वर्षों में राज्य A के चीनी का उत्पादन राज्य B के चीनी के औसत उत्पादन से कम है?

A. 1　　　B. 4　　　C. 2　　　D. 3

Q.36 FTP का पूर्ण रूप है:

A. फाइल ट्रांसफर प्रोटोकॉल

B. फाइल ट्रांसफर प्रोग्राम

C. फाइल ट्रांसफर प्रॉपर्टी

D. फाइल ट्रांसफर प्रॉब्लम

Q.37 किस सोशल मीडिया प्लेटफॉर्म ने लड़कियों के लिए GOAL- डिजिटल कौशल पहल की सराहना की है?

A. इंस्टाग्राम　　　B. स्नैपचैट　　　C. फेसबुक　　　D. ट्विटर

Q.38 शैक्षिक कंप्यूटर का मुख्य कार्य क्या है?

A. उत्तरों को अंक प्रदान करना

B. जानकारी संरक्षित करना

C. डेटा का विश्लेषण करना

D. ये सभी

Q.39 जब आप एक सॉफ्टवेयर इंस्टालेशन के बाद अपने कंप्यूटर को रीस्टार्ट करते हैं तो यह मूल रूप से किसके अंतर्गत आता है?

A. कोल्ड बूटिंग　　　B. अर्थमेटिक ऑपरेशन

C. वार्म बूटिंग　　　D. रिफ्रेशिंग

Q.40 बिट रेट क्या है?

[UGC NET Sociology, 2020]

A. कंप्यूटर में संग्रहीत बिट की संख्या

B. प्रति सेकंड बिट की संख्या जो एक नेटवर्क पर प्रसारित की जा सकती है

C. एक नेटवर्क पर एक कंप्यूटर में संग्रहीत प्रति घंटे बिट की संख्या

D. हेक्सा दशमलव संख्या में परिवर्तित किये गए बाइनरी अंक

Q.41 निम्नलिखित में से क्या पेरिस समझौते का केंद्रीय उद्देश्य था?

A. सीएफसी उत्सर्जन को कम करने के लिए

B. जलवायु परिवर्तन के खतरे के लिए वैश्विक प्रतिक्रिया को मजबूत करने के लिए

C. जैविक विविधता मुद्दों को संबोधित करने के लिए

D. ओजोन परत के अवक्षय की समस्या के समाधान के लिए

Q.42 विकासशील देशों में, नगरपालिका ठोस अपशिष्ट की संरचना में खाद्य अपशिष्ट का अंश आम तौर पर सीमा में है:

A. 10-15%
B. 20-30%
C. 25-35%
D. 40% से ज्यादा

Q.43 यदि शहरों में से एक का वायु गुणवत्ता सूचकांक (एक्यूआई) 190 है। यह किस श्रेणी के अंतर्गत आता है?

A. बहुत खराब
B. खराब
C. मध्यम
D. अच्छा

Q.44 वर्तमान में, भारत में, कुल स्थापित नवीकरणीय बिजली क्षमता का हिसाब निम्नलिखित है:

(a) सौर शक्ति

(b) पवन शक्ति

(c) जलविद्युत शक्ति

(d) ऊर्जा रूपांतरण के लिए शहरी और औद्योगिक कचरा

(e) जैवभार शक्ति

(f) भू-तापीय शक्ति

नीचे दिए गए विकल्पों में से सही उत्तर चुनिए

A. केवल (a), (b), (c), (e) और (f)
B. केवल (a), (b), (c), (d) और (f)
C. केवल (a), (b), (c), (d) और (e)
D. (a), (b), (c), (d), (e) और (f)

Q.45 निर्देश: नीचे दिए गए दो कथन हैं: एक को अभिकथन (A) के रूप में और दूसरे को तर्क (R) के रूप में चिन्हित किया गया है:

अभिकथन (A): कार्बन मोनोऑक्साइड (CO) एक गंभीर रूप से एस्फिक्सिएंट है यहां तक की छोटी सी मात्रा स्वास्थ्य के लिए घटक हो सकती हैं।

तर्क (R): रक्त में मौजूद हीमोग्लोबिन में ऑक्सीजन की तुलना में कार्बन मोनोऑक्साइड के प्रति अधिक आत्मीयता होती है।

उपरोक्त कथनों के प्रकाश में, नीचे दिए गए विकल्पों में से सबसे उपयुक्त उत्तर चुनें:

A. दोनों (A) और (R) सही हैं और (R), (A) की सही व्याख्या है
B. दोनों (A) और (R) सही हैं लेकिन (R), (A) की सही व्याख्या नहीं है
C. (A) सही है लेकिन (R) गलत है
D. (A) गलत है लेकिन (R) सही है

Q.46 विश्वविद्यालयों और कॉलेजों में गुणवत्ता रखरखाव सुनिश्चित करने के लिए दिशानिर्देश और नियम राष्ट्रीय स्तर पर _____ द्वारा समय-समय पर तैयार किए जाते हैं।

A. राष्ट्रीय मूल्यांकन और प्रत्यायन परिषद (NAAC)
B. राष्ट्रीय शिक्षा अनुसंधान और प्रशिक्षण परिषद (NCERT)
C. विश्वविद्यालय अनुदान आयोग (UGC)
D. राष्ट्रीय उन्नत अध्ययन संस्थान (NIAS)

Q.47 निम्नलिखित में से किसे भारत में उच्च शिक्षा का तीसरा आयाम माना जाता है?

A. शिक्षण **B.** अनुसंधान **C.** विस्तार **D.** प्रशिक्षण

Q.48 दूरस्थ शिक्षा की मुख्य विशेषता है:

A. आमने-सामने अधिगम
B. परामर्श सत्र और अध्ययन केंद्र
C. अनिवार्य उपस्थिति
D. आसानी से डिग्री प्राप्त करना

Q.49 कोठारी आयोग द्वारा संबंधित भाषा से अनुशंसित नीति है:

A. मानक भाषा सूत्र
B. द्विभाषा सूत्र
C. त्रिभाषा सूत्र
D. राष्ट्रभाषा और राजभाषा की पुनः व्याख्या

Q.50 प्राचीन भारत के विश्वविद्यालयों में शिक्षण प्रख्यात शिक्षकों के बोर्ड द्वारा नियंत्रित किया जाता था। विक्रमशिला विश्वविद्यालय के बोर्ड द्वारा किस विश्वविद्यालय का संचालन किया गया था?

A. जगदला विश्वविद्यालय
B. वल्लभी विश्वविद्यालय
C. नालंदा विश्वविद्यालय
D. ओदंतपुरी विश्वविद्यालय

Paper - II

Q.51 रिलेशन का ट्रान्सिटीव क्लोजर {(0,1), (1,2), (2,2), (3,4), (5,3), (5,4)} पर सेट {1, 2 , 3, 4, 5} _________ है।

A. {(0,1), (1,2), (2,2), (3,4)}
B. {(0,0), (1,1), (2,2), (3,3), (4,4), (5,5)}
C. {(0,1), (1,1), (2,2), (5,3), (5,4)}
D. {(0,1), (0,2), (1,2), (2,2), (3,4), (5,3), (5,4)}

Q.52 प्रॉपर्टीज के बीच {रिफ्लेक्सिविटी, सिमिट्री, एंटीसिमेट्री, ट्रांजिटिविटी} रिलेशन R={(a,b) ∈ N2 | a!= b} _________ प्रॉपर्टी को संतुष्ट करता है।

A. सिमिट्री
B. ट्रांजिटिविटी
C. एंटीसिमेट्री
D. रिफ्लेक्सीविटी

Q.53 एक ग्राफ में एक निशान को ______ के रूप में वर्णित किया जा सकता है।

A. रिपेटेड एज के बिना वॉक
B. रिपेटेड किये गए एज वाला एक साइकिल
C. रिपेटेड एज के साथ वॉक
D. एक या अधिक वर्टिस वाला लाइन ग्राफ

Q.54 मान लीजिए कि एक ग्राफ ncfkedn को एक प्रकार के ______ के रूप में निरूपित किया जा सकता है।

A. साइकिल ग्राफ
B. लाइन ग्राफ
C. हैमिल्टनियन ग्राफ
D. पथ ग्राफ

Q.55 प्रीफिक्स नोटेशन में 4*5+3/2-9 का मूल्यांकन:

A. *45-/32+9
B. *+453/-29
C. -+*45/329
D. *+/45932

Q.56 जब माइक्रोकंट्रोलर कुछ एरिथमेटिक ऑपरेशन्स को एग्जिक्यूट करता है, तो किस रजिस्टर के फ्लैग बिट्स प्रभावित होते हैं?

A. पीएसडब्लू
B. एसपी
C. डीपीटीआर
D. पीसी

Q.57 जब 8051 वेकअप होता है, तो 0x00 किस रजिस्टर में लोड होता है?

A. पीएसडब्ल्यू
B. एसपी
C. पीसी
D. इनमें से कोई नहीं

Q.58 निम्नलिखित में से किस कंपनी द्वारा 8051 माइक्रोकंट्रोलर का निर्माण किया जाता है?

A. एटमेल **B.** फिलिप्स **C.** इंटेल **D.** ये सभी

Q.59 यदि लिखित निर्देश दिया जाता है तो कैरी, ऑक्सिलरी कैरी और पैरिटी फ्लैग की स्थिति कैसे प्रभावित होती है:

MOV A,#9CADD A,#64H

A. CY=0,AC=0,P=0
B. CY=1,AC=1,P=0
C. CY=0,AC=1,P=0
D. CY=1,AC=1,P=1

Q.60 निम्नलिखित में से कौन 8086 और 8088 प्रोसेसर का सक्सेसर है?

A. 80286 **B.** 80387 **C.** 8051 **D.** 8087

Q.61 80286 के दो तरीके कौन से हैं?

A. रियल मोड और प्रोटेक्टेड मोड

B. मोड 1 और मोड 2

C. अल्टरनेटर और मेन

D. मोड A और मोड B

Q.62 इंटेल 80286 में 4 जनरल-पर्पस 16 बिट रजिस्टर कौन से हैं?

A. CS,DS,SS,ES

B. AX,BX,CX,DX

C. IP,FL,DI,SI

D. DI,SI,BP,SP

Q.63 प्रत्येक एमएमएक्स (मल्टीमीडिया एक्सटेंशन) रजिस्टर का आकार है:

A. 32 बिट   **B.** 64 बिट   **C.** 128 बिट   **D.** 256 बिट

Q.64 एमएमएक्स निर्देशों के अनुक्रम को निष्पादित करने के बाद एमएमएक्स रजिस्टरों को एक निर्देश द्वारा क्लियर किया जाना चाहिए:

A. क्लियर

B. रीसेट

C. ईएमएम

D. ईएमएमएस

Q.65 एमएमएक्स आर्किटेक्चर का उपयोग करके सीपीयू द्वारा सिंगल रजिस्टर में मैनिपुलेटेड किए जा सकने वाले पिक्सेल की संख्या है:

A. 4   **B.** 6   **C.** 8   **D.** 10

Q.66 निम्नलिखित में से किस क्लास को जेनेरिक क्लास के रूप में जाना जाता है?

A. फाइनल क्लास

B. टेम्पलेट क्लास

C. एब्स्ट्रेक्ट क्लास

D. एफिसिएंट कोड

Q.67 प्रोग्रामिंग लैंग्वेज को परिभाषित करें, जो सभी प्रकार की इनहेरिटेंस को सपोर्ट नहीं करती है?

A. स्मालटॉक   **B.** कोटलिन   **C.** जावा   **D.** C++

Q.68 CSS में, Body के लिए बैकग्राउंड कलर जोड़ने के लिए सही सिंटैक्स क्या है?

A. <body style ="background-color:lightgreen;">

B. <body style="bg-color:lightgreen;">

C. <body bg-color ="lightgreen;">

D. <body ="background-color:lightgreen;">

Q.69 इमेज डालने के लिए सही HTML कोड क्या है?

A. <img> image.gif </img>

B. <img href="image.gif"/>

C. <img src="image.gif">

D. इनमें से कोई नहीं

Q.70 निम्नलिखित में से कौन सी एक हाई-लेवल लैंग्वेज है जिसका उपयोग सॉफ्टवेयर अनुप्रयोगों को कॉम्पैक्ट, कुशल कोड में विकसित करने के लिए किया जाता है जिसे न्यूनतम परिवर्तन के साथ विभिन्न प्रकार के कंप्यूटरों पर चलाया जा सकता है?

A. FORTRAN

B. C

C. C++

D. COBOL

Q.71 लिआंग-बार्स्की लाइन क्लिपिंग एल्गोरिथम में कितनी असमानताओं को हल किया गया है?

A. 3   **B.** 2   **C.** 1   **D.** 4

Q.72 2-डी लाइनों के लिए कोहेन-सदरलैंड एल्गोरिथम पर रिलेटिव स्पीड इम्प्रूवमेंट क्या है?

A. 40%   **B.** 50%   **C.** 70%   **D.** 36%

Q.73 निम्नलिखित में से कौन रास्टर सिस्टम पर प्रयुक्त क्लिपिंग एल्गोरिथम का एक प्रकार नहीं है?

A. लाइन क्लिपिंग

B. प्वाइंट क्लिपिंग

C. एरिया क्लिपिंग

D. सॉलिड क्लिपिंग

Q.74 x-एक्सिस में एक पॉइंट को क्लिप करने के लिए, निम्नलिखित में से कौन सी कंडीशन पॉइंट से सटिस्फाइड होनी चाहिए?

A. $XW_{min} < x < XW_{max}$

B. $XW_{min} = x = XW_{max}$

C. $XW_{min} > x > XW_{max}$

D. $yW_{min} = y = yW_{max}$

Q.75 y-एक्सिस में एक पॉइंट को क्लिप करने के लिए, निम्नलिखित में से कौन सी कंडीशन पॉइंट से सटिस्फाइड होनी चाहिए?

A. $yW_{min} < y < yW_{max}$

B. $yW_{min} > y > yW_{max}$

C. $yW_{min} = y = yW_{max}$

D. $XW_{min} < x < XW_{max}$

Q.76 अपाचे नॉक्स _________ एज नोड रिस्क को समाप्त करता है।

A. एसएसएल   **B.** एसएसओ   **C.** एसएसएच   **D.** ये सभी

Q.77 अपाचे नॉक्स _________ से अधिक हड्डूप क्लस्टर को एक्सेस है।

A. एचटीटीपी

B. टीसीपी

C. आईसीएमपी

D. इनमें से कोई नहीं

Q.78 अपाचे नॉक्स _________ रेस्ट एपीआई एक्सेस प्वाइंट प्रदान करता है।

A. सिंगल   **B.** डबल   **C.** मल्टीपल   **D.** जीरो

Q.79 "डेटा" शब्द का अर्थ है:

A. इनफार्मेशन का इलेक्ट्रॉनिक रिप्रजेंटेशन (या डेटा)

B. बेसिक इनफार्मेशन

C. रो फैक्ट्स और फिगर्स

D. रो इनफार्मेशन

Q.80 निम्नलिखित में से कौन सा टॉप-डाउन दृष्टिकोण है जिसमें इकाई के हायर-लेवल को दो लोअर सब-एंटिटीज में विभाजित किया जा सकता है?

A. एग्रीगेशन

B. जनरलाइजेसन

C. स्पेशलाइजेशन

D. रिलेशन

Q.81 एक रिलेशन की रो को _________ के रूप में जाना जाता है।

A. डिग्री   **B.** टपल्स   **C.** एंटिटी   **D.** कॉलम

Q.82 निम्नलिखित में से कौन संबंध में टपल्स की संख्या को संदर्भित करता है?

A. एंटिटी

B. कॉलम

C. कार्डिनैलिटी

D. एग्रीगेशन

Q.83 निम्नलिखित में से कौन एक प्रकार का डेटा मैनिपुलेशन कमांड है?

A. क्रिएट   **B.** अल्टर   **C.** डिलीट   **D.** इंसर्ट

Q.84 _________ टूल सभी उपलब्ध डेटाबेस स्कीमा को लिस्टेड कर सकता है।

A. स्कूप-लिस्ट-टेबल्स

B. स्कूप-लिस्ट-डेटाबेस

C. स्कूप-लिस्ट-स्कीमा

D. स्कूप-लिस्ट-कॉलम

Q.85 डेटा को अधिकतम _________ फ़ाइल फॉर्मेट में इम्पोर्टेड किया जा सकता है।

A. 2   **B.** 3   **C.** 4   **D.** 5

Q.86 निम्नलिखित में से कौन OSS का नकारात्मक पहलू नहीं है?

A. पर्सनलाइज्ड सपोर्ट का अभाव

B. प्रतिबंधित विकल्प

C. नो वारंटी

D. बहुविकल्पीय

Q.87 एक व्यक्ति जो प्रोग्राम को सॉफ्टवेयर पैकेज में डिजाइन करता है, वह कहलाता है:

A. यूजर
B. सॉफ्टवेयर मैनेजर
C. सिस्टम डेवलपर
D. सिस्टम प्रोग्रामर

Q.88 _________ को किसी विशिष्ट समस्या को हल करने या किसी विशिष्ट कार्य को करने के लिए डिज़ाइन किया गया है।

A. एप्लिकेशन सॉफ्टवेयर
B. सिस्टम सॉफ्टवेयर
C. यूटिलिटी सॉफ्टवेयर
D. यूजर

Q.89 असेंबलर का उपयोग ट्रांसलेटर के रूप में किसके लिए किया जाता है?

A. लो-लेवल लैंग्वेज
B. हाई-लेवल लैंग्वेज
C. कोबोल
D. C

Q.90 मल्टी-माइक्रोप्रोसेसर के निर्माण का मुख्य उद्देश्य है:

A. ग्रेटर थ्रूपुट
B. इन्हैंस्ड फाल्ट टॉलरेंस
C. (A) और (B) दोनों
D. इनमें से कोई नहीं

Q.91 जब किसी कंप्यूटर को पहली बार स्टार्ट या रीस्टार्ट किया जाता है, तो एक विशेष प्रकार का फुल लोडर निष्पादित किया जाता है, जिसे _________ कहा जाता है।

A. "कम्पाइल एंड गो" लोडर
B. बूट लोडर
C. बूटस्ट्रैप लोडर
D. रेलटिंग लोडर

Q.92 निम्नलिखित में से कौन सा शेड्यूलिंग एल्गोरिदम प्रिएम्प्टीव शेड्यूलिंग है?

A. एफसीएफएस शेड्यूलिंग
B. एसजेएफ शेड्यूलिंग
C. नेटवर्क शेड्यूलिंग
D. एसआरटीएफ शेड्यूलिंग

Q.93 कई जॉब्स के बीच कंप्यूटर के समय को साझा करने की तकनीक क्या है, जो जॉब्स को इतनी तेजी से स्विच करता है कि ऐसा प्रतीत होता है कि प्रत्येक जॉब के पास स्वयं कंप्यूटर है:

A. टाइम शेयरिंग
B. टाइम आउट
C. टाइम डोमेन
D. फीफो

Q.94 निम्नलिखित में से कौन रीयल टाइम ऑपरेटिंग सिस्टम का उदाहरण है?

A. मैक
B. एमएस-डॉस
C. विंडोज 10
D. प्रोसेस कंट्रोल

Q.95 MS-DOS में, स्थानांतरित करने योग्य ऑब्जेक्ट फ़ाइलें और लोड मॉड्यूल में एक्सटेंशन होते हैं:

A. .OBJ और .COM या .EXE, क्रमशः
B. .COM और .OBJ, क्रमशः
C. .EXE और .OBJ, क्रमशः
D. .DAS और .EXE, क्रमशः

Q.96 एजाइल सॉफ्टवेयर डेवलपमेंट पर आधारित है:

A. इंक्रीमेंटल डेवलपमेंट
B. इटरेटिव डेवलपमेंट
C. लीनियर डेवलपमेंट
D. (A) और (B) दोनों

Q.97 प्लान-ड्रिवेन डेवलपमेंट एजाइल डेवलपमेंट से किस प्रकार भिन्न है?

A. सॉफ्टवेयर डेवलपमेंट प्रोसेस के दौरान नेगोटिएशन की प्रोसेस के माध्यम से आउटपुट तय किए जाते हैं।
B. स्पेसिफिकेशन, डिज़ाइन, इम्प्लीमेंटेशन और टेस्टिंग परस्पर जुड़े हुए

हैं।
C. एक्टिविटीज के भीतर इटरेशन होती है।
D. ये सभी

Q.98 स्क्रम में कितने फेज होते हैं?

A. दो
B. पाँच
C. चार
D. जीरो

Q.99 _________ वह टाइमफ्रेम है जब सुरक्षा में खामियों को प्रस्तुत किया गया था जब तक कि बग को ठीक नहीं किया गया था।

A. वल्नेरेबिलिटी का टाइम फ्रेम
B. वल्नेरेबिलिटी का विंडो
C. वल्नेरेबिलिटी का टाइम-लैप
D. वल्नेरेबिलिटी का एंट्री-डोर

Q.100 किस प्रकार का डीएफडी सिस्टम प्रक्रिया और सिस्टम में डेटा के फ्लो पर कंसन्ट्रेट करता है?

A. फिजिकल डीएफडी
B. लॉजिकल डीएफडी
C. फ्लोचार्ट डीएफडी
D. सिस्टम डीएफडी

Q.101 निम्नलिखित में से सबसे महत्वपूर्ण स्टेकहोल्डर कौन है?

A. एन्ट्री लेवल पर्सनल
B. मीडियम लेवल स्टैकहोल्डर
C. मैनेजर्स
D. सॉफ्टवेयर के यूजर्स

Q.102 किस टेस्टिंग में हाईएस्ट-लेवल मॉड्यूल का टेस्टिंग पहले किया जाता है और उसके बाद उत्तरोत्तर लोअर-लेवल मॉड्यूल का टेस्टिंग किया जाता है?

A. बॉटम-अप इंटीग्रेशन
B. टॉप-डाउन इंटीग्रेशन
C. अप-डाउन इंटीग्रेशन
D. (A) और (B) दोनों

Q.103 _________ में सिक्योरिटी और वल्नेरेबिलिटी के एप्रोच से किसी भी त्रुटि और अंतराल की पहचान करने के लिए एक सॉफ्टवेयर का टेस्टिंग करना शामिल है।

A. पोर्टेबिलिटी टेस्टिंग
B. यूज़ेबिलिटी टेस्टिंग
C. लोड टेस्टिंग
D. सिक्योरिटी टेस्टिंग

Q.104 निम्नलिखित में से कौन एक सॉफ्टवेयर कॉन्फ़िगरेशन मैनेजमेंट एक्टिविटी नहीं है?

A. कॉन्फ़िगरेशन आइटम आइडेंटिफिकेशन
B. रिस्क मैनेजमेंट
C. रिलीज़ मैनेजमेंट
D. ब्रांच मैनेजमेंट

Q.105 क्वालिटी सर्टिफिकेशन के लिए कॉन्फ़िगरेशन मैनेजमेंट स्टैंडर्ड्स की परिभाषा और उपयोग आवश्यक है:

A. आईएसओ 9000
B. सीएमएम
C. सीएमएमआई
D. ये सभी

Q.106 ______ को लागू करने के लिए एक सेल्फ-बैलेंसिंग बाइनरी सर्च ट्री का उपयोग किया जा सकता है।

A. प्रायोरिटी क्यू
B. हैश टेबल
C. हीप सॉर्ट
D. प्रायोरिटी क्यू और हीप सॉर्ट

Q.107 आपको सिंगल लिंक्ड लिस्ट के पहले और आखिरी नोड्स के लिए पॉइंटर्स दिए जाते हैं, निम्नलिखित में से कौन सा ऑपरेशन लिंक्ड लिस्ट की लंबाई पर निर्भर करता है?

A. पहला एलिमेंट हटाएं

B. पहले एलिमेंट के रूप में एक नया एलिमेंट डालें

C. लिस्ट का अंतिम एलिमेंट हटाएं

D. लिस्ट के अंत में एक नया एलिमेंट जोड़ें

Q.108 एक बड़े डेटासेट के लिए क्यूज पर स्टैक ऑपरेशन्स का इम्प्लीमेंटेशन संभव क्यों नहीं है (मान लें कि स्टैक में एलिमेंट की संख्या n है)?

A. इसकी टाइम कॉम्प्लेक्सिटी के कारण O(n)

B. इसकी टाइम कॉम्प्लेक्सिटी के कारण O(log(n))

C. एक्स्ट्रा मेमोरी की आवश्यकता नहीं है

D. कोई प्रॉब्लम नहीं है

Q.109 पोस्टफिक्स एक्सप्रेशन 4 5 6 a b 7 8 a c पर विचार करें, जहां a, b, c ऑपरेटर्स हैं। ऑपरेटर A की ऑपरेटरों b और c पर हायर प्रायोरिटी है। ऑपरेटर b और c सही सहयोगी हैं। फिर, एक्विवैलेन्ट इन्फिक्स एक्सप्रेशन है:

A. 4 a 5 6 b 7 8 a c

C. 4 b 5 a 6 c 7 a 8

B. 4 a 5 c 6 b 7 a 8

D. 4 a 5 b 6 c 7 a 8

Q.110 निम्नलिखित में से कौन वैलिड रिवर्स पॉलिश एक्सप्रेशन है?

A. a op b

C. a b op

B. op a b

D. इनमें से कोई नहीं

Q.111 निम्नलिखित में से कौन सा यूक्लिड के एल्गोरिथम का सही गणितीय अनुप्रयोग है?

A. अभाज्य संख्याओं का निर्धारण

B. लैग्रेंज का चार वर्ग प्रमेय

C. कौची-यूलर प्रमेय

D. परिशिष्ट प्रमेय

Q.112 कौन सा टाइम इनपुट पर निर्भर करता है जो पहले से सॉर्ट किया गया अनुक्रम है जिसे सॉर्ट करना आसान है?

A. प्रोसेस

C. रनिंग

B. इवैल्यूएशन

D. इनपुट

Q.113 क्विक सर्च एल्गोरिथम की स्पेस कॉम्प्लेक्सिटी क्या है?

A. O(n)   **B.** O(log n)   **C.** O(m+n)   **D.** O(mn)

Q.114 बॉयर-मूरे का सर्च एल्गोरिथम किस कैरेक्टर ट्रांसफॉर्मेशन टेबल का उपयोग करता है?

A. गुड-कैरेक्टर शिफ्ट टेबल

B. बैड-कैरेक्टर शिफ्ट टेबल

C. नेक्स्ट-कैरेक्टर शिफ्ट टेबल

D. दोनों (A)और (B)

Q.115 यूक्लिड के एल्गोरिथम का उपयोग __________ खोजने के लिए किया जाता है।

A. दो संख्याओं का GCD

B. तीन से अधिक संख्याओं की GCD

C. दो संख्याओं का LCM

D. दो से अधिक संख्याओं का LCM

Q.116 {a} एल्फाबेट वाली लैंग्वेज L की परिभाषा नीचे दी गई है। L = {a n k | k > 0, और n एक धनात्मक पूर्णांक कांस्टेंट है} L को पहचानने के लिए DFA में आवश्यक स्टेट्स की मिनिमम संख्या क्या है?

A. k+1   **B.** n+1   **C.** 2n+1   **D.** 2k+1

Q.117 दिया गया लैंग्वेज L = {ab, aa, baa} है, निम्नलिखित में से कौन से स्ट्रिंग्स L* में हैं?

1.   abaabaaabaa

2.   aaaabaaaa

3.   baaaaabaaaab

4.   baaaaabaa

A. 1, 2 और 3

C. 1, 2 और 4

B. 2, 3 और 4

D. 1, 3 और 4

Q.118 दी गई मील्यी मशीन निम्नलिखित में से किसका प्रतिनिधित्व करती है?

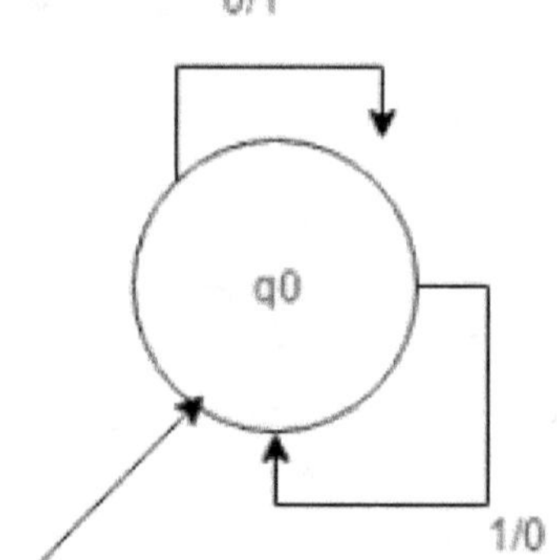

A. 9's कॉम्प्लीमेंट

C. 1's कॉम्प्लीमेंट

B. 2's कॉम्प्लीमेंट

D. 10's कॉम्प्लीमेंट

Q.119 सभी स्ट्रिंग्स के लिए रेगुलर एक्सप्रेशन ab से शुरू होता है और ba पर समाप्त होता है:

A. aba*b*ba

C. ab (a+b)*ba

B. ab(ab)*ba

D. ये सभी

Q.120 L एक रेगुलर लैंग्वेज है यदि और केवल यदि L के __________ वर्गों का समुच्चय परिमित है।

A. एक्विवैलेन्स

C. माईहिल

B. रिफलेक्सिव

D. नेरोड

Q.121 निम्नलिखित में से कौन सा ऑपरेटर प्रेफेरेन्स पार्सिंग के लिए सही है?

A. नॉन-टर्मिनल की सभी पेयर्स के लिए

B. हैंडल को डीलिमिट करने के लिए

C. (A) और (B) दोनों

D. इनमें से कोई नहीं

Q.122 प्रोग्राम के विभिन्न हिस्सों को लोड एड्रेस असाइन करने और प्रोग्राम में दिए गए एड्रेस को दर्शाने के लिए कोड और डेटा को एडजस्ट करने की प्रक्रिया कहलाती है?

A. एसेम्बली

C. रिलोकेशन

B. पार्सिंग

D. सिंबल रेसोल्यूट

Q.123 निम्न कथनों में से कौन से गलत हैं?

A. लेफ्ट और राइट अधिकांश डेरीवेशंस क्लियर ग्रामर में हो सकती हैं

B. एक एलएल(1) पार्सर एक टॉप-डाउन पार्सर है

C. एलएएलआर एसएलआर से अधिक पावरफुल होता है

D. एम्बिगुयस ग्रामर एलआर(k) नहीं हो सकता

Q.124 YACC __________ ऑपरेशन सिस्टम के लिए एक कंप्यूटर प्रोग्राम है।

A. विंडोज

C. यूनिक्स

B. डोस

D. ओपनएसयूएसई

Q.125 YACC इसका संक्षिप्त रूप है:

A. यस ऐनअदर कम्पाइल कम्पाइलर

B. येट ऐनअदर कम्पाइल कम्पाइलर

C. येट ऐनअदर कम्पाइलर कम्पाइलर

D. यस ऐनअदर कम्पाइलर कम्पाइलर

Q.126 एस्केप के सीक्वेंस:

A. एक स्पैशल कंट्रोल सीक्वेंस की शुरुआत को इंडीकेट करने के लिए ESC कैरेक्टर का उपयोग करें।

B. ASCII और EBCDI कोड के बीच स्विच (एस्केप) करने के लिए उपयोग किया जाता है।

C. इन्मेट्स के लिए एक लोकप्रिय दिवास्वप्न हैं।

D. इनमें से कोई नहीं

Q.127 फाइबर-ऑप्टिक केबल _________ के पास आवृत्तियों पर काम करते हैं।

A. 20 MHz

B. 200 MHz

C. 2 GHz

D. 800 THz

Q.128 एचएफ रेडियो तरंगें ट्रांसमीटर को छोड़ने पर कितने बेसिक रास्तों का अनुसरण करती हैं?

A. दो

B. चार

C. एक

D. बहुत

Q.129 डिजिटल सेलुलर रेडियो सिस्टम _________ ।

A. सैल्स की संख्या का विस्तार करें।

B. एकाधिक ग्राहकों को कक्षों के उपयोग को साझा करने की अनुमति दें।

C. एकाधिक ग्राहकों को एक सेल के भीतर एक सामान्य चैनल के उपयोग को साझा करने की अनुमति दें।

D. एक सेल के भीतर ग्राहकों की संचरण दूरी बढ़ाएँ।

Q.130 बाइनरी सिग्नल के ट्रांसमिशन के लिए _________ की आवश्यकता होती है।

A. एनालॉग से कम बैंडविड्थ

B. एनालॉग से अधिक बैंडविड्थ

C. एनालॉग के समान बैंडविड्थ

D. एफएए से एक लाइसेंस

Q.131 कंप्यूटर के विशाल नेटवर्क जो विश्व भर में लाखों लोगों को एक साथ जोड़ता है, उसे क्या कहते हैं?

A. हाइपरटेक्स्ट

B. लैन

C. वेब

D. इंटरनेट

Q.132 डीएचसीपी स्नूपिंग क्या है?

A. मौजूदा डीएचसीपी अवसंरचना की सुरक्षा सुनिश्चित करने के लिए लागू तकनीकें

B. डीएचसीपी सर्वर अनुरोधों का एन्क्रिप्शन

C. डीएचसीपी के लिए एल्गोरिथ्म

D. इनमें से कोई नहीं

Q.133 डीएनएस _________ परिवर्तित करता है।

A. डोमेन नाम को आईपी में

B. आईपी को डोमेन नाम में

C. डोमेन नाम को फिजिकल एड्रेस में

D. इनमें से कोई नहीं

Q.134 बस टोपोलॉजी में नोड्स डेटा को स्थानांतरित करने के लिए नेटवर्क के साथ-साथ इसे _________ टोपोलॉजी बनाने के लिए कुछ नहीं करते हैं।

A. क्लाइंट/सर्वर

B. एक्टिव

C. पैसिव

D. टर्मिनेटेड

Q.135 लैन और वैन के बीच प्राथमिक अंतर क्या है:

A. नेटवर्क सीमा के प्रसार का अंतर

B. सर्वर का आकार

C. वैरायटी और आउटपुट डिवाइस की संख्या में अंतर

D. टर्मिनलों की पावर

Q.136 फेस रिकग्निशन सिस्टम किस पर आधारित है?

A. स्ट्रांग आर्टिफिशियल इंटेलिजेंस एप्रोच

B. वीक आर्टिफिशियल इंटेलिजेंस एप्रोच

C. कॉग्निटिव आर्टिफिशियल इंटेलिजेंस एप्रोच

D. एप्लाइड आर्टिफिशियल इंटेलिजेंस एप्रोच

Q.137 एक पूरी तरह से स्वचालित शतरंज इंजन (पिछले खेलों से सीखें) पर आधारित है?

A. स्ट्रांग आर्टिफिशियल इंटेलिजेंस एप्रोच

B. वीक आर्टिफिशियल इंटेलिजेंस एप्रोच

C. कॉग्निटिव आर्टिफिशियल इंटेलिजेंस एप्रोच

D. एप्लाइड आर्टिफिशियल इंटेलिजेंस एप्रोच

Q.138 रोबोट का अनुसरण करने वाली एक बेसिक लाइन _________ पर आधारित है।

A. स्ट्रांग आर्टिफिशियल इंटेलिजेंस एप्रोच

B. वीक आर्टिफिशियल इंटेलिजेंस एप्रोच

C. कॉग्निटिव आर्टिफिशियल इंटेलिजेंस एप्रोच

D. एप्लाइड आर्टिफिशियल इंटेलिजेंस एप्रोच

Q.139 निम्नलिखित में से कौन-सा/से बुद्धिमान एजेंट/एजेंट का उदाहरण है/हैं?

A. ह्यूमन

B. रोबोट

C. ऑटोनोमस स्पेसक्राफ्ट

D. ये सभी

Q.140 न्यूरल नेटवर्क में बीएन का पूर्ण रूप क्या है?

A. बायेसियन नेटवर्क

B. बिलीफ नेटवर्क

C. बेयस नेट्स

D. ये सभी

Q.141 उस नोड का नाम क्या है जो बाइनरी मान TRUE (T) और FALSE (F) लेता है?

A. डबल नोड

B. बूलियन नोड

C. टू-वे नोड

D. ऑर्डर नोड

Q.142 ऑटो-एसोसिएटिव नेटवर्क क्या है?

A. एक न्यूरल नेटवर्क जिसमें कोई लूप नहीं होता है।

B. एक न्यूरल नेटवर्क जिसमें प्रतिक्रिया होती है।

C. एक न्यूरल नेटवर्क जिसमें केवल एक लूप होता है।

D. प्री-प्रोसेसिंग के साथ सिंगल लेयर फीड-फॉरवर्ड न्यूरल नेटवर्क।

Q.143 एक नियम-आधारित सिस्टम का उपयोग करके ही बनाया जा सकता है?

A. अस्सरेशन

B. नियम

C. अस्सरेशन का सेट

D. ये सभी

Q.144 ये _________ वास्तव में अभिकथन हैं और सिस्टम की प्रारंभिक स्थिति के लिए प्रासंगिक कुछ भी होना चाहिए।

A. फैक्ट का सेट

B. रूल्स का सेट

C. टर्मिनेशन क्रिटेशन

D. इनमें से कोई नहीं

Q.145 ऑटोनॉमस प्रश्न/उत्तर सिस्टम हैं?

A. एक्सपर्ट सिस्टम

B. नियम आधारित एक्सपर्ट सिस्टम

C. डिसीजन ट्री-बेस्ड सिस्टम्स

D. ये सभी

Q.146 4 सप्लाई पॉइंट और 5 डिमांड पॉइंट वाली परिवहन समस्या में, इसके निर्माण में कितने कंस्ट्रेंट्स की आवश्यकता होती है?

A. 20   **B.** 1   **C.** 0   **D.** 9

Q.147 निम्नलिखित LPP के लिए-

Max. $z = -0.1x_1 + 0.5x_2$

$2x_1 + 5x_2 \leq 80$

$x_1 + x_2 \leq 20$

$x_1, x_2 \geq 0$

ऑप्टिमम सॉल्यूशन प्राप्त करने के लिए, x_1, x_2 के मान हैं -

A. (20,0)   **B.** $\left(\frac{20}{3}, \frac{40}{3}\right)$

C. (0,16)   **D.** इनमें से कोई नहीं

Q.148 यदि एक प्रारंभिक (अधिकतमकरण) की i^{th} कंस्ट्रेंट इक्वलिटी है, तो दोहरी (न्यूनतम) वेरिएबल 'y_i' है:

A. ≥ 0 **B.** ≤ 0

C. साइन में अप्रतिबंधित   **D.** इनमें से कोई नहीं

Q.149 वोगेल की अप्रोक्सिमेशन मेथड किसके साथ जुड़ी हुई है:

A. असाइनमेंट की समस्या   **B.** इन्वेंटरी समस्या

C. ट्रांसपोर्टेशन समस्या   **D.** पीईआरटी

Q.150 गैंट चार्ट इसके लिए लागू होता है:

A. अध्ययन समय   **B.** गति अध्ययन

C. बिक्री पूर्वानुमान   **D.** उत्पादन की शेड्यूलिंग

// स्मार्ट उत्तर पुस्तिका //

सही उत्तर — उन छात्रों का प्रतिशत जिन्होंने प्रश्नों का सही उत्तर दिया था। **छोड़ दिया** — उन छात्रों का प्रतिशत जिन्होंने प्रश्नों को छोड़ दिया था।

प्रश्न संख्या	उत्तर	सही उत्तर / छोड़ दिया	प्रश्न संख्या	उत्तर	सही उत्तर / छोड़ दिया	प्रश्न संख्या	उत्तर	सही उत्तर / छोड़ दिया	प्रश्न संख्या	उत्तर	सही उत्तर / छोड़ दिया	प्रश्न संख्या	उत्तर	सही उत्तर / छोड़ दिया	प्रश्न संख्या	उत्तर	सही उत्तर / छोड़ दिया
1	A	60.8 % / 1.56 %	22	B	56.29 % / 1.15 %	43	C	88.85 % / 0.0 %	64	D	17.72 % / 4.72 %	85	A	79.88 % / 0.0 %	106	A	87.79 % / 0.0 %
2	B	62.15 % / 1.42 %	23	B	45.02 % / 1.55 %	44	C	12.58 % / 4.1 %	65	C	31.56 % / 3.07 %	86	D	60.88 % / 1.6 %	107	C	25.46 % / 4.24 %
3	A	14.94 % / 3.68 %	24	A	63.07 % / 1.97 %	45	A	64.48 % / 1.37 %	66	B	58.16 % / 1.28 %	87	D	55.06 % / 1.02 %	108	A	21.32 % / 3.74 %
4	A	48.96 % / 1.56 %	25	C	23.94 % / 4.5 %	46	C	54.58 % / 1.3 %	67	C	87.29 % / 0.0 %	88	A	86.76 % / 0.0 %	109	C	25.73 % / 4.16 %
5	D	66.66 % / 1.02 %	26	A	65.73 % / 1.77 %	47	C	12.62 % / 4.89 %	68	A	88.01 % / 0.0 %	89	A	77.63 % / 0.0 %	110	C	19.61 % / 3.56 %
6	B	54.1 % / 1.28 %	27	C	76.98 % / 0.0 %	48	B	58.2 % / 1.23 %	69	C	86.59 % / 0.0 %	90	C	59.04 % / 1.39 %	111	B	61.93 % / 1.55 %
7	B	61.73 % / 1.93 %	28	B	41.25 % / 1.97 %	49	C	10.21 % / 4.26 %	70	D	61.94 % / 1.82 %	91	C	61.56 % / 1.76 %	112	C	79.03 % / 0.0 %
8	A	31.84 % / 4.25 %	29	B	80.25 % / 0.0 %	50	C	40.84 % / 1.49 %	71	D	64.52 % / 1.28 %	92	D	23.09 % / 3.01 %	113	A	76.52 % / 0.0 %
9	A	66.02 % / 1.78 %	30	B	87.74 % / 0.0 %	51	D	66.08 % / 1.27 %	72	D	81.73 % / 0.0 %	93	A	51.89 % / 1.68 %	114	D	43.47 % / 1.46 %
10	A	42.58 % / 1.58 %	31	B	86.88 % / 0.0 %	52	A	62.62 % / 1.66 %	73	D	58.3 % / 1.6 %	94	D	65.33 % / 1.2 %	115	A	60.32 % / 1.69 %
11	A	58.23 % / 1.22 %	32	A	45.56 % / 1.65 %	53	A	78.78 % / 0.0 %	74	C	12.36 % / 3.27 %	95	A	80.73 % / 0.0 %	116	B	23.8 % / 4.23 %
12	A	67.35 % / 1.82 %	33	B	82.79 % / 0.0 %	54	A	41.24 % / 1.08 %	75	B	30.91 % / 4.71 %	96	D	46.02 % / 1.36 %	117	C	17.17 % / 3.55 %
13	B	68.56 % / 1.3 %	34	A	76.12 % / 0.0 %	55	C	41.57 % / 1.09 %	76	C	67.67 % / 1.94 %	97	C	20.34 % / 4.01 %	118	C	30.14 % / 4.65 %
14	A	46.32 % / 1.63 %	35	C	87.66 % / 0.0 %	56	A	51.13 % / 1.12 %	77	A	68.64 % / 1.58 %	98	B	55.88 % / 1.26 %	119	C	40.58 % / 1.08 %
15	A	54.07 % / 1.73 %	36	A	89.13 % / 0.0 %	57	C	68.14 % / 1.07 %	78	A	59.16 % / 1.78 %	99	B	79.93 % / 0.0 %	120	A	67.6 % / 1.29 %
16	C	48.99 % / 1.68 %	37	C	60.51 % / 1.03 %	58	D	64.36 % / 1.78 %	79	C	81.38 % / 0.0 %	100	B	43.17 % / 1.96 %	121	A	78.52 % / 0.0 %
17	C	54.73 % / 1.71 %	38	D	78.43 % / 0.0 %	59	B	26.49 % / 3.82 %	80	C	40.61 % / 1.2 %	101	D	65.16 % / 1.58 %	122	C	66.53 % / 1.84 %
18	B	53.99 % / 1.29 %	39	C	53.56 % / 1.28 %	60	A	46.51 % / 1.41 %	81	B	89.68 % / 0.0 %	102	B	32.65 % / 3.4 %	123	A	18.76 % / 3.16 %
19	B	68.07 % / 1.12 %	40	B	86.24 % / 0.0 %	61	A	46.55 % / 1.39 %	82	C	89.33 % / 0.0 %	103	D	61.36 % / 1.8 %	124	C	48.88 % / 1.86 %
20	C	12.26 % / 4.67 %	41	B	45.36 % / 1.42 %	62	B	56.07 % / 1.44 %	83	C	60.21 % / 1.25 %	104	B	65.59 % / 1.91 %	125	C	58.7 % / 1.26 %
21	B	65.08 % / 1.46 %	42	D	45.71 % / 1.33 %	63	B	67.81 % / 1.03 %	84	B	66.05 % / 1.52 %	105	D	27.92 % / 3.79 %	126	A	57.84 % / 1.49 %

प्रश्न संख्या	उत्तर	सही उत्तर / छोड़ दिया	प्रश्न संख्या	उत्तर	सही उत्तर / छोड़ दिया	प्रश्न संख्या	उत्तर	सही उत्तर / छोड़ दिया	प्रश्न संख्या	उत्तर	सही उत्तर / छोड़ दिया	प्रश्न संख्या	उत्तर	सही उत्तर / छोड़ दिया	प्रश्न संख्या	उत्तर	सही उत्तर / छोड़ दिया
127	D	77.72 % / 0.0 %	131	D	66.49 % / 1.31 %	135	A	40.42 % / 1.81 %	139	D	13.45 % / 3.29 %	143	C	51.71 % / 1.08 %	147	C	26.39 % / 3.5 %
128	A	54.13 % / 1.13 %	132	A	49.63 % / 1.96 %	136	D	63.07 % / 1.89 %	140	D	11.63 % / 3.42 %	144	A	19.53 % / 4.47 %	148	C	30.71 % / 4.06 %
129	C	54.63 % / 1.32 %	133	C	83.2 % / 0.0 %	137	A	47.34 % / 1.54 %	141	B	68.51 % / 1.21 %	145	D	48.75 % / 1.69 %	149	C	16.9 % / 4.59 %
130	B	31.09 % / 4.33 %	134	C	84.62 % / 0.0 %	138	B	43.63 % / 1.85 %	142	B	64.6 % / 1.36 %	146	D	40.26 % / 1.79 %	150	D	47.75 % / 1.96 %

//संकेत और समाधान//

1. एक शिक्षक छात्रों के लिए प्रेरणास्रोत के रूप में काम करते हैं। एक शिक्षक प्रेरणा का सबसे अच्छा स्रोत होता है। एक शिक्षक छात्रों को सही रास्ते का मार्गदर्शन कर सकता है और उनके भविष्य को उज्जवल बना सकता है। उपरोक्त सभी विशेषताएं एक शिक्षक के लिए महत्वपूर्ण हैं और प्रेरक होना एक शिक्षक की प्रमुख भूमिका और कर्तव्य है।

अतः विकल्प (A) सही है।

2. एक प्रभावी शिक्षक की महत्वपूर्ण विशेषताएं:

विषय का ज्ञान:

1. जब तक किसी विषय की विषय-वस्तु में निपुणता नहीं होगी, तब तक एक प्रभावी शिक्षक नहीं बन सकता।

2. विषयवस्तु की निपुणता विभिन्न तरीकों से प्राप्त की जा सकती है जैसे कि पुस्तकें, पत्रिकाओं, सामयिक पत्रिकाओं, शब्दकोशों, विश्वकोषों, समाचार पत्रों आदि को पढ़ना, विचारगोष्ठियों, कार्यशालाओं, संगोष्ठियों, सम्मेलनों, सार्वजनिक बैठकों में भाग लेना; सहयोगियों, विशेषज्ञों, अधिकारियों के साथ चर्चा करना; नेताओं और अन्य पेशेवरों से मिलना, पर्यावरण में और उसके आसपास होने वाली घटनाओं का अवलोकन करना; और इसी प्रकार।

3. शिक्षक जो अपने विषय ज्ञान में दृढ़ता से निहित हैं, स्पष्ट प्रस्तुतियां देते हैं और छात्रों की कठिनाइयों को आसानी से पहचानते हैं।

4. वे अपने छात्रों के प्रश्नों को प्रभावी ढंग से संभाल सकते हैं।

प्रभावी मौखिक संचार कौशल:

1. हाल के अध्ययन संगठन और स्पष्टता के महत्व की पुष्टि करते हैं।

2. संगठन छात्रों को इसे बेहतर ढंग से समझने में सक्षम बनाने के लिए एक व्यवस्थित और तर्कसंगत तरीके से पढ़ाए जाने वाले अवधारणाओं और सामग्री को व्यवस्थित करने में परिलक्षित होता है।

3. प्रयास यह है कि अवधारणा पदानुक्रम तैयार किया जाए जो अधिगम को बढ़ावा दे।

4. स्पष्ट प्रस्तुतियाँ और स्पष्टीकरण प्रदान करने वाले शिक्षकों में ऐसे छात्र होते हैं जो अधिक सीखते हैं और अपने शिक्षकों को अधिक सकारात्मक रूप से दर देते हैं।

अतः विकल्प (B) सही है।

3. सही मिलान:

सूची–I (परीक्षण)	सूची –II (कौशल)
वाक्य पूर्ण करें	वाक्य को पढ़ें और याद करें: वाक्य को अच्छी तरह से पढ़कर वाक्य संकेत का उपयोग करें। दो बातें एक प्रश्न को कठिन बनाती हैं: कठिन शब्द और वाक्य संरचना। यदि आप किसी वाक्य को यह समझने के लिए विच्छेदित नहीं कर सकते हैं कि सबसे अच्छा क्या है, तो आप प्रश्न को हल नहीं कर सकते हैं, हालांकि आप शब्द का अर्थ जानते हैं.
बहुविध विकल्प	अभिज्ञान: बहु-विकल्प परीक्षण आम तौर पर रिक्तस्थान भरो परीक्षणों या निबंधों की तुलना में आसान होते हैं क्योंकि संभावनाओं के समूह से बाहर सही उत्तर को पहचानना आसान होता है, क्योंकि किसी व्यक्ति के मस्तिष्क से उत्तर को निकालना है।
निम्नलिखित को सुमेलित कीजिए	साहचर्य: मिलान परीक्षण वस्तु प्रारूप शिक्षार्थियों के लिए एक शब्द, वाक्य, या वाक्यांश को एक कॉलम में संबंधित शब्द, वाक्य या वाक्यांश को दूसरे कॉलम में जोड़ने /साहचर्य का एक तरीका प्रदान करता है।
गद्यांश को पढ़े	बोध: शब्द अवधारणा का अर्थ है कि आप जो सुनते हैं या

| और प्रश्नों के उत्तर दें | जो पढ़ते हैं उसे समझने की क्षमता। कहानियाँ, कविताएं, प्रश्न और उत्तर आपके पढ़ने से पहले आपके लिए अनदेखे थे। इसी तरह, एक समझ परीक्षण में, आपको एक गद्यांश या एक पैराग्राफ या दोनों दिया जाता है। |

इसलिए, सही उत्तर (a) - (iv), (b) - (ii), (c) - (i), (d) - (iii) है।
अतः विकल्प (A) सही है।

4. शिक्षण व्यक्तियों की आवश्यकताओं, अनुभवों और भावनाओं से जुड़ने और अंतःस्थ करने की प्रक्रिया है ताकि वे विशेष चीजें सीखें, और दिए गए ज्ञान से आगे बढ़ सकें।

- **प्रक्रियाओं का शिक्षण:** यह प्रक्रिया कार्य पूरा होने में शामिल चरणों और निर्णयों की एक श्रृंखला है। शिक्षक के निर्देश के बाद एक प्रयोगशाला चरण-दर-चरण में एक प्रयोग करना, प्रक्रियाओं के शिक्षण का एक उदाहरण है।

- **अवधारणाओं का शिक्षण:** एक अवधारणा को किसी चीज़ के सामान्य विचार के रूप में परिभाषित किया जाता है। यह एक केंद्रीय या एकीकृत विचार या विषय है। एक शिक्षक 'प्रकृति क्या है?' का वर्णन करता है, यह अवधारणाओं के शिक्षण का एक उदाहरण है।

- **चिंतन कौशल का शिक्षण:** चिंतन कौशल वह मानसिक गतिविधियां हैं जिनका उपयोग आप सूचनाओं को संशाधित करने, जोड़ने, निर्णय लेने और नए विचार बनाने के लिए करते हैं। जब आप अनुभवों की समझ बनाने, समस्याओं को हल करने, निर्णय लेने, प्रश्न पूछने, योजना बनाने या जानकारी व्यवस्थित करने का प्रयास करते हैं, तो आप अपने चिंतन कौशल का उपयोग करते हैं।

- **मूल्यों का शिक्षण:** कार्यों या परिणामों के उपयुक्त पाठ्यक्रमों के विषय में मूल्यों को व्यापक प्राथमिकताओं के रूप में परिभाषित किया जा सकता है। इस प्रकार, मान किसी व्यक्ति की सही और गलत की भावना को दर्शाता है या "क्या" होना चाहिए। "सभी के लिए समान अधिकार", "उत्कृष्टता प्रशंसा के योग्य है", और "लोगों को मान और सम्मान के साथ व्यवहार किया जाना चाहिए" मूल्यों के प्रतिनिधि हैं।

अतः विकल्प (A) सही है।

5. कक्षा में व्यक्तिगत सीखने की स्थिति बनाते समय निम्नलिखित दिशानिर्देशों पर विचार किया जा सकता है:

- **कार्यपत्र/ गतिविधि को स्पष्ट रूप से संप्रेषित करें:** ताकि प्रत्येक छात्र को इस बात की पूरी समझ हो सके कि वह क्या करने वाला है। यदि आवश्यक हो, तो अपनी बात को स्पष्ट करने के लिए उदाहरण दें।

- **छात्र के काम का परिवीक्षण:** जब गतिविधि चल रही होती है, तो आपको कक्षा में घूमना चाहिए और जब भी आवश्यक हो सहायता प्रदान करें। हस्तक्षेप न करें अन्यथा वे हतोत्साहित महसूस कर सकते हैं।

- **छात्रों के कार्यपत्र की जाँच करना:** छात्र एक अलग गति से काम करेंगे, इसलिए कक्षा एक ही समय में कार्य पूरा नहीं करेगी। एक बड़े वर्ग के आकार में, छात्र के काम की जाँच करना एक चुनौतीपूर्ण काम है। कभी-कभी, एक-दूसरे के काम की जांच करने के लिए छात्रों को प्राप्त करने से इसे पूरा किया जा सकता है।

- **उचित प्रतिक्रिया दें:** जब छात्र अपने कार्यपत्र के प्रदर्शन पर प्रतिक्रिया प्राप्त करते हैं, तो सीखना होता है। सभी कार्यपत्रों को सही करने की आवश्यकता है और प्रतिक्रिया दी जानी चाहिए।

अतः विकल्प (D) सही है।

6. समस्या निर्माण और इसकी परिभाषा से बाहर अनुसंधान नैतिकता का मुद्दा, अनुसंधान और आंकड़ा संग्रह और व्याख्या की आबादी को परिभाषित करने और निष्कर्षों की रिपोर्टिंग के स्तर पर निष्कर्षों को केवल प्रासंगिक माना जा सकता है। एक अनुसंधान का मुख्य सिद्धांत निष्कर्षों की रिपोर्ट करना है, जो

अनुसंधान और राज्य द्वारा प्राप्त और इंगित किया गया है कि क्या परिकल्पना निष्कर्ष से मेल खाती है या नहीं।

अतः विकल्प (B) सही है।

7. शोध डिज़ाइन एक प्रकार की रुपरेखा होती है जिसे आप वास्तव में शोध का संपादन करने से पहले तैयार करते हैं। यह एक व्यवस्थित रूप से तैयार की गई रूपरेखा है, जिसमें आप अपने शोध को सम्पादित करने की योजना बनाते हैं। यह परियोजना की सामरिक योजना है जो शोध की व्यापक संरचना को निर्धारित करती है।

पूर्वव्यापी शोध डिज़ाइन:

- पूर्वव्यापी शोध डिज़ाइन तब सबसे अधिक उपयुक्त होता है जब एक विश्वविद्यालय का शिक्षण ग्रामीण बच्चों के आकांक्षा और उपलब्धि के स्तर के बीच संबंध का अध्ययन करना चाहता है।
- शोधकर्ता उस प्रभाव का पता लगाने का प्रयास करता है जो पहले से ही इसके संभावित कारणों से हो गया हो।
- शोधकर्ता का स्वतंत्र चर पर कोई प्रत्यक्ष नियंत्रण नहीं होता है क्योंकि यह इसके प्रभाव को उत्पादित करने के लिए बहुत पहले घटित होता है।
- ग्रामीण बच्चों का प्रभाव - उपलब्धि; कारणात्मक कारक - आकांक्षा का स्तर।
- शोधकर्ता बच्चों में आकांक्षा के स्तर को नियंत्रित नहीं कर सकते हैं या उनपर शोधकर्ता का कोई प्रत्यक्ष नियंत्रण तब नहीं होता है जब वे कुछ वांछनीय प्राप्त करते हैं।

अतः विकल्प (B) सही है।

8. सही मिलान A-ii B-iv C-iii D-i है।

मौलिक अनुसंधान का संबंध सामान्यीकरण और सिद्धांत निर्माण के साथ है।

अनुप्रयुक्त अनुसंधान सामाजिक सरोकार से उत्पन्न ज्ञान का सामाजिक रूप से उपयोगी अनुप्रयोग है। यह व्यावहारिक अनुप्रयोग से जुड़ी व्यवस्थित जांच का एक रूप है।

निर्णय और कार्यों की गुणवत्ता में सुधार के लिए शिक्षकों, पर्यवेक्षकों आदि द्वारा क्रियात्मक अनुसंधान का उपयोग किया जाता है। यह इन स्थितियों को बेहतर बनाने के लिए वर्तमान स्थितियों को विकसित करने पर जोर देता है।

मूल्यांकन अनुसंधान सामाजिक हस्तक्षेप के प्रभाव को निर्धारित करता है। यह एक विशेष कार्यक्रम के प्रभाव का विश्लेषण करता है एक निश्चित समस्या पर कार्यक्रम को हल करने की कोशिश कर रहा है।

अतः विकल्प (A) सही है।

9. अभिकथन (A): सिद्धांत और व्यवहार के बीच के अंतर को पाटने के लिए मौलिक और अनुप्रयुक्त अनुसंधान प्रारूपों को बढ़ावा देना होगा।

मौलिक अनुसंधान अनुप्रयुक्त अनुसंधान का आधार है। इस प्रकार, सिद्धांत और व्यवहार दोनों के बीच अंतर को पाटने के लिए मौलिक और अनुप्रयुक्त अनुसंधान प्रारूपों को बढ़ावा देना होगा। अभिकथन सही है।

कारण (R): मौलिक अनुसंधान सिद्धांत बनाने और अनुप्रयुक्त अनुसंधान पर केंद्रित है जो विभिन्न व्यावहारिक में सिद्धांत की प्रयोज्यता की खोज करने के लिए निर्देशित स्थितियां है।

इसलिए, (A) और (R) दोनों सही हैं और (R) (A) की सही व्याख्या है।

अतः विकल्प (A) सही है।

10. प्रयोगात्मक शोध: यह कार्य-कारण संबंध स्थापित करने पर शोध करने के लिए एक व्यवस्थित और वैज्ञानिक दृष्टिकोण है। आश्रित चर पर इसके प्रभाव की जांच करने के लिए शोधकर्ता स्वतंत्र चर में सीधे तोड़मरोड कर सकता है।

घटनोत्तर शोध: एक्स पोस्ट फैक्ट का मतलब है कि फैक्ट के बाद। यह शोध है जो एक ऐसी स्थिति का कारण बनता है जो पहले से मौजूद है। इसलिए, यहां शोधकर्ता स्वतंत्र चर में तोड़-मरोड़ नहीं कर सकता है क्योंकि वह आश्रित चर (प्रभाव) के आधार पर कारण की भविष्यवाणी करता है।

इसलिए, दी गई तालिका से यह स्पष्ट है कि प्रयोगात्मक और घटनोत्तर दोनों वास्तविक अनुसंधान परिकल्पना परीक्षण और सामान्यीकरण पर केंद्रित हैं।

अतः विकल्प (A) सही है।

11. सही उत्तर 'भारत और जलवायु परिवर्तन का वैश्विक खतरा' है।

यह गद्यांश सामान्य रूप से और विशेष रूप से भारत में वैश्विक स्तर पर जलवायु परिवर्तन के खतरे के बारे में बात करता है और इसमें इस वैश्विक खतरे का मुकाबला करने के लिए भारत द्वारा उठाए गए कदमों का भी उल्लेख है।

इस गद्यांश में जलवायु परिवर्तन के खतरे से निपटने के लिए संयुक्त राष्ट्र जैसे अंतर्राष्ट्रीय समुदाय के प्रयासों का उल्लेख है।

इसमें यह भी उल्लेख किया गया है कि विकसित देशों की तुलना में भारत एक विकासशील देश होने की संभावना अधिक है क्योंकि कृषि एक महत्वपूर्ण क्षेत्र है।

लेखक संयुक्त राष्ट्र की भूमिका, जलवायु परिवर्तन के लिए राष्ट्रीय कार्य योजना की भूमिका के बारे में बात करता है लेकिन केंद्रीय विचार हमेशा 'जलवायु परिवर्तन का वैश्विक खतरा' है।

इसलिए, यदि मैं 'भारत और जलवायु परिवर्तन के वैश्विक खतरे' को गद्यांश के शीर्षक के रूप में रखता हूं तो मैं निश्चित रूप से 'नेशनल एक्शन प्लान फॉर क्लाइमेट चेंज' और 'ग्लोबल वार्मिंग में संयुक्त राष्ट्र की भूमिका' को उप शीर्षकों के रूप में डाल सकता हूं।

यह सुनिश्चित करना भारत का हित है कि विश्व कम कार्बन भविष्य की ओर बढ़े। तो, 'भारत' को इस मार्ग के शीर्षक का एक हिस्सा होना चाहिए।

अतः विकल्प (A) सही है।

12. सही उत्तर है 'जलवायु परिवर्तन एक वैश्विक खतरा है और पुरे विश्व को इस मुद्दे से निपटने के लिए मिलकर काम करना चाहिए।'

पहले परिच्छेद में, लेखक कहता है कि विश्व को कार्बन डाइऑक्साइड के उत्सर्जन को कम करने के लिए एक साथ बढ़ना चाहिए और लेखक भी दृढ़ता से इस कारण भारत की प्रतिबद्धता को आगे बढ़ाता है।

दूसरे परिच्छेद में, लेखक 'द यूनाइटेड नेशंस फ्रेमवर्क कन्वेंशन ऑन क्लाइमेट चेंज (यूएनएफसीसीसी)' के रूप में अंतर्राष्ट्रीय समुदाय की प्रतिबद्धता का वर्णन करता है, जिसमें भारत भी एक सदस्य है।

लेखक यह बताने की कोशिश करता है कि जलवायु परिवर्तन के खतरे का मुकाबला करने के लिए भारत और अंतर्राष्ट्रीय समुदाय को मिलकर कैसे काम करना चाहिए।

अतः विकल्प (A) सही है।

13. सही उत्तर 'कृषि और ग्रामीण विकास का क्षेत्र है।

भारत काफी हद तक कृषि पर निर्भर है और किसी भी विकासशील देश के लिए, यह क्षेत्र देश के विकास के लिए बहुत महत्वपूर्ण है।

गद्यांश की चौथी और पांचवीं पंक्ति में, हम ध्यान दे सकते हैं कि प्रमुख जलवायु चर, अर्थात् तापमान, वर्षा और आर्द्रता में परिवर्तन के साथ, कृषि और ग्रामीण विकास जैसे महत्वपूर्ण क्षेत्रों के प्रमुख रूप से प्रभावित होने की संभावना है। एक विकासशील देश के रूप में, भारत प्राकृतिक संसाधनों के साथ निकटता से जुड़ा हुआ है।

कृषि के लिए पानी एक बहुत ही महत्वपूर्ण प्राकृतिक संसाधन है और यह ध्यान रखना महत्वपूर्ण है कि पानी जलवायु के प्रति संवेदनशील है। भारत जैसे

विकासशील देश में, किसान बहुत हद तक प्राकृतिक वर्षा पर निर्भर हैं जो जलवायु परिवर्तन से सीधे प्रभावित होता है।

अतः विकल्प (B) सही है।

14. इसका सही उत्तर है 'ग्रीनहाउस गैस उत्सर्जन को नियंत्रित करना'।

गद्यांश की 7 वीं और 8 वीं पंक्ति में, हम ध्यान दे सकते हैं कि - जलवायु परिवर्तन का मुकाबला करने के लिए, भारत की जलवायु परिवर्तन के लिए राष्ट्रीय कार्य योजना (एनएपीसीसी) का उद्देश्य राष्ट्रीय विकास उद्देश्यों को प्राप्त करना है, साथ ही पारिस्थितिक स्थिरता को बढ़ाना है जिससे ग्रीनहाउस गैस उत्सर्जन का शमन होता है।

ग्रीन हाउस गैसों के अनुकूलन और शमन दोनों के लिए और सतत विकास को बढ़ावा देने के लिए एनएपीसीसी उपयुक्त तकनीकों को लागू करने का प्रयास करता है।

शमन (संज्ञा): किसी चीज़ की तीव्रता, गंभीरता या दर्द को कम करने की क्रिया है।

एनएपीसीसी का गठन जलवायु परिवर्तन पर संयुक्त राष्ट्र फ्रेमवर्क कन्वेंशन (यूएनएफसीसीसी) का मुकाबला करने के लिए नहीं किया गया है, बल्कि एनएपीसीसी और यूएनएफसीसीसी एक सामान्य उद्देश्य यानी ग्रीनहाउस गैसों के शमन को प्राप्त करने की दिशा में मिलकर काम करते हैं।

विकल्प (B), विकल्प (C) और विकल्प (D) का एनएपीसीसी के उद्देश्य से कोई लेना-देना नहीं है।

अतः विकल्प (A) सही है।

15. सही उत्तर है 'जलवायु परिवर्तन का खतरा भारत की तीव्र आर्थिक प्रगति को रोक रहा है'।

गद्यांश की पहली और द्वितीय पंक्ति में, हम ध्यान दें कि - भारत तेजी से आर्थिक प्रगति कर रहा है लेकिन जलवायु परिवर्तन के वैश्विक खतरे से निपटने के दौरान इस आर्थिक विकास को बनाए रखने की चुनौती का सामना कर रहा है।

इस खतरे का कारण लंबे समय तक औद्योगिक विकास और उच्च खपत जीवन शैली के माध्यम से उत्पन्न ग्रीनहाउस गैस उत्सर्जन है।

वर्तमान में, भारत विश्व में ग्रीनहाउस गैसों के शीर्ष 10 उत्सर्जकों में से है, इसलिए अंतर्राष्ट्रीय समुदाय से कार्बन डाइऑक्साइड के उत्सर्जन को कम करने के लिए बहुत दबाव है।

विकल्प (B), विकल्प (C) और विकल्प (D) भारत की आर्थिक वृद्धि के लिए अप्रासंगिक हैं।

अतः विकल्प (A) सही है।

16. खराब अवधारण संचार के लिए एक सिमेंटिक बैरियर नहीं है।

सिमेंटिक बैरियर शब्दों के विभिन्न अर्थों और संचार में उपयोग किए जाने वाले अन्य प्रतीकों के कारण उत्पन्न होने वाले प्रेषक और रिसीवर के बीच गलतफहमी को संदर्भित करता है।

बोली में अंतर, सांस्कृतिक अंतर, शरीर की भाषा और शब्द की पसंद, उच्चारण अंतर और वर्तनी की त्रुटियां शब्दार्थ बाधा के मुख्य कारण हैं।

अतः विकल्प (C) सही है।

17. संचार का विचार एक बिंदु से दूसरे स्थान पर सूचनाओं का आदान-प्रदान है, ऐसे संचार को तभी प्रभावी कहा जा सकता है जब प्रेषक से भेजा गया संदेश/सूचना प्रेषक द्वारा इच्छित रूप में और प्राप्तकर्ता द्वारा सामग्री प्राप्त की जाती है।

तत्काल प्रतिक्रिया माध्यम की गुणवत्ता की जांच नहीं कर सकती है यह एक लाभ हो सकता है लेकिन प्रभावी संचार के लिए परिभाषित विशेषता नहीं हो

सकता है। उदाहरण के लिए- यदि कोई व्यक्ति A किसी अन्य व्यक्ति B से स्पेनिश में बात कर रहा है, जबकि व्यक्ति B को स्पेनिश का कोई ज्ञान नहीं है, तो वह पूरी तरह से बेकार है। कोई फर्क नहीं पड़ता कि उन्हें कितनी तत्काल प्रतिक्रिया मिली क्योंकि संदेश प्रभावी ढंग से वितरित नहीं किया गया था।

तो, उपरोक्त बिंदुओं से यह स्पष्ट है कि संचार प्रभावी होगा यदि यह प्रेषक के इरादे से प्राप्त होता है।

अतः विकल्प (C) सही है।

18. प्रभावी संचार की बाधाएं:

1. **शारीरिक शोर (बाहरी शोर):** आसपास के वातावरण में शारीरिक गड़बड़ी और विकर्षण से संबंधित ध्वनियाँ जो संदेश को सुनना मुश्किल बनाती हैं। उदाहरण के लिए, जब कोई व्यक्ति फोन पर बात करने की कोशिश कर रहा हो तो म्यूजिक प्लेयर से फुल वॉल्यूम पर आने वाला शोर परेशानी पैदा कर सकता है।

2. **सिमेंटिक शोर:** यह तब होता है जब प्रेषक और रिसीवर एक ही संदेश के लिए अलग-अलग अर्थ लागू करते हैं। यह शब्दजाल, क्लिच, विभिन्न अर्थों वाले शब्दों, ऐसे शब्दों के रूप में हो सकता है जो रिसीवर से परिचित नहीं हैं, आदि। उदाहरण के लिए, 'प्राप्त करने' शब्द का अर्थ 'खरीदना' या 'समझना' हो सकता है।

3. **मनोवैज्ञानिक शोर (आंतरिक शोर):** यह किसी व्यक्ति या संदेश के प्रति संचारक के पूर्वाग्रहों, भावनाओं या पूर्वग्रहों को संदर्भित करता है। उदाहरण के लिए, यदि आपने किसी के लिए आपत्तिजनक भाषा का उपयोग करते हुए सुना है और यदि आप इस भाषा से परेशान हैं, तो आप मनोवैज्ञानिक शोर का अनुभव कर रहे हैं।

तो, दिए गए बिंदुओं से यह निष्कर्ष निकाला जा सकता है कि प्रभावी संचार में बाधाओं में शारीरिक, मनोवैज्ञानिक और शब्दार्थ शामिल हैं।

अतः विकल्प (B) सही है।

19. संचार एक सतत प्रक्रिया है। इसमें मौखिक और गैर-मौखिक दोनों तरह के संचार शामिल हैं।

यह माना जाता है कि गैर-मौखिक संचार के उपयोग के बिना मौखिक संचार कम प्रभावी होता है चाहे वह साथियों, शिक्षकों, शिक्षार्थियों आदि के बीच बातचीत हो।

इसलिए, केवल कथन I सत्य है।

अतः विकल्प (B) सही है।

20. मानव संचार दो या दो से अधिक लोगों के बीच एक अर्थ बनाने की प्रक्रिया है। निम्नलिखित कथन हैं जो मानव संचार प्रक्रिया का वर्णन करते हैं:

- अशब्दिक संप्रेषण विचारों को उद्दीप्त कर सकते हैं।
- सम्प्रेषण एक अर्जित क्षमता है।
- सम्प्रेषण एक सार्वभौमिक समाधान नहीं है।
- सम्प्रेषण खंडित या काम करना बंद नहीं कर सकता है।

अतः विकल्प (C) सही है।

21. दी गई सूचना से,

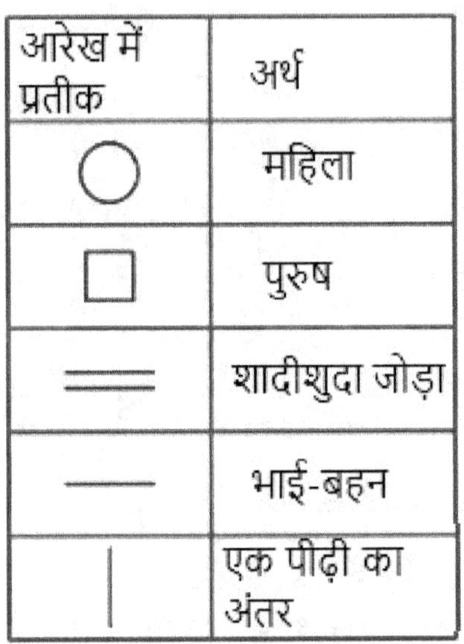

आरेख में प्रतीक	अर्थ
○	महिला
□	पुरुष
═══	शादीशुदा जोड़ा
———	भाई-बहन
│	एक पीढ़ी का अंतर

आरेख में प्रतीक	अर्थ
○	महिला
□	पुरुष
═══	शादीशुदा जोड़ा
———	भाई-बहन
│	एक पीढ़ी का अंतर

दी गई जानकारी से हम निम्नानुसार वंशवृक्ष बना सकते हैं:

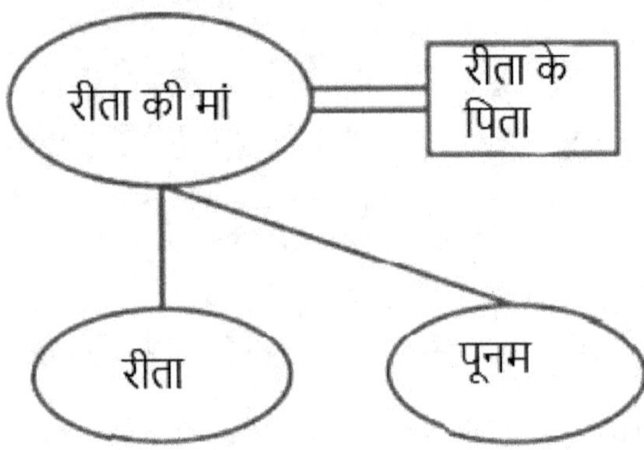

दी गई जानकारी के लिए परिवार ट्री बनाने पर:

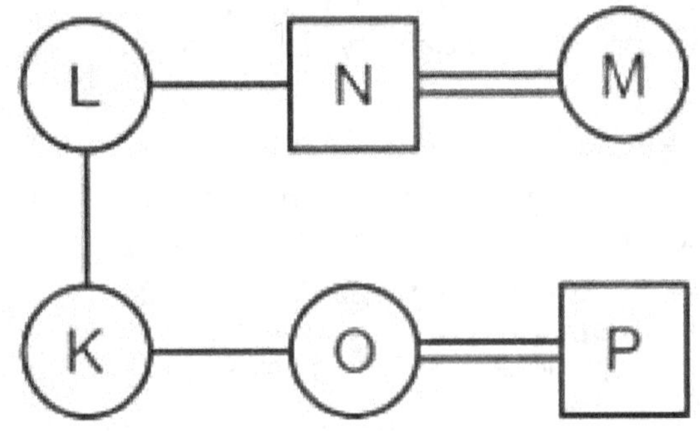

प्रत्येक विकल्प की जांच करके:

1. रीता पूनम की बहन है → सत्य
2. पूनम रीता की मां है → असत्य (क्योंकि वे एक ही मां की बेटियां हैं और भाई बहन हैं।)
3. पूनम और रीता भाई बहन हैं → सत्य
4. केवल एक विवाहित जोड़ा है → सत्य

अतः विकल्प (B) सही है।

22. परिवार चार्ट,

परिवार ट्री से,

O, L की बेटी है और L, N की बहन है।

तो, O, N की भांजी है।

अतः, सही उत्तर "भांजी" है।

अतः विकल्प (B) सही है।

23.

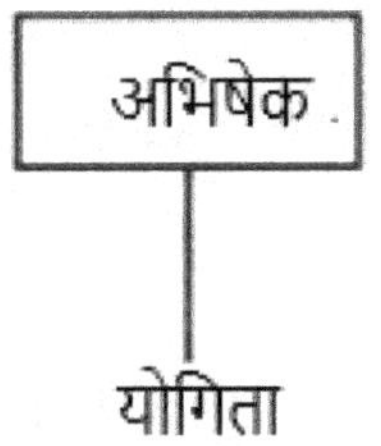

आरेख में प्रतीक	अर्थ
◯	महिला
▢	पुरुष
═	शादीशुदा जोड़ा
──	भाई-बहन
│	एक पीढ़ी का अंतर

(1) अभिषेक, योगिता के पिता हैं।

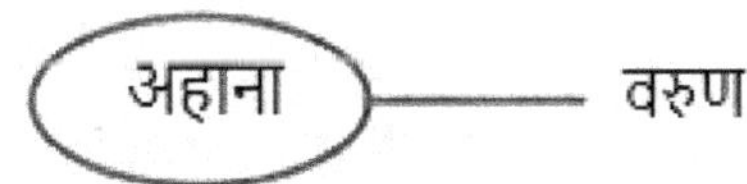

(2) अहाना, वरुण की बहन है।

(3) काव्या, योगिता की बहन है और अहाना की इकलौती पुत्री है का अर्थ है कि अहाना की शादी अभिषेक से हुई है और योगिता एक पुरुष है।

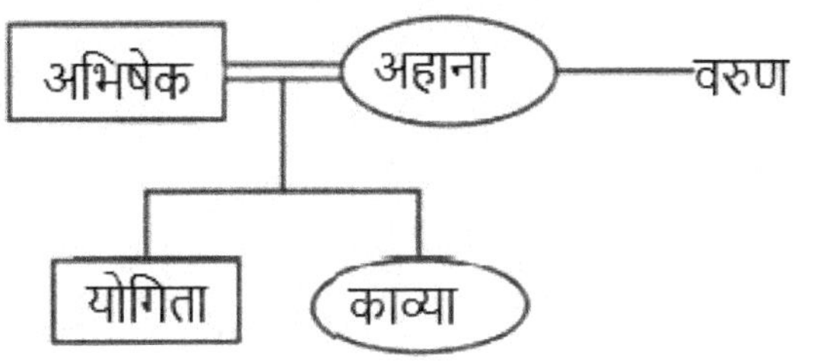

अतः, योगिता, वरुण का भतीजा है।

अतः विकल्प (B) सही है।

24.

अक्षर	A	B	C	D	E	F	G	H	I	J	K	L	M
स्थितीय मान	1	2	3	4	5	6	7	8	9	10	11	12	13
अक्ष													

र	N	O	P	Q	R	S	T	U	V	W	X	Y	Z
स्थितीय मान	14	15	16	17	18	19	20	21	22	23	24	25	26

जैसा कि, LAWYER → अक्षरों की संख्या + 3 → 6 + 3 = 9

KETTLE → अक्षरों की संख्या + 3 → 6 + 3 = 9

इसलिए, CALIBRI → अक्षरों की संख्या + 3 → 7 + 3 = 10

अतः, सही उत्तर 10 है।

अतः विकल्प (A) सही है।

25. तर्क इस प्रकार है:

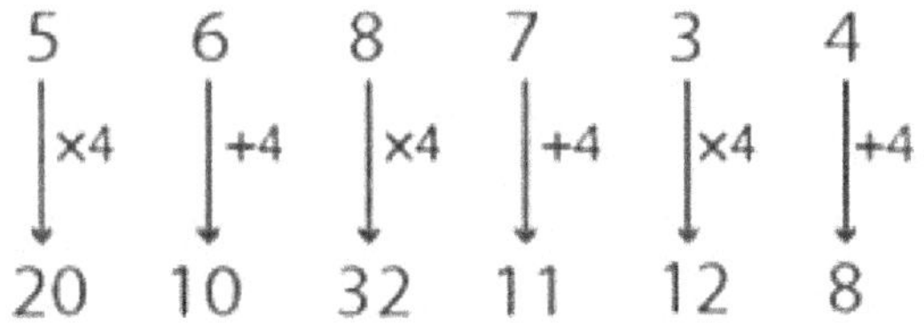

उसी प्रकार,

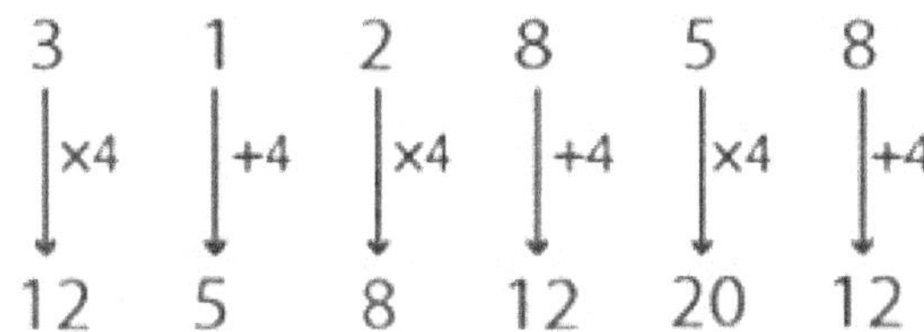

अतः, "12-5-8-12-20-12" सही उत्तर है।

अतः विकल्प (C) सही है।

26. उप प्रत्यावर्तन: उप प्रत्यावर्तन एक तात्कालिक अंतर्ग्रहण है जो केवल A (सभी S P के बीच में है) और I (कुछ S, P हैं) श्रेणीगत प्रस्ताव हैं और E (कुछ S, P है) और O (कुछ S, P नहीं हैं या मूल रूप से, हर S, P नहीं है) पारंपरिक वर्ग और विपक्ष के मूल वर्ग के स्पष्ट प्रस्ताव। यदि कोई प्रस्ताव सत्य है तो हम तुरंत अनुमान लगा सकते हैं कि I सत्य है।

- उप प्रत्यावर्तन का एक उदाहरण है "यदि सभी तेंदुए स्तनधारी हैं, तो कुछ तेंदुए स्तनधारी हैं।"

इसलिए, "सभी भारतीय चावल खाते हैं" और "कुछ भारतीय चावल खाते हैं" का अनुपात उप प्रत्यावर्तन का एक उदाहरण है।

अतः विकल्प (A) सही है।

27. स्त्री रोग विशेषज्ञ → एक डॉक्टर जो महिला प्रजनन अंगों के रोगों का इलाज करने और जो मुख्य रूप से प्रजनन अंगों पर केंद्रित महिला स्वास्थ्य की देखभाल में माहिर है।

हृदयरोग विशेषज्ञ → एक डॉक्टर जो हृदय रोगों और हृदय की असामान्यताओं के अध्ययन या उपचार में माहिर है।

कीमियागर → एक ऐसा व्यक्ति जो ऐसा प्रतीत करवाता है कि वो जादुई प्रक्रिया के माध्यम से कुछ बदल देता है या बनाता है।

स्नायुरोग विशेषज्ञ → एक डॉक्टर जो नसों और तंत्रिका तंत्र के शरीर रचना, कार्यों और कार्बनिक विकारों में माहिर है।

'कीमियागर' को छोड़कर सभी विकल्प डॉक्टरों का प्रतिनिधित्व करते हैं।

अतः विकल्प (C) सही है।

28. कथन I: बौद्ध धर्म उपमान को वैध ज्ञान के एक स्वतंत्र स्रोत के रूप में स्वीकार करता है: असत्य

बौद्ध धर्म (बौद्ध दर्शन) तुलना को वैध ज्ञान के एक स्वतंत्र स्रोत के रूप में स्वीकार नहीं करता है।

कथन II: उपमान में, किसी वस्तु का ज्ञान धारणा और गवाही से निर्धारित होता है: असत्य।

उपमान में, किसी वस्तु का ज्ञान अन्य समान प्रकार की वस्तुओं से तुलना करके निर्धारित किया जाता है।

इस प्रकार, उपमान एक नाम और उस वस्तु के बीच संबंध का ज्ञान है जिसे वह उस नाम से दर्शाता है।

अतः विकल्प (B) सही है।

29. श्रृंखला निम्नलिखित पैटर्न का अनुसरण करती है:

$121 - 1^2 = 120$

$120 + 2^2 = 124$

$124 - 3^2 = 115$

$115 + 4^2 = 131$

$131 - 5^2 = 106 = X$

∴ दी गई श्रृंखला में X का मान 106 है।

अतः विकल्प (B) सही है।

30.

अक्षर	A	B	C	D	E	F	G	H	I	J		K	L	M
स्थिति गत मान	1	2	3	4	5	6	7	8	9	10		11	12	13
अक्षर	N	O	P	Q	R	S	T	U	V	W	X	Y	Z
स्थिति गत मान	14	15	16	17	18	19	20	21	22	23	24	25	26

अक्षरों की वर्णानुक्रमिक स्थिति के अनुसार

H   J   L   N
↓ +1   ↓ +2   ↓ +3   ↓ +4
I   L   O   R

इसी तरह,

D   F   H   J
↓ +1   ↓ +2   ↓ +3   ↓ +4
E   H   K   N

इसलिए, 'EHKN' सही उत्तर है।

अतः विकल्प (B) सही है।

31. 2014 में राज्य A और 2017 में राज्य D के चीनी का कुल उत्पादन = 74 + 65 = 139 हजार

वर्ष 2015 में चीनी का कुल उत्पादन = 66 + 64 + 52 + 55 + 58 = 295

वर्ष 2016 में चीनी का कुल उत्पादन = 67 + 73 + 58 + 50 + 62 = 310

वर्ष 2015 और 2016 में चीनी का कुल उत्पादन = 295 + 310 = 605

∴ आवश्यक प्रतिशत = $\left[\dfrac{139}{605}\right]$ × 100 = 22.975% = 23% (लगभग)

अतः विकल्प (B) सही है।

32. 2014 से 2016 के दौरान राज्य E के चीनी का कुल उत्पादन = 50 + 58 + 62 = 170 हजार

2014, 2015, 2017 और 2018 के दौरान राज्य D के चीनी का कुल उत्पादन = 35 + 55 + 65 + 45 = 200

∴ आवश्यक प्रतिशत = $\left[\dfrac{(200-170)}{200}\right]$ × 100 = 15%

अतः विकल्प (A) सही है।

33. वर्षों में राज्य A के चीनी का कुल उत्पादन = 74 + 66 + 67 + 73 + 80 = 360 हजार

2015 और 2018 में राज्य A के चीनी का उत्पादन = 66 + 80 = 146

⇒ 360 हजार = 360° को दर्शायेगा

⇒ 146 हजार = $\left[\dfrac{360°}{360°}\right]$ × 146 = 146° दर्शायेगा

अतः विकल्प (B) सही है।

34. 2014 में राज्य B और 2016 में राज्य E के चीनी का कुल उत्पादन = 58 + 62 = 120 हजार

2018 में राज्य C और 2015 में राज्य A के चीनी का कुल उत्पादन = 74 + 66 = 140 हजार

∴ आवश्यक अनुपात = 120 : 140 = 6 : 7

अतः विकल्प (A) सही है।

35. वर्षों से राज्य B के चीनी का उत्पादन = 58 + 64 + 73 + 74 + 82 = 351

वर्षों से राज्य B के चीनी का औसत उत्पादन = $\dfrac{351}{5}$ = 70.2 हजार

2015 और 2016 में राज्य A के चीनी का उत्पादन क्रमशः 66 और 67 हैं जो वर्षों में राज्य B के चीनी के औसत उत्पादन से कम है।

अतः विकल्प (C) सही है।

36. FTP का पूरा नाम फाइल ट्रांसफर प्रोटोकॉल है। फाइल ट्रांसफर प्रोटोकॉल एक मानक प्रोटोकॉल है जिसका उपयोग कंप्यूटर फाइलों को एक स्थान से दूसरे स्थान पर स्थानांतरित करने के लिए किया जाता है। FTP एक क्लाइंट-सर्वर प्रोटोकॉल है जहां एक क्लाइंट एक फाइल के लिए पूछेगा, और एक स्थानीय या रिमोट सर्वर इसे प्रदान करेगा। एंड-यूज़र्स मशीन को आम तौर पर स्थानीय होस्ट मशीन कहा जाता है, जो इंटरनेट के माध्यम से रिमोट होस्ट से जुड़ी होती है- जो FTP सॉफ्टवेयर चलाने वाली दूसरी मशीन है।

अतः विकल्प (A) सही है।

37. फेसबुक ने GOAL (Going Online As Leaders) नाम से एक पहल शुरू की है जो एक डिजिटल स्किलिंग और मेंटरशिप पहल है। पहल 5 राज्यों- पश्चिम बंगाल, महाराष्ट्र, झारखंड, ओडिशा और मध्य प्रदेश की युवा लड़कियों को प्रशिक्षित करेगी। प्रशिक्षण का फोकस क्षेत्र डिजिटल साक्षरता, जीवन कौशल, नेतृत्व और उद्यमिता होगा।

अतः विकल्प (C) सही है।

38. कंप्यूटर में कई शैक्षिक समस्याओं को हल करने की क्षमता होती है। शिक्षा में कंप्यूटर के उपयोग को दो श्रेणियों में वर्गीकृत किया जा सकता है, एक कंप्यूटर का प्रशासनिक उपयोग और दूसरा निर्देशात्मक उपयोग है।

प्रशासनिक उपयोग:

- टाइपिंग, ईमेलिंग आदि के लिए कार्यालय उपयोग के रूप में।
- पुस्तकालय में, कंप्यूटर का उपयोग ग्रंथ सूची की जानकारी की पुनर्प्राप्ति, प्रसूचीकरण, पुस्तकों की खोज, आदि के लिए किया जाता है।

* छात्र शुल्क रिकॉर्ड, कर्मचारियों के वेतन रिकॉर्ड, बजट बनाना आदि जैसे कार्यों के लिए।
* समय सारणी बनाना, स्कोरिंग और ग्रेडिंग करना, छात्रों और कर्मचारियों के डेटा को संग्रहीत करना, उपस्थिति का रखरखाव, प्रसंस्करण और विश्लेषण के परिणाम, उत्तर पत्रक का मूल्यांकन।

निर्देशात्मक उपयोग:

* व्यवहार्य शिक्षण के लिए शिक्षण प्रक्रिया में ऑडियो-विजुअल गाइड प्रदान करना।
* छात्रों के लिए सामग्री को प्रस्तुत करने और समझने में आसान बनाना।
* उन छात्रों या शिक्षार्थियों को पढ़ाना संभव है जो दूरस्थ या दूर स्थानों पर स्थित हैं।

अतः विकल्प (D) सही है।

39. जब सिस्टम पहले से ही चल रहा हो और उसे फिर से चालू या रिबूट करने की आवश्यकता हो, तो इसे वार्म बूटिंग कहा जाता है। वार्म बूटिंग कोल्ड बूटिंग की तुलना में तेज़ होती है क्योंकि BIOS पुनः लोड नहीं होता है। उदाहरण के लिए, सॉफ्टवेयर को इन्स्टॉल करने के बाद बूट करना।

अतः विकल्प (C) सही है।

40. प्रति सेकंड बिट्स की संख्या जो एक नेटवर्क पर प्रसारित की जा सकती है, बिट दर के रूप में जानी जाती है। बिट दर उस दर को संदर्भित करती है जिस पर डेटा संसाधित या स्थानांतरित किया जाता है। यह आमतौर पर बीपीएस से लेकर केबीपीएस और एमबीपीएस तक के छोटे मानों के लिए सेकंड में मापा जाता है। बिट दर को बिटरेट या डेटा दर के रूप में भी जाना जाता है।

अतः विकल्प (B) सही है।

41. पेरिस समझौते का केंद्रीय उद्देश्य:

* यह जलवायु परिवर्तन पर कानूनी रूप से बाध्यकारी संधि थी और इस समझौते का मुख्य उद्देश्य जलवायु परिवर्तन के खतरे के लिए वैश्विक प्रतिक्रिया को मजबूत करना था।
* पेरिस समझौते का उद्देश्य पूर्व-औद्योगिक स्तर पर ग्लोबल वार्मिंग को 2 डिग्री सेल्सियस से कम करना और तापमान में वृद्धि को 1.5 डिग्री तक कम करने के प्रयास करना है।
* यह समझौता इस जलवायु परिवर्तन प्रक्रिया में अग्रणी-प्रकाश है क्योंकि यह पहली बार है जब सभी देश एक समान कारण से और जलवायु परिवर्तन का मुकाबला करने के लिए एक साथ आए हैं।
* यह समझौता जलवायु परिवर्तन को कम करने और पर्यावरण को होने वाले नुकसान और नुकसान को कम करने के लिए वैश्विक लक्ष्य अनुकूलन का भी उद्देश्य है।

अतः विकल्प (B) सही है।

42. MSW के घटक में मुख्य रूप से खाद सामग्री (51-53%) शामिल होते हैं, इसके बाद पुनर्नवीकरणीय (17-18%) और नमी की मात्रा 46.76% होती है। भारत में MSW की संरचना लगभग 40% -60% खाद, 30% -50% निष्क्रिय और 10% -30% चक्रीय है।

इसलिए, विकासशील देशों में, नगरपालिका ठोस अपशिष्ट की संरचना में खाद अपशिष्ट का अंश आमतौर पर 40% से अधिक की सीमा में है।

अतः विकल्प (D) सही है।

43. वायु गुणवत्ता सूचकांक (एक्यूआई) और सार्वजनिक स्वास्थ्य पर इसका प्रभाव:

एक्यूआई	टिप्पणी	संभावित स्वास्थ्य प्रभाव
0-50	अच्छा	न्यूनतम प्रभाव
51-100	संतोषजनक	संवेदनशील लोगों को सांस लेने में तकलीफ
101-200	मध्यम	फेफड़ों, अस्थमा और दिल की बीमारियों से लोगों को होने वाली सांस की तकलीफ
201-300	खराब	यह लंबे समय तक जोखिम पर ज्यादातर लोगों के लिए साँस लेने में परेशानी का कारण बनता है
301-400	बहुत खराब	लंबे समय तक रहने पर सांस की बीमारी
401-500	गंभीर	यह स्वस्थ लोगों को प्रभावित करता है और मौजूदा बीमारियों वाले लोगों को गंभीर रूप से प्रभावित करता है

इसलिए उपरोक्त आंकड़ों से, यदि शहरों में से एक का वायु गुणवत्ता सूचकांक (एक्यूआई) 190 है, तो यह मध्यम श्रेणी के अंतर्गत आता है।

अतः विकल्प (C) सही है।

44. बड़ी जलविद्युत परियोजनाओं को छोड़कर, देश के कुल बिजली क्षमता मिश्रण का नवीकरण का योगदान 23.9% है। इसमें सौर ऊर्जा (9.8%), पवन ऊर्जा (10.1%), जैव-शक्ति (2.7%), लघु जलविद्युत परियोजनाएँ (1.3%), और अपशिष्ट-से-ऊर्जा परियोजनाएं (0.04%) से स्थापित क्षमता शामिल है।

अतः विकल्प (C) सही है।

45. कार्बन मोनोऑक्साइड (CO) एक रंगहीन, गंधहीन और स्वादहीन ज्वलनशील गैस है जो हवा से थोड़ी कम घनी होती है। यह जानवरों के लिए विषाक्त है जो लगभग 35 पीपीएम से ऊपर सांद्रता में सामना करने पर हीमोग्लोबिन को ऑक्सीजन वाहक (अकशेरूकीय और कशेरुक दोनों) के रूप में उपयोग करते हैं, हालांकि यह कम मात्रा में सामान्य पशु चयापचय में भी उत्पन्न होता है, और कुछ सामान्य जैविक कार्य करने के लिए माना जाता है।

हीमोग्लोबिन आपके लाल रक्त कोशिकाओं में एक प्रोटीन है जो आपके शरीर के अंगों और ऊतकों को ऑक्सीजन पहुंचाता है और आपके अंगों और ऊतकों से कार्बन डाइऑक्साइड को आपके फेफड़ों तक वापस पहुंचाता है। यदि एक हीमोग्लोबिन परीक्षण से पता चलता है कि आपका हीमोग्लोबिन का स्तर सामान्य से कम है, तो इसका मतलब है कि आपके पास कम लाल रक्त कोशिका की गिनती (एनीमिया) है।

इसलिए, (A) और (R) दोनों सही हैं और (R), (A) की सही व्याख्या है।

अतः विकल्प (A) सही है।

46. विश्वविद्यालयों और कॉलेजों में गुणवत्ता के रखरखाव को सुनिश्चित करने के लिए राष्ट्रीय स्तर पर विश्वविद्यालय अनुदान आयोग (यूजीसी) द्वारा समय-समय पर दिशानिर्देश और विनियम तैयार किए जाते हैं। भारत में विश्वविद्यालय अनुदान आयोग की स्थापना ब्रिटिश यूजीसी की तर्ज पर हुई है। यह 1949 में विश्वविद्यालय शिक्षा आयोग द्वारा सिफारिश की गई थी।

अतः विकल्प (C) सही है।

47. कोठारी आयोग ने 1964 में भारत शिक्षा आयोग की व्यापक रूप से जांच की और पूरी शैक्षिक प्रणाली की समीक्षा की और 'उच्च शिक्षा के तीसरे आयाम के रूप में विस्तार' पर जोर दिया। इसने उच्च शिक्षा में शिक्षण, अनुसंधान और विस्तार की त्रिमूर्ति की शुरुआत की।

अतः विकल्प (C) सही है।

48. दूरस्थ शिक्षा "सूचना के स्रोत और शिक्षार्थियों को समय और दूरी, या दोनों से अलग होने पर सीखने की पहुंच बनाने और प्रदान करने की एक प्रक्रिया है।"

शैक्षणिक परामर्श सत्र और अध्ययन केंद्र दूरस्थ शिक्षा की कुछ मुख्य विशेषताएं हैं।

* छात्रों की मदद करने और शैक्षिक और प्रशासनिक प्रश्नों पर छात्रों के संदेह को स्पष्ट करने के लिए, अध्ययन केंद्र में आमने-सामने संपर्क (अकादमिक परामर्श) प्रदान किया जाता है।

- काउंसलिंग सत्रों की अनुसूची अध्ययन केंद्र द्वारा इंडक्शन कार्यक्रम के दौरान सौंपी जाएगी।
- काउंसलिंग अकादमिक काउंसलर द्वारा प्रदान की जाती है जो विषय के विशेषज्ञ हैं।
- ये परामर्श सत्र संवादात्मक होते हैं क्योंकि वे न केवल कार्यक्रम के लिए प्रासंगिक विभिन्न शैक्षणिक विषयों पर चर्चा करने और बहस करने का अवसर प्रदान करते हैं, बल्कि छात्र को परामर्शदाताओं और सहकर्मी समूहों (छात्र सहयोगियों) के साथ मानव संपर्क का आनंद लेने की अनुमति भी देते हैं।

अतः विकल्प (B) सही है।

49. कोठारी आयोग द्वारा संबंधित भाषा से अनुशंसित नीति त्रिभाषा सूत्र है।

त्रि-भाषाओं का फॉर्मूला 1968 नीति में कहा गया है: -

- **पहली भाषा:** इसका अध्ययन मातृभाषा या क्षेत्रीय भाषा में होना चाहिए।
- **दूसरी भाषा:** हिंदी भाषी राज्यों में, दूसरी भाषा अंग्रेजी या कुछ अन्य आधुनिक भारतीय भाषा होगी। गैर-हिंदी भाषी राज्यों में, दूसरी भाषा हिंदी या अंग्रेजी होगी।
- **तीसरी भाषा:** तीसरी भाषा को स्कूल में बाद के चरण में पढ़ाया जाता है, और वह भी कम समय के लिए, क्योंकि इसकी आवश्यकता केवल सीमित संदर्भ में होती है यानी सामाजिक स्थिति में जहां न तो पहली और दूसरी भाषा बच्चे को संवाद करने में मदद कर सकती है।

अतः विकल्प (C) सही है।

50. प्राचीन भारत के विश्वविद्यालयों में शिक्षण प्रख्यात शिक्षकों के बोर्ड द्वारा नियंत्रित किया जाता था। विक्रमशिला विश्वविद्यालय के बोर्ड द्वारा नालंदा विश्वविद्यालय का संचालन किया गया था। ऐसा कहा जाता है कि विक्रमशिला विश्वविद्यालय बोर्ड नालंदा विश्वविद्यालय के प्रशासनिक मामलों के लिए भी जवाबदेह था।

अतः विकल्प (C) सही है।

51. मान लीजिए R एक सेट A पर एक रिलेशन है।

R = {(0,1), (1,2), (2,2), (3,4), (5,3), (5,4)}

A = {1, 2, 3, 4, 5}

R* पर कनेक्टिविटी रिलेशन में पेयर्स (a,b) होते हैं। जैसे कि R में गणितीय रूप से a से b तक की लंबाई का कम से कम एक पथ है, R* = R1 ∪ R2 R3 ... ∪ Rn ।

तो, उत्तर {(0,1), (0,2), (1,2), (2,2), (3,4), (5,3), (5,4)} है।

अतः विकल्प (D) सही है।

52. दिया गया रिलेशन रेफ्लेक्सीव नहीं है क्योंकि aRa पॉसिबल नहीं है। यह एंटीसिमेट्रिक नहीं है क्योंकि aRb और bRa पॉसिबल हैं और हमारे पास a!=b हो सकता है यह ट्रांसिटिव नहीं है जैसे कि aRb और bRc तो aRc को सही होने की आवश्यकता नहीं है इसका विओलेशन तब होता है जब c=a होता है।

दिया रिलेशन है:

R={(a,b) ∈ N2 | a!= b}

यह एंटीसिमेट्री है जैसे कि aRb तो bRa

तो, उत्तर सिमिट्री प्रॉपर्टी है।

अतः विकल्प (A) सही है।

53. मान लीजिए कि किसी भी ग्राफ G में एक ट्रेल को बिना रिपेटेड एज के साथ वॉक के रूप में परिभाषित किया जा सकता है। ग्राफ थ्योरी में, एक ट्रेल को एक ओपन वॉक के रूप में परिभाषित किया जाता है जिसमें-

- वर्टिस रिपीट कर सकते हैं।
- लेकिन एज को रिपीट करने की अनुमति नहीं है।
- हर पथ एक ट्रेल है लेकिन जरूरी नहीं कि हर राह एक पथ हो।

मान लीजिए कि चलना एक ग्राफ के वर्टिस और किनारों के सीकेंस के रूप में परिभाषित किया जा सकता है, अर्थात यदि हम एक ग्राफ को पार करते हैं तो हमें एक वॉक मिलता है। कोई रिपीट किये गए किनारे नहीं हैं, इसलिए, यह वॉक एक ट्रेल है।

अतः विकल्प (A) सही है।

54. ग्राफ में ncfkedn वॉक में कोई एज को रिपेटेड नहीं जाता है, जो इसे एक ट्रेल बनाता है और फिर शुरू होता है और वर्टेक्स n वही होता है जो इसे एक साइकिल ग्राफ बनाता है। साइकिल ग्राफ या सर्कुलर ग्राफ एक ऐसा ग्राफ होता है जिसमें एक ही साइकिल होता है। सिंगल साइकिल ग्राफ में वर्टेक्स की संख्या एज की संख्या के बराबर होती है। एक साइकिल ग्राफ 3-एज रंगीन या 3-एज रंगीन होता है यदि और केवल तभी इसमें विषम संख्या में वर्टिक्स होते हैं। एक साइकिल ग्राफ में ग्राफ में प्रत्येक वर्टेक्स की डिग्री दो होती है।

अतः विकल्प (A) सही है।

55. पोलिश प्रीफिक्स नोटेशन या बस प्रीफिक्स नोटेशन एक मैथमेटिकल नोटेशन है जिसमें ऑपरेटर अपने ऑपरेंड से पहले होते हैं, अधिक कॉमन इन्फिक्स नोटेशन के विपरीत, जिसमें ऑपरेटरों को ऑपरेंड के बीच रखा जाता है।

दिया गया एक्सप्रेशन =4*5+3/2-9

प्रीफिक्स नोटेशन:

={(4*5)+(3/2)-9}

={(*45)+(/32)-9}

={+(*45)(/32)}-9

=-{+(*45)(/32)9

तो, आउटपुट है:

-+*45/329

अतः विकल्प (C) सही है।

56. जब माइक्रोकंट्रोलर कुछ एरिथमेटिक्स ऑपरेशन्स को एग्जिक्यूट करता है, तो पीएसडब्लू रजिस्टर के फ्लैग बिट्स प्रभावित होते हैं। इसका पूरा नाम प्रोग्राम स्टेटस वर्ड है। इसमें कैरी, ऑक्जिलरी कैरी, ओवरफ्लो, पैरिटी, रजिस्टर बैंक सेलेक्ट बिट्स आदि शामिल हैं जो इस तरह के ऑपरेशन के दौरान प्रभावित होते हैं।

अतः विकल्प (A) सही है।

57. जब 8051 वेक अप होता है, तो प्रोग्राम काउंटर (पीसी) 0000H से लोड होता है। इस वजह से 8051 में पहला ओपकोड 0000H पर रोम एड्रेस में स्टोर हो जाता है। एक प्रोग्राम काउंटर (पीसी) कंप्यूटर प्रोसेसर में एक सीपीयू रजिस्टर होता है जिसमें मेमोरी से तेजी से निष्पादन के साथ-साथ वर्तमान निष्पादन पॉइंट को ट्रैक करने के लिए आवश्यक एक डिजिटल काउंटर है। पीसी, एक स्पेशल-प्रपोज़ रजिस्टर है जिसका उपयोग प्रोसेसर द्वारा निष्पादित किए जाने वाले अगले इंस्ट्रक्शन का पता रखने के लिए किया जाता है। पीएलए स्वचालित रूप से ऑप-कोड डिकोड साइकिल के दौरान अगले इंस्ट्रक्शन को पॉइंट करने के लिए पीसी को अपडेट करता है।

अतः विकल्प (C) सही है।

58. 8051 माइक्रोकंट्रोलर, इंटेल एटमेल, फिलिप्स/सिग्नेटिक्स, इंफीनों डलास सेमी/मैक्सिम द्वारा निर्मित हैं। इंटेल MCS-51 इंटेल MCS-51 (आमतौर पर 8051 कहा जाता है) एक सिंगल-चिप माइक्रोकंट्रोलर (MCU) सीरीज है जिसे 1980 में इंटेल द्वारा एम्बेडेड सिस्टम में उपयोग के लिए विकसित किया गया था। इसके अलावा एटमेल अभी भी माइक्रोकंट्रोलर बनाता है जो सिंगल-साइकिल इंस्ट्रक्शन को करने में इम्प्रोवेड के बावजूद 8051 आर्किटेक्चर का उपयोग करता है। फिलिप्स सेमीकंडक्टर-सिग्नेट। माइक्रोकंट्रोलर ट्रेनिंग 8051 - 8 बिट डेटा पथ और एएलयू की सुविधाओं को विफल करता है। -आसान इंटरफेसिंग -12 से 30 मेगाहर्ट्ज वर्जन उपलब्ध हैं।

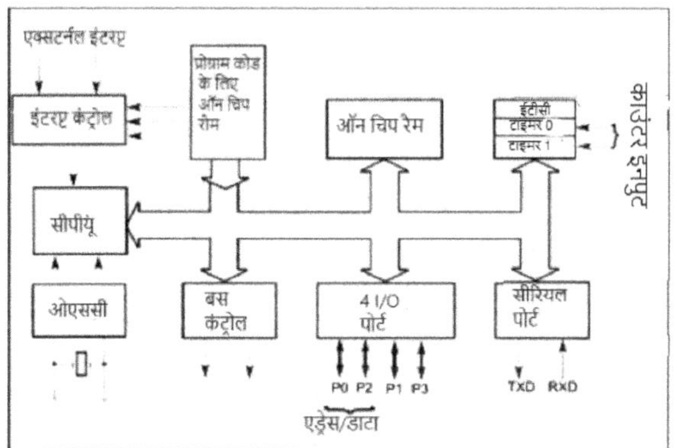

अतः विकल्प (D) सही है।

59. 8051 माइक्रोकंट्रोलर के लिए:

$$CY = \begin{cases} 0 \text{ [When no carry from MSB i.e. } D_7] \\ 1 \text{[When carry from MSB i.e. } D_7] \end{cases}$$

$$AC = \begin{cases} 0 \text{[When no carry from } D_3 \text{ to } D_4] \\ 1 \text{[When carry from } D_3 \text{ to } D_4] \end{cases}$$

$$P = \begin{cases} 1 \text{[When odd no. of } 1's \text{ present]} \\ 0 \text{[When even no. of } 1's \text{ present]} \end{cases}$$

MOV A, #9CH A = 9 C {डेटा 9C के साथ लोड किया गया एक्युमुलेटर}

ADD A, #64H {ADD 64H एक्युमुलेटर के साथ और परिणाम को एक्युमुलेटर में स्टोर करें}

→ हेक्साडेसिमल संख्या को बाइनरी प्रारूप में लेना

9C H ⇒ 1001 1100

64 H ⇒ 0110 0100

→ अतिरिक्त ऑपरेशन करें

		(1)	(1)	(1)	(1)	(1)	all are carry ←
0		1	0	0	1	1	1	0
0		0	1	1	0	0	1	0
D_1	D_0	D_7	D_6	D_5	D_4	D_3	D_2

Carry →

| 1 | 0 | 0 | 0 | 0 | 0 | 0 | 0 | 0 |

∴ CY = 1, AC = 1, P = 1 [उपरोक्त रिजल्ट से]

60. 80286, 8086 और 8088 का सक्सेसर है क्योंकि इसमें 8086 और 8088 पर आधारित सीपीयू है। 8051 इंटेल द्वारा डिजाइन किया गया, एक माइक्रोकंट्रोलर है जिसे आमतौर पर इंटेल एमसीएस -51 के रूप में जाना जाता है। 8087, 8086 का पहला फ्लोटिंग पॉइंट कोप्रोसेसर है।

अतः विकल्प (A) सही है।

61. 80286 में दो मोड होते हैं जिन्हें रियल मोड और प्रोटेक्टेड मोड कहा जाता है। रियल मोड में, यह 16 एमबी से अधिक आकार तक पहुंचने के लिए कुछ अतिरिक्त रजिस्टर जोड़ता है लेकिन फिर भी 8086 और 8088 के साथ इसकी संगतता को प्रोटेक्टेड करता है। प्रोटेक्टेड मोड डायरेक्टली 16-बिट 80286 प्रोटेक्टेड मोड प्रोग्राम निष्पादित कर सकता है।

अतः विकल्प (A) सही है।

62. इंटेल 80286 में 4 जनरल-पर्पस के रजिस्टर हैं और ये 16-बिट आकार के हैं। जनरल-पर्पस रजिस्टर के अलावा, फोर सेगमेंटेड रजिस्टर, दो इंडेक्स रजिस्टर और एक बेस पॉइंटर रजिस्टर होते हैं। जनरल-पर्पस AX, BX, CX और DX 16-बिट हैं। हालाँकि, वे दो छोटे रजिस्टरों से बने होते हैं। उदाहरण के लिए AX. उच्च 8-बिट को AH कहा जाता है, और निम्न 8-बिट को AL कहा जाता है। BX- बेस रजिस्टर, आमतौर पर किसी प्रोसीजर या वेरिएबल का एड्रेस रखने के लिए उपयोग किया जाता है। CX- काउंट रजिस्टर, आमतौर पर लूपिंग के लिए उपयोग किया जाता है। DX-डेटा रजिस्टर, आमतौर पर गुणा और भाग के लिए उपयोग किया जाता है।

अतः विकल्प (B) सही है।

63. एमएमएक्स ऑपरेंड को स्टोर करने के लिए एमएमएक्स रजिस्टर जनरल पर्पस फ्लोटिंग पॉइंट रजिस्टरों के केवल 64-बिट मंटिसा पोर्टेशन का उपयोग करते हैं। इस प्रकार, MMX प्रोग्रामर्स वर्चुअली में आठ नए MMX रजिस्टर मिलते हैं, जिनमें से प्रत्येक 64 बिट का होता है।

अतः विकल्प (B) सही है।

64. एमएमएक्स निर्देशों के अनुक्रम को निष्पादित करने के बाद, एमएमएक्स रजिस्टरों को एक निर्देश, ईएमएमएस द्वारा क्लेयर्ड किया जाना चाहिए, जिसका अर्थ है एमएमएक्स स्टैक खाली करना। ईएमएमएस का उपयोग करना नये कंटेंट को समायोजित करने के लिए एक कंटेनर खाली करने जैसा है। ईएमएमएस निर्देश एमएमएक्स रजिस्टरों को क्लियर करता है और फ्लोटिंग-पॉइंट टैग शब्द की वैल्यू खाली करने के लिए सेट करता है।

अतः विकल्प (D) सही है।

65. कोई भी CPU एक बार में केवल एक पिक्सेल में मैनिपुलेट कर सकता है। लेकिन एमएमएक्स आर्किटेक्चर का उपयोग करके, हम ऐसे 8 पिक्सल में मैनिपुलेट कर सकते हैं, जिन्हें एक 64-बिट रजिस्टर में पैक किया गया है। यह ठीक वही है जो इंटेल 57 एमएमएक्स निर्देशों के एक सेट के माध्यम से प्रदान करता है। ये निर्देश प्रोग्रामर को इमेज फिल्टरिंग, इमेज एन्हांसमेंट, कोडिंग और अन्य एलोरिथ्म के लिए एफ्फिसिएंट प्रोग्राम लिखने में मदद करते हैं। कन्वेंशनल सीपीयू का उपयोग करते हुए, हम एक साथ अधिकतम दो पिक्सल पर काम कर सकते हैं। दूसरी ओर, एमएमएक्स निर्देश सेट का उपयोग करके, हम एक साथ 8 पिक्सेल लोड कर सकते हैं और उन पर कॉन्करेंट ऑपरेशन कर सकते हैं। यहाँ एमएमएक्स टेक्नोलॉजी की शान है।

अतः विकल्प (C) सही है।

66. टेम्प्लेट क्लासेस वे क्लास हैं जिनका उपयोग डेटा टाइप के किसी भी मान के लिए किया जा सकता है। तो, इन्हें एक जेनेरिक क्लास के रूप में जाना जाता है। टेम्प्लेट क्लास जेनेटिक क्लासेज को बनाने और पैरामीटर के आधार पर क्लास की ऑब्जेक्ट को उत्पन्न करने में मदद करती हैं। इस प्रकार का क्लास सिस्टम मेमोरी को भी बचाता है।

अतः विकल्प (B) सही है।

67. जावा एक प्रोग्रामिंग लैंग्वेज है जो 'मल्टीपल इनहेरिटेंस' की कांसेप्ट को अस्वीकार करती है। तो, यह सभी प्रकार की इनहेरिटेंस को सपोर्ट नहीं करती है। लेकिन, हम इंटरफ़ेस कॉन्सेप्ट का उपयोग करके जावा लैंग्वेज में 'मल्टीपल इनहेरिटेंस' को लागू कर सकते हैं।

अत: विकल्प (C) सही है।

68. CSS बैकग्राउंड कलर प्रॉपर्टी HTML एलिमेंट के लिए बैकग्राउंड कलर को परिभाषित करती है।

```
<html>

<body style ="background-color: lightgreen;">

<h1>Edugorilla Dashboard</h1>

<p>TESTSERIES</p>

</body>

</html>
```

अत: विकल्प (A) सही है।

69. इमेज डालने के लिए HTML कोड `<img src="image.gif">` है।

`<img>` टैग HTML पेज में इमेज को परिभाषित करता है।

`<img>` टैग को दो विशेषता: src और alt की आवश्यकता होती है।

src एक इमेज के URL को निर्दिष्ट करता है और alt एक इमेज के लिए एक अल्टरनेट टेक्स्ट को निर्दिष्ट करता है।

अत: विकल्प (C) सही है।

70. COBOL एक हाई-लेवल लैंग्वेज है जिसका उपयोग सॉफ्टवेयर अनुप्रयोगों को कॉम्पैक्ट, कुशल कोड में विकसित करने के लिए किया जाता है जिसे न्यूनतम परिवर्तन के साथ विभिन्न प्रकार के कंप्यूटरों पर चलाया जा सकता है। यह व्यावसायिक उपयोग के लिए डिज़ाइन की गई कम्पाईल्ड अंग्रेजी जैसी कंप्यूटर प्रोग्रामिंग भाषा है। यह 2002 से ऑब्जेक्ट-ओरिएंटेड है।

अत: विकल्प (D) सही है।

71. लिआंग-बार्स्की लाइन क्लिपिंग एल्गोरिथ्म उस पैरामीटर की सीमा को खोजने के लिए 4 असमानताओं को हल करता है जिसके लिए लाइन रेक्टेंगल के साथ इंटरसेक्शन है। लिआंग-बार्स्की एल्गोरिथ्म लाइन और क्लिप विंडो के बीच के इंटरसेक्शन को निर्धारित करने के लिए क्लिपिंग विंडो की सीमा का वर्णन करने वाली लाइन और असमानताओं के पैरामीट्रिक समीकरण का उपयोग करता है। इन इंटरसेक्शन से यह जानता है, कि लाइन का कौन सा पोर्शन खींचा जाना चाहिए।

अत: विकल्प (D) सही है।

72. सदरलैंड-कोहेन एल्गोरिथ्म पर रिलेटिव स्पीड इम्प्रूवमेंट हैं:

- 2डी लाइनों के लिए 36%
- 3डी लाइनों के लिए 40%
- 4डी लाइनों के लिए 70%

कोहेन-सदरलैंड एल्गोरिथ्म बार-बार एक लाइन पथ के साथ इंटरसेक्शन्स की गणना कर सकता है, भले ही लाइन पूरी तरह से क्लिप विंडो के बाहर हो।

अत: विकल्प (D) सही है।

73. सॉलिड क्लिपिंग एक प्रकार का क्लिपिंग एल्गोरिथ्म है जिसका उपयोग रेस्टर सिस्टम पर किया जाता है। चूंकि क्लिपिंग 2-डायमेंशनल देखने में की जाती है और सॉलिड एक 3-डायमेंशनल ऑब्जेक्ट है, इसलिए क्लिपिंग एल्गोरिथ्म को सॉलिड ऑब्जेक्ट पर लागू नहीं किया जा सकता। सॉलिड क्लिपिंग के बजाय, एक अन्य प्रकार की क्लिपिंग एल्गोरिथ्म है जिसे कर्व क्लिपिंग के रूप में जाना जाता है।

अत: विकल्प (D) सही है।

74. यदि x, x के मिनिमम वैल्यू से अधिक और x के मैक्सिमम वैल्यू से कम है, तो एक पॉइंट P(x,y) क्लिप नहीं किया जाता है। मैथेमैटिकली रूप से इसे "$xw_{min} \leq xw_{max}$" के रूप में लिखा जा सकता है। "पॉइंट क्लिपिंग एक प्रोसेस है जिसका उपयोग पॉइंट की पोजीशन को परिभाषित करने के लिए किया जाता है।" पॉइंट या तो व्यू पेन (विंडो) के अंदर या व्यू पेन के बाहर होता है। कंप्यूटर ग्राफिक्स में, कंप्यूटर स्क्रीन टू-डायमेंशनल कोआर्डिनेट सिस्टम के रूप में काम करती है।

अत: विकल्प (C) सही है।

75. एक पॉइंट P(x,y) क्लिप नहीं किया जाता है यदि, y, y के मिनिमम वैल्यू से अधिक और y के मैक्सिमम वैल्यू से कम है। मैथेमैटिकली रूप से, इसे "$yw_{min} \leq yw_{max}$" के रूप में लिखा जा सकता है। यदि पॉइंट विंडो के अंदर है, तो पॉइंट क्लिपिंग करने की कोई आवश्यकता नहीं है। लेकिन अगर पॉइंट विंडो के बाहर है, तो हमें क्लिपिंग करने की जरूरत है।

अत: विकल्प (B) सही है।

76. अपाचे नॉक्स एसएसएच एज नोड रिस्क को समाप्त करता है। नॉक्स नेटवर्क टोपोलॉजी को छुपाता है। एक सेंट्रलाइज़्ड फ्रंट सर्विस का उपयोग सुरक्षा लाभ भी प्रदान करता है जिसमें यह आपके नेटवर्क की टोपोलॉजी और इसके पीछे की हड्डूप सर्विसेज को छुपाता है और एसएसएच एज नोड रिस्क के खिलाफ सुरक्षा प्रदान करता है। (एसएसएच टनलिंग आपके फ़ायरवॉल फॉर्वर्ड एसएसएच टनल्स में इंटरनल नेटवर्क थे।)

अत: विकल्प (C) सही है।

77. अपाचे नॉक्स एचटीटीपी पर हड्डूप क्लस्टर को एक्सेस करता है। नॉक्स एलडीएपी/एडी ऑथेंटिकेशन, सर्विस ऑथोरिज़ेशन और ऑडिट का सपोर्ट करता है। एक ज्ञात अपाचे नॉक्स इश्यू HTTP कुकीज़ और हेडर में निहित सुरक्षा जानकारी का प्रचार नहीं करती है। इश्यू नॉक्स 0.14.0 (या बाद में) में हल हो गई है। आपको एक अपडेट हॉर्टनवर्क्स डिस्ट्रीब्यूशन प्राप्त करना होगा, जिसमें एनलिटिक सर्वर के साथ काम करने के साथ नॉक्स से पहले नॉक्स 0.14.0 (या बाद में) शामिल है।

अत: विकल्प (A) सही है।

78. अपाचे नॉक्स गेटवे एक ऐसी सिस्टम है जो अपाचे के लिए ऑथेंटिकेशन और एक्सेस का सिंगल प्वाइंट प्रदान करती है। नॉक्स आरईएसटी/एचटीटीपी कॉल को भी इंटरसेप्ट करता है और एक्स्टेंसिबल इंटरसेप्टर पाइपलाइनों की एक श्रृंखला के माध्यम से ऑथेंटिकेशन, ऑथोरिज़ेशन, ऑडिट, यूआरएल रीराइटिंग, वेब वुलनरबिलिटी हटाने और अन्य सुरक्षा सेवाएं प्रदान करता है। नॉक्स एलडीएपी/एडी ऑथेंटिकेशन और सर्विस ऑथोरिज़ेशन का सपोर्ट करता है।

अत: विकल्प (A) सही है।

79. सामान्य तौर पर, शब्द "डेटा" रो फैक्ट्स और फिगर्स को संदर्भित करता है, जबकि सूचना को डेटा के रूप में संदर्भित किया जाता है, जो वास्तव में किसी या किसी विशेष व्यक्ति के लिए महत्वपूर्ण है। डेटाबेस के संदर्भ में, डेटा उन सभी सिंगल आइटम्स को संदर्भित करता है, जो डेटाबेस में इंडिविजुअली रूप से या एक सेट के रूप में स्टोर होते हैं। डेटाबेस में डेटा मुख्य रूप से डेटाबेस टेबल में स्टोर किया जाता है जो कॉलम में व्यवस्थित होते हैं जो उसमें स्टोर डेटा प्रकारों को निर्देशित करते हैं।

अत: विकल्प (C) सही है।

80. स्पेशलाइजेशन में, टॉप-डाउन दृष्टिकोण का उपयोग किया जाता है, और यह जनरलाइजेसन के विपरीत है।

स्पेशलाइजेशन में, हायर-लेवल एन्टिटीज़ को सब लो लेवल एन्टिटीज़ में विभाजित किया जा सकता है। यह आम तौर पर एक एंटिटी सेट के सबसेट की पहचान करने के लिए उपयोग किया जाता है जो विशिष्ट विशेषताओं को साझा करता है।

इसे और स्पष्ट रूप से समझने के लिए, निम्नलिखित उदाहरण पर ध्यान दें:

मान लीजिए कि आपके पास एक एंटिटी है, उदाहरण के लिए, एक वाहन। तो स्पेशलाइजेशन के माध्यम से, आपको दोपहिया और चार पहिया वाहनों जैसे सब-एंटिटीज में विभाजित किया जा सकता है।

अतः विकल्प (C) सही है।

81. एसक्यूएल में, रिलेशन एक टेबल द्वारा दर्शाया जाता है, और एक टेबल रो और कॉलम का एक कलेक्शन है। इसलिए रो और कॉलम के कलेक्शन को टेबल कहा जाता है, जबकि टेबल को एसक्यूएल में रिलेशन के रूप में जाना जाता है। तो एक रिलेशन में (या हम टेबल कह सकते हैं), रो को टपल्स कहा जाता है।

अतः विकल्प (B) सही है।

82. कार्डिनैलिटी से तात्पर्य संबंध के टपल्स की संख्या से है, क्योंकि कार्डिनैलिटी एक संबंध में टपल्स की संख्या का प्रतिनिधित्व करती है।

इसे और अधिक विस्तार से समझने के लिए, निम्नलिखित दिए गए उदाहरण पर ध्यान दें:

मान लीजिए कि हमारे पास एक संबंध (या टेबल) है जिसमें 30 टपल्स (या रो) और चार कॉलम हैं, तो रिलेशनशिप की कार्डिनैलिटी 30 होगी।

अतः विकल्प (C) सही है।

83. डेटा मैनिपुलेशन लैंग्वेज में, सेलेक्ट, इंसर्ट, अपडेट और डिलीट जैसे कमांड का उपयोग सूचना (या डेटा, रिकॉर्ड) को मैनिपुलेट करने के लिए किया जाता है। उदाहरण के लिए, एक टेबल इन्सर्ट करना, टेबल को अपडेट करना, टेबल डिलीट करना आदि। जबकि क्रिएट, अल्टर, ड्रॉप कमांड डीडीएल (डाटा डेफिनिशन लैंग्वेज) कमांड हैं।

अतः विकल्प (C) सही है।

84. स्कूप में एक प्रिमिटिव एसक्यूएलएक्सीक्यूशन शेल (स्कूप-इवल टूल) भी शामिल है। स्कूप लिस्ट डेटाबेस एक टूल है जो डेटाबेस सर्वर के विरुद्ध "शो डेटाबेस" क्वेरी को एक्सीक्यूट्स और पार्स करता है। यह डेटाबेस सर्वर में मौजूद संपूर्ण डेटाबेस को लिस्ट्स करता है। इस टूल का प्राइमरी पर्पस सर्वर पर मौजूद डेटाबेस स्कीमा को लिस्टेड करना है।

अतः विकल्प (B) सही है।

85. आप दो फ़ाइल फॉर्मेट में से एक में डेटा इम्पोर्ट कर सकते हैं: डेलीमिटेड टेक्स्ट या सीक्वेंस फ़ाइलें। एक डेलीमिटेड टेक्स्ट फ़ाइल एक टेक्स्ट फ़ाइल है, जिसका उपयोग डेटा को स्टोर करने के लिए किया जाता है, जिसमें प्रत्येक लाइन एक सिंगल बुक कंपनी या अन्य चीजों का रिप्रेजेंट करती है, और प्रत्येक लाइन में डेलीमीटर द्वारा अलग किए गए फ़ील्ड होते हैं। सीक्वेंस फ़ाइलें डेटा तक पहुँचने में एक आर्डर या सीक्वेंस का पालन करती हैं जबकि रैंडम फ़ाइलों के केस में डेटा को रैंडम्ली रूप से एक्सेस किया जाता है। एक सीक्वेंस में डेटा तक पहुँचने के लिए आवश्यक टाइम रैंडम एक्सेसिंग के लिए आवश्यक टाइम से कम है।

अतः विकल्प (A) सही है।

86. एक ओएसएस एक ओपन सोर्स सॉफ्टवेयर के अलावा और कुछ नहीं है। इसमें सीमित विकल्प हैं, यानी ओपन सोर्स के लिए कम विकल्प उपलब्ध हैं। इसके अलावा, परिवर्तन की गति एक महत्वपूर्ण नकारात्मक पहलू है, चूंकि सॉफ्टवेयर खुद को अपडेट करता रहता है, हम यह सुनिश्चित नहीं कर सकते कि यह अन्य अनुप्रयोगों के साथ संगत है या नहीं।

अतः विकल्प (D) सही है।

87. सिस्टम सॉफ्टवेयर पैकेज में शामिल प्रोग्राम को सिस्टम प्रोग्राम कहा जाता है। जो प्रोग्रामर उन्हें डिजाइन करते हैं और उन्हें तैयार करते हैं उन्हें सिस्टम प्रोग्रामर कहा जाता है। सिस्टम प्रोग्रामर ऑपरेटिंग सिस्टम को स्थापित, अनुकूलित और रखरखाव करता है, और सिस्टम पर चलने वाले उत्पादों को स्थापित या अपग्रेड भी करता है। सिस्टम प्रोग्रामर निम्नलिखित कार्यों को करता

है: हार्डवेयर और सॉफ्टवेयर सिस्टम अपग्रेड और कॉन्फ़िगरेशन में परिवर्तन जैसे कार्य करता है।

अतः विकल्प (D) सही है।

88. एक एप्लिकेशन सॉफ्टवेयर एक विशिष्ट समस्या को हल करने के लिए विशिष्ट है। सिस्टम सॉफ्टवेयर को कंप्यूटर सिस्टम के ऑपरेशन को कंट्रोलिंग करने के लिए डिज़ाइन किया गया है। यूटिलिटी सॉफ्टवेयर कुछ कार्य करता है जैसे वायरस का पता लगाना, इंस्टालेशन और अनइंस्टालेशन, डेटा बैकअप, अनवांटेड फ़ाइलों को हटाना आदि। कुछ उदाहरण एंटीवायरस सॉफ्टवेयर, फ़ाइल मैनेजमेंट टूल्स, कम्प्रेशन टूल्स, डिस्क मैनेजमेंट टूल्स आदि हैं।

अतः विकल्प (A) सही है।

89. असेंबलर का उपयोग लो-लेवल लैंग्वेज के केस में किया जाता है। यह आमतौर पर बाइनरी कोड को समझने योग्य प्रारूप में बनाने के लिए उपयोग किया जाता है। इंटरप्रेटर का उपयोग हाई-लेवल लैंग्वेज के साथ समान रूप से किया जाता है। असेंबलर का उपयोग लो-लेवल असेंबली लैंग्वेज में लिखे गए प्रोग्राम को मशीन कोड (ऑब्जेक्ट कोड) फ़ाइल में ट्रांसलेट करने के लिए किया जाता है ताकि इसे कंप्यूटर द्वारा उपयोग और निष्पादित किया जा सके।

अतः विकल्प (A) सही है।

90. ग्रेटर थ्रूपुट और इन्हैंस्ड फाल्ट टॉलरेंस मल्टी-माइक्रोप्रोसेसर सिस्टम के मुख्य उद्देश्य हैं। इस उद्देश्य के लिए इन सिस्टम्स में हार्डवेयर और सॉफ्टवेयर की बहुलता शामिल है। थ्रूपुट एक प्रोडक्ट या सर्विस की मात्रा है जो एक कंपनी एक स्पेसिफिक पीरियड के भीतर एक ग्राहक को प्रोड्यूज और डिलीवर कर सकती है। फॉल्ट टॉलरेंस एक ऐसी प्रक्रिया है जो एक ऑपरेटिंग सिस्टम को हार्डवेयर या सॉफ्टवेयर में फेलियर का जवाब देने में सक्षम बनाती है। यह फॉल्ट टॉलरेंस परिभाषा फेलियर या मालफंक्शंस के बावजूद संचालन जारी रखने की सिस्टम की क्षमता को संदर्भित करती है।

अतः विकल्प (C) सही है।

91. बूटस्ट्रैप लोडर एक प्रोग्राम है जो कंप्यूटर के इम्प्रोम, रोम, या अन्य नॉन-वोलेटाइल मेमोरी में रहता है यह कंप्यूटर को चालू करते समय प्रोसेसर द्वारा स्वचालित रूप से निष्पादित होता है एक बूटलोडर जिसे बूट प्रोग्राम या बूटस्ट्रैप लोडर के रूप में भी जाना जाता है, एक विशेष ऑपरेटिंग सिस्टम सॉफ्टवेयर है। स्टार्ट-अप के बाद कंप्यूटर की वर्किंग मेमोरी में लोड हो जाता है।

अतः विकल्प (C) सही है।

92. शॉर्टेस्ट रिमेनिंग टाइम फर्स्ट (एसआरटीएफ) शेड्यूलिंग प्रीमेप्टिव शेड्यूलिंग है। इस शेड्यूलिंग में, सबसे कम प्रोसेसिंग टाइम वाली प्रोसेस को पहले एक्सीक्यूट किया जाता है। चूंकि वर्तमान में एक्सीक्यूट प्रोसेस परिभाषा के अनुसार जिसका सबसे कम प्रोसेसिंग टाइम शेष है, और चूंकि उस समय को केवल एक्सीक्यूट की प्रोग्रेस के रूप में कम किया जाना चाहिए, प्रोसेस या तो तब तक चलेगी जब तक कि यह पूरा नहीं हो जाता है या यदि कोई नई प्रोसेस ऐड कर दी जाती है तो उसे पूर्ववत कर दिया जाता है जिसके लिए एक शॉर्टेस्ट की टाइम की राशि आवश्यकता होती है।

अतः विकल्प (D) सही है।

93. कई जॉब्स के बीच कंप्यूटर के समय को साझा करने की तकनीक, जो जॉब्स को इतनी तेजी से स्विच करता है कि ऐसा प्रतीत होता है कि प्रत्येक जॉब के पास स्वयं कंप्यूटर है उसे टाइम शेयरिंग कहते हैं। टाइम शेयरिंग से तात्पर्य एक साथ कई जॉब्स के लिए टाइम स्लॉट में कंप्यूटर संसाधनों के आवंटन से है। उदाहरण के लिए, एक मेनफ्रेम कंप्यूटर जिसमें कई उपयोगकर्ता लॉग इन हैं। प्रत्येक उपयोगकर्ता मेनफ्रेम के संसाधनों का उपयोग करता है - यानी मेमोरी, सीपीयू, आदि।

अतः विकल्प (A) सही है।

94. प्रोसेस कंट्रोल रीयल टाइम ऑपरेटिंग सिस्टम का सबसे अच्छा उदाहरण है। रीयलटाइम ऑपरेशन सिस्टम का कार्य इनपुट/आउटपुट डिवाइस,

कंप्यूटर मेमोरी और सीपीयू सहित एप्लिकेशन कार्यों द्वारा साझा किए गए सिस्टम में संसाधनों को नियंत्रित करना है।

अतः विकल्प (D) सही है।

95. MS-DOS में, हस्तांतरणीय ऑब्जेक्ट फ़ाइलों और लोड किए गए मॉड्यूल में क्रमशः .OBJ और .COM या .EXE एक्सटेंशन होते हैं।

.OBJ: .OBJ एक ज्योमेट्री डेफिनिशन फाइल फॉर्मेट है जिसे सबसे पहले वेवफ़्रंट टेक्नोलॉजीज ने अपने एडवांस्ड विजुअलाइजर एनिमेशन पैकेज के लिए विकसित किया था।

.COM: डोमेन नाम डॉट कॉम इंटरनेट के डोमेन नेम सिस्टम में एक शीर्ष-स्तरीय डोमेन है। इसका नाम वाणिज्यिक (कमर्शियल) शब्द से लिया गया है, जो वाणिज्यिक संगठनों द्वारा पंजीकृत डोमेन के लिए इसके मूल उद्देश्य को दर्शाता है।

.EXE: .EXE निष्पादन योग्य फ़ाइल स्वरूप के लिए एक फ़ाइल एक्सटेंशन है। निष्पादन योग्य एक फ़ाइल है जिसमें एक प्रोग्राम होता है - यानी, एक विशेष प्रकार की फ़ाइल जो कंप्यूटर में प्रोग्राम के रूप में निष्पादित या चलाने में सक्षम होती है। एक निष्पादन योग्य फ़ाइल को माइक्रोसॉफ्ट DOS या विंडोस में किसी प्रोग्राम द्वारा कमांड या डबल क्लिक के माध्यम से चलाया जा सकता है।

अतः विकल्प (A) सही है।

96. सॉफ्टवेयर को प्रत्येक वेतन वृद्धि में शामिल करने के लिए आवश्यकताओं को निर्दिष्ट करने वाले ग्राहक के साथ वृद्धि में विकसित किया गया है और हाईएस्ट प्रायोरिटी वैल्युएबल सॉफ्टवेयर के प्रारंभिक और निरंतर वितरण के माध्यम से ग्राहक को संतुष्ट करना है। वे इटरेटिव हैं क्योंकि वे एक इटरेटिव पर काम करते हैं और उसके बाद अगले इटरेशन में सुधार करते हैं।

अतः विकल्प (D) सही है।

97. सॉफ्टवेयर इंजीनियरिंग के लिए एक प्लान-ड्रिवेन एप्रोच अलग-अलग डेवलपमेंट स्टेज के आसपास आधारित है, जिनमें से प्रत्येक स्टेज में पहले से नियोजित आउटपुट के साथ उत्पादन किया जाता है। इस प्रोसेस में यूजर की ज़रूरतों को सॉफ्टवेयर आवश्यकताओं में अनुवाद करना शामिल है, सॉफ्टवेयर आवश्यकताओं को कोड टेस्टिंग में डिज़ाइन को लागू करने वाले डिज़ाइन में बदलना, और कभी-कभी ऑपरेशनल उपयोग के लिए सॉफ्टवेयर को स्थापित करना और जांचना शामिल है।

अतः विकल्प (C) सही है।

98. स्क्रम मॉडल में पाँच स्टेप होते हैं जिन्हें स्क्रम फेज भी कहा जाता है।

1. **इनिसिएट-** इस फेज में एक प्रोजेक्ट की शुरुआत से संबंधित प्रोसेसेज शामिल हैं: प्रोजेक्ट विजन बनाएं, स्क्रम मास्टर और स्टेकहोल्डर की पहचान करें, फॉर्म स्क्रम टीम, एपिक डेवलप करें, प्राथमिकता वाले प्रोडक्ट बैकलॉग बनाएं, और रिलीज प्लानिंग का संचालन करें।

2. **प्लान और एस्टीमेट-** इस फेज में प्लानिंग और कार्यों का आकलन करने से संबंधित प्रोसेसेज शामिल हैं, जिसमें यूजर कहानियां बनाना, अनुमोदन करना, अनुमान लगाना और यूजर कहानियां प्रतिबद्ध करना, कार्य बनाना, कार्यों का अनुमान लगाना और स्प्रिंट बैकलॉग बनाना शामिल है।

3. **इम्प्लीमेंट-** यह फेज प्रोजेक्ट के प्रोडक्ट को बनाने के लिए कार्यों और गतिविधियों के निष्पादन से संबंधित है। इन गतिविधियों में विभिन्न डिलिवरेबल्स बनाना, दैनिक स्टैंडअप मीटिंग आयोजित करना, और नियमित अंतराल पर उत्पाद बैकलॉग को संवारना (यानी, समीक्षा करना, फाइन-ट्यूनिंग और नियमित रूप से अपडेट करना) शामिल हैं।

4. **रिव्यु और रेट्रोस्पेक्ट-** यह फेज डिलिवरेबल्स और किए गए कार्यों का रिव्यु करने और परियोजना कार्य करने के लिए उपयोग की

जाने वाली प्रैक्टिसेज और विधियों में सुधार के तरीकों का निर्धारण करने से संबंधित है।

5. **रिलीज-** यह फेज कस्टमर को एक्सेप्टेड डिलिवरेबल्स वितरित करने और प्रोजेक्ट के दौरान सीखे गए लेसन की पहचान, डॉक्यूमेंशन और इंटरनलीजिंग पर जोर देता है।

अतः विकल्प (B) सही है।

99. वल्नेरेबिलिटी का विंडो वह टाइम फ्रेम है जब सुरक्षा में खामियों को प्रस्तुत किया गया था या जारी किया गया था जब तक कि बग को ठीक नहीं किया गया था, या अवैध पहुंच को हटा दिया गया था या हमलावर को अक्षम कर दिया गया था। वल्नेरेबिलिटी का विंडो (WoV) वह टाइम है जब किसी सिस्टम या सर्वर में उचित सुरक्षा का अभाव होता है। किसी भी अनधिकृत पहुंच को रोकने के लिए यह विंडो यथासंभव छोटी होनी चाहिए।

अतः विकल्प (B) सही है।

100. लॉजिकल डेटा फ्लो डायग्राम (लॉजिकल डीएफडी) मुख्य रूप से सिस्टम प्रक्रिया पर केंद्रित है। यह दिखाता है कि सिस्टम में डेटा कैसे फ्लो होता है। सिस्टम को सुचारू रूप से चलाने के लिए विभिन्न संगठनों में लॉजिकल डीएफडी का उपयोग किया जाता है। बैंकिंग सॉफ्टवेयर सिस्टम की तरह, इसका उपयोग यह वर्णन करने के लिए किया जाता है कि डेटा को एक इकाई से दूसरी इकाई में कैसे स्थानांतरित किया जाता है।

अतः विकल्प (B) सही है।

101. यूजर्स हमेशा सबसे महत्वपूर्ण स्टैकहोल्डर होते हैं। आखिर यूजर्स या ग्राहकों के बिना, व्यवसाय में होने का क्या मतलब है? यूजर्स/स्टैकहोल्डर की आवश्यकताओं के उदाहरण:

- नया ग्राहक खाता जोड़ें
- ऑर्डर हिस्ट्री देखें
- ऑर्डर के स्टेटस को जांचें
- नया ऑर्डर बनाएं

अतः विकल्प (D) सही है।

102. टॉप-डाउन इंटीग्रेशन एक प्रकार का वृद्धिशील इंटीग्रेशन टेस्टिंग एप्रोच है जिसमें आर्किटेक्चर स्ट्रक्चर के कंट्रोल फ्लो के माध्यम से टॉप तो बॉटम की ओर जाकर दो या दो से अधिक मॉड्यूल का इंटीग्रेट या ज्वाइन टेस्टिंग किया जाता है। इनमें पहले हाईएस्ट-लेवल मॉड्यूल का टेस्टिंग किया जाता है, और फिर लोअर-लेवल मॉड्यूल का टेस्टिंग किया जाता है।

अतः विकल्प (B) सही है।

103. सिक्योरिटी टेस्टिंग में सिक्योरिटी और वल्नेरेबिलिटी के एप्रोच से किसी भी त्रुटि और अंतराल की पहचान करने के लिए एक सॉफ्टवेयर का टेस्टिंग करना शामिल है। सिक्योरिटी टेस्टिंग एक प्रकार का सॉफ्टवेयर टेस्टिंग है जो सिस्टम की वल्नेरेबिलिटीज को उजागर करता है और यह निर्धारित करता है कि सिस्टम के डेटा और संसाधन संभावित इंट्रूडर्स से सुरक्षित हैं। यह सुनिश्चित करता है कि सॉफ्टवेयर सिस्टम और एप्लिकेशन किसी भी खतरे या जोखिम से मुक्त हैं जिससे नुकसान हो सकता है।

अतः विकल्प (D) सही है।

104. रिस्क मैनेजमेंट एक पूरी तरह से अलग डोमेन है। ये पोटेंशियल इश्यूज परियोजना की कॉस्ट,स्केडुल या टेक्निकल सक्सेस और हमारे सॉफ्टवेयर उपकरण की क्वालिटी, या प्रोजेक्ट टीम के मनोबल को नुकसान पहुंचा सकते हैं। रिस्क मैनेजमेंट प्रोजेक्ट को नुकसान पहुंचाने से पहले इन प्रॉब्लम्स को आईडेंटिफाइ करने और उन्हें समाप्त करने का सिस्टम है। यह कोई सॉफ्टवेयर कॉन्फ़िगरेशन मैनेजमेंट एक्टिविटी नहीं है।

अतः विकल्प (B) सही है।

105. कॉन्फ़िगरेशन मैनेजमेंट उन टूल के उपयोग के माध्यम से इंजीनियरिंग टीमों को मजबूत और स्थिर सिस्टम बनाने में मदद करता है जो कॉन्फ़िगरेशन डेटा के अपडेट को स्वचालित रूप से मैनेज और मॉनिटर करते हैं। वे:

आईएसओ 9000: इसे क्वालिटी आश्वासन सिस्टम के रूप में परिभाषित किया गया है जिसमें क्वालिटी मैनेजमेंट को लागू करने के लिए क्वालिटी कॉम्पोनेन्ट ओरगेनाइजेसनल स्ट्रक्चर, रिस्पांसिबिलिटी, प्रोसेस, प्रोसीजर और रिसोर्सेज हो सकते हैं।

सीएमएम: यह मेथड अधिकांश मैनेजमेंट सिस्टम के केंद्र में है जो सभी उत्पादों और सेवाओं के डेवलपमेंट और डिलीवरी की गुणवत्ता में क्वालिटी के लिए डिज़ाइन की गई हैं।

सीएमएमआई: कैपेसिटी मैचयोरिटी मॉडल इंटीग्रेशन (सीएमएमआई) एक प्रोसेस-लेवल इम्प्रूवमेंट ट्रेनिंग और इवैल्यूएशन प्रोग्राम है। सीएमएमआई प्रोसेस के लिए निम्नलिखित मैचयोरिटी लेवल को परिभाषित करता है: इनिशियल, मैनेज्ड, परिभाषित, क्वांटिटिव रूप से मैनेज्डऔर ऑप्टीमाइज्ड।

अतः विकल्प (D) सही है।

106. सेल्फ-बैलेंसिंग बाइनरी सर्च ट्री का उपयोग ऑर्डर्ड लिस्ट को कंस्ट्रक्ट और मेन्टेन करने के लिए किया जा सकता है, ताकि ऑप्टीमल वर्स्ट केस प्राप्त की जा सके। इसलिए, सेल्फ-बैलेंसिंग बाइनरी सर्च ट्री का उपयोग प्रायोरिटी क्यू को लागू करने के लिए किया जा सकता है, जो ऑर्डर्ड लिस्ट होता है।

अतः विकल्प (A) सही है।

107. लिस्ट के पहले एलिमेंट का डेलेशन O(1) समय में मेमोरी को डीएलोकेट करके और पहले पॉइंटर को बदलकर किया जाता है।

किसी एलिमेंट को पहले एलिमेंट के रूप में इन्सर्ट करना O(1) समय में किया जा सकता है। हम एक नोड बनाएंगे जो दी गई लिंक्ड लिस्ट के शीर्ष पर डेटा और पॉइंटर्स रखता है। हेड पॉइंटर को नए बनाए गए नोड में बदल दिया गया था।

अंतिम एलिमेंट को हटाने के लिए प्रीवियस नोड के लिए एक पॉइंटर की आवश्यकता होती है, जिसे केवल लिस्ट को ट्रैवर्स करके प्राप्त किया जा सकता है। इसके लिए लिंक्ड लिस्ट की लंबाई की आवश्यकता है।

लिस्ट के अंत में एक नया एलिमेंट जोड़ना O(1) में अंतिम नोड के पॉइंटर को नए बनाए गए नोड में बदलकर किया जा सकता है और अंतिम को नए बनाए गए नोड में बदल दिया जाता है।

अतः विकल्प (C) सही है।

108. क्यूइंग ऑपरेशन्स जैसे कि एनक्यू और डेक्यू को करने के लिए करंट स्टैक के सभी एलिमेंट को खाली करने और एलिमेंट्स को अगले स्टैक में पुश करने की आवश्यकता होती है और इसके विपरीत। इसलिए, इसमें O(n) की टाइम कॉम्प्लेक्सिटी है और एडिशनल स्टैक की आवश्यकता भी, एक बड़े डेटासेट के लिए संभव नहीं हो सकती है।

अतः विकल्प (A) सही है।

109. दिया गया, पोस्टफिक्स एक्सप्रेशन: 4 5 6 a b 7 8 a c

इंफिक्स एक्सप्रेशन:

⇒ 4 (5 a 6) b (7 a 8) c

⇒ (4 b (5 a 6)) (7 a 8) c

⇒ (4 b (5 a 6)) c (7 a 8)

तो, रिक्वायर्ड इंफिक्स एक्सप्रेशन 4 b 5 a 6 c 7 a 8 है।

अतः विकल्प (C) सही है।

110. पोस्टफिक्स एक्सप्रेशन को रिवर्स पॉलिश एक्सप्रेशन के रूप में भी जाना जाता है। पोस्टफिक्स एक्सप्रेशन में, ऑपरेटर ऑपरेंड के बाद आते हैं। ऑपरेंड को उस क्रम में पुश करें जिस क्रम में वे दिखाई देते हैं। जब कोई ऑपरेटर एनकाउंटर्स करता है तो ऑपरेशन को निष्पादित करने के लिए दो शीर्षतम ऑपरेंड पॉप करें। निष्पादन के बाद प्राप्त रिजल्ट को स्टैक में पुश करें।

तो, वैलिड एक्सप्रेशन a b op है।

अतः विकल्प (C) सही है।

111. लैग्रेंज का चार वर्ग प्रमेय यूक्लिड के एल्गोरिथ्म के गणितीय अनुप्रयोगों में से एक है और यह संख्या सिद्धांत में प्रमेयों को सिद्ध करने का मूल उपकरण है। इसे अन्य प्रकार की संख्याओं जैसे गौजियन पूर्णांकों में सामान्यीकृत किया जा सकता है।

अतः विकल्प (B) सही है।

112. रनिंग टाइम इनपुट पर निर्भर करता है जो पहले से सॉर्ट किए गए अनुक्रम को सॉर्ट करना आसान है। रनिंग टाइम इनपुट के आकार द्वारा दिया जाता है, क्योंकि छोटे अनुक्रमों को लंबे समय से क्रमबद्ध करना आसान होता है। आम तौर पर, हम रनिंग टाइम पर ऊपरी सीमा की तलाश करते हैं, क्योंकि यह विश्वसनीय है।

अतः विकल्प (C) सही है।

113. क्विक सर्च एल्गोरिथ्म की स्पेस कॉम्प्लेक्सिटी मैथेमैटिकली O(n) पाई जाती है जहां n इनपुट साइज का प्रतिनिधित्व करता है। सर्च एल्गोरिथ्म कुछ डेटा संरचना के भीतर संग्रहीत जानकारी को पुनः प्राप्त करने के लिए काम करते हैं, या किसी समस्या डोमेन के खोज स्थान में असतत या निरंतर मूल्यों के साथ गणना की जाती है।

अतः विकल्प (A) सही है।

114. बॉयर-मूरे का सर्च एल्गोरिथ्म गुड और बैड दोनों प्रकार के कैरेक्टर शिफ्ट टेबल का उपयोग करता है जबकि क्विक सर्च एल्गोरिथ्म केवल बैड कैरेक्टर शिफ्ट टेबल का उपयोग करता है। बॉयर-मूरे-हॉर्सपूल स्ट्रिंग्स में सबस्ट्रिंग सर्च करने के लिए एक एल्गोरिथ्म है। यह एल्गोरिथ्म स्ट्रिंग में एक शब्द या समान कैरेक्टर को सर्च के लिए सबस्ट्रिंग के प्रत्येक कैरेक्टर की तुलना करता है।

अतः विकल्प (D) सही है।

115. यूक्लिड का एल्गोरिथ्म मूल रूप से दो संख्याओं के GCD को खोजने के लिए प्रयोग किया जाता है। इसे एक बार में डायरेक्ट तीन या अधिक संख्याओं पर लागू नहीं किया जा सकता। यूक्लिडियन मेथड इस सिंपल मेथड की तुलना में फ़ास्ट है, इसलिए 4598 और 3211 के GCD का पता लगाने के लिए यूक्लिडियन मेथड का अनुसरण करते हैं। हम दो संख्याओं का निम्न प्रकार से प्रतिनिधित्व करते हैं, डिविडेंड बड़ी संख्या होनी चाहिए और डिवाइजर एक अन्य संख्या है। इस बिंदु पर, रिमैंडर 0 है और हमें GCD 19 प्राप्त होता है।

GCD(a, b) = (a × b) / LCM(a, b)

अतः विकल्प (A) सही है।

116. ध्यान दें कि n एक कांस्टेंट है और k कोई धनात्मक पूर्णांक है। उदाहरण के लिए, यदि n को 3 के रूप में दिया गया है, तो DFA को 3a, 6a, 9a, 12a, .. को एक्सेप्ट करने में सक्षम होना चाहिए। ऐसा DFA बनाने के लिए, हमें 4 स्टेट्स की आवश्यकता है।

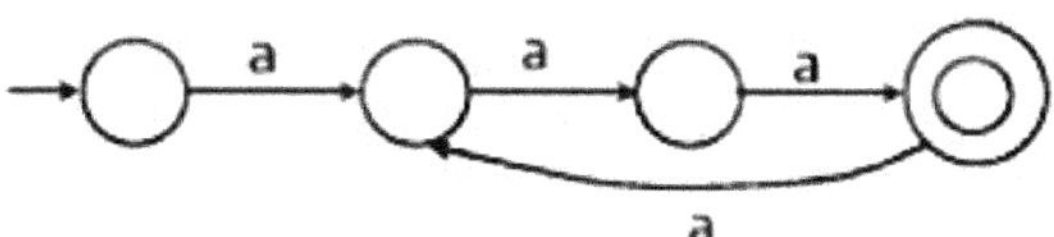

अतः विकल्प (B) सही है।

117. सेट {ab, aa, baa} में स्ट्रिंग्स का कोई भी संयोजन L* में होगा।

1. "abaabaaabaa" को सेट {ab, aa, baa} में स्ट्रिंग्स के संयोजन के रूप में विभाजित किया जा सकता है। विभाजन "ab aa baa ab aa" हैं।

2. "aaaabaaaa" को सेट {ab, aa, baa} में स्ट्रिंग्स के संयोजन के रूप में विभाजित किया जा सकता है। विभाजन "aa ab aa aa" हैं।

3. सेट {ab, aa, baa} में स्ट्रिंग्स के संयोजन के रूप में "baaaaaaaab" को विभाजित नहीं किया जा सकता है।

4. "baaaabaa" को सेट {ab, aa, baa} में स्ट्रिंग्स के संयोजन के रूप में विभाजित किया जा सकता है। विभाजन "baa aa ab aa" हैं।

अतः विकल्प (C) सही है।

118. इनपुट लिया जा सकता है और वैरीफाई किया जा सकता है। एक मील्यी मशीन एक एफएसएम है जिसका उत्पादन करेंट स्टेट के साथ-साथ करेंट इनपुट पर भी निर्भर करता है। सिम्बल्स का एक फाईनाईट सेट है जिसे इनपुट एल्फाबेट कहा जाता है। O सिम्बल्स का एक फाईनाईट सेट है जिसे आउटपुट एल्फाबेट कहा जाता है। मील्यी टाइप एफएसएम का आउटपुट एसिंक्रोनस है, यह क्लॉक की परवाह किए बिना इनपुट में किसी भी बदलाव के रेस्पॉन्स में बदल सकता है। तो, दी गई मील्यी मशीन 1's कॉम्प्लीमेंट का प्रतिनिधित्व करती है।

अतः विकल्प (C) सही है।

119. दी गई स्ट्रिंग ab (a+b)*ba, ab से शुरू होती है और ba पर खत्म होती है। रेगुलर एक्सप्रेशन समान होते हैं यदि और केवल यदि वे एक ही लैंग्वेज के अनुरूप हों। इस प्रकार उदाहरण के लिए (a + b)* = (a*b*)*, क्योंकि वे दोनों एल्फाबेट {a, b} पर सभी स्ट्रिंग्स की लैंग्वेज का प्रतिनिधित्व करते हैं। एक रेगुलर एक्सप्रेशन एक स्ट्रिंग है जो एक पैटर्न का प्रतिनिधित्व करता है जिसका उपयोग टारगेट स्ट्रिंग के कुछ हिस्से से मैच होने के लिए किया जाता है। रेगुलर एक्सप्रेशन बहुत सामान्य होते हैं और परिणामस्वरूप, बहुत कॉम्प्लेक्स होते हैं जिनमें कई अलग-अलग प्रकार के ऑपरेशन होते हैं जिन्हें स्पेशल कैरेक्टर या मेटा-कैरेक्टर के रूप में दर्शाया जाता है।

अतः विकल्प (C) सही है।

120. एक लैंग्वेज रेगुलर होती है यदि और केवल अगर इसे एक सीमित ऑटोमेटन द्वारा स्वीकार किया जा सकता है। यह माईहिल नेरोड थ्योरम के अनुसार, दिए गए कथन को एकिवैलेन्स क्लासेस के लिए सही साबित करता है। एकिवैलेन्स क्लास के बारे में एक और बात यह है कि, यदि x और y एक ही क्लास के दो स्ट्रिंग हैं (यहाँ एक ही अवस्था में पहुँचते हैं), और हम कुछ स्ट्रिंग z को जोड़ते हैं, तो xz और yz, वह भी समान एकिवैलेन्स क्लास तक पहुँच जाएगा (या तो वही या कोई अन्य)।

अतः विकल्प (A) सही है।

121. इन ऑपरेटर प्रेफेरेन्स पार्सर्स के लिए दो महत्वपूर्ण गुण हैं कि यह किसी भी आउटपुट के राइट साइड एप्पीयर नहीं होता है और किसी भी आउटपुट में दो एडजैसेंट नॉन-टर्मिनल नहीं होते हैं। इसका मतलब यह है कि कोई भी प्रोडक्शन राइट साइड एम्प्टी नहीं है या दो एडजैसेंट नॉन-टर्मिनल हैं।

अतः विकल्प (A) सही है।

122. रिलोकेशन एक प्रोग्राम के पोजीशन-डिपेंडेंट कोड और डेटा के लिए लोड एड्रेस असाइन करने और असाइन किए गए एड्रेस को प्रतिबिंबित करने के लिए कोड और डेटा को एडजस्ट करने की प्रक्रिया है। कुछ आर्किटेक्चर पूरी तरह से रन टाइम के लिए एड्रेस असाइनमेंट को स्थगित करके रिलोकेशन से बचते हैं; इसे शून्य एड्रेस एरिथ्मैटिक के रूप में जाना जाता है। रिलोकेशन एक प्रोग्राम चलाने से पहले मेमोरी में वास्तविक प्रयोग योग्य पते के साथ प्रतीकात्मक संदर्भों या पुस्तकालयों के नामों को बदलने की प्रक्रिया है। लिंकर कंपाइलेशन के दौरान इसे करता है।

अतः विकल्प (C) सही है।

123. यदि ग्रामर में एक से लैफ्टमोस्ट (या सबसे दायें) डेरीवेशंस होती है तो ग्रामर एम्बिगुयस होता है। कभी-कभी एक्सप्लिसिट ग्रामर में, राइटमोस्ट डेरीवेशंस और लैफ्टमोस्ट डेरीवेशंस भिन्न हो सकती हैं। एक कॉन्टेक्स्ट-फ्री ग्रामर को अनएम्बिगुयस ग्रामर कहा जाता है यदि वहाँ एक और केवल एक डेरीवेशंस ट्री या पार्स ट्री मौजूद है। एम्बिगुयस ग्रामर में, लैफ्टमोस्ट और राइटमोस्ट डेरीवेशंस समान नहीं होती हैं। अनएम्बिगुयस ग्रामर में, लैफ्टमोस्ट और राइटमोस्ट डेरीवेशंस समान होती हैं।

अतः विकल्प (A) सही है।

124. YACC टेक्नोलॉजी यूनिक्स ऑपरेटिंग सिस्टम के लिए एक कंप्यूटर कोड है। यह एक एलएएलआर पार्सर जनरेटर है, जो एक पार्सर उत्पन्न करता है, एक कंपाइलर का हिस्सा जो सोर्स कोड की सिंटैक्टिक सेंस बनाने की कोशिश करता है। YACC (येट ऐनअदर कम्पाइलर कम्पाइलर) एक ग्रामर पार्सर और पार्सर जनरेटर है। यही है, यह एक प्रोग्राम है जो एक ग्रामर विनिर्देश पढ़ता है और कोड उत्पन्न करता है जो ग्रामर के अनुसार सिंटैक्टिक ट्री में इनपुट टोकन को व्यवस्थित करने में सक्षम होता है।

अतः विकल्प (C) सही है।

125. YACC का अर्थ है 'येट ऐनअदर कम्पाइलर कम्पाइलर' और इसे स्टीफन जॉनसन द्वारा B प्रोग्रामिंग लैंग्वेज में डेवलप किया गया था जिसे बाद में C में ट्रांसलेट किया गया था। एक YACC प्रोग्राम में तीन सैक्शन होते हैं: डेक्लरेशंस, रूल्स और एंसीलरी टास्क। YACC कई आउटपुट फाइलें तैयार कर सकता है।

अतः विकल्प (C) सही है।

126. एक स्पैशल कंट्रोल सीक्वेंस की शुरुआत को इंडीकेट करने के लिए एस्केप सीक्वेंस ESC कैरेक्टर का उपयोग करते हैं। एस्केप सीक्वेंस कैरेक्टर का एक सीक्वेंस है जो किसी कैरेक्टर या स्ट्रिंग लिटरल के अंदर उपयोग किए जाने पर स्वयं का प्रतिनिधित्व नहीं करता है, लेकिन किसी अन्य कैरेक्टर या कैरेक्टर के सीक्वेंस में ट्रांसलेट किया जाता है जो सीधे प्रतिनिधित्व करना मुश्किल या असंभव हो सकता है।

अतः विकल्प (A) सही है।

127. फाइबर-ऑप्टिक केबल 800 THz के क्लोज आवृत्तियों पर काम करते हैं। मल्टीमोड फाइबर आपको मध्यम दूरी पर उच्च गति (10 से 100MBS - गीगाबिट से 275m से 2km) पर उच्च बैंडविड्थ देता है। प्रकाश तरंगों को कई पथों, या मोड में फैलाया जाता है, क्योंकि वे केबल के कोर के माध्यम से यात्रा करते हैं आमतौर पर 850 या 1300 nm। विशिष्ट मल्टीमोड फाइबर कोर व्यास 50, 62.5, और 100 माइक्रोमीटर हैं।

अतः विकल्प (D) सही है।

128. डिफ्यूजन को परिभाषित किया जाता है कि कैसे रेडियो सिग्नल एक संचारण स्रोत से बाहर की ओर निकलते हैं। माना जाता है कि एचएफ रेडियो तरंगें अक्सर एक सीधी रेखा में यात्रा करती हैं जैसे पत्थर को एक स्थिर झील में फेंक दिया जाता है। हालाँकि, रेडियो तरंगें जो सही रास्ता अपनाती हैं, वह अक्सर अधिक जटिल होता है। प्रसार के दो बेसिक मोड हैं: जमीनी तरंगें और आकाश तरंगें। एचएफ आवृत्तियों (3-30 मेगाहार्ट्ज़ के बीच) को एक आधार इकाई या हैंडहेल्ड ट्रांसीवर से पृथ्वी के वायुमंडल में प्रेषित किया जाता है। ये रेडियो सिग्नल आयनोस्फीयर से 'बाउंस' करते हैं और जमीन पर लौट आते हैं, जहां उन्हें उसी रेडियो बैंड में ट्यून किए गए दूसरे ट्रांसीवर द्वारा प्राप्त किया जाता है।

अतः विकल्प (A) सही है।

129. डिजिटल सेलुलर रेडियो सिस्टम एक सेल के भीतर कई ग्राहकों को एक सामान्य चैनल के उपयोग को साझा करने की अनुमति देता है। डिजिटल सेलुलर तकनीक में सेलुलर रेडियो तकनीक के साथ डिजिटल सिग्नल प्रोसेसिंग का संयोजन शामिल है। डिजिटल सेल्युलर रेडियो तकनीक को विकसित किया गया था ताकि अधिक ग्राहकों को टावरों की कम संख्या में सेवा दी जा सके और उन्नत सुविधाओं को जोड़ने की अनुमति मिल सके।

अतः विकल्प (C) सही है।

130. बाइनरी में सिग्नल के ट्रांसमिशन के लिए समकक्ष एनालॉग सिग्नल की तुलना में काफी अधिक बैंडविद्थ की आवश्यकता हो सकती है। स्टैंडर्ड T1 टाइम-डिवीजन मल्टीप्लेक्सिंग फॉर्मेट का उपयोग करके इन 24 वॉयस चैनलों को डिजिटल रूप में प्रसारित करने के लिए लगभग 776KHz, या लगभग आठ गुना अधिक बैंडविद्थ (776/96) की आवश्यकता होती है।

अतः विकल्प (B) सही है।

131. कंप्यूटर के विशाल नेटवर्क जो विश्व भर में लाखों लोगों को एक साथ जोड़ता है उसे इंटरनेट कहते हैं। एक वैश्विक कंप्यूटर नेटवर्क जो विभिन्न प्रकार की सूचना और संचार सुविधाएं प्रदान करता है, जिसमें मानकीकृत संचार प्रोटोकॉल का उपयोग करके परस्पर जुड़े नेटवर्क शामिल हैं, उसे इंटरनेट कहा जाता है।

अत: विकल्प (D) सही है।

132. डीएचसीपी स्नूपिंग एक सुरक्षा विशेषता है जिसका उपयोग लेयर 2 में नेटवर्क के ओएस में किया जाता है। यह तकनीक अनधिकृत डीएचसीपी सर्वरों को डीएचसीपी क्लाइंट्स को आईपी एड्रेस देने से रोकती है। खराब डीएचसीपी सर्वरों को बाहर करने और मालिसियस या मलफोर्म डीएचसीपी ट्रैफिक को हटाने के लिए डीएचसीपी स्नूपिंग को लैन स्विच पर कॉन्फ़िगर किया जा सकता है। मौजूदा डीएचसीपी बुनियादी ढांचे की सुरक्षा सुनिश्चित करने के लिए इन तकनीकों को लागू किया जाता है।

अत: विकल्प (A) सही है।

133. डीएनएस एक इंटरनेट सेवा है, जो डीएनएस सर्वर की सहायता से डोमेन नाम को आईपी एड्रेस (फॉरवर्ड डीएनएस) और आईपी एड्रेस को उनके संबंधित डोमेन नाम (रिवर्स डीएनएस) में परिवर्तित करता है। डीएनएस एक निर्देशिका सेवा है जो नेटवर्क पर होस्ट के नाम और उसके संख्यात्मक पते के बीच मैपिंग प्रदान करती है। यह नेटवर्क के उपयोगकर्ताओं को आईपी पते याद रखने के बजाय अन्य होस्ट की तलाश में उपयोगकर्ता के अनुकूल नामों का उपयोग करने की अनुमति देता है।

अत: विकल्प (C) सही है।

134. बस टोपोलॉजी में नोड्स डेटा को स्थानांतरित करने के लिए नेटवर्क के साथ-साथ इसे पैसिव टोपोलॉजी बनाने के लिए कुछ नहीं करते हैं। बस एक निष्क्रिय (पैसिव) टोपोलॉजी है, जिसका अर्थ है कि बस पर वर्कस्टेशन पुन: सिग्नल उत्पन्न करने के लिए जिम्मेदार नहीं हैं, जैसे कि यह उनके पास से गुजरता है। क्योंकि वर्कस्टेशन सक्रिय भूमिका नहीं निभाता है, एक फंक्शन बस को कार्यस्थल की आवश्यकता नहीं होती है, जिसका अर्थ है कि यदि कोई वर्कस्टेशन फेल हो जाता है, तो बस फेल नहीं होती है।

अत: विकल्प (C) सही है।

135. लैन और वैन के बीच प्राथमिक अंतर नेटवर्क सीमा के प्रसार का है। लैन छोटे, अधिक स्थानीय नेटवर्किंग एक घर, व्यवसाय, स्कूल आदि के लिए होते हैं, जबकि वैन बड़े क्षेत्रों जैसे कि शहर आदि को कवर करते हैं, और यहां तक कि विभिन्न देशों के कंप्यूटरों को कनेक्ट करने की अनुमति देता है।

अत: विकल्प (A) सही है।

136. एप्लाइड आर्टिफिशियल इंटेलिजेंस एप्रोच का प्रड्यूज कमर्शियली रूप से विजबल "स्मार्ट" सिस्टम तैयार करना है, उदाहरण के लिए, एक सिक्योरिटी सिस्टम जो उन लोगों के चेहरों को पहचानने में सक्षम है जिन्हें किसी पर्टिक्युलर बिल्डिंग में प्रवेश करने की अनुमति है। एप्लाइड आर्टिफिशियल इंटेलिजेंस को पहले ही काफी सफलता मिल चुकी है।

अतः विकल्प (D) सही है।

137. स्ट्रांग आर्टिफिशियल इंटेलिजेंस का उद्देश्य ऐसी मशीनों का निर्माण करना है जो वास्तव में समस्याओं का कारण और समाधान कर सकें। इन मशीनों को सेल्फ-अवेयर होना चाहिए और उनकी ओवरऑल इंटेलेक्चुअल एबिलिटी मानव से अलग होनी चाहिए। स्ट्रांग आर्टिफिशियल इंटेलिजेंस का कहना है कि उपयुक्त रूप से प्रोग्राम की गई मशीनें कॉग्निटिव मेन्टल स्टेट में कैपाबल हैं।

अतः विकल्प (A) सही है।

138. वीक आर्टिफिशियल इंटेलिजेंस कंप्यूटर आधारित आर्टिफिशियल इंटेलिजेंस के किसी न किसी रूप के निर्माण से संबंधित है जो वास्तव में समस्याओं का कारण और समाधान नहीं कर सकता है, लेकिन ऐसा कार्य कर सकता है जैसे कि यह बुद्धिमान हो। वीक आर्टिफिशियल इंटेलिजेंस का मानना है कि उपयुक्त रूप से प्रोग्राम की गई मशीनें मानव अनुभूति का अनुकरण कर सकती हैं।

अतः विकल्प (B) सही है।

139. मनुष्य को एजेंट के रूप में देखा जा सकता है। उनके पास सेंसर के लिए आंखें, कान, त्वचा, स्वाद कलिकाएं आदि हैं और प्रभावकों के लिए हाथ, उंगलियां, पैर, मुंह हैं।

रोबोट भी एक एजेंट हैं। सेंसर के लिए रोबोट में कैमरा, सोनार, इंफ्रारेड आदि हो सकते हैं। एक्ट्यूएटर्स के लिए उनके पास ग्रिपर, व्हील, लाइट, स्पीकर आदि हो सकते हैं।

स्वायत्त अंतरिक्ष यान धारणाओं के आधार पर स्वयं निर्णय लेता है।

अतः विकल्प (D) सही है।

140. बीएन का फुल फॉर्म बायेसियन नेटवर्क है और बायेसियन नेटवर्क को बिलिफ नेटवर्क या बेयस नेट्स भी कहा जाता है। एक बायेसियन नेटवर्क (बीएन) एक ग्राफिकल डोमेन के बारे में ज्ञान का प्रतिनिधित्व करने के लिए एक प्रोबबिलिस्टिक ग्राफिकल मॉडल है जहां प्रत्येक नोड एक रैंडम वेरिएबल से मेल खाता है और प्रत्येक किनारे संबंधित रैंडम वेरिएबल के लिए कंडीशनल प्राबिलिटी का प्रतिनिधित्व करता है। बीएन को बिलिफ नेटवर्क या बेयस नेट भी कहा जाता है।

अतः विकल्प (D) सही है।

141. बूलियन नोड्स: वे प्रस्तावों का प्रतिनिधित्व करते हैं, बाइनरी मान TRUE (T) और FALSE (F) लेते हैं। यह भी एक प्रकार का असतत नोड है।

नोड का नाम	प्रकार	मान	नोड निर्माण
प्रदूषण	बाइनरी	{LOW, HIGH, MEDIUM}	
धूम्रपान करने वाला	बूलियन	{TRUE, FASLE}	
लंग-कैंसर	बूलियन	{TRUE, FASLE}	
एक्स-रे	बाइनरी	{Positive, Negative}	

इसके अलावा, बूलियन नोड्स दो प्रकार के होते हैं: धूम्रपान करने वाला और लंग-कैंसर।

उदाहरण के लिए, रोगी को लंग-कैंसर होने का क्या कारण है? - प्रदूषण और धूम्रपान। फिर नोड प्रदूषण और नोड धूम्रपान करने वाला से नोड लंग-कैंसर आर्क्स में जोड़ें।

इसी तरह, यदि रोगी को लंग-कैंसर है, तो एक्स-रे का परिणाम Positive होगा। फिर नोड लंग-कैंसर से नोड एक्स-रे आर्क्स में जोड़ें।

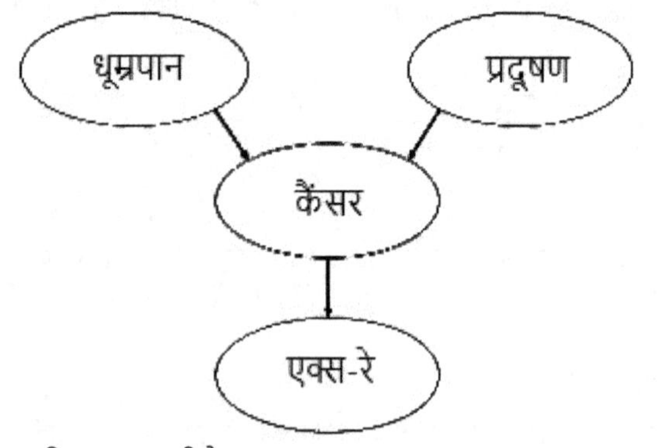

अतः विकल्प (B) सही है।

142. एक ऑटो-एसोसिएटिव नेटवर्क एक न्यूरल नेटवर्क के बराबर होता है जिसमें फीडबैक होता है। फीडबैक पथ (लूप) की संख्या एक होना जरूरी नहीं है। ऑटोएसोसिएटिव मेमोरी, जिसे ऑटो-एसोसिएशन मेमोरी या ऑटो एसोसिएशन नेटवर्क के रूप में भी जाना जाता है, किसी भी प्रकार की मेमोरी है जो केवल एक छोटे से नमूने से डेटा के एक टुकड़े को पुनः प्राप्त करने में सक्षम है। कंप्यूटर मेमोरी के संदर्भ में, एसोसिएटिव मेमोरी के विचार को कंटेंट-एड्रेसेबल मेमोरी (CAM) भी कहा जाता है।

अतः विकल्प (B) सही है।

143. एक नियम-आधारित सिस्टम को केवल अस्सरेशन के एक सेट और नियमों के एक सेट का उपयोग करके बनाया जा सकता है जो निर्दिष्ट करता है कि अस्सरेशन सेट पर कैसे कार्य किया जाए। नियम-आधारित प्रोग्रामिंग डेटा और नियमों के शुरुआती सेट से निष्पादन निर्देश प्राप्त करने का प्रयास करता है। यह एक अनिवार्य प्रोग्रामिंग भाषा द्वारा नियोजित की तुलना में अधिक अप्रत्यक्ष तरीका है, जो क्रमिक रूप से निष्पादन स्टेप को सूचीबद्ध करता है।

अतः विकल्प (C) सही है।

144. फैक्ट का एक सेट: ये फैक्ट वास्तव में दावे हैं और सिस्टम की प्रारंभिक स्थिति के लिए प्रासंगिक कुछ भी होना चाहिए। प्रारंभिक वर्किंग मेमोरी का प्रतिनिधित्व करने के लिए फैक्ट का एक सेट।

अभिकथन के एक सेट का उपयोग करना, जो सामूहिक रूप से 'वर्किंग मेमोरी' बनाता है और नियमों का एक समूह जो निर्दिष्ट करता है कि अभिकथन सेट पर कैसे कार्य करना है, एक नियम-आधारित सिस्टम बनाई जा सकती है। क्योंकि फैक्ट के ये सेट वास्तव में दावे हैं।

अतः विकल्प (A) सही है।

145. एक्सपर्ट सिस्टम, नियम-आधारितनियम आधारित एक्सपर्ट सिस्टम और डिसीजन ट्री-बेस्ड सिस्टम्स ऑटोनॉमस प्रश्न/उत्तर सिस्टम हैं। ऑटोनॉमस सिस्टम को उन सिस्टम के रूप में परिभाषित किया जाता है जो किसी कार्य को पूरा करने में सक्षम होते हैं, एक लक्ष्य प्राप्त करते हैं या अपने परिवेश के साथ बातचीत करते हैं जिसमें न्यूनतम या कोई मानवीय भागीदारी नहीं होती है। यह भी आवश्यक है कि ये सिस्टम, प्लान की प्रेडिक्ट करने में सक्षम हों और अपने आसपास की दुनिया से अवगत हों।

अतः विकल्प (D) सही है।

146. m सप्लाई पॉइंट और n डिमांड पॉइंट के साथ परिवहन समस्या में:

कंस्ट्रेंट्स की संख्या= m + n

वेरिएबल्स की संख्या = m × n

समीकरणों की संख्या = m + n - 1

गणना:

दिया है:

m = 4, n = 5

कंस्ट्रेंट्स की संख्या = m + n = 4 + 5 = 9

अतः विकल्प (D) सही है।

147. इनकॉलिटी कंस्ट्रेंट्स को समीकरणों में परिवर्तित करें और बाँडेड रीजन के कॉमन पॉइंट ज्ञात करें।

गणना:

दिया है, LPP:

Max. $z = -0.1x_1 + 0.5x_2$

$2x_1 + 5x_2 \leq 80$

$x_1 + x_2 \leq 20$

$x_1, x_2 \geq 0$

इनकॉलिटी कंस्ट्रेंट्स को समीकरणों में बदलें, हमारे पास है:

$2x_1 + 5x_2 = 80$

$x_1 + x_2 = 20$

$2x_1 + 5x_2 = 80$ पॉइंट $(0,16)$ और $(40,0)$ से होकर गुजरता है।

$x_1 + x_2 = 20$ पॉइंट $(0,20)$ और $(20,0)$ से होकर गुजरता

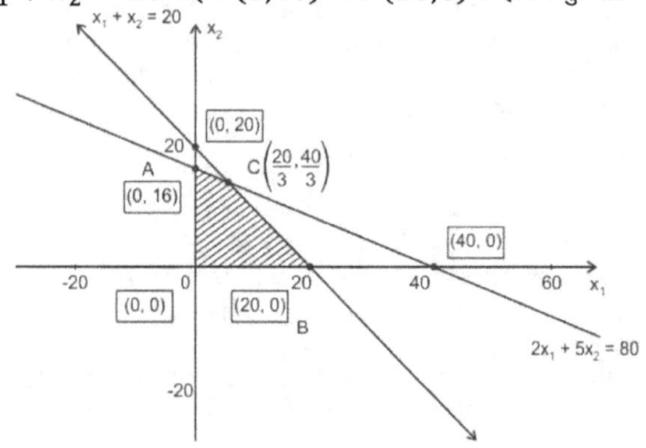

है।

अब, पॉइंट के कोऑर्डिनेट $A = (0,16)$, $B = (20,0)$ और $C = \left(\frac{20}{3}, \frac{40}{3}\right)$

कॉर्नर पॉइंट	पॉइंट का कोऑर्डिनेट	z का मान
A	$(0,16)$	8
B	$(20,0)$	-2
C	$\left(\frac{20}{3}, \frac{40}{3}\right)$	6.066

यहाँ, अधिकतम मान $(0,16)$ पर होता है।

दिया है,

Max. $z = -0.1x_1 + 0.5x_2$

$2x_1 + 5x_2 \leq 80$

$x_1 + x_2 \leq 20$

$x_1, x_2 \geq 0$

ऑप्टिमम सॉल्यूशन प्राप्त करने के लिए, x_1, x_2 के मान $(0,16)$ हैं।

अतः विकल्प (C) सही है।

148. ड्यूलिटी:

* प्रत्येक लीनियर प्रोग्रामिंग प्रॉब्लम के लिए एक रिलेटेड यूनिक लीनियर प्रोग्रामिंग प्रॉब्लम मौजूद होती है जिसमें वही डेटा शामिल होता है जो ओरिजिनल प्रॉब्लम का वर्णन और समाधान भी करता है।

* ड्यूलिटी में हमारा उद्देश्य प्रारंभिक दी गई प्रॉब्लम का एक स्थानांतरित मैट्रिक्स खोजना है जिसे प्राइमल के रूप में जाना जाता है।

* यह रो और कॉलम को स्थानांतरित करके किया जाता है और दोनों प्रॉब्लम का अंतिम समाधान समान होगा।

प्रारंभिक (अधिकतमकरण)	दोहरी (न्यूनतम)
i वां कंस्ट्रेंट ≤	i वां वेरिएबल ≥ 0
i वां कंस्ट्रेंट ≥	i वां वेरिएबल ≤ 0
i वां कंस्ट्रेंट =	j वां वेरिएबल अनरिस्ट्रिक्टेड
j वां वेरिएबल ≥ 0	j वां कंस्ट्रेंट ≥
j वां वेरिएबल ≤ 0	j वां कंस्ट्रेंट ≤
j वां वेरिएबल अनरिस्ट्रिक्टेड	j वां कंस्ट्रेंट =

अतः विकल्प (C) सही है।

149. ट्रांसपोर्टेशन समस्या का प्रारंभिक समाधान खोजने के लिए वोगेल की अप्रोक्सिमेशन मेथड का उपयोग किया जाता है। वोगेल की अप्रोक्सिमेशन मेथड मूल रूप से एक प्रारंभिक समाधान तैयार करने के लिए विकसित की गई थी, हालांकि, यह अक्सर केवल एक पुनरावृत्ति में समस्या का इष्टतम समाधान उत्पन्न करता है, लेकिन एक इष्टतम समाधान की गारंटी नहीं देता है। यह एक बहुत अच्छा प्रारंभिक समाधान तैयार करता है।

ट्रांसपोर्टेशन समस्याओं में उपयोग की जाने वाली अन्य मेथड उत्तर पश्चिम कोने नियम, न्यूनतम लागत विधि, स्टेपिंग स्टोन विधि और संशोधित वितरण मेथड हैं।

PERT, प्रोग्राम मूल्यांकन और समीक्षा तकनीक के लिए खड़ा है। इसका उपयोग तब किया जाता है जब गतिविधि के समय निश्चित रूप से ज्ञात नहीं होते हैं। पूर्व, अनुसंधान और विकास।

बिक्री के लिए स्टॉक की गई वस्तुओं या निर्माण की प्रक्रिया में या सामग्री के रूप में अभी तक उपयोग की जाने वाली वस्तुओं के साथ सौंपी गई समस्या को असाइनमेंट समस्या के रूप में जाना जाता है।

असाइनमेंट समस्या ट्रांसपोर्टेशन समस्या का एक विशेष मामला है जब प्रत्येक मूल एक और केवल एक गंतव्य से जुड़ा होता है।

अतः विकल्प (C) सही है।

150. गैंट चार्ट:

* गैंट चार्ट मुख्य रूप से गतिविधियों के लिए संसाधन आवंटित करने के लिए उपयोग किए जाते हैं।

* उत्पादन शेड्यूलिंग के लिए गैंट चार्ट लागू होता है।

* गतिविधियों के लिए आवंटित संसाधनों में स्टाफ, हार्डवेयर और सॉफ्टवेयर शामिल हैं। गैंट चार्ट संसाधन नियोजन के लिए उपयोगी होते हैं।

* गैंट चार्ट एक विशेष प्रकार का बार चार्ट है जहां प्रत्येक बार एक गतिविधि का प्रतिनिधित्व करता है।

* यह चार्ट ऊर्ध्वधर अक्ष पर किए जाने वाले कार्यों और क्षैतिज अक्ष पर समय अंतराल को सूचीबद्ध करता है।

* सलाखों को एक समयरेखा के साथ खींचा जाता है। प्रत्येक बार की लंबाई संबंधित गतिविधि के लिए नियोजित समय की अवधि के समानुपाती होती है।

* इस चार्ट के उपयोग से हम परियोजना की प्रगति की जांच कर सकते हैं

1. पूरी परियोजना का एक दृश्य प्रदर्शन,
2. सभी कार्यों की समय सीमा और समय सीमा,
3. विभिन्न गतिविधियों के बीच संबंध और निर्भरता,
4. परियोजना के चरण

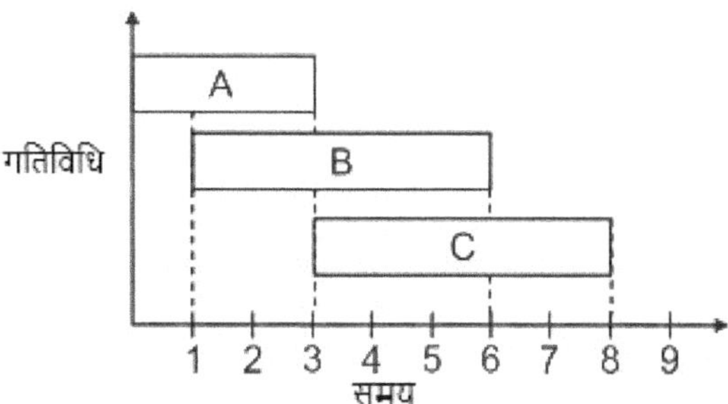

गैंट चार्ट पर कोई भी आसानी से देख सकता है:

* परियोजना की शुरुआत की तारीख।

* परियोजना कार्य क्या हैं।

* जो हर काम पर काम कर रहा है।

* जब कार्य शुरू और समाप्त होते हैं।

* प्रत्येक कार्य में कितना समय लगेगा।

* कैसे कार्य समूह एक साथ, ओवरलैप और एक दूसरे के साथ जुड़ते हैं

* परियोजना की समाप्ति तिथि।

अतः विकल्प (D) सही है।

Paper - I

Q.1 निम्नलिखित में से क्या ई-लर्निंग का उपयोग करने का एक फायदा माना जा सकता है?

A. वेब आधारित शिक्षण सक्रिय और स्वतंत्र शिक्षा को बढ़ावा देता है।

B. वेब-आधारित शिक्षा निर्भर सीखने को बढ़ावा देती है।

C. ई-लर्निंग सभी सीखने की शैली के लिए अपील नहीं करता है।

D. अलग-अलग कंप्यूटरों पर इंटरनेट के माध्यम से सीखना व्यापक पहुंच के लिए अनुमति देता है, लेकिन यह आसानी से अलगाव को भी जन्म दे सकता है।

Q.2 प्रभावी उपयोग के साथ शिक्षण के निम्नलिखित तरीकों का मिलान करें:

सूची A	सूची B
a) छात्रों में प्रेरणा, आग जलाना, विचार करना, तर्क करना	1. विचार-विमर्श
b) विचारों को साझा करना, एक साथ सोच को उत्तेजित करता है	2. व्याख्यान मदद
c) अन्य बिंदुओं को देखने, स्पष्टीकरण, समझ के तहत, नए विचार उत्पन्न होते हैं।	3. सहयोग
d) स्वयं-अधिगम आत्मविश्वास निर्माण, चर्चा में सक्रिय भागीदारी।	4. सेमिनार

A. a - 1, b - 2, c - 3, d - 4

B. a - 2, b - 3, c - 4, d - 1

C. a - 1, b - 4, c - 2, d - 3

D. a - 2, b - 3, c - 1, d - 4

Q.3 निर्देश: इस प्रश्न में एक अभिकथन (A) और एक कारण (R) है। ज्ञात कीजिये कि कैसे (A) और (R) संबंधित हैं।

अभिकथन (A): छोटे परीक्षणों की तुलना में लंबे परीक्षण अधिक विश्वसनीय होते हैं।

कारण (R): प्रत्येक वस्तु परीक्षण विश्वसनीयता में वृद्धि करता है।

निम्न में से कौन सा सही है?

A. (A) और (R) दोनों सही हैं।

B. केवल (A) सही है।

C. केवल (R) सही है।

D. (A) और (R) में से कोई भी सही नहीं है।

Q.4 सूची I का सूची II के साथ मिलान करें और नीचे दिए गए कोड से सही उत्तर का चयन कीजिए:

सूची – I (विधि)	सूची – II (तकनीक)
(a) व्याख्यान	(i) अन्योन्यक्रियात्मक कौशल
(b) चर्चा	(ii) प्रस्तुतीकरण कौशल
(c) सेमीनार	(iii) प्रेरक कौशल
(d) कार्यशालाएं	(iv) निर्देशित अभ्यास

A. (a) - (iii), (b) - (ii), (c) - (i), (d) - (iv)

B. (a) - (ii), (b) - (i), (c) - (iii), (d) - (iv)

C. (d) - (ii), (b) - (iii), (c) - (i), (a) - (iv)

D. (a) - (iii), (b) - (iv), (c) - (i), (d) - (ii)

Q.5 निम्नलिखित में से क्या शिक्षण का स्तर नहीं है?

A. स्मृति स्तर

B. विभेदन स्तर

C. चिंतनशील स्तर

D. बोध स्तर

Q.6 रिसर्च मैथडोलॉजी का विषय, विषय के गठन के तरीके के परिणाम के रूप में जाना जाता है:

A. ढीला असेंबल

B. विखंडन

C. आसवन

D. समूह

Q.7 निम्नलिखित में से कौन सा विकल्प एक शोध के संदर्भ में पठन कौशल के लिए अनुक्रम के सही क्रम का प्रतिनिधित्व करता है?

A. पठन, प्रश्न, स्मरण, समीक्षा, सर्वेक्षण

B. प्रश्न, सर्वेक्षण, पठन, स्मरण करना , समीक्षा करना

C. स्मरण करना, समीक्षा, सर्वेक्षण, प्रश्न, पठन

D. सर्वेक्षण, प्रश्न, पठन, स्मरण करना, समीक्षा करना

Q.8 एक शोध व्यवस्था में, प्रतिभागी अलग तरह से कार्य कर सकते हैं क्योंकि उन्हें लगता है कि उन्हें विशेष ध्यान मिल रहा है। उपचार पर विशेष ध्यान देने की बजाय उपचार समूह की इस प्रतिक्रिया को कहा जाता है:

A. हावर्थोन प्रभाव

B. ध्यान आभाव

C. जुंग प्रभाव

D. मार्लोव प्रभाव

Q.9 किसी अनुभववादी का मानना है कि:

A. प्राकृतिक विज्ञान विधियों को सामाजिक विज्ञान अनुसंधान पर लागू नहीं किया जाना चाहिए।

B. सामाजिक विज्ञान विधियों को प्राकृतिक विज्ञानों में लागू नहीं किया जा सकता है।

C. ज्ञान हमारी संवेदनात्मक अनुभूतियों से प्राप्त होता है।

D. इनमे से कोई नहीं

Q.10 एक शोधकर्ता अपने प्रबंध को थीसिस लिखते समय सांख्यिकीय तकनीकों के उपयोग का अंतर्निहित तर्क प्रदान नहीं करता है। इसे निम्न में से किस स्थिति के रूप में बेहतर ढंग से वर्णित किया जायेगा?

A. तकनीक गिरावट

B. नैतिक दुर्व्यवहार

C. आयोग की एक त्रुटि

D. अकरण की एक त्रुटि

Ques (11-15):निर्देश: निम्नलिखित गद्यांश को ध्यानपूर्वक पढ़िए और प्रश्न का उत्तर दीजिए।

राजनीति के लिए साहित्यिक अरुचि हालांकि साहित्यिक प्रतिनिधित्व के विषय के रूप में अपने आप में राजनीति के बड़े पैमाने पर अस्पष्ट अभ्यास पर केंद्रित नहीं है, बल्कि इस बात पर अधिक है कि इसे अक्सर साहित्य में कैसे चित्रित किया जाता है यानी प्रतिनिधित्व की राजनीति पर। एक राजनीतिक उपन्यास अक्सर राजनीति के बारे में एक उपन्यास नहीं बल्कि अपनी खुद की एक राजनीति के साथ एक उपन्यास बन जाता है, क्योंकि यह न केवल हमें यह दिखाना चाहता है कि चीजें कैसी हैं बल्कि चीजों के बारे में काफी निश्चित विचार हैं, और वास्तव में क्या होना चाहिए। चीजों को उस वांछित दिशा में ले जाने के लिए सोचें और करें। संक्षेप में, यह पाठक को एक विशेष कारण या विचारधारा में परिवर्तित और सूचीबद्ध करना चाहता है। यह अक्सर (केवल बहुत परिचित वाक्यांश में) साहित्य नहीं बल्कि प्रचार है। यह साहित्य की भावना का उल्लंघन करने के लिए कहा जाता है जो दुनिया की हमारी समझ और हमारी सहानुभूति की सीमा को व्यापक बनाने के बजाय उन्हें पक्षपातपूर्ण प्रतिबद्धता के माध्यम से संकीर्ण करने के लिए है। जैसा कि जॉन कीट्स ने कहा, हम कविता से नफरत करते हैं, जो हमारे ऊपर एक आकर्षक डिजाइन है। एक और कारण है कि राजनीति उच्चतम प्रकार के साहित्यिक प्रतिनिधित्व के लिए उत्तरदायी नहीं लगती है, इस तथ्य से उत्पन्न होती है कि अपने स्वभाव से राजनीति विचारों और विचारधाराओं का गठन करती है। यदि राजनीतिक परिस्थितियां स्वयं को खुश साहित्यिक उपचार के लिए उधार नहीं देती हैं, तो राजनीतिक विचार इस संबंध में एक और भी बड़ी समस्या है। साहित्य में यह तर्क दिया जाता है, बौद्धिक सार के बजाय

मानवीय अनुभवों के बारे में है। यह मानव मांस और रक्त की वास्तविकता महसूस की गई वास्तविकता को कहा जाता है, और शुष्क और बेजान विचारों के बजाय सैप और सेवर्स (रस) में डील करता है। अपनी पुस्तक आइडियाज एंड नोवेल में इस मामले की व्यापक चर्चा में, अमेरिकी उपन्यासकार मैरी मैकार्थी ने देखा कि 'विचार आज भी उपन्यास में भद्दे से महसूस किए जाते हैं' हालांकि ऐसा 'पूर्व दिनों' में नहीं था अर्थात, वास्तविक रूप में 18 वीं और 19 वीं शताब्दी एक ओर विचारों के बीच असंगति की सटीक प्रकृति का उसका सूत्रीकरण और दूसरी बाजी पर उपन्यास। शायद इस मामले में एक विभाजित विवेक और कई लेखकों और पाठकों द्वारा साझा दुविधा की भावना एक विचार में ढीले सिरे नहीं हो सकते, लेकिन एक उपन्यास, मुझे लगभग लगता है, उनकी जरूरत है। फिर भी, उपन्यासकारों को महसूस करने के लिए पर्याप्त है उनके खिलाफ हथियार उठाते समय विचारों का आकर्षण-सबसे अधिक अक्सर नकली हथियारों के साथ।

Q.11 इस गद्यांश के अनुसार एक राजनीतिक उपन्यास प्राय: निम्नलिखित में से क्या बन जाता है?

A. राजनीति के लिए साहित्यिक अरुचि

B. राजनीति की साहित्यिक प्रस्तुति

C. अपनी ही राजनीति वाला उपन्यास

D. राजनीति की अस्पष्ट परिपाटी का चित्रण

Q.12 एक राजनितिक उपन्यास से निम्नलिखित में से किसका पता चलता है?

A. चीज़ों की वास्तविकता

B. लेखक की धारणा

C. पाठकों की विशेष विचारधारा

D. साहित्य की भावना

Q.13 अपनी प्रकृति से राजनीति की रचनाएँ हैं:

A. प्रचलित राजनीतिक स्थिति

B. विचार और विचारधारा

C. राजनीतिक प्रचार

D. मानव स्वभाव की समझ

Q.14 साहित्य से संबंधित है:

A. राजनीति में मानवीय अनुभव

B. बौद्धिक अमूर्तता

C. शुष्क और रिक्त विचार

D. मानव जीवन की महसूस की गई वास्तविकता

Q.15 उपन्यासकार मेरी मकर्थी की टिप्पणियों में निम्नलिखित में से किसका पता चलता है?

A. उपन्यास में आज के अनदेखे महसूस किए गए विचार

B. राजनीतिक विचारों और उपन्यासों पर अंतःश्रेता का द्विविभाजन

C. विचारों और उपन्यास के बीच असंगति

D. अनंत विचार और उपन्यास

Q.16 प्रभावी संचार को बढ़ावा देने के लिए सबसे महत्वपूर्ण कौशल कौन सा है?

[KVS Trained Graduate Teacher, 2018]

A. जोखिम लेना   **B.** त्वरित प्रतिक्रिया

C. सक्रिय रूप से सुनना   **D.** अशाब्दिक संकेत

Q.17 एनालॉग संचार में विषय को क्या माना जाता है?

A. अभिसृत   **B.** स्थिर   **C.** भौतिक   **D.** वायव्य

Q.18 निर्देश: नीचे दो कथन दिए गए हैं जिसमें एक अभिकथन (A) और एक को तर्क (R) कहा गया है।

अभिकथन (A): कक्षा संचार उपयुक्त शिक्षण शैलियों के चयन पर निर्भर करता है।

तर्क (R): यह उद्देश्य उन्मुख है और सीधे ज्ञान प्राप्त करने या नए कौशल विकसित करने से संबंधित है।

उपर्युक्त कथनों के आलोक में, सही विकल्प चुनें:

A. (A) और (R) दोनों सत्य हैं और (A) की सही व्याख्या है।

B. (A) और (R) दोनों सही हैं और (A) की सही व्याख्या नहीं है।

C. (A) सत्य है, लेकिन (R) असत्य है।

D. (A) असत्य है, लेकिन (R) सत्य है।

Q.19 जब मीडिया कंपनियों का स्वामित्व गैर-मीडिया व्यावसायिक घरानों के पास होता है, तो इसे कहा जाता है:

A. श्रृंखला स्वामित्व

B. संयुक्त स्टॉक स्वामित्व

C. सामूहिक मीडिया स्वामित्व

D. व्यवसाय का स्वामित्व

Q.20 कल्पना कीजिए कि आप एक शैक्षणिक संस्थान में काम कर रहे हैं जहाँ लोग समान स्थिति के हैं। संचार का कौन सा तरीका सबसे उपयुक्त है और सामान्य रूप से इस तरह के संदर्भ में नियोजित किया गया है?

A. हॉरिजॉन्टल कम्युनिकेशन

B. वर्टिकल कम्युनिकेशन

C. कॉर्पोरेट कम्युनिकेशन

D. क्रॉस कम्युनिकेशन

Q.21 निर्देश: दी गई श्रृंखला में प्रश्नवाचक चिन्ह (?) के स्थान पर लुप्त संख्या ज्ञात कीजिए।

2, 8, 18, 32, 50, ?

A. 62   B. 68   C. 72   D. 78

Q.22 धन की एक राशि श्री X द्वारा श्री Y को साधारण ब्याज पर उधार दी गई, जो कि 2 वर्षों में 1728 रुपए हो जाती है और 3 वर्षों में 1792 रुपए हो जाती है। धन की राशि ज्ञात कीजिए।

A. 1500 रुपए   **B.** 1600 रुपए

C. 1400 रुपए   **D.** 1200 रुपए

Q.23 एक आदमी 5 घंटे में 30 किमी की दूरी और 8 घंटे में y किमी की दूरी तय करता है। वह गति ज्ञात करें जिसमें वह 6 घंटे में 2y दूरी तय करेगा।

A. 12 किमी/घंटा   **B.** 18 किमी/घंटा

C. 16 किमी/घंटा   **D.** 8 किमी/घंटा

Q.24 व्यक्ति X, 20% चक्रवृद्धि ब्याज पर 18000 रुपये उधार लेता है। वह पहले वर्ष के अंत में 5000 रुपये का भुगतान करता है। दूसरे वर्ष के अंत में उसे कितना भुगतान करने की आवश्यकता होगी?

A. 17820 रुपये   **B.** 19920 रुपये

C. 18720 रुपये   **D.** 16820 रुपये

Q.25 A, B, C के बीच 468 रु. को 13 : 14 : 12 के अनुपात में विभाजित करने के स्थान पर, गलती से इसे 3 : 4 : 2 के अनुपात में विभाजित कर दिया गया। इस लेनदेन से किसे लाभ हुआ?

A. A   **B.** B   **C.** C   **D.** ये सभी

Q.26 यदि ACE = 18 और BOX = 82 है, तो KEY = ?

A. 88   **B.** 84   **C.** 89   **D.** 82

Q.27 एक यौगिक प्रस्ताव जो न तो एक पुनरुक्ति है और न ही एक विरोधाभास एक __________ कहा जाता है।

A. परिस्थिति   **B.** समानक

C. आकस्मिकता   **D.** अनुमान

Q.28 निर्देश: दिए गए क्रम को पूरा करने के लिए सही विकल्प को चुनिए।

GJR, ILT, KNV, ?

A. MPX   **B.** MKX   **C.** MON   **D.** MKY

Q.29 निर्देश: एक निश्चित फ्लाइट क्रू में, पायलट, सहपायलट और फ्लाइट इंजीनियर के पद श्री अजीत, श्री भावेश और श्री चिराग के पास हैं, हालाँकि यह जरूरी नहीं कि उसी क्रम में हो। निम्नलिखित कथन तीनों के लिए सही हैं:

1. सहपायलट एकमात्र बच्चा है और न्यूनतम कमाता है।
2. चिराग का विवाह भावेश की बहन से हुआ है और वह पायलट से अधिक कमाता है।

सहपायलट कौन है?

A. चिराग

B. भावेश या चिराग

C. अजित

D. भावेश

Q.30 तार्किक तर्क की संरचना किस पर आधारित है?

A. वस्तुगत सत्यता

B. औपचारिक वैधता

C. भाषायी अभिव्यक्ति

D. उदाहरणों की उपयुक्तता

Ques (31-35):निर्देश: दी गई सारणी में एक सप्ताह में एक अखबार विक्रेता द्वारा बेचे जाने वाले हिंदी और अंग्रेजी समाचार पत्रों की संख्या को दर्शाया गया है। सारणी का ध्यानपूर्वक अध्ययन कीजिये और इससे संबंधित प्रश्नों के उत्तर दीजिये।

सप्ताह के दिन	बेचे गए अखबारों की संख्या	
	हिंदी	अंग्रेजी
सोमवार	105	84
मंगलवार	120	75
बुधवार	100	96
गुरूवार	120	110
शुक्रवार	125	80
शनिवार	180	120
रविवार	195	100

Q.31 प्रतिदिन बेचे जाने वाले हिंदी अखबारों की औसत संख्या और प्रतिदिन बेचे जाने वाले अंग्रेजी अखबारों की औसत संख्या के बीच क्या अंतर है?

A. 30   **B.** 40   **C.** 50   **D.** 60

Q.32 सोमवार से शुक्रवार तक एक हिंदी अखबार की कीमत 3 रुपये है। यदि सोमवार से शुक्रवार तक हिंदी अखबारों की बिक्री से होने वाली कुल आय और सप्ताहांत में इनकी बिक्री से होने वाली कुल आय के बीच का अनुपात 57 : 50 है, तो सप्ताहांत में एक हिंदी अखबार की कीमत ज्ञात कीजिये।

A. 3 रुपये   **B.** 3.50 रुपये   **C.** 4 रुपये   **D.** 4.50 रुपये

Q.33 सोमवार से बुधवार तक बिकने वाले अंग्रेजी अखबारों की कुल संख्या शुक्रवार से रविवार तक बिकने वाले अंग्रेजी अखबारों की संख्या से कितने प्रतिशत कम है?

A. 5%   **B.** 15%   **C.** 25%   **D.** 35%

Q.34 निम्नलिखित में से किस दिन हिंदी समाचार पत्रों की बिक्री अंग्रेजी समाचार पत्रों की बिक्री की तुलना में 56.25% अधिक है?

A. मंगलवार   **B.** शुक्रवार   **C.** शनिवार   **D.** रविवार

Q.35 एक अंग्रेजी अखबार की कीमत सोमवार से शुक्रवार तक 4 रुपये और शनिवार से रविवार तक 5 रुपये है। यदि अगले सप्ताह में अंग्रेजी समाचार पत्रों की बिक्री सोमवार से शुक्रवार तक 20% और सप्ताहांत पर 25% बढ़ जाती है, तो अगले सप्ताह में अंग्रेजी समाचार पत्रों की बिक्री से विक्रेता द्वारा कितने अधिक पैसा कमाए जाते हैं?

A. 631 रुपये   **B.** 707 रुपये   **C.** 815 रुपये   **D.** 953 रुपये

Q.36 जो केवल दो प्रतीकों 0 और 1 का उपयोग करता है?

A. बाइनरी अंक प्रणाली

B. दशमलव अंक प्रणाली

C. हेक्साडेसिमल अंक प्रणाली

D. ऑक्टल अंक प्रणाली

Q.37 निम्नलिखित में से कौन सा सर्च इंजन नहीं है?

[Haryana Constable, 2018]

A. गूगल   **B.** क्रोम   **C.** याहू   **D.** बींग

Q.38 जेपीईजी (JPEG) का सम्पूर्ण रूप है:

A. जॉइंट फोटो एलेक्ट्रॉनिक ग्रूप

B. जॉइंट पिक्चर एलेक्ट्रॉनिक ग्रूप

C. जॉइंट फोटोग्रैफिक एक्सपर्ट्स ग्रूप

D. जॉइंट पिक्चर एक्सपर्ट ग्रूप

Q.39 निम्नलिखित में से कौन सा विकल्प क्लाउड के रूप में माना जा सकता है?

A. हडूप

B. इंट्रानेट

C. वेब अनुप्रयोग

D. ये सभी

Q.40 gif, jpg, bmp, png का प्रयोग फाइल्स के विस्तार के रूप में किया जाता है, जो भण्डारण करती हैं:

A. ऑडियो डाटा

B. इमेज डाटा

C. वीडियो डाटा

D. टेक्स्ट डाटा

Q.41 क्लोरोफ्लोरोकार्बन जैसे कम हानिकारक यौगिकों के साथ बदल रहे हैं:

A. हाइड्रोकार्बन

B. हाइड्रोफ्लोरोकार्बन

C. डाईक्लोरोफ्लोरोमीथेन

D. डाईफ्लोरोईथेन

Q.42 किसी देश से कुल CO_2 के उत्सर्जन के संदर्भ में सही क्रम को पहचानिए:

A. यू.एस.ए. > चीन > भारत > रूस

B. चीन > यू.एस.ए. > भारत > रूस

C. चीन > यू.एस.ए. > रूस > भारत

D. यू.एस.ए. > चीन > रूस > भारत

Q.43 निम्नलिखित में से कौन सा नवीकरणीय प्राकृतिक स्रोत नहीं है?

A. स्वच्छ वायु   **B.** ताजा पानी   **C.** उर्वर मिट्टी   **D.** नमक

Q.44 मानव संसाधन और विकास मंत्रालय के निम्नलिखित कार्यक्रमों में से कौन युवा लोगों के बीच जीवन कौशल प्रशिक्षण को बढ़ावा देता है?

A. समागम शिक्षा

B. किशोर शिक्षा कार्यक्रम

C. ऑपरेशन ब्लैकबोर्ड

D. स्वयं प्रभा:

Q.45 शहरी क्षेत्रों में नाइट्रोजन (NO_x) के ऑक्साइड के कारण प्रदूषण का प्रमुख स्रोत ___ है।

A. सड़क परिवहन

B. व्यावसायिक क्षेत्र

C. उद्योग में ऊर्जा का उपयोग

D. बिजली संयंत्रों

Q.46 विश्वविद्यालय अनुदान आयोग द्वारा वर्ष 2014 में अभिनिधरित जाली संस्थाओं/विश्वविद्यालयों की अधिकतम संख्या निम्नलिखित में से किस राज्य/संघ राज्यक्षेत्र में है?

A. बिहार

B. उत्तर प्रदेश

C. तमिलनाडु

D. दिल्ली

Q.47 NMEICT का मतलब है:

A. नेशनल मिशन ऑन एजुकेशन थ्रू ICT

B. नेशनल मिशन ऑन ई-गवर्नेंस थ्रू ICT

C. नेशनल मिशन ऑन ई-कॉमर्स थ्रू ICT

D. नेशनल मिशन ऑन ई-लर्निंग थ्रू ICT

Q.48 विश्वविद्यालयों या उच्च शिक्षा संस्थानों को NAAC द्वारा मान्यता प्राप्त करना पसंद है क्योंकि:

A. डिग्री अकादमिक दुनिया में स्वीकार किए जाते हैं

B. संस्था की प्रतिष्ठा स्थापित है

C. अकादमिक दुनिया में सापेक्ष स्थान प्राप्त करना

D. विश्वविद्यालय के सामर्थ्य को सुव्यवस्थित किया जाता है

Q.49 नालंदा किस धर्म के लिए सीखने का एक प्राचीन केंद्र था?

[SSC Constable (GD), 2019]

A. इस्लाम   B. इसाई   C. जैनी   D. बौद्ध

Q.50 भारत के राज्य विश्वविद्यालयों के संबंध में उच्च शिक्षा प्रणाली में नेतृत्व और कार्यकारी भूमिका नियुक्त की जाती है:

A. डीन ऑफ स्टडीज़

B. विश्वविद्यालय के उपकुलाधिपति

C. विश्वविद्यालय के कुलाधिपति

D. संकायों के डीन

Paper - II

Q.51 सेट {3, 6, 9, 12, 18} के एक्विवैलेन्स रिलेशन की संख्या __________ है।

A. 4   B. 2^5 C. 22   D. 90

Q.52 मान लीजिए कि R_1 और R_2 एक सेट पर दो एक्विवैलेन्स रिलेशन हैं। क्या $R_1 \cup R_2$ एक एक्विवैलेन्स रिलेशन है?

A. एक एक्विवैलेन्स रिलेशन

B. रिफ्लेक्सिव क्लोजर ऑफ रिलेशन

C. एक्विवैलेन्स रिलेशन नहीं

D. पैरिटल एक्विवैलेन्स रिलेशन

Q.53 14 वर्टिस के साथ पथ कॉम्प्लीमेंट ग्राफ़ के एज की गणना निर्धारित करें:

A. 502   B. 345   C. 78   D. 69

Q.54 एक n-नोड ग्राफ और उसके कॉम्प्लीमेंट ग्राफ का योग __________ प्रोड्यूस ग्राफ बनाता है।

A. कम्प्लीट ग्राफ   B. बिपार्टिटी ग्राफ

C. स्टार ग्राफ   D. पथ-कॉम्प्लीमेंट ग्राफ

Q.55 एक निर्देशित भारित ग्राफ में, यदि प्रत्येक एज का वजन 10 इकाइयों से कम हो जाता है, तो क्या संशोधित ग्राफ में सबसे छोटे पथ में कोई परिवर्तन होता है?

A. 209   B. 65   C. 57   D. 43

Q.56 एक परियोजना में 14 गतिविधियां होती हैं, ए से एन इन गतिविधियों की अवधि (दिनों में) नेटवर्क डायग्राम पर कोष्ठक में दिखाई जाती है। नोड 10 के लिए नवीनतम समाप्ति समय (दिनों में) __________ है।

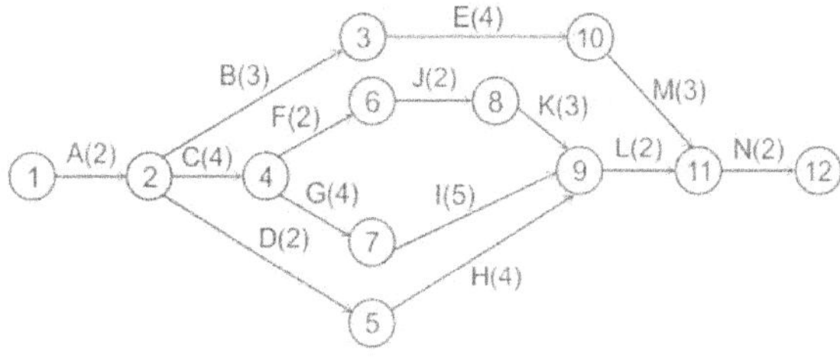

A. 10   B. 11   C. 12   D. 14

Q.57 एक परियोजना के निर्देशित ग्राफ की चाप की लंबाई चित्र में दिखाए गए अनुसार है। नोड 1 से नोड 6 तक की सबसे छोटी पथ लंबाई __________ है।

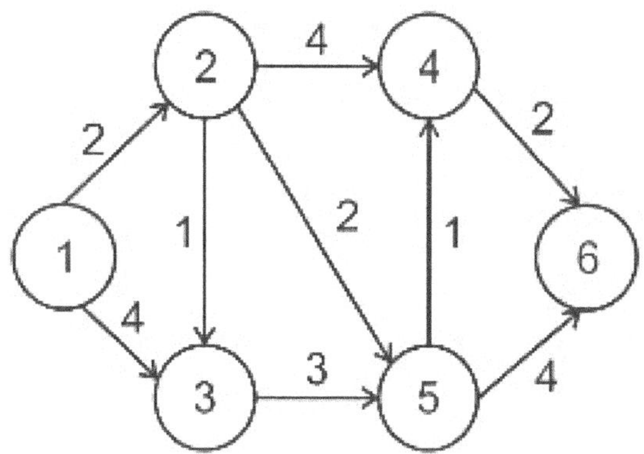

A. 2   B. 4   C. 5   D. 7

Q.58 एक परियोजना में छह गतिविधियाँ होती हैं। प्रत्येक गतिविधि का पूर्ववर्ती और अनुमानित अवधि भी नीचे दी गई तालिका में दी गई है:

गतिविधि	इमीडियेट प्रेडेसेसर	अनुमानित अवधि (सप्ताह)
P	-	5
Q	-	1
R	Q	2
S	P, R	4
T	P	6
U	S, T	3

यदि S के अलावा अन्य सभी गतिविधियाँ अनुमानित समय लेती हैं, तो परियोजना के पूरा होने में देरी किए बिना गतिविधि S की अधिकतम अवधि (सप्ताह में) __________ है।

A. 3   B. 5   C. 6   D. 11

Q.59 निर्देश: निम्नलिखित प्रश्न में, दिए गए प्रश्न के बाद दो कथनों में दी गई जानकारी दी गई है। आपको यह पता लगाना है कि कौन सा कथन प्रश्न का उत्तर देने के लिए पर्याप्त है और तदनुसार अपने उत्तर को चिह्नित करें।

कथन I: क्रिटिकल पथ में परिवर्तन के लिए एक PERT नेटवर्क में पुनर्निर्धारण की आवश्यकता है।

कथन II: उपकरण के अप्रत्याशित रूप से खराब होने या कच्चे माल की अनुपलब्धता के कारण कुछ गतिविधियाँ समय पर पूरी नहीं हो सकती हैं।

A. कथन I और कथन II दोनों व्यक्तिगत रूप से सत्य हैं और कथन II, कथन I की सही व्याख्या है।

B. कथन I और कथन II दोनों व्यक्तिगत रूप से सत्य हैं लेकिन कथन II, कथन I की सही व्याख्या नहीं है।

C. कथन I सत्य है लेकिन कथन II गलत है।

D. कथन I गलत है लेकिन कथन II सत्य है।

Q.60 एक परियोजना की गतिविधियाँ, उनकी अवधि और पूर्वता संबंध तालिका में दिए गए हैं। उदाहरण के लिए, एक पूर्वता संबंध में "X <Y, Z" का अर्थ है कि X गतिविधियों Y और Z का पूर्ववर्ती है। महत्वपूर्ण पथ के साथ गतिविधियों को पूरा करने का समय __________ सप्ताह है।

गतिविधि	अवधि (सप्ताह)	पूर्वता संबंध
A	5	A < B, C, D
B	7	B < E, F, G
C	10	C < I
D	6	D < G
E	3	E < H

F	9	F < I
G	7	G < I
H	4	H < I
I	2	----

A. 17   **B.** 21   **C.** 23   **D.** 25

Q.61 यदि हम 8051 में से बैंक2 का चयन करते हैं तो PSW रजिस्टर के बिट्स कैसे प्रभावित होते हैं?
A. PSW.5=0 और PSW.4=1
B. PSW.2=0 और PSW.3=1
C. PSW.3=1 और PSW.4=1
D. PSW.3=0 और PSW.4=1

Q.62 यदि हम स्टैक पर डेटा पुश करते हैं तो स्टैक पॉइंटर है:
A. हर पुश के साथ बढ़ता है
B. हर पुश के साथ घटता है
C. (A) और (B) दोनों
D. इनमें से कोई नहीं

Q.63 पावर अप पर, 8051 रजिस्टर R0- R7 के लिए कौन से RAM स्थानों का उपयोग करता है:
A. 00-2F   **B.** 00-07   **C.** 00-7F   **D.** 00-0F

Q.64 निम्नलिखित में से कौन अधिक निर्देश जोड़कर RISC आर्किटेक्चर का एक एप्लिकेशन है?
A. मल्टीमीडिया एप्लीकेशन
B. टेलीकम्युनिकेशन एन्कोडिंग
C. इमेज कन्वर्शन
D. ये सभी

Q.65 80286 में एक्सपेंडेड मेमोरी को कैसे एक्सेस किया जाता है?
A. पेजिंग
B. इंटरलिविंग
C. रैम
D. एक्सटर्नल स्टोरेज

Q.66 प्रोटेक्टेड मोड में 80286 किस प्रकार का सपोर्ट करता है?
A. रियल मोड
B. एड्रेस एक्सेस
C. डाटा एक्सेस
D. वर्चुअल मेमोरी

Q.67 डिकोडिंग शुरू करने के लिए निर्देश की लंबाई ज्ञात होने तक प्रतीक्षा करने वाले क्लॉकसाइकल्स की संख्या _______ है।
A. 0   **B.** 1   **C.** 2   **D.** 3

Q.68 सीआईएससी डिजाइन प्रोसेसर का नुकसान है:
A. कंपाइलर डेवलपर्स पर कम भार
B. मौजूदा सॉफ्टवेयर की व्यापक उपलब्धता
C. नेचर में कॉम्प्लेक्स
D. इनमें से कोई नहीं

Q.69 आरआईएससी आर्किटेक्चर को सीआईएससी के लिए प्राथमिकता दी जाती है क्योंकि आरआईएससी आर्किटेक्चर में है:
A. सिम्पलिसिटी
B. एफिशिएंसी
C. हाई स्पीड
D. ये सभी

Q.70 आरआईएससी की विशेषता जो सीआईएससी में मौजूद नहीं है वह है:
A. ब्रांच प्रेडिक्शन
B. पाइपलाइनिंग
C. (A) और (B) दोनों
D. इनमें से कोई नहीं

Q.71 यदि किसी क्लास में एब्सट्रैक्ट मेथड है, तो _______।
A. क्लास एब्सट्रैक्ट क्लास होनी चाहिए
B. क्लास एब्सट्रैक्ट क्लास हो सकती है या नहीं भी हो सकता है
C. क्लास जेनेरिक है
D. क्लास पब्लिक होनी चाहिए

Q.72 ऑब्जेक्ट-ओरिएंटेड प्रोग्रामिंग की कौन सी दो विशेषताएं समान हैं?
A. अब्स्ट्रक्शन और पॉलीमॉरफिस्म विशेषताएं समान हैं।
B. इंगेरिटन्स और एनकैप्सुलेशन सुविधाएं समान हैं।
C. एनकैप्सुलेशन और पॉलीमॉरफिस्म विशेषताएं समान हैं।
D. एनकैप्सुलेशन और एब्स्ट्रैक्शन

Q.73 जावास्क्रिप्ट प्रोजेक्ट पर काम करते समय, अपने जावास्क्रिप्ट एप्लिकेशन में, टेक्स्ट इनपुट के लिए अनुरोध करने वाले उपयोगकर्ताओं को संदेश भेजने के लिए आप किस फ़ंक्शन का उपयोग करेंगे?
A. display()   **B.** prompt()
C. alert()   **D.** getInput()

Q.74 HTML में किस टैग से डिस्क्रिप्टिव टैग शुरू होता है?
A. <LL>   **B.** <DD>   **C.** <DL>   **D.** <DS>

Q.75 एक बोरलैंड टर्बो एसेम्बलर _______ है।
A. Nasm   **B.** Tasm   **C.** Gas   **D.** Asm

Q.76 कोहेन सदरलैंड क्लिपिंग एल्गोरिथ्म एनएलएन लाइन क्लिपिंग की तुलना में इन्टरसेक्शन्स की _____ संख्या की गणना करता है।
A. अधिक
B. कम
C. वैसा ही
D. इनमें से कोई नहीं

Q.77 लिआंग-बार्स्की क्लिपिंग एल्गोरिथ्म एनएलएन लाइन क्लिपिंग की तुलना में इन्टरसेक्शन्स की _____ संख्या की गणना करता है।
A. अधिक
B. कम
C. वैसा ही
D. इनमें से कोई नहीं

Q.78 एनएलएन लाइन क्लिपिंग एल्गोरिथ्म का पूर्ण रूप क्या है?
A. निकोल-लिआंग-निकोल एल्गोरिथ्म
B. निकोलाई-लिआंग-निकोल एल्गोरिथ्म
C. निकोलाई-ली-निकोल एल्गोरिथ्म
D. निकोल-ली-निकोल एल्गोरिथ्म

Q.79 कोहेन-सदरलैंड क्लिपिंग _______ का एक उदाहरण है।
A. पोलीगोन क्लिपिंग
B. टेक्स्ट क्लिपिंग
C. लाइन क्लिपिंग
D. कर्व क्लिपिंग

Q.80 कोहेन-सदरलैंड एल्गोरिथ्म क्षेत्र को _______ स्थानों की संख्या में विभाजित करता है।
A. 8   **B.** 6   **C.** 7   **D.** 9

Q.81 निम्नलिखित में से किस एक में एक हायर लेवल एंटिटी बनाने के लिए कई लोअर इन्टिटीज़ को एक साथ समूहीकृत (या संयुक्त) किया जाता है?
A. स्पेशलाइजेशन   **B.** जनरलाइजेशन
C. एग्रीगेशन   **D.** ट्रांजेक्शन

Q.82 एक रिलेशन डेटाबेस में, फ़ील्ड में विभाजित प्रत्येक टुपल्स को _______ के रूप में जाना जाता है।
A. केरीज   **B.** डोमेन   **C.** रिलेशन्स   **D.** कमिट

Q.83 शब्द "टीसीएल" का अर्थ _______ है।
A. टर्नरी कंट्रोल लैंग्वेज
B. ट्रांसमिशन कंट्रोल लैंग्वेज
C. ट्रांजेक्शन सेंट्रल लैंग्वेज
D. ट्रांजेक्शन कंट्रोल लैंग्वेज

Q.84 रिलेशनल टेबल में निम्नलिखित में से किसे "एट्रिब्यूट" शब्द से भी प्रदर्शित किया जा सकता है?

A. एंटिटी **B.** रो **C.** कॉलम **D.** डिग्री

Q.85 रिलेशन मॉडल में, रिलेशन को आम तौर पर _______ कहा जाता है।

A. टुपल्स **B.** एट्रीब्यूट्स **C.** रो **D.** टेबल

Q.86 निम्नलिखित में से कौन एक स्पष्ट न्यूमेरिक, करैक्टर, स्ट्रिंग है, या बूलियन वैल्यू किसी पहचानकर्ता द्वारा प्रदर्शित नहीं किया जाता है?

A. डेलीमीटर्स **B.** लिटरल्स
C. कमेंट्स **D.** इनमें से कोई नहीं

Q.87 लेटर 'r' से नाम शुरू करते हुए स्टूडेंट टेबल से सभी डेटा का चयन कैसे करें?

A. SELECT * FROM student WHERE name LIKE 'r%';
B. SELECT * FROM student WHERE name LIKE '%r%';
C. SELECT * FROM student WHERE name LIKE '%r';
D. SELECT * FROM student WHERE name LIKE '_r%';

Q.88 कौन सा ऑपरेटर डेटा की अनुपस्थिति के लिए कॉलम का टेस्ट करता है?

A. EXISTS ऑपरेटर **B.** NOT ऑपरेटर
C. IS NULL ऑपरेटर **D.** इनमें से कोई नहीं

Q.89 अपाचे फ्लूम के बारे में क्या सच है?

A. अपाचे फ्लूम एक रिलाएबल और डिस्ट्रिब्यूटेड सिस्टम है, जो बड़ी मात्रा में लॉग डेटा एकत्र करने, एकत्र करने और स्थानांतरित करने के लिए है।
B. स्ट्रीमिंग डेटा फ्लो के आधार पर इसकी एक सिंपल लेकिन फ्लेक्सिबल आर्किटेक्चर है।
C. अपाचे फ्लूम का उपयोग वेब सर्वर से लॉग फ़ाइलों में मौजूद लॉग डेटा को एकत्र करने और एनालिसिस के लिए HDFS में एकत्र करने के लिए किया जाता है।
D. ये सभी

Q.90 डेटा का फ़्लूम संग्रह _______ हो सकता है।

A. शेड्यूल **B.** इवेंट ड्रिवेन
C. यूजर डिफाइंड **D.** (A) और (B) दोनों

Q.91 एक सिस्टम प्रोग्राम जो प्रोग्राम के अलग-अलग कम्पाइल्ड मॉड्यूल को निष्पादन के लिए उपयुक्त रूप में जोड़ता है:

A. असेम्बलर **B.** लिंकिंग लोडर
C. क्रॉस कम्पाइलर **D.** लोड और गो

Q.92 निम्नलिखित में से कौन एक प्रोसेस स्टेट नहीं है?

A. टर्मिनेटेड **B.** रनिंग
C. ब्लॉक्ड **D.** एक्सेक्यूशन

Q.93 इंटरप्रेटर _______ के लिए ट्रांसलेटर के रूप में प्रयोग किया जाता है।

A. लो लेवल लैंग्वेज **B.** हाई लेवल लैंग्वेज
C. कोबोल **D.** C

Q.94 किसी टास्क को करने के लिए बनाए गए स्पेसिफिक इंस्ट्रक्शन को आप क्या कहते हैं?

A. कमांड **B.** प्रोसेस **C.** टास्क **D.** इंस्ट्रक्शन

Q.95 एक ऑपरेटिंग सिस्टम में यूजर प्रोसेस द्वारा शुरू किया गया स्टेट ट्रांजीशन है:

A. ब्लॉक **B.** डिस्पैच

C. वेक अप **D.** टाइमर रन आउट

Q.96 निम्न में से कौन सा ऑपरेटिंग सिस्टम सर्वर पर चलता है?

A. बैच ओएस **B.** डिस्ट्रिब्यूटेड ओएस
C. रीयल-टाइम ओएस **D.** नेटवर्क ओएस

Q.97 एसएसटीएफ का मतलब _______ है।

A. शॉर्टेस्ट सिग्नल टाइम फर्स्ट
B. शॉर्टेस्ट सीक टाइम फर्स्ट
C. सिस्टम सीक टाइम फर्स्ट
D. सिस्टम शॉर्टेस्ट टाइम फर्स्ट

Q.98 हार्ड ड्राइव पर स्वैप फाइल में किस प्रकार की मेमोरी डेटा स्टोर करती है?

A. सेकेंडरी मेमोरी **B.** वर्चुअल मेमोरी
C. लो मेमोरी **D.** रैम

Q.99 फीडबैक क्यू की विशेषता है-

A. इम्प्लीमेंट करना बहुत आसान है
B. निष्पादन विशेषताओं के अनुसार कार्य भेजें
C. रीयल-टाइम टास्क के पक्ष में उपयोग किए जाते हैं
D. ठीक से इम्प्लीमेंट करने के लिए मैन्युअल इंटरवेंशन की आवश्यकता है

Q.100 इंस्ट्रक्शन में किस एड्रेसिंग मोड में ऑपरेंड स्पष्ट रूप से दिया गया है?

A. एब्सल्यूट मोड **B.** इमीडियेट मोड
C. इनडायरेक्ट मोड **D.** इंडेक्स मोड

Q.101 क्वालिटी फंक्शन डिप्लॉयमेंट (क्यूएफडी) में किस प्रकार की आवश्यकता होती है?

A. नो, अनो, अंडरमेड
B. यूजर, डेवलपर
C. फंक्शनल, नॉन फंक्शनल
D. नार्मल, एक्सपेक्टेड, एक्ससिटिंग

Q.102 आवश्यकताएँ एलिसिटशन एक डिफिकल्ट टास्क क्यों है?

A. स्कोप समस्या **B.** समझने की समस्या
C. अस्थिरता की समस्या **D.** ये सभी

Q.103 कोर की मेजर ड्रॉबैक क्या है?

A. आवश्यकताएं व्यापक हैं
B. एनएफआर को पर्याप्त महत्व नहीं दिया जाता है
C. विश्लेषक की भूमिका निष्क्रिय है
D. ये सभी

Q.104 सॉफ्टवेयर डिजाइन में कितने प्रकार के कोहजन होते हैं?

A. 5 **B.** 6 **C.** 7 **D.** 8

Q.105 स्ट्क्चर्ड डिजाइनिंग के लिए निम्न में से किस टूल का उपयोग किया जाता है?

A. प्रोग्राम चार्ट **B.** स्ट्क्चर चार्ट
C. मॉड्यूल चार्ट **D.** ये सभी

Q.106 डिजाइन फेज में, कंसर्न का प्राइमरी एरिया कौन सा है?

A. आर्किटेक्चर **B.** डेटा
C. इंटरफ़ेस **D.** ये सभी

Q.107 केस टूल का उपयोग कहाँ किया जाता है?

A. प्रोजेक्ट मैनेजमेंट **B.** स्कीमा जनरेशन
C. डेटा मॉडलिंग **D.** ये सभी

Q.108 सिस्टम मॉडलिंग में निम्नलिखित में से कौन सा मॉडल सिस्टम के डायनामिक बेहवियर को दर्शाता है?

A. बिहेवियरल मॉडल
B. कॉन्टेस्ट मॉडल
C. स्ट्रक्चर मॉडल
D. ऑब्जेक्ट मॉडल

Q.109 यूनिट टेस्टिंग किसी एप्लिकेशन में प्रत्येक बग को नहीं कैच सकता है?

A. हाँ
B. नहीं
C. हाँ या नहीं हो सकता है
D. नहीं कह सकता

Q.110 एक _______ एक सॉफ्टवेयर बग है जिसका फायदा अटैकर्स सिस्टम में अनऑथॉरिज़ेड एक्सेस प्राप्त करने के लिए उठा सकते हैं।

A. सिस्टम एरर
B. बग्गड सिस्टम
C. सुरक्षा बग
D. सिस्टम वायरस

Q.111 वर्स्ट केस में, किसी दिए गए एलिमेंट के लिए लंबाई n की सिंगल लिंक की गई सूची को खोजने के लिए आवश्यक तुलनाओं की संख्या है:

A. log2 n
B. n/2
C. log2 n – 1
D. n

Q.112 अपने आप को एक ऐसे ग्रह में होने पर विचार करें जहां चिप्स की कम्प्यूटेशनल शक्ति धीमी हो। आपके पास आकार 10 की एक सरणी है। आप इस सरणी में कुछ एलिमेंट संलग्न करना चाहते हैं। लेकिन आप केवल पुश और पॉप ऑपरेशन ही कर सकते हैं। पुश और पॉप ऑपरेशन दोनों में क्रमशः 1 सेकंड का समय लगता है। एनक्यू ऑपरेशन करने के लिए आवश्यक कुल समय है:

A. 20
B. 40
C. 42
D. 43

Q.113 आपके पास दो जार हैं, एक जार जिसमें 10 रिंग हैं और दूसरे में कोई नहीं है। उन्हें एक के ऊपर एक रखा गया है। आप जार में से आखिरी रिंग निकालना चाहते हैं। और दूसरा जार कमजोर है और लंबे समय तक रिंग्स को स्टोर करने के लिए इस्तेमाल नहीं किया जा सकता है।

A. पहले जार को पहले जार से एक-एक करके निकाल कर दूसरे जार में रखकर खाली करें।
B. पहले जार को पहले जार से एक-एक करके निकालकर दूसरे जार में रखकर खाली करें और पहले जार में एक-एक करके सभी रिंग डालकर दूसरे जार को खाली कर दें।
C. ऐसा करने का कोई संभावित तरीका मौजूद नहीं है।
D. जार को तोड़ें और आखिरी को हटा दें।

Q.114 पोस्टफिक्स एक्सप्रेशन 5 3 * 9 + 6/8 4 / + का रिजल्ट _______ है।

A. 8
B. 6
C. 10
D. 9

Q.115 बॉयर-मूर के एल्गोरिथ्म के सर्चिंग फेज में वर्स्ट केस रनिंग टाइम क्या है?

A. O(n)
B. O(log n)
C. O(m+n)
D. O(mn)

Q.116 दिए गए इनपुट स्ट्रिंग = "ABCDABCATRYCARCABCSRT" और पैटर्न स्ट्रिंग = "CAT" क्विक मैच एल्गोरिथ्म का उपयोग करके पैटर्न मिलान की पहली इंडेक्स खोजें।

A. 2
B. 6
C. 11
D. 14

Q.117 यूक्लिड के एल्गोरिथ्म का आविष्कार किसने किया था?

A. सीव
B. यूक्लिड
C. यूक्लिड-सीव
D. गेब्रियल लेम

Q.118 यदि 4, 16 और 12 का जीसीडी है, तो 12 और 4 का जीसीडी क्या है?

A. 12
B. 6
C. 4
D. 2

Q.119 निम्नलिखित में से कौन यूक्लिड के एल्गोरिथ्म का अनुप्रयोग नहीं है?

A. फ्रैक्शंस का सिम्प्लिफिकेशन
B. मॉड्यूलर मैथमेटिक में प्रदर्शन विभाजन
C. क्वाड्रेटिक समीकरणों को हल करना
D. डायोफैंटाइन समीकरणों को हल करना

Q.120 भाषाओं के जनरेटर _______ हैं।

A. रेगुलर एक्सप्रेशन
B. ग्रामर
C. एफएसएम
D. ये सभी

Q.121 4 से कम लंबाई के कितने स्ट्रिंग्स में रेगुलर एक्सप्रेशन (x+y)*y(a+ab)* द्वारा वर्णित भाषा शामिल है?

A. 7
B. 10
C. 12
D. 11

Q.122 बैकट्रैकिंग की अनुमति है:

A. एनडीएफए
B. डीएफए
C. (A) और (B) दोनों
D. इनमें से कोई नहीं

Q.123 दिया है:

S->aSb
S->e
S->A
A->aA
B->C
C->D

अनुपयोगी वेरिएबल्स की संख्या का अनुपयोगी उत्पादन की संख्या से अनुपात है:

A. 1
B. $\frac{3}{4}$
C. $\frac{2}{3}$
D. 0

Q.124 मान लीजिए L = L1 ∩ L2, जहां L1 और L2 नीचे परिभाषित लैंग्वेज हैं:

L1 = {$a^m b^m c a^n b^n$ | m, n >= 0 }
L2 = {$a^i b^i c^k$ | i, j, k >= 0 }

तब L है:

A. रिकर्सिव नहीं
B. रेगुलर
C. कंटेस्ट फ्री लेकिन रेगुलर नहीं
D. रेकर्सिवली ईनुमेरिबल लेकिन कंटेस्ट फ्री नहीं

Q.125 निम्नलिखित में से कौन सा ग्रामर रूल एक ऑपरेटर ग्रामर की आवश्यकताओं का उल्लंघन करता है?

(i) P ->QR
(ii) P ->QsR
(iii) P ->ε
(IV) P ->QtRr

A. केवल (i)
B. केवल (i) और (iii)
C. केवल (ii) और (iii)
D. केवल (iii) और (iv)

Q.126 निम्नलिखित एक्सप्रेशन ग्रामर को देखते हुए:

E ->E * F | F+E | F
F ->F-F | id

निम्नलिखित में से कौन सा सही है?

A. * की + से अधिक प्रेसेडेंस है
B. - की तुलना में अधिक प्रेसेडेंस है *
C. + और — की समान प्रेसेडेंस है
D. + की तुलना में अधिक प्रेसेडेंस है *

Q.127 एक प्रोग्राम P पर विचार करें जिसमें दो सोर्स मॉड्यूल M1 (M2 में परिभाषित फ़ंक्शन का संदर्भ शामिल है) और M2 दो अलग-अलग फ़ाइलों में शामिल हैं:

A. एडिट टाइम

B. कम्पाइल टाइम

C. लिंक टाइम

D. लोड टाइम

Q.128 _______ टेबल YACC द्वारा बनाई गई है।

A. एलएलआर पार्सिंग

B. एलएल पार्सिंग

C. जीएलआर पार्सिंग

D. इनमें से कोई नहीं

Q.129 निम्नलिखित में से कौन B प्रोग्रामिंग लैंग्वेज के लिए गलत है?

A. टाइपलेस

B. PL/I से इन्फ्लुएंस्ड

C. डेनिस रिची द्वारा डिज़ाइन किया गया

D. इनमें से कोई नहीं

Q.130 एक छोर पर DB-9 कनेक्टर को दूसरे छोर पर DB-25 कनेक्टर से जोड़ने वाली केबल को BD-9 साइड पर पिन 8 को क्रॉस-कनेक्ट करना चाहिए जिससे DB-25 साइड पर पिन हो।

A. 4

B. 22

C. 5

D. 2

Q.131 कई केबलों में "RS-232" कनेक्टर होते हैं जिनमें कुछ तार एक दूसरे से क्रॉस या एक दूसरे से जुड़े होते हैं क्योंकि _______।

A. विभिन्न RS-232 स्टैंडर्ड हैं।

B. कई कंप्यूटर और परिधीय RS-232 सीरियल इंटरफेस का उपयोग करते हैं, लेकिन DTE-to-DCE के रूप में नहीं।

C. एसिंक्रोनस मॉडेम स्टैंडर्ड से प्रेषित और प्राप्त डेटा की दिशा को रिवर्स कर देता है।

D. इनमें से कोई नहीं

Q.132 आधुनिक मॉडेम द्वारा समर्थित एक्सटेंडेड कमांड सेट:

A. स्टैंडर्डाइज्ड हैं।

B. E अक्षर के प्रीफिक्स हैं।

C. कई एडवांस्ड मॉडेम सुविधाओं को नियंत्रित करने के लिए विभिन्न आदेशों का उपयोग करें।

D. प्रवाह नियंत्रण की आवश्यकता के बिना एक उच्च गति डेटा हस्तांतरण क्षमता प्रदान करने के लिए गिना जा सकता है।

Q.133 बाइनरी कोड कभी-कभी मॉडेम में बदल जाते हैं:

A. हेक्साडेसिमल

B. हफ़मैन कोड

C. ग्रे कोड

D. कॉम्प्लिमेंटरी कोड

Q.134 वायरलेस लैन में अधिकतर _______ का उपयोग किया जाता है।

A. टाइम डिविज़न मल्टीप्लेक्सिंग

B. ओर्थोगोनल फ्रीकेंसी डिवीज़न मल्टीप्लेक्सिंग

C. स्पेस डिविज़न मल्टीप्लेक्सिंग

D. इनमें से कोई नहीं

Q.135 वायरलेस एड-हॉक नेटवर्क में:

A. एक्सेस प्वाइंट की आवश्यकता नहीं है

B. एक्सेस प्वाइंट जरूरी हैं

C. नोड्स की आवश्यकता नहीं है

D. नोड्स जरूरी हैं

Q.136 _______ नेटवर्क लेवल पर एक पैकेट के लिए सिक्योरिटी प्रदान करने के लिए इंटरनेट इंजीनियरिंग टास्क फोर्स (IETF) द्वारा डिज़ाइन किए गए प्रोटोकॉल का एक संग्रह है।

A. आईपीसेक

B. नेटसेक

C. पैकेटसेक

D. प्रोटोकॉलसेक

Q.137 IPv6 एड्रेस का लूपबैक एड्रेस _______ IPV4 लूपबैक एड्रेस 127. 0. 0. 1 के बराबर है।

A. (: : 1)

B. (: :)

C. (: : 0)

D. (1 : :)

Q.138 एचबीए का मतलब है:

A. होस्ट बस एडैप्टर

B. होस्ट बेस एडैप्टर

C. हेड्स बेस एडैप्टर

D. इनमें से कोई नहीं

Q.139 ओएसआई नेटवर्क आर्किटेक्चर में, डायलॉग कंट्रोल और टोकन मैनेजमेंट ज़िम्मेदारी है:

A. सेशन लेयर

B. नेटवर्क लेयर

C. ट्रांसपोर्ट लेयर

D. डाटा लिंक लेयर

Q.140 सिमेंटिक नेट्स में, ऑब्जेक्ट्स के बीच संबंधों को खोजने के लिए प्रत्येक 2 नोड्स से एक्टिवेशन स्प्रेड करके निर्धारित किया जाता है और पहचानें कि एक्टिवेशन कहां मिलता है। इस प्रोसेस को कहा जाता है?

A. एस्सोसिएटिव सर्च

B. ऑब्जेक्ट सर्च

C. नॉलेज सर्च

D. इंटरसेक्शन सर्च

Q.141 _______ एक शब्द के बीच संबंध को परिभाषित करता है जो संपूर्ण को दर्शाता है और एक शब्द जो एक भाग या पूरे के एक मेम्बर को दर्शाता है।

A. होलीनिमाय

B. होलोनिमाय

C. होलोनिमी

D. होलोनीमी

Q.142 बायेसियन नेटवर्क में कितने भाग होते हैं?

A. 2

B. 3

C. 4

D. 5

Q.143 बायेसियन नेटवर्क का सामान्यीकृत रूप जो अनसर्टेन नॉलेज के तहत डिसिशन प्रोब्लेम्स का प्रतिनिधित्व करता है और सॉल्व करता है, उसे _______ के रूप में जाना जाता है।

A. डिरेक्टेड एसाइक्लिक ग्राफ

B. कंडीशनल प्रोबेबिलिटी की टेबल

C. इन्फ्लुएंस डायग्राम

D. इनमें से कोई नहीं

Q.144 यदि हमारे पास वेरिएबल्स x_1, x_2, x_3,....., x_n हैं, तो x_1, x_2, x_3..x_n के भिन्न संयोजन की प्रायिकताएँ कहलाती हैं?

A. कंडीशनल प्रोबेबिलिटी की टेबल

B. कैजुअल कॉम्पोनेन्ट

C. एक्चुअल नम्बर्स

D. जॉइंट प्रोबेबिलिटी डिस्ट्रीब्यूशन

Q.145 _______ मीनिंगफुल पैटर्न और नई इनसाइट्स की पहचान करने के लिए अनस्ट्रक्चर्ड टेक्स्ट को स्ट्रक्चर्ड फॉर्मेट में बदलने की प्रक्रिया है।

A. डेटा माइनिंग

B. टेक्स्ट माइनिंग

C. फ़ाइल माइनिंग

D. गहरा माइनिंग

Q.146 किस डेटाबेस में डेटा स्ट्रक्चर्ड और अनस्ट्रक्चर्ड डेटा फॉर्मेट्स के बीच का मिश्रण है?

A. फुल स्ट्रक्चर्ड डेटा

B. पार्शियल-स्ट्रक्चर्ड डेटा

C. सेमी-स्ट्रक्चर्ड डेटा

D. यूनी-स्ट्रक्चर्ड डेटा

Q.147 टिपिकल टेक्स्ट माइनिंग टास्क में शामिल हैं?

A. टेक्स्ट कैटिगराइजेशन

B. टेक्स्ट क्लस्टरिंग

C. एंटिटी रिलेशन मॉडलिंग

D. ये सभी

Q.148 टेक्स्ट क्लासिफिकेशन मॉडल कंपोनेंट्स के लिए सही क्रम क्या है?

A. टेक्स्ट क्लीनिंग -> टेक्स्ट एनोटेशन -> ग्रेडिएंट डिसेंट -> मॉडल ट्यूनिंग -> टेक्स्ट टू प्रेडिक्टर्स

B. टेक्स्ट क्लीनिंग -> टेक्स्ट एनोटेशन -> टेक्स्ट टू प्रेडिक्टर्स -> ग्रेडिएंट डिसेंट -> मॉडल ट्यूनिंग

C. टेक्स्ट क्लीनिंग -> ग्रेडिएंट डिसेंट -> मॉडल ट्यूनिंग -> टेक्स्ट टू प्रेडिक्टर्स -> टेक्स्ट एनोटेशन

D. टेक्स्ट क्लीनिंग -> टेक्स्ट एनोटेशन -> मॉडल ट्यूनिंग -> टेक्स्ट टू प्रेडिक्टर्स -> ग्रेडिएंट डिसेंट

Q.149 रोबोटिक्स एआई की एक ब्रांच है, जो _________ से बना है।

A. इलेक्ट्रिकल इंजीनियरिंग

B. मैकेनिकल इंजीनियरिंग

C. कंप्यूटर साइंस

D. ये सभी

Q.150 कौन सी ओपन एड्रेसिंग तकनीक क्लस्टरिंग समस्याओं से मुक्त है?

A. लीनियर प्रोबिंग   B. क्वाड्रटिक प्रोबिंग

C. डबल हैशिंग   D. रिहाशिंग

// स्मार्ट उत्तर पुस्तिका //

सही उत्तर — उन छात्रों का प्रतिशत जिन्होंने प्रश्नों का सही उत्तर दिया था। **छोड़ दिया** — उन छात्रों का प्रतिशत जिन्होंने प्रश्नों को छोड़ दिया था।

प्रश्न संख्या	उत्तर	सही उत्तर / छोड़ दिया	प्रश्न संख्या	उत्तर	सही उत्तर / छोड़ दिया	प्रश्न संख्या	उत्तर	सही उत्तर / छोड़ दिया	प्रश्न संख्या	उत्तर	सही उत्तर / छोड़ दिया	प्रश्न संख्या	उत्तर	सही उत्तर / छोड़ दिया	प्रश्न संख्या	उत्तर	सही उत्तर / छोड़ दिया
1	A	76.91 % / 0.0 %	22	B	46.15 % / 1.42 %	43	D	47.46 % / 1.41 %	64	D	69.3 % / 1.23 %	85	D	48.77 % / 1.59 %	106	D	79.07 % / 0.0 %
2	D	16.35 % / 4.05 %	23	C	68.74 % / 1.45 %	44	B	40.61 % / 1.3 %	65	A	66.86 % / 1.72 %	86	B	45.07 % / 1.97 %	107	D	82.95 % / 0.0 %
3	B	62.78 % / 1.72 %	24	B	60.7 % / 1.79 %	45	A	63.88 % / 1.73 %	66	D	82.71 % / 0.0 %	87	A	45.57 % / 1.21 %	108	A	59.3 % / 1.55 %
4	B	28.31 % / 3.0 %	25	B	59.32 % / 1.32 %	46	B	68.78 % / 1.28 %	67	A	51.13 % / 1.16 %	88	C	43.95 % / 1.06 %	109	A	61.86 % / 1.01 %
5	B	50.22 % / 1.22 %	26	D	88.34 % / 0.0 %	47	A	88.0 % / 0.0 %	68	C	68.87 % / 1.52 %	89	D	10.74 % / 3.24 %	110	C	46.22 % / 1.89 %
6	C	65.56 % / 1.8 %	27	C	55.2 % / 1.74 %	48	D	44.17 % / 1.53 %	69	D	66.04 % / 1.42 %	90	D	86.01 % / 0.0 %	111	D	67.53 % / 1.39 %
7	D	15.62 % / 4.46 %	28	A	51.0 % / 1.03 %	49	D	80.78 % / 0.0 %	70	C	79.72 % / 0.0 %	91	B	52.35 % / 1.93 %	112	D	32.43 % / 3.9 %
8	A	10.15 % / 3.57 %	29	C	40.61 % / 1.11 %	50	B	62.79 % / 1.53 %	71	A	82.43 % / 0.0 %	92	C	82.56 % / 0.0 %	113	B	11.1 % / 3.87 %
9	C	41.43 % / 1.79 %	30	B	42.55 % / 1.04 %	51	A	49.6 % / 1.06 %	72	D	78.01 % / 0.0 %	93	B	80.94 % / 0.0 %	114	B	63.49 % / 1.86 %
10	D	28.58 % / 3.53 %	31	B	64.48 % / 1.61 %	52	A	86.39 % / 0.0 %	73	B	41.63 % / 1.83 %	94	A	46.71 % / 1.56 %	115	D	46.46 % / 1.16 %
11	C	51.83 % / 1.88 %	32	C	46.26 % / 1.99 %	53	C	47.68 % / 1.39 %	74	C	51.81 % / 1.6 %	95	A	43.35 % / 1.11 %	116	B	14.57 % / 3.67 %
12	B	40.96 % / 1.89 %	33	B	41.96 % / 1.69 %	54	A	56.93 % / 1.89 %	75	B	63.24 % / 1.56 %	96	D	62.44 % / 1.21 %	117	B	45.0 % / 1.94 %
13	B	66.66 % / 1.3 %	34	B	49.98 % / 1.17 %	55	C	77.52 % / 0.0 %	76	A	63.81 % / 1.4 %	97	B	86.58 % / 0.0 %	118	C	86.62 % / 0.0 %
14	D	64.21 % / 1.06 %	35	A	57.6 % / 1.63 %	56	D	57.62 % / 1.27 %	77	A	59.74 % / 1.82 %	98	B	46.55 % / 1.79 %	119	C	49.21 % / 1.41 %
15	A	58.19 % / 1.57 %	36	A	87.74 % / 0.0 %	57	D	45.32 % / 1.9 %	78	D	41.22 % / 1.01 %	99	B	68.19 % / 1.06 %	120	B	69.34 % / 1.55 %
16	C	44.98 % / 1.83 %	37	B	86.54 % / 0.0 %	58	C	15.79 % / 4.43 %	79	C	67.47 % / 1.98 %	100	B	86.23 % / 0.0 %	121	C	48.02 % / 1.94 %
17	B	68.55 % / 1.13 %	38	C	56.25 % / 1.25 %	59	B	27.18 % / 3.39 %	80	D	79.91 % / 0.0 %	101	D	23.15 % / 4.97 %	122	B	80.29 % / 0.0 %
18	B	10.08 % / 3.32 %	39	A	43.87 % / 1.25 %	60	C	41.62 % / 1.94 %	81	B	47.29 % / 1.6 %	102	D	43.66 % / 1.27 %	123	A	79.0 % / 0.0 %
19	C	88.53 % / 0.0 %	40	B	76.72 % / 0.0 %	61	D	64.07 % / 1.71 %	82	B	63.02 % / 1.27 %	103	C	41.95 % / 1.76 %	124	C	66.43 % / 1.5 %
20	A	48.69 % / 1.54 %	41	B	43.99 % / 1.28 %	62	A	79.12 % / 0.0 %	83	D	79.1 % / 0.0 %	104	C	63.11 % / 1.63 %	125	B	68.84 % / 1.77 %
21	C	79.16 % / 0.0 %	42	B	57.3 % / 1.31 %	63	B	49.96 % / 2.0 %	84	C	51.55 % / 1.93 %	105	B	48.85 % / 1.97 %	126	B	31.42 % / 3.54 %

प्रश्न संख्या	उत्तर	सही उत्तर / छोड़ दिया	प्रश्न संख्या	उत्तर	सही उत्तर / छोड़ दिया	प्रश्न संख्या	उत्तर	सही उत्तर / छोड़ दिया	प्रश्न संख्या	उत्तर	सही उत्तर / छोड़ दिया	प्रश्न संख्या	उत्तर	सही उत्तर / छोड़ दिया	प्रश्न संख्या	उत्तर	सही उत्तर / छोड़ दिया
127	C	44.58 % / 1.24 %	131	B	63.15 % / 1.11 %	135	A	45.28 % / 1.57 %	139	A	60.2 % / 1.53 %	143	C	80.1 % / 0.0 %	147	D	85.6 % / 0.0 %
128	A	55.1 % / 1.04 %	132	C	41.07 % / 1.75 %	136	A	47.4 % / 1.85 %	140	D	41.27 % / 1.55 %	144	D	57.7 % / 1.9 %	148	B	29.77 % / 4.0 %
129	D	29.52 % / 3.47 %	133	C	42.49 % / 1.83 %	137	A	51.8 % / 1.98 %	141	B	19.57 % / 3.58 %	145	B	28.34 % / 3.61 %	149	D	81.64 % / 0.0 %
130	C	15.97 % / 4.13 %	134	B	60.09 % / 1.19 %	138	A	89.07 % / 0.0 %	142	A	61.32 % / 1.92 %	146	C	58.66 % / 1.59 %	150	C	40.83 % / 1.45 %

//संकेत और समाधान//

1. ई लर्निंग के फायदे:

1. आप विभिन्न संसाधनों को कई अलग-अलग स्वरूपों में लिंक करने में सक्षम हो सकते हैं।

2. यह ऑनलाइन पाठ्यक्रम वितरित करने का एक बहुत ही कुशल तरीका है।

3. इसकी सुविधा और लचीलेपन के कारण, संसाधन कहीं से भी और किसी भी समय उपलब्ध हो सकते हैं।

4. हर कोई, जो अंशकालिक छात्र हैं या पूर्णकालिक काम कर रहे हैं, वेब आधारित शिक्षा का लाभ उठा सकते हैं।

5. वेब आधारित शिक्षण सक्रिय और स्वतंत्र शिक्षा को बढ़ावा देता है।

6. जैसा कि आपके पास नेट 24x7 तक पहुंच है, आप खुद को कभी भी और कहीं से भी प्रशिक्षित कर सकते हैं।

7. यह एक बहुत ही सुविधाजनक और लचीला विकल्प है; इन सबसे ऊपर, आपको किसी भी चीज़ के लिए किसी पर निर्भर नहीं होना पड़ेगा।

8. न केवल आप एक दिन के आधार पर खुद को प्रशिक्षित कर सकते हैं, बल्कि सप्ताहांत या जब भी आपके पास खाली समय हो, तब भी। कोई निश्चित नियम नहीं है।

9. चर्चा बोर्डों और चैट के माध्यम से, आप सभी के साथ ऑनलाइन बातचीत करने में सक्षम हैं और यदि कोई हो, तो अपने संदेह को भी साफ़ कर सकते हैं

10. ऑडियो और वीडियो सीखने के लिए प्रदान किए जाने वाले वीडियो निर्देश को फिर से देखा सकता है और यदि आप पहली बार विषय को समझने के लिए उपस्थित नहीं होते हैं तो बाद में बार-बार सुना जा सकता है।

अतः विकल्प (A) सही है।

2. विभिन्न शिक्षण विधियों का उपयोग शिक्षकों द्वारा छात्रों की आवश्यकताओं के अनुसार किया जाता है। एक को चुनने के लिए, शिक्षक अपनी क्षमताओं (क्षमता समूह) के आधार पर छात्रों को वर्गीकृत कर सकता है, या वह विषय की अनुकूलता के आधार पर इसे चुन सकता है।

- एक सेमिनार एक प्रतिष्ठित विशेषज्ञ या पैनल के तहत एक समूह की एक औपचारिक अकादमिक बैठक होती है, जहां कथित विषय या सेमिनार के विषय पर प्रवचन किया जाता है। यह एक संवादात्मक सत्र है जहां प्रतिभागी संगोष्ठी के विषय में सक्रिय रूप से संलग्न होते हैं।

- सहयोग एक अभ्यास है जिसके तहत व्यक्ति सामान्य उद्देश्यों की पूर्ति के लिए सहकारी रूप से संलग्न होते हैं। इसमें पारस्परिक प्रयासों के साथ ज्ञान और कार्यक्षेत्र साझा करना शामिल है।

- एक व्याख्यान एक शैक्षिक निर्देश है जो एक विशिष्ट कक्षा में छात्रों को संकाय द्वारा वितरित किया जाता है। प्रशिक्षक द्वारा चयनित पाठ्यक्रम के भीतर विषय वस्तु / विषय पर निर्देश लंबे भाषण हैं।

- चर्चा एक समूह के बीच एक विषय पर एक वार्तालाप है जहां विषय को उद्देश्यपूर्ण बातचीत / बहस और सूचना साझा करने की श्रृंखला के माध्यम से सदस्यों के बीच गंभीर रूप से विश्लेषण किया जाता है ताकि किसी समस्या को हल करने के लिए या अंत में एक निश्चित निष्कर्ष पर पहुंचने के बाद आम सहमति हो सके।

इसलिए, सही मिलान:

सूची A	सूची B
a) छात्रों में प्रेरणा, आग जलाना, विचार करना, तर्क करना	व्याख्यान मदद

b) विचारों को साझा करना, एक साथ सोच को उत्तेजित करता है	सहयोग
c) अन्य बिंदुओं को देखने के लिए, स्पष्टीकरण, समझ, नए विचार उत्पन्न होते हैं।	विचार-विमर्श
d) स्वयं-अधिगम आत्मविश्वास निर्माण, चर्चा में सक्रिय भागीदारी।	सेमिनार

अतः विकल्प (D) सही है।

3. आमतौर पर शैक्षिक और मनोवैज्ञानिक माप में उपयोग किए जाने वाले परीक्षण के सबसे प्रसिद्ध गुणों में से एक है (अर्थात उन कार्यों से बना है जो कार्य के एक विशेष क्षेत्र का नमूना लेते हैं) यह है कि वह जितने लंबे होते हैं (अर्थात कार्य का नमूना जितना बड़ा होता है), उतने ही अधिक विश्वसनीय अंक वह प्राप्त करते हैं।

- विश्वसनीयता उस कोटि को संदर्भित करती है जिसके लिए शोध या परीक्षण समान परिणाम देता है।

- यदि समान परिस्थितियों में एक ही विधि का बार-बार उपयोग करके एक ही परिणाम प्राप्त किया जा सकता है तो डेटा को विश्वसनीय कहा जाता है।

- उदाहरण के लिए, यदि आप 5 बार परीक्षण देते हैं, तो आपको मोटे तौर पर हर बार सटीक परिणाम मिलेगा।

- शोध में, छोटे परीक्षणों की तुलना में लंबे परीक्षण अधिक विश्वसनीय होते हैं क्योंकि लंबे परीक्षण त्रुटि की संभावना को कम करते हैं।

- शोध में, प्रत्येक डेटा परीक्षण की विश्वसनीयता में वृद्धि नहीं करता है क्योंकि एकत्र किया गया प्रत्येक डेटा परीक्षण की विश्वसनीयता को जोड़ने के लिए अनुसंधान के लिए प्रासंगिक नहीं हो सकता है।

इस प्रकार, अभिकथन सत्य है परंतु कारण असत्य है।

अतः विकल्प (B) सही है।

4. विभिन्न शिक्षण विधियों का उपयोग शिक्षकों द्वारा छात्रों की आवश्यकताओं के अनुसार किया जाता है। एक छात्र को चुनने के लिए, शिक्षक उनकी क्षमताओं (क्षमता समूहन) के आधार पर छात्रों को वर्गीकृत कर सकता है या वह विषय की अनुकूलता के आधार पर इसे चुन सकता है।

सूची – I (विधि)	सूची – II (तकनीक)
व्याख्यान	व्याख्यान विधि शिक्षण की सबसे पुरानी विधि है। यह विधि छात्रों को विषय के स्पष्टीकरण को संदर्भित करती है। सामग्री की प्रस्तुति पर जोर दिया गया है। शिक्षक इशारों, सरल उपकरणों, आवाज बदलकर, स्थिति में बदलाव और चेहरे के भावों का उपयोग करके छात्रों को विषय वस्तु को स्पष्ट करता है। शिक्षक अधिक सक्रिय हैं और छात्र निष्क्रिय हैं लेकिन शिक्षक छात्रों को चौकस रखने के लिए प्रश्न भी पूछते हैं। यह विधि किफायती है और बड़ी संख्या में छात्रों के बीच इसका उपयोग किया जा सकता है। यह समय बचाता है और पाठ्यक्रम को भी शामिल करता है। यह शिक्षकों के लिए सबसे सरल तरीका है तथा इसके लिए किसी व्यवस्था की आवश्यकता नहीं है।
चर्चा	प्रतिभागियों के बीच विषय आधारित सहभागिता जो छात्रों के अन्योन्यक्रियात्मक कौशल को बढ़ाती है यह एक विशिष्ट विषय पर एक समूह के व्यक्तियों के बीच विचारों के आदान-प्रदान को बढ़ावा देता है। इसे नेतृत्वविहीन चर्चा के रूप में भी जाना जाता है चर्चा को एक विषय या अध्ययन के तहत समस्या में शामिल संबंधों के एक विचारशील प्रतिफल के रूप में वर्णित किया गया है। यह छात्रों को एक समस्या के समाधान की दिशा में अपनी विचार प्रक्रिया को निर्देशित करने और अधिगम सामग्री को और अधिक स्पष्टीकरण एवं समेकन के लिए अपने अनुभवों का उपयोग करने के लिए प्रोत्साहित करता है।

सेमीनार	यह एक बैठक को संदर्भित करता है जहां एक महत्वपूर्ण विषय पर चर्चा करने के लिए व्यक्तियों का समूह एक साथ एकत्र होता है। एक संगोष्ठी को किसी निर्दिष्ट विषय पर चर्चा करने के लिए लोगों की भीड़ के रूप में परिभाषित किया जा सकता है। इस तरह की सभाएँ आम तौर पर अन्योन्यक्रियात्मक सत्र होती हैं जहाँ प्रतिभागी विलम्बित विषय पर चर्चा में संलग्न होते हैं। सत्र आमतौर पर प्रेरक कौशल के साथ एक या दो प्रस्तुतकर्ताओं का नेतृत्व करते हैं जो वांछित पथ के साथ चर्चा को चलाने के लिए सेवा करते हैं।
कार्यशाला	कार्यशाला पद्धति का उपयोग किसी समस्या के समाधान की तलाश, खोज और पहचान करने के लिए किया जाता है; एक स्थिति, इसकी पृष्ठभूमि और इसके सामाजिक और दार्शनिक निहितार्थ के व्यापक अध्ययन की अनुमति देने के लिए। यह एक निर्देशित अभ्यास है।इसका उपयोग शिक्षकों को शिक्षा में नई प्रथाओं और नवाचार के बारे में जागरूकता और प्रशिक्षण देने के लिए किया जाता है।

इसलिए, उपरोक्त स्पष्टीकरण से, सही मिलान (a) - (ii), (b) - (i), (c) - (iii), (d) - (iv) है।

अतः विकल्प (B) सही है।

5. विभेदन स्तर शिक्षण का स्तर नहीं है। शिक्षण के तीन भिन्न स्तर होते हैं और शिक्षण तीन स्तरों - शिक्षण का स्मृति स्तर, शिक्षण का बोध स्तर और शिक्षण का चिंतनशील स्तर पर उत्तरोत्तर होता है। शिक्षकों को शिक्षार्थियों के विकास के चरण को ध्यान में रखना चाहिए ताकि वांछित शैक्षिक उद्देश्यों को प्राप्त किया जा सके।

अतः विकल्प (B) सही है।

6. रिसर्च मैथडोलॉजी का विषय है, विषय के गठन के तरीके के परिणाम को आसवन के रूप में जाना जाता है। आसवन वह प्रक्रिया है जो तब होती है जब एक तरल नमूना वाष्प का उत्पादन करने के लिए अस्थिर होता है जिसे बाद में मूल नमूने के अधिक अस्थिर घटकों में तरल समृद्ध में संघनित किया जाता है।

अतः विकल्प (C) सही है।

7. एक शोध के संदर्भ में पठन कौशल के लिए अनुक्रम 'सर्वेक्षण, प्रश्न, पठन, स्मरण करना, समीक्षा करना' है।

1. **सर्वेक्षण:** यह पाठ्यक्रम कार्य के अध्याय के माध्यम से त्वरित नज़र को संदर्भित करता है। उदाहरण के लिए, अध्ययन सामग्री प्राप्त करने के बाद आप सामग्री को खोलते हैं और सामग्री को एक झलक देते हैं। इसे सर्वेक्षण के रूप में जाना जाता है।

2. **प्रश्न:** एक उद्देश्य है कि आप पाठ्यक्रम सामग्री की विशेष सामग्री को क्यों चुनते हैं। आप सामग्री के संबंध में अपने आप से कुछ प्रश्न पूछें।

3. **पठन:** पढ़ना सक्रिय भागीदारी की आवश्यकता है: यह सिर्फ किताब की सामग्री पर अपनी आँखें नहीं चला रहा है। आपको एक शिक्षार्थी के रूप में एक महत्वपूर्ण दिमाग विकसित करने की आवश्यकता है ताकि आप उन सवालों का जवाब दे सकें जो आपने खुद को विषय वस्तु की सामग्री के संबंध में पूछे हैं।

4. **स्मरण करना:** पाठ पढ़ना सीखने में अंतिम चरण नहीं है; इसके बजाय, यह पहला कदम है। पढ़ी गई इकाइयों / अध्यायों को बनाए रखने की आवश्यकता है। जो कुछ पढ़ा गया है उसका प्रतिधारण आपको सीखने में सुधार करने में मदद करेगा।

5. **समीक्षा:** यह अन्य चार चरणों का एक त्वरित दोहराव है: अर्थात्, सर्वेक्षण, प्रश्न, पढ़ना और सुनाना। यह एक समीक्षा है कि आपने पाठ को पढ़ते समय एक शिक्षार्थी के रूप में क्या हासिल किया है।

अतः विकल्प (D) सही है।

8. एक शोध व्यवस्था में, प्रतिभागी अलग तरह से कार्य कर सकते हैं क्योंकि उन्हें लगता है कि उन्हें विशेष ध्यान मिल रहा है। उपचार पर विशेष ध्यान देने की बजाय उपचार समूह की इस प्रतिक्रिया को हावर्थोन प्रभाव कहा जाता है।

हावर्थोन प्रभाव इस तथ्य को संदर्भित करता है कि लोग अपने व्यवहार को केवल इसलिए संशोधित करेंगे क्योंकि वे देखे जा रहे हैं।

- जब व्यक्तियों या समूहों को पता चलता है कि वे देखे जा रहे हैं, तो वे अपना व्यवहार बदल सकते हैं।

- स्थिति के आधार पर, यह परिवर्तन सकारात्मक या नकारात्मक हो सकता है - यह बढ़ सकता है या घट सकता है, उदाहरण के लिए, उनकी उत्पादकता - और कई कारणों से उत्पन्न हो सकती है।

- जब व्यक्तियों या समूहों के व्यवहार में परिवर्तन को उनके अवलोकन के लिए जिम्मेदार ठहराया जाता है तो इसे हावर्थोन प्रभाव के रूप में जाना जाता है।

- ऐसी स्थिति में अवलोकन का उपयोग विकृति का परिचय दे सकता है: जिसका अवलोकन किया गया है वह उनके सामान्य व्यवहार का प्रतिनिधित्व नहीं कर सकता है।

अतः विकल्प (A) सही है।

9. किसी अनुभववादी का मानना है कि ज्ञान हमारी संवेदनात्मक अनुभूतियों से प्राप्त होता है। अनुभववादियों का दावा है कि संवेदन अनुभव हमारी सभी अवधारणाओं और ज्ञान का अंतिम स्रोत है। इंद्रियां हमें दुनिया के बारे में अनिर्मित जानकारी देती हैं और इस अनिर्मित जानकारी बिना, बिल्कुल भी ज्ञान नहीं होगा। इसे पश्च कहा जाता है। यह अनुगम से संबंधित है।

अतः विकल्प (C) सही है।

10. एक शोधकर्ता अपनी थीसिस लिखते समय सांख्यिकीय तकनीकों के अंतर्निहित उपयोग का तर्क नहीं देता है। इसे अकरण की त्रुटि के मामले के रूप में सर्वोत्तम रूप से वर्णित किया जाएगा। अकरण की एक त्रुटि को "असत्य नकारात्मक" के रूप में भी जाना जाता है। जब किसी चीज को गलत तरीके से विचार या उल्लेख से निकाल दिया जाता है, जब इसे शामिल किया जाना चाहिए, तो यह अकरण की एक त्रुटि होती है। जब एक शोधकर्ता शोध में उपयोग किये गए सांख्यिकीय तकनीक के प्रयोग को सिद्ध नहीं करता है, तो यह अकरण की त्रुटि की एक स्थिति होती है।

अतः विकल्प (D) सही है।

11. गद्यांश के अनुसार, एक राजनीतिक उपन्यास अक्सर अपनी राजनीति के साथ एक उपन्यास बन जाता है। गद्यांश में संदर्भ पंक्ति: एक राजनीतिक उपन्यास अक्सर राजनीति के बारे में एक उपन्यास नहीं बल्कि अपनी खुद की राजनीति के साथ एक उपन्यास बन जाता है।

अतः विकल्प (C) सही है।

12. एक राजनीतिक उपन्यास केवल लेखक की धारणा के बारे में बात करता है।

एक राजनीतिक उपन्यास अक्सर राजनीति के बारे में एक उपन्यास नहीं होता है, बल्कि अपनी खुद की राजनीति के साथ एक उपन्यास होता है, क्योंकि यह न केवल हमें यह दिखाना चाहता है कि चीजें कैसी हैं बल्कि इस बारे में निश्चित रूप से निश्चित विचार हैं कि चीजें कैसी होनी चाहिए, और वास्तव में क्या होना चाहिए चीजों को वांछित दिशा में ले जाने के लिए सोचें और करें।

अतः विकल्प (B) सही है।

13. अपनी प्रकृति के आधार पर राजनीति का निर्माण विचारों और विचारधाराओं के बारे में है। गद्यांश में संदर्भ पंक्ति: एक और कारण है कि राजनीति उच्चतम प्रकार के साहित्यिक प्रतिनिधित्व के लिए उत्तरदायी नहीं लगती, यह इस तथ्य से उत्पन्न होती है कि राजनीति अपने स्वभाव से ही विचारों और विचारधाराओं से बनी है।

अतः विकल्प (B) सही है।

14. साहित्य मानव जीवन की अनुभव की गई वास्तविकता से संबंधित है।

गद्यांश में संदर्भ पंक्ति: यह तर्क दिया जाता है कि साहित्य बौद्धिक अमूर्तता के बजाय मानवीय अनुभवों के बारे में है, यह मानव मांस और रक्त की 'महसूस की गई वास्तविकता' कहलाता है और शुष्क और बेजान विचारों के बजाय रस और स्वाद (रस) में होता है।

अतः विकल्प (D) सही है।

15. उपन्यासकार मैरी मैकार्थी के अवलोकन से पता चलता है कि उपन्यास में आज के विचारों को अनदेखा किया गया है। गद्यांश में संदर्भ पंक्ति: अमेरिकी उपन्यासकार मैरी मैकार्थी ने अपनी पुस्तक 'आइडियाज एंड द नॉवेल' में इस मामले की एक व्यापक चर्चा में देखा कि विचार आज भी उपन्यास में भद्दे लगते हैं, हालांकि पहले के दिनों में यानि 18वीं और 19वीं शताब्दी में ऐसा नहीं था।

अतः विकल्प (A) सही है।

16. सक्रिय संचार को बढ़ावा देने के लिए सक्रिय रूप से सुनना सबसे महत्वपूर्ण कौशल है। सुनना संचार प्रक्रिया के महत्वपूर्ण तत्वों में से एक है:

- सुनना संदेश-उन्मुख है, इस प्रकार यह जानकारी देने पर जोर देता है।
- सुनना संदेशों की व्याख्या करने के लिए भाषण की ध्वनियों की सटीक पहचान करने की क्षमता है।
- पहले हम सूचना को आत्मसात करने के लिए या बोले गए शब्द के माध्यम से संदेशों तक पहुंचने के लिए सुनते हैं।

इसलिए, यह निष्कर्ष निकाला जा सकता है कि प्रभावी संचार को बढ़ावा देने के लिए 'सक्रिय रूप से सुनना' सबसे महत्वपूर्ण कौशल है।

अतः विकल्प (C) सही है।

17. एनालॉग संचार में विषय को स्थिर माना जाता है।

एनालॉग संचार:

- एनालॉग संदेश एक भौतिक राशि होती है जो एक सुचारु और निरंतर शैली में समय के साथ अलग होती है।
- एनालॉग संचार छवि, ध्वनि और निरंतर या एनालॉग सिग्नलों का उपयोग करके वीडियो सहित सूचना के संप्रेषण (भेजना, प्राप्त करना और प्रसंस्करण) की प्रक्रिया है।
- यहाँ विषय केवल रैखिक और स्थिर हो सकती है ना की गतिशील।
- उदाहरण में लेज़र बेयर, माइक्रोवेव, इत्यादि शामिल हैं।

अतः विकल्प (B) सही है।

18. कक्षा संचार के कुछ विशिष्ट उद्देश्य होते हैं जो सीधे ज्ञान प्राप्त करने या किसी प्रकार के स्थायी तरीके से नए कौशल विकसित करने से संबंधित होते हैं। उपयुक्त विषयों के चयन, यथार्थवादी लक्ष्य निर्धारित करना, शिक्षार्थियों को जानना, सामग्री का उचित संगठन आदि जैसे विभिन्न चरण हैं जो कक्षा संचार की योजना बनाने के लिए सही हैं। इस प्रकार, कक्षा संचार वस्तुपरक है और सीधे ज्ञान प्राप्त करने या नए कौशल विकसित करने से संबंधित है।

इसलिए, (A) और (R) दोनों सही है और (A) की सही व्याख्या नहीं है।

अतः विकल्प (B) सही है।

19. जब मीडिया कंपनियों का स्वामित्व गैर-मीडिया व्यावसायिक घरानों के पास होता है, तो इसे सामूहिक मीडिया स्वामित्व कहा जाता है। एक मीडिया समूह उन कंपनियों का वर्णन करता है जो विभिन्न मास मीडिया जैसे टेलीविज़न, रेडियो, प्रकाशन, फ़िल्में और इंटरनेट में बड़ी संख्या में कंपनियों की मालिक हैं। 2008 तक, द वॉल्ट डिज़नी कंपनी समाचार निगम, वायाकॉम और टाइम के साथ दुनिया की सबसे बड़ी मीडिया कंपनी है।

अतः विकल्प (C) सही है।

20. हॉरिजॉन्टल कम्युनिकेशन (संचार) एक ही स्तर के संगठनात्मक पदानुक्रम के भीतर लोगों, विभागों, विभागों या इकाइयों के बीच सूचना का संचरण है। आप इसे ऊर्ध्वाधर संचार से अलग कर सकते हैं, जो संगठनात्मक पदानुक्रम के विभिन्न स्तरों के बीच सूचना का प्रसारण है।

अतः विकल्प (A) सही है।

21. श्रृंखला निम्नलिखित पैटर्न का अनुसरण करती है:

$1^2 \times 2 = 2$

$2^2 \times 2 = 8$

$3^2 \times 2 = 18$

$4^2 \times 2 = 32$

$5^2 \times 2 = 50$

$6^2 \times 2 = 72$

तो, अगली संख्या 72 है।

अतः विकल्प (C) सही है।

22. दिया है:

दो वर्षों में राशि = 1728 रुपए

तीन वर्षों में राशि = 1792 रुपए

प्रयोग किया गया सूत्र

$$\text{साधारण ब्याज} = \frac{P \times r \times t}{100}$$

जहाँ P, r और t मूलधन, ब्याज की दर और समय को दर्शाते हैं

1 वर्ष के लिए ब्याज = 3 वर्षों में राशि - 2 वर्षों में राशि

$= 1792$ रुपए $- 1728$ रुपए

$= 64$ रुपए

2 वर्षों के लिए ब्याज $= 64 \times 2$

$= 128$ रुपए

मूलधन = 2 वर्षों की राशि - 2 वर्षों के लिए साधारण ब्याज

$= 1728$ रुपए $- 128$ रुपए

$= 1600$ रुपए

∴ धन की राशि 1600 रुपए है।

अतः विकल्प (B) सही है।

23. दिया है:

$D_1 = 30$ किमी

$T_1 = 5$ घंटे

$T_2 = 8$ घंटे

$T_3 = 6$ घंटे

प्रयुक्त सूत्र:

दूरी = गति $\times$ समय या $D = S \times T$

गति = दूरी/समय या $S = \dfrac{D}{T}$

अब, $S_1 = \dfrac{D_1}{T_1}$

$\Rightarrow S_1 = \dfrac{30}{5} = 6$ किमी/घंटे

जैसा कि उसने उसी गति से y किमी की यात्रा की

$\Rightarrow y = S_1 \times T_2$

$\Rightarrow y = 6 \times 8 = 48$ किमी

अब, वह 6 घंटे में $2y$ की दूरी तय करेगा

गति $(S_2) = \dfrac{2y}{6}$

$\Rightarrow S_2 = \dfrac{(2\times48)}{6}$

$\Rightarrow S_2 = 16$ किमी/घंटे

अतः विकल्प (C) सही है।

24. दिया है:

ब्याज की दर = 20%

मूलधन राशि = 18000

प्रयुक्त सूत्र:

$$A = P\left(1 + \left(\dfrac{R}{100}\right)\right)^n$$

जहाँ,

n वर्षों की संख्या, P मूलधन, R ब्याज की दर और A मिश्रधन है।

अब,

पहले वर्ष के अंत में भुगतान की जाने वाली राशि की गणना करने पर

$\Rightarrow 18000 \times \left(1 + \left(\dfrac{20}{100}\right)\right)^1$

$\Rightarrow 21600$ रुपये

अब, इस कुल राशि के 5000 का भुगतान पहले ही कर दिया गया है

$\Rightarrow$ शेष राशि = 21600 – 5000

$\Rightarrow$ शेष राशि = 16600

अब, भुगतान की जाने वाली अंतिम राशि

$\Rightarrow 16600 \times \left(1 + \left(\dfrac{20}{100}\right)\right)^1$

$\Rightarrow 16600 \times 1.20$

$\Rightarrow 19920$ रुपये

अतः विकल्प (B) सही है।

25. माना $13 : 14 : 12$

उन्हें मिलने वाली वास्तविक राशि –

$\Rightarrow A = \dfrac{(468 \times 13)}{39} = 156$ रु.

$\Rightarrow B = \dfrac{(468 \times 14)}{39} = 168$ रु.

$\Rightarrow C = \dfrac{(468 \times 12)}{39} = 144$ रु.

लेकिन गलती से उन्हें $3 : 4 : 2$ के अनुपात में राशि मिली

$\Rightarrow A = \dfrac{(468 \times 3)}{9} = 156$ रु.

$\Rightarrow B = \dfrac{(468 \times 4)}{9} = 208$ रु.

$\Rightarrow C = \dfrac{(468 \times 3)}{9} = 104$ रु.

$\therefore$ लेनदेन में B को लाभ हुआ।

अतः विकल्प (B) सही है।

26.

अक्षर	A	B	C	D	E	F	G	H	I	J	K	L	M
स्थिती य मा न	1	2	3	4	5	6	7	8	9	10	11	12	13
अक्षर	N	O	P	Q	R	S	T	U	V	W	X	Y	Z
स्थिती य मा न	14	15	16	17	18	19	20	21	22	23	24	25	26

निम्नलिखित तर्क है:

ACE → (1 × 2) + (3 × 2) + (5 × 2) = 2 + 6 + 10 = 18;

BOX → (2 × 2) + (15 × 2) + (24 × 2) = 4 + 30 + 48 = 82;

इस प्रकार, KEY → (11 × 2) + (5 × 2) + (25 × 2) = 22 + 10 + 50 = 82;

अतः विकल्प (D) सही है।

27. एक यौगिक प्रस्ताव जो न तो एक पुनरुक्ति है और न ही एक विरोधाभास है, एक आकस्मिकता कहलाता है। परिभाषा (तार्किक तुल्यता) यौगिक प्रस्ताव p और q को तार्किक रूप से समतुल्य कहा जाता है यदि p ↔ q एक पुनरुक्ति है।

अतः विकल्प (C) सही है।

28. पैटर्न इस प्रकार है,

G	J	R
↓ +2	↓ +2	↓ +2
I	T	L
↓ +2	↓ +2	↓ +2
K	N	V
↓ +2	↓ +2	↓ +2
M	P	X

इसलिए, अगला पद MPX है।

अतः विकल्प (A) सही है।

29. सहपायलट एकमात्र बच्चा है और न्यूनतम कमाता है ⇒ सहपायलट की आय फ्लाइट इंजीनियर की आय और पायलट की आय से कम है (a)

चिराग का विवाह भावेश की बहन से हुआ है और वह पायलट से अधिक कमाता है ⇒ दोनों वयस्क हैं और चिराग की आय पायलट की आय से अधिक है, अतः चिराग फ्लाइट इंजीनियर है (b)

समीकरणों (a) और (b) को ध्यान में रखते हुए यदि चिराग और भावेश वयस्क हैं और सहपायलट से अधिक कमाते हैं, तो स्पष्टतः अजीत यहाँ बच्चा और सहपायलट है।

अतः विकल्प (C) सही है।

30. तार्किक तर्क की संरचना औपचारिक वैधता पर आधारित है। एक तार्किक तर्क को औपचारिक रूप से मान्य कहा जाता है यदि इसमें संरचनात्मक आत्म-संगति है, अर्थात यदि आधारिका के बीच के संचालन सभी सत्य हैं, तो व्युत्पन्न निष्कर्ष भी हमेशा सत्य होता है। एक युक्ति कथनों की एक जुड़ी हुई श्रृंखला है जो एक तार्किक, स्पष्ट और परिभाषित कथन का निर्माण करती है। तार्किक युक्ति बनाने के तीन चरण हैं: आधारिका, अनुमान और निष्कर्ष।

अतः विकल्प (B) सही है।

31. एक सप्ताह में बेचे जाने वाले हिंदी अखबारों की संख्या = 105 + 120 + 100 + 120 + 125 + 180 + 195 = 945

प्रतिदिन बेचे जाने वाले हिंदी अखबारों की संख्या = $\frac{945}{7}$ = 135

उसी प्रकार,

एक सप्ताह में बेचे जाने वाले अंग्रेजी अखबारों की संख्या = 84 + 75 + 96 + 110 + 80 + 120 + 100 = 665

प्रतिदिन बेचे जाने वाले अंग्रेजी अखबारों की संख्या = $\frac{665}{7}$ = 95

∴ अभीष्ट अंतर = 135 - 95 = 40

अतः विकल्प (B) सही है।

32. माना सप्ताहांत पर हिंदी अखबार की कीमत 'x' रुपये है,

सोमवार से शुक्रवार तक बिकने वाले हिंदी अखबार की संख्या = 105 + 120 + 100 + 120 + 125 = 570

⇒ सोमवार से शुक्रवार तक हिंदी अखबार की बिक्री से कुल आय = 570 × 3 = 1710 रुपये

उसी प्रकार,

⇒ सप्ताहांत पर बिकने वाले हिंदी अखबारों की संख्या = 180 + 195 = 375

⇒ सप्ताहांत में हिंदी अखबारों की बिक्री से कुल आय = 375x

अब,

⇒ सोमवार से शुक्रवार तक और सप्ताहांत के बीच बिक्री का अनुपात = 57 : 50

⇒ $\frac{1710}{375} = \frac{57}{50}$

⇒ x = $\left(\frac{1710}{375}\right) \times \left(\frac{50}{57}\right)$

⇒ x = 4

∴ सप्ताहांत पर एक हिंदी अखबार की कीमत 4 रूपये है।

33. ⇒ सोमवार से बुधवार तक बिकने वाले अंग्रेजी अखबारों की कुल संख्या = 84 + 75 + 96 = 255

⇒ शुक्रवार से रविवार तक बिकने वाले अंग्रेजी अखबारों की कुल संख्या = 80 + 120 + 100 = 300

⇒ अंतर = 300 - 255 = 45

⇒ अभीष्ट प्रतिशत = $\left(\frac{45}{300}\right)$ × 100 = 15%

∴ सोमवार से बुधवार तक बेचे जाने वाले अंग्रेजी अखबारों की कुल संख्या शुक्रवार से रविवार तक बिकने वाले अंग्रेजी अखबारों की तुलना में 15% कम है।

अतः विकल्प (B) सही है।

34. मंगलवार को,

⇒ बिकने वाले हिंदी समाचार पत्रों की संख्या = 120

⇒ बिकने वाले अंग्रेजी समाचार पत्रों की संख्या = 75

⇒ अभीष्ट % = $\frac{(120-75)}{75} \times 100$

$= \left(\frac{45}{75}\right) \times 100 = 60\%$

शुक्रवार को,

⇒ बिकने वाले हिंदी समाचार पत्रों की संख्या = 125

⇒ बिकने वाले अंग्रेजी अखबारों की संख्या = 80

⇒ अभीष्ट % = $\frac{(120-80)}{80} \times 100$

$= \left(\frac{45}{80}\right) \times 100 = 56.25\%$

शनिवार को,

बिकने वाले हिंदी अखबारों की संख्या = 180

बिकने वाले अंग्रेजी अखबारों की संख्या = 120

⇒ अभीष्ट % = $\frac{(180-120)}{120} \times 100$

$= \left(\frac{60}{120}\right) \times 100 = 50\%$

रविवार को,

बिकने वाले हिंदी अखबारों की संख्या = 195

बिकने वाले अंग्रेजी समाचार पत्रों की संख्या = 100

⇒ अभीष्ट % = $\frac{(195-100)}{100} \times 100$

$= \left(\frac{95}{100}\right) \times 100 = 95\%$

∴ शुक्रवार को अंग्रेजी अखबारों की बिक्री की तुलना में हिंदी समाचार पत्रों की बिक्री 56.25% अधिक है।

अतः विकल्प (B) सही है।

35. दिए गए सप्ताह में,

⇒ सप्ताह के दिन बेचे गए अंग्रेजी अखबारों के कुल संख्या = 84 + 75 + 96 + 110 + 80 + 445

⇒ अगले सप्ताह में सप्ताह के दिन बेचे गए अतिरिक्त अंग्रेजी अखबारों की संख्या = 445 का 20% = $\frac{445}{5}$ = 89

इसके अलावा,

⇒ सप्ताहांत पर बेचे गए अंग्रेजी अखबारों के कुल संख्या = 120 + 100 = 220

⇒ अगले सप्ताह में सप्ताहांत पर बेचे गए अतिरिक्त अंग्रेजी अखबारों की संख्या = 220 का 25% = 55

सोमवार से शुक्रवार तक अंग्रेजी अखबारों की कीमत 4 रूपये और सप्ताहांत पर 5 रूपये है।

⇒ अगले सप्ताह में अतिरिक्त कमाई = (89 × 4) + (55 × 5) = 356 + 275 = 631 रुपये

अतः विकल्प (A) सही है।

36. एक बाइनरी नंबर बेस -2 अंक प्रणाली या बाइनरी अंक प्रणाली में व्यक्त संख्या है, जो केवल दो प्रतीकों का उपयोग करती है: आमतौर पर "0" (शून्य) और "1" (एक)। बेस -2 अंक प्रणाली 2 के मूलांक के साथ एक स्थिति है। प्रत्येक अंक को बिट के रूप में संदर्भित किया जाता है।

अतः विकल्प (A) सही है।

37. क्रोम एक वेब ब्राउज़र है। गूगल क्रोम, गूगल द्वारा विकसित एक क्रॉस-प्लेटफ़ॉर्म वेब ब्राउज़र है। इसे पहली बार 2008 में माइक्रोसॉफ्ट विंडोज के लिए जारी किया गया था, जिसे ऐप्पल वेबकिट और मोज़िला फ़ायरफ़ॉक्स से मुफ्त सॉफ्टवेयर घटकों के साथ बनाया गया था। गूगल, याहू और बिंग सर्च इंजन हैं।

अतः विकल्प (B) सही है।

38. JPEG (अक्सर इसके फ़ाइल एक्सटेंशन के साथ देखा जाता है। jpg या jpeg) का अर्थ "ज्वाइंट फोटोग्राफिक एक्सपर्ट्स ग्रुप" है, जो उस समूह का नाम है जिसने JPEG मानक बनाया है।

अतः विकल्प (C) सही है।

39. जब भी कोई इंट्रानेट आकार में काफी बड़ा हो जाता है तो एक डायग्राम इंडिविजुअल फिजिकल सिस्टम को अलग करने में सक्षम नहीं होता है, इसलिए उस स्तर पर इंट्रानेट को क्लाउड के रूप में भी जाना जाता है। हडूप को एक क्लाउड के रूप में माना जा सकता है।

अतः विकल्प (A) सही है।

40. gif, jpg, bmp, png इमेज डेटा के विस्तार के रूप में उपयोग किया जाता है। इन इमेज को अलग-अलग एक्सटेंशन जैसे .gif, .jpg नामकरण के माध्यम से परिभाषित किया जा सकता है। ऑडियो डेटा .mp3 या .m4A में संग्रहीत होता है। वीडियो डेटा .mp4, .avi, .wmv, .m4p, .3gp आदि में स्टोर किया जाता है। टेक्स्ट डेटा .txt फॉर्मेट में स्टोर होता है।

अतः विकल्प (B) सही है।

41. CFCs को बदलने के लिए विचाराधीन दो रासायनिक वर्ग हाइड्रोक्लोरोफ्लोरोकार्बन (HCFC) और हाइड्रोफ्लोरोकार्बन (HFC) हैं। एचसीएफसी स्ट्रैटोस्फेरिक ओजोन के विनाश में योगदान करते हैं, लेकिन सीएफसी की तुलना में काफी कम।

अतः विकल्प (B) सही है।

42. सही क्रम है- चीन>यू.एस.ए.>भारत>रूस

चीन: 10,641,789 kt

यू.एस.ए: 5,172,338 kt

भारत: 2,454,968 kt

रूस: 1,760,895 kt

चीन> यू.एस.ए.>भारत>रूस

अतः विकल्प (B) सही है।

43. नमक गैर-नवीकरणीय प्राकृतिक संसाधन है। किसी भी संसाधन को केवल तभी नवीकरणीय कहा जा सकता है जब वह स्व-पुनः हो। पृथ्वी में प्राकृतिक प्रक्रिया द्वारा नया नमक बनाया जा रहा है।

अतः विकल्प (D) सही है।

44. मानव संसाधन और विकास मंत्रालय ने किशोरावस्था शिक्षा कार्यक्रम (AEP) से युवा लोगों के बीच जीवन कौशल प्रशिक्षण को बढ़ावा देने का प्रयास किया है। इस कार्यक्रम का मुख्य उद्देश्य युवाओं को आयु उपयुक्त तथा सांस्कृतिक रूप से प्रासंगिक जानकारी के साथ सशक्त बनाना है। इसके साथ ही स्वास्थ के दृष्टिकोण को बढ़ावा देने के साथ साथ किशोरों को सकारात्मक और जिम्मेदार तरीके से वास्तविक जीवन के विषम परिस्थियों से लड़ने का कौशल विकसित करना है।

अतः विकल्प (B) सही है।

45. शहरी क्षेत्रों में नाइट्रोजन (NO_x) के ऑक्साइड के कारण प्रदूषण का प्रमुख स्रोत सड़क परिवहन है।

NO_x का उत्पादन दहन के दौरान हवा में नाइट्रोजन और ऑक्सीजन गैसों की प्रतिक्रिया से होता है, खासकर उच्च तापमान पर। उच्च मोटर वाहन यातायात के क्षेत्रों में, जैसे कि बड़े शहरों में, वायु प्रदूषण के रूप में वायुमंडल में उत्सर्जित नाइट्रोजन ऑक्साइड की मात्रा महत्वपूर्ण हो सकती है।

अतः विकल्प (A) सही है।

46. वर्तमान में, आयोग के रिकॉर्ड पर 23 फर्जी विश्वविद्यालय हैं जो यूजीसी अधिनियम, 1956 के प्रावधानों के उल्लंघन में काम कर रहे हैं।

धारा 22 (1) के तहत अधिनियम में कहा गया है कि एक डिग्री केवल एक केंद्रीय, राज्य / प्रांतीय अधिनियम के तहत स्थापित विश्वविद्यालय या यूजीसी अधिनियम की धारा 3 के तहत एक विश्वविद्यालय माने जाने वाले संस्थान या एक संस्था द्वारा सम्मानित किया जा सकता है। डिग्री प्रदान करने के लिए संसद का कार्य।

फर्जी विश्वविद्यालयों में, ज्यादातर दिल्ली (7) और उत्तर प्रदेश (8) में स्थित हैं।

अतः विकल्प (B) सही है।

47. NMEICT का मतलब (नेशनल मिशन ऑन एजुकेशन थ्रू ICT) है। यह भारत सरकार द्वारा हमारे मानव संसाधन का कुशलतापूर्वक उपयोग करके ज्ञान महाशक्ति बनने की पहल है।

अतः विकल्प (A) सही है।

48. विश्वविद्यालयों या उच्च शिक्षा संस्थानों को NAAC द्वारा मान्यता प्राप्त करना पसंद है क्योंकि विश्वविद्यालय के सामर्थ को सुव्यवस्थित किया जाता है। NAAC विश्वविद्यालय अनुदान आयोग का एक स्वायत्त (असंवैधानिक निकाय) है। यह संस्थान की 'गुणवत्ता की स्थिति' की समझ प्राप्त करने के लिए उच्च शैक्षणिक संस्थानों (एचईआई) जैसे कॉलेजों, विश्वविद्यालयों या अन्य मान्यता प्राप्त संस्थानों का मूल्यांकन और मान्यता आयोजित करता है।

अतः विकल्प (D) सही है।

49. नालंदा भारतीय उपमहाद्वीप का सबसे प्राचीन विश्वविद्यालय है। यह 800 वर्षों की निर्बाध अवधि में ज्ञान के संगठित प्रसारण में लगा रहा। साइट का ऐतिहासिक विकास एक धर्म में बौद्ध धर्म के विकास और मठवासी और शैक्षिक परंपराओं के उत्कर्ष की गवाही देता है। यह एक प्रमुख महाविहार या

एक बड़ा बौद्ध मठ था जो मगध के तत्कालीन राज्य में 5वीं से 1200 ईस्वी तक सीखने के एक महत्वपूर्ण केंद्र के रूप में दोगुना हो गया था।

अतः विकल्प (D) सही है।

50. वाइस-चांसलर विश्वविद्यालय का प्रशासनिक और अकादमिक प्रमुख (मुख्य कार्यकारी अधिकारी) होता है। भारतीय विश्वविद्यालयों के वाइस-चांसलर की नियुक्ति विजिटर/चांसलर द्वारा की जाती है, जो इस उद्देश्य के लिए विशेष रूप से गठित प्रख्यात व्यक्तियों की समिति द्वारा सुझाए गए नामों के एक पैनल से की जाती है। वाइस-चांसलर, कार्यकारी परिषद (सिंडिकेट या प्रबंधन बोर्ड) और शैक्षणिक परिषद के साथ-साथ वित्त समिति और अन्य सांविधिक निकाय जैसे योजना बोर्ड और चयन समितियों के अध्यक्ष पदेन होते हैं।

अतः विकल्प (B) सही है।

51. एकिवैलेन्स रिलेशन की संख्या बेल संख्या द्वारा दी गई है। इन संख्याओं का nवां, अर्थात, Bn एक सेट को विभाजित करने के विभिन्न तरीकों की संख्या की गणना करता है जिसमें बिल्कुल n एलिमेंट होते हैं, या एक्विवैलेंटली, उस पर एकिवैलेन्स रिलेशन की संख्या। मान लीजिए, 1 -> 1 एलिमेंट के साथ एकिवैलेन्स रिलेशन; 1 2 -> 2 एलिमेंट के साथ एकिवैलेन्स रिलेशन; 2 3 5 -> 3 एलिमेंटके साथ एक्विवैलेन्स रिलेशन; 7 10 15 -> 4 एलिमेंट के साथ एकिवैलेन्स रिलेशन होता है।

अतः विकल्प (A) सही है।

52. R_1 यूनियन R_2 एकिवैलेन्स रिलेशन नहीं है क्योंकि इसे बंद करने की ट्रान्सिटिविटी प्रॉपर्टी को धारण करने की आवश्यकता नहीं है। उदाहरण के लिए, (x, y) R_1 में हो सकता है और (y, z) R_2 में हो सकता है और (x, z) R_1 या R_2 में नहीं हो सकता है। हालाँकि, R_1 इंटरसेक्शन R_2 एक एकिवैलेन्स रिलेशन है।

अतः विकल्प (A) सही है।

53. मान लीजिए, एक n-पथ कॉम्प्लीमेंट ग्राफ P_n, पथ ग्राफ P_n का ग्राफ कॉम्प्लीमेंट है। चूँकि P, सेल्फ-कॉम्प्लीमेंटहै, P_4, P_4 के इसोमोर्फिक है। अब, P_n की एज काउंट है:

$$= \frac{1}{2}(n-2)(n-1)$$

$$= \frac{1}{2}(14 - 2)(14 - 1)$$

$$= \frac{1}{2}(12)(13)$$

$$= 6 \times 13$$

$$= 78$$

इसलिए , रिक्वायर्ड एज काउंट 78 है।

अतः विकल्प (C) सही है।

54. मान लीजिए, एक ग्राफ G के कॉम्प्लीमेंट G' को एज-कॉम्प्लीमेंट ग्राफ के रूप में जाना जाता है, जिसमें एक ही वर्टेक्स सेट होता है, लेकिन जिसके एज के सेट में एज होते हैं जो G में मौजूद नहीं होते हैं। n-नोड ग्राफ पर ग्राफ योग G+G' G को कम्प्लीट ग्राफ कहते हैं, K_n कहा जाता है।

अतः विकल्प (A) सही है।

55. संशोधित ग्राफ में सबसे छोटा पथ बदल जाएगा। मान लीजिए कि सबसे छोटा पथ का वजन 21 है और इसमें 7 एज हैं और 4 एज और कुल वजन 17 के साथ एक और पथ है। अब, पहले सबसे छोटे पथ का वजन 7 ×10 बढ़ जाता है और 21 + 70 हो जाता है और वजन का दूसरा पथ 4 ×10 से बढ़ कर 17 + 40 हो जाता है। तो सबसे छोटा पथ 57 के भार के साथ दूसरे पथ में बदल जाता है।

अतः विकल्प (C) सही है।

56.

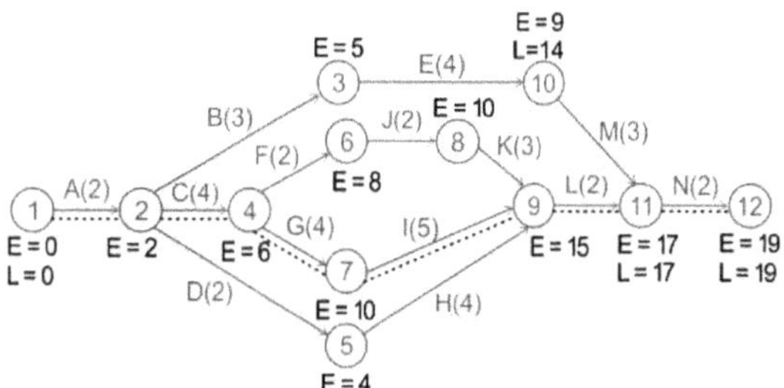

यदि सभी गतिविधियों को समय के भीतर पूरा किया जाता है तो महत्वपूर्ण पथ परियोजना की अधिकतम अवधि। तो सबसे पहले, हम क्रिटिकल पथ खोजेंगे। फिर हम देखेंगे कि क्रिटिकल पथ के पथ में नोड 10 के योगदान से पहले कितने दिन शेष हैं। और परियोजना की समग्र अवधि को प्रभावित किए बिना हम कितने दिनों तक उस गतिविधि में देरी कर सकते हैं, यह हमारा उत्तर होगा।

क्रिटिकल पथ = 1 - 2 - 4 - 7 - 9 - 11 - 12,

कुल समय = 19 दिन

नोड 10 = 9 दिनों के लिए सबसे प्रारंभिक समाप्ति समय।

उसके बाद, हमें उस गतिविधि को पूरा करने के लिए अभी भी 3 दिनों की आवश्यकता है और फिर वह पथ भी नोड 11 पर क्रिटिकल पथ से जुड़ जाएगा। इसलिए, नोड 10 के बाद गतिविधि को पूरा करने के लिए हमें अधिकतम समय 17 दिनों का होगा और हमें 3 की आवश्यकता होगी गतिविधि को पूरा करने के लिए दिन, इसलिए हम नोड 10 से पहले गतिविधि में देरी कर सकते हैं (17 - 3) दिन यानी, 14 दिन है।

नोड 10 = 14 दिनों के लिए नवीनतम समाप्ति समय।

अतः विकल्प (D) सही है।

57. यहां नोड 1 से नोड 6 तक की सबसे छोटी पथ लंबाई पूछी जाती है।

तो, परिणामी है।

$$(1) \xrightarrow{2} (2) \xrightarrow{2} (5) \xrightarrow{1} (4) \xrightarrow{2} (6)$$

लंबाई = 2 + 2 + 1 + 2 = 7

गलती बिंदु: यहां क्रिटिकल पथ से भ्रमित न हों।

$$(1) \xrightarrow{4} (3) \xrightarrow{3} (5) \xrightarrow{2} (6)$$

$$4 + 3 + 4 = 11$$

अतः विकल्प (D) सही है।

58. प्रोजेक्ट नेटवर्क बनाएं और नेटवर्क का क्रिटिकल पथ खोजें।

गणना:

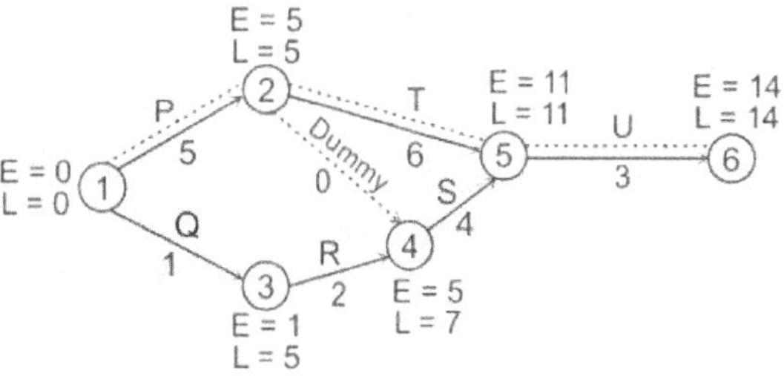

इस नेटवर्क में विभिन्न पथ हैं,

1 – 2 – 5 – 6 → 14 सप्ताह

1 – 2 – 4 – 5 – 6 → 12 सप्ताह

1 – 3 – 4 – 5 – 6 → 10 सप्ताह

तो, 14 सप्ताह की अवधि के साथ क्रिटिकल पथ 1 - 2 - 5 - 6 है।

अब, गतिविधि S की अवधि को अधिकतम 2 सप्ताह तक बढ़ाया जा सकता है।

तो, परियोजना के पूरा होने में देरी किए बिना गतिविधि S की अधिकतम अवधि 6 सप्ताह है।

अतः विकल्प (C) सही है।

59. क्रिटिकल पथ परियोजना को पूरा करने के लिए सबसे लंबी अवधि निर्धारित करता है।

क्रिटिकल पथ में कोई भी परिवर्तन परियोजना की अवधि में परिवर्तन को निर्धारित करेगा। इसलिए, क्रिटिकल पथ में परिवर्तन के लिए PERT नेटवर्क के पुनर्निर्धारण की आवश्यकता है। उपकरण के अप्रत्याशित रूप से खराब होने या कच्चे माल की अनुपलब्धता के कारण ये परिवर्तन हो सकते हैं।

इसलिए, दोनों कथन व्यक्तिगत रूप से सही हैं।

अतः विकल्प (B) सही है।

60. हमें क्रिटिकल पथ के साथ समय की गणना करने के लिए कहा जाता है। क्रिटिकल पथ के कम्पलीट एनालिसिस के लिए हमें फॉरवर्ड पास और बैकवर्ड पास कंप्यूटेशन करने की जरूरत है। इस प्रश्न में केवल समय पूछा जाता है, और हम जानते हैं कि क्रिटिकल पथ के साथ समय हमारे नेटवर्क के सभी पथों में से अधिकतम है, इसलिए हम किसी भी पथ के साथ अधिकतम समय का सीधे मूल्यांकन करेंगे और समय बचाने के लिए उत्तर को चिह्नित करेंगे। अगर हमें महत्वपूर्ण पथ या फ्लोट संबंधित पैरामीटर खोजने के लिए कहा जाता है तो आगे और पीछे की गणना भी आवश्यक है।

इस प्रश्न में "<" और ">" प्रतीकों का उपयोग केवल पूर्वता संबंध का वर्णन करने के लिए किया जाता है।

यानी A <B का मतलब है कि A, B से पहले आता है।

दिए गए पूर्वता संबंध के साथ नेटवर्क डायग्राम बनाने पर।

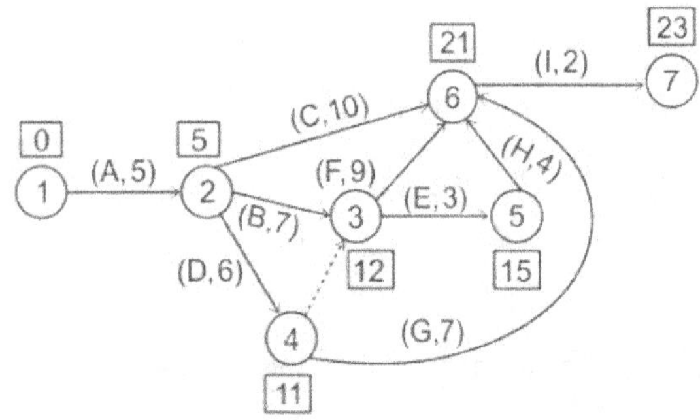

अतः विकल्प (C) सही है।

61. PSW रजिस्टर के बिट्स CY, AC, F0, RS1, RS0, OV, -, P हैं, इसलिए बैंक2 RS1 = 1 और RS0 = 0 का चयन करने के लिए, जो क्रमशः रजिस्टर का चौथा और तीसरा बिट है। रजिस्टर बैंक 0 डिफ़ॉल्ट है जब 8051 संचालित होता है। हम PSW रजिस्टर का उपयोग करके अन्य बैंकों में स्विच कर सकते हैं। PSW के D4 और D3 बिट्स का उपयोग वांछित रजिस्टर बैंक का चयन करने के लिए किया जाता है, क्योंकि उन्हें बिट एड्रेसेबल निर्देश SETB और CLR द्वारा एक्सेस किया जा सकता है।

अतः विकल्प (D) सही है।

62. यदि हम एलिमेंट को स्टैक पर पुश करते हैं तो एलिमेंट के प्रत्येक पुश के साथ स्टैक पॉइंटर बढ़ता है। स्टैक पॉइंटर एक छोटा रजिस्टर होता है जो स्टैक में अंतिम प्रोग्राम अनुरोध का एड्रेस स्टोर करता है। जब एक नया डेटा आइटम दर्ज किया जाता है या स्टैक के शीर्ष पर "पुश" दिया जाता है, तो स्टैक पॉइंटर अगले फिजिकल मेमोरी एड्रेस पर बढ़ता है, और नया आइटम उस एड्रेस पर कॉपी किया जाता है।

अतः विकल्प (A) सही है।

63. पावर-अप रजिस्टर पर बैंक 0 का चयन किया जाता है जिसमें 00H-07H से मेमोरी एड्रेस होता है। 8051 की प्रोग्रामिंग करते समय 0 से 7 तक के RAM स्थानों को R0 से R7 नामों से एक्सेस किया जाता है। 8051 परिवार के सभी सदस्यों में, DATA मेमोरी (0x00-0x1F) के पहले 32 बाइट्स को 8 रजिस्टरों के 4 बैंकों में बांटा गया है। प्रोग्राम इन रजिस्टरों को R0-R7 के रूप में एक्सेस करते हैं। रजिस्टर बैंक को प्रोग्राम स्टेटस वर्ड, PSW के दो बिट्स द्वारा चुना जाता है।

अतः विकल्प (B) सही है।

64. आरआईएससी आर्किटेक्चर में अधिक निर्देश जोड़कर, कुछ एप्लिकेशन बहुत तेजी से चलाए जा सकते हैं, जैसे मल्टीमीडिया एप्लिकेशन टेलीकम्युनिकेशन एन्कोडिंग/डिकोडिंग इमेज कन्वर्जन और वीडियो प्रोसेसिंग। एक कम किया गया निर्देश सेट कंप्यूटर एक प्रकार का माइक्रोप्रोसेसर आर्किटेक्चर है जो आमतौर पर अन्य आर्किटेक्चर में पाए जाने वाले निर्देशों के अत्यधिक विशिष्ट सेट के बजाय निर्देशों के एक छोटे से, अत्यधिक अनुकूलित सेट का उपयोग करता है।

अतः विकल्प (D) सही है।

65. 80286 प्रोसेसर पेजिंग और स्पेशल हार्डवेयर द्वारा 1MB से अधिक एक्सेस कर सकता है ताकि लापता एड्रेस लाइनों को उत्तेजित किया जा सके। इसे एक्सपेंडेड मेमोरी कहा जाता है। पेजिंग मुख्य मेमोरी और सेकेंडरी स्टोरेज के बीच जाने के लिए निश्चित आकार के पेजों का उपयोग करता है। पेजिंग लॉजिकल एड्रेस को फिजिकल एड्रेस पर मैप करने के लिए पेज टेबल का उपयोग करता है।

अतः विकल्प (A) सही है।

66. 80286 के प्रोटेक्टेड मोड में, दो अतिरिक्त रजिस्टर उत्पन्न होते हैं जिन्हें इंडेक्स रजिस्टर और बेस पॉइंटर रजिस्टर कहा जाता है। यह 80286 को वर्चुअल मेमोरी स्कीम को सपोर्ट करने की अनुमति देता है। प्रोटेक्टेड मोड इंटेल 80286-संगत सीपीयू का एक ऑपरेशनल मोड है। यह सिस्टम सॉफ्टवेयर को वर्चुअल मेमोरी, पेजिंग और सुरक्षित मल्टी-टास्किंग जैसी सुविधाओं का उपयोग करने की अनुमति देता है। इसे एप्लिकेशन सॉफ्टवेयर पर OS के कंट्रोल को बढ़ाने के लिए भी डिज़ाइन किया गया है। इस शब्द को प्रोटेक्टेड वर्चुअल एड्रेस मोड के रूप में भी जाना जाता है।

अतः विकल्प (D) सही है।

67. डिकोडिंग शुरू करने के लिए निर्देश की लंबाई ज्ञात होने तक प्रतीक्षा करने के लिए क्लॉकसाइकल्स की संख्या 0 है। आरआईएससी प्रोसेसर में निर्देशों को लोड करना और डिकोड करना सरल और तेज़ है। डिकोडिंग शुरू करने के लिए निर्देश की लंबाई ज्ञात होने तक प्रतीक्षा करने की आवश्यकता नहीं है।

अतः विकल्प (A) सही है।

68. कंपाइलर डेवलपर्स पर कम भार और मौजूदा सॉफ्टवेयर की व्यापक उपलब्धता के कारण कुछ कंप्यूटरों का उपयोग सीआईएससी डिजाइन के लिए प्राथमिकता में किया जाता है। लेकिन वे नेचर में कॉम्प्लेक्स हैं। इसलिए, प्रोसेसर की प्रत्येक पीढ़ी के साथ चिप हार्डवेयर और निर्देश सेट जटिल हो गए। घड़ी की धीमी गति के कारण मशीन का समग्र प्रदर्शन कम हो जाता है। कई कार्यों को करने के लिए सीआईएससी डिजाइन में शामिल हार्डवेयर और ऑन-चिप सॉफ्टवेयर की कम्प्लेक्सिटी होती है।

अतः विकल्प (C) सही है।

69. आरआईएससी आर्किटेक्चर को सीआईएससी के लिए प्राथमिकता दी जाती है क्योंकि आरआईएससी आर्किटेक्चर सरल, अत्यधिक कुशल है और आरआईएससी आर्किटेक्चर का उपयोग करने वाले प्रोसेसर की हाई स्पीड होती है। एक आरआईएससी कोर प्रदर्शन-बढ़ाने वाली सुविधाओं जैसे ब्रांच प्रेडिक्शन और पाइपलाइनिंग की अनुमति देता है।

अतः विकल्प (D) सही है।

70. एक आरआईएससी कोर प्रदर्शन-बढ़ाने वाली सुविधाओं जैसे ब्रांच प्रेडिक्शन और पाइपलाइनिंग की अनुमति देता है। ट्रेडिशनली रूप से ये केवल आरआईएससी डिज़ाइनों में ही संभव हो पाए हैं। आरआईएससी प्रोसेसर को उनके सिंपल आर्किटेक्चर के कारण सीआईएससी प्रोसेसर की तुलना में अधिक तेज़ी से डिज़ाइन किया जा सकता है। सीआईएससी प्रोसेसर की तुलना में निर्देशों को रखने और पारित करने के लिए कई रजिस्टरों के उपयोग के कारण आरआईएससी प्रोसेसर में निर्देशों का निष्पादन अधिक होता है।

अतः विकल्प (C) सही है।

71. यह एक नियम है कि यदि किसी क्लास में एक भी एब्सट्रैक्ट मेथड है, तो वह एक एब्सट्रैक्ट क्लास होना चाहिए। यदि यह नियम नहीं बनाया गया होता तो एब्सट्रैक्ट मेथड्स को कुछ स्थानों पर परिभाषित करने के लिए छोड़ दिया जाता जो एब्सट्रैक्ट क्लास के विचार से अनडिजारिबल हैं।

अतः विकल्प (A) सही है।

72. एनकैप्सुलेशन और एब्सट्रैक्शन एक ही ओओपीएस अवधारणाएं हैं। एनकैप्सुलेशन ऑब्जेक्ट की विशेषताओं को छुपाता है और सभी गुणों को एक ही वर्ग में बांधता है। और एब्सट्रैक्शन एक ऐसा फीचर है जो यूजर को जरूरी डेटा दिखाता है। इनकैप्सुलेशन के एक उदाहरण के लिए, मैं एक यूजर और एक मोबाइल फोन के बीच बातचीत के बारे में सोच सकता हूं। यूजर को मोबाइल फोन को संचालित करने के लिए आंतरिक कामकाज जानने की आवश्यकता नहीं है, इसलिए इसे एब्सट्रैक्शन कहा जाता है।

अतः विकल्प (D) सही है।

73. prompt() मेथड एक डॉयलाग बॉक्स प्रदर्शित करती है जो विजिटर को इनपुट के लिए प्रेरित करती है।

नीचे दिया गया कथन यूजर को अपनी टेस्ट सीरीज इनपुट करने के लिए कहेगा और डिफ़ॉल्ट मान EduGorilla है।

कोड:

```
var favDrink = prompt("Which test series you are taking?",
"EduGorilla");
```

अतः विकल्प (B) सही है।

74. HTML डिस्क्रिप्शन लिस्ट या डेफिनेशन लिस्ट एलिमेंट को डिक्शनरी की तरह डेफिनेशन के रूप में प्रदर्शित करती है। डिस्क्रिप्शन लिस्ट को डिफाइन करने के लिए <dl>, <dt> और <dd> टैग का उपयोग किया जाता है।

3 HTML डिस्क्रिप्शन लिस्ट टैग नीचे दिए गए हैं:

- <dl> टैग डिस्क्रिप्शन लिस्ट को परिभाषित करता है।
- <dt> टैग डेटा टर्म को डिफाइन करता है।
- <dd> टैग डेटा डिफाइन (डिस्क्रिप्शन) को परिभाषित करता है।

अतः विकल्प (C) सही है।

75. Tasm बोरलैंड टर्बो एसेम्बलर है। Tasm, 1989 में बोलैंड द्वारा प्रकाशित सॉफ्टवेयर डेवलपमेंट के लिए एक एसेम्बलर है। यह 16- या 32-बिट x86 एमएस-डॉस और कम्पैटिबल्स या माइक्रोसॉफ्ट विंडोज के लिए कोड चलाता है और तैयार करता है। इसका उपयोग बोरलैंड के अन्य लैंग्वेज प्रोडक्ट्स, टर्बो पास्कल, टर्बो बेसिक, टर्बो C, और टर्बो C++ के साथ किया जा सकता है।

अतः विकल्प (B) सही है।

76. कोहेन-सदरलैंड और लिआंग-बास्की एल्गोरिथम दोनों के लिए सामान्य समस्याओं में से एक यह है कि आवश्यकता से अधिक इन्टरसेक्शन्स की गणना की जाती है। कोहेन-सदरलैंड एल्गोरिथम एक कंप्यूटर ग्राफिक्स एल्गोरिथम है जिसका उपयोग लाइन क्लिपिंग के लिए किया जाता है। यह एंड-पॉइंट की बहुत जल्दी गणना करता है और लाइनों को जल्दी से अस्वीकार और स्वीकार करता है। यह स्क्रीन साइज की तुलना में बहुत बड़ी तस्वीरों को क्लिप कर सकता है।

अतः विकल्प (A) सही है।

77. कोहेन-सदरलैंड और लिआंग-बास्की एल्गोरिथम दोनों के लिए सामान्य समस्याओं में से एक यह है कि आवश्यकता से अधिक इन्टरसेक्शन्स की गणना की जाती है। लिआंग-बास्की एल्गोरिथम लाइन और क्लिप विंडो के बीच के इन्टरसेक्शन्स को निर्धारित करने के लिए क्लिपिंग विंडो की सीमा का वर्णन करने वाली लाइन और असमानताओं के पैरामीट्रिक समीकरण का उपयोग करता है। इन इन्टरसेक्शन्स के साथ, यह जानता है कि लाइन का कौन सा भाग खींचा जाना चाहिए।

अतः विकल्प (A) सही है।

78. एनएलएन क्लिपिंग एल्गोरिथम का पूर्ण रूप निकोल-ली-निकोल एल्गोरिथम है। यह क्लिपिंग का एक फ़ास्ट मेथड है। यह कोहेन-सदरलैंड एल्गोरिथम में हो सकता है, जैसा कि कोहेन-सदरलैंड एल्गोरिथम में हो सकता है, कई बार सिंगल लाइन सेगमेंट को क्लिप करने की संभावना कम करता है। निकोल-ली-निकोल एल्गोरिथम का उपयोग करते हुए, क्लिपिंग विंडो के आस-पास के क्षेत्र को कई अलग-अलग क्षेत्रों में विभाजित किया जाता है, जो कि क्लिप की जाने वाली लाइन के इनिशियल पॉइंट की स्थिति पर निर्भर करता है।

अतः विकल्प (D) सही है।

79. कोहेन-सदरलैंड क्लिपिंग लाइन क्लिपिंग का एक उदाहरण है। यह एक प्रकार का एल्गोरिथम है जिसका उपयोग लाइन क्लिपिंग के लिए किया जाता है या दूसरे शब्दों में यह एक लाइन क्लिपिंग एल्गोरिथम है। लाइन क्लिपिंग एल्गोरिथम के अन्य उदाहरण लिआंग-बास्की एल्गोरिथम और साइरस-बेक एल्गोरिथम हैं।

अतः विकल्प (C) सही है।

80. कोहेन-सदरलैंड एल्गोरिथम द्वि-आयामी स्थान को 9 क्षेत्रों में विभाजित करता है और फिर दिखाई देने वाली रेखाओं और भागों को कुशलतापूर्वक निर्धारित करता है। सभी भाग इसके मध्य क्षेत्र में दिखाई देते हैं।

अतः विकल्प (D) सही है।

81. जनरलाइजेशन में बॉटम-अप एप्रोच का उपयोग किया जाता है। एक व्यक्ति को हायर लेवल एंटिटी बनाने के लिए कई लोअर लेवल की सब-इन्टिटीज़ को एक साथ समूहीकृत किया जाता है। संक्षेप में, हम कह सकते हैं कि यह स्पेशलाइजेशन के बिल्कुल विपरीत है।

इसे और स्पष्ट रूप से समझने के लिए, निम्नलिखित उदाहरण पर विचार करें:

मान लीजिए कि आपके पास बस, कार, मोटरबाइक आदि जैसी कई लोअर इन्टिटीज़। इसलिए, अधिक जनर्लीज़्ड (या हायर लेवल) एंटिटी बनाने के लिए, आप उन्हें एक नए हायर-लेवल एंटिटी जैसे वाहन के तहत जोड़ सकते हैं।

अतः विकल्प (B) सही है।

82. एक रिलेशन डेटाबेस में, एक टेबल के अंदर पंक्तियों की संख्या को टुपल्स के रूप में जाना जाता है और अगर हम उन टुपल्स (या पंक्तियों) को उन क्षेत्रों में विभाजित करते हैं तो वे डोमेन बन जाते हैं। एक डोमेन एक या अधिक विशेषताओं के लिए स्वीकार्य मानों का एक समूह है। विशेषता डोमेन ऐसे नियम हैं जो किसी फ़ील्ड प्रकार के कानूनी मानों का वर्णन करते हैं। उनका उपयोग किसी तालिका या फीचर वर्ग के लिए किसी विशेष विशेषता में अनुमत मूल्यों को सीमित करने के लिए किया जाता है।

अतः विकल्प (B) सही है।

83. "टीसीएल" शब्द ट्रांजेक्शन कंट्रोल लैंग्वेज को संदर्भित करता है, जो "डीडीएल" और "डीएमएल" की तरह ही दूसरी लैंग्वेज है। कमिट, सेव पॉइंट, रोलबैक जैसे कमांड लेनदेन को कंट्रोल करने के लिए उपयोग किए जाने वाले टीसीएल के अंतर्गत आते हैं। डेटाबेस में लेनदेन को प्रबंधित करने के लिए ट्रांजेक्शन कंट्रोल लैंग्वेज कमांड का उपयोग किया जाता है। इनका उपयोग डीएमएल स्टेटमेंट द्वारा किए गए परिवर्तनों को प्रबंधित करने के लिए किया जाता है। यह स्टेटमेंट को लॉजिकल ट्रांजेक्शन में एक साथ समूहीकृत करने की भी अनुमति देता है। इसका उपयोग ट्रांजेक्शन में सेव पॉइंट पर जाने के लिए सेवपॉइंट कमांड के साथ भी किया जाता है।

अतः विकल्प (D) सही है।

84. डेटाबेस में, एक टेबल के अंदर रो की संख्या को टुपल्स कहा जाता है और कॉलम की संख्या को एट्रिब्यूट्स के रूप में जाना जाता है। एट्रिब्यूट्स वर्णन करने वाली एट्रिब्यूट्स या प्रॉपर्टीज हैं जो किसी कॉलम के सभी सेल्स पर लागू एक सर्टेन केटेगरी से संबंधित सभी आइटम को परिभाषित करती हैं।

अतः विकल्प (C) सही है।

85. रिलेशन मॉडल में रिलेशन्स को टेबल्स के रूप में भी संदर्भित किया जाता है क्योंकि रिलेशन्स को टेबल का टेक्निकल नाम माना जाता है। टेबल्स डेटाबेस ऑब्जेक्ट होते हैं जिनमें डेटाबेस में सभी डेटा होते हैं। टेबल्स में, डेटा को लॉजिकली रूप से एक स्प्रेडशीट के समान रो-और-कॉलम फॉर्मेट में व्यवस्थित किया जाता है। प्रत्येक रो एक यूनिक रिकॉर्ड का प्रतिनिधित्व करती है, और प्रत्येक कॉलम रिकॉर्ड में एक फ़ील्ड का प्रतिनिधित्व करता है।

अतः विकल्प (D) सही है।

86. लिटरल्स कांस्टेंट के समान हैं। लिटरल्स 4 प्रकार के होते हैं-

1. टेक्स्ट लिटरल्स
2. इन्टिजर लिटरल्स
3. नंबर
4. दिनांक/समय लिटरल्स

अतः विकल्प (B) सही है।

87. LIKE केरी का उपयोग करके हम एक कॉलम में मौजूद पूरे डेटा के भाग का मिलान कर सकते हैं। यहां हमारे सर्च शब्द का बिल्कुल मेल नहीं होना चाहिए।

विभिन्न कॉम्बिनेशंस में वाइल्डकार्ड के साथ LIKE केरी का उपयोग करके, हम कॉलम में मौजूद डेटा के पैटर्न के साथ अपने कीवर्ड का मिलान कर सकते हैं।

LIKE कमांड का उपयोग करने का सबसे अच्छा तरीका यह है कि इसे वाइल्डकार्ड (% or_) के साथ टेक्स्ट या वर्चर फ़ील्ड के विरुद्ध लागू किया जाए।

अतः विकल्प (A) सही है।

88. NULL वैल्यू को देखने के लिए हमेशा IS NULL का उपयोग करें।

Syntax:
SELECT "column_name"
FROM "table_name"
WHERE "column_name" IS NULL

अतः विकल्प (C) सही है।

89. अपाचे फ्लूम एक रिलाएबल और डिस्ट्रिब्यूटेड सिस्टम है, जो बड़ी मात्रा में लॉग डेटा एकत्र करने, एकत्र करने और स्थानांतरित करने के लिए है। स्ट्रीमिंग डेटा फ्लो के आधार पर इसकी एक सिंपल लेकिन फ्लेक्सिबल आर्किटेक्चर। अपाचे फ्लूम का उपयोग वेब सर्वर से लॉग फ़ाइलों में मौजूद लॉग डेटा को एकत्र करने और एनालिसिस के लिए HDFS में एकत्र करने के लिए किया जाता है।

अतः विकल्प (D) सही है।

90. फ्लूम का अपना केरी प्रोसेसिंग इंजन है जो डेटा के प्रत्येक नए बैच को इनटेंडेड सिंक में ले जाने से पहले बदलना आसान बनाता है। डेटा का यह संग्रह या तो शेड्यूल किया जा सकता है या इवेंट-ड्रिवेन हो सकता है। फ्लूम एक ओपन-सोर्स वितरित डेटा कलेक्शन सर्विस है जिसका उपयोग डेटा को सोर्स से डेस्टिनेशन तक ट्रांसफरिंग करने के लिए किया जाता है।

अतः विकल्प (D) सही है।

91. एक सिस्टम प्रोग्राम जो प्रोग्राम के अलग-अलग कम्पाइल्ड मॉड्यूल को निष्पादन के लिए उपयुक्त रूप में जोड़ता है, लोडर को जोड़ना है।

लिंकिंग लोडर ऑटोमैटिक लाइब्रेरी सर्च सहित सभी लिंकिंग और रिलोकेशन ऑपरेशन करता है, और निष्पादन के लिए लिंक किए गए प्रोग्राम को मेमोरी में लोड करता है।

लिंकिंग लोडर तब उपयुक्त होता है जब किसी प्रोग्राम को लगभग हर एक्जीक्यूशन के लिए फिर से जोड़ा जाता है।

* लिंकिंग लोडर लोड समय पर लिंकिंग ऑपरेशन करते हैं।
* लोडर को स्थानांतरित करने की कोई आवश्यकता नहीं है
* लोडिंग के लिए दो पास की आवश्यकता हो सकती है।
* एक लिंकिंग लोडर के दो पास एक असेंबलर के दो पास के समान होते हैं:

1. पास 1: सभी बाहरी प्रतीकों को पते निर्दिष्ट करता है।
2. पास 2: एक्चुअल लोडिंग, स्थानांतरण और लिंकिंग करता है।

अतः विकल्प (B) सही है।

92. प्रोसेस मॉडल में कोई ब्लॉक्ड स्टेट नहीं है। विभिन्न स्टेट्स वेटिंग और समाप्ति को एक्सेक्यूटिंग करने के लिए तैयार हैं। एक प्रोसेस हमेशा एक प्रोसेस स्टेट में मौजूद होती है। एक प्रोसेस जो ब्लॉक्ड है, जो किसी इवेंट की वेटिंग कर रही है, जैसे रिसोर्स उपलब्ध होना या I/O ऑपरेशन पूरा होना। एक मल्टीटास्किंग कंप्यूटर सिस्टम में, इंडिविजुअल टास्क, या निष्पादन के थ्रेड्स को सिस्टम के एक्सेक्यूशन को साझा करना चाहिए।

अतः विकल्प (C) सही है।

93. यह आमतौर पर कोड को मशीन-समझने योग्य फॉर्मेट में बनाने के लिए उपयोग किया जाता है। इंटरप्रेटर का उपयोग हाई लेवल लैंग्वेज के साथ समान रूप से किया जाता है। असेंबलर का उपयोग लो लेवल लैंग्वेज के केस में किया जाता है। इंटरप्रेटर सोर्स कोड का एनालाइज करने में बहुत कम समय लेता है। इंटरप्रेटेड की गई लैंग्वेज के उदाहरण पर्ल, पायथन और मैटलैब हैं।

अतः विकल्प (B) सही है।

94. एक प्रोग्राम इंस्ट्रक्शन का एक समूह है। किसी कमांड को करने की आज्ञा दी जाती है। निष्पादन में एक प्रोग्राम को एक प्रोसेस कहा जाता है। प्रोग्रामिंग लैंग्वेज का जिक्र करते समय, कमांड एक यूनिक शब्द होता है जिसका उपयोग किसी स्पेसिफिक ऑपरेशन को करने के लिए किया जाता है। उदाहरण के लिए, "प्रिंट" एक कमांड है जिसका उपयोग स्क्रीन पर टेक्स्ट प्रदर्शित करने के लिए किया जाता है। नीचे दिए गए कमांड को दर्ज करने और निष्पादित करना "हैलो वर्ल्ड" को स्क्रीन पर प्रिंट करता है।

अतः विकल्प (A) सही है।

95. एक ऑपरेटिंग सिस्टम में यूजर प्रोसेस द्वारा शुरू किया गया स्टेट ट्रांजीशन ब्लॉक है। एक ब्लॉक बिट्स या बाइट्स का एक सन्निहित सेट है जो डेटा की एक पहचान योग्य यूनिट बनाता है। इस शब्द का उपयोग डेटाबेस मैनेजमेंट, वर्ड प्रोसेसिंग और नेटवर्क कम्युनिकेशन में किया जाता है। यह एक ऑपरेटिंग सिस्टम ब्लॉक का एक गुणक है, जो डेटा की सबसे छोटी मात्रा है जिसे स्टोरेज या मेमोरी से पुनर्प्राप्त किया जा सकता है।

अतः विकल्प (A) सही है।

96. नेटवर्क ऑपरेटिंग सिस्टम सर्वर पर चलता है। इस ऑपरेटिंग सिस्टम में कुछ फंक्शन होते हैं जो लोकल एरिया नेटवर्क और कंप्यूटर को जोड़ने का काम करते हैं। एक नेटवर्क ऑपरेटिंग सिस्टम (एनओएस) एक ऑपरेटिंग सिस्टम है जो नेटवर्क रिसोर्सेज का मैनेज करता है: अनिवार्य रूप से, एक ऑपरेटिंग सिस्टम जिसमें कंप्यूटर और डिवाइस को लोकल एरिया नेटवर्क (एलएएन) में जोड़ने के लिए विशेष कार्य शामिल हैं। एनओएस एक साथ कई अनुरोधों (इनपुट) का मैनेज करता है और एक मल्टीयूज़र एनवायरनमेंट में आवश्यक सुरक्षा प्रदान करता है।

अतः विकल्प (D) सही है।

97. एसएसटीएफ का मतलब शॉर्टेस्ट सीक टाइम फर्स्ट है। एसएसटीएफ एल्गोरिथ्म में उस अनुरोध को पहले निष्पादित किया जाता है, जिसका खोज समय सबसे कम होता है। पढ़ने और लिखने के अनुरोधों को पूरा करने में डिस्क के हाथ और सिर की गति को निर्धारित करने के लिए शॉर्टेस्ट सीक टाइम फर्स्ट एक सेकेंडरी स्टोरेज शेड्यूलिंग एल्गोरिथ्म है।

अतः विकल्प (B) सही है।

98. एक स्वैप फाइल एक हार्ड डिस्क पर एक स्थान है जिसका उपयोग कंप्यूटर की रियल मेमोरी (रैम) के वर्चुअल मेमोरी एक्सटेंशन के रूप में किया जाता है। स्वैप फाइल होने से आपके कंप्यूटर का ऑपरेटिंग सिस्टम यह दिखावा कर सकता है कि आपके पास वास्तव में आपके मुकाबले अधिक रैम है। रैम में कम से कम हाल ही में उपयोग की गई फाइलों को आपकी हार्ड डिस्क पर "स्वैप आउट" किया जा सकता है जब तक कि बाद में उनकी आवश्यकता न हो ताकि नई फाइलों को रैम में "स्वैप इन" किया जा सके।

अतः विकल्प (B) सही है।

99. निष्पादन विशेषताओं के अनुसार फ़ीडबैक क्यू डिस्पैच टास्क मल्टीलेवल फीडबैक क्यू शेड्यूलिंग (एमएलएफक्यू) प्रक्रियाओं के बेहेवियर (एक्सेक्यूशन का टाइम) का अनालीज़िंग करता रहता है और जिसके अनुसार यह अपनी प्रायोरिटी बदलता है। लास्ट क्यू में, प्रक्रियाओं को FCFS तरीके से शेड्यूल किया जाता है। कम प्रायोरिटी वाली क्यू में एक प्रोसेस केवल तभी एक्सेक्यूट हो सकती है जब हायर प्रायोरिटी वाली क्यू खाली हों।

अतः विकल्प (B) सही है।

100. इमीडियेट एड्रेसिंग मोड में, ऑपरेंड इंस्ट्रक्शन का एक भाग है। कोई एड्रेस फ़ील्ड नहीं है क्योंकि ऑपरेंड इंस्ट्रक्शन का एक भाग है। डायरेक्ट एड्रेस मोड में, ऑपरेंड का इफेक्टिव एड्रेस इंस्ट्रक्शन के एड्रेस भाग के बराबर होता है, जो इंस्ट्रक्शन का एड्रेस भाग होता है जो ऑपरेंड युक्त मेमोरी लोकेशन को पॉइंट करता है।

अतः विकल्प (B) सही है।

101. क्यूएफडी के अनुसार नार्मल, एक्सपेक्टेड, और एक्ससिटिंग आवश्यकताएं सॉफ्टवेयर इंजीनियरिंग प्रोसेस से ग्राहकों की संतुष्टि को अधिकतम करती हैं। क्वालिटी फंक्शन डिप्लॉयमेंट (क्यूएफडी) एक प्रोसेस और टूल्स का सेट है जिसका उपयोग ग्राहकों की आवश्यकताओं को विस्तृत इंजीनियरिंग स्पेसिफिकेशन्स में प्रभावी ढंग से परिभाषित करने और परिवर्तित करने के लिए किया जाता है और उन आवश्यकताओं को पूरा करने वाले उत्पादों का उत्पादन करने की योजना है।

अतः विकल्प (D) सही है।

102. उपयोगकर्ता अनावश्यक तकनीकी विवरण निर्दिष्ट करते हैं जो समग्र सिस्टम उद्देश्यों को स्पष्ट करने के बजाय भ्रमित कर सकते हैं। साथ ही ग्राहक/उपयोगकर्ता पूरी तरह से सुनिश्चित नहीं हैं कि क्या आवश्यक है, उनके कंप्यूटिंग वातावरण की क्षमताओं और सीमाओं की खराब समझ है और वे यह नहीं समझते हैं कि समय के साथ आवश्यकताएं बदलती हैं।

अतः विकल्प (D) सही है।

103. कोर में सभी उपयोगकर्ताओं, ग्राहकों और विश्लेषकों द्वारा आवश्यकता विनिर्देश को एक साथ रखा जाता है, इसलिए एक निष्क्रिय विश्लेषक को आवश्यकताओं को ठीक से नहीं मिलेगा। एक कंप्यूटिंग डिवाइस के सेंट्रल प्रोसेसिंग हार्डवेयर द्वारा शुरू किया गया पहला सॉफ्टवेयर प्रोग्राम या सॉफ्टवेयर प्रोग्राम का सेट, जो प्रोग्राम ऐसे डिवाइस के संसाधनों को शुरू करने और प्रबंधित करने के लिए जिम्मेदार है, लेकिन मेमोरी, प्रोसेसर के कोआर्डिनेशन तक सीमित नहीं है।

अतः विकल्प (C) सही है।

104. 7 प्रकार के कोहज़न हैं: को-इंसिडेंटल कोहज़न, लॉजिकल कोहज़न, टेम्पोरल कोहज़न, प्रोसीज़रल कोहज़न, कम्युनिकेशनल कोहज़न, सेकेंटिअल कोहज़न, फंक्शनल कोहज़न। कोहज़न उस डिग्री का माप है जिससे मॉड्यूल के एलिमेंट फंक्शनली रूप से संबंधित हैं। यह वह डिग्री है जिस तक किसी एक कार्य को करने के लिए निर्देशित सभी एलिमेंट कॉम्पोनेंट में निहित होते हैं। मूल रूप से, कोहज़न इंटरनल ग्लू है जो मॉड्यूल को एक साथ रखता है। एक अच्छे सॉफ्टवेयर डिजाइन में हाई कोहज़न होगा।

अतः विकल्प (C) सही है।

105. एक स्ट्रक्चर चार्ट एक टूल है जिसका उपयोग स्ट्क्चर्ड डिजाइनिंग के लिए किया जाता है। सॉफ्टवेयर इंजीनियरिंग और ऑर्गनाइजेशनल थ्योरी में एक स्ट्रक्चर चार्ट (एससी), एक चार्ट है जो एक सिस्टम के टूटने को उसके निम्नतम मैनेजबल लेवल्स तक दिखाता है।

अतः विकल्प (B) सही है।

106. डिजाइन फेज का एक भाग सिस्टम के स्ट्रक्चरल और बिहेवियरल मॉडल बनाना है जो आर्किटेक्चर, डेटा और प्रोडक्ट के इंटरफेस से कवर्ड है। सॉफ्टवेयर डिज़ाइन में, सॉफ्टवेयर के प्रत्येक कॉम्पोनेन्ट को डिज़ाइन किया गया है, जैसे विभिन्न मॉड्यूल, यूज़र इंटरफेस, विभिन्न मॉड्यूल के बीच इंटरफेस, डेटा फ्लो डायग्राम, कंट्रोल फ्लो डायग्राम, आदि।

अतः विकल्प (D) सही है।

107. केस टूल्स के विभिन्न उपयोग: प्रोजेक्ट मैनेजमेंट, डेटा डिक्शनरी का निर्माण, डिज़ाइन यूज़र इंटरफेस, कोड जनरेशन, स्कीमा जनरेशन, सॉफ्टवेयर टेस्टिंग, प्रोजेक्ट शेड्यूलिंग, कॉस्ट एंड बेनिफिट एनालिसिस, डेटा मॉडलिंग, एनालिसिस और डॉक्यूमेंटेशन के लिए डिज़ाइन है।

अतः विकल्प (D) सही है।

108. एक एक्सेक्यूशन सिस्टम के डायनामिक बिहेवियर का वर्णन करने के लिए बिहेवियरल मॉडल का उपयोग किया जाता है। इसे सिस्टम द्वारा संसाधित किए गए डेटा के पर्सपेक्टिव से या सिस्टम से प्रतिक्रियाओं को प्रोत्साहित करने वाली घटनाओं से तैयार किया जा सकता है। बिहेवियर मॉडल विशेष रूप से हमें बिहेवियर और एक सिस्टम के बिहेवियर को प्रभावित करने वाले फैक्टर्स को समझने के लिए डिज़ाइन किया गया है। एक सिस्टम के बिहेवियर को एक डायग्राम की सहायता से समझाया और दर्शाया गया है। इस डायग्राम को स्टेट ट्रांजिशन डायग्राम के रूप में जाना जाता है। यह स्टेट्स और इवेंट्स का एक कलेक्शन है।

अतः विकल्प (A) सही है।

109. हां, टेस्टिंग किसी एप्लिकेशन में प्रत्येक बग को नहीं कैच कर सकता है। प्रत्येक सॉफ्टवेयर एप्लिकेशन में प्रत्येक एक्सेक्यूशन पथ का मूल्यांकन करना असंभव है। यही हाल यूनिट टेस्टिंग का है। एक यूनिट एक सॉफ्टवेयर सिस्टम का सिंगल टेस्टेबल पार्ट है और एप्लिकेशन सॉफ्टवेयर के डेवलपमेंट फेज के दौरान टेस्टिंग किया जाता है। यूनिट टेस्टिंग का पर्पस आइसोलेटेड कोड की कोरेक्टनेस का टेस्ट करना है।

अतः विकल्प (A) सही है।

110. एक सुरक्षा बग एक सॉफ्टवेयर बग है जिसका लाभ अटैकर्स सिस्टम में अनऑथोराइज़्ड एक्सेस प्राप्त करने के लिए उठा सकते हैं। वे सभी लाजिटिमेट यूज़र को नुकसान पहुंचा सकते हैं, डेटा कॉन्फिडेंटिअलिटी और इंटीग्रिटी से समझौता कर सकते हैं। एक एप्लिकेशन सुरक्षा वुलनेराबिलिटी एक सुरक्षा बग,

फ्लो एरर, फॉल्ट, होल, या सॉफ़्टवेयर आर्किटेक्चर, डिज़ाइन, कोड या इम्प्लीमेंटेशन में वीकनेस है जिसका अटैकर्स द्वारा शोषण किया जा सकता है।

अतः विकल्प (C) सही है।

111. वर्स्ट केस तब होती है जब आवश्यक एलिमेंट अंत में होता है या एलिमेंट सूची में अनुपस्थित होता है। ऐसा करने के लिए, हमें लिंक की गई सूची में प्रत्येक एलिमेंट की तुलना करने की आवश्यकता है। यदि n एलिमेंट हैं, तो वर्स्ट केस में n तुलना होगी।

अतः विकल्प (D) सही है।

112. एक क्यू की समय जटिलता एक लिंक्ड सूची डेटा संरचना के साथ कार्यान्वित की जाती है। हम O(1) समय में एक क्यू लागू कर सकते हैं:

- बैक की ओर इनक्यूॅिंग
- हेड पर डिक्यूॅिंग

सबसे पहले, आपको करेंट स्टैक के सभी एलिमेंट्स को टेम्परेरी स्टैक में खाली करना होगा, आवश्यक एलिमेंट को पुश करना होगा और टेम्परेरी स्टैक के एलिमेंट्स को मूल स्टैक में खाली करना होगा।

इसलिए 10+10+1+11+11= 43 सेकंड लेना।

अतः विकल्प (D) सही है।

113. यह केवल पुश और पॉप का उपयोग करके डीक्यू ऑपरेशन करने के समान है। पहले जार के एलिमेंट्स को निकाल कर दूसरे जार में रखा जाता है। पहले जार से आखिरी एलिमेंट निकालने के बाद दूसरे जार के सारे एलिमेंट निकालकर पहले जार में रख दें। इस तरह हम जार में से आखिरी रिंग निकाल सकते हैं। पहले जार को पहले जार से एक-एक करके निकालकर दूसरे जार में रखकर खाली करें और पहले जार में एक-एक करके सभी रिंग डालकर दूसरे जार को खाली कर दें।

अतः विकल्प (B) सही है।

114. दिया है,

पोस्टफिक्स एक्सप्रेशन:

= 5 3 * 9 + 6 / 8 4 / +

रिजल्ट:

= 5 3 * 9 + 6 / 8 4 / +
= (5 * 3) 9 + 6 / (8 / 4) +
= ((5 * 3) + 9) / 6 + (8 / 4)
= (24 / 6) + 2
= 4 + 2
= 6

अतः विकल्प (B) सही है।

115. यदि टेक्स्ट में पैटर्न होता है तो बॉयर-मूर एल्गोरिथम का वर्स्ट केस रनिंग टाइम O(mn) पाया जाता है। वर्स्ट केस में बॉयर-मूर-हॉर्सपूल एल्गोरिथम का प्रदर्शन O(mn) है जहां एम सबस्ट्रिंग की लंबाई है और एन स्ट्रिंग की लंबाई है। औसत टाइम O(n) है। सामान्य तौर पर एल्गोरिथम तेजी से चलता है क्योंकि पैटर्न की लंबाई बढ़ जाती है।

अतः विकल्प (D) सही है।

116. दिया है,

इनपुट स्ट्रिंग = "ABCDABCATRYCARCABCSRT"

पैटर्न स्ट्रिंग = "CAT"

क्विक सर्च एल्गोरिथम का उपयोग करके, दी गई इनपुट टेक्स्ट स्ट्रिंग को पहले से संसाधित किया जाता है और इसकी खोज सबसे बाएं वर्ण से शुरू होती है और इंडेक्स = 2 पर पैटर्न की पहली घटना का पता लगाता है।

अतः विकल्प (B) सही है।

117. यूक्लिड ने यूक्लिड के एल्गोरिथम का आविष्कार किया। सीव ने अभाज्य संख्याओं को खोजने के लिए एक एल्गोरिथम प्रदान किया। गेब्रियल लेम ने यूक्लिड के एल्गोरिथम में एक प्रमेय सिद्ध किया। यूक्लिड के एल्गोरिथम का पहला ज्ञात विश्लेषण 1811 में A. A. L. रेनॉड के कारण है, जिन्होंने दिखाया कि इनपुट (u, v) पर विभाजन चरणों की संख्या v द्वारा सीमित है; बाद में उन्होंने इसे बढ़ाकर v/2 + 2 और 1841 में, P. J. E. में सुधार किया।

अतः विकल्प (B) सही है।

118. यूक्लिड के एल्गोरिथम में कहा गया है कि दो संख्याओं का जीसीडी नहीं बदलता है, भले ही बड़ी संख्या को दो संख्याओं के अंतर से बदल दिया जाए। तो, 16 और 12 का जीसीडी = (16-12) = 4 वही है। 12 और 16 के 3 सामान्य गुणनखंड हैं, जो 1, 2 और 4 हैं। इसलिए, 12 और 16 का सबसे बड़ा सामान्य गुणनखंड 4 है।

अतः विकल्प (C) सही है।

119. यूक्लिडियन एल्गोरिथम का उपयोग डायोफैंटाइन समीकरणों को हल करने के लिए किया जा सकता है, जैसे कि संख्याएं ढूंढना जो चीनी शेष प्रमेय के अनुसार कई अनुरूपताओं को संतुष्ट करते हैं, निरंतर अंशों का निर्माण करने के लिए, और वास्तविक संख्याओं के सटीक तर्कसंगत अनुमानों को खोजने के लिए। क्वाड्रेटिक समीकरणों को हल करना यूक्लिड के एल्गोरिथम का अनुप्रयोग नहीं है जबकि शेष विकल्प यूक्लिड के एल्गोरिथम के मैथमेटिकल अनुप्रयोग हैं।

अतः विकल्प (C) सही है।

120. ग्रामर को आमतौर पर भाषा जनरेटर के रूप में माना जाता है। हालांकि, इसे कभी-कभी "रेकॉग्नीज़र" के आधार के रूप में भी इस्तेमाल किया जा सकता है - कंप्यूटिंग में एक फंक्शन जो यह निर्धारित करता है कि दी गई स्ट्रिंग भाषा से संबंधित है या ग्रामेटिकली रूप से गलत है।

अतः विकल्प (B) सही है।

121. दिया है,

(x+y)*y(a+ab)* और स्ट्रिंग्स की लंबाई 4 से कम होनी चाहिए।

गणना:

लंबाई की स्ट्रिंग 0 = संभव नहीं है (क्योंकि y हमेशा मौजूद है)।

लंबाई की स्ट्रिंग 1 = 1 (y)

लंबाई की स्ट्रिंग 2 = 3 (xy, yy, ya)

लंबाई की स्ट्रिंग 3 = 8 (xxy, xyy, yxy, yyy, yaa, yab, xya, yya)

कुल स्ट्रिंग = 1 + 3 + 8 = 12

अतः विकल्प (C) सही है।

122. एक स्टेट से ट्रांजीशन प्रत्येक इनपुट सिंबल के लिए एक विशेष अगले स्टेट में होता है। तो, इसे डेटर्मीनिस्टिक कहा जाता है जो बैकट्रैकिंग की अनुमति देता है। डीएफए स्ट्रिंग को अस्वीकार कर देता है यदि वह उस स्थिति में समाप्त हो जाता है जो स्वीकार करने वाले स्टेट से अलग है। एनएफए सभी ब्रांचेज डाईंग या स्ट्रिंग से इनकार करने की स्थिति में स्ट्रिंग को अस्वीकार कर देता है। डीएफए में बैकट्रैकिंग का उपयोग करना संभव है।

अतः विकल्प (B) सही है।

123. दिए गए व्याकरण में A, B, C, D बेकार प्रतीक हैं क्योंकि वे कभी भी टर्मिनल तक नहीं ले जाते हैं। प्रस्तुतियों S-> A, A->aA, B->C, C->D को भी बेकार उत्पादन कहा जाता है क्योंकि वे कभी भी व्याकरण के लिए एक स्ट्रिंग का उत्पादन नहीं करेंगे।

अतः विकल्प (A) सही है।

124. लैंग्वेज L1 स्ट्रिंग्स को स्वीकार करती है {c, abc, abcab, aabbcab, aabbcaabb, ...} और L2 स्ट्रिंग्स को स्वीकार करती है {a, b, c, ab, abc, aabc, aabbc, ...}। इन दोनों लैंग्वेज का इंटरसेक्शन L1 ∩ L2 = {$a^k b^k c$ | है k >= 0} जो संदर्भ मुक्त है, लेकिन नियमित नहीं है।

अतः विकल्प (C) सही है।

125. एक ऑपरेटर प्रेसेडेंस पार्सर एक बॉटम-अप पार्सर है जो एक ऑपरेटर-प्रेसेडेंस ग्रामर की व्याख्या करता है।

निम्नलिखित अनुवाद नियमों के साथ ग्रामर पर विचार करें और E को स्टार्ट सिंबल के रूप में देखें।

A ->A1 #B {A.वैल्यू = A1.वैल्यू * B.वैल्यू}

| B {A.वैल्यू = B.वैल्यू}

B->B1 और F {B.वैल्यू = B1.वैल्यू + C.वैल्यू}

| C {B.वैल्यू = C.वैल्यू}

C-> संख्या {C.वैल्यू = नम.वैल्यू}

अतः विकल्प (B) सही है।

126. प्रेसेडेंस यह है कि एक उच्च प्रेसेडेंस वाला ऑपरेटर कभी भी कम प्रेसेडेंस वाले ऑपरेटर के साथ एक एक्सप्रेशन का उत्पादन नहीं करेगा।

दिए गए ग्रामर में MINUS को ASTERIX से अधिक प्रेसेडेंस दी गई है अर्थात (- * से अधिक प्रेसेडेंस है) सत्य है।

अतः विकल्प (B) सही है।

127. कंपाइलर सोर्स कोड को मशीनी लैंग्वेज में बदल देता है जो बाइनरी में है।

ऑब्जेक्ट कोड के प्रकार:

i. परिभाषित सिंबल, जो इसे अन्य मॉड्यूल द्वारा बुलाए जाने की अनुमति देते हैं,

ii. अपरिभाषित सिंबल, जो अन्य मॉड्यूल को कॉल करते हैं जहां इन सिंबल को परिभाषित किया गया है, और

iii. सिंबल जो रिलोकेशन के लिए ऑब्जेक्ट फ़ाइल के भीतर आंतरिक रूप से उपयोग किए जाते हैं।

लिंक टाइम कम्पाइल टाइम के बाद और रनटाइम से पहले होता है (जब कोई प्रोग्राम निष्पादित होता है)। लिंक टाइम ऑपरेशंस (लिंकर द्वारा किए गए ऑपरेशन) या लिंक टाइम रिक्वायरमेंट (प्रोग्रामिंग लैंग्वेज की आवश्यकताएं जो इसे सफलतापूर्वक लिंक करने के लिए संकलित सोर्स कोड द्वारा पूरी की जानी चाहिए) के बारे में बात करना आम बात है।

अतः विकल्प (C) सही है।

128. एलएएलआर पार्सिंग टेबल YACC द्वारा बनाई गई है। एलएएलआर पार्सर जनरेटर एक सॉफ्टवेयर उपकरण है जो बीएनएफ ग्रामर पढ़ता है और एक एलएएलआर पार्सर बनाता है जो बीएनएफ ग्रामर द्वारा पहचानी गई प्रोग्रामिंग लैंग्वेज में लिखी गई फाइलों को पार्स करने में सक्षम है। एलएएलआर लुकहेड एलआर को संदर्भित करता है। एलएएलआर (1) पार्सिंग टेबल बनाने के लिए, हम एलआर (1) आइटम्स के विहित संग्रह का उपयोग करते हैं। एलएएलआर (1) पार्सिंग सीएलआर (1) पार्सिंग के समान है, केवल पार्सिंग टेबल में अंतर है।

अतः विकल्प (A) सही है।

129. B एक प्रोग्रामिंग लैंग्वेज थी जिसे डेनिस रिची और केन थॉम्पसन द्वारा रिकर्सिव, नॉन-न्यूमेरिक, सिस्टम और लैंग्वेज सॉफ्टवेयर के लिए डिज़ाइन किया गया था। यह एक टाइपलेस लैंग्वेज थी, सब कुछ एक शब्द है। B बीसीपीएल से लिया गया था, और इसका नाम संभवतः बीसीपीएल का कॉन्ट्रैक्शन हो सकता है। थॉम्पसन के सहकर्मी डेनिस रिची ने अनुमान लगाया कि यह नाम बॉन पर आधारित हो सकता है, जो पहले की, लेकिन असंबंधित,

प्रोग्रामिंग लैंग्वेज है जिसे थॉम्पसन ने मल्टीिक्स पर उपयोग के लिए डिज़ाइन किया था।

अतः विकल्प (D) सही है।

130. एक छोर पर DB-9 कनेक्टर को दूसरे छोर पर DB-25 कनेक्टर से जोड़ने वाली केबल को BD-9 साइड पर पिन 8 को DB-25 साइड पर 5 पिन से क्रॉस-कनेक्ट करना चाहिए।

DB9 से DB9	DB25 से DB25	DB9 से DB25	कनेक्शन का विवरण
पिन 2 से पिन 2	पिन 3 से पिन 3	पिन 2 से पिन 3	DTE RD से DCE TD
पिन 3 से पिन 3	पिन 2 से पिन 2	पिन 3 से पिन 2	DTE TD से DCE RD
पिन 5 से पिन 5	पिन 7 से पिन 7	पिन 5 से पिन 7	SG से SG

अतः विकल्प (C) सही है।

131. कई केबलों में "RS-232" कनेक्टर होते हैं जिनमें कुछ तार एक-दूसरे से जुड़े होते हैं या जुड़े होते हैं क्योंकि कई कंप्यूटर और परिधीय RS-232 सीरियल इंटरफेस का उपयोग करते हैं, लेकिन DTE-to-DCE के रूप में नहीं। RS232 इस यात्रा में पहला मील का पत्थर था। यह ईआईए के रेडियो क्षेत्र द्वारा 1962 में शुरू किए गए डिजिटल डेटा एक्सचेंज के लिए इलेक्ट्रोमैकेनिकल टाइपराइटर और मोडेम के लिए एक स्टैंडर्ड था। इसने एनालॉग चैनल पर डेटा एक्सचेंज को अधिक विश्वसनीय बना दिया। स्टैंडर्ड -डिफाइंड वोल्टेज स्तरों ने इसे शोर की गड़बड़ी के प्रति प्रतिरोधी बना दिया और डेटा एक्सचेंज में एरर को कम कर दिया।

अतः विकल्प (B) सही है।

132. आधुनिक मॉडेम द्वारा समर्थित एक्सटेंडेड कमांड सेट कई उन्नत मॉडेम सुविधाओं को नियंत्रित करने के लिए विभिन्न कमांड का उपयोग करते हैं। कमांड और डेटा मोड दो मोड को संदर्भित करता है जिसमें एक कंप्यूटर मॉडेम संचालित हो सकता है। इन मोड्स को हेस कमांड सेट में परिभाषित किया गया है, जो सभी मॉडेम के लिए वास्तविक स्टैंडर्ड है। ये मोड मौजूद हैं क्योंकि मॉडेम और कंप्यूटर के बीच संचार का केवल एक चैनल है, जो कंप्यूटर के कमांड को मॉडेम तक ले जाना चाहिए, साथ ही डेटा जो मॉडेम को टेलीफोन लाइन पर रिमोट पार्टी को प्रेषित करने के लिए सूचीबद्ध किया गया है। जब एक मॉडेम कमांड मोड में होता है, तो उसे भेजे गए किसी भी अक्षर को हेस कमांड सेट के अनुसार, मॉडेम को निष्पादित करने के लिए कमांड के रूप में व्याख्यायित किया जाता है।

अतः विकल्प (C) सही है।

133. बाइनरी कोड कभी-कभी मॉडेम में ग्रे कोड में बदल जाते हैं। ग्रे कोड में यह गुण होता है कि संक्रमण एक बार में केवल एक बिट बदलता है। यदि आप पढ़ने के लिए डिकोडर लगाते हैं तो यह निश्चित हो सकता है कि यह एक दिशा में चलता है, और इसका उपयोग कम्प्लीट रेवोल्यूशन्स की गणना के लिए किया जा सकता है। इम्प्लीमेंट करने के लिए भी बहुत सस्ता है, केवल xor कॉम्पोनेंट्स की आवश्यकता है।

अतः विकल्प (C) सही है।

134. वायरलेस लैन में अधिकतर ऑर्थोगोनल फ्रीक्वेंसी डिवीजन मल्टीप्लेक्सिंग का उपयोग किया जाता है। दूरसंचार में, ऑर्थोगोनल फ्रीक्वेंसी-डिवीजन मल्टीप्लेक्सिंग कई वाहक फ्रीक्वेंसी पर डिजिटल डेटा को एन्कोड करने का एक मेथड है। ओएफडीएम वाइडबैंड डिजिटल संचार के लिए एक लोकप्रिय योजना के रूप में डेवलप हुआ है, जिसका उपयोग डिजिटल टेलीविजन और ऑडियो प्रसारण, डीएसएल इंटरनेट एक्सेस, वायरलेस नेटवर्क, पावर लाइन नेटवर्क और 4G मोबाइल संचार जैसे अनुप्रयोगों में किया जाता है।

अतः विकल्प (B) सही है।

135. वायरलेस एड-हॉक नेटवर्क में एक्सेस प्वाइंट की आवश्यकता नहीं होती है। एक एड-हॉक नेटवर्क वायरलेस एक्सेस प्वाइंट का उपयोग किए बिना दो या दो से अधिक उपकरणों के बीच कनेक्शन का उपयोग करता है; रेंज में होने पर डिवाइस सीधे संवाद करते हैं। चूंकि सेटअप आसान है और इसके लिए एक्सेस प्वाइंट की आवश्यकता नहीं होती है, इसलिए त्वरित डेटा एक्सचेंज या मल्टीप्लेयर वीडियो गेम जैसी स्थितियों में एक एड-हॉक नेटवर्क का उपयोग किया जाता है।

अतः विकल्प (A) सही है।

136. IP सिक्योरिटी (आईपीसेक) एक इंटरनेट इंजीनियरिंग टास्क फोर्स (IETF) है जो IP नेटवर्क में 2 संचार बिंदुओं के बीच प्रोटोकॉल का स्टैंडर्ड सूट है जो डेटा ऑथेंटिकेशन, इंटीग्रिटी और कॉन्फिडेंटिअलिटी प्रदान करता है। यह एन्क्रिप्टेड, डिक्रिप्टेड और ऑथेंटिकेट पैकेट को भी परिभाषित करता है।

अतः विकल्प (A) सही है।

137. IPv6 में लूपबैक एड्रेस को (: : 1) के रूप में लिखा जाता है। यह एक 128-बिट संख्या है, जिसमें पहले 127 बिट्स '0' और 128 वें बिट '1' हैं। यह सिर्फ एक ही एड्रेस है, इसलिए इसे : :1/128 भी लिखा जा सकता है। यह IPV4 लूपबैक एड्रेस 127. 0. 0. 1 के बराबर है।

अतः विकल्प (A) सही है।

138. HBA का मतलब है होस्ट बस एडेप्टर। कंप्यूटर हार्डवेयर में, एक होस्ट कंट्रोलर, होस्ट एडॉप्टर, या होस्ट बस एडॉप्टर (HBA) एक कंप्यूटर को जोड़ता है, जो होस्ट सिस्टम के रूप में अन्य नेटवर्क और स्टोरेज डिवाइस के लिए कार्य करता है।

अतः विकल्प (A) सही है।

139. ओएसआई नेटवर्क आर्किटेक्चर में, डायलॉग कंट्रोल और टोकन मैनेजमेंट सेशन लेयर की जिम्मेदारी है। सेशन लेयर, अनुप्रयोगों के बीच कनेक्शन को प्रबंधित और समाप्त करता है। सेशन लेयर, समन्वय स्थापित करती है और प्रत्येक छोर पर अनुप्रयोगों के बीच बातचीत के आदान-प्रदान और संवाद को समाप्त करती है। यह सेशन और कनेक्शन समन्वय से संबंधित है।

अतः विकल्प (A) सही है।

140. सिमेंटिक नेट्स में, ऑब्जेक्ट्स के बीच संबंधों को सर्च करने के लिए प्रत्येक 2 नोड्स से एक्टिवेशन स्प्रेड करके निर्धारित किया जाता है और पहचानें कि एक्टिवेशन कहां मिलता है। इस प्रक्रिया को इंटरसेक्शन सर्च कहा जाता है।

अतः सही विकल्प (D) है।

141. होलोनिमाय एक शब्द के बीच संबंध को परिभाषित करता है जो संपूर्ण को दर्शाता है और एक शब्द जो पूरे के एक हिस्से या एक मेम्बर को दर्शाता है। होलोनिमाय (ग्रीक में होलोन = संपूर्ण और ओनोमा = नाम) एक अर्थ संबंधी संबंध है।

'X' 'Y' का एक होलोनिमाय शब्द है यदि Y, Xs के पार्ट्स हैं, या

यदि Y, Xs के मेम्बर हैं, तो 'X', 'Y' का एक होलोनिमाय शब्द है।

अतः विकल्प (B) सही है।

142. बायेसियन नेटवर्क का उपयोग डेटा और विशेषज्ञों की राय से मॉडल बनाने के लिए किया जा सकता है, और इसमें दो भाग होते हैं: निर्देशित एसाइक्लिक ग्राफ और सशर्त संभावनाओं की तालिका। सहज रूप से, बायेसियन नेटवर्क का डीएजी ब्याज के वेरिएबल्स (डीएजी नोड्स) और उनके बीच प्रत्यक्ष प्रभाव (डीएजी किनारों) की व्याख्या करता है। बायेसियन नेटवर्क की सशर्त संभावनाएं डीएजी में वेरिएबल्स और उनके पैरेंट्स के बीच निर्भरता को मापती हैं।

अतः विकल्प (A) सही है।

143. बायेसियन नेटवर्क का सामान्यीकृत रूप जो अनसर्टेन नॉलेज के तहत डिसिशन प्रोब्लेम्स का प्रतिनिधित्व करता है और सॉल्व करता है उसे इन्फ्लुएंस डायग्राम के रूप में जाना जाता है। एक इन्फ्लुएंस डायग्राम (आईडी) (जिसे रेलेवेंस डायग्राम, डिसिशन डायग्राम या डिसिशन नेटवर्क भी कहा जाता है) एक डिसिशन स्थिति का एक कॉम्पैक्ट ग्राफिकल और गणितीय प्रतिनिधित्व है। यह एक बायेसियन नेटवर्क का एक सामान्यीकरण है, जिसमें न केवल प्रोबेबिलिस्टिक इंफेरेंस प्रॉब्लम बल्कि डिसिशन लेने की प्रॉब्लम (अधिकतम अपेक्षित उपयोगिता मानदंड के बाद) को मॉडलिंग और सॉल्व किया जा सकता है।

अतः सही विकल्प (C) है।

144. यदि हमारे पास वेरिएबल्स $x_1, x_2, x_3,....., x_n$ हैं, तो $x_1, x_2, x_3.. x_n$ के भिन्न संयोजन की प्रायिकताएं जॉइंट प्रोबेबिलिटी डिस्ट्रीब्यूशन कहलाती हैं। जॉइंट प्रोबेबिलिटी दो घटनाओं के एक साथ घटित होने की प्रोबेबिलिटी है। दो घटनाओं को आमतौर पर घटना A और घटना B नामित किया जाता है। प्रोबेबिलिटी टर्मिनोलॉजी में, इसे इस प्रकार लिखा जा सकता है:

उदाहरण: एक कार्ड के पांच और काले होने की प्रोबेबिलिटी = p(पांच और काला) = 2/52 = 1/26

अतः विकल्प (D) सही है।

145. टेक्स्ट माइनिंग, जिसे टेक्स्ट डेटा माइनिंग के रूप में भी जाना जाता है, मीनिंगफुल पैटर्न और नई इनसाइट्स की पहचान करने के लिए अनस्ट्रक्चर्ड टेक्स्ट को एक स्ट्रक्चर्ड फॉर्मेट में बदलने की प्रक्रिया है। इसमें सोशल मीडिया या उत्पाद समीक्षा जैसे सोर्स से टेक्स्ट, या वीडियो और ऑडियो फ़ाइलों जैसे रिच मीडिया फॉर्मेट शामिल हो सकते हैं। उदाहरणों में कॉल सेंटर ट्रांसक्रिप्ट, ऑनलाइन समीक्षाएं, ग्राहक सर्वेक्षण और अन्य टेक्स्ट दस्तावेज़ शामिल हैं। यह अप्रयुक्त पाठ डेटा खोजे जाने की प्रतीक्षा में एक सोने की खान है। टेक्स्ट माइनिंग और एनालिटिक्स इन अनटैप्ड डेटा सोर्स को शब्दों से एक्शन्स में बदल देते हैं।

अतः विकल्प (B) सही है।

146. टेक्स्ट डेटाबेस में सबसे कॉमन डेटा प्रकारों में से एक है।

सेमी-स्ट्रक्चर्ड डेटा: जैसा कि नाम से पता चलता है, यह डेटा स्ट्रक्चर्ड और अनस्ट्रक्चर्ड डेटा स्वरूपों के बीच का मिश्रण है। सेमी-स्ट्रक्चर्ड डेटा स्ट्रक्चर्ड डेटा का एक रूप है जो संबंधपरक डेटाबेस या डेटा टेबल्स के अन्य रूपों से जुड़े डेटा मॉडल की सारणीबद्ध संरचना का पालन नहीं करता है, लेकिन फिर भी सिमेंटिक एलिमेंट्स को अलग करने और रिकॉर्ड और फ़ील्ड के पदानुक्रम को लागू करने के लिए टैग या अन्य मार्कर शामिल हैं।

अतः विकल्प (C) सही है।

147. टिपिकल टेक्स्ट माइनिंग टास्क में टेक्स्ट कैटिगराइजेशन, टेक्स्ट क्लस्टरिंग, कॉन्सेप्ट/ग्रेन्युलर टैक्सोनॉमी, सेंटिमेंट एनालिसिस, डॉक्यूमेंट सुमरीज़ेशन और एंटिटी रिलेशन मॉडलिंग का एंटिटी एक्सट्रैक्शन प्रोडक्शन शामिल है। इसलिए, टेक्स्ट क्लासिफिकेशन मॉडल कंपोनेंट्स के लिए सही क्रम है:

टेक्स्ट क्लीनिंग -> टेक्स्ट एनोटेशन -> टेक्स्ट टू प्रेडिक्टर्स -> ग्रेडिएंट डिसेंट -> मॉडल ट्यूनिंग

अतः विकल्प (D) सही है।

148. एक सही टेक्स्ट क्लासिफिकेशन मॉडल में शामिल हैं - नॉइज़ को दूर करने के लिए टेक्स्ट क्लीनिंग, अधिक सुविधाओं को बनाने के लिए एनोटेशन, टेक्स्ट-आधारित सुविधाओं को प्रेडिक्टर्स में परिवर्तित करना, ग्रेडिएंट डिसेंट का उपयोग करके एक मॉडल सीखना और अंत में एक मॉडल को ट्यून करना।

अतः विकल्प (B) सही है।

149. रोबोटिक्स एआई की एक ब्रांच है, जो रोबोट के डिजाइन, कंस्ट्रक्शन और एप्लीकेशन के लिए इलेक्ट्रिकल इंजीनियरिंग, मैकेनिकल इंजीनियरिंग और कंप्यूटर साइंस से बना है। यह रोबोट के डिजाइन, निर्माण, ऑपरेशन और एप्लीकेशन के साथ-साथ उनके कंट्रोल, सेंसरी फीडबैक और इनफार्मेशन प्रोसेसिंग के लिए कंप्यूटर सिस्टम से संबंधित है।

अतः विकल्प (D) सही है।

150. डबल हैशिंग एड्रेसिंग तकनीक क्लस्टरिंग समस्याओं से मुक्त है।

डबल हैशिंग एक कंप्यूटर प्रोग्रामिंग तकनीक है जिसका उपयोग हैश तालिकाओं में ओपन-एड्रेसिंग के संयोजन में हैश टकराव को हल करने के लिए किया जाता है, जब टकराव होता है तो कुंजी के द्वितीयक हैश का उपयोग ऑफसेट के रूप में किया जाता है।

अतः विकल्प (C) सही है।

// टिप्पणियाँ //

// टिप्पणियाँ //